해커스 토익 LISTENING 200% 활용법

토익 한 번에 끝내는 해커스만의 학습자료

TIP 해커스 토익 교재에 수록된 QR코드로 더 빠르게 연결하고 편리하게 공부해보세요!

무료 받아쓰기&쉐도잉 프로그램 이용 방법

방법 **해커스인강(HackersIngang.com)** 접속 ▶ 상단 메뉴의 **[MP3/자료 → 받아쓰기&쉐도잉 프로그램]** 클릭 ▶ 본 교재의 **[받아쓰기&쉐도잉 프로그램]** 이용하기

무료 온라인 실전모의고사 이용 방법

방법 **해커스토익(Hackers.co.kr)** 접속 ▶ 상단 메뉴의 **[교재/무료MP3]** 클릭 → **[토익]** 클릭 ▶ **해커스 토익 LISTENING 교재** 클릭 ▶ **[온라인 모의고사]** 클릭하여 이용하기

무료 단어암기 MP3 이용 방법

방법 **해커스인강(HackersIngang.com)** 접속 ▶ 상단 메뉴의 **[MP3/자료 → 무료 MP3/자료]** 클릭 ▶ 본 교재의 **[단어암기 MP3]** 이용하기

MP3/자료 바로 가기 ▶

무료 진단고사 해설강의 이용 방법

방법 **해커스인강(HackersIngang.com)** 접속 ▶ 상단 메뉴의 **[무료강의]** 클릭 ▶ 상단의 **[진단고사 해설강의]** 클릭하여 보기

진단고사 해설강의 바로 듣기 ▶

교재 MP3 다운로드 방법

방법 **해커스인강(HackersIngang.com)** 접속 ▶ 상단 메뉴의 **[MP3/자료 → 문제풀이 MP3]** 클릭 ▶ 본 교재의 **[문제풀이 MP3]** 이용하기

교재 MP3 바로 다운받기 ▶

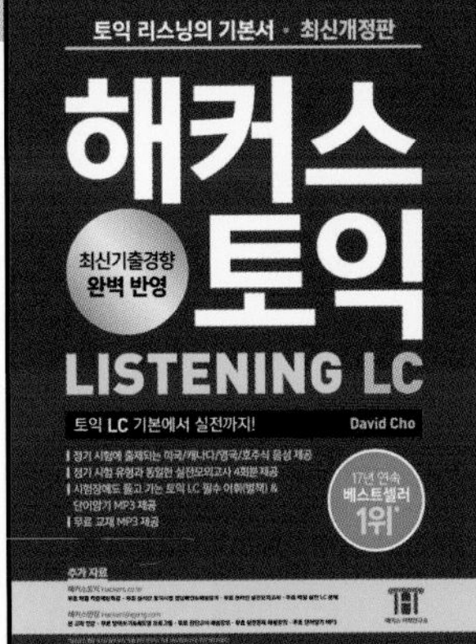

해커스 토익 리스닝 토익시험 포인트 연속 적중!

실제로 적중하는 해커스 토익 기본서

이미 지나간 문제 말고, 앞으로 **시험에 나올 문제**로 학습하자!

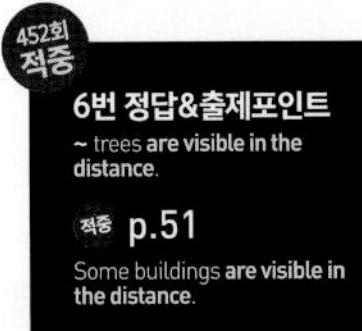

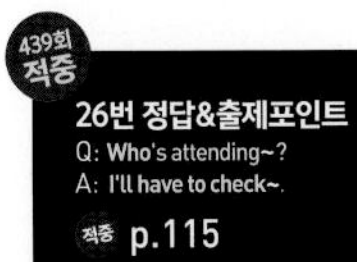

▼ 적중내역 보러가기

토익 LISTENING 최신 출제 경향 한눈에 보기

토익 LISTENING 최신 출제 경향을 분석한 결과, 사람의 자세나 동작을 묘사하는 까다로운 어휘가 쓰이며, 보다 어려운 문장 구조가 사용되거나 대화/지문의 세부 내용을 정확히 파악해야 하는 등 다소 어려운 문제들이 출제되고 있다.

《해커스 토익 LISTENING》은 이러한 경향을 반영하여, 파트별로 다양한 어휘 및 표현과 함께 문제 유형별 학습 전략을 익힐 수 있도록 하였으며, 다양한 주제를 학습할 수 있도록 하였다.

최신 출제 경향 요약

Part 1
1. 사람의 자세나 동작을 묘사하는 까다로운 표현 등장
2. 주어가 다양하고, 보기의 길이가 긴 문제 출제

Part 2
1. 간접적으로 응답하는 문제의 출제 비율 증가
2. 질문과 응답의 길이가 길고, 문장 구조가 어려운 문제 출제

Part 3&4
1. 대화/지문의 내용을 꼼꼼히 들어야 하는 문제 출제
2. 정답의 단서가 직접적으로 제시되지 않는 의도 파악 문제 출제
3. 빨라진 음성 속도

Part 1 최신 출제 경향

1. 사람의 자세나 동작을 묘사하는 까다로운 표현 등장

Part 1에서는 사진에 나온 사람의 자세나 동작을 묘사하는 데 **그동안 자주 출제되지 않던 까다로운 어휘나 표현**이 사용되고 있다.

어휘 및 표현	뜻	예문
position	v. ~의 자리를 잡다	Some men are positioning a painting. 몇몇 남자들이 그림의 자리를 잡고 있다.
weigh	v. ~의 무게를 달아보다	A man is weighing some fruit. 한 남자가 과일의 무게를 달아보고 있다.
descend	v. 내려가다	A woman is descending some steps. 한 여자가 계단을 내려가고 있다.
lean forward	phr. 앞으로 구부리다	A cook is leaning forward to taste some food. 요리사가 음식을 맛보기 위해 앞으로 구부리고 있다.
wipe off	phr. 닦아내다	A man is wiping off a counter. 한 남자가 카운터를 닦아내고 있다.
carry ~ over one's arm	phr. ~을 팔에 걸치다	A man is carrying a coat over his arm. 한 남자가 코트를 팔에 걸치고 있다.

2. 주어가 다양하고, 보기의 길이가 긴 문제 출제

보기 네 개의 주어가 전부 동일한 문제는 총 6문제 중 평균 1문제 정도 출제되며, **보기의 주어가 모두 다른 문제**가 출제되기도 한다. 또한, 문장의 끝에 전치사구나 to 부정사와 같은 수식어구를 덧붙여 사진을 상세히 묘사하는 등 **보기의 길이가 긴 문제**도 출제되고 있다.

p.94, Hackers Test 4번

(A) A ship is entering a harbor.
(B) A street lamp is being installed.
(C) There is a banner hanging from a building.
(D) There is a bridge crossing over a river.

해설 보기 (A), (C)는 사진에 없는 사물인 ship(배), harbor(항구), banner(현수막)를 언급하여 오답이다. (B)는 사진 속 사물인 street lamp(가로등)를 언급하였으나 사진과 다르게 묘사한 오답이다. 강을 가로지르는 다리의 모습을 정확히 묘사한 (D)가 정답이다.

《해커스 토익 LISTENING》으로 토익 Part 1 완벽 대비!

1) 까다로운 표현에 대비할 수 있는 사진 유형/상황별 다양한 표현 수록!
[참고] Part 1 사진 유형/상황별 문제 공략(p.56-93)

2) 주어가 다양하고, 보기의 길이가 긴 문제 수록!
[참고] Part 1 Part Test(p.96-98)

Part 2 최신 출제 경향

1. 질문에 대해 간접적으로 응답하는 문제 출제

Part 2에서는 **질문에 대해 간접적으로 응답한 보기**를 선택해야 하는 문제가 꾸준히 출제되고 있다. 간접적인 응답에는 질문에 대해 되묻는 응답, 우회적으로 답하는 응답, 모르겠다는 식의 모호한 응답이 포함된다.

질문에 대해 간접적으로 응답하는 문제 평균 출제 비율

질문에 대해 간접적으로 응답하는 문제(8문제)	질문에 대해 직접적으로 응답하는 문제(17문제)

2. 질문과 응답의 길이가 길고, 문장 구조가 어려운 문제 출제

질문과 응답의 길이가 길어서 내용을 한 번에 듣고 이해하기 어려우며, **문장의 의미를 정확히 파악해야 하는 문제**가 출제되고 있다.

p.138, Hackers Test 38번

Aren't all your clothing items being sold at half price?
(A) Then you should try an extra-large.
(B) Yes, I have been there before.
(C) No. Only those marked with a red tag.

해설 모든 의류 품목들이 반값에 팔리고 있는지의 사실을 확인하는 부정 의문문이다. 이에 대한 응답으로, No로 모든 의류 품목들이 반값에 팔리고 있는 것이 아님을 전달한 후, 부연 설명을 했으므로 (C)가 정답이다.

《해커스 토익 LISTENING》으로 토익 Part 2 완벽 대비!

1) **간접적인 응답의 유형과 활용 표현, 연습 문제 수록!**
[참고] Part 2 간접적인 응답 이해하기(p.104-105)
① 질문에 대한 우회적인 응답 유형 설명
② 모호한 응답 유형 설명

2) **긴 질문도 한 번에 이해할 수 있도록 돕는 질문 유형별 핵심 전략 수록!**
[참고] Part 2 의문사 의문문/일반 의문문/기타 의문문(p.114-147)

Part 3&4 최신 출제 경향

1. 대화/지문의 내용을 꼼꼼히 들어야 하는 문제 출제

Part 3, 4에서는 아래와 같이 **대화/지문의 내용을 주의 깊게 듣지 않으면 정답을 선택하기 어려운 문제**가 계속해서 출제되고 있다.

1) 정답의 단서가 곳곳에 흩어져 있는 지문문제 세트
2) 대화/지문의 세부 사항을 묻는 문제로만 구성된 지문문제 세트
3) 생소한 주제나 두 가지 이상의 소재가 등장하는 대화/지문
4) 대화/지문의 내용과 시각 자료를 연계해서 풀어야 하는 문제
5) 짧은 대화가 빠른 속도로 전개되는 3인 대화와 5턴 이상의 대화로 구성된 지문

Questions 22-24 refer to the following conversation and menu. p.219, Hackers Test 22-24번

W: [22]Welcome to India Palace, and sorry again that you had to wait in line. Lunchtime is very busy for us.
M: Oh, that's fine.
W: Have you had a chance to look at our menu?
M: Yeah. I'm leaning toward the chicken masala. However, I'm curious if the dish has butter in it. I've got a mild dairy allergy.
W: It does, unfortunately. However, [23]our coconut curry is dairy free and very popular.
M: [23]All right, I'll go with that, then.
W: Wonderful. And are you interested in a side? The fried potatoes are delicious.
M: No, thanks. Just one thing, though. [24]Would it be possible for you to drop that window shade? The sun is shining right at me.

India Palace

Main Courses

Potato curry	$10.99
Creamy masala	$12.99
Coconut curry	$14.99
Chicken masala	$17.99

22. Why does the woman apologize?
(A) An incorrect dish was served.
(B) A customer had to wait.
(C) A dining section is closed.
(D) A lunch special is no longer available.

23. Look at the graphic. How much will the man pay for his meal?
(A) $10.99
(B) $12.99
(C) $14.99
(D) $17.99

24. What does the man inquire about?
(A) Changing tables
(B) Sampling a dish
(C) Lowering a blind
(D) Turning on a lamp

2. 정답의 단서가 직접적으로 제시되지 않는 의도 파악 문제 출제

의도 파악 문제의 경우, **질문의 인용어구가 지문의 마지막 문장으로 언급**되어 정답의 단서가 한 번만 제시되거나, 정답의 단서가 지문에 충분히 제시되지 않아 **화자의 어조나 전체적인 문맥을 파악하여야 하는 문제**가 출제되고 있다.

Questions 16-18 refer to the following excerpt from a meeting. p.261, Hackers Test 16-18번

In case some of you don't know, [16]I'm planning to hire another graphic artist. In fact, I published a job posting two weeks ago and scheduled interviews for tomorrow morning. [17]While I received applications from over 20 candidates, I'll only be meeting with three. One of them should work out. I'll let you know when I come to a decision. Oh, and one more thing . . . [18]We need to update our training materials. Is there anyone who'd like to volunteer to do this?

16. What is the speaker mainly discussing?
    (A) A schedule for a meeting
    (B) A new design for a logo
    (C) A plan to hire new staff
    (D) An itinerary for a business trip

17. What does the speaker imply when he says, "I'll only be meeting with three"?
    (A) Numerous people were excluded.
    (B) Various timeslots remain open.
    (C) Some assistance will not be required.
    (D) Some arrangements were modified.

18. What does the speaker expect the listeners to volunteer to do?
    (A) Discuss interview questions
    (B) Update some materials
    (C) Train a new employee
    (D) Fill out some forms

3. 빨라진 음성 속도

이전에 비해 토익 리스닝 음성 속도가 전반적으로 빨라지는 추세이다. 특히 Part 4는 다른 파트에 비해 들어야 하는 정보가 많은 반면, 음성 속도가 빨라서 지문의 흐름을 파악하는 데에 더 많은 집중력이 요구된다.

《해커스 토익 LISTENING》으로 토익 Part 3&4 완벽 대비!

1) **대화/지문 내용을 꼼꼼히 이해하기 위한 듣기 전략 수록!**
   [참고] Part 3 기본 다지기(p.154-165), Part 4 기본 다지기(p.228-235)

2) **다양한 의도 파악 문제 수록!**
   [참고] Part 3 의도 파악 문제(p.188-189), Part 4 의도 파악 문제(p.252-253)

3) **빠른 음성 대비 하드버전 MP3 제공!**(별매)
   [참고] 해커스인강 사이트(HackersIngang.com) > MP3/자료 > 토익 > 해커스 토익 LISTENING (최신개정판/9판)

해커스토익에서 제공하는 토익 정복에 필요한 특별한 혜택!

01
온라인 실전모의고사 무료 제공 (Hackers.co.kr)

실전 감각을 키워주는 온라인 실전모의고사 무료 제공!

02
진단고사 무료 해설강의 (HackersIngang.com)

《해커스 토익 LISTENING》 교재에 수록된 진단고사의 해설강의 무료 제공!

03
토익 적중 예상특강 (Hackers.co.kr)

해커스어학원에서 실제로 강의하시는 선생님들의 이번 달 토익 적중 예상특강 제공!

04
받아쓰기 & 쉐도잉 프로그램 제공 (HackersIngang.com)

교재 내 문장을 받아쓰고 쉐도잉(따라 말하기)하여 고득점 달성과 리스닝 실력 향상 가능!

05
무료 단어암기 MP3 제공 (HackersIngang.com)

단어암기 MP3로 언제, 어디서든 효과적인 단어 학습 가능!

06
토익 성공수기 및 무료 학습자료 (Hackers.co.kr)

성공적인 토익 학습방법부터 다양한 무료 학습자료까지 풍부한 정보 제공!

토익 리스닝의 기본서 • 최신개정판

해커스 토익 LISTENING LC

최신기출경향
완벽 반영

해커스 어학연구소

토익은 역시 해커스입니다.

<해커스 토익>의 목적은 '토익을 통한 올바른 영어공부'입니다.

토익 시험은 영어 실력을 재는 잣대로서 졸업과 취업 등 점차 많은 곳에서 이를 요구하고 있으며, 많은 토익 학습자들이 토익 공부에 소중한 시간과 노력을 투자하고 있습니다. <해커스 토익>은 토익 학습자들에게 단순한 토익 공부가 아닌 '토익 공부와 함께 세계를 살아가는 도구로서의 영어공부'의 방향을 제시하고자 하는 마음에서 시작되었습니다.

이번에도 학습자들이 영어 실력을 향상하고 토익 고득점을 달성하는 데 도움을 주고자 《해커스 토익 LISTENING》(최신개정판)을 출간하게 되었습니다.

토익 최신 출제 경향이 반영된 최고의 대비서, <해커스 토익>

《해커스 토익 LISTENING》은 토익 최신 출제 경향이 완벽하게 반영되었습니다. 특히, 오랜 시간 토익을 연구해온 해커스만의 문제 풀이 전략이 제시되어 있으며, 토익 최신 출제 경향이 완벽 반영된 실전 문제들이 풍부하게 수록되어 있어 토익 리스닝에 완벽하게 대비할 수 있습니다.

리스닝 실력 향상을 위한 최고의 학습서, <해커스 토익>

《해커스 토익 LISTENING》은 기본부터 실전까지 한 권으로 학습할 수 있도록 구성하였습니다. 토익 문제 유형을 철저하게 분석하고 정리한 이론서이자 충분한 양의 문제를 수록한 실전 문제집으로, 기본을 다지려는 수험생과 실전 감각을 높이려는 수험생 모두에게 도움을 줄 수 있도록 구성하였습니다. 또한, 받아쓰기&쉐도잉 프로그램을 통해 엄선된 문장을 완전히 자기 것으로 체득할 수 있도록 하였으며, 영국 · 호주식 발음을 집중적으로 반복 학습할 수 있도록 하여 토익 시험 준비는 물론, 전반적인 리스닝 실력 향상에도 도움이 될 것입니다.

다양한 학습자료와 학습자들 간의 교류, <해커스 토익>

마지막으로, **《해커스 토익 LISTENING》과 함께 토익 학습을 더욱 재미있고 수준 높게 만들어 줄 해커스토익 사이트(Hackers.co.kr)**는 이미 최고의 영어학습 사이트로 자리매김하여, '사귐과 연대를 통한 함께함의 커뮤니티'를 꿈꾸는 해커스 철학을 십분 나타내고 있습니다.

공부가 단순히 나 혼자 사는 연습이 아니라, 서로의 도움을 통해 **더 나은 사회, 그리고 건전한 경쟁과 협력이 공존하는 참사회를 꿈꾸는 것**이 바로 해커스의 정신입니다. 해커스의 열정과 정신이 그대로 담긴 해커스 토익책이 토익 점수 획득이라는 단기 목표에만 그치지 않고, 한 사람 한 사람의 마음 속 깊은 곳에 건전한 철학을 심어주어 더욱더 살기 좋은 사회를 함께 실현하는 데 이바지하였으면 합니다.

David Cho

CONTENTS

Part 3

Part 4

토익 점수,
<해커스 토익>으로 확실하게 잡는다!

최신 출제 경향을 파악하고, 문제 풀이 전략을 익힌다!

토익 LISTENING 최신 출제 경향 한눈에 보기

Part 3&4 최신 출제 경향

1. 대화/지문의 내용을 꼼꼼히 들어야 하는 문제 출제

Part 3, 4에서는 아래와 같이 **대화/지문의 내용을 주의 깊게 듣지 않으면 정답을 선택하기 어려운 문제**가 계속해서 출제되고 있다.

1) 정답의 단서가 곳곳에 흩어져 있는 지문문제 세트
2) 대화/지문의 세부 사항을 묻는 문제로만 구성된 지문문제 세트
3) 생소한 주제나 두 가지 이상의 소재가 등장하는 대화/지문
4) 대화/지문의 내용과 시각 자료를 연계해서 풀어야 하는 문제
5) 짧은 대화가 빠른 속도로 전개되는 3인 대화와 5턴 이상의 대화로 구성된 지문

Questions 22-24 refer to the following conversation and menu. p.219, Hackers Test 22-24번

W: [22]Welcome to India Palace, and sorry again that you had to wait in line. Lunchtime is very busy for

22. Why does the woman apologize?
(A) An incorrect dish was served.

최근 토익 시험에 출제되는 문제 유형과 경향을 철저히 분석하여 알기 쉽도록 정리하였으며, 《해커스 토익 LISTENING》 교재 내에서 중점적으로 학습할 수 있는 페이지를 제시하였습니다. 이를 통해 토익 시험의 **최신 출제 경향을 파악하는 것은 물론, 전략적인 학습 또한 가능**합니다.

파트별 출제 경향 및 고득점 전략

출제 경향 및 고득점 전략

Part 3는 두 명이나 세 명의 대화를 듣고 관련된 3개의 문제를 풀어야 하는 파트이다. 대화의 흐름을 놓치지 않고 들으면서 핵심 정보를 파악할 수 있는지가 Part 3 고득점의 관건이다. 총 13개의 대화 및 39문제가 출제되며, 각 문제당 4개의 선택지가 제시된다. 질문은 음성으로 들려주며 시험지에서도 볼 수 있지만 선택지와 시각 자료는 시험지상으로만 주어진다.

출제 경향

1. 비즈니스 관련 대화의 출제 빈도가 높다.
Part 3에서는 비즈니스 및 일상 생활과 관련된 다양한 주제의 대화가 출제되는데, 그 중 비즈니스와 관련된 대화의 출제 빈도가 높다. 업무 진행 및 마감, 인사 및 교육, 마케팅, 판매, 사무기기 등 비즈니스와 관련된 다양한 주제의 대화가 출제되며, 매회마다 전체 13개 대화 중 평균 9~10개의 대화가 이에 해당한다.

2. 세 명의 대화가 출제되며 많은 턴 수의 대화가 출제된다.
두 명 간의 대화 이외에 세 명의 대화가 출제된다. 또한 기존에는 모든 대화가 3~4 턴으로 구성되었던 것과는 달리 더 많은 턴 수의 대화들이 출제되는데, 이때 대화 전체 길이는 비슷하며 각 턴의 길이가 짧아진다.

각 파트별로 출제 경향 분석 자료를 제시하였으며, 문제 풀이 전략과 고득점 학습 전략도 함께 수록하였습니다. 파트별 출제 경향을 기반으로 한 **문제 풀이 전략과 학습 전략을 통해 실전에 보다 효과적으로 대비**할 수 있습니다.

기본기와 실전 감각을 동시에 쌓는다!

기본 다지기

Part 1에서 Part 4까지 핵심 전략을 파트별 기본 다지기에서 연습할 수 있도록 하였습니다. **전략을 적용하여 다양한 유형의 연습 문제를 풀어봄**으로써 각 파트를 보다 효과적으로 학습할 수 있습니다.

실전 고수되기

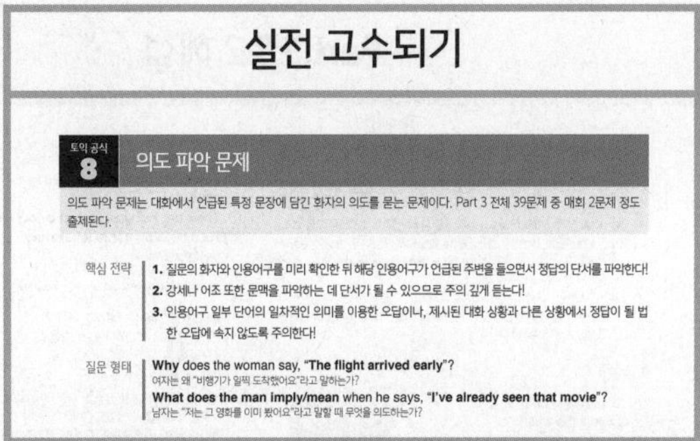

각 유형별 주요 전략과 표현, 그리고 예제를 제시하였습니다. 또한 **오답 분석**을 통해 수험자들이 혼동하기 쉬운 오답을 정리하여 문제를 푸는 것에 더해 출제자의 의도까지 이해할 수 있도록 하였습니다.

실전 연습

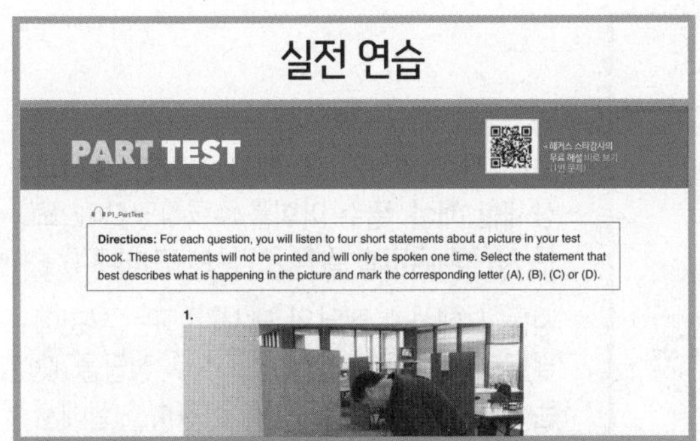

Hackers Practice에서는 각 단원에서 학습한 내용을, Hackers Test에서는 각 코스에서 학습한 내용을 실전 문제에 적용하여 풀어볼 수 있도록 하였습니다. 또한 Part Test에서는 실제 토익과 동일한 문항 수 및 난이도로 구성하여 각 파트를 마무리할 때마다 자신의 실력을 평가해볼 수 있도록 하였습니다.

실전모의고사 4회분

토익 시험 전, 마무리 단계에서 **자신의 실력을 정확하게 점검**하고, **실전 감각**을 키울 수 있도록 하였습니다.

*교재에 2회분을 수록하였고, 해커스토익(Hackers.co.kr)에서 온라인 실전모의고사 2회분을 추가로 제공합니다.

토익 점수, <해커스 토익>으로 확실하게 잡는다!

상세한 해설로 한 문제를 풀어도 제대로 푼다!

Part 1&2 해설

(C) 몇몇 쿠션들이 소파 위에 정리되고 있다.
(D) 소파가 설치되고 있다.

해설 사물 및 풍경 사진/집 사진. 집에 있는 사물들의 상태와 위치를 주의 깊게 살핀다.
(A) [○] 몇몇 의자들이 카운터 옆에 줄지어 놓여 있는 모습을 정확히 묘사한 정답이다.
(B) [×] 사진에서 야외 테라스가 공사 중인지 확인할 수 없으므로 오답이다.
(C) [×] 쿠션들을 정리하고 있는 사람이 없으므로 오답이다. 사람이 등장하지 않는 사진에 진행 수동형(are being arranged)을 사용하여 사람의 동작을 묘사한 오답에 주의한다.
(D) [×] 소파를 설치하고 있는 사람이 없으므로 오답이다. 사람이 등장하지 않는 사진에 진행 수동형(is being set up)을 사용하여 사람의 동작을 묘사한 오답에 주의한다.

8 호주

(A) Boxes have been lined up against the wall.
(B) Some people are seated on the floor.
(C) Books are being piled onto a cart.
(D) Some people are holding a discussion.

pile [pail] 쌓다

해석 (A) 상자들이 벽에 기대어 일렬로 세워져 있다.
(B) 몇몇 사람들이 바닥에 앉아 있다.
(C) 책들이 손수레에 쌓이고 있다.
(D) 몇몇 사람들이 토론을 하고 있다.

2 영국

(A) He's putting on some safety gear.
(B) Test tubes have been stored in a cabinet.
(C) Tools are being set out on a counter.
(D) He's holding some laboratory equipment.

put on 착용하다, 입다 **test tube** 시험관 **counter** [미 káuntər, 영 káuntə] 실험대

해석 (A) 그는 안전 장비를 착용하는 중이다.
(B) 시험관들이 캐비닛 안에 보관되어 있다.
(C) 도구들이 실험대 위에 놓이고 있다.
(D) 그는 실험 도구를 들고 있다.

해설 1인 사진/기타 작업실(실험실) 사진. 한 남자가 실험을 하고 있는 모습과 주변 사물의 상태를 주의 깊게 살핀다.
(A) [×] 남자가 안전 장비를 착용한 상태를 착용하고 있는 중이라는 동작으로 잘못 묘사한 오답이다. putting on이 착용하고 있는 동작을 묘사하는 표현임을 알아둔다.
(B) [×] 사진에 캐비닛(cabinet)이 없으므로 오답이다.
(C) [×] 남자가 도구를 실험대 위에 놓고 있지 않으므로 오답이다. 진행 수동형(are being set out)을 사용하여 사람의 동작을 잘못 묘사한 것에 주의한다.
(D) [○] 실험 도구를 들고 있는 남자의 동작을 정확히 묘사한 정답이다.

모든 문제에 대해 **정확한 해석과 상세한 해설, 필수 어휘**를 수록하였으며, 해당 문제의 음성이 어떤 발음인지 알 수 있도록 문제마다 **국가별 발음**을 명시하였습니다.

해설에서는 **문제 유형**을 먼저 제시한 후, **각 보기가 정답 또는 오답이 되는 이유와 추가로 알아두어야 할 사항을 상세하게 설명**하여 문제에 대한 이해뿐만 아니라 문제 풀이 방법과 전략을 익힐 수 있도록 하였습니다.

Part 3&4 해설

[10-12] 캐나다 → 호주 → 미국

Questions 10-12 refer to the following conversation with three speakers.

M1: [10]**Now that you've had a chance to look around our indoor water park, Mr. Abbas. Are there any other areas you need to see?**
M2: No. [10]**I think the inspection is almost done**. I didn't find any major health or safety violations, but there's just one minor issue. This exit is not marked. That'll have to be addressed.
W: Oh, you're right! [11]**We actually have the exit sign in our front office. We must've forgotten to hang it. Omar, do you mind taking care of that now?**
M1: [11]**Sure thing.**
M2: Other than that, I didn't find any issues.
W: That's wonderful news! [12]**That means we can open on August 6 as planned.** We can also start releasing advertisements.

indoor [미 índɔ̀ːr, 영 ìndɔ́ː] 실내의 **inspection** [inspékʃən] 점검, 검사 **violation** [vàiəléiʃən] 위반 **minor** [미 máinər, 영 máinə] 사소한

해석
10-12는 다음 세 명의 대화에 관한 문제입니다.
M1: [10]이제 저희 실내 워터파크를 둘러보는 시간을 가지셨는데요, Mr. Abbas. 보셔야 할 다른 구역이 있나요?
M2: 아니요. [10]**점검은 거의 다 된 것 같아요.** 위생이나 안전상의 큰 위반은 발견하지 못했지만, 단 하나 사소한 문제가 있어요. 이 출구가 표시되지 않았어요. 그것은

남자 1[Omar]이 "Sure thing."이라며 물론이라고 하였다. 따라서 정답은 (B) Put up a sign이다.

어휘 **put up** 게시하다 **write down** 적다

12

해석 여자에 따르면, 8월 6일에 무슨 일이 일어날 것인가?
(A) 건물이 구입될 것이다.
(B) 결정이 발표될 것이다.
(C) 공무원이 돌아올 것이다.
(D) 사업체가 운영을 시작할 것이다.

해설 8월 6일에 일어날 일을 묻는 문제이므로, 질문의 핵심어구(August 6)가 언급된 주변을 주의 깊게 듣는다. 여자가 "That means we can open on August 6 as planned."라며 그것은 그들이 계획한 대로 8월 6일에 개방할 수 있다는 말이라고 한 것을 통해 8월 6일에 사업체가 운영을 시작할 것임을 알 수 있다. 따라서 정답은 (D) A business will begin operations이다.

어휘 **government employee** 공무원

[13-15] 호주 → 미국

Questions 13-15 refer to the following conversation.

M: Hello. Vince Esposito speaking.
W: [13]**Hi, Mr. Esposito. This is Beverly Jordon—the hiring manager at Yuva Industrial. We met last fall.**
M: [13]**I remember you from my interview with your company.** It's nice to hear from you.
W: Yes, well . . . We're looking for a new software engineer, and I'm wondering if you're interested. [14]**The position is not here but at our India office.**

모든 지문 및 문제에 대해 **정확한 해석과 상세한 해설, 필수 어휘**를 수록하였으며, 모든 지문에 **국가별 발음**을 명시하였습니다.

지문과 해석에 **정답의 단서**가 되는 부분에 별도로 표시하여 학습자 스스로 정답을 찾는 연습을 할 수 있도록 하였으며, 해설에서는 **실제 문제를 푸는 순서와 전략에 따라 풀이**하여 해설을 읽는 것만으로도 문제 풀이 방법과 전략 적용 노하우를 자연스럽게 익힐 수 있도록 하였습니다.

*해설집은 **책 속의 책**으로 제공하여 보다 편리하게 학습할 수 있습니다.

해커스의 노하우가 담긴 학습자료를 적극 활용한다!

전문 성우 발음 MP3

17년 연속 토익 베스트셀러

1위 해커스 토익 LISTENING

Part 1 실전 고수되기 | 음원다운

미국 · 캐나다 · 영국 · 호주식 발음을 전문적으로 구사하는 여러 성우들의 음성을 사용하여 국가별 발음에 철저하게 대비할 수 있도록 하였습니다. 또한, 각 코스에 있는 **QR코드**를 이용하여 교재 MP3 파일을 재생할 수 있습니다.

해설 강의

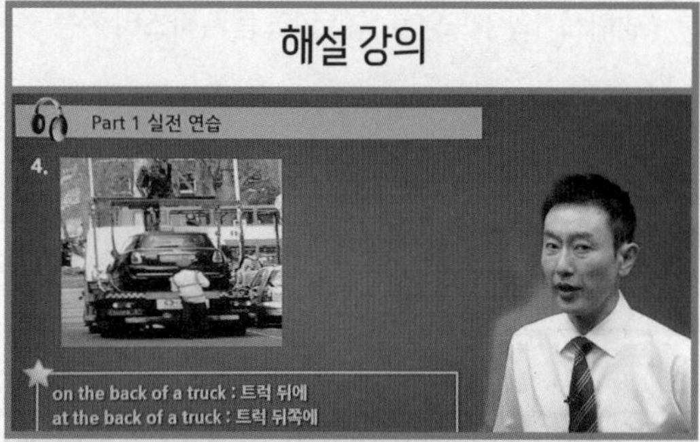

실전 문제 중 실제 시험에서 오답률이 높은 문제와 유사한 문제들에 대한 **해설 강의**를 무료로 제공합니다. **QR코드**를 이용해 어려운 문제들에 대한 해설 강의를 보며 학습할 수 있습니다.

토익 LC 필수 어휘(별책) & 단어암기 MP3

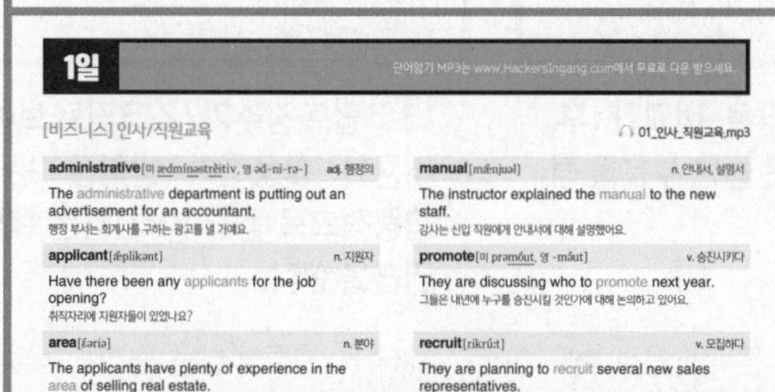

1일 단어암기 MP3는 www.HackersIngang.com에서 무료로 다운 받으세요.

[비즈니스] 인사/직원교육 01_인사_직원교육.mp3

administrative [미 ædmínəstrèitiv, 영 əd-ni-rə-] adj. 행정의
The administrative department is putting out an advertisement for an accountant.
행정 부서는 회계사를 구하는 광고를 낼 거예요.

applicant [ǽplikənt] n. 지원자
Have there been any applicants for the job opening?
취직자리에 지원자들이 있었나요?

area [έəriə] n. 분야
The applicants have plenty of experience in the area of selling real estate.

manual [mǽnjuəl] n. 안내서, 설명서
The instructor explained the manual to the new staff.
강사는 신입 직원에게 안내서에 대해 설명했어요.

promote [미 prəmóut, 영 -máut] v. 승진시키다
They are discussing who to promote next year.
그들은 내년에 누구를 승진시킬 것인가에 대해 논의하고 있어요.

recruit [rikrúːt] v. 모집하다
They are planning to recruit several new sales representatives.

토익 빈출 주제별 핵심 어휘를 30일 동안 학습할 수 있도록 구성하였습니다. 해커스인강(HackersIngang.com)에서 제공하는 **무료 단어암기 MP3**로 이동할 때나 자투리 시간에도 편리하게 단어를 암기할 수 있습니다.

온라인 실전모의고사 2회분

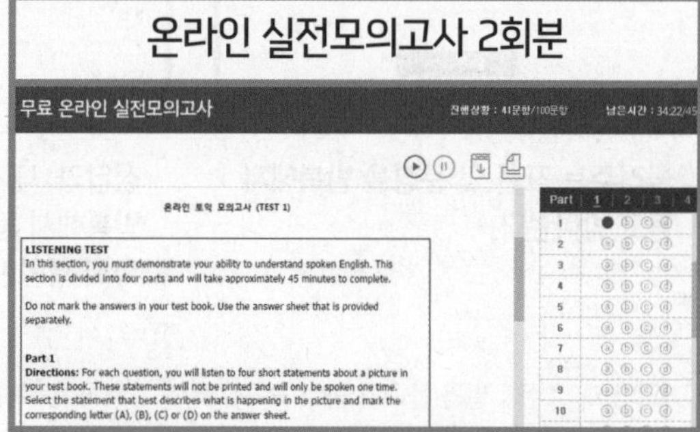

《해커스 토익 LISTENING》 교재로 공부하는 학습자들이 혼자서도 효과적으로 공부할 수 있도록 해커스토익(Hackers.co.kr)에서 **온라인 실전모의고사 2회분**을 제공합니다.

받아쓰기&쉐도잉 프로그램 학습법

받아쓰기&쉐도잉 프로그램이란?

· 해커스 어학연구소에서 자체 제작한 컴퓨터용 프로그램
·《해커스 토익 LISTENING》 교재의 파트별 핵심 문장과 필수 표현 반복 학습 가능
· 받아쓰기와 쉐도잉을 통한 영어 듣기 마스터 가능

학습 방법

제 1단계: 듣고 받아쓰기

들려주는 표현 및 문장을 반복해서 듣고 받아쓴다.

*영국식, 호주식 발음 듣기와 음성 속도 조절 기능을 활용한다.

제 2단계: 정답 확인하기

정답과 내가 쓴 답을 비교한 후, 반복해서 듣고, 잘못 들은 부분을 정확히 확인한다.

*영국식, 호주식 발음 듣기와 음성 속도 조절 기능을 활용한다.

제 3단계: 쉐도잉하기

'스크립트 감추기/스크립트 보이기' 버튼을 활용하여 받아쓴 문장을 집중적으로 듣고 따라 읽는 쉐도잉 연습을 한다.

*영국식, 호주식 발음 듣기와 음성 속도 조절 기능을 활용한다.

기본 구성

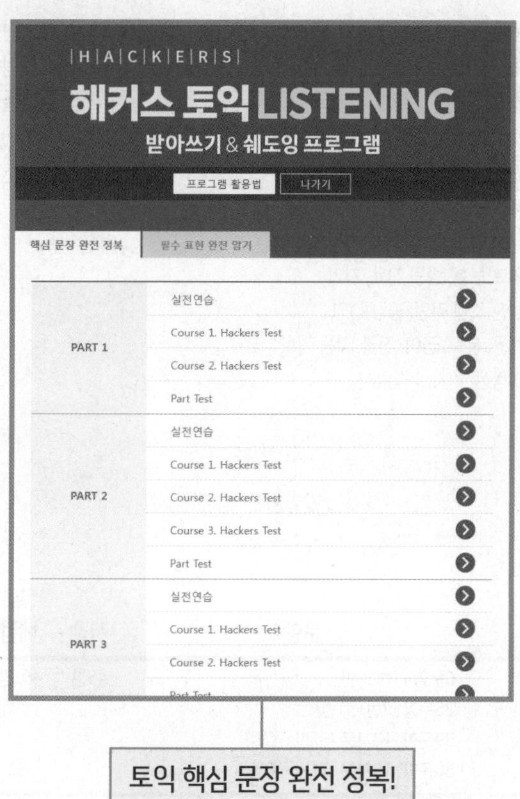

토익 핵심 문장 완전 정복!

H|A|C|K|E|R|S
해커스 토익 LISTENING
받아쓰기 & 쉐도잉 프로그램
프로그램 활용법 나가기
핵심 문장 완전 정복 필수 표현 완전 암기
야외 Expressions
예술 Expressions
스포츠 Expressions
상점 Expressions
식당/호텔 Expressions
사무실 Expressions
회의실/기타 작업실 Expressions
공사장 Expressions
공장/건물외부 Expressions
교통수단 Expressions
가사 Expressions
집 Expressions

토익 필수 표현 완전 암기!

쉐도잉이란?

- Shadow(그림자)에서 유래한 말로 구나 절 단위로 문장을 끊어서 듣고, 그림자처럼 들리는 대로 따라 말하는 영어 학습 방법.
- 쉐도잉을 많이 연습하면 영어의 연음과 억양에 자연스럽게 익숙해지고, 영어를 의미 단위로 빠르게 이해할 수 있어 듣기는 물론 말하기 능력까지 향상 가능!

토익 소개

토익이란 무엇인가?

TOEIC은 Test Of English for International Communication의 약자로 영어가 모국어가 아닌 사람들을 대상으로 언어 본래의 기능인 '커뮤니케이션' 능력에 중점을 두고 일상생활 또는 국제 업무 등에 필요한 실용영어 능력을 평가하는 시험이다. 토익은 일상 생활 및 비즈니스 현장에서 필요로 하는 내용을 평가하기 위해 개발되었고 다음과 같은 실용적인 주제들을 주로 다룬다.

- 협력 개발: 연구, 제품 개발
- 재무 회계: 대출, 투자, 세금, 회계, 은행 업무
- 일반 업무: 계약, 협상, 마케팅, 판매
- 기술 영역: 전기, 공업 기술, 컴퓨터, 실험실
- 사무 영역: 회의, 서류 업무
- 물품 구입: 쇼핑, 물건 주문, 대금 지불
- 식사: 레스토랑, 회식, 만찬
- 문화: 극장, 스포츠, 피크닉
- 건강: 의료 보험, 병원 진료, 치과
- 제조: 생산 조립 라인, 공장 경영
- 직원: 채용, 은퇴, 급여, 진급, 고용 기회
- 주택: 부동산, 이사, 기업 부지

토익 시험의 구성

구성	내용	문항수	시간	배점
Listening Test	**Part 1** | 사진 묘사 **Part 2** | 질의 응답 **Part 3** | 짧은 대화 **Part 4** | 짧은 담화	**6문항** (1번-6번) **25문항** (7번-31번) **39문항, 13지문** (32번-70번) **30문항, 10지문** (71번-100번)	45분	495점
Reading Test	**Part 5** | 단문 빈칸 채우기 (문법/어휘) **Part 6** | 장문 빈칸 채우기 (문법/어휘/문장 고르기) **Part 7** | 지문 독해 - 단일 지문 (Single Passage) - 이중 지문 (Double Passages) - 삼중 지문 (Triple Passages)	**30문항** (101번-130번) **16문항, 4지문** (131번-146번) **54문항, 15지문** (147번-200번) - 29문항, 10지문 (147번-175번) - 10문항, 2지문 (176번-185번) - 15문항, 3지문 (186번-200번)	75분	495점
Total	**7 Parts**	200문항	120분	990점

토익, 접수부터 성적 확인까지!

1. 토익 접수

- 접수 기간을 TOEIC위원회 인터넷 사이트(www.toeic.co.kr) 혹은 공식 애플리케이션에서 확인한다.
- 추가시험은 연중 상시로 시행되니 인터넷으로 확인하고 접수한다.
- 접수 시, jpg형식의 사진 파일이 필요하므로 미리 준비해 둔다.

2. 시험 당일 준비물

신분증

연필&지우개

시계

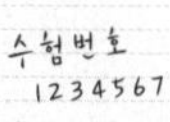

수험번호를 적어 둔 메모

오답노트&토익 LC 필수 어휘

* 시험 당일 신분증이 없으면 시험에 응시할 수 없으므로, 반드시 ETS에서 요구하는 신분증(주민등록증, 운전면허증, 공무원증 등)을 지참해야 한다. ETS에서 인정하는 신분증 종류는 TOEIC위원회 인터넷 사이트(www.toeic.co.kr)에서 확인 가능하다.

3. 시험 진행 순서

정기시험/추가시험(오전)	추가시험(오후)	진행
AM 09:30 - 09:45	PM 2:30 - 2:45	답안지 작성 오리엔테이션
AM 09:45 - 09:50	PM 2:45 - 2:50	쉬는 시간
AM 09:50 - 10:10	PM 2:50 - 3:10	신분 확인 및 문제지 배부
AM 10:10 - 10:55	PM 3:10 - 3:55	듣기 평가(Listening Test)
AM 10:55 - 12:10	PM 3:55 - 5:10	독해 평가(Reading Test)

*추가시험은 토요일 오전 또는 오후에 시행되므로 이 사항도 꼼꼼히 확인한다.
*당일 진행 순서에 대해 더 자세한 내용은 해커스토익 사이트(Hackers.co.kr)에서 확인할 수 있다.

4. 성적 확인

- 시험일로부터 약 10일 이후 TOEIC위원회 인터넷 사이트(www.toeic.co.kr) 혹은 공식 애플리케이션에서 확인한다. (성적 발표 기간은 회차마다 상이함)
- 시험 접수 시, 우편 수령과 온라인 출력 중 성적 수령 방법을 선택할 수 있다.
  *온라인 출력은 성적 발표 즉시 발급 가능하나, 우편 수령은 약 7일가량의 발송 기간이 소요된다.

파트별 문제 유형

Part 1 사진 묘사 (6문제)

■ 사진을 가장 잘 묘사한 문장을 4개의 선택지 중에서 고르는 유형

출제 형태

문제지

1.

음성

Number 1.

Look at the picture marked number one in your test book.

(A) She is writing with a pen.
(B) She is arranging some chairs.
(C) She is opening an envelope.
(D) She is copying some documents.

해설 **1인 사진/사무실 사진**
한 여자가 몸을 구부린 채 무언가를 적고 있는 모습과 주변 사물의 상태를 주의 깊게 살핀다.
(A) [o] 여자가 손에 펜을 쥐고 무언가를 적고 있는 모습을 정확히 묘사한 정답이다.
(B) [×] arranging(정리하고 있다)은 여자의 동작과 무관하므로 오답이다.
(C) [×] opening(열고 있다)은 여자의 동작과 무관하므로 오답이다.
(D) [×] copying(복사하고 있다)은 여자의 동작과 무관하므로 오답이다.

Part 2 질의 응답 (25문제)

■ 영어로 된 질문을 듣고 가장 적절한 응답을 3개의 선택지 중에서 고르는 유형

출제 형태

문제지

7. Mark your answer on your answer sheet.

음성

Number 7.

Who's picking up Mr. Lee from the airport?

(A) It's a good airline.

(B) At the departure gate.

(C) Ellen is supposed to do it.

해설 누가 Mr. Lee를 공항에서 데려올 것인지를 묻는 Who 의문문이다.

(A) [×] airport-airline의 유사 발음 어휘를 사용하여 혼동을 준 오답이다.
(B) [×] airport(공항)와 관련된 departure gate(출발 탑승구)를 사용하여 혼동을 준 오답이다.
(C) [○] Ellen이라는 특정 인물을 언급했으므로 정답이다.

Part 3 짧은 대화 (39문제)

- 두세 사람이 주고받는 대화를 듣고 관련 질문에 대한 정답을 고르는 유형
- 구성: 총 13개의 대화에 39문제 출제 (한 대화 당 세 문제, 일부 대화는 세 문제와 함께 시각 자료가 출제)

출제 형태

문제지

32. What does the man mean when he says, "I'm working on the cost estimates now"?

(A) He requires some assistance.
(B) He has not finished a task.
(C) He is too busy to talk.
(D) He cannot perform research.

33. What is the woman's problem?

(A) A meeting was postponed.
(B) A file was misplaced.
(C) A project was canceled.
(D) A deadline was changed.

34. What will the man most likely do next?

(A) Send some information
(B) Give a presentation
(C) Read some e-mails
(D) Speak with a manager

음성

Questions 32 through 34 refer to the following conversation.

W: Bill, have you finished the research for the property development project yet?

M: I'm working on the cost estimates now.

W: I see. Could you send me what you've done so far? I need to start looking over the information as soon as possible.

M: Sure. What's the rush?

W: I was originally supposed to give a presentation about this project next week, but my manager just told me that I have to do it tomorrow afternoon. I'm worried about whether I can get everything done on time.

M: That's rough. Um, give me a minute and then check your e-mail. The file will include all the data I have.

Number 32. What does the man mean when he says, "I'm working on the cost estimates now"?

Number 33. What is the woman's problem?

Number 34. What will the man most likely do next?

해설 32. 남자가 하는 말의 의도를 묻는 문제이다. 여자가 남자에게 부동산 개발 사업에 대한 조사를 끝냈는지 묻자 남자가 지금 가격 견적을 작업하고 있다고 한 말을 통해 남자가 업무를 다 끝내지 못했음을 말하려는 의도임을 알 수 있다. 따라서 정답은 (B)이다.

33. 여자의 문제점을 묻는 문제이다. 여자가 원래 발표를 다음 주에 하기로 되어 있었는데 그녀의 상사가 내일 오후까지 그것을 해야 한다고 말했다고 하였다. 따라서 정답은 (D)이다.

34. 남자가 다음에 할 일을 묻는 문제이다. 남자가 자신에게 시간을 조금 달라고 한 뒤, 이메일을 확인해 보라고 한 말을 통해 남자가 여자에게 몇몇 정보를 보낼 것임을 알 수 있다. 따라서 정답은 (A)이다.

Part 4 짧은 담화 (30문제)

- 지문을 듣고 관련 질문에 대한 정답을 고르는 유형
- 구성: 총 10개의 지문에 30문제 출제 (한 지문 당 세 문제 출제, 일부 지문은 세 문제와 함께 시각 자료가 출제)

출제 형태

문제지

	Artwork	Artist
1	*Glass Houses*	Jasmine Farhadi
2	*A Million Pieces*	Lila Abdi
3	*The Break*	Amir Hamidi
4	*Time is Up*	Mahan Javadi

71. What is the purpose of the talk?
(A) To discuss painting techniques
(B) To introduce a new artist
(C) To describe a gallery's layout
(D) To explain an art exhibit

72. What are the listeners asked to do?
(A) Watch a presentation
(B) Read an artist's statement
(C) Make comments about a painting
(D) Show an identification card

73. Look at the graphic. Who will be the first artist to present their work?
(A) Jasmine Farhadi
(B) Lila Abdi
(C) Amir Hamidi
(D) Mahan Javadi

음성

Questions 71 through 73 refer to the following talk and program.

Welcome to the Maryvale Art Gallery. You've been invited to a special press preview of our latest exhibit. Its title is *Future Hope*, and it includes the works of several Middle Eastern artists. They are here today to talk about what inspired them. We're about to enter the gallery, so please have your press passes ready to show me. Just to let you know, Jasmine Farhadi's work isn't set up yet, so we'll start the tour with *A Million Pieces*. Hopefully *Glass Houses* will be ready before lunchtime.

Number 71. What is the purpose of the talk?
Number 72. What are the listeners asked to do?
Number 73. Look at the graphic. Who will be the first artist to present their work?

해설

71. 지문의 목적을 묻는 문제이다. "You've been invited to a special press preview of our latest exhibit."이라며 최신 전시회의 특별 기자 시사회에 초대되었다고 한 뒤, 전시회에 대한 전반적인 설명을 하였다. 따라서 정답은 (D)이다.

72. 청자들이 하도록 요청 받은 것을 묻는 문제이다. "We're about to enter the gallery, so please have your press passes ready to show me."라며 미술관으로 입장할 예정이니 기자 출입증을 보여줄 준비를 하라고 하였다. 따라서 정답은 (D)이다.

73. 작품을 발표할 첫 번째 예술가가 누구일지 묻는 문제이므로, 제시된 일정표의 정보를 확인한 뒤 질문의 핵심어구(first artist)와 관련된 내용을 주의 깊게 듣는다. "Jasmine Farhadi's work isn't set up yet, so we'll start the tour with *A Million Pieces*"라며 Jasmine Farhadi의 작품이 아직 설치되지 않아서 *A Million Pieces*로 투어를 시작할 것이라고 하였다. 따라서 정답은 (B)이다.

학습 성향별 맞춤 공부 방법

*학습 플랜은 22페이지와 23페이지에 수록되어 있습니다.

개별학습 혼자서 공부할 때 가장 집중이 잘 된다!

1. 나만의 학습 플랜을 세운다!

'수준별 맞춤 학습 방법(p.20)'을 통해 학습 플랜을 선택하고, 학습 플랜에 맞는 목표와 학습 일정을 꼼꼼히 적는다.

2. 파트별 유형을 익히고 실전 문제를 푼다!

학습 플랜에 따라, 각 파트의 유형과 핵심 전략을 익히고, Example과 Hackers Practice에서 적용해본다. 학습 내용을 바탕으로 Hackers Test, Part Test를 실전처럼 풀면서 실전 감각을 키운다.

3. 받아쓰기&쉐도잉 프로그램과 토익 LC 필수 어휘(별책)로 마무리한다!

그날 학습 분량을 마친 후, 받아쓰기&쉐도잉 프로그램으로 핵심 문장과 필수 표현을 복습하고, 그날 학습해야 할 토익 LC 필수 어휘(별책) 분량으로 어휘 능력을 탄탄히 한다.

* 해커스토익 사이트(Hackers.co.kr)의 『교재/무료MP3』 → 『교재 Q&A』에서 궁금한 사항을 질문할 수 있습니다.

스터디학습 다른 사람과 함께 공부할 때 더 열심히 한다!

1. 개별 예습으로 스터디를 준비한다!

스터디원들끼리 정한 학습 플랜의 진도에 따라 개별적으로 각 파트의 유형과 핵심 전략, Example, Hackers Practice를 예습한다. 그날 학습할 토익 LC 필수 어휘(별책)의 단어도 미리 외운다.

2. 토론학습으로 완벽하게 이해한다!

스터디는 단어 암기 미니 테스트로 시작한다. Hackers Test, Part Test를 다같이 실전처럼 풀어본 후, 틀렸거나 잘 모르는 문제는 토론을 통해 완벽하게 이해한다.

3. 받아쓰기&쉐도잉 프로그램과 토익 LC 필수 어휘(별책)로 개별 복습한다!

스터디가 끝난 후, 받아쓰기&쉐도잉 프로그램과 토익 LC 필수 어휘(별책)로 개별 복습한다.

* 해커스토익 사이트(Hackers.co.kr)의 『해티즌/제2외국어』 → 『스터디모집 게시판』에서 스터디를 결성할 수 있고, 『교재/무료MP3』 → 『교재 Q&A』에서 궁금한 사항을 질문할 수 있습니다.

동영상학습 원하는 시간, 원하는 장소에서 강의를 듣고 싶다!

1. 동영상강의 학습 플랜을 세운다!

해커스인강 사이트(HackersIngang.com)에서 『샘플강의보기』를 통해 강의를 미리 둘러보고, 『스터디플랜』을 통해 자신의 학습 계획을 세운다.

2. 마이클래스에서 집중해서 강의를 듣는다!

학습 플랜에 따라 오늘 공부해야 할 강의를 집중해서 듣고, 『마이클래스』 메뉴의 단어장과 메모장을 활용한다.

3. 『선생님께 질문하기』를 적극 활용한다!

강의를 듣다가 모르는 부분이 있거나 질문할 것이 생기면 『선생님께 질문하기』를 이용하여 확실히 이해하도록 한다.

학원학습 선생님의 강의를 직접 들을 때 가장 효과적이다!

1. 100% 출석을 목표로 한다!

자신의 스케줄에 맞는 수업을 등록하고, 개강일부터 종강일까지 100% 출석을 목표로 빠짐없이 수업에 참여한다. 스터디가 진행되는 수업의 경우, 스터디도 반드시 참여한다.

2. 예습과 복습을 철저히 한다!

수업 전에 미리 그날 배울 표현, 단어 등을 훑어본다. 수업이 끝난 후, 받아쓰기&쉐도잉 프로그램과 토익 LC 필수 어휘(별책), 오답노트를 통해 스스로 복습한다.

3. 수업자료들을 적극 활용한다!

학원 진도에 맞춰 수업을 듣고, 선생님이 나눠 주는 학습자료를 적극 활용한다.

* 해커스토익 사이트(Hackers.co.kr)의 『교재/무료MP3』 → 『교재 Q&A』에서 궁금한 사항을 질문할 수 있습니다.
* 해커스어학원 수강생은 해커스어학원 사이트(Hackers.ac)의 『반별게시판』에서 선생님이 올려 주는 학습자료를 다운받을 수 있습니다.

수준별 맞춤 학습 방법

*25페이지의 진단고사를 본 후, 본인이 맞은 개수에 해당하는 레벨의 학습방법을 참고하시면 됩니다.
*학습 플랜은 22페이지와 23페이지에 수록되어 있습니다.

Level 1 진단고사 22개 미만

나는야 초보! 그러나 해커스와 함께라면 초보 탈출은 문제 없다!

추천 플랜 | 학습 플랜 A

학습 방법 | 빈출 표현을 무조건 암기하자!

1. 학습 플랜에 따라 각 페이지의 설명을 꼼꼼하게 읽고 문장 및 표현을 암기합니다.
2. 한 문제씩 끊어가며 Example, Hackers Practice, Hackers Test, Part Test에 실린 문제들을 앞에서 익힌 전략과 표현을 기억하여 듣고 푸는 연습을 합니다.
3. 해설집과 토익 LC 필수 어휘(별책)로 꼼꼼하게 학습한 후, 받아쓰기&쉐도잉 프로그램으로 핵심 문장과 필수 표현을 완전히 암기합니다.

Level 2 진단고사 23~35개

이제 점수 좀 올려볼까? 중수로 발돋움 한다!

추천 플랜 | 학습 플랜 A

학습 방법 | 문제 풀이 전략을 꼼꼼히 익히자!

1. 학습 플랜에 따라 각 페이지의 설명과 문장 및 표현을 꼼꼼하게 학습합니다.
2. Example, Hackers Practice, Hackers Test, Part Test에 실린 문제들을 앞에서 익힌 전략을 유념하고 적용시켜 한번에 푸는 연습을 합니다.
3. 틀린 문제는 반드시 다시 한번 들으면서 어느 부분을 놓쳤는지를 확실하게 학습한 후, 받아쓰기&쉐도잉 프로그램으로 반복 학습합니다. 토익 LC 필수 어휘(별책)로 단어를 학습합니다.

Level 3 진단고사 36~45개

어중간한 점수대는 이제 그만! 토익의 고수가 되고 싶다!

추천 플랜 | 학습 플랜 B

학습 방법 | 실전 감각을 최대한으로 끌어올리자!

1. 학습 플랜에 따라 각 페이지에서 생소한 표현을 반드시 따로 정리합니다.
2. Example, Hackers Practice, Hackers Test, Part Test에 실린 문제들을 풀되, 헷갈리거나 어려운 문제들을 따로 표시해가면서 풉니다.
3. 틀렸거나 표시해 둔 문제들을 다시 한번 들으면서 표현과 발음을 꼼꼼히 확인하고, 영국식/호주식 발음이 포함된 받아쓰기&쉐도잉 프로그램으로 다양한 발음과 표현을 학습합니다. 토익 LC 필수 어휘(별책)로 단어를 학습합니다.

Level 4 진단고사 46~50개

해커스 토익과 함께 만점으로 토익을 졸업한다!

추천 플랜 | 학습 플랜 B

학습 방법 | 틀린 문제 위주로 유형별 문제 풀이 전략을 마스터하자!

1. 학습 플랜에 따라 각 페이지를 훑으며 생소한 표현을 확실하게 정리합니다.
2. Example, Hackers Practice, Hackers Test, Part Test에 실린 문제들을 실전처럼 풀되, 잘 들리지 않거나 정답이 헷갈리는 문제들은 따로 표시를 해둡니다.
3. 틀렸거나 표시해 둔 문제들을 다시 한번 들으면서 꼼꼼히 확인하고, 토익 LC 필수 어휘(별책)로 모르는 단어를 확실하게 정리합니다. 받아쓰기&쉐도잉 프로그램으로 마무리합니다.

해커스 학습 플랜

학습 플랜 A 파트별 학습법 (Part 1 → Part 2 → Part 3 → Part 4)

	1st Day	2nd Day	3rd Day	4th Day	5th Day	6th Day	7th Day
1st week	진단고사~ Part 1 기본 다지기 (p.25~51)	Part 1 Course 1-1 ~ Hackers Test (p.56~69)	Part 1 Course 2-1 ~ Course 2-3 (p.70~81)	Part 1 Course 2-4 ~ Hackers Test (p.82~95)	Part 1 Part Test (p.96~98)	Part 1 복습	Part 2 기본 다지기 (p.102~108)
2nd week	Part 2 Course 1-1 ~ Course 1-4 (p.114~121)	Part 2 Course 1-5 ~ Hackers Test (p.122~128)	Part 2 Course 2-1 ~ Hackers Test (p.130~138)	Part 2 Course 3-1 ~ Hackers Test (p.140~148)	Part 2 Part Test (p.149)	Part 2 복습	Part 3 기본 다지기 (p.154~167)
3rd week	Part 3 Course 1-1 ~ Course 1-5 (p.172~183)	Part 3 Course 1-6 ~ Hackers Test (p.184~197)	Part 3 Course 2-1 ~ Hackers Test (p.198~219)	Part 3 Part Test (p.220~223)	Part 3 복습	Part 4 기본 다지기 (p.228~237)	Part 4 Course 1-1 ~ Course 1-5 (p.240~249)
4th week	Part 4 Course 1-6 ~ Hackers Test (p.250~261)	Part 4 Course 2-1 ~ Course 2-5 (p.262~281)	Part 4 Course 2-6 ~ Hackers Test (p.282~299)	Part 4 Part Test (p.300~302)	Part 4 복습	실전모의고사 1 (p.304~315)	실전모의고사 2 (p.316~327)

* 2주 동안에 단기로 책을 완성하고 싶으시면 이틀 분량을 하루 동안에 학습하면 됩니다.

* 8주 동안 완성을 원할 경우 위의 표에서 하루 분량을 이틀에 걸쳐서 학습하면 됩니다.

학습 플랜 B 파트 혼합 학습법 (Part 1 + Part 2 + Part 3 + Part 4)

	1st Day	2nd Day	3rd Day	4th Day	5th Day	6th Day	7th Day
1st week	진단고사~ Part 1 기본 다지기 (p.25~51)	Part 2 기본 다지기 (p.102~108)	Part 3 기본 다지기 (p.154~167)	Part 4 기본 다지기 (p.228~237)	Part 1 Course 1-1 ~ Hackers Test (p.56~69)	Part 2 Course 1-1 ~ Course 1-4 (p.114~121)	1주 내용 복습
2nd week	Part 3 Course 1-1 ~ Course 1-5 (p.172~183)	Part 4 Course 1-1 ~ Course 1-5 (p.240~249)	Part 1 Course 2-1 ~ Course 2-3 (p.70~81)	Part 2 Course 1-5 ~ Hackers Test (p.122~128)	Part 3 Course 1-6 ~ Hackers Test (p.184~197)	Part 4 Course 1-6 ~ Hackers Test (p.250~261)	2주 내용 복습
3rd week	Part 1 Course 2-4 ~ Hackers Test (p.82~95)	Part 2 Course 2-1 ~ Hackers Test (p.130~138)	Part 2 Course 3-1 ~ Hackers Test (p.140~148)	Part 3 Course 2-1 ~ Hackers Test (p.198~219)	Part 4 Course 2-1 ~ Course 2-5 (p.262~281)	Part 4 Course 2-6 ~ Hackers Test (p.282~299)	3주 내용 복습
4th week	Part 1 Part Test (p.96~98)	Part 2 Part Test (p.149)	Part 3 Part Test (p.220~223)	Part 4 Part Test (p.300~302)	실전모의고사 1 (p.304~315)	실전모의고사 2 (p.316~327)	4주 내용 복습

* 2주 동안에 단기로 책을 완성하고 싶으시면 이틀 분량을 하루 동안에 학습하면 됩니다.
* 8주 동안 완성을 원할 경우 위의 표에서 하루 분량을 이틀에 걸쳐서 학습하면 됩니다.

Hackers TOEIC Listening

진단고사

★ 실제 토익 리스닝 시험과 유사한 진단고사를 통해 본인의 실력을 평가해 보고, 본인에게 맞는 학습방법(p.20~21)으로 본 교재를 학습합니다.

★ 진단고사 무료 해설 강의(HackersIngang.com)를 활용하여 틀렸거나 잘 이해되지 않는 문제를 복습합니다.

* 교재 p.337에 수록된 Answer sheet를 활용하여 실제 시험처럼 풀어 보세요.

◂ 해커스 스타강사의 무료 해설 바로 보기 (1~50번 문제)

*이 진단고사는 실제 시험(100문제)의 절반인 50문제로 구성되어 있습니다.

◂ 무료 MP3 바로 듣기

진단고사

LISTENING TEST

In this section, you must demonstrate your ability to understand spoken English. This section is divided into four parts and will take approximately 25 minutes to complete.

Part 1

Directions: For each question, you will listen to four short statements about a picture in your test book. These statements will not be printed and will only be spoken one time. Select the statement that best describes what is happening in the picture and mark the corresponding letter (A), (B), (C) or (D) on the answer sheet.

Sample Answer

The statement that best describes the picture is (B), "The man is sitting at the desk." So, you should mark letter (B) on the answer sheet.

1.

2.

GO ON TO THE NEXT PAGE

3.

Part 2

Directions: For each question, you will listen to a statement or question followed by three possible responses spoken in English. They will not be printed and will only be spoken one time. Select the best response and mark the corresponding letter (A), (B), or (C) on your answer sheet.

4. Mark your answer on your answer sheet.

5. Mark your answer on your answer sheet.

6. Mark your answer on your answer sheet.

7. Mark your answer on your answer sheet.

8. Mark your answer on your answer sheet.

9. Mark your answer on your answer sheet.

10. Mark your answer on your answer sheet.

11. Mark your answer on your answer sheet.

12. Mark your answer on your answer sheet.

13. Mark your answer on your answer sheet.

14. Mark your answer on your answer sheet.

GO ON TO THE NEXT PAGE

Part 3

Directions: In this part, you will listen to several conversations between two or more speakers. These conversations will not be printed and will only be spoken one time. For each conversation, you will be asked to answer three questions. Select the best response and mark the corresponding letter (A), (B), (C), or (D).

15. Where does the man probably work?
(A) At a tour agency
(B) At a dental clinic
(C) At a pharmacy
(D) At a school

16. Why is Dr. Sellers unavailable on Saturday?
(A) He will take a holiday.
(B) He is meeting a patient.
(C) He is traveling for business.
(D) He will attend a workshop.

17. What does the man ask the woman to do?
(A) Bring a health card
(B) Arrive at an earlier time
(C) Pick up laboratory results
(D) Fill out a form

---

18. Where is the conversation taking place?
(A) At a dining establishment
(B) At a recycling center
(C) At a farmer's market
(D) At a processing plant

19. What should the man place in the blue cart?
(A) Mechanical parts
(B) Paper wrapping
(C) Plastic waste
(D) Faulty packages

20. Who most likely is Ms. Anderson?
(A) A potential client
(B) A section manager
(C) A new intern
(D) A legal advisor

---

21. Where do the speakers most likely work?
(A) At a bank
(B) At a gym
(C) At a hotel
(D) At a store

22. What does the woman mean when she says, "A man called earlier about being overcharged"?
(A) An issue has occurred before.
(B) A bill has not been paid.
(C) A manager is frustrated.
(D) A complaint has been handled.

23. What did the woman do this morning?
(A) Purchased a device
(B) Updated some software
(C) Contacted a technician
(D) Reviewed some records

---

24. According to the woman, what did Jamal do?
(A) Made a reservation
(B) Toured a beach house
(C) Collected money from people
(D) Spoke to a travel agent

25. Why does the woman want to go online?
(A) To compare rental rates
(B) To confirm a booking
(C) To research some attractions
(D) To read some hotel reviews

26. What does the man suggest?
(A) Driving a vehicle
(B) Sending a message
(C) Attending a concert
(D) Visiting a park

---

27. What is the problem?
(A) A water pipe needs to be replaced.
(B) An appliance is malfunctioning.
(C) A machine hasn't been delivered yet.
(D) An appointment was missed by a technician.

28. What does the woman offer to do?
(A) Extend a warranty
(B) Deliver a new product
(C) Send a repairperson
(D) Stop by a residence

29. What will probably happen next?
(A) An invoice will be sent.
(B) Payment will be made.
(C) Personal information will be given.
(D) A call will be connected to a manager.

---

30. Who most likely is the man?
(A) A chef
(B) An inspector
(C) A building owner
(D) An interior designer

31. What is the problem?
(A) A gas leak has not been repaired.
(B) A kitchen needs to be properly cleaned.
(C) A stove has not been connected.
(D) An oven is too large for a space.

32. What does the man plan to do on Friday?
(A) Return to a business
(B) Respond to some messages
(C) Prepare a dish
(D) Conduct some interviews

Beijing Bus Schedule	
Bus	Next Departure
225	2:20 P.M.
348	2:30 P.M.
654	2:40 P.M.
779	2:50 P.M.

33. Why does the woman need to go to the Art District?
(A) To attend a gallery opening
(B) To stay at a hotel
(C) To meet with her Chinese teacher
(D) To watch a performance

34. Look at the graphic. When will the woman's bus depart?
(A) At 2:20 P.M.
(B) At 2:30 P.M.
(C) At 2:40 P.M.
(D) At 2:50 P.M.

35. What does the woman say she will do?
(A) Exchange some currency
(B) Write down some directions
(C) Buy a new pass
(D) Head to a pick-up area

GO ON TO THE NEXT PAGE

Part 4

Directions: In this part, you will listen to several short talks by a single speaker. These talks will not be printed and will only be spoken one time. For each talk, you will be asked to answer three questions. Select the best response and mark the corresponding letter (A), (B), (C), or (D).

36. What is being advertised?
(A) A musical album
(B) A restaurant franchise
(C) A radio program
(D) A documentary film

37. What does the speaker say about Sebastian Murdoch?
(A) He has launched a business.
(B) He already gave an interview.
(C) He founded a group.
(D) He has received an award.

38. What will the listeners hear next?
(A) A traffic update
(B) A weather report
(C) An interview
(D) An announcement

---

39. What is the purpose of the call?
(A) To apologize to a manager
(B) To express gratitude
(C) To invite a colleague on a trip
(D) To inquire about a procedure

40. Why did the speaker miss her shift yesterday afternoon?
(A) She had to meet someone at the airport.
(B) She had problems returning from a trip.
(C) She needed to collect a travel document.
(D) She had difficulty finding a building.

41. What does the speaker offer to do?
(A) Cover a work shift
(B) Deliver a gift
(C) Contact a tour agency
(D) Pick up a passport

---

42. Who most likely are the listeners?
(A) Customer service representatives
(B) Mobile game developers
(C) Operations managers
(D) Factory workers

43. What will the listeners do on Wednesday?
(A) Visit a company's headquarters
(B) Learn how to operate a device
(C) Analyze a technical report
(D) Register for an upcoming seminar

44. What does the speaker imply when he says, "Other staff members didn't have any problems"?
(A) A period is sufficient.
(B) A process is mandatory.
(C) An experience is beneficial.
(D) A schedule is flexible.

---

45. Who most likely is the speaker?
(A) A stylist
(B) An artist
(C) A magazine employee
(D) A restaurant owner

46. What does the speaker say about Diana Rogan?
(A) She will write some articles.
(B) She will oversee an upcoming project.
(C) She prepared some food.
(D) She worked at international events.

47. What will happen in Conference Room A?
(A) A lunch will be held.
(B) An interview will begin.
(C) Photographs will be taken.
(D) Projects will be discussed.

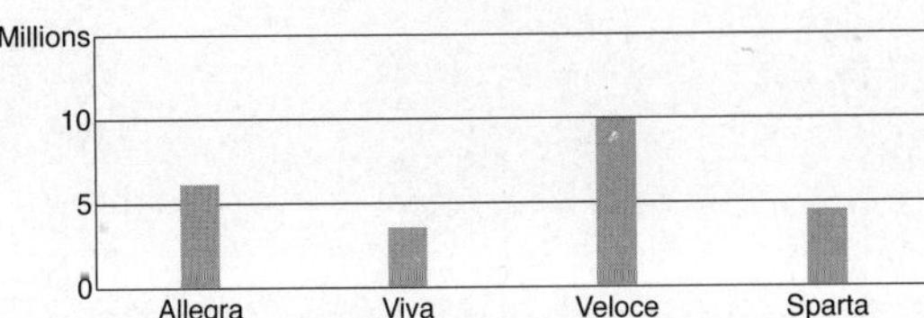

48. What does the speaker say about the clothing business?
(A) It has operated for a year.
(B) It has begun a new campaign.
(C) It exceeded its sales goals.
(D) It plans to open a new store.

49. Look at the graphic. Which clothing collection targets business professionals?
(A) Allegra
(B) Viva
(C) Veloce
(D) Sparta

50. What does the speaker want the listeners to do?
(A) Test some new merchandise
(B) Create marketing plans
(C) Send surveys to customers
(D) Summarize a report

• 채점 후 p.20을 보고 본인의 맞은 개수에 해당하는 학습 방법을 참고하세요.
• 진단고사 무료 해설강의가 해커스 동영상강의 포털 해커스인강 사이트 (www.HackersIngang.com)에서 제공됩니다.

정답·해석·해설 p.2

해커스 스타강사의 ▸
무료 해설 바로 보기
(1~50번 문제)

PART 1

기본 다지기

실전 고수되기

출제 경향 및 고득점 전략

Part 1은 사진 묘사 능력을 측정하는 파트로, 주어진 네 개의 선택지 가운데 사진 상황을 가장 잘 묘사한 것을 선택하는 문제이다. 총 6문제가 출제되며, 다른 파트에 비해 비교적 정답을 찾기가 쉽다.

출제 경향

1. 사람이 등장하는 사진의 출제 빈도가 높다.

Part 1에 출제되는 사진 유형은 크게 사람이 등장하는 사진과 사물 및 풍경 사진으로 분류할 수 있는데, 그 중 사람이 등장하는 사진의 출제 빈도가 높다. 6문제 중 평균 4~5문제 정도 출제된다.

2. 상태를 묘사하는 문제가 자주 출제된다.

Part 1에 출제되는 정답 유형 중 사람이나 사물의 상태를 묘사하는 정답이 출제 빈도가 높다. 특히 사물의 경우 사물의 상태나 위치를 주로 수동태 표현으로 묘사해 출제된다.

3. 다양한 사물 표현들이 출제된다.

사진에 등장하는 사물을 묘사하는 표현들이 다양하게 출제된다. 예를 들어 The contents of a carton, A tiled floor, Coils of rope와 같은 사물 표현들이 출제되기도 하고, 한 문제의 선택지 4개에 A pair of loudspeakers, Some artwork, Curtains, A chair처럼 다양한 사물 주어가 사용되기도 한다.

4. 상당히 긴 문장으로 이루어진 선택지가 출제된다.

Part 1에서 문장이 취할 수 있는 모든 구성 요소를 담고 있는 '주어 + 동사 + 목적어 + 전치사구' 형태의 긴 문장이 출제된다. 이때 The position of the microphone처럼 긴 주어가 사용되기도 하고, 문장 끝에 along the edge of the road나 on display by a shop entrance와 같이 긴 전치사구가 추가되어 문장이 길어지는 경우도 있다. 특히 Part 1의 후반부 문제에서 이 현상이 두드러진다.

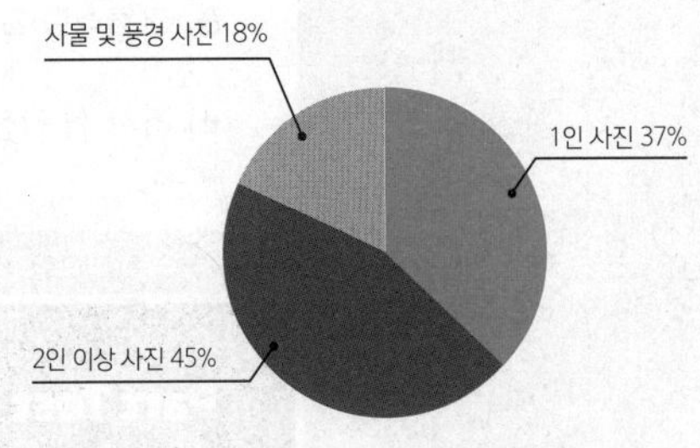

문제 풀이 전략

Strategy 1 사진의 상황에 가장 가까운 선택지를 선택한다.
Part 1은 사진을 완벽하게 묘사한 선택지를 선택하는 문제가 아닌 가장 잘 묘사한 선택지를 선택하는 문제이다. 따라서 사진과 정확하게 일치하는 선택지가 없을 경우, 사진의 상황에 가장 가까운 선택지를 선택하도록 한다.

Strategy 2 사진에 등장한 사람과 사물을 미리 확인한다.
선택지를 듣기 전에 사진에 등장한 사람의 성별 및 인원과 사물의 종류를 먼저 확인하여 선택지에 사용될 주어를 미리 예상한다. 또한 사람의 동작이나 상태 그리고 사물의 상태를 확인하면서 관련 표현을 미리 연상하면 보다 정확하게 선택지를 들을 수 있다.

Strategy 3 정답과 오답을 표시해가며 듣는다.
네 개의 선택지를 모두 듣고 난 후 정답을 고르려 하지 말고, 각 선택지를 들을 때마다 정답인지 오답인지 표시하면서 정답을 선택한다. 보통 정답으로 가장 확실한 선택지에 ○, 정답 판정이 불확실한 선택지에 △, 오답이 확실한 선택지에 ×로 표시한다.

고득점 학습 전략

Strategy 1 사람이 등장한 사진은 동작을 나타내는 표현을 익힌다.
사람이 등장한 사진은 동작을 나타내는 표현에 따라 대부분 정답 여부를 결정할 수 있다. 따라서 Part 1에서 사람의 동작을 나타내기 위해 사용되는 다양한 형태의 구문을 철저히 학습하도록 한다.

Strategy 2 사물 사진은 사물의 위치 및 상태를 나타내는 표현을 익힌다.
사물이 등장한 사진은 각 사물의 위치 및 상태에 따라 정답 여부를 결정할 수 있다. 따라서 Part 1에서 사물의 위치 및 상태를 나타내기 위해 사용되는 다양한 형태의 구문을 철저히 학습하도록 한다.

Strategy 3 혼동하기 쉬운 어휘 표현들을 익힌다.
Part 1에서는 발음이나 모양이 유사한 어휘들, 또는 다양한 의미를 가진 단어들을 오답으로 출제하여 혼동을 주는 경우가 있으므로 이러한 어휘들을 듣고 구분할 수 있도록 철저히 익혀둔다.

Strategy 4 토익 LC 필수 어휘(별책)와 받아쓰기&쉐도잉 프로그램을 통해 핵심 표현에 대한 듣기 연습을 한다.
Part 1에서는 다양한 표현을 듣고 이해하는 것이 중요하므로, 토익 LC 필수 어휘(별책)의 다양한 표현을 여러 번 들으면서 익히고, 받아쓰기&쉐도잉 프로그램으로 문장을 받아쓰고 쉐도잉하면서 직청직해 능력을 키운다.

◀ 무료 MP3 바로 듣기

01 상태를 표현하는 구문 익히기

Part 1에 자주 등장하는 구문은 크게 상태를 묘사하는 구문과 동작을 묘사하는 구문으로 나누어지는데, 그 중 상태를 묘사하는 구문은 사진 속 사물의 위치 및 상태, 사람의 정적인 동작 및 자세, 옷차림 등을 나타낼 때 자주 쓰인다.

1. Be 동사 + 전치사구 / There + Be 동사 구문

Be 동사 + 전치사구와 There + Be 동사 구문은 Part 1에서 주로 사물의 위치 및 상태를 나타낼 때 쓰이는 표현이다.

Let's Listen! P1_기본_01

형태 주어 + Be 동사 + 전치사구
There + Be 동사 + 사물(사람) + 전치사구/분사구

의미 주어가 ~에 있다. 주어가 ~한 상태로 있다.

Grass is on the ground.
잔디가 땅에 있다.

There are picnic tables under the trees.
나무들 아래에 피크닉 테이블들이 있다.

Let's Check! P1_기본_02

다음 핵심 문장을 듣고 그 의미로 알맞은 것을 고른 후, 빈칸을 채워보자. (미국/캐나다, 영국, 호주식 발음으로 세 번 들려줍니다.)

1 (A) 여자가 남자보다 앞서 있다.
(B) 남자가 여자보다 앞서 있다.
→The man ________ in a race.

2 (A) 침대의 양쪽에 램프가 놓여 있다.
(B) 침대의 한쪽에 램프가 놓여 있다.
→There is ________.

3 (A) 트럭이 차고로 후진해 들어가고 있다.
(B) 트럭 한 대가 뒤뜰에 있다.
→A truck ________.

4 (A) 식당 좌석이 모두 차 있다.
(B) 식당에 빈 좌석이 많이 있다.
→________ in the restaurant.

5 (A) 건물들이 서로 마주보고 있다.
(B) 건물들이 나란히 있다.
→The buildings ________.

6 (A) 그림 액자가 선반 위에 있다.
(B) 그림 액자가 선반 아래에 있다.
→A framed picture ________.

7 (A) 차량들이 다리 반대편에 있다.
(B) 차량들이 다리 위에 있다.
→The vehicles ________.

8 (A) 책상 옆에 쓰레기통이 있다.
(B) 책상 맞은 편에 쓰레기통이 있다.
→There is ________.

9 (A) 집에 창문이 매우 많다.
(B) 집에 창문이 하나도 없다.
→There is ________.

10 (A) 자동차들이 나란히 달리고 있다.
(B) 자동차들이 여러 줄로 늘어서 있다.
→There are ________.

정답·해석·해설 p.12

2. 상태를 나타내는 진행형

상태를 나타내는 진행형은 주로 자동사의 진행형이나 정적인 동작을 나타내는 타동사의 진행형을 말하는 것으로, Part 1에서는 사람의 정적인 자세나 외양 그리고 사물의 상태를 나타낼 때 자주 쓰인다.

Let's Listen! P1_기본_03

형태 주어 + Be 동사 +
- 자동사의 ~ing형 ex) lie, smile, lean, hang, sit, relax, etc.
- 정적인 타동사의 ~ing형 ex) face, wear, enjoy, attend, etc.
- being p.p.형 ex) display, cast, exhibit, build, renovate, etc.

의미 주어는 ~인 상태이다. 주어는 ~하고 있는 상태이다.

He's wearing gloves/a cap/glasses.
그는 장갑을 끼고 있다/모자를 쓰고 있다/안경을 쓰고 있다.

Let's Check! P1_기본_04

다음 핵심 문장을 듣고 그 의미로 알맞은 것을 고른 후, 빈칸을 채워보자. (미국/캐나다, 영국, 호주식 발음으로 세 번 들려줍니다.)

1 (A) 개가 잔디 위를 달리고 있다.
(B) 개가 잔디 위에 누워 있다.
→ The dog ______________.

2 (A) 그들은 같은 방향을 바라보고 있다.
(B) 그들은 서로 마주보고 있다.
→ They're ______________.

3 (A) 짐들이 시야를 가리고 있다.
(B) 짐들이 통로를 막고 있다.
→ Some luggage ______________.

4 (A) 사람들이 운동을 하고 있다.
(B) 사람들이 워크숍 장소에 모여 있다.
→ Some people ______________.

5 (A) 남자는 나무 아래에서 쉬고 있다.
(B) 남자는 나무에 팻말을 걸고 있다.
→ The man ______________.

6 (A) 그들은 난간을 붙잡고 있다.
(B) 그들은 난간에 기대고 있다.
→ They're ______________ the railing.

7 (A) 사람들이 둘러앉아 있다.
(B) 사람들이 탁자에 앉아 있다.
→ They're ______________.

8 (A) 강연이 강당에서 준비되고 있다.
(B) 강연이 강당에서 열리고 있다.
→ A lecture ______________.

9 (A) 꽃이 정원에 심어지고 있다.
(B) 꽃이 정원에서 자라고 있다.
→ Some flowers ______________.

10 (A) 조각품이 미술관에 전시되어 있다.
(B) 조각품이 만들어지고 있다.
→ A sculpture ______________.

정답·해석·해설 p.12

3. 현재 완료

현재 완료는 사진 속 사람이나 사물의 상태를 나타낼 때 쓰이는 구문으로, 주로 교통수단을 비롯한 사물의 정지 상태를 표현할 때 자주 쓰인다.

Let's Listen! P1_기본_05

형태 주어 + have + p.p.

의미 주어는 ~했다. ~되어 있다. (과거부터 현재까지의 상태)

A bus has stopped on the street.
버스 한 대가 길에 멈춰 서 있다.

Passengers have lined up near a bus.
승객들이 버스 근처에 줄 서 있다.

Let's Check! P1_기본_06

다음 핵심 문장을 듣고 그 의미로 알맞은 것을 고른 후, 빈칸을 채워보자. (미국/캐나다, 영국, 호주식 발음으로 세 번 들려줍니다.)

1 (A) 여자가 여행 가방을 꾸렸다.
(B) 여자가 여행 가방을 열었다.
→A woman ______________.

2 (A) 잎들이 보도 위에 떨어져 있다.
(B) 잎들이 보도에서 쓸리고 있다.
→Some leaves ______________.

3 (A) 비행기가 활주로에 있다.
(B) 비행기가 하늘로 날아오르고 있다.
→An airplane ______________.

4 (A) 웨이터가 테이블 점검을 마쳤다.
(B) 웨이터가 계산서를 테이블로 가지고 왔다.
→The waiter ________ to the table.

5 (A) 배가 부두에 대어져 있다.
(B) 배가 부두를 떠나고 있다.
→A ship ______________.

6 (A) 사람들이 회의실에 모여 있다.
(B) 사람들이 막 회의를 끝냈다.
→A group ______________.

7 (A) 나뭇잎이 다 떨어졌다.
(B) 나무에 잎이 무성하다.
→The tree ______________.

8 (A) 버스가 신호등을 지나가고 있다.
(B) 버스가 신호등 앞에 서 있다.
→A bus ______________.

9 (A) 기차가 지금 막 출발했다.
(B) 기차가 역에 도착했다.
→A train ______________.

10 (A) 사람들이 사진을 찍기 위해 줄 서 있다.
(B) 사람들이 사진을 구경하고 있다.
→People ______________.

정답·해석·해설 p.12

4. 수동태

Part 1에서 수동태는 사물의 상태를 묘사하기 위해 자주 쓰이며, 그 때문에 주로 사물 주어와 함께 쓰인다.

Let's Listen! P1_기본_07

형태 주어 + Be 동사 + p.p. (일반 수동태)
주어 + have been + p.p. (완료 수동태)

의미 주어가 ~되어 있다. ~한 상태로 있다.

The boxes are stacked on top of each other.
상자들이 차곡차곡 쌓여 있다.

Some containers have been placed in a pile.
몇몇 상자들이 한 더미로 놓여 있다.

Let's Check! P1_기본_08

다음 핵심 문장을 듣고 그 의미로 알맞은 것을 고른 후, 빈칸을 채워보자. (미국/캐나다, 영국, 호주식 발음으로 세 번 들려줍니다.)

1 (A) 다리가 폐쇄되어 있다.
(B) 다리를 보행자들이 막고 있다.
→ The bridge ________________.

2 (A) 벽을 판자들로 덮고 있는 중이다.
(B) 벽이 판자들로 덮여 있다.
→ The walls ________________.

3 (A) 침대가 정돈되어 있다.
(B) 침대를 만들고 있다.
→ The bed ________________.

4 (A) 컵들이 탁자에서 치워지고 있다.
(B) 컵들이 탁자에 놓여 있다.
→ Cups ________________.

5 (A) 잡지들이 카운터에 쌓여 있다.
(B) 잡지들이 선반에 진열되는 중이다.
→ Magazines ________________.

6 (A) 건물들이 같은 거리에 지어져 있다.
(B) 건물들이 비슷한 형태로 지어져 있다.
→ The buildings ________________.

7 (A) 꽃이 화분에 심어져 있다.
(B) 꽃이 바구니 안에 놓여 있다.
→ Some flowers ________________.

8 (A) 불들이 켜져 있다.
(B) 불들이 꺼져 있다.
→ The lights ________________.

9 (A) 집들이 지어지고 있다.
(B) 집들이 흩어져 있다.
→ The houses ________________.

10 (A) 배들이 물 위를 떠다니고 있다.
(B) 배들이 해안가에 정박해 있다.
→ The boats ________________.

정답·해석·해설 p.13

02 동작을 표현하는 구문 익히기

Part 1의 선택지에 쓰이는 표현 중 70~80%가 동작을 나타내는 구문에 해당한다. 주로 사람의 동작을 묘사하기 위해 쓰이며, 사물의 동작을 표현하는 경우는 거의 없다. 사물 주어의 동작 묘사는 오히려 오답으로 이용되는 경우가 많다.

1. 현재 진행형

현재 진행형은 특히 1인 사진에 자주 등장하는 구문으로, 사진 속 등장 인물의 순간적인 동작을 묘사할 때 쓰인다.

Let's Listen! P1_기본_09

형태 주어 + Be 동사 + 동사의 ~ing형

의미 주어가 ~하고 있는 중이다.

He's cleaning the floor.
그는 바닥을 청소하고 있다.

He's pushing a vacuum cleaner.
그는 진공 청소기를 밀고 있다.

Let's Check! P1_기본_10

다음 핵심 문장을 듣고 그 의미로 알맞은 것을 고른 후, 빈칸을 채워보자. (미국/캐나다, 영국, 호주식 발음으로 세 번 들려줍니다.)

1 (A) He's taking notes.
(B) He's riding a bike.
→ He's ____________.

2 (A) She's making a copy.
(B) She's making coffee.
→ The woman ____________.

3 (A) He's repairing the roof.
(B) He's inspecting an engine.
→ The man ____________.

4 (A) She's shaking hands with somebody.
(B) She's giving somebody the paper.
→ She's ________ another person.

5 (A) A man is washing the glass.
(B) A man is spraying the grass.
→ A man ____________.

6 (A) He's examining some documents.
(B) He's writing a report.
→ The man ____________.

7 (A) They're collecting some papers.
(B) They're looking for some papers.
→ They're ____________.

8 (A) He's trying on some clothes.
(B) He's putting on some shoes.
→ The man ____________.

9 (A) The man is sleeping in a bed.
(B) The man is cleaning the aisle.
→ The man ____________.

10 (A) He's inspecting a scientific machine.
(B) He's using a piece of laboratory equipment.
→ The man ____________.

정답·해석·해설 p.13

2. 진행 수동형

진행 수동형은 수동태 구문 중에서 현재 진행 중인 동작을 나타내는 구문이다. 선택지의 주어로는 주로 사물이 사용되며, 실제 의미하는 바는 사람의 동작을 묘사하는 구문이 된다. 선택지의 주어가 사람일 경우에는 주어가 아닌 다른 사람의 동작을 묘사하게 됨을 함께 알아둔다.

Let's Listen! P1_기본_11

형태 주어 + Be 동사 + being p.p. (+ by 행위자)
의미 주어가 ~되고 있는 중이다.

A cart is being pulled by a vehicle.
카트가 차량에 의해 끌려가고 있다.

A cart is being towed by a vehicle.
카트가 차량에 의해 견인되고 있다.

Let's Check! P1_기본_12

다음 핵심 문장을 듣고 그 의미로 알맞은 것을 고른 후, 빈칸을 채워보자. (미국/캐나다, 영국, 호주식 발음으로 세 번 들려줍니다.)

1 (A) The boys are on a plane.
(B) The boys are passing out flyers.
→ ____________ by the boys.

2 (A) The doctor is examining a woman.
(B) The doctor is looking at some charts.
→ ____________ by a doctor.

3 (A) Someone is unpacking the luggage.
(B) Someone is wearing a suit.
→ The suitcases ____________.

4 (A) She's putting together an appliance.
(B) She's using an appliance.
→ ____________ by the woman.

5 (A) Some people are moving the machines.
(B) Some people are operating machines.
→ Machines ____________.

6 (A) The waiter is cleaning off some seats.
(B) The waiter is leading the people to their table.
→ ____________ by a waiter.

7 (A) People are getting off the ship.
(B) People are unloading the shipment.
→ The cargo ____________.

8 (A) A man is turning off a piece of equipment.
(B) A man is fixing the equipment.
→ The equipment ____________.

9 (A) He's carrying boxes in a cart.
(B) He's stacking boxes next to a cart.
→ ____________ by the man.

10 (A) A man is selling plants.
(B) A man is taking plants outdoors.
→ The plants ____________.

정답·해석·해설 p.14

3. 동작을 묘사하는 There + Be 동사 구문

There + Be 동사 + 사람 + ~ing 구문은 사진 속의 사람이 취하고 있는 동작을 묘사할 때 쓰인다.

Let's Listen! P1_기본_13

형태 There + Be 동사 + 사람 + ~ing

의미 사람(들)이 ~하고 있다. ~하고 있는 사람(들)이 있다.

There are two men running in a race.
두 남자가 경주에서 달리고 있다.

There are two men participating in a race.
경주에 참가하고 있는 두 남자가 있다.

Let's Check! P1_기본_14

다음 핵심 문장을 듣고 그 의미로 알맞은 것을 고른 후, 빈칸을 채워보자. (미국/캐나다, 영국, 호주식 발음으로 세 번 들려줍니다.)

1 (A) 사람들이 수영하고 있다.
(B) 사람들이 수영 경기를 지켜보고 있다.
→ There are ______________________.

2 (A) 사람들이 경기장에서 걷고 있다.
(B) 사람들이 들판에서 일하고 있다.
→ There are ______________________.

3 (A) 남자가 피아노를 연주하고 있다.
(B) 남자가 피아노를 조율하고 있다.
→ There is ______________________.

4 (A) 사람들이 건물을 짓고 있다.
(B) 사람들이 건물에 들어가고 있다.
→ There are ______________________.

5 (A) 남자가 길을 건너고 있다.
(B) 남자가 길 건너에서 걷고 있다.
→ There is ______________________.

6 (A) 남자가 사다리를 오르고 있다.
(B) 남자가 편지를 살펴보고 있다.
→ There is ______________________.

7 (A) 사람들이 강가를 거닐고 있다.
(B) 사람들이 강에서 수영하고 있다.
→ There are ______________________.

8 (A) 생선들이 시장에서 팔리고 있다.
(B) 사람들이 물가에서 낚시하고 있다.
→ There are ______________________.

9 (A) 새들이 하늘을 날고 있다.
(B) 비행기가 하늘을 날고 있다.
→ There are ______________________.

10 (A) 사람들이 동물들을 산책시키고 있다.
(B) 사람들이 동물들에게 먹이를 주고 있다.
→ There are ______________________.

정답·해석·해설 p.14

4. Get/Have + 목적어 + 과거분사 구문

Get/Have + 목적어 + 과거분사 구문은 5형식 문장으로, 여기서 Get과 Have는 사역 동사이다. Part 1에서 이 구문은 주어가 아닌 다른 주체가 주어의 신체 일부나 특정 사물에 가하는 행동을 묘사할 때 쓰인다.

Let's Listen! P1_기본_15

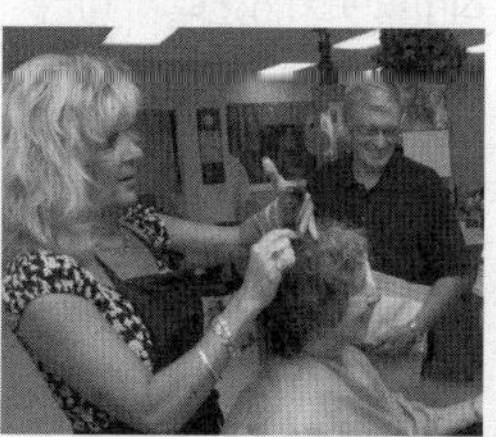

형태 주어 + get/have + 목적어 + p.p.

의미 주어가 목적어를 ~되도록 하다. ~되도록 시키다.

A client is getting her hair cut.
손님이 자신의 머리를 자르게 하고 있다. (제3자가 손님의 머리를 자르고 있다.)

A woman is having her hair trimmed.
한 여자가 자신의 머리를 다듬어지게 하고 있다. (제3자가 여자의 머리를 다듬고 있다.)

Let's Check! P1_기본_16

다음 핵심 문장을 듣고 그 의미로 알맞은 것을 고른 후, 빈칸을 채워보자. (미국/캐나다, 영국, 호주식 발음으로 세 번 들려줍니다.)

1 (A) 여자는 손톱에 매니큐어칠을 받고 있다.
(B) 여자는 페인트칠을 하고 있다.

→The woman is ______________.

2 (A) 그는 자동차를 싸게 구입했다.
(B) 그는 자동차를 수리받고 있다.

→He's ______________.

3 (A) 나이 든 여자는 샴푸를 받고 있다.
(B) 나이 든 여자는 샴푸가 필요하다.

→The old woman is ______________.

4 (A) 그녀는 체온을 측정받고 있다.
(B) 그녀는 약을 복용하고 있다.

→She's ______________.

5 (A) 누군가 여자에게 가위를 건네고 있다.
(B) 누군가 여자의 머리를 자르고 있다.

→The woman is ______________.

6 (A) 남자는 사진을 찍히고 있다.
(B) 남자는 다른 사람의 사진을 찍어주고 있다.

→The man is ______________.

7 (A) 누군가 여자의 머리를 빗질하고 있다.
(B) 누군가 여자에게 붓을 건네주고 있다.

→One of the women is ______________.

8 (A) 환자가 진료비를 지불하고 있다.
(B) 환자가 맥박을 측정받고 있다.

→The patient is ______________.

정답·해석·해설 p.15

03 혼동하기 쉬운 어휘와 구문 구별하기

혼동하기 쉬운 어휘와 구문은 Part 1의 오답에 자주 등장하여 답을 고르는 데 어려움을 주므로 이러한 어휘나 구문을 구별하여 익혀둘 필요가 있다.

1. 발음이 비슷하거나 다양한 의미를 가진 어휘 구별하기

Part 1에서 혼동을 불러일으키는 어휘들을 살펴보면, 주로 발음이 비슷하거나 다양한 의미를 가진 어휘들이 많다. 그 쓰임을 제대로 파악하지 못하면 오답에 속기 쉽다.

Let's Listen! P1_기본_17

• 발음이 비슷한 어휘들

(A) Some papers on the desk are stacked in a **pile**. (O)
책상 위의 서류들이 한 더미로 쌓여 있다.

(B) She's reaching for a **file** in a cabinet. (X)
그녀는 캐비닛의 파일에 손을 뻗고 있다.

서류들이 책상 위에 쌓여 있으므로 정답은 (A)이다. (B)는 pile과 발음이 비슷한 file을 사용하여 혼동하기 쉽다.

• 다양한 의미를 가진 어휘들

(A) The **waves** are crashing onto the shore. (O)
해변으로 파도가 치고 있다.

(B) A man is **waving** his hand. (X)
한 남자가 손을 흔들고 있다.

해변으로 파도가 치고 있으므로 정답은 (A)이다. (B)의 wave는 '흔들다'라는 의미의 동사로 쓰였다.

Let's Check! P1_기본_18

들려주는 문장에서 사용된 단어를 고르거나, 사용된 단어의 알맞은 의미를 골라보자. (미국/캐나다, 영국, 호주식 발음으로 세 번 들려줍니다.)

1 (A) clerk	(B) clock	**14** store	(A) 가게	(B) 저장하다
2 (A) holding	(B) folding	**15** place	(A) 장소	(B) 놓다
3 (A) looking	(B) locking	**16** sink	(A) 싱크대	(B) 가라앉다
4 (A) fan	(B) pan	**17** plant	(A) 공장	(B) 식물
5 (A) path	(B) pass	**18** water	(A) 물	(B) 물을 주다
6 (A) hall	(B) hole	**19** field	(A) 경기장	(B) 들판
7 (A) sleeping	(B) sweeping	**20** lot	(A) 많은	(B) 장소, 부지
8 (A) selling	(B) sailing	**21** set	(A) 놓다	(B) 세트
9 (A) towed	(B) toward	**22** garden	(A) 정원	(B) 정원을 가꾸다
10 (A) tidying	(B) tying	**23** play	(A) 경기하다	(B) 연극
11 (A) ball	(B) bulb	**24** wing	(A) 날개	(B) 별관
12 (A) disk	(B) desk	**25** train	(A) 기차	(B) 훈련
13 (A) cone	(B) phone	**26** party	(A) 파티	(B) 일행, 무리

정답·해석·해설 p.15

2. 완료 수동태와 진행 수동형 구별하기

Part 1에서 주로 사물의 상태를 묘사하는 완료 수동태(have been p.p.)와 사람의 동작을 묘사하는 진행 수동형(be being p.p.)은 둘 다 수동태이면서 사물을 주어로 사용하므로 혼동하기 쉽다. 따라서 그 쓰임을 제대로 파악하지 못하면 오답에 속기 쉬우므로 정확히 구별하여 알아둔다.

Let's Listen! P1_기본_19

• 완료 수동태를 사용한 정답

(A) Some chairs **have been placed** around the tables. (O)
몇몇 의자가 탁자 주위에 놓여 있다. (사물의 상태)

(B) Some chairs **are being placed** around the tables. (X)
몇몇 의자가 탁자 주위에 놓여지고 있다. (사람의 동작)

의자들이 탁자 주위에 놓여 있는 상태이므로 사물의 상태를 묘사한 완료 수동태(have been p.p.)의 (A)가 정답이다. 진행 수동형의 (B)가 정답이 되기 위해서는 반드시 동작을 하는 사람이 사진 속에 등장해야 한다.

• 진행 수동형을 사용한 정답

(A) The floor **is being swept**. (O)
바닥이 쓸리고 있다. (사람의 동작)

(B) The floor **has been swept**. (X)
바닥이 쓸려져 있다. (사물의 상태)

남자가 바닥을 쓸고 있으므로 사람의 동작을 묘사한 진행 수동형(be being p.p.)의 (A)가 정답이다.

Let's Check! P1_기본_20

다음 핵심 문장을 듣고 알맞은 의미를 고른 후, 빈칸을 채워보자. (미국/캐나다, 영국, 호주식 발음으로 세 번 들려줍니다.)

1 (A) 커튼이 열려 있다.
(B) 커튼이 열리고 있다.
→ Some curtains ____________________.

2 (A) 씨가 들판에 심어지고 있다.
(B) 씨가 들판에 심어져 있다.
→ Some seeds ____________________.

3 (A) 입구가 장애물에 의해 막히고 있다.
(B) 입구가 장애물에 의해 막혀 있다.
→ An entrance ____________________.

4 (A) 울타리가 페인트칠 되고 있다.
(B) 울타리가 페인트칠 되어 있다.
→ The fence ____________________.

5 (A) 식탁보가 탁자 위에 놓여 있다.
(B) 식탁보가 탁자 위에 놓이고 있다.
→ Tablecloths ____________________.

6 (A) 수하물이 컨베이어 벨트에서 치워져 있다.
(B) 수하물이 컨베이어 벨트에서 치워지고 있다.
→ Some luggage ____________________.

7 (A) 잔디가 잔디 깎는 기계로 베어지고 있다.
(B) 잔디가 잔디 깎는 기계로 베어져 있다.
→ The grass ____________________.

8 (A) 현수막이 무대 뒤쪽에 걸리고 있다.
(B) 현수막이 무대 뒤쪽에 걸려 있다.
→ A banner ____________________.

정답·해석·해설 p.16

04 주요 동사 관련 숙어 표현 익히기

Part 1에는 고난도의 단어들이 많이 출제되지는 않는다. 대신 기본적인 단어들이 여러 형태의 숙어로 출제되는 경우가 많은데, 이러한 숙어들의 의미를 알지 못해 어려움을 겪는 경우가 많다. 그럼 지금부터 Part 1에 자주 등장하는 주요 동사 관련 숙어 표현들을 익혀보도록 하자.

1. Get, Put, Set

Let's Listen! P1_기본_21

The men are **putting up** a sign.
남자들이 표지판을 설치하고 있다.

put up (커튼, 천막 등을) 설치하다, 달다
(건물을) 쌓다, 짓다

Get	Put	Set
get off the bus 버스에서 내리다	put on his shirt 셔츠를 입다	set up a microphone 마이크를 설치하다
get out of the vehicle 차에서 나오다	put up a sign 간판을 세우다, 내걸다	set down his bag 가방을 내려놓다
get on a train 기차에 타다	put away some boxes 상자들을 치우다	set out some items 물품들을 진열하다
get across the street 길을 건너다	put out the fire 불을 끄다	set aside the chairs 의자들을 한쪽으로 치우다

Let's Check! P1_기본_22

다음 핵심 문장을 듣고 알맞은 의미를 고른 후, 빈칸을 채워보자. (미국/캐나다, 영국, 호주식 발음으로 세 번 들려줍니다.)

1 (A) 여자는 차에 타는 중이다.
(B) 여자는 차에서 내리는 중이다.
→The woman is ____________________.

2 (A) 파일들이 책상 위에 흩어져 있다.
(B) 파일들이 책상 한쪽에 치워져 있다.
→Files ____________________.

3 (A) 그는 장애물을 뛰어 넘으려고 하고 있다.
(B) 그는 장애물을 치우려고 하고 있다.
→He's trying to ____________________.

4 (A) 사람들이 건물 입구에 서 있다.
(B) 사람들이 건물에서 나오고 있다.
→People are ____________________.

5 (A) 물건들이 건네지고 있다.
(B) 물건들이 진열되어 있다.
→Some items are ____________________.

6 (A) 남자는 상자들을 치우고 있다.
(B) 남자는 상자들을 쌓고 있다.
→The man is ____________________.

7 (A) 여자는 커튼을 달고 있다.
(B) 여자는 커튼을 걷고 있다.
→The woman is ____________________.

8 (A) 남자는 재킷을 벗고 있다.
(B) 남자는 재킷을 입고 있다.
→The man is ____________________.

9 (A) 조각상이 문 밖으로 치워지고 있다.
(B) 조각상이 문 옆에 놓여 있다.
→The statue ____________________.

10 (A) 조명등이 방에 설치되어 있다.
(B) 조명등이 수리되고 있다.
→The light fixtures ____________________.

정답·해석·해설 p.16

2. Hang, Pull, Take

Let's Listen! P1_기본_23

The man is **taking a picture**.
남자는 사진을 찍고 있다.

take a picture 사진을 찍다

Hang	Pull	Take
hang up a sign 표지판을 걸다(달다)	pull up weeds 잡초를 뽑다	take a seat 자리에 앉다
hang up the telephone 전화를 끊다	pull out of the station 역을 빠져나가다	take off his shoes 신발을 벗다
hang from the ceiling 천장에 매달리다	pull up to the curb 길의 연석 쪽에 세우다	take down the signs 표지판을 내리다(헐다)
hang out the sheets 천을 내걸다	pull down the shade 블라인드를 내리다	take notes 쓰다(필기하다), 적다
	pull into the station 역에 들어오다	take an order 주문을 받다
	pull a car over to the curb 길의 연석에 차를 세우다	take something out of the box 상자에서 뭔가를 꺼내다
	curtains have been pulled shut 커튼이 닫혀 있다	take part in 참가하다

Let's Check! P1_기본_24

다음 핵심 문장을 듣고 알맞은 의미를 고른 후, 빈칸을 채워보자. (미국/캐나다, 영국, 호주식 발음으로 세 번 들려줍니다.)

1 (A) 기차가 역에 멈춰 서 있다.
(B) 기차가 역을 빠져나가고 있다.
→The train is ____________________.

2 (A) 여자는 블라인드를 내리고 있다.
(B) 여자는 그늘에서 쉬고 있다.
→The woman is ____________________.

3 (A) 한 남자가 세탁을 하고 있다.
(B) 한 남자가 옷을 걸고 있다.
→A man is ____________________.

4 (A) 옷들이 건조를 위해 널려 있다.
(B) 옷들이 세탁을 위해 수거되고 있다.
→The clothes ____________________.

5 (A) 남자는 냉장고에 음식을 넣고 있다.
(B) 남자는 냉장고에서 음식을 꺼내고 있다.
→The man is ____________________.

6 (A) 몇몇 사람들이 뭔가를 적고 있다.
(B) 몇몇 사람들이 책을 읽고 있다.
→Some people are ____________________.

7 (A) 여자는 장갑을 고르고 있다.
(B) 여자는 장갑을 벗고 있다.
→The woman is ____________________.

8 (A) 가게 주인이 간판을 걸고 있다.
(B) 가게 주인이 간판을 닦고 있다.
→The shopkeeper is ____________________.

9 (A) 커튼이 닫혀 있다.
(B) 커튼이 밖에 널려 있다.
→The curtains ____________________.

10 (A) 기차가 역에서 빠져나가고 있다.
(B) 기차가 역 안에 들어와 있다.
→The train ____________________.

정답·해석·해설 p.16

실전 연습

◀해커스 스타강사의
무료 해설 바로 보기
(4번 문제)

P1_기본_25

1.

Ⓐ Ⓑ Ⓒ Ⓓ

2.

Ⓐ Ⓑ Ⓒ Ⓓ

3.

Ⓐ Ⓑ Ⓒ Ⓓ

4.

Ⓐ Ⓑ Ⓒ Ⓓ

5.

Ⓐ Ⓑ Ⓒ Ⓓ

6.

Ⓐ Ⓑ Ⓒ Ⓓ

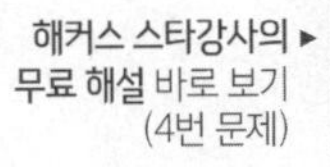

받아쓰기&쉐도잉 프로그램으로 꼭 복습하세요.

정답·해석·해설 p.17

해커스 스타강사의 ▸
무료 해설 바로 보기
(4번 문제)

실전 고수되기

◂ 무료 MP3 바로 듣기

유형 분석 유형을 알면 고득점이 보인다!

Part 1의 핵심은 사진이다. 그러므로 사진 유형별로 문제를 풀어보고, 각 유형별 문제에 대한 감각을 길러야 한다. 본 교재에서는 Part 1에 등장하는 사진을 크게 두 가지의 분류 기준에 따라 나누었다.

유형 분류 1 사진 속 사람 수 및 사물에 따른 사진 유형

Part 1의 사진에 사람이 있는지 없는지에 따라 나누어진 문제 유형이다. 사람이 있는 사진의 경우 한 명인지 혹은 다수인지에 따라 자주 출제되는 표현이 달라지므로 사진에 등장하는 사람의 수가 사진 유형을 구분하는 세부 기준이 된다. 각 사진 유형의 특징과 자주 출제되는 정답 및 선택지의 패턴을 이해하는 것이 중요하다.

1

1인 사진

사진에 사람이 한 명만 등장하는 경우이다. 기본적인 몸동작이나 사람이 사물을 가지고 취하는 동작에 관련된 표현들이 주로 정답으로 출제된다. 사물의 상태나 놓인 위치에 관련된 표현들도 가끔 정답으로 출제된다.

정답 예문 She's sitting in a restaurant.

2

2인 이상 사진

사진에 사람이 두 명 이상 등장하는 경우이다. 두 사람이 주고 받는 상호 동작이나 두 사람의 관계, 다수의 공통 동작 및 눈에 띄는 개별 동작, 자리가 차고 비는 것에 관련된 표현들이 주로 정답으로 출제된다. 사물의 상태나 위치에 관련된 표현들도 자주 정답으로 출제된다.

정답 예문 They're shaking hands with each other.

3

사물 및 풍경 사진

사진에 사람이 없고 사물이나 풍경만 있는 경우이다. 사물 간의 위치 관계, 사물들의 상태, 전체적인 풍경 묘사에 관련된 표현들이 주로 정답으로 출제된다.

정답 예문 There are boats floating in the water.

유형 분류 2 장소 및 상황에 따른 사진 유형

Part 1 사진의 배경으로 자주 등장하는 장소 및 상황에 따라 나누어진 문제 유형이다. Part 1 사진에서는 각 장소나 상황별로 자주 출제되는 표현들이 정해져 있는 편이므로, 장소 및 상황이 또 하나의 중요한 분류 기준이 된다. 여기서는 자주 등장하는 어휘 및 표현들을 각 장소 및 상황과 연결하여 기억하는 것이 중요하다.

1

야외·예술·스포츠 사진

정답 예문 The audience is watching the performers.

2

상점·식당·호텔 사진

정답 예문 People are shopping at a market.

3

사무실·회의실·기타 작업실 사진

정답 예문 The man is working at a table.

4

공사장·공장·건물 외부 사진

정답 예문 He's wearing a helmet.

5

교통수단·도심 사진

정답 예문 There's a train next to the platform.

6

가사·집 사진

정답 예문 Dishes have been arranged on the table.

실전 고수되기

오답 분석 오답을 알면 정답이 보인다! P1_실전_01

단골 오답 1 사진 속 사람의 동작을 잘못 묘사한 오답

사진 속 사람의 동작을 잘못 묘사한 오답이 자주 등장한다.

(A) The woman is using some photography equipment.
여자는 사진촬영 장비를 사용하고 있다.

(B) The woman is setting up a tripod.
여자는 삼각대를 설치하고 있다.

정답 (A)

오답 분석 (B)에서 동사 setting up(설치하고 있다)은 사진 속 사람의 동작을 잘못 묘사하고 있으므로 오답이다.

단골 오답 2 사진에 없는 사람이나 사물을 언급한 오답

사진에 없는 사람이나 사물을 언급한 오답이 자주 등장한다.

(A) The spectators are standing along the track.
관중들이 트랙을 따라 서 있다.

(B) The stadium is entirely empty.
경기장이 텅 비어 있다.

정답 (B)

오답 분석 (A)는 경기장이 비어 있음에도 불구하고 사진에 없는 spectators(관중들)를 사용한 오답이다.

단골 오답 3 사진 속 사물의 상태나 위치를 잘못 묘사한 오답

사진 속 사물의 상태나 위치를 잘못 묘사한 오답이 자주 등장한다.

(A) The seats are filled with diners.
좌석들이 식사하는 사람들로 가득 차 있다.

(B) Lights are suspended from the ceiling.
전등들이 천장에 매달려 있다.

정답 (B)

오답 분석 (A)는 몇 개만 채워져 있는 좌석의 상태를 잘못 묘사한 오답이다.

단골 오답 4 | 사물의 상태를 사람의 동작으로 잘못 묘사한 오답

사진 속 사물의 상태를 진행 수동형을 사용하여 사람의 동작으로 잘못 묘사한 오답이 자주 등장한다.

(A) The gate is being opened.
대문이 열리고 있다.

(B) A tree is growing behind a fence.
울타리 뒤에 나무 한 그루가 자라고 있다.

정답 (B)

오답 분석 (A)의 is being opened는 진행 수동형으로 대문을 열고 있는 사람의 동작을 표현하는 구문인데, 사진 속의 대문은 이미 열려 있는 상태이므로 오답이다.

단골 오답 5 | 사진에서는 알 수 없는 사실을 진술한 오답

사진으로는 명확히 알 수 없는 내용의 오답이 자주 등장한다.

(A) Some of the people are having a conversation.
몇몇 사람들이 대화를 나누고 있다.

(B) The conference has just adjourned.
회의가 막 휴회되었다.

정답 (A)

오답 분석 (B)에서 진술한 '회의가 막 휴회되었다'는 내용은 사진으로는 명확히 알 수 없는 사실이므로 오답이다.

단골 오답 6 | 혼동하기 쉬운 어휘를 이용한 오답

사진에 등장한 사물과 발음이나 형태가 비슷하여 혼동하기 쉬운 어휘들이 자주 오답에 등장한다.

(A) They're looking into a telescope.
그들은 망원경을 들여다 보고 있다.

(B) They're adjusting a microscope.
그들은 현미경을 조정하고 있다.

정답 (A)

오답 분석 (B)는 사진 속에 등장한 사물인 telescope(망원경)과 혼동을 주기 위해 microscope(현미경)을 사용한 오답이다.

COURSE 01

사진 유형별 문제 공략

무료 MP3 바로 듣기

토익 공식 1 1인 사진

1인 사진은 사람이 한 명밖에 없는 사진을 말한다. 사무실 등에서 일하고 있는 한 사람이 부각된 사진 또는 한 사람의 주변에 물건이 쌓여 있거나 풍경이 어우러진 사진이 자주 등장한다. Part 1 전체 6문제 중 매회 2~3문제 정도 출제된다.

핵심 전략

1. 사진 속 한 사람의 시선, 손동작, 자세, 옷차림 등을 파악한 후 주변 사물의 상태 및 위치를 파악한다!
2. 선택지의 주어가 사람일 경우 동사 부분을 주의 깊게 듣는다!
3. 사람의 동작과 무관한 동사를 사용한 오답에 주의한다!
4. 사람이 하고 있는 동작의 대상이 되는 사물을 잘못 언급한 오답에 주의한다!
5. 사진에 없는 사물을 언급한 오답에 주의한다!

Example P1_실전_02

미국

(A) He's looking at a TV screen.
(B) He's sitting next to a window.
(C) He's pulling up a chair.
(D) He's signing a document.

(A) 그는 텔레비전 화면을 보고 있다.
(B) 그는 창문 옆에 앉아 있다.
(C) 그는 의자를 잡아당기고 있다.
(D) 그는 서류에 서명하고 있다.

어휘 **screen**[skri:n] 화면, 스크린 **pull up** 잡아당기다, 끌어올리다

해설 정답 (B)

1인 사진. 한 남자가 의자에 앉아서 노트북 화면을 보고 있는 모습과 주변 사물들의 상태를 주의 깊게 살핀다.

(A) [x] 사진에 텔레비전이 없고 남자가 텔레비전이 아니라 노트북 화면을 보고 있으므로 오답이다. looking(보고 있다)을 듣고서 정답으로 선택하지 않도록 주의한다.
(B) [o] 양복 차림의 남자가 창문 옆에 앉아서 노트북을 보고 있는 모습을 가장 잘 표현한 정답이다.
(C) [x] pulling up(잡아당기고 있다)은 남자의 동작과 무관하므로 오답이다. chair(의자)를 듣고서 정답으로 선택하지 않도록 주의한다.
(D) [x] signing a document(서류에 서명하고 있다)는 남자의 동작과 무관하므로 오답이다.

Possible Answers 캐나다

He's wearing a pair of glasses. 그는 안경을 쓰고 있다.
There is a lamp next to a wall. 벽 옆에 전등이 있다.

자주 출제되는 표현 P1_실전_03

다음은 1인 사진에 자주 출제되는 사람 및 사물 관련 표현들이다. (미국/캐나다, 영국, 호주식 발음으로 들으며 따라 읽어보자.)

■ 사람의 동작 및 상태 관련 표현

보기	1 He**'s looking at** his mobile phone. 그는 자신의 휴대 전화를 보고 있다. 2 The woman **is watching** a movie. 여자는 영화를 보고 있다. 3 He**'s looking out** the doorway. 그는 현관 밖을 바라보고 있다. 4 She**'s gazing at** the scenery. 그녀는 풍경을 바라보고 있다. 5 The man **is staring at** the mountain. 남자는 산을 바라보고 있다. 6 He**'s looking through** a newspaper. 그는 신문을 보고 있다. 7 She**'s examining** the engine. 그녀는 엔진을 살펴보고 있다. 8 He**'s inspecting** an electrical device. 그는 전자기기를 살펴보고 있다. **Tip.** examine과 inspect는 무언가를 가까이에서 살펴보는 시선을 나타냄을 알아두자.
쓰기	9 She**'s writing** on some paper. 그녀는 종이에 글을 쓰고 있다. 10 The woman **is writing** something **down**. 여자는 무언가를 쓰고 있다. 11 The man **is taking notes**. 남자는 메모를 하고 있다.
자세	12 The man **is leaning over** the fence. 남자는 울타리에 기대고 있다. 13 She**'s leaning out** a window. 그녀는 창 밖으로 몸을 내밀고 있다. 14 A cook **is leaning forward** to taste some food. 요리사는 음식을 맛보기 위해 앞으로 구부리고 있다. 15 The man **is holding onto** the railing. 남자는 난간을 붙잡고 있다. 16 He**'s folding his arms**. 그는 팔짱을 끼고 있다. 17 The passenger **is resting** the bag **on** her lap. 승객이 가방을 무릎 위에 올려놓고 있다. 18 A man **is carrying** a coat **over** his arm. 한 남자가 코트를 팔에 걸치고 있다. 19 A sailor **is standing** on a boat. 한 선원이 배 위에 서 있다. 20 A man **is reaching over** a table. 한 남자가 탁자 너머로 손을 뻗고 있다. 21 A woman **is kneeling down** in front of a bookshelf. 한 여자가 책꽂이 앞에 무릎을 꿇고 있다.
먹기	22 He**'s eating a meal**. 그는 식사를 하고 있다. 23 She**'s drinking** from a cup. 그녀는 컵으로 마시고 있다.
운반·이동	24 The woman **is holding** a tool. 여자는 도구를 들고 있다. 25 The worker **is moving** the cartons. 작업자가 큰 상자들을 옮기고 있다. 26 She**'s carrying** a chair. 그녀는 의자 한 개를 나르고 있다. 27 She**'s pulling** a suitcase through a terminal. 그녀는 터미널을 지나며 여행 가방을 끌고 있다. 28 The woman **is heading down** a flight of stairs. 여자는 계단 아래로 내려가고 있다. 29 A woman **is descending** some steps. 한 여자가 계단을 내려가고 있다. 30 She**'s steering** the vehicle. 그녀는 차를 몰고 있다.
일·작업	31 The man **is concentrating on** some documents. 남자는 몇몇 서류들에 집중하고 있다. 32 He**'s working** at the computer. 그는 컴퓨터로 작업을 하고 있다. 33 The man **is making a copy**. 남자는 복사하고 있다. 34 He**'s filling** a bag **with** some supplies. 그는 몇몇 물품들로 가방을 채우고 있다. 35 He**'s removing** dishes from the table. 그는 탁자에서 접시들을 치우고 있다. 36 A piece of fabric **is being measured**. 천 한 장이 치수가 재어지고 있다. 37 She**'s packing** items into a carton. 그녀는 물품들을 상자 안에 채워 넣고 있다.

청소·정리	38 She**'s clearing off** her desk. 그녀는 책상을 치우고 있다.
	39 She**'s washing a car** in front of a house. 그녀는 집 앞에서 세차를 하고 있다.
	40 She**'s sweeping** the staircase. 그녀는 계단을 쓸고 있다.
	41 A tiled floor **is being swept with a broom.** 타일로 된 바닥이 빗자루로 쓸려지고 있다.
	42 He**'s raking** leaves into a pile. 그는 나뭇잎들을 갈퀴로 긁어 더미로 모으고 있다.
	43 The man **is wiping** water from the window. 남자는 창문의 물기를 닦고 있다.
	44 The woman **is arranging** products on a shelf. 여자는 선반 위의 상품들을 정리하고 있다.
	45 A container **is being emptied.** 용기가 비워지고 있다.
	46 Some clothing **is being put away.** 옷 몇 벌이 치워지고 있다.
전화	47 The man **is talking on the phone.** 남자는 전화 통화를 하고 있다.
	48 The man **is making a call.** 남자는 전화를 걸고 있다.
	49 The woman **is hanging up the phone.** 여자는 전화를 끊고 있다.
옷차림	50 He**'s wearing** a long-sleeved shirt. 그는 긴 소매 셔츠를 입고 있다. (상태)
	51 The man **is putting on** his shoes. 남자는 신발을 신고 있는 중이다. (동작)
	52 He**'s trying on** some clothes. 그는 옷을 입어 보고 있다. (동작)
	53 She**'s taking off** a pair of gloves. 그녀는 장갑을 벗고 있다. (동작)
	54 The woman **is removing** her hat. 여자는 모자를 벗고 있다. (동작)
	55 The construction worker **is rolling up** his sleeves. 건설 작업자가 소매를 걷어 올리고 있다.
	56 The police officer **is buttoning up** his uniform. 경찰관이 유니폼의 단추를 채우고 있다.
	57 She**'s adjusting** her glasses. 그녀는 안경을 고쳐 쓰고 있다.
	Tip. put on은 옷이나 장신구를 걸치는 동작을 묘사하며, wear는 이미 그것을 걸친 상태를 묘사하는 표현임을 기억해두자.

사물의 상태 및 위치 관련 표현

상태	58 The shelves **are filled with** books. 선반들이 책들로 가득 차 있다.
	59 An umbrella **is leaning against** the door. 우산이 문에 기대어 있다.
	60 The entrance to the building **has been blocked.** 건물의 입구가 막혀 있다.
	61 Steam **is rising** from the dishes. 증기가 요리에서 올라오고 있다.
위치	62 Magazines **are piled up on a table.** 잡지들이 탁자 위에 쌓여 있다.
	63 A canoe **is floating near a pier.** 카누가 부두 근처에 떠 있다.
	64 A fence **lines the front side of a field.** 울타리가 들판의 앞쪽에 늘어서 있다.
	65 Containers **are stacked in a warehouse.** 용기들이 창고에 쌓여 있다.
	66 A pair of gloves **is lying on the counter.** 장갑 한 켤레가 카운터에 놓여 있다.
	67 A coat rack **is located near the wall.** 코트 걸이가 벽 가까이에 위치해 있다.
	68 A fan **is hanging from the ceiling.** 선풍기가 천장에 매달려 있다.
	69 A trash can **has been placed near the table.** 쓰레기통이 탁자 근처에 놓여 있다.
	70 Some newspapers **are on the desk.** 신문 몇 부가 책상 위에 있다.
	71 **There are** some plants **next to the door.** 식물들이 문 옆에 있다.

HACKERS PRACTICE

P1_실전_04

1.

Ⓐ Ⓑ Ⓒ Ⓓ

Possible Answers

He's ______________________________.
Bushes are ___________________________.

2.

Ⓐ Ⓑ Ⓒ Ⓓ

Possible Answers

A man is ____________________________.
Boxes are ___________________________.

3.

Ⓐ Ⓑ Ⓒ Ⓓ

Possible Answers

A plastic bowl is ____________________.
The cupboard doors are ______________.

4.

Ⓐ Ⓑ Ⓒ Ⓓ

Possible Answers

The man is __________________________.
A gas can is _________________________.

정답·해석·해설 p.18

토익 공식 **2**

2인 이상 사진

2인 이상 사진은 두 명 이상의 사람들이 등장하는 사진을 말한다. 상점, 이동하고 있는 상황, 테이블에서 대화를 하고 있는 상황, 야외 등의 상황이 자주 등장한다. Part 1 전체 6문제 중 매회 2~3문제 정도 출제된다.

핵심 전략

1. 사진 속 사람들의 공통된 동작이나 개별 동작, 그리고 사진의 전반적인 상황을 재빨리 파악한다!
2. 사진에 두 사람이 등장할 경우에는 두 사람의 관계나 상호 동작을 파악한다!
3. 사람들의 공통된 동작이나 한 사람의 눈에 띄는 개별 동작을 묘사한 선택지가 정답이 되기 쉽다!
4. 서로의 동작을 바꾸어 설명하거나, 개별 동작이 모두에게 해당하는 것처럼 묘사한 오답에 주의한다!
5. 사물의 상태를 잘못 묘사하거나, 사람의 동작과 무관한 사물을 언급한 오답에 주의한다!

Example P1_실전_05

영국

(A) Waiters are serving meals to the customers.
(B) Some diners are gathered at an outdoor café.
(C) Tablecloths are stacked on the shelves.
(D) All the chairs are filled with people.

(A) 웨이터들이 손님들에게 식사를 내고 있다.
(B) 몇몇 식사하는 사람들이 야외 카페에 모여 있다.
(C) 식탁보들이 선반들 위에 쌓여 있다.
(D) 모든 의자들이 사람들로 차 있다.

어휘 **serve** [미 səːrv, 영 səːv] (음식을) 내다, 제공하다
diner [미 dáinər, 영 dáinə] 식사하는 사람 **stack** [stæk] 쌓다

해설 **정답 (B)**

2인 이상 사진. 몇몇 사람들이 야외 카페에 앉아 있고, 그 주변에 유모차를 끌고 있는 한 남자와 서 있는 다른 사람들이 있음을 확인한다.
(A) [x] 사진에서 웨이터들(Waiters)을 확인할 수 없으므로 오답이다.
(B) [o] 몇몇 식사하는 사람들이 야외 카페에 모여 있는 모습을 가장 잘 묘사한 정답이다.
(C) [x] 식탁보들이 탁자 위를 덮고 있는 것을 선반 위에 쌓여 있다고 잘못 묘사했으므로 오답이다.
(D) [x] 몇몇 의자에 사람들이 앉아있는 것을 모든 의자에 사람들이 앉아 있는 것으로 잘못 묘사했으므로 오답이다.

Possible Answers 호주

The tables have been covered with cloths. 탁자들이 천으로 덮여 있다.
Some people are standing on the street. 몇몇 사람들이 거리에 서 있다.

자주 출제되는 표현 P1_실전_06

다음은 2인 이상 사진에 자주 출제되는 사람 및 사물 관련 표현들이다. (미국/캐나다, 영국, 호주식 발음으로 들으며 따라 읽어보자.)

사람의 동작 및 상태 관련 표현

모임·무리	1 The women **are gathered** in a meeting room. 여자들이 회의실에 모여 있다.
	2 Some people **are assembled for a meeting**. 몇몇 사람들이 회의를 위해 모여 있다.
	3 The women **are sitting around a table**. 여자들이 탁자 주위에 둘러 앉아 있다.
	4 The men **are sitting across from each other**. 남자들이 서로의 맞은 편에 앉아 있다.
	5 The women **are facing each other**. 여자들이 서로 마주 보고 있다.
	6 The women **are standing side by side**. 여자들이 나란히 서 있다.
	7 Audience members **are seated** in an auditorium. 관객들이 강당에 앉아 있다.
	8 The lobby **is crowded with** people. 로비가 사람들로 붐빈다.
	9 The bus **is filled with** passengers. 버스가 승객들로 가득 차 있다.
	10 The market **is full of** people. 시장이 사람들로 가득 차 있다.
대화·인사	11 Some people **are having a discussion**. 몇몇 사람들이 토론하고 있다.
	12 A group of people **is having a meeting**. 한 무리의 사람들이 회의를 하고 있다.
	13 The women **are chatting with each other**. 여자들이 서로 이야기하고 있다.
	14 Some women **are chatting in** small **groups**. 몇몇 여자들이 소규모로 무리 지어 이야기하고 있다.
	15 A group of people **is engaged in a conversation**. 한 무리의 사람들이 대화에 참여하고 있다.
	16 Some men **are shaking hands**. 몇몇 남자들이 악수를 하고 있다.
	17 People **are greeting** each other. 사람들이 서로 인사하고 있다.
	18 A group of people **are waving to** their friends. 한 무리의 사람들이 친구들에게 손을 흔들고 있다.
	19 The men **are exchanging business cards**. 남자들이 명함을 교환하고 있다.
	20 Some people **are being interviewed**. 몇몇 사람들이 인터뷰를 받고 있다.
관람	21 Audience members **are clapping their hands**. 관객들이 박수를 치고 있다.
	22 Members of the audience **are applauding** the musicians. 관객들이 음악가들에게 갈채를 보내고 있다.
	23 The people **are turned toward** the performer. 사람들이 연기자를 향해 있다.
	24 Spectators **are watching** a parade. 관객들이 행렬을 보고 있다.
이동	25 Some pedestrians **are walking in a line**. 몇몇 보행자들이 한 줄로 걸어가고 있다.
	26 Commuters **are getting out of** the subway. 통근자들이 지하철에서 내리고 있다.
	27 **They're walking up a staircase**. 그들은 계단 위로 걸어가고 있다.
	28 The men **are coming out of** the entrance. 남자들이 입구에서 나오고 있다.
	29 A woman **is passing** by a restaurant. 한 여자가 식당을 지나가고 있다.
	30 Some tourists **are entering** a museum. 몇몇 여행객들이 박물관에 들어가고 있다.
	31 Passengers **are boarding** a ferry. 승객들이 페리에 승선하고 있다.

야외	32 Some people **are walking along the beach.** 몇몇 사람들이 해변을 따라 걷고 있다.
	33 Some women **are relaxing on the lawn.** 몇몇 여자들이 잔디 위에서 휴식을 취하고 있다.
	34 A group of people **is lying on the beach.** 한 무리의 사람들이 해변에 누워 있다.
	35 Two people **are sharing a bench.** 두 사람이 벤치 하나에 앉아 있다.
	36 The men **are fishing on the shore.** 남자들이 물가에서 낚시를 하고 있다.
	37 They**'re shielded from the sunlight.** 그들은 햇볕으로부터 가려져 있다.
상점·식당	38 Some customers **are lined up** at the door. 몇몇 고객들이 문 앞에 줄을 서 있다.
	39 Souvenirs **are being sold** in a store. 기념품들이 상점에서 팔리고 있다.
	40 A clerk **is helping** a shopper **with** her purchase. 한 점원이 쇼핑객의 구매를 돕고 있다.
	41 **A food vendor is serving** a customer. 한 식품 노점 상인이 손님을 응대하고 있다.
	42 Some people **are making purchases** in a shop. 몇몇 사람들이 상점에서 구매를 하고 있다.
	43 The clerk **is wrapping** a gift in a shop. 점원이 상점에서 선물을 포장하고 있다.
	44 Some men **are restocking** a stall in a plaza. 몇몇 남자들이 광장에 있는 가판대를 다시 채우고 있다.
	45 A waiter **is handing** menus to the diners. 한 웨이터가 식당 손님들에게 메뉴를 건네고 있다.
	46 People at a café **are seated** near the curb. 카페의 사람들이 연석 근처에 앉아 있다.
	47 The diners **are sitting in adjacent seats.** 식당 손님들이 서로 가까운 자리에 앉아 있다.
	48 A revolving door **is being used by some people.** 몇몇 사람들이 회전문을 이용하고 있다.

사물의 상태 및 위치 관련 표현

상태	49 Desks **are separated** by dividers. 책상들이 칸막이에 의해 분리되어 있다.
	50 A store **is crowded with** shoppers. 상점이 쇼핑객들로 붐비고 있다.
	51 All the seats **are occupied** by people. 모든 좌석들이 사람들에 의해 차지되어 있다.
	52 All the chairs around the table **are taken.** 탁자 주위의 모든 의자들에 자리가 찼다.
	53 Merchandise **has been arranged in rows.** 상품이 여러 줄로 배열되어 있다.
	54 **There are** paintings **displayed** in the gallery. 미술관에 전시된 그림들이 있다.
	55 A lobby **has been decorated with** flowers. 로비가 꽃들로 장식되어 있다.
	56 The tree **is shading** the park benches. 나무가 공원 벤치들을 그늘지게 하고 있다.
위치	57 A cloth **has been laid on a table.** 천이 탁자 위에 놓여 있다.
	58 Candles **have been placed on the shelf.** 양초들이 선반 위에 놓여 있다.
	59 Some plants **are hanging near the window.** 식물 몇 개가 창문 가까이에 매달려 있다.
	60 Light fixtures **have been installed on the ceiling.** 조명 기구들이 천장에 설치되어 있다.
	61 **There are** seats **set in front of the stage.** 무대 앞에 놓여진 의자들이 있다.
	62 **There are** cartons **in the truck.** 트럭에 상자들이 있다.
	63 A walkway **has been built over the stream.** 보도가 개울 위에 세워져 있다.

HACKERS PRACTICE

P1_실전_07

1.

Ⓐ Ⓑ Ⓒ Ⓓ

Possible Answers

Jackets have been ____________________.

Paintings have been ____________________.

2.

Ⓐ Ⓑ Ⓒ Ⓓ

Possible Answers

Some people are ____________________.

Part of the building is ____________________.

3.

Ⓐ Ⓑ Ⓒ Ⓓ

Possible Answers

Some graphics are ____________________.

A projection screen is ____________________.

4.

Ⓐ Ⓑ Ⓒ Ⓓ

Possible Answers

The tracks are ____________________.

A light is ____________________.

정답·해석·해설 p.19

토익 공식 **3**

사물 및 풍경 사진

사물 및 풍경 사진은 사람이 없고 사물이나 풍경만 찍혀 있는 사진을 말한다. 방 안 또는 책상 위에 물건들이 비치되어 있는 모습이나, 강, 호수, 공원, 도로 등의 풍경이 자주 등장한다. Part 1 전체 6문제 중 매회 1문제 정도 출제된다.

핵심 전략

1. 사진 속 사물의 위치 및 상태, 또는 풍경의 전반적인 상태를 재빨리 파악한다!
2. 사진에 없는 사물이나 사람을 언급한 오답에 주의한다!
3. 사람의 동작을 묘사하는 진행 수동형을 사용한 오답에 주의한다!
4. 어휘의 난도가 높고 긴 문장이 자주 사용되므로 핵심 표현을 포함한 문장을 꾸준히 익혀둔다!

Example

P1_실전_08

호주

(A) A rooftop is being painted.
(B) A structure is being renovated.
(C) A building is in front of some mountains.
(D) A fence borders a large field.

(A) 옥상이 칠해지고 있다.
(B) 건물이 수리 중이다.
(C) 건물이 산 앞에 있다.
(D) 울타리가 넓은 밭과 접해 있다.

어휘 rooftop [미 rú:ftɑ:p, 영 rú:ftɔp] 옥상 renovate [rénəvèit] 수리하다
fence [fens] 울타리, 장애물 border [미 bɔ́:rdər, 영 bɔ́:də] 접하다, 가장자리를 이루다

해설 **정답 (C)**

사물 및 풍경 사진. 앞에는 건물이 있고 뒤에는 산이 있는 전반적인 풍경을 확인한다.
(A) [×] 옥상을 칠하고 있는 사람이 없으므로 오답이다. 사람이 등장하지 않는 사진에 진행 수동형(is being painted)을 사용해 사람의 동작을 묘사한 오답에 주의한다.
(B) [×] 사진 속 건물은 수리 중이 아니므로 오답이다. 특별히 is being renovated(수리 중이다)는 수리 중인 상태를 나타냄을 알아둔다.
(C) [o] 건물이 산 앞에 위치해 있는 모습을 정확히 묘사한 정답이다.
(D) [×] 사진에서 fence(울타리)를 확인할 수 없으므로 오답이다.

Possible Answers 캐나다

There are mountains in the distance. 멀리에 산이 있다.
Trees are growing behind the house. 나무들이 집 뒤에서 자라고 있다.

자주 출제되는 표현 P1_실전_09

다음은 사물 및 풍경 사진에 자주 출제되는 사물 및 풍경 관련 표현들이다. (미국/캐나다, 영국, 호주식 발음으로 들으며 따라 읽어보자.)

사물의 상태 및 위치 관련 표현

상태	1 The desk **has a square base.** 책상이 정사각형이다.
	2 Chairs **have been set to the side.** 의자들이 한쪽에 치워져 있다.
	3 Some seats **have been placed in a circle.** 몇몇 의자들이 원 모양으로 놓여 있다.
	4 A gardening hose **has been hung** on a rack. 원예용 호스가 걸이에 걸려 있다.
	5 A picture **is attached to** the wall. 사진이 벽에 붙어 있다.
	6 Some items **are displayed** for sale in a shop. 몇몇 제품들이 판매를 위해 상점에 진열되어 있다.
	7 Some clothing **has been folded** in a store. 옷 몇 벌이 가게 안에 개어져 있다.
	8 A piece of cloth **is draped over the table.** 천 한 조각이 탁자 위에 씌워져 있다.
	9 The curtains **have been pulled shut**. 커튼이 닫혀 있다.
	10 The windows **are covered with** boards. 창문들이 판자들로 덮여 있다.
	11 A gate **has been left open.** 출입문이 열린 채로 있다.
	12 A bicycle **has been placed on its side.** 자전거가 옆으로 뉘어져 있다.
	13 A path **leads up to** a large house. 길이 큰 집으로 이어져 있다.
	14 Water **is splashing** from the fountain. 분수에서 물이 튀기고 있다.
	15 The bicycles **are arranged in a line.** 자전거들이 한 줄로 늘어서 있다.
	16 A vehicle is **parked in the garage.** 자동차가 차고에 주차되어 있다.
	17 A large boat **is tied to** a dock. 큰 배가 부두에 묶여 있다.
위치	18 Some disks **are lying on top of the computer.** 디스크 몇 개가 컴퓨터 위에 놓여 있다.
	19 **There are** some boxes **beside the photocopier**. 복사기 옆에 상자 몇 개가 있다.
	20 An assortment of items **sits on a ledge.** 갖가지 제품들이 선반 위에 놓여 있다.
	21 Some plates **are stacked on the table.** 접시 몇 개가 탁자 위에 쌓여 있다.
	22 **There is** a lamp **between the seats.** 의자들 사이에 램프가 있다.
	23 A sofa **has been placed next to the table.** 소파가 탁자 옆에 놓여 있다.
	24 Some leaves **have fallen on the ground.** 낙엽들이 땅에 떨어져 있다.
	25 Some crates **are piled in the corner**. 상자 몇 개가 구석에 쌓여 있다.
	26 **There's** a gap **between the benches.** 벤치들 사이에 틈이 있다.
	27 Papers **are spread out on a work surface.** 작업대 위에 서류들이 널려 있다.
	28 A glass case **is positioned beneath a window**. 유리 진열장이 창문 아래에 위치해 있다.
	29 **There are** flower arrangements **in a display case.** 진열장에 꽃꽂이들이 있다.
	30 Some chairs **have been arranged in a waiting area.** 몇몇 의자들이 대기 구역에 배치되어 있다.
	31 **There is** a potted plant **on the edge of a seating area.** 좌석 구역의 가장자리에 화분이 있다.

풍경 관련 표현

호수·강·해변

32 The mountains **are reflected** in the lake. 산이 호수에 비치고 있다.

33 A pathway **encircles** a lake. 길이 호수를 둘러싸고 있다.

34 **There are** some ducks **floating on the water**. 물 위에 떠있는 오리가 몇 마리 있다.

35 The water **is flowing** over the rock. 물이 바위 위로 흐르고 있다.

36 Several boats **are sailing** in the sea. 몇몇 배들이 바다에서 항해하고 있다.

37 Some boats **are docked near a wharf**. 몇몇 배들이 부두 가까이에 정박해 있다.

38 **A fishing pole is lying** on a dock. 낚싯대가 부두에 놓여 있다.

39 A boat **is being paddled** down a river. 한 배가 강을 따라 아래로 저어지고 있다.

40 A bridge **crosses over** a river. 다리가 강을 가로지르고 있다.

41 A bridge **is illuminated** by lampposts. 다리가 가로등으로 비추어지고 있다.

42 Two ships **are passing each other** on the water. 배 두 대가 물 위에서 서로를 지나가고 있다.

43 Several buildings **overlook** the sea. 건물 몇 채가 바다를 내려다 보고 있다.

44 **Waves are crashing** on the shore. 물가에 파도가 치고 있다.

45 Some **tracks have been left** on the beach. 몇몇 지나간 흔적들이 해변에 남겨져 있다.

46 A row of umbrellas **stretches along the beach**. 일렬로 늘어선 파라솔들이 해변을 따라 펼쳐져 있다.

공원·도로

47 A path **runs through** the woods. 길이 숲을 통과하고 있다.

48 A road **passes through** a forest. 길이 숲을 지나고 있다.

49 Trees **line both sides** of the trail. 나무들이 오솔길 양쪽으로 늘어서 있다.

50 Flags **have been raised on poles**. 깃발들이 기둥에 올려져 있다.

51 A traffic light **is situated on the corner**. 신호등이 모퉁이에 위치해 있다.

52 **There is** a barrier **around the hole**. 구덩이 주변에 장벽이 있다.

53 A field **is surrounded** by a fence. 들판이 울타리로 둘러싸여 있다.

54 Benches **are facing the street**. 벤치들이 길을 향하고 있다.

55 **Shadows are being cast** on the ground. 그림자가 땅 위에 드리워지고 있다.

56 Sunshine **is streaming** through the trees. 햇살이 나무들 사이로 비치고 있다.

57 The camping area **is deserted**. 야영장이 텅 비어 있다.

58 Some leaves **are scattered** on the lawn. 나뭇잎들이 잔디 위에 흩어져 있다.

59 The homes **have been built in a similar style**. 집들이 비슷한 형태로 지어져 있다.

HACKERS PRACTICE

 P1_실전_10

1.

Ⓐ Ⓑ Ⓒ Ⓓ

Possible Answers

Some lights are ____________________.

The drapes are ____________________.

2.

Ⓐ Ⓑ Ⓒ Ⓓ

Possible Answers

A bridge ____________________.

The trees are ____________________.

3.

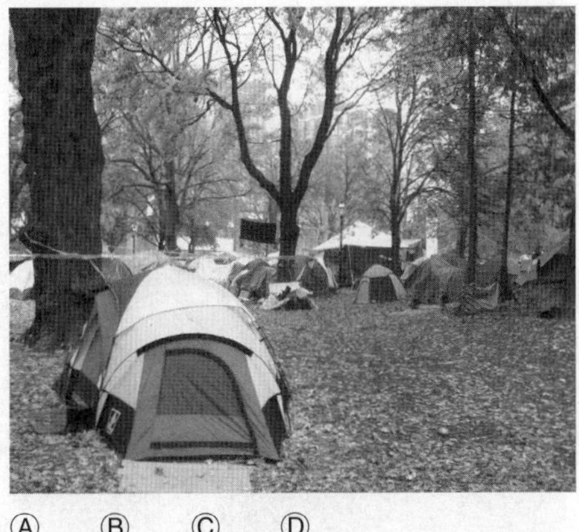

Ⓐ Ⓑ Ⓒ Ⓓ

Possible Answers

Trees are ____________________.

A campsite has been ____________________.

4.

Ⓐ Ⓑ Ⓒ Ⓓ

Possible Answers

There are ____________________.

Some chairs are ____________________.

정답·해석·해설 p.20

HACKERS TEST

◀ 해커스 스타강사의 무료 해설 바로 보기 (4번 문제)

P1_실전_11

1.

Ⓐ Ⓑ Ⓒ Ⓓ

2.

Ⓐ Ⓑ Ⓒ Ⓓ

3.

Ⓐ Ⓑ Ⓒ Ⓓ

4.

Ⓐ Ⓑ Ⓒ Ⓓ

5.

Ⓐ Ⓑ Ⓒ Ⓓ

6.

Ⓐ Ⓑ Ⓒ Ⓓ

7.

Ⓐ Ⓑ Ⓒ Ⓓ

8.

Ⓐ Ⓑ Ⓒ Ⓓ

받아쓰기&쉐도잉 프로그램으로 꼭 복습하세요.

정답·해석·해설 p.21

해커스 스타강사의 ▸
무료 해설 바로 보기
(4번 문제)

사진 상황별 문제 공략

무료 MP3 바로 듣기

토익 공식 1 야외·예술·스포츠 사진

야외·예술·스포츠 사진은 Part 1 전체 6문제 중 매회 1~2문제 정도 출제된다. 2인 이상 사진이 주를 이루며, 가끔 1인 사진으로도 출제된다.

빈출 상황

1. 야외
야외에서 휴식을 취하거나 산책하는 모습, 여가를 즐기는 사람들의 옷차림, 공원이나 해변 같은 풍경 등

2. 예술
악기를 연주하거나 공연하는 모습, 공연을 관람하는 모습, 그림을 그리는 모습, 미술관에서 작품을 감상하는 모습, 사진을 찍거나 찍히는 모습 등

3. 스포츠
스포츠 경기를 하거나 관중석에서 관람하는 모습 등

Example P1_실전_12

캐나다

(A) The people are climbing up some rocks.
(B) The people are crossing the street.
(C) The people are resting by the roadside.
(D) The people are walking through a forest.

(A) 사람들이 바위 위에 올라가고 있다.
(B) 사람들이 도로를 건너고 있다.
(C) 사람들이 길가에서 쉬고 있다.
(D) 사람들이 숲 속을 걷고 있다.

어휘 climb up ~(위)에 오르다 cross[krɔːs] (가로질러) 건너다

해설 **정답 (D)**

2인 이상 사진/야외 사진. 숲 속을 걷고 있는 여러 명의 사람과 주변 사물의 상태를 주의 깊게 살핀다.
(A) [x] climbing up(올라가고 있다)은 사람들의 동작과 무관하므로 오답이다.
(B) [x] 사진에 도로(street)가 없으므로 오답이다.
(C) [x] resting(쉬고 있다)은 사람들의 상태와 무관하므로 오답이다.
(D) [o] 사람들이 숲 속을 걷고 있는 모습을 정확하게 묘사한 정답이다.

Possible Answers 영국

Vegetation lines both sides of a path. 초목이 길의 양쪽을 따라 늘어서 있다.
Some of the people are carrying bags. 사람들 중 몇 명이 가방을 들고 있다.

자주 출제되는 표현 P1_실전_13

다음은 야외·예술·스포츠 사진에 자주 출제되는 동작 및 상태 관련 표현들이다. (미국/캐나다, 영국, 호주식 발음으로 들으며 따라 읽어보자.)

▌야외 관련 표현

휴식·산책	1 Some students **are sitting around a statue.** 몇몇 학생들이 조각상 주위에 둘러앉아 있다. 2 A woman **is sitting under the tree.** 한 여자가 나무 아래에 앉아 있다. 3 The people **are sitting on a grassy area** beside the park. 사람들이 공원 옆 잔디밭에 앉아 있다. 4 **He's seated at a picnic table.** 그는 피크닉 테이블에 앉아 있다. 5 She**'s relaxing on the lawn.** 그녀는 잔디 위에서 쉬고 있다. 6 A man **is walking a dog** in the park. 한 남자가 공원에서 개를 산책시키고 있다. 7 The hikers **are passing through the woods.** 도보 여행자들이 숲을 통과하고 있다. 8 Some people **are strolling along a path.** 몇몇 사람들이 길을 따라 걷고 있다. 9 They**'re taking a walk** in a forest. 그들은 숲에서 산책을 하고 있다.
야외 활동	10 A man **is enjoying the scenic view.** 한 남자가 경치를 감상하고 있다. 11 One person **is sliding down a hill.** 한 사람이 언덕을 미끄러져 내려오고 있다. 12 The men **are playing in the field.** 남자들이 들판에서 놀고 있다. 13 **He's flying a kite.** 그는 연을 날리고 있다. 14 People **are tossing rocks into the lake.** 사람들이 호수에 돌을 던지고 있다. 15 She**'s dressed for cold weather.** 그녀는 추운 날씨에 대비해 옷을 입고 있다. (상태) 16 A man **is looking over the railing.** 한 남자가 난간 너머를 보고 있다.
풍경	17 The trees **have lost** all of their leaves. 나무들의 잎들이 다 떨어졌다. 18 A pathway **leads down to the forest.** 길이 숲으로 이어져 있다. 19 The field **is surrounded by a fence.** 들판이 울타리로 둘러싸여 있다. 20 A statue **is standing in the middle of a square.** 조각상이 광장 한가운데에 서 있다. 21 The seats on the top deck **are empty.** 상부 갑판 위의 자리들이 비어 있다. 22 A ship **has docked at a wharf.** 배 한 척이 부두에 정박해 있다. 23 A dock **is located near the shoreline.** 부두가 해안가 근처에 위치해 있다.

▌예술 관련 표현

음악·공연	24 A band **is performing** in a concert hall. 밴드가 콘서트 장에서 공연하고 있다. 25 He**'s playing a musical instrument.** 그는 악기를 연주하고 있다. 26 A group **is playing music together.** 한 무리가 함께 음악을 연주하고 있다. 27 A woman **is playing the keyboard.** 한 여자가 키보드를 연주하고 있다. 28 There is **a choir singing on the stage.** 무대 위에서 노래하는 합창단이 있다. 29 Musicians **are marching in a line.** 음악가들이 한 줄로 행진하고 있다. 30 A performer **is bowing to the audience.** 공연자가 관객에게 인사하고 있다. 31 A conductor **is standing in front of the performers.** 지휘자가 공연자들 앞에 서 있다. 32 The musicians **are putting away their instruments.** 음악가들이 악기들을 치우고 있다. 33 A woman **is singing into a microphone.** 한 여자가 마이크에 대고 노래하고 있다. 34 A singer **is adjusting the sound equipment.** 한 가수가 음향 장비를 조정하고 있다. 35 A man **is making a recording.** 한 남자가 녹음하고 있다.

36 Performers **are acting** in front of an audience. 공연자들이 관객 앞에서 연기하고 있다.
37 A group of people **is attending a musical performance.** 한 무리의 사람들이 음악 공연에 참석하고 있다.
38 The spectators **are applauding the performers.** 관객들이 공연자들에게 박수를 치고 있다.

미술

39 A woman **is painting on a canvas.** 한 여자가 캔버스 위에 그림을 그리고 있다.
40 One of the people **is drawing a picture.** 사람들 중 한 명이 그림을 그리고 있다.
41 She**'s sketching a person.** 그녀는 한 사람을 스케치하고 있다.
42 An artist **is carving a sculpture.** 예술가가 조각품을 조각하고 있다.
43 A woman **is having her portrait painted.** 한 여자가 자신의 초상화가 그려지게 하고 있다.
44 He**'s looking at the paintings.** 그는 그림들을 보고 있다.
45 A man **is admiring a painting.** 한 남자가 그림을 감상하고 있다.
46 Some artwork **has drawn the visitors' attention.** 몇몇 예술품들이 방문객들의 관심을 끌었다.
47 Some women **are viewing statues** in an art museum. 몇몇 여자들이 미술관에서 조각상들을 보고 있다.
48 The man **is alone in the art gallery.** 남자가 미술관에 혼자 있다.
49 An area in the museum **is closed to visitors.** 박물관 내의 한 구역이 방문객들에게 폐쇄되어 있다.

사진

50 A photographer **is setting up a tripod.** 사진사가 삼각대를 설치하고 있다.
51 He**'s adjusting the camera lens.** 그는 카메라 렌즈를 조정하고 있다.
52 A woman **is concentrating on her subject.** 한 여자가 피사체에 초점을 맞추고 있다.
53 The photographer **is peering through the lens.** 사진사가 렌즈를 통해 자세히 들여다보고 있다.
54 She**'s posing for a photographer.** 그녀는 사진사를 위해 포즈를 취하고 있다.
55 A woman **is having her photograph taken.** 한 여자가 사진을 찍히고 있다.
56 A woman **is taking a photograp**h. 한 여자가 사진을 찍고 있다.
57 He**'s displaying the picture.** 그는 사진을 전시하고 있다.
58 She**'s framing a picture.** 그녀는 액자에 사진을 끼우고 있다.
59 A woman **is using a video camera.** 한 여자가 비디오 카메라를 사용하고 있다.

스포츠 관련 표현

운동·경기

60 A group of people **is playing basketball.** 한 무리의 사람들이 농구를 하고 있다.
61 A player **is hitting a ball.** 한 선수가 공을 치고 있다.
62 A player **is preparing to kick the ball.** 한 선수가 공을 찰 준비를 하고 있다.
63 The runners **are taking part in a race.** 주자들이 경주에 참여하고 있다.
64 Some people **are lining up for a race.** 몇몇 사람들이 경주를 위해 줄 서 있다.
65 One woman **is ahead of the others.** 한 여자가 다른 사람들보다 앞서 있다.
66 A runner **is crossing the finish line.** 한 주자가 결승선을 통과하고 있다.
67 Some athletes **are swimming in a competition.** 몇몇 운동선수들이 경기에서 수영을 하고 있다.
68 The men **are entering the pool.** 남자들이 수영장에 들어가고 있다.
69 They**'re lifting weights.** 그들은 역기를 들어 올리고 있다.
70 Some people **are setting up hurdles.** 몇몇 사람들이 허들을 세우고 있다.
71 The men **are exercising in a gym.** 남자들이 체육관에서 운동하고 있다.
72 **The seats are filled** with people. 좌석들이 사람들로 가득 차 있다.
73 Some of **the spectators are standing.** 몇몇 관중이 일어나 있다.

받아쓰기&쉐도잉 프로그램으로 꼭 복습하세요.

HACKERS PRACTICE

P1_실전_14

1.

Ⓐ Ⓑ Ⓒ Ⓓ

Possible Answers

The man is ______________________.
There are ______________________.

2.

Ⓐ Ⓑ Ⓒ Ⓓ

Possible Answers

They're ______________________.
There are ______________________.

3.

Ⓐ Ⓑ Ⓒ Ⓓ

Possible Answers

The boats are ______________________.
There is ______________________.

4.

Ⓐ Ⓑ Ⓒ Ⓓ

Possible Answers

Lights have been ______________________.
Some performers are ______________________.

정답·해석·해설 p.23

토익 공식 **2**

상점·식당·호텔 사진

상점·식당·호텔 사진은 Part 1 전체 6문제 중 매회 1~2문제 정도 출제된다. 2인 이상 사진이 주를 이루며, 가끔 1인 사진으로도 출제된다.

빈출 상황

1. 상점
사람들이 쇼핑을 하고 있는 모습, 상품이 진열되어 있는 모습, 다양한 상점 내부 모습, 미용실 등에서 손님이 서비스를 받는 모습, 계산을 하거나 계산하기 위해 카운터에서 기다리는 모습 등

2. 식당
식당 종업원이 일하는 모습, 테이블과 의자 모습, 식당 내부 모습, 사람들이 식사를 하거나 음식을 주문하는 모습 등

3. 호텔
안내 데스크 앞에 사람들이 서 있는 모습, 가방을 든 모습, 호텔 로비 모습 등

Example P1_실전_15

호주

(A) Goods are being paid for at a counter.

(B) Produce is on display at a store.

(C) Fruit is being stacked in displays.

(D) Food items are being prepared in a kitchen.

(A) 상품값이 계산대에서 지불되고 있다.
(B) 농산물이 상점에 진열되어 있다.
(C) 과일이 진열대에 차곡차곡 쌓이고 있다.
(D) 식품들이 부엌에서 준비되고 있다.

어휘 goods [gudz] 상품 produce [미 prádjuːs, 영 prɔ́djuːs] 농산물

해설 **정답 (B)**

2인 이상 사진/상점 사진. 상점에서 물건을 고르고 있는 사람들의 동작과 주변 사물들의 상태를 주의 깊게 살핀다.
(A) [x] 사진에 상품값을 지불하고 있는 사람이 없고, 계산대가 없으므로 오답이다. 진행 수동형(are being paid)을 사용하여 사람의 동작을 잘못 묘사한 것에 주의한다.
(B) [o] 농산물이 상점에 진열되어 있는 상태를 정확히 묘사한 정답이다.
(C) [x] 과일이 이미 진열대에 쌓여있는 상태를 쌓고 있는 사람의 동작으로 잘못 묘사한 오답이다.
(D) [x] 사진의 장소가 부엌(kitchen)이 아니므로 오답이다.

Possible Answers 미국

People are shopping for items in a store. 사람들이 상점에서 물건들을 사고 있다.
A customer is selecting some produce. 한 고객이 농산물을 고르고 있다.

자주 출제되는 표현 P1_실전_16

다음은 상점·식당·호텔 사진에 자주 출제되는 동작 및 상태 관련 표현들이다. (미국/캐나다, 영국, 호주식 발음으로 들으며 따라 읽어 보자.)

상점 관련 표현

계산·지불	1 He**'s making a purchase.** 그는 구매를 하고 있다.
	2 A man **is purchasing some produce.** 한 남자가 농산물을 사고 있다.
	3 She**'s paying for some merchandise.** 그녀는 물건값을 지불하고 있다.
	4 A customer **is handing money to a clerk.** 고객이 점원에게 돈을 건네주고 있다.
	5 A clerk **is reaching into a cash register.** 점원이 금전 등록기에 손을 뻗고 있다.
	6 A salesperson **is handing a customer a receipt.** 점원이 고객에게 영수증을 건네주고 있다.
	7 A sales clerk **is standing behind the counter.** 점원이 계산대 뒤에 서 있다.
	8 Some customers **are paying their bills** at the counter. 몇몇 손님들이 계산대에서 계산서를 지불하고 있다.
	9 A man **is weighing** some goods. 한 남자가 몇몇 상품들의 무게를 재고 있다.
	10 Purchases **are being bagged** at a store. 구매품들이 상점에서 봉지에 담기고 있다.
	11 One person **is wrapping up the merchandise.** 한 사람이 상품을 포장하고 있다.
일반 상점·시장	12 Clothing items **are displayed** in a shop. 의류 제품들이 상점에 진열되어 있다.
	13 Jewelry **is on display** in a store. 보석이 상점에 진열되어 있다.
	14 Fresh produce **is being displayed** in a market. 신선한 농산물이 시장에 진열되고 있다.
	15 Clothing **is being organized on racks.** 옷이 선반들 위에 정리되고 있다.
	16 Shoes **have been arranged on shelves.** 신발들이 선반들 위에 정리되어 있다.
	17 She**'s examining an article of clothing.** 그녀는 의류 한 점을 살펴보고 있다.
	18 Some people **are doing some window-shopping.** 몇몇 사람들이 진열된 물건들을 구경하고 있다.
	19 A woman **is inspecting an item.** 한 여자가 물품을 살펴보고 있다.
	20 The shoppers **are selecting some fruit** in a market. 쇼핑객들이 시장에서 과일을 고르고 있다.
	21 He**'s reaching for an item.** 그는 물품에 손을 뻗고 있다.
	22 A customer **is holding up some merchandise.** 고객이 상품들을 들어 올리고 있다.
	23 A woman **is trying on a shirt.** 한 여자가 셔츠를 입어보고 있다.
	24 A clerk **is assisting a customer** in a store. 점원이 상점에서 고객을 돕고 있다.
	25 A shopkeeper **is stacking products** on the shelves. 점원이 선반들 위에 제품들을 쌓고 있다.
	26 The woman **is wheeling a cart.** 여자가 카트를 밀고/끌고 가고 있다.
	27 A man **is placing an item in a bag.** 한 남자가 가방에 물품을 넣고 있다.
	28 A woman **is loading groceries into the car.** 한 여자가 식료품들을 차에 싣고 있다.
서점·도서관	29 Some women **are browsing through a bookstore.** 몇몇 여자들이 서점을 둘러보고 있다.
	30 A man **is shelving the magazines.** 한 남자가 잡지들을 선반에 얹고 있다.
	31 She**'s reaching for a book.** 그녀는 책에 손을 뻗고 있다.
	32 A man **is taking some books down from a shelf.** 한 남자가 책꽂이에서 책 몇 권을 꺼내고 있다.
	33 One person **is putting away the books.** 한 사람이 책들을 치우고 있다.
	34 A librarian **is organizing some magazines.** 사서가 잡지들을 정리하고 있다.
	35 The man **is studying a book.** 남자가 책을 자세히 보고 있다.
	36 A man **is checking out** some books. 한 남자가 책 몇 권을 대출하고 있다.

미용실·빵집·꽃집	37 A woman **is having her hair cut.** 한 여자가 머리 손질을 받고 있다. 38 The man **is making some pies.** 남자가 파이를 만들고 있다. 39 A baker **is slicing some bread.** 제빵사가 빵을 자르고 있다. 40 He**'s arranging loaves of bread.** 그는 몇 덩어리의 빵을 배열하고 있다. 41 The branches **have been tied up in a bundle.** 나뭇가지들이 다발로 묶여 있다.

식당 관련 표현

식탁·좌석	42 Seating space **is available.** 앉을 자리가 있다. 43 Most of the **seats are occupied.** 대부분의 자리가 차 있다. 44 Coffee cups **are arranged on the table.** 커피잔들이 탁자 위에 가지런히 놓여 있다. 45 Dishes **have been set out on a counter.** 접시들이 조리대 위에 차려져 있다. 46 Candles **decorate each table.** 초들이 각각의 테이블을 장식하고 있다. 47 The floors **are covered with carpets.** 바닥이 카펫들로 덮여 있다. 48 Two men **are folding up the tablecloth.** 두 남자가 식탁보를 개고 있다. 49 The waiters **are setting the table.** 웨이터들이 식탁을 차리고 있다. 50 Some people **are gathered at the table.** 몇몇 사람들이 탁자에 모여 있다. 51 Some people **are clearing off the table.** 몇몇 사람들이 탁자를 치우고 있다. 52 A waitress **is wiping the table.** 웨이트리스가 식탁을 닦고 있다.
주문·식사	53 A waiter **is pouring water into a glass.** 웨이터가 유리잔에 물을 따르고 있다. 54 A waitress **is taking an order.** 웨이트리스가 주문을 받고 있다. 55 She**'s studying the menu.** 그녀는 메뉴를 살펴보고 있다. 56 Diners **are ordering items** from a menu. 식당 손님들이 메뉴에서 음식을 주문하고 있다. 57 One of the people **is placing an order.** 사람들 중 한 명이 주문하고 있다. 58 Plates of food **are being served to the patrons.** 음식 접시들이 손님들에게 내어지고 있다. 59 They**'re putting food** on their plates. 그들은 자신들의 접시 위에 음식을 놓고 있다. 60 A man **is placing glasses on a serving tray.** 한 남자가 쟁반에 유리잔들을 놓고 있다. 61 A customer **is selecting an item** from a tray. 손님이 쟁반에서 음식을 고르고 있다. 62 Some people **are helping themselves to the food.** 몇몇 사람들이 음식을 스스로 가져다 먹고 있다. 63 She**'s sipping her drink.** 그녀는 음료를 조금씩 마시고 있다.

호텔 관련 표현

로비	64 She**'s pulling a suitcase** through the lobby. 그녀는 로비에서 여행 가방을 끌고 있다. 65 She**'s piling luggage** on a cart. 그녀는 카트에 짐을 쌓고 있다. 66 A woman **is greeting customers.** 한 여자가 손님들에게 인사하고 있다. 67 They**'re standing at the front desk.** 그들은 안내 데스크에 서 있다.
객실	68 She**'s cleaning the hotel room.** 그녀는 호텔 방을 청소하고 있다. 69 The housekeeper **is making the bed.** 호텔 객실 청소부가 침대를 정리하고 있다. 70 Some people **are unpacking their suitcases.** 몇몇 사람들이 여행 가방을 풀고 있다.

받아쓰기&쉐도잉 프로그램으로 꼭 복습하세요.

HACKERS PRACTICE

P1_실전_17

1.

Ⓐ Ⓑ Ⓒ Ⓓ

Possible Answers

Some shelves have been ______________.

Lights have been ______________.

2.

Ⓐ Ⓑ Ⓒ Ⓓ

Possible Answers

The door to an oven has been ______________.

The man is ______________.

A handle is ______________.

3.

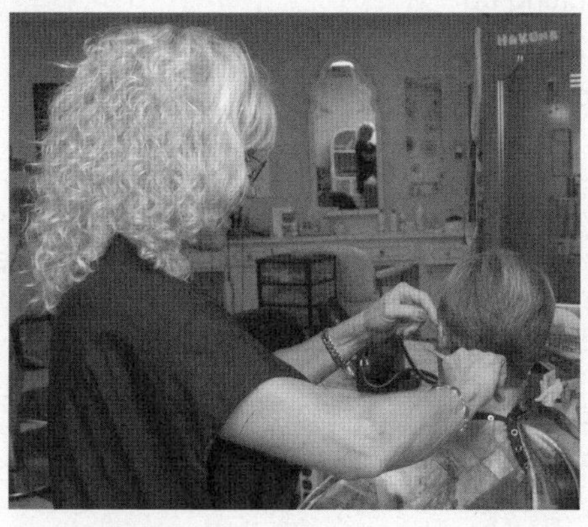

Ⓐ Ⓑ Ⓒ Ⓓ

Possible Answers

The customer's hair is ______________.

A cape has been ______________.

4.

Ⓐ Ⓑ Ⓒ Ⓓ

Possible Answers

A large painting is ______________.

A guest is ______________.

Furniture is ______________.

정답·해석·해설 p.24

토익 공식 **3**

사무실·회의실·기타 작업실 사진

사무실·회의실·기타 작업실 사진은 Part 1 전체 6문제 중 매회 1~2문제 정도 출제된다. 1인 사진과 2인 이상 사진으로 주로 출제된다.

빈출 상황

1. 사무실
사무실에서 일하는 모습, 서류나 파일을 다루는 모습, 사무기기를 사용하는 모습, 컴퓨터로 작업하는 모습, 사무실 풍경 등

2. 회의실
회의실에 모여 앉은 모습, 발표하는 모습, 여러 사람이 이야기하는 모습, 필기하는 모습 등

3. 기타 작업실
실험실에서 현미경으로 관찰하는 모습, 보호 장비를 착용하거나 벗는 모습 등
병원에서 의사가 환자를 진찰하는 모습, 진료 기록을 보고 있는 모습 등

Example

P1_실전_18

미국

(A) A man is pointing to a projection screen.
(B) Staff members are hanging pictures on the wall.
(C) Technicians are setting up some equipment.
(D) A speaker is standing in front of a group.

(A) 한 남자가 영사기 스크린을 가리키고 있다.
(B) 직원들이 벽에 그림들을 걸고 있다.
(C) 기술자들이 장비를 설치하고 있다.
(D) 한 연설자가 한 무리 앞에 서 있다.

어휘 projection [prədʒékʃən] 영사기

해설 **정답 (D)**

2인 이상 사진/회의실 사진. 한 남자가 서 있고, 그 앞에 여러 사람들이 앉아 있는 상황임을 파악한다.
(A) [x] pointing to(가리키고 있다)는 사진 속 어느 남자의 동작과도 무관하므로 오답이다.
(B) [x] 사진에 벽에 그림들을 걸고 있는 사람이 없으므로 오답이다.
(C) [x] 사진에 장비를 설치하고 있는 기술자들(Technicians)이 없으므로 오답이다.
(D) [o] 한 연설자가 여러 사람들 앞에 서 있는 모습을 가장 잘 묘사한 정답이다.

Possible Answers 호주

Some items have been left on the table. 몇몇 물품들이 탁자 위에 놓여 있다.
A television is attached to the wall. 텔레비전이 벽에 달려 있다.

자주 출제되는 표현 P1_실전_19

다음은 사무실·회의실·기타 작업실 사진에 자주 출제되는 동작 및 상태 관련 표현들이다. (미국/캐나다, 영국, 호주식 발음으로 들으며 따라 읽어보자.)

▌사무실 관련 표현

서류·자료	1 A woman **is examining a document.** 한 여자가 서류를 검토하고 있다. 2 Papers **are being collected.** 서류들이 모아지고 있다. 3 One of the people **is glancing through a folder.** 사람들 중 한 명이 서류철을 훑어보고 있다. 4 Staff members **are sorting through some files.** 직원들이 파일들을 분류하고 있다. 5 She**'s carrying some folders** in her hands. 그녀는 손에 서류철 몇 개를 들고 있다. 6 She**'s filing some documents** in an office. 그녀는 사무실에서 서류들을 철하고 있다. 7 A clerk **is putting some papers into a pile.** 사무원이 서류들을 더미로 쌓고 있다. 8 A woman **is packing folders into cardboard boxes.** 한 여자가 판지 상자들 안에 서류철들을 챙겨 넣고 있다. 9 An office worker **is sealing a large box.** 사무실 직원이 큰 상자를 봉하고 있다. 10 Some people **are distributing materials.** 몇몇 사람들이 자료들을 나누어주고 있다. 11 The documents on the wall **have been stamped.** 벽에 붙어있는 서류들에 도장이 찍혀 있다. 12 Some notices **are pinned to a bulletin board.** 공지 몇 장이 게시판에 핀으로 고정되어 있다. 13 Some graphs **have been mounted** on the wall. 몇몇 도표들이 벽에 고정되어 있다.
사무기기· 사무용품	14 A man **is typing on the keyboard.** 한 남자가 키보드로 타자를 치고 있다. 15 She**'s holding a telephone receiver.** 그녀는 수화기를 들고 있다. 16 He**'s placing a piece of paper** on a copy machine. 그는 복사기 위에 종이 한 장을 올려놓고 있다. 17 He**'s pressing a button** on a photocopier. 그는 복사기 위의 버튼을 누르고 있다. 18 Some people **are organizing the desks.** 몇몇 사람들이 책상들을 정리하고 있다. 19 A seat **has been pushed under the desk.** 의자가 책상 아래로 밀어져 있다. 20 A woman **is taking some tools out** of a cabinet. 한 여자가 캐비닛에서 몇몇 도구들을 꺼내고 있다. 21 A woman **is closing a file drawer.** 한 여자가 파일 서랍을 닫고 있다. 22 A piece of equipment **is being delivered.** 장비 하나가 배달되고 있다.

▌회의실 관련 표현

회의	23 A group of people **is having a meeting.** 한 무리의 사람들이 회의를 하고 있다. 24 Some colleagues **are having a discussion.** 몇몇 동료들이 논의를 하고 있다. 25 The men **are sitting opposite each other.** 남자들이 서로 마주 앉아 있다. 26 Two men **are sitting across from each other.** 두 남자가 서로의 맞은 편에 앉아 있다. 27 A man **is writing on some paper.** 한 남자가 종이에 필기하고 있다. 28 The woman **is setting up a projector.** 여자가 영사기를 설치하고 있다. 29 A woman **is standing in front of a whiteboard.** 한 여자가 화이트보드 앞에 서 있다. 30 A conversation **is taking place in a conference room.** 회의실에서 대화가 일어나고 있다.

발표	31 The speaker **is delivering a presentation.** 연설자가 발표를 하고 있다. 32 One of the men **is making a presentation.** 남자들 중 한 명이 발표를 하고 있다. 33 The speaker **is facing a group of people.** 연설자가 한 무리의 사람들을 향하고 있다. 34 **He's giving a demonstration.** 그는 시연을 하고 있다. 35 Some people **are listening to a talk.** 몇몇 사람들이 담화를 듣고 있다. 36 Members of the audience **are listening to a speaker.** 관객들이 연설자의 말을 듣고 있다.

▌기타 작업실 관련 표현

실험실	37 She**'s removing the lid**. 그녀는 뚜껑을 벗기고 있다. 38 A woman **is labeling a sample.** 한 여자가 샘플에 라벨을 붙이고 있다. 39 A lab worker **is pouring liquid into a glass.** 실험실 직원이 유리관에 액체를 붓고 있다. 40 She**'s holding up a test tube.** 그녀는 시험관을 들고 있다. 41 Some scientists **are setting up the equipment.** 몇몇 과학자들이 장비를 설치하고 있다. 42 A man **is adjusting a scientific instrument.** 한 남자가 과학 기구를 조정하고 있다. 43 They**'re using laboratory equipment.** 그들은 실험 장비를 사용하고 있다. 44 She**'s looking into the microscope.** 그녀는 현미경을 들여다보고 있다. 45 Some people **are wearing lab coats.** 몇몇 사람들이 실험복을 입고 있다. (상태) 46 Scientists **are conducting experiments** in a laboratory. 과학자들이 실험실에서 실험하고 있다.
병원	47 A man **is studying a chart.** 한 남자가 차트를 살펴보고 있다. 48 The doctor **is examining the patient.** 의사가 환자를 진찰하고 있다. 49 The woman **is filling out a form.** 여자가 서식을 작성하고 있다. 50 A nurse **is handing out medication.** 간호사가 약을 나눠 주고 있다. 51 A patient **is getting an injection.** 환자가 주사를 맞고 있다. 52 A man **is having his temperature taken.** 한 남자가 자신의 체온을 측정받고 있다.

받아쓰기&쉐도잉 프로그램으로 꼭 복습하세요.

HACKERS PRACTICE

P1_실전_20

1.

Ⓐ Ⓑ Ⓒ Ⓓ

Possible Answers

The man is ____________________.

Items are ____________________.

2.

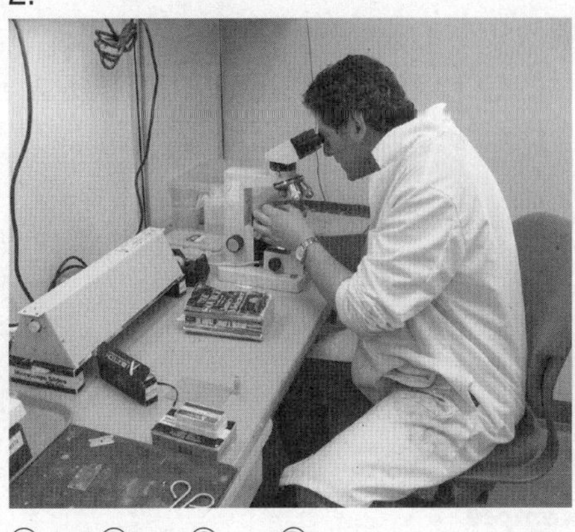

Ⓐ Ⓑ Ⓒ Ⓓ

Possible Answers

Cables are ____________________.

Equipment has been ____________________.

He's ____________________.

3.

Ⓐ Ⓑ Ⓒ Ⓓ

Possible Answers

Tables are ____________________.

A man is ____________________.

4.

Ⓐ Ⓑ Ⓒ Ⓓ

Possible Answers

People are ____________________.

There are ____________________.

정답·해석·해설 p.25

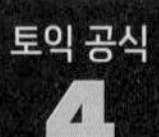

공사장·공장·건물 외부 사진

공사장·공장·건물 외부 사진은 Part 1 전체 6문제 중 1문제 정도 출제된다. 1인 사진과 2인 이상 사진으로 주로 출제된다.

빈출 상황

1. 공사장
공사 중인 건물 및 공사현장의 모습, 공사 기기의 모습, 안전 장비를 착용한 작업자의 모습, 일하는 인부의 모습 등

2. 공장
공장 내부나 외부의 모습, 작동되고 있는 기계의 모습, 쌓여 있는 박스나 공사 자재의 모습, 공장 내부에서 일하는 사람의 모습 등

3. 건물 외부
건물 외부에서 일하는 사람의 모습, 여러 건물이 서 있는 모습, 건물 외관, 건물과 주변 풍경 등

Example P1_실전_21

영국

(A) The man is wearing safety gear.
(B) The man is tying a piece of rope.
(C) The man is climbing up a pole.
(D) The man is pulling up a length of cable.

(A) 남자는 안전 장비를 착용하고 있다.
(B) 남자는 밧줄 한 개를 묶고 있다.
(C) 남자는 기둥을 오르고 있다.
(D) 남자는 전선 한 가닥을 잡아당기고 있다.

어휘 rope [미 roup, 영 rəup] 밧줄 pole [미 poul, 영 pəul] 기둥 pull up 잡아당기다 a length of 한 가닥의

해설 **정답 (A)**

1인 사진/공사장 사진. 남자가 전선 주위에서 작업하고 있는 모습을 주의 깊게 살핀다.
(A) [o] 남자가 안전 장비를 착용한 모습을 가장 잘 묘사한 정답이다. wearing(착용하고 있다)이 착용한 상태를 묘사하고 있음을 확인한다.
(B) [x] 사진에서 남자가 밧줄을 묶고 있는지 확인할 수 없으므로 오답이다.
(C) [x] climbing up(오르고 있다)은 남자의 동작과 무관하므로 오답이다.
(D) [x] pulling up(잡아당기고 있다)은 남자의 동작과 무관하므로 오답이다. cable(전선)을 듣고 정답으로 선택하지 않도록 주의한다.

Possible Answers 캐나다

Cables run across the top of a pole. 전선들이 기둥의 꼭대기를 가로지르고 있다.
A worker is situated at the top of the pole. 한 작업자가 기둥의 꼭대기에 위치해 있다.

자주 출제되는 표현 P1_실전_22

다음은 공사장·공장·건물 외부 사진에 자주 출제되는 동작 및 상태 관련 표현들이다. (미국/캐나다, 영국, 호주식 발음으로 들으며 따라 읽어보자.)

공사장 관련 표현

공사작업	1 The worker **is wearing safety gear**. 작업자가 안전 장비를 착용하고 있다. (상태) 2 The woman **is pushing a cart**. 여자가 손수레를 밀고 있다. 3 The workers **are putting rocks into a wheelbarrow**. 작업자들이 바위들을 손수레에 넣고 있다. 4 The man **is hammering** a piece of wood. 남자가 나무 조각에 망치질을 하고 있다. 5 He**'s sawing** the board. 그는 판자를 톱으로 자르고 있다. 6 A crew member **is using a shovel**. 한 작업자가 삽을 사용하고 있다. 7 Some men **are shoveling** sand. 몇몇 남자들이 삽으로 모래를 퍼내고 있다. 8 A construction worker **is tying a rope to a scaffold**. 공사현장 작업자가 비계에 밧줄을 묶고 있다. 9 A man **is repairing a power cable**. 한 남자가 전선을 수리하고 있다. 10 A worker **is climbing up a ladder**. 한 작업자가 사다리를 오르고 있다. 11 One of the crew members **is digging a hole**. 작업자들 중 한 명이 구멍을 파고 있다. 12 Crew members **are building a brick wall**. 작업자들이 벽돌담을 쌓고 있다. 13 She**'s unloading crates**. 그녀는 나무 상자들을 내리고 있다. 14 The man **is cutting down a tree**. 남자가 나무를 베어 넘기고 있다. 15 A man **is loading a truck with tools**. 한 남자가 트럭에 도구들을 싣고 있다. 16 A woman **is using some equipment at a work site**. 한 여자가 작업장에서 몇몇 장비들을 사용하고 있다.
공사현장	17 The boards **are piled on top of each other**. 판자들이 차곡차곡 쌓여 있다. 18 A piece of lumber **is being measured**. 목재 한 조각이 치수가 재어지고 있다. 19 A crane **is being used to move a large crate**. 크레인이 큰 상자를 옮기기 위해 사용되고 있다. 20 The vehicle **is hauling construction materials**. 차량이 건설 자재들을 운반하고 있다. 21 Construction vehicles **are being operated at a building site**. 건설 차량들이 건축 부지에서 작동되고 있다. 22 A machine **is stirring some concrete**. 기계가 콘크리트를 휘젓고 있다. 23 Some tools **have been covered with a tarp**. 몇몇 공구들이 방수포로 덮여 있다. 24 Plastic sheets **are covering some equipment**. 비닐커버가 몇몇 장비들을 덮고 있다. 25 A wire fence **surrounds the construction site**. 철사 울타리가 공사 부지를 둘러싸고 있다. 26 A bridge **is under construction**. 다리가 공사 중이다. 27 A wall **is being constructed out of bricks**. 벽이 벽돌들로 지어지고 있다.
도로공사	28 A woman **is setting out traffic cones** on a roadway. 한 여자가 도로에 원뿔형 표지들을 비치하고 있다. 29 Crew members **are conducting some maintenance work**. 작업자들이 보수 작업을 하고 있다. 30 Crew members **are painting lines on the road**. 작업자들이 도로에 선을 그리고 있다. 31 Some crew members **are repairing the pavement**. 몇몇 작업자들이 포장도로를 보수하고 있다. 32 A street **is being resurfaced** by some machinery. 길이 기계로 재포장되고 있다.

공장 관련 표현

공장작업	33 A man **is fixing an engine.** 한 남자가 엔진을 고치고 있다. 34 He**'s taping up a box.** 그는 상자에 테이프를 붙이고 있다. 35 Some movers **are packing up the equipment.** 몇몇 운반자들이 장비를 챙기고 있다. 36 Industrial equipment **is being installed** in a factory. 산업장비가 공장에 설치되고 있다. 37 A carton **is being placed on a conveyor belt.** 큰 상자가 컨베이어 벨트 위에 놓이고 있다. 38 Some heavy equipment **is being inspected.** 몇몇 중장비들이 점검되고 있다.
공장 모습	39 A piece of equipment **has been dismantled.** 장비 한 개가 분해되어 있다. 40 Boxes **are stacked in a warehouse.** 상자들이 창고에 쌓여 있다. 41 Some materials **are being weighed in a warehouse.** 몇몇 자재들이 창고에서 무게가 재어지고 있다.

건물 외부 관련 표현

건물작업	42 The man **is installing a handrail.** 남자가 난간을 설치하고 있다. 43 A man **is painting the side of a house.** 한 남자가 집의 벽면을 페인트칠하고 있다. 44 A woman **is applying a coat of paint to the fence.** 한 여자가 울타리에 페인트칠을 하고 있다.
건물 외부 모습	45 A shovel **has been propped against the wall.** 삽이 벽에 기대어 세워져 있다. 46 The columns in front of the house **are all identical.** 집 앞의 기둥들이 모두 같은 모양이다. 47 The structure **has arched windows.** 건물에 아치형 창문들이 있다. 48 Banners **have been hung from a structure.** 현수막들이 건물에 걸려 있다. 49 The exterior of the building **is covered in vines.** 건물의 외부가 덩굴들로 덮여 있다.

받아쓰기&쉐도잉 프로그램으로 꼭 복습하세요.

HACKERS PRACTICE

P1_실전_23

1.

Ⓐ Ⓑ Ⓒ Ⓓ

Possible Answers

The man is ______________________.
Buckets of paint ______________________.

2.

Ⓐ Ⓑ Ⓒ Ⓓ

Possible Answers

A worker is ______________________.
There is ______________________.

3.

Ⓐ Ⓑ Ⓒ Ⓓ

Possible Answers

A man is ______________________.
A vehicle ______________________.

4.

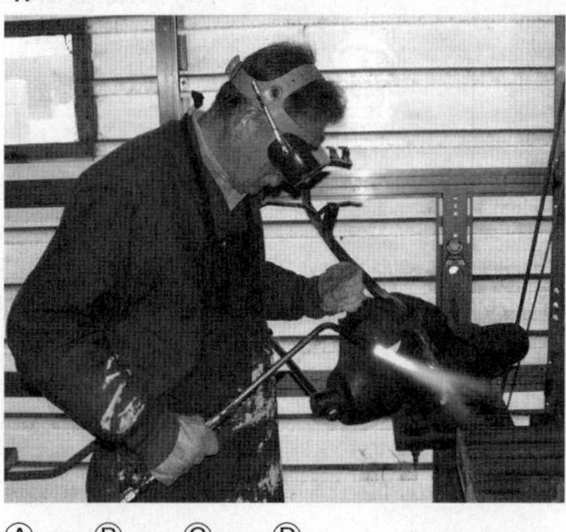

Ⓐ Ⓑ Ⓒ Ⓓ

Possible Answers

The man is ______________________.
An object has been ______________________.

정답·해석·해설 p.26

토익 공식 5

교통수단·도심 사진

교통수단·도심 사진은 Part 1 전체 6문제 중 1문제 정도 출제된다. 2인 이상 사진으로 주로 출제된다.

빈출 상황

1. 교통수단

자동차, 버스, 기차, 배, 비행기 등의 교통수단에 사람들이 타고 내리는 모습 등

자동차나 자전거가 주차되어 있는 모습, 자동차나 자전거를 수리하는 모습, 운전 중인 모습, 자전거나 오토바이를 타는 모습, 주유하는 모습 등

공항 내부 또는 활주로의 풍경, 공항에서 여행 가방을 가지고 이동하는 모습 등

2. 도심

사람들이 거리를 지나다니는 모습, 차도 위에 차들이 서 있는 모습 등

Example P1_실전_24

캐나다

(A) Passengers are getting on the train.

(B) Baggage is being put into a vehicle.

(C) People are standing on the platform.

(D) Tracks are being repaired by a crew.

(A) 승객들이 열차에 타고 있다.

(B) 짐이 탈 것에 실리고 있다.

(C) 사람들이 승강장에 서 있다.

(D) 선로가 작업자에 의해 수리되고 있다.

어휘 get on ~에 타다 baggage[bǽgidʒ] 짐 track[træk] 선로

해설 정답 (C)

2인 이상 사진/교통수단 사진. 승강장에서 사람들이 열차를 기다리고 있는 상황임을 파악한다.

(A) [×] getting on(~에 타다)은 사람들의 공통된 동작과 무관하므로 오답이다.

(B) [×] 사진에 짐을 탈 것에 싣고 있는 사람이 없으므로 오답이다.

(C) [o] 승강장에 서 있는 사람들의 공통된 모습을 가장 잘 묘사한 정답이다.

(D) [×] 사진에 선로를 수리하고 있는 사람이 없으므로 오답이다.

Possible Answers 영국

Lights are attached to the ceiling. 전등들이 천장에 붙어 있다.

Columns are standing in a row. 기둥들이 한 줄로 늘어서 있다.

자주 출제되는 표현 P1_실전_25

다음은 교통수단·도심 사진에 자주 출제되는 동작 및 상태 관련 표현들이다. (미국/캐나다, 영국, 호주식 발음으로 들으며 따라 읽어보자.)

교통수단 관련 표현

자동차·자전거	1 She's **riding** in the truck. 그녀는 트럭에 타고 있다.
	2 **He's driving a vehicle.** 그는 차량을 운전하고 있다.
	3 A woman **is fastening her seatbelt.** 한 여자가 안전 벨트를 매고 있다.
	4 A van **is turning at an intersection.** 밴이 교차로에서 회전하고 있다.
	5 Skis **are mounted on the roof of a car.** 스키들이 차의 지붕 위에 얹혀 있다.
	6 A vehicle **is entering the garage.** 차량이 차고에 들어가고 있다.
	7 The van **is backing out of the driveway.** 밴이 진입로 밖으로 후진하고 있다.
	8 A car **is being towed by a truck.** 자동차가 트럭에 의해 견인되고 있다.
	9 A truck **is parked** on the side of the street. 트럭이 길 한쪽에 주차되어 있다.
	10 Vehicles **are parked in a row.** 자동차들이 한 줄로 주차되어 있다.
	11 Some bicycles **have been locked** to metal posts. 자전거 몇 대가 금속 기둥들에 고정되어 있다.
	12 The bicycles **have been secured** to the frame. 자전거들이 틀에 고정되어 있다.
	13 A cyclist **is riding parallel to a truck.** 자전거를 타는 사람이 트럭과 나란히 달리고 있다.
	14 A woman **is riding a motorbike** down the road. 한 여자가 도로를 따라 오토바이를 타고 있다.
차량 수리·주유	15 The mechanic **is checking the car's engine.** 정비사가 차의 엔진을 점검하고 있다.
	16 The man **is fixing the wheel of a truck.** 남자는 트럭의 바퀴를 고치고 있다.
	17 **He's changing the vehicle's tires.** 그는 차량의 타이어들을 갈아 끼우고 있다.
	18 **She's replacing part of the engine.** 그녀는 엔진의 일부분을 교체하고 있다.
	19 The man **is filling his car with fuel.** 남자는 자동차에 연료를 채우고 있다.
버스·기차	20 The passengers **are getting on(=boarding)** the bus/train. 승객들이 버스/기차에 타고 있다.
	21 Some people **are getting off** the bus/train. 몇몇 사람들이 버스/기차에서 내리고 있다.
	22 Some people **are exiting the bus.** 몇몇 사람들이 버스에서 내리고 있다.
	23 The men **are loading suitcases into the bus.** 남자들이 여행 가방들을 버스에 싣고 있다.
	24 A bus **is pulling into the terminal.** 버스가 터미널에 들어서고 있다.
	25 Some people **are handing their tickets to the conductor.** 몇몇 사람들이 차장에게 표를 건네고 있다.
	26 A man **is collecting tickets.** 한 남자가 표를 걷고 있다.
	27 A train **is traveling along the track.** 기차가 선로를 따라 달리고 있다.
	28 A train **is pulling out of the station.** 기차가 역을 빠져나가고 있다.
	29 A trolley track **runs through** a city center. 전차 선로가 도심을 통과하고 있다.
	30 The women **are stepping down from the train.** 여자들이 기차에서 내리고 있다.
	31 Some passengers **are stepping off the train.** 몇몇 승객들이 기차에서 내리고 있다.

비행기·공항	32 Travelers **are waiting at the terminal.** 여행객들이 터미널에서 기다리고 있다. 33 A man **is placing a bag in the overhead compartment.** 한 남자가 머리 위 짐칸에 가방을 놓고 있다. 34 Luggage **is being loaded into an aircraft.** 짐이 비행기에 실리고 있다. 35 The man **is checking the bags.** 남자는 가방들을 검사하고 있다. 36 Some passengers **are claiming their luggage.** 몇몇 승객들이 짐을 찾고 있다. 37 A security officer **is screening some luggage.** 보안 직원이 몇몇 짐들을 검사하고 있다. 38 An airplane **has just taken off.** 비행기가 방금 이륙했다. 39 The aircraft **is taxiing down a runway.** 비행기가 활주로를 따라 천천히 달리고 있다. 40 An aircraft **is approaching the airport.** 비행기가 공항에 접근하고 있다. 41 A plane **is landing at the airport.** 비행기가 공항에 착륙하고 있다. 42 An airplane **has landed** on the runway. 비행기가 활주로에 착륙했다. 43 People **are disembarking from an airplane.** 사람들이 비행기에서 내리고 있다. 44 The aircraft **is parked next to a terminal.** 비행기가 터미널 옆에 세워져 있다.

도심 관련 표현

차도	45 The traffic **is stopped at a light.** 차량들이 신호등에서 멈춰서 있다. 46 A man **is directing traffic.** 한 남자가 교통정리를 하고 있다. 47 Two women **are crossing the road.** 두 여자가 도로를 건너고 있다.
인도	48 A group **is standing across from a parking area.** 많은 사람들이 주차장 건너편에 서 있다. 49 The women **are walking along a sidewalk.** 여자들이 인도를 따라 걷고 있다. 50 A man **is pushing a bike down the sidewalk.** 한 남자가 인도를 따라 자전거를 밀고 있다. 51 People **are waiting for a bus at the street corner.** 사람들이 도로 모퉁이에서 버스를 기다리고 있다.

받아쓰기&쉐도잉 프로그램으로 꼭 복습하세요.

HACKERS PRACTICE

P1_실전_26

1.

Ⓐ Ⓑ Ⓒ Ⓓ

Possible Answers

There are ______________________________.
Some people are ______________________________.

2.

Ⓐ Ⓑ Ⓒ Ⓓ

Possible Answers

The man is ______________________________.
The hood of a car ______________________________.

3.

Ⓐ Ⓑ Ⓒ Ⓓ

Possible Answers

The cyclist is ______________________________.
Some bikes have been ______________________________.

4.

Ⓐ Ⓑ Ⓒ Ⓓ

Possible Answers

Trees have been ______________________________.
There are ______________________________.

정답·해석·해설 p.26

토익 공식 6

가사·집 사진

가사·집 사진은 Part 1 전체 6문제 중 1문제 정도 출제된다. 1인 사진과 사물 및 풍경 사진으로 주로 출제된다.

빈출 상황

1. 가사
음식을 준비하는 등 주방에서 일하는 모습, 꽃에 물을 주거나 정원을 가꾸는 등 현관이나 정원에서 일하는 모습, 카펫을 청소하는 등 침실이나 거실에서 일하는 모습 등

2. 집
침실이나 거실의 모습, 주방의 모습, 현관 앞의 모습, 테라스 및 발코니 모습 등

Example P1_실전_27

호주

(A) The woman is wearing a pair of glasses.

(B) The woman is rolling out some dough.

(C) The woman is wiping off a counter.

(D) The woman is searching through a cupboard.

(A) 여자는 안경을 쓰고 있다.
(B) 여자는 반죽을 밀고 있다.
(C) 여자는 조리대를 닦고 있다.
(D) 여자는 찬장 속을 찾아보고 있다.

어휘 wipe off 닦다 counter [미 káuntər, 영 káuntə] 조리대
cupboard [미 kʌ́bərd, 영 kʌ́bəd] 찬장, 식기장

해설 **정답 (B)**

1인 사진/가사 사진. 한 여자가 부엌에서 반죽을 밀고 있는 동작과 주변 사물의 상태를 주의 깊게 살핀다.
(A) [×] wearing(쓰고 있다)은 안경을 벗고 있는 여자의 상태를 잘못 묘사한 오답이다.
(B) [○] 여자가 반죽을 밀고 있는 동작을 가장 잘 묘사한 정답이다.
(C) [×] wiping off(닦고 있다)는 여자의 동작과 무관하므로 오답이다.
(D) [×] searching through(찾아보고 있다)는 여자의 동작과 무관하므로 오답이다.

Possible Answers 미국

A piece of dough is being flattened on a surface. 반죽 한 덩어리가 조리대 위에서 평평하게 만들어지고 있다.
A countertop is covered in flour. 조리대 위가 밀가루로 덮여 있다.

자주 출제되는 표현 P1_실전_28

다음은 가사·집 사진에 자주 출제되는 동작 및 상태 관련 표현들이다. (미국/캐나다, 영국, 호주식 발음으로 들으며 따라 읽어보자.)

▌가사 관련 표현

요리·요리 준비	1 The woman **is tying(=fastening) an apron** around her waist. 여자는 허리에 앞치마를 두르고 있다.
	2 A man **is placing a pan** into an oven. 한 남자가 오븐 안에 팬을 놓고 있다.
	3 They**'re preparing some beverages.** 그들은 음료수를 준비하고 있다.
	4 A man **is wiping the surface of the table.** 한 남자가 탁자의 표면을 닦고 있다.
	5 A man **is opening the refrigerator.** 한 남자가 냉장고를 열고 있다.
	6 The man **is putting away groceries** into the refrigerator. 남자는 식료품들을 냉장고 안에 넣고 있다.
	7 The woman **is stirring something** in a pot. 여자는 냄비 안의 무언가를 휘젓고 있다.
	8 He**'s removing a pan** from a stove. 그는 팬을 스토브에서 치우고 있다.
	9 She**'s chopping up** some vegetables. 그녀는 채소들을 썰고 있다.
	10 A man **is washing the dishes.** 한 남자가 설거지를 하고 있다.
	11 A man **is placing cookware** in a sink. 한 남자가 개수대에 조리 기구를 놓고 있다.
	12 A woman **is filling a glass** with a beverage. 한 여자가 유리잔을 음료로 채우고 있다.
	13 A man **is handing a mug** to a woman. 한 남자가 여자에게 머그잔을 건네주고 있다.
청소·빨래	14 The man **is cleaning the carpet.** 남자는 카펫을 청소하고 있다.
	15 Some of the people **are mopping the floor.** 몇몇 사람들이 바닥을 자루걸레로 닦고 있다.
	16 She**'s placing a mat** at the entrance. 그녀는 입구에 매트를 놓고 있다.
	17 Some people **are rearranging the chairs.** 몇몇 사람들이 의자들을 재배치하고 있다.
	18 The man **is putting away some garments.** 남자는 옷들을 치우고 있다.
	19 She**'s putting laundry** into a washing machine. 그녀는 세탁기에 세탁물을 넣고 있다.
	20 The women **are unfolding some bed sheets.** 여자들이 침대보들을 펼치고 있다.
	21 She**'s sewing some fabric** with a machine. 그녀는 기계로 천을 바느질하고 있다.
정원 손질	22 The man **is using a hose** to water the flowers. 남자는 꽃들에 물을 주는 데 호스를 사용하고 있다.
	23 The man **is watering the lawn.** 남자는 잔디밭에 물을 주고 있다.
	24 Some seeds **are being planted** in the garden. 씨앗들이 정원에 심어지고 있다.
	25 A woman **is trimming the bushes.** 한 여자가 관목들을 손질하고 있다.
	26 A woman **is trimming the branches of a tree.** 한 여자가 나뭇가지들을 다듬고 있다.
	27 The worker **is mowing the lawn.** 작업자가 잔디를 깎고 있다.
	28 People **are doing some gardening** in their backyard. 사람들이 뒤뜰에서 정원을 가꾸고 있다.
	29 A woman **is raking leaves** into a pile. 한 여자가 나뭇잎들을 갈퀴로 긁어 더미로 모으고 있다.

집 관련 표현

침실·거실	30 A rug **has been rolled up.** 양탄자가 말려 있다.
	31 A small table **has been put in the middle of the room.** 작은 탁자가 방 한가운데에 놓여 있다.
	32 **An armchair is in the corner** of the room. 안락 의자가 방의 구석에 있다.
	33 Cushions **have been arranged on the couch.** 쿠션들이 소파 위에 정리되어 있다.
	34 A stack of pillows **is sitting on the bed.** 베개 더미가 침대 위에 놓여 있다.
	35 The curtains **have been pulled open.** 커튼들이 걷혀 있다.
	36 The furniture **is reflected in a mirror.** 가구가 거울에 비치고 있다.
	37 **A light has been turned on** in the living room. 거실에 조명이 켜져 있다.
	38 A lamp **is standing near one end of the sofa.** 전등이 소파 한쪽 끝 가까이에 서 있다.
주방	39 Some dishes **have been placed on the counter.** 접시 몇 개가 조리대 위에 놓여 있다.
	40 Some pots **have been put on the stove.** 냄비 몇 개가 스토브 위에 올려져 있다.
	41 Some food **has been placed on a tray.** 약간의 음식이 쟁반 위에 놓여 있다.
	42 The table **has been covered with a tablecloth.** 탁자가 식탁보로 덮여 있다.
현관·정원	43 Some furniture **has been arranged on the patio.** 가구 몇 점이 테라스에 배치되어 있다.
	44 A fence **surrounds the garden.** 울타리가 정원을 둘러싸고 있다.
	45 Birds **are perched on the windowsill.** 새들이 창문턱에 앉아 있다.
	46 A trash can **is located next to the front door.** 쓰레기통이 현관 옆에 위치해 있다.

받아쓰기&쉐도잉 프로그램으로 꼭 복습하세요.

HACKERS PRACTICE

P1_실전_29

1.

Ⓐ Ⓑ Ⓒ Ⓓ

Possible Answers

The woman is ______________________.

Food is being ______________________.

2.

Ⓐ Ⓑ Ⓒ Ⓓ

Possible Answers

A table has been ______________________.

Some chairs ______________________.

3.

Ⓐ Ⓑ Ⓒ Ⓓ

Possible Answers

He's ______________________.

A bush is ______________________.

4.

Ⓐ Ⓑ Ⓒ Ⓓ

Possible Answers

There's ______________________.

There are ______________________.

정답·해석·해설 p.27

HACKERS TEST

P1_실전_30

1.

Ⓐ Ⓑ Ⓒ Ⓓ

2.

Ⓐ Ⓑ Ⓒ Ⓓ

3.

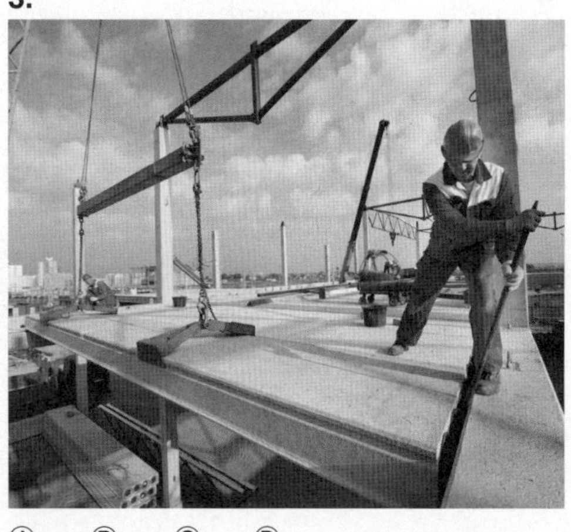

Ⓐ Ⓑ Ⓒ Ⓓ

4.

Ⓐ Ⓑ Ⓒ Ⓓ

5.

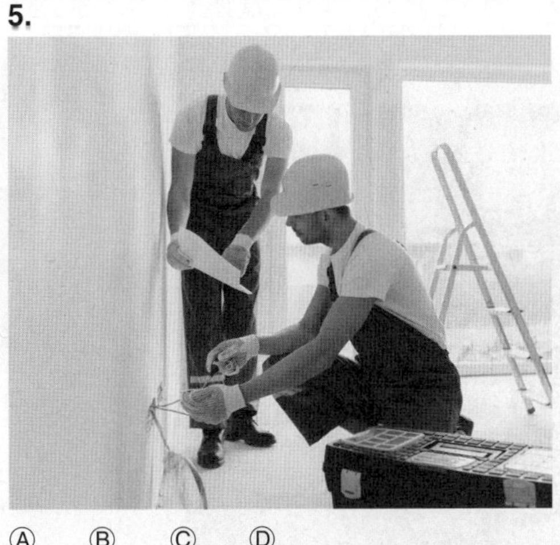

Ⓐ Ⓑ Ⓒ Ⓓ

6.

Ⓐ Ⓑ Ⓒ Ⓓ

7.

Ⓐ Ⓑ Ⓒ Ⓓ

8.

Ⓐ Ⓑ Ⓒ Ⓓ

받아쓰기&쉐도잉 프로그램으로 꼭 복습하세요.

정답·해석·해설 p.28

해커스 스타강사의 ▸
무료 해설 바로 보기
(5번 문제)

PART TEST

P1_PartTest

Directions: For each question, you will listen to four short statements about a picture in your test book. These statements will not be printed and will only be spoken one time. Select the statement that best describes what is happening in the picture and mark the corresponding letter (A), (B), (C) or (D).

1.

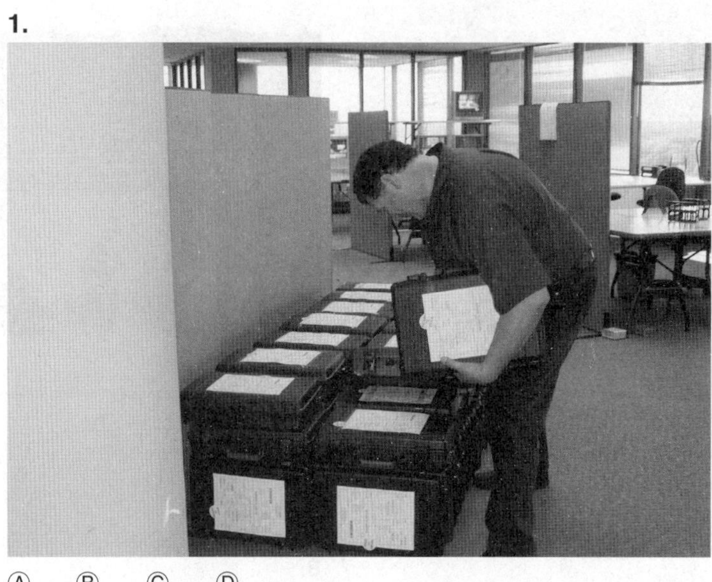

Ⓐ Ⓑ Ⓒ Ⓓ

2.

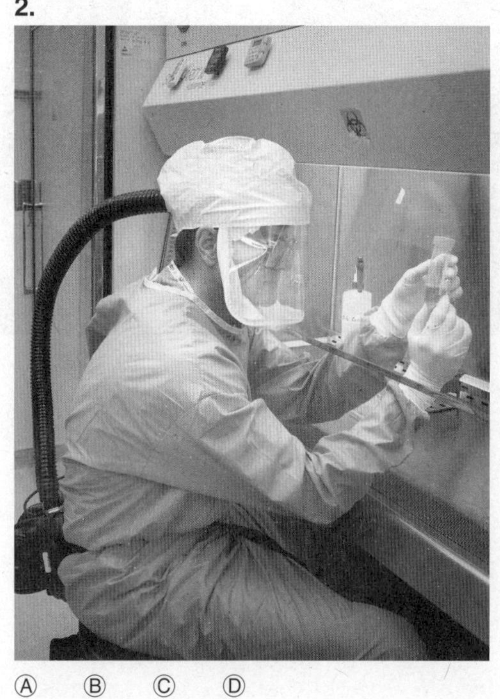

Ⓐ Ⓑ Ⓒ Ⓓ

3.

Ⓐ Ⓑ Ⓒ Ⓓ

4.

Ⓐ Ⓑ Ⓒ Ⓓ

GO ON TO THE NEXT PAGE →

5.

Ⓐ Ⓑ Ⓒ Ⓓ

6.

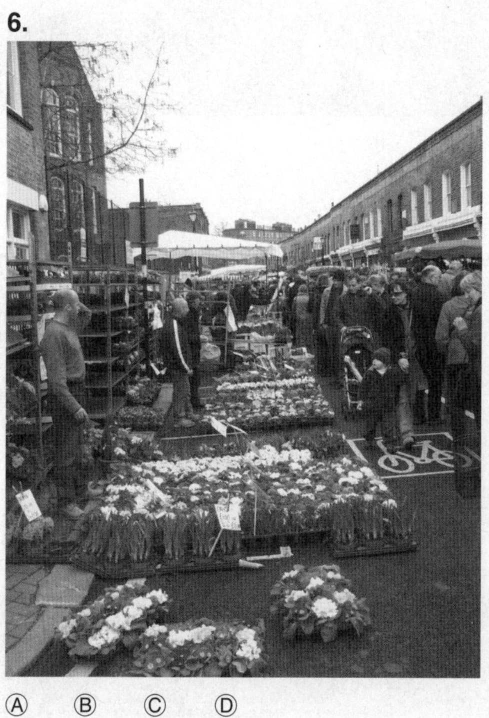

Ⓐ Ⓑ Ⓒ Ⓓ

받아쓰기&쉐도잉 프로그램으로 꼭 복습하세요.

정답·해석·해설 p.30

해커스 스타강사의 ▸
무료 해설 바로 보기
(1번 문제)

PART 2

기본 다지기

실전 고수되기

출제 경향 및 고득점 전략

Part 2는 주어진 질문이나 진술에 대해 가장 적절한 응답을 고르는 파트로 집중력과 논리력이 요구된다. 7번부터 31번까지 총 25문제가 출제되며, 각 질문당 세 개의 선택지를 들려준다. 시험지 상에는 답에 대한 어떠한 단서도 주어지지 않으므로 듣기에만 의존하여 문제를 풀어야 하며, 내용상 가장 적절한 응답을 찾는 데 주안점을 두어야 한다.

출제 경향

1. 의문사 의문문의 출제 빈도가 높다.
Part 2에서는 의문사 의문문의 출제 빈도가 가장 높다. 25문제 중 보통 10~11개의 의문사 의문문이 출제되며, 전체의 절반 정도에 해당하는 13문제가 출제되는 경우도 있다.

2. 평서문의 출제 빈도가 높다.
평서문의 출제 빈도가 높다. 평서문은 그 응답이 전형적으로 정해져 있지 않고 문장의 의도를 정확히 이해해야만 정답을 선택할 수 있는 고난도의 문제로, 평균 3~4문제 정도는 꾸준히 출제되고 있으며 최대 5문제가 출제되는 경우도 있다.

3. 간접적인 응답이 자주 출제된다.
질문에 대해 간접적으로 응답하는 문제가 자주 출제된다. 예를 들어, 우리 가방을 카운터에 두는 것이 어떠냐는 질문에 직접적으로 응답하는 대신 'Are we allowed to do that?(우리가 그렇게 하도록 허용되나요?)'과 같이 간접적으로 응답하는 문제가 출제된다.

4. 일반 의문문에 대한 Yes/No 응답의 출제 빈도가 낮다.
일반 의문문에는 Yes/No를 사용하여 응답하는 것이 가장 일반적이지만, Yes/No를 사용하지 않은 응답이 더 자주 출제되고 있다. Yes/No로 정답을 판가름하게 하는 것보다는 질문과 각 선택지의 의미를 정확히 이해해야만 정답을 선택할 수 있는 문제가 출제된다.

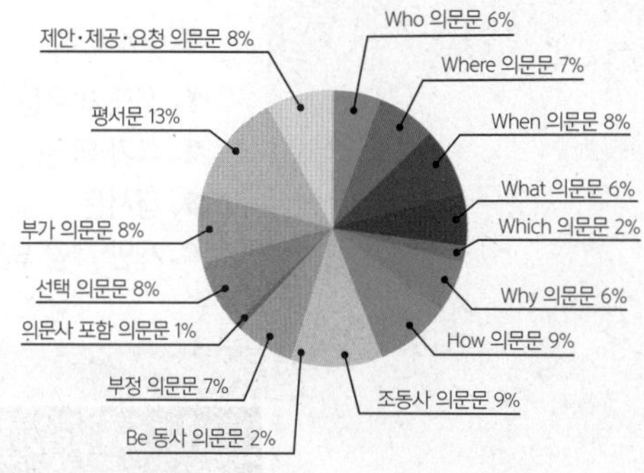

문제 풀이 전략

Strategy 1 질문의 앞부분을 주의 깊게 듣는다.
질문을 들을 때에는 의문사 또는 조동사나 Be 동사, 그 다음에 나오는 어휘(주어, 동사)를 주의 깊게 듣고 기억해야 한다. 특별히 의문사 의문문의 경우에는 의문사만을 듣고도 대부분 정답 선택이 가능하며, 질문의 후반에 나오는 표현들이 오답 함정으로 사용되는 경우가 많다.

Strategy 2 질문의 어휘를 그대로 사용하거나 발음이 비슷한 어휘를 사용한 선택지는 오답일 확률이 높다.
Part 2의 정답은 대부분 질문에서 등장한 표현을 그대로 다시 사용하기보다는 비슷한 의미를 전달하는 다른 표현으로 바꾸어 사용한다. 따라서 질문에서 언급된 어휘가 그대로 쓰이거나, 발음이 비슷한 어휘 등을 사용한 선택지는 오답일 확률이 높다는 점을 알아둔다.

Strategy 3 정답과 오답을 표시해가며 듣는다.
세 개의 선택지를 모두 듣고 난 후 정답을 고르려 하지 말고, 각 선택지를 들을 때마다 정답인지 오답인지 표시하면서 정답을 선택한다. 보통 정답으로 가장 확실한 선택지에 ○, 정답 판정이 불확실한 선택지에 △, 오답으로 확실한 선택지에 ×로 표시한다.

고득점 학습 전략

Strategy 1 의문사 의문문의 유형별 응답 방법을 익힌다.
Part 2에서 출제되는 의문사 의문문에는 모두 기본적인 응답 방법이 있으므로, 유형별 응답 방법을 익힌다. 예를 들어, 의문사 Who를 사용한 질문에는 이름, 직위, 직업 등을, 의문사 When을 사용한 질문에는 At 3 o'clock처럼 특정 시점을 나타내는 표현을 사용하여 응답한다.

Strategy 2 간접적인 응답을 이해하는 연습을 한다.
Part 2에는 질문에 직접 답변을 하는 대신 우회적이거나 모호한 응답을 사용한 답변이 자주 출제된다. 따라서 평소 학습할 때 이러한 간접적인 응답을 이해하는 연습을 해두는 것이 중요하다.

Strategy 3 혼동하기 쉬운 단어들을 구별하는 연습을 한다.
Part 2에는 발음이 유사하거나 여러 의미를 지니는 단어 등 혼동하기 쉬운 단어를 함정으로 사용하는 오답이 가장 많이 출제된다. 따라서 이와 같은 단어들을 평소에 꾸준히 정리하고 익혀두어 실제 문제를 풀 때 정확하게 오답으로 제거할 수 있도록 준비한다.

Strategy 4 받아쓰기&쉐도잉 프로그램을 통해 질문과 응답을 듣는 연습을 한다.
Part 2는 질문과 응답을 듣고 재빨리 이해하는 것이 중요하다. 따라서 받아쓰기&쉐도잉 프로그램을 활용하여 Part 2의 질문과 응답을 받아쓰고 쉐도잉을 하면서 직청직해 능력을 키우도록 한다.

◂ 무료 MP3 바로 듣기

01 의문문 바로 듣기

Part 2에서는 각 의문문에서 가장 중요한 부분을 놓치지 않고 들어야 한다. 의문사 의문문은 의문사의 위치에 주의하여 질문을 듣고 이해하는 것이 중요하다. 의문사를 포함하지 않은 의문문은 의문문의 처음에 오는 조동사 또는 Be 동사로 시제를 파악하는 것과, 문장의 주어, 동사를 정확히 파악하는 것이 중요하다.

1. 의문사를 포함한 의문문 듣기

Let's Listen! P2_기본_01

Why is your car in the repair shop?

(A) Because it needs new brakes.

(B) Just yesterday.

(C) The mall has many stores.

당신의 차는 왜 정비소에 있나요?

(A) 새로운 브레이크가 필요해서요.

(B) 바로 어제요.

(C) 쇼핑몰에는 많은 상점들이 있어요.

해설

정답 (A)

위 예제에서 놓치지 않고 들어야 할 부분은 의문사 Why를 비롯한 앞부분이다. 일반적으로 의문사 의문문에서는 의문사가 문두에 오므로 앞부분의 Why is your car를 정확하게 들어야 한다.

cf) 일반 의문문의 중간에 의문사를 포함한 간접 의문문이 나올 경우, 문장 중간의 의문사와 그 뒤의 '주어 + 동사'를 주의해서 들어야 한다.

ex) Can you tell me **when he left**?

Let's Check! P2_기본_02

다음 의문문의 빈칸을 채우고, 그에 대한 알맞은 응답을 골라보자. (미국/캐나다, 영국, 호주식 발음으로 세 번 들려줍니다.)

1 ____________________ on vacation? (A) (B)

2 ______________________________ cost? (A) (B)

3 Do you know ________________________? (A) (B)

4 ____________________________ close? (A) (B)

5 ________________ Sharon be leaving? (A) (B)

6 ______________________________ for? (A) (B)

7 ______________________________ the logo? (A) (B)

8 Can you tell me __________________ going to be held? (A) (B)

9 ____________________ the new desks? (A) (B)

10 _________________________________ the party early? (A) (B)

정답·해석·해설 p.32

2. 의문사를 포함하지 않은 의문문 듣기

Let's Listen! P2_기본_03

Do you have any luggage?

(A) Everything is packed.

(B) No, I didn't.

(C) I have just one bag.

당신은 짐이 있나요?

(A) 모든 짐이 꾸려졌어요.
(B) 아니요, 없었어요.
(C) 저는 가방 한 개만 가지고 있어요.

해설 정답 (C)

위 예제에서 핵심이 되는 부분은 Do you have 즉, 의문문의 주어와 일반 동사이다. 이처럼 의문사를 포함하지 않은 의문문에서는 주어와 동사를 우선적으로 들어야 한다. 이때 주어가 I 또는 You인지 아니면 제3자인지를 파악하는 것과 동사의 시제를 파악하는 것이 중요하다.

Let's Check! P2_기본_04

다음 의문문의 빈칸을 채우고, 그에 대한 알맞은 응답을 골라보자. (미국/캐나다, 영국, 호주식 발음으로 세 번 들려줍니다.)

1 ________________ this area? (A) (B)

2 __________________________ been filed yet? (A) (B)

3 ___________________ the living room? (A) (B)

4 __________________________ to Sweden? (A) (B)

5 ___________________ at the party on Wednesday? (A) (B)

6 ___________________ Lawrence Fishman? (A) (B)

7 _____________ the new accountant? (A) (B)

8 ________________________________ of this catalog? (A) (B)

9 ________________________________ to dinner tonight? (A) (B)

10 __________________________ in front of this building? (A) (B)

정답·해석·해설 p.32

02 간접적인 응답 이해하기

Part 2에서 질문에 대해 간접적으로 답하는 경우는 크게 두 가지로 나누어 볼 수 있다. 첫째는 질문에 대한 응답을 우회적으로 표현하는 경우인데, 이때는 그 응답 이면에 숨은 화자의 의도를 파악하는 것이 중요하다. 두 번째는 질문이 묻고 있는 정보에 대해 아직 결정되지 않았다거나 잘 모른다는 등의 모호한 응답을 하는 경우이다.

1. 질문에 대한 우회적인 응답

Let's Listen! P2_기본_05

Mary is a great singer, isn't she?

(A) We met once before.
(B) That's what many people say.
(C) Yes, I sing often.

Mary는 노래를 참 잘해요, 안 그런가요?

(A) 우리는 전에 한 번 만났어요.
(B) 많은 사람들이 그렇게 말하더군요.
(C) 네, 저는 자주 노래해요.

해설 정답 (B)

Mary가 노래를 잘한다는 의견에 동의를 구하는 질문에 대해 '그렇다'라는 직접적인 응답 대신, 정답 (B)에서는 '많은 사람들이 그렇게 말한다'라고 응답함으로써 질문에 동의함을 우회적으로 나타내고 있다. 이처럼 질문에 우회적으로 답하는 경우, 이 응답이 의도하는 바를 정확하게 파악하는 것이 중요하다.

Let's Check! P2_기본_06

대화를 듣고 응답하는 사람이 의미하는 바를 바르게 나타낸 것을 골라보자.
(미국/캐나다, 영국, 호주식 발음으로 세 번 들려줍니다.)

1 (A) 최악이었다. (B) 그럭저럭 괜찮았다.

2 (A) It'll be cold tonight. (B) The forecast is wrong.

3 (A) 그녀는 같이 가지 않을 것이다. (B) 그녀는 늦게 올 것이다.

4 (A) I'd like to go out for lunch. (B) I'll bring my lunch.

5 (A) 아직 보고서를 검토하지 않았다. (B) 보고서 검토를 이미 끝냈다.

6 (A) I enjoyed the performance, too. (B) I didn't like the performance at all.

정답·해석·해설 p.33

2. 모호한 응답

Let's Listen! P2_기본_07

Will the two companies sign a merger agreement?

(A) It hasn't been decided.

(B) They do business together.

(C) Late last week.

두 회사가 합병 동의서에 서명할 건가요?

(A) 그것은 결정되지 않았어요.

(B) 그들은 사업을 같이 해요.

(C) 지난주 후반에요.

해설

정답 (A)

질문에 대한 또 하나의 간접적인 응답의 형태는 정답 (A)처럼 결정되지 않았다거나 모른다고 응답하는 것이다. 이와 같은 응답은 대부분의 질문에 가능하므로, 정답으로 이어질 가능성이 높다.

모호한 응답의 예 P2_기본_08

다음은 질문이 묻고 있는 정보를 정확하게 알 수 없어 모호하게 응답할 때 사용되는 표현들이다.

모르겠다는 응답	I have no idea. 저는 모르겠어요. I'm not sure. 저는 확실히 모르겠어요. Not that I'm aware of. 제가 알기로는 아니에요. Ask Tim in the accounting department. 회계부서의 Tim에게 물어보세요. Let me check. / I'll go check. 제가 확인해볼게요.
아직 결정되지 않았다는 응답	It hasn't been decided yet. 그것은 아직 결정되지 않았어요. It hasn't been confirmed yet. 그것은 아직 확정되지 않았어요.
제3자의 결정이라는 응답	It's not my decision. 그것은 제가 결정할 문제가 아니에요. It depends on Mr. Kim. 그것은 Mr. Kim에게 달려 있어요.

Let's Check! P2_기본_09

대화를 듣고 응답하는 사람이 의미하는 바를 바르게 나타낸 것을 골라보자.
(미국/캐나다, 영국, 호주식 발음으로 세 번 들려줍니다.)

1 (A) I don't know. (B) It's not my business.

2 (A) 곧 끝날 것이다. (B) 언제 끝날지 알 수 없다.

3 (A) I'm thinking whether to hire more staff. (B) I can't decide whom to hire.

4 (A) 남동생이 집에 올 것이다. (B) 남동생이 올지 알 수 없다.

5 (A) Not that I'm aware of. (B) I have no idea.

6 (A) 내가 알고 있다. (B) 다른 사람이 알고 있다.

7 (A) I'm not sure. (B) I have no choice.

정답·해석·해설 p.33

03 혼동하기 쉬운 단어 구별하기

Part 2에서 가장 속기 쉬운 함정은 바로 혼동하기 쉬운 단어들이다. 주로 발음이 유사하거나 의미가 다양한 단어를 사용하여 혼동을 일으키므로, Part 2에 자주 등장하는 이러한 단어를 잘 듣고 구별하는 연습이 필요하다.

1. 발음이 유사한 단어들

Let's Listen! P2_기본_10

Let's go to the fair this weekend.	이번 주말에 박람회에 가죠.
(A) I paid the fare. (B) That's a great idea. (C) It lasts for a week.	(A) 저는 요금을 지불했어요. (B) 좋은 생각이에요. (C) 일주일 동안 계속돼요.

해설 정답 (B)

선택지 중 (A)는 질문의 fair와 발음이 유사한 fare를 사용해 정답을 고르는 데 혼동을 주고 있다. 이와 같이 질문에 등장했던 단어와 발음이 유사한 단어를 쓴 선택지는 수험자를 함정에 빠트리기 위한 오답일 가능성이 높다.

Let's Check! P2_기본_11

들려주는 문장에서 서로 발음이 유사한 두 단어를 듣고 각각의 빈칸에 알맞은 단어들을 채워 넣어 보자.
(미국/캐나다, 영국, 호주식 발음으로 세 번 들려줍니다.)

1 (A) Do you think they'll ____ our proposal?
(B) ____ for me.

2 (A) Would you like to take our ____ break now?
(B) I'd like to ____ the new project as quickly as possible.

3 (A) I want to reschedule my ________.
(B) We were very ________.

4 (A) Would you ______ turning down the music?
(B) It ______ me of my hometown.

5 (A) When do you ______ to go to Hawaii?
(B) They'll ______ our factory tomorrow.

6 (A) Are you ______ the meeting tonight?
(B) My supervisor is ______ to the matter.

7 (A) When are you going to ______ out?
(B) Please ______ those supplies from the cabinet.

8 (A) I like the interior ______ of this house.
(B) I can't believe that he's ______ next month.

9 (A) Have you tried to ______ the moving company?
(B) We can't break our ______.

10 (A) Do you work in the ______ department?
(B) He's ______ the number of seats.

11 (A) Have you checked the ______ list?
(B) I ______ they aren't.

12 (A) What ______ jacket would you like?
(B) Don't worry, I'll ______.

13 (A) ______________ moving to France?
(B) ______________ going for lunch?

14 (A) Do you think the weather will ________ our weekend plans?
(B) I don't think it's very ____________.

정답·해석·해설 p.34

2. 의미가 다양한 단어들

Let's Listen! P2_기본_12

Would you like to order something?

(A) They're in the wrong order.

(B) No, I need a few more minutes.

(C) Here's my receipt.

무언가를 주문하시겠어요?

(A) 그것들은 순서가 잘못되어 있어요.

(B) 아니요, 저는 시간이 좀 더 필요해요.

(C) 여기 제 영수증이 있어요.

해설

정답 (B)

질문에서 order는 '주문하다'라는 의미로 쓰였는데 (A)에서 order는 '순서'라는 의미로 쓰였다. 이처럼 다양한 의미를 가진 단어들이 질문과 선택지에서 각각 다른 의미로 사용되어 혼동을 주는 경우가 많으므로, 이와 같은 함정에 속지 않도록 주의해야 한다.

Let's Check! P2_기본_13

두 문장을 듣고, 주어진 단어가 각 문장 안에서 어떤 의미로 쓰였는지를 찾아 그 옆에 해당 문장의 기호를 A, B로 표시해보자. (미국/캐나다, 영국, 호주식 발음으로 세 번 들려줍니다.)

1 interest
관심이 있다 ( )
이자 ( )

2 enter
들어가다 ( )
입력하다 ( )

3 check
확인하다 ( )
수표 ( )

4 leave
두다, 남기다 ( )
떠나다 ( )

5 carry
팔다, 취급하다 ( )
운반하다, 나르다 ( )

6 cover
보상하다, 포함하다 ( )
대신하다, 떠맡다 ( )

7 good(s)
좋은 ( )
상품 ( )

8 change
바꾸다 ( )
잔돈 ( )

9 assemble
조립하다 ( )
모이다 ( )

10 line
상품, 종류 ( )
줄, 선 ( )

11 work
일하다 ( )
작동하다 ( )

12 present
수여하다, 주다 ( )
참석한 ( )

정답·해석·해설 p.35

실전 연습

Hackers TOEIC Listening

◂해커스 스타강사의
무료 해설 바로 보기
(19번 문제)

P2_기본_14

1. Mark your answer. Ⓐ Ⓑ Ⓒ
2. Mark your answer. Ⓐ Ⓑ Ⓒ
3. Mark your answer. Ⓐ Ⓑ Ⓒ
4. Mark your answer. Ⓐ Ⓑ Ⓒ
5. Mark your answer. Ⓐ Ⓑ Ⓒ
6. Mark your answer. Ⓐ Ⓑ Ⓒ
7. Mark your answer. Ⓐ Ⓑ Ⓒ
8. Mark your answer. Ⓐ Ⓑ Ⓒ
9. Mark your answer. Ⓐ Ⓑ Ⓒ
10. Mark your answer. Ⓐ Ⓑ Ⓒ
11. Mark your answer. Ⓐ Ⓑ Ⓒ
12. Mark your answer. Ⓐ Ⓑ Ⓒ
13. Mark your answer. Ⓐ Ⓑ Ⓒ
14. Mark your answer. Ⓐ Ⓑ Ⓒ
15. Mark your answer. Ⓐ Ⓑ Ⓒ
16. Mark your answer. Ⓐ Ⓑ Ⓒ
17. Mark your answer. Ⓐ Ⓑ Ⓒ
18. Mark your answer. Ⓐ Ⓑ Ⓒ
19. Mark your answer. Ⓐ Ⓑ Ⓒ
20. Mark your answer. Ⓐ Ⓑ Ⓒ
21. Mark your answer. Ⓐ Ⓑ Ⓒ
22. Mark your answer. Ⓐ Ⓑ Ⓒ
23. Mark your answer. Ⓐ Ⓑ Ⓒ
24. Mark your answer. Ⓐ Ⓑ Ⓒ
25. Mark your answer. Ⓐ Ⓑ Ⓒ

 받아쓰기&쉐도잉 프로그램으로 꼭 복습하세요.

정답·해석·해설 p.35

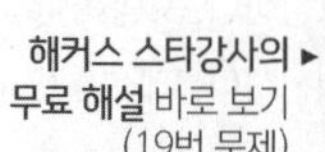

실전 고수되기

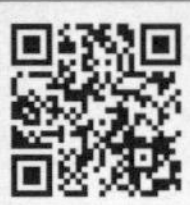
◂ 무료 MP3 바로 듣기

유형 분석 유형을 알면 고득점이 보인다!

Part 2에서는 질문을 제대로 듣고 이해하는 것이 가장 중요하다. 그러므로 질문에 해당하는 의문문을 유형별로 파악하고, 각 유형별 응답을 이해하는 것이 Part 2의 핵심 고득점 전략이 된다. 본 교재에서는 Part 2를 질문의 종류에 따라 크게 세 가지 유형으로 나누었다.

유형 분류 질문의 종류에 따른 유형

1 의문사 의문문

의문사(Who, Where, When, What, Which, Why, How)로 시작하는 의문문이다. 일반적으로 의문사 의문문은 구체적인 정보를 묻기 위해 사용하므로 Yes/No로 답할 수 없다. 하지만 관용적으로 쓰이는 의문사 의문문(제안·제공·요청 의문문)의 경우 Yes/No로 응답할 수 있음에 주의해야 한다.

질문과 응답의 예 > Q. Who was the man you were just speaking to?
A. He's our new legal associate.

2 일반 의문문

조동사 또는 Be 동사로 시작하는 의문문이다. 특정 사실에 대한 긍정/부정의 여부를 묻는 의문문이므로 Yes/No 응답이 가능하다. 하지만 실제 시험에서 일반 의문문에 대한 응답은 Yes/No를 사용하지 않고 응답하는 경우가 더 많다는 것을 염두에 두어야 한다.

질문과 응답의 예 > Q. Is this the gate for the flight to Detroit?
A. No, it's that one over there.

3 기타 의문문

Part 2에 출제되는 의문문 가운데 형태가 특수하거나 쓰임이 관용적이어서 별도로 알아두어야 할 의문문들을 모두 기타 의문문으로 분류하였다. 이러한 의문문들은 난도가 높은 유형에 속하므로 그 쓰임을 잘 파악해두어야 한다.

선택 의문문

접속사 or를 사용하여 선택을 요구하는 의문문

질문과 응답의 예 Q. Would you prefer rice or potatoes as a side dish?
A. I'll have the French fries, please.

부가 의문문

평서문 끝에 부가적으로 붙는 의문문

질문과 응답의 예 Q. You forwarded me a copy of the receipt, didn't you?
A. No. I haven't done it yet.

평서문

평서문의 형태이나 상대방의 답변을 필요로 하는 내용의 진술 의문문

질문과 응답의 예 Q. I can't figure out how to install this software.
A. I can help you with that.

제안·제공·요청 의문문

제안·제공·요청을 할 때 관용적으로 쓰이는 의문문

질문과 응답의 예 Q. Could I borrow your stapler for a moment?
A. Go ahead.

실전 고수되기

오답 분석 오답을 알면 정답이 보인다! P2_실전_01

단골 오답 1 질문에 등장한 단어를 반복하거나, 발음이 유사한 어휘를 사용한 오답

질문에 등장했던 단어를 그대로 쓰거나, 발음이 유사한 단어를 사용해 혼동을 주는 오답이 자주 등장한다. 발음이 유사한 단어에는 주로 파생어(meet-meeting)나 형태가 유사한 단어(fax-fact), 동음 이의어(write-right) 등이 출제된다.

Q. What date is the shipment scheduled to arrive? (A) I'll have to check for you. (B) Her arrival time is confirmed. (C) The data is incomplete.	선적물이 어느 날짜에 도착할 예정인가요? (A) 제가 확인해드릴게요. (B) 그녀의 도착 시간이 확인되었어요. (C) 자료가 불완전해요.

정답 (A)
오답 분석 (B)는 arrive의 파생어인 arrival을 사용해 혼동을 주고 있으며, (C)는 date와 형태가 유사한 단어인 data를 사용해 혼동을 주고 있는 오답이다.

단골 오답 2 동의어, 관련 어휘, 다의어를 사용한 오답

질문에 등장했던 단어와 의미가 같거나(factory-plant), 의미상 관련이 있는 단어(car-driving)들을 사용한 오답, 또는 질문에 등장했던 단어를 다른 의미로 사용하는(book 책; 예약하다) 오답이 자주 등장한다.

Q. What time will the play begin? (A) I liked the actress very much. (B) In about an hour. (C) The opening scene was terrific.	연극이 몇 시에 시작하나요? (A) 저는 그 여배우를 정말 좋아했어요. (B) 한 시간 정도 후에요. (C) 첫 장면이 멋있었어요.

정답 (B)
오답 분석 (A)는 play 즉, 연극과 의미상 관련 있는 단어인 actress를 사용해 혼동을 주고 있으며, (C)는 begin과 의미가 같은 open의 파생어 opening을 사용해 혼동을 주고 있는 오답이다.

단골 오답 3 | 주체를 혼동한 오답

질문의 주체와 다른 주체를 주어로 사용한 오답이 등장하는 경우가 있다.

Q. Will you have time to help me with the report? (A) He manages the department. (B) Sure, I can help you.	보고서 쓰는 것을 도와줄 시간 있으세요? (A) 그는 부서를 관리해요. (B) 물론이죠, 도울 수 있어요.

정답 (B)
오답 분석 질문의 주체는 you인데 (A)는 제3자인 He를 주어로 사용했으므로 오답이다.

단골 오답 4 | 시제를 혼동한 오답

질문의 시제와 다른 시제를 사용한 오답이 등장하는 경우가 있다.

Q. Are you attending the meeting? (A) I think I can make it. (B) No, I didn't go.	회의에 참석하실 건가요? (A) 참석할 수 있을 것 같아요. (B) 아니요, 저는 가지 않았어요.

정답 (A)
오답 분석 질문은 회의에 참석할 것인지에 대한 미래의 일과 관련된 질문인데, (B)는 과거 시제를 사용하여 그곳에 가지 않았다는 과거의 일을 언급하고 있으므로 다른 시제를 사용해 혼동을 주고 있는 오답이다.

단골 오답 5 | 정보를 묻는 의문사 의문문에 Yes/No로 응답한 오답

정보를 묻는 일반적인 의문사 의문문에는 Yes/No로 응답할 수 없다. 그러므로 이와 같은 보기는 듣는 즉시 오답으로 제거한다.

Q. How often do you go on vacation? (A) Once a year. (B) Yes, I'm leaving next month.	얼마나 자주 휴가를 가시나요? (A) 일 년에 한 번이요. (B) 네, 다음 달에 떠나요.

정답 (A)
오답 분석 (B)는 How를 사용한 의문사 의문문에 대해 Yes로 응답한 오답이다.

COURSE 01

의문사 의문문

무료 MP3
바로 듣기

토익 공식 1 Who 의문문

Who 의문문은 특정 행동이나 업무 등과 관련된 사람 또는 당사자를 묻는 의문문이며, Part 2 전체 25문제 중 매회 1~2문제 정도 출제된다. Who 의문문 외에, 사람에 관한 것을 묻는 의문문으로는 Who의 소유격인 Whose나 목적격인 Whom으로 시작하는 의문문이 있다.

핵심 전략

1. 사람 이름에 해당하는 고유명사나 직책/부서/회사명이 정답이 되기 쉽다!
2. I/We/You와 같은 대명사 혹은 '모른다'라는 응답이 사용될 수 있음에 유의한다!

질문 형태

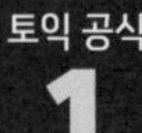
P2_실전_02

고유명사, 직책, 부서로 응답하는 경우

Who will pick up the brochures? 책자들을 누가 가져올 건가요?
→ Gloria offered to get them. Gloria가 그것들을 가져다 주겠다고 했어요.

Whose job is it to write the budget proposal? 예산안 작성이 누구의 업무인가요?
→ The head accountant's. 수석 회계사의 업무예요.

Who is leading the orientation? 오리엔테이션을 누가 진행할 건가요?
→ The personnel department is in charge of that. 인사부가 그것을 담당하고 있어요.

그 외 사항으로 응답하는 경우

Who will handle Sue's assignments this month? 이번 달 Sue의 업무들을 누가 처리할 건가요?
→ I can take care of them. 제가 그것들을 처리할 수 있어요.

Who organized the workshops? 워크숍을 누가 준비했었나요?
→ Actually, I'm not sure. 사실 저는 잘 모르겠어요.

Example 

호주 → 영국

Who is giving tomorrow's product presentation?

(A) She gave me the job.
(B) The supervisor will probably do it.
(C) They are high-quality items.

어휘 product[미 prádʌkt, 영 prɔ́dʌkt] 제품 item[áitəm] 제품

내일의 제품 발표를 누가 할 건가요?

(A) 그녀가 그 일자리를 저에게 주었어요.
(B) 아마 관리자가 할 거예요.
(C) 그것들은 높은 품질의 제품들이에요.

해설 정답 (B)

제품 발표를 누가 할지를 묻는 Who 의문문이다.
(A) [x] 질문의 giving ~ presentation(발표를 하다)에서의 give를 '주다'라는 의미로 사용하여 혼동을 준 오답이다.
(B) [o] supervisor(관리자)라는 특정 직책을 언급했으므로 정답이다.
(C) [x] product(제품)와 같은 의미인 items(제품들)를 사용하여 혼동을 준 오답이다.

Possible Answers 영국

I have no idea, so maybe ask Elena. 저는 모르겠으니 Elena에게 물어보세요.

직위, 직책 및 부서 관련 표현 P2_실전_04

다음은 Who 의문문의 응답으로 자주 출제되는 직위, 직책 및 부서 관련 표현들이다.

직위, 직책	1 accountant 회계사 2 assistant 보조 3 board of directors 이사회 4 chief executive officer 최고 경영자(CEO) 5 division head 부서장, 부장 6 editor 편집자 7 executive officer 임원, 중역 8 receptionist 안내원 9 representative 대표, 대리, 직원 10 secretary 비서 11 security officer 경비원, 경호원 12 senior director 선임 이사 13 supervisor 관리자, 상사 14 vice president 부사장
부서명	15 accounting office 회계부 16 payroll department 경리부 17 finance department 재무부 18 purchasing department 구매부 19 human resources department 인사부 20 personnel department 인사부 21 public relations department 홍보부 22 marketing department 마케팅부 23 overseas division 해외부 24 customer service department 고객 서비스부 25 security 경비과

HACKERS PRACTICE

P2_실전_05

1. Mark your answer. Ⓐ Ⓑ Ⓒ
2. Mark your answer. Ⓐ Ⓑ Ⓒ
3. Mark your answer. Ⓐ Ⓑ Ⓒ
4. Mark your answer. Ⓐ Ⓑ Ⓒ
5. Mark your answer. Ⓐ Ⓑ Ⓒ
6. Mark your answer. Ⓐ Ⓑ Ⓒ
7. Mark your answer. Ⓐ Ⓑ Ⓒ
8. Mark your answer. Ⓐ Ⓑ Ⓒ
9. Mark your answer. Ⓐ Ⓑ Ⓒ
10. Mark your answer. Ⓐ Ⓑ Ⓒ
11. Mark your answer. Ⓐ Ⓑ Ⓒ
12. Mark your answer. Ⓐ Ⓑ Ⓒ
13. Mark your answer. Ⓐ Ⓑ Ⓒ
14. Mark your answer. Ⓐ Ⓑ Ⓒ
15. Mark your answer. Ⓐ Ⓑ Ⓒ
16. Mark your answer. Ⓐ Ⓑ Ⓒ
17. Mark your answer. Ⓐ Ⓑ Ⓒ
18. Mark your answer. Ⓐ Ⓑ Ⓒ
19. Mark your answer. Ⓐ Ⓑ Ⓒ
20. Mark your answer. Ⓐ Ⓑ Ⓒ

정답·해석·해설 p.39

토익 공식 2

Where 의문문

Where 의문문은 장소나 위치와 관련된 정보를 묻는 의문문이며, Part 2 전체 25문제 중 매회 1~2문제 정도 출제된다. 주로 특정 장소, 위치, 출처 또는 방향을 나타내는 전치사구나 부사가 정답으로 출제된다.

핵심 전략

1. 'Where + 조동사' 뒤에 이어지는 명사와 동사를 주의해서 듣는다!
2. 출처를 묻는 경우, 사람을 언급한 응답이 정답이 될 수도 있음에 주의한다!
3. 다른 사람에게 물어보라는 등의 우회적인 응답이 사용될 수도 있다!

질문 형태

P2_실전_06

특정 장소나 위치, 출처, 방향 등으로 응답하는 경우

Where are we having our annual conference? 우리 연례 회의를 어디서 열 건가요?
→ Probably in Chicago. 아마도 시카고에서요.

Where did you leave those files? 그 파일들을 어디에 두었나요?
→ On your desk. 당신 책상 위에요.

Where did you get these sales figures? 이 판매 수치들을 어디서 입수했나요?
→ Mary Collins gave them to me. Mary Collins가 그것들을 저에게 주었어요.

Where is the director's new office? 부장님의 새로운 사무실이 어디인가요?
→ It is to the left of the conference room. 회의실의 왼쪽이에요.

그 외 사항으로 응답하는 경우

Where do we have to meet the visitors? 방문객들을 어디서 만나야 하죠?
→ Ask Bill about that. Bill에게 그것에 대해 물어보세요.

Where is the store manager? 상점 지배인은 어디에 있나요?
→ He stepped out for lunch. 그는 점심 먹으러 나갔어요.

Example P2_실전_07

캐나다 → 영국

Where should I stay in New York?

(A) June is the best month.
(B) There are so many places to see.
(C) At a hotel beside Grand Central Station.

제가 뉴욕에서 어디에 머물러야 할까요?

(A) 6월이 최고의 달이에요.
(B) 봐야 할 장소들이 매우 많아요.
(C) Grand Central 역 옆의 호텔에서요.

어휘 stay[stei] 머무르다

해설 정답 (C)

어디에 머물러야 할지를 묻는 Where 의문문이다.
(A) [x] 특정 시점을 물을 때 사용할 수 있는 응답이므로 오답이다.
(B) [x] New York(뉴욕)과 관련된 places to see(봐야 할 장소들)를 사용하여 혼동을 준 오답이다.
(C) [o] At a hotel(호텔에서)이라는 특정 장소를 언급했으므로 정답이다.

Possible Answers 영국

I can recommend a few places. 제가 몇몇 장소들을 추천해드릴 수 있어요.

장소 표현 전치사구 P2_실전_08

다음은 Where 의문문의 응답으로 자주 출제되는 장소 및 사물 위치 관련 표현들이다.

장소	1 across the street 길 건너에 2 around the corner 모퉁이를 돈 곳에 3 at the front counter 프런트 카운터에 4 by the front door 정문 옆에 5 from the main office 본사로부터 6 in front of the lobby 로비 앞에 7 near the park 공원 근처에 8 next to the hotel 호텔 옆에 9 on the first floor 1층에 10 on the next corner 다음 모퉁이에 11 opposite the building 건물 맞은 편에 12 over there 저쪽에 13 straight down to ~을 따라 곧바로 14 to the post office 우체국 쪽으로
사물 위치	15 in one's mailbox 우편함 안에 16 in the file cabinet 파일 캐비닛 안에 17 on one's desk ~의 책상 위에 18 at the top of the stairs 계단 꼭대기에

HACKERS PRACTICE

P2_실전_09

1. Mark your answer. Ⓐ Ⓑ Ⓒ
2. Mark your answer. Ⓐ Ⓑ Ⓒ
3. Mark your answer. Ⓐ Ⓑ Ⓒ
4. Mark your answer. Ⓐ Ⓑ Ⓒ
5. Mark your answer. Ⓐ Ⓑ Ⓒ
6. Mark your answer. Ⓐ Ⓑ Ⓒ
7. Mark your answer. Ⓐ Ⓑ Ⓒ
8. Mark your answer. Ⓐ Ⓑ Ⓒ
9. Mark your answer. Ⓐ Ⓑ Ⓒ
10. Mark your answer. Ⓐ Ⓑ Ⓒ
11. Mark your answer. Ⓐ Ⓑ Ⓒ
12. Mark your answer. Ⓐ Ⓑ Ⓒ
13. Mark your answer. Ⓐ Ⓑ Ⓒ
14. Mark your answer. Ⓐ Ⓑ Ⓒ
15. Mark your answer. Ⓐ Ⓑ Ⓒ
16. Mark your answer. Ⓐ Ⓑ Ⓒ
17. Mark your answer. Ⓐ Ⓑ Ⓒ
18. Mark your answer. Ⓐ Ⓑ Ⓒ
19. Mark your answer. Ⓐ Ⓑ Ⓒ
20. Mark your answer. Ⓐ Ⓑ Ⓒ

정답·해석·해설 p.43

토익 공식 **3**

When 의문문

When 의문문은 특정 시점을 묻는 의문문이며, Part 2 전체 25문제 중 매회 2문제 정도 출제된다. 시간 표현 부사(구) 등 특정 시점을 나타내는 표현이나, 불확실한 시점을 나타내는 표현이 정답으로 출제된다.

핵심 전략

1. 'When + 조동사' 뒤에 이어지는 주어와 동사를 주의해서 듣는다!
2. 질문을 들을 때 시제를 정확하게 파악한다!
3. 특정 행사나 모임 자리, 모호한 응답도 정답이 될 수 있음에 주의한다!
4. 앞으로 일어날 일의 시점을 묻는 질문에 과거 시제를 사용하여 이미 완료되었음을 나타내는 응답도 정답이 될 수 있음에 주의한다!

질문 형태

P2_실전_10

특정 시점이나 불확실한 시점으로 응답하는 경우

When is your flight leaving? 당신의 비행기는 언제 떠나나요?
→ Tomorrow morning. 내일 아침에요.

When did you buy your apartment? 아파트를 언제 구입했나요?
→ Last January. 지난 1월에요.

When will the posters be ready? 포스터들이 언제 준비될 건가요?
→ Before the end of the week. 주말 전에요.

When are you going to hire new staff? 언제 새로운 직원을 고용할 예정인가요?
→ Probably sometime this fall. 아마 이번 가을쯤에요.

그 외 사항으로 응답하는 경우

When will the leave policy be explained? 휴가 규정이 언제 설명될 건가요?
→ At the orientation for new employees. 신입사원들을 위한 오리엔테이션에서요.

When do you plan to take your next vacation? 다음 휴가는 언제 가려고 계획하나요?
→ I'm not sure yet. 아직 잘 모르겠어요.

Example P2_실전_11

미국 → 호주

When will the factory inspection take place?

(A) I will examine the documents.
(B) After the repairs are finished.
(C) At the plant in Singapore.

공장 점검이 언제 있을 건가요?

(A) 저는 서류들을 검토할 거예요.
(B) 수리가 끝난 후에요.
(C) 싱가포르에 있는 공장에서요.

어휘 inspection[inspékʃən] 점검 plant[미 plænt, 영 plɑːnt] 공장

해설

정답 (B)

공장 점검이 언제 있을지를 묻는 When 의문문이다.
(A) [x] inspection(점검)과 관련된 examine(검토하다)을 사용하여 혼동을 준 오답이다.
(B) [o] 수리가 끝난 후라는 불확실한 시점을 언급했으므로 정답이다.
(C) [x] factory(공장)와 같은 의미인 plant를 사용하여 혼동을 준 오답이다.

Possible Answers 호주

It was conducted last month. 지난달에 실시되었어요.

시간 관련 표현 P2_실전_12

다음은 When 의문문의 응답에서 자주 사용되는 시간 표현 부사(구)와 불확실한 시점을 나타내는 표현들이다.

시간 표현 부사(구)	과거 already 이미 a week ago 일주일 전에 last week 지난주에 a couple of days ago 며칠 전에 a little while ago 조금 전에 현재 now 지금 right now 바로 지금 for now 지금은 usually 대개 often 종종 regularly 정기적으로 미래 soon 곧 sometime next week 다음 주 중에 in about an hour 한 시간쯤 후에 not for another hour 한 시간이 지나서야 by the end of this week 이번 주말까지 any minute 잠시 후에
불확실한 시점을 말할 때 쓰는 표현	Not until next week. 다음 주나 되어서요. Right after the presentation is ready. 발표가 준비되는 직후에요. When the construction is completed. 공사가 마무리되면요. Soon, I think. 제 생각으로는 곧이요. Later today. 오늘 늦게요.

HACKERS PRACTICE

P2_실전_13

1. Mark your answer. Ⓐ Ⓑ Ⓒ
2. Mark your answer. Ⓐ Ⓑ Ⓒ
3. Mark your answer. Ⓐ Ⓑ Ⓒ
4. Mark your answer. Ⓐ Ⓑ Ⓒ
5. Mark your answer. Ⓐ Ⓑ Ⓒ
6. Mark your answer. Ⓐ Ⓑ Ⓒ
7. Mark your answer. Ⓐ Ⓑ Ⓒ
8. Mark your answer. Ⓐ Ⓑ Ⓒ
9. Mark your answer. Ⓐ Ⓑ Ⓒ
10. Mark your answer. Ⓐ Ⓑ Ⓒ
11. Mark your answer. Ⓐ Ⓑ Ⓒ
12. Mark your answer. Ⓐ Ⓑ Ⓒ
13. Mark your answer. Ⓐ Ⓑ Ⓒ
14. Mark your answer. Ⓐ Ⓑ Ⓒ
15. Mark your answer. Ⓐ Ⓑ Ⓒ
16. Mark your answer. Ⓐ Ⓑ Ⓒ
17. Mark your answer. Ⓐ Ⓑ Ⓒ
18. Mark your answer. Ⓐ Ⓑ Ⓒ
19. Mark your answer. Ⓐ Ⓑ Ⓒ
20. Mark your answer. Ⓐ Ⓑ Ⓒ

정답·해석·해설 p.46

토익 공식 **4**

What 의문문

What 의문문은 문제나 의견, 종류 등 다양한 정보를 묻는 의문문이며, Part 2 전체 25문제 중 매회 1문제 정도 출제된다. 의문사 What이 '무엇'이라는 의미의 대명사로 쓰이는 경우와, '어떤, 얼마만큼의'라는 뜻의 형용사 역할을 하는 경우로 나뉜다.

핵심 전략

1. What 뒤에 나오는 주어와 동사 또는 명사를 주의해서 듣는다!

2. What 또는 'What + 명사'에 해당하는 정보나 모호한 응답이 정답이 될 수 있다!

질문 형태

P2_실전_14

문제나 의견, 종류 등으로 응답하는 경우

What's wrong with the printer? 프린터의 문제가 무엇인가요?

→ It's out of ink. 잉크가 다 떨어졌어요.

What was Singapore like? 싱가포르는 어땠어요?

→ It was very clean and beautiful. 매우 깨끗하고 아름다웠어요.

What kind of food shall we order? 어떤 종류의 음식을 주문할까요?

→ Maybe some Chinese. 중국 음식으로 하죠.

What's that facility we used last year called? 작년에 우리가 사용했던 시설이 무엇이라고 불리죠?

→ It's the Greenville Convention Center. Greenville 컨벤션 센터예요.

그 외 사항으로 응답하는 경우

What do you think of my proposal? 제 제안에 대해 어떻게 생각하세요?

→ I haven't looked at it yet. 저는 아직 그것을 보지 못했어요.

Example

P2_실전_15

캐나다 → 미국

What's the topic of the presentation?

(A) Changes to the tax law.

(B) We discussed an interesting topic.

(C) No, the presentation is today.

어휘 topic[tápik] 주제 interesting[íntərəstiŋ] 흥미로운

발표의 주제는 무엇인가요?

(A) 세법 변경이요.

(B) 우리는 흥미로운 주제를 논의했어요.

(C) 아니요, 발표는 오늘이에요.

해설 정답 (A)

발표의 주제가 무엇인지를 묻는 What 의문문이다. What ~ topic을 반드시 들어야 한다.

(A) [o] Changes to the tax law(세법 변경)라는 주제를 언급했으므로 정답이다.

(B) [x] 질문의 topic을 반복 사용하고, presentation(발표)과 관련된 discussed(논의했다)를 사용하여 혼동을 준 오답이다.

(C) [x] 의문사 의문문에 No로 응답했으므로 오답이다.

Possible Answers 미국

Maybe Elizabeth knows. 아마 Elizabeth가 알 거예요.

대명사 What 의문문, 형용사 What 의문문 P2_실전_16

다음은 자주 사용되는 대명사 What 의문문과 형용사 What 의문문이다.

대명사 What 의문문	**What** can we **do** with the box in the living room? 거실에 있는 상자로 무엇을 해야 하죠? → **Put** it in the garage. 차고에 두세요. **What** would you like **for dinner**? 저녁으로 무엇을 드시고 싶으세요? → Let's get some **Italian**. 이탈리아 음식을 먹도록 해요. **What**'s the fastest **way** to the financial district? 금융지구로 가는 가장 빠른 방법은 무엇인가요? → The **subway** is probably the best. 아마 지하철이 가장 나을 거예요. **What made you become** a teacher? 무엇이 당신을 선생님이 되게 하였나요? → **I enjoy working** with children. 저는 아이들과 일하는 것이 즐거워요. **What** did **Mr. Owens mention** about the itinerary? Mr. Owens가 여행 일정에 대해 무엇을 언급했나요? → He was too busy to discuss it. 그는 그것에 대해 논의하기에는 너무 바빴어요.
형용사 What 의문문	**What day** does the seminar start? 세미나가 무슨 요일에 시작하나요? → It begins on **Tuesday**. 화요일에 시작해요. **What sort of position** are you looking for? 당신은 어떤 직종을 찾고 있나요? → I'd like to be a **reporter**. 취재 기자가 되고 싶어요. **What time** is your dental appointment? 당신의 치과 진료 예약은 몇 시인가요? → At **11 o'clock**. 11시예요.

HACKERS PRACTICE

P2_실전_17

1. Mark your answer. Ⓐ Ⓑ Ⓒ
2. Mark your answer. Ⓐ Ⓑ Ⓒ
3. Mark your answer. Ⓐ Ⓑ Ⓒ
4. Mark your answer. Ⓐ Ⓑ Ⓒ
5. Mark your answer. Ⓐ Ⓑ Ⓒ
6. Mark your answer. Ⓐ Ⓑ Ⓒ
7. Mark your answer. Ⓐ Ⓑ Ⓒ
8. Mark your answer. Ⓐ Ⓑ Ⓒ
9. Mark your answer. Ⓐ Ⓑ Ⓒ
10. Mark your answer. Ⓐ Ⓑ Ⓒ
11. Mark your answer. Ⓐ Ⓑ Ⓒ
12. Mark your answer. Ⓐ Ⓑ Ⓒ
13. Mark your answer. Ⓐ Ⓑ Ⓒ
14. Mark your answer. Ⓐ Ⓑ Ⓒ
15. Mark your answer. Ⓐ Ⓑ Ⓒ
16. Mark your answer. Ⓐ Ⓑ Ⓒ
17. Mark your answer. Ⓐ Ⓑ Ⓒ
18. Mark your answer. Ⓐ Ⓑ Ⓒ
19. Mark your answer. Ⓐ Ⓑ Ⓒ
20. Mark your answer. Ⓐ Ⓑ Ⓒ

정답·해석·해설 p.49

토익 공식 5

Which 의문문

Which 의문문은 주로 다수 중 하나를 고르게 하는 의문문이며, Part 2 전체 25문제 중 매회 1문제 정도 출제된다. What 의문문처럼 대명사로 쓰이는 경우와 형용사로 쓰이는 경우로 나뉜다.

핵심 전략

1. Which 뒤에 나오는 명사를 주의해서 듣는다!
2. The one을 포함한 응답이 정답이 되기 쉽다!
3. 여러 개를 고르거나, '모른다'와 같은 모호한 내용의 응답도 정답이 될 수 있다!

질문 형태

P2_실전_18

하나를 골라 응답하는 경우

Which car is yours? 어느 것이 당신의 자동차인가요?
→ The one parked at the corner. 모퉁이에 주차되어 있는 것이요.

Which of those paintings do you like better? 저 그림들 중 어느 것이 더 좋으세요?
→ I prefer the one on the left. 저는 왼쪽에 있는 것이 더 좋아요.

Which room was reserved for the meeting? 어느 방이 회의를 위해 예약되었죠?
→ The conference room with a projector. 프로젝터가 있는 회의실이요.

그 외 사항으로 응답하는 경우

Which shoes did you buy? 어느 신발을 구입하셨어요?
→ Actually, I bought all three pairs. 사실 저는 세 켤레 모두 구입했어요.

Which street is Henry's house on? Henry의 집은 어느 거리에 있죠?
→ I don't really know. 저는 잘 모르겠어요.

Example

P2_실전_19

캐나다 → 미국

Which tie should I wear?

(A) The blue one looks better.
(B) Mostly business attire.
(C) Uniforms are required.

제가 어느 넥타이를 매야 할까요?

(A) 파란색이 더 나아 보여요.
(B) 주로 비즈니스 복장이요.
(C) 유니폼이 필요해요.

어휘 attire[ətáiər] 복장

해설

정답 (A)

어느 넥타이를 매야 할지를 묻는 Which 의문문이다. Which tie를 반드시 들어야 한다.
(A) [o] The blue one(파란 것)이라는 특정 색상의 넥타이를 언급했으므로 정답이다.
(B) [x] tie(넥타이)와 관련된 business attire(비즈니스 복장)를 사용하여 혼동을 준 오답이다.
(C) [x] wear(입다)와 관련된 Uniforms(유니폼)를 사용하여 혼동을 준 오답이다.

Possible Answers 미국

I like the striped one the best. 저는 줄무늬 있는 것이 가장 좋아요.
Any of them except for the gray one. 회색만 빼고 아무거나요.

대명사 Which 의문문, 형용사 Which 의문문 P2_실전_20

다음은 자주 사용되는 대명사 Which 의문문과 형용사 Which 의문문이다.

대명사 Which 의문문	**Which** is the **printer** that isn't working? 작동하지 않는 프린터는 어느 것인가요? → **The one** in the staff room. 직원 사무실에 있는 것이요. **Which** of those **desks** is Martin's? 저 책상들 중 어느 것이 Martin의 것인가요? → **The large one** over there. 저기 있는 큰 것이요. **Which** of those **houses** is for sale? 저 집들 중 어느 것이 판매 중인가요? → **The one** on the right. 오른쪽에 있는 것이요. **Which** of **you** will drive me home? 여러분 중 누가 저를 집에 태워다 주실 건가요? → **Bob** can take you. Bob이 당신을 데려다 줄 수 있어요.
형용사 Which 의문문	**Which layout design** do you like better? 어느 레이아웃 디자인이 더 좋으세요? → I think **the first one** is nice. 제 생각에는 첫 번째 것이 좋아요. **Which proposal** did the client like better? 고객이 어느 제안서를 더 좋아했나요? → She preferred **Albert's idea**. 그녀는 Albert의 아이디어를 선호했어요. **Which restaurant** is the reservation at? 어느 식당에 예약이 되어 있나요? → **Gino's Pizzeria**. Gino's 피자 가게요. **Which university** are you going to attend? 어느 대학에 갈 것인가요? → There are **two** I'm considering. 고려하고 있는 곳이 두 군데 있어요.

HACKERS PRACTICE

P2_실전_21

1. Mark your answer. Ⓐ Ⓑ Ⓒ
2. Mark your answer. Ⓐ Ⓑ Ⓒ
3. Mark your answer. Ⓐ Ⓑ Ⓒ
4. Mark your answer. Ⓐ Ⓑ Ⓒ
5. Mark your answer. Ⓐ Ⓑ Ⓒ
6. Mark your answer. Ⓐ Ⓑ Ⓒ
7. Mark your answer. Ⓐ Ⓑ Ⓒ
8. Mark your answer. Ⓐ Ⓑ Ⓒ
9. Mark your answer. Ⓐ Ⓑ Ⓒ
10. Mark your answer. Ⓐ Ⓑ Ⓒ
11. Mark your answer. Ⓐ Ⓑ Ⓒ
12. Mark your answer. Ⓐ Ⓑ Ⓒ
13. Mark your answer. Ⓐ Ⓑ Ⓒ
14. Mark your answer. Ⓐ Ⓑ Ⓒ
15. Mark your answer. Ⓐ Ⓑ Ⓒ
16. Mark your answer. Ⓐ Ⓑ Ⓒ
17. Mark your answer. Ⓐ Ⓑ Ⓒ
18. Mark your answer. Ⓐ Ⓑ Ⓒ
19. Mark your answer. Ⓐ Ⓑ Ⓒ
20. Mark your answer. Ⓐ Ⓑ Ⓒ

정답·해석·해설 p.52

토익 공식 **6**

Why 의문문

Why 의문문은 이유, 원인 또는 목적을 묻는 의문문이며, Part 2 전체 25문제 중 매회 1~2문제 정도 출제된다. 제안 표현인 'Why don't you ~'와 구별되며, 전치사 For, 접속사 Because, To 부정사를 사용한 응답이 자주 출제된다.

핵심 전략

1. 'Why + 조동사' 뒤에 이어지는 주어와 동사를 주의해서 듣는다!

2. 전치사 For나 접속사 Because를 이용한 오답 함정에 유의한다!

3. 모호하거나 우회적인 응답이 정답이 되기도 한다!

질문 형태

P2_실전_22

For, Because, To를 사용하여 응답하는 경우

Why did you buy that suit? 그 정장을 왜 구매하셨나요?
→ For a job interview on Tuesday. 화요일에 있을 면접 때문에요.

Why isn't the bus here yet? 버스가 왜 아직 오지 않을까요?
→ Because traffic is bad. 교통이 좋지 않기 때문이에요.

Why are you going to San Diego next week? 당신은 왜 다음 주에 샌디에이고에 가나요?
→ To meet with a client. 고객을 만나기 위해서요.

그 외 사항으로 응답하는 경우

Why is this computer so slow? 이 컴퓨터가 왜 이렇게 느릴까요?
→ Maybe it has a virus. 아마도 바이러스가 있는 것 같아요.

Why hasn't Peter been promoted? Peter는 왜 승진되지 않았나요?
→ I have no idea. 모르겠어요.

Why hasn't our contractor called us back? 계약자는 왜 우리에게 다시 전화하지 않았나요?
→ Actually, he did. 사실 전화를 했어요.

Example P2_실전_23

호주 → 영국

Why did Mr. Rodriguez sign in after nine?

(A) About an hour ago.

(B) No, he's always late.

(C) He had a dentist's appointment.

Mr. Rodriguez가 왜 9시 이후에 출근 시간을 기록했나요?

(A) 약 한 시간 전에요.

(B) 아니요, 그는 항상 늦어요.

(C) 그는 치과 예약이 있었어요.

어휘 sign in (출근 시간을) 기록하다 appointment[əpɔ́intmənt] 예약, 약속

해설 정답 (C)

Mr. Rodriguez가 왜 9시 이후에 출근 시간을 기록했는지를 묻는 Why 의문문이다.

(A) [x] 특정 시점을 물을 때 사용할 수 있는 응답이므로 오답이다.

(B) [x] 의문사 의문문에 No로 응답했으므로 오답이다.

(C) [o] 치과 예약이 있었다는 이유를 언급했으므로 정답이다.

Possible Answers 영국

Why don't you ask him? 그에게 물어보는 게 어때요?

부정의 Why 의문문과 제안의 Why don't you 의문문 P2_실전_24

다음은 부정의 Why 의문문과 제안의 Why don't you 의문문을 구별하는 방법과 예문이다.

부정의 Why 의문문	Why 뒤에 don't의 과거형인 didn't나 3인칭 형태의 doesn't가 나오면 이는 부정의 Why 의문문이다. **Why didn't you call me yesterday?** 왜 어제 나에게 전화하지 않았나요? → **I'm sorry, I forgot.** 미안해요, 잊어버렸어요.
제안의 Why don't you 의문문	Why don't you ~?는 상대방에게 무언가를 제안할 때 사용하는 관용적인 표현으로 부정의 Why 의문문과는 구별해야 한다. **Why don't you talk to the manager?** 부장님에게 이야기해 보는 게 어때요? → **I'll see if he's in the office.** 그가 사무실에 있는지 확인해 볼게요.

HACKERS PRACTICE

P2_실전_25

1. Mark your answer. Ⓐ Ⓑ Ⓒ
2. Mark your answer. Ⓐ Ⓑ Ⓒ
3. Mark your answer. Ⓐ Ⓑ Ⓒ
4. Mark your answer. Ⓐ Ⓑ Ⓒ
5. Mark your answer. Ⓐ Ⓑ Ⓒ
6. Mark your answer. Ⓐ Ⓑ Ⓒ
7. Mark your answer. Ⓐ Ⓑ Ⓒ
8. Mark your answer. Ⓐ Ⓑ Ⓒ
9. Mark your answer. Ⓐ Ⓑ Ⓒ
10. Mark your answer. Ⓐ Ⓑ Ⓒ
11. Mark your answer. Ⓐ Ⓑ Ⓒ
12. Mark your answer. Ⓐ Ⓑ Ⓒ
13. Mark your answer. Ⓐ Ⓑ Ⓒ
14. Mark your answer. Ⓐ Ⓑ Ⓒ
15. Mark your answer. Ⓐ Ⓑ Ⓒ
16. Mark your answer. Ⓐ Ⓑ Ⓒ
17. Mark your answer. Ⓐ Ⓑ Ⓒ
18. Mark your answer. Ⓐ Ⓑ Ⓒ
19. Mark your answer. Ⓐ Ⓑ Ⓒ
20. Mark your answer. Ⓐ Ⓑ Ⓒ

정답·해석·해설 p.56

토익 공식 **7**

How 의문문

How 의문문은 방법, 의견, 수량 등을 묻는 의문문이며, Part 2 전체 25문제 중 매회 2문제 정도 출제된다. 방법, 의견, 상태를 묻는 경우와 기간, 수량, 가격과 같은 정도를 묻는 경우로 나뉜다.

핵심 전략

1. How 다음에 나오는 주어와 동사, 또는 형용사/부사를 주의해서 듣는다!
2. 방법이나 상태를 묻는 경우 수량, 빈도, 시간 등으로 응답한 오답에 주의한다!
3. 상태나 의견 또는 이유를 묻는 How 의문문의 관용적 쓰임을 외워둔다!

질문 형태

P2_실전_26

방법, 의견, 상태로 응답하는 경우

How will you contact me? 저에게 어떻게 연락하실 건가요?
→ By phone. 전화로요.

How was the seminar? 세미나는 어땠나요?
→ Very helpful. 아주 유익했어요.

How would you like your steak? 스테이크를 어떻게 해드릴까요?
→ Medium, please. 적당히 익혀주세요.

기간, 수량, 가격으로 응답하는 경우

How long have you been at this apartment? 이 아파트에서 얼마 동안 거주하셨나요?
→ For about three years. 약 3년 동안이요.

How many invitations should I print? 얼마나 많은 초대장을 인쇄해야 할까요?
→ At least one hundred. 적어도 100장이요.

How much did you sell your car for? 당신 차를 얼마에 파셨나요?
→ About $8,000. 약 8,000달러에요.

그 외 사항으로 응답하는 경우

How often do you exercise? 운동을 얼마나 자주 하시나요?
→ Not as much as I'd like to. 제가 원하는 만큼 자주는 못해요.

Example

P2_실전_27

호주 → 영국

How do I get to the nearest taxi stand?

(A) I'm sure it won't take long.
(B) The next one will leave soon.
(C) Walk to the end of Fifth Street.

가장 가까운 택시 승차장에 어떻게 가야 하나요?

(A) 오래 걸리지 않을 거라고 확신해요.
(B) 다음 것이 곧 출발해요.
(C) 5번가 끝까지 걸어가세요.

어휘 taxi stand 택시 승차장 leave [liːv] 출발하다, 떠나다

해설 정답 (C)

가장 가까운 택시 승차장에 어떻게 가는지를 묻는 How 의문문이다. How가 방법을 묻는 것임을 이해할 수 있어야 한다.
(A) [x] 기간을 물을 때 사용할 수 있는 응답이므로 오답이다.
(B) [x] 특정 시점을 물을 때 사용할 수 있는 응답이므로 오답이다.
(C) [o] Walk(걸어가다)라는 방법을 언급했으므로 정답이다.

Possible Answers 영국

You can ask the receptionist. 접수원에게 물어보세요.

기타 How 의문문 P2_실전_28

다음은 기타 관용적으로 사용되어 상태나 의견 또는 이유를 묻는 How 의문문이다.

How do you like/feel ~? ~은 어떤가요/ 어떻게 생각하나요?	**How do you like** your new job? 당신의 새 일은 어떤가요? → I'm really enjoying it. 저는 정말 즐기고 있어요. **How do you feel** about your interview? 당신의 면접에 대해서 어떻게 생각하세요? → I'm a little nervous. 약간 초조해요.
How did ~ go? (행사는) 어땠나요?	**How did** the trade fair **go**? 무역 박람회는 어땠나요? → It was quite successful. 꽤 성공적이었어요.
How come ~? 왜 ~?	**How come** you didn't show up last night? 어젯밤에 왜 오지 않으셨어요? → I had to do some work. 할 일이 좀 있었어요.

HACKERS PRACTICE

P2_실전_29

1. Mark your answer. Ⓐ Ⓑ Ⓒ
2. Mark your answer. Ⓐ Ⓑ Ⓒ
3. Mark your answer. Ⓐ Ⓑ Ⓒ
4. Mark your answer. Ⓐ Ⓑ Ⓒ
5. Mark your answer. Ⓐ Ⓑ Ⓒ
6. Mark your answer. Ⓐ Ⓑ Ⓒ
7. Mark your answer. Ⓐ Ⓑ Ⓒ
8. Mark your answer. Ⓐ Ⓑ Ⓒ
9. Mark your answer. Ⓐ Ⓑ Ⓒ
10. Mark your answer. Ⓐ Ⓑ Ⓒ
11. Mark your answer. Ⓐ Ⓑ Ⓒ
12. Mark your answer. Ⓐ Ⓑ Ⓒ
13. Mark your answer. Ⓐ Ⓑ Ⓒ
14. Mark your answer. Ⓐ Ⓑ Ⓒ
15. Mark your answer. Ⓐ Ⓑ Ⓒ
16. Mark your answer. Ⓐ Ⓑ Ⓒ
17. Mark your answer. Ⓐ Ⓑ Ⓒ
18. Mark your answer. Ⓐ Ⓑ Ⓒ
19. Mark your answer. Ⓐ Ⓑ Ⓒ
20. Mark your answer. Ⓐ Ⓑ Ⓒ

정답·해석·해설 p.59

HACKERS TEST

Hackers TOEIC Listening

해커스 스타강사의
무료 해설 바로 보기
(35번 문제)

P2_실전_30

1. Mark your answer.	Ⓐ	Ⓑ	Ⓒ	**21.** Mark your answer.	Ⓐ	Ⓑ	Ⓒ
2. Mark your answer.	Ⓐ	Ⓑ	Ⓒ	**22.** Mark your answer.	Ⓐ	Ⓑ	Ⓒ
3. Mark your answer.	Ⓐ	Ⓑ	Ⓒ	**23.** Mark your answer.	Ⓐ	Ⓑ	Ⓒ
4. Mark your answer.	Ⓐ	Ⓑ	Ⓒ	**24.** Mark your answer.	Ⓐ	Ⓑ	Ⓒ
5. Mark your answer.	Ⓐ	Ⓑ	Ⓒ	**25.** Mark your answer.	Ⓐ	Ⓑ	Ⓒ
6. Mark your answer.	Ⓐ	Ⓑ	Ⓒ	**26.** Mark your answer.	Ⓐ	Ⓑ	Ⓒ
7. Mark your answer.	Ⓐ	Ⓑ	Ⓒ	**27.** Mark your answer.	Ⓐ	Ⓑ	Ⓒ
8. Mark your answer.	Ⓐ	Ⓑ	Ⓒ	**28.** Mark your answer.	Ⓐ	Ⓑ	Ⓒ
9. Mark your answer.	Ⓐ	Ⓑ	Ⓒ	**29.** Mark your answer.	Ⓐ	Ⓑ	Ⓒ
10. Mark your answer.	Ⓐ	Ⓑ	Ⓒ	**30.** Mark your answer.	Ⓐ	Ⓑ	Ⓒ
11. Mark your answer.	Ⓐ	Ⓑ	Ⓒ	**31.** Mark your answer.	Ⓐ	Ⓑ	Ⓒ
12. Mark your answer.	Ⓐ	Ⓑ	Ⓒ	**32.** Mark your answer.	Ⓐ	Ⓑ	Ⓒ
13. Mark your answer.	Ⓐ	Ⓑ	Ⓒ	**33.** Mark your answer.	Ⓐ	Ⓑ	Ⓒ
14. Mark your answer.	Ⓐ	Ⓑ	Ⓒ	**34.** Mark your answer.	Ⓐ	Ⓑ	Ⓒ
15. Mark your answer.	Ⓐ	Ⓑ	Ⓒ	**35.** Mark your answer.	Ⓐ	Ⓑ	Ⓒ
16. Mark your answer.	Ⓐ	Ⓑ	Ⓒ	**36.** Mark your answer.	Ⓐ	Ⓑ	Ⓒ
17. Mark your answer.	Ⓐ	Ⓑ	Ⓒ	**37.** Mark your answer.	Ⓐ	Ⓑ	Ⓒ
18. Mark your answer.	Ⓐ	Ⓑ	Ⓒ	**38.** Mark your answer.	Ⓐ	Ⓑ	Ⓒ
19. Mark your answer.	Ⓐ	Ⓑ	Ⓒ	**39.** Mark your answer.	Ⓐ	Ⓑ	Ⓒ
20. Mark your answer.	Ⓐ	Ⓑ	Ⓒ	**40.** Mark your answer.	Ⓐ	Ⓑ	Ⓒ

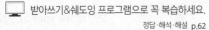

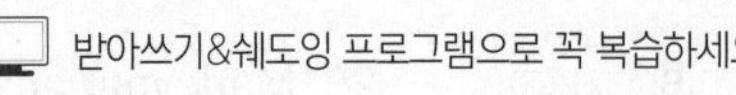

받아쓰기&쉐도잉 프로그램으로 꼭 복습하세요.

정답·해석·해설 p.62

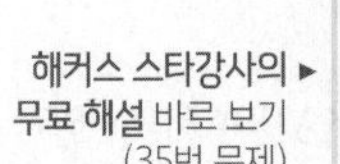

일반 의문문

무료 MP3
바로 듣기

토익 공식 1 조동사 의문문

조동사 의문문은 Do, Have, Can/Will/Should 등으로 시작하는 의문문이며, Part 2 전체 25문제 중 매회 2~3문제 정도 출제된다. Yes/No 응답이 가능하지만 생략된 응답도 자주 출제된다. 조동사의 부정어로 시작하는 의문문은 부정 의문문에서 다루게 될 것이다.

핵심 전략

1. 질문의 앞부분을 주의 깊게 듣고 조동사의 종류와 시제 및 주어를 정확하게 파악한다!
2. 주어 뒤에 이어지는 동사와 목적어를 놓치지 않고 듣는다!
3. 질문한 대상이 아닌 다른 주어를 언급한 오답에 주의한다!

질문 형태 P2_실전_31

Yes/No로 응답하는 경우
Do you speak another language? 다른 언어를 할 줄 아나요?
→ No. Just English. 아니요. 영어만요.

Yes/No를 생략하여 응답하는 경우
Have you completed the report? 보고서를 완성했나요?
→ It's nearly done. 거의 다 했어요.

그 외 사항으로 응답하는 경우
Can we use the conference room this afternoon? 오늘 오후에 회의실을 사용할 수 있을까요?
→ Has it been reserved? 예약이 되었나요?

Example P2_실전_32

호주 → 영국

Do you sell mineral water here?

(A) Yes, she's available now.
(B) The water looks calm today.
(C) I'm afraid we're out of stock.

여기서 광천수를 판매하나요?

(A) 네, 그녀는 지금 시간이 있어요.
(B) 오늘은 물이 잔잔해 보이네요.
(C) 유감스럽게도 재고가 없어요.

어휘 available [əvéiləbl] (만날) 시간이 있는, 이용 가능한 out of stock 재고가 없는

해설 정답 (C)

광천수를 판매하는지를 확인하는 조동사(Do) 의문문이다.
(A) [x] she가 나타내는 대상이 질문에 없으므로 오답이다.
(B) [x] 질문의 water를 반복 사용하여 혼동을 준 오답이다.
(C) [o] 재고가 없다는 말로 광천수를 판매하지 않음을 간접적으로 전달했으므로 정답이다.

Possible Answers 영국
Yes, we carry several brands. 네, 우리는 여러 상표의 제품들을 취급해요.

여러 조동사 의문문과 응답 P2_실전_33

다음은 자주 출제되는 여러 조동사 의문문과 응답이다.

Do(Does) 의문문	현재 사실이나 의견 확인 **Does Ellen** need any assistance? Ellen은 도움이 필요한가요? → **No, she's** almost **done.** 아니요, 그녀는 거의 다 했어요. **Do you** want to cook something for dinner? 저녁으로 무언가 요리하길 원하나요? → **Can we** eat out? 나가서 먹어도 될까요? 과거 사실이나 경험 확인 **Did you** take the bus to the airport? 공항까지 버스를 탔나요? → Actually, **my friend drove** me. 사실, 친구가 차로 태워다 줬어요.
Have(Has) 의문문	완료된 상태 확인 **Have you** set up the chairs and tables for the banquet? 연회를 위해 의자들과 탁자들을 놓아두었나요? → **I did it** last night. 어젯밤에 했어요. **Has Danny** arrived at the office yet? Danny가 이미 사무실에 도착했나요? → **He's** at his desk. 그는 책상에 앉아 있어요. 과거부터 현재까지의 경험 확인 **Have you ever** been to Egypt? 이집트에 가본 적이 있나요? → I went **a few years ago.** 몇 년 전에 갔었어요.
Can(Could) /Will(Would) /Should 의문문	가능 상황 확인 **Can the proposal** be finished by tomorrow? 그 제안서는 내일까지 마무리될 수 있나요? → Yes, I can probably **get it done.** 네, 아마도 끝낼 수 있을 거예요. 미래의 계획 문의 **Will you** be taking some time off? 휴가를 가실 건가요? → A week **next month.** 다음 달에 일주일 동안이요. 제안하거나 의무적 상황 확인 **Should we** consider moving offices? 사무실 이전을 고려해봐야 할까요? → **That would be a good idea.** 좋은 생각인 것 같아요.

HACKERS PRACTICE

P2_실전_34

1. Mark your answer. Ⓐ Ⓑ Ⓒ
2. Mark your answer. Ⓐ Ⓑ Ⓒ
3. Mark your answer. Ⓐ Ⓑ Ⓒ
4. Mark your answer. Ⓐ Ⓑ Ⓒ
5. Mark your answer. Ⓐ Ⓑ Ⓒ
6. Mark your answer. Ⓐ Ⓑ Ⓒ
7. Mark your answer. Ⓐ Ⓑ Ⓒ
8. Mark your answer. Ⓐ Ⓑ Ⓒ
9. Mark your answer. Ⓐ Ⓑ Ⓒ
10. Mark your answer. Ⓐ Ⓑ Ⓒ
11. Mark your answer. Ⓐ Ⓑ Ⓒ
12. Mark your answer. Ⓐ Ⓑ Ⓒ
13. Mark your answer. Ⓐ Ⓑ Ⓒ
14. Mark your answer. Ⓐ Ⓑ Ⓒ
15. Mark your answer. Ⓐ Ⓑ Ⓒ
16. Mark your answer. Ⓐ Ⓑ Ⓒ
17. Mark your answer. Ⓐ Ⓑ Ⓒ
18. Mark your answer. Ⓐ Ⓑ Ⓒ
19. Mark your answer. Ⓐ Ⓑ Ⓒ
20. Mark your answer. Ⓐ Ⓑ Ⓒ

정답·해석·해설 p.68

토익 공식 **2**

Be 동사 의문문

Be 동사 의문문은 Is, Was, Are와 같은 Be 동사로 시작하는 의문문이며, Part 2 전체 25문제 중 매회 1문제 정도 출제된다. Yes/No 응답이 가능하지만, 조동사 의문문처럼 Yes/No가 생략된 응답도 자주 출제된다. 부정의 Be 동사로 시작하는 의문문은 부정 의문문에서 다루게 될 것이다.

핵심 전략

1. 의문문의 시제와 주어를 정확하게 파악한다!
2. 질문 내의 동사와 명사, 형용사를 놓치지 않고 듣는다!
3. Be going to와 Be ~ing는 미래 시제를 나타내는 구문임을 기억한다!

질문 형태

P2_실전_35

Yes/No로 응답하는 경우

Is there a post office nearby? 이 근처에 우체국이 있나요?
→ Yes, there's one down the street. 네, 길 아래에 하나 있어요.

Was the flight to Boston full? 보스턴으로 가는 비행기가 만석이었나요?
→ No, there were many empty seats. 아니요, 빈 좌석들이 많았어요.

Yes/No를 생략하여 응답하는 경우

Are you open on weekends? 주말에 문을 여나요?
→ We usually are. 보통 그럽니다.

Is Mr. Brown planning to speak at the conference? Mr. Brown이 회의에서 연설을 할 계획인가요?
→ I don't think so. 그렇지 않은 것 같아요.

그 외 사항으로 응답하는 경우

Is Erica accepting the job in Dallas? Erica가 댈러스에 있는 일자리를 수락할 것인가요?
→ I haven't asked her yet. 아직 그녀에게 물어보지 않았어요.

Example P2_실전_36

호주 → 영국

Are there enough employees for the project? | 그 프로젝트를 위한 충분한 직원들이 있나요?

(A) They enjoy the work. | (A) 그들은 그 일을 즐거워해요.
(B) Whomever you want. | (B) 당신이 원하는 누구든지요.
(C) I think we need a few more. | (C) 제 생각엔 몇 명 더 필요할 것 같아요.

어휘 enough [inʌ́f] 충분한

해설 정답 (C)

직원이 충분히 있는지를 확인하는 Be 동사 의문문이다.
(A) [x] project(프로젝트)와 관련된 work(일)를 사용하여 혼동을 준 오답이다.
(B) [x] 특정 인물을 물을 때 사용할 수 있는 응답이므로 오답이다.
(C) [o] 몇 명 더 필요하다는 말로 직원이 충분하지 않음을 간접적으로 전달했으므로 정답이다.

Possible Answers 영국

We have more than we need. 필요한 것보다 사람이 많아요.

여러 Be 동사 의문문과 응답 P2_실전_37

다음은 질문 내용에 따른 여러 Be 동사 의문문과 응답이다.

현재 사실 확인	**Are these** items on sale? 이 제품들이 할인 중인가요? → **Yes, they're** 30 percent off. 네, 30퍼센트 할인돼요. **Is this** your office? 여기가 당신의 사무실인가요? → **No,** mine's down the hall. 아니요, 제 사무실은 복도 아래쪽이에요.
과거 사실 확인	**Were the clients** happy with the changes? 고객들이 변경 사항들을 좋아했나요? → **They** seemed okay with them. 그들은 괜찮아하는 것 같았어요. **Were there** any messages for me this morning? 오늘 아침에 저에게 온 메시지가 있었나요? → **I haven't checked** yet. 아직 확인해보지 않았어요.
미래의 계획 문의	**Are they coming** to the concert? 그들은 연주회에 올 건가요? → **They are** much too **busy**. 그들은 너무 바빠요. **Is Jennifer going to** get that accounting job? Jennifer가 그 회계 업무를 맡을 예정인가요? → **Yes, she will** start the position on Monday. 네, 그녀는 월요일에 그 일을 시작할 거예요.

HACKERS PRACTICE

P2_실전_38

1. Mark your answer. Ⓐ Ⓑ Ⓒ
2. Mark your answer. Ⓐ Ⓑ Ⓒ
3. Mark your answer. Ⓐ Ⓑ Ⓒ
4. Mark your answer. Ⓐ Ⓑ Ⓒ
5. Mark your answer. Ⓐ Ⓑ Ⓒ
6. Mark your answer. Ⓐ Ⓑ Ⓒ
7. Mark your answer. Ⓐ Ⓑ Ⓒ
8. Mark your answer. Ⓐ Ⓑ Ⓒ
9. Mark your answer. Ⓐ Ⓑ Ⓒ
10. Mark your answer. Ⓐ Ⓑ Ⓒ
11. Mark your answer. Ⓐ Ⓑ Ⓒ
12. Mark your answer. Ⓐ Ⓑ Ⓒ
13. Mark your answer. Ⓐ Ⓑ Ⓒ
14. Mark your answer. Ⓐ Ⓑ Ⓒ
15. Mark your answer. Ⓐ Ⓑ Ⓒ
16. Mark your answer. Ⓐ Ⓑ Ⓒ
17. Mark your answer. Ⓐ Ⓑ Ⓒ
18. Mark your answer. Ⓐ Ⓑ Ⓒ
19. Mark your answer. Ⓐ Ⓑ Ⓒ
20. Mark your answer. Ⓐ Ⓑ Ⓒ

정답·해석·해설 p.72

토익 공식 **3**

부정 의문문

부정 의문문은 not을 포함한 조동사나 Be 동사로 시작하는 의문문이며, Part 2 전체 25문제 중 매회 1~2문제 정도 출제된다. 상대방의 동의를 구하거나 사실 확인 또는 제안을 위한 의도로 주로 사용되며, Yes나 No로 응답했을 때 그것이 정확히 무슨 의미인지를 파악하는 것이 중요하다.

핵심 전략

1. Yes/No로 응답했을 때의 의미가 긍정 의문문과 같다는 것을 이해한다!

2. Yes/No로 응답할 경우, Yes 또는 No가 나타내는 의미와 이어지는 내용이 일치하는지를 파악한다!

질문 형태 P2_실전_39

Yes/No로 응답하는 경우

Haven't you been to Europe before? 전에 유럽에 다녀온 적이 있지 않나요?
→ No. It's my first time. 아니요. 이번이 처음이에요.

Don't you want to have a break? 쉬지 않을래요?
→ Yes, that's a good idea. 네, 좋은 생각이에요.

Yes/No를 생략하여 응답하는 경우

Wasn't your boss sick last week? 당신의 상사가 지난주에 아프지 않았나요?
→ I don't believe so. 아닌 것 같아요.

그 외 사항으로 응답하는 경우

Wasn't that man waving at you? 저 남자가 당신에게 손을 흔들고 있지 않았나요?
→ I didn't notice. 알아차리지 못했어요.

Example P2_실전_40

캐나다 → 미국

Aren't you moving into a new apartment?

(A) Let's move to another table.
(B) Yes, but not until next month.
(C) My apartment is too small.

당신은 새 아파트로 이사하지 않나요?

(A) 다른 테이블로 옮기죠.
(B) 네, 하지만 다음 달이나 되어야 할 것 같아요.
(C) 제 아파트는 너무 작아요.

어휘 move[muːv] 이사하다, 옮기다

해설 정답 (B)

새 아파트로 이사가는지의 사실을 확인하는 부정 의문문이다.
(A) [x] 질문의 moving(이사하다)을 '옮기다'라는 의미의 move로 사용하여 혼동을 준 오답이다.
(B) [o] Yes로 이사갈 것임을 전달한 후, 다음 달에 할 것이라는 추가 정보를 제공했으므로 정답이다.
(C) [x] 질문의 apartment를 반복 사용하여 혼동을 준 오답이다.

Possible Answers 미국

Actually, I changed my mind. 사실, 전 마음이 바뀌었어요.

여러 부정 의문문과 응답 P2_실전_41

다음은 질문 내용에 따른 여러 부정 의문문과 응답이다.

동의 요구	**Wasn't it nice** to meet everyone at the reception? 환영회에서 모든 사람들을 만나서 좋지 않았나요? → **Yes**, I met a lot of great people. 네, 저는 좋은 사람들을 많이 만났어요. **Isn't this color** of paint too **bright**? 이 페인트 색이 너무 밝지 않나요? → **No, it seems perfect** to me. 아니요, 저한테는 완벽해 보여요.
사실 확인	**Didn't you submit** those forms? 그 양식들을 제출하지 않았나요? → **I haven't had time**. 시간이 없었어요. **Isn't** that **your suitcase**? 저것은 당신의 여행 가방이 아닌가요? → **No, mine is bigger** than that. 아니요, 제 것은 저것보다 커요. **Haven't you contacted** the supplier yet? 공급자에게 아직 연락하지 않았나요? → **Yes, I spoke with** them yesterday. 네, 어제 그들과 이야기했어요.
제안	**Don't you want to** have lunch with us? 우리와 함께 점심을 먹지 않을래요? → There's something I have to do. 저는 해야 할 일이 있어요. **Shouldn't we** buy some more chairs? 의자를 더 구입해야 하지 않을까요? → **No**, there are some in the storage room. 아니요, 창고에 몇 개 있어요.

HACKERS PRACTICE

P2_실전_42

1. Mark your answer. Ⓐ Ⓑ Ⓒ
2. Mark your answer. Ⓐ Ⓑ Ⓒ
3. Mark your answer. Ⓐ Ⓑ Ⓒ
4. Mark your answer. Ⓐ Ⓑ Ⓒ
5. Mark your answer. Ⓐ Ⓑ Ⓒ
6. Mark your answer. Ⓐ Ⓑ Ⓒ
7. Mark your answer. Ⓐ Ⓑ Ⓒ
8. Mark your answer. Ⓐ Ⓑ Ⓒ
9. Mark your answer. Ⓐ Ⓑ Ⓒ
10. Mark your answer. Ⓐ Ⓑ Ⓒ
11. Mark your answer. Ⓐ Ⓑ Ⓒ
12. Mark your answer. Ⓐ Ⓑ Ⓒ
13. Mark your answer. Ⓐ Ⓑ Ⓒ
14. Mark your answer. Ⓐ Ⓑ Ⓒ
15. Mark your answer. Ⓐ Ⓑ Ⓒ
16. Mark your answer. Ⓐ Ⓑ Ⓒ
17. Mark your answer. Ⓐ Ⓑ Ⓒ
18. Mark your answer. Ⓐ Ⓑ Ⓒ
19. Mark your answer. Ⓐ Ⓑ Ⓒ
20. Mark your answer. Ⓐ Ⓑ Ⓒ

정답·해석·해설 p.75

토익 공식 4

의문사를 포함한 일반 의문문

의문사를 포함한 일반 의문문은 질문 중간에 의문사가 포함된 의문문이며, 출제 비율이 높지 않지만 Part 2 전체 25문제 중 가끔 1문제 정도 출제된다. 일반 의문문 안에 의문사가 이끄는 간접 의문문이 포함된 형태로, 여기서 가장 주의해서 들어야 할 부분은 간접 의문문을 이끄는 의문사이다.

핵심 전략

1. 간접 의문문의 의문사와 주어, 동사를 주의해서 듣는다!
2. 간접 의문문의 의문사에 해당하는 정보가 주로 정답이 된다!

질문 형태

P2_실전_43

Yes/No로 응답하는 경우

Can you tell me how to turn on this machine? 이 기계를 어떻게 켜는지 말해 주시겠어요?
→ Yes, press the green button. 네, 초록색 버튼을 누르세요.

Do you know why Emma left work early today? Emma가 왜 오늘 일찍 퇴근했는지 아세요?
→ No. I will ask her tomorrow. 아니요. 내일 그녀에게 물어볼 거예요.

Yes/No를 생략하여 응답하는 경우

May I ask why you're calling? 왜 전화하셨는지 물어봐도 될까요?
→ I need to talk to Craig. Craig와 통화해야 해요.

Do you remember who wrote the report? 누가 보고서를 썼는지 기억하세요?
→ I can't recall who it was. 누구였는지 기억나지 않아요.

그 외 사항으로 응답하는 경우

Can you tell me why these boxes were left here? 이 박스들이 왜 여기 놓여 있는지 말해 주시겠어요?
→ Aren't they the supplies you ordered? 당신이 주문했던 물품들이 아닌가요?

Example P2_실전_44

캐나다 → 미국

Do you know where he left the schedule?

(A) Yes, I left early today.
(B) In the conference room.
(C) It has been rescheduled.

어휘 schedule [skédʒuːl] 일정표

그가 일정표를 어디에 두었는지 아시나요?

(A) 네, 저는 오늘 일찍 떠났어요.
(B) 회의실에요.
(C) 그것은 일정이 변경되었어요.

해설 정답 (B)

의문사 where을 포함하여 일정표를 어디에 두었는지를 묻는 일반 의문문이다.
(A) [x] 질문의 left(두었다)를 '떠났다'는 의미로 사용하여 혼동을 준 오답이다.
(B) [o] In the conference room(회의실에)으로 특정 장소를 언급했으므로 정답이다.
(C) [x] schedule(일정표)과 관련된 rescheduled(일정을 변경했다)를 사용하여 혼동을 준 오답이다.

Possible Answers 미국

I couldn't tell you. 저는 모르겠어요.
No, but I have a copy if you need one. 아니요, 그렇지만 필요하시다면 제게 한 부가 있어요.

의문사를 포함한 일반 의문문과 응답 P2_실전_45

다음은 다양한 의문사를 포함한 일반 의문문과 응답이다.

why	Do you know **why** the **man** is **waiting** in the lobby? 그 남자가 왜 로비에서 기다리고 있는지 아세요? → **He has an appointment** with Ms. Shaw. 그는 Ms. Shaw와 약속이 있어요.
where	Do you know **where I** can **make** a photocopy? 어디서 복사를 할 수 있는지 아세요? → There's a machine **just down the hall.** 바로 복도 끝쪽에 기계가 있어요.
how	Do you know **how** to **get** to the library? 도서관에 어떻게 가는지 아세요? → Yes, just **turn left and walk for two blocks.** 네, 왼쪽으로 돌아서 두 블록만 걸어가세요.
what	Have you heard **what** the **meeting** is for? 회의가 무엇을 위한 것인지 들으셨나요? → I know nothing about it. 저는 그것에 관해서는 아무것도 몰라요.
who	Do you know **who** the **man** is? 그 남자가 누구인지 아세요? → He's **a client of Ms. Redding.** 그는 Ms. Redding의 고객이에요.
when	Can you tell me **when** the **workshop begins**? 워크숍이 언제 시작하는지 말해 주시겠어요? → **At the beginning of next week.** 다음 주 초에요.

HACKERS PRACTICE

P2_실전_46

1. Mark your answer. Ⓐ Ⓑ Ⓒ
2. Mark your answer. Ⓐ Ⓑ Ⓒ
3. Mark your answer. Ⓐ Ⓑ Ⓒ
4. Mark your answer. Ⓐ Ⓑ Ⓒ
5. Mark your answer. Ⓐ Ⓑ Ⓒ
6. Mark your answer. Ⓐ Ⓑ Ⓒ
7. Mark your answer. Ⓐ Ⓑ Ⓒ
8. Mark your answer. Ⓐ Ⓑ Ⓒ
9. Mark your answer. Ⓐ Ⓑ Ⓒ
10. Mark your answer. Ⓐ Ⓑ Ⓒ
11. Mark your answer. Ⓐ Ⓑ Ⓒ
12. Mark your answer. Ⓐ Ⓑ Ⓒ
13. Mark your answer. Ⓐ Ⓑ Ⓒ
14. Mark your answer. Ⓐ Ⓑ Ⓒ
15. Mark your answer. Ⓐ Ⓑ Ⓒ
16. Mark your answer. Ⓐ Ⓑ Ⓒ
17. Mark your answer. Ⓐ Ⓑ Ⓒ
18. Mark your answer. Ⓐ Ⓑ Ⓒ
19. Mark your answer. Ⓐ Ⓑ Ⓒ
20. Mark your answer. Ⓐ Ⓑ Ⓒ

정답·해석·해설 p.78

HACKERS TEST

Hackers TOEIC Listening

해커스 스타강사의 무료 해설 바로 보기 (7번 문제)

P2_실전_47

1. Mark your answer.	Ⓐ	Ⓑ	Ⓒ	**21.** Mark your answer.	Ⓐ	Ⓑ	Ⓒ
2. Mark your answer.	Ⓐ	Ⓑ	Ⓒ	**22.** Mark your answer.	Ⓐ	Ⓑ	Ⓒ
3. Mark your answer.	Ⓐ	Ⓑ	Ⓒ	**23.** Mark your answer.	Ⓐ	Ⓑ	Ⓒ
4. Mark your answer.	Ⓐ	Ⓑ	Ⓒ	**24.** Mark your answer.	Ⓐ	Ⓑ	Ⓒ
5. Mark your answer.	Ⓐ	Ⓑ	Ⓒ	**25.** Mark your answer.	Ⓐ	Ⓑ	Ⓒ
6. Mark your answer.	Ⓐ	Ⓑ	Ⓒ	**26.** Mark your answer.	Ⓐ	Ⓑ	Ⓒ
7. Mark your answer.	Ⓐ	Ⓑ	Ⓒ	**27.** Mark your answer.	Ⓐ	Ⓑ	Ⓒ
8. Mark your answer.	Ⓐ	Ⓑ	Ⓒ	**28.** Mark your answer.	Ⓐ	Ⓑ	Ⓒ
9. Mark your answer.	Ⓐ	Ⓑ	Ⓒ	**29.** Mark your answer.	Ⓐ	Ⓑ	Ⓒ
10. Mark your answer.	Ⓐ	Ⓑ	Ⓒ	**30.** Mark your answer.	Ⓐ	Ⓑ	Ⓒ
11. Mark your answer.	Ⓐ	Ⓑ	Ⓒ	**31.** Mark your answer.	Ⓐ	Ⓑ	Ⓒ
12. Mark your answer.	Ⓐ	Ⓑ	Ⓒ	**32.** Mark your answer.	Ⓐ	Ⓑ	Ⓒ
13. Mark your answer.	Ⓐ	Ⓑ	Ⓒ	**33.** Mark your answer.	Ⓐ	Ⓑ	Ⓒ
14. Mark your answer.	Ⓐ	Ⓑ	Ⓒ	**34.** Mark your answer.	Ⓐ	Ⓑ	Ⓒ
15. Mark your answer.	Ⓐ	Ⓑ	Ⓒ	**35.** Mark your answer.	Ⓐ	Ⓑ	Ⓒ
16. Mark your answer.	Ⓐ	Ⓑ	Ⓒ	**36.** Mark your answer.	Ⓐ	Ⓑ	Ⓒ
17. Mark your answer.	Ⓐ	Ⓑ	Ⓒ	**37.** Mark your answer.	Ⓐ	Ⓑ	Ⓒ
18. Mark your answer.	Ⓐ	Ⓑ	Ⓒ	**38.** Mark your answer.	Ⓐ	Ⓑ	Ⓒ
19. Mark your answer.	Ⓐ	Ⓑ	Ⓒ	**39.** Mark your answer.	Ⓐ	Ⓑ	Ⓒ
20. Mark your answer.	Ⓐ	Ⓑ	Ⓒ	**40.** Mark your answer.	Ⓐ	Ⓑ	Ⓒ

받아쓰기&쉐도잉 프로그램으로 꼭 복습하세요.

정답·해석·해설 p.82

해커스 스타강사의 무료 해설 바로 보기 (7번 문제) ▸

COURSE 03 기타 의문문

무료 MP3 바로 듣기

토익 공식 1 선택 의문문

선택 의문문은 or로 연결된 두 가지 선택 사항 중 하나를 선택하도록 요구하는 의문문이며, Part 2 전체 25문제 중 매회 2문제 정도 출제된다. 크게 Yes/No로 응답할 수 없는 경우와 있는 경우로 나뉘며, 선택 의문문에서는 질문에 등장했던 표현이 그대로 정답이 되는 경우가 자주 있다는 점을 주의해야 한다.

핵심 전략

1. or 앞뒤로 단어나 구가 제시되면 Yes/No로 답할 수 없다!
2. or 앞뒤로 완전한 의문문이 제시되면 Yes/No로 답할 수 있지만, 자주 생략된다는 것에 유의한다!
3. 둘 중 하나를 택하거나, 둘 다 괜찮다거나, 둘 다 선택하지 않는 응답이 정답이 된다!

질문 형태 P2_실전_48

Yes/No로 응답할 수 없는 경우

Would you prefer to sit in the restaurant or outside? 식당 안과 밖 중 어디에 앉는 것이 더 좋으신가요?
→ It's warm today, so let's go outdoors. 오늘은 따뜻하니 밖으로 갑시다.

Do you need the report this afternoon or tomorrow?
보고서가 오늘 오후에 필요한가요, 아니면 내일 필요한가요?
→ Today would be best. 오늘이 가장 좋을 것 같아요.

Yes/No로 응답할 수 있는 경우

Did you contact Mr. Lyle, or do I still need to call him?
당신이 Mr. Lyle에게 연락했나요, 아니면 제가 그에게 전화해야 할까요?
→ (No,) I haven't spoken with him yet. (아니요,) 저는 아직 그와 이야기하지 못했어요.

Example P2_실전_49

캐나다 → 영국

Will you attend the morning seminar or the afternoon one?

(A) To give a presentation.
(B) In the conference room.
(C) I am free after lunch.

어휘 presentation [미 prì:zentéiʃən, 영 prèzəntéiʃən] 발표

오전 세미나에 참석하실 건가요, 아니면 오후 세미나에 참석하실 건가요?

(A) 발표를 하기 위해서요.
(B) 회의실에서요.
(C) 저는 점심 후에 시간이 있어요.

해설 정답 (C)

오전 세미나와 오후 세미나 중 하나를 선택하도록 요구하는 선택 의문문이다.
(A) [x] 이유를 물을 때 사용할 수 있는 응답이므로 오답이다.
(B) [x] 특정 장소를 물을 때 사용할 수 있는 응답이므로 오답이다.
(C) [o] 점심 후에 시간이 있다는 말로 오후 세미나를 선택했으므로 정답이다.

Possible Answers 영국

I haven't decided yet. 아직 결정하지 않았어요.
Actually, I'm busy all day. 사실 저는 하루 종일 바빠요.

선택 사항의 형태와 선택 의문문의 응답 방법 P2_실전_50

or로 연결된 선택 사항의 형태

단어와 단어	Are you planning to serve **breakfast** or **lunch** to the attendees? 참석자들에게 아침과 점심 중 어느 것을 제공할 예정인가요? → I thought it would be best to have both. 둘 다 제공하는 것이 최선일 것 같아요.
구와 구	Should we **go to the gym** or just **relax at home**? 체육관에 갈까요, 아니면 그냥 집에서 쉴까요? → I'm too tired to exercise. 저는 너무 피곤해서 운동할 수 없어요.
의문문과 의문문	**Can you delay your appointment**, or **will that cause problems**? 당신의 약속을 연기할 수 있나요, 아니면 그게 문제를 일으킬까요? → (No,) It's an urgent meeting. (아니요,) 그건 급한 회의라서요. **Tip.** or가 의문문과 의문문을 연결한 경우는 선택을 요구하는 것이 아닌 상황을 파악하기 위한 의도로 자주 사용됨을 알아둔다.

선택 의문문에 대한 다양한 응답 방법

둘 중 하나를 택하는 응답	I'd like to see a movie. 저는 영화를 보고 싶어요. I feel like taking a break. 저는 쉬고 싶어요. I prefer to go with Ms. Watson. 저는 Ms. Watson과 함께 가는 게 더 좋아요. I think we'd better hurry. 우리 서두르는 게 좋을 것 같아요. I wouldn't mind taking a bus. 저는 버스를 타도 괜찮아요. I'd rather work together in a group. 저는 오히려 그룹으로 일하는 게 좋아요.
둘 다 괜찮다는 응답	Either is fine with me. 저는 어느 쪽이어도 괜찮아요. I like both. 저는 둘 다 좋아요. It doesn't matter. 상관없어요. / I don't care. 저는 상관없어요. It doesn't make a difference. (어느 쪽이어도) 별 차이가 없어요. I'll leave it to you. 당신에게 맡기겠어요. It's up to you. 당신에게 달려 있어요. / Whichever you like. 당신이 좋은 쪽으로요.
둘 다 선택하지 않는 응답	She hasn't decided yet. 그녀는 아직 (어느 쪽인지) 결정하지 않았어요. Neither. 둘 다 아니에요. The third one, actually. 사실 세 번째 것이요. (*first인지 second인지 물었을 때) He didn't like either of them. 그는 둘 다 좋아하지 않았어요. I'm not sure. I need to check. 잘 모르겠어요. 확인해봐야겠어요.

HACKERS PRACTICE

P2_실전_51

1. Mark your answer. Ⓐ Ⓑ Ⓒ
2. Mark your answer. Ⓐ Ⓑ Ⓒ
3. Mark your answer. Ⓐ Ⓑ Ⓒ
4. Mark your answer. Ⓐ Ⓑ Ⓒ
5. Mark your answer. Ⓐ Ⓑ Ⓒ
6. Mark your answer. Ⓐ Ⓑ Ⓒ
7. Mark your answer. Ⓐ Ⓑ Ⓒ
8. Mark your answer. Ⓐ Ⓑ Ⓒ
9. Mark your answer. Ⓐ Ⓑ Ⓒ
10. Mark your answer. Ⓐ Ⓑ Ⓒ

정답·해석·해설 p.88

토익 공식 **2**

부가 의문문

부가 의문문은 평서문 형태의 진술에 그 내용을 확인하는 꼬리말 의문문이 붙어 있는 의문문이며, Part 2 전체 25문제 중 매회 2문제 정도 출제된다. 크게 긍정의 부가 의문문과 부정의 부가 의문문으로 나뉜다.

핵심 전략

1. 진술문의 내용을 집중해서 듣는다!

2. 진술 문장이나 꼬리말 의문문에 not이 있든 없든, 응답이 긍정일 경우에는 Yes로, 부정일 경우에는 No로 답한다!

3. Yes/No로 응답할 경우 Yes 또는 No가 나타내는 의미와 이어지는 내용이 일치하는지를 파악한다!

질문 형태

P2_실전_52

Yes/No로 응답하는 경우

You're not going to the party, are you? 당신은 파티에 가지 않을 거죠, 그럴 건가요?
→ No, I have too much work to do. 아니요, 저는 할 일이 너무 많아요.

Yes/No를 생략하여 응답하는 경우

You've met the owner of this restaurant, haven't you? 당신은 이 식당 주인을 만난 적이 있죠, 안 그랬나요?
→ I haven't met her yet. 아직 그녀를 만나보지 못했어요.

It's supposed to rain tomorrow, isn't it? 내일 비가 올 예정이죠, 안 그런가요?
→ It will rain all week. 일주일 내내 비가 올 거예요.

그 외 사항으로 응답하는 경우

Last week's seminar was really interesting, wasn't it? 지난주 세미나가 정말 흥미로웠죠, 안 그랬나요?
→ Actually, I didn't attend. 사실 저는 참석하지 않았어요.

You've seen that movie before, haven't you? 당신은 전에 그 영화를 본 적이 있죠, 안 그랬나요?
→ Do you mean the comedy? 그 코미디를 말씀하시는 거예요?

Example P2_실전_53

캐나다 → 영국

Our report is due tomorrow, isn't it?

(A) The news is in one hour.
(B) No, the day after.
(C) Yes, they already did that.

우리 보고서는 내일이 마감이죠, 안 그런가요?

(A) 뉴스는 한 시간 후에 해요.
(B) 아니요, 모레예요.
(C) 네, 그들은 이미 그것을 했어요.

어휘 already [ɔːlrédi] 이미

해설 정답 (B)

보고서의 마감이 내일인지를 확인하는 부가 의문문이다.
(A) [x] 질문의 report(보고서)의 다른 의미인 '보도'와 관련된 news(뉴스)를 사용하여 혼동을 준 오답이다.
(B) [o] No로 내일이 아님을 전달한 후, the day after(모레)를 언급했으므로 정답이다.
(C) [x] they가 나타내는 대상이 질문에 없으므로 오답이다.

Possible Answers 영국

Actually, I haven't been told. 사실 저는 듣지 못했어요.
As far as I know. 제가 알기로는요.

여러 부가 의문문과 응답 P2_실전_54

▌부가 의문문의 종류와 긍정 및 부정의 응답

긍정의 부가 의문문	[부정 진술 + 긍정의 부가 의문문] You didn't attend the meeting this morning, **did you**? 당신은 오늘 아침 회의에 참석하지 않았죠, 그랬나요? → Yes, I was there. 네, 거기 있었어요. → No, I couldn't make it. 아니요, 저는 갈 수 없었어요.
부정의 부가 의문문	[긍정 진술 + 부정의 부가 의문문] The store has closed down, **hasn't it**? 그 가게는 문을 닫았죠, 안 그랬나요? → Yes, it went out of business. 네, 폐업했어요. → No, it's still open. 아니요, 여전히 영업 중이에요.

▌다양한 형태의 부가 의문문

조동사 부가 의문문	You said you were from Chile, **didn't you**? 당신은 칠레 출신이라고 말했죠, 안 그랬나요? You've been introduced to Dan, **haven't you**? Dan에게 소개된 적이 있죠, 안 그랬나요? You'll join me for dinner tonight, **won't you**? 오늘 밤 저녁 식사에 함께 하실 거죠, 안 그럴 건가요?
Be 동사 부가 의문문	You're not working this Sunday, **are you**? 이번 주 일요일에 일하지 않을 거죠, 그럴 건가요? That was a great movie, **wasn't it**? 정말 훌륭한 영화였어요, 안 그랬나요?
특수한 형태의 부가 의문문	We should make reservations soon, **don't you agree**? 우리는 곧 예약을 해야 해요, 동의하지 않나요?

HACKERS PRACTICE

P2_실전_55

1. Mark your answer. Ⓐ Ⓑ Ⓒ
2. Mark your answer. Ⓐ Ⓑ Ⓒ
3. Mark your answer. Ⓐ Ⓑ Ⓒ
4. Mark your answer. Ⓐ Ⓑ Ⓒ
5. Mark your answer. Ⓐ Ⓑ Ⓒ
6. Mark your answer. Ⓐ Ⓑ Ⓒ
7. Mark your answer. Ⓐ Ⓑ Ⓒ
8. Mark your answer. Ⓐ Ⓑ Ⓒ
9. Mark your answer. Ⓐ Ⓑ Ⓒ
10. Mark your answer. Ⓐ Ⓑ Ⓒ
11. Mark your answer. Ⓐ Ⓑ Ⓒ
12. Mark your answer. Ⓐ Ⓑ Ⓒ
13. Mark your answer. Ⓐ Ⓑ Ⓒ
14. Mark your answer. Ⓐ Ⓑ Ⓒ
15. Mark your answer. Ⓐ Ⓑ Ⓒ
16. Mark your answer. Ⓐ Ⓑ Ⓒ
17. Mark your answer. Ⓐ Ⓑ Ⓒ
18. Mark your answer. Ⓐ Ⓑ Ⓒ
19. Mark your answer. Ⓐ Ⓑ Ⓒ
20. Mark your answer. Ⓐ Ⓑ Ⓒ

정답·해석·해설 p.90

토익 공식 **3**

평서문

평서문은 의문문의 형태는 아니지만 의미적으로 상대방의 응답을 요구하는 의문문이며, Part 2 전체 25문제 중 매회 3~4문제 정도 출제되고, 많게는 5문제까지 출제된다. 평서문은 의문문과 달리 질문의 초점이 되는 부분이 없으므로 문장 전체의 내용을 이해해야만 정답을 선택할 수 있다는 점에서 난도가 높은 편이다.

핵심 전략

1. 전체 문장의 내용과 어조를 통해 그 의도를 정확하게 파악한다!

2. Yes/No 응답이 가능하다!

3. 의문문으로 되물어서 추가 정보를 요구하는 식의 응답도 정답이 될 수 있다!

질문 형태

P2_실전_56

Yes/No를 사용하지 않고 응답하는 경우

I'm having a hard time using the fax machine. 팩스기를 사용하는 것이 어렵네요.

→ I can give you a hand. 제가 도와드릴 수 있어요.

You can pick up your order later this afternoon. 주문하신 것을 오늘 오후 늦게 찾아가실 수 있어요.

→ Is there an extra fee for the rush service? 빠른 서비스에는 추가 요금이 있나요?

Yes/No를 사용하여 응답하는 경우

I think Mary's an excellent designer. Mary는 훌륭한 디자이너라고 생각해요.

→ Yes, she's very talented. 맞아요, 그녀는 정말 재능이 있어요.

If you want to discuss the contract further, let's meet tomorrow.
계약에 대해 더 논의를 하고 싶으시다면, 내일 만나요.

→ No. I don't think it's necessary. 아니요. 그럴 필요가 없을 것 같아요.

Example P2_실전_57

캐나다 → 미국

I noticed the article has many grammatical errors.

(A) Someone should have edited it.

(B) Yes, the story was rather good.

(C) Grammatically speaking, he's right.

어휘 grammatical [grəmǽtikəl] 문법적인 edit [édit] 교정하다

저는 그 기사에 문법적 오류들이 많다는 걸 알게 됐어요.

(A) 누군가가 교정을 했어야 했어요.

(B) 네, 이야기가 꽤 훌륭했어요.

(C) 문법적으로 말하자면, 그가 옳아요.

해설

정답 (A)

기사에 문법적 오류들이 많다는 문제점을 언급하는 평서문이다.

(A) [o] 누군가가 교정을 했어야 했다는 말로 문제점에 동의했으므로 정답이다.

(B) [x] article(기사)과 관련된 story(이야기)를 사용하여 혼동을 준 오답이다.

(C) [x] grammatical의 파생어인 Grammatically를 사용하여 혼동을 준 오답이다.

Possible Answers 미국

Didn't anyone proofread it? 아무도 교정을 하지 않았나요?

Yes, it was written in a hurry. 맞아요, 급하게 썼었거든요.

여러 평서문과 응답 P2_실전_58

다음은 평서문이 전달하는 여러 종류의 의도 및 응답이다.

객관적 사실 전달	This bridge is closed for repairs. 이 다리는 보수를 위해 폐쇄되었어요. → Is there another way across the river? 강을 건너는 다른 길이 있나요?
문제점 언급	The manager said we're still short of staff. 우리는 여전히 인력이 부족하다고 매니저가 말했어요. → Maybe he should post some job advertisements. 아마 그는 채용 광고를 내야 할 거예요.
제안·제공·요청	Let's take a break. 잠시 쉽시다. → Yes, let's go for a coffee. 네, 커피를 마시러 가죠. If you need some help with the research, I'm available. 조사에 도움이 필요하시면, 제가 할 수 있어요. → That would be great. 그래 주시면 좋죠. Please send me a copy of the bill. 청구서의 사본을 저에게 보내주세요. → I'll do that right away. 지금 바로 할게요.
의견 제시	Air Cumulus always has reasonable airfare rates. Air Cumulus는 항공 요금이 항상 적당하죠. → Yes, and their service is great too. 네, 그리고 그들의 서비스 또한 훌륭해요.
감정 표현	My job is so stressful these days. 요즘 제 일은 스트레스가 심해요. → At least you're paid a good salary. 최소한 당신은 많은 월급을 받잖아요.
칭찬	You did a great job on that article. 당신은 그 기사를 훌륭하게 썼어요. → Thanks. I worked hard on it. 고마워요. 그 일을 열심히 했어요.

HACKERS PRACTICE

P2_실전_59

1. Mark your answer. Ⓐ Ⓑ Ⓒ
2. Mark your answer. Ⓐ Ⓑ Ⓒ
3. Mark your answer. Ⓐ Ⓑ Ⓒ
4. Mark your answer. Ⓐ Ⓑ Ⓒ
5. Mark your answer. Ⓐ Ⓑ Ⓒ
6. Mark your answer. Ⓐ Ⓑ Ⓒ
7. Mark your answer. Ⓐ Ⓑ Ⓒ
8. Mark your answer. Ⓐ Ⓑ Ⓒ
9. Mark your answer. Ⓐ Ⓑ Ⓒ
10. Mark your answer. Ⓐ Ⓑ Ⓒ
11. Mark your answer. Ⓐ Ⓑ Ⓒ
12. Mark your answer. Ⓐ Ⓑ Ⓒ
13. Mark your answer. Ⓐ Ⓑ Ⓒ
14. Mark your answer. Ⓐ Ⓑ Ⓒ
15. Mark your answer. Ⓐ Ⓑ Ⓒ
16. Mark your answer. Ⓐ Ⓑ Ⓒ
17. Mark your answer. Ⓐ Ⓑ Ⓒ
18. Mark your answer. Ⓐ Ⓑ Ⓒ
19. Mark your answer. Ⓐ Ⓑ Ⓒ
20. Mark your answer. Ⓐ Ⓑ Ⓒ

정답·해석·해설 p.93

토익 공식 **4**

제안·제공·요청 의문문

제안·제공·요청 의문문은 상대방에게 어떤 사항을 제안, 제공, 요청하는 의문문이며, Part 2 전체 25문제 중 매회 2문제 정도 출제된다. 제안, 제공, 그리고 요청의 의도를 전달하는 관용적인 질문들이 여기에 속하며, 수락 또는 거절하는 내용이 주로 정답으로 출제된다.

핵심 전략

1. 제안·제공·요청과 관련된 관용 표현들을 덩어리째 외워둔다!
2. 자주 출제되는 수락과 거절의 응답을 미리 알아둔다!
3. 제안이나 제공 또는 요청한 사항을 이미 완료했음을 언급하는 경우, 과거 시제를 사용한 응답도 정답이 될 수 있음에 주의한다!

질문 형태
P2_실전_60

수락 또는 거절하는 내용으로 응답하는 경우
Would you like to go see a ball game today? 오늘 야구 경기를 보러 가실래요? (제안)
→ That sounds great. 좋아요.
Would you like me to give you a ride? 제가 태워 드릴까요? (제공)
→ If you don't mind. 당신만 괜찮으시다면요.
Can you submit the purchase request today? 오늘 구매 요청서를 제출해 주시겠어요? (요청)
→ I already did it this morning. 오늘 아침에 이미 했어요.

그 외 사항으로 응답하는 경우
Could I reserve two tickets for the 6 o'clock show? 6시 쇼의 티켓 2장을 예약할 수 있을까요? (요청)
→ Let me see if there are any left. 남은 것이 있는지 확인해 볼게요.

Example P2_실전_61

호주 → 미국

Why don't we go see a movie this weekend?	이번 주말에 영화를 보러 가는 게 어때요?
(A) The plot was interesting.	(A) 줄거리가 재미있었어요.
(B) Yes, we went last night.	(B) 네, 우리는 어젯밤에 갔어요.
(C) I would love to.	(C) 좋아요.

어휘 plot[plɑt] 줄거리

해설 정답 (C)

영화를 보러 가자는 제안 의문문이다. Why don't we가 제안하는 표현임을 이해할 수 있어야 한다.
(A) [x] movie(영화)와 관련된 plot(줄거리)을 사용하여 혼동을 준 오답이다.
(B) [x] 질문의 go를 과거형인 went로 사용하여 혼동을 준 오답이다.
(C) [o] 좋다는 말로 제안을 수락했으므로 정답이다.

Possible Answers 미국

I haven't seen one in a while. 한동안 영화를 못 봤네요.
Actually, I have other plans. 사실 저는 다른 계획들이 있어요.

제안·제공·요청 의문문 P2_실전_62

다음은 여러 종류의 제안, 제공, 요청 의문문과 각각을 수락 및 거절하는 응답이다.

제안

수락하는 응답

Would you like to have lunch with us? 우리와 함께 점심 식사하실래요?
→That sounds nice. 좋아요.

Why don't we share the rental cost? 임대료를 분담하는 게 어때요?
→That would work out well for me. 제게는 잘된 일이네요.

How about having a cup of coffee with me? 저와 커피 한잔하실래요?
→I'd love to. 좋아요.

거절하는 응답

How would you like to come to the concert with us? 우리와 함께 공연에 가실래요?
→Thanks, but I'll be away that day. 고맙지만, 전 그날 없을 거예요.

제공

수락하는 응답

Would you like me to pick you up? 제가 당신을 태우러 갈까요?
→I'd appreciate that. 그래 주시면 고맙죠.

Do you want me to set the table? 제가 식탁을 차릴까요?
→Thanks. The plates are over there. 고마워요. 접시들은 저쪽에 있어요.

거절하는 응답

Why don't I get you some more wine? 와인을 더 가져다 드릴까요?
→Thanks, but I've had enough. 고맙지만, 전 충분해요.

Can I help you with your luggage? 제가 짐을 들어 드릴까요?
→I can manage, thanks. 제가 할 수 있어요, 고마워요.

요청

수락하는 응답

Can you turn down the volume, please? 소리를 줄여주시겠어요?
→Of course. 물론이에요.

May I borrow your jacket? 당신의 재킷을 빌릴 수 있을까요?
→Sure, go right ahead. 물론이죠, 그렇게 하세요.

Would you mind if I open the window? 창문을 열어도 괜찮을까요?
→Not at all. 그럼요.

거절하는 응답

Will you help me in the kitchen? 주방 일을 도와주시겠어요?
→Sorry, but I'm just about to leave. 미안하지만 지금 막 나가려던 참이에요.

Would you mind moving your car? 차를 좀 옮겨주시겠어요?
→Actually, it doesn't belong to me. 사실 제 차가 아니에요.

HACKERS PRACTICE

P2_실전_63

1. Mark your answer. Ⓐ Ⓑ Ⓒ
2. Mark your answer. Ⓐ Ⓑ Ⓒ
3. Mark your answer. Ⓐ Ⓑ Ⓒ
4. Mark your answer. Ⓐ Ⓑ Ⓒ
5. Mark your answer. Ⓐ Ⓑ Ⓒ
6. Mark your answer. Ⓐ Ⓑ Ⓒ
7. Mark your answer. Ⓐ Ⓑ Ⓒ
8. Mark your answer. Ⓐ Ⓑ Ⓒ
9. Mark your answer. Ⓐ Ⓑ Ⓒ
10. Mark your answer. Ⓐ Ⓑ Ⓒ

정답·해석·해설 p.96

HACKERS TEST

Hackers TOEIC Listening

해커스 스타강사의 무료 해설 바로 보기 (8번 문제)

P2_실전_64

1. Mark your answer. Ⓐ Ⓑ Ⓒ
2. Mark your answer. Ⓐ Ⓑ Ⓒ
3. Mark your answer. Ⓐ Ⓑ Ⓒ
4. Mark your answer. Ⓐ Ⓑ Ⓒ
5. Mark your answer. Ⓐ Ⓑ Ⓒ
6. Mark your answer. Ⓐ Ⓑ Ⓒ
7. Mark your answer. Ⓐ Ⓑ Ⓒ
8. Mark your answer. Ⓐ Ⓑ Ⓒ
9. Mark your answer. Ⓐ Ⓑ Ⓒ
10. Mark your answer. Ⓐ Ⓑ Ⓒ
11. Mark your answer. Ⓐ Ⓑ Ⓒ
12. Mark your answer. Ⓐ Ⓑ Ⓒ
13. Mark your answer. Ⓐ Ⓑ Ⓒ
14. Mark your answer. Ⓐ Ⓑ Ⓒ
15. Mark your answer. Ⓐ Ⓑ Ⓒ
16. Mark your answer. Ⓐ Ⓑ Ⓒ
17. Mark your answer. Ⓐ Ⓑ Ⓒ
18. Mark your answer. Ⓐ Ⓑ Ⓒ
19. Mark your answer. Ⓐ Ⓑ Ⓒ
20. Mark your answer. Ⓐ Ⓑ Ⓒ
21. Mark your answer. Ⓐ Ⓑ Ⓒ
22. Mark your answer. Ⓐ Ⓑ Ⓒ
23. Mark your answer. Ⓐ Ⓑ Ⓒ
24. Mark your answer. Ⓐ Ⓑ Ⓒ
25. Mark your answer. Ⓐ Ⓑ Ⓒ
26. Mark your answer. Ⓐ Ⓑ Ⓒ
27. Mark your answer. Ⓐ Ⓑ Ⓒ
28. Mark your answer. Ⓐ Ⓑ Ⓒ
29. Mark your answer. Ⓐ Ⓑ Ⓒ
30. Mark your answer. Ⓐ Ⓑ Ⓒ
31. Mark your answer. Ⓐ Ⓑ Ⓒ
32. Mark your answer. Ⓐ Ⓑ Ⓒ
33. Mark your answer. Ⓐ Ⓑ Ⓒ
34. Mark your answer. Ⓐ Ⓑ Ⓒ
35. Mark your answer. Ⓐ Ⓑ Ⓒ
36. Mark your answer. Ⓐ Ⓑ Ⓒ
37. Mark your answer. Ⓐ Ⓑ Ⓒ
38. Mark your answer. Ⓐ Ⓑ Ⓒ
39. Mark your answer. Ⓐ Ⓑ Ⓒ
40. Mark your answer. Ⓐ Ⓑ Ⓒ

받아쓰기&쉐도잉 프로그램으로 꼭 복습하세요.

정답·해석·해설 p.98

해커스 스타강사의 무료 해설 바로 보기 (8번 문제)

PART TEST Hackers TOEIC Listening

◂ 해커스 스타강사의 무료 해설 바로 보기 (25번 문제)

P2_PartTest

Directions: For each question, you will listen to a statement or question followed by three possible responses spoken in English. They will not be printed and will only be spoken one time. Select the best response and mark the corresponding letter (A), (B), or (C).

1. Mark your answer. Ⓐ Ⓑ Ⓒ

2. Mark your answer. Ⓐ Ⓑ Ⓒ

3. Mark your answer. Ⓐ Ⓑ Ⓒ

4. Mark your answer. Ⓐ Ⓑ Ⓒ

5. Mark your answer. Ⓐ Ⓑ Ⓒ

6. Mark your answer. Ⓐ Ⓑ Ⓒ

7. Mark your answer. Ⓐ Ⓑ Ⓒ

8. Mark your answer. Ⓐ Ⓑ Ⓒ

9. Mark your answer. Ⓐ Ⓑ Ⓒ

10. Mark your answer. Ⓐ Ⓑ Ⓒ

11. Mark your answer. Ⓐ Ⓑ Ⓒ

12. Mark your answer. Ⓐ Ⓑ Ⓒ

13. Mark your answer. Ⓐ Ⓑ Ⓒ

14. Mark your answer. Ⓐ Ⓑ Ⓒ

15. Mark your answer. Ⓐ Ⓑ Ⓒ

16. Mark your answer. Ⓐ Ⓑ Ⓒ

17. Mark your answer. Ⓐ Ⓑ Ⓒ

18. Mark your answer. Ⓐ Ⓑ Ⓒ

19. Mark your answer. Ⓐ Ⓑ Ⓒ

20. Mark your answer. Ⓐ Ⓑ Ⓒ

21. Mark your answer. Ⓐ Ⓑ Ⓒ

22. Mark your answer. Ⓐ Ⓑ Ⓒ

23. Mark your answer. Ⓐ Ⓑ Ⓒ

24. Mark your answer. Ⓐ Ⓑ Ⓒ

25. Mark your answer. Ⓐ Ⓑ Ⓒ

받아쓰기&쉐도잉 프로그램으로 꼭 복습하세요.

정답·해석·해설 p.105

해커스 스타강사의 ▸ 무료 해설 바로 보기 (25번 문제)

PART 3

기본 다지기

1. 명사절과 형용사절 귀에 익히기
2. 시간·순서의 표현 듣기
3. 자주 쓰이는 관용 표현 듣기
4. Paraphrasing된 표현 이해하기

실전 고수되기

Course 1 문제 유형별 공략

| 전체 대화 관련 문제 |

1. 주제 및 목적 문제
2. 화자 및 장소 문제

| 세부 사항 관련 문제 |

3. 요청/제안/언급 문제
4. 문제점 문제
5. 이유/방법/정도 문제
6. 다음에 할 일 문제
7. 특정 세부 사항 문제
8. 의도 파악 문제
9. 추론 문제
10. 시각 자료 문제

Course 2 대화 상황별 공략

1. 회사 업무·사무기기 관련
2. 인사·사내 행사 관련
3. 마케팅·판매·재정 관련
4. 일상 생활 관련
5. 여행·여가 관련

Part Test

출제 경향 및 고득점 전략

Part 3는 두 명이나 세 명의 대화를 듣고 관련된 3개의 문제를 풀어야 하는 파트이다. 대화의 흐름을 놓치지 않고 들으면서 핵심 정보를 파악할 수 있는지가 Part 3 고득점의 관건이다. 총 13개의 대화 및 39문제가 출제되며, 각 문제당 4개의 선택지가 제시된다. 질문은 음성으로 들려주며 시험지에서도 볼 수 있지만 선택지와 시각 자료는 시험지상으로만 주어진다.

출제 경향

1. 비즈니스 관련 대화의 출제 빈도가 높다.
Part 3에서는 비즈니스 및 일상 생활과 관련된 다양한 주제의 대화가 출제되는데, 그 중 비즈니스와 관련된 대화의 출제 빈도가 높다. 업무 진행 및 마감, 인사 및 교육, 마케팅, 판매, 사무기기 등 비즈니스와 관련된 다양한 주제의 대화가 출제되며, 매회마다 전체 13개 대화 중 평균 9~10개의 대화가 이에 해당한다.

2. 세 명의 대화가 출제되며 많은 턴 수의 대화가 출제된다.
두 명 간의 대화 이외에 세 명의 대화가 출제된다. 또한 기존에는 모든 대화가 3~4 턴으로 구성되었던 것과는 달리 더 많은 턴 수의 대화들이 출제되는데, 이때 대화 전체 길이는 비슷하며 각 턴의 길이가 짧아진다.

3. 대화 내용과 시각 자료를 종합하여 푸는 문제 유형이 출제된다.
대화에서 들은 내용과 시각 자료의 내용을 종합하여 푸는 문제 유형이 출제된다. 시각 자료로는 상품별 가격을 나타내는 표나 거리의 약도 등 비즈니스 환경이나 일상생활에서 쉽게 접할 수 있는 것들이 출제된다. 대화 내용을 정확하게 이해하고 주어진 시각 자료에서 관련된 정보를 파악하여 문제를 푸는 능력이 요구된다.

4. 대화의 표현을 Paraphrasing한 문제의 출제 빈도가 높다.
Part 3에 출제되는 질문 혹은 정답이 대화에서 언급된 표현을 그대로 쓰지 않고 동일한 의미를 전달하는 다른 표현으로 Paraphrasing되어 출제되는 경향이 높다. 대화 내용에 대한 전반적인 이해와 풍부한 어휘력 및 표현력이 요구된다.

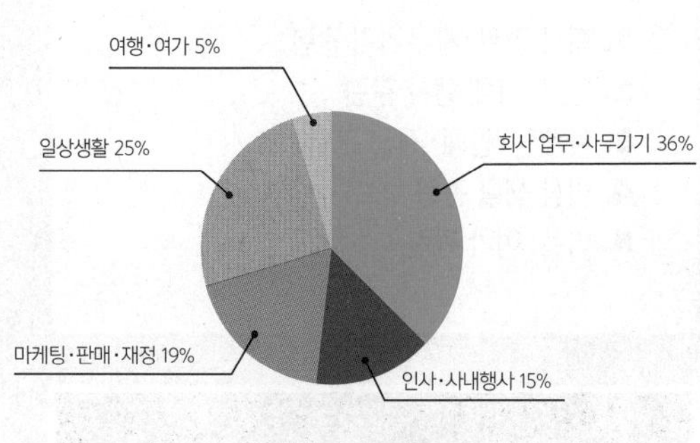

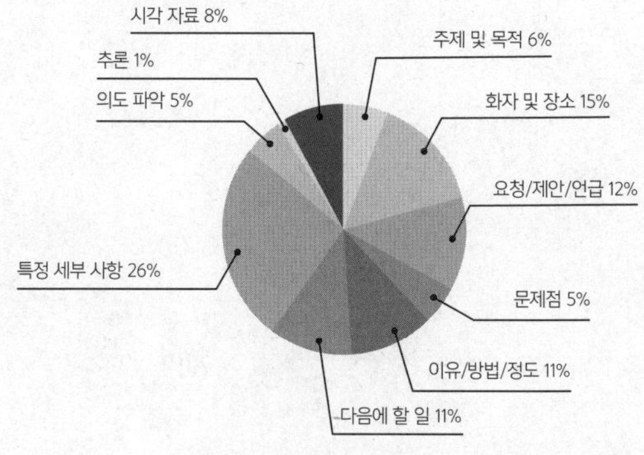

문제 풀이 전략

Strategy 1 반드시 문제를 먼저 읽는다.
대화를 듣기 전에 대화에 해당하는 세 개의 질문과 선택지를 반드시 먼저 읽고 확인한다. 질문과 선택지를 먼저 읽음으로써 대화의 내용을 예상할 수 있다.

Strategy 2 질문의 대상이 누구인지를 파악한다.
질문을 읽을 때에는 질문의 대상이 대화자 중 일부인지, 혹은 제3의 인물인지 미리 파악한다. 대화자 중 일부에 관한 질문이면 해당 화자의 말을 주의 깊게 듣는다. 제3의 인물에 관한 질문이면 대화에서 그 사람의 이름이 언급된 주변의 내용을 주의 깊게 듣는다.

Strategy 3 대화의 처음을 잘 듣는다.
Part 3의 대화는 대부분 첫 번째 화자가 문제점을 제기하거나, 질문 혹은 요청을 하는 것으로 시작되며, 이 부분이나 다음 화자의 응답이 정답의 단서가 되는 경우가 많다. 따라서 대화의 첫 문장을 포함한 도입 부분을 절대 놓치지 않고 듣는다.

고득점 학습 전략

Strategy 1 절이 포함된 긴 문장을 듣고 이해하는 연습을 한다.
Part 3의 대화는 절을 포함한 긴 문장을 사용하여 대화의 흐름을 이어가는 경우가 많다. 때문에 이러한 문장을 이해하지 못하게 되면 대화의 내용을 파악하기 어려울 수 있으므로, 평소 Part 3의 대화를 학습할 때 긴 문장에 포함된 절을 하나의 단위로 듣고 이해하는 연습을 한다.

Strategy 2 관용 표현 및 시간이나 순서를 나타내는 표현을 익혀둔다.
Part 3에서는 일상에서 사용 가능한 대화가 출제되므로 관용적인 구어체 표현이 자주 등장한다. 이러한 표현들은 미리 알아두지 않으면 의미를 파악하기 어려우므로 그때그때 익혀두어야 한다. 또한 시간이나 순서를 나타내는 표현에 대해서도 관련 내용을 묻는 문제가 자주 출제되므로 평소에 제대로 알아두어야 한다.

Strategy 3 Paraphrasing 연습을 꾸준히 한다.
Part 3에서는 대화 내용을 제대로 이해했는지를 테스트하기 위하여 대화 내용에 쓰였던 표현이나 어구를 질문이나 정답에 그대로 쓰지 않고 다르게 표현하는 Paraphrasing을 자주 사용한다. 따라서 평소에 Paraphrasing 연습을 충분히 하도록 한다.

Strategy 4 받아쓰기&쉐도잉 프로그램을 통해 다양한 주제의 대화에 대한 직청직해 능력을 키운다.
Part 3는 대화의 내용을 정확히 듣고 이해하는 것이 중요하다. 따라서, 받아쓰기&쉐도잉 프로그램을 활용하여 Part 3의 대화를 받아쓰고 쉐도잉하면서 직청직해 능력을 키우도록 한다.

◂ 무료 MP3 바로 듣기

01 명사절과 형용사절 귀에 익히기

Part 3 대화에서는 절을 포함한 긴 문장이 등장하며, 특히 명사절과 형용사절을 포함한 문장이 빈번히 등장한다. 절은 문장 내에서 하나의 성분으로 쓰이기 때문에, 이것을 하나의 단위로 묶어서 이해하는 연습이 필요하다.

Let's Listen! P3_기본_01

W: Hey, Mike. Did you get a copy of the revised marketing plan **that I prepared after last Friday's meeting**?
M: I did. I thought **you did an excellent job of including everyone's ideas and suggestions.**

W: 안녕하세요, Mike. **제가 지난주 금요일 회의 후에 준비했던** 수정된 마케팅 기획안의 사본을 받았나요?
M: 받았어요. 저는 **당신이 모든 사람의 아이디어와 제안들을 훌륭하게 포함했다**고 생각했어요.

해설
여자의 말 중 that I prepared ~ meeting은 문장 내에서 명사 the revised marketing plan을 꾸며주는 형용사절이며, 남자의 말 중 you did ~ suggestions는 문장 내에서 동사 thought의 목적어 역할을 하는 명사절이다.

명사절과 형용사절 듣기 P3_기본_02

다음은 Part 3의 대화에서 자주 사용되는 명사절과 형용사절이다.

▌명사절

목적어로 쓰인 명사절	1 Scott said **(that) he had bought the extra ticket last week.** Scott은 지난주에 여분의 티켓을 샀다고 말했어요.
보어로 쓰인 명사절	2 It wasn't **what the customer had requested in her order.** 그것은 그 손님이 주문에서 요청했던 것이 아니에요.
주어로 쓰인 명사절	3 **What I would like to request** is a refund for my purchase. 제가 요청하고 싶은 것은 구입한 물품의 환불이에요.

▌형용사절

관계절 접속사 that을 쓴 형용사절	4 I bought a suit **that was cheaper** at another store. 저는 다른 상점에서 더 저렴한 정장 한 벌을 구매했어요.
관계절 접속사 who를 쓴 형용사절	5 The receptionist **who was just hired** is very efficient. 최근에 고용된 접수원은 매우 유능해요.

Let's Check! 🎧 P3_기본_03

빈칸에 들어갈 절의 의미로 알맞은 것을 고른 후 그 절을 받아 써보자. (미국/캐나다, 영국, 호주식 발음으로 세 번 들려줍니다.)

1 Mr. Cole created a logo ________________________________.
Mr. Cole이 (A) 회사 이름을 보여주는 (B) 회사를 광고하는 로고를 제작했어요.

2 My broker said ________________________________.
주식 중개인이 (A) 수식을 공유할 거라고 (B) 새로운 수식이 곧 발행될 거라고 말했어요.

3 The travel agency offers cruises ________________________________.
그 여행사는 (A) 당신의 예산에 맞는 (B) 당신의 취향에 맞는 크루즈 여행을 제공해요.

4 I lost the receipt ________________________________ yesterday.
저는 어제 (A) 당신이 저에게 준 (B) 당신이 가져온 영수증을 잃어버렸어요.

5 The trainees want to know ________________________________.
수습 사원들은 (A) 그 수업이 언제 열릴지 (B) 그 수업이 취소되었는지 알고 싶어 해요.

6 The clerk said ________________________________.
점원이 (A) 버스가 도착할 것이라고 (B) 버스가 떠날 것이라고 말했어요.

7 We think ________________________________.
우리는 (A) 사무실이 새 프린터를 구입해야 한다고 (B) 사무실이 프린터를 수리해야 한다고 생각해요.

8 The staff thinks ________________________________.
직원들은 (A) 합병이 정리해고를 야기할 것이라고 (B) 합병이 일어날 것이라고 생각해요.

9 The CEO must decide ________________________________.
최고 경영자는 (A) 그 캠페인을 진행할지 (B) 그 캠페인이 실현 가능한지 결정해야 해요.

10 He'll talk about ________________________________.
그는 (A) 좋은 제안이 어떻게 투자자를 유인할 수 있는지 (B) 좋은 제안을 투자자에게 제시하는 것에 대해 이야기할 거예요.

11 That's not ________________________________.
그것은 (A) 고객이 웹사이트에서 보았던 것 (B) 고객이 웹사이트에서 주문한 것이 아니에요.

12 ________________________________ is checking the computers for viruses.
(A) 지금 우리가 마무리해야 할 일 (B) 지금 우리가 시작할 일은 컴퓨터 바이러스를 검사하는 거예요.

13 These qualifications are ________________________________.
이 자격 요건들이 (A) 우리가 지원자들에게서 찾고 있는 것들 (B) 우리가 지원하기 위한 요건이에요.

14 The book describes tours ________________________________.
그 책은 (A) 여행자들이 좋아했던 (B) 여행자들이 추천하는 여행들을 설명하고 있어요.

정답 · 해석 · 해설 p.110

02 시간·순서의 표현 듣기

Part 3 대화에서는 시간·순서를 나타내는 표현들이 자주 등장하므로 이 표현들을 듣고 곧바로 이해할 수 있도록 익혀두어 시간이나 순서와 관련된 문제의 정답을 바르게 선택하도록 대비해야 한다.

Let's Listen! P3_기본_04

W: Thomas, are you coming to the play? I'm leaving at seven.
M: I can't. Ms. Johnson asked me to deliver six packages that are urgently needed by one of our clients.
W: That should still be OK. **The play doesn't start until eight, so you should be able to make it on time.**

Q. What does the woman mention about a play?

(A) A colleague recommended seeing it.
(B) A number of seats are still available.
(C) A ticket window will close soon.
(D) A man will be able to watch it.

W: Thomas, 연극에 갈 거예요? 저는 7시에 출발할 거예요.
M: 못 가요. Ms. Johnson이 우리 고객들 중 한 명이 급하게 필요로 하는 6개의 소포들을 배달해 달라고 저에게 요청했어요.
W: 그래도 괜찮을 거예요. **연극은 8시나 되어야 시작하니까 당신은 제시간에 올 수 있을 거예요.**

Q. 여자는 연극에 대해 무엇을 말하는가?

(A) 동료가 볼 것을 추천했다.
(B) 몇몇 자리가 아직 구해질 수 있다.
(C) 매표창구가 곧 닫을 것이다.
(D) 남자가 그것을 볼 수 있을 것이다.

해설 정답 (D)

대화에서 여자가 연극이 시작하는 시간을 not ~ until이라는 표현을 써서 The play doesn't start until eight이라고 전달한 뒤, so you should be able to make it on time이라며 연극이 8시에 시작하므로 남자가 그것을 볼 수 있을 것이라고 말하고 있음을 파악해야 한다.

Part 3에 자주 등장하는 시간·순서 표현 P3_기본_05

다음은 Part 3의 대화에 자주 등장하는 시간 및 순서를 나타내는 여러 표현들이다.

표현	예문
until ~까지	1 The store will be closed **until** Thursday. 가게가 목요일까지 문을 닫을 거예요.
in ~ 후에	2 The film will be starting **in** a few minutes. 영화가 몇 분 후에 시작될 거예요.
and then 그 후에, 그러고 나서	3 I'll finish the report **and then** send you a copy through e-mail. 제가 이 보고서를 끝내고 난 후에, 이메일로 사본을 보내드릴게요.
ago ~ 전에	4 I ordered the equipment nearly a month **ago**. 저는 장비를 거의 한 달 전에 주문했어요.
at the end of the day 일과 후에, 하루 끝에	5 Please hand in your surveys **at the end of the day**. 일과 후에 여러분의 조사 자료들을 제출해 주세요.
every hour on the hour 매시간 정각에	6 Tours of the museum are conducted **every hour on the hour**. 박물관 견학은 매시간 정각에 실시됩니다.
while ~하는 동안	7 Please fill out this form **while** you wait for your appointment. 진료 순서를 기다리는 동안 이 양식을 작성해 주세요.
not... until ~ ~나 되어야 …하다	8 He **won't** be available **until** July. 그는 7월이나 되어야 시간이 날 거예요.
not ~ yet 아직 ~ 아니다	9 The campaign **hasn't** finished **yet**. 캠페인은 아직 끝나지 않았어요.
not ~ for another hour 앞으로 한 시간 이내에는 ~하지 않는다	10 The train **doesn't** depart **for another hour**. 기차는 앞으로 한 시간 이내에는 출발하지 않습니다.

Let's Check! P3_기본_06

대화를 듣고 질문에 알맞은 응답을 고른 후, 빈칸을 받아 써보자. (미국/캐나다, 영국, 호주식 발음으로 세 번 들려줍니다.)

1 What does the man ask about?

(A) Book titles (B) Opening hours (C) Product prices

M: I'm calling to ask ______________________.
W: We ______________________ in the evening ______________________.

2 When will the speakers most likely meet?

(A) On Wednesday (B) On Thursday (C) On Friday

W: ______________________ Lisa's promotion with you ______________________.
M: Well, I'm busy today and Wednesday, so ______________________.

3 What does the woman say she has to do next?

(A) Go to a sporting event (B) Meet with her boss (C) Finish a report

M: Gerry and I are ______________________ to watch a baseball game. Do you want to come along?
W: I have to ______________________. And then I think I'll be free.

4 What did the woman do this morning?

(A) Contacted a repairperson (B) Printed out a report (C) Ordered office supplies

W: Is the printer working now? I ______________________ two hours ago.
M: He said he'd do it ______________________. He should be here ______________________.

5 What does the man suggest?

(A) Canceling a meeting (B) Seeing a doctor (C) Postponing a gathering

W: ______________________, but I've got a terrible headache.
M: If you want, ______________________.

6 What do the speakers say about their flight?

(A) It will arrive in the afternoon.
(B) It could be delayed for longer.
(C) It is waiting for some passengers.

M: What time was ______________________?
W: ______________________. It's 3 P.M. now. We might have to ______________________.

정답·해석·해설 p.110

03 자주 쓰이는 관용 표현 듣기

Part 3 대화에서는 관용적인 구문 표현이나 숙어 및 구어체 표현이 종종 등장하므로 이러한 표현들을 미리 귀에 익혀두어 실제 시험에서 그 의미를 곧바로 파악할 수 있도록 해야 한다.

Let's Listen! P3_기본_07

W: George, have you completed last month's sales report?
M: Yes. Is there something else you need me to do?
W: Actually, could you **take a look** at this budget proposal I've prepared?
M: OK, give me a few hours, and I'll get back to you with my comments.

Q. What is the man asked to do?

(A) Complete a sales report
(B) Review a document
(C) Draft a budget proposal
(D) Provide a list of expenses

W: George, 지난달 매출 보고서를 완료했나요?
M: 네. 제가 해야 하는 다른 일이 있나요?
W: 실은, 제가 준비한 이 예산안을 **봐줄** 수 있나요?
M: 좋아요, 제게 몇 시간만 주시면, 제 의견을 가지고 돌아올게요.

Q. 남자는 무엇을 하도록 요청되는가?

(A) 매출 보고서를 완성한다.
(B) 문서를 검토한다.
(C) 예산안의 초안을 작성한다.
(D) 지출 목록을 제공한다.

해설 정답 (B)

여자의 말에서 take a look이라는 표현은 '보다'라는 의미로 문서를 검토해 달라는 말이다.

Part 3에 자주 등장하는 여러 가지 관용 표현 P3_기본_08

다음은 Part 3의 대화에서 자주 등장하는 여러 가지 관용 표현들이다.

관용적인 동사구 표현

표현	예문
work out (성공적으로) 되어 가다	1 This event hall will **work out** fine for our event. 이 이벤트 홀이 우리 행사를 성공적이 되게 할 거예요.
figure out 알아내다	2 The technician couldn't **figure out** what was wrong. 기술자는 무엇이 잘못되었는지 알아낼 수 없었어요.
come up with 고안하다, 생각해내다	3 We need to **come up with** some ideas for a venue. 우리는 장소에 대한 아이디어를 고안해야 해요.
be held up 갇히다	4 She **was held up** at the airport because her luggage had been lost. 그녀는 짐이 분실되어서 공항에 갇혀 있었어요.
let up 잦아들다, 누그러지다	5 We will have to cancel the event if the storm doesn't **let up**. 만약 폭풍이 잦아들지 않는다면, 우리는 행사를 취소해야 할 거예요.
get together 모이다	6 We plan to **get together** on Monday to talk about the problem. 우리는 그 문제에 대해 이야기하기 위해 월요일에 모일 계획이에요.
back out 철회하다, 취소하다	7 I can't believe the supplier is **backing out** of the agreement. 저는 그 공급자가 계약을 철회할 거라는 것을 믿을 수가 없어요.
move forward (앞으로) 나아가다	8 Let's **move forward**. 다음으로 넘어갑시다.

관용 구문 표현

so that ~하도록	9 I revised the report **so that** it is clearer. 저는 보고서가 더 명확해지도록 수정했어요.
Be sure to 반드시 ~해라	10 **Be sure to** let me know if you can't make the appointment. 약속을 지키지 못할 것 같으면 반드시 저에게 알려주세요.
make sure that ~을 확실히 하다	11 You need to **make sure that** all your contact information is included. 당신의 모든 연락처가 포함되었는지 확실히 해야 해요.
It seems like ~인 듯하다	12 **It seems like** it's going to rain. 비가 올 듯해요.
should have p.p. ~했어야만 했는데	13 You **should have used** a travel agency. 당신은 여행사를 이용했어야만 해요. (그런데 그렇게 하지 않았다.)
could have p.p. ~할 수도 있었다	14 She **could have taken** an earlier train. 그녀는 더 이른 기차를 탈 수도 있었어요. (그런데 그렇게 하지 않았다.)
must have p.p. ~였음에 틀림없다	15 He **must have gotten** stuck in traffic. 그는 교통체증에 갇힌 것이었음에 틀림없어요.
I wonder if ~인지 알고 싶다	16 **I wonder if** you can look through this article. 당신이 이 기사를 살펴봐줄 수 있는지 알고 싶어요.

구어체 표현

For real? 정말이요?	17 **For real?** 정말이요?
I can't believe it 믿을 수 없어요.	18 **I can't believe it.** 믿을 수 없어요.
I had no idea 몰랐어요.	19 **I had no idea.** 몰랐어요.
What can I say? 무슨 말을 할 수 있겠어요?	20 **What can I say?** 무슨 말을 할 수 있겠어요?
You bet 물론이지	21 **You bet.** 물론이지요. (상대방의 말에 대한 긍정)
sound like ~ ~인 것 같다	22 **Sounds like** a great idea. 좋은 생각인 것 같아요. (상대의 제안에 대한 긍정)
just my luck 내 운수가 그렇지 뭐	23 It's **just my luck** that tickets were sold out. 표가 매진되었다니 제 운이 그렇죠 뭐. (나는 운이 없어요.)
Why not ~ ? ~하는 게 어때?	24 **Why not** contact the caterer we used last time? 지난번에 이용했던 음식 공급자에게 연락해보는 게 어때요?
under the weather 몸이 좋지 않은	25 Andrew couldn't come because he felt **under the weather**. Andrew가 몸이 좋지 않아서 오지 못했어요.
give (it) a try (그것을) 한 번 해보다	26 I'll **give** that new restaurant **a try**. 저는 그 새로운 식당에 한 번 가볼 거예요.
It is no wonder ~ ~인 것은 놀랄 일이 아니다	27 **It is no wonder** that so many people applied for the job. 그렇게 많은 사람들이 그 일에 지원했다는 것은 놀랄 일이 아니에요. (당연한 일이에요.)

숙어 표현

take a look 보다	28 Could I **take a look** at your ticket? 당신의 티켓을 볼 수 있을까요?

be willing to 기꺼이 ~하다	29 Mr. Williams would **be willing to** meet with us tomorrow instead. Mr. Williams는 대신 내일 기꺼이 우리를 만날 거예요.
make up for 만회하다	30 We will provide free shipping to **make up for** our error. 저희의 실수를 만회하기 위해 무료 배송을 제공해드리겠습니다.
in stock 재고(로)	31 Unfortunately, there isn't a larger size **in stock**. 유감스럽게도, 더 큰 사이즈는 재고가 없어요.
have trouble ~ing ~하는 데 어려움을 겪다	32 I'm **having trouble installing** this software program. 저는 이 소프트웨어 프로그램을 설치하는 데 어려움을 겪고 있어요.
be about to ~하려는 중이다	33 **I'm** just **about to** leave for the airport. 저는 이제 막 공항으로 떠나려는 중이에요.
be looking forward to ~을 기대하다	34 **I'm looking forward to** my trip to Korea. 저는 한국으로 가는 여행이 무척 기대돼요.
be supposed to ~하기로 되어 있다	35 Matthew **is supposed to** collect the receipts. Matthew가 영수증들을 모으기로 되어 있어요.
had better ~하는 것이 낫다	36 You**'d better** see a doctor about that. 그것에 관해 병원 진료를 받아보는 것이 나을 거예요.
be up to ~에게 달려 있다	37 The decision **is up to** you. 결정은 당신에게 달려 있어요.
depend on ~에 달려 있다	38 It **depends on** my work schedule. 그것은 제 업무 일정에 달려 있어요.
get used to 익숙해지다	39 I'm **getting used to** working with a team. 저는 팀과 함께 일하는 것에 익숙해지고 있어요.
due to ~으로 인해, ~ 때문에	40 The event was canceled **due to** a lack of participants. 그 행사는 참가자의 부족으로 인해 취소되었어요.
out of stock 재고가 다 떨어진	41 That model of smartphone is currently **out of stock**. 그 스마트폰 모델은 현재 재고가 다 떨어졌어요.
out-of-date 오래된, 구식의	42 The schedule posted on the bulletin board is **out-of-date**. 게시판에 붙은 일정은 오래된 거예요.
in the event of ~일 경우에	43 **In the event of** an equipment malfunction, please notify the manager. 장비 고장일 경우에는 관리인에게 알려주세요.
submit a bid 입찰하다	44 Several suppliers **submitted bids**. 여러 공급업체들이 입찰했어요.
run an errand 심부름을 하다	45 I have to **run** some **errands**, so I won't be home until later. 몇 가지 심부름을 해야 해서, 저는 늦게까지 집에 없을 거예요.
fly off the shelves 날개 돋친 듯이 잘 팔리다	46 His newest novel has been **flying off the shelves** at bookstores. 그의 최신 소설이 서점에서 날개 돋친 듯이 잘 팔리고 있어요.

시간 · 순서를 나타내는 관용적인 표현

make it on time 제시간에 도착하다	47 She should be able to **make it on time**. 그녀는 제시간에 도착할 수 있어야 해요.
be due to ~할 예정이다	48 The exhibition **is due to** start on November 9. 전시회는 11월 9일에 시작할 예정이에요.
put off 미루다, 연장하다	49 We had better not **put** it **off** for more than a week. 우리가 그것을 일주일 이상은 미루지 않는 것이 좋겠어요.
be behind schedule 일정보다 뒤처지다	50 Production at the factory **is behind schedule**. 공장의 생산이 일정보다 뒤처져 있어요.

Let's Check! P3_기본_09

대화를 듣고 질문에 알맞은 응답을 고른 후, 빈칸을 받아 써보자. (미국/캐나다, 영국, 호주식 발음으로 세 번 들려줍니다.)

1 What does the woman offer to do?

(A) Contact a coworker (B) Meet a client

M: Have you seen Annie? I need to talk to her.
W: She ________________ to see a client. ________________________
________________.

2 Who most likely is the woman?

(A) An office supervisor (B) A hotel employee

M: Hello, reception? I requested to have my suit pressed earlier. ________________
________________________.
W: ____ now.

3 When should the man return the book?

(A) This afternoon (B) Tomorrow morning

M: ________________________________ this morning, Elaine?
W: As long as ____.

4 What does the woman suggest?

(A) Leaving work early (B) Attending a meeting

M: Do you know why ________________________________?
W: No, but ________________________________. ________________.

5 What does the woman mention about the job?

(A) It is in London. (B) It is a part-time position.

W: Hey, Jerry, is it true ____
________________________?
M: Yes, it is. ________________________.

6 Why is the woman unable to stay?

(A) She is late for an appointment. (B) She has to leave for a trip.

W: I'm sorry I can't stay, but ____
________________________.
M: That's OK. Thanks for ________________.

정답·해석·해설 p.111

04 Paraphrasing된 표현 이해하기

Part 3에서는 대화에 등장했던 표현을 질문이나 정답에서 그대로 사용하지 않고 다른 말로 바꾸어 표현하는 경우가 많다. 따라서 대화의 핵심 표현을 듣고 바로 이해한 후, 이를 다른 말로 바꾸어 표현하는 Paraphrasing에 익숙해져야 한다.

Let's Listen! P3_기본_10

W: Hey, Bobby. How are the renovations going on your apartment? Have you moved in yet?

M: No, not yet. The contractor I hired couldn't supply the floor tiles I wanted at a good price.

W: So, did you pick another style instead?

M: No, but **I was able to get in touch with a distributor who imports them directly from Vietnam. I've placed an order through the distributor**, and the shipment should be arriving sometime within the next three weeks.

Q. How was the man able to obtain the items he wanted?

(A) By doing some online research
(B) By contacting a different supplier
(C) By looking through a catalog
(D) By placing an order on a Web site

W: 안녕하세요, Bobby. 당신 아파트의 보수 공사는 어떻게 되어가고 있나요? 이미 이사하셨나요?

M: 아니요, 아직 안 했어요. 제가 고용한 계약자가 제가 원했던 바닥 타일을 좋은 가격에 공급할 수 없었어요.

W: 그래서 대신 다른 종류를 골랐나요?

M: 아니요, 하지만 **저는 베트남으로부터 그것들을 직접 수입하는 유통업자에게 연락할 수 있었어요. 저는 그 유통업자를 통해 주문을 했고**, 배송은 다음 3주 내 어느 시점에는 도착하게 될 거예요.

Q. 남자는 원했던 제품들을 어떻게 구할 수 있었는가?

(A) 온라인에서 조사를 함으로써
(B) 다른 공급업자에게 연락을 함으로써
(C) 카탈로그를 살펴봄으로써
(D) 웹사이트에서 주문을 함으로써

해설 정답 (B)

남자의 말에서 get in touch with a distributor가 정답 (B)에서 contacting a different supplier로 Paraphrasing되었음을 알 수 있다.

Paraphrasing 연습

P3_기본_11

음성 녹음을 듣고 각 표현이 어떻게 Paraphrasing되었는지를 파악하면서 받아 써보자. (미국/캐나다, 영국, 호주식 발음으로 세 번 들려줍니다.)

1 call the agency ➔ ______________________
2 give him a call ➔ ______________________
3 started one's own business ➔ ______________________
4 repair the computer ➔ ______________________
5 finish some work ➔ ______________________
6 reorganize her files ➔ ______________________
7 the manual ➔ ______________________
8 improve the training ➔ ______________________
9 make copies of the handouts ➔ ______________________
10 the plane was delayed ➔ ______________________
11 clear the products off ➔ ______________________
12 check a process ➔ ______________________
13 the new machine's functions we'll be showing ➔ ______________________
14 replace the outdated equipment ➔ ______________________
15 get ready to relocate ➔ ______________________
16 to confirm his appointment ➔ ______________________
17 discuss the proposal ➔ ______________________
18 buy a ticket for a lower price ➔ ______________________
19 be held up at the office until late ➔ ______________________
20 take a bus ➔ ______________________
21 to work out ➔ ______________________
22 phone number / e-mail address ➔ ______________________
23 have a lot of work to do ➔ ______________________
24 call the caterer ➔ ______________________
25 be being used at the moment ➔ ______________________
26 didn't get enough sleep yesterday ➔ ______________________

시간 표현의 Paraphrasing

27 every Friday ➔ ______________________
28 postponed for three weeks ➔ ______________________
29 monthly ➔ ______________________
30 once in two weeks / every two weeks ➔ ______________________
31 bimonthly ➔ ______________________
32 It's been a year ➔ ______________________
33 in 14 days ➔ ______________________
34 each month ➔ ______________________
35 weekly ➔ ______________________

Paraphrasing 연습 정답

1 call the agency → **contact an agency** 대행사에 전화하다 → 대행사에 연락하다

2 give him a call → **contact him** 그에게 전화하다 → 그에게 연락하다

3 started one's own business → **launched a new business** 자기 사업을 시작했다 → 새로운 사업에 착수했다

4 repair the computer → **fix a computer** 컴퓨터를 수리하다 → 컴퓨터를 수리하다

5 finish some work → **complete some work** 일을 끝내다 → 일을 완료하다

6 reorganize her files → **rearrange her files** 파일들을 다시 정리하다 → 파일들을 다시 정리하다

7 the manual → **an instruction book** 편람, 안내서 → 지침서

8 improve the training → **provide better training** 교육을 개선시키다 → 더 나은 교육을 제공하다

9 make copies of the handouts → **duplicate the handouts** 유인물의 복사본을 만들다 → 유인물을 복사하다

10 the plane was delayed → **the plane arrived late** 비행기가 지연되었다 → 비행기가 늦게 도착했다

11 clear the products off → **remove some items** 물건들을 치우다 → 물품들을 치우다

12 check a process → look over the process 과정을 점검하다 → 과정을 살펴보다

13 the new machine's functions we'll be showing → **demonstrate the new machine's functions**
우리가 소개할 새 기계의 기능들 → 새 기계의 기능들을 보여주다

14 replace the outdated equipment → **get more modern equipment** 구식 장비를 대체하다 → 더 현대식인 장비를 사다

15 get ready to relocate → **prepare for a move** 이전을 준비하다 → 이사할 준비를 하다

16 to confirm his appointment → **to remind him of his appointment**
약속을 확인하기 위해 → 그에게 약속을 상기시키기 위해

17 discuss the proposal → **talk about a business deal** 제안에 대해 논의하다 → 사업 거래에 대해 이야기하다

18 buy a ticket for a lower price → **get a discounted ticket** 더 낮은 가격에 표를 사다 → 할인된 표를 사다

19 be held up at the office until late → **work late** 늦게까지 사무실에 잡혀 있다 → 늦게까지 일하다

20 take a bus → **use public transportation** 버스를 타다 → 대중교통을 이용하다

21 to work out → **to exercise** 운동하기 위해 → 운동하기 위해

22 phone number / e-mail address → **contact information** 전화번호/이메일 주소 → 연락처

23 have a lot of work to do → **be really busy** 해야 할 일이 많다 → 매우 바쁘다

24 call the caterer → **talk to the food provider** 음식 공급자에게 전화하다 → 음식 제공자와 이야기하다

25 be being used at the moment → **be tied up** 지금 사용되고 있다 → 바쁘게 작동되다

26 didn't get enough sleep yesterday → **hardly slept last night** 어제 잠을 충분히 못 잤다 → 어젯밤에 거의 자지 않았다

시간 표현의 Paraphrasing

27 every Friday → **at the end of each workweek** 매 금요일에 → 매주 마지막 근무일에

28 postponed for three weeks → **delayed by three weeks** 3주간 연기되다 → 3주간 연기되다

29 monthly → **every month** 한 달에 한 번의 → 매달

30 once in two weeks / every two weeks → **every other week** 2주에 1번 / 매 2주마다 → 격주로

31 bimonthly → **once in two months** 두 달에 한 번 → 두 달에 한 번

32 It's been a year → **Twelve months have passed** 1년이 되었다 → 열두 달이 지났다

33 in 14 days → **in two weeks** 14일 후에 → 2주 후에

34 each month → **once a month** 매달 → 한 달에 한 번

35 weekly → **every week** 주 1회의 → 매주

Let's Check! P3_기본_12

대화를 듣고 질문에 알맞은 응답을 고른 후, 빈칸을 받아 써보자. (미국/캐나다, 영국, 호주식 발음으로 세 번 들려줍니다.)

1 How will the man most likely get to Atlanta?

(A) By train (B) By car (C) By plane

W: Daniel, I was ______________________________ for our business trip to the Atlanta branch on Tuesday.

M: Actually, ____________ because ____________ while I'm there.

2 What does the woman say she will do next?

(A) Move some shelving units (B) Contact a delivery service (C) Remove some items

M: The new shelving units are being delivered this afternoon. We need to put these old ones in storage. ______________________________?

W: ________. ____________. ____________ and after that, I can help you move the old shelves into our storage area.

3 How long has the museum been open?

(A) For 10 days (B) For a decade (C) For two decades

W: I heard that the Southland Museum is ____________ with a special exhibit.

M: Yes, it is opening on Monday and will ____________. We should go see it together.

4 What does the woman say about her new home?

(A) It is far from her workplace. (B) It is spacious enough. (C) It came fully furnished.

M: ______________________________ you bought last month?

W: Well, it is more convenient because it's closer to the office. Also, there's ____________ ______________________________.

5 What does the man suggest?

(A) Having food delivered (B) Taking a break (C) Going to a nearby restaurant

W: I'm so hungry, but ______________________________ ______________________________ today.

M: I'm really busy with work too, so ______________________________?

6 What problem does the woman mention?

(A) An item was damaged.

(B) Her purchase was the wrong size.

(C) She was charged too much.

W: ______________________________ and I was hoping I could get a refund.

M: I'm sorry, ma'am, but we only offer exchanges on our products.

정답·해석·해설 p.111

실전 연습

Hackers TOEIC Listening

P3_기본_13

대화를 듣기 전에 문제를 읽어, 대화의 내용을 미리 파악하는 연습을 하자.

1. What is the purpose of the call?
(A) To file a complaint
(B) To change an appointment
(C) To confirm an interview
(D) To arrange a delivery

2. Why will Ms. Thomas be unavailable on Tuesday?
(A) She has to go to court.
(B) She will be on vacation.
(C) She has a meeting with a director.
(D) She will have lunch with a client.

3. What will the man most likely do next?
(A) Return a document
(B) Go to a courthouse
(C) Talk to a manager
(D) Register for a conference

---

4. Where most likely does the conversation take place?
(A) At a clothing store
(B) At a tailor shop
(C) At a travel agency
(D) At a dry cleaner

5. What problem does the woman mention?
(A) A machine is not functioning.
(B) A shirt is not ready to be picked up.
(C) A store is understaffed.
(D) A business is closing temporarily.

6. What does the man imply when he says, "I have to give a presentation tomorrow afternoon"?
(A) He will return in the morning.
(B) He will cancel an appointment.
(C) He requires items sooner.
(D) He refuses to extend a deadline.

---

7. What is the conversation mainly about?
(A) An interview schedule
(B) An assignment for a class
(C) A vacancy for part-time work
(D) A meeting with a department head

8. Why is the woman concerned?
(A) She missed a deadline.
(B) She has a busy schedule.
(C) She is late for an interview.
(D) She got a low score on a test.

9. What does the man request the woman do?
(A) Come back after lunch
(B) Complete a document
(C) Review some lessons
(D) Sign up for a class

---

10. Where do the speakers most likely work?
(A) At an automobile factory
(B) At a real estate agency
(C) At a financial institution
(D) At a repair business

11. Why does Tony think the proposal is a good idea?
(A) Government assistance may be available.
(B) Installation will be simple.
(C) Extra items can be produced.
(D) New laws will be introduced.

12. What does the woman offer to do?
(A) Summarize some data
(B) Look into some firms
(C) Apply for a bank loan
(D) Hire a tax accountant

---

13. What are the speakers mainly discussing?
(A) Booking travel tickets
(B) Visiting a record store
(C) Postponing a deadline
(D) Attending a musical event

14. What does the woman say she has to do on Friday?
(A) Cancel reservations for an event
(B) Submit some work to a client
(C) Reschedule a meeting
(D) Begin remodeling a building

15. What does the man mention about Johnny Staplestar?
(A) He will be taking a business trip.
(B) He had to cancel an appointment.
(C) He has an upcoming client meeting.
(D) He is giving two concerts this week.

---

16. What problem does the man mention?
(A) A store does not accept credit cards.
(B) A purchase has not yet arrived.
(C) An item has some defects.
(D) A road has been closed for a repair.

17. Why must the man leave soon?
(A) To go to a retail outlet
(B) To see a dentist
(C) To get together with a friend
(D) To pick up a parcel

18. What will the woman do next?
(A) Contact a colleague
(B) Replace a product
(C) Send an apology letter
(D) Review a warranty policy

---

❶ Romance
❷ Mystery
❸ Magazine
❹ Bestseller
Counter

19. Who most likely is Nora Barrett?
(A) A writing teacher
(B) A book reviewer
(C) A fiction author
(D) A store employee

20. Look at the graphic. What aisle will the man go to?
(A) Aisle 1
(B) Aisle 2
(C) Aisle 3
(D) Aisle 4

21. According to the man, what caused people to become interested in *Valley Ranch*?
(A) A recent book launch
(B) A televised appearance
(C) Offers of free gifts
(D) Positive online reviews

Model	Weight
Jetsam	2.2kg
Lokki	1.7kg
Trech	2kg
Breve	1.4kg

22. Who most likely is the man?
(A) An interior designer
(B) An event manager
(C) A computer salesperson
(D) A security guard

23. What did the man give the woman?
(A) A receipt
(B) A pamphlet
(C) A confirmation code
(D) A laptop case

24. Look at the graphic. Which model will the woman probably buy?
(A) Jetsam
(B) Lokki
(C) Trech
(D) Breve

 받아쓰기&쉐도잉 프로그램으로 꼭 복습하세요.
정답 · 해석 · 해설 p.112

해커스 스타강사의 ▸
무료 해설 바로 보기
(22~24번 문제)

실전 고수되기

◀ 무료 MP3 바로 듣기

유형 분석 유형을 알면 고득점이 보인다!

Part 3에서는 대화에서 언급되는 핵심 정보를 놓치지 않고 듣는 것이 가장 중요하다. 따라서 대화를 듣기 전에 문제를 먼저 읽어 묻고 있는 내용을 미리 파악해 두고, 대화를 들을 때 관련 정보를 파악해 내는 것이 중요하다. 본 교재에서는 Part 3의 유형을 크게 두 가지의 분류 기준에 따라 나누었다.

유형 분류 1 문제 유형

Part 3의 문제는 아래와 같이 전체 대화 관련 문제 유형 2개와 세부 사항 관련 문제 유형 8개로 나뉜다. 각 유형의 핵심 포인트와 이에 대한 핵심 전략을 익혀두면 대화를 들을 때 정확하게 핵심 정보를 파악할 수 있다.

전체 대화 관련 문제

대화의 전반적인 사항과 관련된 내용을 물으며, 대화의 초반을 주의 깊게 들어야 한다.

1 주제 및 목적
2 화자 및 장소

세부 사항 관련 문제

대화에서 언급된 특정 세부 사항과 관련된 내용을 물으며, 대화에서 질문의 핵심어구가 언급된 주변을 주의 깊게 들어야 한다.

3 요청/제안/언급
4 문제점
5 이유/방법/정도
6 다음에 할 일
7 특정 세부 사항
8 의도 파악
9 추론
10 시각 자료

유형 분류 2 대화 상황별 유형

Part 3의 대화 상황은 아래와 같이 회사 생활과 관련된 유형 3개와 개인 생활과 관련된 유형 2개로 나뉜다. 일정한 범주 내에서 전형적인 상황들이 반복되어 출제되는 경우가 많으므로 빈출 상황과 해당 표현을 익혀두면 내용 파악이 훨씬 수월해진다.

1 회사 업무·사무기기 관련 회사 생활 관련 문서 작성 및 발송, 업무 기한, 사무기기 등에 관한 상황

2 인사·사내 행사 관련 회사 생활 관련 채용, 인사 이동, 급여 및 포상, 행사 및 직원 교육 등에 관한 상황

3 마케팅·판매·재정 관련 회사 생활 관련 마케팅, 광고, 계약, 재정 등에 관한 상황

4 일상 생활 관련 개인 생활 관련 교통, 쇼핑, 주거, 식당, 병원 등에 관한 상황

5 여행·여가 관련 개인 생활 관련 항공편 예약, 공항, 호텔, 공연, 전시회 등에 관한 상황

오답 분석 오답을 알면 정답이 보인다!

단골 오답 1 대화에 등장했던 단어를 그대로 쓴 오답

P3_실전_01

Part 3에서는 대화 중에 언급되었던 단어를 그대로 쓴 오답이 자주 등장하며, 주로 장소, 교통수단 등을 묻는 문제에서 이러한 오답이 출제되는 경우가 많다.

M: Could you give me a hand setting up for the meeting in the conference room?

W: Sorry, but I'm on my way to the subway. I'm heading downtown to show an apartment.

M: Oh, that's all right. I'll ask someone else in the office.

W: I should be back in a couple of hours if it can wait.

Q. Where does the woman need to go?

(A) A conference room

(B) A bus stop

(C) An apartment building

(D) A client's office

M: 회의를 위한 회의실 준비를 도와주실 수 있으신가요?

W: 죄송하지만, 저는 지하철에 가는 길이에요. 저는 아파트를 보여주기 위해 시내로 향하는 중이에요.

M: 아, 괜찮습니다. 사무실에 있는 다른 사람에게 물어볼게요.

W: 그것이 기다릴 수 있는 일이라면, 저는 몇 시간 안에 돌아올 거예요.

Q. 여자는 어디로 가야 하는가?

(A) 회의실

(B) 버스 정류장

(C) 아파트 건물

(D) 고객의 사무실

정답 (C)

오답 분석 정답이 되는 apartment 외에, conference room과 같은 장소도 대화에서 언급되었는데, 이 단어가 오답 (A)에 그대로 사용되었음을 알 수 있다.

단골 오답 2 대화에 등장했던 표현의 일부를 이용한 오답

P3_실전_01

대화 중에 언급되었던 표현의 일부를 포함한 어구가 오답으로 출제되는 경우가 있다. 선택지가 한 단어가 아닌 구나 문장으로 주어질 때 이런 오답이 자주 등장한다.

W: Hi, Bill. Are you ready for the presentation this afternoon?
M: Almost. I've set up the audio-visual equipment in the conference room, but I still need to print copies of my report. The printer in the office isn't working, though.
W: Why don't you use the one in the marketing department? I'm sure it will be OK.
M: That's a good idea. I'll do that.

Q. What will probably happen next?

(A) Equipment will be purchased.
(B) Documents will be printed.
(C) A presentation will be rescheduled.
(D) A report will be written.

W: 안녕하세요, Bill. 오늘 오후의 발표 준비 다 했나요?
M: 거의요. 회의실에 시청각 기기는 설치했지만, 아직 제 보고서의 사본들을 인쇄해야 해요. 그런데 사무실의 프린터가 작동하지 않아요.
W: 마케팅 부서에 있는 프린터를 사용하면 어때요? 그것은 괜찮을 거예요.
M: 좋은 생각이네요. 그렇게 해야겠어요.

Q. 다음에 무슨 일이 일어날 것 같은가?

(A) 장비가 구매될 것이다.
(B) 문서들이 인쇄될 것이다.
(C) 발표 일정이 변경될 것이다.
(D) 보고서가 작성될 것이다.

정답 (B)

오답 분석 (A)의 Equipment, (C)의 presentation, (D)의 report는 모두 대화 중 언급되었던 단어들이 오답 속에 포함된 것임을 알 수 있다.

단골 오답 3 | 질문에 대해 그럴듯한 응답이 되는 오답

P3_실전_01

대화 내용과는 별개로 질문에 대해 그럴듯한 응답이 되는 문장들이 오답으로 출제되는 경우가 많다.

W: Good morning, Mr. Burrows. Karen Hong would like to know if you are available to meet with her this afternoon.
M: Actually, that won't be possible. I am going to the bank now and I won't be back until late in the day. I need to open a new corporate account.
W: Why don't I see if she can stop by your office tomorrow morning?
M: That's fine. My schedule is clear tomorrow.

Q. Why does the man need to go to the bank?

(A) To apply for a credit card
(B) To check on an investment
(C) To arrange a business loan
(D) To open an account

W: 안녕하세요, Mr. Burrows. Karen Hong은 오늘 오후에 당신이 그녀와 만날 수 있는지 알고 싶어 해요.
M: 사실, 안될 것 같아요. 저는 지금 은행에 갈 건데, 오늘 늦게나 되어야 돌아올 거예요. 새로운 회사 계좌를 개설해야 해서요.
W: 그녀가 내일 오전에 당신의 사무실에 들를 수 있는지 제가 알아보면 어떨까요?
M: 그게 좋겠어요. 내일은 일정이 없어요.

Q. 남자는 왜 은행에 가야 하는가?

(A) 신용 카드를 신청하기 위해
(B) 투자금을 확인하기 위해
(C) 사업 대출금을 마련하기 위해
(D) 계좌를 개설하기 위해

정답 (D)

오답 분석 오답으로 출제된 (A), (B), (C)는 대화 내용과는 별개이지만, 상식적으로 보았을 때 은행과 관련되어 있어 질문에 대한 답이 될 만한 응답이므로 정답으로 혼동하기 쉽다.

문제 유형별 공략

무료 MP3 바로 듣기

| 전체 대화 관련 문제 |

토익 공식 1 주제 및 목적 문제

주제 및 목적 문제는 화자들이 이야기하고 있는 주된 내용을 묻는 문제이다. Part 3 전체 39문제 중 매회 2~3문제 정도 출제된다.

핵심 전략

1. 대화의 초반을 반드시 듣는다!

2. 대화의 초반을 듣고 주제를 파악하기 어려운 경우, 대화의 전체 맥락을 통해서 정답을 찾는다!

질문 형태

주제 문제

What are the speakers **mainly discussing**? 화자들은 주로 무엇에 대해 이야기하고 있는가?

What is the conversation **mainly about**? 대화는 주로 무엇에 대한 것인가?

목적 문제

Why is the woman **calling**? 여자는 왜 전화를 하고 있는가?

What is the **purpose** of the call? 전화의 목적은 무엇인가?

Example P3_실전_02

Q. What are the speakers discussing?

(A) A work schedule change

(B) Store operation hours

(C) The details of a delivery

(D) The assignment of daily tasks

Q. 화자들은 무엇에 대해 이야기하고 있는가?

(A) 근무 일정 변경

(B) 상점 영업시간

(C) 배송 세부 사항

(D) 일일 업무 배정

Script 미국 → 캐나다

W: Drew, **I don't think I can come to work tomorrow morning**. I have a medical checkup at 9 A.M. **Could you please cover my shift at the shop?**

M: Sure, Laura, but the new line of dresses will arrive at around 3 P.M. Will you be back by then?

W: Probably. If my appointment finishes before lunchtime, I can be back by 1 P.M. I'll let you know how it goes. Thanks, Drew.

어휘 assignment[əsáinmənt] 배정, 임명 shift[ʃift] 근무 시간, 교대 시간

W: Drew, **저는 내일 아침에 출근하지 못할 것 같아요.** 오전 9시에 건강 검진이 있어서요. **매장에서 제 근무 시간을 대신해 주시겠어요?**

M: 물론이죠, Laura, 그런데 새로운 의류 제품이 오후 3시쯤에 도착할 거예요. 그때까지 돌아올 수 있나요?

W: 아마도요. 진찰이 점심시간 전에 끝나면, 오후 1시까지 돌아올 수 있어요. 제가 어떻게 되는지 알려드릴게요. 고마워요, Drew.

해설 정답 (A)

대화의 주제를 묻는 문제이므로, 대화의 초반을 반드시 듣는다. 여자가 "I don't think I can come to work tomorrow morning", "Could you please cover my shift at the shop?"이라며 내일 아침에 출근을 못할 것 같으니 자신의 근무 시간을 대신해 달라고 남자에게 요청한 뒤, 그들의 근무 일정 변경에 관한 내용으로 대화가 이어지고 있다. 따라서 정답은 (A) A work schedule change이다.

HACKERS PRACTICE

P3_실전_03

대화를 듣기 전에 문제를 읽어, 대화의 내용을 미리 파악하는 연습을 하자.

1. What are the speakers mainly discussing?
   (A) Designs for a product
   (B) Instructions for a new employee
   (C) Reasons for a cancellation
   (D) Plans for a corporate event

2. What does the woman say she will do?
   (A) Update a company Web site
   (B) Look at some online information
   (C) Contact some former clients
   (D) Request a product sample

3. What does the woman mean when she says, "the event will be less than an hour long"?
   (A) She will finish earlier than planned.
   (B) She will not include many activities.
   (C) She did not request additional time.
   (D) She was given inaccurate information.

---

4. What is the purpose of the call?
   (A) To provide feedback on a design
   (B) To request directions to an office
   (C) To place an order for products
   (D) To invite a client to an event

5. How did the man learn about the company?
   (A) By reading an advertisement
   (B) By listening to the radio
   (C) By searching on the Internet
   (D) By talking to a friend

6. What does the man need to do?
   (A) Make a telephone call
   (B) Send some files
   (C) Confirm a package for delivery
   (D) Register on a company Web site

---

7. What is the conversation mainly about?
   (A) Hiring a committee director
   (B) Selecting someone for a role
   (C) Designing a movie set
   (D) Installing some equipment

8. Who most likely is Tyler Johnson?
   (A) A film actor
   (B) A theater critic
   (C) A casting agent
   (D) A play director

9. What will the man probably do in the afternoon?
   (A) Conduct a rehearsal
   (B) Contact a representative
   (C) Attend some auditions
   (D) Write some reviews

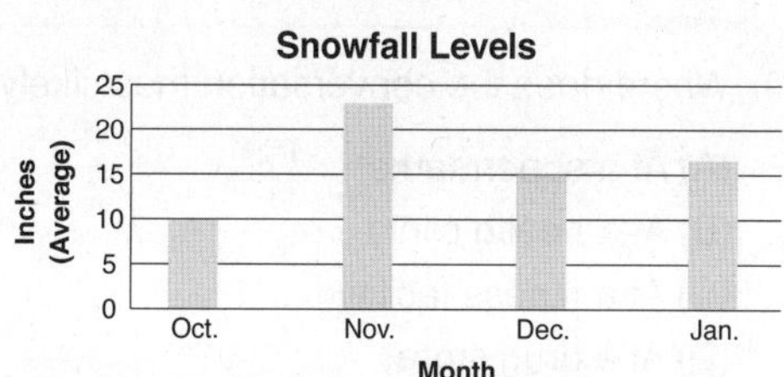

10. What is the conversation mainly about?
    (A) The emergency measures of a city
    (B) The predictions of some experts
    (C) The features of a device
    (D) The aftermath of a storm

11. What problem does the woman mention?
    (A) A deadline is coming up.
    (B) A vehicle has an issue.
    (C) A route is blocked.
    (D) An appliance has frozen.

12. Look at the graphic. When did the man probably purchase his equipment?
    (A) In October
    (B) In November
    (C) In December
    (D) In January

정답·해석·해설 p.117

토익 공식 **2**

화자 및 장소 문제

화자 및 장소 문제는 대화자들의 신분이나 직업 그리고 대화가 이루어지고 있는 장소를 묻는 문제이다. Part 3 전체 39문제 중 매회 5~6문제 정도 출제된다.

핵심 전략

1. 대화 곳곳에서 언급되는 신분이나 직업, 장소와 관련된 핵심 단어들을 놓치지 않고 듣는다!
2. 대화의 초반에서 정답의 단서가 자주 언급됨에 유의한다!
3. 특정 신분이나 직업 그리고 특정 장소와 관련된 표현들을 알아둔다!

질문 형태

화자 문제

Who most likely is **the man/the woman**? 남자/여자는 누구인 것 같은가?
Who is **the man** most likely **talking to**? 남자는 누구에게 이야기하고 있는 것 같은가?
Who are **the speakers?** 화자들은 누구인가?
Where do **the speakers** most likely **work**? 화자들은 어디에서 일하는 것 같은가?
What (type of) industry do **the speakers** most likely **work in**?
화자들은 어떤 (종류의) 업계에서 일하는 것 같은가?

장소 문제

Where does this **conversation** (probably) **take place**? 이 대화는 어디에서 일어나는가?
Where most likely **are the speakers**? 화자들은 어디에 있는 것 같은가?

Example P3_실전_04

Q. Where does the conversation most likely take place?

(A) At a supermarket
(B) At a health clinic
(C) At a fitness facility
(D) At a drug store

Q. 대화는 어디에서 일어나는 것 같은가?

(A) 슈퍼마켓에서
(B) 진료소에서
(C) 운동 시설에서
(D) 약국에서

Script 영국 → 호주

W: Hello, **I'd like to buy a bottle of Millinex GC tablets. Here's my prescription.**
M: Sorry, but I sold the last bottle this morning. We're expecting new stock this weekend.
W: I'm leaving on a trip tomorrow, so I really need to get that medication. Are there any other pharmacies nearby?
M: There's one on Eighth Street. They might have some in stock there.

W: 안녕하세요, 저는 Millinex GC 정제 한 병을 사고 싶어요. 여기 제 처방전이 있습니다.
M: 죄송합니다만, 오늘 아침에 마지막 병을 판매했습니다. 저희는 이번 주말에 새로운 재고가 배송될 것으로 예상하고 있습니다.
W: 제가 내일 여행을 떠나서 그 약을 꼭 구입해야 해요. 근처에 다른 약국들이 있나요?
M: 8번가에 하나 있습니다. 거기는 재고를 어느 정도 가지고 있을 수도 있습니다.

어휘 prescription [priskrípʃən] 처방전 pharmacy [미 fá:rməsi, 영 fá:məsi] 약국

해설 정답 (D)

대화가 일어나는 장소를 묻는 문제이므로, 장소와 관련된 표현을 놓치지 않고 듣는다. 여자가 "I'd like to buy a bottle of Millinex GC tablets. Here's my prescription."이라며 Millinex GC 정제 한 병을 사고 싶다며 처방전을 남자에게 주고 있으므로 대화가 일어나는 장소가 약국임을 알 수 있다. 따라서 정답은 (D) At a drug store이다.

신분이나 직업 및 장소를 나타내는 표현 P3_실전_05

다음은 화자 및 장소를 묻는 문제에서 자주 출제되는 표현이다.

▌화자의 신분 및 직업을 나타내는 표현과 관련 키워드

building inspector 건물 감독관	inspection 점검 office building 사무실용 빌딩 safety requirement 안전 요건
computer technician 컴퓨터 기술자	technology department 기술 부서 update some software 소프트웨어를 갱신하다
office worker 사무실 직원	data entry 데이터 입력 office supplies 사무용품 file cabinet 문서 보관함
designer 디자이너	interior design company 인테리어 디자인 회사 designing a Web site 웹사이트 디자인
job applicant 취업 지원자	résumé 이력서 position 직위 be interested in ~에 관심이 있다 portfolio (특히 구직 때 제출하는 사진, 그림 등의) 작품집 interview 면접
reporter 기자	story 기사 (= article) newspaper 신문 be printed 인쇄되다 deadline 마감 기한 edition (출간되는 모든 책, 신문 등을 가리키는) 판
author 작가	novel 소설 bookstore 서점 review 논평 copy (책·잡지의) 부
professor 교수	research project 연구 프로젝트 be present at/attend a seminar 세미나에 참석하다
restaurant manager 식당 지배인	cafeteria 구내식당 food container 식료품 용기 tray 쟁반 a bowl of soup 수프 한 그릇 kitchen 주방 dessert 후식
property manager/ real estate agent 부동산 중개인	property 부동산 location 위치 space 공간 rental brochure 임대 책자 accommodate 수용하다 rent 임대하다
receptionist (호텔, 병원 등의) 접수원	room reservation 방 예약 book 예약하다 single room 1인용 객실 appointment 예약 reschedule 일정을 변경하다 patient 환자
sales person/ sales representative 영업 사원	new product 새 상품 (= new merchandise) supply 공급하다 demonstration 시연 show 보여주다 credit card 신용 카드 checkbook 수표장 sales strategy 판매 전략 discounted price 할인된 가격 in stock 재고로
bus driver/taxi driver 버스 기사/택시 기사	take 데려다 주다 route 노선, 경로 Where would you like to go? 어디로 가실 건가요? Could you drive me to ~로 태워다 주세요
musician 음악가	play 연주하다 club 클럽 stage area 무대 구역 sound check 음향 점검 perform 공연하다 performance 공연
photographer 사진사	photograph 사진 (= photo) poster 대형 사진 studio 스튜디오

장소를 나타내는 표현과 관련 키워드

office 사무실	headquarters 본사 branch 지부, 지사 department 부, 부서 meeting 회의 document 서류 paid vacation 유급 휴가 conference room 회의실 payroll department 임금 지불 부서 paycheck 급료 payroll 임금 대장 pay day 급여일 wage 임금 bonus 상여금 raise 임금 인상
construction site/ manufacturing plant 공사장/제조 공장	building material 건축 재료 pipe 파이프 tile 타일 robotic 로봇식의 device 장치 assembly line 생산 라인 factory 공장 machine 기계 electricity 전기 automated equipment 자동 장치
insurance agency 보험사	coverage 보상 범위 cover 보상하다 policy 보험 증권 in the event of ~의 경우에 theft 절도 breakage 파손
store/department store 상점/백화점	try on 입어보다 discount 할인 display 진열 I'm looking for ~을 찾고 있어요 pay by cash/check/card 현금으로/수표로/카드로 지불하다 gift wrap 선물용으로 포장하다 shopwindow 진열창 counter 계산대 refund 환불하다 apparel 의류 floor 층 take the escalator 에스컬레이터를 타다 cosmetics 화장품 model 모델
bookstore/library 서점/도서관	section 구역, 섹션 journal 정기 간행물 shelf 선반 aisle 통로 check out 책을 대출하다 lost item drawer 분실물 서랍 bookshelf 서가, 책꽂이
restaurant 식당	order 주문 bill 계산서 reservation 예약 dish (접시에 담은) 요리 silverware 은그릇
bank 은행	loan application 대출 신청서 savings account 예금 계좌 deposit 예금 balance 잔액 account 계좌 withdraw 인출하다 overdraw 초과 인출하다 transfer 송금하다 identification 신분증
post office 우체국	ship 선적하다 by air 항공편으로 surface mail 육상/해상 우편 express mail 빠른 우편 weigh 무게를 측정하다 package 소포 standard delivery 기본 배송 overseas 해외의
doctor's office/ medical office 병원	test result 검사 결과 health 건강 physical exam 건강 검진 blurred 흐릿한 filling (치과에서의) 충전재 cavity 충치 scaling 치석 제거 eyesight 시력 dimmed 침침한
pharmacy 약국	prescription 처방전 tablet 정제 medicine 약품 dose 1회 복용량 pill 알약
car (auto) repair center/ service station 자동차 수리 센터/정비소	change the oil 오일을 교체하다 safety inspection 안전 검사 headlight 전조등 rotate the tires 타이어를 교체하다 check out 점검하다 pick up the car 차를 다시 가져가다 fill up the tank 연료를 채우다 run out of gas 휘발유가 다 떨어지다 flat tire 바람 빠진 타이어
train 기차	station 역 miss 놓치다 catch the train 기차를 타다 arrive 도착하다 final destination 종착역 collect the ticket 차표를 걷다
theater 극장	seats left 잔여석 sold out 매진된 reserve 예약하다 wait in a line 줄 서서 기다리다 leave early 도중에 나가다
museum/art gallery 박물관/미술관	collection 컬렉션, 소장품 exhibit 전시 display 전시 painting 그림 sculpture 조각상 pottery 도자기 opening 개장 be up on the walls 벽에 걸려 있다 gallery 전시장
hotel/convention center 호텔/컨벤션 센터	suitcase 여행 가방 name tag 이름표 information packet 자료 묶음 register 등록하다 conference 회의 arrange for a shuttle 셔틀버스를 준비시키다
airport/ baggage claim area 공항/수하물 보관소	gate 탑승구 luggage 수하물 board 탑승하다 flight 항공편 departure 이륙 flight information 비행 정보 passenger 승객 delay 지연 carousel 회전식 컨베이어 벨트 baggage receipt 수하물 수령증 pick up one's bag 가방을 찾다

HACKERS PRACTICE

P3_실전_06

대화를 듣기 전에 문제를 읽어, 대화의 내용을 미리 파악하는 연습을 하자.

1. Who is the man?
   (A) A real estate agent
   (B) An apartment tenant
   (C) A new homeowner
   (D) A landscaper

2. What does the man mention about Eagle Crest?
   (A) It is currently giving free services to purchasers.
   (B) It is a popular real estate with young families.
   (C) Its houses have multiple levels.
   (D) Its properties have almost sold out.

3. What does the man offer to do?
   (A) Contact a real estate agency
   (B) Negotiate the price of a home
   (C) Provide an informational handout
   (D) Give the woman a telephone number

---

4. Where most likely does the conversation take place?
   (A) In a bank
   (B) In a tax office
   (C) In an accounting firm
   (D) In a government agency

5. What does the woman want to do?
   (A) Save money for retirement
   (B) Apply for a business account
   (C) Secure a permit for a retail outlet
   (D) Ship some products to a client

6. What can users of the online services do?
   (A) Submit online payments
   (B) Track transactions
   (C) Verify tax rates
   (D) Sign up for a program

---

7. What are the speakers mainly discussing?
   (A) Preparations for a gathering
   (B) A current marketing campaign
   (C) A new employee
   (D) Plans for renovations

8. Where do the speakers most likely work?
   (A) At an interior design firm
   (B) At a decorations supply shop
   (C) At an advertising agency
   (D) At a convention center

9. What does the woman suggest?
   (A) Sharing information with a client
   (B) Getting aid from a coworker
   (C) Using promotional posters
   (D) Prioritizing a new assignment

Order No. 32

Espresso shot	☑		
Syrup:			
Cinnamon	☐	Caramel	☑
Milk:			
Soy	☐	Low-fat	☑
Decaf	☑		

10. Who most likely is the woman?
    (A) A caterer
    (B) A chef
    (C) A dietician
    (D) A barista

11. Look at the graphic. What was incorrectly selected?
    (A) Espresso shot
    (B) Syrup
    (C) Milk
    (D) Decaf

12. What will the man receive as an apology?
    (A) A free upgrade
    (B) A beverage voucher
    (C) A complimentary cup
    (D) A parking pass

정답·해석·해설 p.120

토익 공식 3 요청/제안/언급 문제

요청/제안/언급 문제는 화자가 상대방에게 요청 또는 제안한 사항이나 언급한 사항을 묻는 문제이다. Part 3 전체 39문제 중 매회 4~6문제 정도 출제된다.

핵심 전략

1. 질문에 언급된 화자가 누구인지 확인한 뒤, 해당 화자의 말을 주의 깊게 듣는다!
2. 요청한 사항은 Can/Could you, I'd like you to, I ask 등이 언급된 다음을 주의 깊게 듣는다!
3. 제안한 사항은 Why don't we/you, I can/suggest/recommend/advise, You should 등이 언급된 다음을 주의 깊게 듣는다!
4. 언급한 사항은 질문의 핵심어구가 언급된 부분의 주변을 들으면서 정답의 단서를 파악한다!

질문 형태

요청/제안 문제
What does the woman **ask for**? 여자는 무엇을 요청하는가?
What do the men **recommend**? 남자들은 무엇을 제안하는가?

언급 문제
What does the man **say about Mary**? 남자는 Mary에 대해 무엇을 말하는가?

Example P3_실전_07

Q. What does the woman ask for?

(A) The price of a print
(B) The name of an artist
(C) The location of a display
(D) The date of an exhibition

Q. 여자는 무엇을 요청하는가?

(A) 인쇄물의 가격
(B) 예술가의 이름
(C) 전시회의 위치
(D) 전시회의 날짜

Script 미국 → 캐나다

W: Pardon me. **Can you tell me where the Ernest Lorenzo exhibit is?**
M: It's in Hall G. Walk to the end of this corridor and turn left. You'll see it on the left-hand side.
W: Thanks so much. I was also wondering if the museum sells prints of his work.
M: Probably. Check our gift shop near the main exit.

W: 실례합니다. Ernest Lorenzo 전시회가 어디에서 열리고 있는지 말씀해 주시겠어요?
M: 그것은 G홀에서 열리고 있어요. 이 복도의 끝까지 걸어가셔서 왼쪽으로 도세요. 좌측에서 찾으실 수 있을 거예요.
W: 정말 감사해요. 저는 또한 박물관이 그의 작품의 인쇄물도 판매하는지 궁금한데요.
M: 아마도요. 중앙 출구 근처의 기념품점을 확인해 보세요.

어휘 corridor[kɔ́:ridər] 복도 left-hand[léfthǽnd] 좌측의

해설 정답 (C)

여자가 요청하는 것을 묻는 문제이므로, 여자의 말에서 요청과 관련된 표현이 언급된 다음을 주의 깊게 듣는다. 여자가 "Can you tell me where the Ernest Lorenzo exhibit is?"라며 전시회가 어디에서 열리고 있는지 말해달라고 요청하였다. 따라서 정답은 (C) The location of a display이다. (exhibit → display)

HACKERS PRACTICE

대화를 듣기 전에 문제를 읽어, 대화의 내용을 미리 파악하는 연습을 하자.

1. Who is Lucy Marks?
   (A) A business consultant
   (B) The woman's neighbor
   (C) A band manager
   (D) The woman's classmate

2. What does the man say about Renfield Music Academy?
   (A) It is located far away.
   (B) It charges based on class size.
   (C) It is offering free materials.
   (D) It is looking for instructors.

3. What does the woman ask the man to do?
   (A) Send her a list of tuition fees
   (B) Make an appointment with a professor
   (C) Speak with an acquaintance
   (D) Provide her course registration forms

---

4. Where do the speakers most likely work?
   (A) At an interior decorating company
   (B) At a publishing company
   (C) At a Web design agency
   (D) At an accounting firm

5. Why does the man say, "I'm finishing a sales report"?
   (A) To give an update
   (B) To provide a solution
   (C) To change a schedule
   (D) To decline a request

6. What does the man recommend?
   (A) Requesting assistance from a colleague
   (B) Visiting a sales department
   (C) Postponing a board meeting
   (D) Contacting a company for a service

---

7. What does the woman want to discuss with Mr. Matheson?
   (A) A possible business partnership
   (B) An itinerary for a trip
   (C) Issues with an agreement
   (D) Reasons for a postponement

8. Why is Mr. Matheson unavailable?
   (A) He is busy with another client.
   (B) He is hosting a company event.
   (C) He is in a meeting with his associates.
   (D) He is taking a break from work.

9. What does the woman request?
   (A) An e-mail address
   (B) Some postal information
   (C) Details on legal fees
   (D) Directions to an office

IT Staff	Extension
Bernie Holt	341
Olivia Sanders	342
Clive Jones	343
Amy Yang	344

10. What is the man working on?
    (A) Installing a piece of equipment
    (B) Reviewing some programs
    (C) Calculating some figures
    (D) Assisting a customer

11. What does the woman suggest the man do?
    (A) Purchase a modern laptop
    (B) Conduct a training session
    (C) Download antivirus software
    (D) Update a computer program

12. Look at the graphic. Who must the man contact?
    (A) Bernie Holt
    (B) Olivia Sanders
    (C) Clive Jones
    (D) Amy Yang

정답·해석·해설 p.122

토익 공식 4

문제점 문제

문제점 문제는 화자가 겪고 있는 문제점이나 화자가 걱정 또는 염려하는 사항을 묻는 문제이다. Part 3 전체 39문제 중 매회 2~3문제 정도 출제된다.

핵심 전략

1. 대화에서 but, unfortunately, worried, sorry, forgot, trouble, wrong 등 부정적인 표현이 언급된 다음을 주의 깊게 듣는다!

2. 질문에 특정 화자가 언급되는 경우 해당 화자의 말을 주의 깊게 듣는다!

3. 주로 문장 형태의 선택지가 출제되어 정답의 단서가 자주 Paraphrasing되는 것에 유의한다!

질문 형태

What is the **problem**? 문제는 무엇인가?
What is the woman's **problem**? 여자의 문제는 무엇인가?
What are the women **concerned about**? 여자들은 무엇을 걱정하는가?
What is the man **having trouble with**? 남자는 무엇에 어려움을 겪고 있는가?

Example P3_실전_09

Q. What is the problem?

(A) Team members didn't attend a meeting.
(B) A conference room is occupied.
(C) A company doesn't have enough offices.
(D) Staff members have recently been tardy.

Q. 문제는 무엇인가?

(A) 팀원들이 회의에 참석하지 않았다.
(B) 회의실이 사용 중이다.
(C) 회사에 사무실이 충분하지 않다.
(D) 직원들이 최근에 지각을 했다.

Script 미국 → 호주

W: **I was scheduled to have a meeting in conference room D with my team, but there are people in there.** They said they wouldn't be finished for another hour.
M: That's strange. Your name is on the reservation list. I will ask them to move somewhere else.
W: Thanks. I might suggest adding another meeting room to this office at the next board meeting.

W: 저는 D회의실에서 저희 팀과 회의를 하기로 예정되어 있었는데, 그곳에 사람들이 있어요. 그들은 끝나려면 아직 한 시간은 더 남았다고 했어요.
M: 이상하군요. 당신의 이름이 예약 목록에 있는데요. 제가 그들에게 다른 곳으로 옮겨달라고 요청할게요.
W: 고마워요. 다음번 이사회에서 여기 사무실에 또 다른 회의실을 추가하는 것에 대해 제안해봐야겠어요.

어휘 attend[əténd] 참석하다 occupy[ákjupài] 사용하다 tardy[tárdi] 지각한, 더딘 board meeting 이사회

해설 정답 (B)

문제점을 묻는 문제이므로, 대화에서 부정적인 표현이 언급된 다음을 주의 깊게 듣는다. 여자가 "I was scheduled to have a meeting in conference room ~, but there are people in there."라며 회의실에서 회의를 하기로 했는데 그곳에 사람들이 있다고 하였다. 따라서 정답은 (B) A conference room is occupied이다. (there are people in there → occupied)

HACKERS PRACTICE

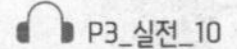

대화를 듣기 전에 문제를 읽어, 대화의 내용을 미리 파악하는 연습을 하자.

1. What will most likely be released soon?
(A) Beauty products
(B) A line of garments
(C) Office supplies
(D) A collection of purses

2. What is the woman concerned about?
(A) A project proposal
(B) An incomplete report
(C) An existing contract
(D) A marketing budget

3. Why do the men recommend Fountainhead?
(A) It has won recognition for its work.
(B) It has worked for big firms before.
(C) It has a convenient office location.
(D) It has hard-working employees.

---

4. What is the man worried about?
(A) A Web site is not accepting his payment.
(B) An order did not arrive on time.
(C) An incorrect item was sent.
(D) A shipment went to the wrong address.

5. What does the man say he will do?
(A) Visit the nearest store branch
(B) Return a purchase
(C) Cancel an order
(D) Accept store credit

6. What does the woman ask the man to do?
(A) Enclose payment in an envelope
(B) Provide information on a document
(C) Try on a different size
(D) Sign for a package

---

7. Where does the woman most likely work?
(A) At a service center
(B) At a financial corporation
(C) At an equipment supplier
(D) At a car rental agency

8. What is the problem?
(A) An elevator is still not operational.
(B) A man was overcharged for a service.
(C) Some equipment was forgotten at a job site.
(D) Renovation work has not started.

9. What will the woman most likely do next?
(A) Contact a colleague
(B) Deliver an item
(C) Pick up a tool
(D) Visit an office

Workshop Schedule			
Thursday	Friday	Saturday	Sunday
Level 3 (Intermediate)	Level 1 (Beginner)	Level 2 (Elementary)	Level 4 (Advanced)

10. What is the conversation mainly about?
(A) An upcoming presentation
(B) An employee orientation session
(C) The opinions of customers
(D) The results of an assessment

11. What is the woman's problem?
(A) She is uncomfortable with public speaking.
(B) She had to skip an important function.
(C) She is having trouble with a colleague.
(D) She has been given too many assignments.

12. Look at the graphic. Which workshop will the woman probably attend?
(A) Level 1
(B) Level 2
(C) Level 3
(D) Level 4

정답·해석·해설 p.124

토익 공식 **5**

이유/방법/정도 문제

이유/방법/정도 문제는 특정 사안 또는 화자의 감정에 대한 이유를 묻거나, 방법이나 수단, 또는 기간, 빈도, 수량 등의 정도를 묻는 문제이다. Part 3 전체 39문제 중 매회 4문제 정도 출제된다.

핵심 전략

1. 이유 문제는 질문에 특정 화자가 언급되는 경우 해당 화자의 말을 주의 깊게 듣는다!
2. 이유 문제는 문장 형태의 선택지가 사용되어 정답의 단서가 자주 Paraphrasing되는 것에 유의한다!
3. 방법 문제는 정답의 단서가 직접 언급되지 않고, 주로 Paraphrasing되거나 유추되는 것에 유의한다!
4. 기간, 빈도, 수량을 묻는 정도 문제는 대화 중 여러 수치가 언급되기도 하므로 잘 구별하여 듣는다!

질문 형태

이유 문제
Why is the man **late**? 남자는 왜 늦었는가?

방법 문제
How will the man **go to the convention**? 남자는 어떻게 회의에 갈 것인가?

정도 문제
How long will the man **stay in Paris**? 남자는 얼마나 오래 파리에 머무를 것인가?

Example P3_실전_11

Q. Why is the woman unable to meet Mr. Gladstone on Tuesday?

(A) She is organizing a conference.
(B) She has another engagement.
(C) She will be out of town on business.
(D) She will be speaking at an event.

Q. 여자는 왜 Mr. Gladstone을 화요일에 만날 수 없는가?

(A) 컨퍼런스를 준비하고 있다.
(B) 다른 약속이 있다.
(C) 출장으로 도시를 떠나 있을 것이다.
(D) 행사에서 연설할 것이다.

Script 미국 → 호주

W: Hello. This is Geena Kingston calling. I want to know if Mr. Gladstone is available to meet on Thursday. I'd like to speak to him about the design proposals he sent me for my garden.
M: Mr. Gladstone is at a conference in Montreal. **He'll be back Monday. Are you free on Tuesday?**
W: **I have to meet a client that day.** How about Wednesday at 2 o'clock?
M: Great. I'll inform Mr. Gladstone of your appointment.

어휘 **available**[əvéiləbl] 시간이 있는 **inform**[미 infɔ́:rm, 영 infɔ́:m] 알려주다

W: 안녕하세요. 저는 Geena Kingston이에요. Mr. Gladstone이 목요일에 만날 시간이 있는지 알고 싶은데요. 제 정원을 위해 그가 보낸 설계 제안들에 대해 이야기하고 싶거든요.
M: Mr. Gladstone은 몬트리올에서 열리는 컨퍼런스에 참석 중이에요. **그는 월요일에 돌아올 거예요. 화요일에 시간 있으세요?**
W: **그날은 제가 고객을 만나야 해서요.** 수요일 2시는 어떠세요?
M: 좋아요. Mr. Gladstone에게 당신과의 약속에 대해 알려드릴게요.

해설 정답 (B)

여자가 Mr. Gladstone을 화요일에 만날 수 없는 이유를 묻는 문제이므로, 여자의 말에서 질문의 핵심어구(unable to meet Mr. Gladstone on Tuesday)와 관련된 내용을 주의 깊게 듣는다. 남자가 "He'll[Mr. Gladstone] be back Monday. Are you free on Tuesday?"라며 화요일에 Mr. Gladstone과 만날 시간이 있는지 묻자, 여자가 "I have to meet a client that day."라며 그날 고객과 만나야 한다고 하였다. 따라서 정답은 (B) She has another engagement이다.

HACKERS PRACTICE

P3_실전_12

대화를 듣기 전에 문제를 읽어, 대화의 내용을 미리 파악하는 연습을 하자.

1. Where does the conversation most likely take place?
   (A) At an investment bank
   (B) At a corporate headquarters
   (C) At a convention center
   (D) At a government office

2. Why does the woman expect additional registrations?
   (A) Advertisements have been posted online.
   (B) Extra booths were set up.
   (C) People have inquired about an event.
   (D) More companies took part previously.

3. What will the woman probably do next?
   (A) Modify a guest list
   (B) Call some event participants
   (C) Send a message to a coworker
   (D) Go to a financial institution

---

4. What is the conversation mainly about?
   (A) An economics report
   (B) An investment seminar
   (C) A trip to a college
   (D) A venue for a meeting

5. Why will David Cane be unavailable?
   (A) He will be returning from a trip.
   (B) He will be attending a seminar.
   (C) He will be meeting with customers.
   (D) He will be hosting a luncheon.

6. What does the woman ask the man to do?
   (A) Provide some contact details
   (B) Speak to a professor
   (C) Visit some clients
   (D) Consider some other candidates

---

7. What does the man want to do?
   (A) Hire a moving company
   (B) Purchase a residence
   (C) Set up another showing
   (D) Renovate a house

8. What does the woman give the man?
   (A) Information about financial services
   (B) A form to join a homeowners' group
   (C) Details about the location of a residence
   (D) A list of requirements for investors

9. How can the man get in touch with the woman?
   (A) By making a telephone call
   (B) By stopping by an office
   (C) By sending an e-mail
   (D) By texting a message

Subway map

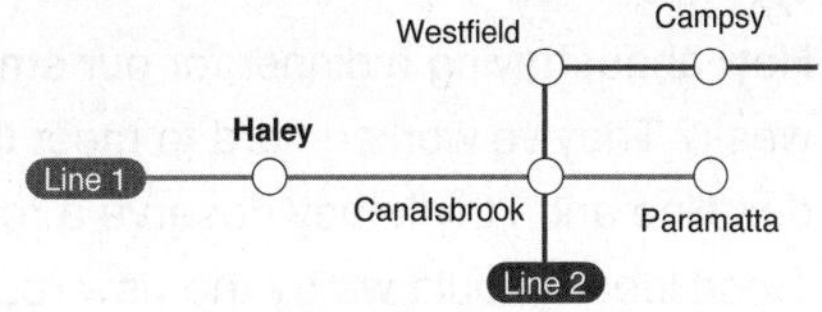

10. Who most likely is the woman?
    (A) An electrician
    (B) A subway employee
    (C) An artist
    (D) A museum worker

11. Why must the man leave?
    (A) To visit an exhibition
    (B) To meet a client
    (C) To attend a concert
    (D) To take a fitness class

12. Look at the graphic. Where will the man most likely get off?
    (A) Westfield Station
    (B) Canalsbrook Station
    (C) Paramatta Station
    (D) Campsy Station

정답·해석·해설 p.127

토익 공식 6

다음에 할 일 문제

다음에 할 일 문제는 대화가 끝난 후 화자가 다음에 할 일이나, 다음에 일어날 일을 묻는 문제이다. Part 3 전체 39문제 중 매회 4~5문제 정도 출제된다.

핵심 전략

1. 주로 대화의 마지막 부분에 정답의 단서가 언급되므로 대화의 마지막 부분을 주의 깊게 듣는다!

2. will, be going to 등의 미래 시제나 now, next, after, before 등의 미래와 관련된 표현이 포함된 문장을 주의 깊게 듣는다!

질문 형태

What will the women most likely **do next**? 여자들은 다음에 무엇을 할 것 같은가?

What will **happen this weekend**? 이번 주말에 무슨 일이 일어날 것인가?

According to the man, **what** is scheduled to **take place in March**?
남자에 따르면, 3월에 무슨 일이 일어날 것으로 예정되어 있는가?

Example P3_실전_13

Q. What will the woman probably do next?

(A) Discuss a new project
(B) Attend a corporate event
(C) Search for a venue
(D) Retrieve some contact information

Q. 여자는 다음에 무엇을 할 것 같은가?

(A) 새 프로젝트에 관해 논의한다.
(B) 회사 행사에 참석한다.
(C) 장소를 찾는다.
(D) 연락처를 찾아온다.

Script 호주 → 영국

M: How about having a dinner for our employees next week? They've worked hard to meet the project deadline and I think they deserve a reward.

W: Good idea. Should we try the new restaurant on William Avenue?

M: Sure. **Do you have their number?** We should make a reservation.

W: **I have their brochure in my desk. I think it has their phone number on it.**

M: 다음 주에 우리 직원들을 위해 저녁을 먹는 것이 어떨까요? 그들은 프로젝트 마감일을 맞추기 위해 열심히 일해서 보상을 받을 만하다고 생각해요.

W: 좋은 생각이네요. William가의 새로운 식당에 가보면 어떨까요?

M: 좋아요. 그곳의 전화번호를 가지고 있나요? 우리는 예약해야 할 거예요.

W: 제 책상에 그곳의 안내책자가 있어요. 전화번호가 거기 나와있을 거예요.

어휘 retrieve [ritríːv] 찾아오다, 구하다 deadline [dédlàin] 마감일
deserve [미 dizə́ːrv, 영 dizə́ːv] ~을 받을 만하다, ~할 자격이 있다
reward [미 riwɔ́ːrd, 영 riwɔ́ːd] 보상

해설

정답 (D)

여자가 다음에 할 일을 묻는 문제이므로, 대화의 마지막 부분을 주의 깊게 듣는다. 남자가 "Do you have their number?"라며 전화번호가 있는지 묻자, 여자가 "I have their brochure in my desk. I think it has their phone number on it."이라며 책상에 있는 안내책자에 전화번호가 나와 있을 것이라고 한 내용을 통해 연락처를 찾아올 것임을 알 수 있다. 따라서 정답은 (D) Retrieve some contact information 이다. (phone number → contact information)

HACKERS PRACTICE

P3_실전_14

대화를 듣기 전에 문제를 읽어, 대화의 내용을 미리 파악하는 연습을 하자.

1. What are the speakers mainly discussing?
   (A) The benefits of online shopping
   (B) An upcoming electronics sale
   (C) A recently opened store
   (D) The functions of a camera

2. What does the woman mention about the Focus DCX 200?
   (A) It is no longer being produced.
   (B) It was released a month ago.
   (C) It uses advanced technology.
   (D) It is offered for a limited time.

3. What does the woman say she will do next?
   (A) Make a telephone call
   (B) Exchange her camera for another one
   (C) Print out a copy of a price list
   (D) Browse merchandise on a website

---

4. What will take place in August?
   (A) A product line will be launched.
   (B) A company will expand its operations.
   (C) An evaluation will be conducted.
   (D) A position will become vacant.

5. Why does the woman say, "he has little management experience"?
   (A) To express disagreement
   (B) To change a plan
   (C) To recommend some training
   (D) To ask for assistance

6. What will the man do next?
   (A) Travel to a foreign office
   (B) Accept a promotion
   (C) Nominate a candidate
   (D) Set up a meeting

---

7. What is the conversation mainly about?
   (A) Finding a new apartment
   (B) A problem with a cable TV subscription
   (C) A recent appointment with a technician
   (D) Moving to another office space

8. What did the woman do this morning?
   (A) Canceled a service
   (B) Contacted Thundercast
   (C) Subscribed to Media Stream
   (D) Watched a TV program

9. What will the man probably do next?
   (A) Call a cable provider
   (B) Register for a service
   (C) Write a Web site address
   (D) Reschedule an appointment

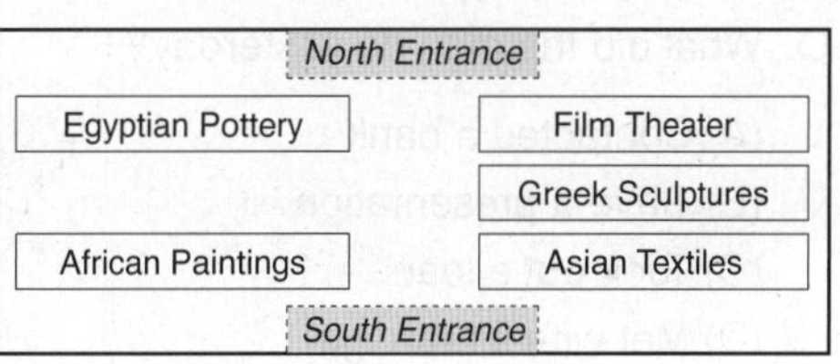

10. What factor is affecting the speakers' plans?
    (A) A flight departure time
    (B) Dinner reservations
    (C) A tour schedule
    (D) Inclement weather

11. What will the speakers probably do next?
    (A) Talk to an employee
    (B) Pick out a brochure
    (C) Hail a cab
    (D) Purchase museum passes

12. Look at the graphic. Which exhibit will the speakers most likely see?
    (A) Egyptian Pottery
    (B) Greek Sculptures
    (C) African Paintings
    (D) Asian Textiles

정답 · 해석 · 해설 p.129

토익 공식 **7**

특정 세부 사항 문제

특정 세부 사항 문제는 대화에서 언급된 특정 사항과 관련된 세부적인 내용을 묻는 문제이다. Part 3 전체 39문제 중 매회 10~11문제 정도 출제된다.

핵심 전략

1. 대화에서 질문의 핵심어구가 언급된 주변을 주의 깊게 듣는다!
2. 대화 중 언급된 여러 시간, 장소, 이름들을 이용한 오답에 속지 않도록 주의한다!
3. 세 명의 대화에서 같은 성별을 가진 화자들에 대해 묻는 문제가 출제되기도 하므로, 같은 성별의 화자들이 공통적으로 언급하는 내용을 주의 깊게 듣는다!
4. 정답의 단서가 자주 Paraphrasing됨을 기억한다!

질문 형태

What is the woman going to **prepare**? 여자는 무엇을 준비할 것인가?
What was the man **not able to do**? 남자는 무엇을 할 수 없었는가?
According to the woman, **what task** has been **assigned to the intern**?
여자에 따르면, 어떤 업무가 인턴에게 배정되었는가?
When does the **train leave**? 기차는 언제 떠나는가?
Where will the **meeting be held**? 모임은 어디에서 열릴 것인가?
Who are the women going to **meet**? 여자들은 누구를 만날 것인가?

Example P3_실전_15

Q. What did the man do yesterday?

(A) Contacted a bank
(B) Gave a presentation
(C) Took out a loan
(D) Met with a manager

Q. 남자는 어제 무엇을 했는가?

(A) 은행에 연락했다.
(B) 발표를 했다.
(C) 대출을 했다.
(D) 관리자와 만났다.

Script 미국 → 캐나다

W: This is Marion Carrington calling from Reliance Bank. **I got your message from yesterday about changing your meeting time with our loan manager**, Ms. Singh. Would Tuesday at 10:30 A.M. be OK?
M: Actually, I'm giving a presentation on Tuesday morning until 11 o'clock. Are there any openings later?
W: Let me check her schedule. Yes, she's available at 2:00 P.M.
M: Sounds perfect.

W: 저는 Reliance 은행의 Marion Carrington입니다. **저희 대출 관리자**인 Ms. Singh**과의 회의 시간을 변경하고 싶다고 어제 남기신 고객님의 메시지를 받았습니다.** 화요일 오전 10시 30분이 괜찮으신가요?
M: 사실, 저는 화요일 오전 11시까지 발표를 해야 해요. 이후에 빈 시간이 있나요?
W: 그녀의 일정을 확인해볼게요. 네, 오후 2시에 시간이 있습니다.
M: 좋아요.

어휘 loan [loun] 대출 opening [óupəniŋ] 빈자리

해설 정답 (A)

남자가 어제 한 일을 묻는 문제이므로, 질문의 핵심어구(yesterday)가 언급된 주변을 주의 깊게 듣는다. 여자가 "I got your message from yesterday about changing your meeting time with our loan manager"라며 대출 관리자와의 회의 시간을 변경하고 싶다고 어제 남긴 남자의 메시지를 받았다고 한 것을 통해 남자가 어제 은행에 연락했음을 알 수 있다. 따라서 정답은 (A) Contacted a bank이다.

HACKERS PRACTICE

P3_실전_16

대화를 듣기 전에 문제를 읽어, 대화의 내용을 미리 파악하는 연습을 하자.

1. What is the topic of the conversation?
   (A) A work crew's delayed arrival
   (B) The overbooking of an event hall
   (C) A paint color mix-up
   (D) The cancellation of a delivery

2. Why must the project be finished by Friday?
   (A) An executive made a special request.
   (B) Events are booked on the weekend.
   (C) A supplier must be paid.
   (D) Decorators come in the morning.

3. What was the man unable to do?
   (A) Purchase some supplies
   (B) Get specific information
   (C) Tell a client about a change
   (D) Attend a recent event

---

4. What are the speakers mainly discussing?
   (A) New working hours
   (B) Upcoming training sessions
   (C) Applicants for a position
   (D) Assignments for a project

5. What does the man expect to be able to do?
   (A) Take on more office duties
   (B) Carpool with a coworker
   (C) Turn down an offer
   (D) Exercise in the mornings

6. Why is Sarah displeased?
   (A) She is behind on an assignment.
   (B) She does not agree with a decision.
   (C) She has unpredictable work shifts.
   (D) She does not understand a memo.

---

7. What did Ms. White order from the store?
   (A) An air conditioner
   (B) A laptop computer
   (C) A hair product
   (D) A kitchen appliance

8. Why has the item not arrived yet?
   (A) An administrative error was made.
   (B) A building is difficult to locate.
   (C) Some merchandise is in short supply.
   (D) A storm has disrupted a shipping service.

9. What does the man say about the delivery?
   (A) It will arrive before the end of the week.
   (B) It will be handled by another company.
   (C) It will require the woman's signature.
   (D) It will be expedited free of charge.

Light Pro Laptop Models	
A4 - $599	A5 - $649
B2 - $799	B3 - $1,099

10. Why does the man apologize?
    (A) An advertisement is inaccurate.
    (B) A device is unavailable.
    (C) A price has been increased.
    (D) A promotion has ended.

11. What feature is the woman concerned about?
    (A) Durability
    (B) Compatibility
    (C) Screen resolution
    (D) Battery life

12. Look at the graphic. How much will the woman most likely pay for a laptop?
    (A) $599
    (B) $649
    (C) $799
    (D) $1,099

정답·해석·해설 p.132

토익 공식 **8**

의도 파악 문제

의도 파악 문제는 대화에서 언급된 특정 문장에 담긴 화자의 의도를 묻는 문제이다. Part 3 전체 39문제 중 매회 2문제 정도 출제된다.

핵심 전략

1. 질문의 화자와 인용어구를 미리 확인한 뒤 해당 인용어구가 언급된 주변을 들으면서 정답의 단서를 파악한다!
2. 강세나 어조 또한 문맥을 파악하는 데 단서가 될 수 있으므로 주의 깊게 듣는다!
3. 인용어구 일부 단어의 일차적인 의미를 이용한 오답이나, 제시된 대화 상황과 다른 상황에서 정답이 될 법한 오답에 속지 않도록 주의한다!

질문 형태

Why does the woman say, "**The flight arrived early**"?
여자는 왜 "비행기가 일찍 도착했어요"라고 말하는가?
What does the man imply/mean when he says, "**I've already seen that movie**"?
남자는 "저는 그 영화를 이미 봤어요"라고 말할 때 무엇을 의도하는가?

Example P3_실전_17

Q. What does the man imply when he says, "I'm a new customer"?
(A) He wants to learn about card benefits.
(B) He would like a brochure.
(C) He does not have an account.
(D) He does not know about a membership program.

Q. 남자는 "저는 신규 고객이에요"라고 말할 때 무엇을 의도하는가?
(A) 그는 카드 혜택에 대해 알기를 원한다.
(B) 그는 소책자를 받고 싶어 한다.
(C) 그는 계좌를 가지고 있지 않다.
(D) 그는 회원 프로그램에 대해 알지 못한다.

Script 호주 → 영국

M: Hello. I'd like to apply for a credit card.
W: **Could you give me your bank account number, please?**
M: **Actually, I'm a new customer.**
W: Then, please complete this application and present two forms of identification.
M: Sure. If I'm approved, how long will it take for the card to be issued?
W: It takes about three days.
M: That's quite something. That's sooner than I expected.
W: Yes. However, you must pick it up in person for security reasons.

M: 안녕하세요. 신용 카드를 신청하고 싶은데요.
W: 은행 계좌 번호를 알려주시겠어요?
M: 실은, 저는 신규 고객이에요.
W: 그러면, 이 양식을 작성하시고 두 종류의 신분증을 제시해주세요.
M: 그럴게요. 만약 제가 승인이 되면, 카드가 발급되는 데 얼마나 걸릴까요?
W: 3일 정도 소요됩니다.
M: 정말 대단하네요. 제가 예상했던 것보다 더 빠르네요.
W: 네. 그러나 보안상의 이유로 그것을 직접 수령하셔야 합니다.

어휘 account[əkáunt] 계좌 identification[미 aidèntəfikéiʃən, 영 aidèntifikéiʃən] 신분증 security[sikjúəriti] 보안

해설 정답 (C)

남자가 하는 말의 의도를 묻는 문제이므로, 질문의 인용어구(I'm a new customer)가 언급된 주변을 주의 깊게 듣는다. 여자가 남자에게 "Could you give me your bank account number, please?"라며 은행 계좌 번호를 알려달라고 하자, 남자가 "Actually, I'm a new customer."라며 사실 자신이 신규 고객이라고 한 뒤, 새로운 계좌를 만드는 것에 대한 내용으로 대화가 이어지고 있으므로 남자가 계좌를 가지고 있지 않음을 알 수 있다. 따라서 정답은 (C) He does not have an account이다.

HACKERS PRACTICE

P3_실전_18

대화를 듣기 전에 문제를 읽어, 대화의 내용을 미리 파악하는 연습을 하자.

1. What does the man ask the woman about?
   (A) How a meeting went
   (B) Whether documents were reviewed
   (C) Why a department was contacted
   (D) When interviews will take place

2. What does the man want to do?
   (A) Assemble a team
   (B) Hire new staff for a project
   (C) Offer an employee a promotion
   (D) Review a company's performance

3. Why does the woman say, "I have a conference call in a few minutes"?
   (A) To point out that a schedule is wrong
   (B) To remind the man to attend a meeting
   (C) To explain why she is unavailable for a discussion
   (D) To indicate that she requires transportation

---

4. What most likely is the man's job?
   (A) Airline pilot
   (B) Travel agent
   (C) Hotel manager
   (D) Tour guide

5. What does the man mean when he says, "I've already looked into that"?
   (A) He asked about a promotion.
   (B) He confirmed an airline policy.
   (C) He cannot change a seat assignment.
   (D) He cannot find a faster option.

6. What will the speakers probably do next?
   (A) Search for cheaper flights
   (B) Read online reviews
   (C) Talk about lodgings
   (D) Contact a travel agency

---

7. Why does the woman say, "it was a national holiday"?
   (A) To request additional help
   (B) To apologize for a mistake
   (C) To explain a delay
   (D) To confirm an event

8. What does the man say he needs to do?
   (A) Pay for his phone usage
   (B) Move the date of an appointment
   (C) Request a leave of absence from work
   (D) Check the details of an account

9. What is mentioned about Danny Smith?
   (A) He called in sick.
   (B) He is new at the company.
   (C) He received a pay raise.
   (D) He will give a presentation.

---

10. Why is the man taking a trip?
    (A) To attend a training session
    (B) To visit a friend
    (C) To participate in a competition
    (D) To apply for a job

11. What does the man imply when he says, "I want to do some sightseeing"?
    (A) He will take an earlier flight.
    (B) He cannot join a meeting.
    (C) He has not updated an itinerary.
    (D) He will call a travel agency.

12. What does Wendy recommend?
    (A) Visiting a different city
    (B) Registering for a corporate event
    (C) Looking for information online
    (D) Contacting a contest official

정답 · 해석 · 해설 p.134

토익 공식 9 추론 문제

추론 문제는 대화에서 직접 언급되지는 않지만 대화 내용을 통해 유추할 수 있는 사실을 묻는 문제이며, 출제 비율이 높지 않지만 Part 3 전체 39문제 중 가끔 1문제 정도 출제된다.

핵심 전략

1. 질문에 특정 화자가 언급되는 경우 해당 화자의 말을 주의 깊게 듣는다!
2. 대화에서 핵심어구가 언급된 부분을 주의 깊게 듣는다!
3. 주로 문장 형태의 선택지가 출제되며, 정답의 단서가 Paraphrasing되는 것에 유의한다!

질문 형태

What is **suggested** about **the men**? 남자들에 대해 무엇이 암시되는가?
What does the woman **imply** about **the employee**? 여자는 직원에 대하여 무엇을 암시하고 있는가?
What can be **inferred** about **the new shipping company**?
새 운송회사에 대하여 무엇이 암시될 수 있는가?

Example P3_실전_19

Q. What is suggested about the man?

(A) He cannot attend a trade show.
(B) He did not hear about a deadline.
(C) He is planning to fill out some forms.
(D) He is going to Boston for a presentation.

Q. 남자에 대해 무엇이 암시되는가?

(A) 그는 무역 박람회에 참석할 수 없다.
(B) 그는 마감 기한에 대해 듣지 못했다.
(C) 그는 신청서를 작성할 계획이다.
(D) 그는 발표를 위해 보스턴으로 갈 것이다.

Script 캐나다 → 미국

M: Jillian, are you participating in next week's trade show in Boston?
W: No. I missed the deadline to sign up because I misread the registration instructions.
M: Oh, didn't you hear that the deadline was extended until the end of this week?
W: Really? I'll fill out the online form right away, then. **Have you booked your space?**
M: Actually, **I have to meet an important client on that day, so I'll be here at our office.**

M: Jillian, 다음 주에 보스턴에서 있을 무역 박람회에 참석할 건가요?
W 아니요. 제가 등록 설명을 잘못 읽어서 신청할 마감 기한을 놓쳤어요.
M: 아, 마감 기한이 이번 주말까지로 연장된 것을 듣지 못했나요?
W: 정말요? 그렇다면 지금 당장 온라인 신청서를 작성하겠어요. 당신은 자리를 예약하셨나요?
M: 사실, 저는 그날 중요한 고객을 만나야 해서 여기 우리 사무실에 있을 거예요.

어휘 misread[misríːd] 잘못 읽다 joint[dʒɔint] 공동의, 합동의

해설 정답 (A)

남자에 대해 암시되는 것을 묻는 문제이므로, 남자와 관련된 내용을 주의 깊게 듣는다. 여자가 "Have you booked your space?"라며 남자에게 무역 박람회 자리를 예약했냐고 묻자, 남자가 "I have to meet an important client on that day, so I'll be here at our office"라며 그날 중요한 고객을 만나야 해서 여기 사무실에 있을 것이라고 한 것을 통해 남자가 무역 박람회에 참석할 수 없음을 알 수 있다. 따라서 정답은 (A) He cannot attend a trade show이다.

HACKERS PRACTICE

P3_실전_20

대화를 듣기 전에 문제를 읽어, 대화의 내용을 미리 파악하는 연습을 하자.

1. Why is the woman calling?
   (A) To request a refund
   (B) To change her reservation
   (C) To cancel her booking
   (D) To confirm a payment

2. Why does the man say, "We do have a superior room"?
   (A) To suggest an alternative
   (B) To promote a product
   (C) To respond to a question
   (D) To correct a mistake

3. What is implied about the deluxe room?
   (A) It is being offered at a discount.
   (B) It cannot be booked in March.
   (C) It does not include a kitchen.
   (D) It is the largest room available.

---

4. What was the man unaware of?
   (A) A project
   (B) Some negotiations
   (C) A campaign
   (D) Some interviews

5. What does the woman suggest about the staff at Professional Image?
   (A) They have been assigned new duties.
   (B) They have been notified of a merger.
   (C) They will undergo evaluations.
   (D) They will be given severance packages.

6. What does the woman suggest?
   (A) Sharing details with workers
   (B) Going to a conference
   (C) Contacting a public relations firm
   (D) Applying for another position

---

7. What does the woman inquire about?
   (A) The status of a task
   (B) The store's opening hours
   (C) The number of purchases
   (D) The amount of new merchandise

8. Why is the woman impressed?
   (A) The man designed a shop display.
   (B) A shipment arrived quickly.
   (C) A store sold more than usual.
   (D) The man emptied many boxes.

9. What does the man suggest about the shop?
   (A) It sees a drop in customers after the weekend.
   (B) It will stay open late today.
   (C) It specializes in handmade goods.
   (D) It contains a storage area.

Speaker	Time
Fred Ferguson	9:00 A.M.
David Wilkins	10:00 A.M.
Brad Rodriguez	1:00 P.M.
Byron Brines	2:00 P.M.

10. What is the conversation mainly about?
    (A) Upcoming training
    (B) A job fair
    (C) Computer problems
    (D) A potential employee

11. What does the woman imply about the new computer system?
    (A) It has caused difficulties.
    (B) It needs to be modified.
    (C) It fixed account problems.
    (D) It was requested by employees.

12. Look at the graphic. What time will the man lead the session?
    (A) At 9:00 A.M.
    (B) At 10:00 A.M.
    (C) At 1:00 P.M.
    (D) At 2:00 P.M.

정답 · 해석 · 해설 p.137

토익 공식 10

시각 자료 문제

시각 자료 문제는 질문과 함께 제시된 시각 자료를 보고 푸는 문제이다. Part 3 전체 39문제 중 매회 3문제 정도 출제된다.

핵심 전략

1. 주어진 시각 자료와 질문의 핵심어구를 보고 무엇에 관한 내용인지 빠르게 파악한다!
2. 표의 경우, 대화의 내용과 표의 내용이 일치하는지 비교하면서 듣는다!
3. 그래프의 경우, 대화를 듣기 전에 최고 · 최저 항목이나 흐름이 변하는 구간 등의 특이 사항을 미리 파악한다!
4. 약도의 경우, 대화에서 between(~ 사이에), next to(~ 옆에), opposite(~ 맞은 편에), in front of(~ 앞에)와 같이 위치나 방향을 나타내는 표현 등에 유의하여 듣는다!

질문 형태

Look at the graphic. Who will be the **final presenter**?
시각 자료를 보아라. 마지막 발표자는 누가 될 것인가?

Look at the graphic. Which bus stop should the man **go to**?
시각 자료를 보아라. 남자는 어느 버스 정류장으로 가야 하는가?

Example P3_실전_21

Urban Bistro (Rates Per Person)	
4 Courses	$25
5 Courses	$30
7 Courses	$45
9 Courses	$50

Q. Look at the graphic. How much will each person's meal cost?

(A) $25 (B) $30 (C) $45 (D) $50

Script 영국 → 호주

W: I'm not sure where to host my team's luncheon next week.
M: What about Urban Bistro? They have excellent food.
W: Doesn't that restaurant offer multicourse meals?
M: Yep—**there is a choice of four, five, seven, or nine courses**.
W: That sounds nice. **I think the four-course option would be sufficient.** Should I make a reservation?
M: Yes. You can do that on their website.

어휘 host[미 houst, 영 həust] 주최하다 sufficient[səfíʃənt] 충분한

Urban 식당 (한 사람당 가격)	
4개 코스	25달러
5개 코스	30달러
7개 코스	45달러
9개 코스	50달러

Q. 시각 자료를 보아라. 한 사람당 식사 가격이 얼마일 것인가?

(A) 25달러 (B) 30달러
(C) 45달러 (D) 50달러

W: 다음 주에 있을 제 팀의 오찬을 어디에서 주최해야 할지 모르겠어요.
M: Urban Bistro는 어때요? 그들은 훌륭한 음식을 해요.
W: 그 식당이 여러 코스의 식사를 제공하지 않나요?
M: 네, 네 개, 다섯 개, 일곱 개, 혹은 아홉 개의 코스가 있어요.
W: 좋군요. 네 개짜리 코스 옵션이면 충분할 것 같아요. 예약을 해야 하나요?
M: 네. 온라인으로 그것을 할 수 있어요.

해설 정답 (A)

한 사람당 식사 가격을 묻는 문제이므로, 제시된 표의 정보를 확인한 뒤 질문의 핵심어구(each person's meal cost)와 관련된 내용을 주의 깊게 듣는다. 남자가 "there is a choice of four, five, seven, or nine courses"라며 네 개, 다섯 개, 일곱 개, 혹은 아홉 개의 코스가 있다고 하자, 여자가 "I think the four-course option would be sufficient."라며 네 개짜리 코스 옵션이면 충분할 것 같다고 하였으므로, 식사 가격이 4개 코스의 가격에 해당하는 25달러일 것임을 표에서 알 수 있다. 따라서 정답은 (A) $25이다.

시각 자료의 종류와 형태

다음은 Part 3에 출제될 수 있는 다양한 종류와 형태의 시각 자료들이다.

표 표의 경우 상품별 가격표, 사무실 예약표, 면접 일정표 등이 출제될 수 있다.

카메라 모델별 상품 가격표

Camera Model	Price
DES 300	$595
DES 450	$695
RX 200	$995
RX 350	$1,015

→ 화자가 원하는 사양이 RX 모델 중 1,000달러 이하인 제품이라면, RX 200을 구매할 것임을 알 수 있다.

시간대별 강당 예약표

Auditorium Reservation Table

Department	Time
Sales	9:00 A.M. – 10:00 A.M.
Marketing	10:00 A.M. – 11:00 A.M.
Human Resources	2:00 P.M. – 3:00 P.M.
Research	4:00 P.M. – 4:50 P.M.

→ 화자의 부서가 원래 인사부(Human Resources)가 사용하려던 시간대를 사용하게 되었다고 하면, 오후 2시부터 강당을 사용할 것임을 알 수 있다.

그래프 그래프의 경우 고객 의견 원 그래프, 강수량 막대 그래프, 분기별 생산량 막대 그래프 등이 출제될 수 있다.

고객 의견 원 그래프

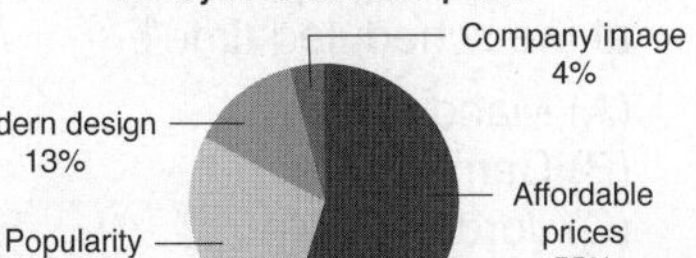

→ 고객 의견 중 다수를 차지하는 주제를 의논할 것이라고 한다면, 의논할 주제가 적당한 가격(Affordable prices)임을 알 수 있다.

월별 강수량 막대 그래프

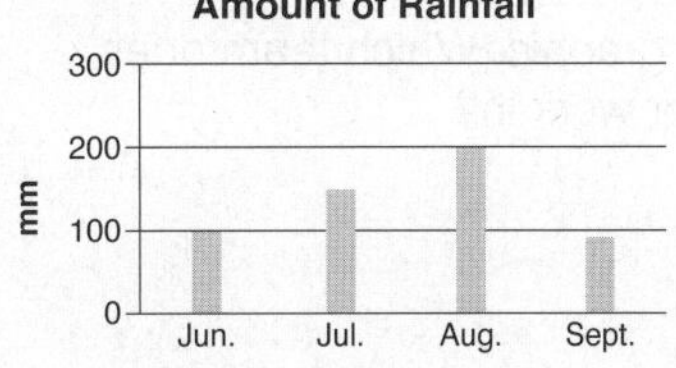

→ 제습기를 구매한 다음 달에 강수량이 가장 높았다고 한다면, 제습기를 구매한 달은 7월(Jul.)이라는 것을 알 수 있다.

약도 약도의 경우 거리 약도, 행사장 배치도, 지하철 노선도, 사무실 배치도 등이 출제될 수 있다.

거리 약도

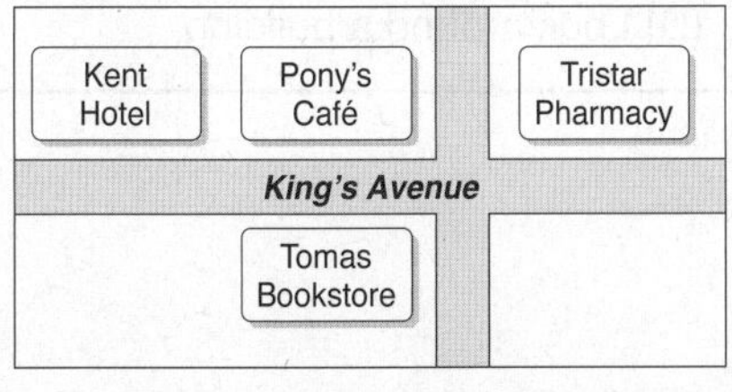

→ Kent 호텔 옆의 건물에서 행사가 진행될 예정이라고 하면, Pony's 카페(Pony's Café)에서 행사가 열릴 예정임을 알 수 있다.

구역 위치를 나타내는 무대 배치도

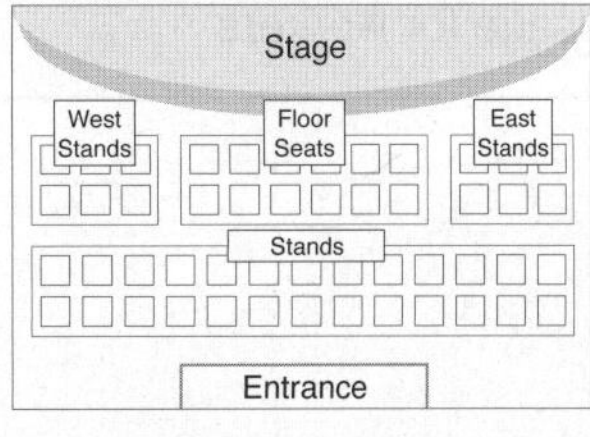

→ 입구 바로 앞의 구역을 예매했다고 한다면, 스탠드(Stands)를 예매했음을 알 수 있다.

기타 시각 자료 기타 시각 자료로 시설 안내, 업무 흐름도, 일정이 적힌 달력 등이 출제될 수 있다.

시설 안내

Hotel Amenities

Gym	Restaurant
- Open 24 hours - Personal trainer available	- Brunch served from 10am-2pm
Sauna	**Breakfast buffet**
- Spa - Cold-water pool	- Coffee, toast, eggs and bacon available

→ 하루 종일 열려있는 시설을 이용할 것이라고 한다면, 체육관(Gym)을 이용할 것임을 알 수 있다.

업무의 절차를 나타내는 업무 흐름도

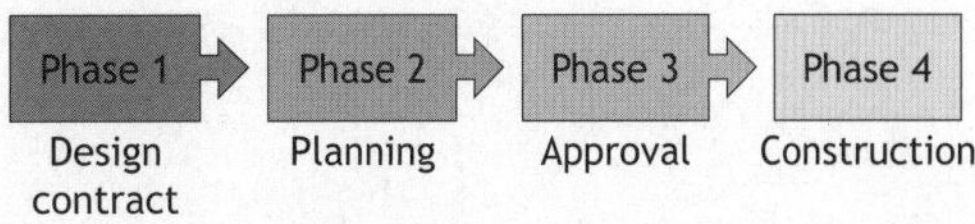

→ 디자인 계약이 마무리되어 다음 절차를 시작할 수 있다고 한다면, 다음 진행될 절차는 디자인 계약(Design contract)의 다음인 2단계(Phase 2)임을 알 수 있다.

HACKERS PRACTICE

P3_실전_22

대화를 듣기 전에 문제를 읽어, 대화의 내용을 미리 파악하는 연습을 하자.

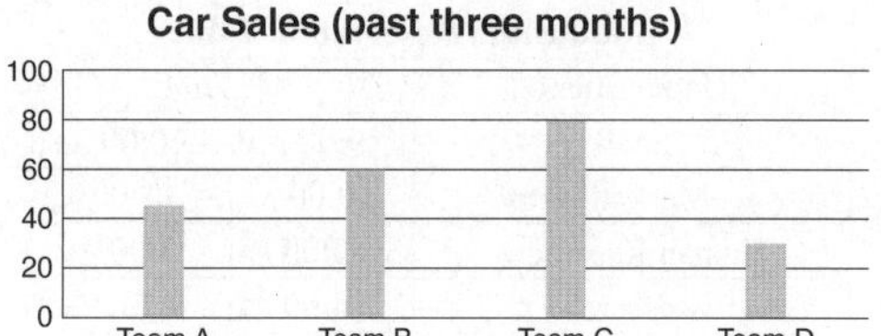

1. What does the woman want to discuss?
   (A) Who should receive an honor
   (B) How sales could be improved
   (C) When a branch opened
   (D) Where a ceremony should be held

2. Look at the graphic. Which team does David Carter work in?
   (A) Team A
   (B) Team B
   (C) Team C
   (D) Team D

3. What will the man most likely do next?
   (A) Print some sales charts
   (B) Make a call to a manager
   (C) Discuss another employee
   (D) Write a message for workers

Boyton College Climate Lecture Series	
9:00 A.M.	Mandy Bluth
10:30 A.M.	Cam Peters
12:45 P.M.	Jordan Doyle
2:00 P.M.	Elena Gomez

4. What does the man give the woman?
   (A) A program
   (B) A sign-in sheet
   (C) A name tag
   (D) A folder

5. Look at the graphic. Who cannot give a talk at the scheduled time?
   (A) Mandy Bluth
   (B) Cam Peters
   (C) Jordan Doyle
   (D) Elena Gomez

6. What is the woman planning to do before the talks begin?
   (A) Review an article
   (B) Enjoy a beverage
   (C) Check a calendar
   (D) Look around a building

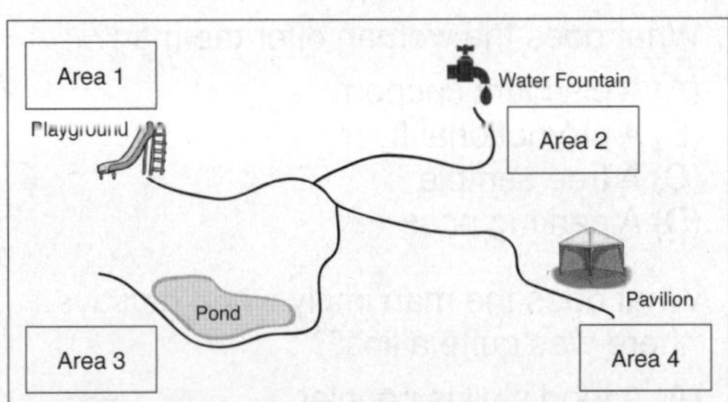

7. Who most likely is the woman?
   (A) A city official
   (B) An event manager
   (C) A florist
   (D) A secretary

8. What does the woman ask the man to do?
   (A) Fill up a gas tank
   (B) Unload some boxes
   (C) Greet arriving guests
   (D) Put up some tables

9. Look at the graphic. Where is the vehicle parked?
   (A) Area 1
   (B) Area 2
   (C) Area 3
   (D) Area 4

Duncanville Supermarket Discount Coupon	
Purchased Amount	**Discount Amount**
$20.00–$29.99	$3
$30.00–$39.99	$8
$40.00–$59.99	$10
$60.00 or more	$15

10. Look at the graphic. How much of a discount does the man qualify for?
    (A) $3
    (B) $8
    (C) $10
    (D) $15

11. What happened at the store last week?
    (A) An area was expanded.
    (B) A shipment was received.
    (C) A celebration was held.
    (D) An inventory was taken.

12. What problem does the man mention?
    (A) A product is too expensive.
    (B) A staff member was unhelpful.
    (C) An item was difficult to find.
    (D) A brand is no longer available.

정답·해석·해설 p.139

HACKERS TEST

Hackers TOEIC Listening

P3_실전_23

대화를 듣기 전에 문제를 읽어, 대화의 내용을 미리 파악하는 연습을 하자.

1. Where does the conversation most likely take place?
(A) At a design studio
(B) At a retail outlet
(C) At a textile factory
(D) At a law firm

2. What does the woman say she will do?
(A) Offer a discount
(B) Check on a staff member
(C) Delay an appointment
(D) Look up a product code

3. What does the woman give to the man?
(A) A business card
(B) A product sample
(C) A catalog
(D) A map

7. What does the woman offer the man?
(A) A discount coupon
(B) A promotional flyer
(C) A free sample
(D) A parking pass

8. What does the man imply when he says, "there was quite a line"?
(A) A food stall is popular.
(B) A table was unavailable.
(C) An order was never served.
(D) A reservation has to be changed.

9. What does the man ask the woman for?
(A) An extra topping
(B) Take-away containers
(C) An iced beverage
(D) Plastic forks

---

4. Where do the speakers work?
(A) At an IT company
(B) At a financial institution
(C) At a clothing retailer
(D) At a research firm

5. What did a manager do?
(A) Fixed a scheduling error
(B) Contacted some specialists
(C) Tested out some software
(D) Asked for a corporate discount

6. Why is the man concerned?
(A) He is struggling to complete a slideshow.
(B) He cannot remember a login password.
(C) He is unable to reach a customer.
(D) He is running late for a presentation.

10. What is the reason for a visit?
(A) To make a group reservation
(B) To conduct employee training
(C) To carry out an inspection
(D) To repair a water slide

11. What does Omar agree to do?
(A) Show a guest around
(B) Put up a sign
(C) Turn off a computer
(D) Write down a name

12. According to the woman, what will happen on August 6?
(A) A building will be purchased.
(B) A decision will be announced.
(C) A government employee will return.
(D) A business will begin operations.

---

13. What did the man do last fall?
(A) Delivered a lecture
(B) Attended a job interview
(C) Received a certificate
(D) Went to a networking event

14. What does the man imply when he says, "I have some working experience in India"?
(A) He is a good fit for a position.
(B) He wants to give some advice.
(C) He is able to offer training.
(D) He has a large network.

15. What will the man probably do today?
(A) Send an invitation
(B) Edit a manual
(C) E-mail a document
(D) Conduct an assessment

---

16. What does the woman want to do?
(A) Locate the accessories department
(B) Cancel a delivery request
(C) Get a refund for a purchase
(D) Trade an item for another one

17. What does the man say about the handbags?
(A) They were manufactured overseas.
(B) They are currently unavailable.
(C) They are part of last year's collection.
(D) They must be purchased over the Internet.

18. What is the woman asked to do?
(A) Head to the main showroom
(B) Visit another branch
(C) Leave some contact information
(D) Speak with the head salesperson

Lucky Jazz Club	Sunrise Hotel	Cho's Book Store
	Tennant Avenue	
Pandora Theater	Ivory Hotel	Aston Post Office

19. What type of event will take place next week?
(A) A book launch
(B) A poetry meeting
(C) A talent show
(D) An award ceremony

20. What has Francis Himmler been asked to do?
(A) Autograph book copies
(B) Introduce a poet
(C) Judge a contest
(D) Organize a gathering

21. Look at the graphic. Where will the event be held?
(A) At Lucky Jazz Club
(B) At Sunrise Hotel
(C) At Pandora Theater
(D) At Ivory Hotel

Sunflower Cinema Weekly Deals!	
Mondays	Free box of popcorn with each ticket
Tuesdays	Two sodas for the price of one
Wednesdays	Snack set for just $5
Thursdays	All movie tickets down to $7

22. How do the speakers know each other?
(A) They studied together at a school.
(B) They worked at the same office.
(C) They met through a sports club.
(D) They were introduced by a friend.

23. Look at the graphic. What day of the week is it?
(A) Monday
(B) Tuesday
(C) Wednesday
(D) Thursday

24. Why is the man unavailable?
(A) He has plans to eat.
(B) He is waiting for a client.
(C) He is returning to work.
(D) He has to visit a repair shop.

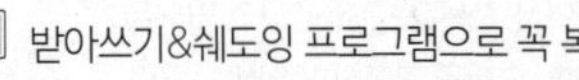
받아쓰기&쉐도잉 프로그램으로 꼭 복습하세요.

정답 · 해석 · 해설 p.142

해커스 스타강사의 ▸
무료 해설 바로 보기
(16~18번 문제)

무료 MP3 바로 듣기

토익 공식 1 회사 업무·사무기기 관련

회사 업무·사무기기 관련 대화는 문서 작성, 업무 기한, 사무기기 오작동 등과 같이 회사에서 이루어지는 기본적인 업무 및 사무기기에 대한 대화이다. 회사 업무 및 사무기기와 관련된 여러 빈출 상황을 학습하면서 회사의 업무 시스템이나 관련 표현을 익혀두도록 한다. Part 3 전체 13개 대화 중 매회 4~5개 정도 출제된다.

빈출 상황

1. 회사 업무
문서 작성 및 발송, 업무 기한, 회의 및 프레젠테이션 일정, 파일 정리, 고객 응대 등

2. 사무기기/시설 보수 작업
사무기기의 작동 오류 및 수리, 사무용품 주문 및 위치 문의, 시설 보수 및 안전 점검 작업 등

빈출 문제

전체 지문 관련 문제

1. 주제 문제
What is the conversation mainly about? 대화는 주로 무엇에 대한 것인가?
→ Scheduling a factory inspection 공장 점검 계획하기

2. 장소 문제
Where does the conversation take place? 대화는 어디에서 이루어지는가?
→ In an office 사무실에서

세부 사항 관련 문제

1. 요청/언급 문제
What does the man ask the woman to do? 남자는 여자에게 무엇을 하라고 요청하는가?
→ Send him a copy of a document 서류 한 부를 그에게 보낸다.
What does the woman say about the presentation? 여자는 프레젠테이션에 대해 무엇을 말하는가?
→ It was informative. 유익했다.

2. 문제점 문제
What problem are the speakers discussing? 화자들은 어떤 문제에 대해 이야기하고 있는가?
→ A client is displeased with a purchase. 고객이 구매 제품을 마음에 들어하지 않는다.

3. 이유 문제
Why is the board having a meeting tomorrow? 이사회는 왜 내일 회의를 하는가?
→ To listen to some product presentations 상품 설명을 듣기 위해

4. 다음에 할 일 문제
What will take place in the afternoon? 오후에 무슨 일이 일어날 것인가?
→ A crew will paint an office. 작업팀이 사무실을 페인트칠할 것이다.

5. 특정 세부 사항 문제
What is Rosalind trying to find out? Rosalind는 무엇을 알아내려고 하는가?
→ The date for an upcoming event 다가오는 행사의 날짜

6. 의도 파악 문제
Why does the man say, "another team is using the meeting room now"?
남자는 왜 "다른 팀이 지금 회의실을 쓰고 있어요"라고 말하는가?
→ To reject a request 요청을 거절하기 위해

Example P3_실전_24

Q1. What problem does the woman mention?

(A) A piece of equipment is not working.
(B) Some people are unable to attend a conference.
(C) A technician is unavailable.
(D) Some software isn't running properly.

Q1. 여자는 어떤 문제를 언급하는가?

(A) 기기가 작동하지 않는다.
(B) 몇몇 사람들이 회의에 참석할 수 없다.
(C) 기술자를 만날 수 없다.
(D) 몇몇 소프트웨어가 잘 작동하지 않는다.

Q2. What will take place this afternoon?

(A) A computer workshop
(B) A photography class
(C) A technology conference
(D) An online meeting

Q2. 오늘 오후에 무슨 일이 일어날 것인가?

(A) 컴퓨터 워크숍
(B) 사진 수업
(C) 기술 컨퍼런스
(D) 온라인 회의

Q3. What does the man suggest the woman do?

(A) Update a computer program
(B) Ask a colleague for assistance
(C) Purchase another Web camera
(D) Delay a staff meeting

Q3. 남자는 여자에게 무엇을 하라고 제안하는가?

(A) 컴퓨터 프로그램을 업데이트한다.
(B) 동료에게 도움을 요청한다.
(C) 다른 웹 카메라를 구매한다.
(D) 직원 회의를 연기한다.

Script 미국 → 호주

W: [1]**I just connected the Web camera to the computer in the conference room, but I cannot get it to work.**
M: Did you remember to install the software before you connected it?
W: Yes. [2]**I really need the camera up and running for an online conference this afternoon.**
M: [3]**I'd suggest calling Donald in the technical support department.** He installed the Web camera on my computer last month, so he'll probably know what's wrong.

W: [1]제가 방금 회의실 컴퓨터에 웹 카메라를 연결했는데 작동시킬 수가 없어요.
M: 연결하기 전에 소프트웨어를 설치하는 것을 기억했나요?
W: 네. [2]오늘 오후에 있을 온라인 회의 때문에 카메라를 반드시 작동시켜야 해요.
M: [3]기술 지원 부서의 Donald에게 전화해 보기를 제안드려요. 그가 지난달에 제 컴퓨터에 웹 카메라를 설치해줬으니까 아마 무엇이 잘못되었는지 알 거예요.

어휘 **unavailable**[ʌ̀nəvéiləbl] 만날 수 없는, 이용할 수 없는 **run**[rʌn] 작동하다, 작용하다
properly[prápərli] 잘, 완전하게 **colleague**[káli:g] 동료
up and running 작동하는 **technical support** 기술 지원

해설 정답 (A), (D), (B)

Q1. 여자의 문제점을 묻는 문제이므로, 여자의 말에서 부정적인 표현이 언급된 다음을 주의 깊게 듣는다. 여자가 "I just connected the Web camera ~ but I cannot get it to work."라며 웹 카메라를 연결했는데 작동시킬 수 없다고 하였다. 따라서 정답은 (A) A piece of equipment is not working이다. (Web camera → equipment)

Q2. 오늘 오후에 일어날 일을 묻는 문제이므로, 질문의 핵심어구(this afternoon)가 언급된 주변을 주의 깊게 듣는다. 여자가 "I really need the camera ~ for an online conference this afternoon."이라며 오늘 오후에 온라인 회의가 있다고 언급하였다. 따라서 정답은 (D) An online meeting이다. (conference → meeting)

Q3. 남자가 여자에게 제안하는 것을 묻는 문제이므로, 남자의 말에서 제안과 관련된 표현이 언급된 다음을 주의 깊게 듣는다. 남자가 여자에게 "I'd suggest calling Donald in the technical support department."라며 기술 지원 부서의 Donald에게 연락해서 도움을 요청할 것을 제안하였다. 따라서 정답은 (B) Ask a colleague for assistance이다.

Paraphrasing 연습

P3_실전_25

음성 녹음을 듣고 회사 업무·사무기기 관련 상황에 자주 등장하는 표현들이 어떻게 Paraphrasing되는지 받아 써보자.
(미국/캐나다, 영국, 호주식 발음으로 세 번 들려줍니다.)

1 finish a summary ➜ ______________________

2 The estimate won't be completed until Friday. ➜ ______________________

3 check to see if the report looks OK ➜ ______________________

4 The information was wrong. ➜ ______________________

5 It went to the audit department by mistake. ➜ ______________________

6 expect some documents ➜ ______________________

7 She is going to stop by to get the packet. ➜ ______________________

8 reschedule the meeting ➜ ______________________

9 The copier keeps breaking down. ➜ ______________________

10 The generator is malfunctioning. ➜ ______________________

11 The machine was not plugged in. ➜ ______________________

12 The power's out. ➜ ______________________

13 I have too much work to do. ➜ ______________________

Paraphrasing 연습 정답

1 finish a summary → **complete a report**
요약서를 완료하다 → 보고서를 완성하다

2 The estimate won't be completed until Friday. → **The estimate will be finalized on Friday.**
견적서는 금요일이나 되어서야 완료될 것이다. → 견적서는 금요일에 마무리될 것이다.

3 check to see if the report looks OK → **review a written document**
보고서가 괜찮은지 검토하다 → 문서를 검토하다

4 The information was wrong. → **inaccurate information**
정보가 잘못되었다. → 부정확한 정보

5 It went to the audit department by mistake. → **It was delivered to the wrong department by accident.**
그것은 실수로 회계 감사 부서로 갔다. → 그것은 우연히 잘못된 부서에 전달되었다.

6 expect some documents → **wait for some documents to arrive**
몇 부의 서류를 기다리다 → 몇 부의 서류가 도착하기를 기다리다

7 She is going to stop by to get the packet. → **She will collect the packet in person.**
그녀가 소포를 가져가기 위해 들를 것이다. → 그녀가 직접 소포를 가져갈 것이다.

8 reschedule the meeting → **change the time for the meeting**
회의 일정을 다시 잡다 → 회의 시간을 변경하다

9 The copier keeps breaking down. → **The copier isn't working properly.**
복사기가 계속 고장 난다. → 복사기가 제대로 작동되고 있지 않다.

10 The generator is malfunctioning. → **There is a problem with a piece of equipment.**
발전기가 오작동을 일으키고 있다. → 기계 한 대에 문제가 있다.

11 The machine was not plugged in. → **The power cord was disconnected.**
그 기계는 전원이 꽂혀지지 않았다. → 전기 코드가 연결되지 않았다.

12 The power's out. → **There is no electricity.**
전원이 나갔다. → 전기가 끊겼다.

13 I have too much work to do. → **My work schedule is full.**
나는 할 일이 너무 많다. → 내 업무 일정이 꽉 찼다.

HACKERS PRACTICE

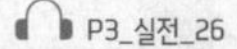
P3_실전_26

대화를 듣기 전에 문제를 읽어, 대화의 내용을 미리 파악하는 연습을 하자.

1. What is the conversation mainly about?
   (A) Preparing for a workshop
   (B) Ordering some equipment
   (C) Researching for a campaign
   (D) Reviewing some data

2. What problem does the woman mention?
   (A) Some staff cannot participate in a workshop.
   (B) A delivery will arrive later than planned.
   (C) Some items were brought to the wrong place.
   (D) A storage facility cannot be accessed.

3. What does the man say he will do?
   (A) Verify some information
   (B) Visit a print shop
   (C) Seal some boxes
   (D) Go to a storage area

---

4. What is the conversation mainly about?
   (A) Rescheduling a meeting
   (B) Making copies of a document
   (C) Writing a report for investors
   (D) Hiring a new technician

5. What does the man mention about the technician?
   (A) He will install some new machinery.
   (B) He is currently away for lunch.
   (C) He will arrive in the afternoon.
   (D) He is bringing some replacement parts.

6. What does the man offer to do?
   (A) Repair a piece of equipment
   (B) Help the woman revise her report
   (C) Print copies at another location
   (D) Contact a repairperson

---

7. Why is Ms. Marquez unavailable?
   (A) She is on vacation.
   (B) She is talking to a client.
   (C) She is finishing some work.
   (D) She is with some managers.

8. Where most likely does the woman work?
   (A) At a manufacturing firm
   (B) At a government agency
   (C) At a department store
   (D) At a lending institution

9. What will the woman probably do next?
   (A) Open a bank account
   (B) Process an application
   (C) Write a memo
   (D) Call another department

Delivery List for MaxCorp Offices	
Order No.	Contents
533	Flash Drives
549	Pencils
605	Tablets
766	Printers

10. What will the woman be doing for the next three days?
    (A) Attending a training course
    (B) Meeting with business clients
    (C) Confirming some travel plans
    (D) Drafting a project proposal

11. What will the man most likely do next month?
    (A) Submit an application
    (B) File some records
    (C) Organize an activity
    (D) Review some research

12. Look at the graphic. Which order will the man receive?
    (A) Order No. 533
    (B) Order No. 549
    (C) Order No. 605
    (D) Order No. 766

정답·해석·해설 p.147

토익 공식 2

인사·사내 행사 관련

인사 · 사내 행사 관련 대화는 채용, 인사 이동, 급여, 포상, 직원 교육, 행사 등에 관한 대화이다. 인사 이동이 되는 사람의 이름이나 직책, 사내 행사와 관련된 행사 날짜를 묻는 문제가 자주 출제되므로, 이 부분에 유의하여 빈출 상황과 관련 표현을 익혀두도록 한다. Part 3 전체 13개 대화 중 매회 2~3개 정도 출제된다.

빈출 상황

1. 인사
채용, 퇴임, 업무 평가, 승진, 전근, 급여, 포상, 출장, 휴가 등

2. 사내 행사
직원 연수, 직원 교육, 컨퍼런스, 송별회, 환영회 등

빈출 문제

전체 지문 관련 문제

1. 주제 문제
What are the speakers talking about? 화자들은 무엇에 대해 이야기하고 있는가?
→ An upcoming business trip 곧 있을 출장

2. 화자 및 장소 문제
Where do the speakers probably work? 화자들은 어디에서 일하는 것 같은가?
→ At a publishing firm 출판사에서
Where does the conversation take place? 대화는 어디에서 이루어지는가?
→ In an event hall 이벤트 홀에서

세부 사항 관련 문제

1. 언급 문제
What does the man mention about the applicants? 남자는 지원자들에 대해 무엇을 언급하는가?
→ They will be interviewed next week. 다음 주에 면접을 볼 것이다.

2. 이유 문제
Why was the woman unable to attend the farewell party? 여자는 왜 송별회에 참석할 수 없었는가?
→ A meeting finished later than expected. 회의가 예상보다 늦게 끝났다.

3. 다음에 할 일 문제
What will probably take place in the afternoon? 오후에 무슨 일이 일어날 것 같은가?
→ Staff members will attend a seminar. 직원들이 세미나에 참석할 것이다.

4. 특정 세부 사항 문제
Where can the woman register for a program? 여자는 어디서 프로그램에 등록할 수 있는가?
→ At a company Web site 회사 웹사이트에서
Who is Mr. Alton? Mr. Alton은 누구인가?
→ A recently promoted manager 최근에 승진된 관리자

5. 의도 파악 문제
What does the woman mean when she says, "And you're the one who did it"?
여자는 "그리고 당신이 바로 그것을 했던 사람이에요"라고 말할 때 무엇을 의도하는가?
→ She is praising her colleague for organizing the event.
행사를 주최한 것에 대해 동료를 칭찬하고 있다.

6. 시각 자료 문제
Look at the graphic. Where will the event be held?
시각 자료를 보아라. 행사가 어디에서 열릴 것인가?
→ At Coral Hall Coral 홀에서

Example P3_실전_27

Q1. Where most likely do the speakers work?

(A) In a human resources department
(B) In a printing service center
(C) In a furniture factory
(D) In an educational institution

Q1. 화자들은 어디에서 일하는 것 같은가?

(A) 인사 부서에서
(B) 인쇄 서비스 센터에서
(C) 가구 공장에서
(D) 교육 기관에서

Q2. What is mentioned about Martina Louis?

(A) She was recently hired.
(B) She has a college degree.
(C) She manages a department.
(D) She requested a promotion.

Q2. Martina Louis에 대해 무엇이 언급되는가?

(A) 최근에 고용되었다.
(B) 대학 학위를 가지고 있다.
(C) 부서를 관리한다.
(D) 승진을 요청했다.

Q3. What will the man probably do next?

(A) Call Ms. Louis
(B) Get a copy of a document
(C) Arrange an interview
(D) Fill out an application

Q3. 남자는 다음에 무엇을 할 것 같은가?

(A) Ms. Louis에게 전화한다.
(B) 서류 한 부를 가져다준다.
(C) 인터뷰를 준비한다.
(D) 신청서를 기입한다.

Script 영국 → 캐나다

W: [1]**I'm working on a list of staff to consider for promotion to furniture department manager.** Gayle is retiring next month, so I want to fill that position. Do you have any recommendations?

M: Well, Martina Louis has received excellent evaluations.

W: True, but I'm worried that she doesn't have enough experience. She's only worked here for three years.

M: Yes, but she's well-liked. Plus, [2]**I think she has a degree in business management.** [1/3]**I have her résumé on file, so I'll get you a copy of it.**

W: [1]저는 가구 매장 관리자로 승진시키는 것을 고려할 직원들의 목록을 작성하고 있어요. Gayle이 다음 달에 은퇴할 예정이기 때문에, 저는 그 자리를 채우고 싶어요. 추천할 사람이 있나요?

M: 음, Martina Louis가 훌륭한 평가를 받았어요.

W: 맞아요, 하지만 저는 그녀가 충분한 경험이 없다는 것이 걱정돼요. 그녀는 이곳에서 겨우 3년 밖에 일하지 않았어요.

M: 그래요, 하지만 그녀는 사람들이 매우 좋아해요. 게다가, [2]그녀는 경영학 학위가 있는 것 같아요. [1/3]제가 그녀의 이력서를 파일에 보관하고 있으니, 당신에게 사본 한 부를 가져다 드릴게요.

어휘 educational [èdʒukéiʃənl] 교육의 degree [digríː] 학위
promotion [미 prəmóuʃən, 영 prəmə́uʃən] 승진 evaluation [ivæ̀ljuéiʃən] 평가

해설

정답 (A), (B), (B)

Q1. 화자들이 일하는 장소를 묻는 문제이므로, 신분 및 직업과 관련된 표현을 놓치지 않고 듣는다. 여자가 "I'm working on a list of staff to consider for promotion to furniture department manager."라며 가구 매장 관리자로 승진시키는 것을 고려할 직원들의 목록을 작성하고 있다고 하였고, 남자가 "I have ~ résumé on file"이라며 이력서를 파일에 보관하고 있다고 한 내용을 통해 화자들이 인사팀에서 근무한다는 것을 알 수 있다. 따라서 정답은 (A) In a human resources department이다.

Q2. Martina Louis에 대해 언급되는 것을 묻는 문제이므로, 질문의 핵심어구(Martina Louis)와 관련된 내용을 주의 깊게 듣는다. 남자가 "I think she[Martina Louis] has a degree in business management"라며 그녀 즉, Martina Louis가 경영학 학위가 있는 것 같다고 하였다. 따라서 정답은 (B) She has a college degree이다.

Q3. 남자가 다음에 할 일을 묻는 문제이므로, 대화의 마지막 부분을 주의 깊게 듣는다. 남자가 "I have her résumé on file, so I'll get you a copy of it."이라며 이력서를 보관하고 있으니 사본 한 부를 가져다 주겠다고 하였다. 따라서 정답은 (B) Get a copy of a document이다. (résumé → document)

Paraphrasing 연습

P3_실전_28

음성 녹음을 듣고 인사·사내 행사 관련 상황에 자주 등장하는 핵심 표현들이 어떻게 Paraphrasing되는지 받아 써보자.
(미국/캐나다, 영국, 호주식 발음으로 세 번 들려줍니다.)

1 They're hiring for other positions. ➔ ______________________

2 The company is being reorganized. ➔ ______________________

3 He will resign. ➔ ______________________

4 I could be transferred there. ➔ ______________________

5 receive my paycheck ➔ ______________________

6 When is payday? ➔ ______________________

7 give employees bonuses ➔ ______________________

8 We owe our success to your dedication. ➔ ______________________

9 take a vacation ➔ ______________________

10 I don't have to work tomorrow. ➔ ______________________

11 see who can work late ➔ ______________________

12 He is going to be the speaker. ➔ ______________________

13 I couldn't make it to the reception. ➔ ______________________

Paraphrasing 연습 정답

1 They're hiring for other positions. → **They have other openings.**
그들은 다른 직책들에 대해서 채용을 하고 있다. → 그들은 다른 공석들이 있다.

2 The company is being reorganized. → **The company is undergoing restructuring.**
회사가 개편되고 있다. → 회사가 구조조정 중이다.

3 He will resign. → **He will leave the company.**
그는 사직할 것이다. → 그는 회사를 떠날 것이다.

4 I could be transferred there. → **I could move to the other office.**
나는 그곳으로 전근될 수도 있다. → 나는 다른 사무실로 갈 수도 있다.

5 receive my paycheck → **get paid**
봉급을 받다 → 봉급을 받다

6 When is payday? → **When do I get paid?**
월급날이 언제지요? → 언제 월급을 받게 되나요?

7 give employees bonuses → **provide incentives**
직원들에게 상여금을 제공하다 → 인센티브를 제공하다

8 We owe our success to your dedication. → **Your dedication has made our success possible.**
우리의 성공은 당신의 헌신 덕분입니다. → 당신의 헌신이 우리의 성공을 가능하게 했습니다.

9 take a vacation → **take some time off**
휴가를 갖다 → 휴가를 갖다

10 I don't have to work tomorrow. → **I'm off tomorrow.**
나는 내일 일할 필요가 없다. → 나는 내일 일하지 않는다.

11 see who can work late → **find out who's available for overtime**
늦게까지 일할 수 있는 사람을 찾아보다 → 초과 근무를 할 수 있는 사람이 누구인지 알아보다

12 He is going to be the speaker. → **He will give the speech.**
그가 연설자가 될 것이다. → 그가 연설할 것이다.

13 I couldn't make it to the reception. → **I missed the reception.**
나는 리셉션에 참석하지 못했다. → 나는 리셉션에 참석하지 못했다.

HACKERS PRACTICE

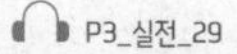

대화를 듣기 전에 문제를 읽어, 대화의 내용을 미리 파악하는 연습을 하자.

1. What did the man have trouble with?
   (A) A filing system
   (B) A telephone connection
   (C) An electronic device
   (D) An online banking form

2. What does the woman imply when she says, "They've invited Paula Henderson from *Home Decor Magazine*"?
   (A) The man needs to postpone a business trip.
   (B) The man should prepare some interview questions.
   (C) The man might be interested in joining an activity.
   (D) The man will not be hired for a position.

3. What does the man say he will do?
   (A) Complete a task
   (B) Copy some files
   (C) Reschedule a workshop
   (D) Revise a proposal

---

4. What are the speakers discussing?
   (A) Hiring an employee
   (B) Distributing bonuses
   (C) Launching a training program
   (D) Releasing a new product

5. What does the man say about Ryan?
   (A) He submitted a document.
   (B) He gave a presentation.
   (C) He followed a recommendation.
   (D) He was late for an appointment.

6. Why does the woman recommend using e-mail?
   (A) To deliver a large file
   (B) To receive a quick response
   (C) To avoid unnecessary costs
   (D) To ensure clear communication

---

7. What is the conversation mainly about?
   (A) A business convention
   (B) A company retreat
   (C) A coworker's retirement
   (D) A celebratory event

8. When will an announcement be made?
   (A) On Monday
   (B) On Wednesday
   (C) On Thursday
   (D) On Friday

9. What does the man offer to do?
   (A) Make a restaurant reservation
   (B) Travel to a meeting in Dallas
   (C) Give a message to a co-worker
   (D) Mail a report to New York

Lecturer	Time
Prof. Kathryn Marks	12 P.M. - 1 P.M.
Prof. Selena Ko	1 P.M. - 2 P.M.
Prof. Hans Stern	2 P.M. - 3 P.M.
Prof. Bob Millstone	4 P.M. - 5 P.M.

10. According to the man, what has been changed?
    (A) The number of attendees
    (B) The location of an event
    (C) The date for a conference
    (D) The quote for some repairs

11. What problem is mentioned?
    (A) A class does not have enough students.
    (B) Handouts need to be reprinted.
    (C) A speaker canceled an appearance.
    (D) Incorrect programs were distributed.

12. Look at the graphic. When will the woman begin her talk?
    (A) At 12 P.M.
    (B) At 1 P.M.
    (C) At 2 P.M.
    (D) At 4 P.M.

정답·해석·해설 p.149

토익 공식 3

마케팅·판매·재정 관련

마케팅 · 판매 · 재정 관련 대화는 마케팅, 광고, 계약, 재정, 생산 등과 같이 회사의 각 부서별 업무와 관련된 대화이다. 비즈니스 상황에 익숙지 않은 학습자들은 어렵게 느낄 수도 있는 유형이므로 빈출 상황과 관련 표현을 학습하여 익숙해지도록 한다. Part 3 전체 13개 대화 중 매회 2~3개 정도 출제된다.

빈출 상황

1. 마케팅
상품 마케팅 전략, 제품 홍보 등

2. 판매
물품 배송, 계약 성사, 생산 증진 등

3. 재정
비용 절감, 자금 조달, 합병 및 인수 성사, 사업 확장 등

빈출 문제

전체 지문 관련 문제

1. 주제 및 목적 문제
What is the conversation mainly about? 대화는 주로 무엇에 대한 것인가?
→ A project proposal 프로젝트 기획안
Why is the woman calling? 여자는 왜 전화하고 있는가?
→ To get an update on a delivery 배송에 대한 최신 정보를 얻기 위해

2. 화자 문제
Who most likely is the man? 남자는 누구인 것 같은가?
→ An accountant 회계사

세부 사항 관련 문제

1. 제안/언급 문제
What does the man suggest the woman do? 남자는 여자에게 무엇을 하라고 제안하는가?
→ Conduct market research 시장 조사를 한다.
What does the woman say about her order? 여자는 그녀의 주문품에 대해 무엇을 말하는가?
→ It has already arrived. 그것은 이미 도착했다.

2. 문제점 문제
What is the man concerned about? 남자는 무엇을 걱정하는가?
→ An upcoming merger 앞으로 있을 합병
What problem does the woman mention? 여자는 어떤 문제를 언급하는가?
→ Operating costs are too high. 운영비가 너무 높다.

3. 이유 문제
Why have the company's sales increased recently? 회사의 매출은 최근에 왜 증가했는가?
→ Its products were endorsed by an athlete. 운동선수에 의해 제품이 추천되었다.

4. 다음에 할 일 문제
What will the speakers most likely do next? 화자들은 다음에 무엇을 할 것 같은가?
→ Review a contract 계약서를 검토한다.

5. 의도 파악 문제
What does the man imply when he says, "I have to get a report from my office"?
남자는 "저는 제 사무실에서 보고서를 가지고 와야 해요"라고 말할 때 무엇을 의도하는가?
→ He wants a colleague to start the marketing meeting.
그는 동료가 마케팅 회의를 시작하기를 원한다.

Example P3_실전_30

Q1. What are the speakers mainly discussing?

(A) Customer feedback
(B) A product proposal
(C) Purchasing requests
(D) An employee evaluation

Q1. 화자들은 주로 무엇에 대해 이야기하고 있는가?

(A) 고객 피드백
(B) 제품 기획안
(C) 구매 요청
(D) 직원 평가

Q2. What does the woman suggest the man do?

(A) Type up a report
(B) Hold a staff meeting
(C) Fill out a questionnaire
(D) Hire a full-time consultant

Q2. 여자는 남자에게 무엇을 하라고 제안하는가?

(A) 보고서를 타이핑한다.
(B) 직원 회의를 연다.
(C) 설문지를 기입한다.
(D) 정규직 컨설턴트를 채용한다.

Q3. What most likely will the man do next?

(A) Deliver a package
(B) Reserve a meeting room
(C) Work on an assignment
(D) Cancel an appointment

Q3. 남자는 다음에 무엇을 할 것 같은가?

(A) 소포를 배달한다.
(B) 회의실을 예약한다.
(C) 맡은 업무를 한다.
(D) 약속을 취소한다.

Script 영국 → 호주

W: Good morning, John. [1]**I see you have the customer reviews with you. How is the feedback** for our X-34 music player so far?
M: There are a lot of positive comments about it. However, some buyers have said that we should work on making the product packaging more appealing.
W: Perhaps [2]**we should arrange a discussion with the marketing consultant and our graphic designers.**
M: That sounds like a good idea. [3]**I'll reserve the boardroom for Thursday morning right away.**

W: 안녕하세요, John. [1]**고객 후기를 가지고 있군요.** 지금까지 우리의 X-34 음악 플레이어에 대한 **피드백은 어떤가요?**
M: 그것에 대해서는 많은 긍정적인 의견들이 있어요. 하지만, 몇몇 구매자들은 우리가 제품 포장을 더욱 매력적으로 만드는 것에 노력해야 한다고 했어요.
W: 아마도 [2]**마케팅 컨설턴트와 우리 그래픽 디자이너들과의 논의를 준비해야 할 것 같아요.**
M: 좋은 생각 같아요. [3]**제가 바로 목요일 오전으로 회의실을 예약할게요.**

어휘 questionnaire [kwèstʃənέər] 설문지 so far 지금까지
comment [미 kάment, 영 kɔ́ment] 의견, 논평
packaging [pǽkidʒiŋ] 포장, 포장재 appealing [əpíːliŋ] 매력적인, 흥미로운

해설 정답 (A), (B), (B)

Q1. 대화의 주제를 묻는 문제이므로, 대화의 첫 부분을 반드시 듣는다. 여자가 "I see you have the customer reviews with you. How is the feedback"이라며 고객의 피드백이 어떤지 물은 뒤, 남자가 이에 대해 응답하며 대화가 이어지고 있다. 따라서 정답은 (A) Customer feedback이다. (customer reviews → Customer feedback)

Q2. 여자가 남자에게 제안하는 것을 묻는 문제이므로, 여자의 말에서 제안과 관련된 표현이 언급된 다음을 주의 깊게 듣는다. 여자가 남자에게 "we should arrange a discussion with the marketing consultant and our graphic designers"라며 마케팅 컨설턴트와 그래픽 디자이너들과의 논의를 준비하자고 하였다. 따라서 정답은 (B) Hold a staff meeting이다. (arrange a discussion → Hold a ~ meeting)

Q3. 남자가 다음에 할 일을 묻는 문제이므로, 대화의 마지막 부분을 주의 깊게 듣는다. 남자가 "I'll reserve the boardroom ~ right away." 라며 바로 회의실을 예약하겠다고 하였다. 따라서 정답은 (B) Reserve a meeting room이다. (boardroom → meeting room)

Paraphrasing 연습

P3_실전_31

음성 녹음을 듣고 마케팅·판매·재정 관련 상황에 자주 등장하는 핵심 표현들이 어떻게 Paraphrasing되는지 받아 써보자. (미국/캐나다, 영국, 호주식 발음으로 세 번 들려줍니다.)

1 place an advertisement in a daily ➔ ______________________

2 launch a series of new advertisements ➔ ______________________

3 Toys flew off the shelves. ➔ ______________________

4 when our sales improve ➔ ______________________

5 Sales are slow. ➔ ______________________

6 The price was too steep. ➔ ______________________

7 Business is very good. ➔ ______________________

8 be awarded the account ➔ ______________________

9 win the contract ➔ ______________________

10 cut costs by modernizing the assembly lines ➔ ______________________

11 to cover costs ➔ ______________________

12 Some stores are less profitable. ➔ ______________________

13 postpone replacing some cars and limousines ➔ ______________________

Paraphrasing 연습 정답

1 place an advertisement in a daily → **advertise in a newspaper**
일간 신문에 광고를 게재하다 → 신문에 광고를 내다

2 launch a series of new advertisements → **start a new marketing campaign**
일련의 새로운 광고를 시작하다 → 새 마케팅 광고를 시작하다

3 Toys flew off the shelves. → **The toy sale was a success.**
장난감이 날개 돋친 듯 팔렸다. → 장난감 판매는 성공이었다.

4 when our sales improve → **when business picks up**
매출이 증가할 때 → 사업이 잘 될 때

5 Sales are slow. → **Sales figures are low.**
판매가 느리다. → 판매량이 낮다.

6 The price was too steep. → **It was too expensive.**
가격이 너무 높았다. → 그것은 너무 비쌌다.

7 Business is very good. → **The company is doing well.**
사업이 아주 잘 되고 있다. → 회사가 잘 되고 있다.

8 be awarded the account → **get a new client**
거래를 따내다 → 새로운 고객을 확보하다

9 win the contract → **bring in new business**
계약을 따내다 → 새 사업을 유치하다

10 cut costs by modernizing the assembly lines → **reduce costs by upgrading equipment**
조립 라인을 현대화해서 비용을 줄이다 → 장비를 업그레이드해서 비용을 절감하다

11 to cover costs → **to meet expenses**
비용을 감당하기 위해 → 경비를 충당하기 위해

12 Some stores are less profitable. → **Some stores are not bringing in enough money.**
몇몇 상점들은 수익성이 떨어진다. → 몇몇 상점들은 충분한 돈을 벌지 못하고 있다.

13 postpone replacing some cars and limousines → **delay the purchase of new vehicles**
자동차와 리무진 몇 대의 교체를 연기하다 → 새 차량의 구매를 연기하다

HACKERS PRACTICE

P3_실전_32

대화를 듣기 전에 문제를 읽어, 대화의 내용을 미리 파악하는 연습을 하자.

1. According to the man, what does Workspace World offer?
   (A) Custom products
   (B) Extended warranties
   (C) Free deliveries
   (D) Membership discounts

2. What does the woman ask the man to do?
   (A) Make a delivery in the morning
   (B) Meet her in a building lobby
   (C) Use a service elevator
   (D) Charge a payment to a card

3. What will the man do next?
   (A) Demonstrate some products
   (B) Speak to a store manager
   (C) Print some images
   (D) Process a transaction

---

4. What is the conversation mainly about?
   (A) Completing a renovation project
   (B) Marketing a line of light fixtures
   (C) Deciding on a suitable product
   (D) Getting a work budget approved

5. What problem does the man's client have?
   (A) She cannot find appropriate décor items.
   (B) She has not planned for higher costs.
   (C) She was unable to secure a discount.
   (D) She needs to return some household items.

6. What does the man ask for?
   (A) Samples of products
   (B) Photographs of items
   (C) Installation of light fixtures
   (D) Contact information for a client

---

7. Who most likely is the man talking to?
   (A) A business owner
   (B) A recently hired clerk
   (C) A regular customer
   (D) A sales representative

8. What does the man mention about the supermarket?
   (A) It had renovation work done.
   (B) It opened another branch.
   (C) It brought on additional staff.
   (D) It extended its operating hours.

9. What does the woman like best about the supermarket?
   (A) The increase of space
   (B) The new layout of products
   (C) The addition of a dining facility
   (D) The low prices of imported goods

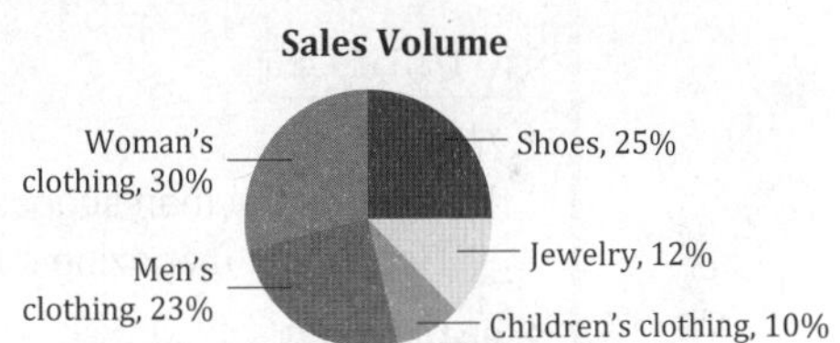

10. What happened this morning?
    (A) The woman conducted an inventory.
    (B) The man met with a superior.
    (C) A new branch was opened.
    (D) A store promotion began.

11. Look at the graphic. Which department will receive a new display?
    (A) Shoes
    (B) Jewelry
    (C) Children's clothing
    (D) Men's clothing

12. What will the man probably do next?
    (A) Give an employee instructions
    (B) Restock some merchandise
    (C) Hang a sign in front of a business
    (D) Announce a plan to a division

정답·해석·해설 p.151

토익 공식 4

일상 생활 관련

일상 생활 관련 대화는 교통, 쇼핑, 주거, 식당, 은행, 병원 등 일상에서 필수적으로 접하게 되는 상황 및 장소에서 이루어지는 대화이다. 물건 구매와 환불, 교통수단, 시설 이용 등의 빈출 상황과 관련된 표현을 익혀두도록 한다. Part 3 전체 13개 대화 중 매회 3~4개 정도 출제된다.

빈출 상황

1. 쇼핑/부동산 매매
상점에서의 물건 구매, 환불, 집 구매, 이사 등

2. 교통/편의 시설 이용
대중교통 및 주차장 이용, 식당, 병원, 은행, 우체국, 도서관, 세탁소, 미용실 이용 등

빈출 문제

전체 지문 관련 문제

1. 주제/목적 문제
What is the conversation mainly about? 대화는 주로 무엇에 대한 것인가?
→ A new residential complex 새로운 주상 복합 시설
Why is the woman calling? 여자는 왜 전화하고 있는가?
→ To reserve a table 테이블을 예약하기 위해

2. 화자 및 장소 문제
Who most likely is the woman? 여자는 누구인 것 같은가?
→ A library employee 도서관 직원
Where most likely does the conversation take place? 대화는 어디에서 이루어지는 것 같은가?
→ At a restaurant 식당에서 / At a bank 은행에서 / At a post office 우체국에서

세부 사항 관련 문제

1. 제안 문제
What does the man suggest the woman do? 남자는 여자에게 무엇을 하라고 제안하는가?
→ Renew her magazine subscription 잡지 구독을 갱신한다.

2. 이유/방법 문제
Why is the woman visiting the library? 여자는 왜 도서관을 방문하는가?
→ To conduct some research 조사를 수행하기 위해
How will the man make an appointment? 남자는 어떻게 예약을 잡을 것인가?
→ By calling a store 상점에 전화함으로써

3. 다음에 할 일 문제
What will the woman do next? 여자는 다음에 무엇을 할 것인가?
→ Pay for a purchase 구매에 대해 가격을 지불한다.

4. 특정 세부 사항 문제
What does the man say about the printer? 남자는 프린터에 대해 무엇을 말하는가?
→ It will be on sale. 할인이 될 것이다.

5. 의도 파악 문제
What does the woman imply when she says, "I will be out of town that afternoon"?
여자는 "저는 그날 오후에 도시를 떠나 있을 거예요"라고 말할 때 무엇을 의도하는가?
→ She needs to reschedule a doctor's appointment. 그녀는 병원 진료 예약을 조정해야 한다.

6. 시각 자료 문제
Look at the graphic. Which printer model will the woman buy?
시각 자료를 보아라. 여자는 어느 프린터 모델을 살 것인가?
→ CD 67S CD 67S

Example P3_실전_33

Q1. What does the man want to know?

(A) When an apartment may be rented
(B) Whether a housing unit is still available
(C) The duration of a lease
(D) The location of an apartment building

Q1. 남자는 무엇을 알고 싶어 하는가?

(A) 아파트가 임대될 수 있는 시기
(B) 주택 가구가 아직 이용 가능한지 여부
(C) 임대 기간
(D) 아파트 건물의 위치

Q2. Why is the man unsure about the unit on the 15th floor?

(A) It isn't in good condition.
(B) He prefers a location near the ground floor.
(C) It does not include a balcony.
(D) He thinks the rental fee is too high.

Q2. 남자는 왜 15층 아파트에 대해 확신이 없는가?

(A) 상태가 좋지 않다.
(B) 1층에 가까운 곳을 선호한다.
(C) 발코니가 포함되어 있지 않다.
(D) 임대료가 너무 비싸다고 생각한다.

Q3. What information does the woman provide?

(A) Details about the master bedroom
(B) The changes a tenant may make
(C) Measurements for the vacant apartment
(D) The procedure for paying the rent

Q3. 여자는 어떤 정보를 제공하는가?

(A) 안방 침실에 대한 정보
(B) 세입자가 변경할 수 있는 것
(C) 빈 아파트의 크기
(D) 임대료를 지불하는 절차

Script 캐나다 → 영국

M: I was here the other day. [1]**I'd like to know if that two-bedroom apartment with the balcony is still for rent.**

W: I'm sorry. We leased it to someone else. If you're interested, though, [2]**we have a similar apartment on the 15th floor.**

M: [2]**I was hoping to get a place closer to the ground floor.** Is the unit the same?

W: No. [3]**The master bedroom has its own bathroom. Also, it was recently wallpapered**, so it looks good.

M: 저는 이전에 여기 왔었는데요. [1]**발코니가 딸린 침실 2개짜리 그 아파트가 여전히 임대 가능한지 알고 싶어요.**

W: 죄송해요. 저희는 그것을 다른 사람에게 임대했어요. 그래도 관심이 있으시다면, [2]**15층에 비슷한 아파트가 있어요.**

M: [2]**저는 1층에 가까운 곳을 얻고 싶었어요.** 설비가 동일한가요?

W: 아니요. [3]**안방 침실에는 화장실이 딸려 있어요. 또한 그것은 최근에 도배해서** 보기 좋아요.

어휘 ground floor 1층 wallpaper [미 wɔ́:lpèipər, 영 wɔ́:lpèipə] 도배하다, 벽지

해설

정답 (B), (B), (A)

Q1. 남자가 알고 싶어 하는 것을 묻는 문제이므로, 남자의 말을 주의 깊게 듣는다. 남자가 "I'd like to know if that ~ apartment ~ is still for rent."라며 아파트가 여전히 임대 가능한지 물었다. 따라서 정답은 (B) Whether a housing unit is still available이다. (apartment ~ is still for rent → housing unit is still available)

Q2. 남자가 15층 아파트에 대해 확신이 없는 이유를 묻는 문제이므로, 남자의 말에서 질문의 핵심어구(unsure about the unit on the 15th floor)와 관련된 내용을 주의 깊게 듣는다. 여자가 "we have a similar apartment on the 15th floor"라며 15층에 비슷한 아파트가 있다고 하자, 남자가 "I was hoping to get a place closer to the ground floor."라며 1층에 가까운 곳을 얻고 싶었다는 내용을 통해 그가 1층 가까운 곳을 선호하기 때문에 15층 아파트에 대해 확신이 없음을 알 수 있다. 따라서 정답은 (B) He prefers a location near the ground floor이다. (place → location, closer → near)

Q3. 여자가 제공하는 정보를 묻는 문제이므로, 여자의 말을 주의 깊게 듣는다. 여자가 "The master bedroom has its own bathroom. Also, it was recently wallpapered"라며 화장실이 딸려 있고 최근에 도배를 했다는 안방 침실에 대한 정보를 제공하였다. 따라서 정답은 (A) Details about the master bedroom이다.

Paraphrasing 연습

음성 녹음을 듣고 일상 생활 관련 상황에서 자주 등장하는 핵심 표현들이 어떻게 Paraphrasing되는지 받아 써보자.
(미국/캐나다, 영국, 호주식 발음으로 세 번 들려줍니다.)

1 The highway is starting to get crowded. ➔ ______________________
2 There isn't much traffic. ➔ ______________________
3 change buses ➔ ______________________
4 It skips that station. ➔ ______________________
5 It's a short distance from the store. ➔ ______________________
6 We have a special on oranges. ➔ ______________________
7 The bag has a slight scratch. ➔ ______________________
8 The camera lens is chipped. ➔ ______________________
9 This coat is too small. ➔ ______________________
10 I want to get a refund. ➔ ______________________
11 The ingredients could be fresher. ➔ ______________________
12 Wendy's father picked up the check for her wedding. ➔ ______________________
13 My friend is in bed with the flu. ➔ ______________________

Paraphrasing 연습 정답

1 The highway is starting to get crowded. → **The traffic is getting heavier.**
고속도로가 붐비기 시작하고 있다. → 교통량이 점점 많아지고 있다.

2 There isn't much traffic. → **The traffic is not heavy.**
교통량이 많지 않다. → 교통량이 많지 않다.

3 change buses → **transfer to another bus**
버스를 갈아타다 → 다른 버스로 갈아타다

4 It skips that station. → **It does not stop at that station.**
그 역을 지나친다. → 그 역에 정차하지 않는다.

5 It's a short distance from the store. → **It's a short walk from the store.**
그 가게에서 가까운 거리이다. → 그 가게에서 조금만 걸어가면 된다.

6 We have a special on oranges.→ **Oranges are on sale.**
오렌지를 특별가에 판매 중이다. → 오렌지가 할인 중이다.

7 The bag has a slight scratch. → **The bag has a minor flaw.**
그 가방은 약간의 긁힘이 있다. → 그 가방은 작은 흠집이 있다.

8 The camera lens is chipped. → **The lens is damaged.**
카메라 렌즈에 금이 갔다. → 렌즈가 손상됐다.

9 This coat is too small. → **This coat is the wrong size.**
이 코트는 너무 작다. → 이 코트는 사이즈가 맞지 않다.

10 I want to get a refund. → **I'd like to get my money back.**
환불 받고 싶다. → 돈을 다시 돌려받고 싶다.

11 The ingredients could be fresher. → **The ingredients are not good enough.**
재료가 더 신선해야 할 것 같다. → 재료가 그리 좋지 못하다.

12 Wendy's father picked up the check for her wedding. → **Wendy's father covered the expenses of her wedding.** Wendy의 아버지가 그녀의 결혼식 비용을 냈어요. → Wendy의 아버지가 그녀의 결혼식 비용을 부담했어요.

13 My friend is in bed with the flu. → **My friend is sick.**
내 친구가 독감으로 누워 있다. → 내 친구가 아프다.

HACKERS PRACTICE

P3_실전_35

대화를 듣기 전에 문제를 읽어, 대화의 내용을 미리 파악하는 연습을 하자.

1. Why is the man calling the woman?
   (A) To complain about a service
   (B) To inquire about a product
   (C) To place an advertisement
   (D) To confirm a reservation

2. Who is the man most likely speaking to?
   (A) An event caterer
   (B) A supermarket employee
   (C) A reservations representative
   (D) A dining establishment staff member

3. What does the woman offer to do for the man?
   (A) Provide details on another outlet
   (B) Call the branch nearest him
   (C) Send him an updated menu
   (D) Deliver a pizza to his address

---

4. How did the woman learn about Lucas Tacos?
   (A) By seeing a newspaper advertisement
   (B) By reading a magazine article
   (C) By watching a television program
   (D) By meeting a food critic

5. Why is the chef's food authentic?
   (A) He was raised in Mexico.
   (B) He took cooking lessons abroad.
   (C) He has a lot of restaurant experience.
   (D) He uses imported traditional spices.

6. What will the woman probably do in advance?
   (A) Sample some food
   (B) Read an article
   (C) Review a menu
   (D) Book a table

---

7. What does the man mean when he says, "It started three minutes ago"?
   (A) A new policy took effect.
   (B) A class has just begun.
   (C) An instructor arrived late.
   (D) An activity is closed to participants.

8. What does the man say is unfortunate?
   (A) The woman has missed some classes.
   (B) The date of an event has been moved.
   (C) An instructor has been replaced.
   (D) A lesson is too easy for the woman.

9. Why should the woman talk to the instructor?
   (A) To provide her contact information
   (B) To explain an absence
   (C) To get additional information
   (D) To learn about other class times

Tour Theme	Time
Tropical Flowers	11:00 A.M.
Forest Undergrowth	11:30 A.M.
Wetland Plants	12:00 P.M.
Desert Cacti	12:30 P.M.

10. Who most likely is the woman?
    (A) A tour guide
    (B) An event organizer
    (C) A security guard
    (D) A ticket seller

11. What does the man ask about?
    (A) A special rate
    (B) A partial refund
    (C) A complimentary item
    (D) A trial membership

12. Look at the graphic. Which tour will the man most likely take?
    (A) Tropical Flowers
    (B) Forest Undergrowth
    (C) Wetland Plants
    (D) Desert Cacti

정답·해석·해설 p.154

토익 공식 5

여행·여가 관련

여행 · 여가 관련 대화는 항공편 및 숙박 예약, 여행 일정, 공항, 기내, 호텔, 공연 및 전시회 관람 등의 상황에서 일어나는 대화이다. 예약 및 여행 일정 관련 대화에서는 날짜 문제가, 기내와 호텔 관련 대화에서는 화자 및 장소를 묻는 문제가 자주 출제됨에 유의하여 빈출 상황과 관련 표현을 익혀두도록 한다. Part 3 전체 13개 대화 중 매회 1개 정도 출제된다.

빈출 상황

1. 여행

항공편 및 숙박 예약, 계획된 여행 일정, 공항, 기내, 호텔 등

2. 여가

공연, 영화, 전시회, 박물관, 파티 등

빈출 문제

전체 지문 관련 문제

1. 주제 문제

What are the speakers talking about? 화자들은 무엇에 대해 이야기하고 있는가?

→ Plans for the weekend 주말 계획 / A newly released film 새로 개봉된 영화 / An upcoming museum exhibit 다가오는 박물관 전시회

2. 화자 및 장소 문제

Who most likely is speaking to the woman? 누가 여자에게 말하고 있는 것 같은가?

→ A travel agent 여행사 직원

Where most likely are the speakers? 화자들은 어디에 있는 것 같은가?

→ At an airport 공항에 / At a hotel 호텔에 / At a ticket counter 티켓 판매대에

세부 사항 관련 문제

1. 제안 문제

What does the man offer? 남자는 무엇을 제의하는가?

→ A seat upgrade 좌석 업그레이드

2. 문제점 문제

What is the man's problem? 남자의 문제는 무엇인가?

→ He forgot a reservation number. 예약 번호를 잊어버렸다.

What is the woman concerned about? 여자는 무엇을 걱정하는가?

→ The size of an event hall 행사장의 크기

3. 방법 문제

How did the man hear about the new movie? 남자는 새 영화에 대해 어떻게 듣게 되었는가?

→ By reading an article in a newspaper 신문 기사를 읽음으로써

4. 다음에 할 일 문제

What will the woman probably do next? 여자는 다음에 무엇을 할 것인가?

→ Watch a performance 공연을 본다.

5. 특정 세부 사항 문제

What will the man receive? 남자는 무엇을 받을 것인가?

→ A room key 방 열쇠

6. 시각 자료 문제

Look at the graphic. Which flight will the man catch?
시각 자료를 보아라. 남자는 어느 비행기를 탈 것인가?

→ Flight 8273 8273편

Example P3_실전_36

Q1. Where most likely does the man work?

(A) At an airline
(B) At an event hall
(C) At a car rental agency
(D) At a hotel

Q1. 남자는 어디에서 일하는 것 같은가?

(A) 항공사에서
(B) 이벤트 홀에서
(C) 차량 대여점에서
(D) 호텔에서

Q2. Why is the woman traveling to Seattle?

(A) For a trade show
(B) For a job interview
(C) For a seminar
(D) For a ceremony

Q2. 여자는 왜 시애틀에 가는가?

(A) 무역 박람회를 위해
(B) 구직 면접을 위해
(C) 세미나를 위해
(D) 기념식을 위해

Q3. What does the man mention about an insurance fee?

(A) It is posted on a Web site.
(B) It is optional.
(C) It is included in a daily cost.
(D) It is refundable.

Q3. 남자는 보험료에 대해 무엇을 언급하는가?

(A) 웹사이트에 게재되어 있다.
(B) 선택적이다.
(C) 일일 비용에 포함되어 있다.
(D) 환불 가능하다.

Script 영국 → 호주

W: Hello. [1]**Do you have any mid-sized sedans available for the last week of June?**

M: [1]**We have several available. How long will you need the vehicle for?**

W: [2]**I'll be in the Seattle area from June 23 to June 25 for a friend's wedding**, and I'll want a car the entire time. I'd like to pick one up at the airport if possible.

M: OK. I'll book you a mid-sized sedan for three days. [3]**Note that we charge $59 per day for all vehicles that size, and the insurance fee is included.** You can choose the specific brand and model when you arrive.

W: 안녕하세요. [1]**6월 마지막 주에 이용 가능한 중형 세단이 있나요?**

M: [1]**여러 대가 이용 가능해요. 차량이 얼마 동안 필요하신가요?**

W: [2]**저는 6월 23일부터 6월 25일까지 친구의 결혼식을 위해 시애틀 지역에 있을 것이고**, 그 기간 내내 차가 필요할 거예요. 가능하다면 공항에서 차를 수령하고 싶어요.

M: 알겠습니다. 3일 동안 중형 세단 한 대를 예약해 드릴게요. [3]**저희가 그 크기의 모든 차량에는 하루에 59달러를 청구하며, 보험료가 포함되어 있다는 점을 유의해 주세요.** 도착하시면 세부적인 브랜드와 모델을 선택하실 수 있어요.

어휘 available [əvéiləbl] 이용 가능한 insurance fee 보험료

해설

정답 (C), (D), (C)

Q1. 남자가 일하는 장소를 묻는 문제이므로, 신분 및 직업과 관련된 표현을 놓치지 않고 듣는다. 여자가 "Do you have any ~ sedans available ~?"이라며 이용 가능한 세단이 있는지 묻자, 남자가 "We have several available. How long will you need the vehicle for?"라며 여러 대가 이용 가능하다며 차량이 얼마 동안 필요한지 물은 것을 통해 남자가 차량 대여점에서 근무한다는 것을 알 수 있다. 따라서 정답은 (C) At a car rental agency이다.

Q2. 여자가 시애틀에 가는 이유를 묻는 문제이므로, 질문의 핵심어구(travelling to Seattle)와 관련된 내용을 주의 깊게 듣는다. 여자가 "I'll be in the Seattle area ~ for a friend's wedding"이라며 자신은 친구의 결혼식을 위해 시애틀 지역에 있을 거라고 하였다. 따라서 정답은 (D) For a ceremony이다. (wedding → ceremony)

Q3. 남자가 보험료에 대해 언급하는 것을 묻는 문제이므로, 질문의 핵심어구(insurance fee)가 언급된 주변을 주의 깊게 듣는다. 남자가 "Note that we charge $59 per day ~ and the insurance fee is included."라며 자신들이 하루에 59달러를 청구하며, 보험료가 포함되어 있는 점을 유의해달라고 하였다. 따라서 정답은 (C) It is included in a daily cost이다.

Paraphrasing 연습

P3_실전_37

음성 녹음을 듣고 여행 · 여가 관련 상황에 자주 등장하는 핵심 표현들이 어떻게 Paraphrasing되는지 받아 써보자.
(미국/캐나다, 영국, 호주식 발음으로 세 번 들려줍니다.)

1 make plane reservations ➔ ____________________

2 make sure the airplane reservation is set ➔ ____________________

3 The flight doesn't leave until nearly midnight. ➔ ____________________

4 I plan to drive back. ➔ ____________________

5 wait at the gate to board the plane ➔ ____________________

6 The flight took off late. ➔ ____________________

7 book a room ➔ ____________________

8 The shows are all sold out. ➔ ____________________

9 I think her first book is a lot better. ➔ ____________________

10 come back to this museum next month ➔ ____________________

Paraphrasing 연습 정답

1 make plane reservations → **book a flight**
비행기 예약을 하다 → 항공편을 예약하다

2 make sure the airplane reservation is set → **check on the flight arrangements**
비행기 예약이 되었는지 확인하다 → 항공편 준비를 확인하다

3 The flight doesn't leave until nearly midnight. → **The plane leaves late at night.**
비행기는 거의 자정이 되어서야 떠난다. → 비행기는 밤 늦게 출발한다.

4 I plan to drive back. → **I'll come back by car.**
나는 운전해서 돌아오기로 계획하고 있다. → 나는 차로 돌아올 것이다.

5 wait at the gate to board the plane → **wait for the boarding call in the departure lounge**
비행기에 탑승하기 위해 탑승구에서 기다리다 → 출발 라운지에서 탑승 안내 방송을 기다리다

6 The flight took off late. → **The flight was delayed.**
비행기가 늦게 이륙했다. → 항공편이 지연됐다.

7 book a room → **reserve a room**
방을 예약하다 → 방을 예약하다

8 The shows are all sold out. → **Tickets for the shows are no longer available.**
그 쇼들은 모두 매진되었다. → 그 쇼들의 티켓들을 더 이상 구할 수 없다.

9 I think her first book is a lot better. → **I prefer the author's first book.**
나는 그녀의 첫 번째 책이 훨씬 더 좋다고 생각한다. → 나는 그 작가의 첫 번째 책을 더 좋아한다.

10 come back to this museum next month → **return to this museum at another time**
다음 달에 이 박물관에 다시 오다 → 나중에 이 박물관에 돌아오다

HACKERS PRACTICE

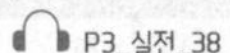 P3_실전_38

대화를 듣기 전에 문제를 읽어, 대화의 내용을 미리 파악하는 연습을 하자.

1. What did the man do earlier in the day?
   (A) Paid for a parking spot
   (B) Made a hotel reservation
   (C) Requested a different room
   (D) Picked up a rental vehicle

2. Why does the woman recommend the Westside Parking Garage?
   (A) It provides discounts to guests.
   (B) It is located next to the hotel.
   (C) It is open 24-hours a day.
   (D) It includes many spaces.

3. What does the woman say she will do?
   (A) Provide a map of local landmarks
   (B) Contact a parking lot attendant
   (C) Give directions to a destination
   (D) Check online for ticket availability

---

4. Where do the speakers most likely work?
   (A) At a travel agency
   (B) At a clothing store
   (C) At a souvenir shop
   (D) At a publishing company

5. What does the woman say she will do in Mexico?
   (A) Participate in a trade exhibition
   (B) Visit some old structures
   (C) Meet with an important client
   (D) Shop at some traditional markets

6. Why does the man say, "I heard that the bus system is very efficient"?
   (A) To suggest an alternative
   (B) To correct a mistake
   (C) To agree with an observation
   (D) To answer a question

---

7. What are the speakers mainly discussing?
   (A) Preparations for a parade
   (B) Visiting a sick colleague
   (C) Plans for the upcoming weekend
   (D) An event they attended at a festival

8. What will the man do on Saturday?
   (A) Conduct a job interview
   (B) Go to a doctor's appointment
   (C) Take a drive out of town
   (D) Fill in for a coworker

9. What does the woman recommend?
   (A) Extending his stay in a city
   (B) Looking at a Web site
   (C) Booking a hotel room
   (D) Contacting a coworker

Flight No.	Arrival Time	Seat Available
789	11:40 A.M.	Economy
227	12:10 P.M.	Economy
416	10:50 A.M.	Business
511	1:05 P.M.	Business

10. What does the man plan to do later today?
    (A) Return from Miami
    (B) Fix a vehicle
    (C) Attend a meeting
    (D) Leave for a holiday

11. What does the woman ask for?
    (A) A payment for a ticket
    (B) A piece of identification
    (C) A baggage claim receipt
    (D) A flight itinerary

12. Look at the graphic. Which flight will the man most likely book?
    (A) Flight No. 789
    (B) Flight No. 227
    (C) Flight No. 416
    (D) Flight No. 511

정답·해석·해설 p.157

HACKERS TEST

Hackers TOEIC Listening

P3_실전_39

대화를 듣기 전에 문제를 읽어, 대화의 내용을 미리 파악하는 연습을 하자.

1. What happened this morning?
   (A) A cabin was damaged.
   (B) A delivery arrived.
   (C) A storm occurred.
   (D) A device was activated.

2. What does the woman need to know?
   (A) When a colleague will be ready
   (B) Where to install an object
   (C) Whether to call a supervisor
   (D) How to set up a program

3. What does the man offer to do?
   (A) Go shopping for supplies
   (B) Refuel a vehicle
   (C) Retrieve an item
   (D) Unpack a container

---

4. What are the speakers mainly discussing?
   (A) An upcoming celebration
   (B) A fundraising effort
   (C) A work schedule
   (D) A financial regulation

5. What is Ron Mundy able to provide?
   (A) Funds for a campaign
   (B) Contact details for graduates
   (C) Advice on renovation plans
   (D) Feedback about an idea

6. What does the woman offer to do?
   (A) Book a meeting
   (B) Calculate an estimate
   (C) Show a document
   (D) Check an account

---

7. What event will take place on Thursday?
   (A) A press conference
   (B) An education program
   (C) An opening sale
   (D) A fashion show

8. What does the woman mean when she says, "Mr. Pascal believes many people will be interested"?
   (A) An event should be rescheduled.
   (B) A photo exhibit will be popular.
   (C) An article topic is suitable.
   (D) A guest should be invited to the event.

9. What will the woman most likely do next?
   (A) Modify an article layout
   (B) Send a message
   (C) Print out an invitation
   (D) Schedule a consultation

---

10. What is the conversation about?
    (A) An employee orientation
    (B) A Web site malfunction
    (C) An important announcement
    (D) A department meeting

11. Which department does the man work for?
    (A) Information technology
    (B) Sales and marketing
    (C) Public relations
    (D) Human resources

12. What does the man ask the woman to do?
    (A) Post a complaint online
    (B) Fill out another form
    (C) Call him back
    (D) Talk to a repairperson

---

13. What event will occur today?
(A) A training workshop
(B) A photography exhibit
(C) A talk about a publication
(D) A demonstration of a product

14. What does the man imply when he says, "I have it right here"?
(A) He plans to submit a complaint.
(B) He intends to point out a mistake.
(C) He wants a payment made.
(D) He requires a task performed.

15. What will the man most likely do next?
(A) Watch a presentation
(B) Meet a photographer
(C) Park a vehicle
(D) Check a device

---

16. What are the speakers mainly discussing?
(A) Accommodation availability
(B) Tourist attractions
(C) Family entertainment
(D) Flight schedules

17. Why will the woman travel to Orlando?
(A) To attend a convention
(B) To visit some relatives
(C) To take a vacation
(D) To purchase some property

18. According to the man, why are some dates busy?
(A) A conference is going to be held.
(B) A building is going to be renovated.
(C) A music festival is taking place.
(D) A movie is being filmed.

Phone Model Sales (This year)

D32 25%
C9 10%
XR7 15%
SL8 45%

19. Look at the graphic. Which product is going to be recalled?
(A) D32
(B) C9
(C) XR7
(D) SL8

20. What have customers reported?
(A) Loose buttons
(B) Faulty displays
(C) Unusable case designs
(D) Poor battery life

21. What task is assigned to the woman?
(A) Assembling a repair team
(B) Testing a device
(C) Making a draft
(D) Managing a refund process

India Palace

Main Courses	
Potato curry	$10.99
Creamy masala	$12.99
Coconut curry	$14.99
Chicken masala	$17.99

22. Why does the woman apologize?
(A) An incorrect dish was served.
(B) A customer had to wait.
(C) A dining section is closed.
(D) A lunch special is no longer available.

23. Look at the graphic. How much will the man pay for his meal?
(A) $10.99
(B) $12.99
(C) $14.99
(D) $17.99

24. What does the man inquire about?
(A) Changing tables
(B) Sampling a dish
(C) Lowering a blind
(D) Turning on a lamp

 받아쓰기&쉐도잉 프로그램으로 꼭 복습하세요.

정답 · 해석 · 해설 p.159

해커스 스타강사의 ▸ 무료 해설 바로 보기 (4~6번 문제)

PART TEST

P3_PartTest

Directions: In this part, you will listen to several conversations between two or more speakers. These conversations will not be printed and will only be spoken one time. For each conversation, you will be asked to answer three questions. Select the best response and mark the corresponding letter (A), (B), (C) or (D).

1. Why is the man calling the woman?
(A) To request some advice
(B) To accept an assignment
(C) To ask for a decision
(D) To make an offer

2. Why did the woman move to Vienna?
(A) She opened up a store.
(B) She wanted to study abroad.
(C) She was offered a position.
(D) She has family there.

3. What does the woman agree to do?
(A) Recommend some attractions
(B) Simplify some instructions
(C) Contact some clients
(D) Design some posters

---

4. Why did the man come to the shop?
(A) To return a purchase
(B) To redeem some points
(C) To speak to a manager
(D) To look at some items

5. What does the woman suggest the man do?
(A) Visit another shop
(B) Use a storage area
(C) Examine a display
(D) Reserve a book

6. What does the man ask the woman to do?
(A) Order some products
(B) Print a document
(C) Provide some directions
(D) Recommend a brand

---

7. What did Core Equipment do last week?
(A) Launched a new product
(B) Opened a second branch
(C) Redesigned a device
(D) Hosted a conference

8. What do the women say about the Glide 400?
(A) It is similar to another bike.
(B) It is not popular with customers.
(C) It is an expensive model.
(D) It is not available online.

9. What will the speakers most likely do on the weekend?
(A) Visit some fitness centers
(B) Purchase some equipment
(C) Attend an industry exhibition
(D) Watch an athletic competition

---

10. What is the problem?
(A) A task may not be finished on time.
(B) A window was sent to the wrong address.
(C) A worker turned down a request.
(D) A client may not accept a proposal.

11. What does the woman mention about the employees?
(A) They will qualify for overtime pay.
(B) They need to undergo some training.
(C) They will meet with a consultant.
(D) They need to submit reports.

12. What will the man do next?
(A) Meet with staff members
(B) Make changes to a report
(C) Send out pay statements
(D) Inspect some merchandise

---

13. What are the speakers mainly discussing?
(A) The purpose of a trip
(B) The availability of flight tickets
(C) Transportation to an airport
(D) Plans for seeing a film

14. What does the man need to do this evening?
(A) Meet someone at an airport
(B) Take out some clients
(C) Change a travel itinerary
(D) Get a refund for some tickets

15. What do the speakers agree to do?
(A) Carpool to a destination
(B) Get together over the weekend
(C) Show the man's sister around the city
(D) Head to a cinema within the hour

---

16. What is the woman's problem?
(A) Her computer lacks storage space.
(B) Her office desk has an issue.
(C) She forgot to attend a presentation.
(D) She is unable to open a file.

17. What does James recommend doing?
(A) Speaking to a coworker
(B) Ordering a spare part
(C) Borrowing a set of keys
(D) Downloading a program

18. What will the woman probably do next?
(A) Log in to an e-mail account
(B) Write an instruction manual
(C) Pay a membership fee
(D) Visit a Web site

---

19. What did the woman find online?
(A) An article about an exhibit
(B) A job advertisement
(C) A press release from a museum
(D) A translation service

20. What does the woman imply when she says, "I've spent the last five years studying Russian in graduate school"?
(A) She is familiar with an exhibition.
(B) She believes she meets a requirement.
(C) She understands an assignment.
(D) She thinks a class will be interesting.

21. What does the man say will happen next week?
(A) An exam will be scheduled.
(B) A report will be submitted.
(C) A language lesson will take place.
(D) A heritage institute will open.

---

22. What are the speakers mainly discussing?
(A) A way to provide better service
(B) A possible solution to a problem
(C) A recently retired staff member
(D) Alternatives to existing software

23. What does the woman suggest?
(A) Buying new computers
(B) Employing an additional worker
(C) Visiting a service center
(D) Checking an annual budget

24. According to the man, what information can Ellen provide?
(A) Repair information
(B) Software manuals
(C) Accounting data
(D) Technical support

GO ON TO THE NEXT PAGE

25. Where most likely are the speakers?
(A) At a print shop
(B) At a post office
(C) At a convention center
(D) At a law firm

26. Why do the documents need to be in Singapore by Friday?
(A) They are required for contract negotiations.
(B) They will be used to promote an event.
(C) They were requested by a client.
(D) They are needed for a meeting.

27. What does the woman request?
(A) A confirmation signature
(B) A payment receipt
(C) An itinerary copy
(D) A meeting schedule

---

28. What is the conversation mainly about?
(A) A client's order
(B) A test result
(C) A new mailing system
(D) A delayed delivery

29. What does the woman mean when she says, "Mr. Dahl is a great client."?
(A) A fee has already been paid.
(B) An express delivery was requested.
(C) An exception is possible.
(D) A meeting is required.

30. What will the man probably do next?
(A) Contact a client
(B) Package up some goods
(C) Process a payment
(D) Print a purchase receipt

Easy Cook
Milo White
French Variations
Joan Herdandez
Pasta King
Greg Sutter
Golden Spain
Michael Picante

31. What happened last week?
(A) A layout was changed.
(B) A competition took place.
(C) A fire drill was conducted.
(D) A store promotion ended.

32. Look at the graphic. Which book is the man most likely interested in?
(A) *Easy Cook*
(B) *French Variations*
(C) *Pasta King*
(D) *Golden Spain*

33. Why are some books marked down?
(A) A store is starting to offer food.
(B) An author is coming to the shop.
(C) A special event started.
(D) A customer has a discount card.

Main Terminal Exit			
Car Rental Agency			Subway Entrance
Bus Stop A	Bus Stop B	Bus Stop C	Bus Stop D

34. Where most likely does the woman work?
(A) At a regional airport
(B) At an accommodation facility
(C) At a travel agency
(D) At a shuttle bus company

35. Why is the man concerned?
(A) His booking has not been confirmed.
(B) His itinerary has unexpectedly changed.
(C) He was not sent a bill.
(D) He cannot remember a flight number.

36. Look at the graphic. Which bus stop should the man go to?
(A) Bus stop A
(B) Bus stop B
(C) Bus stop C
(D) Bus stop D

Service packages

Package Name	Frequency	Monthly Cost
Premium Plus	Weekly	$170
Premium	Weekly	$145
Standard	Monthly	$90
Basic	Monthly	$80

37. Why is the woman calling?
(A) To learn about environmental regulations
(B) To purchase some fertilizer
(C) To change a lawn maintenance schedule
(D) To find out about a gardening service

38. What does the woman ask about?
(A) Which method is most effective
(B) When a worker can come
(C) How to make a payment
(D) Whether chemicals are used

39. Look at the graphic. Which package will the woman most likely choose?
(A) Premium Plus
(B) Premium
(C) Standard
(D) Basic

 받아쓰기&쉐도잉 프로그램으로 꼭 복습하세요.
정답 · 해석 · 해설 p.164

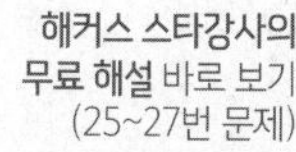
해커스 스타강사의 ▶
무료 해설 바로 보기
(25~27번 문제)

PART 4

기본 다지기

1. 부사절 귀에 익히기
2. 긴 문장 끊어 듣기
3. Paraphrasing된 표현 이해하기

실전 고수되기

Course 1 문제 유형별 공략

| 전체 지문 관련 문제 |

1. 주제 및 목적 문제
2. 화자/청자 및 장소 문제

| 세부 사항 관련 문제 |

3. 요청/제안/언급 문제
4. 이유/방법/정도 문제
5. 다음에 할 일 문제
6. 특정 세부 사항 문제
7. 의도 파악 문제
8. 추론 문제
9. 시각 자료 문제

Course 2 지문 유형별 공략

1. 음성 메시지
2. 안내 및 공지
3. 모임·행사 관련 연설
4. 여행·관람·견학 안내
5. 광고
6. 방송
7. 보도
8. 소개
9. 설명 및 강연

Part Test

출제 경향 및 고득점 전략

Part 4는 길이가 긴 지문을 듣고 각 지문당 주어지는 3개의 문제를 풀어야 하는 파트이다. Part 4에서는 길이가 긴 문장들을 연속해서 듣게 되는데, 이 문장의 의미를 듣는 즉시 이해하여 문제에서 요구하는 정보를 찾아낼 수 있는지가 관건이다. 총 10개의 지문 및 30문제가 출제되며, 각 문제당 4개의 선택지가 제시된다. Part 3와 마찬가지로 질문은 음성으로 들려주며 시험지 상에도 주어지지만, 선택지와 시각 자료는 시험지에만 제시된다.

출제 경향

1. 음성 메시지와 모임·행사 관련 연설의 출제 빈도가 높다.

Part 4에서는 다양한 지문 유형이 출제되는데, 그 중 음성 메시지와 모임·행사 관련 연설의 출제 빈도가 높다. Part 4에서 출제되는 음성 메시지는 약속이나 일정을 문의 또는 변경하기 위한 메시지가 주로 출제되며, 모임·행사 관련 연설은 회사 업무와 관련한 안건이나 새로운 방침 등을 소개하기 위한 회의 발췌록 또는 워크숍, 오리엔테이션 등의 행사에서 들을 수 있는 연설이 주로 출제된다.

2. 화자가 청자에게 요청하거나 제안하는 내용의 문제가 자주 출제된다.

Part 4에서는 다수의 청자를 대상으로 특정 정보를 제공하는 지문이 주로 출제되므로, 지문의 후반에 청자들에게 요청이나 제안을 하는 경우가 자주 있다. 이러한 특징 때문에 Part 4에서는 화자가 청자에게 요청하거나 제안하는 내용의 문제가 자주 출제되며, 이때 질문에는 주로 ask, request, recommend, offer, encourage와 같은 동사가 사용된다.

3. 지문 내용과 시각 자료를 종합하여 푸는 문제 유형이 출제된다.

Part 4에서도 지문에서 들은 내용과 시각 자료의 내용을 종합하여 푸는 문제 유형이 출제된다. 시각 자료로는 행사 시간표나 비행기 티켓 등 비즈니스 환경 또는 일상생활에서 쉽게 접할 수 있는 것들이 출제된다. 지문 내용을 정확하게 이해하고 주어진 시각 자료에서 관련된 정보를 파악하여 문제를 푸는 능력이 요구된다.

4. 지문에서 사용된 표현을 Paraphrasing한 문제의 출제 빈도가 높다.

Part 4에서는 질문 혹은 정답이 지문에서 언급된 표현을 그대로 쓰지 않고 동일한 의미를 전달하는 다른 표현으로 Paraphrasing되어 출제되는 경향이 높다. 특히 지문에서 사용된 긴 문장을 짧은 문장이나 구절로 Paraphrasing하는 경우가 많다.

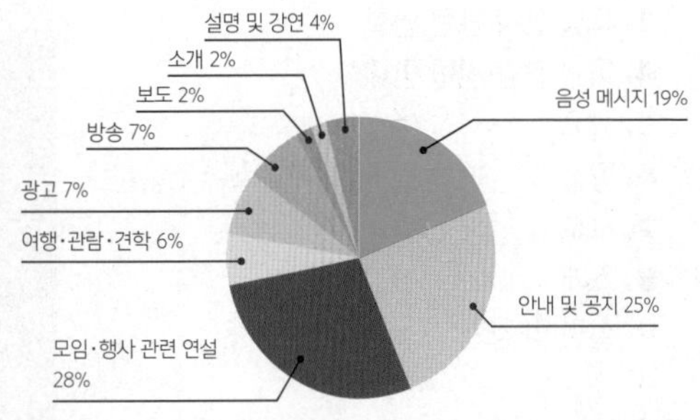

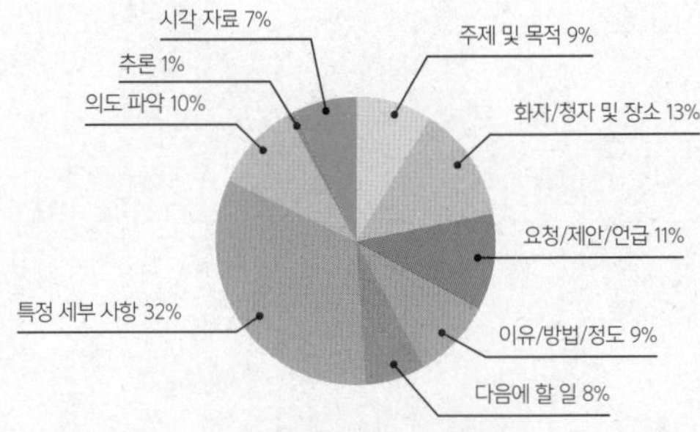

문제 풀이 전략

Strategy 1 반드시 문제를 먼저 읽는다.
지문을 듣기 전에 지문에 해당하는 세 개의 질문과 선택지를 반드시 먼저 읽고 확인한다. 질문과 선택지를 먼저 읽음으로써 지문의 내용을 예상할 수 있다. 또한 질문의 핵심어구를 통해 지문에서 파악해야 할 내용을 미리 확인할 수 있다.

Strategy 2 질문에서 미리 키워드를 파악한다.
질문을 읽을 때 질문의 대상이 되는 고유 명사나 특정 정보를 기억해 두었다가, 실제 지문을 들을 때 이 단어들이 나오는 부분을 주의 깊게 들으면 보다 쉽게 정답을 찾을 수 있다.

Strategy 3 지문의 앞부분에서 주제, 화자, 대상, 장소에 관련된 정보를 파악한다.
지문의 주제, 화자, 대상, 장소를 묻는 문제가 매회 빠짐없이 출제되고 있는데, 이런 문제 유형의 단서는 보통 지문 앞부분에서 언급되므로 지문의 앞부분을 더욱 주의 깊게 듣는다.

고득점 학습 전략

Strategy 1 절이 포함된 긴 문장을 듣고 이해하는 연습을 한다.
Part 4의 지문은 절을 포함한 긴 문장을 사용하여 지문의 흐름을 이어가는 경우가 많다. 그 때문에 이러한 문장을 이해하지 못하게 되면 지문의 내용을 파악하기 어려울 수 있으므로, 평소 Part 4의 지문을 학습할 때 긴 문장에 포함된 절을 하나의 단위로 듣고 이해하는 연습을 한다.

Strategy 2 긴 문장을 들리는 순서대로 이해하는 연습을 한다.
Part 4에서는 절이나 구로 연결된 긴 문장들이 연속해서 등장하는데, 이 문장들을 들리는 즉시 순차적으로 이해할 수 있어야 주어진 시간 내에 문제를 풀 수가 있으므로 긴 문장을 들리는 순서대로 이해하는 연습을 꾸준히 한다.

Strategy 3 Paraphrasing 연습을 꾸준히 한다.
Part 4에서는 지문에서 사용된 표현이 질문이나 정답에서 그대로 쓰이지 않고 다르게 표현하는 Paraphrasing을 자주 사용한다. 따라서 평소에 Paraphrasing 연습을 충분히 하도록 한다.

Strategy 4 토익 LC 필수 어휘(별책)와 받아쓰기&쉐도잉 프로그램을 통해 다양한 주제의 지문에 대한 직청직해 능력을 키운다.
Part 4는 지문의 내용을 정확히 듣고 이해하는 것이 중요하다. 따라서, 토익 LC 필수 어휘(별책)의 표현들을 반복적으로 듣고, 받아쓰기&쉐도잉 프로그램으로 여러 유형의 지문을 받아쓰고 쉐도잉하면서 직청직해 능력을 키운다.

◂ 무료 MP3 바로 듣기

01 부사절 귀에 익히기

Part 4에서는 Part 3와 마찬가지로 절을 포함한 긴 문장이 자주 등장하는데, 특히 Part 3에 비해 부사절이 많이 쓰인다는 것이 특징이다. 여러 가지 부사절 접속사들의 의미에 주의하여, 부사절을 포함한 문장을 듣고 이해하는 연습을 해보자.

Let's Listen! P4_기본_01

Good morning. I have a meeting scheduled with Mr. Edwards this afternoon. **Because I haven't visited your office before**, I need directions. Please call me back as soon as possible. You can reach me at 555-0203.

안녕하세요. 저는 오늘 오후에 Mr. Edwards와 예정된 회의가 있습니다. **제가 이전에 당신의 사무실을 방문한 적이 없기 때문에** 길 안내가 필요합니다. 가능한 한 빨리 전화를 주십시오. 555-0203으로 연락하실 수 있습니다.

해설

지문에서 Because I haven't visited your office before는 이유를 나타내는 부사절이다.

Part 4에 자주 등장하는 부사절 접속사 P4_기본_02

다음은 Part 4의 지문에 자주 등장하는 부사절 접속사와 예문이다.

▌조건 부사절 접속사

If 만약 ~한다면	1 **If** you have carry-on luggage, please place it in the overhead compartments. 만약 기내 휴대 수하물을 가지고 계신다면, 그것을 머리 위의 짐칸에 두시기 바랍니다.
unless ~하지 않는다면	2 We expect production to increase in May **unless** there is a problem at the factory. 우리는 공장에 문제가 없다면 5월에 생산이 증가할 것으로 예상합니다.

▌이유 부사절 접속사

because/as ~ 때문에	3 Mr. Larry Danes will be our speaker **because/as** Mr. Carter is unavailable. Mr. Carter가 시간이 없기 때문에 Mr. Larry Danes가 우리의 연설자가 될 것입니다.
since ~ 때문에, ~니까	4 We are holding the convention at the Doulton Hotel **since** it is located near the airport. Doulton 호텔이 공항 가까이에 위치해 있기 때문에 우리는 그곳에서 회의를 열 것입니다.
now that 이제 ~하므로	5 **Now that** we have free time, we should evaluate office productivity. 이제 우리는 시간적 여유가 있으므로 사무실 생산성을 평가해야 합니다.

▌기타 부사절 접속사

as ~하듯이, ~처럼	6 **As** I mentioned in the report, we need to adjust our work schedule. 제가 보고서에서 언급했듯이, 우리는 작업 일정을 조정할 필요가 있습니다.
(al)though 비록 ~이지만	7 **Although** we exceeded the budget, the client seems pleased with our results. 비록 예산을 초과했지만, 고객은 우리의 결과물에 만족하는 것처럼 보입니다.
so that ~할 수 있도록	8 I am sending you an itinerary **so that** you can check if there are any errors. 혹시 오류가 있는지 확인할 수 있도록 당신에게 여행 일정표를 보내드리겠습니다.

Let's Check! P4_기본_03

아래의 내용을 듣고 문제를 풀어본 후, 빈칸을 채워보자. (미국/캐나다, 영국, 호주식 발음으로 세 번 들려줍니다.)

1 Why was the workshop postponed?

(A) The staff has some work to complete.

(B) There are not enough people registered.

> Before we end the meeting, I have an announcement. The marketing workshop next week has been postponed ______________________________. We will reschedule the workshop for the following week, and participants will be informed of the specific day and time by e-mail.

2 What will cause the inventory-tracking system to be unavailable?

(A) It requires a software update.

(B) Employees will be moving to a new office.

> All employees should note that the inventory-tracking system will be off-line for several days ______________________________ ____________. I realize that this will negatively affect productivity. Please be patient.

3 Why does the company need to fill a position quickly?

(A) A department has been reorganized.

(B) An employee quit unexpectedly.

4 What should employees do if they are interested in the position?

(A) Contact a person in another department

(B) Meet with the manager of accounting

> As everyone knows, Mr. Jensen has left the company due to health issues. ____________ ______________________, we need to find a replacement quickly. ____________ ______________________________, notify Emily Raines in the human resources department.

정답·해석·해설 p.172

02 긴 문장 끊어 듣기

Part 4에서는 길이가 긴 문장들이 자주 출제되므로 이러한 긴 문장을 적절한 곳에서 끊어 들을 수 있어야 그 의미를 쉽게 이해할 수가 있다. 문장을 끊는 기준은 주로 구나 절이 되며, 끊어진 구나 절을 순차적으로 이해하는 연습을 하는 것이 중요하다.

Let's Listen! P4_기본_04

We would like to thank everyone / who came today / to participate in this seminar series. / I also wish to express my gratitude to Dr. Cartwright, / our guest speaker, / for agreeing to share her important information.	저희는 모든 분께 감사드립니다 / 오늘 오신 / 이 세미나 시리즈에 참석하기 위해 / 저는 또한 Dr. Cartwright께 감사를 표하고 싶습니다 / 초청 연사이신 / 자신의 중요한 정보를 공유해 주기로 동의하셔서

해설

위 예제에서 문장을 끊은 기준을 살펴보면 차례로 형용사절, to 부정사구, 동격어구, 전치사구임을 알 수 있다. 이처럼 긴 문장을 끊어 듣는 기준은 구나 절이라는 것을 기억해둔다.

구 단위와 절 단위로 긴 문장 끊어 듣기 연습 P4_기본_05

다음 긴 문장들의 끊어지는 부분을 주의해서 여러 번 듣고 순차적으로 이해해보자.

구 단위로 끊어 듣기	1 Templeton Airlines is pleased / to announce a new daily flight / from New Orleans to Atlanta / beginning March 1. Templeton 항공은 기쁩니다 / 새로운 일일 운항편을 발표하게 되어서 / 뉴올리언스에서 애틀랜타로의 / 3월 1일을 시작으로 2 The company wants to create / a new series of television advertisements / to broadcast next quarter. 회사는 만들기를 원합니다 / 새로운 텔레비전 광고 시리즈를 / 다음 분기에 방송할 3 John Thomas's newest album / *Cry Into the Rain* / received positive reviews from critics / after its release last week. John Thomas의 최신 앨범 / *Cry Into the Rain*은 / 비평가들로부터 긍정적인 평가를 받았습니다 / 지난주의 발매 이후에
절 단위로 끊어 듣기	4 All office staff should check for changes in the weekly schedule, / which is posted on the bulletin board near the meeting room. 모든 사무실 직원들은 주간 일정의 변경을 확인해야 합니다 / 회의실 근처 게시판에 게시된 5 I am happy to say / that the new line of cosmetics has been an amazing success. 저는 말하게 되어 기쁩니다 / 새로운 화장품 제품이 놀라운 성공을 해왔다는 것을 6 Even though he needs more training, / I believe Eric is going to do very well in his new position. 더 많은 훈련이 필요할지라도 / 저는 Eric이 새로운 자리에서 매우 잘해낼 것이라고 믿습니다 7 The sports drink was endorsed by a famous athlete, / which has increased awareness of the product. 그 스포츠 음료는 유명한 운동선수에 의해 홍보되었습니다 / 그것은 제품의 인지도를 높였습니다

Let's Check! P4_기본_06

긴 문장을 듣고 문제를 풀어본 후 빈칸을 채워보자. (미국/캐나다, 영국, 호주식 발음으로 세 번 들려줍니다.)

1 What is the speaker's job?

(A) An advertising consultant (B) A personnel executive (C) A corporate trainer

______________________, I've learned to communicate well ______________ ______________.

2 Why is Carol Ling visiting Seattle?

(A) To meet with a city official

(B) To examine a research facility

(C) To conduct scientific research

I would like everyone to welcome Carol Ling, ______________________________ ______________________________.

3 Why is Joan going to be away next week?

(A) She will be meeting with job applicants.

(B) She will be interviewed for a new position.

(C) She will be training new employees.

Joan will be away next week ______________________________ ______________________ for the vacant positions.

4 Where is the announcement probably taking place?

(A) At a toy shop (B) At a department store (C) At a construction company

As many of you may already know, construction work is scheduled to begin next Monday. The renovations to the store, including ______________________ ____, will take three months to complete.

5 Why is the flight not departing as scheduled?

(A) A connection was canceled.

(B) There was a mechanical problem.

(C) The weather conditions were poor.

Flights to and from Denver have been delayed or canceled ______________ ______________________________________, meaning that Windstream Air's 6 P.M. flight ______________________________.

정답·해석·해설 p.172

03 Paraphrasing된 표현 이해하기

Part 4에서는 화자가 한 말을 그대로 정답 선택지에 쓰는 것이 아니라 다른 말로 바꾸어 쓰는 경우가 많으므로 문장의 Paraphrasing에 익숙해지는 것이 중요하다.

Let's Listen! P4_기본_07

Attention all visitors. The museum will be closing in 10 minutes, so **we ask that you now proceed to the exit located on the ground floor next to our gift shop**. We will open again tomorrow at 10 A.M. We hope you've enjoyed our exhibits and thank you for your patronage.

Q. Why is the announcement being made?

(A) To ask guests to leave a facility
(B) To promote items on sale in a shop
(C) To provide hours of operation
(D) To present information about an exhibit

모든 방문객은 주목해주십시오. 박물관이 10분 후에 문을 닫을 예정이오니, **이제 1층에 위치한 선물 가게 옆의 출구로 이동하여 주시기 바랍니다**. 우리는 내일 오전 10시에 다시 문을 열 것입니다. 여러분이 전시를 즐기셨기를 바라며 성원에 감사 드립니다.

Q. 안내는 왜 이루어지고 있는가?

(A) 관람객들에게 시설에서 나갈 것을 요청하기 위해
(B) 가게에서 할인 중인 제품들을 홍보하기 위해
(C) 운영 시간을 알려주기 위해
(D) 전시에 관한 정보를 주기 위해

해설

정답 (A)

화자가 "we ask that you now proceed to the exit located on the ground floor next to our gift shop"이라며 방문객에게 박물관을 나갈 것을 요청하였다. 정답 (A)에서는 proceed to the exit가 leave a facility로 Paraphrasing되었음을 이해할 수 있어야 한다.

Paraphrasing 연습

P4_기본_08

음성 녹음을 듣고 각 표현이 어떻게 Paraphrasing되었는지를 파악하면서 받아 써보자. (미국/캐나다, 영국, 호주식 발음으로 세 번 들려줍니다.)

1 It is also important to ______________________.

➡ get contact information

2 Make certain to ______________________.

➡ provide information on card benefits

3 ______________________.

➡ Residents are advised to reduce electricity use.

4 ______________________, so drivers may wish to ______________________.

➡ avoid a particular route

5 ______________________ in the store's cosmetics department on the first floor.

➡ browse through new merchandise

6 Most of you are aware that ______________________ in the past few months.

➡ Readership has gone up.

7 ______________________ makes him an ideal addition to the university's law department.

➡ He previously worked as a lawyer.

8 ______________________, making it ______________________.

➡ It is made of strong material.

9 ______________________ because some of you take longer to get here.

➡ A schedule change is being made.

10 Our aircraft includes ______________________ ______________________.

➡ It provides entertainment for its passengers.

11 Rayview Hotel's ______________________ on May 26 ______________________, but will reopen on May 27.

➡ A swimming pool will undergo maintenance.

12 ______________________ from 4 percent last quarter.

➡ It is experiencing lower growth rates.

13 We will be ______________________, Norcom Cares.

➡ A new organization will hold its introductory meeting.

14 ______________________ from Hong Kong will mean that ______________________.

➡ The cause of the delay is a connection problem.

Paraphrasing 연습 정답

1 It is also important to get a caller's full name, e-mail, and telephone number.
전화한 사람의 성명, 이메일, 그리고 전화번호를 입수하는 것 역시 중요합니다.
→ get contact information 연락처를 입수하다

2 Make certain to tell shoppers about the advantages of signing up for our membership card.
쇼핑객들에게 우리 멤버십 카드에 가입하는 이점에 대해 반드시 이야기하시길 바랍니다.
→ provide information on card benefits 카드의 혜택에 대한 정보를 제공하다

3 Residents are cautioned to limit nonessential power use.
주민들은 불필요한 전력 사용을 제한하도록 주의를 받습니다.
→ Residents are advised to reduce electricity use. 주민들은 전기 사용을 줄이라는 권고를 받는다.

4 Highway 11 is currently experiencing traffic jams, so drivers may wish to use Polton Avenue instead.
11번 고속도로는 현재 교통정체를 겪고 있으므로, 운전자들은 대신 Polton가를 이용하기를 바랄 것입니다.
→ avoid a particular route 특정 길을 피하다

5 Check out our newest line of women's perfumes in the store's cosmetics department on the first floor.
상점의 1층에 있는 화장품 매장에서 최신 여성 향수 제품을 확인하세요.
→ browse through new merchandise 새로운 제품을 살펴보다

6 Most of you are aware that subscriptions for our online magazine have risen steadily in the past few months. 여러분 중 대부분은 우리 온라인 잡지의 구독이 지난 몇 달간 꾸준히 상승하고 있다는 것을 알고 계실 겁니다.
→ Readership has gone up. 구독자 수가 오르고 있다.

7 Mr. Thomas's 15 years of experience as an attorney makes him an ideal addition to the university's law department. Mr. Thomas의 변호사로서의 15년간의 경력이 그를 대학교의 법학부에 이상적인 추가 인력이 되게 합니다.
→ He previously worked as a lawyer. 그는 이전에 변호사로 일했다.

8 Our luggage is produced with durable plastic, making it resistant to damage or tears.
우리 여행 가방은 손상이나 찢김을 방지하도록 내구성 있는 플라스틱으로 생산되었습니다.
→ It is made of strong material. 강한 재료로 만들어져 있다.

9 We will change the meeting time because some of you take longer to get here.
여러분 중 일부가 이곳으로 오는데 시간이 더 소요되기 때문에 우리는 회의 시간을 변경할 것입니다.
→ A schedule change is being made. 일정이 변경될 것이다.

10 Our aircraft includes personal television screens on the back of each seat, for the convenience of passengers. 승객들의 편의를 위해, 저희 항공기는 각 좌석 뒤에 개인 텔레비전 화면을 포함하고 있습니다.
→ It provides entertainment for its passengers. 승객들을 위한 오락거리를 제공한다.

11 Rayview Hotel's swimming facilities will be closed on May 26 for repair work, but will reopen on May 27.
Rayview 호텔의 수영장 시설은 수리를 위해 5월 26일에 문을 닫지만, 5월 27일 다시 문을 열 것입니다.
→ A swimming pool will undergo maintenance. 수영장이 유지 보수를 받을 것이다.

12 The nation's economic growth is down to two percent this quarter from four percent last quarter.
국가 경제 성장이 지난 분기 4퍼센트에서 이번 분기에 2퍼센트로 내려갔습니다.
→ It is experiencing lower growth rates. 더 낮은 성장률을 보이고 있다.

13 We will be having the first meeting of the company's new organization, Norcom Cares.
회사의 새 기구인 Norcom Cares의 첫 번째 회의가 있겠습니다.
→ A new organization will hold its introductory meeting. 새 기구가 첫 번째 회의를 열 것이다.

14 Connection difficulties from Hong Kong will mean that we will be departing an hour late.
홍콩에서의 비행기 연결의 어려움은 우리가 한 시간 늦게 출발할 것을 의미합니다.
→ The cause of the delay is a connection problem. 지연의 원인은 비행기 연결 문제이다.

Let's Check! P4_기본_09

지문을 듣고 문제를 풀어본 후 빈칸을 채워보자. (미국/캐나다, 영국, 호주식 발음으로 세 번 들려줍니다.)

1 Why does the speaker contact Ms. O'Leary?

(A) To inform her of some financial activity

(B) To request payment of a bill

Good morning Ms. O'Leary. I'm calling from Southerland Bank to ____________________ ____ __________. For security reasons, we have put a temporary block on your card, which will be removed once we confirm that you made these payments. You should contact me as soon as possible to let me know. I apologize if this causes any inconvenience.

2 Why have the listeners been asked to exit the facility?

(A) It is about to close for the day.

(B) An emergency system has been turned on.

May I have your attention please? ________________________________. ____. To find the nearest exit, please consult the maps on the back of your room doors or next to the elevators on each floor. You will be directed by hotel staff at each exit to a waiting area. Please do not reenter the facility until you have been instructed to do so by security personnel.

3 What types of products does Marilyn's Kitchen sell?

(A) Cooking utensils

(B) Catered food

Are you looking for something different to serve guests at your next corporate event? ____ ________________. Whether you want to have breakfast during a morning meeting or serve a buffet dinner to your staff, ______________________________ ______________________________. Contact us today at 555-9378!

정답·해석·해설 p.173

실전 연습

Hackers TOEIC Listening

P4_기본_10

지문을 듣기 전에 문제를 읽어, 지문의 내용을 미리 파악하는 연습을 하자.

1. Where is the talk taking place?
(A) At a job orientation
(B) At a television show taping
(C) At a book launch event
(D) At a technology conference

2. What is mentioned about Dr. Donald Morse?
(A) He invented a machine.
(B) He works at a hospital.
(C) He writes for a Web site.
(D) He used to build robots.

3. According to the speaker, what did Dr. Donald do last year?
(A) Gave a keynote speech
(B) Published a book
(C) Accepted an award
(D) Received his doctorate

---

4. Who most likely is the speaker?
(A) A realtor
(B) A receptionist
(C) A doctor
(D) A janitor

5. Why does the speaker say, "it is her first day working here"?
(A) To offer an explanation
(B) To request some assistance
(C) To change a plan
(D) To reject a recommendation

6. What is the listener instructed to do?
(A) Read a manual
(B) Select a time
(C) Cancel a booking
(D) Fill out a form

---

7. Why is the store closing early?
(A) To prepare for a coming sale
(B) To comply with a new policy
(C) To expand a produce section
(D) To set up a promotional display

8. According to the speaker, what can customers find online?
(A) New products
(B) Event schedules
(C) Store directions
(D) Delivery areas

9. What will happen on Friday?
(A) Some products will be removed.
(B) A store contest will commence.
(C) Some items will be on sale.
(D) A store will remain open longer.

---

10. What is the broadcast mainly about?
(A) The reason for canceling a tour
(B) The status of a musical group
(C) A contract dispute
(D) An upcoming album

11. Who is David Wilder?
(A) A lead singer
(B) A band manager
(C) A record company owner
(D) A famous composer

12. What does the speaker request the listeners do?
(A) Buy tickets for a farewell concert
(B) Phone in some questions for the band
(C) Order a record in advance
(D) Continue listening to a news program

---

13. Why is the speaker calling?
(A) To ask about a property
(B) To clarify a request
(C) To explain a problem
(D) To express appreciation

14. What does the speaker suggest the listener do?
(A) Leave some plastic undisturbed
(B) Stop by a construction site
(C) Seek professional advice
(D) Order a replacement part

15. What does the speaker say she will do tomorrow?
(A) Complete a task
(B) Send a statement
(C) Compare some models
(D) Inspect some windows

---

16. Where is the talk most likely being made?
(A) At an airport
(B) At a movie theater
(C) At a convention center
(D) At an art museum

17. What are the listeners expected to do during the event?
(A) Serve beverages to guests
(B) Escort attendees to their seats
(C) Provide detailed business proposals
(D) Remain at assigned locations

18. What will the listeners do next?
(A) Watch a demonstration
(B) Divide up into small groups
(C) Update a record of attendees
(D) Review a document

AUGUST				
Monday	Tuesday	Wednesday	Thursday	Friday
10 Client visit	11	12 Software testing	13	14 Job interviews
17	18 Fire drill	19	20 Office cleaning	21 Office party

19. What did Mr. Grant propose that the company do?
(A) Start a new program
(B) Provide work training
(C) Prepare for an important visit
(D) Hire more employees

20. What is the purpose of the software?
(A) Scheduling team meetings
(B) Monitoring staff productivity
(C) Logging company visitors
(D) Adjusting employees salaries

21. Look at the graphic. When will the next meeting most likely be held?
(A) August 11
(B) August 13
(C) August 17
(D) August 19

Office Floor Plan (3F)

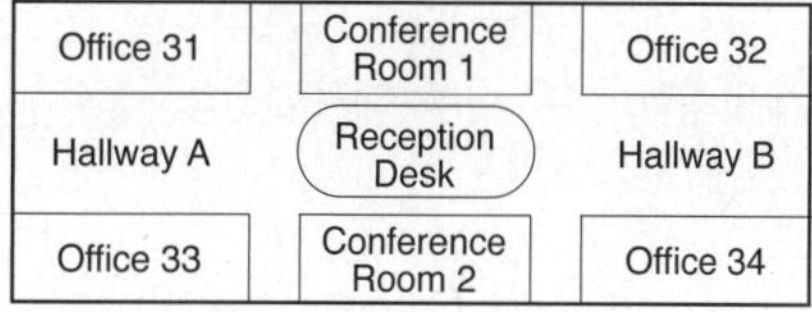

22. What is the purpose of the call?
(A) To report on a document
(B) To verify a delivery date
(C) To place an order
(D) To request assistance

23. What does the speaker want to do to her filing cabinet?
(A) Remove its wheels
(B) Empty its contents
(C) Give it to a colleague
(D) Attach it to her desk

24. Look at the graphic. Which is the speaker's office?
(A) Office 31
(B) Office 32
(C) Office 33
(D) Office 34

 받아쓰기&쉐도잉 프로그램으로 꼭 복습하세요.

정답·해석·해설 p.173

해커스 스타강사의 ▸ 무료 해설 바로 보기 (13~15번 문제)

실전 고수되기

◂ 무료 MP3
바로 듣기

유형 분석 유형을 알면 고득점이 보인다!

Part 4에서는 여러 정보를 담고 있는 지문에서 특정 정보를 파악할 수 있어야 한다. 그러므로 지문을 듣기 전에 문제를 먼저 읽어 최대한의 단서를 찾아낼 수 있어야 하며, 이를 위해 본 교재에서는 Part 4의 유형을 크게 두 가지의 분류 기준에 따라 나누었다.

유형 분류 1 문제 유형

Part 4의 문제는 아래와 같이 전체 지문 관련 문제 유형 2개와 세부 사항 관련 문제 유형 7개로 나뉜다. 각 유형의 핵심 포인트와 이에 대한 핵심 전략을 익혀두면 지문을 들을 때 정확하게 핵심 정보를 파악할 수 있다.

전체 대화 관련 문제

지문의 전반적인 사항과 관련된 내용을 물으며, 지문의 초반을 주의 깊게 들어야 한다.

1 주제 및 목적
2 화자 및 장소

세부 사항 관련 문제

지문에서 언급된 특정 세부 사항과 관련된 내용을 물으며, 지문에서 질문의 핵심어구가 언급된 주변을 주의 깊게 들어야 한다.

3 요청/제안/언급
4 이유/방법/정도
5 다음에 할 일
6 특정 세부 사항
7 의도 파악
8 추론
9 시각 자료

유형 분류 2 지문 유형

Part 4에 출제되는 지문은 아래와 같이 9개의 유형으로 나누어진다. 전형적인 지문들이 반복되어 출제되는 경우가 많으므로 빈출 상황과 자주 쓰이는 표현을 익혀두면 내용 파악이 훨씬 수월해진다

1 음성 메시지 구직/구인 관련 전화 메시지, 부재중 자동 응답 메시지, 서비스 업체의 안내 메시지 등

2 안내 및 공지 사내 공지, 교통수단 내에서의 공지, 시설물 관련 안내 방송

3 모임·행사 관련 연설 회의, 세미나, 사원 교육, 시상식, 기념일 축하 행사 등에서의 연설

4 여행·관람·견학 안내 공장 견학, 선박 여행, 동물원 및 박물관 관람 시에 듣게 되는 일정 안내

5 광고 할인 판매나 신제품 출시 광고, 보험 광고, 제품/서비스 광고 등

6 방송 교통 방송이나 일기 예보, 방송 순서 안내 등

7 보도 경제, 교육, 환경, 건강, 취업 등에 관련된 보도

8 소개 신입 직원, 은퇴하는 직원, 시상식의 수상자, 책의 저자, 기념식 등에 대한 소개

9 설명 및 강연 사내 업무 처리 방법, 시설물 내에서의 서비스 이용 절차 안내, 전문가의 강연 등

오답 분석 오답을 알면 정답이 보인다!

단골 오답 | 지문에 등장했던 어휘를 이용한 오답

P4_실전_01

다른 파트와 비교했을 때 Part 4는 지문의 내용을 제대로 듣기만 하면 오답 때문에 정답을 놓칠 위험은 덜하다. 하지만 지문의 내용을 정확하게 듣지 못했을 때 지문에 등장했던 일부 단어를 이용한 오답에 속기 쉬우므로 이러한 오답에 주의할 필요가 있다.

Good morning, Mr. Ryan. I am sorry to disturb you at the office. My name is John Stanford and I am calling from the administration office of your apartment building. A pipe burst on the floor above yours, and we are concerned that there may be water damage to your unit. We need authorization to enter your apartment. Could you call me back at 555-8989 as soon as you get this message?

Q. Why is the speaker calling?

(A) To request access to a residence
(B) To check if building repairs have begun
(C) To recommend a qualified plumber
(D) To inquire about renting an apartment

안녕하세요, Mr. Ryan. 근무 중에 방해해서 죄송합니다. 제 이름은 John Stanford이며, 아파트 관리 사무실에서 연락 드립니다. 당신의 위층에서 파이프가 터져서 당신의 집에 물로 인한 피해가 우려됩니다. 당신의 아파트에 들어가기 위한 허가가 필요합니다. 이 메시지를 받자마자 555-8989로 연락 주실 수 있으신가요?

Q. 화자는 왜 전화하고 있는가?

(A) 주택 출입 허가를 요청하기 위해
(B) 건물 수리가 시작됐는지 확인하기 위해
(C) 자격을 갖춘 배관공을 추천하기 위해
(D) 아파트 임대를 문의하기 위해

정답 (A)
오답 분석 (B)의 경우는 지문에서 언급된 building을 사용한 오답이며, (D)는 apartment를 사용한 오답이다.

문제 유형별 공략

무료 MP3
바로 듣기

| 전체 지문 관련 문제 |

토익 공식 1 주제 및 목적 문제

주제 및 목적 문제는 들려주는 지문의 중심 내용을 묻는 문제이다. Part 4 전체 30문제 중 매회 2~3문제 정도 출제된다.

핵심 전략

1. 지문의 화두가 주로 언급되는 초반을 반드시 듣는다!
2. 지문의 첫 부분을 듣고 주제를 파악하기 어려운 경우, 지문의 전체 맥락을 통해서 정답을 찾는다!
3. I'm calling to, I want to, I'd like to와 같은 표현이 언급된 다음을 주의 깊게 듣는다!

질문 형태

주제 문제
What is the speaker **discussing**? 화자는 무엇에 대해 이야기하고 있는가?
What is the report mainly **about**? 보도는 주로 무엇에 관한 것인가?
What is being advertised? 무엇이 광고되고 있는가?

목적 문제
What is the **purpose** of this announcement? 이 공지의 목적은 무엇인가?
Why is the speaker **calling**? 화자는 왜 전화하고 있는가?

Example P4_실전_02

Q. What is the purpose of the telephone message?

(A) To request payment for an item
(B) To provide information about an order
(C) To promote a special offer
(D) To confirm an address

Q. 전화 메시지의 목적은 무엇인가?

(A) 물품에 대한 지불을 요청하기 위해
(B) 주문에 대한 정보를 제공하기 위해
(C) 특별 할인을 홍보하기 위해
(D) 주소를 확인하기 위해

Script 캐나다

Hi, Ms. Jones. This is Jude Davids from the LotsoSave Appliance Store. **I'm calling to confirm your order** of the Zenlife GTX 300 microwave oven. I'd also like to let you know that, since the address you wrote down on our form is not within our delivery area, you will have to pay an additional delivery fee of $12. Delivery usually takes two to three days. Please call me at 555-9896 if you have any questions. Thank you very much and have a nice day.

안녕하세요, Ms. Jones. LotsoSave 가전제품점의 Jude Davids입니다. **고객님의** Zenlife GTX 300 전자레인지 **주문에 대해 확인하고자 전화 드립니다.** 또한 고객님께서 양식에 적어주신 주소가 저희의 배달 지역 내가 아니기 때문에, 추가 배송비 12달러를 지불하셔야 할 것임을 알려드리고자 합니다. 배송은 보통 2~3일 걸립니다. 문의사항이 있으시면 555-9896으로 제게 전화 주십시오. 대단히 감사드리며 좋은 하루 보내십시오.

어휘 payment[péimənt] 지불 promote[prəmóut] 홍보하다, 판촉하다
appliance[əpláiəns] 가전제품 additional[ədíʃənl] 추가의

해설 정답 (B)

전화 메시지의 목적을 묻는 문제이므로, 지문의 초반을 반드시 듣는다. "I'm calling to confirm your order"라며 주문을 확인하고자 전화한다고 하였다. 따라서 정답은 (B) To provide information about an order이다.

HACKERS PRACTICE

P4_실전_03

지문을 듣기 전에 문제를 읽어, 지문의 내용을 미리 파악하는 연습을 하자.

1. What is the speaker mainly discussing?
   (A) A training session
   (B) A rewards program
   (C) A product launch
   (D) A seasonal promotion

2. What does the speaker imply when he says, "only basic information should be included in the form"?
   (A) A job description has been changed.
   (B) A task should not take much time.
   (C) A document must be submitted soon.
   (D) A report was improperly filled out.

3. What does the speaker ask Mindy to do?
   (A) Retrieve some documents
   (B) Send an e-mail
   (C) Contact a customer
   (D) Review some applications

---

4. Why is the announcement being made?
   (A) To inform the listeners about a schedule change
   (B) To introduce a local entrepreneur
   (C) To invite people to participate in a workshop
   (D) To advertise a soapmaking class

5. What is mentioned about Rebecca Keys?
   (A) She missed her flight.
   (B) She is stuck in heavy traffic.
   (C) She is at a marketing convention.
   (D) She has to attend an important meeting.

6. Who is Mr. Garfield?
   (A) A business owner
   (B) A community leader
   (C) A traveling salesperson
   (D) A college instructor

---

7. What is the broadcast mainly about?
   (A) A feature film
   (B) An awards show
   (C) A famous actress
   (D) A professional musician

8. What is Help for Tomorrow?
   (A) A film company
   (B) A charitable organization
   (C) An educational institution
   (D) A cooking school

9. What will most likely happen next?
   (A) Some callers will ask questions.
   (B) A guest will be interviewed.
   (C) Some commercials will be broadcast.
   (D) A musician will perform.

Test	Price
Standard Exam	$85
Senior Exam	$120
Specialty Exam	$130
Strain Exam	$90

10. Why is the speaker calling?
    (A) To discuss an upcoming appointment
    (B) To give eye exam results
    (C) To reschedule a medical checkup
    (D) To offer advice about a problem

11. What does the speaker instruct the listener to do?
    (A) Try some new eyeglasses
    (B) Bring a prescription
    (C) Arrange a ride
    (D) Complete a survey

12. Look at the graphic. How much should the listener expect to pay?
    (A) $85
    (B) $120
    (C) $130
    (D) $90

정답·해석·해설 p.178

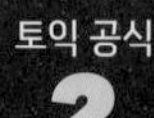

토익 공식 2 화자/청자 및 장소 문제

화자/청자 및 장소 문제는 이야기를 하고 있는 화자나 이야기를 듣고 있는 청자의 신분, 직업, 또는 근무지 그리고 이야기를 들을 수 있는 장소를 묻는 문제이다. Part 4 전체 30문제 중 매회 4~5문제 정도 출제된다.

핵심 전략

1. 지문 전체에서 신분, 직업, 그리고 장소와 관련된 표현들을 놓치지 않고 듣는다!
(*Part 3 Course 1. 신분이나 직업 및 장소를 나타내는 표현 참고)

2. 화자의 신분이나 직업은 I am 또는 As(~로서), 청자의 신분이나 직업은 Attention 다음에 자주 언급된다!

3. 장소는 Here at, Welcome to, Thank you for coming to 다음에 자주 언급된다!

질문 형태

화자/청자 문제
Where does **the speaker** probably **work**? 화자는 어디에서 일하는 것 같은가?
In which department/division do **the listeners** most likely **work**?
청자들은 어느 부서에서 일하는 것 같은가?
Who most likely is **the speaker/listener**? 화자/청자는 누구인 것 같은가?
Who is **the speaker** most likely **calling**? 화자는 누구에게 전화하는 것 같은가?

장소 문제
Where is this announcement **being made**? 이 공지는 어디에서 이루어지고 있는가?
Where most likely are **the listeners**? 청자들은 어디에 있는 것 같은가?

Example P4_실전_04

Q. Who most likely is the speaker?

(A) A company CEO
(B) A guest lecturer
(C) A training specialist
(D) A professional host

Q. 화자는 누구인 것 같은가?

(A) 회사 최고경영자
(B) 초청 강사
(C) 교육 전문가
(D) 전문 진행자

Script 호주

Good morning. **I am Harry Jefferson from the training department.** Our lecture on corporate management techniques will start shortly, but first, here are a few reminders. One, check that you have today's handout, copies of which may be found by the entrance. Two, wait until after the end of the talk to ask questions, as we will be having an open forum at 11:30 A.M. Finally, we will be hosting a small reception at noon, on the second floor of Ridgemont Hall. Now, I will pass the microphone to Ms. Stella Winegard.

어휘 specialist[spéʃəlist] 전문가 corporate[미 kɔ́:rpərət, 영 kɔ́:pərət] 기업
reception[risépʃən] 환영회

안녕하세요. **저는 교육 부서의 Harry Jefferson입니다.** 기업 경영 기술에 대한 강의가 곧 시작할 것이지만, 우선 상기시켜드릴 것들이 몇 가지 있습니다. 첫 번째로는, 여러분이 오늘의 유인물을 가지고 있는지 확인하기 바라며, 그 사본은 입구 옆에서 찾을 수 있습니다. 두 번째는, 오전 11시 30분에 공개 토론회를 가질 예정이오니, 질문을 하시려면 강연이 끝날 때까지 기다려 주십시오. 마지막으로, 정오에 2층에 있는 Ridgemont 홀에서 간단한 환영회를 열 것입니다. 이제, 마이크를 Ms. Stella Winegard에게 넘기겠습니다.

해설 정답 (C)

화자의 신분을 묻는 문제이므로, 신분 및 직업과 관련된 표현을 놓치지 않고 듣는다. "I am Harry Jefferson from the training department."라며 교육 부서에서 일하고 있다고 한 말을 통해 화자가 교육 전문가임을 알 수 있다. 따라서 정답은 (C) A training specialist이다.

HACKERS PRACTICE

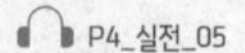

지문을 듣기 전에 문제를 읽어, 지문의 내용을 미리 파악하는 연습을 하자.

1. Where is the speaker most likely calling from?
   (A) A hotel facility
   (B) A floral shop
   (C) A delivery company
   (D) A corporate office

2. What does the speaker say Mr. Green will do?
   (A) Organize a banquet
   (B) Send a confirmation
   (C) Deliver a financial document
   (D) Pay for the order

3. What does the speaker recommend?
   (A) Watering some flowers
   (B) Arriving at the hotel early
   (C) Reserving some tables
   (D) Contacting a banquet hall

---

4. Who is the speaker?
   (A) A security director
   (B) An advertising specialist
   (C) A hotel manager
   (D) A language instructor

5. What is the speaker mainly discussing?
   (A) Amenities at a new building
   (B) The outcome of a campaign
   (C) The need for safety measures
   (D) Information from a monthly report

6. What is mentioned about the training sessions that will occur next week?
   (A) They will be followed by other sessions.
   (B) They will focus on emergency procedures.
   (C) They will come after the annual October summit.
   (D) They will be conducted in a foreign language.

---

7. Who most likely are the listeners?
   (A) Factory assembly line workers
   (B) Convention center staff
   (C) Supermarket customers
   (D) Industry event participants

8. According to the speaker, what did Premium Beverages do?
   (A) Conducted a customer survey
   (B) Celebrated an anniversary
   (C) Provided funding for a meeting
   (D) Released a line of drinks

9. Why should the listeners go to the east wing?
   (A) To learn about some new machinery
   (B) To sample some products
   (C) To listen to a speaker
   (D) To fill out a questionnaire

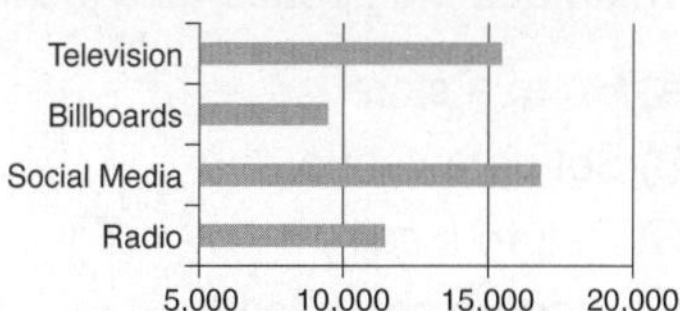

10. Who most likely are the listeners?
    (A) Chairpersons
    (B) Investors
    (C) Accounting interns
    (D) Marketers

11. What was Corporate Solutions hired to do?
    (A) Evaluate business operations
    (B) Develop some commercials
    (C) Hold customer focus groups
    (D) Recruit additional personnel

12. Look at the graphic. Which advertising channel did the company begin using this year?
    (A) Television
    (B) Billboards
    (C) Social Media
    (D) Radio

정답·해석·해설 p.180

토익 공식 **3**

요청/제안/언급 문제

요청/제안/언급 문제는 화자가 청자에게 요청, 지시, 제안, 추천, 또는 언급한 사항을 묻는 문제이다. Part 4 전체 30문제 중 매회 3~4문제 정도 출제된다.

핵심 전략

1. 요청이나 제안한 사항은 지문의 중후반에서 Please로 시작하는 명령문이나, Why don't you, must, should, ask 등이 포함된 문장을 주의 깊게 듣는다!

2. 언급한 사항은 지문을 듣기 전에 질문을 먼저 읽은 뒤, 질문의 핵심어구가 언급된 부분의 주변에서 정답을 찾는다!

질문 형태

요청/제안 문제

What does the speaker **ask** the listener to do? 화자는 청자에게 무엇을 하라고 요청하는가?
What does the speaker **request**? 화자는 무엇을 요청하는가?
What does the speaker **recommend**? 화자는 무엇을 제안하는가?
What does the speaker **suggest** the listeners do? 화자는 청자들에게 무엇을 하라고 제안하는가?

언급 문제

What does the speaker **say about the traffic**? 화자는 교통에 대해 무엇을 말하는가?
What is **mentioned about** the project? 프로젝트에 대해 무엇이 언급되는가?

Example P4_실전_06

Q. What does the speaker ask the listener to do?

(A) Go to a store
(B) Set up a venue
(C) Return a call
(D) Prepare some food

Q. 화자는 청자에게 무엇을 하라고 요청하는가?

(A) 상점으로 간다.
(B) 장소를 마련한다.
(C) 전화를 회신한다.
(D) 음식을 준비한다.

Script 영국

Hello, this is Rita calling. I've picked up most of the supplies you asked me to buy, but the store has run out of paper napkins. It does have cloth ones, but they're a little more expensive than the paper napkins. Should I get those instead? **Please let me know as soon as possible. You can reach me on my mobile phone.**

안녕하세요, 저 Rita예요. 저는 당신이 구매해달라고 요청한 물품의 대부분을 구했으나, 그 상점에 종이 냅킨은 떨어졌어요. 상점에 천으로 된 냅킨은 있지만, 그것들은 종이 냅킨보다 조금 더 비싸요. 제가 천으로 된 냅킨을 대신 사야 할까요? **가능한 한 빨리 제게 알려주세요. 제 휴대전화로 연락하시면 돼요.**

어휘 set up 마련하다, 설치하다 pick up 구하다, 찾다 cloth [klɔ:θ] 천
mobile phone 휴대전화

해설 정답 (C)

화자가 요청하는 것을 묻는 문제이므로, 지문의 중후반에서 요청과 관련된 표현이 포함된 문장을 주의 깊게 듣는다. "Please let me know as soon as possible. You can reach me on my mobile phone."이라며 가능한 한 빨리 알려달라며 휴대전화로 연락해 달라고 요청하였다. 따라서 정답은 (C) Return a call이다.

HACKERS PRACTICE

P4_실전_07

지문을 듣기 전에 문제를 읽어, 지문의 내용을 미리 파악하는 연습을 하자.

1. What is being advertised?
   (A) A bed comforter
   (B) A line of mattresses
   (C) A set of seat cushions
   (D) A foam pillow

2. What is a notable feature of Comfocare?
   (A) Affordable price
   (B) Special material
   (C) Washable fabric
   (D) Adjustable settings

3. What are the listeners recommended to do?
   (A) Go to a retail outlet
   (B) Apply for a new service
   (C) Order a product catalog
   (D) Contact a manufacturer

---

4. Who is the speaker?
   (A) A facility manager
   (B) A security guard
   (C) A laboratory technician
   (D) A machine operator

5. What is mentioned about Everglow Cosmetics?
   (A) Its factory has operated for two decades.
   (B) It has another branch.
   (C) It is interested in hiring staff.
   (D) It has won an award.

6. What does the speaker tell the listeners to do?
   (A) Fill out some order forms
   (B) Read some informational pamphlets
   (C) Get some safety gear
   (D) Test some electronic equipment

---

7. What is the reason for an announcement?
   (A) Safety inspections
   (B) A mandatory cleaning
   (C) Weather conditions
   (D) A guest injury

8. What are the listeners instructed to do?
   (A) Form some lines
   (B) Return to their homes
   (C) Visit a reception desk
   (D) Enter a structure

9. According to the speaker, what will remain accessible?
   (A) A pool
   (B) A locker room
   (C) A food court
   (D) A lobby

Company Floor Guide

8th Floor	Creative Services
7th Floor	Marketing
6th Floor	Accounting
5th Floor	Human Resources

10. What did the listener submit?
    (A) A job application
    (B) A list of office supplies
    (C) A request for compensation
    (D) A purchase receipt

11. What does the speaker ask the listener to do?
    (A) Return items to a store
    (B) Present a document
    (C) Proofread a form
    (D) Sign a contract

12. Look at the graphic. Which floor will the listener go to?
    (A) 8th floor
    (B) 7th floor
    (C) 6th floor
    (D) 5th floor

정답·해석·해설 p.183

토익 공식 **4**

이유/방법/정도 문제

이유/방법/정도 문제는 특정 사실의 이유/목적을 묻거나, 절차, 교통수단, 문제 해결 방법 또는 빈도, 기간, 수량과 같은 정도를 묻는 문제이다. Part 4 전체 30문제 중 매회 2~3문제 정도 출제된다.

핵심 전략

1. 이유/방법 문제의 정답은 지문의 내용이 Paraphrasing되어 출제되는 경우가 많다. 특히 이유 문제는 문장이 Paraphrasing되는 것에 익숙해진다! (*Part 4 기본 다지기 참고)

2. 빈도나 기간을 묻는 정도 문제는 수치 및 주기 관련 표현들의 Paraphrasing에 익숙해진다! (*Part 3 기본 다지기 참고)

질문 형태

이유 문제

Why is the speaker **apologizing**? 화자는 왜 사과하고 있는가?

방법 문제

How can the listeners **get more information**? 청자들은 어떻게 더 많은 정보를 얻을 수 있는가?

정도 문제

How long has Dr. Majors worked for the company? Dr. Majors는 회사에서 얼마나 오래 근무해 왔는가?

How many proposals were received? 얼마나 많은 제안서들이 접수되었는가?

Example P4_실전_08

Q. Why would the listeners press two?

(A) To speak with a representative
(B) To listen to information on services
(C) To get details on business hours
(D) To leave a message

Q. 청자들은 왜 2번을 누르겠는가?

(A) 직원과 이야기하기 위해
(B) 서비스에 관한 정보를 듣기 위해
(C) 영업시간에 관한 정보를 얻기 위해
(D) 메시지를 남기기 위해

Script 호주

Thank you for calling the legal department of GNB Consultants. Our office is currently closed for Memorial Day but will reopen tomorrow at 9 A.M. For information on our services, please press three. **To find out about our location and hours of operation, please press two.** If you'd like to leave a message, wait for the beep and provide your name, contact number, and the reason for your call. We will be sure to get back to you as soon as possible. Thank you, and have a nice day.

GNB Consultants사의 법무팀에 전화주셔서 감사합니다. 사무실은 현재 현충일로 인해 문을 닫았지만 내일 오전 9시에 문을 다시 열 것입니다. 서비스에 대한 정보를 원하시면 3번을 눌러주십시오. **위치와 영업시간을 알고 싶으시면 2번을 눌러주십시오.** 메시지를 남기고 싶으시면, 삐 소리를 기다리신 후 귀하의 성명, 연락처, 그리고 전화하신 이유를 남겨주십시오. 가능한 한 빨리 귀하께 연락 드리겠습니다. 감사드리며, 좋은 하루 보내십시오.

어휘 legal [líːgəl] 법률의 beep [biːp] 삐 소리 possible [미 pάsəbl, 영 pɔ́səbl] 가능한

해설 정답 (C)

청자들이 2번을 누를 이유를 묻는 문제이므로, 질문의 핵심어구(press two)가 언급된 주변을 주의 깊게 듣는다. "To find out about our location and hours of operation, please press two."라며 위치와 영업시간을 알고 싶다면 2번을 눌러달라고 하였다. 따라서 정답은 (C) To get details on business hours이다. (find out about ~ hours of operation → get details on business hours)

HACKERS PRACTICE

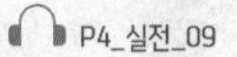

지문을 듣기 전에 문제를 읽어, 지문의 내용을 미리 파악하는 연습을 하자.

1. What is being advertised?
   (A) An exercise machine
   (B) A job opening
   (C) A fitness center
   (D) A sporting event

2. How can the listeners get a discount?
   (A) By signing up for a course
   (B) By presenting a membership card
   (C) By filling out a questionnaire
   (D) By attending an event

3. What will be available until next Friday?
   (A) A complimentary trial
   (B) An equipment sale
   (C) Discounted gift certificates
   (D) Downloadable vouchers

---

4. Where does the talk take place?
   (A) At a production facility
   (B) At a convention center
   (C) At a company office
   (D) At an electronics shop

5. What does the speaker imply when she says, "SE Technologies' new printer is getting a lot of positive press coverage"?
   (A) She wants details about a feature.
   (B) She is considering canceling a project.
   (C) She plans to contact another company.
   (D) She is concerned about competition.

6. Why will the team meet on Friday?
   (A) To test a 3D printer
   (B) To watch a device demonstration
   (C) To welcome new members
   (D) To discuss marketing strategies

---

7. What is the speaker discussing?
   (A) The results of a court case
   (B) A new real estate contract
   (C) The completion of a building
   (D) A successful merger between firms

8. What is mentioned about a project?
   (A) It will be voted on tomorrow.
   (B) It used tax money.
   (C) It received support from residents.
   (D) It will last for six years.

9. Why was a project delayed?
   (A) A construction site had to be inspected.
   (B) An elected official requested more time.
   (C) A budget was not large enough.
   (D) A permitting process was incomplete.

Pine Bistro
Signature Desserts
Lemon pie
$4.00
Pumpkin pie
$5.50
Blueberry cheese cake
$6.50
Chocolate mousse cake
$7.50

10. Why did the listener miss a meeting?
    (A) She was attending a family gathering.
    (B) She participated in a training workshop.
    (C) She had to assist some customers.
    (D) She had a doctor's appointment.

11. What did the company do last month?
    (A) Refunded some customers
    (B) Conducted a survey
    (C) Hired a new chef
    (D) Printed updated menus

12. Look at the graphic. Which menu item can customers order at a discount?
    (A) Lemon pie
    (B) Pumpkin pie
    (C) Blueberry cheese cake
    (D) Chocolate mousse cake

정답·해석·해설 p.185

토익 공식 5

다음에 할 일 문제

다음에 할 일 문제는 화자 또는 청자가 다음에 할 일이나 다음에 일어날 일을 묻는 문제이다. Part 4 전체 30문제 중 매회 2~3문제 정도 출제된다.

핵심 전략
1. 주로 지문의 마지막 부분에 정답의 단서가 언급 되므로 지문 마지막 부분을 주의 깊게 듣는다!
2. will, be going to 등의 미래 시제나 after, before 등의 시간을 나타내는 표현이 포함된 문장, let's, please로 시작하는 문장을 주의 깊게 듣는다!

질문 형태
What will the listeners most likely **do next**? 청자들은 다음에 무엇을 할 것 같은가?
What will **happen on January 21**? 1월 21일에 무슨 일이 일어날 것인가?
What does the speaker say will **take place on Saturday**? 화자는 토요일에 무슨 일이 일어날 것이라고 말하는가?

Example P4_실전_10

Q. What will happen next?

(A) An examination will begin.
(B) A video will be shown.
(C) A lecture will be given.
(D) A presenter will be introduced.

Q. 다음에 무슨 일이 일어날 것인가?

(A) 시험이 시작될 것이다.
(B) 비디오가 상영될 것이다.
(C) 강의가 있을 것이다.
(D) 진행자가 소개될 것이다.

Script 영국

Good morning, and welcome to the 19th Annual Agriculturists Seminar. Our initial speaker for today is an agricultural economics professor at Ashford State University with 20 years of research experience. He is here to discuss his latest findings in natural resource economics. **And now, I will invite Mr. Barry Irwin up to the stage to begin his talk.**

안녕하세요, 제19회 연례 농업 전문가 세미나에 오신 것을 환영합니다. 오늘의 첫 번째 연설자는 20년 간의 연구 경험을 지닌 Ashford 주립대학교의 농업 경제학 교수이십니다. 그는 천연자원 경제학에 관한 자신의 최근 연구 결과에 대해 이야기하기 위해 여기 오셨습니다. 그리고 이제, Mr. Barry Irwin을 무대 위로 모셔서 강의를 시작하도록 하겠습니다.

어휘 agriculturist[æ̀grikʌ́ltʃərist] 농업 전문가, 농업 종사자
initial[iníʃəl] 첫 번째의, 최초의 finding[fáindiŋ] 연구 결과
natural resource 천연자원

해설 정답 (C)

다음에 일어날 일을 묻는 문제이므로, 지문의 마지막 부분을 주의 깊게 듣는다. "And now, I will invite Mr. Barry Irwin up to the stage to begin his talk."이라며 Mr. Barry Irwin을 무대 위로 모셔서 강의를 시작하겠다고 한 말을 통해 다음에 강의가 있을 것임을 알 수 있다. 따라서 정답은 (C) A lecture will be given이다. (talk → lecture)

HACKERS PRACTICE

P4_실전_11

지문을 듣기 전에 문제를 읽어, 지문의 내용을 미리 파악하는 연습을 하자.

1. What is the subject of the broadcast?
   (A) The renovation of a recreational facility
   (B) The observance of an annual event
   (C) The inaugural speech of a city mayor
   (D) The celebration of a committee's anniversary

2. What are motorists asked to do?
   (A) Arrive early to a parade
   (B) Park their cars at a complex
   (C) Use public transportation
   (D) Take different routes

3. What will happen after the main event?
   (A) A speech will be made.
   (B) A banquet will be held.
   (C) A prize will be awarded.
   (D) A band will be introduced.

---

4. What is the talk mainly about?
   (A) Lowering business expenses
   (B) Extending employee benefits
   (C) Relocating a company
   (D) Taking on more staff

5. According to the speaker, what is unable to be provided?
   (A) Office workspaces
   (B) Computer equipment
   (C) Application forms
   (D) Training sessions

6. What will the listeners probably do next?
   (A) Submit job applications
   (B) Prepare to move offices
   (C) Review a document
   (D) Add up a list of expenses

---

7. Where most likely is the speaker?
   (A) At a restaurant opening
   (B) At a culinary workshop
   (C) At a book launch
   (D) At a company anniversary

8. What will Mr. Diehl do this morning?
   (A) Sign copies of a book
   (B) Talk about his long career
   (C) Provide food preparation advice
   (D) Distribute some dishes

9. What will take place after the lecture?
   (A) An open discussion
   (B) A book signing
   (C) A cooking demonstration
   (D) An award ceremony

Nutrition Facts	
Serving Size: 150g	
Amount Per Serving	250 Calories
Fat	6g
Sugar	28g
Potassium	115mg
Sodium	150mg

10. What is the company about to release?
    (A) An energy bar
    (B) A sports drink
    (C) A frozen meal
    (D) A baked good

11. Look at the graphic. What ingredient amount is subject to change?
    (A) 6g
    (B) 28g
    (C) 115mg
    (D) 150mg

12. What will happen on October 10?
    (A) An athletic tournament will start.
    (B) A new item will be available in stores.
    (C) A product line will be discontinued.
    (D) A campaign will begin.

정답·해석·해설 p.188

토익 공식 **6**

특정 세부 사항 문제

특정 세부 사항 문제는 지문에서 언급된 특정 사항과 관련된 세부적인 내용을 묻는 문제이다. Part 4 전체 30문제 중 매회 10~11문제 정도 출제된다.

핵심 전략

1. 지문에서 질문의 핵심어구가 언급된 주변을 주의 깊게 듣는다!

2. 지문에서 구체적인 시간, 장소, 신분 및 직업을 나타내는 표현이 등장하는 경우에 유의한다!
(*Part 3 기본 다지기, Course 1. 화자의 신분이나 직업 및 장소를 나타내는 표현과 관련 키워드 참고)

질문 형태

What is provided **free of charge**? 무엇이 무료로 제공되는가?
What information has been **changed**? 무슨 정보가 변경되었는가?
According to the speaker, **what** is a **characteristic of the camera**?
화자에 따르면, 카메라의 특징은 무엇인가?
What skill does Maria **have**? Maria는 무슨 기술을 가지고 있는가?
When does the **library close**? 도서관은 언제 문을 닫는가?
Where will the **conference** be **held**? 회의는 어디에서 열릴 것인가?
Who is **Laura Thomson**? Laura Thomson은 누구인가?

Example P4_실전_12

Q. What did Ms. Wesson do recently?

(A) Interviewed a television personality
(B) Became a filmmaker
(C) Talked about an upcoming movie
(D) Wrote a novel

Q. Ms. Wesson은 최근에 무엇을 했는가?

(A) TV에 나오는 유명인을 인터뷰했다.
(B) 영화 제작자가 되었다.
(C) 곧 개봉될 영화에 관해 이야기했다.
(D) 소설을 썼다.

Script 호주

This morning I will be speaking with Paulina Wesson, popular star of the hit TV drama *Castletown*. **Ms. Wesson recently branched out from acting and directed a cable TV film entitled *Prairie Wife*** which highlights the story of a pioneer woman in the mid-1800s. She will discuss her new film, which will be broadcast tomorrow night on the MDN network, as well as her upcoming projects.

오늘 아침 저는 텔레비전 히트 드라마 *Castletown*의 인기 스타, Paulina Wesson과 이야기를 나누도록 하겠습니다. Ms. Wesson은 **최근 연기에서 다른 분야까지 활동을 넓혀서** 1800년대 중반에 살았던 여성 선구자의 이야기를 중점으로 다루는 *Prairie Wife*라는 **제목의 케이블 텔레비전 영화를 연출했습니다.** 그녀는 오늘 앞으로의 프로젝트뿐만 아니라 그녀의 새 영화에 대해 이야기할 것이며, 이 영화는 MDN 방송에서 내일 밤에 방영될 것입니다.

어휘 personality [미 pə̀:rsənǽləti, 영 pə̀:sənǽləti] 유명인
filmmaker [미 fímmèikər, 영 fímmèikə] 영화 제작자
branch out 다른 분야까지 활동을 넓히다
pioneer [미 pàiəníər, 영 pàiəníə] 선구자, 개척자

해설 정답 (B)

Ms. Wesson이 최근에 한 것을 묻는 문제이므로, 질문의 핵심어구(Ms. Wesson ~ recently)가 언급된 부분을 주의 깊게 듣는다. "Ms. Wesson recently ~ directed a cable TV film entitled *Prairie Wife*"라며 Ms. Wesson이 최근 *Prairie Wife*라는 제목의 케이블 텔레비전 영화를 연출했다고 한 말을 통해 Ms. Wesson이 최근에 영화 제작자가 되었음을 알 수 있다. 따라서 정답은 (B) Became a filmmaker이다.

HACKERS PRACTICE

P4_실전_13

지문을 듣기 전에 문제를 읽어, 지문의 내용을 미리 파악하는 연습을 하자.

1. What is the speaker mainly discussing?
(A) An award ceremony
(B) A design competition
(C) An upcoming project
(D) A community festival

2. Why does the speaker say, "We've done similar projects successfully before"?
(A) To show confidence in employees' abilities
(B) To justify the company's status
(C) To suggest that materials can be reused
(D) To imply that a lot of changes have occurred

3. What does the speaker expect to happen in the future?
(A) The mayor will provide additional tasks.
(B) The company will have a strong reputation.
(C) The campaign will expand to other cities.
(D) The marketing budget will be increased.

---

4. What is the broadcast mainly about?
(A) A public monument
(B) A construction plan
(C) A mayoral candidate
(D) An environmental campaign

5. Who is Nicholas Nelson?
(A) An organization founder
(B) A well-known sculptor
(C) A former official
(D) An ecology expert

6. What will most likely happen next?
(A) A weather forecast will be broadcast.
(B) Some questions will be answered.
(C) An interview will be conducted.
(D) Business news will be discussed.

---

7. What is the speaker discussing?
(A) Details of a special event
(B) Additional payment methods
(C) An itinerary for a trip
(D) New shipping destinations

8. What will be completed by Friday?
(A) A service contract
(B) A client's itinerary
(C) The work for an online page
(D) The shipment of some items

9. What does the speaker say the company wants to do?
(A) Expand sales into international markets
(B) Develop a new line of products
(C) Introduce new delivery methods
(D) Create partnerships with Asian companies

Diameter	Price (per box of 100)
5mm	$420
6mm	$455
7mm	$490
8mm	$525

10. What did the speaker buy?
(A) Laboratory supplies
(B) Factory machinery
(C) Printing equipment
(D) Computer parts

11. Look at the graphic. How much did the speaker pay?
(A) $420
(B) $455
(C) $490
(D) $525

12. What is the listener asked to do?
(A) Refund an account
(B) Return a phone call
(C) File a complaint
(D) Send an invoice

정답·해석·해설 p.190

토익 공식 7

의도 파악 문제

의도 파악 문제는 지문에서 언급된 특정 문장에 담긴 화자의 의도를 묻는 문제이다. Part 4 전체 30문제 중 매회 3문제 정도 출제된다.

핵심 전략

1. 질문의 인용어구를 미리 확인한 뒤 해당 인용어구가 언급된 주변을 들으면서 정답의 단서를 파악한다!

2. 강세나 어조 또한 문맥을 파악하는 데 단서가 될 수 있으므로 주의 깊게 듣는다!

3. 인용어구 일부 단어의 일차적인 의미를 이용한 오답이나, 제시된 대화 상황과 다른 상황에서 정답이 될 법한 오답에 속지 않도록 주의한다!

질문 형태

Why does the speaker say, "The report is over 15 pages long"?
화자는 왜 "보고서가 15페이지가 넘는 분량이에요"라고 말하는가?

What does the speaker imply/mean when he says, "**And that's not all**"?
화자는 "그리고 그것이 전부가 아니에요"라고 말할 때 무엇을 의도하는가?

Example P4_실전_14

Q. Why does the speaker say, "Many of you have your own social media accounts"?

(A) To warn about productivity
(B) To provide a solution
(C) To confirm an offer
(D) To introduce a request

Q. 화자는 왜 "여러분들 중 다수는 개인 소셜 미디어 계정을 가지고 있습니다"라고 말하는가?

(A) 생산성에 대해 경고하기 위해
(B) 해결책을 제시하기 위해
(C) 제안을 확정하기 위해
(D) 요청 사항을 전하기 위해

Script 캐나다

So, I want to discuss our plan to recruit new Web designers for our IT department. The HR department has decided to try a different recruiting method to fill these positions. **Many of you have your own social media accounts.** I realize this may seem unusual, but **they'd like to advertise the job openings there**. For an employee whose post attracts a successful applicant, there will be a $200 bonus.

자, 저는 우리의 IT 부서를 위한 새로운 웹디자이너들을 채용하려는 계획에 대해 논의하고 싶습니다. 인사부서는 이 자리를 채우기 위해 색다른 채용 방식을 시도해 보기로 결정했습니다. 여러분들 중 다수는 개인 소셜 미디어 계정을 가지고 있습니다. 이것이 조금 특이하게 보일 수도 있다는 것을 알지만, 그들은 거기에 일자리 공석을 광고하기를 원합니다. 합격자를 유인한 게시글의 직원에게는 200달러의 보너스가 있을 것입니다.

어휘 recruit[rikrú:t] 채용하다, 모집하다 method[méθəd] 방식
successful applicant 합격자

해설

정답 (D)

화자가 하는 말의 의도를 묻는 문제이므로, 질문의 인용어구(Many of you have your own social media accounts)가 언급된 주변을 주의 깊게 듣는다. "Many of you have your own social media accounts."라며 청자들 중 다수가 개인 소셜 미디어 계정을 가지고 있다고 한 뒤, "they[HR department]'d like to advertise the job openings there"라며 인사부서는 소셜 미디어에 일자리 공석을 광고하기를 원한다고 했으므로 요청 사항을 전하려는 의도임을 알 수 있다. 따라서 정답은 (D) To introduce a request이다.

HACKERS PRACTICE

P4_실전_15

지문을 듣기 전에 문제를 읽어, 지문의 내용을 미리 파악하는 연습을 하자.

1. According to the speaker, what did the listener do last week?
(A) Unpacked some belongings
(B) Applied for a mortgage
(C) Paid for some renovations
(D) Toured a property

2. What does the speaker mean when he says, "The owner should have mentioned this to me"?
(A) He does not have a building address.
(B) He was unaware of some damage.
(C) He will request additional information.
(D) He was not notified of a schedule change.

3. What advice does the speaker offer?
(A) A purchase should not be made.
(B) A contract should not be changed.
(C) A house should be marketed online.
(D) A repairperson should be hired.

---

4. What is mentioned about Okada Telecom?
(A) Its service is affordable.
(B) Its employees are helpful.
(C) It has a good reputation.
(D) It offers a range of options.

5. What did the speaker recently discuss with a client?
(A) A production schedule
(B) A product launch
(C) A promotional event
(D) A price estimate

6. What does the speaker mean when she says, "it's time that we consider our options"?
(A) A better price must be negotiated.
(B) A benefits package will be reviewed.
(C) A service should be canceled.
(D) A company will be expanded.

---

7. What happened at the park last year?
(A) A stage area was cleaned.
(B) Some equipment was damaged.
(C) Some facilities were updated.
(D) A guest made a complaint.

8. What will be featured at the show?
(A) A video presentation
(B) Some fireworks
(C) International performers
(D) A magic show

9. Why does the speaker say, "space is limited"?
(A) To suggest that the listeners go to an area
(B) To encourage the listeners to purchase tickets
(C) To indicate that an event has almost finished
(D) To apologize for the long lines at a popular show

---

10. What is the speaker mainly discussing?
(A) Participation at a community event
(B) Complications with a shipment
(C) Preparations for a store opening
(D) Plans for a business trip

11. What does the speaker mean when she says, "we are a local company"?
(A) A booth will be available.
(B) A charge will not be applied.
(C) A reservation will be necessary.
(D) A vendor will not be contacted.

12. According to the speaker, what is located at the front desk?
(A) A price list
(B) A product catalog
(C) A festival program
(D) A sign-up sheet

정답·해석·해설 p.192

토익 공식 **8**

추론 문제

추론 문제는 지문에서 직접 언급되지는 않지만 지문 내용을 통해 유추할 수 있는 사실을 묻는 문제이며, 출제 비율이 높지 않지만 Part 4 전체 30문제 중 가끔 1문제 정도 출제된다.

핵심 전략
1. 지문에서 핵심어구가 언급된 부분을 주의 깊게 듣는다!
2. 주로 문장 형태의 선택지가 출제되며, 정답의 단서가 자주 Paraphrasing 되는 것에 유의한다!

질문 형태
What does the speaker **suggest about the business**? 화자는 회사에 대해 무엇을 암시하는가?
What does the speaker **imply about the new system**? 화자는 새로운 시스템에 대해 무엇을 암시하는가?

Example P4_실전_16

Q. What does the speaker imply about the new software program?

(A) It will simplify team managers' work duties.
(B) It will store sensitive information.
(C) It increases worker productivity.
(D) It is used by many companies.

Q. 화자는 새로운 소프트웨어 프로그램에 대해 무엇을 암시하는가?

(A) 팀 관리자의 업무를 단순화할 것이다.
(B) 민감한 정보를 저장할 것이다.
(C) 직원 생산성을 증가시킨다.
(D) 많은 회사들에 의해 사용된다.

Script 호주

Good morning, everyone. I've arranged this team managers' meeting today to demonstrate a new software program that you will be using for the upcoming employee evaluations. It was designed to apply the same standards to all evaluations. For example, productivity and work attitude will be reflected uniformly for each employee. **You should also be aware that before you begin using the new software, you must sign a confidentiality agreement, since the program contains the staff's personal information.**

안녕하세요, 여러분. 저는 곧 있을 직원 평가에서 여러분들이 사용할 새로운 소프트웨어 프로그램을 시연하기 위해 오늘 팀 관리자 회의를 마련했습니다. 이것은 모든 평가에 같은 기준을 적용하기 위해 설계되었습니다. 예를 들어, 생산성과 업무 태도는 각 직원들에게 일률적으로 반영될 것입니다. **여러분들은 또한 프로그램이 직원의 개인 정보를 포함하고 있기 때문에, 새로운 소프트웨어를 사용하는 것을 시작하기 전에 기밀 동의서에 서명해야 한다는 것을 알고 계셔야 합니다.**

어휘 simplify [미 símpləfài, 영 símplifai] 단순화하다
sensitive [미 sénsətiv, 영 sénsitiv] 민감한, 예민한
attitude [ǽtitjù:d] 태도
uniformly [미 jú:nəfɔ̀:rmli, 영 jú:nifɔ:mli] 일률적으로, 균등하게
confidentiality [미 kɑ̀nfidenʃiǽləti, 영 kɔ̀nfidenʃiǽləti] 기밀성, 비밀

해설

정답 (B)

화자가 새로운 소프트웨어 프로그램에 대해 암시하는 것을 묻는 문제이므로, 질문의 핵심어구(new software program)와 관련된 내용을 주의 깊게 듣는다. "You should also be aware that before you begin using the new software, you must sign a confidentiality agreement, since the program contains the staff's personal information."이라며 프로그램이 직원의 개인 정보를 포함하고 있기 때문에, 새로운 소프트웨어를 사용하기 전에 기밀 동의서에 서명해야 한다고 말한 것을 통해 새로운 소프트웨어 프로그램이 민감한 정보를 저장할 것임을 알 수 있다. 따라서 정답은 (B) It will store sensitive information이다.

HACKERS PRACTICE

P4_실전_17

지문을 듣기 전에 문제를 읽어, 지문의 내용을 미리 파악하는 연습을 하자.

1. According to the speaker, who contacted an agency?
   (A) A casting director
   (B) A talent agent
   (C) A professional actor
   (D) A corporate spokesperson

2. What does the speaker suggest about Lime Inc.?
   (A) It is uncertain about a campaign.
   (B) It sells its products around the world.
   (C) It is open to negotiations.
   (D) It partnered with another company.

3. Why will the speaker be unavailable for an hour?
   (A) He is preparing for an audition.
   (B) He must attend a meeting.
   (C) He is reviewing some commercials.
   (D) He has to write a report.

---

4. What is the broadcast mainly about?
   (A) A building project
   (B) A funding request
   (C) A business proposal
   (D) A government grant

5. Who is Marco Bryson?
   (A) A businessperson
   (B) A news reporter
   (C) A library employee
   (D) An architect

6. What does the speaker imply about some residents?
   (A) They are worried about costs.
   (B) They are organizing a gathering.
   (C) They do not support tax increases.
   (D) They recently voted on a proposal.

---

7. Where most likely does the speaker work?
   (A) At an event-planning business
   (B) At a media outlet
   (C) At a car company
   (D) At a publicity firm

8. What can be inferred about the Bernard Auto Show?
   (A) It has been widely promoted.
   (B) It has been held multiple times.
   (C) It is hosted in another country.
   (D) It is an invitation-only event.

9. What does the speaker suggest that the listeners do?
   (A) Collaborate in groups
   (B) Attend an auto show
   (C) Test-drive a new model
   (D) Conduct a market analysis

Course Offerings	Fees
Novice	$50
Beginner	$60
Intermediate	$70
Advanced	$80

10. Why is the speaker calling?
    (A) To request a particular book
    (B) To ask about a library card
    (C) To respond to an inquiry
    (D) To register for an event

11. What does the speaker suggest about the seminars?
    (A) They will be led by a published author.
    (B) They will last for several months.
    (C) They will be held in various locations.
    (D) They will focus on nonfiction writing.

12. Look at the graphic. How much will the listener probably pay?
    (A) $50
    (B) $60
    (C) $70
    (D) $80

정답·해석·해설 p.195

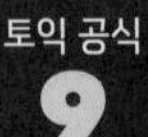

토익 공식 9

시각 자료 문제

시각 자료 문제는 질문과 함께 제시된 시각 자료를 보고 푸는 문제이다. Part 4 전체 30문제 중 매회 2문제 정도 출제된다.

핵심 전략

1. 주어진 시각 자료와 질문의 핵심어구를 보고 무엇에 관한 내용인지 빠르게 파악한다!

2. 표의 경우, 지문의 내용과 표의 내용이 일치하는지 비교하면서 듣는다!

3. 그래프의 경우, 지문을 듣기 전에 최고·최저 항목이나 흐름이 변하는 구간 등의 특이 사항을 미리 파악한다!

4. 약도의 경우, 지문에서 between(~ 사이에), next to(~ 옆에), opposite(~ 맞은 편에), in front of(~ 앞에)와 같이 위치나 방향을 나타내는 표현 등에 유의하여 듣는다!

질문 형태

Look at the graphic. When is **the first event taking place**?
시각 자료를 보아라. 첫 번째 행사는 언제 열릴 것인가?

Look at the graphic. Which service does the speaker **want to focus on**?
시각 자료를 보아라. 화자는 어느 서비스에 초점을 맞추고 싶어 하는가?

Example P4_실전_18

Seminars	Time
Starting your Business	1:00-1:50
Writing a Business Plan	2:00-2:50
Managing Cash Flow	3:00-3:50
Business Networking	4:00-4:50

Q. Look at the graphic. Which seminar is Ms. Wylie going to present?

(A) Starting your Business
(B) Writing a Business Plan
(C) Managing Cash Flow
(D) Business Networking

Script 영국

Welcome to the 4th Annual Business Management Workshop. I will briefly go over our schedule before we begin. There will be four seminars between 1:00 P.M. and 4:50 P.M., and then an optional social event with the presenters. This will be a great opportunity to meet the experts. Oh, and I should mention that our first presenter, Michael Donhue, will be late. We've therefore decided to begin with **the speaker scheduled at 2 P.M., Anne Wylie.**

세미나	시간
사업 시작하기	1:00-1:50
사업 기획서 작성하기	2:00-2:50
현금 유출입 관리하기	3:00-3:50
사업 네트워킹	4:00-4:50

Q. 시각 자료를 보아라. Ms. Wylie는 어떤 세미나를 발표할 것인가?

(A) 사업 시작하기
(B) 사업 기획서 작성하기
(C) 현금 유출입 관리하기
(D) 사업 네트워킹

제4회 연례 사업 경영 워크숍에 오신 것을 환영합니다. 시작하기 전에 우리의 일정을 간략하게 살펴보겠습니다. 오후 1시와 오후 4시 50분 사이에 네 개의 세미나가 있을 것이며, 이어서 발표자들과 함께하는 선택 가능한 사교 행사가 있을 것입니다. 이것은 전문가들을 만날 좋은 기회가 될 것입니다. 아, 그리고 첫 번째 발표자인 Michael Donhue가 늦을 것임을 말씀드려야 합니다. 따라서 저희는 **오후 2시에 예정된 발표자인 Anne Wylie**와 시작하기로 했습니다.

해설

정답 (B)

Ms. Wylie가 어떤 세미나를 발표할 것인지를 묻는 문제이므로, 제시된 표의 정보를 확인한 뒤 질문의 핵심어구(seminar ~ Ms. Wylie ~ present)와 관련된 내용을 주의 깊게 듣는다. "the speaker scheduled at 2 P.M., Anne Wylie"라며 Anne Wylie가 오후 2시에 예정된 발표자라고 하였으므로, Anne Wylie가 2시의 사업 기획서 작성하기 세미나의 발표자임을 표에서 알 수 있다. 따라서 정답은 (B) Writing a Business Plan이다.

시각 자료의 종류와 형태

다음은 Part 4에 출제될 수 있는 다양한 종류와 형태의 시각 자료들이다.

표 표의 경우 강연 시간표, 상품 주문서, 직원 내선번호 목록 등이 출제될 수 있다.

컨퍼런스의 강연 시간표

Presenter	Time
Elena Ko	1:00 P.M.
John Taylor	2:00 P.M.
Elizabeth Moss	3:00 P.M.
Dana Chen	4:00 P.M.

→ Elizabeth Moss가 일찍 떠나야 해서 첫 번째 발표자와 발표 시간을 바꾸었다고 한다면, Elizabeth가 발표할 시간은 오후 1시임을 알 수 있다.

사무실 내선 번호를 나타내는 목록

Directory	
103	Jose Martinez
206	Josephine White
104	Lucy Park
503	Caitlyn Rogers

→ Caitlyn Rogers에게 전화를 하라고 한다면, 전화를 걸어야 하는 번호는 503임을 알 수 있다.

그래프 그래프의 경우 판매량 막대 그래프, 연간 예산 원 그래프, 고객 불만족 원 그래프 등이 출제될 수 있다.

쇼핑몰의 부문별 판매량을 나타내는 막대 그래프

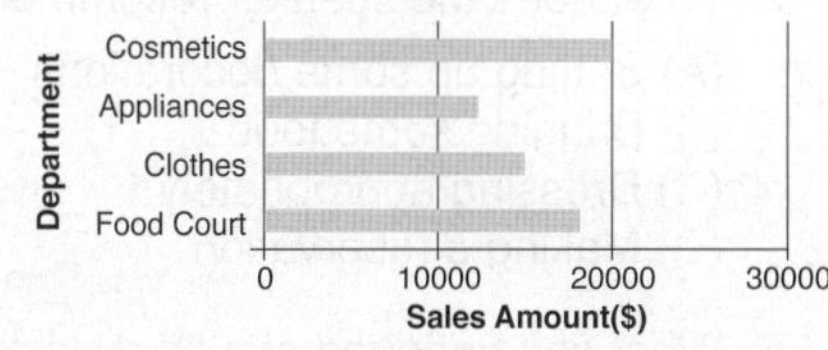

→ 판매량이 가장 낮은 부서에 판매 직원들을 더 배치하여 판매량 증가를 목표로 하겠다고 한다면, 직원이 더 배치될 부서는 가전 제품(Appliances) 부서임을 알 수 있다.

회사의 마케팅 연간 예산 원 그래프

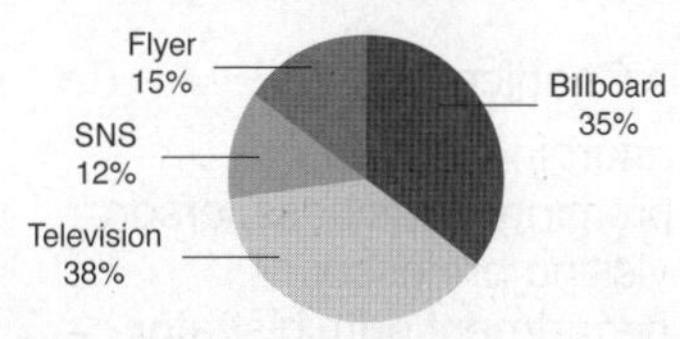

→ 두 번째로 예산을 적게 책정했던 부문의 효과가 좋아서 내년에는 좀더 많은 예산을 책정한다고 하면, 더 많은 예산을 책정 받을 부문은 광고지(Flyer)임을 알 수 있다.

약도 약도의 경우 건물 내 평면도, 등산로, 비상 대피로 등이 출제될 수 있다.

사무실 내 방들의 위치를 나타내는 평면도

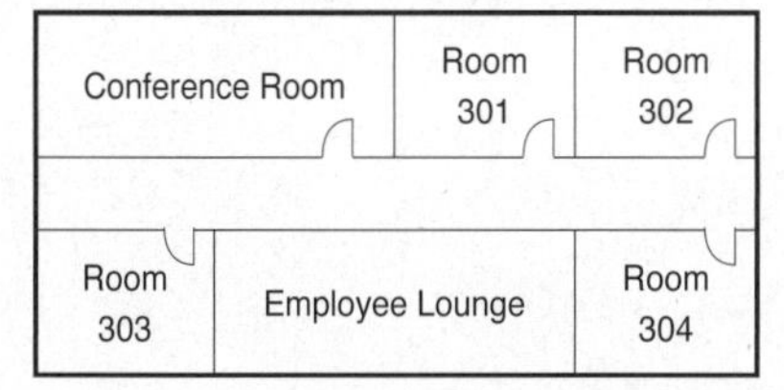

→ 사무실에 보수 공사를 시작할 것인데, 직원 라운지 옆에 있고 회의실 맞은 편에 있는 방부터 시작할 것이라고 한다면, 가장 첫 번째로 공사가 진행될 방은 303호(Room 303)임을 알 수 있다.

등산로

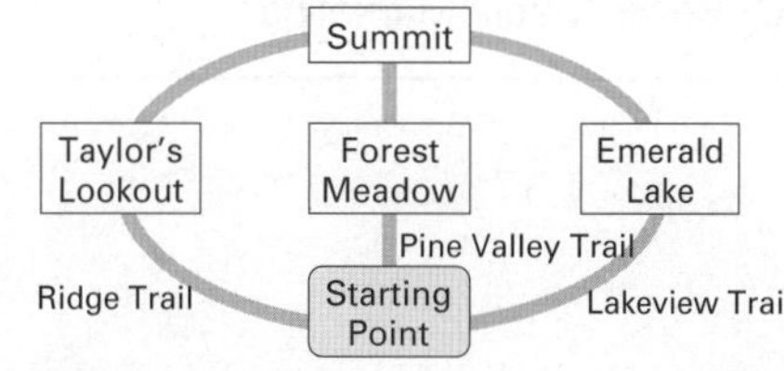

→ 호우 때문에 오늘 Lakeview 등산로(Lakeview trail)가 막혀서 이용할 수 없다고 한다면, 오늘 가지 못하는 곳은 Emerald 호수(Emerald Lake)임을 알 수 있다.

기타 시각 자료 기타 시각 자료로는 상품 목록, 기상예보, 영수증, 제품 태그, 시설물 점검 리스트 등이 출제될 수 있다.

상품 목록

Home Entertainment Equipment

Flatscreen television $200	Stereo speakers $150
Cable TV connection $40	Video game system $100

→ 게임을 위한 기기를 새로 출시할 것이라고 한다면, 출시될 상품의 가격은 100달러($100)임을 알 수 있다.

일기 예보

Weather forecast

Monday	Tuesday	Wednesday	Thursday

→ 천둥이 치는 날에는 영업을 하지 않을 것이라고 한다면, 영업이 되지 않을 날은 수요일(Wednesday)임을 알 수 있다.

HACKERS PRACTICE

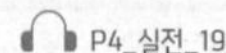

지문을 듣기 전에 문제를 읽어, 지문의 내용을 미리 파악하는 연습을 하자.

Course Name	Instructor
Manufacturing Concepts	Hannah Miller
Business Patents	David Smith
Consumer Psychology	Lana Porter
Social Media Marketing	Kyle Agnew

1. What is mentioned about the added business courses?
   (A) They are nearly full.
   (B) They are discussion-based.
   (C) They have prerequisites.
   (D) They include field trips to companies.

2. Who is Candice Dupree?
   (A) A returning student
   (B) A prominent businessperson
   (C) A visiting professor
   (D) A department administrator

3. Look at the graphic. Which course will be taught by a new instructor?
   (A) Manufacturing Concepts
   (B) Business Patents
   (C) Consumer Psychology
   (D) Social Media Marketing

Thursday	Friday	Saturday	Sunday

4. Look at the graphic. When will an event take place?
   (A) On Thursday
   (B) On Friday
   (C) On Saturday
   (D) On Sunday

5. What does the speaker recommend?
   (A) Setting up some decorations
   (B) Bringing some food
   (C) Dressing appropriately
   (D) Making a reservation

6. What can be found at a front desk?
   (A) Some directions
   (B) A schedule
   (C) A sign-up sheet
   (D) Some folders

<table>
<tr><td rowspan="3">Area 1</td><td>Area 2</td><td>Seating Area</td></tr>
<tr><td colspan="2">Hallway</td></tr>
<tr><td>Area 3</td><td>Area 4</td></tr>
</table>

7. What is mentioned about Leanne Patterson?
   (A) She will arrive soon.
   (B) She is an artist.
   (C) She will give a talk.
   (D) She is going to donate funds.

8. Look at the graphic. Where will the special exhibit be set up?
   (A) Area 1
   (B) Area 2
   (C) Area 3
   (D) Area 4

9. What does the speaker instruct the listeners to do on Thursday?
   (A) Promote an event
   (B) Contact a delivery person
   (C) Give some tours
   (D) Move some artwork

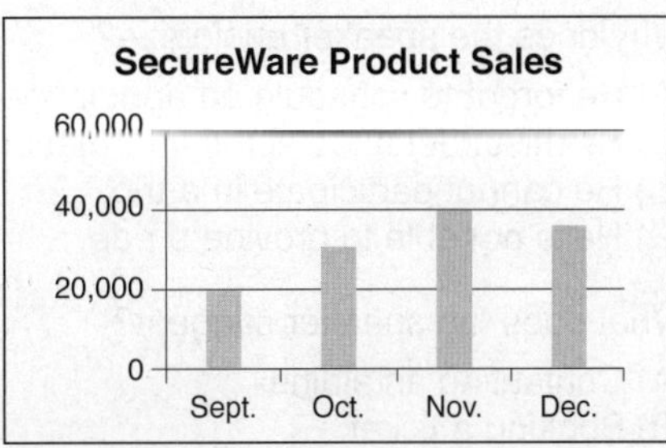

10. Who most likely are the listeners?
    (A) Salespeople
    (B) Investors
    (C) Programmers
    (D) Journalists

11. Why does the speaker feel confident?
    (A) A company has a high-quality product.
    (B) A marketing budget has been increased.
    (C) A team has skilled members.
    (D) A manager supports a project.

12. Look at the graphic. When did FileSafe release a new program?
    (A) In September
    (B) In October
    (C) In November
    (D) In December

정답·해석·해설 p.197

P4_실전_20

지문을 듣기 전에 문제를 읽어, 지문의 내용을 미리 파악하는 연습을 하자.

1. Why does the speaker apologize?
(A) He forgot to schedule an appointment.
(B) He misunderstood some information.
(C) He cannot participate in a trip.
(D) He is not able to provide a ride.

2. What does the speaker suggest?
(A) Contacting an airline
(B) Booking a ticket
(C) Sharing a taxi
(D) Meeting in a lobby

3. What will the listener most likely do next?
(A) Review an e-mail
(B) Confirm a reservation
(C) Return a phone call
(D) Compare some prices

---

4. What is mentioned about Plush Furniture Boutique's products?
(A) They are imported from abroad.
(B) They come in multiple colors.
(C) They are available online.
(D) They contain organic materials.

5. What will happen next Monday?
(A) A membership will be renewed.
(B) A sale will begin.
(C) A space will reopen.
(D) A prize will be given away.

6. What are store members able to receive?
(A) A free bag
(B) A daily discount
(C) A product demonstration
(D) A gift certificate

---

7. Why is the speaker calling?
(A) To confirm a reservation
(B) To approve a request
(C) To postpone a meeting
(D) To report a problem

8. What will probably happen on June 3?
(A) A facility will reopen.
(B) A schedule will be announced.
(C) A corporate retreat will be held.
(D) A park will be cleaned.

9. Why does the speaker say, "the Clear Springs Golf Club also has a party room"?
(A) To express some concern
(B) To explain a decision
(C) To offer a recommendation
(D) To indicate appreciation

---

10. Who is Isaac Hempstead?
(A) A merchandiser
(B) A company head
(C) A radio announcer
(D) A chef

11. What is mentioned about Isaac Hempstead?
(A) He contributes articles to a magazine.
(B) He has been recognized for his charity work.
(C) He comes from a family of entrepreneurs.
(D) He has been successful in his field.

12. What will the listeners do next?
(A) Write some messages
(B) Listen to an interview
(C) Hear some advertisements
(D) Participate in a discussion

---

13. Where most likely is the announcement being made?
(A) At a warehouse
(B) At a clothing store
(C) At an office building
(D) At a supermarket

14. Why should the listeners talk to their managers?
(A) To address work-related concerns
(B) To learn the details of promotions
(C) To receive a specific job assignment
(D) To obtain a discount on merchandise

15. According to the speaker, what can the listeners do to help out?
(A) Answer customer questions
(B) Add labels to products
(C) Put items in storage
(D) Copy documents

---

16. What is the speaker mainly discussing?
(A) A schedule for a meeting
(B) A new design for a logo
(C) A plan to hire new staff
(D) An itinerary for a business trip

17. What does the speaker imply when he says, "I'll only be meeting with three"?
(A) Numerous people were excluded.
(B) Various timeslots remain open.
(C) Some assistance will not be required.
(D) Some arrangements were modified.

18. What does the speaker expect the listeners to volunteer to do?
(A) Discuss interview questions
(B) Update some materials
(C) Train a new employee
(D) Fill out some forms

Melbrooke Manor
Afternoon Tour Itinerary

Stop 1 – Kitchen
Stop 2 – Dining room
Stop 3 – Living room
Stop 4 – Library

19. Who originally owned Melbrooke Manor?
(A) A politician
(B) A doctor
(C) An architect
(D) A banker

20. Look at the graphic. Which stop will not be included in a tour?
(A) Stop 1
(B) Stop 2
(C) Stop 3
(D) Stop 4

21. What does the speaker say the listeners can do?
(A) Take some pictures
(B) Sit on some furniture
(C) Ask questions
(D) Pick up a map

Cascade Hotel	
Room Type	**Amenities**
Deluxe	Walk-out patio
Deluxe Superior	Pool view
Junior Suite	Balcony
Executive Suite	Whirlpool

22. Who most likely is the speaker?
(A) A personal assistant
(B) A hotel receptionist
(C) A resort manager
(D) A travel agent

23. Look at the graphic. Which room did the speaker probably reserve?
(A) Deluxe
(B) Deluxe Superior
(C) Junior Suite
(D) Executive Suite

24. What does the speaker say he will do?
(A) Process a payment
(B) Apply a discount code
(C) Send more information
(D) Request an upgrade

 받아쓰기&쉐도잉 프로그램으로 꼭 복습하세요.

정답·해석·해설 p.200

해커스 스타강사의 ▸
무료 해설 바로 보기
(10~12번 문제)

지문 유형별 공략

무료 MP3 바로 듣기

토익 공식 1 음성 메시지(Telephone Message)

음성 메시지는 전화에 남겨진 녹음 멘트이며, 크게 전화를 건 사람이 수신자에게 남긴 메시지, 개인 수신자가 부재중임을 알리는 메시지, 서비스 업체 등의 자동 안내 메시지로 나뉜다. 메시지를 남긴 쪽의 소개를 한 후 메시지의 목적과 세부 사항을 알려주고 요청 사항을 전달하는 식으로 진행된다. Part 4 전체 10개 지문 중 매회 2~3개 정도 출제된다.

빈출 상황

1. 전화한 사람이 남긴 메시지
약속 시간 관련 문의, 업무 일정 관련 문의, 구직·구인 관련 용건, 주문 확인, 기타 문의, 부재중 전화에 대한 회신 등

2. 개인 수신자가 부재 중임을 알리는 메시지
부재 중인 이유, 연락 방법 안내 등

3. 서비스 업체 등의 자동 안내 메시지
서비스 시간, 각 다이얼에 해당하는 서비스 내용 안내 등

빈출 문제

전체 지문 관련 문제

1. 목적 문제
Why is the speaker calling? 화자는 왜 전화하고 있는가?
→ To cancel a meeting 회의를 취소하기 위해

2. 화자/청자 문제
Where does the speaker work? 화자는 어디에서 일하는가?
→ At a travel agency 여행사에서
Who is the message for? 누구를 위한 메시지인가?
→ Department members 부서 사원들

세부 사항 관련 문제

1. 특정 세부 사항 문제
What information should the callers give? 발신자들은 어떤 정보를 주어야 하는가?
→ Their contact numbers 그들의 연락처
What did the woman do last week? 여자는 지난주에 무엇을 했는가?
→ Transferred to a new office 새로운 사무실로 이전했다.

2. 다음에 할 일 문제
What does the speaker say she will do on March 13?
화자는 3월 13일에 무엇을 할 것이라고 말하는가?
→ Visit a store to purchase the requested item 요청한 물품을 구매하기 위해 상점에 방문한다.

3. 요청 문제
What does the speaker request callers to do? 화자는 발신자들에게 무엇을 하라고 요청하는가?
→ Contact him at a later time 그에게 나중에 연락한다.

4. 의도 파악 문제
Why does the speaker say, "It couldn't have been done without you."
화자는 왜 "당신이 없었다면 못했을 거예요"라고 말하는가?
→ She is expressing her appreciation. 그녀는 감사를 표하고 있다.

Example P4_실전_21

Q1. Why is the speaker calling?

(A) To update a customer on an order
(B) To request payment for some items
(C) To inquire about a shipping status
(D) To report a billing error

Q2. What does the speaker say about the Web cameras?

(A) They are defective.
(B) They are popular.
(C) They are not available at the moment.
(D) They are offered at a discount.

Q3. What does the speaker ask the listener to do?

(A) Resubmit an order form
(B) Inform her of a preference
(C) Provide a mailing address
(D) Visit Vance Electronics

Q1. 화자는 왜 전화를 하고 있는가?

(A) 고객에게 주문에 대한 최신 정보를 알려주기 위해
(B) 몇몇 상품들에 대한 지불을 요청하기 위해
(C) 배송 현황에 대해 문의하기 위해
(D) 청구상의 오류를 알리기 위해

Q2. 화자는 웹 카메라에 대해 무엇을 말하는가?

(A) 결함이 있다.
(B) 인기 있다.
(C) 지금은 구할 수 없다.
(D) 할인이 된다.

Q3. 화자는 청자에게 무엇을 하라고 말하는가?

(A) 주문서를 다시 제출한다.
(B) 그녀에게 선호하는 것을 알려준다.
(C) 우편 주소를 제공한다.
(D) Vance Electronics사를 방문한다.

Script 미국

Hello, Mr. Morgan. This is Chloe Hill from Vance Electronics. [1]**I'm calling to inform you about the status of your purchases from our Web site.** The 10 ink cartridges you requested are available, and we can ship them out tomorrow. However, [2]**the Web cameras you asked for are currently out of stock. I've notified our supplier, and they will be here in a week.** If you cannot wait that long, feel free to select any of the other models we have available. [3]**Let me know how you'd like to proceed by calling** 555-7652. Thank you, and sorry if we've caused any inconvenience.

어휘 preference [préfərəns] 선호 proceed [prəsíːd] 진행하다
inconvenience [ìnkənvíːnjəns] 불편

안녕하세요, Mr. Morgan. 저는 Vance Electronics사의 Chloe Hill입니다. [1]**고객님께서 저희의 웹사이트에서 구매하신 상품들의 상태에 대해 알려드리고자 전화 드립니다.** 요청하신 10개의 잉크 카트리지들은 재고가 있으며 내일 배송해드릴 수 있습니다. 하지만 [2]**주문하신 웹 카메라들은 현재 재고가 없습니다. 저희의 공급업체에 이 일을 알렸으며, 그것들은 일주일 후에 이곳에 도착할 것입니다.** 혹시 그렇게 오래 기다리실 수 없으시다면, 현재 저희가 가지고 있는 다른 상품들 중 어느 것이라도 자유롭게 선택해 주시면 됩니다. 555-7652로 [3]**전화주셔서 어떻게 진행하고 싶으신지 제게 알려주시기 바랍니다.** 감사드리며, 어떠한 불편이라도 끼쳐드렸다면 죄송합니다.

해설 정답 (A), (C), (B)

Q1. 전화의 목적을 묻는 문제이므로, 지문의 초반을 반드시 듣는다. "I'm calling to inform you about the status of your purchases from our Web site."라며 화자의 웹사이트에서 구매한 상품들의 상태를 알려주기 위해 전화한다고 하였다. 따라서 정답은 (A) To update a customer on an order이다. (purchases → order)

Q2. 화자가 웹 카메라에 대해 언급하는 것을 묻는 문제이므로, 질문의 핵심어구(Web cameras)가 언급된 주변을 주의 깊게 듣는다. "the Web cameras ~ are currently out of stock. ~ they will be here in a week."라며 웹 카메라들은 현재 재고가 없으며 일주일 후에 이곳에 도착할 것이라고 하였다. 따라서 정답은 (C) They are not available at the moment이다. (out of stock → not available)

Q3. 화자가 청자에게 요청하는 것을 묻는 문제이므로, 지문의 중후반에서 요청과 관련된 표현이 포함된 문장을 주의 깊게 듣는다. "Let me know how you'd like to proceed by calling"이라며 전화해서 어떻게 진행하고 싶은지 즉, 물품 배송을 기다리는 것과 상점이 현재 보유하고 있는 다른 상품을 선택하는 것 중 더 선호하는 것을 알려달라고 요청하였다. 따라서 정답은 (B) Inform her of a preference이다.

자주 쓰이는 표현 연습 P4_실전_22

다음은 Part 4 음성 메시지에서 빈출 상황별로 자주 쓰이는 표현들이다. (미국/캐나다, 영국, 호주식 발음으로 들으며 따라 읽어보자.)

▌전화한 사람이 남긴 메시지

I'm calling to ~ ~하기 위해 전화하다	1 **I'm calling to** get an update on the dining room set I ordered. 제가 주문한 식당 세트에 대한 최신 정보를 얻기 위해 전화 드립니다.
confirm one's appointment ~의 예약(약속)을 확인하다	2 I'd like to **confirm my appointment** with Dr. Doyle for a tooth extraction. 저는 발치를 위한 Dr. Doyle과의 예약을 확인하고 싶습니다.
make arrangements for ~을 예약하다	3 I'd like to **make arrangements for** a room at the Akron Business Center. Akron 비즈니스 센터의 회의실을 예약하고 싶습니다.
place an order 주문을 하다	4 I'm calling to **place an order** for three months' worth of your Daily Vitamin packets. 귀사의 3개월 치 일일 비타민 세트를 주문하기 위해 전화 드립니다.
put A aside for B B를 위해 A를 따로 남겨두다	5 I have changed my mind and would like to **put** the scanner **aside for** a future order. 저는 마음을 바꿔서 스캐너를 추후 주문을 위해 따로 남겨두고 싶습니다.
Why don't you stop by ~? ~에 들르는 것이 어떤가요?	6 **Why don't you stop by** our shop and pick up the order so that you can save on shipping and handling? 배송과 취급 비용을 절약하기 위해 저희 상점에 들러서 주문한 것을 찾아가시는 게 어떠신가요?

▌개인 수신자가 남긴 메시지

be out of town 도시를 떠나 있다	7 I'll **be out of town** on a business trip until Tuesday, so I won't have time to meet until Wednesday morning at 9 A.M. 화요일까지는 출장으로 도시를 떠나 있을 것이니, 수요일 오전 9시나 되어야 만날 시간이 있을 거예요.
return your call 다시 전화를 하다	8 Please provide your contact information after the beep and I'll **return your call** once I'm back from vacation. 삐 소리 후에 연락처를 남겨주시면, 휴가에서 돌아오자마자 제가 다시 전화 드리겠습니다.

▌서비스 업체 등의 안내 메시지

stay on the line 전화를 끊지 말고 잠시 기다리다	9 For assistance, **stay on the line** and you will be connected with the next available customer service agent. 도움을 받기 위해, 전화를 끊지 말고 잠시 기다리시면 다음으로 가능한 고객 서비스 센터 직원에게 연결될 것입니다.
If you would like to ~, please press ~. ~을 하고 싶으면, ~을 누르세요	10 **If you would like to** hear the arrival and departure schedules, **please press** three. 출발과 도착 일정을 듣고 싶으면, 3을 누르세요.

HACKERS PRACTICE

P4_실전_23

지문을 듣기 전에 문제를 읽어, 지문의 내용을 미리 파악하는 연습을 하자.

1. Why is the speaker calling?
   (A) To request a service
   (B) To provide project feedback
   (C) To promote a Web site
   (D) To arrange a meeting

2. What does the speaker mean when she says, "we have a major project starting in three weeks"?
   (A) A deadline cannot be extended.
   (B) A company was awarded a contract.
   (C) An appointment needs to be changed.
   (D) An employee must be hired soon.

3. What does the speaker ask for?
   (A) Copies of letters
   (B) An application form
   (C) Samples of work
   (D) An e-mail address

---

4. Why is the speaker unavailable?
   (A) He went out for lunch.
   (B) He is on holiday in Detroit.
   (C) He is on a business trip.
   (D) He left for a corporate retreat.

5. What should the listeners do in the event of an emergency?
   (A) Send an e-mail
   (B) Contact a secretary
   (C) Leave a recording
   (D) Call a hotline

6. What does the speaker say he will do on September 23?
   (A) Depart for a convention
   (B) Respond to voice mails
   (C) Give a presentation
   (D) Return to his office

---

7. Who most likely is the speaker calling?
   (A) A technical support representative
   (B) A research assistant
   (C) A Web site programmer
   (D) A graphic designer

8. What is the problem?
   (A) A repairperson cannot be reached.
   (B) Some coworkers are in disagreement.
   (C) Some projects have been delayed.
   (D) A desktop computer is not operating.

9. What does the speaker request?
   (A) A faster plan
   (B) A repair service
   (C) A new hard drive
   (D) A deadline extension

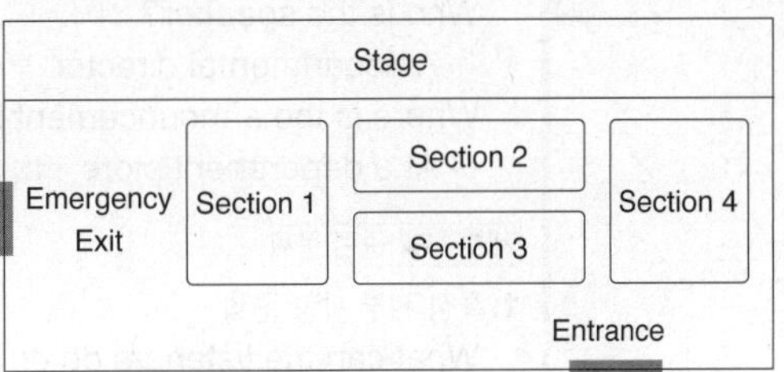

10. According to the speaker, what did the listener do yesterday?
    (A) Contacted a center
    (B) Confirmed a reservation
    (C) Submitted a payment
    (D) Exchanged a ticket

11. Look at the graphic. Which section has available seats?
    (A) Section 1
    (B) Section 2
    (C) Section 3
    (D) Section 4

12. What does the speaker mention about the performance?
    (A) It will take place on a weekend.
    (B) It is almost sold out.
    (C) It has been postponed.
    (D) It is part of a charity event.

정답·해석·해설 p.204

토익 공식 2

안내 및 공지(Announcement)

안내 및 공지는 화자가 청자들에게 새로운 사실이나 변경 사항 등에 대한 정보를 제공하는 지문이다. 주로 화자가 자신을 소개하는 것으로 시작하여, 공지의 목적 및 관련된 여러 사항을 설명하고, 마지막으로 청자가 할 일을 언급하는 식으로 진행된다. Part 4 전체 10개 지문 중 매회 2~3개 정도 출제된다.

빈출 상황

1. 사내 공지
건물 이용 관련, 회의 시간 및 장소 변경, 증축 공사 및 이전, 기타 지시 사항 전달 등

2. 교통수단 내의 안내 방송
출발·도착 시각 안내, 변경된 일정 안내, 경로 안내, 주의 사항 전달 등

3. 시설물 관련 안내 및 공지
식당, 상점, 도서관, 공항, 박물관, 동물원, 백화점, 스포츠 센터 등의 주요 시설물에서 이루어지는 일반적인 안내 방송 및 공지(개점/폐점 시간 관련, 특별 행사 관련, 물건의 소재/주차 관련 안내 방송)

빈출 문제

전체 지문 관련 문제

1. 목적 문제
What is the purpose of the announcement? 공지의 목적은 무엇인가?
→ To request volunteers for an event 행사를 위한 자원봉사자들을 요청하기 위해

2. 화자 및 장소 문제
Who is the speaker? 화자는 누구인가?
→ A departmental director 부서 책임자
Where is the announcement being made? 공지는 어디에서 이루어지고 있는가?
→ At a department store 백화점에서

세부 사항 관련 문제

1. 특정 세부 사항 문제
What can the listeners do on the Web site? 청자들은 웹사이트에서 무엇을 할 수 있는가?
→ Make a reservation 예약을 한다.
Where can the listeners get more information? 청자들은 어디에서 더 많은 정보를 얻을 수 있는가?
→ At the front desk 안내 데스크에서

2. 요청 문제
What are the listeners asked to do? 청자들은 무엇을 하라고 요청받는가?
→ Hand in expense reports 지출 내역서를 제출한다.

3. 다음에 할 일 문제
What will take place on April 16? 4월 16일에 무슨 일이 일어날 것인가?
→ An annual meeting 연례 회의

4. 의도 파악 문제
What does the man mean when he says, "But we are not sure about the project yet"?
남자는 "그래도 우리는 프로젝트에 대해서 아직 확신할 수 없어요"라고 말할 때 무엇을 의도하는가?
→ The upcoming deadline might be extended. 다가오는 마감 기한이 연장될 수도 있다.

5. 시각 자료 문제
Look at the graphic. Who will be the first speaker?
시각 자료를 보아라. 누가 첫 번째 발표자가 될 것인가?
→ Ms. Haley Owen Ms. Haley Owen

Example P4_실전_24

Q1. Who most likely is the speaker?

(A) An airline pilot
(B) A ticketing agent
(C) A security guard
(D) A tour guide

Q2. What was the cause of a delay?

(A) A staffing shortage
(B) A scheduling conflict
(C) A customer complaint
(D) A mechanical issue

Q3. What does the speaker ask the listeners to do?

(A) Keep their safety belts on
(B) Watch an instructional video
(C) Find an empty seat
(D) Put their baggage in a compartment

Q1. 화자는 누구인 것 같은가?

(A) 항공기 조종사
(B) 매표원
(C) 경비원
(D) 여행 가이드

Q2. 지연의 원인은 무엇이었는가?

(A) 직원 부족
(B) 일정 충돌
(C) 고객 불만
(D) 기계적 문제

Q3. 화자는 청자들에게 무엇을 하라고 요청하는가?

(A) 안전벨트를 계속 착용한다.
(B) 교육용 영상을 시청한다.
(C) 빈자리를 찾는다.
(D) 짐칸에 짐을 둔다.

Script 캐나다

Good morning, and welcome to Alta Airlines Flight 420 to Manila. [1]**This is your captain speaking.** [2]**We apologize for our slow start this morning. Our crew discovered a mechanical malfunction**, and the matter had to be dealt with prior to take off. Everything is fine now, however, and we expect to reach our destination just a few minutes behind schedule. As a reminder, flight attendants will be providing you with complimentary refreshments in about 20 minutes. In the meantime, [3]**please remain seated and keep your seatbelts fastened.**

안녕하세요, Alta 항공의 마닐라행 420편에 탑승하신 것을 환영합니다. [1]**저는 여러분의 기장입니다.** [2]**오늘 아침 출발이 지체된 것을 사과드립니다. 저희 승무원이 기계적 결함을 발견했으며**, 이 문제는 이륙하기 전 처리되어야 했습니다. 하지만 모든 것은 이제 괜찮으며, 저희 목적지에 예정보다 몇 분만 늦게 도달할 것으로 예상합니다. 상기시켜드리자면, 약 20분 뒤에 승무원들이 무료 다과를 여러분께 제공할 것입니다. 그동안, [3]**자리에서 일어나지 마시고 좌석벨트를 계속 착용하고 계시기를 바랍니다.**

어휘 captain [미 kǽptən, 영 kǽptin] 기장, 선장 crew [kruː] 승무원
discover [diskʌvər] 발견하다, 찾다 malfunction [mælfʌŋkʃən] 결함, 고장
deal with 처리하다, ~을 다루다 reach [riːtʃ] 도달하다, ~에 이르다
behind schedule 예정보다 늦게
complimentary [미 kɑ̀mpləméntəri, 영 kɔ̀mpləméntəri] 무료의

해설 정답 (A), (D), (A)

Q1. 화자의 신분을 묻는 문제이므로, 신분 및 직업과 관련된 표현을 놓치지 않고 듣는다. 화자가 "This is your captain speaking."이라며 자신이 기장이라고 하였다. 따라서 정답은 (A) An airline pilot이다. (captain → airline pilot)

Q2. 지연의 원인을 묻는 문제이므로 질문의 핵심어구(cause of a delay)와 관련된 내용을 주의 깊게 듣는다. "We apologize for our slow start this morning. Our crew discovered a mechanical malfunction"이라며 오늘 아침 출발이 지체된 것을 사과드린다고 한 뒤, 승무원이 기계적 결함을 발견했다고 하였다. 따라서 정답은 (D) A mechanical issue이다. (malfunction → issue)

Q3. 화자가 청자들에게 요청하는 것을 묻는 문제이므로, 지문의 중후반에서 요청과 관련된 표현이 포함된 문장을 주의 깊게 듣는다. "please ~ keep your seatbelts fastened"라며 좌석벨트를 계속 착용하고 있으라고 요청하였다. 따라서 정답은 (A) Keep their safety belts on이다. (seatbelts → safety belts)

자주 쓰이는 표현 연습 P4_실전_25

다음은 Part 4 안내 및 공지에서 빈출 상황별로 자주 쓰이는 표현들이다. (미국/캐나다, 영국, 호주식 발음으로 들으며 따라 읽어보자.)

▌사내 공지

표현	예문
I have an announcement 공지 사항이 있다	1 **I have an announcement** concerning our new attendance system. 우리의 새로운 출근 제도와 관련해 공지 사항이 있습니다.
remind A of B A에게 B를 다시 알려주다	2 We would like to **remind** employees **of** the deadline for transfer applications to the overseas branch. 직원들께 해외 지점으로의 전근 신청 마감 기한에 대해 다시 알려 드리고자 합니다.
have decided to ~ ~하기로 결정했다	3 Management **has decided to** extend the book fair by one day in response to public demand. 경영진은 시민들의 요구에 부응하기 위해 도서 박람회를 하루 더 연장하기로 결정했습니다.
sign up for ~ ~을 신청하다	4 Should you wish to participate, please **sign up for** the fundraising marathon by Friday. 참여하기를 원한다면, 금요일까지 기금 마련 마라톤을 신청하시기 바랍니다.

▌교통수단 내의 안내 방송

표현	예문
be experiencing delays 지연되고 있다	5 The airport **is experiencing delays** on many flights due to adverse weather conditions. 좋지 않은 기상 상태 때문에 공항의 많은 항공편들이 지연되고 있습니다.
be ready for boarding 탑승 준비가 되다	6 We will notify you when the ferry has arrived and **is ready for boarding**. 여객선이 도착해서 탑승 준비가 되면 여러분께 통지하겠습니다.

▌시설물 관련 안내 및 공지

표현	예문
go into effect 시행되다	7 The new operating hours will **go into effect** starting in June. 새로운 영업시간이 6월부터 시행될 것입니다.
apologize for ~ ~에 대해 사과하다	8 The Newell Public Library would like to **apologize for** the inconvenience caused by the repair work this morning. Newell 공공 도서관은 오늘 아침 수리 작업으로 인해 끼쳤던 불편에 대해 사과 드리고자 합니다.
pledge to ~ ~할 것을 약속하다	9 Our store **pledges to** provide only the highest quality service and merchandise. 우리 상점은 최고급의 서비스와 상품만을 제공할 것을 약속합니다.

HACKERS PRACTICE

P4_실전_26

지문을 듣기 전에 문제를 읽어, 지문의 내용을 미리 파악하는 연습을 하자.

1. What is the speaker's job?
(A) A regional manager
(B) An office receptionist
(C) A human resources director
(D) A sales associate

2. What does the speaker remind the listeners about?
(A) Some branch mergers
(B) Some policy changes
(C) An upcoming trade fair
(D) A business expansion

3. What should employees do by March 7?
(A) State their interest in a transfer
(B) Complete management training
(C) Finalize plans for a new office
(D) Renew their employment contracts

---

4. What will happen in 30 minutes?
(A) A plane will depart.
(B) A delay will be explained.
(C) A meal will be served.
(D) A ticket counter will open.

5. Why should some people talk to an employee?
(A) To upgrade their seats
(B) To get a discount
(C) To check their baggage
(D) To process a refund

6. What are the listeners asked to do?
(A) Label their suitcases
(B) Collect their garbage
(C) Fasten their seatbelts
(D) Get their passes prepared

---

7. Where most likely is the announcement taking place?
(A) At an art gallery
(B) At an amusement park
(C) At a theater
(D) At a university

8. What is mentioned about Dustin Clark?
(A) He is teaching a course.
(B) He is a painter.
(C) He will give a talk.
(D) He will arrive shortly.

9. What does the speaker recommend?
(A) Taking a tour
(B) Watching a movie
(C) Visiting a shop
(D) Buying a pass

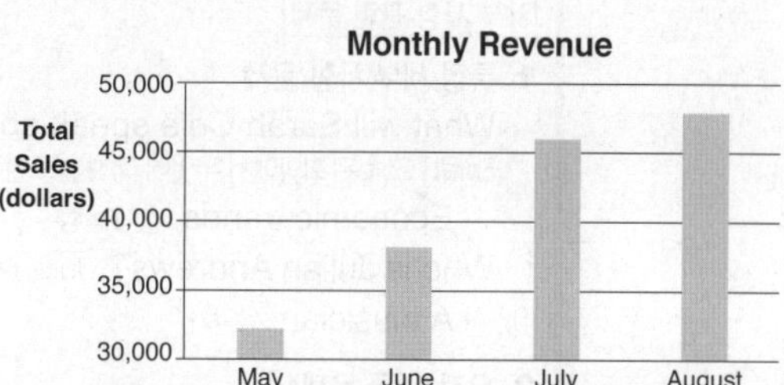

10. Where most likely does the speaker work?
(A) At a factory
(B) At a technology firm
(C) At a retail business
(D) At a consultancy

11. Look at the graphic. When was a new service launched?
(A) In May
(B) In June
(C) In July
(D) In August

12. What does the business plan to do?
(A) Offer complimentary deliveries
(B) Expand its product selection
(C) Hire additional employees
(D) Make use of social media

정답·해석·해설 p.207

토익 공식 **3**

모임·행사 관련 연설(Speech & Talk)

모임·행사 관련 연설은 모임이나 행사장에서 하는 인사말, 일정/순서 소개, 연설 발췌문 등을 말한다. 주로 사회자가 환영 인사로 청중을 맞으면서 모임의 성격을 언급하고 발표자를 소개하거나 그 외의 주요 순서를 소개하는 식으로 진행된다. Part 4 전체 10개 지문 중 매회 3개 정도 출제된다.

빈출 상황

1. 모임 관련 연설
회의, 세미나, 워크숍, 사원 교육 등

2. 행사 관련 연설
시상식, 졸업식, 기념일 축하 행사, 기타 주요 행사 등

빈출 문제

전체 지문 관련 문제

1. 목적 문제
What is the purpose of the speech? 연설의 목적은 무엇인가?
→ To express appreciation 감사를 표현하기 위해

2. 청자 및 장소 문제
Who most likely are the listeners? 청자들은 누구인 것 같은가?
→ Medical experts 의학 전문가들
Where is the speech taking place? 연설이 어디에서 일어나고 있는가?
→ At a company seminar 회사 세미나에서

세부 사항 관련 문제

1. 특정 세부 사항 문제
What will Sarah Cole speak about during the conference?
Sarah Cole은 회의에서 무엇에 대해 발표할 것인가?
→ Economic trends 경제 동향
Who is Julian Andrews? Julian Andrews는 누구인가?
→ A musician 음악가

2. 요청/언급 문제
What does the speaker ask the listeners to do? 화자는 청자들에게 무엇을 하라고 요청하는가?
→ Read the new employee manual 새로운 직원 매뉴얼을 읽는다.
What does the speaker say about the factory? 화자는 공장에 대해 무엇을 말하는가?
→ It was recently constructed. 최근에 건설되었다.

3. 다음에 할 일 문제
What will happen next week? 다음 주에 무슨 일이 일어날 것인가?
→ The conference will begin. 회의가 시작될 것이다.

4. 의도 파악 문제
What does the speaker mean when he says, "What could be better"?
화자는 "뭐가 더 좋을 수 있겠어요?"라고 말할 때 무엇을 의도하는가?
→ He is excited by the chosen option. 그는 결정된 선택에 기뻐한다.

5. 시각 자료 문제
Look at the graphic. Which branch will be closed? 시각 자료를 보아라. 어느 지점이 문을 닫을 것인가?
→ Burnside Burnside 지점

Example P4_실전_27

Q1. Why is the talk being made?

(A) To discuss preparations for an activity
(B) To introduce a new staff member
(C) To advise coworkers about a company outing
(D) To inform employees about expansion plans

Q2. Who is Mr. Dominguez?

(A) A company spokesperson
(B) A corporate director
(C) An event organizer
(D) An accounting staff member

Q3. What are the listeners asked to do?

(A) Offer some recommendations
(B) Look for a venue
(C) Reserve some equipment
(D) Speak to some applicants

Q1. 담화는 왜 이루어지고 있는가?

(A) 활동에 대한 준비를 논의하기 위해
(B) 새로운 직원을 소개하기 위해
(C) 동료들에게 회사 야유회에 대해 조언하기 위해
(D) 직원들에게 확장 계획에 대해 알려주기 위해

Q2. Mr. Dominguez는 누구인가?

(A) 회사 대변인
(B) 기업 이사
(C) 행사 주최자
(D) 회계부서 직원

Q3. 청자들은 무엇을 하도록 요청되는가?

(A) 제안을 한다.
(B) 장소를 찾는다.
(C) 몇몇 장비를 예약한다.
(D) 몇몇 지원자들과 이야기한다.

Script 영국

Thank you all for coming to our meeting today. As you all know, [1/2]**Mr. Dominguez from the accounting department will be retiring** next month. He has been with Taylor Industries since it was founded. So, to celebrate his two decades of service to the company, I figured [1]**it would be great if we prepared a surprise party for him**. We can have it in the conference room on Friday after work. I asked Owen to organize a short program, so [3]**if you have any suggestions, please do not hesitate to talk** to him.

오늘 회의에 와주신 여러분 모두 감사드립니다. 모두 아시다시피, [1/2]**회계부서의 Mr. Dominguez가 다음 달에 은퇴할 것입니다.** 그는 Taylor Industries사가 창립된 이래로 함께 해왔습니다. 따라서, 회사에 대한 20년 동안의 그의 노고를 기리기 위해, [1]**우리가 그를 위해 깜짝 파티를 준비하면 좋을 것이라고** 생각했습니다. 우리는 금요일 퇴근 후 회의실에서 파티를 할 수 있습니다. 제가 Owen에게 짧은 프로그램을 구성하도록 요청했으니, [3]**어떤 제안 사항이라도 있으면 주저하지 마시고 그에게 말씀해 주십시오.**

어휘 retire [미 ritáiər, 영 ritáiə] 은퇴하다 found [faund] 창립하다, 설립하다
figure [미 fígjər, 영 fígə] 생각하다, 판단하다
hesitate [미 hézətèit, 영 héziteit] 주저하다

해설 정답 (A), (D), (A)

Q1. 담화의 목적을 묻는 문제이므로, 지문의 초반을 주의 깊게 들은 후 전체 맥락을 파악한다. 지문의 초반에서 "Mr. Dominguez from the accounting department will be retiring"이라며 회계부서의 Mr. Dominguez가 은퇴한다고 한 뒤, 지문의 중반에서 "it would be great if we prepared a surprise party for him"이라며 깜짝 파티를 준비하자고 하였다. 따라서 정답은 (A) To discuss preparations for an activity이다.

Q2. Mr. Dominguez의 신분을 묻는 문제이므로, 질문 대상(Mr. Dominguez)의 신분 및 직업과 관련된 표현을 놓치지 않고 듣는다. "Mr. Dominguez from the accounting department"라며 Mr. Dominguez가 회계부서의 소속임을 언급하였다. 따라서 정답은 (D) An accounting staff member이다.

Q3. 청자들에게 요청되는 것을 묻는 문제이므로, 지문의 중후반에서 요청과 관련된 표현이 포함된 문장을 주의 깊게 듣는다. "if you have any suggestions, please do not hesitate to talk"이라며 제안 사항이 있다면 주저하지 말고 말해 달라고 요청하였다. 따라서 정답은 (A) Offer some recommendations이다. (suggestions → recommendations)

자주 쓰이는 표현 연습 P4_실전_28

다음은 Part 4 모임·행사 관련 연설에서 빈출 상황별로 자주 쓰이는 표현들이다. (미국/캐나다, 영국, 호주식 발음으로 들으며 따라 읽어보자.)

▌모임 관련 연설

call a meeting 회의를 소집하다	1 We **called a** marketing **meeting** this morning to discuss ideas for our new line of products. 우리는 새로운 제품에 대한 아이디어를 논의하기 위해 오늘 아침 마케팅 회의를 소집했습니다.
give an update on ~ ~에 대한 최근 소식을 알려주다	2 Ms. Pinter will **give** us **an update on** the warehouse construction in California. Ms. Pinter가 캘리포니아주의 창고 건설에 대한 최근 소식을 알려줄 것입니다.
be thrilled that ~ ~하게 되어 매우 기쁘다	3 The entire staff **is thrilled that** our team of writers has won an award for investigative reporting. 전체 직원들은 우리 집필진이 조사보도상을 타게 되어 매우 기쁩니다.
invite ~ to the stage ~를 무대로 모시다	4 I am privileged to **invite** our new CEO Josh Amaro **to the stage**. 우리의 새로운 최고 경영자이신 Josh Amaro를 무대로 모시게 되어 영광입니다.

▌행사 관련 연설

start off by saying ~ ~을 말함으로써 시작하다	5 Let me **start off by saying** thank you to the sponsors of this event for inviting me to give a talk. 제가 연설을 하도록 초대해 주신 것에 대해 이 행사의 후원자들께 감사하다는 말씀을 드리면서 시작하겠습니다.
on behalf of ~ ~을 대표하여	6 **On behalf of** the community center, thank you for your generous and timely donation. 지역 사회 센터를 대표하여, 여러분의 관대하고 시기적절한 기부에 대해 감사드립니다.
keynote address 기조 연설	7 A renowned industry expert will give the **keynote address** on networking in this day and age. 유명한 업계 전문가가 오늘날의 네트워킹에 대한 기조 연설을 할 것입니다.
join in ~에 참여하다	8 Participants at the event may **join** the speakers **in** a discussion on alternative energy options. 행사 참가자들께서는 연설자들과 함께하는 대체 에너지 선택에 대한 토론에 참여하실 수 있습니다.

HACKERS PRACTICE

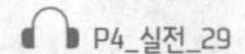

지문을 듣기 전에 문제를 읽어, 지문의 내용을 미리 파악하는 연습을 하자.

1. What is being announced?
   (A) The details of a registration procedure
   (B) The duties of employees
   (C) The changes to a schedule
   (D) The strategy for a promotional effort

2. What should the listeners do to find out room numbers?
   (A) View an online board
   (B) Listen for a later announcement
   (C) Check a written memo
   (D) Ask the event coordinator

3. Who is Wendell Bray?
   (A) A special guest
   (B) An engineering inspector
   (C) A seminar facilitator
   (D) An award recipient

4. Who are the listeners?
   (A) Product engineers
   (B) Marketers
   (C) Potential customers
   (D) Technicians

5. What appliance did Ms. Manners work on?
   (A) A coffee maker
   (B) A blender
   (C) A mixer
   (D) A refrigerator

6. According to the speaker, what should the listeners do to receive more information?
   (A) Consult with coworkers
   (B) Ask questions of the presenters
   (C) Fill out a request form
   (D) Contact a hotline

7. What did the company decide to do?
   (A) Name a new executive
   (B) Hire an athlete
   (C) Recall a product
   (D) Target different customers

8. Why does the speaker say, "we don't have the money"?
   (A) To disagree with a suggestion
   (B) To request additional support
   (C) To make a correction
   (D) To suggest an alternative

9. What are the listeners told to do?
   (A) Contact some customers
   (B) Test some sportswear
   (C) Make a list of candidates
   (D) Distribute questionnaires

Outdoor Performance Schedule		
Production	**Date**	**Time**
Windy City	April 18	1 P.M.
September	April 19	4 P.M.
No Way Back	April 20	1 P.M.
Water's Edge	April 21	4 P.M.

10. What is mentioned about the festival?
    (A) It includes foreign actors.
    (B) It is funded through donations.
    (C) It has been held before.
    (D) It will incorporate live music.

11. According to the speaker, what will some audience members do?
    (A) Participate in performances
    (B) Secure tickets in advance
    (C) Meet with directors
    (D) Sit in a special seating area

12. Look at the graphic. Which production will be moved indoors?
    (A) *Windy City*
    (B) *September*
    (C) *No Way Back*
    (D) *Water's Edge*

정답·해석·해설 p.209

토익 공식 4 여행·관람·견학 안내(Announcement & Talk)

여행·관람·견학 안내는 관광이나 견학, 시설물 관람 시 가이드 및 안내원이 앞으로의 일정을 안내하는 성격의 지문을 말한다. 주로 화자가 자신과 장소를 소개하는 것으로 시작하여, 일정이나 진행 순서를 설명한 후 청자들에게 요청하는 사항을 전달하는 식으로 진행된다. Part 4 전체 10개 지문 중 매회 1개 정도 출제된다.

빈출 상황

1. 여행 안내
야외 피크닉, 유적지, 선박(cruise), 버스 등

2. 관람 안내
동물원, 박물관, 전시회, 영화관, 극장 등

3. 견학 안내
공장 견학, 시설물 견학 등

빈출 문제

전체 지문 관련 문제

1. 화자 및 장소 문제
Who most likely is the speaker? 화자는 누구인 것 같은가?
→ A museum staff member 박물관 직원
Where does the talk take place? 담화는 어디에서 일어나는가?
→ At a historic site 역사 유적지에서

세부 사항 관련 문제

1. 특정 세부 사항 문제
According to the speaker, what are guests not allowed to do?
화자에 따르면, 방문객들은 무엇을 하는 것이 허용되지 않는가?
→ Take photographs 사진을 찍는다.
Where will the listeners go first? 청자들은 처음에 어디에 갈 것인가?
→ A production facility 생산 시설

2. 다음에 할 일 문제
What will visitors see next? 방문객들은 다음에 무엇을 볼 것인가?
→ Works of art 예술품들
What will happen at 10 o'clock? 10시에는 무슨 일이 일어날 것인가?
→ An opening ceremony will take place. 개관식이 있을 것이다.

3. 제안/언급 문제
What are the listeners invited to do? 청자들은 무엇을 하라고 권고받는가?
→ Browse through some exhibits 몇몇 전시를 둘러본다.
What does the speaker say about the park? 화자는 공원에 대해 무엇을 말하는가?
→ It was recently opened to the public. 최근에 대중에게 개방되었다.

4. 시각 자료 문제
Look at the graphic. What section will be visited last?
시각 자료를 보아라. 어느 섹션이 마지막으로 방문될 것인가?
→ Section A 섹션 A

Example P4_실전_30

Q1. Who most likely is the speaker?

(A) A flight attendant
(B) A ship's captain
(C) A tour guide
(D) An airline pilot

Q2. What will happen at 5 o'clock?

(A) A meal will be served.
(B) The group will visit a museum.
(C) An amusement park will close.
(D) The listeners will board a ship.

Q3. What does the speaker recommend?

(A) Assembling for a group photograph
(B) Taking care of personal property
(C) Purchasing tickets for a theme park
(D) Ordering meals in advance

Q1. 화자는 누구인 것 같은가?

(A) 승무원
(B) 배의 선장
(C) 여행 가이드
(D) 비행기 조종사

Q2. 5시에 무슨 일이 일어날 것인가?

(A) 식사가 제공될 것이다.
(B) 단체는 박물관을 방문할 것이다.
(C) 놀이공원이 문을 닫을 것이다.
(D) 청자들은 배에 승선할 것이다.

Q3. 화자는 무엇을 권하는가?

(A) 단체 사진을 위해 모이기
(B) 개인 소지품 챙기기
(C) 테마 공원 티켓 구입하기
(D) 미리 식사 주문하기

Script 호주

Good morning everyone. My name is Larry Post and [1]**I'll be taking you around Durban today**. The captain has announced that we will be docking in Durban at 7:30 A.M. At that time, I'd like everyone in the group to assemble on the deck. At 8:15, [1]**our tour begins with a visit to Durban's history museum and botanical park**. Lunch will be at 11:30 on Gold Beach. At 1 P.M., [1/2]**we will travel to Bokkieland Theme Park to enjoy the rest of the afternoon before boarding the vessel at five.** [3]**It is highly recommended that you mind your belongings throughout the trip.**

어휘 assemble [əsémbl] 모이다, 집합하다 dock [미 dɑk, 영 dɔk] 부두에 들어서다
botanical [bətǽnikəl] 식물의

안녕하세요 여러분. 제 이름은 Larry Post이고 [1]여러분에게 오늘 Durban을 안내해 드릴 것입니다. 선장님께서 우리가 오전 7시 30분에 Durban의 부두에 들어설 것이라고 알려주셨습니다. 그때 여러분 모두는 갑판에 모여주시기를 바랍니다. 8시 15분에 [1]Durban의 역사 박물관과 식물 공원 방문으로 우리의 관광을 시작합니다. 점심 식사는 11시 30분에 Gold Beach에서 있을 예정입니다. 오후 1시에, [1/2]우리는 Bokkieland 테마 공원으로 이동하여 5시에 배에 타기 전까지 남은 오후를 즐길 것입니다. [3]여행 내내 소지품을 주의하실 것을 적극 권해드립니다.

해설 정답 (C), (D), (B)

Q1. 화자의 신분을 묻는 문제이므로, 신분 및 직업과 관련된 표현을 놓치지 않고 듣는다. "I'll be taking you around Durban today"라며 화자가 Durban을 안내해 주겠다고 한 뒤, "our tour begins with a visit to ~ museum and botanical park", "we will travel to Bokkieland Theme Park"라며 여행의 일정을 설명한 내용을 통해 화자가 여행 가이드임을 알 수 있다. 따라서 정답은 (C) A tour guide이다.

Q2. 5시에 일어날 일을 묻는 문제이므로, 질문의 핵심어구(at 5 o'clock)가 언급된 주변을 주의 깊게 듣는다. "we will travel to Bokkieland Theme Park to enjoy the rest of the afternoon before boarding the vessel at five"라며 5시에 배를 탄다고 하였다. 따라서 정답은 (D) The listeners will board a ship이다. (vessel → ship)

Q3. 화자가 제안하는 것을 묻는 문제이므로, 지문의 중후반에서 제안과 관련된 표현이 포함된 문장을 주의 깊게 듣는다. "It is highly recommended that you mind your belongings throughout the trip."이라며 여행 내내 소지품을 주의하라고 제안하였다. 따라서 정답은 (B) Taking care of personal property이다. (mind ~ belongings → Taking care of personal property)

자주 쓰이는 표현 연습 P4_실전_31

다음은 Part 4 여행·관람·견학 안내에서 빈출 상황별로 자주 쓰이는 표현들이다. (미국/캐나다, 영국, 호주식 발음으로 들으며 따라 읽어보자.)

▌여행 안내

our stops will include 우리는 ~에 들를 것이다	1 **Our stops will include** a museum, an art gallery, a concert hall, and a stadium. 우리는 박물관, 미술관, 콘서트장, 그리고 경기장에 들를 것입니다.
I highly recommend (that) ~을 적극 권하다	2 **I highly recommend that** you bring some water and sunscreen for the tour. 저는 여행을 위해 물과 자외선 차단제를 가져오시기를 적극 권합니다.
have a good time ~ing ~하며 좋은 시간을 보내다	3 We hope you **have a good time cruising** the Mediterranean on our luxury liner. 저희 호화 유람선에서 지중해를 항해하며 좋은 시간을 보내시길 바랍니다.
enjoy amazing views 멋진 경치를 즐기다	4 This morning we will be visiting the CN Tower where you can **enjoy amazing views** of the city and surroundings. 오늘 아침 우리는 도시와 그 주변의 멋진 경치를 즐길 수 있는 CN 타워를 방문할 것입니다.
feel free to ~ 자유롭게 ~하다	5 Please **feel free to** ask your travel guide any questions during the course of the tour. 관광 코스 중 여행 가이드에게 어떠한 질문이든 자유롭게 물어보십시오.

▌관람 안내

recognized for ~ ~으로 알려진	6 The Broadhurst Gardens are **recognized for** being some of the finest in the province. Broadhurst 정원은 그 지방에서 가장 좋은 곳으로 알려져 있습니다.
admission is included in the price 입장료가 가격에 포함되어 있다	7 Admission to special exhibits at the museum **is included in the** ticket **price**. 박물관 특별 전시회의 입장료는 표 가격에 포함되어 있습니다.

▌견학 안내

I will be guiding you ~ 귀하를 안내해 드리겠습니다	8 This morning **I will be guiding you** through our headquarters' facilities and showing you our system of operations. 오늘 아침 우리 본사의 시설들로 귀하를 안내해 드리고 작업 시스템을 보여 드리겠습니다.
make our way to ~ ~로 함께 가다	9 After touring the factory, we'll **make our way to** the cafeteria, where we'll have a meal. 공장 견학 후에, 우리는 구내식당으로 함께 갈 것이고, 그곳에서 식사를 할 것입니다.

HACKERS PRACTICE

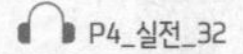

지문을 듣기 전에 문제를 읽어, 지문의 내용을 미리 파악하는 연습을 하자.

1. Where is the talk taking place?
   (A) At a shuttle station
   (B) At an animal refuge
   (C) At an auditorium
   (D) At a resort

2. According to the speaker, what will the listeners be able to do?
   (A) Read about a facility
   (B) Take a short break
   (C) Make a financial contribution
   (D) Observe some wildlife

3. What will the listeners most likely do next?
   (A) Go to a facility
   (B) Get on board a shuttle
   (C) Watch a presentation
   (D) Walk around the grounds

---

4. Who most likely are the listeners?
   (A) Property agents
   (B) Antique collectors
   (C) Tour group members
   (D) Museum employees

5. Why should the listeners pick up a brochure?
   (A) To learn about properties for sale
   (B) To read descriptions of some items
   (C) To find the prices of merchandise
   (D) To view a detailed map of a location

6. What is mentioned about Buckland Manor?
   (A) It was recently remodeled.
   (B) It houses an antique store.
   (C) It is being used as an inn.
   (D) It has a nearby garden.

---

7. What is the purpose of the announcement?
   (A) To introduce visitors to a facility
   (B) To give directions to a conference center
   (C) To explain some dining services
   (D) To describe a center's sound technology

8. How can people book the main conference hall?
   (A) By speaking to a receptionist
   (B) By calling a hotline
   (C) By sending an e-mail
   (D) By completing an online form

9. What will the listeners do next?
   (A) Eat a complimentary dinner
   (B) Head to the banquet room
   (C) Look at a center's outdoor facility
   (D) Talk with a famous chef

Exhibit	Guide
Tropical Plants	Andrew Clarke
Butterfly Exhibit	Eric Wilson
Birds and Reptiles	Harry Ford
Marine World	Oliver Knight

10. What does the speaker warn listeners about?
    (A) Some passes are expired.
    (B) Some items are fragile.
    (C) Some exhibits are temporarily closed.
    (D) Some areas are inaccessible.

11. What can the listeners expect to receive?
    (A) Souvenir apparel
    (B) Discounted tickets
    (C) Detailed brochures
    (D) Commemorative bags

12. Look at the graphic. Who most likely is the speaker?
    (A) Andrew Clarke
    (B) Eric Wilson
    (C) Harry Ford
    (D) Oliver Knight

정답·해석·해설 p.211

토익 공식 5 광고(Advertisement)

광고는 가격 할인, 상품 구입 및 서비스 이용에 따른 혜택, 또는 새로 개업한 업체 등을 홍보하는 지문이다. 주로 광고하려는 것을 언급하는 것으로 시작하여, 특징과 혜택, 그리고 혜택 이용 방법을 설명하는 식으로 진행된다. Part 4 전체 10개 지문 중 매회 1개 정도 출제된다.

빈출 상황

1. 제품 광고
할인 판매, 신제품 출시 등

2. 업체 광고
새로운 점포 개점, 부동산 광고, 매장 광고, 시설 광고 등

3. 서비스 광고
보상·보험 제도(plan), 수리 및 공사 서비스, 교환·환불 제도, 제품·서비스 광고 등

빈출 문제

전체 지문 관련 문제

1. 주제 문제
What is being advertised? 무엇이 광고되고 있는가?
→ A delivery service 배송 서비스

2. 청자 문제
Who is the advertisement for? 누구를 위한 광고인가?
→ Car owners 차량 소유주들

세부 사항 관련 문제

1. 특정 세부 사항 문제
What is a characteristic of the printer? 프린터의 특징은 무엇인가?
→ A refillable ink cartridge 리필 가능한 잉크 카트리지
When will the special promotion begin? 특별 판촉 활동이 언제 시작할 것인가?
→ In one day 1일 후에

2. 요청/언급 문제
What are the listeners asked to do? 청자들은 무엇을 하도록 요청되는가?
→ Use a coupon 쿠폰을 사용한다.
What does the speaker say about the sale? 화자는 할인에 대해 무엇을 말하는가?
→ It takes place every year. 매년 있다.

3. 이유/방법 문제
Why would shoppers fill out a form? 쇼핑객들은 왜 양식을 작성할 것인가?
→ To apply for a frequent shopper card 단골 고객 카드를 신청하기 위해
How can the listeners register for gym membership?
청자들은 어떻게 체육관 멤버십에 등록할 수 있는가?
→ By visiting a Web site 웹사이트를 방문함으로써

4. 의도 파악 문제
What does the speaker mean when he says, "It's about time"?
화자는 "때가 되었어요"라고 말할 때 무엇을 의도하는가?
→ A product solves a longstanding problem. 상품이 오래 지속된 문제를 해결한다.

5. 시각 자료 문제
Look at the graphic. Which item will be promoted on the first day?
시각 자료를 보아라. 어느 물품이 첫 번째 날에 판촉 홍보될 것인가?
→ Jewelry 보석류

Example P4_실전_33

Q1. What is being advertised?

(A) A bakery sale
(B) A cooking course
(C) A language workshop
(D) A cultural fair

Q1. 무엇이 광고되고 있는가?

(A) 제과점 세일
(B) 요리 강좌
(C) 어학 워크숍
(D) 문화 행사

Q2. According to the speaker, what will the listeners receive for registering?

(A) A meal voucher
(B) A free lesson
(C) A garment
(D) A discount

Q2. 화자에 따르면, 청자들은 등록하면 무엇을 받을 것인가?

(A) 식권
(B) 무료 수업
(C) 옷
(D) 할인

Q3. Why should the listeners visit a Web site?

(A) To check some options
(B) To upgrade a membership
(C) To read some reviews
(D) To download a coupon

Q3. 청자들은 왜 웹사이트에 방문해야 하는가?

(A) 선택권들을 확인하기 위해
(B) 회원권을 업그레이드하기 위해
(C) 후기를 읽기 위해
(D) 쿠폰을 다운로드하기 위해

Script 호주

Why not learn something new this summer? [1]**Enroll in Cuisine Internationale's culinary course on the basics of French cooking.** Beginning July 5, students will learn various French cooking and baking techniques over a five-week period. Plus, [2]**an apron will be given to everyone who registers**! If French food isn't your style, don't worry! We offer a variety of classes. [3]**Visit us at www.cuisineinternationale.com to see our entire course offering.** So, what are you waiting for? Don't miss out on this great learning opportunity!

이번 여름에 새로운 무언가를 배워보면 어떨까요? [1]**Cuisine Internationale의 프랑스 음식의 기초에 관한 요리 강좌에 등록하십시오.** 7월 5일부터 시작해서, 학생들은 다양한 프랑스 요리법 및 제빵 기술을 5주 동안 배울 것입니다. 게다가, [2]**등록하는 모든 분들께 앞치마가 증정될 것입니다!** 프랑스 음식이 당신의 스타일이 아니라면, 걱정하지 마세요! 저희는 여러 가지의 수업을 제공합니다. [3]**저희의 모든 개설 과정을 보기 위해 www.cuisineinternationale.com에 방문하십시오.** 자, 무엇을 기다리고 계신가요? 이 대단한 배움의 기회를 놓치지 마세요!

어휘 **garment**[gɑ́:rmənt] 옷, 의복 **culinary**[미 kʌ́lənèri, 영 kʌ́linəri] 요리
a variety of 여러 가지의 **entire**[intáiər] 모든, 전체의

해설 정답 (B), (C), (A)

Q1. 광고의 주제를 묻는 문제이므로, 지문의 초반을 반드시 듣는다. "Enroll in ~ culinary course on the basics of French cooking."이라며 프랑스 음식의 기초에 관한 요리 강좌에 등록하라고 하였다. 따라서 정답은 (B) A cooking course이다. (culinary → cooking)

Q2. 청자들이 등록하면 받을 것을 묻는 문제이므로, 질문의 핵심어구(listeners receive for registering)와 관련된 내용을 주의 깊게 듣는다. "an apron will be given to everyone who registers"라며 등록하는 모든 사람에게 앞치마가 증정될 것이라고 한 말을 통해 등록하면 옷을 받을 수 있음을 알 수 있다. 따라서 정답은 (C) A garment이다. (apron → garment)

Q3. 청자들이 웹사이트에 방문해야 하는 이유를 묻는 문제이므로, 질문의 핵심어구(visit a Web site)와 관련된 내용을 주의 깊게 듣는다. "Visit us at www.cuisineinternationale.com to see our entire course offering."이라며 모든 개설 과정을 보기 위해 웹사이트에 방문하라고 한 말을 통해 다른 선택권들을 확인하기 위해 웹사이트에 방문해야 함을 알 수 있다. 따라서 정답은 (A) To check some options이다.

자주 쓰이는 표현 연습 P4_실전_34

다음은 Part 4 광고에서 빈출 상황별로 자주 쓰이는 표현들이다. (미국/캐나다, 영국, 호주식 발음으로 들으며 따라 읽어보자.)

제품 광고

at the lowest price 최저 가격에	1 Smart Furniture is selling office tables **at the lowest price** this year during its big inventory sale. Smart 가구점은 재고품 대할인 기간 동안 올해 최저 가격에 사무용 책상들을 판매하고 있습니다.
for ~, visit our Web site ~을 위해, 저희 웹사이트를 방문하세요	2 **For** a list of books at 30 percent off, **visit our Web site** at www.bigelowbooks.com. 30퍼센트 할인되는 도서 목록을 보기 위해, 저희 웹사이트 www.bigelowbooks.com을 방문하세요.
don't miss out on ~ ~을 놓치지 마세요	3 **Don't miss out on** this fantastic savings opportunity. 이 환상적인 절약 기회를 놓치지 마세요.

업체 광고

celebrate one's grand opening ~의 대개장을 축하하다	4 Our hotel will **celebrate its grand opening** with a gala in its spacious ballroom. 저희 호텔은 넓은 연회장에서 경축 행사로 저희의 대개장을 축하할 것입니다.
you will be amazed at ~ 당신은 ~에 놀랄 것입니다	5 **You will be amazed at** how beautifully the palace grounds have been landscaped. 당신은 궁전 정원이 얼마나 아름답게 조경되었는지에 놀랄 것입니다.
not to mention ~은 말할 것도 없이	6 The Beauty Spot offers patrons the latest in makeovers, **not to mention** terrific products to use at home. Beauty Spot사는 가정에서 사용하실 수 있는 훌륭한 제품은 말할 것도 없이, 미용에 있어서 최신의 것들을 단골들에게 제공합니다.
award-winning 상을 받은	7 Our bookstore will host the launch of the **award-winning** writer's latest novel. 우리 서점은 상을 받은 작가의 최신 소설 출간식을 주최할 것입니다.

서비스 광고

we guarantee that ~ 우리는 ~을 보장합니다	8 **We guarantee that** repairs for this appliance are free for a full year after purchase. 우리는 이 가전제품의 수리가 구매 후 1년간 무료임을 보장합니다.
be equipped with ~ ~을 갖추다	9 All of the apartment units in this building **are equipped with** an emergency call system. 이 건물의 모든 아파트 가구들은 비상 알림 시스템을 갖추고 있습니다.

HACKERS PRACTICE

P4_실전_35

지문을 듣기 전에 문제를 읽어, 지문의 내용을 미리 파악하는 연습을 하자.

1. What type of service is being advertised?
   (A) Car rentals
   (B) Insurance coverage
   (C) Employee training
   (D) Automotive repairs

2. What does a business provide to all customers?
   (A) Online billing
   (B) Roadside assistance
   (C) Complimentary rides
   (D) Free evaluations

3. Why should the listeners make a call?
   (A) To book an appointment
   (B) To place an order
   (C) To request a home service
   (D) To inquire about a promotion

---

4. According to the speaker, why should the listeners use GoodRide bikes?
   (A) They are stylish.
   (B) They are inexpensive.
   (C) They are high-quality.
   (D) They are brand new.

5. What will customers receive after making a payment?
   (A) An e-mail
   (B) A coupon
   (C) A code
   (D) A receipt

6. What should the listeners do when they are done with a bike?
   (A) Take it to a parking station
   (B) Wait for it to be picked up
   (C) Place it in front of a building
   (D) Exchange it for another

---

7. What is being advertised?
   (A) A local bakery
   (B) A video arcade
   (C) A shopping mall
   (D) An event venue

8. What is mentioned about Reggie's?
   (A) It is celebrating its anniversary.
   (B) It has a playground for children.
   (C) It sponsors community events.
   (D) It serves a wide selection of baked goods.

9. According to the speaker, what can be found in the brochure?
   (A) Details about games
   (B) A photo gallery
   (C) Information on prices
   (D) The layout of a location

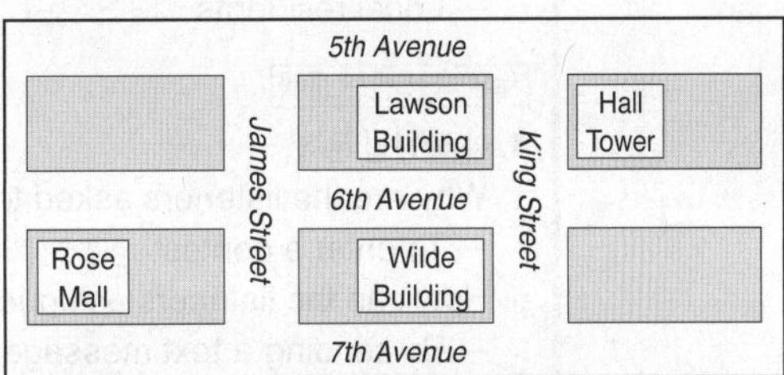

10. What does Urban Agora specialize in?
    (A) Furniture
    (B) Clothing
    (C) Cosmetics
    (D) Jewelry

11. How can some listeners qualify for an offer?
    (A) By presenting a student ID card
    (B) By downloading a coupon
    (C) By spending a certain amount of money
    (D) By showing a promotional leaflet

12. Look at the graphic. Where is Urban Agora located?
    (A) In Lawson Building
    (B) In Hall Tower
    (C) In Rose Mall
    (D) In Wilde Building

정답·해석·해설 p.214

토익 공식 **6**

방송(Report & Broadcast)

방송은 라디오나 TV를 통해 전달되는 교통 방송, 일기 예보, 그리고 이 두 가지를 제외한 일반 방송에 해당하는 지문이다. 주로 방송 프로그램이나 화자를 먼저 소개한 후 주요 소식을 전달하고, 이어서 다음 방송을 안내하는 식으로 진행된다. Part 4 전체 10개 지문 중 매회 1개 정도 출제된다.

빈출 상황

1. 교통 방송
도로의 공사 및 사고 상황 전달, 교통 체증 소식 전달, 우회 도로 안내 등

2. 일기 예보
날씨 정보 제공, 날씨 상황에 따른 대비책 안내 등

3. 일반 방송
초대 손님(guest)을 소개하는 인터뷰 프로그램, 지역 행사 안내 등

빈출 문제

전체 지문 관련 문제

1. 주제 문제
What is the report mainly about? 방송은 주로 무엇에 관한 것인가?
→ Regional weather 지역 날씨

2. 화자/청자 문제
Who most likely is the speaker? 화자는 누구일 것 같은가?
→ A news reporter 뉴스 기자
Who is the broadcast most likely for? 방송은 누구를 위한 것 같은가?
→ Local residents 지역 거주자들

세부 사항 관련 문제

1. 이유/방법 문제
Why are the listeners asked to call a number? 청자들은 왜 전화를 하도록 요청되는가?
→ To enter a contest 경연에 참가하기 위해
How can the listeners ask questions to the guest? 청자들은 게스트에게 어떻게 질문할 수 있는가?
→ By sending a text message 문자 메시지를 보냄으로써

2. 요청 문제
What are the listeners asked to do? 청자들은 무엇을 하도록 요청되는가?
→ Listen to an upcoming forecast 앞으로의 일기 예보를 듣는다.

3. 특정 세부 사항 문제
What is causing heavy traffic congestion? 무엇이 극심한 교통 혼잡을 일으키고 있는가?
→ Poor weather conditions 나쁜 기상 조건
What will take place this afternoon? 오늘 오후에 무슨 일이 일어날 것인가?
→ An opening ceremony 개업식

4. 다음에 할 일 문제
What will be broadcast next? 다음에 무엇이 방송될 것인가?
→ A music program 음악 프로그램

5. 시각 자료 문제
Look at the graphic. Where will the new stadium be located?
시각 자료를 보아라. 새로운 운동장이 어디에 위치할 것인가?
→ On Ocean Avenue Ocean가에

Example P4_실전_36

Q1. What is the report mainly about?

(A) A weather disturbance
(B) A flood warning
(C) A road repair
(D) A traffic jam

Q1. 방송은 주로 무엇에 대한 것인가?

(A) 요란한 날씨
(B) 홍수 경보
(C) 도로 보수 공사
(D) 교통 체증

Q2. Why were classes called off?

(A) A holiday was declared.
(B) Transport groups are on strike.
(C) The city is hosting an event.
(D) Heavy rains are expected.

Q2. 수업들은 왜 취소되었는가?

(A) 공휴일이 공표되었다.
(B) 운송 단체들이 파업 중이다.
(C) 도시가 행사를 주최하고 있다.
(D) 폭우가 예상된다.

Q3. What are the listeners asked to do?

(A) Avoid Herald Avenue
(B) Register for a class
(C) Tune in later for further news
(D) Stay home for the afternoon

Q3. 청자들은 무엇을 하도록 요청되는가?

(A) Herald가를 피한다.
(B) 수업에 등록한다.
(C) 이후의 뉴스를 나중에 청취한다.
(D) 오후 동안 집에 머무른다.

Script 캐나다

This is your morning traffic report. Police officials have stated that [1]**flooding caused by last night's downpour has blocked some lanes of traffic on Dewey Boulevard**. Motorists heading downtown are advised to take Herald Avenue instead. Furthermore, [1/2]**with more bad weather predicted to strike this afternoon,** [2]**school superintendent Mike Newman has canceled classes at schools throughout the city.** [3]**Please tune in again in one hour for more on this developing story.**

아침 교통 방송입니다. 경찰당국은 [1]어젯밤 폭우로 인해 발생한 홍수가 Dewey대로의 몇몇 차로 통행을 막고 있다고 말했습니다. 시내로 향하는 운전자들은 대신 Herald가를 이용하도록 권장됩니다. 게다가, [1/2]오늘 오후 강타할 것으로 예측되는 추가적인 악천후로 인해 [2]Mike Newman 교육감은 도시 전체의 학교 수업을 취소하였습니다. [3]진행 중인 이 뉴스에 대해 더 많은 것을 들으시려면 1시간 후에 다시 청취하시기 바랍니다.

어휘 traffic jam 교통 체증 call off 취소하다, 철수하다 flooding[flʌ́diŋ] 홍수 downpour[dáunpɔ̀ːr] 폭우 motorist[móutərist] 운전자 superintendent[sùːpərinténdənt] 교육감

해설 정답 (A), (D), (C)

Q1. 방송의 주제를 묻는 문제이므로, 지문의 초반을 주의 깊게 들은 후 전체 맥락을 파악한다. 지문의 초반에서 "flooding caused by last night's downpour has blocked some lanes of traffic on Dewey Boulevard"라며 폭우로 인해 발생한 홍수가 차로 통행을 막았다고 한 뒤, "with more bad weather predicted to strike this afternoon"이라며 오늘 오후 추가적인 악천후가 예측된다고 하였다. 따라서 정답은 (A) A weather disturbance이다.

Q2. 수업들이 취소된 이유를 묻는 문제이므로, 질문의 핵심어구(classes called off)와 관련된 내용을 주의 깊게 듣는다. "with more bad weather predicted to strike this afternoon, ~ has canceled classes at schools throughout the city."라며 추가적인 악천후가 예측되어 도시 전체의 수업을 취소했다고 하였다. 따라서 정답은 (D) Heavy rains are expected이다. (called off → canceled)

Q3. 청자들에게 요청되는 것을 묻는 문제이므로, 지문의 중후반에서 요청과 관련된 표현이 포함된 문장을 주의 깊게 듣는다. "Please tune in again in one hour for more on this developing story."라며 진행 중인 뉴스에 대해 더 많은 것을 들으려면 한 시간 뒤에 다시 청취하라고 하였다. 따라서 정답은 (C) Tune in later for further news이다.

자주 쓰이는 표현 연습 P4_실전_37

다음은 Part 4 방송에서 빈출 상황별로 자주 쓰이는 표현들이다. (미국/캐나다, 영국, 호주식 발음으로 들으며 따라 읽어보자.)

교통 방송

표현	예문
be jammed with cars 차들로 막히다	1 The road leading to the stadium where the soccer game will be held **is jammed with cars**. 축구 경기가 열릴 경기장으로 이어지는 도로가 차들로 막혀 있습니다.
be closed for repairs 보수 공사로 폐쇄되다	2 The main thoroughfare into the city **is closed for repairs** today and tomorrow. 도심으로 향하는 주요 간선도로가 오늘과 내일 보수 공사로 폐쇄되어 있습니다.
take an alternative route 대체 도로를 택하다	3 Motorists going to the port should **take an alternative route**. 항구로 가는 운전자들은 대체 도로를 택해야 합니다.

일기 예보

표현	예문
allow extra time 시간을 넉넉히 잡다	4 Snow is expected this evening and may cause congestion, so drivers should **allow extra time** for their trips. 오늘 저녁에 눈이 올 것으로 예상되며 교통 정체를 일으킬 수 있으므로, 운전자들은 이동을 위해 시간을 넉넉히 잡으시길 바랍니다.
a chance of ~ ~의 가능성	5 You can expect cooler temperatures with **a chance of** snow in the afternoon. 오후에 눈이 올 가능성과 함께 더 서늘한 기온을 예상하십시오.

일반 방송

표현	예문
thanks for listening to ~ ~을 청취해 주셔서 감사하다	6 **Thanks for listening to** our talk show on Radio KYZ, and now we have local news with our top story being the city's foundation anniversary. KYZ 라디오의 토크쇼를 청취해 주셔서 감사드리며, 이제 주요 뉴스인 시 창설 기념일 소식과 더불어 지역 뉴스를 전해드리겠습니다.
join us 이 자리에 함께해 주다	7 After the commercial break, noted psychologist Bill Noland will be **joining us** to discuss his new book *Coping with Loss*. 광고 후에, 저명한 심리학자 Bill Noland가 자신의 새로운 책인 *Coping with Loss*에 대해 이야기하기 위해 이 자리에 함께해 주실 것입니다.
message from our sponsor 광고주의 메시지(광고)	8 We'll return in a few minutes with our guest after a **message from our sponsor**. 광고주의 메시지(광고) 후에 저희 초대 손님을 모시고 몇 분 후에 돌아오겠습니다.
stay tuned to ~에 고정하다	9 **Stay tuned to** CKWP 100.3 FM for more breaking news stories. 더 많은 뉴스 속보를 위해 FM CKWP 100.3에 주파수를 고정해 주세요.

HACKERS PRACTICE

P4_실전_38

지문을 듣기 전에 문제를 읽어, 지문의 내용을 미리 파악하는 연습을 하자.

1. What is the main topic of the broadcast?
   (A) The air quality in Brownville
   (B) Activities planned for the weekend
   (C) The weather over the next few days
   (D) Changes in global climate patterns

2. According to the speaker, what might be rescheduled?
   (A) A political rally
   (B) A park opening
   (C) A community festival
   (D) A sports competition

3. What will the listeners probably hear next?
   (A) The business news
   (B) The evening forecast
   (C) A traffic report
   (D) Some sports news

---

4. What is the speaker mainly discussing?
   (A) A traffic situation
   (B) A petition approval
   (C) A project delay
   (D) A building repair

5. What is the reason for the ongoing work?
   (A) To enlarge a residential complex
   (B) To upgrade an existing arena
   (C) To improve the surface of a roadway
   (D) To modernize a government facility

6. What does the speaker suggest the listeners do?
   (A) Attend an informational session
   (B) Take alternate routes
   (C) Wait for an announcement
   (D) Write to elected representatives

---

7. What is the purpose of the broadcast?
   (A) To promote a cooking class
   (B) To introduce the new host of a program
   (C) To provide details about an upcoming show
   (D) To announce a schedule change

8. What is mentioned about Ms. Lang?
   (A) She specializes in Asian cuisine.
   (B) She offers a cooking course for beginners.
   (C) She is developing a new television program.
   (D) She attended schools in multiple countries.

9. Why does the speaker say, "There will be autographed copies of her cookbook"?
   (A) To encourage the listeners to call
   (B) To persuade the listeners to make a purchase
   (C) To explain why an item is expensive
   (D) To suggest that a publication is popular

Audition Schedule	
City	**Date**
Dallas	June 20
Houston	June 22
San Antonio	June 24
Austin	June 26

10. Why is Johnny Staple looking for dancers?
   (A) He wants someone to teach him.
   (B) He wants to enlarge a band.
   (C) He is going to make a music video.
   (D) He is going to direct a new play.

11. What are some listeners instructed to do?
   (A) Submit a video
   (B) E-mail contact information
   (C) Report to a performance hall
   (D) Create a dance routine

12. Look at the graphic. When will the first audition be held?
   (A) June 20
   (B) June 22
   (C) June 24
   (D) June 26

정답·해석·해설 p.216

보도(Report)

보도는 방송의 일부이지만 Business Report나 News Report와 같이 경제, 비즈니스, 교육, 환경, 건강 등 사회 전반에 걸친 주제의 소식을 전달하는 지문으로, 다루는 주제 및 지문 구성 등이 설명문에 가깝다. 이 유형의 지문은 흐름에 특별한 패턴이 없어 다소 난도가 높다. 출제 비율이 높지 않지만 Part 4 전체 10개 지문 중 가끔 1개 정도 출제된다.

빈출 상황

1. 경제·비즈니스 관련 보도
생산과 소비, 업계 매출 및 수익, 주식·주가 관련, 합병 소식, 기업 프로젝트, 기타 특정 기업체 관련 소식 등

2. 교육·환경·건강 관련 보도
과외 활동, 에너지 자원, 생태계 소식, 노후 건강 관리, 건강 관련 캠페인 등

3. 기타 사회 일반 관련 보도
취업, 자선 단체 소식, 사회봉사 관련 소식, 심리학 통계, 사회 행정 등

빈출 문제

전체 지문 관련 문제

1. 주제 문제
What is the report mainly about? 보도는 주로 무엇에 대한 것인가?
→ New medical breakthroughs 새로운 의학적 발견

2. 화자 문제
Who most likely is the speaker? 화자는 누구인 것 같은가?
→ An announcer 아나운서

세부 사항 관련 문제

1. 특정 세부 사항 문제
What is the board planning to do? 이사회는 무엇을 하기로 계획하고 있는가?
→ Hold a public discussion 공청회를 연다.
Who is Larry Davidson? Larry Davidson은 누구인가?
→ A job consultant 직업 컨설턴트

2. 다음에 할 일 문제
What will take place at City Hall in October? 10월에 시청에서 무슨 일이 일어날 것인가?
→ A renovation project 보수 프로젝트

3. 이유/방법 문제
Why are local residents moving to other cities? 지역 주민들은 왜 다른 도시들로 이사할 것인가?
→ To find better job opportunities 더 나은 일자리를 찾기 위해
How can the listeners take part in the project? 청자들은 어떻게 프로젝트에 참여할 수 있는가?
→ By sending a document 서류를 보냄으로써

4. 의도 파악 문제
Why does the speaker say, "Construction is scheduled to begin on May 10"?
화자는 왜 "공사가 5월 10일에 시작될 것으로 예정되어 있습니다"라고 말하는가?
→ To indicate a problem 문제점을 지적하기 위해

5. 시각 자료 문제
Look at the graphic. Which department's figures are being dealt with?
시각 자료를 보아라. 어느 부서의 수치가 다뤄지고 있는가?
→ The IT Department IT 부서

Example P4_실전_39

Q1. What is the main topic of the report?

(A) The winner of an exclusive contract
(B) The retirement of an executive
(C) The joining of two manufacturers
(D) The building of an auto plant in China

Q2. What will most likely happen next Tuesday?

(A) A formal agreement will be signed.
(B) A series of negotiations will begin.
(C) A company will move its offices.
(D) A line of products will be launched.

Q3. Who is Mr. Kim?

(A) A spokesperson for an auto company
(B) The head of a manufacturing company
(C) An announcer of radio station
(D) The president of a new firm

Q1. 보도의 주제는 무엇인가?

(A) 독점 계약의 체결업체
(B) 임원의 퇴직
(C) 두 제조업체의 결합
(D) 중국의 자동차 공장 건설

Q2. 다음 주 화요일에 무슨 일이 일어날 것 같은가?

(A) 정식 계약이 체결될 것이다.
(B) 일련의 협상들이 시작될 것이다.
(C) 회사가 사무실을 이전할 것이다.
(D) 제품들이 출시될 것이다.

Q3. Mr. Kim은 누구인가?

(A) 자동차 회사의 대변인
(B) 제조사의 회장
(C) 라디오 방송국의 아나운서
(D) 새로운 회사의 회장

Script 영국

This is Sara Kincaid on WKRO. [1/3]**Leonard Lu, CEO of Chinese automaker Atoma, announced Monday that a deal has been reached to merge with Korean manufacturer Spark Corporation.** The agreement was made after 18 months of negotiations. [2]**A contract is expected to be signed next Tuesday** at Spark's headquarters in Seoul. [3]**Martin Kim, chief of Spark Corporation**, revealed that the new venture would be managed by executives from Spark under the brand name of Fleet Motors, while manufacturing facilities would continue to operate out of China.

저는 WKRO의 Sara Kincaid입니다. [1/3]**중국 자동차업체 Atoma사의 최고 경영자 Leonard Lu가 한국 제조업체 Spark사와 합병하기로 합의에 도달했다고 월요일에 발표했습니다.** 합의는 18개월 동안의 협상 이후 성사되었습니다. [2]**계약은 다음 주 화요일에** 서울에 있는 Spark사의 본사에서 **체결될 예정입니다.** [3]**Spark사의 사장인 Martin Kim은** 제조 시설을 중국 외부에서 계속 가동하는 한편, 새로운 모험적인 사업이 Fleet Motors라는 브랜드 이름으로 Spark사의 임원들에 의해 운영될 것이라고 밝혔습니다.

어휘 exclusive[iksklú:siv] 독점의
manufacturer[미 mæ̀njufǽktʃərər, 영 mæ̀njufǽktʃərə] 제조업체
merge[미 mə:rdʒ, 영 mə:dʒ] 합병하다

해설 정답 (C), (A), (B)

Q1. 보도의 주제를 묻는 문제이므로, 지문의 초반을 반드시 듣는다. "Leonard Lu, CEO of Chinese automaker Atoma, ~ reached to merge with ~ Spark Corporation."이라며 Atoma사와 Spark사가 합병을 하기로 했다고 하였다. 따라서 정답은 (C) The joining of two manufacturers이다. (merge → joining)

Q2. 화요일에 일어날 일을 묻는 문제이므로, 질문의 핵심어구(next Tuesday)가 언급된 주변을 주의 깊게 듣는다. "A contract is expected to be signed next Tuesday"라며 계약이 다음 주 화요일에 체결될 예정이라고 하였다. 따라서 정답은 (A) A formal agreement will be signed이다. (contract → formal agreement)

Q3. Mr. Kim의 신분을 묻는 문제이므로, 질문 대상(Mr. Kim)의 신분 및 직업을 나타내는 표현을 놓치지 않고 듣는다. "Korean manufacturer Spark Corporation", "Martin Kim, chief of Spark Corporation"이라며 Mr. Kim이 제조업체인 Spark사의 사장이라고 하였다. 따라서 정답은 (B) The head of a manufacturing company이다. (chief → head)

자주 쓰이는 표현 연습 P4_실전_40

다음은 Part 4 보도에서 빈출 상황별로 자주 쓰이는 표현들이다. (미국/캐나다, 영국, 호주식 발음으로 들으며 따라 읽어보자.)

경제·비즈니스 관련 보도

표현	예문
be expected to ~ ~할 것으로 예상되다	1 Management **is expected to** make an announcement today regarding the CEO's replacement. 경영진은 최고 경영자의 후임자에 대해 오늘 공지를 할 것으로 예상됩니다.
have high hopes for ~ ~에 대해 높은 기대를 하고 있다	2 Corporate officials **have high hopes for** an economic recovery with the national increase in consumer spending. 회사 관리자들은 국내 소비자 지출 증가에 따른 경제 회복에 대해 높은 기대를 하고 있습니다.
production will be increased 생산이 증가할 것이다	3 Cellular phone **production will be increased** to meet the growing demand in Africa and Asia. 휴대폰 생산은 아프리카와 아시아의 늘어나는 수요를 충족시키기 위해 증가할 것입니다.
sales have risen steadily 판매량이 꾸준히 올랐다	4 **Sales** of organic products **have risen steadily** due to endorsements by entertainment celebrities. 유기농 제품의 판매량이 연예계 유명 인사들의 홍보 덕분에 꾸준히 올랐습니다.

교육·환경·건강 관련 보도

표현	예문
take steps 조치를 취하다	5 With energy costs continuing to rise, the government is advising everyone to **take steps** to conserve fuel and electricity consumption. 에너지 비용이 계속해서 상승함에 따라, 정부는 모두에게 연료와 전기 소비를 절약할 조치를 취할 것을 권장하고 있습니다.
accommodate the needs 요구를 수용하다	6 During the interview, a spokesperson said more schools would be constructed to **accommodate the needs** of residents. 인터뷰 중에, 대변인은 주민들의 요구를 수용하기 위해 더 많은 학교가 건설될 것이라고 발표했습니다.

기타 사회 일반 관련 보도

표현	예문
raise funds for ~ ~을 위한 기금을 모으다	7 The museum director has spent the past month **raising funds for** the restoration of works of art. 박물관 관장은 예술 작품 복원을 위한 기금을 모으며 지난달을 보냈습니다.
approve plans 계획을 승인하다	8 The Ministry of Transport has **approved plans** to expand bus services to include the suburbs. 교통부는 버스 서비스를 교외를 포함하는 것까지 확대하는 계획을 승인하였습니다.

HACKERS PRACTICE

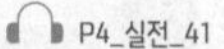

지문을 듣기 전에 문제를 읽어, 지문의 내용을 미리 파악하는 연습을 하자.

1. What is the main topic of the report?
   (A) An upcoming mayoral election
   (B) The opening of a new school building
   (C) Activities planned by a charity foundation
   (D) The construction of a recreation center

2. What did some companies decide to do?
   (A) Send corporate representatives
   (B) Encourage workers to volunteer
   (C) Host an upcoming event
   (D) Contribute financial resources

3. Who is Randall Davis?
   (A) A former mayor
   (B) A famous athlete
   (C) A city official
   (D) A well-known architect

4. What is mentioned about Stella McGovern?
   (A) She has voiced some concerns.
   (B) She supports a new budget.
   (C) She works in the automobile industry.
   (D) She is a government employee.

5. Which sector reported added jobs last month?
   (A) Retail
   (B) Technology
   (C) Food
   (D) Manufacturing

6. According to Ms. McGovern, what caused an improvement in job numbers?
   (A) Easier access to a bank loan
   (B) A government aid package
   (C) Tighter management control
   (D) A rise in office productivity

7. What type of business most likely is Blackwell Corporation?
   (A) A retail business
   (B) A legal firm
   (C) An investment bank
   (D) A property developer

8. What does the speaker imply when she says, "That is an impressive amount"?
   (A) Many companies competed for a deal.
   (B) A project will be highly profitable.
   (C) Many people are moving to a city.
   (D) A building has many rental units.

9. What does the speaker say will happen next year?
   (A) A project will start.
   (B) A blueprint will be finalized.
   (C) A new site will be selected.
   (D) A contract will be signed.

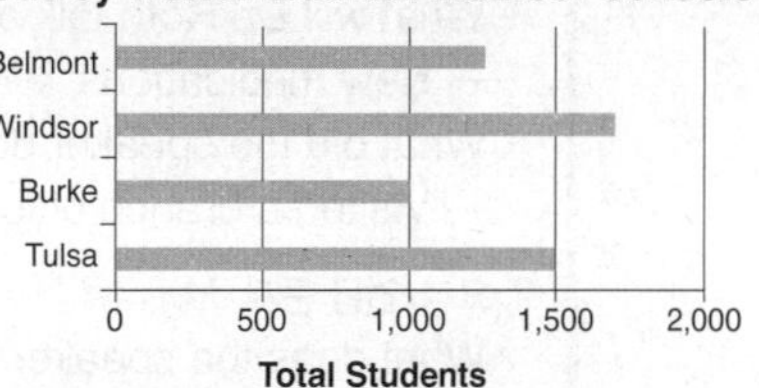

10. What is the objective of the campaign?
    (A) Checking students' health
    (B) Getting funds for food research
    (C) Raising awareness about nutrition
    (D) Redesigning school lunch menus

11. Look at the graphic. Which school will a talk be given at first?
    (A) Belmont
    (B) Windsor
    (C) Burke
    (D) Tulsa

12. What does the speaker suggest that parents do?
    (A) Download some information
    (B) Attend lectures with their kids
    (C) Donate to the campaign
    (D) Consult a professional nutritionist

정답·해석·해설 p.218

토익 공식 8

소개(Introduction)

소개는 특정 인물이나 행사에 대해 청중에게 소개하는 내용의 지문으로, 시상식이나 기업체의 인사이동과 관련된 내용이 가장 많고, 기관이나 단체 혹은 작품을 소개하는 지문도 가끔 등장한다. 주로 소개 대상을 언급하고, 그 사람의 업적과 경력이나 행사의 배경과 목적을 설명하는 식으로 진행된다. 출제 비율이 높지 않지만 Part 4 전체 10개 지문 중 가끔 1개 정도 출제된다.

빈출 상황

1. 인사이동 관련 소개
신입 직원, 전근하는 직원, 은퇴하는 직원 등

2. 행사 관련 소개
시상식의 수상자, 컨퍼런스 등의 연설자, 전문가 및 책의 저자, 예술가, 기타 유명 인사, 기념식 등

빈출 문제

전체 지문 관련 문제

1. 목적 문제
Why is the talk being given? 담화는 왜 이루어지고 있는가?
→ To introduce a guest speaker 초청 연사를 소개하기 위해

2. 장소 문제
Where is this talk most likely taking place? 이 담화는 어디에서 일어나고 있는 것 같은가?
→ In an auditorium 강당에서

세부 사항 관련 문제

1. 특정 세부 사항 문제
What most likely is Mr. Powell's job? Mr. Powell의 직업은 무엇인 것 같은가?
→ A researcher 연구원
What will Dr. Roth talk about in the afternoon? Dr. Roth는 오후에 무엇에 관해 이야기할 것인가?
→ New medications 새로운 의약품
What did the speaker do last year? 화자는 작년에 무엇을 했는가?
→ Visited a branch office 지사를 방문했다.

2. 요청/언급 문제
What does the speaker ask staff to do? 화자는 직원들에게 무엇을 하라고 요청하는가?
→ Fill out some forms 몇몇 양식을 작성한다.
What does the speaker mention about Ms. Kang? 화자는 Ms. Kang에 관해 무엇을 언급하는가?
→ She has worked at the company for a long time. 그녀는 회사에서 오랫동안 일해왔다.

3. 다음에 할 일 문제
What will participants most likely do next? 참석자들은 다음에 무엇을 할 것 같은가?
→ Read some documents 서류를 읽는다.

4. 의도 파악 문제
What does the speaker imply when she says, "Mr. Larson will join the company next month"? 화자가 "Mr. Larson이 다음 달에 회사에 합류할 것입니다"라고 말할 때 무엇을 의도하는가?
→ A schedule has been changed. 일정이 변경되었다.

5. 시각 자료 문제
Look at the graphic. Where will the event be held? 시각 자료를 보아라. 행사는 어디에서 열릴 것인가?
→ At Gibson's Hall Gibson's 홀에서

Example P4_실전_42

Q1. What is the purpose of the talk?

(A) To describe an upcoming project
(B) To introduce a new employee
(C) To promote a product line
(D) To present medical research

Q1. 담화의 목적은 무엇인가?

(A) 앞으로의 사업에 대해 설명하기 위해
(B) 새 직원을 소개하기 위해
(C) 제품을 홍보하기 위해
(D) 의학 연구 결과를 발표하기 위해

Q2. What will Mr. Bates discuss?

(A) Plans for developing new products
(B) New methods of manufacturing
(C) The benefits of a vitamin supplement
(D) Ideas for increasing sales

Q2. Mr. Bates는 무엇에 관해 이야기할 것인가?

(A) 새로운 제품 개발을 위한 계획
(B) 제조상의 새로운 방법
(C) 비타민 보조제의 장점
(D) 판매 증가를 위한 아이디어

Q3. Who is Mr. Bates?

(A) A business consultant
(B) A college professor
(C) A restaurant owner
(D) A research head

Q3. Mr. Bates는 누구인가?

(A) 경영 컨설턴트
(B) 대학 교수
(C) 식당 주인
(D) 연구팀장

Script 영국

Thank you for coming. [1/3]**I am pleased to introduce you to our newest head of research, Franklin Bates.** [2]**Mr. Bates is going to speak with us about some of his plans and ideas for upcoming medicine development projects.** As you know, the company is interested in producing a line of health and vitamin supplements, and I'm sure Mr. Bates's experience as a pharmaceutical researcher will help us to reach that goal. Before I hand the microphone over to Mr. Bates, I would like to invite you to a dinner on Tuesday evening at 7:30 at Eldorado Restaurant. It will give us a chance to get to know him.

와주셔서 감사합니다. [1/3]여러분들께 새 연구팀장 Franklin Bates를 소개해드리게 되어 기쁩니다. [2]Mr. Bates는 앞으로의 의약 개발 프로젝트에 관한 그의 몇몇 계획과 아이디어에 대해 우리와 이야기를 나눌 것입니다. 여러분들도 아시다시피, 회사는 건강 보조제와 비타민 보조제 제품의 생산에 관심을 가지고 있으며, 제약 연구원으로서의 Mr. Bates의 경력이 우리가 그러한 목표에 도달하는 데 도움을 줄 것이라고 확신합니다. Mr. Bates에게 마이크를 넘기기 전에, 저는 화요일 저녁 7시 30분에 Eldorado 식당에서의 저녁 식사에 여러분을 초대하고자 합니다. 이것은 우리가 그에 대해 알게 되는 기회를 줄 것입니다.

어휘 supplement [미 sʌ́pləmənt, 영 sʌ́plimənt] 보조제, 보충물
pharmaceutical [미 fɑ̀:rməsú:tikəl, 영 fɑ̀:məsú:tikəl] 제약의, 약학의

해설 정답 (B), (A), (D)

Q1. 담화의 목적을 묻는 문제이므로, 지문의 초반을 반드시 듣는다. "I am pleased to introduce you to our newest head of research" 라며 새 연구팀장을 소개하게 되어 기쁘다고 하였다. 따라서 정답은 (B) To introduce a new employee이다.

Q2. Mr. Bates가 무엇에 관해 이야기할 것인지를 묻는 문제이므로, 질문의 핵심어구(Mr. Bates discuss)와 관련된 내용을 주의 깊게 듣는다. "Mr. Bates is going to speak with us about some of his plans and ideas for upcoming medicine development projects."라며 Mr. Bates가 앞으로의 의약 개발 프로젝트에 대해 이야기할 것이라고 하였다. 따라서 정답은 (A) Plans for developing new products이다. (discuss → speak with)

Q3. Mr. Bates의 신분을 묻는 문제이므로, 질문 대상(Mr. Bates)의 신분 및 직업과 관련된 표현을 놓치지 않고 듣는다. "our newest head of research, Franklin Bates"라며 Franklin Bates가 새로운 연구팀장이라고 하였다. 따라서 정답은 (D) A research head이다.

자주 쓰이는 표현 연습 P4_실전_43

다음은 Part 4 인물 소개에서 빈출 상황별로 자주 쓰이는 표현들이다. (미국/캐나다, 영국, 호주식 발음으로 들으며 따라 읽어보자.)

인사 이동 관련 소개

contribute to ~ ~에 공헌을 하다	1 Mr. Marchand has **contributed** significantly **to** the field of market research. Mr. Marchand는 시장 조사 분야에 많은 공헌을 해왔습니다.
in the area of ~ ~의 분야에서	2 Pat Williams is an expert **in the areas of** market forecasting and industrial performance. Pat Williams는 시장 예측과 산업 성과 분야에서 전문가입니다.
Thanks to ~ ~ 덕분에	3 **Thanks to** David Hall's excellent management skills, the Brisbane branch is now the most profitable. David Hall의 훌륭한 경영 능력 덕분에, 브리즈번 지점이 현재 가장 수익이 높습니다.
be responsible for ~ ~에 대한 책임이 있다	4 Andrew Boyle **is responsible for** giving the public a positive image of the company. Andrew Boyle은 대중들에게 회사의 긍정적인 이미지를 전달하는 것에 대한 책임이 있습니다.
be in charge of ~ ~을 담당하다	5 Marsha Wong **is in charge of** providing reimbursement for business trip expenses. Marsha Wong은 출장 경비 환급을 담당하고 있습니다.

행사 관련 소개

I have the honor of ~ ~하게 되어 영광이다	6 **I have the honor of** introducing this morning's guest speaker, who will discuss her current research. 오늘 오전의 초청 연사를 소개하게 되어 영광이며, 그녀는 자신의 최근 연구에 대해 이야기할 것입니다.
a leading expert 뛰어난 전문가	7 Our lecturer this morning is **a leading expert** on the Southeast Asian market. 오늘 아침의 강연자는 동남아시아 시장의 뛰어난 전문가입니다.
donate one's collection to ~에 ~의 수집품을 기증하다	8 We are pleased to announce that Mr. Fitzgerald will **donate his collection** of charcoal sketches **to** the National Gallery. Mr. Fitzgerald가 그의 목탄 스케치 수집품을 국립 미술관에 기증할 것임을 알리게 되어 기쁩니다.
present an award 상을 수여하다	9 It is a great privilege to **present** the Annual Best Salesperson **Award**. 올해의 최고 영업인상을 수여하게 되어 매우 영광입니다.
is dedicated to ~ ~에 헌신하다	10 Our speaker for this session is Gina Lee, who **is dedicated to** raising awareness about the environment. 이번 시간의 연설자는 Gina Lee이며, 그녀는 환경에 대한 인식을 높이는 데 헌신하고 있습니다.

HACKERS PRACTICE

P4_실전_44

지문을 듣기 전에 문제를 읽어, 지문의 내용을 미리 파악하는 연습을 하자.

1. What does the speaker say about the trade show?
   (A) It is held every four years.
   (B) It is attended by industry people.
   (C) It is sponsored by an organization.
   (D) It is internationally renowned.

2. Who is Greta Rosenberg?
   (A) A successful entrepreneur
   (B) A product designer
   (C) An event planner
   (D) A clothing manufacturer

3. What will the listeners do next?
   (A) Receive some awards
   (B) Listen to a lecture
   (C) Ask some questions
   (D) Watch a video presentation

---

4. What is the purpose of the talk?
   (A) To discuss current music trends
   (B) To promote an upcoming tour
   (C) To publicize an album release
   (D) To present a group of musicians

5. According to the speaker, what did Ali Blake do?
   (A) Partnered with other artists
   (B) Started her own band
   (C) Attended a music festival
   (D) Took part in a documentary

6. What will most likely happen next?
   (A) Musicians will be interviewed.
   (B) An executive will give a speech.
   (C) Songs will be performed.
   (D) Copies of an album will be sold.

---

7. What was Amelia Clarke hired to do?
   (A) Oversee a department
   (B) Manage schedules
   (C) Write opinion pieces
   (D) Support editorial staff

8. According to the speaker, what happened last week?
   (A) A writing workshop was conducted.
   (B) A company was featured in a publication.
   (C) An employee handed in his notice.
   (D) A farewell party was organized.

9. What will Brandon be responsible for?
   (A) Supervising training
   (B) Drafting proposals
   (C) Revising some articles
   (D) Making a manual

3rd Floor

Haines Library	Miller Media Center	Auditorium	
			Elevator
Davidson Lecture Hall	Grand Ballroom	Pine Laboratory	

10. Where most likely is the talk taking place?
    (A) At a focus group meeting
    (B) At a corporate training session
    (C) At a retirement ceremony
    (D) At a business conference

11. What does the speaker suggest the listeners do?
    (A) Create videos of the lectures
    (B) Complete an online feedback form
    (C) Check a handout for information
    (D) Research the talk topics beforehand

12. Look at the graphic. Where will the forum take place?
    (A) Haines Library
    (B) Miller Media Center
    (C) Auditorium
    (D) Grand Ballroom

정답·해석·해설 p.221

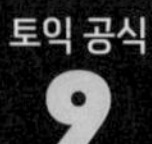

토익 공식 9 설명 및 강연(Instruction & Lecture)

설명 및 강연은 사내 업무 처리나 일반 시설 이용 절차, 또는 다양한 주제에 관한 전문가의 설명이나 강연에 대한 지문이다. 이 유형의 지문은 보도(Report) 유형과 마찬가지로 지문 흐름에 특별한 패턴이 없어 난도가 다소 높다. 출제 비율이 높지 않지만 Part 4 전체 10개 지문 중 가끔 1개 정도 출제된다.

빈출 상황

1. 사내 업무 처리 절차 설명
출장 허가, 업무 절차, 공장의 일일근무 시작 절차, 새로운 급여 시스템에 대한 설명 등

2. 일반 시설 이용 절차 설명
운전 면허 시험장, 병원 등의 시설물 이용 관련 절차 안내 등

3. 전문가의 설명 및 강연
교육, 건강, 스포츠, 문학 작품, 영화 등 다양한 주제에 대한 전문가의 설명 및 강연 등

빈출 문제

전체 지문 관련 문제

1. 주제 및 목적 문제
What is the talk mainly about? 담화는 주로 무엇에 관한 것인가?
→ Flexible working hours 탄력적 근무 시간제
Why is the speaker giving the talk? 화자는 왜 연설을 하고 있는가?
→ To ask for donations 기부금을 요청하기 위해

2. 화자/청자 문제
Who probably is the speaker? 화자는 누구인 것 같은가?
→ A university professor 대학 교수
Where do the listeners most likely work? 청자들은 어디에서 일하는 것 같은가?
→ At an investment firm 투자 회사에서

세부 사항 관련 문제

1. 방법 문제
How can the listeners renew their licenses? 청자들은 어떻게 면허증을 갱신할 수 있는가?
→ By visiting a branch office 지사를 방문함으로써

2. 요청 문제
What does the speaker request? 화자는 무엇을 요청하는가?
→ Submission of some documents 몇몇 서류들의 제출

3. 다음에 할 일 문제
What will attendees do next? 참석자들은 다음에 무엇을 할 것인가?
→ Listen to a presentation 발표를 듣는다.

4. 특정 세부 사항 문제
What does the blue sign indicate? 파란색 사인이 가리키는 것은 무엇인가?
→ A low battery 배터리 거의 없음
What will some customers receive? 일부 고객들은 무엇을 받을 것인가?
→ A promotional code 할인 코드

5. 시각 자료 문제
Look at the graphic. Which section does the speaker want the listener to sit in?
시각 자료를 보아라. 화자는 청자가 어느 섹션에 앉기를 원하는가?
→ Section B 섹션 B

Example P4_실전_45

Q1. What is the main topic of the talk?

(A) Common nutritional problems
(B) Efforts to combat world hunger
(C) A survey done among doctors
(D) Research on food-related diseases

Q1. 담화의 주제는 무엇인가?

(A) 일반적인 영양상의 문제들
(B) 세계 기아를 방지하기 위한 노력들
(C) 의사들 사이에서 진행된 설문조사
(D) 음식과 관련된 질병들에 대한 연구

Q2. Who most likely are the listeners?

(A) Transportation experts
(B) Members of the media
(C) Medical practitioners
(D) A group of aid workers

Q2. 청자들은 누구인 것 같은가?

(A) 운송 전문가들
(B) 언론 기자들
(C) 의사들
(D) 구호원들

Q3. What have the listeners been asked to do?

(A) View a presentation
(B) Administer a treatment
(C) Discuss the results of a study
(D) Take down some information

Q3. 청자들은 무엇을 하도록 요청되는가?

(A) 발표를 본다.
(B) 치료를 실시한다.
(C) 연구의 결과에 대해 논의한다.
(D) 몇몇 정보를 기록한다.

Script 호주

Thank you for being here. As you know, the field of medicine is constantly evolving as new discoveries are made. Today, [1]**I'd like to go over the results of a 10-year study on food-borne illnesses**. Governments and aid agencies have used the information I am about to present to develop new methods for the transport and storage of food. [2]**You will find it relevant when diagnosing and administering the proper treatment in cases of food poisoning.** [3]**Please direct your attention to the screen so that we may begin.**

이곳에 와 주셔서 감사합니다. 여러분도 아시다시피, 새로운 발견이 이루어짐에 따라 의학 분야는 끊임없이 진화하고 있습니다. 오늘, [1]**저는 음식에서 오는 질병들에 대한 10년간의 연구 결과에 대해 논하고자 합니다.** 정부와 원조 기관들은 음식의 운송 및 보관을 위한 새로운 방법들을 개발하기 위해 제가 이제 발표하려고 하는 정보를 사용해 왔습니다. [2]**여러분은 식중독을 진단하고 적절한 치료를 실시할 때 이것이 관련이 있음을 알게 되실 것입니다.** [3]**시작할 수 있도록 스크린에 주의를 돌려주시기 바랍니다.**

어휘 combat [kəmbǽt] 방지하다
practitioner [præktíʃənər] (전문직 종사자, 특히) 의사, 변호사
diagnose [미 dáiəgnòus, 영 dáiəgnəuz] 진단하다

해설 정답 (D), (C), (A)

Q1. 담화의 주제를 묻는 문제이므로, 지문의 초반을 반드시 듣는다. "I'd like to go over the results of a 10-year study on food-borne illnesses"라며 음식에서 오는 질병들에 대한 연구 결과를 논할 것이라고 하였다. 따라서 정답은 (D) Research on food-related diseases이다. (food-borne illnesses → food-related diseases)

Q2. 청자들의 신분을 묻는 문제이므로, 신분 및 직업과 관련된 표현을 놓치지 않고 듣는다. "You will find it[information] relevant when diagnosing and administering the proper treatment in cases of food poisoning."이라며 발표하려는 정보가 청자들이 식중독을 진단하고 치료할 때 관련이 있음을 알게 될 것이라고 한 말을 통해 청자들이 병을 진단하고 치료하는 의사들임을 알 수 있다. 따라서 정답은 (C) Medical practitioners이다.

Q3. 청자들에게 요청되는 것을 묻는 문제이므로, 지문의 중후반에서 요청과 관련된 표현이 포함된 문장을 주의 깊게 듣는다. "Please direct your attention to the screen so that we may begin."이라며 발표를 시작할 수 있도록 스크린에 주의를 돌려달라고 요청하였다. 따라서 정답은 (A) View a presentation이다.

자주 쓰이는 표현 연습 P4_실전_46

다음은 Part 4 설명 및 강연에서 빈출 상황별로 자주 쓰이는 표현들이다. (미국/캐나다, 영국, 호주식 발음으로 들으며 따라 읽어보자.)

사내 업무 처리 절차 설명

get ~ started ~을 시작하다	1 To **get** the training **started**, we will watch a video on how to make assembly line operations more efficient. 교육을 시작하기 위해, 우리는 조립 라인 작동을 더 효율적으로 만드는 방법에 대한 영상을 볼 것입니다.
It's important to ~ ~하는 것이 중요하다	2 **It's important to** regularly assign tasks to team members to keep the work flowing smoothly. 일이 매끄럽게 진행되도록 팀 구성원들에게 정기적으로 업무를 할당하는 것이 중요합니다.

일반 시설 이용 절차 설명

one thing you must do 반드시 해야 하는 한 가지	3 **One thing you must do** before visiting a patient at the hospital is sign in at the front desk. 병원의 환자를 방문하기 전에 반드시 해야 하는 한 가지는 안내 데스크에서 서명을 하는 것입니다.
be familiar with ~ ~에 익숙해지다	4 You should **be familiar with** the process for obtaining reimbursements before you submit a request. 신청서를 제출하기 전에 상환을 받기 위한 절차에 익숙해져야 합니다.

전문가의 설명 및 강연

go over 살펴보다	5 Ms. Moss will **go over** the directions a second time to make sure the trainees understand what to do. Ms. Moss는 교육을 받는 사람들이 무엇을 해야 하는지 이해하는 것을 명확히 하기 위해 지침을 다시 살펴볼 것입니다.
give instructions 설명하다	6 I will **give** you detailed **instructions** on the operation of the new equipment. 새 기계를 작동시키는 것에 대해 자세히 설명하겠습니다.
figure out 알아내다	7 Attendees will be asked to **figure out** how their communities can contribute to the green movement. 참석자들은 그들의 지역 사회가 친환경 운동에 어떻게 기여할 수 있을지 알아내도록 요청받을 것입니다.

HACKERS PRACTICE

P4_실전_47

지문을 듣기 전에 문제를 읽어, 지문의 내용을 미리 파악하는 연습을 하자.

1. What is the talk mainly about?
   (A) A branch opening
   (B) An appreciation dinner
   (C) A corporate retreat
   (D) An industry convention

2. What does the speaker mention about the event?
   (A) It is held every year.
   (B) It will include a sports seminar.
   (C) It will last for two weeks.
   (D) It is mandatory for all employees.

3. Why should the listeners visit the speaker's office?
   (A) To plan a convention
   (B) To pick up a form
   (C) To pay an administrative fee
   (D) To discuss a program of activities

---

4. Where most likely do the listeners work?
   (A) At a storage facility
   (B) At a service center
   (C) At a construction site
   (D) At a manufacturing plant

5. What has management decided to do?
   (A) Add more equipment
   (B) Increase monthly expenses
   (C) Review marketing strategies
   (D) Implement safety measures

6. How frequently will reports be turned in?
   (A) Every day
   (B) Every week
   (C) Every month
   (D) Every year

---

7. What is the purpose of the talk?
   (A) To promote the use of a service
   (B) To provide details about a postponement
   (C) To notify employees about a policy
   (D) To introduce a new payment system

8. What is mentioned about a Web site?
   (A) It was temporarily unavailable.
   (B) It features a scheduling service.
   (C) It will be launched very soon.
   (D) It includes a list of branches.

9. How can the listeners renew a vehicle registration?
   (A) By sending a request by e-mail
   (B) By talking to an agent
   (C) By going to an online site
   (D) By mailing a registration form

• Staff Hired This Year •

Name	Time worked
Tony Bluth	3 months
Patty Sims	4 months
Lisa Mak	5 months
Rick Aster	9 months

10. What does the speaker say he will do next month?
    (A) Meet with personnel
    (B) Make recommendations to a director
    (C) Hand out employee surveys
    (D) Implement a new procedure

11. What will the speaker take into consideration?
    (A) Job titles
    (B) Work hours
    (C) Employee salaries
    (D) Customer feedback

12. Look at the graphic. Who will receive a job evaluation in December?
    (A) Tony Bluth
    (B) Patty Sims
    (C) Lisa Mak
    (D) Rick Aster

정답·해석·해설 p.223

HACKERS TEST

Hackers TOEIC Listening

P4_실전_48

지문을 듣기 전에 문제를 읽어, 지문의 내용을 미리 파악하는 연습을 하자.

1. What is the message mainly about?
   (A) An upcoming event
   (B) A repair inquiry
   (C) A recent project
   (D) A renovation budget

2. What is mentioned about Denver Lumber?
   (A) It will deliver some items soon.
   (B) It will be closed for renovations.
   (C) It suggested the use of a service.
   (D) It recently changed its name.

3. Why does the speaker say, "We'll be holding a company picnic at Mears Park"?
   (A) To explain the reason for a suggestion
   (B) To encourage registration for an event
   (C) To request preparations be made
   (D) To make a correction to a schedule

---

4. Where does the listener most likely work?
   (A) At a moving company
   (B) At a manufacturing plant
   (C) At a furniture store
   (D) At an interior design firm

5. What problem does the speaker mention?
   (A) A product arrived damaged.
   (B) An order has not been fulfilled.
   (C) A billing statement is incorrect.
   (D) An item is too big.

6. What is the speaker willing to do?
   (A) Review some other products
   (B) Pay an additional charge
   (C) Print out a shipping label
   (D) Take some more measurements

---

7. What is the broadcast mainly about?
   (A) The reason for a banquet
   (B) An upcoming sporting event
   (C) A newly founded organization
   (D) The results of a marathon

8. What does the speaker ask the listeners to do?
   (A) Take part in a competition
   (B) Sponsor amateur racers
   (C) Volunteer with a foundation
   (D) Avoid a certain area

9. Why might the listeners visit a Web site?
   (A) To view a map
   (B) To fill out some forms
   (C) To make a donation
   (D) To receive important updates

---

10. Why is the announcement being made?
    (A) To describe construction plans
    (B) To explain company policies
    (C) To offer some safety reminders
    (D) To promote a free service

11. What does the speaker tell the listeners to do?
    (A) Keep their limbs inside a vehicle
    (B) Follow him to an entrance
    (C) Take their belongings with them
    (D) Wait in a single line

12. What should the listeners take to a counter?
    (A) A ticket for a ride
    (B) A parking permit
    (C) Their ID cards
    (D) Their bags

13. Where is the talk taking place?
(A) At a fitness center
(B) At a software firm
(C) At a financial institution
(D) At a research company

14. What does the speaker mean when she says, "we believe this is the first of its kind"?
(A) A mistake has been discovered.
(B) A device is innovative.
(C) A new policy has been adopted.
(D) A service is unfamiliar.

15. What will the listeners probably do next?
(A) Try out some machines
(B) View an investment report
(C) Move to another space
(D) Enter an access code

---

16. What is the broadcast mainly about?
(A) Sales of automobiles
(B) An upcoming building project
(C) A manufacturing agreement
(D) Construction costs in a region

17. What has the company struggled to do?
(A) Find a machinery supplier
(B) Locate a production site
(C) Adapt to Chilean culture
(D) Hire local workers

18. What will most likely happen next?
(A) Advertisements will be broadcast.
(B) The listeners will hear a forecast.
(C) A company spokesperson will be interviewed.
(D) A reporter will give a traffic update.

F30	P10	R45	XS7
Electric fan	Vacuum cleaner	Fridge	Washing machine

19. Who most likely are the listeners?
(A) Interior designers
(B) Marketing experts
(C) Salespeople
(D) Engineers

20. What must a team do first?
(A) Learn about some devices
(B) Interview some customers
(C) Create a budget
(D) Submit a proposal

21. Look at the graphic. Which item will be discussed next?
(A) F30
(B) P10
(C) R45
(D) XS7

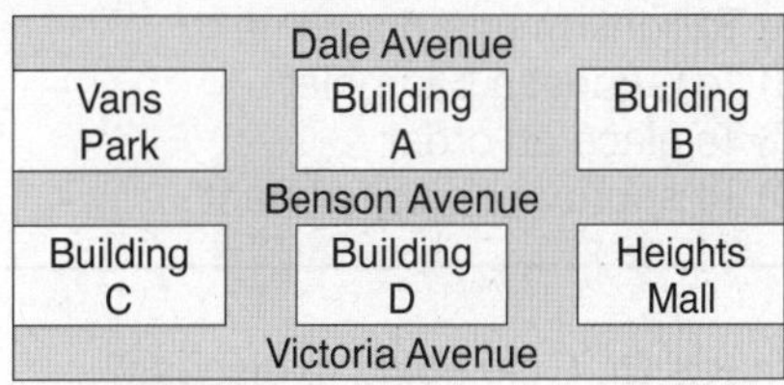

22. According to the speaker, what is special about Total Kitchen?
(A) It has a large network of branches.
(B) It offers products at the lowest prices.
(C) It is preferred by local dining establishments.
(D) It provides customer service 24 hours a day.

23. Look at the graphic. Where is Total Kitchen located?
(A) Building A
(B) Building B
(C) Building C
(D) Building D

24. What can listeners do online?
(A) Post comments
(B) Browse merchandise
(C) Arrange food delivery
(D) Enter a drawing

 받아쓰기&쉐도잉 프로그램으로 꼭 복습하세요.

정답·해석·해설 p.225

해커스 스타강사의 ▶ 무료 해설 바로 보기 (16~18번 문제)

PART TEST

P4_PartTest

Directions: In this part, you will listen to several short talks by a single speaker. These talks will not be printed and will only be spoken one time. For each talk, you will be asked to answer three questions. Select the best response and mark the corresponding letter (A), (B), (C), or (D).

1. What did the speaker do yesterday?
(A) Completed construction of a building
(B) Checked a message
(C) Returned from vacation
(D) Opened a new business

2. What problem does the speaker mention?
(A) A space is too untidy.
(B) An area is too small.
(C) A contract is incorrect.
(D) An e-mail is confusing.

3. Why should the listener return the speaker's call?
(A) To confirm an appointment
(B) To request a pamphlet
(C) To place an order
(D) To approve an adjustment

---

4. What is Dr. Gold going to discuss?
(A) A funding proposal
(B) A research opportunity
(C) A conference schedule
(D) A scientific study

5. What will happen at 3 P.M.?
(A) Donations will be collected.
(B) A film will be screened.
(C) Questions will be answered.
(D) A workshop will begin.

6. What does the speaker ask the listeners to do?
(A) Stay in their seats
(B) Refer to an event program
(C) Return for another talk
(D) Watch a slideshow

---

7. Why is the speaker calling?
(A) To upgrade a flight seat
(B) To inquire about a discount
(C) To discuss a billing mistake
(D) To verify a departure time

8. What does the speaker imply when he says, "the flight is almost full"?
(A) He must make a decision soon.
(B) He does not agree with a suggestion.
(C) He was not granted a request.
(D) He must leave earlier than expected.

9. What does the speaker ask the listener to do?
(A) Provide a refund
(B) Revise an itinerary
(C) Renew a membership
(D) Explain a charge

---

10. According to the speaker, what will happen next month?
(A) A training session will be held.
(B) An employee manual will be revised.
(C) An inspection will be conducted.
(D) A machine will be replaced.

11. What did the company receive last year?
(A) An industry award
(B) A financial penalty
(C) A customer complaint
(D) A business loan

12. What did the speaker send to the listeners?
(A) A brochure
(B) An evaluation
(C) An agenda
(D) A chart

---

13. According to the speaker, what happened last month?
(A) An organization was founded.
(B) Some parks were cleaned up.
(C) A community center was repainted.
(D) Some donations were collected.

14. What does the speaker mean when she says, "roughly 100 people took part"?
(A) Sufficient supplies were ordered.
(B) Multiple volunteers had to cancel.
(C) An event was a success.
(D) A plan had to be revised.

15. What does Community Alliance plan to do?
(A) Run some advertisements
(B) Hold some fundraisers
(C) Hire some staff
(D) Cancel some campaigns

---

16. Who most likely is the listener calling?
(A) A recruiting agency
(B) A call center
(C) An investment firm
(D) An education facility

17. Why is the office currently closed?
(A) Today is a national holiday.
(B) It is outside of business hours.
(C) Staff is attending at an event.
(D) The office is being renovated.

18. What will the listener most likely do next?
(A) Provide some contact information
(B) Return an urgent telephone call
(C) Cancel an upcoming appointment
(D) Speak to a staff representative

---

19. What is the speaker mainly discussing?
(A) Some changes to a survey
(B) A problem with some products
(C) Some details about a launch
(D) A revision to a deadline

20. What has the company already done?
(A) Announced a major recall
(B) Hired a consultancy firm
(C) Sent out replacement tablets
(D) Made some repairs

21. What will be provided to some customers?
(A) An extra battery
(B) A gift card
(C) A free trial period
(D) A complimentary case

---

22. What is Mr. Duke going to do?
(A) Carry out assessments
(B) Correct some errors
(C) Train some personnel
(D) Entertain some guests

23. What does the speaker mean when he says, "our CEO will be visiting next week"?
(A) A project went better than expected.
(B) A decision will be announced soon.
(C) A manager is confident about a plan.
(D) A process has to be rushed.

24. What will the speaker probably do on Friday?
(A) Interview some candidates
(B) Discuss employee wages
(C) Release a report to workers
(D) Make an important announcement

GO ON TO THE NEXT PAGE

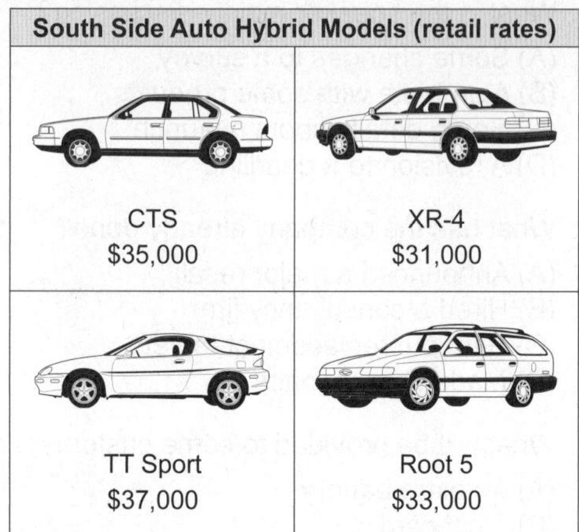

South Side Auto Hybrid Models (retail rates)	
CTS $35,000	XR-4 $31,000
TT Sport $37,000	Root 5 $33,000

25. What is mentioned about the sale?
(A) It is limited to certain vehicles.
(B) It will last for one month.
(C) It is for existing customers only.
(D) It has been held annually for years.

26. Look at the graphic. Which model is $5,000 off?
(A) CTS
(B) XR-4
(C) TT Sport
(D) Root 5

27. How can listeners receive a free accessory?
(A) By purchasing a car on a specific date
(B) By following a social media page
(C) By answering telephone questionnaire
(D) By telling staff about a commercial

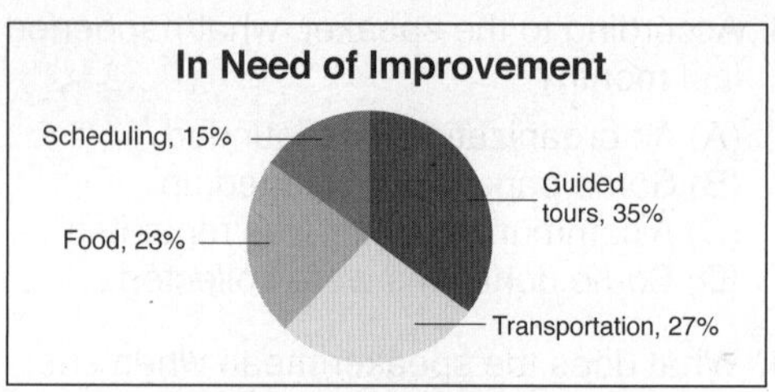

28. Who most likely are the listeners?
(A) Tour guides
(B) Bus drivers
(C) Magazine employees
(D) Hotel staff

29. What did the speaker do last week?
(A) Distributed questionnaires
(B) Held a special event
(C) Modified an existing policy
(D) Expanded menu options

30. Look at the graphic. Which service does the speaker want to focus on?
(A) Guided tours
(B) Transportation
(C) Food
(D) Scheduling

받아쓰기&쉐도잉 프로그램으로 꼭 복습하세요.
정답·해석·해설 p.230

해커스 스타강사의 ▸
무료 해설 바로 보기
(16~18번 문제)

Hackers TOEIC Listening

실전모의고사

1,2

잠깐! 테스트 전 확인사항

1. 휴대 전화의 전원을 끄셨나요?
2. Answer sheet, 연필, 지우개가 준비되셨나요?
3. 시계가 준비되셨나요?

* Answer sheet는 교재 마지막 페이지(p.338)에 수록되어 있습니다.

◂해커스 스타강사의 무료 해설 바로 보기 (53~55번 문제)

◂무료 MP3 바로 듣기

Test_실전1

LISTENING TEST

In this section, you must demonstrate your ability to understand spoken English. This section is divided into four parts and will take approximately 45 minutes to complete. Do not mark the answers in your test book. Use the answer sheet that is provided separately.

PART 1

Directions: For each question, you will listen to four short statements about a picture in your test book. These statements will not be printed and will only be spoken one time. Select the statement that best describes what is happening in the picture and mark the corresponding letter (A), (B), (C) or (D) on the answer sheet.

Sample Answer

The statement that best describes the picture is (B), "The man is sitting at the desk." So, you should mark letter (B) on the answer sheet.

1.

2.

GO ON TO THE NEXT PAGE

3.

4.

5.

6.

GO ON TO THE NEXT PAGE

PART 2

Directions: For each question, you will listen to a statement or question followed by three possible responses spoken in English. They will not be printed and will only be spoken one time. Select the best response and mark the corresponding letter (A), (B), or (C) on your answer sheet.

7. Mark your answer on your answer sheet.

8. Mark your answer on your answer sheet.

9. Mark your answer on your answer sheet.

10. Mark your answer on your answer sheet.

11. Mark your answer on your answer sheet.

12. Mark your answer on your answer sheet.

13. Mark your answer on your answer sheet.

14. Mark your answer on your answer sheet.

15. Mark your answer on your answer sheet.

16. Mark your answer on your answer sheet.

17. Mark your answer on your answer sheet.

18. Mark your answer on your answer sheet.

19. Mark your answer on your answer sheet.

20. Mark your answer on your answer sheet.

21. Mark your answer on your answer sheet.

22. Mark your answer on your answer sheet.

23. Mark your answer on your answer sheet.

24. Mark your answer on your answer sheet.

25. Mark your answer on your answer sheet.

26. Mark your answer on your answer sheet.

27. Mark your answer on your answer sheet.

28. Mark your answer on your answer sheet.

29. Mark your answer on your answer sheet.

30. Mark your answer on your answer sheet.

31. Mark your answer on your answer sheet.

PART 3

Directions: In this part, you will listen to several conversations between two or more speakers. These conversations will not be printed and will only be spoken one time. For each conversation, you will be asked to answer three questions. Select the best response and mark the corresponding letter (A), (B), (C), or (D) on your answer sheet.

32. What most likely is the woman's profession?
(A) Publisher
(B) Architect
(C) Journalist
(D) Council member

33. What does the man say he did yesterday?
(A) Started a petition
(B) Visited a housing project
(C) Approved a demolition
(D) Talked to the media

34. What does the man request that the woman do?
(A) Add her signature to a document
(B) Close her online account
(C) Send him questions in advance
(D) Contact him the next day

---

35. What are the speakers mainly discussing?
(A) Reasons for canceling an event
(B) A recipe for preparing a dish
(C) Methods for promoting a blog
(D) An option for placing an order

36. What does the man say will happen next week?
(A) Some acquaintances will visit.
(B) An office birthday party will take place.
(C) He will travel to a different town.
(D) A cooking contest will be held.

37. What does the woman say about her blog?
(A) It features appetizer recipes.
(B) It attracts many visitors.
(C) It was recently updated.
(D) It requires a password.

---

38. Who is Tim Bryant?
(A) A store manager
(B) A decorator
(C) A television show host
(D) A writer

39. According to the woman, what will happen at noon?
(A) A workshop will begin.
(B) An announcement will be made.
(C) Some products will arrive.
(D) Some bookshelves will be set up.

40. Why is the man unable to come to the event?
(A) He has to work at another job.
(B) He has to depart on a business trip.
(C) He is scheduled to train some employees.
(D) He is supposed to attend a class.

---

41. Why does the man visit the store?
(A) To request a refund
(B) To sell used items
(C) To return some products
(D) To make a complaint

42. What did the man receive last week?
(A) A job offer
(B) A bank loan
(C) A legal notice
(D) A repair bill

43. What does the woman say about Martin's?
(A) It has recently opened.
(B) It is located nearby.
(C) It is closed on the weekends.
(D) It sells new furniture.

GO ON TO THE NEXT PAGE

44. Why is the man calling?
(A) He cannot open his mailbox.
(B) He damaged some equipment.
(C) He forgot an address.
(D) He cannot access an area.

45. Why does the man say, "I just got back from a business trip"?
(A) To explain why he was unaware of a plan
(B) To propose that an exception be made
(C) To suggest that he will update a schedule
(D) To indicate why a project was delayed

46. What does the woman recommend?
(A) Returning at a later date
(B) Using a different facility
(C) Contacting another employee
(D) Postponing an upcoming event

---

47. Who most likely is the woman?
(A) A university professor
(B) An administrative worker
(C) A program director
(D) A building manager

48. According to the woman, what is scheduled to take place on May 17?
(A) A guided walk
(B) A special examination
(C) An information session
(D) A policy announcement

49. What does the man ask about?
(A) When an event will start
(B) Whether tours are available
(C) How much tuition costs
(D) Where a course will be taught

---

50. Where do the speakers most likely work?
(A) At a cosmetics company
(B) At an advertising agency
(C) At a shipping firm
(D) At an electronics store

51. What do the women agree on?
(A) The length of a survey
(B) The number of product samples
(C) The choice of a container design
(D) The lack of a satisfactory option

52. What will the man most likely do next?
(A) Form a team
(B) Meet a client
(C) Visit an office
(D) Contact a manager

---

53. What is the woman concerned about?
(A) She needs to make repairs to her vehicle.
(B) Her maintenance worker recently quit.
(C) She did not pay a cleaning person on time.
(D) Her pool is not staying clean.

54. What does the woman mean when she says, "I just bought a new car"?
(A) She plans to do some traveling.
(B) She cannot lend her car to the man.
(C) She cannot afford to pay for a service.
(D) She can transport a large number of items.

55. What will the woman most likely do later today?
(A) Purchase a tool at a store
(B) Call a cleaning service
(C) Consult with a professional
(D) Look up cleaning techniques

---

56. Why did the woman arrive at work early?

(A) To attend a meeting for employees
(B) To become familiar with a piece of equipment
(C) To interview for another position at the store
(D) To ask for the following day off

57. What does the man offer to do?

(A) Provide a security badge
(B) Confirm a schedule
(C) Arrange a demonstration
(D) Explain a regulation

58. What does the woman ask the man about?

(A) The location of a uniform
(B) The name of a coworker
(C) The break times for employees
(D) The design of a store logo

---

59. Where most likely is the conversation taking place?

(A) At a theater
(B) At a park
(C) At a museum
(D) At a concert hall

60. What problem does the woman mention?

(A) Some workers have not arrived yet.
(B) Some fees were not calculated correctly.
(C) A seating area is not large enough.
(D) A main area still has not been decorated.

61. What will happen at 6 P.M.?

(A) A speech will be given.
(B) Food will be served.
(C) Programs will be distributed.
(D) An auction will begin.

Box Office Rankings: Week of November 4		
1	*Inside and Outside*	$20,912,182
2	*Panama Express*	$17,091,531
3	*Hope Village*	$14,056,443
4	*Disappeared*	$12,882,402

62. According to the man, what contributed to the film's success?

(A) Well-done special effects
(B) An effective advertisement
(C) A lack of competition from other films
(D) Highly positive movie reviews

63. Look at the graphic. Which film are the speakers discussing?

(A) *Inside and Outside*
(B) *Panama Express*
(C) *Hope Village*
(D) *Disappeared*

64. What is the man going to prepare?

(A) A movie review
(B) A financial report
(C) A press release
(D) A budget estimate

GO ON TO THE NEXT PAGE

Carter Towers Floor Plan

Office 1	Office 2
Office 3	Office 4

65. How did the woman learn about the building?
(A) By speaking to a friend
(B) By looking at a sign
(C) By reading a newspaper
(D) By visiting a Web site

66. What benefit does the man mention about the building?
(A) It is the largest in the neighborhood.
(B) It has very affordable rent.
(C) It offers a free cleaning service.
(D) It is conveniently located.

67. Look at the graphic. Which office is the woman interested in?
(A) Office 1
(B) Office 2
(C) Office 3
(D) Office 4

RED BARN DINER
Lunch menu

1. Cheese omelet $3.99
2. Hamburger $6.49
3. Lasagna $6.99
4. Fish cutlets $7.99

LUNCH SPECIALS ARE $4.99

68. What does man say about the lunch special?
(A) It is changed every day.
(B) It is a new menu feature.
(C) It is not available on weekends.
(D) It is not popular with customers.

69. Look at the graphic. How much will the woman spend on her meal?
(A) $3.99
(B) $6.49
(C) $6.99
(D) $7.99

70. What does the woman request that the cook do?
(A) Add more of a seasoning
(B) Prepare a special drink
(C) Avoid overcooking a dish
(D) Place a dish in a take-home container

PART 4

Directions: In this part, you will listen to several short talks by a single speaker. These talks will not be printed and will only be spoken one time. For each talk, you will be asked to answer three questions. Select the best response and mark the corresponding letter (A), (B), (C), or (D) on your answer sheet.

71. What type of business is being advertised?
(A) A supermarket
(B) A department store
(C) A restaurant
(D) A hotel

72. What does the speaker point out about the business?
(A) It received an award for its service.
(B) It has been open for a long time.
(C) It was featured in a magazine.
(D) It operates many branches.

73. What does the speaker remind the listeners to do?
(A) Make a reservation
(B) Keep a receipt
(C) Request a coupon
(D) Check a Web site

---

74. What is the speaker mainly discussing?
(A) A policy change
(B) A product launch
(C) A store promotion
(D) A government regulation

75. What will some employees be eligible for?
(A) Flexible hours
(B) A bonus payment
(C) A gift certificate
(D) Additional leave

76. What did the company do last month?
(A) Organized a workshop
(B) Conducted a survey
(C) Opened new branches
(D) Renovated a store

---

77. Where does the speaker most likely work?
(A) At a financial institution
(B) At a marketing agency
(C) At a technology firm
(D) At an electronics retailer

78. What does Rami Sultan want to do?
(A) Test out a new smartphone
(B) Train some new employees
(C) Organize a professional event
(D) Discuss a possible investment

79. What does the speaker suggest?
(A) Taking a trip to Boston
(B) Booking space at a trade show
(C) Holding an online meeting
(D) Inviting a client to an office

---

80. What does the speaker ask the listeners to do?
(A) Meet in an area
(B) Check an itinerary
(C) Purchase a ticket
(D) Look for a venue

81. What does the speaker imply when he says "the bus is equipped with Wi-Fi"?
(A) A map can be accessed.
(B) Tasks can be completed.
(C) Music can be streamed.
(D) An application can be updated.

82. What does the speaker stress about the booth?
(A) It needs to be set up in time for an activity.
(B) It will be located near the center of the venue.
(C) It must get the attention of attendees.
(D) It will include only the company's newest products.

GO ON TO THE NEXT PAGE →

83. What does the speaker mention about Desto Automotive?
(A) It has upgraded its equipment.
(B) It operates multiple factories.
(C) It will hire additional employees.
(D) It will relocate its company headquarters.

84. Why does the speaker say, "New developments are being built along Peterson Ridge"?
(A) To encourage people to move
(B) To stress a city's economic growth
(C) To promote a company's project
(D) To show that a place is convenient

85. What will the speaker do next?
(A) Talk to a city official
(B) Read an excerpt from a report
(C) Promote a brand
(D) Cite some statistics

---

86. What is the purpose of the talk?
(A) To introduce a plan to achieve a goal
(B) To identify a solution to a problem
(C) To announce a company merger
(D) To invite team members to a seminar

87. What did the speaker recently do?
(A) Distributed some circulation figures
(B) Reached out to writers overseas
(C) Contacted some companies
(D) Hired a firm of translators

88. What will the listeners most likely do next?
(A) Review subscriber feedback
(B) Arrange a business trip
(C) Coordinate an event
(D) Hold some discussions

---

89. What is the purpose of the announcement?
(A) To detail a proposal
(B) To address a complaint
(C) To explain a regulation
(D) To describe a process

90. How can the listeners find an exit?
(A) By checking a map
(B) By reading a manual
(C) By accessing a Web site
(D) By asking a staff member

91. What does the speaker say that managers will do?
(A) Send memos
(B) Arrange transportation
(C) Make payments
(D) Take attendance

---

92. What does the speaker say about Mr. Holmes's new work?
(A) It includes new data on DNA.
(B) It is being considered for an award.
(C) It can be preordered online.
(D) It includes lots of visuals.

93. Where is the introduction most likely taking place?
(A) At a museum
(B) At a library
(C) At a university
(D) At a bookstore

94. Why does the speaker say, "don't be concerned"?
(A) To reassure guests of adequate seating
(B) To confirm an event will begin on schedule
(C) To indicate that an item will still be available
(D) To stress that a discount will be applied

DOUGLAS FILM FESTIVAL Schedule for Saturday, June 16	
Film Title	**Show Time**
Black Forest	2:00 P.M. – 3:30 P.M.
The Sea Voyage	4:00 P.M. – 5:30 P.M.
Better People	6:00 P.M. – 7:30 P.M.
Across the Sun	8:00 P.M. – 9:30 P.M.

95. Who most likely is the speaker?
(A) A venue manager
(B) A film critic
(C) An actor
(D) An event organizer

96. Look at the graphic. Which movie did Ms. Walker direct?
(A) *Black Forest*
(B) *The Sea Voyage*
(C) *Better People*
(D) *Across the Sun*

97. What does the speaker ask the listener to do?
(A) Present an award
(B) Give a speech
(C) Introduce an actor
(D) Promote a festival

SPECIAL SALE
RYLAND HOME AND GARDEN

Product Category	Discount Amount
Furniture	35%
Bodding	40%
Kitchen supplies	25%
Gardening implements	30%

Visit www.rylandhomegarden.com for more information.

98. What did Ms. Wilkins do this morning?
(A) Sent an e-mail
(B) Scheduled a meeting
(C) Called a client
(D) Changed a deadline

99. What does the speaker recommend?
(A) Adding more images
(B) Posting information online
(C) Meeting team members
(D) Adjusting a font size

100. Look at the graphic. Which discount amount needs to be changed?
(A) 35%
(B) 40%
(C) 25%
(D) 30%

This is the end of the Listening test.

정답·해석·해설 p.237

해커스 스타강사의 ▸
무료 해설 바로 보기
(53~55번 문제)

해커스 스타강사의 무료 해설 바로 보기 (98~100번 문제)

무료 MP3 바로 듣기

Test_실전2

LISTENING TEST

In this section, you must demonstrate your ability to understand spoken English. This section is divided into four parts and will take approximately 45 minutes to complete. Do not mark the answers in your test book. Use the answer sheet that is provided separately.

PART 1

Directions: For each question, you will listen to four short statements about a picture in your test book. These statements will not be printed and will only be spoken one time. Select the statement that best describes what is happening in the picture and mark the corresponding letter (A), (B), (C) or (D) on the answer sheet.

Sample Answer

The statement that best describes the picture is (B), "The man is sitting at the desk." So, you should mark letter (B) on the answer sheet.

1.

2.

GO ON TO THE NEXT PAGE

3.

4.

5.

6.

GO ON TO THE NEXT PAGE

PART 2

Directions: For each question, you will listen to a statement or question followed by three possible responses spoken in English. They will not be printed and will only be spoken one time. Select the best response and mark the corresponding letter (A), (B), or (C) on your answer sheet.

7. Mark your answer on your answer sheet.

8. Mark your answer on your answer sheet.

9. Mark your answer on your answer sheet.

10. Mark your answer on your answer sheet.

11. Mark your answer on your answer sheet.

12. Mark your answer on your answer sheet.

13. Mark your answer on your answer sheet.

14. Mark your answer on your answer sheet.

15. Mark your answer on your answer sheet.

16. Mark your answer on your answer sheet.

17. Mark your answer on your answer sheet.

18. Mark your answer on your answer sheet.

19. Mark your answer on your answer sheet.

20. Mark your answer on your answer sheet.

21. Mark your answer on your answer sheet.

22. Mark your answer on your answer sheet.

23. Mark your answer on your answer sheet.

24. Mark your answer on your answer sheet.

25. Mark your answer on your answer sheet.

26. Mark your answer on your answer sheet.

27. Mark your answer on your answer sheet.

28. Mark your answer on your answer sheet.

29. Mark your answer on your answer sheet.

30. Mark your answer on your answer sheet.

31. Mark your answer on your answer sheet.

PART 3

Directions: In this part, you will listen to several conversations between two or more speakers. These conversations will not be printed and will only be spoken one time. For each conversation, you will be asked to answer three questions. Select the best response and mark the corresponding letter (A), (B), (C), or (D) on your answer sheet.

32. Who most likely is the man?
(A) A front desk clerk
(B) A sports instructor
(C) A personal assistant
(D) A store manager

33. What does the man ask the woman to do?
(A) Reschedule a lesson
(B) Review a brochure
(C) Fill out a document
(D) Process a payment

34. What does the woman say she needs?
(A) An access pass
(B) A club membership
(C) An item of clothing
(D) A piece of equipment

---

35. What does the man want to return?
(A) A gift card
(B) A piece of jewelry
(C) An article of clothing
(D) A damaged item

36. What is mentioned about returns?
(A) They cannot be paid for in cash.
(B) They must be approved by a supervisor.
(C) They take a week to process.
(D) They are not available at some branches.

37. What does the man ask about?
(A) Why a receipt cannot be printed out
(B) How much a price will be
(C) When returns must be made by
(D) Whether the shop will have a sale

---

38. In what industry do the speakers most likely work?
(A) Office leasing
(B) Graphic design
(C) Computer repair
(D) Software development

39. What do the men agree to do?
(A) Use a shared office
(B) Delay a project
(C) Open a second branch
(D) Extend a contract

40. Why do the men like Bryson Center?
(A) It offers affordable rent.
(B) It is owned by an associate.
(C) It is conveniently located.
(D) It has plenty of parking.

---

41. Where does the man most likely work?
(A) At a store
(B) At a restaurant
(C) At a hotel
(D) At a service center

42. What does the woman imply when she says, "I'm a university student"?
(A) A schedule will not be a problem.
(B) She is unable to go to an event.
(C) An application includes an error.
(D) She qualifies for a discount.

43. What will the woman most likely do in 30 minutes?
(A) Lead a training session
(B) Speak with a staff member
(C) Attend a class
(D) Participate in an interview

GO ON TO THE NEXT PAGE

44. What does the woman say about her business?
(A) It operates multiple branches.
(B) It was recently founded.
(C) It was featured in the news.
(D) It employs numerous staff.

45. Why does the woman want to rent a space?
(A) To host clients
(B) To sell merchandise
(C) To display artwork
(D) To store equipment

46. What does the woman want to do?
(A) Tour some work spaces
(B) Move to a larger office
(C) Negotiate a rental price
(D) Change some work hours

---

47. Why does the man like a recent submission?
(A) It was recently revised.
(B) It has an innovative plot.
(C) It is from a new writer.
(D) It includes distinctive characters.

48. What problem is mentioned?
(A) A book has already been published.
(B) A writer turned down an offer.
(C) A story exceeds a word limit.
(D) A deadline cannot be changed.

49. Who is Ms. Whitten?
(A) A professional author
(B) A head editor
(C) A personal assistant
(D) An office receptionist

---

50. Where most likely are the speakers?
(A) At an engineering seminar
(B) At a training session
(C) At a job interview
(D) At a team meeting

51. What will the man most likely do on Friday?
(A) Attend an employment event
(B) Lead a staff orientation
(C) Notify a candidate
(D) Telephone a team leader

52. What does the woman inquire about?
(A) The duration of a training period
(B) The number of paid vacation days
(C) The materials needed for a project
(D) The requirements for a position

---

53. What is the conversation mainly about?
(A) A misplaced belonging
(B) Plans for a convention
(C) A workshop timetable
(D) Upcoming lecture topics

54. What did the woman do in the afternoon?
(A) Cleaned up an event hall
(B) Registered for a seminar
(C) Attended a conference
(D) Went to a lost baggage counter

55. What does the woman say she will do next?
(A) File a complaint at the front desk
(B) Head to an event facility
(C) Set up some extra tables
(D) Retrieve some cleaning supplies

---

56. Who most likely is the woman?
(A) A legal assistant
(B) An office receptionist
(C) A restaurant worker
(D) An event organizer

57. What does the man imply when he says, "Our clients arrive at noon"?
(A) A gathering was postponed.
(B) A proposal is not acceptable.
(C) An order must be expanded.
(D) A request was received.

58. What does the woman suggest the man do?
(A) Call another business
(B) Request a refund
(C) Speak with a manager
(D) Order another product

---

59. Why is the woman calling?
(A) To confirm a booking
(B) To ask for time off work
(C) To request some test results
(D) To get a checkup

60. What problem does the woman mention?
(A) She was not told about a lecture.
(B) She has a scheduling conflict.
(C) She forgot some information.
(D) She is not pleased with a physician.

61. What will the woman do on Thursday?
(A) Travel out of town
(B) Give a presentation
(C) Call a doctor
(D) Visit a clinic

Century Heights - Tower B	
Floor 23	Tomlinson Technology
Floor 24	Sutcliff Associates
Floor 25	Olson Law Firm
Floor 26	Dukovsky Corporation

62. Look at the graphic. Which floor are the speakers on?
(A) Floor 23
(B) Floor 24
(C) Floor 25
(D) Floor 26

63. What did the woman do this morning?
(A) Attended an appointment
(B) Spoke with an employee
(C) Bought a map
(D) Sent an e-mail

64. How will the woman most likely get to the other building?
(A) By walking across a street
(B) By passing through a garage
(C) By riding a cab
(D) By using a bridge

GO ON TO THE NEXT PAGE

Main Conference Room Reservation Timetable	
Department	**Time**
Marketing	12:00
Procurement	13:00
Strategy	15:00
Accounting	16:00

65. What is the man's problem?
(A) A vacation schedule was not updated.
(B) A coworker has not submitted an assignment.
(C) A presentation deadline has already passed.
(D) A report contains inaccurate information.

66. Why is David Thompson not available?
(A) He is on a business trip.
(B) He has taken time off.
(C) He has been reassigned.
(D) He is attending a workshop.

67. Look at the graphic. When will the speakers' team meet?
(A) At 12:00
(B) At 13:00
(C) At 15:00
(D) At 16:00

Expense Report

Employee: Kara Foster Date: May 5

Description	Cost
Train ticket	$270
Car Rental	$175
Hotel	$85
Meals	$125
Total	**$655**

68. What took place in April?
(A) A training session
(B) An industry conference
(C) A shareholder meeting
(D) A company retreat

69. Look at the graphic. Which amount is incorrect?
(A) $270
(B) $175
(C) $85
(D) $125

70. What will change next month?
(A) A submission deadline
(B) A bonus amount
(C) A travel budget
(D) A meeting location

PART 4

Directions: In this part, you will listen to several short talks by a single speaker. These talks will not be printed and will only be spoken one time. For each talk, you will be asked to answer three questions. Select the best response and mark the corresponding letter (A), (B), (C), or (D) on your answer sheet.

71. What is the topic of the meeting?
(A) Online marketing
(B) Sales methods
(C) Investment opportunities
(D) Product distribution

72. What can be found in the conference program?
(A) Information on the presenters
(B) A schedule of activities
(C) Directions to a lunch location
(D) Instructions for event registration

73. What is planned for the end of the event?
(A) A screening of a film
(B) An inspection of an office
(C) A gathering at a hotel
(D) A picnic at the park

74. Who is the speaker most likely addressing?
(A) Workshop members
(B) Job applicants
(C) Company employees
(D) Potential donors

75. Why does the speaker thank Mr. Pryor?
(A) For initiating a business merger
(B) For securing some funding
(C) For contributing to a firm's growth
(D) For developing a product

76. What will most likely happen next?
(A) A gift will be given.
(B) A speech will be read.
(C) Some guests will depart.
(D) Some food will be served.

77. Who is Robin Leung?
(A) A record producer
(B) A graphic artist
(C) A musician
(D) An author

78. According to the speaker, what took place last week?
(A) A charity concert
(B) A movie premier
(C) An album launch
(D) An award ceremony

79. What will be discussed in the interview?
(A) The date of a program
(B) A company's product sales
(C) The winners of a contest
(D) A popular record

80. Where does the speaker work?
(A) At a retail outlet
(B) At a gym
(C) At a school
(D) At a community center

81. Why does the speaker say, "many universities will be going on break"?
(A) To recommend a venue for an event
(B) To explain why an activity is canceled
(C) To give the reason for a plan
(D) To announce that a facility is closing

82. What does the speaker ask the listeners to do?
(A) Arrive earlier than usual
(B) Read through some paperwork
(C) Undergo some training
(D) Pass along some information

GO ON TO THE NEXT PAGE

83. Who most likely is the listener?
(A) A financial advisor
(B) A hotel receptionist
(C) A store cashier
(D) A travel agent

84. Why did the speaker talk to her brother?
(A) To confirm a plan
(B) To request assistance
(C) To get tax information
(D) To cancel an appointment

85. What does the speaker ask about?
(A) An itinerary
(B) An expense
(C) A guidebook
(D) A form

---

86. Where do the listeners most likely work?
(A) At an automotive dealership
(B) At a dining establishment
(C) At a shopping complex
(D) At a rental facility

87. According to the speaker, what should listeners ask customers for?
(A) A driver's license
(B) Table numbers
(C) Credit cards
(D) A phone number

88. Why does the speaker say, "but the lot has 100 spots"?
(A) To express approval
(B) To correct a mistake
(C) To offer assurance
(D) To explain an issue

---

89. Why is the announcement being made?
(A) To introduce an exhibit
(B) To give notice of a delay
(C) To thank some supporters
(D) To describe a facility

90. What does the speaker recommend?
(A) Chatting with other guests
(B) Visiting a lounge area
(C) Switching off electronic devices
(D) Stopping by a ticketing office

91. According to the speaker, what will happen before the show begins?
(A) An announcement will be made.
(B) Programs will be distributed.
(C) A performer will be introduced.
(D) More snacks will be served.

---

92. What is mentioned about *Orion's Belt*?
(A) It is a current best seller.
(B) It is longer than previous books.
(C) It is the third book in a series.
(D) It is more popular than *Rings of Saturn*.

93. What does the speaker mean when he says, "it was translated into multiple languages"?
(A) A work was successful.
(B) A job took long to finish.
(C) A writer was very busy.
(D) A story had to be changed.

94. What does the speaker say will be available on a Web site?
(A) A guest's biography
(B) A recording
(C) A novel excerpt
(D) A transcript

STEP	
STEP 1	Receive customer call
STEP 2	Create request record
STEP 3	Assign technician
STEP 4	Follow up with client
STEP 5	Change record status

95. Why have some customers complained?

(A) An application contained many errors.
(B) Some workers are not responsive.
(C) A report contained inaccurate information.
(D) Some products are too expensive.

96. Look at the graphic. Which step is newly added?

(A) Step 2
(B) Step 3
(C) Step 4
(D) Step 5

97. What will be discussed in the next meeting?

(A) A company policy
(B) A client complaint
(C) A financial report
(D) A software product

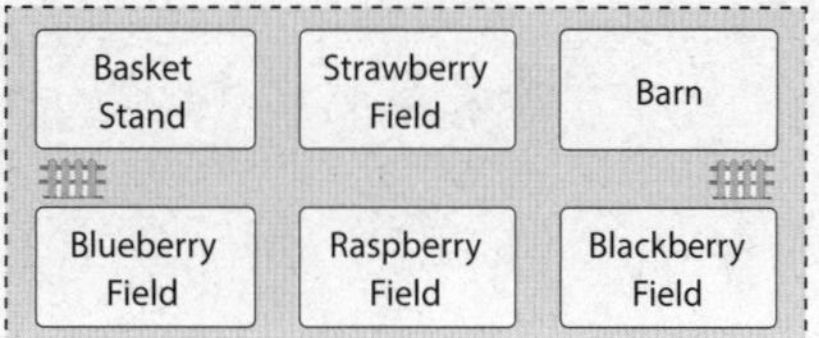

98. What is the purpose of the talk?

(A) To advertise an attraction
(B) To introduce a farm product
(C) To describe a tour
(D) To offer dining suggestions

99. Look at the graphic. Which field will be visited last?

(A) Strawberry field
(B) Blueberry field
(C) Raspberry field
(D) Blackberry field

100. What is mentioned about the barn?

(A) It was constructed by hand.
(B) It was renovated this year.
(C) It is currently inaccessible.
(D) It is used for food storage.

This is the end of the Listening test.

정답·해석·해설 p.257

해커스 스타강사의 ▸
무료 해설 바로 보기
(98~100번 문제)

Hackers TOEIC Listening

미국식 발음과 영국식 발음

미국식 발음과 영국식 발음

◂ 무료 MP3 바로 듣기

토익 리스닝은 미국식 발음뿐만 아니라 영국, 호주, 캐나다 발음으로도 지문이 출제된다. 캐나다는 미국식 발음에, 호주는 영국식 발음에 가까우므로 가장 두드러진 차이를 보이는 미국식과 영국식 발음을 중점적으로 비교하며 학습해보자.

01 미국식 발음과 영국식 발음의 뚜렷한 차이점

	미국식 발음	영국식 발음
특징	혀 굴러가는 소리가 많이 나면서 부드러운 발음이다.	악센트가 강하고 딱딱한 발음이다.
발음 방법	대체적으로 [r] 발음이 많이 난다. '워러r(water)', '버러r(butter)'와 같이 모음 사이에 오는 /t/를 [r]로 쉽게 굴려 발음한다.	철자를 있는 그대로 또박또박 발음하기 때문에 [t] 발음은 그대로 살려주지만, 단어의 끝에 오는 [r] 발음은 하지 않기 때문에 '워터(water)', '버터(butter)'와 같이 딱딱 끊어지는 느낌을 받는다.

02 대표적으로 구별이 되는 발음들

1. 자음

끝소리 /r/

미국에서는 /r/을 항상 살려 부드럽게 굴려 발음한다. 반면 영국에서는 첫소리 /r/을 제외하고 끝소리에 오는 /r/은 발음하지 않는다.

대표적인 발음의 예 미국영국발음_01

	미국 영어	영국 영어
here	[히어r]	[히어]
there	[데어r]	[데어]
year	[이어r]	[이어]
order	[오r더r]	[오더]
turn	[터어r언]	[터언]

Tip. 음운학적으로 음소는 '/ /', 실제 발음은 '[ ]'로 표시한다.

Let's Practice! 미국영국발음_02

다음을 듣고 빈칸을 채워 넣어보자. (녹음 내용은 미국식 발음과 영국식 발음으로 두 번 들려 줍니다.)

1. Passengers may leave their check-in baggage ________________.
2. Is everyone ____________________, or do you need ____________________?
3. The shoppers who ____.

모음 사이에 오는 /t/

미국에서는 모음과 모음 사이에 오는 /t/는 부드럽게 굴려 [d]와 [r]의 중간 소리로 발음하는 반면 영국에서는 [t] 소리 그대로 발음한다.

대표적인 발음의 예 미국영국발음_03

	미국 영어	영국 영어
water	[워러r]	[워터]
later	[레이러r]	[레이터]
computer	[컴퓨러r]	[컴퓨터]

Let's Practice! 미국영국발음_04

다음을 듣고 빈칸을 채워 넣어보자. (녹음 내용은 미국식 발음과 영국식 발음으로 두 번 들려 줍니다.)

4. She's ______________ some books.

5. The women are ____________________________________.

6. ____________________________________ than I expected.

2. 모음

/ɑ/

미국에서는 [æ]로 발음하고, 영국에서는 [ɑ]로 발음한다.

대표적인 발음의 예 미국영국발음_05

	미국 영어	영국 영어
pass	[패쓰]	[파쓰]
ask	[애스크]	[아스크]
can't	[캔트]	[칸트]

Let's Practice! 미국영국발음_06

다음을 듣고 빈칸을 채워 넣어보자. (녹음 내용은 미국식 발음과 영국식 발음으로 두 번 들려 줍니다.)

7. We found the lecture ______________ boring.

8. The dinner was scheduled for __________________________.

9. I ____ on time.

/i/

특정 단어의 경우 미국에서는 [i]로 발음하고 영국에서는 [ai]로 발음한다. 반면 advertisement의 경우 예외적으로 미국에서는 [ai]로 발음하고 영국에서는 [i]로 발음한다.

대표적인 발음의 예 미국영국발음_07

	미국 영어	영국 영어
either	[이더r]	[아이더]
direction	[디렉션]	[다이렉션]
advertisement	[애드버r타이즈먼트]	[어드버티스먼트]

Let's Practice! 미국영국발음_08

다음을 듣고 빈칸을 채워 넣어보자. (녹음 내용은 미국식 발음과 영국식 발음으로 두 번 들려 줍니다.)

10. ________________ for assembly are printed on the package.

11. Our weather report is coming up ________________________________.

12. ____ after 10 P.M.

/o/

미국은 [ɑ], 영국은 [ɔ]에 가까운 발음을 하는 경향이 있다.

대표적인 발음의 예 미국영국발음_09

	미국 영어	영국 영어
hot	[핫]	[홋]
not	[낫]	[놋]
box	[박쓰]	[복쓰]

Let's Practice! 미국영국발음_10

다음을 듣고 빈칸을 채워 넣어보자. (녹음 내용은 미국식 발음과 영국식 발음으로 두 번 들려 줍니다.)

13. The ________________ will extend its business hours this week.

14. The investor purchased ________________________________.

15. There seems to be a ______________________________________.

3. 중요한 음운 현상

모음 사이에 /nt/가 올 경우

미국에서는 /nt/가 두 모음 사이에 오면 /t/ 소리가 생략된다. 반면 영국에서는 /t/ 발음이 살아있다.

대표적인 발음의 예 미국영국발음_11

	미국 영어	영국 영어
adva**nt**age	[어드배니지]	[어드반티지]
e**nt**ertainment	[에너r테인먼트]	[엔터테인먼트]
represe**nt**ative	[레프리제너티브]	[레프리젠터티브]

Let's Practice! 미국영국발음_12

다음을 듣고 빈칸을 채워 넣어보자. (녹음 내용은 미국식 발음과 영국식 발음으로 두 번 들려 줍니다.)

16. The team has a ______________ because some of its players are sick.

17. Check in two hours ______________________ for an international flight.

18. Adam will be ____.

/tn/, /tli/로 끝나는 경우

/tn/으로 끝나는 단어일 경우 미국에서는 /t/ 소리를 발음하지 않고 한번 숨을 멈추었다가 /n/의 끝소리를 발음하면서 '응' 혹은 '은'으로 콧소리 발음을 한다. /tli/로 끝나는 경우에도 역시 /t/를 발음하지 않고 한번 숨을 멈추었다가 /li/만 발음한다. 반면 영국에서는 /t/를 그대로 살려 강하게 발음한다.

대표적인 발음의 예 미국영국발음_13

	미국 영어	영국 영어
bu**tton**	[버ㅌ은]	[버튼]
recen**tly**	[리슨ㅌ리]	[리슨틀리]
instan**tly**	[인스턴ㅌ리]	[인스턴틀리]

Let's Practice! 미국영국발음_14

다음을 듣고 빈칸을 채워 넣어보자. (녹음 내용은 미국식 발음과 영국식 발음으로 두 번 들려 줍니다.)

19. The ______________ cover the windows.

20. I'm ______________________________ my flight.

21. I'll ____________________________________.

/rt/

미국에서는 /rt/에서 /t/ 발음을 생략하는 반면 영국에서는 /t/를 그대로 발음한다.

대표적인 발음의 예 미국영국발음_15

	미국 영어	영국 영어
par**t**y	[파r리]	[파티]
quar**t**er	[쿼r러r]	[쿼터]
repor**t**er	[리포r러r]	[리포터]

Let's Practice! 미국영국발음_16

다음을 듣고 빈칸을 채워 넣어보자. (녹음 내용은 미국식 발음과 영국식 발음으로 두 번 들려 줍니다.)

22. I volunteered to be in charge of the ______________.

23. An ______________ is painting a ________________________.

24. Mr. Jones is ____.

4. 기타

앞서 소개한 발음들 외에도 미국식 발음과 영국식 발음이 구분되는 경우가 있다. vase는 미국에서는 [ei]로 발음하는 반면 영국에서는 [ɑ]로 발음한다. schedule의 경우 미국에서는 /s/와 /ch/를 끊어서 발음하는 반면 영국에서는 /sch/를 축약된 느낌으로 짧게 발음한다.

발음 방법 미국영국발음_17

	미국 영어	영국 영어
v**a**se	[베이스]	[바즈]
schedule	[스케줄]	[쉐쥴]
re**sch**edule	[리스케줄]	[리쉐쥴]

Let's Practice! 미국영국발음_18

다음을 듣고 빈칸을 채워 넣어보자. (녹음 내용은 미국식 발음과 영국식 발음으로 두 번 들려 줍니다.)

25. Shall I put those flowers in a ________________ for you?

26. Employees are asked to check the ____________________________.

27. The chairperson was unable to attend, so the ___________________________.

Let's Practice! 정답

1. Passengers may leave their check-in baggage **here**. 승객들은 수속할 짐을 여기에 놓으시면 됩니다.
2. Is everyone **ready to order**, or do you need **more time**? 모두 주문할 준비가 되셨나요, 아니면 시간이 더 필요한가요?
3. The shoppers who **go there to buy flowers mostly purchase roses.**
   그곳에 꽃을 사러 가는 쇼핑객들은 대부분 장미를 구매해요.
4. She's **putting away** some books. 그녀는 책 몇 권을 치우고 있다.
5. The women are **chatting in a restaurant**. 여자들은 식당에서 이야기를 나누고 있다.
6. **The meeting went better** than I expected. 회의는 예상했던 것보다 잘 진행되었어요.
7. We found the lecture **rather** boring. 우리는 강의가 다소 지루하다고 느꼈어요.
8. The dinner was scheduled for **half past six**. 저녁 식사가 6시 반에 있을 예정이었어요.
9. I **can't complete the research** on time. 저는 조사를 제시간에 마칠 수 없어요.
10. **Directions** for assembly are printed on the package. 조립을 위한 설명이 상자 위에 인쇄되어 있습니다.
11. Our weather report is coming up **after this advertisement**. 일기 예보가 이 광고 다음에 이어집니다.
12. **Neither of the restaurants will be open** after 10 P.M. 그 식당들 중 어느 곳도 오후 10시 이후에 열지 않을 거예요.
13. The **shop** will extend its business hours this week. 상점은 이번 주에 영업시간을 연장할 것입니다.
14. The investor purchased **a lot of stocks**. 투자자는 많은 주식을 구입했어요.
15. There seems to be a **problem with these figures**. 이 수치들에 문제가 있는 것 같아 보이네요.
16. The team has a **disadvantage** because some of its players are sick.
    그 팀은 선수 몇 명이 아파서 불리한 점이 있어요.
17. Check in two hours **in advance** for an international flight.
    국제선 항공편을 위해 미리 두 시간 전에 탑승 수속을 하세요.
18. Adam will be **our representative at the conference**. Adam이 회의에서 우리의 대표자가 될 것입니다.
19. The **curtains** cover the windows. 커튼이 창문을 가리고 있다.
20. I'm **certain I confirmed** my flight. 제가 비행편을 확인했다는 것을 확신합니다.
21. I'll **forward you a copy immediately**. 제가 사본을 즉시 보내드리겠습니다.
22. I volunteered to be in charge of the **party**. 저는 파티를 담당하는 것을 자원했어요.
23. An **artist** is painting a **portrait**. 한 예술가가 초상화를 그리고 있다.
24. Mr. Jones is **trying to encourage his supporters**. Mr. Jones는 후원자들을 격려하려고 애쓰고 있어요.
25. Shall I put those flowers in a **vase** for you? 제가 당신을 위해 저 꽃들을 꽃병에 꽂을까요?
26. Employees are asked to check the **work schedule periodically**.
    직원들은 정기적으로 업무 일정을 확인하도록 요구됩니다.
27. The chairperson was unable to attend, so the **meeting was rescheduled.**
    의장이 참석할 수 없어서, 회의 일정이 변경되었습니다.

점수 환산표

아래는 교재에 수록된 실전모의고사를 위한 점수 환산표입니다. 문제 풀이 후, 정답 개수를 세어 자신의 토익 리스닝 점수를 예상해봅니다.

정답 수	리스닝 점수	정답 수	리스닝 점수	정답 수	리스닝 점수
100	495	66	305	32	135
99	495	65	300	31	130
98	495	64	295	30	125
97	495	63	290	29	120
96	490	62	285	28	115
95	485	61	280	27	110
94	480	60	275	26	105
93	475	59	270	25	100
92	470	58	265	24	95
91	465	57	260	23	90
90	460	56	255	22	85
89	455	55	250	21	80
88	450	54	245	20	75
87	445	53	240	19	70
86	435	52	235	18	65
85	430	51	230	17	60
84	425	50	225	16	55
83	415	49	220	15	50
82	410	48	215	14	45
81	400	47	210	13	40
80	395	46	205	12	35
79	390	45	200	11	30
78	385	44	195	10	25
77	375	43	190	9	20
76	370	42	185	8	15
75	365	41	180	7	10
74	355	40	175	6	5
73	350	39	170	5	5
72	340	38	165	4	5
71	335	37	160	3	5
70	330	36	155	2	5
69	325	35	150	1	5
68	315	34	145	0	5
67	310	33	140		

※ 점수 환산표는 해커스토익 사이트 유저 데이터를 근거로 제작되었으며, 주기적으로 업데이트되고 있습니다. 해커스토익 사이트(Hackers.co.kr)에서 최신 경향을 반영하여 업데이트된 점수환산기를 이용하실 수 있습니다. (토익 > 토익게시판 > 토익점수환산기)

자르는 선

Answer Sheet 200% 활용법

교재에 수록된 진단고사와 실전모의고사 1, 2
문제풀이에 활용할 수 있는 Answer Sheet입니다.

시험을 시작하기 전에 Answer Sheet를 잘라내어 사용하고,
정해진 시간 내에 답안지 마킹까지 완료하세요.

실제 시험처럼 연습해봄으로써,
시간 관리 방법을 익히고
실전 감각을 더욱 극대화할 수 있습니다.

자르는 선

Answer Sheet

진단고사

LISTENING (Part I~IV)					
1	Ⓐ Ⓑ Ⓒ Ⓓ	21	Ⓐ Ⓑ Ⓒ Ⓓ	41	Ⓐ Ⓑ Ⓒ Ⓓ
2	Ⓐ Ⓑ Ⓒ Ⓓ	22	Ⓐ Ⓑ Ⓒ Ⓓ	42	Ⓐ Ⓑ Ⓒ Ⓓ
3	Ⓐ Ⓑ Ⓒ Ⓓ	23	Ⓐ Ⓑ Ⓒ Ⓓ	43	Ⓐ Ⓑ Ⓒ Ⓓ
4	Ⓐ Ⓑ Ⓒ	24	Ⓐ Ⓑ Ⓒ Ⓓ	44	Ⓐ Ⓑ Ⓒ Ⓓ
5	Ⓐ Ⓑ Ⓒ	25	Ⓐ Ⓑ Ⓒ Ⓓ	45	Ⓐ Ⓑ Ⓒ Ⓓ
6	Ⓐ Ⓑ Ⓒ	26	Ⓐ Ⓑ Ⓒ Ⓓ	46	Ⓐ Ⓑ Ⓒ Ⓓ
7	Ⓐ Ⓑ Ⓒ	27	Ⓐ Ⓑ Ⓒ Ⓓ	47	Ⓐ Ⓑ Ⓒ Ⓓ
8	Ⓐ Ⓑ Ⓒ	28	Ⓐ Ⓑ Ⓒ Ⓓ	48	Ⓐ Ⓑ Ⓒ Ⓓ
9	Ⓐ Ⓑ Ⓒ	29	Ⓐ Ⓑ Ⓒ Ⓓ	49	Ⓐ Ⓑ Ⓒ Ⓓ
10	Ⓐ Ⓑ Ⓒ	30	Ⓐ Ⓑ Ⓒ Ⓓ	50	Ⓐ Ⓑ Ⓒ Ⓓ
11	Ⓐ Ⓑ Ⓒ	31	Ⓐ Ⓑ Ⓒ Ⓓ		
12	Ⓐ Ⓑ Ⓒ	32	Ⓐ Ⓑ Ⓒ Ⓓ		
13	Ⓐ Ⓑ Ⓒ	33	Ⓐ Ⓑ Ⓒ Ⓓ		
14	Ⓐ Ⓑ Ⓒ	34	Ⓐ Ⓑ Ⓒ Ⓓ		
15	Ⓐ Ⓑ Ⓒ Ⓓ	35	Ⓐ Ⓑ Ⓒ Ⓓ		
16	Ⓐ Ⓑ Ⓒ Ⓓ	36	Ⓐ Ⓑ Ⓒ Ⓓ		
17	Ⓐ Ⓑ Ⓒ Ⓓ	37	Ⓐ Ⓑ Ⓒ Ⓓ		
18	Ⓐ Ⓑ Ⓒ Ⓓ	38	Ⓐ Ⓑ Ⓒ Ⓓ		
19	Ⓐ Ⓑ Ⓒ Ⓓ	39	Ⓐ Ⓑ Ⓒ Ⓓ		
20	Ⓐ Ⓑ Ⓒ Ⓓ	40	Ⓐ Ⓑ Ⓒ Ⓓ		

맞은 문제 개수: ___ / 50

Answer Sheet

실전모의고사 1

LISTENING (Part I~IV)									
1	Ⓐ Ⓑ Ⓒ Ⓓ	21	Ⓐ Ⓑ Ⓒ	41	Ⓐ Ⓑ Ⓒ Ⓓ	61	Ⓐ Ⓑ Ⓒ Ⓓ	81	Ⓐ Ⓑ Ⓒ Ⓓ
2	Ⓐ Ⓑ Ⓒ Ⓓ	22	Ⓐ Ⓑ Ⓒ	42	Ⓐ Ⓑ Ⓒ Ⓓ	62	Ⓐ Ⓑ Ⓒ Ⓓ	82	Ⓐ Ⓑ Ⓒ Ⓓ
3	Ⓐ Ⓑ Ⓒ Ⓓ	23	Ⓐ Ⓑ Ⓒ	43	Ⓐ Ⓑ Ⓒ Ⓓ	63	Ⓐ Ⓑ Ⓒ Ⓓ	83	Ⓐ Ⓑ Ⓒ Ⓓ
4	Ⓐ Ⓑ Ⓒ Ⓓ	24	Ⓐ Ⓑ Ⓒ	44	Ⓐ Ⓑ Ⓒ Ⓓ	64	Ⓐ Ⓑ Ⓒ Ⓓ	84	Ⓐ Ⓑ Ⓒ Ⓓ
5	Ⓐ Ⓑ Ⓒ Ⓓ	25	Ⓐ Ⓑ Ⓒ	45	Ⓐ Ⓑ Ⓒ Ⓓ	65	Ⓐ Ⓑ Ⓒ Ⓓ	85	Ⓐ Ⓑ Ⓒ Ⓓ
6	Ⓐ Ⓑ Ⓒ Ⓓ	26	Ⓐ Ⓑ Ⓒ	46	Ⓐ Ⓑ Ⓒ Ⓓ	66	Ⓐ Ⓑ Ⓒ Ⓓ	86	Ⓐ Ⓑ Ⓒ Ⓓ
7	Ⓐ Ⓑ Ⓒ	27	Ⓐ Ⓑ Ⓒ	47	Ⓐ Ⓑ Ⓒ Ⓓ	67	Ⓐ Ⓑ Ⓒ Ⓓ	87	Ⓐ Ⓑ Ⓒ Ⓓ
8	Ⓐ Ⓑ Ⓒ	28	Ⓐ Ⓑ Ⓒ	48	Ⓐ Ⓑ Ⓒ Ⓓ	68	Ⓐ Ⓑ Ⓒ Ⓓ	88	Ⓐ Ⓑ Ⓒ Ⓓ
9	Ⓐ Ⓑ Ⓒ	29	Ⓐ Ⓑ Ⓒ	49	Ⓐ Ⓑ Ⓒ Ⓓ	69	Ⓐ Ⓑ Ⓒ Ⓓ	89	Ⓐ Ⓑ Ⓒ Ⓓ
10	Ⓐ Ⓑ Ⓒ	30	Ⓐ Ⓑ Ⓒ	50	Ⓐ Ⓑ Ⓒ Ⓓ	70	Ⓐ Ⓑ Ⓒ Ⓓ	90	Ⓐ Ⓑ Ⓒ Ⓓ
11	Ⓐ Ⓑ Ⓒ	31	Ⓐ Ⓑ Ⓒ	51	Ⓐ Ⓑ Ⓒ Ⓓ	71	Ⓐ Ⓑ Ⓒ Ⓓ	91	Ⓐ Ⓑ Ⓒ Ⓓ
12	Ⓐ Ⓑ Ⓒ	32	Ⓐ Ⓑ Ⓒ Ⓓ	52	Ⓐ Ⓑ Ⓒ Ⓓ	72	Ⓐ Ⓑ Ⓒ Ⓓ	92	Ⓐ Ⓑ Ⓒ Ⓓ
13	Ⓐ Ⓑ Ⓒ	33	Ⓐ Ⓑ Ⓒ Ⓓ	53	Ⓐ Ⓑ Ⓒ Ⓓ	73	Ⓐ Ⓑ Ⓒ Ⓓ	93	Ⓐ Ⓑ Ⓒ Ⓓ
14	Ⓐ Ⓑ Ⓒ	34	Ⓐ Ⓑ Ⓒ Ⓓ	54	Ⓐ Ⓑ Ⓒ Ⓓ	74	Ⓐ Ⓑ Ⓒ Ⓓ	94	Ⓐ Ⓑ Ⓒ Ⓓ
15	Ⓐ Ⓑ Ⓒ	35	Ⓐ Ⓑ Ⓒ Ⓓ	55	Ⓐ Ⓑ Ⓒ Ⓓ	75	Ⓐ Ⓑ Ⓒ Ⓓ	95	Ⓐ Ⓑ Ⓒ Ⓓ
16	Ⓐ Ⓑ Ⓒ	36	Ⓐ Ⓑ Ⓒ Ⓓ	56	Ⓐ Ⓑ Ⓒ Ⓓ	76	Ⓐ Ⓑ Ⓒ Ⓓ	96	Ⓐ Ⓑ Ⓒ Ⓓ
17	Ⓐ Ⓑ Ⓒ	37	Ⓐ Ⓑ Ⓒ Ⓓ	57	Ⓐ Ⓑ Ⓒ Ⓓ	77	Ⓐ Ⓑ Ⓒ Ⓓ	97	Ⓐ Ⓑ Ⓒ Ⓓ
18	Ⓐ Ⓑ Ⓒ	38	Ⓐ Ⓑ Ⓒ Ⓓ	58	Ⓐ Ⓑ Ⓒ Ⓓ	78	Ⓐ Ⓑ Ⓒ Ⓓ	98	Ⓐ Ⓑ Ⓒ Ⓓ
19	Ⓐ Ⓑ Ⓒ	39	Ⓐ Ⓑ Ⓒ Ⓓ	59	Ⓐ Ⓑ Ⓒ Ⓓ	79	Ⓐ Ⓑ Ⓒ Ⓓ	99	Ⓐ Ⓑ Ⓒ Ⓓ
20	Ⓐ Ⓑ Ⓒ	40	Ⓐ Ⓑ Ⓒ Ⓓ	60	Ⓐ Ⓑ Ⓒ Ⓓ	80	Ⓐ Ⓑ Ⓒ Ⓓ	100	Ⓐ Ⓑ Ⓒ Ⓓ

맞은 문제 개수: ___ / 100

Answer Sheet

실전모의고사 2

LISTENING (Part I~IV)									
1	Ⓐ Ⓑ Ⓒ Ⓓ	21	Ⓐ Ⓑ Ⓒ	41	Ⓐ Ⓑ Ⓒ Ⓓ	61	Ⓐ Ⓑ Ⓒ Ⓓ	81	Ⓐ Ⓑ Ⓒ Ⓓ
2	Ⓐ Ⓑ Ⓒ Ⓓ	22	Ⓐ Ⓑ Ⓒ	42	Ⓐ Ⓑ Ⓒ Ⓓ	62	Ⓐ Ⓑ Ⓒ Ⓓ	82	Ⓐ Ⓑ Ⓒ Ⓓ
3	Ⓐ Ⓑ Ⓒ Ⓓ	23	Ⓐ Ⓑ Ⓒ	43	Ⓐ Ⓑ Ⓒ Ⓓ	63	Ⓐ Ⓑ Ⓒ Ⓓ	83	Ⓐ Ⓑ Ⓒ Ⓓ
4	Ⓐ Ⓑ Ⓒ Ⓓ	24	Ⓐ Ⓑ Ⓒ	44	Ⓐ Ⓑ Ⓒ Ⓓ	64	Ⓐ Ⓑ Ⓒ Ⓓ	84	Ⓐ Ⓑ Ⓒ Ⓓ
5	Ⓐ Ⓑ Ⓒ Ⓓ	25	Ⓐ Ⓑ Ⓒ	45	Ⓐ Ⓑ Ⓒ Ⓓ	65	Ⓐ Ⓑ Ⓒ Ⓓ	85	Ⓐ Ⓑ Ⓒ Ⓓ
6	Ⓐ Ⓑ Ⓒ Ⓓ	26	Ⓐ Ⓑ Ⓒ	46	Ⓐ Ⓑ Ⓒ Ⓓ	66	Ⓐ Ⓑ Ⓒ Ⓓ	86	Ⓐ Ⓑ Ⓒ Ⓓ
7	Ⓐ Ⓑ Ⓒ	27	Ⓐ Ⓑ Ⓒ	47	Ⓐ Ⓑ Ⓒ Ⓓ	67	Ⓐ Ⓑ Ⓒ Ⓓ	87	Ⓐ Ⓑ Ⓒ Ⓓ
8	Ⓐ Ⓑ Ⓒ	28	Ⓐ Ⓑ Ⓒ	48	Ⓐ Ⓑ Ⓒ Ⓓ	68	Ⓐ Ⓑ Ⓒ Ⓓ	88	Ⓐ Ⓑ Ⓒ Ⓓ
9	Ⓐ Ⓑ Ⓒ	29	Ⓐ Ⓑ Ⓒ	49	Ⓐ Ⓑ Ⓒ Ⓓ	69	Ⓐ Ⓑ Ⓒ Ⓓ	89	Ⓐ Ⓑ Ⓒ Ⓓ
10	Ⓐ Ⓑ Ⓒ	30	Ⓐ Ⓑ Ⓒ	50	Ⓐ Ⓑ Ⓒ Ⓓ	70	Ⓐ Ⓑ Ⓒ Ⓓ	90	Ⓐ Ⓑ Ⓒ Ⓓ
11	Ⓐ Ⓑ Ⓒ	31	Ⓐ Ⓑ Ⓒ	51	Ⓐ Ⓑ Ⓒ Ⓓ	71	Ⓐ Ⓑ Ⓒ Ⓓ	91	Ⓐ Ⓑ Ⓒ Ⓓ
12	Ⓐ Ⓑ Ⓒ	32	Ⓐ Ⓑ Ⓒ Ⓓ	52	Ⓐ Ⓑ Ⓒ Ⓓ	72	Ⓐ Ⓑ Ⓒ Ⓓ	92	Ⓐ Ⓑ Ⓒ Ⓓ
13	Ⓐ Ⓑ Ⓒ	33	Ⓐ Ⓑ Ⓒ Ⓓ	53	Ⓐ Ⓑ Ⓒ Ⓓ	73	Ⓐ Ⓑ Ⓒ Ⓓ	93	Ⓐ Ⓑ Ⓒ Ⓓ
14	Ⓐ Ⓑ Ⓒ	34	Ⓐ Ⓑ Ⓒ Ⓓ	54	Ⓐ Ⓑ Ⓒ Ⓓ	74	Ⓐ Ⓑ Ⓒ Ⓓ	94	Ⓐ Ⓑ Ⓒ Ⓓ
15	Ⓐ Ⓑ Ⓒ	35	Ⓐ Ⓑ Ⓒ Ⓓ	55	Ⓐ Ⓑ Ⓒ Ⓓ	75	Ⓐ Ⓑ Ⓒ Ⓓ	95	Ⓐ Ⓑ Ⓒ Ⓓ
16	Ⓐ Ⓑ Ⓒ	36	Ⓐ Ⓑ Ⓒ Ⓓ	56	Ⓐ Ⓑ Ⓒ Ⓓ	76	Ⓐ Ⓑ Ⓒ Ⓓ	96	Ⓐ Ⓑ Ⓒ Ⓓ
17	Ⓐ Ⓑ Ⓒ	37	Ⓐ Ⓑ Ⓒ Ⓓ	57	Ⓐ Ⓑ Ⓒ Ⓓ	77	Ⓐ Ⓑ Ⓒ Ⓓ	97	Ⓐ Ⓑ Ⓒ Ⓓ
18	Ⓐ Ⓑ Ⓒ	38	Ⓐ Ⓑ Ⓒ Ⓓ	58	Ⓐ Ⓑ Ⓒ Ⓓ	78	Ⓐ Ⓑ Ⓒ Ⓓ	98	Ⓐ Ⓑ Ⓒ Ⓓ
19	Ⓐ Ⓑ Ⓒ	39	Ⓐ Ⓑ Ⓒ Ⓓ	59	Ⓐ Ⓑ Ⓒ Ⓓ	79	Ⓐ Ⓑ Ⓒ Ⓓ	99	Ⓐ Ⓑ Ⓒ Ⓓ
20	Ⓐ Ⓑ Ⓒ	40	Ⓐ Ⓑ Ⓒ Ⓓ	60	Ⓐ Ⓑ Ⓒ Ⓓ	80	Ⓐ Ⓑ Ⓒ Ⓓ	100	Ⓐ Ⓑ Ⓒ Ⓓ

맞은 문제 개수: ___ / 100

토익 리스닝의 기본서 · 최신개정판

해커스 토익

최신기출경향
완벽 반영

LISTENING LC

David Cho

정답·해석·해설

해설집

해커스 어학연구소

토익 리스닝의 기본서 • 최신개정판

해커스 토익 LISTENING LC

최신기출경향 완벽 반영

정답·해석·해설

해설집

Part 1					p. 26
1. (D)	2. (C)	3. (C)			
Part 2					**p. 29**
4. (A)	5. (B)	6. (C)	7. (B)	8. (C)	9. (B)
10. (C)	11. (A)	12. (C)	13. (B)	14. (A)	
Part 3					**p. 30**
15. (B)	16. (A)	17. (B)	18. (D)	19. (D)	20. (B)
21. (D)	22. (A)	23. (C)	24. (A)	25. (C)	26. (A)
27. (B)	28. (C)	29. (C)	30. (B)	31. (C)	32. (A)
33. (B)	34. (C)	35. (A)			
Part 4					**p. 32**
36. (C)	37. (D)	38. (A)	39. (B)	40. (C)	41. (B)
42. (A)	43. (B)	44. (A)	45. (C)	46. (D)	47. (A)
48. (A)	49. (C)	50. (B)			

1 영국

(A) A man is raising his arms.
(B) A man is leaning against a wall.
(C) A man is taking off a helmet.
(D) A man is using a device.

take off 벗다

해석 (A) 남자는 팔을 들고 있다.
(B) 남자는 벽에 기대고 있다.
(C) 남자는 헬멧을 벗고 있다.
(D) 남자는 장비를 사용하고 있다.

해설 1인 사진/공사장 사진. 한 남자가 장비를 들고 작업을 하는 모습과 주변 사물의 상태를 주의 깊게 살핀다.
(A) [×] raising his arms(팔을 들고 있다)는 남자의 상태와 무관하므로 오답이다.
(B) [×] leaning against(기대고 있다)는 남자의 상태와 무관하므로 오답이다.
(C) [×] taking off(벗고 있다)는 남자의 동작과 무관하므로 오답이다. helmet(헬멧)만 듣고 정답으로 선택하지 않도록 주의한다.
(D) [○] 남자가 장비를 사용하고 있는 동작을 가장 잘 묘사한 정답이다.

2 미국

(A) Vehicles are going over a bridge.
(B) A woman is paying for a purchase.
(C) A table is situated next to a car.
(D) A woman is getting into a car.

purchase [pə́:rtʃəs] 구매품; 구매하다 situate [sítʃuèit] 위치시키다

해석 (A) 차량들이 다리를 건너고 있다.
(B) 한 여자가 구매품을 계산하고 있다.
(C) 탁자 한 개가 자동차 옆에 위치해 있다.
(D) 한 여자가 차에 타고 있다.

해설 2인 이상 사진/도심 사진. 인도 위에 있는 사람들의 모습과 주변 사물의 상태를 주의 깊게 살핀다.
(A) [×] 사진에 bridge(다리)가 없으므로 오답이다.
(B) [×] 사진에 구매품을 계산하고 있는 여자가 없으므로 오답이다.
(C) [○] 탁자 한 개가 자동차 옆에 위치해 있는 상태를 정확히 묘사한 정답이다.
(D) [×] 사진에 차에 타고 있는 여자가 없으므로 오답이다.

3 호주

(A) A dock is under construction.
(B) A ship is being loaded with cargo.
(C) A vessel is passing the side of a large ship.
(D) A watercraft is pulling away from shore.

vessel [vésəl] 배 watercraft [미 wɔ́:tərkræ̀ft, 영 wɔ́:təkrɑ̀:ft] (주로 작은) 배
shore [미 ʃɔ:r, 영 ʃɔ:] 해안, 기슭

해석 (A) 부두가 건설 중이다.
(B) 배에 화물이 실리고 있다.
(C) 한 척의 배가 큰 선박의 옆을 지나가고 있다.
(D) 작은 배가 해안으로부터 떠나고 있다.

해설 사물 및 풍경 사진/야외 사진. 한 척의 큰 선박과 여러 척의 작은 배들이 부두 근처에 있는 전반적인 풍경을 확인한다.
(A) [×] 사진에서 부두가 건설되고 있는지 확인할 수 없으므로 오답이다.
(B) [×] 사진에서 배에 화물이 실리고 있는지 확인할 수 없으므로 오답이다.
(C) [○] 한 척의 배가 큰 선박의 옆을 지나가고 있는 모습을 가장 잘 묘사한 정답이다.
(D) [×] 사진에서 해안을 떠나고 있는 배를 확인할 수 없으므로 오답이다.

4 캐나다 → 영국

Who came by the manager's office this morning?
(A) The newly hired secretary.
(B) On the second floor.
(C) Yes, he's still there.

come by ~에 들르다

해석 오늘 오전에 누가 부장 사무실에 들렀나요?
(A) 새로 채용된 비서요.
(B) 2층에요.
(C) 네, 그는 아직 거기 있어요.

해설 누가 부장 사무실에 들렀는지를 묻는 Who 의문문이다.
(A) [○] secretary(비서)라는 특정 인물을 언급했으므로 정답이다.
(B) [×] 특정 위치를 물을 때 사용할 수 있는 응답이므로 오답이다.
(C) [×] 의문사 의문문에 Yes로 응답했으므로 오답이다.

5 미국 → 호주

Where is Ms. Forester's apartment located?
(A) She's locating the file.
(B) In the downtown area.
(C) All over the city.

locate [미 lóukeit, 영 ləukéit] ~에 위치하다, 찾다

해석 Ms. Forester의 아파트는 어디에 위치해 있나요?
(A) 그녀는 그 파일을 찾고 있어요.
(B) 시내에요.
(C) 도시 곳곳에요.

해설 Ms. Forester의 아파트가 어디에 있는지를 묻는 Where 의문문이다.
(A) [×] 질문의 located(위치해 있다)를 '찾다'라는 다른 의미의 locating으로 사용하여 혼동을 준 오답이다.
(B) [○] downtown area(시내)라는 특정 위치를 언급했으므로 정답이다.
(C) [×] All over the city(도시 곳곳)는 Ms. Forester의 아파트가 있는 위치가 될 수 없으므로 오답이다. 의문사 Where만 듣고 정답으로 고르지 않도록 주의한다.

6 캐나다 → 미국

Mike's ideas about the next project are impressive.
(A) Near Fifth Street
(B) I'd suggest a different company.
(C) He'll be pleased to hear that.

suggest[səgdʒést] 추천하다, 제안하다

해석 다음 프로젝트에 대한 Mike의 의견들은 인상적이에요.
(A) 5번가 근처에요.
(B) 저는 다른 회사를 추천하겠어요.
(C) 그가 들으면 좋아할 거예요.

해설 다음 프로젝트에 대한 Mike의 의견들이 인상적이라는 의견을 제시하는 평서문이다.
(A) [×] 특정 장소를 물을 때 사용할 수 있는 응답이므로 오답이다.
(B) [×] project(프로젝트)와 관련된 company(회사)를 사용하여 혼동을 준 오답이다.
(C) [○] 그가 들으면 좋아할 것이라는 말로 의견에 대한 자신의 추가 의견을 전달했으므로 정답이다.

7 영국 → 호주

How long will the presentation last?
(A) Everyone was present.
(B) It might take a while.
(C) The discussion went fast.

present[preznt] 참석한, 출석한

해석 발표는 얼마나 오래 걸릴까요?
(A) 모두가 참석했어요.
(B) 좀 걸릴 거예요.
(C) 논의가 빠르게 진행됐어요.

해설 발표가 얼마나 오래 걸릴지를 묻는 How 의문문이다. How long이 기간을 묻는 것임을 이해할 수 있어야 한다.
(A) [×] presentation-present의 유사 발음 어휘를 사용하여 혼동을 준 오답이다.
(B) [○] take a while(좀 걸리다)로 불확실한 기간을 언급했으므로 정답이다.
(C) [×] last-fast의 유사 발음 어휘를 사용하여 혼동을 준 오답이다.

8 영국 → 캐나다

You know how to drive, don't you?
(A) That will be five dollars.
(B) There's a repair shop over there.
(C) I'm afraid not.

repair shop 정비소, 수리점

해석 당신은 운전할 줄 아시죠, 안 그런가요?
(A) 그것은 5달러일 거예요.
(B) 저기에 정비소가 있어요.
(C) 유감스럽게도 못해요.

해설 운전을 할 수 있는지를 확인하는 부가 의문문이다.
(A) [×] drive-five의 유사 발음 어휘를 사용하여 혼동을 준 오답이다.
(B) [×] drive(운전하다)와 관련된 repair shop(정비소)을 사용하여 혼동을 준 오답이다.
(C) [○] 유감스럽게도 못한다는 말로 운전을 할 수 없음을 전달했으므로 정답이다.

9 호주 → 미국

Should we pay the hotel reservation fee in cash or by credit card?
(A) It's about the money.
(B) Credit card would be more convenient.
(C) Please sign the reservation form.

해석 호텔 예약금을 현금으로 내야 하나요, 아니면 신용 카드로 내야 하나요?
(A) 그것은 돈에 관련된 거예요.
(B) 신용 카드가 더 편리할 것 같아요.
(C) 예약 신청서에 서명해 주세요.

해설 호텔 예약금 지불 방법으로 현금과 신용 카드 중 하나를 선택하도록 요구하는 선택 의문문이다.
(A) [×] cash(현금)와 관련된 money(돈)를 사용하여 혼동을 준 오답이다.
(B) [○] 신용 카드가 더 편리할 것 같다는 말로 신용 카드를 선택했으므로 정답이다.
(C) [×] 질문의 reservation을 반복 사용하여 혼동을 준 오답이다.

10 캐나다 → 미국

Have the electricians arrived yet?
(A) At least once a week.
(B) It's a new appliance.
(C) They just walked in a moment ago.

electrician[ilektríʃən] 전기 기술자 at least 적어도 appliance[əpláiəns] 기기

해석 전기 기술자들이 이미 도착했나요?
(A) 적어도 일주일에 한 번이요.
(B) 그것은 새 기기예요.
(C) 그들은 방금 전에 들어왔어요.

해설 전기 기술자들이 도착했는지를 확인하는 조동사(Have) 의문문이다.
(A) [×] 빈도를 물을 때 사용할 수 있는 응답이므로 오답이다.
(B) [×] electricians(전기 기술자들)와 관련된 appliance(기기)를 사용하여 혼동을 준 오답이다.
(C) [○] They just walked in(그들은 방금 들어왔다)으로 도착했음을 간접적으로 전달했으므로 정답이다.

11 호주 → 영국

I don't see the laptop I'm looking for.
(A) Try asking a salesperson.
(B) I'll take a product sample.
(C) It will expire soon.

salesperson[미 séilzpə̀:rsn, 영 séilzpə̀:sn] 점원 expire[ikspáiər] 만료되다

해석 제가 찾고 있는 노트북 컴퓨터가 보이지 않네요.
(A) 점원에게 문의해 보세요.
(B) 제가 제품 견본을 가져갈게요.
(C) 이것은 곧 만료될 거예요.

해설 찾고 있는 노트북 컴퓨터가 보이지 않는다는 문제점을 언급하는 평서문이다.
(A) [○] 점원에게 문의해 보라는 말로 문제점에 대한 해결책을 제시했으므로 정답이다.
(B) [×] laptop(노트북 컴퓨터)과 관련된 product(제품)를 사용하여 혼동을 준 오답이다.
(C) [×] 질문의 laptop을 가리킬 수 있는 It을 사용하여 혼동을 준 오답이다.

12 캐나다 → 영국

Could I make an appointment with Dr. Naz for nine tomorrow?
(A) It's a new apartment.
(B) For a medical conference.
(C) Just a moment. I'll check his schedule.

conference [미 kάnfərəns, 영 kɔ́nfərəns] 학회

해석 내일 9시로 Dr. Naz와 진료 예약을 할 수 있을까요?
(A) 그것은 새 아파트예요.
(B) 의학 학회를 위해서요.
(C) 잠시만요. 그의 일정을 확인해 볼게요.

해설 내일 9시에 Dr. Naz와 진료 예약을 잡아달라는 요청 의문문이다.
(A) [x] appointment-apartment의 유사 발음 어휘를 사용하여 혼동을 준 오답이다.
(B) [x] Dr. Naz와 관련된 medical conference(의학 학회)를 사용하여 혼동을 준 오답이다.
(C) [o] 그의 일정을 확인해 보겠다는 말로 예약을 할 수 있는지 확인해 보겠다는 간접적인 응답을 했으므로 정답이다.

13 미국 → 호주

Don't you think the supplies are too expensive?
(A) They're on the shelf.
(B) No, not really.
(C) Those supplies will arrive later today.

supply [səplái] 물품 shelf [ʃelf] 선반

해석 그 물품들이 너무 비싸다고 생각하지 않나요?
(A) 그것들은 선반 위에 있어요.
(B) 아니요, 그렇지는 않아요.
(C) 그것들은 오늘 늦게 도착할 거예요.

해설 물품들이 너무 비싸다는 것에 동의를 구하는 부정 의문문이다.
(A) [x] 특정 위치를 물을 때 사용할 수 있는 응답이므로 오답이다.
(B) [o] No로 동의하지 않음을 전달한 후, 그렇지는 않다는 의견을 제시했으므로 정답이다.
(C) [x] 질문의 supplies를 반복 사용하여 혼동을 준 오답이다.

14 캐나다 → 미국

Wouldn't it be nice to live closer to your workplace?
(A) Actually, I don't mind commuting.
(B) It closes in just 15 minutes.
(C) At a medium-sized business.

workplace [wə́rkplèis] 직장 commute [kəmjú:t] 통근하다

해석 당신의 직장에 더 가깝게 사는 것이 좋지 않나요?
(A) 사실, 저는 통근하는 것에 개의치 않아요.
(B) 바로 15분 뒤에 닫아요.
(C) 중간 규모의 회사에서요.

해설 직장에 더 가깝게 사는 것이 좋다는 의견에 동의를 구하는 부정 의문문이다.
(A) [o] 통근하는 것에 개의치 않는다는 말로 직장에 가깝게 살지 않아도 좋음을 간접적으로 전달했으므로 정답이다.
(B) [x] closer-closes의 유사 발음 어휘를 사용하여 혼동을 준 오답이다.
(C) [x] workplace(직장)와 관련된 business(회사)를 사용하여 혼동을 준 오답이다.

[15-17] 영국 → 호주

Questions 15-17 refer to the following conversation.

W: Good morning. My name is Stella Lebowski. [15]**I'd like to make an appointment with Dr. Sellers to have my braces checked.** [16]**I was wondering if I could schedule it for Saturday morning.**
M: Unfortunately, [16]**Dr. Sellers will be on vacation this weekend.** He'll be back on Monday. Would you be available then?
W: I think I can drop by at around three in the afternoon.
M: All right. I'll take note of that and inform Dr. Sellers. Also, [17]**please make sure to be here at least 10 minutes before your appointment time** to avoid losing your spot. Thank you.

brace [breis] 치아 교정기 drop by ~에 들르다
spot [미 spɑt, 영 spɔt] 순서, 순위

해석
15-17은 다음 대화에 관한 문제입니다.
W: 안녕하세요. 제 이름은 Stella Lebowski입니다. [15]저는 치아 교정기를 검진받기 위해 Dr. Sellers와 예약을 잡고 싶어요. [16]토요일 오전으로 예약을 잡을 수 있는지 궁금해요.
M: 유감스럽게도 [16]Dr. Sellers는 이번 주말에 휴가를 가 계실 거예요. 그는 월요일에 돌아올 겁니다. 그때 시간 되시나요?
W: 오후 3시쯤에 들를 수 있을 것 같아요.
M: 좋아요. 제가 그것을 기억해두었다가 Dr. Sellers에게 알려드릴게요. 그리고 순서를 놓치지 않도록 [17]적어도 예약 시간 10분 전에는 꼭 여기로 오세요. 감사합니다.

15
해석 남자는 어디에서 일하는 것 같은가?
(A) 여행사에서
(B) 치과에서
(C) 약국에서
(D) 학교에서

해설 남자가 일하는 장소를 묻는 문제이므로, 남자의 신분 및 직업과 관련된 표현을 놓치지 않고 듣는다. 여자가 남자에게 "I'd like to make an appointment with Dr. Sellers to have my braces checked."라며 치아 교정기를 검진받기 위해 Dr. Sellers와 예약을 잡고 싶다고 한 뒤, 남자와 예약 날짜에 대해 상의하는 내용을 통해 남자가 일하는 곳이 치과임을 알 수 있다. 따라서 정답은 (B) At a dental clinic이다.

어휘 pharmacy [fá:rməsi] 약국

16
해석 Dr. Sellers는 왜 토요일에 시간이 없는가?
(A) 그는 휴가를 갈 것이다.
(B) 그는 환자를 만날 것이다.
(C) 그는 출장을 갈 것이다.
(D) 그는 워크숍에 참석할 것이다.

해설 Dr. Sellers가 토요일에 시간이 없는 이유를 묻는 문제이므로, 질문의 핵심 어구(Dr. Sellers unavailable on Saturday)와 관련된 내용을 주의 깊게 듣는다. 여자가 "I was wondering if I could schedule it for Saturday morning."이라며 토요일 오전으로 예약을 잡을 수 있는지 궁금하다고 하자, 남자가 "Dr. Sellers will be on vacation this weekend"라며 Dr. Sellers가 이번 주말에 휴가를 가 있을 것이라고 하였다. 따라서 정답은 (A) He will take a holiday이다. (be on vacation → take a holiday)

어휘 attend [əténd] 참석하다

17
해석 남자는 여자에게 무엇을 하라고 요청하는가?
(A) 의료 카드를 가져온다.
(B) 더 일찍 도착한다.
(C) 실험 결과를 가져간다.

(D) 양식을 작성한다.

해설 남자가 여자에게 요청하는 것을 묻는 문제이므로, 남자의 말에서 요청과 관련된 표현이 언급된 다음을 주의 깊게 듣는다. 남자가 "please make sure to be here at least 10 minutes before your appointment time"이라며 적어도 예약 시간 10분 전에 오라고 요청하였다. 따라서 정답은 (B) Arrive at an earlier time이다.

어휘 laboratory[lǽbərətɔ̀:ri] 실험, 실습

[18-20] 영국 → 캐나다

Questions 18-20 refer to the following conversation.

W: OK, Jed. As part of today's training, [18]**you're going to be working in the quality control section of this facility. You'll be looking for problems with the packaging of vegetables.** Today, it'll be carrots.

M: So, [19]**what will I be doing with the defective packages?**

W: [19]**Do you see the blue cart over there? You'll be taking unsatisfactory packages off the assembly line and placing them in that cart.**

M: That sounds more basic than the task I was assigned yesterday.

W: Yes, but there are a few more details you'll need to know first. [20]**Ms. Anderson, the person in charge of this section**, will explain them to you now.

defective[diféktiv] 결함이 있는 assembly line 조립 라인
assign[əsáin] 배정하다, 부여하다 in charge of 책임지고 있는

해석

18-20은 다음 대화에 관한 문제입니다.

W: 좋아요, Jed. 오늘 교육의 일부로, [18]당신은 이 시설의 품질 관리 부문에서 일하게 될 거예요. 야채 포장에 관한 문제들을 찾게 될 거예요. 오늘은 당근이에요.

M: 그럼 [19]결함이 있는 상품들은 어떻게 해야 하나요?

W: [19]저쪽의 파란 수레가 보이나요? 당신은 미흡한 상품들을 조립 라인에서 꺼내서 저 수레에 놓게 될 거예요.

M: 제가 어제 배정받았던 업무보다 더 간단하게 들리네요.

W: 네, 하지만 당신이 먼저 알아야 할 세부 사항들이 몇 가지 더 있어요. [20]이 부문의 책임자인 Ms. Anderson이 지금 당신에게 그것들을 설명할 거예요.

18

해석 대화는 어디에서 일어나고 있는가?
(A) 음식점에서
(B) 재활용 센터에서
(C) 농산물 직판장에서
(D) 가공 시설에서

해설 대화가 일어나는 장소를 묻는 문제이므로, 장소와 관련된 표현을 놓치지 않고 듣는다. 여자가 "you're going to be working in the quality control section of this facility. You'll be looking for problems with the packaging of vegetables."라며 청자가 이 시설의 품질 관리 부문에서 일하면서 야채 포장에 관한 문제들을 찾게 될 것이라고 한 내용을 통해 대화의 장소가 가공 시설임을 알 수 있다. 따라서 정답은 (D) At a processing plant이다. (facility → plant)

어휘 farmer's market 농산물 직판장, 생산자 직거래 장터
processing plant 가공 시설

19

해석 남자는 파란 수레에 무엇을 놓아야 하는가?
(A) 기계 부품
(B) 종이 포장재
(C) 플라스틱 폐기물
(D) 결함이 있는 상품

해설 남자가 파란 수레에 놓아야 하는 것을 묻는 문제이므로, 질문의 핵심어구(blue cart)가 언급된 주변을 주의 깊게 듣는다. 남자가 "what will I be doing with the defective packages?"라며 결함이 있는 상품들은 어떻게 해야 하는지 묻자, 여자가 "Do you see the blue cart over there? You'll be taking unsatisfactory packages off the assembly line and placing them in that cart."라며 저쪽의 파란 수레가 보이는지 확인하며 미흡한 상품들을 조립 라인에서 꺼내서 파란 수레에 놓게 될 것이라고 하였다. 따라서 정답은 (D) Faulty packages이다. (defective → Faulty)

어휘 wrapping[rǽpiŋ] 포장재 faulty[fɔ́:lti] 결함이 있는

20

해석 Ms. Anderson은 누구인 것 같은가?
(A) 잠재적인 고객
(B) 부분 관리사
(C) 새로운 인턴
(D) 법률 고문

해설 Ms. Anderson의 신분을 묻는 문제이므로, 질문 대상(Ms. Anderson)의 신분 및 직업과 관련된 표현을 놓치지 않고 듣는다. 여자가 "Ms. Anderson, the person in charge of this section"이라며 Ms. Anderson이 이 부문의 책임자라고 하였다. 따라서 정답은 (B) A section manager이다. (person in charge of ~ section → section manager)

어휘 potential[pəténʃəl] 잠재적인 advisor[ədváizər] 고문

[21-23] 캐나다 → 미국

Questions 21-23 refer to the following conversation.

M: Wilma, [21]**I just spoke to a customer on the phone.** [21/22]**She complained that her credit card was charged twice for the scarf she bought at our store the other day.**

W: Oh. [22]**There must be something wrong. A man called earlier about being overcharged.**

M: I see. Well, we've got to figure out what's going on with our payment system.

W: [23]**I called an IT technician this morning.** He's going to be here within the next 30 minutes.

charge[tʃɑ:rdʒ] 청구하다 payment[péimənt] 결제, 지불

해석

21-23은 다음 대화에 관한 문제입니다.

M: Wilma, [21]저는 방금 고객과 통화했는데요. [21/22]그녀는 지난번에 우리 가게에서 산 스카프에 대해 신용카드가 이중으로 청구되었다며 항의했어요.

W: 아. [22]뭔가 잘못된 것이 있나 봐요. 앞서 한 남성이 과잉 청구된 것에 관해 전화했었어요.

M: 그렇군요. 음, 우리는 결제 시스템에 무슨 일이 있는지 알아봐야 해요.

W: [23]제가 오늘 아침에 IT 기술자에게 전화했어요. 그는 30분 이내에 여기로 올 거예요.

21

해석 화자들은 어디에서 일하는 것 같은가?
(A) 은행에서
(B) 체육관에서
(C) 호텔에서
(D) 가게에서

해설 화자들이 일하는 장소를 묻는 문제이므로, 장소와 관련된 표현을 놓치지 않고 듣는다. 여자가 "I just spoke to a customer on the phone. She complained that her credit card was charged twice for the scarf she bought at our store the other day."라며 방금 통화한 고객이 지난번에 자신들의 가게에서 산 스카프에 대해 신용카드가 이중으로 청구되었다며 항의했다고 한 말을 통해 화자들이 가게에서 일한다는 것을 알 수 있다. 따라서 정답은 (D) At a store이다.

22

해석 여자는 "앞서 한 남성이 과잉 청구된 것에 관해 전화했었어요"라고 말할 때 무엇을 의도하는가?

(A) 문제가 이전에도 발생했다.
(B) 청구서가 지불되지 않았다.
(C) 관리자가 불만스러워한다.
(D) 불만이 처리되었다.

해설 여자가 하는 말의 의도를 묻는 문제이므로, 질문의 인용어구(A man called earlier about being overcharged)가 언급된 주변을 주의 깊게 듣는다. 남자가 "She [a customer] complained that her credit card was charged twice for the scarf she bought at our store the other day."라며 고객이 지난번에 자신들의 가게에서 산 스카프에 대해 신용카드가 이중으로 청구되었다며 항의했다고 하자, 여자가 "There must be something wrong. A man called earlier about being overcharged."라며 뭔가 잘못된 것이 있나 보다고 한 뒤, 앞서 한 남성이 과잉 청구된 것에 관해 전화했었다고 한 것을 통해 문제가 이전에도 발생했음을 알 수 있다. 따라서 정답은 (A) An issue has occurred before이다.

어휘 **frustrated**[frʌ́streitid] 불만스러워하는 **handle**[hǽndl] 처리하다

23

해석 여자는 오늘 아침에 무엇을 했는가?
(A) 장치를 구매했다.
(B) 몇몇 소프트웨어를 업데이트했다.
(C) 기술자에게 연락했다.
(D) 몇몇 기록들을 검토했다.

해설 여자가 오늘 아침에 한 일을 묻는 문제이므로, 질문의 핵심어구(this morning)가 언급된 주변을 주의 깊게 듣는다. 여자가 "I called an IT technician this morning."이라며 오늘 아침에 기술자에게 전화했다고 하였다. 따라서 정답은 (C) Contacted a technician이다.

[24-26] 캐나다 → 영국

Questions 24-26 refer to the following conversation.

M: Hey, Danielle. It's Peter calling. I finally got approval to take time off in June for our group trip.
W: Excellent. Things are coming together really nicely.
M: Definitely. But, [24]**do you know if Jamal reserved the beach house everyone wants to rent?**
W: [24]**Yeah, he took care of it.** All we have to do now is figure out how we want to spend our time. [25]**I plan to go online and look up some famous beaches that we can check out while in Florida.**
M: Great idea. By the way, I know we talked about taking a train to Florida. However, [26]**my cousin said we can use her van, so let's do that instead.**

approval[əprúːvəl] 승인 **take time off** 휴가를 내다
take care of ~을 처리하다 **figure out** 알아보다 **van**[væn] 승합차

해석
24-26은 다음 대화에 관한 문제입니다.

M: 안녕하세요, Danielle. Peter예요. 우리 단체 여행을 위해 6월에 휴가를 내는 것을 드디어 승인받았어요.
W: 아주 좋네요. 일이 모두 정말 잘 되어가고 있어요.
M: 정말요. 그런데, [24]Jamal이 모두가 빌리고 싶어 하는 해변 별장을 예약했는지 아시나요?
W: [24]네, 그가 처리했어요. 우리가 이제 해야 할 것은 어떻게 시간을 보내고 싶은지 알아보는 거예요. [25]저는 온라인에 접속해서 플로리다에 있는 동안 볼 수 있는 몇몇 유명한 해변들을 찾아볼 계획이에요.
M: 좋은 생각이에요. 그나저나, 우리가 플로리다로 기차를 타고 가는 것에 대해 이야기한 것을 알고 있어요. 하지만, [26]제 사촌이 그녀의 승합차를 사용해도 된다고 했으니, 대신 그걸 타고 가요.

24

해석 여자에 따르면, Jamal은 무엇을 했는가?
(A) 예약을 했다.
(B) 해변 별장을 둘러봤다.
(C) 사람들에게서 돈을 모았다.
(D) 여행사 직원에게 이야기했다.

해설 Jamal이 한 것을 묻는 문제이므로, 여자의 말에서 질문의 핵심어구(Jamal)가 언급된 주변을 주의 깊게 듣는다. 남자가 "do you know if Jamal reserved the beach house everyone wants to rent?"라며 Jamal이 모두가 빌리고 싶어 하는 해변 별장을 예약했는지 아는지 묻자, 여자가 "Yeah, he took care of it."이라며 그가 처리했다고 하였다. 따라서 정답은 (A) Made a reservation이다. (reserved → Made ~ reservation)

25

해석 여자는 왜 온라인에 접속하기를 원하는가?
(A) 대여료를 비교하기 위해
(B) 예약을 확인하기 위해
(C) 관광지를 조사하기 위해
(D) 호텔 후기를 보기 위해

해설 여자가 온라인에 접속하기를 원하는 이유를 묻는 문제이므로, 여자의 말에서 질문의 핵심어구(go online)가 언급된 주변을 주의 깊게 듣는다. 여자가 "I plan to go online and look up some famous beaches that we can check out while in Florida."라며 온라인에 접속해서 플로리다에 있는 동안 볼 수 있는 몇몇 유명한 해변들을 찾아볼 계획이라고 하였다. 따라서 정답은 (C) To research some attractions이다. (look up ~ famous beaches → research ~ attractions)

어휘 **attraction**[ətrǽkʃən] 관광지, 명소

26

해석 남자는 무엇을 제안하는가?
(A) 차량을 운전하는 것
(B) 메시지를 보내는 것
(C) 콘서트에 참석하는 것
(D) 공원에 방문하는 것

해설 남자가 제안하는 것을 묻는 문제이므로, 남자의 말에서 제안과 관련된 표현이 언급된 다음을 주의 깊게 듣는다. 남자가 "my cousin said we can use her van, so let's do that instead"라며 자신의 사촌이 그녀의 승합차를 사용해도 된다고 했으니 대신 그걸 타고 가자고 하였다. 따라서 정답은 (A) Driving a vehicle이다.

[27-29] 캐나다 → 영국

Questions 27-29 refer to the following conversation.

M: Good afternoon. [27]**I bought a Clean-Rite washing machine from your store last month.** It functioned well for a few weeks, but [27]**water started leaking out the side when I used it** yesterday.
W: I'm sorry to hear that, sir. It's still under warranty, so [28]**I can send someone to your house to fix it.**
M: That's great. I'll be here all day tomorrow.
W: OK. One of our technicians will arrive at your place at around two in the afternoon. [29]**Could I verify your home address, please?**

leak[liːk] 새다, 새어 나오다 **under warranty** 보증 기간 중인
verify[vérifai] 확인하다

해석
27-29는 다음 대화에 관한 문제입니다.

M: 안녕하세요. [27]그쪽 가게에서 지난달에 Clean-Rite 세탁기를 구입했어요. 몇 주 동안은 잘 작동했는데, 어제 [27]사용했을 때 물이 옆쪽으로 새기 시작했어요.
W: 죄송합니다, 고객님. 아직 보증 기간 중이니, [28]댁으로 수리할 사람을 보내드리겠습니다.
M: 잘됐네요. 저는 내일 하루 종일 집에 있을 거예요.
W: 알겠습니다. 저희 기술자들 중 한 명이 오후 2시쯤에 댁에 도착할 것입니다. [29]집 주소를 확인해 주시겠어요?

27

해석 무엇이 문제인가?
(A) 수도관이 교체되어야 한다.
(B) 기기가 제대로 작동하지 않는다.
(C) 기계가 아직 배달되지 않았다.
(D) 기술자가 약속을 지키지 않았다.

해설 문제점을 묻는 문제이므로, 대화에서 부정적인 표현이 언급된 다음을 주의 깊게 듣는다. 남자가 "I bought a ~ washing machine ~ last month.", "water started leaking out the side when I used it"이라며 지난달에 세탁기를 구입했는데 사용했을 때 물이 옆쪽으로 새기 시작했다고 하였다. 따라서 정답은 (B) An appliance is malfunctioning이다. (washing machine → appliance)

어휘 malfunction[mælfʌ́ŋkʃən] 제대로 작동하지 않다

28

해석 여자는 무엇을 하겠다고 제안하는가?
(A) 보증 기간을 늘린다.
(B) 새로운 제품을 배송한다.
(C) 수리공을 보낸다.
(D) 거주지를 방문한다.

해설 여자가 제안하는 것을 묻는 문제이므로, 여자의 말에서 남자를 위해 해주겠다고 한 내용을 주의 깊게 듣는다. 여자가 "I can send someone to your house to fix it"이라며 남자의 집으로 수리할 사람을 보내주겠다고 하였다. 따라서 정답은 (C) Send a repairperson이다.

어휘 residence[rézədəns] 거주지

29

해석 다음에 무슨 일이 일어날 것 같은가?
(A) 송장이 보내질 것이다.
(B) 결제가 이루어질 것이다.
(C) 개인 정보가 제공될 것이다.
(D) 관리자에게 전화가 연결될 것이다.

해설 다음에 일어날 일을 묻는 문제이므로, 대화의 마지막 부분을 주의 깊게 듣는다. 여자가 "Could I verify your home address, please?"라며 집 주소를 확인해 달라고 한 말을 통해 다음에 남자가 주소를 불러줄 것임을 알 수 있다. 따라서 정답은 (C) Personal information will be given이다. (home address → Personal information)

어휘 invoice[ínvɔis] 송장

[30-32] 미국 → 호주 → 영국

Questions 30-32 refer to the following conversation with three speakers.

W1: So, Mr. Williams, how does everything look? **30Is our café going to pass the safety inspection?**
M: I think so. **31However, your kitchen stove hasn't been attached to the gas line yet. That's concerning.**
W1: Yes, that's right. We're waiting for a technician to take care of that. Um . . . Hold on one second. Susan, when is the technician coming?
W2: He should be here tomorrow morning.
M: I see. Well, **30I can't officially sign off on your permit until that's finished.**
W1: **32Would you be able to return on Friday?**
M: **32All right.** I'll be here at 9 A.M. Make sure everything is ready by then.

inspection[inspékʃn] 점검, 조사 stove[미 stouv, 영 stəuv] 가스레인지
attach[ətǽtʃ] 연결하다, 부착하다 hold on 기다리다, 견디다
permit[미 pə́:rmit, 영 pə́:mit] 허가(증); 허가하다

해석
30-32는 다음 세 명의 대화에 관한 문제입니다.
W1: 그럼, Mr. Williams, 모든 게 어때 보이나요? **30저희 카페가 안전 점검을 통과하는 건가요?**
M: 그럴 것 같습니다. **31하지만, 주방 가스레인지가 아직 가스관에 연결되지 않았네요. 그게 문제가 돼요.**
W1: 네, 맞아요. 기술자가 그걸 처리하기를 기다리고 있어요. 음... 잠시만 기다리세요. Susan, 기술자가 언제 오나요?
W2: 내일 오전에 올 거예요.
M: 그렇군요. 음, **30그게 완료될 때까지 제가 허가증에 공식적으로 서명을 할 수는 없습니다.**
W1: **32금요일에 다시 오실 수 있나요?**
M: **32알겠습니다.** 오전 9시에 오겠습니다. 그때까지 모든 게 준비되도록 해주세요.

30

해석 남자는 누구인 것 같은가?
(A) 요리사
(B) 검사관
(C) 건물 소유주
(D) 실내 장식가

해설 남자의 신분을 묻는 문제이므로, 신분 및 직업과 관련된 표현을 놓치지 않고 듣는다. 여자1이 "Is our café going to pass the safety inspection?"이라며 남자에게 카페가 안전 점검을 통과하는 것인지를 물었고, 남자가 "I can't officially sign off on your permit until that[hooked up to the gas line]'s finished"라며 가스관 연결이 완료될 때까지 허가증에 공식적으로 서명을 할 수는 없다고 한 말을 통해 남자가 안전 점검을 하는 검사관임을 알 수 있다. 따라서 정답은 (B) An inspector이다.

31

해석 무엇이 문제인가?
(A) 가스가 새는 곳이 수리되지 않았다.
(B) 주방이 제대로 청소되어야 한다.
(C) 가스레인지가 연결되지 않았다.
(D) 오븐이 공간에 비해 너무 크다.

해설 문제점을 묻는 문제이므로, 대화에서 부정적인 표현이 언급된 다음을 주의 깊게 듣는다. 남자가 "However, your kitchen stove hasn't been attached to the gas line yet. That's concerning."이라며 하지만 주방 가스레인지가 아직 가스관에 연결되지 않았고 그게 문제가 된다고 하였다. 따라서 정답은 (C) A stove has not been connected이다. (attached → connected)

어휘 properly[prá:pərli] 제대로, 올바로

32

해석 남자는 금요일에 무엇을 할 계획인가?
(A) 사업체에 다시 간다.
(B) 메시지에 답한다.
(C) 요리를 준비한다.
(D) 면접을 본다.

해설 남자가 금요일에 하려고 계획하는 일을 묻는 문제이므로, 질문의 핵심어구(Friday)가 언급된 주변을 주의 깊게 듣는다. 여자1이 "Would you be able to return on Friday?"라며 남자에게 금요일에 카페에 다시 올 수 있는지를 묻자, 남자가 "All right."이라며 알겠다고 하였다. 따라서 정답은 (A) Return to a business이다.

어휘 business[bíznəs] 사업체, 사업

[33-35] 미국 → 호주

Questions 33-35 refer to the following conversation and bus schedule.

W: Sorry to bother you, but I'm a bit confused about the Beijing bus system. Are you familiar with it?
M: Yes. Where in particular do you need to go?
W: **33I need to go to the Art District. My hotel is there,**

and I want to check in for the night. The hotel is located almost directly in the center of the neighborhood.

M: Well, there are a few buses that go there from the airport, including Bus 348 and Bus 225. However, [34]**Bus 654 is your best option. It passes through the heart of the neighborhood on its way across the city.**

W: [34]**I'll take that one, then.** [35]**Fortunately, I have some time before it departs, so I can change my dollars into yuan.** Thanks a lot.

in particular 특별히 neighborhood [néibərhùd] 지역
pass through 지나가다

해석
33-35는 다음 대화와 버스 시간표에 관한 문제입니다

W: 방해해서 죄송하지만, 베이징 버스 시스템이 조금 혼란스러워서요. 이것에 대해 잘 아시나요?

M: 네. 특별히 어디에 가야 하시나요?

W: [33]Art District에 가야 해요. 제 호텔이 거기에 있는데, 숙박을 위해 체크인을 하고 싶어서요. 그 호텔은 그 지역의 거의 바로 중심부에 위치해 있어요.

M: 음, 348번 버스와 225번 버스를 포함해서, 공항에서 그곳으로 가는 몇몇 버스가 있어요. 하지만, [34]654번 버스가 가장 좋은 선택권이에요. 이것은 도시를 가로질러 가면서 그 지역의 중심을 지나가거든요.

W: [34]그럼 그것을 탈게요. [35]다행히, 출발하기 전에 시간이 조금 있어서 제 달러를 위안으로 바꿀 수 있겠어요. 감사합니다.

베이징 버스 시간표	
버스	다음 출발
225번	오후 2시 20분
348번	오후 2시 30분
654번	[34]오후 2시 40분
779번	오후 2시 50분

33

해석 여자는 왜 Art District에 가야 하는가?
(A) 미술관 개관식에 참석하기 위해
(B) 호텔에 머무르기 위해
(C) 그녀의 중국인 교사와 만나기 위해
(D) 공연을 보기 위해

해설 여자가 Art District에 가야 하는 이유를 묻는 문제이므로, 질문의 핵심어구(Art District)가 언급된 주변을 주의 깊게 듣는다. 여자가 "I need to go to the Art District. My hotel is there, and I want to check in"이라며 Art District에 가야 하며, 자신의 호텔이 거기에 있는데 체크인을 하고 싶다고 하였다. 따라서 정답은 (B) To stay at a hotel이다.

어휘 attend [əténd] 참석하다

34

해석 시각 자료를 보아라. 여자의 버스는 언제 출발할 것인가?
(A) 오후 2시 20분에
(B) 오후 2시 30분에
(C) 오후 2시 40분에
(D) 오후 2시 50분에

해설 여자의 버스가 출발할 시간을 묻는 문제이므로, 제시된 버스 시간표의 정보를 확인한 뒤 질문의 핵심어구(the woman's bus depart)와 관련된 내용을 주의 깊게 듣는다. 남자가 "Bus 654 is your best option. It passes through the heart of the neighborhood on its way across the city."라며 654번 버스가 가장 좋은 선택권이며 이것은 도시를 가로질러 가면서 그 지역의 중심을 지나간다고 하자, 여자가 "I'll take that one, then."이라며 그럼 그것을 타겠다고 하였다. 따라서 여자의 버스가 오후 2시 40분에 출발할 것임을 버스 시간표에서 알 수 있다. 따라서 정답은 (C) At 2:40 P.M.이다.

35

해석 여자는 무엇을 하겠다고 말하는가?
(A) 통화를 교환한다.
(B) 위치를 적는다.
(C) 새 탑승권을 구매한다.
(D) 승차 구역으로 간다.

해설 여자가 하겠다고 말하는 것을 묻는 문제이므로, 질문의 핵심어구(will do)와 관련된 내용을 주의 깊게 듣는다. 여자가 "Fortunately, I have some time before it departs, so I can change my dollars into yuan."이라며 다행히 출발하기 전에 시간이 조금 있어서 자신의 달러를 위안으로 바꿀 수 있겠다고 하였으므로 정답은 (A) Exchange some currency이다.

어휘 currency [미 kə́:rənsi, 영 kʌ́rənsi] 통화 direction [dirékʃən] 위치, 방향

[36-38] 호주

Questions 36-38 refer to the following advertisement.

[36]**This morning, join famous columnist Enrique Garcia as he interviews different stars on TPB's *Showbiz Café*.** Enrique will be speaking with [37]**award-winning actor Sebastian Murdoch**. They'll discuss Mr. Murdoch's upcoming movie as well as how he worked his way up from performing in small plays to starring in major motion pictures. [36]***Showbiz Café* airs daily at 8:30 A.M. Catch all of this and more, only on TPB 103.6.** [38]**Stay tuned for the early traffic report coming up next.**

upcoming [ʌ́pkʌ̀miŋ] 곧 공개될 work one's way up 점점 출세하다
star [미 stɑ:r, 영 stɑ:] 주연을 맡다 motion picture 영화
air [미 ɛər, 영 eə] 방송되다 stay tuned (주파수를) 고정시키다

해석
36-38은 다음 광고에 관한 문제입니다.

[36]오늘 아침, TPB의 *Showbiz Café*에서 유명 칼럼니스트인 Enrique Garcia가 여러 스타들을 인터뷰하는 동안 그와 함께하세요. Enrique는 [37]수상 배우 Sebastian Murdoch와 이야기할 것입니다. 그들은 Mr. Murdoch가 소규모의 연극에서 활동하던 것부터 대작 영화의 주연을 맡는 것으로 어떻게 점점 출세했는지 뿐만 아니라 곧 공개될 영화에 관해서도 논의할 것입니다. [36]*Showbiz Café*는 매일 오전 8시 30분에 방송됩니다. 오직 TPB 103.6에서 이 모든 것들과 그 이상을 즐기세요. [38]다음에 있을 아침 교통 보도를 위해 주파수를 고정해 주세요.

36

해석 무엇이 광고되고 있는가?
(A) 음악 앨범
(B) 식당 가맹점
(C) 라디오 프로그램
(D) 다큐멘터리 영화

해설 광고의 주제를 묻는 문제이므로, 지문의 초반을 주의 깊게 들은 후 전체 맥락을 파악한다. 지문의 초반에서 "This morning, join famous columnist ~ on TPB's *Showbiz Café*."라며 오늘 아침 TPB의 *Showbiz Café*에서 유명 칼럼니스트와 함께하라고 한 뒤, "*Showbiz Café* airs daily at 8:30 A.M. ~ on TPB 103.6."라며 *Showbiz Café*는 매일 TPB 103.6에서 오전 8시 30분에 방송된다고 하였다. 이를 통해 라디오 프로그램이 광고되고 있음을 알 수 있다. 따라서 정답은 (C) A radio program이다.

어휘 documentary [미 dɑ̀:kjuméntəri, 영 dɔ̀kjumétəri] 다큐멘터리, 기록물

37

해석 화자는 Sebastian Murdoch에 대해 무엇을 언급하는가?
(A) 그는 사업을 시작했다.
(B) 그는 이미 인터뷰를 했다.
(C) 그는 단체를 설립했다.
(D) 그는 상을 받았다.

해설 Sebastian Murdoch에 대해 언급하는 것을 묻는 문제이므로, 질문의 핵심어구(Sebastian Murdoch)가 언급된 주변을 주의 깊게 듣는다. "award-winning actor Sebastian Murdoch"라며 Sebastian Murdoch가 수상 배우라고 하였다. 따라서 정답은 (D) He has received an award이다. (award-winning → received an award)

어휘 launch [lɔ:ntʃ] 시작하다, 착수하다

38

해석 청자들은 다음에 무엇을 들을 것인가?
(A) 최신 교통 정보
(B) 일기 예보
(C) 인터뷰
(D) 공지

해설 청자들이 다음에 들을 것을 묻는 문제이므로, 지문의 마지막 부분을 주의 깊게 듣는다. "Stay tuned for the early traffic report coming up next."라며 다음에 있을 아침 교통 보도를 위해 주파수를 고정해 달라고 하였다. 따라서 정답은 (A) A traffic update이다. (traffic report → traffic update)

[39-41] 미국

Questions 39-41 refer to the following telephone message.

Hello, Camille. This is Anita calling. 39/40**Thanks for covering for me yesterday afternoon.** 40**I couldn't conduct the tour because I had to get my visa for my trip** to Vienna on Thursday. It took longer than expected. I'm so thankful you were available to lead the tour group in my place. 41**I have a gift for you** to show my gratitude. Phone me whenever you are free, and, 41**if you'd like, I can bring it over**.

cover[kʌ́vər] 대신하다, 떠맡다 show[ʃou] 표시하다, 보이다
gratitude[grǽtətjùːd] 감사

해석
39-41은 다음 전화 메시지에 관한 문제입니다.

안녕하세요, Camille. 저 Anita예요. 39/40**어제 오후에 저의 일을 대신해줘서 고마워요.** 목요일에 비엔나로 떠나는 40**여행을 위해 비자를 받아야 해서 시내 관광을 진행할 수 없었어요.** 예상보다 더 오래 걸렸거든요. 저 대신 단체 관광객들을 안내해줘서 정말 감사해요. 41**저는 감사를 표시하기 위해 당신을 위한 선물을 준비했어요.** 시간 있을 때 언제든지 전화 주시고, 41**원하시면 제가 그것을 가져다 드릴게요.**

39

해석 전화의 목적은 무엇인가?
(A) 관리자에게 사과하기 위해
(B) 감사를 표현하기 위해
(C) 동료를 여행에 초대하기 위해
(D) 절차에 대해 문의하기 위해

해설 전화의 목적을 묻는 문제이므로, 지문의 초반을 반드시 듣는다. "Thanks for covering for me yesterday afternoon."이라며 어제 오후에 자신의 일을 대신해줘서 고맙다고 하였다. 따라서 정답은 (B) To express gratitude이다. (Thanks → gratitude)

어휘 procedure[prəsíːdʒər] 절차

40

해석 화자는 왜 어제 오후에 교대 근무를 빠졌는가?
(A) 그녀는 공항에서 누군가를 만나야 했다.
(B) 그녀는 여행에서 돌아오는 데 문제가 있었다.
(C) 그녀는 여행에 필요한 서류를 가지러 가야 했다.
(D) 그녀는 건물을 찾는 데 어려움을 겪었었다.

해설 화자가 어제 오후에 교대 근무를 빠진 이유를 묻는 문제이므로, 질문의 핵심어구(miss ~ shift yesterday afternoon)와 관련된 내용을 주의 깊게 듣는다. "Thanks for covering for me yesterday afternoon."이라며 어제 오후에 일을 대신해줘서 고맙다고 언급한 뒤, "I couldn't conduct the tour ~ because I had to get my visa for my trip"이라며 여행을 위해 비자를 받아야 해서 관광을 진행할 수 없었다고 하였다. 따라서 정답은 (C) She needed to collect a travel document이다. (get ~ visa → collect ~ travel document)

어휘 miss[mis] 빠지다, 놓치다 collect[kəlékt] ~을 가지러 가다

41

해석 화자는 무엇을 해주겠다고 제안하는가?
(A) 교대 근무를 대신한다.
(B) 선물을 전달한다.
(C) 여행사에 연락한다.
(D) 여권을 찾으러 간다.

해설 화자가 제안하는 것을 묻는 문제이므로, 상대방을 위해 해주겠다고 한 내용을 주의 깊게 듣는다. "I have a gift for you"라며 청자를 위한 선물을 준비했다고 한 뒤, "if you'd like, I can bring it[gift] over"라며 원하면 선물을 가져다 주겠다고 하였다. 따라서 정답은 (B) Deliver a gift이다. (bring ~ over → Deliver)

[42-44] 캐나다

Questions 42-44 refer to the following talk.

Welcome to Telmax's monthly employee workshop. 42**Today we will discuss effective ways of dealing with customers over the phone.** 43**On Wednesday, Dennis Carson, a product developer, will visit your office and teach you how to use the Mobiplay game console.** This is our latest product. You'll be given two weeks to familiarize yourself with all of the functions of the device. 44**I'm sure some of you are wondering whether that is enough time. Other staff members didn't have any problems.** This process will give you firsthand experience with the issues that customers may encounter.

deal with 대하다, 다루다 game console 게임기
familiarize oneself with ~에 익숙해지다 function[fʌ́ŋkʃən] 기능
firsthand[fə́ːrsthǽnd] 직접적인; 직접 encounter[inkáuntər] 겪다, 직면하다

해석
42-44는 다음 담화에 관한 문제입니다.

Telmax사의 월례 직원 워크숍에 오신 것을 환영합니다. 42**오늘 우리는 전화상에서 고객들을 대하는 효과적인 방법들에 대해 이야기할 것입니다.** 43**수요일에는, 제품 개발자인 Dennis Carson이 여러분의 사무실을 방문하여 Mobiplay 게임기의 사용법을 가르쳐줄 것입니다.** 이것은 우리의 신제품입니다. 여러분이 기기의 모든 기능에 익숙해지는 데 2주가 주어질 것입니다. 44**저는 여러분 중 몇 명이 이것이 충분한 시간인지 궁금해하실 거라고 믿고 있습니다. 다른 직원들은 어떤 문제도 없었습니다.** 이 과정은 고객들이 겪을 수 있는 문제들에 대한 직접적인 경험을 여러분들에게 제공할 것입니다.

42

해석 청자들은 누구인 것 같은가?
(A) 고객 서비스 직원들
(B) 모바일 게임 개발자들
(C) 운영 관리자들
(D) 공장 근무자들

해설 청자들의 신분을 묻는 문제이므로, 신분 및 직업과 관련된 표현을 놓치지 않고 듣는다. "Today we will discuss effective ways of dealing with customers over the phone."이라며 오늘 전화상에서 고객들을 대하는 효과적인 방법들에 대해 이야기할 것이라고 한 말을 통해 청자들이 고객으로부터 걸려 오는 전화를 받는 고객 서비스 직원들임을 알 수 있다. 따라서 정답은 (A) Customer service representatives이다.

어휘 representative[rèprizéntətiv] 직원 operation[àpəréiʃən] 운영

43

해석 청자들은 수요일에 무엇을 할 것인가?
(A) 본사를 방문한다.
(B) 기기 사용법을 배운다.
(C) 기술 보고서를 분석한다.
(D) 곧 있을 세미나에 등록한다.

해설 청자들이 수요일에 할 일을 묻는 문제이므로, 질문의 핵심어구(on Wednesday)가 언급된 주변을 주의 깊게 듣는다. "On Wednesday, ~

a product developer, will visit your office and teach you how to use the Mobiplay game console."이라며 수요일에 제품 개발자가 청자들의 사무실에 방문하여 Mobiplay 게임기의 사용법을 가르쳐줄 것이라고 하였다. 따라서 정답은 (B) Learn how to operate a device이다. (use ~ game console → operate a device)

어휘 headquarters [미 hédkwɔ̀ːrtərz, 영 hédkwɔ̀ːtəz] 본사
technical [téknikəl] 기술의

44

해석 화자는 "다른 직원들은 어떤 문제도 없었습니다"라고 말할 때 무엇을 의도하는가?
(A) 기간이 충분하다.
(B) 과정이 의무적이다.
(C) 경험이 유익하다.
(D) 일정이 탄력적이다.

해설 화자가 하는 말의 의도를 묻는 문제이므로, 질문의 인용어구(Other staff members didn't have any problems)가 언급된 주변을 주의 깊게 듣는다. "I'm sure some of you are wondering whether that[two weeks] is enough time. Other staff members didn't have any problems."라며 청자들 중 몇 명이 2주가 충분한 시간인지 궁금해할 거라고 믿고 있지만 다른 직원들은 어떤 문제도 없었다고 했으므로, 화자가 2주의 기간이 충분하다고 생각함을 알 수 있다. 따라서 정답은 (A) A period is sufficient이다. (enough time → period is sufficient)

어휘 sufficient [səfíʃənt] 충분한

[45-47] 호주

Questions 45-47 refer to the following introduction.

> [45]**Good afternoon, staff. I want you to meet Diana Rogan, our fashion magazine's new art director.** Ms. Rogan has worked for over 25 years in various graphic design roles for popular publications. [46]**She has even participated in international fashion shows, helping out stylists across the globe.** To welcome her to our office, [47]**I'd like everyone to come to Conference Room A today and enjoy a catered lunch together**. There will be vegetarian dishes available, so all of you should be able to find something you like. OK. That's it for now.
>
> publication [미 pʌ̀bləkéiʃən, 영 pʌ̀blikéiʃən] 출판물 help out 돕다
> vegetarian [미 vèdʒətέəriən, 영 vèdʒitéəriən] 채식주의자를 위한

해석

45-47은 다음 소개에 관한 문제입니다.

[45]**안녕하세요, 직원 여러분. 우리 패션 잡지사의 새 미술 책임자인 Diana Rogan을 만나시길 바랍니다.** Ms. Rogan은 25년 이상 인기 있는 출판물들을 위한 다양한 그래픽 디자인 임무를 맡아 왔습니다. [46]**그녀는 심지어 국제적인 패션쇼들에 참여하여, 전 세계의 디자이너들을 돕기도 했습니다.** 우리 사무실에 온 그녀를 환영하기 위해, [47]**저는 모두가 오늘 A회의실로 오셔서 준비된 점심 식사를 함께 즐기셨으면 좋겠습니다.** 채식주의자를 위한 요리도 있을 것이므로, 여러분 모두가 좋아하는 것을 찾으실 수 있을 것입니다. 좋습니다. 지금은 그게 다입니다.

45

해석 화자는 누구인 것 같은가?
(A) 스타일리스트
(B) 예술가
(C) 잡지사 직원
(D) 식당 주인

해설 화자의 신분을 묻는 문제이므로, 신분 및 직업과 관련된 표현을 놓치지 않고 듣는다. "Good afternoon, staff. I want you to meet Diana Rogan, our fashion magazine's new art director."라며 직원들에게 자신들의 패션 잡지사의 새 미술 책임자인 Diana Rogan을 만나길 바란다고 한 말을 통해 화자가 잡지사 직원임을 알 수 있다. 따라서 정답은 (C) A magazine employee이다.

46

해석 화자는 Diana Rogan에 대해 무엇을 언급하는가?
(A) 그녀는 기사를 쓸 것이다.
(B) 그녀는 다음 프로젝트를 감독할 것이다.
(C) 그녀는 음식을 준비했다.
(D) 그녀는 세계적인 행사에서 일했다.

해설 화자가 Diana Rogan에 대해 언급하는 것을 묻는 문제이므로, 화자의 말에서 질문의 핵심어구(Diana Rogan)와 관련된 내용을 주의 깊게 듣는다. 남자가 "She[Diana Rogan] has ~ participated in international fashion shows, helping out stylists across the globe."라며 Diana Rogan은 국제적인 패션쇼들에 참여하여 전 세계의 디자이너들을 도왔다고 하였다. 이를 통해 Diana Rogan이 세계적인 행사에서 일했음을 알 수 있다. 따라서 정답은 (D) She worked at international events이다.

어휘 oversee [미 òuvərsíː, 영 əuvəsíː] 감독하다

47

해석 A회의실에서 무슨 일이 일어날 것인가?
(A) 점심 식사를 할 것이다.
(B) 인터뷰가 시작될 것이다.
(C) 사진이 촬영될 것이다.
(D) 프로젝트가 논의될 것이다.

해설 A회의실에서 일어날 일을 묻는 문제이므로, 질문의 핵심어구(Conference Room A)가 언급된 주변을 주의 깊게 듣는다. 화자가 "I'd like everyone to come to Conference Room A today and enjoy a catered lunch together."라며 모두가 오늘 A회의실로 와서 준비된 점심 식사를 함께 즐겼으면 좋겠다고 하였다. 따라서 정답은 (A) A lunch will be held이다.

[48-50] 영국

Questions 48-50 refer to the following excerpt from a meeting and graph.

> To start today's meeting, I'd like to go over our annual sales data. Since [48]**our clothing business opened a year ago**, we have had four clothing collections on the market. If you look at the screen, you can see how each one has performed. Now, uh . . . some product lines have been more successful than others. For example, [49]**the line targeted at business professionals has made 10 million dollars in profit so far**. Our premium product line in particular, however, did not perform very well during the past year. So, [50]**I'd like you all to come up with some strategies for how we might better market this collection.**
>
> go over 살펴보다 target [미 táːrgit, 영 táːgit] 겨냥하다, 대상으로 삼다
> premium [príːmiəm] 고급의 come up with 제안하다
> strategy [strǽtədʒi] 전략

해석

48-50은 다음 회의 발췌록과 그래프에 관한 문제입니다.

오늘 회의를 시작하면서, 저는 우리의 연간 매출 자료를 살펴보고자 합니다. [48]**우리 의류 사업이 1년 전에 개시된** 이래로, 우리는 네 개의 의류 컬렉션을 시장에 선보였습니다. 화면을 보시면 각 컬렉션이 어떻게 성과를 냈는지 보실 수 있습니다. 현재까지, 음... 몇몇 제품군들은 다른 것들보다 더 성공적이었습니다. 예를 들어, [49]**비즈니스 전문가들에게 겨냥된 제품군은 지금까지 천만 달러의 수익을 냈습니다.** 하지만, 특히 우리의 고급 제품군은 지난해 동안 성과를 그다지 많이 내지는 않았습니다. 그래서, [50]**저는 여러분 모두가 어떻게 이 컬렉션을 더 잘 판매할 수 있을지에 대한 전략들을 제안해주시길 바랍니다.**

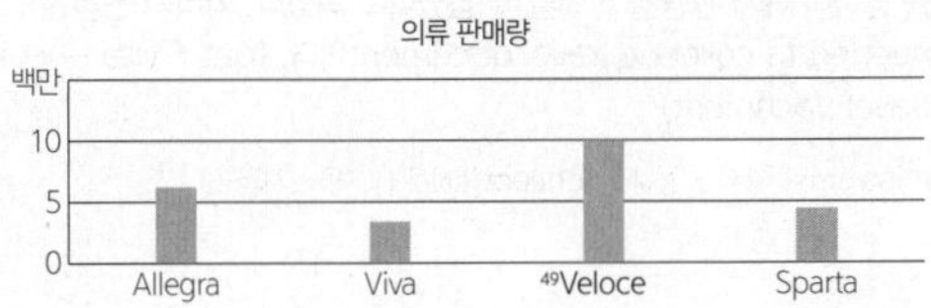

48

해석 화자는 의류 사업에 대해 무엇을 언급하는가?
(A) 1년 동안 영업했다.
(B) 새로운 활동을 시작했다.
(C) 매출 목표를 초과했다.
(D) 새로운 가게를 열 예정이다.

해설 화자가 의류 사업에 대해 언급하는 것을 묻는 문제이므로, 질문의 핵심어구(clothing business)가 언급된 부분을 주의 깊게 듣는다. 화자가 "our clothing business opened a year ago."라며 의류 사업이 1년 전에 개시되었다고 하였다. 따라서 정답은 (A) It has operated for a year이다. (opened a year ago → has operated for a year)

어휘 **exceed**[iksíːd] 초과하다, 넘어서다

49

해석 시각 자료를 보아라. 어떤 의류 컬렉션이 비즈니스 전문가들을 겨냥하는가?
(A) Allegra
(B) Viva
(C) Veloce
(D) Sparta

해설 비즈니스 전문가들을 겨냥하는 의류 컬렉션을 묻는 문제이므로, 제시된 그래프의 정보를 확인한 뒤 질문의 핵심어구(business professionals)가 언급된 주변을 주의 깊게 듣는다. "the line targeted at business professionals has made 10 million dollars in profit so far"라며 비즈니스 전문가들에게 겨냥된 제품군이 지금까지 천만 달러의 수익을 냈다고 하였으므로, 비즈니스 전문가들을 겨냥하는 의류 컬렉션이 천만 달러의 수익을 낸 Veloce임을 그래프에서 알 수 있다. 따라서 정답은 (C) Veloce이다.

50

해석 화자는 청자들이 무엇을 하기를 원하는가?
(A) 몇몇 새로운 상품들을 검사한다.
(B) 마케팅 계획을 세운다.
(C) 고객들에게 설문조사를 보낸다.
(D) 보고서를 요약한다.

해설 화자가 청자들이 하기를 원하는 것을 묻는 문제이므로, 질문의 핵심어구(want the listeners ~ do)와 관련된 내용을 주의 깊게 듣는다. 화자가 "I'd like you all to come up with some strategies for how we might better market this collection"이라며 청자들이 어떻게 이 컬렉션을 더 잘 판매할 수 있을지에 대한 전략들을 제안해주길 바란다고 한 말을 통해 화자가 청자들이 마케팅 계획을 세우기를 원함을 알 수 있다. 따라서 정답은 (B) Create marketing plans이다. (want → 'd like, strategies → plans)

어휘 **merchandise**[미 mə́ːrtʃəndaiz, 영 mə́ːtʃəndaiz] 상품

Part 1

기본 다지기

1. 상태를 표현하는 구문 익히기

❶ Be 동사 + 전치사구 / There + Be 동사 구문 p.38

1. (B)	2. (A)	3. (B)	4. (A)	5. (B)	6. (A)
7. (B)	8. (A)	9. (B)	10. (B)		

1 캐나다 → 영국 → 호주
The man is ahead of the woman in a race.
남자가 경주에서 여자보다 앞서 있다.

2 영국 → 호주 → 미국
There is a lamp on either side of the bed.
침대의 양쪽에 램프가 놓여 있다.

3 호주 → 영국 → 캐나다
A truck is in the backyard.
트럭 한 대가 뒤뜰에 있다.

4 미국 → 호주 → 영국
There are no seats left in the restaurant.
식당에 남은 좌석이 없다.

5 캐나다 → 영국 → 호주
The buildings are next to each other.
건물들이 서로의 옆에 늘어서 있다.

6 영국 → 호주 → 미국
A framed picture is above the shelf.
그림 액자가 선반 위에 있다.

7 호주 → 영국 → 캐나다
The vehicles are on a bridge.
차량들이 다리 위에 있다.

8 미국 → 호주 → 영국
There is a trash can beside the desk.
책상 옆에 쓰레기통이 있다.

9 캐나다 → 영국 → 호주
There is a house with no windows.
창문이 없는 집 한 채가 있다.

10 영국 → 호주 → 미국
There are cars parked in rows.
자동차들이 열을 지어 주차되어 있다.

어휘 **frame** [freim] 액자에 끼우다; 틀

❷ 상태를 나타내는 진행형 p. 39

1. (B)	2. (A)	3. (B)	4. (B)	5. (A)	6. (B)
7. (A)	8. (B)	9. (B)	10. (A)		

1 미국 → 호주 → 영국
The dog is lying on the grass.
개가 잔디 위에 누워 있다.

2 호주 → 영국 → 캐나다
They're facing the same direction.
그들은 같은 방향을 바라보고 있다.

3 영국 → 호주 → 미국
Some luggage is blocking the aisle.
몇몇 짐들이 통로를 막고 있다.

4 캐나다 → 영국 → 호주
Some people are attending a workshop.
몇몇 사람들이 워크숍에 참석하고 있다.

5 미국 → 호주 → 영국
The man is resting under a tree.
남자는 나무 아래에서 쉬고 있다.

6 호주 → 영국 → 캐나다
They're leaning against the railing.
그들은 난간에 기대고 있다.

7 영국 → 호주 → 미국
They're sitting in a circle.
그들은 둥글게 앉아 있다.

8 캐나다 → 영국 → 호주
A lecture is taking place in an auditorium.
강연이 강당에서 열리고 있다.

9 미국 → 호주 → 영국
Some flowers are growing in a garden.
꽃 몇 송이가 정원에서 자라고 있다.

10 호주 → 영국 → 캐나다
A sculpture is being displayed in a gallery.
조각품이 미술관에 전시되어 있다.

어휘 **face** [feis] 바라보다, 향하다 **block** [미 blɑk, 영 blɔk] 막다
lean against ~에 기대다 **railing** [réiliŋ] 난간
sculpture [미 skʌ́lptʃər, 영 skʌ́lptʃə] 조각품

❸ 현재 완료 p. 40

1. (B)	2. (A)	3. (A)	4. (B)	5. (A)	6. (A)
7. (A)	8. (B)	9. (B)	10. (A)		

1 캐나다 → 영국 → 호주
A woman has opened a suitcase.
한 여자가 여행 가방을 열었다.

2 영국 → 호주 → 미국
Some leaves have fallen onto the pavement.
잎들이 보도 위에 떨어져 있다.

3 호주 → 영국 → 캐나다
An airplane has landed on the runway.
비행기 한 대가 활주로에 착륙했다.

4 미국 → 호주 → 영국
The waiter has brought their check to the table.
웨이터가 그들의 계산서를 테이블로 가지고 왔다.

5 [음성] 캐나다 → 영국 → 호주

A ship has docked at the wharf.
배 한 대가 부두에 대어져 있다.

6 [음성] 영국 → 호주 → 미국

A group has gathered in a conference room.
여러 사람들이 회의실에 모여 있다.

7 [음성] 호주 → 영국 → 캐나다

The tree has lost all its leaves.
나무의 잎들이 모두 떨어졌다.

8 [음성] 미국 → 호주 → 영국

A bus has stopped at the traffic light.
버스가 신호등 앞에 서 있다.

9 [음성] 캐나다 → 영국 → 호주

A train has arrived at the station.
기차가 역에 도착했다.

10 [음성] 영국 → 호주 → 미국

People have lined up to take pictures.
사람들이 사진을 찍기 위해 줄지어 서 있다.

어휘 pavement [péivmənt] 보도 check [tʃek] 계산서
traffic light 신호등 line up 줄지어 서다

❹ 수동태 p. 41

1. (A)	2. (B)	3. (A)	4. (B)	5. (A)	6. (B)
7. (B)	8. (A)	9. (B)	10. (B)		

1 [음성] 미국 → 호주 → 영국

The bridge is closed to pedestrians.
다리가 보행자들에게 폐쇄되어 있다.

2 [음성] 호주 → 영국 → 캐나다

The walls have been covered with boards.
벽이 판자들로 덮여 있다.

3 [음성] 영국 → 호주 → 미국

The bed has been made.
침대가 정돈되어 있다.

4 [음성] 캐나다 → 영국 → 호주

Cups have been placed on the table.
컵들이 탁자 위에 놓여 있다.

5 [음성] 미국 → 호주 → 영국

Magazines are stacked on the counter.
잡지들이 카운터에 쌓여 있다.

6 [음성] 호주 → 영국 → 캐나다

The buildings are built in a similar style.
건물들이 비슷한 형태로 지어져 있다.

7 [음성] 영국 → 호주 → 미국

Some flowers have been arranged in a basket.
꽃 몇 송이가 바구니 안에 정리되어 있다.

8 [음성] 캐나다 → 영국 → 호주

The lights have been turned on.
불들이 켜져 있다.

9 [음성] 미국 → 호주 → 영국

The houses are scattered throughout the countryside.
집들이 시골 여기저기에 흩어져 있다.

10 [음성] 호주 → 영국 → 캐나다

The boats are docked at the shore.
배들이 해안가에 정박해 있다.

어휘 pedestrian [pədéstriən] 보행자
stack [stæk] 쌓다 arrange [əréindʒ] 정리하다, 배열하다
scatter [미 skǽtər, 영 skǽtə] 흩어버리다, 흩뿌리다
dock [미 dɑk, 영 dɔk] 정박하다, (배를) 부두에 대다

2. 동작을 표현하는 구문 익히기

❶ 현재 진행형 p. 42

1. (A)	2. (A)	3. (B)	4. (B)	5. (B)	6. (A)
7. (A)	8. (B)	9. (B)	10. (B)		

1 [음성] 캐나다 → 영국 → 호주

He's writing something down.
그는 무언가를 적고 있다.

(A) 그는 필기를 하고 있다.
(B) 그는 자전거를 타고 있다.

2 [음성] 영국 → 호주 → 미국

The woman is using the copier.
여자는 복사기를 사용하고 있다.

(A) 그녀는 복사를 하고 있다.
(B) 그녀는 커피를 만들고 있다.

3 [음성] 호주 → 영국 → 캐나다

The man is looking under the hood.
남자는 자동차 보닛 안을 들여다보고 있다.

(A) 그는 지붕을 수리하고 있다.
(B) 그는 엔진을 점검하고 있다.

4 [음성] 미국 → 호주 → 영국

She's handing the paper to another person.
그녀는 종이를 다른 사람에게 건네주고 있다.

(A) 그녀는 누군가와 악수를 하고 있다.
(B) 그녀는 누군가에게 종이를 주고 있다.

5 [음성] 캐나다 → 영국 → 호주

A man is watering the lawn.
한 남자가 잔디에 물을 주고 있다.

(A) 남자는 유리를 닦고 있다.
(B) 남자는 잔디에 물을 뿌리고 있다.

6 [음성] 영국 → 호주 → 미국

The man is reviewing some documents.
남자는 몇몇 서류를 검토하고 있다.

(A) 그는 몇몇 서류를 검토하고 있다.
(B) 그는 보고서를 작성하고 있다.

7 [음성] 호주 → 영국 → 캐나다

They're gathering up some papers.
그들은 몇몇 서류를 모으고 있다.

(A) 그들은 몇몇 서류를 걷고 있다.
(B) 그들은 몇몇 서류를 찾고 있다.

8 [음성] 미국 → 호주 → 영국

The man is tying his shoes.
남자는 신발끈을 묶고 있다.

(A) 그는 옷을 입어 보고 있다.
(B) 그는 신발을 신고 있다.

9 캐나다 → 영국 → 호주

The man is sweeping the aisle.
남자는 복도를 쓸고 있다.

(A) 남자는 침대에서 잠을 자고 있다.
(B) 남자는 복도를 청소하고 있다.

10 영국 → 호주 → 미국

The man is looking into a microscope.
남자는 현미경을 들여다보고 있다.

(A) 그는 과학 장비를 점검하고 있다.
(B) 그는 실험 장비를 사용하고 있다.

어휘 write down 적다, 쓰다 hood [hud] 자동차 보닛
gather up 모으다 sweep [swi:p] 쓸다

❷ 진행 수동형 p. 43

1. (B)	2. (A)	3. (A)	4. (A)	5. (A)	6. (B)
7. (B)	8. (B)	9. (A)	10. (B)		

1 미국 → 호주 → 영국

Flyers are being distributed by the boys.
전단지들이 소년들에 의해 배포되고 있다.

(A) 소년들이 비행기 안에 있다.
(B) 소년들이 전단지를 나누어주고 있다.

2 호주 → 영국 → 캐나다

The patient is being examined by a doctor.
환자가 의사에게 진찰을 받고 있다.

(A) 의사가 한 여자를 진찰하고 있다.
(B) 의사가 차트들을 보고 있다.

3 영국 → 호주 → 미국

The suitcases are being unpacked.
여행 가방의 짐이 꺼내어지고 있다.

(A) 누군가가 짐을 꺼내고 있다.
(B) 누군가가 정장을 입고 있다.

4 캐나다 → 영국 → 호주

The appliance is being assembled by the woman.
전기제품이 여자에 의해 조립되고 있다.

(A) 그녀는 전기제품을 조립하고 있다.
(B) 그녀는 전기제품을 사용하고 있다.

5 미국 → 호주 → 영국

Machines are being moved into the warehouse.
기계들이 창고 안으로 옮겨지고 있다.

(A) 몇몇 사람들이 기계들을 옮기고 있다.
(B) 몇몇 사람들이 기계들을 가동시키고 있다.

6 호주 → 영국 → 캐나다

The people are being shown to their seats by a waiter.
사람들이 종업원에 의해 그들의 자리로 안내되고 있다.

(A) 종업원이 몇몇 좌석들을 깨끗이 치우고 있다.
(B) 종업원이 사람들을 그들의 자리로 안내하고 있다.

7 영국 → 호주 → 미국

The cargo is being unloaded from the ship.
화물이 배에서 내려지고 있다.

(A) 사람들이 배에서 내리고 있다.
(B) 사람들이 선적물을 내리고 있다.

8 캐나다 → 영국 → 호주

The equipment is being repaired.
장비가 수리되고 있는 중이다.

(A) 한 남자가 장비를 끄고 있다.
(B) 한 남자가 장비를 고치고 있다.

9 미국 → 호주 → 영국

The boxes are being carried on a cart by the man.
상자들이 남자에 의해 수레에 실리고 있는 중이다.

(A) 그는 상자들을 수레 안으로 옮기고 있다.
(B) 그는 상자들을 수레 옆에 쌓고 있다.

10 호주 → 영국 → 캐나다

The plants are being taken out into the sun.
식물들이 햇볕이 있는 밖으로 옮겨지고 있다.

(A) 한 남자가 식물들을 팔고 있다.
(B) 한 남자가 식물들을 야외로 옮기고 있다.

어휘 flyer [미 fláiər, 영 fláiə] 전단지, 광고지
distribute [distríbju:t] 배포하다
warehouse [미 wέərhàus, 영 wéəhaus] 창고
cargo [미 ká:rgou, 영 ká:gəu] 화물, 짐

❸ 동작을 묘사하는 There + Be 동사 구문 p. 44

1. (A)	2. (B)	3. (A)	4. (B)	5. (A)	6. (A)
7. (A)	8. (B)	9. (A)	10. (B)		

1 캐나다 → 영국 → 호주

There are many people swimming in the pool.
수영장에서 수영하고 있는 사람들이 많이 있다.

2 영국 → 호주 → 미국

There are several people working in a field.
들판에서 일하고 있는 사람들이 몇 명 있다.

3 호주 → 영국 → 캐나다

There is a man playing a piano.
피아노를 연주하고 있는 남자가 있다.

4 미국 → 호주 → 영국

There are people entering the building.
건물에 들어가고 있는 사람들이 있다.

5 캐나다 → 영국 → 호주

There is a man crossing the road.
길을 건너고 있는 남자가 있다.

6 영국 → 호주 → 미국

There is a man climbing up the ladder.
사다리를 오르고 있는 남자가 있다.

7 호주 → 영국 → 캐나다

There are people walking along the riverside.
강가를 거닐고 있는 사람들이 있다.

8 미국 → 호주 → 영국

There are people fishing at the water's edge.
물가에서 낚시하고 있는 사람들이 있다.

9 캐나다 → 영국 → 호주

There are birds flying in the air.
하늘을 날고 있는 새들이 있다.

10 영국 → 호주 → 미국

There are some people feeding the animals.
동물들에게 먹이를 주고 있는 사람들이 몇 명 있다.

어휘 ladder [미 lǽdər, 영 lǽdə] 사다리
edge [edʒ] 가, 가장자리

❹ Get/Have + 목적어 + 과거분사 구문 p. 45

1. (A)	2. (B)	3. (A)	4. (A)	5. (B)	6. (A)
7. (A)	8. (B)				

1 미국 → 호주 → 영국

The woman is having her fingernails painted.
여자는 자신의 손톱에 매니큐어를 칠하게 하고 있다.

2 호주 → 영국 → 캐나다

He's having his car serviced.
그는 자신의 자동차를 정비하게 하고 있다.

3 영국 → 호주 → 미국

The old woman is getting her hair shampooed.
나이 든 여자는 자신의 머리를 감기게 하고 있다.

4 캐나다 → 영국 → 호주

She's having her temperature taken.
그녀는 자신의 체온을 측정하게 하고 있다.

5 미국 → 호주 → 영국

The woman is having her hair cut.
여자는 자신의 머리를 자르게 하고 있다.

6 호주 → 영국 → 캐나다

The man is getting his picture taken.
남자는 사진을 찍히고 있다.

7 영국 → 호주 → 캐나다

One of the women is getting her hair brushed.
여자들 중 한 명이 자신의 머리를 빗질하게 하고 있다.

8 캐나다 → 영국 → 호주

The patient is having his pulse checked.
환자가 맥박을 측정받고 있다.

어휘 shampoo [ʃæmpúː] 샴푸하다
take one's temperature ~의 체온을 재다
pulse [pʌls] 맥박

3. 혼동하기 쉬운 어휘와 구문 구별하기

❶ 발음이 비슷하거나 다양한 의미를 가진 어휘 구별하기 p. 46

1. (B)	2. (B)	3. (A)	4. (B)	5. (A)	6. (A)
7. (B)	8. (A)	9. (B)	10. (A)	11. (B)	12. (A)
13. (B)	14. (B)	15. (B)	16. (B)	17. (A)	18. (B)
19. (A)	20. (A)	21. (A)	22. (B)	23. (B)	24. (B)
25. (A)	26. (B)				

1 캐나다 → 영국 → 호주

There's a **clock** on the tower of a building.
건물의 탑에 시계가 있다.

2 영국 → 호주 → 미국

They're **folding** some clothes.
그들은 옷 몇 벌을 개고 있다.

3 호주 → 영국 → 캐나다

A customer is **looking** at some products.
고객이 몇몇 상품들을 보고 있다.

4 미국 → 호주 → 영국

She's removing a **pan** from the oven.
그녀는 오븐에서 팬을 꺼내고 있다.

5 캐나다 → 영국 → 호주

A **path** leads down to the beach.
길이 해변으로 이어져 있다.

6 영국 → 호주 → 미국

People have gathered in a **hall**.
사람들이 홀에 모여 있다.

7 호주 → 영국 → 캐나다

A man is **sweeping** the sidewalk.
한 남자가 인도를 쓸고 있다.

8 미국 → 호주 → 영국

A woman is **selling** fruit in a market.
한 여자가 시장에서 과일을 팔고 있다.

9 캐나다 → 호주 → 영국

The woman is walking **toward** the vehicle.
여자는 차량을 향해 걸어가고 있다.

10 영국 → 호주 → 미국

The woman is **tidying** her bed.
여자는 침대를 정돈하고 있다.

11 호주 → 영국 → 캐나다

There is a crack in the light **bulb**.
전구에 금이 가 있다.

12 미국 → 호주 → 영국

The woman is inserting a **disk** into the computer.
여자는 컴퓨터에 디스크를 넣고 있다.

13 캐나다 → 영국 → 호주

The man is using a **phone**.
남자는 전화기를 사용하고 있다.

14 영국 → 호주 → 미국

He's **storing** the food in the refrigerator.
그는 냉장고에 음식을 저장하고 있다.

15 호주 → 영국 → 캐나다

The woman has **placed** her bag on the ground.
여자는 그녀의 가방을 땅에 내려놓았다.

16 미국 → 호주 → 영국

The ship is **sinking** under the water.
배가 물 속으로 가라앉고 있다.

17 캐나다 → 영국 → 호주

The workers are carrying the boxes into the **plant**.
일꾼들이 상자들을 공장으로 옮기고 있다.

18 영국 → 호주 → 미국

A child is **watering** the plant.
한 아이가 식물에 물을 주고 있다.

19 호주 → 영국 → 캐나다

The men are playing a game on the **field**.
남자들이 경기장에서 경기를 하고 있다.

20 미국 → 호주 → 영국

There is a **lot** of traffic on the road.
도로에 교통량이 많다.

21 캐나다 → 영국 → 호주

She's **setting** a bottle on the table.
그녀는 탁자에 병을 놓고 있다.

22 영국 → 호주 → 미국
Some people are **gardening** in a yard.
몇몇 사람들이 뜰에서 정원을 가꾸고 있다.

23 호주 → 영국 → 캐나다
They're watching a **play** in the theater.
그들은 극장에서 연극을 보고 있다.

24 미국 → 호주 → 영국
They're adding a **wing** to the building.
그들은 건물 별관을 짓고 있다.

25 캐나다 → 영국 → 호주
He's boarding the **train**.
그는 기차에 타고 있다.

26 영국 → 호주 → 미국
The waiter is showing a **party** to their table.
웨이터가 손님 일행을 테이블로 안내하고 있다.

어휘 tidy [táidi] 정돈하다, 치우다 crack [kræk] 금, 갈라진 틈

❷ 완료 수동태와 진행 수동형 구별하기 p. 47

1. (A)	2. (A)	3. (B)	4. (A)	5. (A)	6. (B)
7. (A)	8. (B)				

1 미국 → 호주 → 영국
Some curtains have been opened.
커튼이 열려 있다.

2 호주 → 영국 → 캐나다
Some seeds are being planted in a field.
씨가 들판에 심어지고 있다.

3 영국 → 호주 → 미국
An entrance has been blocked by a barrier.
입구가 장애물에 의해 막혀 있다.

4 캐나다 → 영국 → 호주
The fence is being painted.
울타리가 페인트칠 되고 있다.

5 미국 → 호주 → 영국
Tablecloths have been put on the tables.
식탁보가 탁자 위에 놓여 있다.

6 호주 → 영국 → 캐나다
Some luggage is being removed from a conveyor belt.
수하물이 컨베이어 벨트에서 치워지고 있다.

7 영국 → 호주 → 미국
The grass is being cut with a lawn mower.
잔디가 잔디 깎는 기계로 베어지고 있다.

8 캐나다 → 영국 → 호주
A banner has been hung on the back of the stage.
현수막이 무대 뒤쪽에 걸려 있다.

어휘 seed [siːd] 씨 entrance [éntrəns] 입구
lawn mower 잔디 깎는 기계 banner [미 bǽnər, 영 bǽnə] 현수막

4. 주요 동사 관련 숙어 표현 익히기

❶ Get, Put, Set p. 48

1. (A)	2. (B)	3. (A)	4. (B)	5. (B)	6. (A)
7. (A)	8. (B)	9. (B)	10. (A)		

1 캐나다 → 영국 → 호주
The woman is getting into the car.
여자는 차에 타고 있다.

2 영국 → 호주 → 미국
Files have been set aside on the desk.
파일들이 책상 한쪽에 치워져 있다.

3 호주 → 영국 → 캐나다
He's trying to get over the bar.
그는 장애물을 뛰어 넘으려고 하고 있다.

4 미국 → 호주 → 영국
People are getting out of the building.
사람들이 건물에서 나오고 있다.

5 캐나다 → 영국 → 호주
Some items are set out in the store.
몇몇 물건들이 가게 안에 진열되어 있다.

6 영국 → 호주 → 미국
The man is putting away some boxes.
남자는 몇몇 상자들을 치우고 있다.

7 호주 → 영국 → 캐나다
The woman is putting up the curtain.
여자는 커튼을 달고 있다.

8 미국 → 호주 → 영국
The man is putting on his jacket.
남자는 재킷을 입고 있다.

9 캐나다 → 영국 → 호주
The statue has been put down next to the door.
조각상이 문 옆에 놓여 있다.

10 영국 → 호주 → 미국
The light fixtures have been set up in the room.
조명등이 방에 설치되어 있다.

어휘 statue [stǽtʃuː] 조각상

❷ Hang, Pull, Take p. 49

1. (B)	2. (A)	3. (B)	4. (A)	5. (B)	6. (A)
7. (B)	8. (A)	9. (A)	10. (B)		

1 미국 → 호주 → 영국
The train is pulling out of the station.
기차가 역을 빠져나가고 있다.

2 호주 → 영국 → 캐나다
The woman is pulling down the shades.
여자는 블라인드를 내리고 있다.

3 영국 → 호주 → 미국
A man is hanging up the clothes.
한 남자가 옷을 걸고 있다.

4 캐나다 → 영국 → 호주

The clothes have been hung out to dry.
옷들이 건조되기 위해 널려 있다.

5 미국 → 호주 → 영국

The man is taking the food out of the refrigerator.
남자는 냉장고에서 음식을 꺼내고 있다.

6 호주 → 영국 → 캐나다

Some people are taking notes.
몇몇 사람들이 필기하고 있다.

7 영국 → 호주 → 미국

The woman is taking off her gloves.
여자는 장갑을 벗고 있다.

8 캐나다 → 영국 → 호주

The shopkeeper is hanging up a sign.
가게 주인이 간판을 걸고 있다.

9 미국 → 호주 → 영국

The curtains have been pulled shut.
커튼이 닫혀 있다.

10 호주 → 영국 → 캐나다

The train has pulled into the station.
기차가 역 안에 들어와 있다.

어휘 shade [ʃeid] 블라인드, 차양
shopkeeper [미 ʃápkìːpər, 영 ʃɔ́pkìːpə] 가게 주인

실전 연습

p.50

1. (D)	2. (B)	3. (C)	4. (A)	5. (B)	6. (C)

1 캐나다

(A) She's picking up a backpack.
(B) She's boarding an airplane.
(C) She's bending down to tie her shoes.
(D) She's holding the handle of a suitcase.

pick up 집어 올리다, 들고 오다 board [bɔːrd] 탑승하다, 타다
bend down 허리를 굽히다

해석 (A) 그녀는 배낭을 집어 올리고 있다.
(B) 그녀는 비행기에 탑승하고 있다.
(C) 그녀는 신발 끈을 묶기 위해 허리를 굽히고 있다.
(D) 그녀는 여행 가방의 손잡이를 잡고 있다.

해설 1인 사진/교통수단 사진. 한 여자가 공항에서 배낭을 맨 채 여행 가방에 손을 올리고 있는 모습과 주변 사물들의 상태를 주의 깊게 살핀다.
(A) [×] 여자가 배낭을 이미 맨 상태인데 집어 올리고 있다는 동작으로 잘못 묘사했으므로 오답이다.
(B) [×] boarding(탑승하고 있다)은 여자의 동작과 무관하므로 오답이다. airplane(비행기)을 듣고서 정답으로 선택하지 않도록 주의한다.
(C) [×] bending down(허리를 굽히고 있다)은 여자의 동작과 무관하므로 오답이다. shoes(신발)를 듣고서 정답으로 선택하지 않도록 주의한다.
(D) [○] 여자가 여행 가방의 손잡이를 잡고 있는 모습을 정확히 묘사한 정답이다.

2 영국

(A) The woman is stacking some wood.
(B) The woman is wearing a helmet.
(C) The woman is speaking into a phone.
(D) The woman is putting on some glasses.

stack [stæk] 쌓다

해석 (A) 여자는 목재를 쌓고 있다.
(B) 여자는 헬멧을 쓰고 있다.
(C) 여자는 전화기에 대고 말하고 있다.
(D) 여자는 안경을 쓰고 있다.

해설 1인 사진/공사장 사진. 헬멧을 쓰고 앉아 있는 한 여자의 상태를 주의 깊게 살핀다.
(A) [×] stacking(쌓고 있다)은 여자의 동작과 무관하므로 오답이다.
(B) [○] 여자가 헬멧을 쓴 상태를 정확히 묘사한 정답이다. 현재 진행형(is wearing)을 사용하여 사람의 상태를 묘사하고 있음을 확인한다.
(C) [×] speaking into a phone(전화기에 대고 말하고 있다)은 여자의 동작과 무관하므로 오답이다.
(D) [×] 여자가 이미 안경을 쓴 상태인데 안경을 쓰고 있는 중이라는 동작으로 잘못 묘사했으므로 오답이다. putting on은 착용하는 동작을 묘사함을 기억한다.

3 미국

(A) Some people are browsing through books.
(B) A man is arranging some seats in a library.
(C) Some people are gathered around a desk.
(D) A woman is typing on a computer keyboard.

browse through ~을 훑어보다 arrange [əréindʒ] 정리하다, 배열하다
gather [gǽðər] 모이다

해석 (A) 몇몇 사람들이 책들을 훑어보고 있다.
(B) 한 남자가 도서관에서 의자들을 정리하고 있다.
(C) 몇몇 사람들이 책상 주위에 모여 있다.
(D) 한 여자가 컴퓨터 타자를 치고 있다.

해설 2인 이상 사진/상점(도서관) 사진. 도서관에 있는 여러 사람들의 동작과 주변 사물의 상태를 주의 깊게 살핀다.
(A) [×] browsing through books(책을 훑어보고 있다)는 사람들의 동작과 무관하므로 오답이다.
(B) [×] 사진에 의자들을 정리하고 있는 남자가 없으므로 오답이다.
(C) [○] 몇몇 사람들이 책상 주위에 모여 있는 상태를 정확히 묘사한 정답이다.
(D) [×] 사진에 타자를 치고 있는 여자가 없으므로 오답이다.

4 호주

(A) An automobile has been put on the back of a truck.
(B) A van is being repaired in an automotive center.
(C) A streetlight is being installed at an intersection.
(D) A bus has stopped at a crosswalk.

automobile [미 ɔ́ːtəməbìːl, 영 ɔ́ːtəməubìːl] 자동차
streetlight [stríːtlàit] 가로등 install [instɔ́ːl] 설치하다
intersection [미 ìntərsékʃən, 영 ìntəsékʃən] 교차로

해석 (A) 자동차가 트럭 뒤쪽에 놓여 있다.

(B) 밴이 자동차 수리점에서 수리되고 있다.
(C) 가로등이 교차로에 설치되고 있다.
(D) 버스가 횡단보도에 멈춰 있다.

해설 1인 사진/교통수단 사진. 한 사람이 자동차를 실은 트럭 뒤에 서 있는 모습과 주변 사물의 상태를 주의 깊게 살핀다.
(A) [o] 자동차가 트럭 뒤쪽에 놓여 있는 모습을 정확히 묘사한 정답이다. 현재 완료(has been put)를 사용하여 사물의 상태를 묘사하고 있음을 확인한다.
(B) [×] 사진에 밴(van)이 없으며, 사진의 장소가 자동차 수리점(automotive center)이 아니므로 오답이다.
(C) [×] 사진 속 사람이 가로등을 설치하고 있지 않으므로 오답이다.
(D) [×] 사진에 버스(bus)가 없으므로 오답이다.

5 캐나다

(A) Some trees are lining a walkway.
(B) Some buildings are visible in the distance.
(C) Some flowers are being planted in a field.
(D) Some fruit is scattered on the ground.

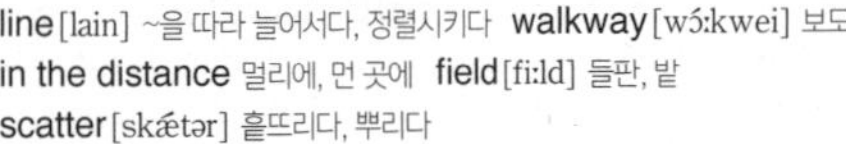

line [lain] ~을 따라 늘어서다, 정렬시키다 walkway [wɔ́:kwei] 보도
in the distance 멀리에, 먼 곳에 field [fi:ld] 들판, 밭
scatter [skǽtər] 흩뜨리다, 뿌리다

해석 (A) 몇몇 나무들이 보도를 따라 늘어서 있다.
(B) 몇몇 건물들이 멀리에 보인다.
(C) 몇몇 꽃들이 들판에 심어지고 있다.
(D) 몇몇 과일이 바닥에 흩어져 있다.

해설 사물 및 풍경 사진/야외 사진. 농작물들이 자라고 있는 밭 멀리에 몇몇 건물과 나무들이 있음을 확인한다.
(A) [×] 사진에서 보도(walkway)를 확인할 수 없으므로 오답이다. Some trees are lining(몇몇 나무들이 늘어서 있다)을 듣고서 정답으로 선택하지 않도록 주의한다.
(B) [o] 몇몇 건물들이 멀리에 보이는 모습을 정확히 묘사한 정답이다.
(C) [×] 사진에 꽃들(flowers)과 꽃을 심고 있는 사람이 없으므로 오답이다. 사람이 등장하지 않는 사진에 진행 수동형(are being planted)을 사용해 사람의 동작을 묘사한 오답에 주의한다.
(D) [×] 사진에서 바닥에 흩어져 있는 과일을 확인할 수 없으므로 오답이다.

6 영국

(A) Travelers are getting off the buses.
(B) A vehicle is moving away from the terminal.
(C) Some people are waiting in a bus station.
(D) Luggage is being loaded into compartments.

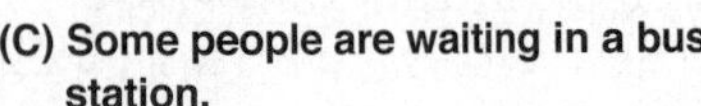

get off (버스에서) 내리다 move away 떠나다 luggage [lʌ́gidʒ] 수하물
compartment [미 kəmpɑ́:rtmənt, 영 kəmpɑ́:tmənt] 객실

해석 (A) 여행객들이 버스에서 내리고 있다.
(B) 차량이 터미널에서 떠나고 있다.
(C) 몇몇 사람들이 버스 터미널에서 기다리고 있다.
(D) 수하물이 객실에 실리고 있다.

해설 2인 이상 사진/교통수단 사진. 버스 터미널에 버스와 많은 사람들이 있음을 확인한다.
(A) [×] 사진에 버스에서 내리고 있는 사람들이 없으므로 오답이다.
(B) [×] 사진에서 차량이 터미널에서 떠나고 있는지 알 수 없으므로 오답이다.
(C) [o] 몇몇 사람들이 버스 터미널에서 기다리고 있는 모습을 가장 잘 묘사한 정답이다. 진행형(are waiting)을 사용하여 사람의 상태를 묘사하고 있음을 확인한다.
(D) [×] 사진에 짐을 싣고 있는 사람이 없으므로 오답이다.

실전 고수되기

Course 01 사진 유형별 문제 공략

1. 1인 사진

Hackers Practice p.59

1. (B) 2. (C) 3. (A) 4. (B)

1 미국

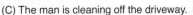

(A) The man is planting some bushes.
(B) The man is working on a home's exterior.
(C) The man is cleaning off the driveway.
(D) The man is putting on a tool belt.

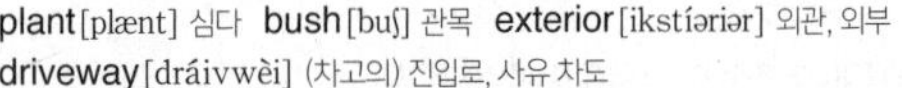

plant [plænt] 심다 bush [buʃ] 관목 exterior [ikstíəriər] 외관, 외부
driveway [dráivwèi] (차고의) 진입로, 사유 차도

해석 (A) 남자는 관목들을 심고 있다.
(B) 남자는 집의 외관에 작업을 하고 있다.
(C) 남자는 진입로를 청소하고 있다.
(D) 남자는 공구 벨트를 차고 있는 중이다.

Possible Answers 캐나다
He's standing on the driveway.
그는 진입로에 서 있다.
Bushes are growing in front of the windows.
관목들이 창문 앞에서 자라고 있다.

해설 1인 사진. 한 남자가 집의 외관에 작업을 하고 있는 모습과 주변 사물의 상태를 주의 깊게 살핀다.
(A) [×] planting(심고 있다)은 남자의 동작과 무관하므로 오답이다.
(B) [o] 남자가 집의 외관에 작업을 하고 있는 모습을 가장 잘 묘사한 정답이다.
(C) [×] cleaning off(청소하고 있다)는 남자의 동작과 무관하므로 오답이다.
(D) [×] 남자가 공구 벨트를 이미 찬 상태인데 차고 있는 중이라는 동작으로 잘못 묘사한 오답이다.

2 호주

(A) A worker is repairing some machinery.
(B) The containers have been emptied.
(C) A man is operating a piece of equipment.
(D) Packages are being delivered to some people.

container [미 kəntéinər, 영 kəntéinə] 용기, 그릇 empty [émpti] 비우다
operate [미 ɑ́pərèit, 영 ɔ́pəreit] 작동시키다, 가동하다

해석 (A) 작업자가 기계를 수리하고 있다.
(B) 용기들이 비워져 있다.
(C) 한 남자가 한 대의 장비를 작동시키고 있다.
(D) 짐들이 몇몇 사람들에게 배달되고 있다.

Possible Answers 미국
A man is using a forklift.
한 남자가 지게차를 사용하고 있다.
Boxes are being moved by a piece of machinery.
상자들이 한 대의 기계에 의해 옮겨지고 있다.

해설 1인 사진. 한 남자가 지게차를 몰고 있는 모습과 주변 사물의 상태를 주의 깊게 살핀다.
(A) [×] repairing(수리하고 있다)은 남자의 동작과 무관하므로 오답이다.

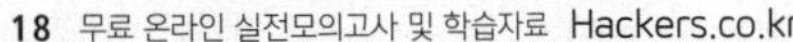

(B) [×] 사진에서 용기들이 비워져 있는지 확인할 수 없으므로 오답이다.
(C) [○] 남자가 장비를 작동시키고 있는 모습을 가장 잘 묘사한 정답이다.
(D) [×] 사진에 몇몇 사람들(some people)이 없으므로 오답이다.

3 영국

(A) The woman is standing by the counter.
(B) The woman is placing a pot on the stove.
(C) The woman is taking groceries out of the refrigerator.
(D) The woman is washing dishes in a sink.

pot [미 pɑt, 영 pɔt] 냄비 **grocery** [미 gróusəri, 영 grə́usəri] 식료품
refrigerator [미 rifrídʒərèitər, 영 rifrídʒəreitə] 냉장고

해석 (A) 여자는 조리대 옆에 서 있다.
(B) 여자는 스토브 위에 냄비를 올려놓고 있다.
(C) 여자는 냉장고에서 식료품들을 꺼내고 있다.
(D) 여자는 싱크대에서 설거지를 하고 있다.

Possible Answers 호주
A plastic bowl is resting on the counter.
플라스틱 그릇 한 개가 조리대 위에 놓여 있다.
The cupboard doors are closed.
찬장의 문들이 닫혀 있다.

해설 1인 사진. 한 여자가 주방에서 일하고 있는 모습과 주변 사물의 상태를 주의 깊게 살핀다.
(A) [○] 조리대 옆에 서 있는 여자의 모습을 가장 잘 묘사한 정답이다.
(B) [×] 사진에 냄비(pot)가 없으므로 오답이다.
(C) [×] taking(꺼내고 있다)은 여자의 동작과 무관하므로 오답이다.
(D) [×] washing dishes(설거지를 하고 있다)는 여자의 동작과 무관하므로 오답이다.

4 캐나다

(A) A vehicle is being refueled.
(B) A container is being filled with gas.
(C) The man is loading some items into the back of a truck.
(D) Cars are waiting in a line at a service station.

refuel [rìːfjúːəl] 연료를 채우다 **load** [loud] (짐을) 싣다 **service station** 주유소

해석 (A) 차량에 연료가 채워지고 있다.
(B) 용기 하나가 휘발유로 채워지고 있다.
(C) 남자는 물건들을 트럭 뒤쪽에 싣고 있다.
(D) 차들이 주유소에서 줄을 서서 기다리고 있다.

Possible Answers 호주
The man is holding a gas nozzle.
남자는 휘발유 노즐을 잡고 있다.
A gas can is being filled at a service station.
휘발유 통 하나가 주유소에서 채워지고 있다.

해설 1인 사진. 한 남자가 연료통에 기름을 채우고 있는 모습과 주변 사물의 상태를 주의 깊게 살핀다.
(A) [×] 남자가 연료통에 연료를 채우고 있는 것을 차량에 채우고 있다고 잘못 묘사한 오답이다.
(B) [○] 남자가 연료통에 휘발유를 채우고 있는 모습을 가장 잘 묘사한 정답이다. 진행 수동형(is being filled)을 사용하여 사람의 동작을 묘사하고 있음을 확인한다.
(C) [×] loading(싣고 있다)은 남자의 동작과 무관하므로 오답이다.
(D) [×] 사진에 등장한 자동차들이 한 줄로 서 있지 않으므로 오답이다.

2. 2인 이상 사진

Hackers Practice

p.63

1. (B) 2. (D) 3. (B) 4. (A)

1 캐나다

(A) They're peering at some artwork.
(B) They're dining in a restaurant.
(C) They're clearing away some dishes.
(D) They're serving food with utensils.

peer at ~을 응시하다 **dine** [dain] 식사를 하다, 만찬을 들다
serve [səːrv] 내다, 제공하다 **utensil** [juːténsl] 식기, 기구

해석 (A) 그들은 몇몇 예술 작품을 응시하고 있다.
(B) 그들은 식당에서 식사를 하고 있다.
(C) 그들은 몇몇 접시들을 치우고 있다.
(D) 그들은 식기와 음식을 내어주고 있다.

Possible Answers 영국
Jackets have been placed on the back of some chairs.
재킷들이 몇몇 의자의 뒤쪽에 놓여 있다.
Paintings have been hung on a wall.
그림들이 벽에 걸려 있다.

해설 2인 이상 사진. 식당에 사람들이 모두 앉아 있고, 벽에 그림 액자들이 걸려 있음을 확인한다.
(A) [×] peering at(응시하고 있다)은 사람들의 공통된 동작과 무관하므로 오답이다. artwork(예술 작품)를 듣고서 정답으로 선택하지 않도록 주의한다.
(B) [○] 사람들이 식당에서 식사를 하고 있는 모습을 가장 잘 묘사한 정답이다.
(C) [×] clearing away(치우고 있다)는 사람들의 공통된 동작과 무관하므로 오답이다.
(D) [×] serving(내어주고 있다)은 사람들의 공통된 동작과 무관하므로 오답이다.

2 미국

(A) The people are strolling down the path.
(B) A man is entering an old building.
(C) The people are setting up camera equipment.
(D) A man is posing near a statue.

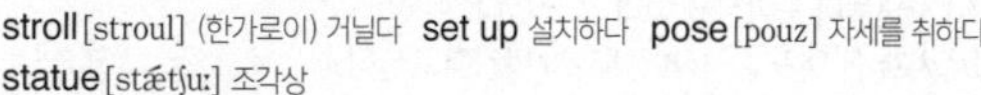

stroll [stroul] (한가로이) 거닐다 **set up** 설치하다 **pose** [pouz] 자세를 취하다
statue [stǽtʃuː] 조각상

해석 (A) 사람들이 길을 따라 거닐고 있다.
(B) 한 남자가 오래된 건물로 들어가고 있다.
(C) 사람들이 카메라 장비를 설치하고 있다.
(D) 한 남자가 조각상 가까이에서 자세를 취하고 있다.

Possible Answers 호주
Some people are standing in front of a structure.
몇몇 사람들이 건축물 앞에 서 있다.
Part of the building is covered in scaffolding.
건물의 일부가 비계로 덮여 있다.

해설 2인 이상 사진. 한 남자가 조각상 옆에 서 있는 다른 한 남자의 사진을 찍고 있고, 그 뒤에 오래된 건물과 공사 중인 건물이 있음을 확인한다.
(A) [×] strolling(거닐고 있다)은 사람들의 동작과 무관하므로 오답이다.
(B) [×] entering(들어가고 있다)은 사진 속 어느 남자의 동작과도 무관하므로 오답이다.
(C) [×] setting up(설치하고 있다)은 사람들의 동작과 무관하므로 오답이다. camera equipment(카메라 장비)를 듣고서 정답으로 선택하지 않도록

주의한다.
(D) [o] 한 남자가 조각상 가까이에서 자세를 취하고 있는 동작을 가장 잘 묘사한 정답이다.

3 호주

(A) An audience is watching a film.
(B) A man is pointing to the screen.
(C) The people are having a discussion.
(D) A man is switching on a projector.

audience [ɔ́:diəns] 청중 switch on (전원을) 켜다
projector [미 prədʒéktər, 영 prədʒéktə] 영사기, 투사기

해석 (A) 청중이 영화를 보고 있다.
(B) 한 남자가 스크린을 가리키고 있다.
(C) 사람들이 토론을 하고 있다.
(D) 한 남자가 영사기를 켜고 있다.

Possible Answers 캐나다
Some graphics are projected on a screen.
몇몇 도형들이 스크린에 투사되어 있다.
A projection screen is on the wall.
영사 스크린이 벽에 걸려 있다.

해설 2인 이상 사진. 한 남자가 스크린을 가리키고 있고, 앉아 있는 사람들이 스크린을 보고 있음을 확인한다.
(A) [×] 청중이 보고 있는 것이 영화(film)가 아니므로 오답이다. watching(보고 있다)만 듣고 정답으로 선택하지 않도록 주의한다.
(B) [o] 한 남자가 스크린을 가리키고 있는 동작을 정확히 묘사한 정답이다.
(C) [×] 사진에서 사람들이 토론을 하고 있는지 알 수 없으므로 오답이다.
(D) [×] 영사기가 이미 켜져 있는 상태인데 한 남자가 영사기를 켜고 있다는 동작으로 잘못 묘사했으므로 오답이다.

4 영국

(A) The people are walking along the platform.
(B) A train is approaching the platform.

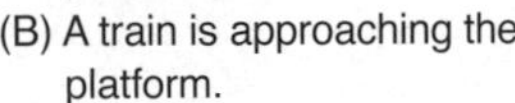

(C) Vehicles have stopped on the tracks.
(D) Tickets are being collected from travelers.

walk along ~을 따라 걷다 platform [미 plǽtfɔ:rm, 영 plǽtfɔ:m] 승강장
approach [미 əpróutʃ, 영 əprə́utʃ] ~에 가까이 다가가다, 접근하다
collect [kəlékt] 모으다

해석 (A) 사람들이 승강장을 따라 걷고 있다.
(B) 기차 한 대가 승강장에 가까이 다가가고 있다.
(C) 차량들이 선로에서 멈춰 있다.
(D) 승차권들이 여행객들로부터 모아지고 있다.

Possible Answers 미국
The tracks are parallel to the platform.
선로들이 승강장과 평행하다.
A light is located near the railing.
전등이 난간 가까이에 위치해 있다.

해설 2인 이상 사진. 두 사람이 계단을 내려가고 있고, 몇몇 사람들이 플랫폼에서 걷고 있음을 확인한다.
(A) [o] 사람들이 승강장을 따라 걷고 있는 모습을 가장 잘 묘사한 정답이다.
(B) [×] 사진에 기차(train)가 없으므로 오답이다.
(C) [×] 사진에 차량들(Vehicles)이 없으므로 오답이다.
(D) [×] 사진에 승차권을 모으는 사람이 없으므로 오답이다.

3. 사물 및 풍경 사진

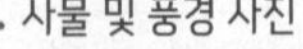

Hackers Practice

p.67

1. (C) 2. (D) 3. (A) 4. (B)

1 영국

(A) Flowers are being arranged in a vase.
(B) Dishes are stacked on the counter.
(C) Chairs have been placed around a table.
(D) The curtains are being closed.

vase [미 veis, 영 vɑ:z] 꽃병 stack [stæk] 쌓다

해석 (A) 꽃들이 꽃병에 꽂히고 있다.
(B) 접시들이 조리대 위에 쌓여 있다.
(C) 의자들이 탁자 주위에 놓여 있다.
(D) 커튼이 닫히고 있다.

Possible Answers 호주
Some lights are suspended above the table.
몇몇 전등들이 탁자 위에 매달려 있다.
The drapes are hanging in front of a window.
커튼이 창문 앞에 걸려 있다.

해설 사물 및 풍경 사진. 탁자 위에 사물들이 놓여 있는 모습과 주변 사물의 상태를 주의 깊게 살핀다.
(A) [×] 꽃을 꽃병에 꽂고 있는 사람이 없으므로 오답이다. 사람이 등장하지 않는 사진에 진행 수동형(are being arranged)을 사용해 사람의 동작을 묘사한 오답에 주의한다.
(B) [×] 사진에 조리대(counter)가 없으므로 오답이다.
(C) [o] 의자들이 탁자 주위에 놓여 있는 상태를 정확히 묘사한 정답이다.
(D) [×] 커튼이 이미 닫혀져 있는 상태인데 진행 수동형(are being closed)을 사용해 커튼을 닫고 있는 사람의 동작을 묘사했으므로 오답이다.

2 호주

(A) The trail leads up to some buildings.
(B) The lawn is covered in leaves.
(C) The leaves are being raked into a pile.
(D) The bridge is reflected in the water.

lawn [lɔ:n] 잔디밭 rake [reik] 긁어 모으다 reflect [riflékt] 비추다

해석 (A) 오솔길이 몇몇 건물들로 이어져 있다.
(B) 잔디밭이 나뭇잎들로 덮여 있다.
(C) 나뭇잎들이 더미로 긁어 모아지고 있다.
(D) 다리가 물에 비치고 있다.

Possible Answers 캐나다
A bridge extends over the water.
다리가 물 위로 뻗어 있다.
The trees are casting reflections on the water.
나무들이 물 위에 그림자를 드리우고 있다.

해설 사물 및 풍경 사진. 다리가 놓여 있는 호수와 그 주위의 전반적인 풍경을 확인한다.
(A) [×] 사진에서 오솔길이 건물로 이어지는지 확인할 수 없으므로 오답이다.
(B) [×] 사진에서 잔디밭에 나뭇잎들(leaves)이 없으므로 오답이다.
(C) [×] 나뭇잎들을 긁어 모으는 사람이 없으므로 오답이다. 사람이 등장하지 않는 사진에 진행 수동형(are being raked)을 사용해 사람의 동작을 묘사한 오답에 주의한다.
(D) [o] 다리의 모습이 물의 표면에 비치고 있는 상태를 정확히 묘사한 정답이다.

3 미국

(A) Tents are set up under the trees.
(B) Leaves have been cleared from a path.
(C) Holes have been dug in the ground.
(D) Trees are planted next to a bench.

set up 설치하다, 설립하다 dig [dig] 파다, 캐내다

해석 (A) 텐트들이 나무들 아래에 설치되어 있다.
(B) 나뭇잎들이 길에서 치워져 있다.
(C) 구덩이들이 땅에 파여 있다.
(D) 나무들이 벤치 옆에 심어져 있다.

Possible Answers 영국

Trees are growing at a campsite.
나무들이 야영지에서 자라고 있다.
A campsite has been set up in a forest.
야영지가 숲속에 조성되어 있다.

해설 사물 및 풍경 사진. 숲속에 텐트들과 나무들이 있는 모습과 주변 사물의 상태를 주의 깊게 살핀다.
(A) [o] 텐트들이 나무들 아래에 설치되어 있는 모습을 정확히 묘사한 정답이다.
(B) [×] 사진에 길(path)이 없으므로 오답이다.
(C) [×] 사진에서 구덩이(Holes)를 확인할 수 없으므로 오답이다.
(D) [×] 사진에서 벤치(bench)를 확인할 수 없으므로 오답이다.

4 캐나다

(A) Books are scattered across a tabletop.
(B) Light fixtures are mounted above some desks.

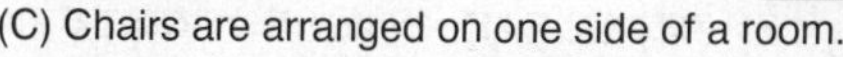

(C) Chairs are arranged on one side of a room.
(D) Potted plants are positioned near an entrance.

tabletop [téibltɑ:p] 탁자 윗면 light fixture 조명 기구
mount [maunt] 설치하다, 놓다 arrange [əréindʒ] 정렬시키다, 배치하다
potted plant 화분에 심은 식물 position [pəzíʃn] 놓다, 위치를 정하다
entrance [éntrəns] 출입구, 문

해석 (A) 책들이 탁자 윗면 전체에 흩어져 있다.
(B) 조명 기구들이 몇몇 책상들 위에 설치되어 있다.
(C) 의자들이 방의 한쪽에 정렬되어 있다.
(D) 화분들이 출입구 근처에 놓여 있다.

Possible Answers 호주

There are light fixtures hanging above the room.
방 위쪽에 걸려 있는 조명 기구들이 있다.
Some chairs are facing each other.
몇몇 의자들이 서로를 향해 있다.

해설 사물 및 풍경 사진. 방 가운데에 책상과 의자들이 놓여 있는 모습과 주변 사물의 상태를 주의 깊게 살핀다.
(A) [×] 사진에 탁자 윗면 전체에 흩어져 있는 책들이 없으므로 오답이다. Books(책들)를 듣고서 정답으로 선택하지 않도록 주의한다.
(B) [o] 몇몇 책상들 위에 조명 기구들이 설치되어 있는 모습을 정확히 묘사한 정답이다.
(C) [×] 의자들이 방의 한쪽에 정렬된 것이 아니라 가운데에 놓여 있으므로 오답이다. Chairs(의자들)를 듣고서 정답으로 선택하지 않도록 주의한다.
(D) [×] 사진에 출입구(entrance)가 없으므로 오답이다. Potted plants are positioned(화분들이 놓여 있다)를 듣고서 정답으로 선택하지 않도록 주의한다.

Hackers Test

p.68

1. (A)	2. (B)	3. (D)	4. (A)	5. (C)	6. (B)
7. (C)	8. (D)				

1 호주

(A) The man is holding a fishing pole.
(B) The man is repairing an oar.
(C) The man is floating past a bridge.
(D) The man is getting out of a boat.

fishing pole 낚싯대 oar [미 ɔːr, 영 ɔː] 노 float [미 flout, 영 fləut] 떠가다, 떠다니다
get out 나오다, 나가다

해석 (A) 남자는 낚싯대를 잡고 있다.
(B) 남자는 노를 수리하고 있다.
(C) 남자는 다리를 지나서 떠가고 있다.
(D) 남자는 배에서 나오고 있다.

해설 1인 사진/야외 사진. 한 남자가 배에 앉아 낚싯대를 잡고 있는 모습과 주변 풍경을 주의 깊게 살핀다.
(A) [o] 남자가 낚싯대를 잡고 있는 모습을 정확히 묘사한 정답이다.
(B) [×] 사진에서 남자가 노를 수리하고 있는지 알 수 없으므로 오답이다.
(C) [×] 사진에 다리(bridge)가 없으므로 오답이다.
(D) [×] getting out(나오고 있다)은 남자의 동작과 무관하므로 오답이다. boat(배)를 듣고서 정답으로 선택하지 않도록 주의한다.

2 미국

(A) They're painting murals on the walls.
(B) They're sitting in a dining area.
(C) They're preparing some food in a restaurant.
(D) They're looking through some menus.

mural [mjúərəl] 벽화

해석 (A) 그들은 벽에 벽화들을 그리고 있다.
(B) 그들은 식당에 앉아 있다.
(C) 그들은 식당에서 음식을 준비하고 있다.
(D) 그들은 몇몇 메뉴들을 훑어보고 있다.

해설 2인 이상 사진/식당 사진. 여러 사람들이 식당에 앉아 있는 모습과 주변 사물의 상태를 확인한다.
(A) [×] painting(그리고 있다)은 사람들의 동작과 무관하므로 오답이다.
(B) [o] 식당에 앉아 있는 사람들의 공통된 상태를 정확히 묘사한 정답이다.
(C) [×] preparing some food(음식을 준비하고 있다)는 사람들의 동작과 무관하므로 오답이다. food(음식)와 in a restaurant(식당에서)을 듣고서 정답으로 선택하지 않도록 주의한다.
(D) [×] 사진에서 메뉴들(menus)을 확인할 수 없으므로 오답이다.

3 영국

(A) A driveway leads to a home.
(B) Vehicles are driving up the road.
(C) A man is using an umbrella.
(D) Trees are growing along a path.

along [미 əlɔ́ːŋ, 영 əlɔ́ŋ] ~을 따라

해석 (A) 진입로가 집으로 이어져 있다.
(B) 차량들이 도로를 따라 달리고 있다.
(C) 한 남자가 우산을 사용하고 있다.
(D) 나무들이 길을 따라 자라고 있다.

해설 1인 사진/야외 사진. 한 남자가 길을 걷고 있는 모습과 주변 풍경을 주의 깊게 살핀다.
(A) [×] 사진에 진입로가 집으로 이어지는지 확인할 수 없으므로 오답이다.
(B) [×] 사진에 차량들(Vehicles)이 없으므로 오답이다. 사진에 있는 도로(road)를 사용하여 혼동을 주었다.
(C) [×] 사진에서 남자가 우산을 사용하고 있지 않으므로 오답이다.
(D) [○] 나무들이 길을 따라 자라고 있는 모습을 정확히 묘사한 정답이다.

4 캐나다

(A) Passengers are boarding a train.
(B) A train is departing from a station.
(C) People are lined up at a ticket kiosk.
(D) Luggage is being removed from a vehicle.

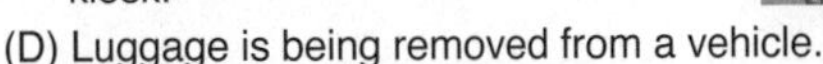

board [bɔːrd] 탑승하다 ticket kiosk 매표기

해석 (A) 승객들이 열차에 탑승하고 있다.
(B) 열차 한 대가 역에서 출발하고 있다.
(C) 사람들이 매표기에 줄을 서 있다.
(D) 짐이 차량에서 꺼내지고 있다.

해설 2인 이상 사진/교통수단 사진. 여러 사람들이 열차에 탑승하려고 하는 상황임을 확인한다.
(A) [○] 열차에 탑승하고 있는 승객들의 동작을 가장 잘 묘사한 정답이다.
(B) [×] 열차가 서 있는데 출발하고 있다고 잘못 묘사한 오답이다.
(C) [×] 사진에 매표기(ticket kiosk)가 없으므로 오답이다.
(D) [×] 짐을 차량에서 꺼내고 있는 사람이 없으므로 오답이다. 진행 수동형(is being removed)을 사용하여 등장 인물들의 동작을 잘못 묘사한 것에 주의한다.

5 호주

(A) The table is being cleaned off.
(B) A rug has been spread out on the floor.
(C) Some lights are hanging from the ceiling.
(D) Electronic devices are located at each workstation.

clean off 깨끗이 닦아내다 rug [rʌg] 깔개 hang [hæŋ] 매달리다, 매달다
workstation [미 wə̀ːrkstéiʃən, 영 wə́ːkstèiʃn] 작업대

해석 (A) 책상이 깨끗이 닦이고 있다.
(B) 깔개가 바닥에 펼쳐져 있다.
(C) 몇몇 전등들이 천장에 매달려 있다.
(D) 전자 기기들이 각 작업대에 위치해 있다.

해설 사물 및 풍경 사진/사무실 사진. 가구들이 있는 모습과 주변 사물의 상태를 주의 깊게 살핀다.
(A) [×] 책상을 닦고 있는 사람이 없으므로 오답이다. 사람이 등장하지 않는 사진에 진행 수동형(is being cleaned off)을 사용해 사람의 동작을 묘사한 오답에 주의한다.
(B) [×] 사진에 깔개(rug)가 없으므로 오답이다.
(C) [○] 몇몇 전등들이 천장에 매달려 있는 모습을 정확히 묘사한 정답이다.
(D) [×] 사진에 전자 기기들(electronic devices)이 없으므로 오답이다.

6 미국

(A) The woman is folding some documents.
(B) Some people are facing each other.
(C) Some people are handing out papers.
(D) The man is opening a file drawer.

fold [fould] 접다, 개다 face [feis] 마주보다, 직시하다; 얼굴 hand out 나누어 주다
drawer [drɔːr] 서랍

해석 (A) 여자는 몇몇 서류들을 접고 있다.
(B) 몇몇 사람들이 서로 마주보고 있다.
(C) 몇몇 사람들이 문서를 나누어 주고 있다.
(D) 남자는 서류 서랍을 열고 있다.

해설 2인 이상 사진/사무실 사진. 한 남자와 한 여자가 서로 마주보고 앉아 있는 모습을 확인한다.
(A) [×] folding(접다)은 여자의 동작과 무관하므로 오답이다. 사진에 있는 서류들(documents)을 사용하여 혼동을 주었다.
(B) [○] 마주보고 있는 한 남자와 한 여자의 모습을 정확히 묘사한 정답이다.
(C) [×] handing out(나누어 주다)은 사람들의 동작과 무관하므로 오답이다. 사진에 있는 문서(papers)를 사용하여 혼동을 주었다.
(D) [×] opening(열다)은 남자의 동작과 무관하므로 오답이다.

7 캐나다

(A) One of the men is filling a container with cardboard.
(B) One of the men is lifting some crates.
(C) Boxes have been stacked on top of each other.
(D) Equipment is being assembled outside.

cardboard [kάːrdbɔ̀ːrd] 판지 crate [kreit] 나무 상자 stack [stæk] 쌓다
assemble [əsémbl] 조립하다

해석 (A) 남자들 중 한 명이 용기를 판지로 채우고 있다.
(B) 남자들 중 한 명이 나무 상자들을 들어 올리고 있다.
(C) 상자들이 차곡차곡 쌓여 있다.
(D) 장비가 야외에서 조립되고 있다.

해설 2인 이상 사진/공장 사진. 상자들이 더미로 쌓여 있고, 두 남자가 그 상자 더미를 당기고 있는 상황임을 확인한다.
(A) [×] filling(채우고 있다)은 사진 속 어느 남자의 동작과도 무관하므로 오답이다.
(B) [×] lifting(들어 올리고 있다)은 사진 속 어느 남자의 동작과도 무관하므로 오답이다.
(C) [○] 상자들이 차곡차곡 쌓여 있는 모습을 정확히 묘사한 정답이다.
(D) [×] 장비를 조립하고 있는 사람이 없으므로 오답이다. 진행 수동형(is being assembled)을 사용하여 등장인물들의 동작을 잘못 묘사한 것에 주의한다.

8 영국

(A) Some wood is being piled together.
(B) Some people are waiting to cross a body of water.
(C) Some people have set up a tent next to some trees.
(D) A railing is installed on a bridge.

set up 설치하다 railing [réiliŋ] 난간

해석 (A) 목재들이 함께 쌓이고 있다.
(B) 몇몇 사람들이 물을 건너기 위해 기다리고 있다.
(C) 몇몇 사람들이 나무들 옆에 텐트를 설치해놓았다.
(D) 난간이 다리에 설치되어 있다.

해설 2인 이상 사진/야외 사진. 길을 걷고 있는 사람들과 주변 풍경을 주의 깊게 살핀다.
(A) [×] 목재들을 쌓고 있는 사람이 없으므로 오답이다. 진행 수동형(is being piled)을 사용하여 사람의 동작을 잘못 묘사한 것에 주의한다.
(B) [×] 사람들이 지금 다리를 건너고 있는데 물을 건너기 위해 기다리고 있는 동작으로 잘못 묘사했으므로 오답이다.
(C) [×] 사진에 텐트(tent)가 없으므로 오답이다. 사진에 있는 나무들(trees)을 사용하여 혼동을 주었다.
(D) [○] 난간이 다리에 설치되어 있는 모습을 정확히 묘사한 정답이다.

Course 02 사진 상황별 문제 공략

1. 야외·예술·스포츠 사진

Hackers Practice p.73

1. (C)　2. (A)　3. (B)　4. (B)

1 영국

(A) He's folding up a newspaper.
(B) He's zipping up his jacket.
(C) He's resting on a park bench.
(D) He's standing in a shaded area.

fold up 접다, 개다　zip up 지퍼를 잠그다　shaded[ʃéidid] 그늘진, 그늘이 있는

해석 (A) 그는 신문을 접고 있다.
(B) 그는 재킷의 지퍼를 잠그고 있다.
(C) 그는 공원 벤치에서 쉬고 있다.
(D) 그는 그늘진 곳에 서 있다.

Possible Answers 호주
The man is crossing his legs.
남자는 다리를 꼬고 있다.
There are fallen leaves on the ground.
바닥에 떨어진 나뭇잎들이 있다.

해설 1인 사진/야외 사진. 한 남자가 공원 벤치에 앉아서 책을 읽고 있는 모습과 주변 사물의 상태를 주의 깊게 살핀다.
(A) [×] folding up(접고 있다)은 남자의 동작과 무관하므로 오답이다.
(B) [×] zipping up(지퍼를 잠그고 있다)은 남자의 동작과 무관하므로 오답이다. jacket(재킷)을 듣고서 정답으로 선택하지 않도록 주의한다.
(C) [○] 남자가 공원 벤치에서 책을 읽고 있는 모습을 가장 잘 묘사한 정답이다.
(D) [×] 남자가 앉아 있는데 서 있다는 상태로 잘못 묘사했으므로 오답이다.

2 캐나다

(A) Some cyclists are riding along a wooded path.
(B) A couple is trying on some helmets.
(C) A pair of bicycles are being loaded onto a vehicle.
(D) Some motorists are pulling onto a driveway.

wooded[wúdid] 나무가 우거진　try on 써보다
motorist[móutərist] 자동차 운전자　pull[pul] (차를) 틀다, 끌다
driveway[dráivwèi] 진입로, 차도

해석 (A) 몇몇 자전거를 타는 사람들이 나무가 우거진 길을 따라 가고 있다.
(B) 남녀 한 쌍이 헬멧을 써보고 있다.
(C) 두 개의 자전거들이 차량 위에 실리고 있다.
(D) 몇몇 자동차 운전자들이 진입로로 차를 틀고 있다.

Possible Answers 미국
They're wearing helmets.
그들은 헬멧을 쓰고 있다.
There are trees along a path.
길을 따라 나무들이 있다.

해설 2인 이상 사진/야외 사진. 나무가 늘어선 길을 따라 두 사람이 자전거를 타고 있는 모습을 주의 깊게 살핀다.
(A) [○] 나무가 우거진 길을 따라 두 사람이 자전거를 타고 가고 있는 모습을 가장 잘 묘사한 정답이다.
(B) [×] 사람들이 이미 헬멧을 쓴 상태인데 써보고 있다는 동작으로 잘못 묘사했으므로 오답이다.
(C) [×] 사진에 차량(vehicle)이 없으므로 오답이다.
(D) [×] 사진에 자동차 운전자들(motorists)이 없으므로 오답이다.

3 미국

(A) Some passengers are boarding ships.
(B) The boats are tied up at a dock.
(C) Some swimmers are jumping into the lake.
(D) A boat is headed out to sea.

dock[dɑk] 부두　head[hed] 나아가다, 전진하다

해석 (A) 몇몇 승객들이 배에 탑승하고 있다.
(B) 배들이 부두에 묶여 있다.
(C) 몇몇 수영하는 사람들이 호수로 뛰어들고 있다.
(D) 배 한 척이 바다로 나아가고 있다.

Possible Answers 캐나다
The boats are floating on the water.
배들이 물 위에 떠 있다.
There is a building on top of the wharf.
건물이 부두 위에 있다.

해설 사물 및 풍경 사진/야외 사진. 부두에 배들이 정박해 있는 전반적인 풍경을 확인한다.
(A) [×] 사진에 승객들(passengers)이 없으므로 오답이다.
(B) [○] 배들이 부두에 묶여 있는 모습을 가장 잘 묘사한 정답이다.
(C) [×] 사진에 수영하는 사람들(swimmers)이 없으므로 오답이다.
(D) [×] headed(나아가고 있다)는 사진 속 배들의 상태와 무관하므로 오답이다.

4 호주

(A) A group is walking under an awning.
(B) Musicians are performing outdoors.
(C) A waiter is clearing tables at a restaurant.
(D) Instruments are being returned to their cases.

awning[ɔ́:niŋ] 차양, 천막　instrument[ínstrəmənt] 악기

해석 (A) 한 무리의 사람들이 차양 아래에서 걷고 있다.
(B) 음악가들이 야외에서 연주하고 있다.
(C) 종업원이 식당에서 테이블들을 치우고 있다.
(D) 악기들이 케이스에 다시 넣어지고 있다.

Possible Answers 영국
Lights have been switched on outside a building.
전등들이 건물 밖에 켜져 있다.
Some performers are beneath a canopy.
몇몇 연주자들이 차양 아래에 있다.

해설 2인 이상 사진/예술 사진. 야외에서 연주하고 있는 음악가들과 이들을 앉아서 보고 있는 사람들이 있음을 확인한다.
(A) [×] 사진에 차양 아래에서 걷고 있는 사람들이 없으므로 오답이다.
(B) [○] 야외에서 연주하고 있는 사람들을 정확히 묘사한 정답이다.
(C) [×] 사진에 테이블들을 치우고 있는 종업원(waiter)이 없으므로 오답이다.
(D) [×] 사진에 악기를 담는 케이스(cases)가 없으며, 또한 악기를 케이스에 담고 있는 사람들도 없으므로 오답이다. 진행 수동형(are being returned)을 사용하여 등장인물들의 동작을 잘못 묘사한 것에 주의한다.

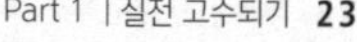

2. 상점·식당·호텔 사진

Hackers Practice p.77

1. (B) 2. (D) 3. (C) 4. (D)

1 미국

(A) Customers are waiting at a cash counter.
(B) Some people are browsing in a bookstore.
(C) Publications are being put out for display.
(D) Some shelves are being stocked with products.

cash counter 계산대 publication[pʌ̀bləkéiʃən] 출판물 stock[stɑk] 채우다

해석 (A) 고객들은 계산대에서 기다리고 있다.
(B) 몇몇 사람들이 서점에서 둘러보고 있다.
(C) 출판물들이 진열을 위해 놓아지고 있다.
(D) 몇몇 선반들이 상품들로 채워지고 있다.

Possible Answers 영국

Some shelves have been filled with publications.
몇몇 선반들이 출판물들로 차 있다.
Lights have been hung on the ceiling.
조명들이 천장에 매달려 있다.

해설 2인 이상 사진/상점 사진. 사람들이 서점 안에 서서 무언가를 보고 있는 상황임을 확인한다.
(A) [×] 사진에 계산대(cash counter)가 없으므로 오답이다.
(B) [○] 몇몇 사람들이 서점에서 둘러보고 있는 모습을 가장 잘 묘사한 정답이다.
(C) [×] 출판물들을 진열하고 있는 사람이 없으므로 오답이다.
(D) [×] 선반에 상품들을 채우고 있는 사람이 없으므로 오답이다.

2 캐나다

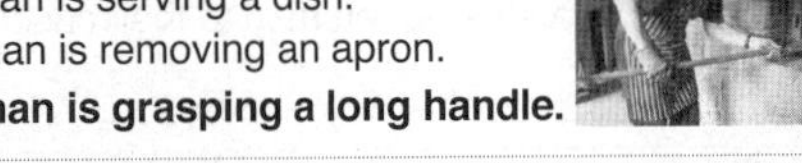

(A) The man is checking the time.
(B) The man is serving a dish.
(C) The man is removing an apron.
(D) The man is grasping a long handle.

apron[éiprən] 앞치마 grasp[græsp] 움켜쥐다, 꽉 잡다

해석 (A) 남자는 시간을 확인하고 있다.
(B) 남자는 음식을 내고 있다.
(C) 남자는 앞치마를 벗고 있다.
(D) 남자는 긴 손잡이를 움켜쥐고 있다.

Possible Answers 호주

The door to an oven has been opened.
오븐의 문이 열려 있다.
The man is wearing a glove on one hand.
남자는 한 손에 장갑을 착용하고 있다.
A handle is being held with two hands.
손잡이가 두 손에 쥐어져 있다.

해설 1인 사진/식당 사진. 한 남자가 도구를 들고 몸을 구부리고 있는 모습을 주의 깊게 살핀다.
(A) [×] checking the time(시간을 확인하고 있다)은 남자의 동작과 무관하므로 오답이다.
(B) [×] serving(내고 있다)은 남자의 동작과 무관하므로 오답이다.
(C) [×] removing(벗고 있다)은 남자의 동작과 무관하므로 오답이다. 사진에 있는 앞치마(apron)를 사용하여 혼동을 주었다.
(D) [○] 긴 손잡이를 움켜쥐고 있는 남자의 동작을 가장 잘 묘사한 정답이다.

3 호주

(A) A hair stylist is looking into a mirror.
(B) The woman is reaching for a pair of scissors.
(C) A hairdresser is styling a customer's hair.
(D) The woman is putting on a uniform.

style[stail] 손질하다, 스타일을 만들다

해석 (A) 미용사가 거울을 들여다보고 있다.
(B) 여자는 한 자루의 가위에 손을 뻗고 있다.
(C) 미용사가 손님의 머리를 손질하고 있다.
(D) 여자는 유니폼을 입고 있는 중이다.

Possible Answers 미국

The customer's hair is being styled.
손님의 머리가 손질되고 있다.
A cape has been draped around a person's shoulders.
가운이 한 사람의 어깨 위에 걸쳐져 있다.

해설 2인 이상 사진/상점 사진. 미용사가 손님의 머리를 손질하고 있는 상황임을 확인한다.
(A) [×] looking into a mirror(거울을 들여다보고 있다)는 미용사의 동작과 무관하므로 오답이다.
(B) [×] 여자가 가위에 손을 뻗고 있는 것이 아니라 이미 가위를 들고 있으므로 오답이다.
(C) [○] 미용사가 손님의 머리를 손질하고 있는 모습을 가장 잘 묘사한 정답이다.
(D) [×] putting on(입고 있는 중이다)은 여자의 동작과 무관하므로 오답이다. 옷을 이미 입은 상태를 나타내는 wearing과 입고 있는 중이라는 동작을 나타내는 putting on을 혼동하지 않도록 주의한다.

4 영국

(A) A receptionist is picking up some luggage.
(B) Visitors are viewing artwork in a gallery.
(C) A cleaner is vacuuming the floor.
(D) People are waiting at the front desk.

receptionist[risépʃənist] 접수원 artwork[미 ɑ́:rtwə̀:rk, 영 ɑ́:twə:k] 예술품
vacuum[미 vǽkjuəm, 영 vǽkju:m] 진공 청소기로 청소하다

해석 (A) 한 접수원이 짐을 들어 올리고 있다.
(B) 방문객들이 미술관에서 예술품을 보고 있다.
(C) 청소부가 바닥을 진공 청소기로 청소하고 있다.
(D) 사람들이 안내 데스크에서 기다리고 있다.

Possible Answers 캐나다

A large painting is hanging on the wall.
큰 그림이 벽에 걸려 있다.
A guest is seated at a table.
한 손님이 탁자에 앉아 있다.
Furniture is arranged in the lobby.
로비에 가구가 배치되어 있다.

해설 2인 이상 사진/호텔 사진. 여러 사람들이 로비에 있는 모습과 주변 사물의 상태를 주의 깊게 살핀다.
(A) [×] picking up(들어 올리다)이 접수원들 중 어느 누구의 동작과도 무관하므로 오답이다.
(B) [×] 사진의 장소가 미술관(gallery)이 아니라 호텔의 로비이므로 오답이다.
(C) [×] 사진에 청소부(cleaner)가 없으므로 오답이다.
(D) [○] 사람들이 안내 데스크에서 기다리고 있는 모습을 가장 잘 묘사한 정답이다.

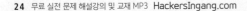

3. 사무실·회의실·기타 작업실 사진

Hackers Practice

p.81

1. (D) 2. (C) 3. (A) 4. (B)

1 미국

(A) He's hooking up some appliances.
(B) He's signing a document.
(C) He's speaking on the telephone.
(D) He's sitting at a desk.

hook up 설치하다

해석 (A) 그는 몇몇 전기제품들을 설치하고 있다.
(B) 그는 문서에 서명하고 있다.
(C) 그는 전화 통화를 하고 있다.
(D) 그는 책상에 앉아 있다.

Possible Answers 캐나다

The man is resting an elbow on the desk.
남자는 책상 위에 팔꿈치를 두고 있다.
Items are lined up against the wall.
물품들이 벽에 기대어 줄지어 세워져 있다.

해설 1인 사진/사무실 사진. 한 남자가 책상에 앉아 있는 모습과 주변 사물의 상태를 주의 깊게 살핀다.
(A) [x] hooking up(설치하고 있다)은 남자의 동작과 무관하므로 오답이다.
(B) [x] signing(서명하고 있다)은 남자의 동작과 무관하므로 오답이다.
(C) [x] speaking on the telephone(전화 통화를 하고 있다)은 남자의 동작과 무관하므로 오답이다.
(D) [o] 남자가 책상에 앉아 있는 상태를 가장 잘 묘사한 정답이다. 자동사의 진행형(is sitting)을 사용하여 사람의 상태를 묘사하고 있음을 확인한다.

2 호주

(A) He's assembling some machinery.
(B) He's projecting an image.
(C) He's looking through a device.
(D) He's watching a presentation.

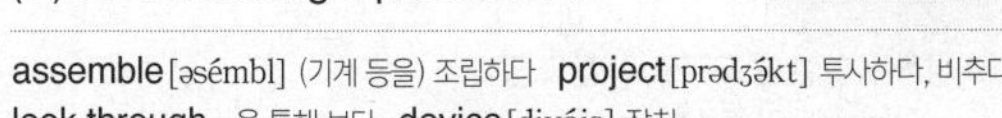

assemble[əsémbl] (기계 등을) 조립하다 project[prədʒékt] 투사하다, 비추다
look through ~을 통해 보다 device[diváis] 장치

해석 (A) 그는 기계를 조립하고 있다.
(B) 그는 이미지를 투사하고 있다.
(C) 그는 장치를 통해 보고 있다.
(D) 그는 발표를 보고 있다.

Possible Answers 영국

Cables are dangling behind a desk.
전선들이 책상 뒤에 달려 있다.
Equipment has been laid on the table.
장비가 탁자 위에 놓여 있다.
He's peering into a microscope.
그는 현미경을 자세히 들여다보고 있다.

해설 1인 사진/기타 작업실(실험실) 사진. 한 남자가 장치를 들여다보고 있는 모습과 주변 사물의 상태를 주의 깊게 살핀다.
(A) [x] assembling(조립하고 있다)은 남자의 동작과 무관하므로 오답이다.
(B) [x] projecting(투사하고 있다)은 남자의 동작과 무관하므로 오답이다.
(C) [o] 남자가 장치를 통해 보고 있는 상태를 가장 잘 묘사한 정답이다.
(D) [x] watching a presentation(발표를 보고 있다)은 남자의 상태와 무관하므로 오답이다.

3 영국

(A) A woman is addressing an audience.
(B) The group is taking their seats.
(C) A man is staring at a clock on the wall.
(D) Some people are stacking papers at a desk.

address[ədrés] 연설하다 audience[ɔ́:diəns] 청중

해석 (A) 한 여자가 청중에게 연설하고 있다.
(B) 여러 사람들이 자리에 앉고 있다.
(C) 한 남자가 벽에 있는 시계를 쳐다보고 있다.
(D) 몇몇 사람들이 책상에 서류를 쌓고 있다.

Possible Answers 호주

Tables are arranged in the middle of the room.
탁자들이 방 한가운데에 배치되어 있다.
A man is holding some paper at the front of the room.
한 남자가 방 앞쪽에서 종이를 들고 있다.

해설 2인 이상/회의실 사진. 앞에 나와있는 사람들과, 이들을 앉아서 보고 있는 사람들이 있음을 확인한다.
(A) [o] 청중에게 연설하고 있는 여자의 모습을 가장 잘 묘사한 정답이다.
(B) [x] 사람들이 이미 자리에 앉아 있는 상태를 앉고 있는 동작으로 잘못 묘사한 오답이다.
(C) [x] 사진에 시계가 없으므로 오답이다.
(D) [x] 사진에서 서류를 쌓고 있는 사람들을 확인할 수 없으므로 오답이다.

4 캐나다

(A) They are examining some equipment.
(B) They are reviewing the contents of a file.
(C) They are posting information on a bulletin board.

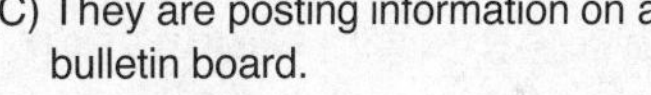

(D) They are handing out stacks of documents.

examine[igzǽmin] 살펴보다, 조사하다 content[kɑ́:ntent] 내용, 목차
bulletin board 게시판, 공고판 hand out 나눠주다, 분배하다
stack[stæk] 많음, 더미

해석 (A) 그들은 몇몇 장비를 살펴보고 있다.
(B) 그들은 파일의 내용을 검토하고 있다.
(C) 그들은 게시판에 정보를 게시하고 있다.
(D) 그들은 많은 문서들을 나눠주고 있다.

Possible Answers 미국

People are gathered near a desk.
사람들이 책상 근처에 모여 있다.
There are plants on top of the desks.
책상 위에 식물들이 있다.

해설 2인 이상 사진/사무실 사진. 사람들이 서서 파일을 보고 있는 모습과 주변 사물의 상태를 주의 깊게 살핀다.
(A) [x] 사람들이 장비(equipment)가 아니라 파일을 살펴보고 있으므로 오답이다. examining(살펴보고 있다)을 듣고서 정답으로 선택하지 않도록 주의한다.
(B) [o] 사람들이 파일을 보고 있는 모습을 가장 잘 묘사한 정답이다.
(C) [x] posting(게시하고 있다)은 사람들의 동작과 무관하므로 오답이다.
(D) [x] handing out(나눠주고 있다)은 사람들의 동작과 무관하므로 오답이다.

4. 공사장·공장·건물 외부 사진

Hackers Practice p.85

1. (C) 2. (B) 3. (A) 4. (B)

1 호주

(A) He's installing a sign on the wall.
(B) He's filling some buckets with liquid.
(C) He's applying a coat of paint to a structure.
(D) He's attaching a handle to a tool.

install [instɔ́:l] 설치하다 apply [əplái] (페인트·크림 등을) 바르다
structure [미 strʌ́ktʃər, 영 strʌ́ktʃə] 건물, 구조물

해석 (A) 그는 벽에 간판을 설치하고 있다.
(B) 그는 몇몇 양동이들을 액체로 채우고 있다.
(C) 그는 건물에 페인트를 바르고 있다.
(D) 그는 연장에 손잡이를 붙이고 있다.

Possible Answers 미국
The man is holding on to a tool.
남자는 연장을 꼭 잡고 있다.
Buckets of paint are on the ground.
페인트가 담긴 양동이들이 땅바닥에 있다.

해설 1인 사진/건물 외부 사진. 한 남자가 건물 외부에서 페인트칠을 하고 있는 모습을 주의 깊게 살핀다.
(A) [×] installing(설치하고 있다)은 남자의 동작과 무관하며, 사진에 간판(sign)이 없으므로 오답이다.
(B) [×] filling(채우고 있다)은 남자의 동작과 무관하므로 오답이다.
(C) [○] 남자가 건물 외부에 페인트칠을 하고 있는 모습을 가장 잘 묘사한 정답이다.
(D) [×] attaching(붙이고 있다)은 남자의 동작과 무관하므로 오답이다.

2 영국

(A) Traffic is stopping at an intersection.
(B) A worker is holding a sign.
(C) Vehicles are driving over a bridge.
(D) A man is setting up traffic cones.

traffic [trǽfik] 차량들, 교통 intersection [미 ìntərsékʃən, 영 ìntəsékʃən] 교차로
traffic cone 원추형 표지

해석 (A) 차량들이 교차로에 멈춰서 있다.
(B) 한 작업자가 표지판을 잡고 있다.
(C) 차량들이 다리를 지나가고 있다.
(D) 한 남자가 원추형 표지들을 세우고 있다.

Possible Answers 캐나다
A worker is standing in the middle of the road.
한 작업자가 길 한가운데에 서 있다.
There is machinery on both sides of the road.
길의 양쪽에 기계가 있다.

해설 2인 이상 사진/공사장 사진. 도로에서 작업을 하고 있는 작업자들과 주변 사물들의 상태를 주의 깊게 살핀다.
(A) [×] 사진에 교차로(intersection)가 없으므로 오답이다.
(B) [○] 한 작업자가 표지판을 잡고 있는 모습을 가장 잘 묘사한 정답이다.
(C) [×] 사진에 다리(bridge)가 없으므로 오답이다.
(D) [×] 원추형 표지들을 세우고 있는 남자가 없으므로 오답이다.

3 캐나다

(A) A man is working at a construction site.
(B) A structure is being painted.
(C) A man is carrying a basket.
(D) A machine is being repaired.

repair [ripέər] 수리하다

해석 (A) 남자는 공사 현장에서 일하고 있다.
(B) 건물이 페인트칠 되고 있다.
(C) 남자는 바구니를 들고 있다.
(D) 기계가 수리되고 있다.

Possible Answers 영국
A man is wearing a helmet.
남자가 헬멧을 쓰고 있다.
A vehicle is parked on the site.
차량이 부지에 주차되어 있다.

해설 1인 사진/공사장 사진. 공사장에서 일하고 있는 작업자와 주변 사물들의 상태를 주의 깊게 살핀다.
(A) [○] 남자가 공사 현장에서 일하고 있는 모습을 가장 잘 묘사한 정답이다.
(B) [×] 사진에서 건물이 페인트칠 되고 있지 않으므로 오답이다.
(C) [×] 바구니를 들고 있는 남자가 없으므로 오답이다.
(D) [×] 사진에서 기계가 수리되고 있는지 확인할 수 없으므로 오답이다.

4 미국

(A) The man is switching on some machinery.
(B) The man is clutching a tool in one hand.
(C) The man is putting on a pair of safety goggles.
(D) The man is putting away some equipment.

clutch [klʌtʃ] 꽉 잡다, 붙들다

해석 (A) 남자는 기계의 스위치를 켜고 있다.
(B) 남자는 한 손에 도구를 꽉 잡고 있다.
(C) 남자는 안전 고글을 쓰고 있는 중이다.
(D) 남자는 장비를 치우고 있다.

Possible Answers 호주
The man is wearing a pair of gloves.
남자는 장갑 한 켤레를 끼고 있다.
An object has been positioned on a stand.
물체가 스탠드 위에 놓여 있다.

해설 1인 사진/공장 사진. 남자가 작업장에서 일하는 모습을 주의 깊게 살핀다.
(A) [×] switching on(스위치를 켜고 있다)은 남자의 동작과 무관하므로 오답이다.
(B) [○] 남자가 한 손에 도구를 꽉 잡고 있는 모습을 가장 잘 묘사한 정답이다.
(C) [×] 남자는 이미 안전 고글을 쓴 상태인데 쓰고 있는 중이라는 동작으로 잘못 묘사한 오답이다.
(D) [×] putting away(치우고 있다)는 남자의 동작과 무관하므로 오답이다.

5. 교통수단·도심 사진

Hackers Practice p.89

1. (B) 2. (D) 3. (B) 4. (B)

1 영국

(A) A model plane is being put together.
(B) A man is pulling a bag through a terminal.
(C) Some people are entering the security area.
(D) The luggage is being loaded onto the plane.

put together 조립하다 load [미 loud, 영 ləud] 싣다

해석 (A) 모형 비행기가 조립되고 있다.
(B) 한 남자가 터미널에서 가방을 끌고 가고 있다.
(C) 몇몇 사람들이 보안 검색 구역에 들어가고 있다.
(D) 짐이 비행기에 실리고 있다.

Possible Answers 호주
There are several trees lining the wall.
몇몇 나무들이 벽에 늘어서 있다.
Some people are waiting in line.
몇몇 사람들이 줄을 서서 기다리고 있다.

해설 2인 이상 사진/교통수단 사진. 공항에 있는 사람들의 모습과 주변 사물들의 상태를 주의 깊게 살핀다.
(A) [×] 사진에 모형 비행기를 조립하고 있는 사람이 없으므로 오답이다.
(B) [○] 한 남자가 통로에서 가방을 끌고 가는 모습을 가장 잘 묘사한 정답이다.
(C) [×] 사진에서 보안 검색 구역을 확인할 수 없으므로 오답이다.
(D) [×] 사진에 비행기(plane)가 없으므로 오답이다.

2 캐나다

(A) He's operating an automobile.
(B) He's resting in the shade of a tree.
(C) He's reaching for a tool.
(D) He's looking under the hood of a vehicle.

operate [ɑ́pərèit] 운전하다, 작동하다 rest [rest] 쉬다
reach for ~을 향해 손을 뻗다 hood [hud] (자동차의) 보닛

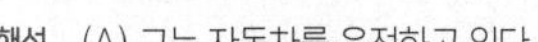

해석 (A) 그는 자동차를 운전하고 있다.
(B) 그는 나무 그늘에서 쉬고 있다.
(C) 그는 도구를 향해 손을 뻗고 있다.
(D) 그는 자동차의 보닛 아래를 보고 있다.

Possible Answers 미국
The man is inspecting an engine.
남자는 엔진을 살펴보고 있다.
The hood of a car has been raised.
차의 보닛이 들어 올려져 있다.

해설 1인 사진/교통수단 사진. 한 남자가 자동차의 보닛 아래를 들여다보고 있는 모습을 주의 깊게 살핀다.
(A) [×] operating(운전하고 있다)은 남자의 동작과 무관하므로 오답이다. automobile(자동차)을 듣고서 정답으로 선택하지 않도록 주의한다.
(B) [×] resting(쉬고 있다)은 남자의 상태와 무관하므로 오답이다.
(C) [×] reaching for(~을 향해 손을 뻗고 있다)는 남자의 동작과 무관하므로 오답이다.
(D) [○] 남자가 자동차의 보닛 아래를 보고 있는 모습을 가장 잘 묘사한 정답이다.

3 미국

(A) Some bicycles are on display at a store.
(B) A man is cycling next to a row of bikes.

(C) Some vehicles are stopped at an intersection.
(D) A cyclist is pedaling down a hill.

on display 진열된, 전시된 cycle [saikl] 자전거를 타다
pedal [pédl] (자전거를) 타고 가다

해석 (A) 몇몇 자전거들이 상점에 진열되어 있다.
(B) 한 남자가 줄지어 있는 자전거들 옆에서 자전거를 타고 있다.
(C) 몇몇 차량들이 교차로에 서 있다.
(D) 자전거를 타는 사람이 언덕 아래로 자전거를 타고 가고 있다.

Possible Answers 캐나다
The cyclist is casting a shadow on the ground.
자전거를 타는 사람이 땅 위에 그림자를 드리우고 있다.
Some bikes have been placed on the sidewalk.
몇몇 자전거들이 보도 위에 놓여 있다.

해설 1인 사진/교통수단 사진. 자전거들이 줄지어 서 있고, 그 옆에서 자전거를 타고 있는 사람이 있음을 확인한다.
(A) [×] 자전거들이 있는 장소가 상점이 아니므로 오답이다.
(B) [○] 한 남자가 줄지어 있는 자전거들 옆에서 자전거를 타고 있는 모습을 정확히 묘사한 정답이다.
(C) [×] 사진에 교차로(intersection)가 없으므로 오답이다.
(D) [×] 사진에 언덕(hill)이 없으므로 오답이다.

4 호주

(A) Cars are parked next to a walkway.
(B) A person is in the middle of the road.
(C) Trees are being planted along a street.
(D) A person is climbing into a vehicle.

plant [미 plænt, 영 plɑːnt] (식물을) 심다 climb into (차에) 타다

해석 (A) 차들이 보도 옆에 주차되어 있다.
(B) 한 사람이 길 한가운데에 있다.
(C) 나무들이 거리를 따라 심어지고 있다.
(D) 한 사람이 차에 타고 있다.

Possible Answers 영국
Trees have been planted in front of buildings.
나무들이 건물들 앞에 심어져 있다.
There are lines painted on the pavement.
포장도로 위에 차선들이 그려져 있다.

해설 1인 사진/도심 사진. 한 사람이 길을 건너고 있는 모습과 주변 사물의 상태를 주의 깊게 살핀다.
(A) [×] 사진에 보도 옆에 주차된 차들이 없으므로 오답이다.
(B) [○] 한 사람이 길 한가운데에 있는 모습을 정확히 묘사한 정답이다. Be 동사 + 전치사구를 사용하여 사람의 상태를 묘사하고 있음을 확인한다.
(C) [×] 나무들이 이미 심어져 있는 상태인데 진행 수동형(are being planted)을 사용하여 나무를 심고 있는 사람의 동작으로 잘못 묘사했으므로 오답이다.
(D) [×] climbing into a vehicle(차에 타고 있다)은 사진 속 사람의 동작과 무관하므로 오답이다.

6. 가사·집 사진

Hackers Practice p.93

1. (B) 2. (C) 3. (B) 4. (D)

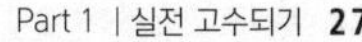

1 캐나다

(A) An oven door is being replaced.
(B) The woman is wearing an apron.
(C) Some food is being put into a freezer.
(D) The woman is stirring a pot of soup.

replace [ripléis] 교체하다, 대신하다 apron [éiprən] 앞치마
freezer [fríːzər] 냉동고 stir [stəːr] 젓다, 섞다 pot [pɑːt] 냄비, 솥

해석 (A) 오븐 문이 교체되고 있다.
(B) 여자는 앞치마를 두르고 있다.
(C) 음식이 냉동고에 넣어지고 있다.
(D) 여자는 수프가 든 냄비를 젓고 있다.

Possible Answers 영국

The woman is cutting some food.
여자는 음식을 자르고 있다.
Food is being prepared on a cutting board.
음식이 도마 위에서 준비되고 있다.

해설 1인 사진/가사 사진. 도마에서 음식을 자르고 있는 여자의 모습을 주의 깊게 살핀다.
(A) [×] 사진에서 오븐(oven)을 확인할 수 없으므로 오답이다. 진행 수동형(is being replaced)을 사용하여 사람의 동작을 잘못 묘사한 것에 주의한다.
(B) [○] 앞치마를 두른 여자의 모습을 정확히 묘사한 정답이다.
(C) [×] 사진에서 냉동고(freezer)를 확인할 수 없으므로 오답이다. 진행 수동형(is being put into)을 사용하여 사람의 동작을 잘못 묘사한 것에 주의한다.
(D) [×] stirring(젓고 있다)은 여자의 동작과 무관하므로 오답이다.

2 미국

(A) The curtains are being pulled open.
(B) Dishes are being placed into a cabinet.
(C) All of the seats are unoccupied.
(D) Food has been set out onto some plates.

pull open (커튼 등을) 걷다 plate [pleit] 접시

해석 (A) 커튼이 걷히고 있다.
(B) 접시들이 장식장에 놓여지고 있다.
(C) 모든 자리가 비어 있다.
(D) 음식이 몇몇 접시들 위에 놓여 있다.

Possible Answers 호주

A table has been set for a meal.
식탁이 식사를 위해 차려져 있다.
Some chairs encircle the table.
몇몇 의자들이 탁자를 둘러싸고 있다.

해설 사물 및 풍경 사진/집 사진. 집에 있는 사물들의 상태와 위치를 주의 깊게 살핀다.
(A) [×] 커튼을 걷고 있는 사람이 없으므로 오답이다. 사람이 등장하지 않는 사진에 진행 수동형(are being pulled)을 사용하여 사람의 동작을 묘사한 오답에 주의한다.
(B) [×] 접시들을 장식장에 놓고 있는 사람이 없으므로 오답이다.
(C) [○] 모든 의자들이 비어 있는 상태를 정확히 묘사한 정답이다.
(D) [×] 사진에 음식(Food)이 없으므로 오답이다.

3 호주

(A) He's mowing the lawn.
(B) He's using a rake.
(C) He's trimming bushes in the yard.
(D) He's digging a hole to plant seeds.

mow [미 mou, 영 məu] 깎다, 베다 rake [reik] 갈퀴 trim [trim] 다듬다
bush [buʃ] 관목, 덤불 seed [siːd] 씨앗, 씨

해석 (A) 그는 잔디를 깎고 있다.
(B) 그는 갈퀴를 사용하고 있다.
(C) 그는 마당에서 관목들을 다듬고 있다.
(D) 그는 씨앗을 심기 위해 구덩이를 파고 있다.

Possible Answers 미국

He's working outdoors.
그는 야외에서 일하고 있다.
A bush is growing next to a tree.
관목이 나무 옆에서 자라고 있다.

해설 1인 사진/가사 사진. 한 남자가 정원에서 갈퀴를 들고 있는 모습과 주변 사물의 상태를 주의 깊게 살핀다.
(A) [×] mowing(깎고 있다)은 남자의 동작과 무관하므로 오답이다. lawn(잔디)을 듣고서 정답으로 선택하지 않도록 주의한다.
(B) [○] 남자가 갈퀴를 들고 있는 모습을 가장 잘 묘사한 정답이다.
(C) [×] trimming(다듬고 있다)은 남자의 동작과 무관하므로 오답이다. bushes(관목들)와 yard(마당)를 듣고서 정답으로 선택하지 않도록 주의한다.
(D) [×] digging(파고 있다)은 남자의 동작과 무관하므로 오답이다. plant(심다; 나무)를 듣고서 정답으로 선택하지 않도록 주의한다.

4 영국

(A) A chair is positioned by the door.
(B) A lightbulb has been removed from a lamp.
(C) A pillow has fallen onto the floor.
(D) A painting is hanging over a bed.

position [pəzíʃən] 놓다, 위치를 정하다 lightbulb [láitbʌ̀lb] 전구

해석 (A) 의자가 문 옆에 놓여 있다.
(B) 전구가 전등에서 꺼내져 있다.
(C) 베개 한 개가 바닥에 떨어져 있다.
(D) 그림이 침대 위에 걸려 있다.

Possible Answers 캐나다

There's a lamp between the beds.
침대들 사이에 전등이 하나 있다.
There are pillows resting on a bed.
침대 위에 베개들이 놓여 있다.

해설 사물 및 풍경 사진/집 사진. 방 안에 있는 사물들의 상태와 위치를 주의 깊게 살핀다.
(A) [×] 의자가 놓여 있는 곳이 서랍장 옆인데 문 옆이라고 잘못 묘사했으므로 오답이다.
(B) [×] 전등이 켜져 있는데 전구가 전등에서 꺼내져 있다고 잘못 묘사했으므로 오답이다.
(C) [×] 베개들이 침대 위에 있는데 베개 한 개가 바닥에 떨어져 있다고 잘못 묘사했으므로 오답이다.
(D) [○] 그림이 침대 위에 걸려 있는 모습을 정확히 묘사한 정답이다.

Hackers Test

p.94

1. (A)	2. (A)	3. (C)	4. (D)	5. (B)	6. (D)
7. (A)	8. (B)				

1 미국

(A) He is shoveling snow.
(B) A wheelbarrow is being emptied.
(C) A sidewalk is being repaved.
(D) He is walking alongside a fence.

shovel [ʃʌ́vəl] ~을 삽으로 퍼내다; 삽 **wheelbarrow** [wíːlbæ̀rou] 손수레
repave [ripéiv] 다시 포장하다 **alongside** [əlɔ̀ːŋsáid] ~과 나란히

해석 (A) 그는 삽으로 눈을 퍼내고 있다.
(B) 손수레가 비워지고 있다.
(C) 인도가 다시 포장되고 있다.
(D) 그는 울타리와 나란히 걷고 있다.

해설 1인 사진/야외 사진. 한 남자가 삽으로 눈을 치우고 있는 모습과 주변 풍경을 주의 깊게 살핀다.
(A) [o] 남자가 삽으로 눈을 퍼내고 있는 모습을 가장 잘 묘사한 정답이다.
(B) [x] 사진에 손수레(wheelbarrow)가 없으므로 오답이다.
(C) [x] 사진 속 사람이 인도를 다시 포장하고 있지 않으므로 오답이다.
(D) [x] 사진에 울타리(fence)가 없으므로 오답이다.

2 영국

(A) There is a laptop opened on the table.
(B) They're looking down at some documents.
(C) There are items stacked on top of a shelf.
(D) They're pointing at a computer monitor.

stack [stæk] 쌓다; 더미 **point at** ~를 가리키다

해석 (A) 탁자 위에 열린 노트북이 있다.
(B) 그들은 몇몇 문서들을 내려다보고 있다.
(C) 선반 위에 쌓여 있는 물건들이 있다.
(D) 그들은 컴퓨터 모니터를 가리키고 있다.

해설 2인 이상 사진/사무실 사진. 두 명의 사람들이 서로를 보고 있는 모습과 주변 사물의 상태를 주의 깊게 살핀다.
(A) [o] 탁자 위에 노트북이 열려 있는 모습을 정확히 묘사한 정답이다.
(B) [x] looking down(내려다보고 있다)은 사람들의 동작과 무관하므로 오답이다. looking(보고 있다)을 듣고서 정답으로 선택하지 않도록 주의한다.
(C) [x] 사진에서 선반 위에 쌓인 물건들을 확인할 수 없으므로 오답이다.
(D) [x] pointing at(가리키고 있다)은 사람들의 동작과 무관하므로 오답이다. computer(컴퓨터)를 듣고서 정답으로 선택하지 않도록 주의한다.

3 캐나다

(A) Materials have been loaded into a truck.
(B) A metal cable has been cut in half.
(C) One of the workers is using a tool.
(D) One of the workers is removing his helmet.

material [mətíəriəl] 자재, 재료 **load into** 싣다 **cable** [kéibl] 케이블, 전선

해석 (A) 자재들이 트럭에 실려 있다.
(B) 금속 케이블이 반으로 잘려 있다.
(C) 작업자들 중 한 명이 도구를 사용하고 있다.
(D) 작업자들 중 한 명이 헬멧을 벗고 있다.

해설 1인 사진/공사장 사진. 한 남자가 공사장에서 작업을 하는 모습과 주변 사물의 상태를 주의 깊게 살핀다.
(A) [x] 사진에 트럭(truck)이 없으므로 오답이다.
(B) [x] 사진에서 금속 케이블이 반으로 잘려 있는지 확인할 수 없으므로 오답이다.
(C) [o] 한 작업자가 도구를 사용하고 있는 모습을 정확히 묘사한 정답이다.
(D) [x] removing(벗고 있다)은 작업자들 중 누구의 동작과도 무관하므로 오답이다. 사진에 있는 헬멧(helmet)을 사용하여 혼동을 주었다.

4 호주

(A) A ship is entering a harbor.
(B) A street lamp is being installed.
(C) There is a banner hanging from a building.
(D) There is a bridge crossing over a river.

harbor [미 hάːrbər, 영 hάːbə] 항구, 항만 **street lamp** 가로등
banner [미 bǽnər, 영 bǽnə] 현수막 **cross over** 가로지르다, 교차하다

해석 (A) 배가 항구로 들어오고 있다.
(B) 가로등이 설치되고 있다.
(C) 건물에 걸려있는 현수막이 있다.
(D) 강을 가로지르는 다리가 있다.

해설 사물 및 풍경 사진/야외 사진. 강을 가로지르는 다리가 있고 그 뒤에 건물이 있는 전반적인 풍경을 확인한다.
(A) [x] 사진에 배(ship)와 항구(harbor)가 없으므로 오답이다.
(B) [x] 사람이 없는 사진에 진행 수동형(is being installed)을 사용하여 사람의 동작을 묘사했으므로 오답이다. 사진에 있는 가로등(street lamp)을 사용하여 혼동을 주었다.
(C) [x] 사진에 현수막(banner)이 없으므로 오답이다.
(D) [o] 강을 가로지르는 다리의 모습을 정확히 묘사한 정답이다. There + Be 동사 구문(There is)을 사용하여 사물의 위치를 묘사하고 있음을 확인한다.

5 미국

(A) One of the men is descending a ladder.
(B) One of the men is holding a paper at a work site.
(C) Some men are putting on safety helmets.
(D) Some men are taking off their gloves.

descend [disénd] 내려오다 **ladder** [lǽdər] 사다리 **work site** 작업장, 직장
safety helmet 안전모

해석 (A) 남자들 중 한 명이 사다리를 내려오고 있다.
(B) 남자들 중 한 명이 작업장에서 서류를 들고 있다.
(C) 몇몇 남자들이 안전모를 쓰고 있는 중이다.
(D) 몇몇 남자들이 장갑을 벗고 있다.

해설 2인 이상 사진/공사장 사진. 건물에서 작업을 하고 있는 작업자들과 주변 사물들의 상태를 주의 깊게 살핀다.
(A) [x] descending(내려오고 있다)은 남자들의 동작과 무관하므로 오답이다. 사진에 있는 사다리(ladder)를 사용하여 혼동을 주었다.
(B) [o] 한 남자가 작업장에서 서류를 들고 있는 모습을 가장 잘 묘사한 정답이다.
(C) [x] 남자들은 이미 안전모를 쓴 상태인데 쓰고 있는 중이라는 동작으로 잘못 묘사한 오답이다. 옷이나 모자 등을 이미 입은 상태를 나타내는 wearing과 입고 있는 중이라는 동작을 나타내는 putting on을 혼동하지 않도록 주의한다.
(D) [x] taking off(벗고 있다)는 남자들의 동작과 무관하므로 오답이다. 사진에 있는 장갑(gloves)을 사용하여 혼동을 주었다.

6 영국

(A) A couple is taking pictures of the scenery.
(B) Some plants are being watered.
(C) A group is ascending some steps.
(D) Some trees are growing behind the bushes.

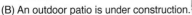

ascend[əsénd] 올라가다 bush[buʃ] 관목, 덤불

해석 (A) 남녀 한 쌍이 풍경 사진을 찍고 있다.
(B) 몇몇 식물들에게 물을 주고 있다.
(C) 여러 사람들이 몇몇 계단들을 올라가고 있다.
(D) 몇몇 나무들이 관목들 뒤에서 자라고 있다.

해설 2인 이상 사진/야외 사진. 공원에 사람들이 모여 있는 상황임을 확인한다.
(A) [×] 사진에서 남녀 한 쌍이 사진을 찍고 있는지 확인할 수 없으므로 오답이다.
(B) [×] 사진에 식물에 물을 주는 사람이 없으므로 오답이다. 진행 수동형(are being watered)을 사용하여 사람의 동작을 잘못 묘사한 것에 주의한다.
(C) [×] 사진에서 계단들을 올라가는 사람들을 확인할 수 없으므로 오답이다.
(D) [○] 관목들 뒤에 있는 나무들의 모습을 가장 잘 묘사한 정답이다.

7 미국

(A) Some stools are lined up by a counter.
(B) An outdoor patio is under construction.
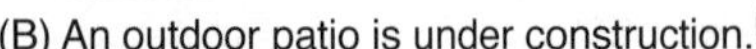
(C) Some cushions are being arranged on a sofa.
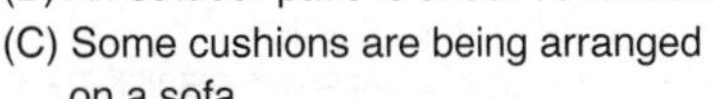
(D) A couch is being set up.

stool[stuːl] 의자 patio[pǽtiòu] 테라스, 파티오

해석 (A) 몇몇 의자들이 카운터 옆에 줄지어 놓여 있다.
(B) 야외 테라스가 공사 중이다.
(C) 몇몇 쿠션들이 소파 위에 정리되고 있다.
(D) 소파가 설치되고 있다.

해설 사물 및 풍경 사진/집 사진. 집에 있는 사물들의 상태와 위치를 주의 깊게 살핀다.
(A) [○] 몇몇 의자들이 카운터 옆에 줄지어 놓여 있는 모습을 정확히 묘사한 정답이다.
(B) [×] 사진에서 야외 테라스가 공사 중인지 확인할 수 없으므로 오답이다.
(C) [×] 쿠션들을 정리하고 있는 사람이 없으므로 오답이다. 사람이 등장하지 않는 사진에 진행 수동형(are being arranged)을 사용하여 사람의 동작을 묘사한 오답에 주의한다.
(D) [×] 소파를 설치하고 있는 사람이 없으므로 오답이다. 사람이 등장하지 않는 사진에 진행 수동형(is being set up)을 사용하여 사람의 동작을 묘사한 오답에 주의한다.

8 호주

(A) Boxes have been lined up against the wall.
(B) Some people are seated on the floor.
(C) Books are being piled onto a cart.
(D) Some people are holding a discussion.

pile[pail] 쌓다

해석 (A) 상자들이 벽에 기대어 일렬로 세워져 있다.
(B) 몇몇 사람들이 바닥에 앉아 있다.
(C) 책들이 손수레에 쌓이고 있다.
(D) 몇몇 사람들이 토론을 하고 있다.

해설 2인 이상 사진/상점 사진. 앉아서 책을 보고 있는 사람들과 주변 사물의 상태를 주의 깊게 살핀다.
(A) [×] 사진에 상자들(Boxes)이 없으므로 오답이다.
(B) [○] 바닥에 앉아 있는 몇몇 사람들의 모습을 정확히 묘사한 정답이다.
(C) [×] 사진에 손수레(cart)가 없으며, 책들을 쌓고 있는 사람들도 없으므로 오답이다. 진행 수동형(are being piled)을 사용하여 사람의 동작을 잘못 묘사한 것에 주의한다.
(D) [×] 사진에서 사람들이 토론을 하고 있는지 알 수 없으므로 오답이다.

Part Test

p.96

1. (C)	2. (D)	3. (B)	4. (A)	5. (D)	6. (D)

1 캐나다

(A) He's lifting containers onto a shelf.
(B) He's reading through some files.
(C) He's leaning over stacks of items.
(D) He's putting some books into boxes.

lift[lift] 들어 올리다

해석 (A) 그는 용기들을 선반 위로 들어 올리고 있다.
(B) 그는 몇몇 파일들을 읽고 있다.
(C) 그는 많은 물건들 위로 상체를 구부리고 있다.
(D) 그는 몇몇 책들을 상자들 안에 넣고 있다.

해설 1인 사진/사무실 사진. 한 남자가 무언가를 살펴보고 있는 모습과 주변 사물의 상태를 주의 깊게 살핀다.
(A) [×] lifting ~ onto a shelf(선반 위로 들어 올리고 있다)는 남자의 동작과 무관하므로 오답이다.
(B) [×] 사진에 파일들(files)이 없으므로 오답이다.
(C) [○] 남자가 물건들 위로 상체를 구부리고 있는 상태를 정확히 묘사한 정답이다.
(D) [×] 사진에 책들(books)이 없으므로 오답이다.

2 영국

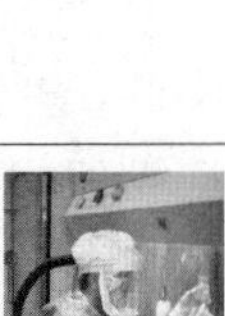

(A) He's putting on some safety gear.
(B) Test tubes have been stored in a cabinet.
(C) Tools are being set out on a counter.
(D) He's holding some laboratory equipment.

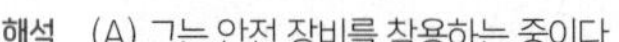

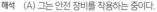

put on 착용하다, 입다 test tube 시험관 counter[미 káuntər, 영 káuntə] 실험대

해석 (A) 그는 안전 장비를 착용하는 중이다.
(B) 시험관들이 캐비닛 안에 보관되어 있다.
(C) 도구들이 실험대 위에 놓이고 있다.
(D) 그는 실험 도구를 들고 있다.

해설 1인 사진/기타 작업실(실험실) 사진. 한 남자가 실험을 하고 있는 모습과 주변 사물의 상태를 주의 깊게 살핀다.
(A) [×] 남자가 안전 장비를 착용한 상태를 착용하고 있는 중이라는 동작으로 잘못 묘사한 오답이다. putting on이 착용하고 있는 동작을 묘사하는 표현임을 알아둔다.
(B) [×] 사진에 캐비닛(cabinet)이 없으므로 오답이다.
(C) [×] 남자가 도구를 실험대 위에 놓고 있지 않으므로 오답이다. 진행 수동형(are being set out)을 사용하여 사람의 동작을 잘못 묘사한 것에 주의한다.
(D) [○] 실험 도구를 들고 있는 남자의 동작을 정확히 묘사한 정답이다.

3 🔊 호주

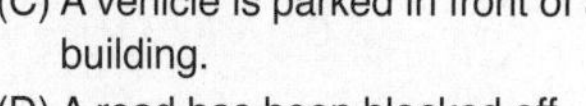

(A) Some cars are entering a highway.
(B) Some skyscrapers overlook a river.
(C) A vehicle is parked in front of a building.
(D) A road has been blocked off.

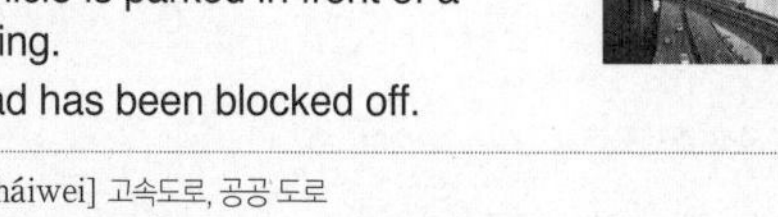

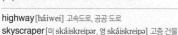

highway[háiwei] 고속도로, 공공 도로
skyscraper[미 skáiskreipər, 영 skáiskreipə] 고층 건물
overlook[미 òuvərlúk, 영 əuvəlúk] 내려다보다, 내다보다
block off ~을 막다, 차단하다

해석 (A) 몇몇 차들이 고속도로에 진입하고 있다.
(B) 몇몇 고층 건물들이 강을 내려다보고 있다.
(C) 차량이 건물 앞에 주차되어 있다.
(D) 도로가 막혀 있다.

해설 사물 및 풍경 사진/도심 사진. 도로 및 철로의 모습과 주변 풍경을 주의 깊게 살핀다.
(A) [×] 사진에서 고속도로에 진입하고 있는 차들을 확인할 수 없으므로 오답이다.
(B) [○] 강을 따라 고층 건물들이 있는 모습을 가장 잘 묘사한 정답이다.
(C) [×] 건물 앞에 차량이 주차되어 있는지 확인할 수 없으므로 오답이다.
(D) [×] 도로가 막혀 있지 않은데 막혀 있다고 잘못 묘사했으므로 오답이다.

4 🔊 미국

(A) Some people are raising their cups.
(B) One of the people is wiping a table.
(C) Some people are waiting for service.
(D) One of the people is filling up a bottle.

raise[reiz] 들어 올리다, 올리다 fill up 채우다

해석 (A) 몇몇 사람들이 컵을 들어 올리고 있다.
(B) 사람들 중 한 명이 탁자를 닦고 있다.
(C) 몇몇 사람들이 서비스를 기다리고 있다.
(D) 사람들 중 한 명이 병을 채우고 있다.

해설 2인 이상 사진/식당 사진. 사람들이 식당에서 컵을 들고 앉아 있는 모습과 주변 사물의 상태를 확인한다.
(A) [○] 사람들이 컵을 들고 있는 모습을 가장 잘 묘사한 정답이다.
(B) [×] wiping(닦고 있다)은 사진 속 어느 사람의 동작과도 무관하므로 오답이다. table(탁자)을 듣고서 정답으로 선택하지 않도록 주의한다.
(C) [×] 사진에서 사람들이 서비스를 기다리고 있는지 확인할 수 없으므로 오답이다.
(D) [×] filling up(채우고 있다)은 사진 속 어느 사람의 동작과도 무관하므로 오답이다.

5 🔊 캐나다

(A) Some chairs are facing a window.
(B) A sculpture is propped up against the wall.
(C) Some frames have been placed in a box.
(D) There is a rug covering the floor.

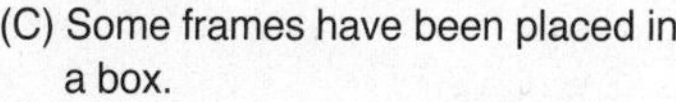

sculpture[skʌ́lptʃər] 조각품, 조각 prop up ~을 받쳐 넘어지지 않게 하다

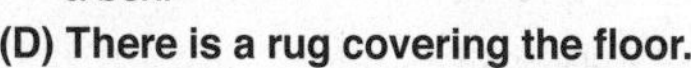

frame[freim] 액자, 틀 rug[rʌg] 깔개, 양탄자

해석 (A) 몇몇 의자들이 창문을 향해 있다.
(B) 조각품이 벽에 기대어 받쳐져 있다.
(C) 몇몇 액자들이 상자 안에 넣어져 있다.
(D) 바닥을 덮는 깔개가 있다.

해설 2인 이상 사진/가사 사진. 사람들이 액자를 걸고 있는 모습과 주변 사물의 상태를 주의 깊게 살핀다.
(A) [×] 사진에 의자들(chairs)이 없으므로 오답이다.
(B) [×] 사진에 조각품(sculpture)이 없으므로 오답이다. wall(벽)을 듣고서 정답으로 선택하지 않도록 주의한다.
(C) [×] 사진에서 상자 안에 액자들이 있는지 확인할 수 없으므로 오답이다.
(D) [○] 바닥에 깔개가 깔려 있는 모습을 가장 잘 묘사한 정답이다.

6 🔊 영국

(A) A salesperson is organizing products on the pavement.
(B) Some items are being paid for.
(C) A street vendor is putting items into a bag.
(D) Some flowers are on display at a market.

organize[미 ɔ́:rgənàiz, 영 ɔ́:gənaiz] 정리하다 pavement[péivmənt] 도로
street vendor 노점 상인

해석 (A) 한 판매원이 도로 위에서 상품들을 정리하고 있다.
(B) 몇몇 물건들의 값이 지불되고 있다.
(C) 한 노점 상인이 가방에 물건들을 넣고 있다.
(D) 꽃들이 시장에 진열되어 있다.

해설 2인 이상 사진/상점 사진. 야외 시장에 있는 사람들과 주변 사물의 상태를 주의 깊게 살핀다.
(A) [×] 사진에서 상품들을 정리하고 있는 판매원이 없으므로 오답이다.
(B) [×] 사진에서 물건값을 지불하고 있는 사람을 확인할 수 없으므로 오답이다.
(C) [×] 사진에서 가방에 물건들을 넣고 있는 사람이 없으므로 오답이다.
(D) [○] 꽃들이 시장에 진열되어 있는 상태를 정확하게 묘사한 정답이다.

Part 2

기본다지기

1. 의문문 바로 듣기

❶ 의문사를 포함한 의문문 듣기 p. 102

1. (A)	2. (A)	3. (B)	4. (B)	5. (A)	6. (A)
7. (A)	8. (B)	9. (A)	10. (B)		

1 캐나다 → 영국 → 호주 → 캐나다

Where are you going on vacation?
(A) To the Bahamas.
(B) For about two weeks.

휴가를 어디로 가세요?
(A) 바하마로요.
(B) 약 2주 동안이요.

2 영국 → 호주 → 미국 → 호주

How much do you think dinner will cost?
(A) Less than 20 dollars.
(B) The restaurant takes credit cards.

저녁 식사 비용이 얼마나 들 거라고 생각하세요?
(A) 20달러 미만이요.
(B) 그 식당은 신용카드를 받아요.

3 호주 → 영국 → 캐나다 → 호주

Do you know which way the post office is?
(A) About 50 more kilometers.
(B) Just take a left over there.

우체국이 어느 쪽인지 아세요?
(A) 약 50킬로미터쯤 더요.
(B) 저쪽에서 왼쪽으로 가세요.

4 미국 → 호주 → 영국 → 영국

Why did the restaurant close?
(A) For nearly three months.
(B) Business wasn't going well.

식당은 왜 문을 닫았나요?
(A) 거의 세 달 동안이요.
(B) 사업이 잘 되지 않았어요.

5 캐나다 → 영국 → 호주 → 캐나다

When will Sharon be leaving?
(A) Not until Wednesday.
(B) On a business trip.

Sharon은 언제 떠날 건가요?
(A) 수요일이나 되어서요.
(B) 출장 중이에요.

6 영국 → 호주 → 미국 → 미국

What are these tickets for?
(A) A concert this weekend.
(B) Four tickets, please.

이 표들은 무엇을 위한 것인가요?
(A) 이번 주말 콘서트요.
(B) 표 4장 주세요.

7 호주 → 영국 → 캐나다 → 호주

Who will be designing the logo?
(A) A freelance artist.
(B) I resigned last week.

누가 로고를 디자인할 것인가요?
(A) 프리랜서 미술가가요.
(B) 저는 지난주에 사임했어요.

8 미국 → 호주 → 영국 → 미국

Can you tell me where the meeting is going to be held?
(A) Early in the morning.
(B) In the conference room.

회의가 어디에서 열릴지 알려 주시겠어요?
(A) 아침 일찍이요.
(B) 회의실에서요.

9 캐나다 → 영국 → 호주 → 영국

How do you like the new desks?
(A) They are very comfortable.
(B) The one in the corner.

새로운 책상들이 어떠세요?
(A) 매우 편안해요.
(B) 구석에 있는 거요.

10 영국 → 호주 → 미국 → 캐나다

Why did she have to leave the party early?
(A) We should catch the earlier train.
(B) She received an important call.

그녀는 왜 일찍 파티를 떠나야 했었나요?
(A) 우리는 더 이른 기차를 타야 해요.
(B) 그녀는 중요한 호출을 받았어요.

❷ 의문사를 포함하지 않은 의문문 듣기 p. 103

1. (B)	2. (A)	3. (A)	4. (B)	5. (B)	6. (B)
7. (B)	8. (B)	9. (A)	10. (A)		

1 미국 → 호주 → 영국 → 호주

Are you from this area?
(A) It's a nice neighborhood.
(B) Actually, I just moved here.

당신은 이 지역 출신인가요?
(A) 괜찮은 지역이네요.
(B) 사실 전 최근에 이곳으로 이사 왔어요.

2 호주 → 영국 → 캐나다 → 캐나다

Have the documents been filed yet?
(A) Yes, I took care of them.
(B) Put them over there.

서류들이 이미 정리되었나요?
(A) 네, 제가 그것들을 처리했어요.
(B) 그것들을 저쪽에 놓아주세요.

3 영국 → 호주 → 미국 → 미국

Did you clean the living room?

(A) I'll get to it soon.

(B) Yes, it really needs to be cleaned.

거실을 청소했나요?

(A) 곧 할 거예요.

(B) 네, 그곳은 꼭 청소되어야만 해요.

4 캐나다 → 영국 → 호주 → 호주

Have you ever been to Sweden?

(A) She is on a business trip.

(B) Yes, several times.

스웨덴에 가본 적이 있나요?

(A) 그녀는 출장 중이에요.

(B) 네, 몇 번이요.

5 미국 → 호주 → 영국 → 미국

Will you be at the party on Wednesday?

(A) They've invited many people.

(B) I don't know if I can make it.

수요일에 파티에 갈 건가요?

(A) 그들은 많은 사람들을 초대했어요.

(B) 참석할 수 있을지 잘 모르겠어요.

6 호주 → 영국 → 캐나다 → 영국

Do you know Lawrence Fishman?

(A) He's not here right now.

(B) I don't believe so.

Lawrence Fishman을 아세요?

(A) 그는 지금 여기에 없어요.

(B) 모르는 것 같아요.

7 영국 → 호주 → 미국 → 캐나다

Are you the new accountant?

(A) No, I haven't met her yet.

(B) Yes, I am.

당신이 새로 온 회계사인가요?

(A) 아니요, 전 아직 그녀를 만나지 못했어요.

(B) 네, 맞아요.

8 캐나다 → 영국 → 호주 → 미국

Do you have any more copies of this catalog?

(A) Yes, I like the design.

(B) Yes, they're in the cabinet.

당신은 이 카탈로그를 더 가지고 있나요?

(A) 네, 저는 그 디자인이 마음에 들어요.

(B) 네, 그것들은 캐비닛 안에 있어요.

9 미국 → 호주 → 영국 → 호주

Does Sue want to come with us to dinner tonight?

(A) She has to work this evening.

(B) Yes, I had a great time.

Sue가 오늘 밤에 우리와 함께 저녁 식사하기를 원하나요?

(A) 그녀는 오늘 저녁에 일해야 해요.

(B) 네, 저는 즐거운 시간을 보냈어요.

10 호주 → 영국 → 캐나다 → 캐나다

Is parking permitted in front of this building?

(A) Only if you have a pass.

(B) No, I have a permit.

이 건물 앞에 주차가 허용되나요?

(A) 통행증이 있다면요.

(B) 아니요, 저는 허가증이 있어요.

2. 간접적인 응답 이해하기

❶ 질문에 대한 우회적인 응답 p. 104

1. (B) 2. (A) 3. (A) 4. (B) 5. (A) 6. (A)

1 캐나다 → 영국, 미국 → 캐나다, 호주 → 미국

Q: How did the meeting go?

A: It could've been worse.

Q: 회의는 어땠나요?

A: 그럭저럭 괜찮았어요.

2 미국 → 호주, 캐나다 → 영국, 영국 → 캐나다

Q: It's supposed to be really cold tonight, isn't it?

A: That's what I heard.

Q: 오늘 밤에 무척 추울 거라고 하지요, 안 그런가요?

A: 저도 그렇게 들었어요.

3 호주 → 영국, 미국 → 캐나다, 캐나다 → 미국

Q: Do you think Rachel would like to come on the camping trip?

A: I think she'll be away.

Q: Rachel이 캠핑 여행에 가고 싶어 한다고 생각하나요?

A: 그녀는 떠나 있을 것 같아요.

4 영국 → 캐나다, 호주 → 미국, 미국 → 캐나다

Q: Do you want to bring lunch or should we eat out?

A: I'd rather make something myself.

Q: 점심을 싸올 건가요, 아니면 밖에서 먹을까요?

A: 제가 직접 무언가를 만들어 오는 것이 낫겠어요.

5 호주 → 미국, 미국 → 호주, 캐나다 → 영국

Q: You haven't reviewed this report yet, have you?

A: I'll work on it next.

Q: 아직 이 보고서를 검토하지 않았죠, 그렇죠?

A: 다음으로 그것을 작업할 거예요.

6 미국 → 영국, 캐나다 → 미국, 영국 → 호주

Q: The performance was excellent.

A: I couldn't agree with you more.

Q: 그 공연은 정말 훌륭했어요.

A: 그 말에 전적으로 동의해요.

❷ 모호한 응답 p. 105

1. (A) 2. (B) 3. (A) 4. (B) 5. (B) 6. (B)
7. (A)

1 영국 → 캐나다, 캐나다 → 영국, 미국 → 호주

Q: Has anyone been in contact with Jeff Martin?

A: Why don't you ask Susan?

Q: Jeff Martin과 연락이 되는 사람이 있나요?

A: Susan에게 물어보는 게 어때요?

2 캐나다 → 미국, 영국 → 호주, 호주 → 미국

Q: When do you think you can finish the project?

A: I'm not sure.

Q: 프로젝트를 언제 끝낼 수 있을 것 같나요?

A: 저는 확실히 모르겠어요.

3 영국 → 캐나다, 호주 → 미국, 미국 → 캐나다

Q: Do you think you'll hire new staff?
A: I haven't decided yet.

Q: 새로운 직원을 고용할 생각인가요?
A: 아직 결정하지 않았어요.

4 호주 → 미국, 영국 → 캐나다, 캐나다 → 영국

Q: Is your brother coming home for the winter break?
A: If he's not too busy.

Q: 당신의 남동생은 겨울방학 때 집에 올 건가요?
A: 그가 너무 바쁘지 않으면요.

5 미국 → 호주, 호주 → 영국, 영국 → 캐나다

Q: Where should I go after paying for the admission fee?
A: Ask the clerk at the counter.

Q: 입장료를 지불한 후에 어디로 가야 하나요?
A: 카운터의 직원에게 물어보세요.

6 캐나다 → 호주, 호주 → 영국, 영국 → 캐나다

Q: How much vacation time am I allowed to take each year?
A: Mr. Jenson will know.

Q: 제가 매년 얼마나 많은 휴가 기간을 갖는 것이 허용되나요?
A: Mr. Jenson이 알 거예요.

7 미국 → 캐나다, 호주 → 미국, 영국 → 호주

Q: Is the position still available?
A: I'll have to check.

Q: 그 자리는 아직 공석인가요?
A: 확인해봐야 해요.

3. 혼동하기 쉬운 단어 구별하기

❶ 발음이 유사한 단어들 p. 106

1 캐나다 → 영국 → 호주

(A) Do you think they'll accept our proposal?
(B) Except for me.

(A) 그들이 우리의 제안을 받아들일 것 같나요?
(B) 저를 제외하고요.

2 영국 → 호주 → 미국

(A) Would you like to take our lunch break now?
(B) I'd like to launch the new project as quickly as possible.

(A) 지금 점심 시간을 갖기를 원하나요?
(B) 저는 새로운 프로젝트를 가능하면 빨리 시작하고 싶어요.

3 호주 → 영국 → 캐나다

(A) I want to reschedule my appointment.
(B) We were very disappointed.

(A) 전 약속 시간을 다시 조정하고 싶어요.
(B) 우리는 매우 실망했어요.

4 미국 → 호주 → 영국

(A) Would you mind turning down the music?
(B) It reminds me of my hometown.

(A) 음악 소리를 줄여주시면 안 될까요?
(B) 그것은 제게 고향을 생각나게 해요.

5 캐나다 → 영국 → 호주

(A) When do you expect to go to Hawaii?
(B) They'll inspect our factory tomorrow.

(A) 당신은 언제 하와이로 갈 계획인가요?
(B) 그들은 내일 우리 공장을 검사할 거예요.

6 영국 → 호주 → 미국

(A) Are you attending the meeting tonight?
(B) My supervisor is tending to the matter.

(A) 오늘 저녁 회의에 참석할 건가요?
(B) 제 관리자가 그 문제를 관리하고 있어요.

7 호주 → 영국 → 캐나다

(A) When are you going to move out?
(B) Please remove those supplies from the cabinet.

(A) 언제 이사를 나갈 건가요?
(B) 그 물품들을 캐비닛에서 치워주세요.

8 미국 → 호주 → 영국

(A) I like the interior design of this house.
(B) I can't believe that he's resigning next month.

(A) 저는 이 집의 내부 디자인이 마음에 들어요.
(B) 그가 다음 달에 사직한다니 믿을 수가 없어요.

9 캐나다 → 영국 → 호주

(A) Have you tried to contact the moving company?
(B) We can't break our contract.

(A) 이사 업체에 연락해 봤나요?
(B) 우리는 계약을 파기할 수 없어요.

10 영국 → 호주 → 미국

(A) Do you work in the accounting department?
(B) He's counting the number of seats.

(A) 당신은 회계 부서에서 일하나요?
(B) 그는 좌석 수를 세고 있어요.

11 호주 → 영국 → 캐나다

(A) Have you checked the guest list?
(B) I guess they aren't.

(A) 고객 명단을 확인했나요?
(B) 그들은 아닐 거라고 생각해요.

12 미국 → 호주 → 영국

(A) What color jacket would you like?
(B) Don't worry, I'll call her.

(A) 어떤 색의 재킷으로 하시겠어요?
(B) 걱정 마세요, 제가 그녀에게 전화할게요.

13 캐나다 → 영국 → 호주

(A) When are you moving to France?
(B) Where are you going for lunch?

(A) 프랑스로 언제 이사 갈 건가요?
(B) 점심 먹으러 어디로 갈 건가요?

14 영국 → 호주 → 미국

(A) Do you think the weather will affect our weekend plans?
(B) I don't think it's very effective.

(A) 날씨가 우리의 주말 계획에 영향을 미칠 거라고 생각하나요?
(B) 저는 그것이 별로 효과적이라고 생각하지 않아요.

❷ 의미가 다양한 단어들 p. 107

1. (B), (A)	2. (B), (A)	3. (A), (B)	4.(A), (B)
5. (B), (A)	6. (A), (B)	7. (A), (B)	8.(A), (B)
9. (A), (B)	10. (B), (A)	11. (B), (A)	12.(A), (B)

1 미국 → 호주 → 영국
(A) The chart indicates current **interest** rates.
(B) I'm not interested in that field.
(A) 도표는 현재의 이자율을 나타냅니다.
(B) 저는 그 분야에 관심이 없어요.

2 호주 → 영국 → 캐나다
(A) Did you finish **entering** the data?
(B) When is your son **entering** college?
(A) 자료 입력을 끝냈나요?
(B) 당신의 아들은 언제 대학에 들어가나요?

3 영국 → 호주 → 미국
(A) Let me **check** the price.
(B) Does this restaurant accept **checks**?
(A) 제가 가격을 확인해 볼게요.
(B) 이 식당은 수표를 받나요?

4 캐나다 → 영국 → 호주
(A) You can **leave** it here.
(B) Can you **leave** the office a little earlier today?
(A) 그것을 여기에 두면 됩니다.
(B) 당신은 오늘 조금 더 일찍 퇴근할 수 있나요?

5 미국 → 호주 → 영국
(A) Can I help you **carry** those boxes?
(B) Do you **carry** hiking boots here?
(A) 그 상자들을 운반하는 것을 도와드릴까요?
(B) 여기서 등산화를 파나요?

6 호주 → 영국 → 캐나다
(A) Will this be **covered** by insurance?
(B) Who is **covering** your shift tonight?
(A) 이것이 보험으로 보상될까요?
(B) 오늘 밤 누가 당신의 근무를 대신하나요?

7 영국 → 호주 → 미국
(A) That sounds like a **good** idea.
(B) The **goods** I ordered should arrive soon.
(A) 좋은 생각인 것 같아요.
(B) 제가 주문한 상품이 곧 도착할 거예요.

8 캐나다 → 영국 → 호주
(A) Can Steve **change** the sales presentation date?
(B) This vending machine only accepts **change**.
(A) Steve가 제품 소개 날짜를 바꿀 수 있을까요?
(B) 이 자판기는 잔돈만 받아요.

9 미국 → 호주 → 영국
(A) Can you help me **assemble** this desk?
(B) The committee will **assemble** early next month.
(A) 이 책상을 조립하는 걸 도와주시겠어요?
(B) 위원회는 다음 달 초에 모일 거예요.

10 호주 → 영국 → 캐나다
(A) I don't want to stand in that long **line**.
(B) They're developing a new **line** of products.
(A) 전 저렇게 긴 줄에 서 있고 싶지 않아요.
(B) 그들은 새로운 상품들을 개발하고 있어요.

11 영국 → 호주 → 미국
(A) The air conditioner in my office isn't **working**.
(B) We're **working** in the same department.
(A) 제 사무실 에어컨은 작동이 안됩니다.
(B) 우리는 같은 부서에서 일하고 있습니다.

12 캐나다 → 영국 → 호주
(A) I am happy to **present** you with this award.
(B) I'm pleased you are all **present** for today's meeting.
(A) 당신에게 이 상을 수여하게 되어 기쁩니다.
(B) 여러분 모두가 오늘 회의에 참석하여 기쁩니다.

실전 연습 p.108

1. (A)	2. (B)	3. (A)	4. (C)	5. (C)	6. (A)
7. (B)	8. (A)	9. (A)	10. (C)	11. (B)	12. (A)
13. (A)	14. (A)	15. (B)	16. (B)	17. (A)	18. (C)
19. (A)	20. (A)	21. (A)	22. (A)	23. (B)	24. (A)
25. (B)					

1 캐나다 → 영국

Who prepared the salad for yesterday's lunch?
(A) Maybe John did.
(B) No, I didn't eat it.
(C) I'll serve you some.

prepare [미 pripέər, 영 pripéə] 준비하다, 마련하다
serve [미 səːrv, 영 səːv] 대접하다

해석 어제 점심을 위한 샐러드를 누가 준비했나요?
(A) 아마 John이 했을 거예요.
(B) 아니요, 저는 그것을 먹지 않았어요.
(C) 제가 조금 대접할게요.

해설 어제 점심을 위한 샐러드를 누가 만들었는지를 묻는 Who 의문문이다.
(A) [o] John이라는 특정 인물을 언급했으므로 정답이다.
(B) [x] 의문사 의문문에 No로 응답했으므로 오답이다.
(C) [x] lunch(점심)와 관련된 serve(대접하다)를 사용하여 혼동을 준 오답이다.

2 미국 → 캐나다

When will Adam get to Los Angeles?
(A) Last Wednesday.
(B) In an hour or two.
(C) He took the subway.

해석 Adam이 언제 로스앤젤레스에 도착할 건가요?
(A) 지난 수요일에요.
(B) 한두 시간 후에요.
(C) 그는 지하철을 탔어요.

해설 Adam이 언제 로스앤젤레스에 도착할 것인지를 묻는 When 의문문이다. When will을 반드시 들어 미래 시점을 묻는 것임을 확인한다.
(A) [x] 미래 시점을 묻는 질문에 과거 시점으로 응답했으므로 오답이다.
(B) [o] In an hour or two(한두 시간 후)라는 미래의 특정 시점을 언급했으므로 정답이다.

(C) [×] 특정 방법을 물을 때 사용할 수 있는 응답이므로 오답이다.

3 호주 → 영국

Which course do you find more enjoyable?
(A) Definitely history.
(B) He is very kind.
(C) Yes, I liked it a lot.

course [미 kɔːrs, 영 kɔːs] 과목 enjoyable [indʒɔ́iəbl] 재미있는
definitely [미 défənitli, 영 définətli] 확실히

해석 당신은 어떤 과목이 더 재미있나요?
(A) 확실히 역사죠.
(B) 그는 매우 친절해요.
(C) 네, 저는 그것이 매우 좋았어요.

해설 어떤 과목이 더 재미있는지를 묻는 Which 의문문이다. Which course를 반드시 들어야 한다.
(A) [o] history(역사)라는 특정 과목을 언급했으므로 정답이다.
(B) [×] He가 나타낼 수 있는 대상이 질문에 없고, find-kind의 유사 발음 어휘를 사용하여 혼동을 준 오답이다.
(C) [×] 의문사 의문문에 Yes로 응답했으므로 오답이다.

4 영국 → 미국

Will he attend the seminar today or next week?
(A) That's OK with me.
(B) Yes, I tend to agree.
(C) Next Wednesday.

tend to ~하는 편이다, ~하는 경향이 있다

해석 그는 세미나에 오늘 참석할 건가요, 아니면 다음 주에 참석할 건가요?
(A) 저는 좋아요.
(B) 네, 저는 동의하는 편이에요.
(C) 다음 주 수요일에요.

해설 세미나 참석일로 오늘과 다음 주 중 하나를 선택하도록 요구하는 선택 의문문이다.
(A) [×] next week-That's OK의 유사 발음 어휘를 사용하여 혼동을 준 오답이다.
(B) [×] attend-tend의 유사 발음 어휘를 사용하여 혼동을 준 오답이다.
(C) [o] Next Wednesday(다음 주 수요일)로 다음 주를 선택했으므로 정답이다.

5 호주 → 미국

What's the address of your office?
(A) You should address the staff.
(B) Let's go to my office.
(C) I will write it down.

address [ədrés] 주소; 말하다

해석 당신 사무실의 주소가 무엇인가요?
(A) 당신은 직원에게 말해야 해요.
(B) 제 사무실로 가죠.
(C) 제가 적어드릴게요.

해설 사무실 주소가 무엇인지를 묻는 What 의문문이다. What's the address를 반드시 들어야 한다.
(A) [×] 질문의 address(주소)를 '말하다'라는 의미의 동사로 사용하여 혼동을 준 오답이다.
(B) [×] 질문의 office를 반복 사용하여 혼동을 준 오답이다.
(C) [o] write it down(적다)이라는 말로 주소를 적어주겠다는 간접적인 응답을 했으므로 정답이다.

6 캐나다 → 영국

Could I borrow your car tomorrow?
(A) Dave already asked me.
(B) The repairs weren't expensive.
(C) I just learned to drive.

repair [미 ripέər, 영 ripéə] 수리, 보수; 수리하다

해석 내일 당신의 자동차를 빌릴 수 있을까요?
(A) Dave가 이미 부탁했어요.
(B) 수리는 비싸지 않았어요.
(C) 저는 운전하는 것을 이제 막 배웠어요.

해설 차를 빌려달라는 요청 의문문이다. Could I가 요청하는 표현임을 이해할 수 있어야 한다.
(A) [o] Dave가 이미 부탁했다는 말로 요청을 간접적으로 거절했으므로 정답이다.
(B) [×] car(자동차)와 관련된 repairs(수리)를 사용하여 혼동을 준 오답이다.
(C) [×] car(자동차)와 관련된 drive(운전하다)를 사용하여 혼동을 준 오답이다.

7 미국 → 캐나다

Has Sandra visited your apartment yet?
(A) About the lease.
(B) She's stopping by today.
(C) No, I can't.

lease [liːs] 임대 stop by ~에 들르다

해석 Sandra가 이미 당신의 아파트를 방문했나요?
(A) 임대에 관해서요.
(B) 그녀는 오늘 들를 거예요.
(C) 아니요, 저는 할 수 없어요.

해설 Sandra가 아파트를 방문했는지를 확인하는 조동사(Have) 의문문이다.
(A) [×] apartment(아파트)와 관련된 lease(임대)를 사용하여 혼동을 준 오답이다.
(B) [o] 그녀가 오늘 들를 것이라는 말로 그녀가 방문하지 않았음을 간접적으로 전달했으므로 정답이다.
(C) [×] 질문의 주체가 제3자(Sandra)인데 I로 응답했으므로 오답이다. 질문의 your apartment를 듣고 I를 주체로 혼동하지 않도록 주의한다.

8 캐나다 → 영국

Doesn't Larry attend Sprewell College?
(A) No, he graduated.
(B) I will attend to it.
(C) A famous university.

attend [əténd] 다니다, 전념하다 graduate [grǽdʒuèit] 졸업하다

해석 Larry가 Sprewell 대학에 다니지 않나요?
(A) 아니요, 그는 졸업했어요.
(B) 저는 그것에 전념할 거예요.
(C) 유명한 대학교예요.

해설 Larry가 Sprewell 대학에 다닌다는 사실을 확인하는 부정 의문문이다.
(A) [o] No로 대학에 다니지 않음을 전달한 후, 이미 졸업했다는 추가 정보를 제공했으므로 정답이다.
(B) [×] 질문의 attend(다니다)를 '전념하다'라는 의미로 사용하여 혼동을 준 오답이다.
(C) [×] College(대학)와 같은 의미인 university(대학교)를 사용하여 혼동을 준 오답이다.

9 호주 → 영국

Why has he taken a part-time job?
(A) To help pay for his tuition.
(B) He couldn't go to the party.
(C) Early next month.

part-time [미 pàːrttáim, 영 pàːttáim] 시간제의
tuition [tjuːíʃən] 수업료

해석 그는 왜 시간제 일을 구했나요?
(A) 수업료를 내는 데 보태기 위해서요.
(B) 그는 파티에 갈 수 없었어요.
(C) 다음 달 초에요.

해설 시간제 일을 구한 이유를 묻는 Why 의문문이다.
(A) [o] 수업료를 내는 데 보태기 위해서라는 이유를 언급했으므로 정답이다. To 부정사가 이유를 나타내는 표현임을 이해할 수 있어야 한다.
(B) [x] part-time-party의 유사 발음 어휘를 사용하여 혼동을 준 오답이다.
(C) [x] 특정 시점을 물을 때 사용할 수 있는 응답이므로 오답이다.

10 캐나다 → 영국

When are you planning to talk to the client?
(A) We've never met.
(B) No, he is unavailable.
(C) The meeting is tomorrow.

client [kláiənt] 고객, 손님 unavailable [ʌ̀nəvéiləbl] 부재 중인, 없는

해석 언제 고객과 논의할 계획이세요?
(A) 우리는 전혀 만난 적이 없어요.
(B) 아니요, 그는 부재 중이에요.
(C) 회의는 내일이에요.

해설 언제 고객과 논의할지를 묻는 When 의문문이다.
(A) [x] talk to(논의하다)와 관련된 met(만났다)을 사용하여 혼동을 준 오답이다.
(B) [x] 의문사 의문문에 No로 응답했으므로 오답이다.
(C) [o] tomorrow(내일)라는 특정 시점을 언급했으므로 정답이다.

11 미국 → 호주

Why has the presentation been rescheduled?
(A) It will be finished tomorrow.
(B) I have a business trip.
(C) Check your schedule.

reschedule [rìːskédʒuːl] 일정을 변경하다

해석 왜 발표 일정이 변경되었나요?
(A) 내일 끝날 거예요.
(B) 제가 출장이 있어요.
(C) 당신의 일정을 확인해보세요.

해설 발표 일정이 변경된 이유를 묻는 Why 의문문이다.
(A) [x] rescheduled(일정이 변경되다)와 관련된 tomorrow(내일)를 사용하여 혼동을 준 오답이다.
(B) [o] 출장이 있다는 이유를 언급했으므로 정답이다.
(C) [x] rescheduled-schedule의 유사 발음 어휘를 사용하여 혼동을 준 오답이다.

12 캐나다 → 영국

Who was selected for the director position?
(A) The head of accounting.
(B) It will be sent directly to you.
(C) No, there isn't one.

select [silékt] 선출하다, 뽑다 position [pəzíʃən] 직위, 자리

해석 누가 부장직에 선출되었나요?
(A) 회계팀장이요.
(B) 그것은 곧장 당신에게 보내질 거예요.
(C) 아니요, 하나도 없어요.

해설 누가 부장직에 선출되었는지를 묻는 Who 의문문이다.
(A) [o] The head of accounting(회계팀장)이라는 특정 인물을 언급했으므로 정답이다.
(B) [x] director-directly의 유사 발음 어휘를 사용하여 혼동을 준 오답이다.
(C) [x] 의문사 의문문에 No로 응답했으므로 오답이다.

13 미국 → 호주

How about reviewing the plans tomorrow?
(A) That's fine with me.
(B) Yes, I have plans for the weekend.
(C) The meeting begins at 9 A.M.

review [rivjúː] 검토하다 plan [plæn] 계획안, 계획

해석 내일 계획안들을 검토하는 게 어때요?
(A) 저는 좋아요.
(B) 네, 저는 주말에 계획이 있어요.
(C) 회의는 오전 9시에 시작해요.

해설 내일 계획안들을 검토하자는 제안 의문문이다. How about이 제안하는 표현임을 이해할 수 있어야 한다.
(A) [o] That's fine(좋아요)이라는 말로 제안을 수락했으므로 정답이다.
(B) [x] 질문의 plans(계획안들)를 '계획'이라는 의미로 반복 사용하여 혼동을 준 오답이다.
(C) [x] tomorrow(내일)와 관련된 시간 표현인 9 A.M.(오전 9시)을 사용하여 혼동을 준 오답이다.

14 캐나다 → 영국

Where will you be going during your leave?
(A) To a resort in Jamaica.
(B) In the first week in May.
(C) I'll be leaving the office at five.

해석 당신은 휴가 동안에 어디에 갈 건가요?
(A) 자메이카에 있는 리조트로요.
(B) 5월 첫째 주에요.
(C) 저는 5시에 사무실을 떠날 거예요.

해설 휴가에 어디에 갈 건지를 묻는 Where 의문문이다.
(A) [o] a resort in Jamaica(자메이카에 있는 리조트)라는 특정 장소를 언급했으므로 정답이다.
(B) [x] 특정 시점을 물을 때 사용할 수 있는 응답이므로 오답이다.
(C) [x] 질문의 leave(휴가)를 '떠나다'라는 의미의 동사 leaving으로 사용하여 혼동을 준 오답이다.

15 미국 → 호주

Let's get the housework finished today.
(A) Yes, I work on Saturdays.
(B) Can you wait for half an hour?
(C) Earlier this afternoon.

housework [háuswə̀ːrk] 집안일, 가사

해석 오늘 집안일을 끝내도록 해요.
(A) 네, 저는 토요일마다 일해요.

(B) 30분 정도 기다려 주시겠어요?
(C) 오늘 오후 일찍이요.

해설 오늘 집안일을 끝내자고 제안하는 평서문이다.
(A) [x] housework-work의 유사 발음 어휘를 사용하여 혼동을 준 오답이다.
(B) [o] Can you wait(기다려 주시겠어요)이라는 말로 제안을 간접적으로 수락했으므로 정답이다.
(C) [x] today(오늘)와 관련된 this afternoon(오늘 오후)을 사용하여 혼동을 준 오답이다.

16 호주 → 미국

How do you like working at the company?
(A) That should work.
(B) Today's my first day.
(C) I'll do it right now.

work [미 wəːrk, 영 wəːk] 일하다, 효과가 있다, 작용하다

해석 회사에서 일하는 건 어때요?
(A) 그것이 효과가 있을 거예요.
(B) 오늘이 제 첫날이에요.
(C) 제가 지금 바로 그것을 할게요.

해설 회사에서 일하는 것이 어떤지를 묻는 How 의문문이다. How do you like가 의견을 묻는 것임을 이해할 수 있어야 한다.
(A) [x] 질문의 working(일하다)을 '효과가 있다'라는 의미의 동사 work로 사용하여 혼동을 준 오답이다.
(B) [o] 오늘이 첫날이라는 말로 모르겠다는 간접적인 응답을 했으므로 정답이다.
(C) [x] working(일하다)과 관련된 do(하다)를 사용하여 혼동을 준 오답이다.

17 영국 → 캐나다

Are we visiting the new office this afternoon?
(A) Right after lunch.
(B) Construction begins tomorrow.
(C) No, we haven't seen him.

해석 우리가 오늘 오후에 새 사무실을 방문할 건가요?
(A) 점심 직후에요.
(B) 건설 공사가 내일 시작돼요.
(C) 아니요, 우리는 그를 보지 못했어요.

해설 오후에 사무실을 방문할 것인지를 확인하는 Be 동사 의문문이다.
(A) [o] Right after lunch(점심 직후)로 사무실을 방문할 시기를 언급하여 방문할 것임을 간접적으로 전달했으므로 정답이다.
(B) [x] new office(새 사무실)와 관련된 Construction(건설 공사)을 사용하여 혼동을 준 오답이다.
(C) [x] him이 나타내는 대상이 질문에 없으며, visiting(방문하다)과 관련된 seen(보다)을 사용하여 혼동을 준 오답이다.

18 호주 → 영국

Would you rather be paid in cash or by check?
(A) I cashed it in at the bank.
(B) Let me check your account.
(C) Either way is fine with me.

cash [kæʃ] 현금; 현금으로 바꾸다 account [əkáunt] 계좌, 계정
either [미 íːðər, 영 áiːðə] 어느 쪽의 ~이든지, 어느 하나의

해석 현금으로 받으시겠어요, 수표로 받으시겠어요?
(A) 전 그것을 은행에서 현금으로 바꾸었어요.
(B) 계좌를 확인해드리겠습니다.
(C) 어느 방식이든 전 괜찮아요.

해설 받을 것으로 현금과 수표 중 하나를 선택하도록 요구하는 선택 의문문이다.
(A) [x] 질문의 cash(현금)를 '현금으로 바꾸다'라는 의미의 동사 cashed로 사용하여 혼동을 준 오답이다.
(B) [x] 질문의 check(수표)를 '확인하다'라는 의미의 동사로 사용하여 혼동을 준 오답이다.
(C) [o] 어느 방식이든 괜찮다는 말로 둘 다 선택했으므로 정답이다.

19 미국 → 호주

I need two train tickets to Berlin for this evening, please.
(A) Would that be first or second class?
(B) You can refund your ticket.
(C) Yes, he'll train the new workers.

train [trein] 기차; 훈련시키다 refund [rifʌ́nd] 환불하다

해석 오늘 저녁 베를린으로 가는 기차표 두 장이 필요해요.
(A) 일등석으로요, 아니면 이등석으로요?
(B) 당신은 표를 환불할 수 있어요.
(C) 네, 그가 새로운 작업자들을 훈련시킬 거예요.

해설 베를린으로 가는 기차표를 요청하는 평서문이다.
(A) [o] 일등석과 이등석 중 어떤 좌석을 원하는지 되물어 요청을 간접적으로 수락했으므로 정답이다.
(B) [x] 질문의 tickets를 ticket으로 반복 사용하여 혼동을 준 오답이다.
(C) [x] 질문의 train(기차)을 '훈련시키다'라는 의미의 동사로 사용하여 혼동을 준 오답이다.

20 캐나다 → 영국

Isn't there a later flight for Denver on Saturday?
(A) I really wish there was.
(B) Our flight arrived early.
(C) As quickly as possible, please.

flight [flait] 비행기, 비행

해석 토요일에 덴버로 가는 더 늦은 비행기가 있지 않나요?
(A) 그런 게 있었으면 정말 좋겠네요.
(B) 우리 비행기는 일찍 도착했어요.
(C) 가능한 한 빨리요.

해설 덴버로 가는 더 늦은 비행기가 있는지의 사실을 확인하는 부정 의문문이다.
(A) [o] 그런 게 있었으면 좋겠다는 말로 그런 비행기가 없음을 간접적으로 전달했으므로 정답이다.
(B) [x] 질문의 flight을 반복 사용하여 혼동을 준 오답이다.
(C) [x] later(더 늦은)와 관련된 quickly(빨리)를 사용하여 혼동을 준 오답이다.

21 미국 → 캐나다

He is likely to take the job, isn't he?
(A) He needs some time to make a decision.
(B) He works at the bank.
(C) A higher salary and better benefits.

make a decision 결정을 내리다 salary [sǽləri] 월급
benefit [bénəfit] 수당, 혜택

해석 그가 그 일을 맡을 것 같아요, 안 그런가요?
(A) 그는 결정을 내리는 데 시간이 좀 필요해요.
(B) 그는 은행에서 일해요.
(C) 더 높은 월급과 더 나은 수당이요.

해설 그가 일을 맡을지의 사실을 확인하는 부가 의문문이다.
(A) [o] 그가 결정하는 데 시간이 좀 필요하다는 말로 아직 모르겠다는 것을 간접적으로 전달했으므로 정답이다.
(B) [x] job(일)과 관련된 works(일하다)를 사용하여 혼동을 준 오답이다.

(C) [×] job(일)과 관련된 salary(월급)를 사용하여 혼동을 준 오답이다.

22 호주 → 미국

When will Caroline Roberts be arriving from Florida?
(A) I'll check with her secretary.
(B) She's catching a flight.
(C) She will drive her own car.

secretary[sékrətèri] 비서 catch[kætʃ] 타다, 잡다

해석 Caroline Roberts는 언제 플로리다에서 도착하나요?
(A) 그녀의 비서에게 확인해 볼게요.
(B) 그녀는 비행기를 탈 거예요.
(C) 그녀는 자신의 차를 운전할 거예요.

해설 Caroline Roberts가 언제 플로리다에서 도착하는지를 묻는 When 의문문이다.
(A) [○] 확인해 보겠다는 말로 모른다는 것을 간접적으로 전달했으므로 정답이다.
(B) [×] arriving from(~에서 도착하다)과 관련된 catching a flight(비행기를 타다)를 사용하여 혼동을 준 오답이다.
(C) [×] arriving-drive의 유사 발음 어휘를 사용하여 혼동을 준 오답이다.

23 영국 → 캐나다

Where is the best spot to park when I come to your office?
(A) Anytime between two and five.
(B) Use the garage next door.
(C) I often take a walk in the park.

spot[미 spɑt, 영 spɔt] 장소 garage[gəráːʒ] 차고

해석 제가 당신 사무실에 올 때 주차하기 가장 좋은 장소는 어디인가요?
(A) 2시에서 5시 사이에 아무 때나요.
(B) 옆 건물의 차고를 이용하세요.
(C) 저는 종종 공원에서 산책을 해요.

해설 주차하기 가장 좋은 장소가 어디인지를 묻는 Where 의문문이다.
(A) [×] 특정 시점을 물을 때 사용할 수 있는 응답이므로 오답이다.
(B) [○] garage next door(옆 건물의 차고)라는 특정 장소를 언급했으므로 정답이다.
(C) [×] 질문의 park(주차하다)를 '공원'이라는 의미의 명사로 사용하여 혼동을 준 오답이다.

24 호주 → 영국

I was just told that I got the promotion.
(A) That's terrific news!
(B) A higher salary.
(C) Yes, we promoted the product.

promotion[미 prəmóuʃən, 영 prəmə́uʃən] 승진
promote[미 prəmóut, 영 prəmə́ut] 홍보하다

해석 저는 방금 승진했다는 소식을 들었어요.
(A) 정말 좋은 소식이네요!
(B) 더 높은 연봉이요.
(C) 네, 그 제품을 홍보했어요.

해설 자신의 승진 소식에 기쁘다는 감정을 표현하는 평서문이다.
(A) [○] 정말 좋은 소식이라는 말로 함께 기뻐해주고 있으므로 정답이다.
(B) [×] promotion(승진)과 관련된 higher salary(더 높은 연봉)를 사용하여 혼동을 준 오답이다.
(C) [×] promotion-promoted의 유사 발음 어휘를 사용하여 혼동을 준 오답이다.

25 미국 → 호주

Should we consider hiring more people this year?
(A) Twice a year.
(B) We need to plan on doing it.
(C) Our patent application was approved.

consider[kənsídər] 고려하다 plan on ~을 할 계획이다
patent application 특허 신청 approve[əprúːv] 승인하다

해석 우리가 올해 더 많은 사람들을 고용하는 것을 고려해야 하나요?
(A) 1년에 두 번이요.
(B) 그것을 하는 것을 계획할 필요가 있어요.
(C) 우리의 특허 신청이 승인되었어요.

해설 사람들을 더 고용하는 것을 고려해야 하는지 의무적 상황을 확인하는 조동사(Should) 의문문이다.
(A) [×] 질문의 year를 반복 사용하여 혼동을 준 오답이다.
(B) [○] We need to(할 필요가 있어요)라는 말로 고려해야 함을 간접적으로 전달했으므로 정답이다.
(C) [×] hiring(고용)과 관련된 application(신청)을 사용하여 혼동을 준 오답이다.

실전 고수되기

Course 01 의문사 의문문

1. Who 의문문

Hackers Practice p.115

1. (B)	2. (C)	3. (B)	4. (B)	5. (B)	6. (C)
7. (A)	8. (A)	9. (B)	10. (A)	11. (B)	12. (C)
13. (A)	14. (C)	15. (A)	16. (B)	17. (A)	18. (A)
19. (B)	20. (C)				

1 캐나다 → 영국

Who did you meet with this morning?
(A) Yes, right away.
(B) The head accountant.
(C) Just downtown.

downtown[dàuntáun] 시내에

해석 오늘 아침에 누구를 만났나요?
(A) 네, 즉시요.
(B) 수석 회계사요.
(C) 바로 시내에요.

해설 오늘 누구를 만났는지를 묻는 Who 의문문이다.
(A) [×] 의문사 의문문에 Yes로 응답했으므로 오답이다.
(B) [○] head accountant(수석 회계사)라는 특정 직책을 언급했으므로 정답이다.
(C) [×] 특정 장소를 물을 때 사용할 수 있는 응답이므로 오답이다.

2 미국 → 호주

Who designed this advertisement?
(A) No, not yet.
(B) It looks great.
(C) Edge Marketing Services.

해석 이 광고를 누가 제작했나요?
(A) 아니요, 아직이요.
(B) 멋져 보이네요.
(C) Edge Marketing Services사가요.

해설 광고를 누가 제작했는지를 묻는 Who 의문문이다.
(A) [x] 의문사 의문문에 No로 응답했으므로 오답이다.
(B) [x] designed(제작했다)와 관련된 looks great(멋져 보인다)를 사용하여 혼동을 준 오답이다.
(C) [o] Edge Marketing Services사라는 특정 회사를 언급했으므로 정답이다.

3 캐나다 → 미국

Who called the IT department about a printer problem?
(A) Before noon.
(B) I think the marketing department did.
(C) He needed assistance.

assistance [əsístəns] 도움

해석 프린터 문제에 대해 누가 IT 부서에 전화했나요?
(A) 정오 이전에요.
(B) 마케팅 부서가 했을 거예요.
(C) 그는 도움이 필요했어요.

해설 프린터 문제에 대해 누가 전화했는지를 묻는 Who 의문문이다.
(A) [x] 특정 시점을 물을 때 사용할 수 있는 응답이므로 오답이다.
(B) [o] marketing department(마케팅 부서)라는 특정 부서를 언급했으므로 정답이다.
(C) [x] problem(문제)과 관련된 assistance(도움)를 사용하여 혼동을 준 오답이다.

4 캐나다 → 영국

Who was promoted to manager?
(A) Give it to your team leader.
(B) Jenny Davis from sales.
(C) He deserved it.

promote [prəmóut] 승진시키다 deserve [미 dizə́ːrv, 영 dizə́ːv] 그럴 만하다

해석 누가 관리자로 승진되었나요?
(A) 그것을 당신의 팀장에게 주세요.
(B) 판매부의 Jenny Davis요.
(C) 그는 그럴 만했어요.

해설 누가 관리자로 승진되었는지를 묻는 Who 의문문이다.
(A) [x] manager(관리자)와 관련된 team leader(팀장)를 사용하여 혼동을 준 오답이다. team leader만 듣고 정답으로 고르지 않도록 주의한다.
(B) [o] Jenny Davis라는 특정 인물을 언급했으므로 정답이다.
(C) [x] He가 나타내는 대상이 질문에 없고, promoted(승진시키다)와 관련된 deserved(그럴 만했다)를 사용하여 혼동을 준 오답이다.

5 미국 → 호주

Whose laptop computer is over there?
(A) Yes, there's Internet.
(B) It belongs to John.
(C) The one with the yellow cover.

belong to ~의 것이다 cover [미 kʌ́vər, 영 kʌ́və] 덮개; 덮다

해석 저기에 있는 것은 누구의 노트북인가요?
(A) 네, 인터넷이 있어요.
(B) John의 것이에요.
(C) 노란색 덮개가 있는 것이에요.

해설 저기에 있는 것이 누구의 노트북인지를 묻는 Whose 의문문이다.
(A) [x] 의문사 의문문에 Yes로 응답했으므로 오답이다.
(B) [o] John이라는 특정 인물을 언급했으므로 정답이다. belongs to가 '~의 것이다'라는 의미로 소유를 나타냄을 알아둔다.
(C) [x] over-cover의 유사 발음 어휘를 사용하여 혼동을 준 오답이다. The one~ 은 특정 종류를 물을 때 자주 사용되는 응답임을 알아둔다.

6 영국 → 호주

Who's joining us for lunch today?
(A) For three people.
(B) Just recently.
(C) Let me check.

해석 오늘 점심에 누가 우리와 함께하나요?
(A) 3명이요.
(B) 바로 최근에요.
(C) 제가 확인해 볼게요.

해설 오늘 점심에 누가 함께하는지를 묻는 Who 의문문이다.
(A) [x] 특정 수량을 물을 때 사용할 수 있는 응답이므로 오답이다.
(B) [x] today(오늘)와 관련된 recently(최근에)를 사용하여 혼동을 준 오답이다.
(C) [o] 확인해 보겠다는 말로 당장은 모른다는 간접적인 응답을 했으므로 정답이다.

7 캐나다 → 영국

Who's going to manage our branch office in Seattle?
(A) You might be put in charge.
(B) In another building.
(C) They branched out into the market.

branch [bræntʃ] 지점 branch out 사업을 확장하다

해석 누가 시애틀에 있는 지점을 관리할 건가요?
(A) 당신이 담당하게 될지도 몰라요.
(B) 다른 건물에서요.
(C) 그들은 시장으로 사업을 확장했어요.

해설 누가 시애틀에 있는 지점을 관리할 것인지를 묻는 Who 의문문이다.
(A) [o] You(당신)라는 특정 인물을 언급했으므로 정답이다. You 즉, 질문 당사자를 사용한 응답에 유의한다.
(B) [x] 특정 장소를 물을 때 사용할 수 있는 응답이므로 오답이다.
(C) [x] 질문의 branch(지점)를 '사업을 확장하다'라는 의미의 branched out으로 사용하여 혼동을 준 오답이다.

8 미국 → 호주

Whom can we speak to regarding our mortgage rate?
(A) Mr. Lee will be able to assist you.
(B) No, the mortgage application was denied.
(C) Please speak more quietly.

regarding [rigɑ́ːrdiŋ] ~에 관해
mortgage rate 주택 담보 대출 금리 deny [dinái] 거절하다

해석 주택 담보 대출 금리에 관해 누구와 이야기할 수 있을까요?
(A) Mr. Lee가 당신을 도울 수 있을 거예요.
(B) 아니요, 주택 담보 대출 신청서가 거절되었어요.
(C) 더 조용히 말씀해주세요.

해설 주택 담보 대출 금리에 관해 누구와 이야기할 수 있는지를 묻는 Whom 의문문이다.
(A) [o] Mr. Lee라는 특정 인물을 언급했으므로 정답이다.
(B) [x] 의문사 의문문에 No로 응답했으므로 오답이다.
(C) [x] 질문의 speak를 반복 사용하여 혼동을 준 오답이다.

9 호주 → 미국

Who will handle clients in Mr. Warner's absence?
(A) You handled yourself well.
(B) It hasn't been decided yet.
(C) He'll do a great job.

in one's absence ~이 없는 사이에

해석 Mr. Warner가 없는 사이에 누가 고객들을 다룰 건가요?
(A) 당신은 자기 자신을 잘 다스렸어요.
(B) 그것은 아직 결정되지 않았어요.
(C) 그는 잘해낼 거예요.

해설 Mr. Warner가 없는 사이에 누가 고객들을 다룰 것인지를 묻는 Who 의문문이다.
(A) [x] 질문의 handle을 handled로 반복 사용하여 혼동을 준 오답이다.
(B) [o] 아직 결정되지 않았다는 말로 아직 특정 인물이 지정되지 않았다는 간접적인 응답을 했으므로 정답이다.
(C) [x] Who will(누가 ~할 것인가)과 관련된 He'll(그가 ~할 것이다)을 사용하였지만, 부재 중일 Mr. Warner 외에 He를 나타내는 대상이 질문에 없으므로 오답이다.

10 캐나다 → 영국

Who's in charge of taking down the minutes of the meeting?
(A) I'm supposed to do it.
(B) In the conference room.
(C) Just a few minutes ago.

in charge of 담당의, ~을 맡고 있는 take down 작성하다, 기록하다
minutes [mínits] 회의록

해석 회의록 작성을 누가 담당하고 있나요?
(A) 제가 하기로 되어있어요.
(B) 회의실에서요.
(C) 바로 몇 분 전에요.

해설 회의록 작성을 누가 담당하는지를 묻는 Who 의문문이다.
(A) [o] I(자신)라는 특정 인물을 언급했으므로 정답이다. 즉, 답변 당사자를 사용한 응답에 유의한다.
(B) [x] 특정 장소를 물을 때 사용할 수 있는 응답이며, meeting(회의)과 관련된 conference room(회의실)을 사용하여 혼동을 준 오답이다.
(C) [x] 질문의 minutes(회의록)를 '분'이라는 의미로 사용하여 혼동을 준 오답이다.

11 미국 → 호주

Who did you pick up at the bus terminal?
(A) It was a fairly long trip.
(B) A friend of mine from college.
(C) I've never taken a tour bus.

pick up 데리고 오다

해석 버스 터미널에서 누구를 데리고 왔나요?
(A) 꽤 긴 여행이었어요.
(B) 대학교 시절의 제 친구요.
(C) 저는 관광버스를 타본 적이 없어요.

해설 버스 터미널에서 누구를 데리고 왔는지를 묻는 Who 의문문이다.
(A) [x] bus terminal(버스 터미널)과 관련된 trip(여행)을 사용하여 혼동을 준 오답이다.
(B) [o] A friend of mine(제 친구)이라는 특정 인물을 언급했으므로 정답이다.
(C) [x] 질문의 bus를 반복 사용하여 혼동을 준 오답이다.

12 영국 → 캐나다

Who do you think should be hired for the job?
(A) Nobody will be fired.
(B) I think the assignment went well.
(C) Let's review the applications again.

hire [미 haiər, 영 haiə] 고용하다 fire [faiər] 해고하다
assignment [əsáinmənt] 업무, 일

해석 그 일자리에 누가 고용되어야 한다고 생각하나요?
(A) 아무도 해고되지 않을 거예요.
(B) 그 업무는 잘 진행됐다고 생각해요.
(C) 지원서들을 다시 검토해 봅시다.

해설 그 일자리에 누가 고용되어야 한다고 생각하는지를 묻는 Who 의문문이다.
(A) [x] hire-fire의 유사 발음 어휘를 사용하고, hired(고용되다)와 관련된 fired(해고되다)를 사용하여 혼동을 준 오답이다.
(B) [x] job(일자리)과 관련된 assignment(업무)를 사용하여 혼동을 준 오답이다.
(C) [o] 지원서들을 다시 검토해 보자는 말로 아직 모르겠다는 간접적인 응답을 했으므로 정답이다.

13 호주 → 영국

Who are you taking to the opera?
(A) I'm bringing my parents.
(B) We aren't leaving until later.
(C) Yes, I enjoyed it a lot.

해석 오페라에 누구를 데려갈 건가요?
(A) 저희 부모님을 모시고 갈 거예요.
(B) 저희는 나중이 되어서야 출발할 거예요.
(C) 네, 저는 그것을 정말 즐겼어요.

해설 오페라에 누구를 데려갈 것인지를 묻는 Who 의문문이다.
(A) [o] my parents(저희 부모님)라는 특정 인물을 언급했으므로 정답이다.
(B) [x] 누구를 데려갈 것인지를 물었는데 시간으로 응답했으므로 오답이다. taking(데리고 가다)과 관련된 leaving(출발하다)을 사용하여 혼동을 주었다.
(C) [x] 의문사 의문문에 Yes로 응답했고, opera(오페라)와 관련된 enjoyed(즐겼다)를 사용하여 혼동을 준 오답이다.

14 미국 → 캐나다

Who is in charge of organizing the staff party?
(A) I will charge it to your account.
(B) Part of it has yet to be paid for.
(C) You'll need to ask John about that.

in charge of ~을 담당하는 organize [ɔ́:rgənàiz] 준비하다
charge [tʃɑ:rdʒ] 청구하다 account [əkáunt] 계좌

해석 누가 직원 파티를 준비하는 것을 담당하나요?
(A) 제가 그것을 당신의 계좌로 청구할게요.
(B) 일부가 아직 지불되지 않았어요.
(C) 그것에 대해서는 John에게 물어봐야 해요.

해설 직원 파티 준비를 누가 담당하는지를 묻는 Who 의문문이다.
(A) [x] 질문의 charge(담당)를 '청구하다'라는 의미의 동사로 사용하여 혼동을 준 오답이다.
(B) [x] party-Part의 유사 발음 어휘를 사용하였고, 질문의 in charge of(~을 담당하는)에서 charge의 다른 의미인 '요금'과 관련된 paid(지불되다)를 사용하여 혼동을 준 오답이다.
(C) [o] 그것에 대해서는 John에게 물어봐야 한다는 말로 자신은 모른다는 간접적인 응답을 했으므로 정답이다.

15 호주 → 미국

Who needs a key for the storage locker in the basement?
(A) Jeremy asked for one.
(B) The warehouse is large enough.
(C) Enter the security code.

storage [stɔ́:ridʒ] 창고 locker [미 lákər, 영 lɔ́kə] 사물함
basement [béismənt] 지하실 warehouse [미 wɛ́ərhàus, 영 wéəhaus] 창고

해석 지하실에 있는 창고 사물함의 열쇠를 누가 필요로 하나요?
(A) Jeremy가 하나를 요청했어요.
(B) 창고는 충분히 커요.
(C) 보안 코드를 입력하세요.

해설 지하실에 있는 창고 사물함 열쇠를 누가 필요로 하는지를 묻는 Who 의문문이다.
(A) [o] Jeremy라는 특정 인물을 언급했으므로 정답이다.
(B) [x] storage(창고)와 같은 의미인 warehouse를 사용하여 혼동을 준 오답이다.
(C) [x] key(열쇠)와 관련된 security code(보안 코드)를 사용하여 혼동을 준 오답이다.

16 캐나다 → 영국

Who left the portable hard drive sitting on the counter?
(A) Yes, it's the latest technology.
(B) I think it belongs to Mr. Benson.
(C) I don't know who she is.

portable [미 pɔ́:rtəbl, 영 pɔ́ʌ:təbl] 휴대용의, 들고 다닐 수 있는
latest [léitist] 최신의 belong to ~의 것이다

해석 휴대용 하드 드라이브를 누가 계산대 위에 두고 갔나요?
(A) 네, 그것은 최신 기술이에요.
(B) Mr. Benson의 것인 것 같아요.
(C) 저는 그 여자가 누구인지 몰라요.

해설 휴대용 하드 드라이브를 누가 계산대 위에 두고 갔는지를 묻는 Who 의문문이다.
(A) [x] 의문사 의문문에 Yes로 응답했고, hard drive(하드 드라이브)와 관련된 technology(기술)를 사용하여 혼동을 준 오답이다.
(B) [o] Mr. Benson이라는 특정 인물을 언급했으므로 정답이다. belong to가 '~의 것이다'라는 의미로 소유를 나타냄을 알아둔다.
(C) [x] 질문의 Who를 반복 사용하여 혼동을 준 오답이다.

17 영국 → 호주

Who worked the evening shift yesterday?
(A) I'll have to check the schedule.
(B) No, it's still not working properly.
(C) I can cover that shift for you.

shift [ʃift] 교대조, 교대 근무 cover [미 kʌ́vər, 영 kʌ́və] 대신하다, 덮다

해석 어제 저녁 교대조에 누가 일했나요?
(A) 일정표를 확인해 봐야 해요.
(B) 아니요, 그것은 여전히 제대로 작동하지 않고 있어요.
(C) 제가 당신을 위해 그 교대 근무를 대신할 수 있어요.

해설 어제 저녁 교대조에 누가 일했는지를 묻는 Who 의문문이다.
(A) [o] 일정표를 확인해 봐야 한다는 말로 지금은 모른다는 간접적인 응답을 했으므로 정답이다.
(B) [x] 의문사 의문문에 No로 응답했고, 질문의 worked(일했다)를 '작동하다'라는 의미의 working으로 사용하여 혼동을 준 오답이다.
(C) [x] 질문의 shift를 반복 사용하여 혼동을 준 오답이다.

18 미국 → 캐나다

Who does the shopper want to speak with regarding his complaint?
(A) He requested the department store manager.
(B) We all found the speech to be quite interesting.
(C) Actually, customers are lined up outside the door.

complaint [kəmpléint] 불만, 불평 line up 줄 서다

해석 그 쇼핑객은 불만에 관해 누구와 이야기하고 싶어 하나요?
(A) 그는 백화점 관리자를 요청했어요.
(B) 우리 모두 그 연설이 꽤 흥미롭다고 생각했어요.
(C) 사실, 고객들이 문 밖에 줄 서 있어요.

해설 쇼핑객이 불만에 관해 누구와 이야기하고 싶어 하는지를 묻는 Who 의문문이다.
(A) [o] department store manager(백화점 관리자)라는 특정 직책을 언급했으므로 정답이다.
(B) [x] speak의 파생어인 speech를 사용하여 혼동을 준 오답이다.
(C) [x] shopper(쇼핑객)와 같은 의미인 customers(고객들)를 사용하여 혼동을 준 오답이다.

19 호주 → 미국

Who waters the plants in your yard when you're away?
(A) To a resort near the sea.
(B) My neighbor takes care of them.
(C) I'll make sure to throw it away.

water [미 wátər, 영 wɔ́:tə] 물을 주다; 물 be away 부재 중이다, 없다

해석 당신이 부재 중일 때 누가 당신 마당에 있는 식물에 물을 주나요?
(A) 바다 근처의 리조트로요.
(B) 제 이웃이 돌봐 줘요.
(C) 반드시 그것을 버리도록 할게요.

해설 부재 중일 때 누가 마당에 있는 식물에 물을 주는지를 묻는 Who 의문문이다.
(A) [x] 질문의 waters(물을 주다)에서 연상할 수 있는 물과 관련된 sea(바다)를 사용하여 혼동을 준 오답이다.
(B) [o] My neighbor(제 이웃)라는 특정 인물을 언급했으므로 정답이다.
(C) [x] 질문의 away를 반복 사용하여 혼동을 준 오답이다.

20 영국 → 호주

Who should we promote to the factory supervisor position?
(A) Some promotional material.
(B) Manufacturing costs aren't going down.
(C) I have several candidates in mind.

promote [미 prəmóut, 영 prəməut] 승진시키다, 홍보하다
supervisor [미 sú:pərvàizər, 영 sú:pəvaizə] 관리자
candidate [미 kǽndidèit, 영 kǽndidət] 후보자

해석 공장 관리자직으로 누구를 승진시켜야 하나요?
(A) 몇몇 홍보용 자료요.
(B) 제조 원가가 내려가지 않고 있어요.
(C) 저는 몇몇 후보자를 생각해 두고 있어요.

해설 공장 관리자직으로 누구를 승진시켜야 하는지를 묻는 Who 의문문이다.
(A) [x] promote의 파생어인 promotional을 사용하여 혼동을 준 오답이다.
(B) [x] factory(공장)와 관련된 Manufacturing(제조)을 사용하여 혼동을 준 오답이다.
(C) [o] 몇몇 후보자들을 생각해 두고 있다는 말로 아직 특정 인물이 지정되지 않았다는 간접적인 응답을 했으므로 정답이다.

2. Where 의문문

Hackers Practice p.117

1. (C)	2. (B)	3. (A)	4. (A)	5. (C)	6. (C)
7. (B)	8. (A)	9. (B)	10. (C)	11. (B)	12. (B)
13. (A)	14. (C)	15. (C)	16. (C)	17. (A)	18. (C)
19. (C)	20. (C)				

1 캐나다 → 영국

Where do you usually buy your groceries?
(A) Yes, it's by my apartment.
(B) You usually start early.
(C) At a market close to my house.

groceries [미 gróusəriz, 영 grə́usəriz] 식료품

해석 당신은 식료품을 대개 어디에서 구매하나요?
(A) 네, 그건 제 아파트 옆에 있어요.
(B) 당신은 대개 일찍 시작하네요.
(C) 집에서 가까운 시장에서요.

해설 어디에서 식료품을 구매하는지를 묻는 Where 의문문이다.
(A) [x] 의문사 의문문에 Yes로 응답했으므로 오답이다.
(B) [x] 질문의 usually를 반복 사용하여 혼동을 준 오답이다.
(C) [o] At a market(시장에서)이라는 특정 장소를 언급했으므로 정답이다.

2 미국 → 호주

Where do I put used printer paper?
(A) We're trying to reduce waste.
(B) In the recycling bin.
(C) Do you need color copies?

reduce [ridjúːs] 줄이다 waste [weist] 쓰레기 bin [bin] 통

해석 사용한 프린터 용지를 어디에 둘까요?
(A) 우리는 쓰레기를 줄이려고 노력하고 있어요.
(B) 재활용품 통 안에요.
(C) 컬러 복사본들이 필요하세요?

해설 사용한 프린터 용지를 어디에 둘지를 묻는 Where 의문문이다.
(A) [x] used printer paper(사용한 프린터 용지)와 관련된 waste(쓰레기)를 사용하여 혼동을 준 오답이다.
(B) [o] In the recycling bin(재활용품 통 안)이라는 특정 위치를 언급했으므로 정답이다.
(C) [x] printer paper(프린터 용지)와 관련된 color copies(컬러 복사본들)를 사용하여 혼동을 준 오답이다.

3 캐나다 → 미국

Where did last month's training take place?
(A) At the Middleburgh branch.
(B) The train was delayed.
(C) I take courses every year.

training [tréiniŋ] 교육 branch [bræntʃ] 지사

해석 지난달의 교육이 어디에서 열렸나요?
(A) Middleburgh 지사에서요.
(B) 기차가 지연되었어요.
(C) 저는 매년 수업을 들어요.

해설 교육이 어디에서 열렸는지를 묻는 Where 의문문이다.
(A) [o] At the Middleburgh branch(Middleburgh 지사에서)라는 특정 장소를 언급했으므로 정답이다.
(B) [x] training-train의 유사 발음 어휘를 사용하여 혼동을 준 오답이다.
(C) [x] 질문의 take를 반복 사용했으며, training(교육)과 관련된 courses(수업)를 사용하여 혼동을 준 오답이다.

4 캐나다 → 영국

Where did you get the supply request form?
(A) From Ms. Williams.
(B) We have enough.
(C) Formal dress is required.

form [fɔːrm] 서식, 양식 formal [미 fɔ́ːrməl, 영 fɔ́ːməl] 격식 차린

해석 물품 신청서를 어디에서 받았나요?
(A) Ms. Williams로부터요.
(B) 우리는 충분히 가지고 있어요.
(C) 격식을 갖춘 복장이 요구됩니다.

해설 물품 신청서를 어디에서 받았는지를 묻는 Where 의문문이다.
(A) [o] Ms. Williams라는 특정 출처를 언급했으므로 정답이다.
(B) [x] supply request(물품 신청)와 관련된 have enough(충분히 가지고 있다)를 사용하여 혼동을 준 오답이다.
(C) [x] form의 파생어인 Formal을 사용하여 혼동을 준 오답이다.

5 미국 → 호주

Where did Mr. Edwards go after the meeting?
(A) Let's meet this afternoon.
(B) The presentation was great.
(C) To the accountant's office.

accountant [əkáuntənt] 회계사

해석 Mr. Edwards는 회의 후에 어디에 갔나요?
(A) 오늘 오후에 만나요.
(B) 발표가 대단했어요.
(C) 회계사의 사무실로요.

해설 Mr. Edwards가 어디에 갔는지를 묻는 Where 의문문이다.
(A) [x] meeting의 파생어인 meet을 사용하여 혼동을 준 오답이다.
(B) [x] meeting(회의)과 관련된 presentation(발표)을 사용하여 혼동을 준 오답이다.
(C) [o] the accountant's office(회계사의 사무실)라는 특정 장소를 언급했으므로 정답이다.

6 영국 → 호주

Where are the program schedules for the seminar?
(A) I plan on being there a bit early.
(B) There are still a few programs available.
(C) Jerry Warren took them.

해석 세미나 프로그램 일정표들이 어디에 있나요?
(A) 전 그곳에 조금 일찍 갈 계획이에요.
(B) 아직 몇몇 프로그램들이 이용 가능해요.
(C) Jerry Warren이 가져갔어요.

해설 일정표들이 어디에 있는지를 묻는 Where 의문문이다.
(A) [x] schedules(일정표들)와 관련된 plan(계획하다)을 사용하여 혼동을 준 오답이다.
(B) [x] 질문의 program을 programs로 반복 사용하여 혼동을 준 오답이다.
(C) [o] Jerry Warren이 가져갔다는 말로 일정표가 있는 곳을 간접적으로 전달했으므로 정답이다.

7 캐나다 → 영국

Where do they sell newspapers?
(A) A daily publication.
(B) Try the newsstand across the street.

(C) I've finished reading it.

publication [미 pʌ̀bləkéiʃən, 영 pʌ̀blikéiʃən] 발행물
newsstand [njú:zstæ̀nd] 가판대

해석 신문을 어디에서 파나요?
(A) 일간 발행물이에요.
(B) 길 건너 가판대에 가보세요.
(C) 저는 다 읽었어요.

해설 신문을 어디에서 파는지를 묻는 Where 의문문이다.
(A) [x] newspapers(신문)와 관련된 daily publication(일간 발행물)을 사용하여 혼동을 준 오답이다.
(B) [o] the newsstand across the street(길 건너 가판대)이라는 특정 장소를 언급했으므로 정답이다.
(C) [x] newspapers(신문)와 관련된 finished reading(다 읽었다)을 사용하여 혼동을 준 오답이다.

8 미국 → 호주

Where do I go to catch the train to Athens?
(A) It won't arrive until 3 P.M. on platform two.
(B) A return ticket, please.
(C) Yes, I'm planning to take a train.

해석 아테네로 가는 기차를 타려면 어디로 가야 하나요?
(A) 2번 플랫폼에 오후 3시가 되어서야 도착해요.
(B) 왕복표로 주세요.
(C) 네, 저는 기차를 탈 계획이에요.

해설 아테네로 가는 기차를 어디서 타는지를 묻는 Where 의문문이다.
(A) [o] on platform two(2번 플랫폼에)라는 특정 장소를 언급했으므로 정답이다.
(B) [x] train(기차)과 관련된 ticket(표)을 사용하여 혼동을 준 오답이다.
(C) [x] 의문사 의문문에 Yes로 응답했으므로 오답이다.

9 캐나다 → 영국

Where can I find a brochure for this hotel?
(A) I like the color scheme.
(B) Why not ask a front desk clerk?
(C) I'll confirm your booking.

brochure [brouʃúər] 팸플릿, 소책자 color scheme 색채 배합
booking [búkiŋ] 예약

해석 이 호텔 팸플릿을 어디에서 찾을 수 있을까요?
(A) 저는 그 색채 배합이 좋아요.
(B) 프런트 직원에게 물어보는 게 어때요?
(C) 예약을 확인해 드릴게요.

해설 호텔 팸플릿이 어디에 있는지를 묻는 Where 의문문이다.
(A) [x] brochure(팸플릿)의 디자인과 관련된 color scheme(색채 배합)을 사용하여 혼동을 준 오답이다.
(B) [o] 프런트 직원에게 물어보라는 말로 자신은 모른다는 간접적인 응답을 했으므로 정답이다.
(C) [x] hotel(호텔)과 관련된 confirm ~ booking(예약을 확인하다)을 사용하여 혼동을 준 오답이다.

10 호주 → 미국

Where would I be able to obtain information about your new products?
(A) I obtained permission to buy it.
(B) They arrived yesterday.
(C) Simply subscribe to our mailing list.

obtain [əbtéin] 얻다, 획득하다 permission [pərmíʃən] 허가, 허락
subscribe [səbskráib] 신청하다, 써넣다

해석 귀사의 신제품들에 대한 정보를 어디에서 얻을 수 있나요?
(A) 저는 그것을 구매하기 위해 허가를 받았어요.
(B) 그것들은 어제 도착했어요.
(C) 우편물 수신자 명단에 신청하시기만 하면 돼요.

해설 신제품들에 대한 정보를 어디에서 얻을 수 있는지를 묻는 Where 의문문이다.
(A) [x] 질문의 obtain을 obtained로 반복 사용했으며, products(제품들)와 관련된 buy(구매하다)를 사용하여 혼동을 준 오답이다.
(B) [x] 특정 시점을 물을 때 사용할 수 있는 응답이므로 오답이다.
(C) [o] 우편물 수신을 신청하면 된다는 말로 정보를 얻을 수 있는 출처를 간접적으로 전달하고 있으므로 정답이다. Where 의문문에 출처를 언급한 응답이 정답이 될 수도 있음을 알아둔다.

11 캐나다 → 영국

Where is the nearest cash machine?
(A) You can use your credit card too.
(B) I believe there's one at Premium Bank.
(C) To pay for the equipment.

cash machine 현금 인출기 equipment [ikwípmənt] 장비, 비품

해석 가장 가까운 현금 인출기가 어디에 있나요?
(A) 당신은 신용카드도 사용할 수 있어요.
(B) Premium 은행에 하나 있는 걸로 알고 있어요.
(C) 장비 대금을 지불하기 위해서요.

해설 가장 가까운 현금 인출기가 어디에 있는지를 묻는 Where 의문문이다.
(A) [x] cash machine(현금 인출기)에서 연상할 수 있는 돈과 관련된 credit card(신용카드)를 사용하여 혼동을 준 오답이다.
(B) [o] Premium Bank(Premium 은행)라는 특정 장소를 언급했으므로 정답이다.
(C) [x] cash(현금)와 관련된 pay for(지불하다)를 사용하여 혼동을 준 오답이다.

12 미국 → 캐나다

Where will the retailer's new branch be located?
(A) I prefer coming to this location.
(B) Probably in New Orleans.
(C) I would wear something warm.

branch [bræntʃ] 지점 locate [lóukeit] 위치하다

해석 그 소매상의 새 지점은 어디에 위치하게 될 예정인가요?
(A) 저는 이 장소로 오는 것이 더 좋아요.
(B) 아마 뉴올리언스에요.
(C) 저는 따뜻한 것을 입을래요.

해설 소매상의 새 지점이 어디에 위치하게 될 예정인지를 묻는 Where 의문문이다.
(A) [x] located의 파생어인 location을 사용하여 혼동을 준 오답이다.
(B) [o] New Orleans(뉴올리언스)라는 특정 장소를 언급했으므로 정답이다.
(C) [x] Where-wear의 유사 발음 어휘를 사용하여 혼동을 준 오답이다.

13 호주 → 영국

Where would you like to meet for coffee?
(A) The same place we went last week.
(B) I didn't care for it either.
(C) That was a long meeting.

해석 커피를 마시기 위해 어디에서 만나고 싶나요?
(A) 지난주에 우리가 갔던 동일한 장소요.
(B) 저 또한 상관없었어요.
(C) 긴 회의였어요.

해설 커피를 마시기 위해 어디에서 만나고 싶은지를 묻는 Where 의문문이다.

(A) [o] The same place(동일한 장소)라는 특정 장소를 언급했으므로 정답이다.
(B) [x] 미래에 만날 장소를 묻는 질문에 과거 시제로 응답했으므로 오답이다.
(C) [x] meet의 파생어인 meeting을 사용하여 혼동을 준 오답이다.

14 미국 → 호주

Where is the Westin Dental Clinic?
(A) For a teeth cleaning.
(B) It opens at 9:30 A.M. on weekdays.
(C) On the fifth floor of the building.

teeth cleaning 스케일링, 치석 제거 weekday [wíːkdèi] 평일

해석 Westin 치과는 어디에 있나요?
(A) 스케일링을 위해서요.
(B) 평일에는 오전 9시 30분에 열어요.
(C) 그 건물의 5층에요.

해설 Westin 치과가 어디에 있는지를 묻는 Where 의문문이다.
(A) [x] Dental Clinic(치과)과 관련된 teeth cleaning(스케일링)을 사용하여 혼동을 준 오답이다.
(B) [x] 특정 시점을 물을 때 사용할 수 있는 응답이므로 오답이다.
(C) [o] the fifth floor(5층)라는 특정 장소를 언급했으므로 정답이다.

15 캐나다 → 영국

Where can I purchase a subway pass?
(A) Yes, at a reasonable rate.
(B) It is half past five.
(C) They're available in most stations.

purchase [미 pə́ːrtʃəs, 영 pə́ːtʃəs] 구입하다 reasonable [ríːzənəbl] 합리적인
rate [reit] 요금 available [əvéiləbl] 구할 수 있는

해석 지하철 승차권을 어디에서 구입할 수 있나요?
(A) 네, 합리적인 요금으로요.
(B) 5시 반이에요.
(C) 대부분의 역에서 구할 수 있어요.

해설 지하철 승차권을 어디에서 구입할 수 있는지를 묻는 Where 의문문이다.
(A) [x] 의문사 의문문에 Yes로 응답했고, purchase(구입하다)와 관련된 rate(요금)를 사용하여 혼동을 준 오답이다.
(B) [x] pass-past의 유사 발음 어휘를 사용하여 혼동을 준 오답이다.
(C) [o] most stations(대부분의 역)라는 특정 장소를 언급했으므로 정답이다.

16 미국 → 캐나다

Where was the software development conference held last week?
(A) The developers had some suggestions for us.
(B) The application was launched.
(C) Wasn't it in San Francisco?

launch [lɔːntʃ] 출시하다

해석 지난주에 소프트웨어 개발 회의가 어디에서 열렸나요?
(A) 개발자들이 우리에게 몇 가지 제안을 했어요.
(B) 응용 프로그램이 출시되었어요.
(C) 샌프란시스코이지 않았나요?

해설 소프트웨어 개발 회의가 어디에서 열렸는지를 묻는 Where 의문문이다.
(A) [x] development의 파생어인 developers를 사용하여 혼동을 준 오답이다.
(B) [x] software(소프트웨어)와 관련된 application(응용 프로그램)을 사용하여 혼동을 준 오답이다.
(C) [o] 샌프란시스코가 아니었냐고 되물어 회담이 열린 장소가 샌프란시스코였음을 전달했으므로 정답이다.

17 호주 → 영국

Where would you like me to put all of these packages?
(A) Leave them in the staff room.
(B) Yes, you should do that.
(C) It includes packing and shipping.

shipping [ʃípiŋ] 배송, 선적

해석 제가 이 소포들을 모두 어디에 두기를 원하세요?
(A) 직원실에 두세요.
(B) 네, 당신은 그것을 해야 해요.
(C) 포장 및 배송을 포함해요.

해설 소포들을 어디에 두기를 원하는지를 묻는 Where 의문문이다.
(A) [o] staff room(직원실)이라는 특정 장소를 언급했으므로 정답이다.
(B) [x] 의문사 의문문에 Yes로 응답했으므로 오답이다.
(C) [x] packages(소포들)와 관련된 packing and shipping(포장 및 배송)을 사용하여 혼동을 준 오답이다.

18 호주 → 미국

Where do you plan to look for an apartment?
(A) One with three bedrooms.
(B) I saw it the other day.
(C) Most likely in the downtown area.

look for 구하다, 찾다 the other day 지난번 most likely 아마, 필시

해석 아파트를 어디에 구할 계획인가요?
(A) 침실 세 개가 있는 것이요.
(B) 지난번에 그것을 봤어요.
(C) 아마 시내 지역에서요.

해설 아파트를 어디에 구할 계획인지를 묻는 Where 의문문이다.
(A) [x] apartment(아파트)와 관련된 bedrooms(침실)를 사용하여 혼동을 준 오답이다.
(B) [x] look for(구하다)에서 '보다'라는 의미의 look과 같은 의미인 saw(봤다)를 사용하여 혼동을 준 오답이다.
(C) [o] downtown area(시내 지역)라는 특정 장소를 언급했으므로 정답이다.

19 캐나다 → 미국

Where does the flight to Denver depart from?
(A) Within the next couple of hours.
(B) There's a security checkpoint.
(C) The information board says Gate 13.

flight [flait] 항공기, 항공편 depart [dipáːrt] 출발하다

해석 덴버행 항공기는 어디에서 출발하나요?
(A) 앞으로 2시간 안에요.
(B) 보안 검색대가 있어요.
(C) 안내판에 13번 탑승구라고 쓰여 있어요.

해설 덴버행 항공기가 어디에서 출발하는지를 묻는 Where 의문문이다.
(A) [x] 특정 시점을 물을 때 사용할 수 있는 응답이므로 오답이다.
(B) [x] flight(항공기)와 관련된 security checkpoint(보안 검색대)를 사용하여 혼동을 준 오답이다.
(C) [o] Gate 13(13번 탑승구)이라는 특정 장소를 언급했으므로 정답이다.

20 영국 → 호주

Where did your consultation with the client take place?
(A) My advisor confirmed the date.
(B) We talked about investment opportunities.
(C) She came to my office.

consultation [미 kὰnsəltéiʃən, 영 kɔ̀nsʌltéiʃən] 상담
advisor [미 ədváizər, 영 ədváizə] 고문 investment [invéstmənt] 투자

해석 고객과의 상담은 어디에서 이루어졌나요?
(A) 저희 고문이 날짜를 승인해줬어요.
(B) 우리는 투자 기회들에 대해 이야기했어요.
(C) 그녀가 제 사무실로 왔어요.

해설 고객과의 상담이 어디에서 이루어졌는지를 묻는 Where 의문문이다.
(A) [×] consultation(상담)과 관련된 advisor(고문)를 사용하여 혼동을 준 오답이다.
(B) [×] consultation(상담)과 관련된 talked(이야기했다)를 사용하여 혼동을 준 오답이다.
(C) [○] my office(제 사무실)라는 특정 장소를 언급했으므로 정답이다.

3. When 의문문

Hackers Practice

p.119

1. (B)	2. (C)	3. (B)	4. (C)	5. (C)	6. (A)
7. (B)	8. (B)	9. (A)	10. (A)	11. (C)	12. (A)
13. (C)	14. (C)	15. (B)	16. (A)	17. (A)	18. (C)
19. (B)	20. (A)				

1 캐나다 → 영국

When does the new manager start?
(A) On the second floor.
(B) At the beginning of March.
(C) She is really smart.

해석 새로운 관리자는 언제 업무를 시작하나요?
(A) 2층에서요.
(B) 3월 초에요.
(C) 그녀는 매우 영리해요.

해설 새로운 관리자가 언제 업무를 시작하는지를 묻는 When 의문문이다.
(A) [×] 특정 장소를 물을 때 사용할 수 있는 응답이므로 오답이다.
(B) [○] At the beginning of March(3월 초에)라는 불확실한 시점으로 응답했으므로 정답이다.
(C) [×] start-smart의 유사 발음 어휘를 사용하여 혼동을 준 오답이다.

2 미국 → 캐나다

When can we meet to discuss our new project?
(A) It will be a big project.
(B) About a month ago.
(C) I'm free tomorrow morning.

해석 새로운 프로젝트에 대해 논의하기 위해 우리가 언제 만날 수 있을까요?
(A) 그것은 큰 프로젝트가 될 거예요.
(B) 한 달 전 쯤에요.
(C) 저는 내일 오전에 시간이 있어요.

해설 논의를 위해 언제 만날 수 있는지를 묻는 When 의문문이다. When can을 반드시 들어 미래 시점을 묻는 것임을 확인한다.
(A) [×] 질문의 project를 반복 사용하여 혼동을 준 오답이다.
(B) [×] 미래 시점을 묻는 질문에 과거 시점으로 응답했으므로 오답이다. 의문사 When만 듣고 정답으로 고르지 않도록 주의한다.
(C) [○] tomorrow morning(내일 오전)이라는 미래의 특정 시점을 언급했으므로 정답이다.

3 캐나다 → 미국

When will the train from London arrive?
(A) It departs every half hour.
(B) It already arrived at platform 12.
(C) Because of heavy rain.

해석 런던에서 오는 기차는 언제 도착하나요?
(A) 30분마다 출발해요.
(B) 이미 12번 플랫폼에 도착했어요.
(C) 폭우 때문에요.

해설 기차가 언제 도착하는지를 묻는 When 의문문이다. When will을 반드시 들어 미래 시점을 묻는 것임을 확인한다.
(A) [×] arrive(도착하다)와 관련된 departs(출발하다)를 사용하여 혼동을 준 오답이다.
(B) [○] It already arrived(이미 도착했어요)라는 말로 기차가 이미 도착했다고 응답했으므로 정답이다. 미래 시점을 묻는 When 의문문에 과거 시점을 사용하여 이미 완료되었음을 나타내는 응답도 정답이 될 수 있음을 알아둔다.
(C) [×] 이유를 물을 때 사용할 수 있는 응답이므로 오답이다.

4 캐나다 → 영국

When's the orientation?
(A) For the new staff.
(B) In the conference room.
(C) Let me ask someone for you.

conference room 회의실

해석 오리엔테이션은 언제인가요?
(A) 새로운 직원들을 위해서요.
(B) 회의실에서요.
(C) 제가 다른 사람에게 물어봐 드릴게요.

해설 오리엔테이션이 언제인지를 묻는 When 의문문이다.
(A) [×] orientation(오리엔테이션)과 관련된 new staff(새로운 직원들)를 사용하여 혼동을 준 오답이다.
(B) [×] 특정 장소를 물을 때 사용할 수 있는 응답이므로 오답이다.
(C) [○] 다른 사람에게 물어봐 주겠다는 말로 언제인지를 모른다는 간접적인 응답을 했으므로 정답이다.

5 미국 → 캐나다

When can you give me this month's expense report?
(A) My expenses have increased.
(B) Because of high operational costs.
(C) By Wednesday.

expense [ikspéns] 지출, 경비 operational cost 운영비

해석 이번 달 지출 내역서를 언제 제게 줄 수 있나요?
(A) 저는 지출이 늘었어요.
(B) 높은 운영비 때문에요.
(C) 수요일까지요.

해설 지출 내역서를 언제 줄 수 있는지를 묻는 When 의문문이다. When can을 반드시 들어 미래 시점을 묻는 것임을 확인한다.
(A) [×] 질문의 expense를 expenses로 반복 사용하여 혼동을 준 오답이다.
(B) [×] expense report(지출 내역서)와 관련된 operational costs(운영비)를 사용하여 혼동을 준 오답이다.
(C) [○] By Wednesday(수요일까지)라는 미래의 특정 시점을 언급했으므로 정답이다.

6 캐나다 → 미국

When do you plan to go back to your hometown?
(A) Whenever there's time.
(B) To visit my parents.
(C) The plan has been approved.

approve [əprúːv] 승인하다

해석 당신은 언제 고향으로 돌아갈 계획인가요?
(A) 시간이 있을 때 언제든지요.
(B) 부모님을 방문하기 위해서요.
(C) 그 계획이 승인되었어요.

해설 언제 고향으로 돌아갈 계획인지를 묻는 When 의문문이다.
(A) [o] Whenever there's time(시간이 있을 때 언제든지)이라는 불확실한 시점을 언급했으므로 정답이다.
(B) [x] 특정 이유를 물을 때 사용할 수 있는 응답이며, hometown(고향)과 관련된 parents(부모님)를 사용하여 혼동을 준 오답이다.
(C) [x] 질문의 plan(계획하다)을 '계획'이라는 의미의 명사로 사용하여 혼동을 준 오답이다.

7 캐나다 → 영국

When did Mark quit his job at the supermarket?
(A) To pick up some fruit.
(B) A couple of weeks ago.
(C) He works from nine to five.

quit [kwit] 그만두다

해석 Mark는 슈퍼마켓 일을 언제 그만두었나요?
(A) 과일을 좀 사기 위해서요.
(B) 몇 주 전에요.
(C) 그는 9시부터 5시까지 근무해요.

해설 Mark가 슈퍼마켓 일을 언제 그만두었는지를 묻는 When 의문문이다. When did를 반드시 들어 과거 시점을 묻는 것임을 확인한다.
(A) [x] supermarket(슈퍼마켓)과 관련된 pick up ~ fruit(과일을 사다)을 사용하여 혼동을 준 오답이다.
(B) [o] A couple of weeks ago(몇 주 전에)라는 과거 시점을 언급했으므로 정답이다.
(C) [x] job at ~ supermarket(슈퍼마켓 일)과 관련된 근무 시간을 사용하여 혼동을 준 오답이다. 의문사 When만 듣고 정답으로 고르지 않도록 주의한다.

8 미국 → 호주

When will you notify the staff of the new policy?
(A) It shouldn't take long.
(B) At the workshop tomorrow.
(C) No, the staff members have left.

notify [nóutəfài] 통지하다 policy [páləsi] 규정

해석 직원들에게 새로운 규정에 대해 언제 통지할 건가요?
(A) 오래 걸리지 않을 거예요.
(B) 내일 워크숍에서요.
(C) 아니요, 직원들은 떠났어요.

해설 직원들에게 새로운 규정을 언제 통지할 것인지를 묻는 When 의문문이다.
(A) [x] 소요 시간을 물을 때 사용할 수 있는 응답이므로 오답이다.
(B) [o] At the workshop(워크숍에서)이라는 특정 행사를 언급했으므로 정답이다. When 의문문에서 특정 행사나 모임 자리가 정답이 될 수 있음을 알아둔다.
(C) [x] 의문사 의문문에 No로 응답했으므로 오답이다.

9 캐나다 → 미국

When was the last time you updated the database?
(A) Three days ago.
(B) It is based in Europe.
(C) Sure, I can do that for you.

base [beis] ~를 기반으로 하다, 기초를 두다

해석 데이터베이스를 마지막으로 업데이트한 것이 언제였나요?
(A) 사흘 전이요.
(B) 그것은 유럽에 기반을 두고 있어요.
(C) 물론이죠, 제가 해드릴 수 있어요.

해설 데이터베이스를 마지막으로 업데이트한 것이 언제였는지를 묻는 When 의문문이다. When was를 반드시 들어 과거 시점을 묻는 것임을 확인한다.
(A) [o] Three days ago(사흘 전에)라는 과거의 특정 시점을 언급했으므로 정답이다.
(B) [x] database-based의 유사 발음 어휘를 사용하여 혼동을 준 오답이다.
(C) [x] 의문사 의문문에 Yes와 의미가 동일한 Sure를 사용하여 응답했으므로 오답이다.

10 영국 → 호주

When do you think the boss will return from his business trip?
(A) Not until next week.
(B) No, he usually does.
(C) To an annual seminar.

return [미 ritə́ːrn, 영 ritə́ːn] 돌아오다 not until ~가 되어서야
annual [ǽnjuəl] 연례의, 해마다의

해석 사장님이 출장에서 언제 돌아오실 거라고 생각하나요?
(A) 다음 주나 되어서요.
(B) 아니요, 그는 보통 그래요.
(C) 연례 세미나에요.

해설 사장님이 출장에서 언제 돌아올지를 묻는 When 의문문이다.
(A) [o] Not until next week(다음 주나 되어서)이라는 불확실한 시점으로 응답했으므로 정답이다.
(B) [x] 의문사 의문문에 No로 응답했으므로 오답이다.
(C) [x] business trip(출장)과 관련된 annual seminar(연례 세미나)를 사용하여 혼동을 준 오답이다.

11 영국 → 캐나다

When are you leaving for your trip to London?
(A) On an extended tour of Europe.
(B) Turn left at the next corner.
(C) In just under a week.

extended [iksténdid] 장기간에 걸친, 연장된

해석 언제 런던으로 여행을 떠나시나요?
(A) 장기 유럽 여행 중에요.
(B) 다음 모퉁이에서 왼쪽으로 도세요.
(C) 일주일 안에요.

해설 언제 런던으로 떠나는지를 묻는 When 의문문이다.
(A) [x] trip(여행)과 같은 의미인 tour를 사용하여 혼동을 준 오답이다.
(B) [x] 질문의 leaving(떠나다)의 과거형인 left를 '왼쪽으로'라는 의미의 부사로 사용하여 혼동을 준 오답이다.
(C) [o] In just under a week(일주일 안에)이라는 불확실한 시점으로 응답했으므로 정답이다.

12 호주 → 미국

When can we get together to discuss the contract?
(A) I'm free right now.
(B) The latest discussions went well.
(C) I'll get you her contact details.

discuss [diskʌ́s] 논의하다
contract [미 kɑ́ntrækt, 영 kɔ́ntrækt] 계약서; 계약하다

해석 계약서에 대해 논의하기 위해 언제 만날 수 있나요?
(A) 저는 지금 한가해요.
(B) 최근의 토론은 순조롭게 진행됐어요.
(C) 그녀의 연락처를 줄게요.

해설 계약서에 대해 논의하기 위해 언제 만날 수 있는지를 묻는 When 의문문이다. When can을 반드시 들어 미래 시점을 묻는 것임을 확인한다.
(A) [o] 지금 한가하다는 말로 만날 수 있는 시간을 언급했으므로 정답이다.
(B) [x] discuss의 파생어인 discussions를 사용하여 혼동을 준 오답이다.
(C) [x] contract-contact의 유사 발음 어휘를 사용하여 혼동을 준 오답이다.

13 캐나다 → 영국

When are we supposed to paint Mr. Heimann's house?
(A) He requested blue and yellow.
(B) I appreciate his artwork.
(C) We need to start first thing in the morning.

appreciate [əpríːʃièit] 높이 평가하다, 감상하다
artwork [미 ɑ́ːrtwə̀ːrk, 영 ɑ́ːtwəːk] 삽화, 예술품 first thing 제일 먼저

해석 우리는 언제 Mr. Heimann의 집을 페인트칠하기로 되어 있나요?
(A) 그는 파란색과 노란색을 요청했어요.
(B) 저는 그의 삽화를 높이 평가해요.
(C) 오전에 제일 먼저 그 일을 시작해야 해요.

해설 Mr. Heimann의 집을 언제 페인트칠하기로 되어 있는지를 묻는 When 의문문이다.
(A) [x] paint(페인트칠하다)와 관련된 blue and yellow(파란색과 노란색)를 사용하여 혼동을 준 오답이다.
(B) [x] paint(페인트칠하다)와 관련된 artwork(삽화)를 사용하여 혼동을 준 오답이다.
(C) [o] in the morning(오전에)이라는 특정 시점을 언급했으므로 정답이다.

14 미국 → 호주

When do you want to tour the company's new fitness center?
(A) I took a tour of the museum.
(B) The gym has treadmills as well.
(C) Whenever I complete this report.

tour [tuər] 견학하다, 관광 여행하다; 견학
treadmill [trédmìl] 트레드밀(걷기나 달리기용 운동 기구)
complete [kəmplíːt] 끝마치다, 완료하다

해석 당신은 회사의 새로운 헬스클럽을 언제 견학하고 싶나요?
(A) 저는 박물관 견학을 했어요.
(B) 체육관에는 트레드밀도 있어요.
(C) 이 보고서를 끝마칠 때 언제든지요.

해설 새로운 헬스클럽을 언제 견학하고 싶은지를 묻는 When 의문문이다.
(A) [x] 질문의 tour(견학하다)를 '견학'이라는 의미의 명사로 사용하여 혼동을 준 오답이다.
(B) [x] fitness center(헬스클럽)와 관련된 treadmills(트레드밀)를 사용하여 혼동을 준 오답이다.
(C) [o] Whenever I complete(끝마칠 때 언제든지)라는 불확실한 시점을 언급했으므로 정답이다.

15 영국 → 캐나다

When will the construction project be concluded?
(A) A residential complex in New York City.
(B) Hopefully, by the end of April.
(C) It was very efficiently structured.

conclude [kənklúːd] 끝나다, 종료하다 residential [rèzədénʃəl] 주거의

해석 건축 프로젝트는 언제 끝나나요?
(A) 뉴욕시에 있는 주거 단지요.
(B) 아마, 4월 말까지예요.
(C) 매우 효율적으로 구성되었어요.

해설 건축 프로젝트가 언제 끝나는지를 묻는 When 의문문이다.
(A) [x] construction(건축)과 관련된 residential complex(주거 단지)를 사용하여 혼동을 준 오답이다.
(B) [o] by the end of April(4월 말까지)이라는 미래의 특정 시점을 언급했으므로 정답이다.
(C) [x] construction-structured의 유사 발음 어휘를 사용하여 혼동을 준 오답이다.

16 호주 → 미국

When is the deadline for the environmental research?
(A) It is due on June 14.
(B) Regarding a recycling program.
(C) They did a comprehensive study.

environmental [미 invàiərənméntl, 영 invàiərənméntl] 환경의, 환경적인
comprehensive [미 kɑ̀mprihénsiv, 영 kɔ̀mprihénsiv] 포괄적인, 종합적인

해석 환경 연구의 마감 기한은 언제인가요?
(A) 6월 14일까지예요.
(B) 재활용 프로그램에 관해서요.
(C) 그들은 포괄적인 연구를 했어요.

해설 환경 연구의 마감 기한이 언제인지를 묻는 When 의문문이다.
(A) [o] due on June 14(6월 14일까지)라는 미래의 특정 시점을 언급했으므로 정답이다.
(B) [x] environmental(환경의)과 관련된 recycling(재활용)을 사용하여 혼동을 준 오답이다.
(C) [x] research(연구)와 같은 의미인 study를 사용하여 혼동을 준 오답이다.

17 미국 → 호주

When did Mr. James retire from our company?
(A) At the end of last year.
(B) I'm quite tired too.
(C) We're organizing a party for him.

retire [ritáiər] 퇴직하다, 은퇴하다

해석 Mr. James는 언제 우리 회사에서 퇴직했나요?
(A) 작년 말에요.
(B) 저도 꽤 피곤해요.
(C) 우리는 그를 위해 파티를 준비하는 중이에요.

해설 Mr. James가 언제 퇴직했는지를 묻는 When 의문문이다. When did를 반드시 들어 과거 시점을 묻는 것임을 확인한다.
(A) [o] the end of last year(작년 말)라는 과거의 특정 시점을 언급했으므로 정답이다.
(B) [x] retire-tired의 유사 발음 어휘를 사용하여 혼동을 준 오답이다.
(C) [x] retire(퇴직하다)에서 연상할 수 있는 퇴임식과 관련된 party(파티)를 사

용했고, 과거 시점을 묻는 질문에 현재 시점으로 응답했으므로 오답이다.

18 영국 → 캐나다

When was the museum next to the post office built?
(A) It has a variety of exhibits on the first floor.
(B) The charges were billed together.
(C) Almost 100 years ago.

exhibit[igzíbit] 전시 bill[bil] 청구하다

해석 우체국 옆에 있는 박물관은 언제 지어졌나요?
(A) 1층에 다양한 전시들이 있어요.
(B) 요금들이 함께 청구되었어요.
(C) 거의 100년 전에요.

해설 우체국 옆에 있는 박물관이 언제 지어졌는지를 묻는 When 의문문이다.
(A) [x] museum(박물관)과 관련된 exhibits(전시들)를 사용하여 혼동을 준 오답이다.
(B) [x] built-billed의 유사 발음 어휘를 사용하여 혼동을 준 오답이다.
(C) [o] Almost 100 years ago(거의 100년 전)라는 특정 시점을 언급했으므로 정답이다.

19 캐나다 → 미국

When does the board typically hold its meetings?
(A) These boards are too short.
(B) On the last day of each month.
(C) Does that date work for you?

typically[típikəli] 보통

해석 이사회는 보통 언제 회의를 여나요?
(A) 이 판자들은 너무 짧아요.
(B) 매달 마지막 날에요.
(C) 그 날짜가 괜찮나요?

해설 이사회가 보통 언제 회의를 여는지를 묻는 When 의문문이다.
(A) [x] 질문의 board(이사회)를 '판자'라는 의미의 boards로 반복 사용하여 혼동을 준 오답이다.
(B) [o] the last day of each month(매달 마지막 날)라는 특정 시점을 언급했으므로 정답이다.
(C) [x] 질문의 does를 반복 사용하여 혼동을 준 오답이다.

20 영국 → 호주

When will you be back from your appointment?
(A) It's very hard to say for sure.
(B) He was pointing at you.
(C) With a potential client from overseas.

appointment[əpɔ́intmənt] 약속, 예약 potential[pəténʃəl] 잠재적인

해석 약속에 갔다가 언제 돌아올 건가요?
(A) 확실히 말하기 매우 어려워요.
(B) 그는 당신을 가리키고 있었어요.
(C) 해외에서 온 잠재 고객과 함께요.

해설 약속에 갔다가 언제 돌아오는지를 묻는 When 의문문이다.
(A) [o] 확실히 말하기 어렵다는 말로 돌아올 시간을 모른다는 간접적인 응답을 했으므로 정답이다.
(B) [x] appointment-pointing의 유사 발음 어휘를 사용하여 혼동을 준 오답이다.
(C) [x] appointment(약속)와 관련된 potential client(잠재 고객)를 사용하여 혼동을 준 오답이다.

4. What 의문문

Hackers Practice p.121

1. (A)	2. (C)	3. (B)	4. (C)	5. (A)	6. (B)
7. (C)	8. (B)	9. (A)	10. (C)	11. (A)	12. (A)
13. (C)	14. (B)	15. (C)	16. (A)	17. (B)	18. (C)
19. (A)	20. (C)				

1 캐나다 → 영국

What's the date of the company outing?
(A) It's at the end of the month.
(B) Five people confirmed.
(C) At a beach resort.

outing[áutiŋ] 야유회, 소풍

해석 회사 야유회 날짜가 며칠인가요?
(A) 이달 말일이에요.
(B) 다섯 명이 확인했어요.
(C) 해변 리조트에서요.

해설 회사 야유회 날짜가 며칠인지를 묻는 What 의문문이다. What ~ date가 날짜를 묻는 것임을 이해할 수 있어야 한다.
(A) [o] the end of the month(이달 말일)라는 불확실한 시점을 언급했으므로 정답이다.
(B) [x] date(날짜)와 관련된 Five(5)를 사용하여 혼동을 준 오답이다.
(C) [x] 특정 장소를 물을 때 사용할 수 있는 응답이므로 오답이다.

2 미국 → 호주

What's wrong with the elevator?
(A) No, let's take the stairs.
(B) To the fifth floor, please.
(C) It probably needs a new part.

part[미 pa:rt, 영 pa:t] 부품

해석 엘리베이터의 문제가 무엇인가요?
(A) 아니요, 계단으로 가죠.
(B) 5층으로요.
(C) 아마도 새 부품이 필요한 거 같아요.

해설 엘리베이터의 문제가 무엇인지를 묻는 What 의문문이다. What's wrong with가 문제점을 묻는 것임을 이해할 수 있어야 한다.
(A) [x] 의문사 의문문에 No로 응답했으므로 오답이다.
(B) [x] 특정 장소를 물을 때 사용할 수 있는 응답이므로 오답이다.
(C) [o] 새 부품이 필요하다는 말로 문제점을 언급했으므로 정답이다.

3 캐나다 → 미국

What's the name of the company that supplies our computer equipment?
(A) They haven't come yet.
(B) Benton Office Machines.
(C) I've already placed the order.

supply[səplái] 공급하다 place an order 주문하다

해석 우리 컴퓨터 장비를 공급해주는 회사의 이름이 무엇인가요?
(A) 그들은 아직 오지 않았어요.
(B) Benton Office Machines사요.
(C) 저는 이미 주문했어요.

해설 컴퓨터 장비를 공급해주는 회사 이름이 무엇인지를 묻는 What 의문문이다. What ~ name을 반드시 들어야 한다.
(A) [x] company-come yet의 유사 발음 어휘를 사용하여 혼동을 준 오답이다.

(B) [o] Benton Office Machines사라는 특정 이름을 언급했으므로 정답이다.
(C) [x] supplies(공급하다)와 관련된 placed the order(주문했다)를 사용하여 혼동을 준 오답이다.

4 캐나다 → 영국

What time will you finish work today?
(A) It takes 20 minutes by subway.
(B) My office is downtown.
(C) I have to stay late.

finish [fíniʃ] 끝나다 take [teik] (시간이) 걸리다

해석 오늘 몇 시에 업무를 끝낼 건가요?
(A) 지하철로 20분 걸려요.
(B) 제 사무실은 시내에 있어요.
(C) 저는 늦게까지 남아야 해요.

해설 업무를 몇 시에 끝낼지를 묻는 What 의문문이다. What time이 시간을 묻는 것임을 이해할 수 있어야 한다.
(A) [x] 소요 시간을 물을 때 사용할 수 있는 응답이므로 오답이다.
(B) [x] work(업무)와 관련된 office(사무실)를 사용하여 혼동을 준 오답이다.
(C) [o] stay late(늦게까지 남다)라는 불확실한 시점을 언급했으므로 정답이다.

5 미국 → 호주

What should I do with the disks after I finish with them?
(A) Ask Andrea about that.
(B) You should finish it by tomorrow.
(C) Install the software whenever you want.

install [instɔ́:l] 설치하다

해석 다 사용한 후 이 디스크들로 무엇을 해야 할까요?
(A) Andrea에게 물어보세요.
(B) 당신은 그것을 내일까지 끝내야 해요.
(C) 당신이 원할 때 언제든지 소프트웨어를 설치하세요.

해설 디스크를 가지고 무엇을 해야 하는지를 묻는 What 의문문이다. What ~ do를 반드시 들어야 한다.
(A) [o] Andrea에게 물어보라는 말로 자신은 모른다는 간접적인 응답을 했으므로 정답이다.
(B) [x] 질문의 finish를 반복 사용하여 혼동을 준 오답이다.
(C) [x] disks(디스크들)와 관련된 software(소프트웨어)를 사용하여 혼동을 준 오답이다.

6 호주 → 영국

What kinds of payments do you accept?
(A) Except for those stores.
(B) Any valid credit card.
(C) It's kind of you to ask.

payment [péimənt] 지불, 납입 except for ~을 제외하고 valid [vǽlid] 유효한

해석 어떤 종류의 지불 방식들을 받아주나요?
(A) 저 상점들만 제외하고요.
(B) 유효한 신용카드면 어떤 것이든지요.
(C) 물어봐 주시다니 친절하시네요.

해설 어떤 종류의 지불 방식을 받아주는지를 묻는 What 의문문이다. What kinds of가 종류를 묻는 것임을 이해할 수 있어야 한다.
(A) [x] accept-Except의 유사 발음 어휘를 사용하여 혼동을 준 오답이다.
(B) [o] valid credit card(유효한 신용카드)라는 포괄적인 종류를 언급했으므로 정답이다.
(C) [x] 질문의 kinds of에서 kind를 '친절한'이라는 의미의 형용사로 사용하여 혼동을 준 오답이다.

7 캐나다 → 영국

What do you think of the marketing plan?
(A) Next to the conference room.
(B) I work in the advertising department.
(C) It will lead to an increase in sales.

increase [inkríːs] 증가 sale [seil] 매출

해석 마케팅 기획안에 대해 어떻게 생각하세요?
(A) 회의실 옆에요.
(B) 저는 광고부에서 일해요.
(C) 매출 증가로 이어질 거예요.

해설 마케팅 기획안에 대해 어떻게 생각하는지를 묻는 What 의문문이다. What ~ think of가 의견을 묻는 것임을 이해할 수 있어야 한다.
(A) [x] 특정 위치를 물을 때 사용할 수 있는 응답이므로 오답이다.
(B) [x] marketing(마케팅)과 관련된 advertising(광고)을 사용하여 혼동을 준 오답이다.
(C) [o] 매출 증가로 이어질 것이라는 구체적인 의견을 언급했으므로 정답이다.

8 캐나다 → 영국

What caused the dent on the front of the car?
(A) No, I usually take the bus.
(B) I was in an accident.
(C) Just yesterday.

dent [dent] 움푹 들어간 곳

해석 무엇이 차 앞면을 움푹 들어가게 했나요?
(A) 아니요, 저는 평소에 버스를 타요.
(B) 사고가 났어요.
(C) 바로 어제요.

해설 무엇이 차 앞면을 움푹 들어가게 했는지를 묻는 What 의문문이다. What caused를 반드시 들어야 한다.
(A) [x] 의문사 의문문에 No로 응답했으므로 오답이다.
(B) [o] 사고가 났다는 원인을 언급했으므로 정답이다.
(C) [x] 특정 시점을 물을 때 사용할 수 있는 응답이므로 오답이다.

9 미국 → 호주

What does Mr. Lee think of my request?
(A) He hasn't said anything yet.
(B) Probably by Monday morning.
(C) I don't really think so.

해석 Mr. Lee가 제 요청에 대해 어떻게 생각하나요?
(A) 그는 아직 어떤 말도 하지 않았어요.
(B) 아마도 월요일 아침까지요.
(C) 저는 정말로 그렇게 생각하지 않아요.

해설 Mr. Lee가 자신의 요청에 대해 어떻게 생각하는지를 묻는 What 의문문이다. What ~ think of가 의견을 묻는 것임을 이해할 수 있어야 한다.
(A) [o] 그가 어떤 말도 하지 않았다는 말로 전해 들은 의견이 없어 모르겠다는 간접적인 응답을 했으므로 정답이다.
(B) [x] 특정 시점을 물을 때 사용할 수 있는 응답이므로 오답이다.
(C) [x] 질문의 think를 반복 사용하여 혼동을 준 오답이다.

10 미국 → 캐나다

What type of vehicle do you suggest for a small family?
(A) We need something quite large.
(B) They live in Miami.

(C) Try out this minivan.

해석 소가족에게 어떤 종류의 차량을 추천하시겠어요?
(A) 우리는 꽤 큰 것이 필요해요.
(B) 그들은 마이애미에 살아요.
(C) 이 미니밴을 타보세요.

해설 소가족에게 어떤 종류의 차량을 추천하는지를 묻는 What 의문문이다. What type of가 종류를 묻는 것임을 이해할 수 있어야 한다.
(A) [x] small(작은)과 관련된 large(큰)를 사용하여 혼동을 준 오답이다.
(B) [x] family(가족)와 관련된 live in(~에 살다)을 사용하여 혼동을 준 오답이다.
(C) [o] minivan(미니밴)이라는 특정 종류를 언급했으므로 정답이다.

11 미국 → 호주

What courses are you signing up for this quarter?
(A) Just an accounting class.
(B) Of course I can help you with enrollment.
(C) At one of the local colleges.

course [kɔːrs] 수업 sign up 등록하다
quarter [미 kwɔ́ːrtər, 영 kwɔ́ːtə] 학기, 분기 accounting [əkáuntiŋ] 회계
enrollment [미 inróulmənt, 영 inrə́ulmənt] 등록

해석 당신은 이번 학기에 어떤 수업을 등록할 건가요?
(A) 회계 수업 하나만요.
(B) 물론 제가 등록을 도와드릴 수 있어요.
(C) 지역 대학들 중 한 곳에서요.

해설 이번 학기에 어떤 수업을 등록할 것인지를 묻는 What 의문문이다. What courses를 반드시 들어야 한다.
(A) [o] accounting class(회계 수업)라는 특정 수업을 언급했으므로 정답이다.
(B) [x] 질문의 courses를 Of course의 course로 반복 사용하고, signing up(등록하다)과 관련된 enrollment(등록)를 사용하여 혼동을 준 오답이다.
(C) [x] quarter(학기)와 관련된 colleges(대학들)를 사용하여 혼동을 준 오답이다.

12 영국 → 캐나다

What should we do with these extra desks?
(A) Ask George to take them away.
(B) I don't think you should.
(C) Yes, two more will be enough.

extra [ékstrə] 여분의 take away 치우다

해석 이 여분의 책상들을 어떻게 해야 하나요?
(A) George에게 그것들을 치워 달라고 요청하세요.
(B) 저는 당신이 해야 한다고 생각하지 않아요.
(C) 네, 두 개를 추가하면 충분할 거예요.

해설 여분의 책상들을 어떻게 해야 하는지를 묻는 What 의문문이다. What ~ do를 반드시 들어야 한다.
(A) [o] George에게 치워 달라고 요청하라는 말로 여분의 책상들을 치워야 한다는 간접적인 응답을 했으므로 정답이다.
(B) [x] 질문의 should를 반복 사용하여 혼동을 준 오답이다.
(C) [x] 의문사 의문문에 Yes로 응답했고, extra(여분의)와 관련된 more(추가의)를 사용하여 혼동을 준 오답이다.

13 호주 → 미국

What venue is the awards ceremony taking place at?
(A) For employee of the year.
(B) I received an invitation.
(C) Let me check with Glenn.

venue [vénjuː] 장소 awards ceremony 시상식 receive [risíːv] 받다

해석 시상식이 어느 장소에서 열리나요?
(A) 올해의 우수 직원을 위해서요.
(B) 저는 초대장을 받았어요.
(C) Glenn에게 확인해 볼게요.

해설 어느 장소에서 시상식이 열릴 것인지를 묻는 What 의문문이다. What venue를 반드시 들어야 한다.
(A) [x] awards(상)와 관련된 employee of the year(올해의 우수 직원)를 사용하여 혼동을 준 오답이다.
(B) [x] awards ceremony(시상식)와 관련된 invitation(초대장)을 사용하여 혼동을 준 오답이다.
(C) [o] Glenn에게 확인해 보겠다는 말로 자신은 모른다는 간접적인 응답을 했으므로 정답이다.

14 미국 → 호주

What would you like to order for lunch?
(A) My break is about an hour.
(B) What are our options?
(C) I will have it delivered to you.

break [breik] 휴식 시간 option [미 ápʃən, 영 ɔ́pʃən] 선택권
deliver [미 dilívər, 영 dilívə] 배달하다

해석 점심 식사로 무엇을 주문하고 싶나요?
(A) 저의 휴식 시간은 약 1시간이에요.
(B) 우리에게 어떤 선택권들이 있나요?
(C) 그것을 당신에게 배달되도록 할게요.

해설 점심 식사로 무엇을 주문하고 싶은지를 묻는 What 의문문이다. What would ~ like가 요청하는 표현임을 이해할 수 있어야 한다.
(A) [x] lunch(점심 식사)와 관련된 break(휴식 시간)를 사용하여 혼동을 준 오답이다.
(B) [o] 어떤 선택권들이 있는지를 되물어 무엇을 주문할지 아직 모른다는 간접적인 응답을 했으므로 정답이다.
(C) [x] order(주문하다)와 관련된 have ~ delivered(배달되도록 하다)를 사용하여 혼동을 준 오답이다.

15 캐나다 → 영국

What was the problem with the photocopier?
(A) I need at least 50 more copies.
(B) We'll have to address the problem.
(C) It was running low on toner.

photocopier [미 fóutoukàpiər, 영 fə́utəukɔ̀piə] 복사기
address [ədrés] 처리하다, 다루다 run low 떨어져 가다, 고갈되다

해석 복사기에 무슨 문제가 있었나요?
(A) 저는 최소 50부의 사본이 더 필요해요.
(B) 우리는 그 문제를 처리해야 할 거예요.
(C) 토너가 떨어져 가고 있었어요.

해설 복사기에 무슨 문제가 있었는지를 묻는 What 의문문이다. What ~ problem이 문제점을 묻는 것임을 이해할 수 있어야 한다.
(A) [x] photocopier(복사기)와 관련된 copies(사본)를 사용하여 혼동을 준 오답이다.
(B) [x] 질문의 problem을 반복 사용하여 혼동을 준 오답이다.
(C) [o] 토너가 떨어져 가고 있다는 말로 특정 문제점을 언급했으므로 정답이다.

16 미국 → 호주

What sizes does this sweater come in?
(A) It's available in medium and large.
(B) A wide variety of colors.

(C) Yes, it is currently 25 percent off.

해석 이 스웨터는 어떤 치수들로 들어오나요?
(A) 중간과 큰 치수로 구입하실 수 있어요.
(B) 매우 다양한 색상이에요.
(C) 네, 현재 25퍼센트 할인되고 있어요.

해설 스웨터가 어떤 치수들로 들어오는지를 묻는 What 의문문이다. What sizes가 치수를 묻는 것임을 이해할 수 있어야 한다.
(A) [o] medium and large(중간과 큰 치수)라는 특정 치수를 언급했으므로 정답이다.
(B) [x] sweater(스웨터)와 관련된 colors(색상)를 사용하여 혼동을 준 오답이다.
(C) [x] 의문사 의문문에 Yes로 응답했고, sweater(스웨터)에서 연상할 수 있는 가격과 관련된 25 percent off(25퍼센트 할인)를 사용하여 혼동을 준 오답이다.

17 영국 → 캐나다

What is the total cost for the purchase?
(A) We're looking for something cheaper.
(B) I can calculate that for you.
(C) I don't know how many are coming.

look for 찾다 calculate [미 kǽlkjulèit, 영 kǽlkjəleit] 계산하다

해석 총 구매비용이 얼마인가요?
(A) 우리는 더 싼 것을 찾고 있어요.
(B) 제가 계산해 드릴 수 있어요.
(C) 저는 몇 명이 오는지 몰라요.

해설 총 구매비용이 얼마인지를 묻는 What 의문문이다. What ~ cost가 비용을 묻는 것임을 이해할 수 있어야 한다.
(A) [x] cost(비용)와 관련된 cheaper(더 싼)를 사용하여 혼동을 준 오답이다.
(B) [o] 계산해 줄 수 있다는 말로 총 구매비용이 얼마인지 모른다는 간접적인 응답을 했으므로 정답이다.
(C) [x] cost(비용)에서 연상할 수 있는 how much(얼마)에서 how를 사용하여 혼동을 준 오답이다.

18 호주 → 미국

What amenities does your airline offer?
(A) A direct flight, please.
(B) I'll book a ticket on your behalf.
(C) Spacious seats and in-flight meals.

amenity [미 əménəti, 영 əmíːniti] 편의 시설 on one's behalf ~을 대신하여
spacious [spéiʃəs] 넓은 in-flight meal 기내식

해석 귀하의 항공사는 어떤 편의 시설을 제공하나요?
(A) 직항으로 부탁합니다.
(B) 당신을 대신해서 표를 예매할게요.
(C) 넓은 좌석과 기내식이요.

해설 항공사가 어떤 편의 시설을 제공하는지를 묻는 What 의문문이다. What amenities를 반드시 들어야 한다.
(A) [x] airline(항공사)과 관련된 direct flight(직항)를 사용하여 혼동을 준 오답이다.
(B) [x] airline(항공사)과 관련된 book a ticket(표를 예매하다)을 사용하여 혼동을 준 오답이다.
(C) [o] 넓은 좌석과 기내식이라는 말로 특정 시설을 언급했으므로 정답이다.

19 영국 → 캐나다

What changes were made to the blueprints?
(A) Some measurements were adjusted.
(B) Sorry, but I can't make it.
(C) I'll visit the print shop today.

blueprint [blúːprìnt] 설계도 measurement [méʒərmənt] 치수
adjust [ədʒʌ́st] 조정하다

해석 설계도에 어떤 변경이 이루어졌나요?
(A) 몇몇 치수가 조정되었어요.
(B) 죄송하지만 저는 갈 수 없어요.
(C) 오늘 인쇄소를 방문할 거예요.

해설 설계도에 어떤 변경이 있었는지를 묻는 What 의문문이다. What changes를 반드시 들어야 한다.
(A) [o] 몇몇 치수가 조정되었다는 말로 변경된 사항을 언급했으므로 정답이다.
(B) [x] 질문의 made를 make로 반복 사용하여 혼동을 준 오답이다.
(C) [x] blueprints-print의 유사 발음 어휘를 사용하여 혼동을 준 오답이다.

20 캐나다 → 영국

What type of bag are you interested in purchasing?
(A) Your luggage must go under the bus.
(B) I had to pay extra for check-in baggage.
(C) Something that I can carry a laptop in.

luggage [lʌ́gidʒ] 짐, 수하물 baggage [bǽgidʒ] 짐, 수하물

해석 당신은 어떤 종류의 가방을 구입하는 데 관심이 있으신가요?
(A) 짐은 버스 아래에 넣어야 해요.
(B) 부칠 짐에 대한 추가 요금을 지불해야 했어요.
(C) 노트북을 넣어서 들고 다닐 수 있는 거요.

해설 어떤 종류의 가방을 구입하는 데 관심이 있는지를 묻는 What 의문문이다. What type of가 종류를 묻는 것임을 이해할 수 있어야 한다.
(A) [x] bag(가방)과 관련된 luggage(짐)를 사용하여 혼동을 준 오답이다.
(B) [x] bag-baggage의 유사 발음 어휘를 사용하여 혼동을 준 오답이다.
(C) [o] 노트북을 넣어서 들고 다닐 수 있는 것이라는 말로 특정 종류를 언급했으므로 정답이다.

5. Which 의문문

Hackers Practice

p.123

1. (B)	2. (C)	3. (A)	4. (B)	5. (C)	6. (B)
7. (B)	8. (B)	9. (C)	10. (C)	11. (B)	12. (C)
13. (A)	14. (A)	15. (C)	16. (A)	17. (A)	18. (B)
19. (A)	20. (B)				

1 캐나다 → 영국

Which of the gym lockers is yours?
(A) You need to get a membership card.
(B) The one in the middle.
(C) I forgot to lock the door.

해석 체육관 사물함들 중 어느 것이 당신 건가요?
(A) 당신은 회원증을 받아야 해요.
(B) 중앙에 있는 것이요.
(C) 문을 잠그는 것을 잊었어요.

해설 상대방의 체육관 사물함이 어느 것인지를 묻는 Which 의문문이다. Which ~ gym lockers를 반드시 들어야 한다.
(A) [x] gym(체육관)과 관련된 membership card(회원증)를 사용하여 혼동을 준 오답이다.
(B) [o] The one in the middle(중앙에 있는 것)이라는 특정 사물함을 언급했으므로 정답이다.
(C) [x] lockers-lock의 유사 발음 어휘를 사용하여 혼동을 준 오답이다.

2 캐나다 → 미국

Which is your workstation?
(A) My computer is new.
(B) It was a good conversation.
(C) The one on the far left.

workstation [wə́ːrkstèiʃən] 작업대

해석 당신의 작업대는 어느 것인가요?
(A) 제 컴퓨터는 새것이에요.
(B) 좋은 대화였어요.
(C) 왼쪽 끝에 있는 거요.

해설 상대방의 작업대가 어느 것인지를 묻는 Which 의문문이다. Which ~ workstation을 반드시 들어야 한다.
(A) [x] workstation(작업대)과 관련된 computer(컴퓨터)를 사용하여 혼동을 준 오답이다.
(B) [x] workstation-conversation의 유사 발음 어휘를 사용하여 혼동을 준 오답이다.
(C) [o] The one on the far left(왼쪽 끝에 있는 것)라는 특정 작업대를 언급했으므로 정답이다.

3 미국 → 호주

Which of these three restaurants do you like the best?
(A) They are all good.
(B) We need a reservation.
(C) Let's go out to eat.

reservation [미 rèzərvéiʃən, 영 rèzəvéiʃən] 예약

해석 이 세 식당들 중 어느 식당을 가장 좋아하나요?
(A) 모두 좋아요.
(B) 우리는 예약해야 해요.
(C) 나가서 먹어요.

해설 어느 식당을 가장 좋아하는지를 묻는 Which 의문문이다. Which ~ restaurants를 반드시 들어야 한다.
(A) [o] all good(모두 좋다)으로 세 식당 모두를 선택했으므로 정답이다.
(B) [x] restaurants(식당)와 관련된 reservation(예약)을 사용하여 혼동을 준 오답이다.
(C) [x] restaurants(식당)와 관련된 go out to eat(나가서 먹다)을 사용하여 혼동을 준 오답이다.

4 캐나다 → 영국

Which table would you like to sit at?
(A) Thank you very much.
(B) I'd prefer the one by the window.
(C) Red wine is better.

해석 어느 테이블에 앉고 싶으신가요?
(A) 정말 감사해요.
(B) 저는 창가에 있는 것이 더 좋아요.
(C) 적포도주가 더 좋아요.

해설 어느 테이블에 앉고 싶은지를 묻는 Which 의문문이다. Which table을 반드시 들어야 한다.
(A) [x] would you like to(~하실래요)와 관련된 Thank you(감사해요)를 사용하여 혼동을 준 오답이다.
(B) [o] the one by the window(창가에 있는 것)라는 특정 테이블을 선택했으므로 정답이다.
(C) [x] like(원하다)와 관련된 better(더 좋은)를 사용하여 혼동을 준 오답이다.

5 미국 → 호주

Which dress looks best on me?
(A) For a wedding reception.
(B) No, we haven't bought it yet.
(C) The one with the long skirt.

reception [risépʃən] 연회, 리셉션

해석 어느 드레스가 저에게 가장 잘 어울리나요?
(A) 결혼 연회를 위해서요.
(B) 아니요, 우리는 아직 그것을 사지 않았어요.
(C) 긴 치마로 된 것이요.

해설 어느 드레스가 잘 어울리는지를 묻는 Which 의문문이다. Which dress를 반드시 들어야 한다.
(A) [x] dress(드레스)와 관련된 wedding(결혼)을 사용하여 혼동을 준 오답이다.
(B) [x] 의문사 의문문에 No로 응답했으므로 오답이다.
(C) [o] The one with the long skirt(긴 치마로 된 것)라는 특정 드레스를 선택했으므로 정답이다.

6 호주 → 영국

Which of you read the novel?
(A) I prefer poetry.
(B) We both did.
(C) We'll take the lead.

poetry [미 póuitri, 영 pə́uitri] 시 take the lead 선두에 서다

해석 여러분 중 누가 그 소설을 읽었나요?
(A) 저는 시를 더 좋아해요.
(B) 우리 둘 다요.
(C) 우리가 선두에 설게요.

해설 누가 소설을 읽었는지를 묻는 Which 의문문이다. Which of you를 반드시 들어야 한다.
(A) [x] novel(소설)과 관련된 poetry(시)를 사용하여 혼동을 준 오답이다.
(B) [o] We both did(우리 둘 다요)로 둘 다를 언급했으므로 정답이다.
(C) [x] read-lead의 유사 발음 어휘를 사용하여 혼동을 준 오답이다.

7 캐나다 → 영국

Which director reviewed this report?
(A) The budget estimate.
(B) I believe it was Ms. Chang.
(C) The news report was interesting.

budget [bʌ́dʒit] 예산 estimate [미 éstəmət, 영 éstimət] 평가(서)

해석 어느 관리자가 이 보고서를 검토했나요?
(A) 예산 평가서요.
(B) Ms. Chang이었던 것 같아요.
(C) 뉴스 보도가 흥미로웠어요.

해설 어느 관리자가 보고서를 검토했는지를 묻는 Which 의문문이다. Which director를 반드시 들어야 한다.
(A) [x] report(보고서)와 관련된 budget estimate(예산 평가서)를 사용하여 혼동을 준 오답이다.
(B) [o] Ms. Chang이라는 특정 인물을 언급했으므로 정답이다.
(C) [x] 질문의 report(보고서)를 '보도'라는 의미로 사용하여 혼동을 준 오답이다.

8 미국 → 호주

Which of the workshop sessions will you attend?
(A) He's working in his shop.

(B) I'm not sure.
(C) We gave a presentation today.

attend [əténd] 참석하다 presentation [미 prì:zentéiʃən, 영 prèzəntéiʃən] 발표

해석 워크숍 수업들 중 어느 것에 참석할 건가요?
(A) 그는 그의 가게에서 일하고 있어요.
(B) 잘 모르겠어요.
(C) 우리는 오늘 발표를 했어요.

해설 어느 워크숍 수업에 참석할지를 묻는 Which 의문문이다. Which ~ workshop sessions를 반드시 들어야 한다.
(A) [x] workshop-working in his shop의 유사 발음 어휘를 사용하여 혼동을 준 오답이다.
(B) [o] 잘 모르겠다는 말로 아직 아무것도 선택하지 않았음을 나타냈으므로 정답이다.
(C) [x] workshop(워크숍)과 관련된 presentation(발표)을 사용하여 혼동을 준 오답이다.

9 캐나다 → 영국

Which courses will John take next semester?
(A) Congratulations on passing the exam.
(B) He has a good source of information.
(C) He hasn't decided yet.

course [kɔ:rs] 강의, 강좌 source [미 sɔ:rs, 영 sɔ:s] 출처, 근원

해석 John은 다음 학기에 어느 강의들을 들을 건가요?
(A) 시험에 통과한 것을 축하해요.
(B) 그는 좋은 정보 출처를 가지고 있어요.
(C) 그는 아직 결정하지 않았어요.

해설 John이 어느 강의를 들을지를 묻는 Which 의문문이다. Which courses를 반드시 들어야 한다.
(A) [x] courses(강의들)와 관련된 exam(시험)을 사용하여 혼동을 준 오답이다.
(B) [x] courses-source의 유사 발음 어휘를 사용하여 혼동을 준 오답이다.
(C) [o] 그가 아직 결정하지 않았다는 말로 아무것도 선택하지 않았음을 나타냈으므로 정답이다.

10 호주 → 미국

Which department requested new office furniture?
(A) It is a company requirement.
(B) They must be submitted to purchasing.
(C) Both research and finance did.

requirement [rikwáiərmənt] 요구사항, 필요조건
submit [səbmít] 제출하다

해석 어느 부서가 새 사무용 가구를 요청했나요?
(A) 그것은 회사 요구사항입니다.
(B) 그것들은 구매부에 제출되어야 해요.
(C) 연구부와 재무부 둘 다요.

해설 어느 부서가 가구를 요청했는지를 묻는 Which 의문문이다. Which department를 반드시 들어야 한다.
(A) [x] requested의 파생어인 requirement를 사용하여 혼동을 준 오답이다.
(B) [x] department(부서)와 관련된 purchasing(구매부)을 사용하여 혼동을 준 오답이다.
(C) [o] research and finance(연구부와 재무부)라는 특정 부서들을 언급했으므로 정답이다.

11 영국 → 캐나다

Which of these scarves looks better on me?
(A) Those jackets are nice.
(B) I like the pink one more.
(C) I'll do my best.

해석 이 스카프들 중 어느 것이 저에게 더 잘 어울리나요?
(A) 그 재킷들은 좋네요.
(B) 저는 분홍색으로 된 것이 더 좋아요.
(C) 최선을 다할게요.

해설 어느 스카프가 더 잘 어울리는지를 묻는 Which 의문문이다. Which of ~ scarves를 반드시 들어야 한다.
(A) [x] these-Those의 유사 발음 어휘를 사용하고, looks better on(~에 더 잘 어울리다)과 관련된 nice(좋은)를 사용하여 혼동을 준 오답이다.
(B) [o] pink one(분홍색으로 된 것)이라는 특정 스카프를 선택했으므로 정답이다.
(C) [x] better의 파생어인 best를 사용하여 혼동을 준 오답이다.

12 미국 → 호주

Which seminar did you find most informative?
(A) Yes, I think I can participate.
(B) Unfortunately, it was lost.
(C) Pam Brown's was very instructive.

informative [infɔ́:rmətiv] 유익한
participate [미 pa:rtísəpèit, 영 pa:tísipeit] 참석하다
instructive [instrʌ́ktiv] 유익한, 교육적인

해석 어느 세미나가 가장 유익하다고 생각했나요?
(A) 네, 저는 참석할 수 있을 것 같아요.
(B) 유감스럽게도, 그것은 분실되었어요.
(C) Pam Brown의 것이 매우 유익했어요.

해설 어느 세미나가 가장 유익했는지를 묻는 Which 의문문이다. Which seminar를 반드시 들어야 한다.
(A) [x] 의문사 의문문에 Yes로 응답했고, seminar(세미나)와 관련된 participate(참석하다)를 사용하여 혼동을 준 오답이다.
(B) [x] most-lost의 유사 발음 어휘를 사용하여 혼동을 준 오답이다.
(C) [o] Pam Brown's(Pam Brown의 것)라는 특정 세미나를 언급했으므로 정답이다.

13 캐나다 → 영국

Which of these proposals is more feasible?
(A) The one submitted by Ms. Prewitt.
(B) What do you propose we do?
(C) I don't require any more.

proposal [미 prəpóuzəl, 영 prəpə́uzəl] 제안서 feasible [fí:zəbl] 실현 가능한

해석 이 제안서들 중 어느 것이 더 실현 가능한가요?
(A) Ms. Prewitt에 의해 제출된 것이요.
(B) 우리가 무엇을 해야 한다고 제안하시나요?
(C) 더 이상은 필요하지 않아요.

해설 제안서들 중 어느 것이 더 실현 가능한지를 묻는 Which 의문문이다. Which of ~ proposals를 반드시 들어야 한다.
(A) [o] Ms. Prewitt에 의해 제출된 것이라는 말로 특정 제안서를 언급했으므로 정답이다.
(B) [x] proposals의 파생어인 propose를 사용하여 혼동을 준 오답이다.
(C) [x] 질문의 more를 반복 사용하여 혼동을 준 오답이다.

14 호주 → 미국

Which street should I take to get to the library?
(A) Just follow Lyons Road.
(B) To return some overdue books.

(C) Thanks for the recommendation.

follow [fálou] 따라가다 overdue [미 òuvərdú:, 영 àuvədjú:] 기한이 지난

해석 도서관에 가려면 어느 길로 가야 하나요?
(A) Lyons로만 따라가세요.
(B) 몇몇 기한이 지난 책을 반납하기 위해서요.
(C) 추천해 주셔서 감사해요.

해설 도서관에 가려면 어느 길로 가야 하는지를 묻는 Which 의문문이다. Which street를 반드시 들어야 한다.
(A) [o] Lyons Road(Lyons로)라는 특정 길을 언급했으므로 정답이다.
(B) [x] library(도서관)와 관련된 overdue books(기한이 지난 책)를 사용하여 혼동을 준 오답이다.
(C) [x] library(도서관)에서 연상할 수 있는 도서와 관련된 recommendation(추천)을 사용하여 혼동을 준 오답이다.

15 호주 → 영국

Which team worked on the Fulton real estate project?
(A) Both teams were strong.
(B) Some financial projections.
(C) I don't have any information on that project.

work on 담당하다, 착수하다 real estate 부동산
projection [prədʒékʃən] 계획, 예상

해석 어느 팀이 Fulton 부동산 사업을 담당했었나요?
(A) 두 팀 모두 강했어요.
(B) 몇몇 재무 계획이요.
(C) 저는 그 사업에 대한 어떠한 정보도 없어요.

해설 어느 팀이 Fulton 부동산 사업을 담당했었는지를 묻는 Which 의문문이다. Which team을 반드시 들어야 한다.
(A) [x] 질문의 team을 teams로 반복 사용하여 혼동을 준 오답이다.
(B) [x] project-projections의 유사 발음 어휘를 사용하여 혼동을 준 오답이다.
(C) [o] 그 사업에 대한 어떠한 정보도 없다는 말로 모른다는 간접적인 응답을 했으므로 정답이다.

16 미국 → 호주

Which of our meals would you prefer?
(A) What would you recommend for a vegetarian?
(B) I preferred the other restaurant.
(C) Here is a dinner menu.

meal [mi:l] 식사 prefer [미 prifə́:r, 영 prifə́:] 원하다, 더 좋아하다

해석 저희 식사 중 어느 것을 원하시나요?
(A) 채식주의자에게 어떤 것을 추천하시나요?
(B) 저는 다른 식당이 더 좋았어요.
(C) 여기 저녁 식사 메뉴가 있습니다.

해설 어느 식사를 원하는지를 묻는 Which 의문문이다. Which ~ meals를 반드시 들어야 한다.
(A) [o] 채식주의자에게 추천하는 것이 무엇인지를 되물어 식사에 대한 추가 정보를 요청하고 있으므로 정답이다.
(B) [x] 질문의 prefer를 preferred로 반복 사용하여 혼동을 준 오답이다.
(C) [x] meals(식사)와 관련된 dinner(저녁 식사)를 사용하여 혼동을 준 오답이다.

17 캐나다 → 미국

Which of these dates is more convenient for you?
(A) I would prefer September 19.
(B) They convene in ten minutes.
(C) I received your data.

convene [kənví:n] 모이다, 소집하다

해석 이 날짜들 중 어느 날이 당신에게 더 편리한가요?
(A) 저는 9월 19일이 좋을 것 같아요.
(B) 그들은 10분 뒤에 모여요.
(C) 당신의 자료를 받았어요.

해설 어느 날짜가 더 편리한지를 묻는 Which 의문문이다. Which ~ dates를 반드시 들어야 한다.
(A) [o] 9월 19일이 좋을 것 같다는 말로 특정 시점을 언급했으므로 정답이다.
(B) [x] convenient-convene의 유사 발음 어휘를 사용하여 혼동을 준 오답이다.
(C) [x] dates-data의 유사 발음 어휘를 사용하여 혼동을 준 오답이다.

18 캐나다 → 영국

Which of the job offers are you going to accept?
(A) I'm sure he'll make an offer.
(B) I'm still trying to decide.
(C) I'll ask the marketing division staff.

offer [ɔ́:fər] 제안; 제안하다 accept [əksépt] 수락하다, 받아들이다
division [divíʒən] 부서

해석 일자리 제안들 중 어느 것을 수락할 건가요?
(A) 그가 제안할 것이라고 확신해요.
(B) 아직 결정하는 중이에요.
(C) 마케팅 부서 직원에게 물어볼게요.

해설 일자리 제안들 중 어느 것을 수락할 것인지를 묻는 Which 의문문이다. Which ~ job offers를 반드시 들어야 한다.
(A) [x] 질문의 offers를 offer로 반복 사용하여 혼동을 준 오답이다.
(B) [o] 아직 결정하는 중이다는 말로 어느 것을 수락할지 모른다는 간접적인 응답을 했으므로 정답이다.
(C) [x] job offers(일자리 제안들)와 관련된 marketing division staff(마케팅 부서 직원)를 사용하여 혼동을 준 오답이다.

19 미국 → 호주

Which train goes to Paddington Station?
(A) The one departing from platform two.
(B) I was at a training session.
(C) I don't plan on going.

platform [미 plǽtfɔ:rm, 영 plǽtfɔ:m] 승강장

해석 어느 기차가 Paddington역으로 가나요?
(A) 2번 승강장에서 출발하는 것이요.
(B) 저는 교육 연수에 있었어요.
(C) 저는 갈 계획이 없어요.

해설 어느 기차가 Paddington역으로 가는지를 묻는 Which 의문문이다. Which train을 반드시 들어야 한다.
(A) [o] 2번 승강장에서 출발하는 것이라는 말로 특정 기차를 언급했으므로 정답이다.
(B) [x] 질문의 train(기차)과 다른 의미인 '교육하다'와 관련된 training(교육)을 사용하여 혼동을 준 오답이다.
(C) [x] 질문의 goes를 going으로 반복 사용하여 혼동을 준 오답이다.

20 영국 → 캐나다

Which magazine was your article printed in?
(A) No, I haven't read it yet.
(B) A local entertainment publication.
(C) About a new city official.

article [미 á:rtikl, 영 á:tikl] 기사 publication [pʌ̀bləkéiʃən] 출판물
official [əfíʃəl] 공무원

해석 당신의 기사가 어느 잡지에 인쇄됐나요?
(A) 아니요, 아직 읽지 않았어요.
(B) 지역 연예 출판물이요.
(C) 새로운 시 공무원에 관해서요.

해설 기사가 어느 잡지에 인쇄되었는지를 묻는 Which 의문문이다. Which magazine을 반드시 들어야 한다.
(A) [×] 의문사 의문문에 No로 응답했고, magazine(잡지)과 관련된 read(읽었다)를 사용하여 혼동을 준 오답이다.
(B) [○] A local entertainment publication(지역 연예 출판물)이라는 특정 잡지를 언급했으므로 정답이다.
(C) [×] article(기사)과 관련된 About a new city official(새로운 시 공무원에 관해)을 사용하여 혼동을 준 오답이다.

6. Why 의문문

Hackers Practice

p.125

1. (B)	2. (A)	3. (C)	4. (B)	5. (A)	6. (B)
7. (C)	8. (C)	9. (C)	10. (A)	11. (A)	12. (B)
13. (C)	14. (B)	15. (A)	16. (B)	17. (A)	18. (A)
19. (C)	20. (A)				

1 캐나다 → 영국

Why has the trip been delayed?
(A) Only for a few seconds.
(B) Because of a snowstorm.
(C) The destination is Chicago.

snowstorm [미 snóustɔ̀:rm, 영 snə́ustɔ:m] 눈보라
destination [미 dèstənéiʃən, 영 dèstinéiʃən] 목적지, 행선지

해석 여행이 왜 지연되었나요?
(A) 단 몇 초 동안만요.
(B) 눈보라 때문에요.
(C) 목적지는 시카고입니다.

해설 여행이 왜 지연되었는지를 묻는 Why 의문문이다.
(A) [×] 기간을 물을 때 사용할 수 있는 응답이므로 오답이다.
(B) [○] Because of a snowstorm(눈보라 때문에요)이라는 말로 지연 원인을 언급했으므로 정답이다.
(C) [×] trip(여행)과 관련된 destination(목적지)을 사용하여 혼동을 준 오답이다.

2 미국 → 호주

Why did they return the appliance?
(A) It wasn't working.
(B) He might arrive late.
(C) For a discounted price.

return [ritə́:rn] 반품하다, 돌려보내다 appliance [əpláiəns] 전자제품

해석 그들은 왜 전자제품을 반품했나요?
(A) 그것이 작동하지 않았어요.
(B) 그는 늦게 도착할지도 몰라요.
(C) 할인된 가격을 위해서요.

해설 전자제품이 왜 반품되었는지를 묻는 Why 의문문이다.
(A) [○] 그것이 작동하지 않았다는 이유를 언급했으므로 정답이다.
(B) [×] return(반품하다)과 관련된 arrive(도착하다)를 사용하여 혼동을 준 오답이다.
(C) [×] 이유를 나타내는 전치사 For를 사용하고, appliance(전자제품)와 관련된 discounted price(할인된 가격)를 사용하여 혼동을 준 오답이다.

3 캐나다 → 미국

Why does Ms. Murphy look so nervous?
(A) They should calm down.
(B) Because it looks promising.
(C) She has a presentation.

nervous [nə́:rvəs] 초조해 하는, 불안해 하는
promising [prámisiŋ] 장래성 있는

해석 Ms. Murphy는 왜 그렇게 초조해 보이나요?
(A) 그들은 진정해야 해요.
(B) 장래성이 있어 보이기 때문이에요.
(C) 그녀는 발표가 있거든요.

해설 Ms. Murphy가 왜 초조해 보이는지를 묻는 Why 의문문이다.
(A) [×] nervous(초조한)와 관련된 calm down(진정하다)을 사용하여 혼동을 준 오답이다.
(B) [×] 이유를 나타내는 접속사 Because를 사용하고, 질문의 look을 looks로 반복 사용하여 혼동을 준 오답이다.
(C) [○] 발표가 있다는 이유를 언급했으므로 정답이다.

4 캐나다 → 영국

Why were you late this morning?
(A) Yes, you can finish that later.
(B) Because I missed my bus.
(C) The rate is a bit high.

rate [reit] 요금 a bit 꽤, 약간

해석 당신은 오늘 아침에 왜 늦었나요?
(A) 네, 당신은 그것을 나중에 끝내도 되요.
(B) 버스를 놓쳤기 때문이에요.
(C) 요금이 꽤 비싸요.

해설 아침에 왜 늦었는지를 묻는 Why 의문문이다.
(A) [×] 의문사 의문문에 Yes로 응답했으므로 오답이다.
(B) [○] 버스를 놓쳤다는 이유를 언급했으므로 정답이다.
(C) [×] late-rate의 유사 발음 어휘를 사용하여 혼동을 준 오답이다.

5 미국 → 호주

Why did the manufacturer move to California?
(A) To save on transportation costs.
(B) A site near the ocean.
(C) Relocating takes a lot of time.

save [seiv] 절약하다 site [sait] 부지, 장소
relocate [미 rì:loukéit, 영 rì:ləukéit] 이전하다, 이전시키다

해석 제조업체는 왜 캘리포니아로 이전했나요?
(A) 수송 비용을 절약하기 위해서요.
(B) 바다 근처 부지로요.
(C) 이전하는 것은 많은 시간이 걸려요.

해설 제조업체가 왜 이전했는지를 묻는 Why 의문문이다.
(A) [○] 수송 비용을 절약하기 위해서라는 이유를 언급했으므로 정답이다. To 부정사가 이유를 나타낼 때 쓰이는 것임을 알아둔다.
(B) [×] 특정 장소를 물을 때 사용할 수 있는 응답이므로 오답이다.
(C) [×] move(이전하다)와 같은 의미인 Relocating을 사용하여 혼동을 준 오답이다.

6 영국 → 호주

Why did Ann book a table at Jack's Restaurant?
(A) At 10 A.M. on Wednesday.
(B) For a lunch meeting.

(C) She ordered from the menu.

book [buk] 예약하다 order [미 ɔ́:rdər, 영 ɔ́:də] 주문하다

해석 Ann이 왜 Jack's 식당에 테이블을 예약했나요?
(A) 수요일 아침 10시에요.
(B) 점심 미팅을 위해서요.
(C) 그녀는 메뉴에서 주문했어요.

해설 Ann이 왜 식당에 테이블을 예약했는지를 묻는 Why 의문문이다.
(A) [×] 특정 시점을 물을 때 사용할 수 있는 응답이므로 오답이다.
(B) [○] For a lunch meeting(점심 미팅을 위해)이라는 이유를 언급했으므로 정답이다.
(C) [×] Restaurant(식당)와 관련된 menu(메뉴)를 사용하여 혼동을 준 오답이다.

7 캐나다 → 영국

Why was the shipment halted?
(A) From the supplies in Hong Kong.
(B) Yes, on a cruise ship.
(C) We haven't paid for it yet.

shipment [ʃípmənt] 선적 halt [hɔ:lt] 중단하다, 멈추다

해석 선적이 왜 중단되었나요?
(A) 홍콩에 있는 공급업체로부터요.
(B) 네, 유람선 위에서요.
(C) 우리가 아직 대금을 지불하지 않았거든요.

해설 선적이 왜 중단되었는지를 묻는 Why 의문문이다.
(A) [×] 출처를 물을 때 사용할 수 있는 응답이므로 오답이다.
(B) [×] 의문사 의문문에 Yes로 응답했으므로 오답이다.
(C) [○] 대금을 지불하지 않았다는 이유를 언급했으므로 정답이다.

8 미국 → 호주

Why is Francois resigning from his position?
(A) Sometime next week.
(B) An assistant to the CEO.
(C) He hasn't told me a reason yet.

resign [rizáin] 사임하다, 사직하다

해석 Francois는 왜 직위에서 사임하나요?
(A) 다음 주쯤에요.
(B) 최고 경영자의 보조예요.
(C) 그는 아직 제게 이유를 말해주지 않았어요.

해설 Francois가 왜 사임하는지를 묻는 Why 의문문이다.
(A) [×] 특정 시점을 물을 때 사용할 수 있는 응답이므로 오답이다.
(B) [×] position(직위)과 관련된 assistant(보조)를 사용하여 혼동을 준 오답이다.
(C) [○] 아직 이유를 말해주지 않았다는 말로 이유를 모른다는 간접적인 응답을 했으므로 정답이다.

9 캐나다 → 미국

Why wasn't this report forwarded to Mr. Dall?
(A) OK, I'll ask him to send one.
(B) They're moving forward with the plans.
(C) Some revisions have to be made.

forward [fɔ́:rwərd] 전송하다, 보내다; 앞으로
revision [rivíʒən] 수정, 교정

해석 이 보고서가 왜 Mr. Dall에게 전송되지 않았나요?
(A) 네, 하나 보내달라고 그에게 요청할게요.
(B) 그들은 그 계획들을 추진할 거예요.
(C) 수정되어야 할 부분들이 조금 있어요.

해설 보고서가 왜 전송되지 않았는지를 묻는 Why 의문문이다.
(A) [×] forwarded(전송했다)와 같은 의미인 send(보내다)를 사용하여 혼동을 준 오답이다.
(B) [×] 질문의 forwarded(전송되다)를 '앞으로'라는 의미의 부사 forward로 사용하여 혼동을 준 오답이다.
(C) [○] 수정되어야 할 부분들이 있다는 이유를 언급했으므로 정답이다.

10 영국 → 호주

Why can't I log in to my e-mail account?
(A) Double-check your password.
(B) Because some photos are attached.
(C) I haven't received it yet.

double-check [dʌ̀bltʃék] 재확인하다 attach [ətǽtʃ] 첨부하다

해석 왜 제 이메일 계정에 로그인할 수 없나요?
(A) 비밀번호를 재확인해 보세요.
(B) 사진이 몇 장 첨부되었기 때문이에요.
(C) 아직 그것을 받지 못했어요.

해설 이메일 계정에 왜 로그인할 수 없는지를 묻는 Why 의문문이다.
(A) [○] 비밀번호를 재확인해 보라는 말로 비밀번호가 틀렸기 때문이라는 이유를 간접적으로 언급했으므로 정답이다.
(B) [×] 이유를 나타내는 접속사 Because를 사용하여 혼동을 주었으며, e-mail(이메일)과 관련된 attached(첨부된)를 사용하여 혼동을 준 오답이다.
(C) [×] e-mail(이메일)과 관련된 received(받았다)를 사용하여 혼동을 준 오답이다.

11 호주 → 미국

Why isn't our product line selling well in Asian markets?
(A) We didn't advertise enough.
(B) China would be a better place to visit.
(C) Because the line disconnected.

disconnect [dìskənékt] 끊기다

해석 우리 제품군이 왜 아시아 시장에서 잘 팔리지 않나요?
(A) 우리는 충분히 광고하지 않았어요.
(B) 중국이 방문하기 더 좋은 곳일 거예요.
(C) 선이 끊겼기 때문이에요.

해설 제품군이 왜 아시아 시장에서 잘 팔리지 않는지를 묻는 Why 의문문이다.
(A) [○] 충분히 광고하지 않았다는 이유를 언급했으므로 정답이다.
(B) [×] Asian markets(아시아 시장)와 관련된 China(중국)를 사용하여 혼동을 준 오답이다.
(C) [×] 이유를 나타내는 접속사 Because를 사용하고, 질문의 line(군, 종류)을 '선'이라는 의미로 반복 사용하여 혼동을 준 오답이다.

12 영국 → 캐나다

Why is there so much congestion on this highway?
(A) Yes, I took a different route.
(B) Let's listen to the traffic report.
(C) They were lower than I thought.

congestion [kəndʒéstʃən] 혼잡, 체증 route [ru:t] 길

해석 이 고속도로는 왜 이렇게 혼잡한가요?
(A) 네, 저는 다른 길로 갔어요.
(B) 교통 정보를 들어 봅시다.
(C) 제가 생각했던 것보다 더 낮았어요.

해설 고속도로가 왜 이렇게 혼잡한지를 묻는 Why 의문문이다.
(A) [×] 의문사 의문문에 Yes로 응답했고, highway(고속도로)와 관련된

route(길)를 사용하여 혼동을 준 오답이다.
(B) [o] 교통 정보를 들어 보자는 말로 고속도로가 혼잡한 이유를 모르겠다는 간접적인 응답을 했으므로 정답이다.
(C) [x] highway(고속도로)에서 '높은'이라는 의미의 high와 관련된 lower(더 낮은)를 사용하여 혼동을 준 오답이다.

13 미국 → 캐나다

Why was your business trip to Brussels postponed?
(A) Just for three days.
(B) I apologize for the delay.
(C) Our client needed more time to prepare.

postpone [poustpóun] 연기하다 apologize [əpɑ́lədʒàiz] 사과하다

해석 당신의 브뤼셀로의 출장은 왜 연기되었나요?
(A) 딱 3일 동안만이요.
(B) 지연에 대해 사과 드립니다.
(C) 우리 고객이 준비할 시간이 더 필요했어요.

해설 브뤼셀로의 출장이 왜 연기되었는지를 묻는 Why 의문문이다.
(A) [x] 특정 시점을 물을 때 사용할 수 있는 응답이므로 오답이다.
(B) [x] postponed(연기되었다)와 관련된 delay(지연)를 사용하여 혼동을 준 오답이다.
(C) [o] 고객에게 시간이 더 필요했다는 이유를 언급했으므로 정답이다.

14 호주 → 영국

Why is the advertising division having a party?
(A) Twenty have confirmed so far.
(B) Today is Mr. Dawson's birthday.
(C) It was only partly evaluated.

confirm [미 kənfə́:rm, 영 kənfə́:m] 확정하다, 확인하다
partly [미 pɑ́:rtli, 영 pɑ́:tli] 부분적으로 evaluate [ivǽljuèit] 평가하다

해석 광고 부서는 왜 파티를 하나요?
(A) 지금까지 20명이 확정했어요.
(B) 오늘은 Mr. Dawson의 생일이에요.
(C) 부분적으로만 평가되었어요.

해설 광고 부서가 왜 파티를 하는지를 묻는 Why 의문문이다.
(A) [x] party(파티)에서 연상할 수 있는 참석 명단과 관련된 confirmed(확정했다)를 사용하여 혼동을 준 오답이다.
(B) [o] Mr. Dawson의 생일이라는 이유를 언급했으므로 정답이다.
(C) [x] party-partly의 유사 발음 어휘를 사용하여 혼동을 준 오답이다.

15 캐나다 → 미국

Why isn't this projector working?
(A) Is it plugged in?
(B) I am working on several projects.
(C) That isn't what I asked for.

plug in 플러그를 꽂다

해석 이 프로젝터는 왜 작동하지 않나요?
(A) 플러그가 꽂혀있나요?
(B) 저는 여러 프로젝트를 하고 있어요.
(C) 그건 제가 요청한 것이 아니에요.

해설 프로젝터가 왜 작동하지 않는지를 묻는 Why 의문문이다.
(A) [o] 플러그가 꽂혀있는지를 되물어 프로젝터가 작동하지 않는 이유를 모르겠다는 간접적인 응답을 했으므로 정답이다.
(B) [x] 질문의 working을 반복 사용하여 혼동을 준 오답이다.
(C) [x] 질문의 isn't를 반복 사용하여 혼동을 준 오답이다.

16 영국 → 호주

Why can't we have the conference on May 4?
(A) For members of the medical field.
(B) The venue we want will not be available.
(C) She's on a conference call.

field [fi:ld] 분야 conference call 전화 회의

해석 우리는 왜 5월 4일에 회의를 할 수 없나요?
(A) 의학 분야 회원들을 위해서요.
(B) 우리가 원하는 장소를 이용할 수 없어요.
(C) 그녀는 전화 회의 중이에요.

해설 왜 5월 4일에 회의를 할 수 없는지를 묻는 Why 의문문이다.
(A) [x] conference(회의)와 관련된 medical field(의학 분야)를 사용하여 혼동을 준 오답이다.
(B) [o] 원하는 장소를 이용할 수 없다는 이유를 언급했으므로 정답이다.
(C) [x] She가 나타내는 대상이 질문에 없고, 질문의 conference를 반복 사용하여 혼동을 준 오답이다.

17 캐나다 → 미국

Why was Martina late this morning?
(A) You should ask her about that.
(B) She will be there in the morning.
(C) I'll bring you a coffee later.

해석 Martina는 왜 오늘 아침에 늦었나요?
(A) 그녀에게 물어보세요.
(B) 그녀는 아침에 거기 있을 거예요.
(C) 나중에 커피 한 잔을 가져다 드릴게요.

해설 Martina가 왜 오늘 아침에 늦었는지를 묻는 Why 의문문이다.
(A) [o] 그녀에게 물어보라는 말로 모르겠다는 간접적인 응답을 했으므로 정답이다.
(B) [x] 질문의 morning을 반복 사용하여 혼동을 준 오답이다.
(C) [x] late의 파생어인 later를 사용하여 혼동을 준 오답이다.

18 영국 → 호주

Why haven't those survey reports been completed yet?
(A) Who was supposed to finish them?
(B) It was completely renovated.
(C) Because of the weather report.

complete [kəmplí:t] 완성하다 be supposed to ~하기로 되어 있다
renovate [rénəvèit] 개조하다, 수선하다

해석 그 조사 보고서는 왜 아직 완성되지 않았나요?
(A) 누가 그것을 끝내기로 되어 있었나요?
(B) 그것은 완전히 개조되었어요.
(C) 일기 예보 때문에요.

해설 조사 보고서가 왜 아직 완성되지 않았는지를 묻는 Why 의문문이다.
(A) [o] 누가 그것을 끝내기로 되어 있었는지를 되물어 보고서에 대한 추가 정보를 요구하고 있으므로 정답이다.
(B) [x] completed의 파생어인 completely를 사용하여 혼동을 준 오답이다.
(C) [x] 이유를 나타내는 전치사 Because of를 사용하고, 질문의 reports를 report로 반복 사용하여 혼동을 준 오답이다.

19 캐나다 → 영국

Why didn't the tenant in Unit 308 renew his lease?
(A) Don't forget to inform him of the change.
(B) There's a lot less room in my new car.

(C) He wants a smaller space.

tenant [ténənt] 세입자 renew [rinjúː] 갱신하다 lease [liːs] 임대차 계약

해석 308호의 세입자는 왜 임대차 계약을 갱신하지 않았나요?
(A) 그에게 변경 사항을 알려 주는 것을 잊지 마세요.
(B) 제 새 차의 공간은 훨씬 더 작아요.
(C) 그는 더 작은 공간을 원해요.

해설 세입자가 왜 임대차 계약을 갱신하지 않았는지를 묻는 Why 의문문이다.
(A) [x] renew(갱신하다)와 관련된 change(변경 사항)를 사용하여 혼동을 준 오답이다.
(B) [x] lease - less의 유사 발음 어휘를 사용하여 혼동을 준 오답이다.
(C) [o] 더 작은 공간을 원한다는 이유를 언급했으므로 정답이다.

20 호주 → 미국

Why are you taking an amateur photography class?
(A) For my own enjoyment.
(B) They were beautiful pictures.
(C) I already took her there.

amateur [미 ǽmətʃùər, 영 ǽmətə] 아마추어의 enjoyment [indʒɔ́imənt] 즐거움

해석 당신은 왜 아마추어 사진 촬영 수업을 듣나요?
(A) 저의 즐거움을 위해서요.
(B) 아름다운 사진들이었어요.
(C) 저는 이미 그녀를 그곳에 데려 갔어요.

해설 왜 아마추어 사진 촬영 수업을 듣는지를 묻는 Why 의문문이다.
(A) [o] 즐거움을 위해서라는 이유를 언급했으므로 정답이다.
(B) [x] photography(사진 촬영)와 관련된 pictures(사진들)를 사용하여 혼동을 준 오답이다.
(C) [x] her를 나타내는 대상이 질문에 없고, 질문의 taking을 took으로 반복 사용하여 혼동을 준 오답이다.

7. How 의문문

Hackers Practice p.127

1. (C)	2. (B)	3. (B)	4. (A)	5. (B)	6. (A)
7. (A)	8. (C)	9. (B)	10. (C)	11. (B)	12. (B)
13. (B)	14. (A)	15. (C)	16. (C)	17. (A)	18. (B)
19. (A)	20. (B)				

1 캐나다 → 영국

How long will it take the package to arrive in England?
(A) I'll take one, please.
(B) Less than 2,000 miles.
(C) One week.

해석 소포가 영국에 도착하는 데 얼마나 걸릴까요?
(A) 하나 주세요.
(B) 2,000마일 미만이요.
(C) 일주일이요.

해설 소포가 도착하는 데 얼마나 걸리는지를 묻는 How 의문문이다. How long이 기간을 묻는 것임을 이해할 수 있어야 한다.
(A) [x] 질문의 take(걸리다)를 '선택하다'라는 의미로 사용하여 혼동을 준 오답이다.
(B) [x] 거리를 물을 때 사용할 수 있는 응답이므로 오답이다.
(C) [o] One week(일주일)로 기간을 언급했으므로 정답이다.

2 미국 → 호주

How was the presentation?
(A) Sometime today.
(B) It wasn't so good.
(C) Once a month.

해석 발표는 어땠나요?
(A) 오늘 언젠가요.
(B) 그렇게 좋지 않았어요.
(C) 한 달에 한 번이요.

해설 발표가 어땠는지를 묻는 How 의문문이다. How was가 의견을 묻는 것임을 이해할 수 있어야 한다.
(A) [x] 특정 시점을 물을 때 사용할 수 있는 응답이므로 오답이다.
(B) [o] not so good(그렇게 좋지 않다)으로 의견을 언급했으므로 정답이다.
(C) [x] 빈도를 물을 때 사용할 수 있는 응답이므로 오답이다.

3 캐나다 → 미국

How can I sign up for the workshop?
(A) Yes, the workshop was interesting.
(B) Through the Web site.
(C) About investing in stock.

sign up 등록하다

해석 제가 어떻게 워크숍에 등록할 수 있나요?
(A) 네, 워크숍은 흥미로웠어요.
(B) 웹사이트를 통해서요.
(C) 주식 투자에 대해서요.

해설 어떻게 워크숍에 등록할 수 있는지를 묻는 How 의문문이다. How가 방법을 묻는 것임을 이해할 수 있어야 한다.
(A) [x] 의문사 의문문에 Yes로 응답했으므로 오답이다.
(B) [o] 웹사이트를 통해서라는 등록 방법을 언급했으므로 정답이다.
(C) [x] workshop(워크숍)의 주제와 관련된 investing in stock(주식 투자)을 사용하여 혼동을 준 오답이다.

4 캐나다 → 영국

How many boxes are we planning to disassemble today?
(A) Everything you see here.
(B) They should be done today.
(C) That might be possible.

disassemble [dìsəsémbl] 해체하다, 분해하다

해석 우리는 오늘 몇 개의 상자들을 해체할 계획인가요?
(A) 여기 보이는 것 모두요.
(B) 그것들은 오늘 완료되어야 해요.
(C) 아마 그럴 수 있을 거예요.

해설 몇 개의 상자를 해체할지를 묻는 How 의문문이다. How many가 수량을 묻는 것임을 이해할 수 있어야 한다.
(A) [o] Everything(모두)이라는 수량을 언급했으므로 정답이다.
(B) [x] 질문의 today를 반복 사용하여 혼동을 준 오답이다.
(C) [x] disassemble-possible의 유사 발음 어휘를 사용하여 혼동을 준 오답이다.

5 미국 → 호주

How much is the wall clock?
(A) There isn't much left.
(B) I'll find out.
(C) It's 10 after 3.

find out 알아보다, 발견하다

해석 벽 시계는 얼마인가요?
(A) 많이 남아 있지 않아요.

(B) 제가 알아볼게요.
(C) 3시 10분이에요.

해설 벽 시계가 얼마인지를 묻는 How 의문문이다. How much가 가격을 묻는 것임을 이해할 수 있어야 한다.
(A) [x] 질문의 much를 반복 사용하여 혼동을 준 오답이다.
(B) [o] 알아보겠다는 말로 모르겠다는 간접적인 응답을 했으므로 정답이다.
(C) [x] clock(시계)과 관련된 10 after 3(3시 10분)를 사용하여 혼동을 준 오답이다.

6 영국 → 호주

How do you like our window displays?
(A) I haven't seen them yet.
(B) I opened the windows.
(C) No, they didn't finish them.

window [미 wíndou, 영 wíndəu] 진열창 display [displéi] (상품의) 진열

해석 우리 진열창의 상품 진열이 어떤가요?
(A) 저는 아직 그것들을 본 적이 없어요.
(B) 저는 창문들을 열었어요.
(C) 아니요, 그들은 그것들을 끝내지 않았어요.

해설 진열창의 상품 진열이 어떤지를 묻는 How 의문문이다. How do you like가 의견을 묻는 것임을 이해할 수 있어야 한다.
(A) [o] 아직 그것들을 본 적이 없다는 말로 모르겠다는 간접적인 응답을 했으므로 정답이다.
(B) [x] 질문의 window를 windows로 반복 사용하여 혼동을 준 오답이다.
(C) [x] 의문사 의문문에 No로 응답했으므로 오답이다.

7 캐나다 → 영국

How is your novel coming along?
(A) I'm almost finished.
(B) They said they were coming.
(C) He'll go along with the others.

come along 되어가다 go along with ~에 동의하다

해석 당신의 소설은 어떻게 되어가고 있나요?
(A) 저는 거의 끝냈어요.
(B) 그들은 오고 있다고 했어요.
(C) 그는 다른 사람들에게 동의할 거예요.

해설 소설이 어떻게 되어가고 있는지를 묻는 How 의문문이다. How ~ coming along이 진행 상태를 묻는 것임을 이해할 수 있어야 한다.
(A) [o] 거의 끝냈다는 말로 진행 상태를 언급했으므로 정답이다.
(B) [x] 질문의 coming along(되어가다)에서 coming을 '오고 있다'라는 의미로 사용하여 혼동을 준 오답이다.
(C) [x] 질문의 along을 반복 사용하여 혼동을 준 오답이다.

8 미국 → 호주

How did you obtain that copy?
(A) Press this button to start the machine.
(B) The copier often breaks down.
(C) Janet gave me an extra one.

obtain [əbtéin] 얻다, 획득하다 copier [미 kápiər, 영 kɔ́piə] 복사기
extra [ékstrə] 여분의

해석 그 사본을 어떻게 얻었나요?
(A) 기계를 작동시키기 위해 이 버튼을 누르세요.
(B) 그 복사기는 자주 고장 나요.
(C) Janet이 저에게 여분 한 부를 주었어요.

해설 사본을 어떻게 얻었는지를 묻는 How 의문문이다. How가 방법을 묻는 것임을 이해할 수 있어야 한다.
(A) [x] copy(사본)의 다른 의미인 '복사하다'와 관련된 machine(기계)을 사용하여 혼동을 준 오답이다.
(B) [x] copy-copier의 유사 발음 어휘를 사용하여 혼동을 준 오답이다.
(C) [o] Janet gave me(Janet이 저에게 주었어요)라는 말로 출처를 언급했으므로 정답이다.

9 캐나다 → 영국

How come you didn't take the job?
(A) I submitted the application form.
(B) The work hours are too long.
(C) By studying the manual carefully.

work hour 근무 시간 study [stʌ́di] 정독하다 manual [mǽnjuəl] 안내서

해석 당신은 왜 그 일자리를 얻지 않았나요?
(A) 저는 지원서를 제출했어요.
(B) 근무 시간이 너무 길어요.
(C) 안내서를 주의 깊게 정독함으로써요.

해설 왜 일자리를 얻지 않았는지를 묻는 How 의문문이다. How come이 이유를 묻는 것임을 이해할 수 있어야 한다.
(A) [x] job(일자리)과 관련된 application form(지원서)을 사용하여 혼동을 준 오답이다.
(B) [o] 근무 시간이 너무 길다는 이유를 언급했으므로 정답이다.
(C) [x] 특정 방법을 물을 때 사용할 수 있는 응답이므로 오답이다.

10 영국 → 호주

How will they be informed about the meeting?
(A) I'm sorry I missed the meeting.
(B) Harry can't make it.
(C) We already called them.

inform [미 infɔ́:rm, 영 infɔ́:m] 통지하다, 알리다 miss [mis] 놓치다
make it 오다, 출석하다

해석 그들은 회의에 대해서 어떻게 통지받을 건가요?
(A) 제가 회의를 놓쳐서 유감이에요.
(B) Harry는 올 수 없어요.
(C) 우리는 이미 그들에게 전화했어요.

해설 회의를 어떻게 통지받을지를 묻는 How 의문문이다. How가 방법을 묻는 것임을 이해할 수 있어야 한다.
(A) [x] 질문의 meeting을 반복 사용하여 혼동을 준 오답이다.
(B) [x] meeting(회의)과 관련된 make it(오다)을 사용하여 혼동을 준 오답이다.
(C) [o] 이미 그들에게 전화했다는 말로 이미 통지했다는 간접적인 응답을 했으므로 정답이다.

11 영국 → 캐나다

How did your interview with the television station go?
(A) On Channel 15.
(B) It went well, thanks.
(C) The view was spectacular.

station [stéiʃən] 방송국, 역 view [vju:] 경치, 전망
spectacular [spektǽkjulər] 굉장한, 장관의

해석 텔레비전 방송국과의 인터뷰는 어땠나요?
(A) 15번 채널에서요.
(B) 잘 진행되었어요, 고마워요.
(C) 경치가 굉장했어요.

해설 텔레비전 방송국과의 인터뷰가 어땠는지를 묻는 How 의문문이다. How did ~ go가 의견을 묻는 것임을 이해할 수 있어야 한다.
(A) [x] television(텔레비전)과 관련된 Channel(채널)을 사용하여 혼동을 준 오답이다.

(B) [○] It went well(잘 진행되었다)로 의견을 전달했으므로 정답이다.
(C) [×] interview-view의 유사 발음 어휘를 사용하여 혼동을 준 오답이다.

12 호주 → 미국

How long is the food trade fair scheduled to last?
(A) The decision seems fair.
(B) Just three days, apparently.
(C) It's located just two blocks away.

fair [미 fεər, 영 fεə] 박람회; 공정한 last [미 læst, 영 lɑːst] 계속되다
apparently [əpǽrəntli] 보기에, 분명히

해석 식품 무역 박람회는 얼마 동안 계속될 예정인가요?
(A) 그 결정은 공정한 것 같아요.
(B) 단 삼 일인 것으로 보여요.
(C) 단지 두 블록 떨어진 곳에 위치해 있어요.

해설 식품 무역 박람회가 얼마 동안 계속될 예정인지를 묻는 How 의문문이다. How long이 기간을 묻는 것임을 이해할 수 있어야 한다.
(A) [×] 질문의 fair(박람회)를 '공정한'이라는 의미의 형용사로 사용하여 혼동을 준 오답이다.
(B) [○] three days(삼 일)라는 특정 기간을 언급했으므로 정답이다.
(C) [×] 특정 장소를 물을 때 사용할 수 있는 응답이므로 오답이다.

13 미국 → 호주

How are you managing in your new position?
(A) From the retail manager.
(B) I'm finding it a bit challenging.
(C) We hired three employees.

manage [mǽnidʒ] 해내다 position [pəzíʃən] 직장, 일자리
challenging [tʃǽlindʒiŋ] 힘든

해석 당신은 새로운 직장에서 어떻게 하고 있나요?
(A) 소매 관리자로부터요.
(B) 조금 힘든 것 같아요.
(C) 우리는 3명의 직원을 고용했어요.

해설 새로운 직장에서 어떻게 하고 있는지를 묻는 How 의문문이다. How ~ managing이 상태를 묻는 것임을 이해할 수 있어야 한다.
(A) [×] position(직장)과 관련된 manager(관리자)를 사용하여 혼동을 준 오답이다.
(B) [○] a bit challenging(조금 힘든)으로 상태를 언급했으므로 정답이다.
(C) [×] position(직장)과 관련된 hired(고용했다)를 사용하여 혼동을 준 오답이다.

14 캐나다 → 미국

How do I turn on the printer near the break room?
(A) I've never operated it before.
(B) For black and white copies only.
(C) Yes, it is your turn.

operate [ɑ́pərèit] 작동시키다, 운전하다

해석 휴게실 근처에 있는 프린터를 어떻게 켜나요?
(A) 저는 이전에 그것을 작동시켜 본 적이 없어요.
(B) 흑백 복사 전용이에요.
(C) 네, 당신 차례예요.

해설 휴게실 근처에 있는 프린터를 어떻게 켜는지를 묻는 How 의문문이다. How가 방법을 묻는 것임을 이해할 수 있어야 한다.
(A) [○] 이전에 작동시켜 본 적이 없다는 말로 모르겠다는 간접적인 응답을 했으므로 정답이다.
(B) [×] printer(프린터)와 관련된 copies(복사)를 사용하여 혼동을 준 오답이다.
(C) [×] 의문사 의문문에 Yes로 응답했고, 질문의 turn on(켜다)에서 turn을 '차례'라는 의미의 명사로 사용하여 혼동을 준 오답이다.

15 영국 → 호주

How much are these suitcases?
(A) Well, start packing for the trip.
(B) At the baggage claim.
(C) Isn't there a price tag on them?

packing [pǽkiŋ] 짐 꾸리기, 포장 baggage claim 수하물 찾는 곳
price tag 가격표

해석 이 여행 가방들은 얼마인가요?
(A) 음, 여행을 위해 짐 꾸리는 것을 시작하세요.
(B) 수하물 찾는 곳에서요.
(C) 그것들에 가격표가 붙어있지 않아요?

해설 여행 가방들이 얼마인지를 묻는 How 의문문이다. How much가 가격을 묻는 것임을 이해할 수 있어야 한다.
(A) [×] suitcases(여행 가방들)와 관련된 packing(짐 꾸리기)과 trip(여행)을 사용하여 혼동을 준 오답이다.
(B) [×] suitcases(여행 가방들)와 관련된 baggage claim(수하물 찾는 곳)을 사용하여 혼동을 준 오답이다.
(C) [○] 가격표가 붙어있지 않냐고 되물어 얼마인지 모르겠다는 간접적인 응답을 했으므로 정답이다.

16 캐나다 → 영국

How far is Beachfront Park from this restaurant?
(A) We go there all the time.
(B) There probably won't be any parking spots.
(C) About a ten-minute walk.

해석 Beachfront 공원은 이 식당에서 얼마나 멀리 있나요?
(A) 우리는 항상 그곳에 가요.
(B) 아마 주차 공간이 하나도 없을 거예요.
(C) 걸어서 10분 정도 거리에요.

해설 Beachfront 공원이 식당에서 얼마나 멀리 있는지를 묻는 How 의문문이다. How far가 거리를 묻는 것임을 이해할 수 있어야 한다.
(A) [×] 특정 빈도를 물을 때 사용할 수 있는 응답이므로 오답이다.
(B) [×] 질문의 Park(공원)를 '주차'라는 의미의 명사 parking으로 사용하여 혼동을 준 오답이다.
(C) [○] ten-minute walk(걸어서 10분 거리)라는 특정 거리로 응답했으므로 정답이다.

17 미국 → 호주

How often are factory inspections conducted at this facility?
(A) The plant manager will know.
(B) An official from a regulatory agency.
(C) It is an important factor.

inspection [inspékʃən] 점검 conduct [kəndʌ́kt] 실시하다, 수행하다
regulatory [미 régjulətɔ̀ːri, 영 règjəléitəri] 규제하는
factor [미 fǽktər, 영 fǽktə] 요인

해석 이 시설에서 공장 점검은 얼마나 자주 실시되나요?
(A) 공장 관리자가 알 거예요.
(B) 규제 기관의 공무원이요.
(C) 중요한 요인이에요.

해설 시설에서 공장 점검이 얼마나 자주 실시되는지를 묻는 How 의문문이다. How often이 빈도를 묻는 것임을 이해할 수 있어야 한다.
(A) [○] 공장 관리자가 알 것이다는 말로 모르겠다는 간접적인 응답을 했으므로 정답이다.

(B) [×] inspections(점검)와 관련된 regulatory agency(규제 기관)을 사용하여 혼동을 준 오답이다.
(C) [×] factory-factor의 유사 발음 어휘를 사용하여 혼동을 준 오답이다.

18 호주 → 영국

How many people will be joining you at the concert?
(A) You can join the membership program too.
(B) I have two friends coming.
(C) Tickets can be purchased online.

membership [미 mémbərʃip, 영 mémbəʃip] 회원

해석 얼마나 많은 사람들이 콘서트에서 당신과 함께 할 것인가요?
(A) 당신도 회원 프로그램에 참가할 수 있어요.
(B) 같이 가는 친구가 2명 있어요.
(C) 표는 온라인에서 구매할 수 있어요.

해설 얼마나 많은 사람들이 함께 할 것인지를 묻는 How 의문문이다. How many가 수량을 묻는 것임을 이해할 수 있어야 한다.
(A) [×] 질문의 joining을 join으로 반복 사용하여 혼동을 준 오답이다.
(B) [○] two friends(두 명)라는 수량을 언급했으므로 정답이다.
(C) [×] concert(콘서트)와 관련된 Tickets(표)를 사용하여 혼동을 준 오답이다.

19 미국 → 캐나다

How is everything going with the Stinson Project?
(A) Better than expected, fortunately.
(B) No, we're going there shortly.
(C) Every couple of weeks is fine.

expect [ikspékt] 기대하다 shortly [ʃɔ́:rtli] 곧

해석 Stinson 프로젝트는 어떻게 되어가고 있나요?
(A) 다행히 기대했던 것보다 좋아요.
(B) 아니요, 곧 그곳으로 갈 거예요.
(C) 2주 마다가 좋아요.

해설 Stinson 프로젝트가 어떻게 되어가고 있는지를 묻는 How 의문문이다. How is ~ going이 진행 상태를 묻는 것임을 이해할 수 있어야 한다.
(A) [○] 기대했던 것보다 좋다는 말로 진행 상태를 언급했으므로 정답이다.
(B) [×] 질문의 going을 반복 사용하여 혼동을 준 오답이다.
(C) [×] everything-Every의 유사 발음 어휘를 사용하여 혼동을 준 오답이다.

20 캐나다 → 영국

How should we set up the chairs for the presentation?
(A) All the seats are sold out.
(B) Why don't we arrange them in rows?
(C) That should be enough.

set up 놓다 arrange [əréindʒ] 배열하다, 정리하다
in rows 여러 줄로, 줄지어

해석 발표회를 위해 의자들을 어떻게 놓아야 하나요?
(A) 전 좌석이 매진이에요.
(B) 여러 줄로 배열하는 게 어때요?
(C) 그거면 충분할 거예요.

해설 발표회를 위해 의자들을 어떻게 놓아야 하는지를 묻는 How 의문문이다. How should가 방법을 묻는 것임을 이해할 수 있어야 한다.
(A) [×] chairs(의자들)와 관련된 seats(좌석)를 사용하여 혼동을 준 오답이다.
(B) [○] 여러 줄로 배열하는 것이 어떤지를 되물어 추가 의견을 요구하고 있으므로 정답이다.
(C) [×] 질문의 should를 반복 사용하여 혼동을 준 오답이다.

Hackers Test

p.128

1. (B)	2. (B)	3. (B)	4. (C)	5. (A)	6. (B)
7. (C)	8. (C)	9. (A)	10. (B)	11. (B)	12. (B)
13. (A)	14. (A)	15. (B)	16. (B)	17. (A)	18. (C)
19. (A)	20. (C)	21. (A)	22. (B)	23. (C)	24. (A)
25. (C)	26. (B)	27. (B)	28. (B)	29. (C)	30. (B)
31. (A)	32. (A)	33. (C)	34. (A)	35. (A)	36. (A)
37. (C)	38. (A)	39. (C)	40. (C)		

1 캐나다 → 영국

How much will the taxi to the airport cost?
(A) Every month.
(B) Around 30 dollars.
(C) Over 20 minutes.

cost [kɔ:st] (값, 비용이) 들다

해석 공항까지 가는 택시비가 얼마나 들까요?
(A) 매달이요.
(B) 30달러 정도요.
(C) 20분 넘게요.

해설 택시비가 얼마나 들지를 묻는 How 의문문이다. How much가 가격을 묻는 것임을 이해할 수 있어야 한다.
(A) [×] 빈도를 물을 때 사용할 수 있는 응답이므로 오답이다.
(B) [○] 30 dollars(30달러)라는 특정 가격을 언급했으므로 정답이다.
(C) [×] 소요 시간을 물을 때 사용할 수 있는 응답이므로 오답이다.

2 미국 → 호주

Who is in charge of conducting the survey?
(A) During the event.
(B) The marketing department.
(C) They charge a small fee.

in charge of 담당인, 책임지고 있는 conduct [kəndʌ́kt] 수행하다
survey [sə́rvei] 설문조사

해석 설문조사를 수행하는 것을 누가 담당하고 있나요?
(A) 행사 동안에요.
(B) 마케팅 부서요.
(C) 그들은 소정의 요금을 청구해요.

해설 설문조사 수행을 누가 담당하는지를 묻는 Who 의문문이다.
(A) [×] 특정 시점을 물을 때 사용할 수 있는 응답이므로 오답이다.
(B) [○] marketing department(마케팅 부서)라는 특정 부서를 언급했으므로 정답이다.
(C) [×] 질문의 in charge of(담당인)에서 charge를 '청구하다'라는 의미의 동사로 사용하여 혼동을 준 오답이다.

3 캐나다 → 미국

Where is the extra printer ink stored?
(A) We're going to the store.
(B) On the shelf in the cabinet.
(C) No, I don't have one.

store [stɔ:r] 보관하다

해석 여분의 프린터 잉크가 어디에 보관되어 있나요?
(A) 우리는 상점에 갈 거예요.
(B) 캐비닛 안에 있는 선반 위에요.
(C) 아니요, 저는 가지고 있지 않아요.

해설 프린터 잉크가 어디에 있는지를 묻는 Where 의문문이다.
(A) [×] 질문의 stored(보관하다)를 '상점'이라는 의미의 명사 store로 사용

하여 혼동을 준 오답이다.
(B) [○] On the shelf(선반 위)라는 특정 위치를 언급했으므로 정답이다.
(C) [×] 의문사 의문문에 No로 응답했으므로 오답이다.

4 캐나다 → 영국

When are you being promoted to manager?
(A) A promotional campaign.
(B) He's my new boss.
(C) Not until next year.

promote [prəmóut] 승진시키다
promotional [미 prəmóuʃnəl, 영 prəmə́uʃnəl] 판촉의

해석 관리자로 언제 승진되시나요?
(A) 판촉 광고요.
(B) 그는 저의 새로운 상사입니다.
(C) 내년이나 되어서요.

해설 관리자로 언제 승진되는지를 묻는 When 의문문이다.
(A) [×] promoted-promotional의 유사 발음 어휘를 사용하여 혼동을 준 오답이다.
(B) [×] manager(관리자)와 관련된 boss(상사)를 사용하여 혼동을 준 오답이다.
(C) [○] next year(내년)라는 특정 시점을 언급했으므로 정답이다. 'Not until 시간'의 표현이 '(시간)이 되어서야'라는 뜻임을 알아둔다.

5 미국 → 호주

Which of the conference rooms is free?
(A) The one on the right.
(B) She didn't attend the conference.
(C) No, there's not enough room.

해석 회의실들 중 어느 것이 비었나요?
(A) 오른쪽에 있는 것이요.
(B) 그녀는 회의에 참석하지 않았어요.
(C) 아니요, 충분한 공간이 없어요.

해설 어느 회의실이 비었는지를 묻는 Which 의문문이다. Which of the conference rooms를 반드시 들어야 한다.
(A) [○] The one on the right(오른쪽에 있는 것)라는 특정 회의실을 언급했으므로 정답이다.
(B) [×] 질문의 conference를 반복 사용하여 혼동을 준 오답이다.
(C) [×] 의문사 의문문에 No로 응답했으므로 오답이다.

6 호주 → 미국

Who was the last person to leave the office?
(A) In the building across the street.
(B) I'm not sure.
(C) We're leaving now.

해석 사무실을 마지막으로 떠난 사람이 누구였나요?
(A) 길 건너 건물에요.
(B) 잘 모르겠어요.
(C) 우리는 지금 떠날 거예요.

해설 사무실을 마지막으로 떠난 사람이 누구였는지를 묻는 Who 의문문이다.
(A) [×] office(사무실)와 관련된 building(건물)을 사용하여 혼동을 주었으며, 특정 장소를 물을 때 사용할 수 있는 응답이므로 오답이다.
(B) [○] 잘 모르겠다는 간접적인 응답을 했으므로 정답이다.
(C) [×] 질문의 leave를 leaving으로 반복 사용하여 혼동을 준 오답이다.

7 영국 → 캐나다

Where can I find the pottery exhibit?
(A) The museum is very busy.
(B) Several pieces are on display.
(C) There is a map in this brochure.

pottery [미 pátəri, 영 pɔ́təri] 도자기 on display 전시된, 진열된

해석 도자기 전시회를 어디에서 볼 수 있나요?
(A) 그 박물관은 아주 바빠요.
(B) 몇몇 작품들이 전시되어 있어요.
(C) 이 소책자에 지도가 있어요.

해설 도자기 전시회를 어디에서 볼 수 있는지를 묻는 Where 의문문이다.
(A) [×] exhibit(전시회)과 관련된 museum(박물관)을 사용하여 혼동을 준 오답이다.
(B) [×] exhibit(전시회)과 관련된 pieces(작품들)와 on display(전시된)를 사용하여 혼동을 준 오답이다.
(C) [○] 이 소책자에 지도가 있다는 말로 확인해보라는 간접적인 응답을 했으므로 정답이다.

8 미국 → 호주

How is Stewart going to Brussels tomorrow?
(A) Enjoy your trip.
(B) No, that was last Monday.
(C) He will drive there.

해석 Stewart는 어떻게 내일 브뤼셀에 갈 건가요?
(A) 즐거운 여행 되세요.
(B) 아니요, 그건 지난주 월요일이었어요.
(C) 그는 그곳에 운전해서 갈 거예요.

해설 Stewart가 어떻게 브뤼셀에 가는지를 묻는 How 의문문이다. How가 방법을 묻는 것임을 이해할 수 있어야 한다.
(A) [×] going to Brussels(브뤼셀에 가다)와 관련된 trip(여행)을 사용하여 혼동을 준 오답이다.
(B) [×] 의문사 의문문에 No로 응답했으므로 오답이다.
(C) [○] drive(운전해서 가다)라는 방법을 언급했으므로 정답이다.

9 영국 → 호주

Who can I speak to regarding my application?
(A) You can talk to the woman over there.
(B) The forms on the desk.
(C) I work in the administrative office.

regarding [미 rigá:rdiŋ, 영 rigá:diŋ] ~에 관하여, 대하여
application [미 æpləkéiʃən, 영 æplikéiʃən] 신청, 지원
administrative [미 ædmínəstrèitiv, 영 ədmínistrətiv] 행정의

해석 제 신청에 관하여 누구와 이야기를 할 수 있나요?
(A) 저쪽에 있는 여자와 이야기하세요.
(B) 책상 위에 있는 양식들이요.
(C) 저는 행정 사무실에서 일해요.

해설 신청에 관하여 누구와 이야기해야 하는지를 묻는 Who 의문문이다.
(A) [○] the woman over there(저쪽에 있는 여자)라는 특정 인물을 언급했으므로 정답이다.
(B) [×] application(신청)과 관련된 forms(양식들)를 사용하여 혼동을 준 오답이다.
(C) [×] application(신청)과 관련된 administrative office(행정 사무실)를 사용하여 혼동을 준 오답이다.

10 캐나다 → 영국

What did Ms. Palmers want you to do this morning?
(A) Yes, I need one too.
(B) She gave me a package to mail.
(C) It was left there last night.

package [pǽkidʒ] 소포 mail [meil] 보내다, 부치다
leave [li:v] 남기다

해석 Ms. Palmers는 오늘 아침 당신이 무엇을 하기를 원했나요?
(A) 네, 저도 하나 필요해요.
(B) 그녀가 보내야 할 소포를 주었어요.
(C) 그것은 어젯밤 그곳에 남겨졌어요.

해설 Ms. Palmers가 상대방에게 무엇을 하기를 원했는지를 묻는 What 의문문이다. What ~ want you to do를 반드시 들어야 한다.
(A) [×] 의문사 의문문에 Yes로 응답했으므로 오답이다.
(B) [○] 보내야 할 소포를 주었다는 말로 소포를 보내주길 원했다는 것을 간접적으로 전달했으므로 정답이다.
(C) [×] this morning(오늘 아침)과 관련된 last night(어젯밤)을 사용하여 혼동을 준 오답이다.

11 미국 → 호주

Why are all the windows closed?
(A) About halfway.
(B) The air conditioning is on.
(C) Use this key to open it.

halfway [미 hǽfwèi, 영 hɑ̀:fwéi] 중간의, 중도의

해석 모든 창문들이 왜 닫혀 있나요?
(A) 중간 정도요.
(B) 에어컨이 작동되고 있어요.
(C) 그것을 열기 위해 이 열쇠를 사용하세요.

해설 모든 창문들이 왜 닫혀 있는지를 묻는 Why 의문문이다.
(A) [×] 정도를 물을 때 사용할 수 있는 응답이므로 오답이다.
(B) [○] 에어컨이 작동되고 있다는 이유를 언급했으므로 정답이다.
(C) [×] closed(닫힌)와 관련된 open(열다)을 사용하여 혼동을 준 오답이다.

12 영국 → 호주

Where are last month's sales reports?
(A) He's in the office.
(B) The supervisor has them.
(C) Tomorrow afternoon.

supervisor [미 sú:pərvàizər, 영 sú:pəvaizə] 관리자, 감독관

해석 지난달의 매출 보고서들은 어디에 있나요?
(A) 그는 사무실에 있어요.
(B) 관리자가 그것들을 가지고 있어요.
(C) 내일 오후에요.

해설 매출 보고서들이 어디에 있는지를 묻는 Where 의문문이다.
(A) [×] He가 나타내는 대상이 질문에 없고, 질문의 reports(보고서들)와 관련된 office(사무실)를 사용하여 혼동을 준 오답이다. 의문사 Where만 듣고 정답으로 고르지 않도록 주의한다.
(B) [○] 관리자가 가지고 있다는 말로 보고서가 있는 곳을 간접적으로 언급했으므로 정답이다. 특정 인물이 Where 의문문의 응답이 될 수 있음을 알아둔다.
(C) [×] 특정 시점을 물을 때 사용할 수 있는 응답이므로 오답이다.

13 캐나다 → 영국

What time does the team meeting begin?
(A) We still have some time to print the report.
(B) It lasted for almost half an hour.
(C) About seven people.

해석 팀 회의가 몇 시에 시작하나요?
(A) 우리는 아직 보고서를 출력할 시간이 있어요.
(B) 그것은 거의 30분 동안 계속되었어요.
(C) 약 일곱 명이요.

해설 팀 회의가 몇 시에 시작하는지를 묻는 What 의문문이다. What time이 시간을 묻는 것임을 이해할 수 있어야 한다.
(A) [○] 아직 보고서를 출력할 시간이 있다는 말로 팀 회의가 시작할 때까지 시간이 조금 남아있다는 간접적인 응답을 했으므로 정답이다.
(B) [×] 소요 시간을 물을 때 사용할 수 있는 응답이므로 오답이다.
(C) [×] team meeting(팀 회의)에서 연상할 수 있는 참석자 수와 관련된 seven people(일곱 명)을 사용하여 혼동을 준 오답이다. About seven까지만 듣고 정답으로 고르지 않도록 주의한다.

14 미국 → 호주

Who is assigned to look for holiday party venues?
(A) Someone on the organizing committee.
(B) He took them before he left.
(C) They're putting up decorations.

assign [əsáin] 정하다, 임명하다 venue [vénju:] 장소
organizing committee 조직 위원회 decoration [dèkəréiʃən] 장식물

해석 축제 파티 장소를 누가 찾기로 정해졌나요?
(A) 조직 위원회에 있는 누군가가요.
(B) 그가 떠나기 전에 그것들을 가져갔어요.
(C) 그들은 장식물을 걸고 있어요.

해설 파티 장소를 누가 찾기로 정해졌는지를 묻는 Who 의문문이다.
(A) [○] Someone on the organizing committee(조직 위원회에 있는 누군가)라는 특정 인물을 언급했으므로 정답이다.
(B) [×] He가 나타내는 대상이 질문에 없고, look-took의 유사 발음 어휘를 사용하여 혼동을 준 오답이다.
(C) [×] party(파티)와 관련된 decorations(장식물)를 사용하여 혼동을 준 오답이다.

15 캐나다 → 영국

When will the construction project be finished?
(A) He is a construction worker.
(B) Not for another month or two.
(C) You should complete this form first.

not for another ~가 지나서야, ~후에야
complete the form 양식을 작성하다

해석 공사 프로젝트가 언제 완료되나요?
(A) 그는 공사장 작업자예요.
(B) 앞으로 한두 달은 지나야 해요.
(C) 당신은 우선 이 양식을 작성하셔야 해요.

해설 공사가 언제 완료되는지를 묻는 When 의문문이다. When will을 반드시 들어 미래 시점을 묻는 것임을 확인한다.
(A) [×] He가 나타내는 대상이 질문에 없고, 질문의 construction을 반복 사용하여 혼동을 준 오답이다.
(B) [○] Not for another month or two(한두 달은 지나서)라는 미래의 불확실한 시점을 언급했으므로 정답이다.
(C) [×] finished(완료하다)와 같은 의미인 complete을 '작성하다'라는 의미로 사용하여 혼동을 준 오답이다.

16 미국 → 캐나다

What kind of office space are you looking for?
(A) No, he was actually very kind.
(B) I need something with a lot of room.
(C) I took it off his desk.

kind [kaind] 종류; 친절한

해석 당신은 어떤 종류의 사무실 공간을 찾고 있나요?

(A) 아니요, 그는 사실 매우 친절했어요.
(B) 저는 많은 공간을 가진 것이 필요해요.
(C) 그것을 그의 책상에서 치웠어요.

해설 어떤 종류의 사무실을 찾는지를 묻는 What 의문문이다. What kind of가 종류를 묻는 것임을 이해할 수 있어야 한다.
(A) [x] 의문사 의문문에 No로 응답했으므로 오답이다.
(B) [o] something with a lot of room(많은 공간을 가진 것)이라는 특정 종류를 언급했으므로 정답이다.
(C) [x] his가 나타내는 대상이 질문에 없고, 질문의 office space(사무실 공간)와 관련된 desk(책상)를 사용하여 혼동을 준 오답이다.

17 캐나다 → 영국

Why is Charles wearing a suit?
(A) He has an important meeting.
(B) The job suits you well.
(C) Yes, some new ties.

suit [미 suːt, 영 sjuːt] 정장; 어울리다

해석 Charles는 왜 정장을 입고 있나요?
(A) 그는 중요한 회의가 있어요.
(B) 그 일은 당신과 잘 어울려요.
(C) 네, 몇몇 새로운 넥타이들이요.

해설 Charles가 왜 정장을 입고 있는지를 묻는 Why 의문문이다.
(A) [o] 중요한 회의가 있다는 이유를 언급했으므로 정답이다.
(B) [x] 질문의 suit를 '어울리다'라는 의미의 동사로 사용하여 혼동을 준 오답이다.
(C) [x] 의문사 의문문에 Yes로 응답했고, suit(정장)와 관련된 ties(넥타이들)를 사용하여 혼동을 준 오답이다.

18 영국 → 호주

Which position are you interested in?
(A) It seemed very interesting.
(B) I only have one condition.
(C) Advertising consultant.

position [pəzíʃən] 직위, 자리 condition [kəndíʃən] 조건
consultant [kənsʌ́ltənt] 자문위원, 컨설턴트

해석 당신은 어느 직위에 관심이 있으신가요?
(A) 그것은 매우 흥미로워 보였어요.
(B) 저는 오직 한 가지 조건이 있어요.
(C) 광고 자문위원이요.

해설 어느 직위에 관심이 있는지를 묻는 Which 의문문이다. Which position을 반드시 들어야 한다.
(A) [x] interested의 파생어인 interesting을 사용하여 혼동을 준 오답이다.
(B) [x] position-condition의 유사 발음 어휘를 사용하여 혼동을 준 오답이다.
(C) [o] Advertising consultant(광고 자문위원)라는 특정 직위를 언급했으므로 정답이다.

19 캐나다 → 영국

How long will the repairs take?
(A) At least a day.
(B) They said they would fix it.
(C) That's a long time.

해석 수리 작업이 얼마나 오래 걸릴까요?
(A) 적어도 하루요.
(B) 그들이 그것을 수리할 거라고 했어요.
(C) 긴 시간이네요.

해설 수리가 얼마나 오래 걸릴지를 묻는 How 의문문이다. How long이 기간을 묻는 것임을 이해할 수 있어야 한다.
(A) [o] a day(하루)라는 수리 기간을 언급했으므로 정답이다.
(B) [x] repairs(수리 작업)와 관련된 fix(수리하다)를 사용하여 혼동을 준 오답이다.
(C) [x] 질문의 long을 반복 사용하여 혼동을 준 오답이다.

20 미국 → 호주

When will the supervisor approve the budget proposal?
(A) No, that wasn't proposed.
(B) The budget has increased.
(C) She did it earlier today.

budget proposal 예산안 propose [미 prəpóuz, 영 prəpə́uz] 제안하다

해석 관리자가 언제 예산안을 승인할 것인가요?
(A) 아니요, 그것은 제안되지 않았어요.
(B) 예산이 인상되었어요.
(C) 그녀는 오늘 일찍 그것을 했어요.

해설 관리자가 언제 예산안을 승인할지를 묻는 When 의문문이다.
(A) [x] 의문사 의문문에 No로 응답하고, proposal의 파생어인 proposed를 사용하여 혼동을 준 오답이다.
(B) [x] 질문의 budget을 반복 사용하여 혼동을 준 오답이다.
(C) [o] 오늘 일찍 했다는 말로 이미 승인했음을 간접적으로 전달했으므로 정답이다.

21 호주 → 미국

Who is sponsoring the golf tournament this year?
(A) Isn't it Speeds Sportswear?
(B) It is held annually.
(C) For corporate sponsors.

sponsor [미 spánsər, 영 spɔ́nsə] 후원하다; 후원자 annually [ǽnjuəli] 매년

해석 올해 골프 토너먼트를 누가 후원하나요?
(A) Speeds Sportswear사 아닌가요?
(B) 매년 개최돼요.
(C) 기업 후원자들을 위해서요.

해설 올해 골프 토너먼트를 누가 후원하는지를 묻는 Who 의문문이다.
(A) [o] Speeds Sportswear사가 아니냐고 되물어 골프 토너먼트를 Speeds Sportswear사가 후원한다는 간접적인 응답을 했으므로 정답이다.
(B) [x] tournament(토너먼트)와 관련된 is held(개최되다)를 사용하여 혼동을 준 오답이다.
(C) [x] sponsoring의 파생어인 sponsors를 사용하여 혼동을 준 오답이다.

22 영국 → 캐나다

What does Mr. Jenkins want to talk with you about?
(A) In his office.
(B) He hasn't told me yet.
(C) What about 4 o'clock?

해석 Mr. Jenkins는 당신과 무엇에 대해 이야기하고 싶어 하나요?
(A) 그의 사무실에서요.
(B) 그는 아직 저에게 말해주지 않았어요.
(C) 4시가 어때요?

해설 Mr. Jenkins가 무엇에 대해 이야기하고 싶어 하는지를 묻는 What 의문문이다. What ~ about을 반드시 들어야 한다.
(A) [x] 특정 장소를 물을 때 사용할 수 있는 응답이므로 오답이다.
(B) [o] 그가 아직 말해주지 않았다는 말로 모르겠다는 간접적인 응답을 했으므로 정답이다.
(C) [x] 질문의 about을 반복 사용하여 혼동을 준 오답이다.

23 호주 → 미국

Where are the men's suits located?
(A) For men or women.
(B) That should be suitable.
(C) They're on the third floor.

suitable [sú:təbl] 적당한

해석 남성 정장은 어디에 위치해 있나요?
(A) 남성 또는 여성용이에요.
(B) 그거면 적당하겠어요.
(C) 3층에 있어요.

해설 남성 정장이 어디에 위치해 있는지를 묻는 Where 의문문이다.
(A) [x] 질문의 men을 반복 사용하여 혼동을 준 오답이다.
(B) [x] suits-suitable의 유사 발음 어휘를 사용하여 혼동을 준 오답이다.
(C) [o] the third floor(3층)라는 특정 장소를 언급했으므로 정답이다.

24 캐나다 → 영국

When can you notify me of your final decision?
(A) Could I let you know in a day?
(B) I didn't really notice.
(C) By e-mail, preferably.

notify [nóutəfài] 통지하다, 알리다 notice [미 nóutis, 영 nə́utis] 알아채다; 통지
preferably [préfərəbli] 가급적(이면)

해석 귀하의 최종 결정에 대해 언제 저에게 통지해 줄 수 있나요?
(A) 하루 뒤에 알려 드려도 될까요?
(B) 저는 정말 알아채지 못했어요.
(C) 가급적이면 이메일로요.

해설 최종 결정에 대해 언제 통지해 줄 수 있는지를 묻는 When 의문문이다.
(A) [o] 하루 뒤에 알려 줘도 되는지 되물어 최종 결정을 하루 뒤에 줄 수 있음을 간접적으로 전달했으므로 정답이다.
(B) [x] notify-notice 유사 발음 어휘를 사용하여 혼동을 준 오답이다.
(C) [x] notify(통지하다)와 관련된 e-mail(이메일)을 사용하여 혼동을 준 오답이다.

25 호주 → 미국

Why have you had to work so much overtime lately?
(A) There's a clock over there.
(B) It is working fine, thanks.
(C) An important deadline is approaching.

approach [əpróutʃ] 다가오다, 접근하다

해석 요즘 초과 근무를 왜 그렇게 많이 해야 했나요?
(A) 저기에 시계가 있어요.
(B) 잘 작동하고 있어요, 감사해요.
(C) 중요한 마감 기한이 다가오고 있어요.

해설 요즘 왜 초과 근무를 많이 했는지를 묻는 Why 의문문이다.
(A) [x] overtime(초과 근무)에서 '시간'이라는 의미의 time과 관련된 clock(시계)을 사용하여 혼동을 준 오답이다.
(B) [x] 질문의 work(일하다)를 '작동하다'라는 의미의 working으로 반복 사용하여 혼동을 준 오답이다.
(C) [o] 중요한 마감일이 다가오고 있다는 이유를 언급했으므로 정답이다.

26 캐나다 → 영국

Who is going to clean the refrigerator in the break room?
(A) Sarah has it.
(B) It's Bill's turn.
(C) Let's take a break.

turn [미 təːrn, 영 təːn] 차례, 순번; 회전시키다

해석 누가 휴게실에 있는 냉장고를 청소할 건가요?
(A) Sarah가 그것을 가지고 있어요.
(B) 이번은 Bill의 차례예요.
(C) 잠시 쉽시다.

해설 누가 냉장고를 청소할 것인지를 묻는 Who 의문문이다.
(A) [x] 누가 냉장고를 청소할 것인지를 물었는데, 이와 관련이 없는 Sarah가 그것을 가지고 있다는 내용으로 응답했으므로 오답이다. 사람 이름인 Sarah를 사용하여 혼동을 주었다.
(B) [o] 이번은 Bill의 차례라며 특정 인물을 언급했으므로 정답이다.
(C) [x] 질문의 break를 반복 사용하여 혼동을 준 오답이다.

27 호주 → 미국

Which of our clients requested a consultation?
(A) The adviser just arrived.
(B) Let me check with my secretary.
(C) They are both very nice.

해석 우리 고객 중 어느 분이 상담을 신청했나요?
(A) 고문이 방금 도착했어요.
(B) 비서에게 확인해 볼게요.
(C) 두 사람 모두 매우 좋아요.

해설 어느 고객이 상담을 신청했는지를 묻는 Which 의문문이다. Which ~ clients를 반드시 들어야 한다.
(A) [x] consultation(상담)과 관련된 adviser(고문)를 사용하여 혼동을 준 오답이다.
(B) [o] 비서에게 확인해 보겠다는 말로 자신은 모른다는 간접적인 응답을 했으므로 정답이다.
(C) [x] 질문의 clients를 나타낼 수 있는 They를 사용하여 혼동을 준 오답이다.

28 미국 → 호주

Who still hasn't signed the agreement form?
(A) It was meant to be closed.
(B) I never got a copy.
(C) A printing mistake.

agreement form 계약서

해석 누가 아직 계약서에 서명하지 않았나요?
(A) 그건 닫히기로 되어 있었어요.
(B) 저는 사본을 받지 못했어요.
(C) 인쇄 실수예요.

해설 계약서에 아직 서명하지 않은 사람이 누구인지를 묻는 Who 의문문이다.
(A) [x] agreement-meant의 유사 발음 어휘를 사용하여 혼동을 준 오답이다.
(B) [o] 사본을 받지 못했다는 말로 자신이 계약서에 서명하지 않았음을 간접적으로 전달했으므로 정답이다.
(C) [x] agreement form(계약서)과 관련된 printing(인쇄)을 사용하여 혼동을 준 오답이다.

29 영국 → 캐나다

What major did you study in university?
(A) It usually takes four years.
(B) At Brightmann College.
(C) I got a degree in engineering.

major [미 méidʒər, 영 méidʒə] 전공; 주요한 degree [digríː] 학위

해석 당신은 대학교에서 어떤 전공을 공부했나요?
(A) 보통 4년이 걸려요.
(B) Brightmann 대학에서요.
(C) 공학 학위를 받았어요.

해설 대학에서 어떤 전공을 공부했는지를 묻는 What 의문문이다. What major를 반드시 들어야 한다.
(A) [x] university(대학교)와 관련된 four years(4년)를 사용하여 혼동을 준 오답이다.
(B) [x] university(대학교)와 같은 의미인 College(대학)를 사용하여 혼동을 준 오답이다.
(C) [o] 공학 학위를 받았다는 말로 특정 전공을 언급했으므로 정답이다.

30 캐나다 → 미국

Where can the workshop attendees find their name tags?
(A) The firm has changed its name.
(B) Follow me, and I'll show you.
(C) They found it to be quite helpful.

attendee [ətendíː] 참석자

해석 워크숍 참석자들은 그들의 이름표를 어디에서 찾을 수 있나요?
(A) 그 회사는 이름을 바꿨어요.
(B) 저를 따라오세요, 제가 가르쳐 드릴게요.
(C) 그들은 그것이 꽤 도움이 된다고 생각했어요.

해설 워크숍 참석자들이 이름표를 어디에서 찾을 수 있는지를 묻는 Where 의문문이다.
(A) [x] 질문의 name을 반복 사용하여 혼동을 준 오답이다.
(B) [o] 자신을 따라오면 가르쳐 주겠다는 말로 이름표가 있는 위치를 간접적으로 전달하고 있으므로 정답이다.
(C) [x] 질문의 find(찾다)를 '생각하다'라는 의미의 found로 반복 사용하여 혼동을 주었고, 의견을 물을 때 사용할 수 있는 응답이므로 오답이다.

31 영국 → 호주

When will we distribute staff bonuses?
(A) Probably next month.
(B) We have an incentive program.
(C) Everyone from the sales department.

distribute [distríbjuːt] 나누어 주다 incentive [inséntiv] 장려금

해석 우리는 언제 직원 상여금을 나누어 줄 건가요?
(A) 아마 다음 달에요.
(B) 저희는 장려금 프로그램이 있어요.
(C) 영업부의 모든 사람들이요.

해설 언제 직원 상여금을 나누어 줄 것인지를 묻는 When 의문문이다.
(A) [o] next month(다음 달)라는 특정 미래 시점을 언급했으므로 정답이다.
(B) [x] bonuses(상여금)와 같은 의미인 incentive(장려금)를 사용하여 혼동을 준 오답이다.
(C) [x] staff(직원)와 관련된 sales department(영업부)를 사용하여 혼동을 준 오답이다.

32 영국 → 캐나다

Why did you shut down your shop on Dale Street?
(A) The street isn't busy enough.
(B) I'll find you the address.
(C) Please open another window.

해석 당신은 Dale가에 있는 가게를 왜 폐점했나요?
(A) 그 거리는 충분히 번화하지 않아서요.
(B) 주소를 찾아 드릴게요.
(C) 또 다른 창문을 열어주세요.

해설 Dale가에 있는 가게를 왜 폐점했는지를 묻는 Why 의문문이다.
(A) [o] 그 거리가 충분히 번화하지 않다는 이유를 언급했으므로 정답이다.
(B) [x] Dale Street(Dale가)와 관련된 address(주소)를 사용하여 혼동을 준 오답이다.
(C) [x] shut down(폐점하다)과 관련된 open(열다)을 사용하여 혼동을 준 오답이다.

33 미국 → 호주

How much longer will Amy be using the meeting room?
(A) Just for board members.
(B) You should shorten it.
(C) Another 15 minutes.

shorten [미 ʃɔːrtn, 영 ʃɔːtn] 줄이다, 짧게 하다

해석 Amy는 얼마나 더 오랫동안 회의실을 사용할 건가요?
(A) 이사회 임원들만을 위해서요.
(B) 당신은 그것을 줄여야 해요.
(C) 15분 더요.

해설 Amy가 얼마나 더 오랫 동안 회의실을 사용할 것인지를 묻는 How 의문문이다. How much longer가 기간을 묻는 것임을 이해할 수 있어야 한다.
(A) [x] meeting(회의)과 관련된 board members(이사회 임원들)를 사용하여 혼동을 준 오답이다.
(B) [x] longer(더 오래)와 관련된 shorten(줄이다)을 사용하여 혼동을 준 오답이다.
(C) [o] Another 15 minutes(15분 더)라는 말로 특정 기간을 언급했으므로 정답이다.

34 영국 → 캐나다

Which supplier did you sign an agreement with?
(A) That information is confidential.
(B) A five-year term.
(C) I totally agree with you.

supplier [미 səpláiər, 영 səpláiə] 공급업체 agreement [əgríːmənt] 계약서, 협정
confidential [kὰnfədénʃəl] 기밀의 term [təːrm] 임기, 기간

해석 어느 공급업체와 계약서에 서명을 했나요?
(A) 그 정보는 기밀이에요.
(B) 5년 임기에요.
(C) 당신에게 전적으로 동의해요.

해설 어느 공급업체와 계약서에 서명했는지를 묻는 Which 의문문이다. Which supplier를 반드시 들어야 한다.
(A) [o] 그 정보는 기밀이라는 말로 말해 줄 수 없음을 간접적으로 전달했으므로 정답이다.
(B) [x] agreement(계약서)와 관련된 term(임기)을 사용하여 혼동을 준 오답이다.
(C) [x] agreement의 파생어인 agree를 사용하여 혼동을 준 오답이다.

35 캐나다 → 영국

Who is the company's new reporter?
(A) The woman wearing glasses over there.
(B) I can assist her with that.
(C) Yes, we need further revisions.

further [미 fə́ːrðər, 영 fə́ːðə] 추가의 revision [rivíʒən] 수정, 개정

해석 누가 회사의 새로운 기자인가요?
(A) 저쪽에 안경을 쓰고 있는 여자분이요.
(B) 제가 그것에 대해 그녀를 도와줄 수 있어요.
(C) 네, 우리는 추가 수정이 필요해요.

해설 누가 회사의 새로운 기자인지를 묻는 Who 의문문이다.
(A) [o] The woman wearing glasses(안경을 쓰고 있는 여자)라는 특정 인

물을 설명했으므로 정답이다.
(B) [×] new reporter(새로운 기자)를 나타낼 수 있는 her를 사용하여 혼동을 준 오답이다.
(C) [×] 의문사 의문문에 Yes로 응답했고, reporter(기자)에서 연상할 수 있는 기사와 관련된 revisions(수정)를 사용하여 혼동을 준 오답이다.

36 미국 → 호주

What's the difference between these two carpets?
(A) This one is handmade.
(B) Yes, I need a pair of them.
(C) On the floor in my living room.

handmade [hæ̀ndméid] 수제의

해석 이 두 카펫 간의 차이점은 무엇인가요?
(A) 이것은 수제예요.
(B) 네, 한 쌍이 필요해요.
(C) 제 거실 바닥 위에요.

해설 두 카펫 간의 차이점이 무엇인지를 묻는 What 의문문이다. What's the difference를 반드시 들어야 한다.
(A) [○] handmade(수제의)라는 특정 차이점을 언급했으므로 정답이다.
(B) [×] 의문사 의문문에 Yes로 응답했고, two(두 개의)와 같은 의미인 a pair of(한 쌍의)를 사용하여 혼동을 준 오답이다.
(C) [×] carpets(카펫)와 관련된 floor(바닥)를 사용하여 혼동을 준 오답이다.

37 호주 → 영국

Where did you learn to speak Russian?
(A) If you teach me the recipe.
(B) It's my next business trip.
(C) I was in Russia when I was young.

recipe [résəpi] 조리법, 요리법

해석 당신은 어디서 러시아어로 말하는 것을 배웠나요?
(A) 당신이 나에게 조리법을 가르쳐 준다면요.
(B) 그것은 제 다음 출장이에요.
(C) 저는 어렸을 때 러시아에 있었어요.

해설 러시아어로 말하는 것을 어디서 배웠는지를 묻는 Where 의문문이다.
(A) [×] learn(배우다)과 관련된 teach(가르치다)를 사용하여 혼동을 준 오답이다.
(B) [×] Russian(러시아어)과 관련된 business trip(출장)을 사용하여 혼동을 준 오답이다.
(C) [○] 어렸을 때 러시아에 있었다는 말로 러시아에서 언어를 배웠다는 간접적인 응답을 했으므로 정답이다.

38 미국 → 캐나다

When do you need me to submit the design ideas?
(A) By Tuesday at the latest.
(B) To the head designer.
(C) Leave them on the front desk.

at the latest 늦어도

해석 제가 언제 디자인 아이디어를 제출하면 되나요?
(A) 늦어도 화요일까지요.
(B) 수석 디자이너에게요.
(C) 안내 데스크에 두고 가세요.

해설 언제 디자인 아이디어를 제출하면 되는지를 묻는 When 의문문이다.
(A) [○] By Tuesday(화요일까지)라는 미래의 특정 시점을 언급했으므로 정답이다.
(B) [×] design의 파생어인 designer를 사용하여 혼동을 주었고, 특정 인물을 물을 때 사용할 수 있는 응답이므로 오답이다.
(C) [×] submit(제출하다)과 관련된 Leave(두고 가다)를 사용하여 혼동을 준 오답이다.

39 캐나다 → 영국

Why do you have to keep all the receipts?
(A) I will keep that in mind.
(B) The invoice is attached.
(C) I need them for a reimbursement.

keep in mind 명심하다 invoice [ínvɔis] 청구서, 송장
attach [ətǽtʃ] 첨부하다, 붙이다
reimbursement [미 rì:imbə́:rsmənt, 영 rì:imbə́:smənt] 상환

해석 당신은 왜 모든 영수증을 보관해야 하나요?
(A) 그것을 명심할게요.
(B) 청구서가 첨부되어 있어요.
(C) 상환을 위해 필요해요.

해설 왜 모든 영수증을 보관해야 하는지를 묻는 Why 의문문이다.
(A) [×] 질문의 keep을 반복 사용하여 혼동을 준 오답이다.
(B) [×] receipts(영수증)와 관련된 invoice(청구서)를 사용하여 혼동을 준 오답이다.
(C) [○] 상환을 위해서라는 이유를 언급했으므로 정답이다.

40 영국 → 캐나다

How full is your schedule over the next month?
(A) I'll fill it up right away.
(B) On a monthly basis.
(C) I won't have much free time.

fill up 가득 채우다

해석 다음 달에 당신의 일정은 얼마나 가득 차 있나요?
(A) 곧바로 가득 채울게요.
(B) 월 단위로요.
(C) 자유 시간이 많이 없을 거예요.

해설 다음 달 일정이 얼마나 차 있는지를 묻는 How 의문문이다. How full이 정도를 묻는 것임을 이해할 수 있어야 한다.
(A) [×] full(가득 찬)과 관련된 fill ~ up(가득 채우다)을 사용하여 혼동을 준 오답이다.
(B) [×] month의 파생어인 monthly를 사용하여 혼동을 준 오답이다.
(C) [○] 자유 시간이 많이 없을 것이라는 말로 다음 달 일정이 가득 차 있다는 간접적인 응답을 했으므로 정답이다.

Course 02 일반 의문문

1. 조동사 의문문

Hackers Practice p.131

1. (B)	2. (A)	3. (C)	4. (C)	5. (C)	6. (A)
7. (A)	8. (A)	9. (C)	10. (B)	11. (B)	12. (B)
13. (A)	14. (A)	15. (B)	16. (A)	17. (C)	18. (C)
19. (B)	20. (C)				

1 캐나다 → 영국

Should we lock the office?
(A) On the fifth floor.
(B) No, the security guard will do that.

(C) We keep them in lockers.

lock [lɑk] 잠그다 security guard 경비원

해석 우리가 사무실을 잠가야 하나요?
(A) 5층에요.
(B) 아니요, 경비원이 그걸 할 거예요.
(C) 우리는 그것들을 사물함 안에 둬요.

해설 사무실을 잠가야 하는지를 확인하는 조동사(Should) 의문문이다.
(A) [×] 특정 위치를 물을 때 사용할 수 있는 응답이므로 오답이다.
(B) [○] No로 잠그지 않아도 됨을 전달한 후, 그 이유를 언급했으므로 정답이다.
(C) [×] lock의 파생어인 lockers를 사용하여 혼동을 준 오답이다.

2 미국 → 호주

Have you ever visited the new factory?
(A) Several times, in fact.
(B) I will be at the conference tomorrow.
(C) Anytime you want.

해석 새 공장을 방문한 적이 있나요?
(A) 사실, 몇 번 있어요.
(B) 저는 내일 회의에 있을 거예요.
(C) 언제든지 당신이 원할 때에요.

해설 공장을 방문한 적이 있는지를 확인하는 조동사(Have) 의문문이다.
(A) [○] 몇 번 있다는 말로 방문 횟수를 언급하여 방문한 적이 있음을 간접적으로 전달했으므로 정답이다.
(B) [×] 주어가 you인 질문에 I로 응답하여 혼동을 준 오답이다.
(C) [×] 특정 시점을 물을 때 사용할 수 있는 응답이므로 오답이다.

3 캐나다 → 미국

Does the boss know that I'm off on Wednesday?
(A) It will be busy.
(B) In three days.
(C) I told him already.

off [ɔːf] 휴무인, 쉬는

해석 제가 수요일에 휴무인 것을 상사가 알고 있나요?
(A) 바쁠 거예요.
(B) 3일 후에요.
(C) 제가 그에게 이미 말했어요.

해설 자신이 수요일에 휴무임을 상사가 알고 있는지를 확인하는 조동사(Do) 의문문이다.
(A) [×] off(휴무인)와 관련된 busy(바쁜)를 사용하여 혼동을 준 오답이다.
(B) [×] 특정 시점을 물을 때 사용할 수 있는 응답이므로 오답이다.
(C) [○] 그에게 이미 말했다는 말로 상사가 알고 있음을 간접적으로 전달했으므로 정답이다.

4 캐나다 → 영국

Will Mr. Kyle be attending the board meeting this month?
(A) About the upcoming project.
(B) Let's meet today.
(C) Yes, I believe so.

board meeting 이사회 upcoming [ʌ́pkʌ̀miŋ] 곧 있을

해석 Mr. Kyle이 이번 달 이사회에 참석할 건가요?
(A) 곧 있을 프로젝트에 대해서요.
(B) 오늘 만나요.
(C) 네, 그럴 거예요.

해설 Mr. Kyle이 이사회에 참석할지를 확인하는 조동사(Will) 의문문이다.
(A) [×] meeting(회의)과 관련된 project(프로젝트)를 사용하여 혼동을 준 오답이다.
(B) [×] meeting의 파생어인 meet를 사용하여 혼동을 준 오답이다.
(C) [○] Yes로 참석할 것임을 확인해 주었으므로 정답이다.

5 미국 → 호주

Did anyone go to yesterday's training session?
(A) We have two free sessions.
(B) No, it only took an hour.
(C) Wasn't it canceled?

session [séʃən] 연수, 강습 cancel [kǽnsəl] 취소하다

해석 누군가 어제의 교육 연수에 갔었나요?
(A) 우리는 두 개의 무료 연수가 있어요.
(B) 아니요, 한 시간밖에 안 걸렸어요.
(C) 그것은 취소되지 않았었나요?

해설 누군가가 어제의 교육 연수에 갔었는지를 확인하는 조동사(Do) 의문문이다.
(A) [×] 질문의 session을 sessions로 반복 사용하여 혼동을 준 오답이다.
(B) [×] training session(교육 연수)의 시간과 관련된 took an hour(한 시간이 걸렸다)를 사용하여 혼동을 준 오답이다. No만 듣고 정답으로 고르지 않도록 주의한다.
(C) [○] 그것이 취소되지 않았냐고 되물어 교육 연수에 갔던 사람이 없음을 간접적으로 전달했으므로 정답이다.

6 캐나다 → 미국

Can we finish this project before the deadline?
(A) No, we'll need additional time.
(B) The construction plans.
(C) Use the projector in the conference room.

deadline [dédlàin] 마감일 additional [ədíʃənl] 추가의
projector [prədʒéktər] 영사기

해석 마감일 전까지 이 프로젝트를 끝낼 수 있을까요?
(A) 아니요, 우린 추가 시간이 필요할 거예요.
(B) 공사 계획이요.
(C) 회의실의 영사기를 사용하세요.

해설 마감일 전까지 프로젝트를 끝낼 수 있을지를 확인하는 조동사(Can) 의문문이다.
(A) [○] No로 끝낼 수 없음을 전달한 후, 추가 시간이 필요하다고 응답했으므로 정답이다.
(B) [×] project(프로젝트)와 관련된 plans(계획)를 사용하여 혼동을 준 오답이다.
(C) [×] project-projector의 유사 발음 어휘를 사용하여 혼동을 준 오답이다.

7 캐나다 → 영국

Has the fax arrived from the warehouse yet?
(A) I haven't received anything.
(B) Yes, we went to the factory.
(C) On the 10th floor of the office.

warehouse [미 wérhaus, 영 wéəhaus] 물류 창고

해석 물류 창고로부터 팩스가 이미 도착했나요?
(A) 저는 아무것도 받지 못했어요.
(B) 네, 우리는 공장에 갔어요.
(C) 10층 사무실에요.

해설 팩스가 도착했는지를 확인하는 조동사(Have) 의문문이다.
(A) [○] 아무것도 받지 못했다는 말로 팩스가 도착하지 않았음을 간접적으로 전달했으므로 정답이다.

(B) [×] warehouse(물류 창고)와 관련된 factory(공장)를 사용하여 혼동을 준 오답이다. Yes만 듣고 정답으로 고르지 않도록 주의한다.
(C) [×] 특정 위치를 물을 때 사용할 수 있는 응답이므로 오답이다.

8 미국 → 호주

Do you think I should rent this office space?
(A) It seems a bit small.
(B) I gave an official notice.
(C) There's a parking space over there.

official [əfíʃəl] 공식적인 notice [미 nóutis, 영 nə́utis] 통지, 공지

해석 제가 이 사무실 공간을 빌려야 한다고 생각하세요?
(A) 약간 작은 것 같아요.
(B) 저는 공식적인 통지를 했어요.
(C) 저쪽에 주차 공간이 있어요.

해설 사무실을 빌려야 한다고 생각하는지를 확인하는 조동사(Do) 의문문이다.
(A) [○] 약간 작은 것 같다는 말로 크기가 작아서 빌리지 않는 게 낫겠다는 의견을 간접적으로 전달했으므로 정답이다.
(B) [×] 주어가 you인 질문에 I로 응답하고, office-official의 유사 발음 어휘를 사용하여 혼동을 준 오답이다.
(C) [×] 질문의 space를 반복 사용하여 혼동을 준 오답이다.

9 호주 → 미국

Do you know if Mr. Devereaux has finished the annual budget report yet?
(A) We need to budget carefully.
(B) For the accounting department.
(C) No, I don't have that information.

annual [ǽnjuəl] 연간의 budget [bʌ́dʒit] 예산; 예산을 세우다
carefully [미 kέərfəli, 영 kéəfəli] 신중히 accounting department 회계부

해석 Mr. Devereaux가 연간 예산 보고서를 이미 완성했는지 알고 있나요?
(A) 우리는 예산을 신중히 세울 필요가 있어요.
(B) 회계부를 위해서요.
(C) 아니요, 저는 그 정보가 없어요.

해설 Mr. Devereaux가 보고서를 완성했는지를 확인하는 조동사(Do) 의문문이다.
(A) [×] 질문의 budget(예산)을 '예산을 세우다'라는 의미의 동사로 사용하여 혼동을 준 오답이다.
(B) [×] budget(예산)과 관련된 accounting department(회계부)를 사용하여 혼동을 준 오답이다.
(C) [○] No로 보고서를 완성했는지 모름을 전달한 후, 그에 대한 정보가 없다고 응답했으므로 정답이다.

10 캐나다 → 영국

Have you started designing the new advertisement?
(A) It's for the new product line.
(B) The first draft is done already.
(C) It's an older model.

advertisement [ӕdvərtáizmənt] 광고 draft [미 drӕft, 영 drɑːft] 초안

해석 새로운 광고의 제작을 시작했나요?
(A) 그것은 새 제품들을 위한 거예요.
(B) 첫 번째 초안이 이미 완성되었어요.
(C) 그것은 더 오래된 모델이에요.

해설 광고 제작을 시작했는지를 확인하는 조동사(Have) 의문문이다.
(A) [×] 질문의 new를 반복 사용하고, advertisement(광고)와 관련된 product(제품)를 사용하여 혼동을 준 오답이다.
(B) [○] 첫 번째 초안이 완성되었다는 말로 광고 제작을 시작했음을 간접적으로 전달했으므로 정답이다.
(C) [×] new(새로운)와 관련된 older(더 오래된)를 사용하여 혼동을 준 오답이다.

11 미국 → 호주

Can we leave for the airport in a few minutes?
(A) It just landed.
(B) Sure, whenever you're ready.
(C) Only an hour away.

in a few minutes 곧, 즉시 land [lӕnd] 착륙하다

해석 우리는 곧 공항으로 출발할 수 있나요?
(A) 방금 착륙했어요.
(B) 물론이죠, 당신이 준비됐을 때 언제든지요.
(C) 고작 한 시간 거리예요.

해설 공항으로 곧 출발할 수 있는지를 확인하는 조동사(Can) 의문문이다.
(A) [×] airport(공항)와 관련된 landed(착륙했다)를 사용하여 혼동을 준 오답이다.
(B) [○] Sure(물론이죠)로 출발할 수 있음을 전달한 후, 당신이 준비됐을 때 언제든지라고 응답했으므로 정답이다.
(C) [×] minutes(분)와 관련된 hour(시간)를 사용하여 혼동을 준 오답이다.

12 영국 → 캐나다

Would you prefer a larger workstation?
(A) The bigger laptop.
(B) This one will do.
(C) It's a challenging job.

workstation [미 wəːrkstéiʃən, 영 wəːkstéiʃən] 작업대
challenging [tʃǽlindʒiŋ] 힘든, 도전적인

해석 당신은 더 큰 작업대를 원하나요?
(A) 더 큰 노트북 컴퓨터요.
(B) 이것이면 충분할 거예요.
(C) 그것은 힘든 일이에요.

해설 더 큰 작업대를 원하는지를 확인하는 조동사(Would) 의문문이다.
(A) [×] larger(더 큰)와 같은 의미인 bigger를 사용하여 혼동을 준 오답이다.
(B) [○] 이것이면 충분할 것이라는 말로 더 큰 작업대를 원하지 않음을 간접적으로 전달했으므로 정답이다.
(C) [×] workstation(작업대)과 관련된 job(일)을 사용하여 혼동을 준 오답이다.

13 호주 → 영국

Has Ms. Maya checked into the hotel yet?
(A) Yes, she arrived at noon.
(B) My bags were checked.
(C) There are four vacancies.

check [tʃek] (호텔 등에) 체크인하다 vacancy [véikənsi] 빈방

해석 Ms. Maya가 호텔에 이미 체크인했나요?
(A) 네, 그녀는 정오에 도착했어요.
(B) 제 가방들은 부쳐졌어요.
(C) 4개의 빈방이 있어요.

해설 Ms. Maya가 호텔에 체크인했는지를 확인하는 조동사(Have) 의문문이다.
(A) [○] Yes로 체크인했음을 전달한 후, 정오에 도착했다는 추가 정보를 제공했으므로 정답이다.
(B) [×] 질문의 checked into(체크인하다)에서 check를 '부치다'라는 의미의 checked로 사용하여 혼동을 준 오답이다.
(C) [×] hotel(호텔)과 관련된 vacancies(빈방)를 사용하여 혼동을 준 오답이다.

14 미국 → 캐나다

Can I get my dry cleaning back this week?
(A) It'll be done in two days.
(B) They smell fresh and clean.
(C) I saw them last week.

dry cleaning 드라이클리닝(한 세탁물)

해석 이번 주에 드라이클리닝한 제 세탁물을 다시 받을 수 있을까요?
(A) 2일 후면 다 될 거예요.
(B) 그것들은 상쾌하고 깨끗한 냄새가 나요.
(C) 저는 그들을 지난주에 봤어요.

해설 이번 주에 드라이클리닝한 세탁물을 다시 받을 수 있을지를 확인하는 조동사(Can) 의문문이다.
(A) [○] 2일 후면 다 될 것이라는 말로 받을 수 있는 시점을 간접적으로 전달했으므로 정답이다.
(B) [×] They가 나타내는 대상이 질문에 없고, cleaning-clean의 유사 발음 어휘를 사용하여 혼동을 준 오답이다.
(C) [×] them이 나타내는 대상이 질문에 없고, 질문의 week를 반복 사용하여 혼동을 준 오답이다.

15 영국 → 호주

Should our firm hire another accountant this year?
(A) From these financial records.
(B) The manager thinks we may have to.
(C) My interview went well.

hire [미 haiər, 영 haiə] 고용하다 accountant [əkáuntənt] 회계사
financial [finǽnʃəl] 재정의, 재무의

해석 우리 회사는 올해 또 다른 회계사 한 명을 고용해야 하나요?
(A) 이 재정 기록들에서요.
(B) 관리자는 우리가 그래야 할지도 모른다고 생각해요.
(C) 제 면접은 잘 진행되었어요.

해설 회사가 올해 또 다른 회계사 한 명을 고용해야 하는지를 확인하는 조동사(Should) 의문문이다.
(A) [×] accountant(회계사)와 관련된 financial records(재정 기록)를 사용하여 혼동을 준 오답이다.
(B) [○] 관리자는 그래야 할지도 모른다고 생각한다는 말로 올해 회계사를 고용해야 함을 간접적으로 전달했으므로 정답이다.
(C) [×] hire(고용하다)와 관련된 interview(면접)를 사용하여 혼동을 준 오답이다.

16 영국 → 캐나다

Have all of the clearance items been sold?
(A) There are still a few remaining.
(B) Your coupon is invalid.
(C) Please clear out this closet.

clearance [klíərəns] 재고 정리 remaining [riméiniŋ] 남아 있는
invalid [invǽlid] 유효기간이 지난

해석 재고 정리 물품들이 모두 팔렸나요?
(A) 아직 몇 개 남아 있어요.
(B) 당신의 쿠폰은 유효기간이 지났어요.
(C) 이 벽장을 청소해 주세요.

해설 재고 정리 물품들이 모두 팔렸는지를 확인하는 조동사(Have) 의문문이다.
(A) [○] 아직 몇 개 남아 있다는 말로 모두 팔리지 않았음을 간접적으로 전달했으므로 정답이다.
(B) [×] sold(팔았다)와 관련된 coupon(쿠폰)을 사용하여 혼동을 준 오답이다.
(C) [×] clearance의 파생어인 clear를 사용하여 혼동을 준 오답이다.

17 호주 → 미국

Did Mr. Walter post the memo about work hours on the bulletin board?
(A) Yes, it will be put there shortly.
(B) Some board members are waiting.
(C) I saw it up there earlier.

post [미 poust, 영 pəust] 붙이다, 게시하다 shortly [ʃɔ́:rtli] 곧

해석 Mr. Walter가 근무 시간에 대한 회람을 게시판에 붙였나요?
(A) 네, 곧 거기에 붙여질 거예요.
(B) 몇몇 이사회 임원들이 기다리고 있어요.
(C) 좀 전에 붙어 있는 것을 봤어요.

해설 Mr. Walter가 근무 시간에 대한 회람을 게시판에 붙였는지를 확인하는 조동사(Do) 의문문이다.
(A) [×] 질문의 post(붙이다)와 같은 의미인 put을 사용하여 혼동을 준 오답이다. Yes만 듣고 정답으로 고르지 않도록 주의한다.
(B) [×] 질문의 bulletin board(게시판)에서의 board를 '이사회'라는 의미의 board로 사용하여 혼동을 준 오답이다.
(C) [○] 좀 전에 붙어 있는 것을 봤다는 말로 Mr. Walter가 회람을 게시판에 붙였음을 간접적으로 전달했으므로 정답이다.

18 영국 → 호주

Do you have a spare pencil that I can borrow?
(A) I made some sketches.
(B) A pair of eyeglasses.
(C) I have an extra pen you can use.

spare [미 spɛər, 영 speə] 여분의, 예비의 borrow [미 bɑ́rou, 영 bɔ́rou] 빌리다

해석 제가 빌릴 수 있는 여분의 연필을 가지고 있나요?
(A) 제가 스케치를 조금 했어요.
(B) 안경 한 쌍이요.
(C) 저에게 당신이 쓸 수 있는 여분의 펜이 있어요.

해설 여분의 연필을 가지고 있는지를 확인하는 조동사(Do) 의문문이다.
(A) [×] pencil(연필)과 관련된 sketches(스케치)를 사용하여 혼동을 준 오답이다.
(B) [×] spare-pair의 유사 발음 어휘를 사용하여 혼동을 준 오답이다.
(C) [○] 여분의 펜이 있다는 말로 빌려줄 수 있는 여분의 연필을 가지고 있음을 간접적으로 전달했으므로 정답이다.

19 미국 → 캐나다

Can I book a one-way ticket to Boston?
(A) Toward the bottom of the ticket.
(B) I'll see if any seats are available.
(C) I stayed for half of the workshop.

book [buk] 예약하다 one-way [wʌ̀nwéi] 편도의

해석 보스턴행 편도 승차권을 예약할 수 있을까요?
(A) 승차권 아래쪽으로요.
(B) 이용할 수 있는 좌석이 있는지 알아볼게요.
(C) 저는 워크숍 절반 동안 머물렀어요.

해설 보스턴행 편도 승차권을 예약할 수 있는지를 확인하는 조동사(Can) 의문문이다.
(A) [×] to(~행)와 관련된 Toward(~쪽으로)를 사용하고, 질문의 ticket을 반복 사용하여 혼동을 준 오답이다.
(B) [○] 이용할 수 있는 좌석이 있는지 알아보겠다는 말로 모르겠다는 간접적인 응답을 했으므로 정답이다.
(C) [×] ticket to Boston(보스턴행 승차권)에서 연상할 수 있는 출장과 관련된 workshop(워크숍)을 사용하여 혼동을 준 오답이다.

20 캐나다 → 미국

Should we help George with the banquet preparations?
(A) The decorations look very nice.
(B) No, he's too busy to assist us.
(C) Anita is already doing that.

banquet[bǽŋkwit] 연회 preparation[prèpəréiʃən] 준비
assist[əsíst] 돕다

해석 George가 연회 준비하는 것을 우리가 도와주어야 하나요?
(A) 장식이 아주 좋아 보여요.
(B) 아니요, 그는 우리를 도와주기에는 너무 바빠요.
(C) Anita가 이미 그것을 하고 있어요.

해설 George가 연회 준비하는 것을 도와주어야 하는지를 확인하는 조동사(Should) 의문문이다.
(A) [x] banquet(연회)과 관련된 decorations(장식)를 사용하여 혼동을 준 오답이다.
(B) [x] help(도와주다)와 같은 의미인 assist를 사용하여 혼동을 준 오답이다. No만 듣고 정답으로 고르지 않도록 주의한다.
(C) [o] Anita가 이미 그것을 하고 있다는 말로 연회 준비를 돕지 않아도 됨을 간접적으로 전달하였으므로 정답이다.

2. Be 동사 의문문

Hackers Practice

p.133

1. (A)	2. (B)	3. (A)	4. (B)	5. (B)	6. (C)
7. (A)	8. (C)	9. (C)	10. (B)	11. (A)	12. (C)
13. (B)	14. (B)	15. (C)	16. (A)	17. (B)	18. (A)
19. (B)	20. (C)				

1 캐나다 → 미국

Was that TV show interesting?
(A) Not really.
(B) On channel four.
(C) A variety program.

해석 그 텔레비전 프로그램은 재미있었나요?
(A) 별로요.
(B) 4번 채널에서요.
(C) 버라이어티 프로그램이요.

해설 텔레비전 프로그램이 재미있었는지를 확인하는 Be 동사 의문문이다.
(A) [o] Not really(별로요)로 텔레비전 프로그램이 재미있지 않았다고 응답했으므로 정답이다.
(B) [x] TV(텔레비전)와 관련된 channel(채널)을 사용하여 혼동을 준 오답이다.
(C) [x] TV show(텔레비전 프로그램)의 종류인 variety program(버라이어티 프로그램)을 사용하여 혼동을 준 오답이다.

2 미국 → 호주

Is construction of the new office almost complete?
(A) The office is closed.
(B) No, it isn't.
(C) Yes, we renovated our apartment.

complete[kəmplíːt] 완료된 renovate[rénəvèit] 보수하다

해석 새 사무실 건축이 거의 완료되었나요?
(A) 사무실은 문을 닫았어요.
(B) 아니요, 그렇지 않아요.
(C) 네, 우리는 아파트를 보수했어요.

해설 사무실 건축이 거의 완료되었는지를 확인하는 Be 동사 의문문이다.
(A) [x] 질문의 office를 반복 사용하여 혼동을 준 오답이다.
(B) [o] No로 완료되지 않았음을 전달한 후, 그렇지 않음을 다시 한번 언급했으므로 정답이다.
(C) [x] construction(건축)과 관련된 renovated(보수했다)를 사용하여 혼동을 준 오답이다.

3 캐나다 → 미국

Are you going to the party this Saturday?
(A) No, I can't make it.
(B) I usually go home at six.
(C) You should meet me in the morning.

make it 가다, 제시간에 도착하다

해석 이번 토요일에 파티에 갈 건가요?
(A) 아니요, 저는 갈 수 없어요.
(B) 저는 보통 6시에 집에 가요.
(C) 당신은 아침에 저를 만나야 해요.

해설 파티에 갈 것인지를 확인하는 Be 동사 의문문이다. Are ~ going이 미래 시제를 나타내는 것임을 알아둔다.
(A) [o] No로 파티에 가지 않을 것임을 전달한 후, 갈 수 없음을 다시 한번 언급했으므로 정답이다.
(B) [x] 질문의 going을 go로 반복 사용하여 혼동을 준 오답이다.
(C) [x] Saturday(토요일)와 관련된 in the morning(아침에)을 사용하여 혼동을 준 오답이다.

4 호주 → 영국

Pardon me, are these shirts on sale?
(A) Yes, I'm a salesperson.
(B) Not anymore, unfortunately.
(C) I will try one on.

unfortunately[미 ʌnfɔ́ːrtʃənətli, 영 ʌnfɔ́ːtʃənətli] 안타깝게도
try on 입어보다

해석 실례합니다만, 이 셔츠들은 할인 중인가요?
(A) 네, 저는 점원이에요.
(B) 안타깝게도, 더 이상 아니에요.
(C) 제가 하나 입어볼게요.

해설 셔츠들이 할인 중인지를 확인하는 Be 동사 의문문이다.
(A) [x] on sale(할인 중인)과 관련된 salesperson(점원)을 사용하여 혼동을 준 오답이다. Yes만 듣고 정답으로 고르지 않도록 주의한다.
(B) [o] Not anymore(더 이상 아니에요)로 할인 중이 아니라고 응답했으므로 정답이다.
(C) [x] shirts(셔츠들)와 관련된 try ~ on(입어보다)을 사용하여 혼동을 준 오답이다.

5 미국 → 호주

Was your trip relaxing?
(A) I will return tomorrow.
(B) No, I was very busy.
(C) On Friday.

relaxing[rilǽksiŋ] 편안한

해석 여행이 편안했나요?
(A) 저는 내일 돌아갈 거예요.
(B) 아니요, 저는 매우 바빴어요.
(C) 금요일에요.

해설 여행이 편안했는지를 확인하는 Be 동사 의문문이다.
(A) [x] trip(여행)과 관련된 return(돌아가다)을 사용하여 혼동을 준 오답이다.

(B) [o] No로 편안하지 않았음을 전달한 후, 매우 바빴다라는 이유를 언급했으므로 정답이다.
(C) [x] 특정 시점을 물을 때 사용할 수 있는 응답이므로 오답이다.

6 캐나다 → 미국

Is Martin going to order the construction materials?
(A) We will construct a new building.
(B) The order was paid for by check.
(C) Yes, he is talking to the supplier now.

material [mətíəriəl] 자재, 재료 check [tʃek] 수표

해석 Martin이 건축 자재들을 주문할 건가요?
(A) 우리는 새 건물을 건축할 거예요.
(B) 그 주문품 대금은 수표로 지급되었어요.
(C) 네, 그는 지금 공급업자와 이야기하고 있어요.

해설 Martin이 자재를 주문할 것인지를 확인하는 Be 동사 의문문이다. Is ~ going to가 미래 시제를 나타내는 것임을 알아둔다.
(A) [x] construction의 파생어인 construct를 사용하여 혼동을 준 오답이다.
(B) [x] 질문의 order(주문하다)를 '주문'이라는 의미의 명사로 사용하여 혼동을 준 오답이다.
(C) [o] Yes로 주문할 것임을 전달한 후, 부연 설명을 했으므로 정답이다.

7 호주 → 영국

Is tomorrow's seminar scheduled to last all day?
(A) Yes, but it could end early.
(B) It starts every 30 minutes.
(C) We will begin today.

last [미 læst, 영 lɑ:st] 계속하다, 지속하다

해석 내일의 세미나는 하루 종일 계속될 예정인가요?
(A) 네, 하지만 일찍 끝날 수도 있어요.
(B) 30분마다 시작해요.
(C) 우리는 오늘 시작할 거예요.

해설 내일의 세미나가 하루 종일 계속되는지를 확인하는 Be 동사 의문문이다.
(A) [o] Yes로 세미나가 하루 종일 계속될 예정임을 전달한 후, 부연 설명을 했으므로 정답이다.
(B) [x] 빈도를 물을 때 사용할 수 있는 응답이므로 오답이다.
(C) [x] tomorrow(내일)와 관련된 today(오늘)를 사용하고, day-today의 유사 발음 어휘를 사용하여 혼동을 준 오답이다.

8 영국 → 캐나다

Are you recruiting new staff for the new Philadelphia office?
(A) For a recruitment agency.
(B) I'm looking for full-time work.
(C) We are planning to.

recruit [rikrú:t] 채용하다

해석 새로운 필라델피아 지사를 위한 신규 직원들을 채용할 건가요?
(A) 채용 대행사를 위해서요.
(B) 정규직을 찾고 있어요.
(C) 저희는 그럴 계획이에요.

해설 신규 직원들을 채용할 것인지를 확인하는 Be 동사 의문문이다. Are ~ recruiting이 미래 시제를 나타내는 것임을 알아둔다.
(A) [x] recruiting의 파생어인 recruitment를 사용하여 혼동을 준 오답이다.
(B) [x] new staff(신규 직원들)와 관련된 full-time work(정규직)를 사용하여 혼동을 준 오답이다.
(C) [o] 그럴 계획이라는 말로 신규 직원들을 채용할 것임을 전달했으므로 정답이다.

9 캐나다 → 미국

Is it necessary to reschedule the meeting?
(A) I misplaced my calendar.
(B) We got together last week.
(C) Yes, otherwise I can't come.

necessary [nésəsèri] 필요한 reschedule [rì:skédʒu:l] 일정을 변경하다

해석 회의 일정을 변경하는 것이 필요한가요?
(A) 제 달력을 잃어버렸어요.
(B) 우리는 지난주에 모였어요.
(C) 네, 그렇지 않으면 저는 올 수 없어요.

해설 회의 일정을 변경하는 것이 필요한지를 확인하는 Be 동사 의문문이다.
(A) [x] reschedule(일정을 변경하다)과 관련된 calendar(달력)를 사용하여 혼동을 준 오답이다.
(B) [x] meeting(회의)과 관련된 got together(모였다)를 사용하여 혼동을 준 오답이다.
(C) [o] Yes로 일정 변경이 필요함을 전달한 후, 그 이유를 설명했으므로 정답이다.

10 호주 → 영국

Are you signing up for an art workshop this summer?
(A) But you haven't signed it.
(B) Actually, I'm going to take a yoga class.
(C) He was an excellent teacher.

sign up 등록하다

해석 이번 여름에 예술 워크숍에 등록하실 건가요?
(A) 하지만 당신은 거기에 서명하지 않았어요.
(B) 사실 저는 요가 수업을 들을 거예요.
(C) 그는 훌륭한 교사였어요.

해설 예술 워크숍에 등록할 것인지를 확인하는 Be 동사 의문문이다. Are ~ signing up이 미래 시제를 나타내는 것임을 알아둔다.
(A) [x] 질문의 signing up(등록하다)에서의 sign을 '서명하다'라는 의미의 signed로 사용하여 혼동을 준 오답이다.
(B) [o] 요가 수업을 들을 것이라는 말로 예술 워크숍에 등록하지 않을 것임을 간접적으로 전달했으므로 정답이다.
(C) [x] He를 나타내는 대상이 질문에 없고, workshop(워크숍)과 관련된 teacher(교사)를 사용하여 혼동을 준 오답이다.

11 미국 → 호주

Is this store closed on Sundays?
(A) We're open all weekend.
(B) Mostly high-end clothing.
(C) Let's get coffee on Saturday.

high-end [hàiénd] 고급의

해석 이 상점은 일요일에 문을 닫나요?
(A) 저희는 주말 내내 문을 열어요.
(B) 대부분 고급 의류에요.
(C) 토요일에 커피를 마십시다.

해설 상점이 일요일에 문을 닫는지를 확인하는 Be 동사 의문문이다.
(A) [o] 주말 내내 문을 연다는 말로 일요일에 문을 닫지 않음을 간접적으로 전달했으므로 정답이다.
(B) [x] store(상점)와 관련된 clothing(의류)을 사용하여 혼동을 준 오답이다.
(C) [x] Sundays(일요일)와 관련된 Saturday(토요일)를 사용하여 혼동을 준 오답이다.

12 영국 → 호주

Are these uniforms for the waiters?
(A) I haven't been served yet.
(B) Please inform the driver.
(C) Yes, that's what I was told.

serve [미 səːrv, 영 səːv] 주문을 받다
inform [미 infɔ́ːrm, 영 infɔ́ːm] 알리다, 통지하다

해석 이 유니폼들은 웨이터들을 위한 것인가요?
(A) 저는 아직 주문하지 않았어요.
(B) 운전기사에게 알려 주세요.
(C) 네, 저는 그렇게 들었어요.

해설 유니폼들이 웨이터들을 위한 것인지를 확인하는 Be 동사 의문문이다.
(A) [x] waiters(웨이터들)와 관련된 served(주문을 받았다)를 사용하여 혼동을 준 오답이다.
(B) [x] uniforms-inform의 유사 발음 어휘를 사용하여 혼동을 준 오답이다.
(C) [o] Yes로 유니폼들이 웨이터들을 위한 것임을 전달한 후, 부연 설명을 했으므로 정답이다.

13 호주 → 영국

Was the shipping on your order expedited?
(A) From an online retailer.
(B) No, I only paid for standard delivery.
(C) The shipping department.

order [미 ɔ́ːrdər, 영 ɔ́ːdə] 구입 상품 expedite [ékspədàit] 신속히 처리하다
retailer [미 ríːteilər, 영 ríːteilə] 소매업자 delivery [dilívəri] 배송

해석 귀하의 구입 상품에 대한 배달이 신속히 처리되었나요?
(A) 온라인 소매업자에게서요.
(B) 아니요, 저는 단지 기본 배송에 대한 요금을 지불했어요.
(C) 발송부서요.

해설 구입 상품에 대한 배달이 신속하게 처리되었는지를 확인하는 Be 동사 의문문이다.
(A) [x] order(구입 상품)와 관련된 retailer(소매업자)를 사용하여 혼동을 준 오답이다.
(B) [o] No로 배달이 신속하게 처리되지 않았음을 전달한 후, 부연 설명을 했으므로 정답이다.
(C) [x] 질문의 shipping을 반복 사용하여 혼동을 준 오답이다.

14 미국 → 캐나다

Were you given a promotion?
(A) Thank you for the opportunity!
(B) I won't know until tomorrow.
(C) Some promotional flyers.

promotion [prəmóuʃən] 승진 not until ~이 되어서야
promotional [prəmóuʃənəl] 홍보의 flyer [fláiər] 전단지, 광고지

해석 당신은 승진했나요?
(A) 기회를 주셔서 감사해요!
(B) 내일이나 되어야 알 거예요.
(C) 몇몇 홍보용 전단지요.

해설 승진을 했는지를 확인하는 Be 동사 의문문이다.
(A) [x] promotion(승진)과 관련된 opportunity(기회)를 사용하여 혼동을 준 오답이다.
(B) [o] 내일이나 되어야 안다는 말로 모르겠다는 간접적인 응답을 했으므로 정답이다.
(C) [x] promotion의 파생어인 promotional을 사용하여 혼동을 준 오답이다.

15 영국 → 캐나다

Are you aware of the new overtime policy?
(A) I don't know her well.
(B) Of course you can.
(C) I heard staff discussing it at lunch.

aware [미 əwɛ́ər, 영 əwéə] 알고 있는
overtime [미 óuvərtàim, 영 óuvətaim] 초과 근무 policy [미 páləsi, 영 póləsi] 정책

해석 새로운 초과 근무 정책을 알고 있나요?
(A) 저는 그녀를 잘 몰라요.
(B) 물론 당신은 할 수 있어요.
(C) 직원들이 점심 때 그것에 대해 논의하는 것을 들었어요.

해설 새로운 초과 근무 정책에 대해 알고 있는지를 확인하는 Be 동사 의문문이다.
(A) [x] her가 나타내는 대상이 질문에 없고, aware(알고 있는)와 관련된 know(알다)를 사용하여 혼동을 준 오답이다.
(B) [x] 질문의 you를 반복 사용하여 혼동을 준 오답이다.
(C) [o] 직원들이 점심 때 그것에 대해 논의하는 것을 들었다는 말로 새로운 초과 근무 정책에 대해 알고 있음을 간접적으로 전달했으므로 정답이다.

16 미국 → 호주

Is there something wrong with the scanner?
(A) It was working an hour ago.
(B) That's right, the event is over.
(C) Just a couple of copies.

해석 스캐너에 무슨 문제가 있나요?
(A) 1시간 전에는 작동하고 있었어요.
(B) 맞아요, 그 행사는 끝났어요.
(C) 사본 몇 부 정도요.

해설 스캐너에 무슨 문제가 있는지를 확인하는 Be 동사 의문문이다.
(A) [o] 1시간 전에는 작동하고 있었다는 말로 자신은 모르겠다는 간접적인 응답을 했으므로 정답이다.
(B) [x] 질문의 wrong(문제가 있는)과 관련된 right(맞는)을 사용하여 혼동을 준 오답이다.
(C) [x] scanner(스캐너)와 관련된 copies(사본)를 사용하여 혼동을 준 오답이다.

17 호주 → 미국

Am I going to be in charge of overseeing the Harlow Project?
(A) Here's the wall charger.
(B) Actually, it hasn't been decided yet.
(C) Oh, send them over to the warehouse.

oversee [미 òuvərsíː, 영 àuvəsíː] 감독하다 charger [tʃáːrdʒər] 충전기
decide [disáid] 결정하다 warehouse [wɛ́ərhàus] 창고

해석 제가 Harlow 프로젝트를 감독하는 일을 담당하게 되나요?
(A) 여기 벽에 꽂는 충전기가 있어요.
(B) 사실, 아직 결정되지 않았어요.
(C) 아, 그것들을 창고로 보내세요.

해설 자신이 프로젝트를 감독하는 일을 담당하게 될 것인지를 확인하는 Be 동사 의문문이다. Am ~ going to가 미래 시제를 나타내는 것임을 알아 둔다.
(A) [x] charge-charger의 유사 발음 어휘를 사용하여 혼동을 준 오답이다.
(B) [o] 아직 결정되지 않았다는 말로 모르겠다는 간접적인 응답을 했으므로 정답이다.
(C) [x] overseeing-over의 유사 발음 어휘를 사용하여 혼동을 준 오답이다.

18 캐나다 → 영국

Were the invitations for the fundraiser mailed out this morning yet?
(A) I need to put address labels on them.
(B) No, we weren't invited.
(C) To request donations for charity.

fundraiser [fʌ́ndrèizər] 모금 행사
donation [미 dounéiʃən, 영 dəunéiʃən] 기부
charity [미 tʃǽrəti, 영 tʃǽriti] 자선

해석 모금 행사를 위한 초대장들이 이미 오늘 아침에 우편으로 발송되었나요?
(A) 그것들에 주소 라벨을 붙여야 해요.
(B) 아니요, 우리는 초대받지 않았어요.
(C) 자선을 위한 기부를 요청하기 위해서요.

해설 모금 행사를 위한 초대장들이 발송되었는지를 확인하는 Be 동사 의문문이다.
(A) [o] 그것들에 주소 라벨을 붙여야 한다는 말로 초대장들이 아직 발송되지 않았음을 간접적으로 전달했으므로 정답이다.
(B) [x] invitations의 파생어인 invited를 사용하여 혼동을 준 오답이다. No만 듣고 정답으로 고르지 않도록 주의한다.
(C) [x] fundraiser(모금 행사)와 관련된 donations(기부)를 사용하여 혼동을 준 오답이다.

19 캐나다 → 미국

Are you trying to find another assistant to replace James?
(A) Replacement parts can be expensive.
(B) Do you have any recommendations?
(C) Research the company online.

replace [ripléis] 대신하다, 대체하다
replacement [ripléismənt] 교체, 대체, 후임자

해석 James를 대신할 다른 비서를 찾고 있나요?
(A) 교체 부품들은 비쌀 수 있어요.
(B) 추천할 사람이 있나요?
(C) 온라인으로 회사를 조사해 봐요.

해설 James를 대신할 비서를 찾고 있는지를 확인하는 Be 동사 의문문이다.
(A) [x] replace의 파생어인 Replacement를 사용하여 혼동을 준 오답이다.
(B) [o] 추천할 사람이 있는지를 되물어 비서를 찾고 있음을 간접적으로 전달했으므로 정답이다.
(C) [x] find(찾다)와 관련된 Research(조사하다)를 사용하여 혼동을 준 오답이다.

20 영국 → 호주

Is Dr. Pierce planning on attending the medical summit in Boston?
(A) We found it educational.
(B) He sees patients until noon usually.
(C) Yes, he is.

attend [əténd] 참석하다 medical [médikəl] 의학의
summit [sʌ́mit] 정상회담 educational [èdʒukéiʃənl] 유익한, 교육적인

해석 Dr. Pierce는 보스턴에서의 의학 정상회담에 참석하는 것을 계획하고 있나요?
(A) 우리는 그것이 유익하다고 생각했어요.
(B) 그는 보통 정오까지 환자를 봐요.
(C) 네, 그래요.

해설 Dr. Pierce가 보스턴에서 열리는 의학 회담에 참석할 계획인지를 확인하는 Be 동사 의문문이다.
(A) [x] summit(정상회담)과 관련된 educational(유익한)을 사용하여 혼동을 준 오답이다.
(B) [x] 질문의 주체인 Dr. Pierce를 나타낼 수 있는 He를 사용하고, medical(의학의)과 관련된 patients(환자)를 사용하여 혼동을 준 오답이다.
(C) [o] Yes로 참석할 것임을 전달했으므로 정답이다.

3. 부정 의문문

Hackers Practice

p.135

1. (C)	2. (A)	3. (B)	4. (C)	5. (A)	6. (B)
7. (B)	8. (C)	9. (C)	10. (B)	11. (C)	12. (B)
13. (C)	14. (A)	15. (A)	16. (B)	17. (A)	18. (C)
19. (A)	20. (B)				

1 캐나다 → 영국

Isn't this hotel room too small?
(A) At 10 P.M.
(B) I made a reservation.
(C) No, I think it is fine.

reservation [미 rèzərvéiʃən, 영 rèzəvéiʃən] 예약

해석 이 호텔 방은 너무 작지 않나요?
(A) 오후 10시에요.
(B) 제가 예약했어요.
(C) 아니요, 괜찮은 것 같아요.

해설 호텔 방이 작다는 의견에 동의를 구하는 부정 의문문이다.
(A) [x] 특정 시점을 물을 때 사용할 수 있는 응답이므로 오답이다.
(B) [x] hotel room(호텔 방)과 관련된 reservation(예약)을 사용하여 혼동을 준 오답이다.
(C) [o] No로 동의하지 않음을 전달한 후, 괜찮은 것 같다고 응답했으므로 정답이다.

2 미국 → 호주

Isn't Sandra in charge of the research project?
(A) No, she's working on something else.
(B) She will be in the office tomorrow.
(C) We should finish the research soon.

in charge of ~을 담당하는

해석 Sandra가 연구 프로젝트를 담당하고 있지 않나요?
(A) 아니요, 그녀는 다른 무언가를 하고 있어요.
(B) 그녀는 내일 사무실에 있을 거예요.
(C) 우리는 연구를 곧 끝마쳐야 해요.

해설 Sandra가 프로젝트를 담당하고 있는지의 사실을 확인하는 부정 의문문이다.
(A) [o] No로 담당하고 있지 않음을 전달한 후, 부연 설명을 했으므로 정답이다.
(B) [x] 질문의 주체인 Sandra를 나타낼 수 있는 She를 사용하고, research project(연구 프로젝트)와 관련된 office(사무실)를 사용하여 혼동을 준 오답이다.
(C) [x] 질문의 research를 반복 사용하여 혼동을 준 오답이다.

3 캐나다 → 미국

Don't you agree that Linda's presentation was excellent?
(A) No, she isn't here anymore.
(B) Yes, she did very well.
(C) She finished her report today.

excellent [éksələnt] 아주 훌륭한

해석 Linda의 발표가 아주 훌륭했다는 데 동의하지 않나요?
(A) 아니요, 그녀는 더 이상 여기에 없어요.
(B) 네, 그녀는 매우 잘했어요.
(C) 그녀는 오늘 보고서를 완성했어요.

해설 Linda의 발표가 훌륭했다는 의견에 동의를 구하는 부정 의문문이다.
(A) [x] 부정 의문문에 가능한 응답인 No를 사용하고, 질문의 Linda를 나타낼 수 있는 she를 사용하여 혼동을 준 오답이다.
(B) [o] Yes로 의견에 동의함을 전달한 후, 매우 잘했다고 응답했으므로 정답이다.
(C) [x] presentation(발표)과 관련된 report(보고서)를 사용하여 혼동을 준 오답이다.

4 미국 → 호주

Aren't you supposed to meet with the client now?
(A) A customer filed a complaint.
(B) No, I arrived yesterday.
(C) I have a meeting with him at 5 o'clock.

file [fail] (불만 따위를) 접수하다, 제출하다 complaint [kəmpléint] 불만

해석 지금 고객을 만나야 하는 것 아닌가요?
(A) 고객이 불만을 접수했어요.
(B) 아니요, 저는 어제 도착했어요.
(C) 그와 5시에 회의가 있어요.

해설 지금 고객을 만나고 있어야 하는 것이 아닌지의 사실을 확인하는 부정 의문문이다.
(A) [x] client(고객)와 같은 의미인 customer를 사용하여 혼동을 준 오답이다.
(B) [x] now(지금)와 관련된 yesterday(어제)를 사용하여 혼동을 준 오답이다. No만 듣고 정답으로 고르지 않도록 주의한다.
(C) [o] 그와 5시에 회의가 있다는 말로 지금 만나기로 하지 않았음을 간접적으로 전달했으므로 정답이다.

5 캐나다 → 영국

Didn't Kevin already conduct staff training?
(A) Yes, but many employees are still confused.
(B) It won't take that long.
(C) In the main conference room.

conduct [kəndʌ́kt] 실시하다, 시행하다 confused [kənfjú:zd] 혼란스러운

해석 Kevin이 이미 직원 교육을 실시하지 않았나요?
(A) 네, 하지만 많은 직원들이 여전히 혼란스러워 해요.
(B) 그렇게 오래 걸리지 않을 거예요.
(C) 주 회의실에서요.

해설 직원 교육을 이미 실시했는지의 사실을 확인하는 부정 의문문이다.
(A) [o] Yes로 실시했음을 전달한 후, 부연 설명을 했으므로 정답이다.
(B) [x] 소요 시간을 물을 때 사용할 수 있는 응답이므로 오답이다.
(C) [x] 특정 장소를 물을 때 사용할 수 있는 응답이므로 오답이다.

6 영국 → 호주

Shouldn't we discuss the union's salary demands soon?
(A) Yes, they were already approved.
(B) Let's do it now.
(C) It lasted for 30 minutes.

union [미 jú:njən, 영 jú:niən] 노동 조합 salary [sǽləri] 임금
demand [미 dimǽnd, 영 dimá:nd] 요구; 요구하다
approve [əprú:v] 승인하다

해석 노동 조합의 임금 요구에 대해 곧 논의해야 하지 않을까요?
(A) 네, 그들은 이미 승인받았어요.
(B) 지금 해요.
(C) 그것은 30분 동안 계속되었어요.

해설 노동 조합의 임금 요구에 대해 논의하자고 제안하는 부정 의문문이다.
(A) [x] soon(곧)과 관련된 already(이미)를 사용하여 혼동을 준 오답이다. Yes만 듣고 정답으로 고르지 않도록 주의한다.
(B) [o] 지금 하자는 말로 제안을 수락했으므로 정답이다.
(C) [x] 특정 기간을 물을 때 사용할 수 있는 응답이므로 오답이다.

7 캐나다 → 영국

Haven't you edited all the articles for the new issue?
(A) They were issued a receipt.
(B) I'd like to go over them again.
(C) It's an excellent piece of writing.

edit [édit] 수정하다 issue [íʃu:] (정기 간행물의) 호; 발행하다

해석 새로운 호를 위한 모든 기사들을 수정하지 않았나요?
(A) 그들은 영수증을 발행받았어요.
(B) 그것들을 다시 검토하고 싶어요.
(C) 그것은 훌륭한 글이에요.

해설 모든 기사들을 수정했는지의 사실을 확인하는 부정 의문문이다.
(A) [x] 질문의 issue(호)를 '발행했다'라는 의미의 동사 issued로 사용하여 혼동을 준 오답이다.
(B) [o] 그것들을 다시 검토하고 싶다는 말로 기사들을 수정했음을 간접적으로 전달했으므로 정답이다.
(C) [x] articles(기사들)와 관련된 piece of writing(글)을 사용하여 혼동을 준 오답이다.

8 미국 → 호주

Wouldn't a larger venue be better for the upcoming event?
(A) I already invited several people.
(B) No, I haven't received a menu.
(C) Sure, but we can't afford one.

venue [vénju:] (행사의) 장소 afford [미 əfɔ́:rd, 영 əfɔ́:d] 여유가 되다

해석 다가오는 행사를 위해 더 큰 장소가 낫지 않을까요?
(A) 이미 몇몇 사람들을 초대했어요.
(B) 아니요, 저는 메뉴를 받지 못했어요.
(C) 물론이에요, 하지만 그럴 여유가 없어요.

해설 행사를 위해 더 큰 장소가 낫지 않겠냐고 제안하는 부정 의문문이다.
(A) [x] event(행사)와 관련된 invited(초대했다)를 사용하여 혼동을 준 오답이다.
(B) [x] venue-menu의 유사 발음 어휘를 사용하여 혼동을 준 오답이다. No만 듣고 정답으로 고르지 않도록 주의한다.
(C) [o] Sure(물론이에요)로 제안에 대해 긍정적으로 답변한 후, 제안을 수락하기 어려운 이유를 언급했으므로 정답이다.

9 호주 → 영국

Didn't you reserve some tickets for the benefit concert?
(A) Make sure to confirm your reservation.
(B) This is for your benefit.
(C) I tried to, but they're already sold out.

benefit concert 자선 음악회 confirm [미 kənfə́:rm, 영 kənfə́:m] 확인하다

해석 자선 음악회를 위한 표들을 예매하지 않았었나요?
(A) 반드시 예약을 확인하세요.
(B) 당신의 이득을 위한 거예요.
(C) 시도해보았지만 이미 매진되었어요.

해설 음악회 표를 예매했는지의 사실을 확인하는 부정 의문문이다.
(A) [x] reserve의 파생어인 reservation을 사용하여 혼동을 준 오답이다.

(B) [x] 질문의 benefit(자선)을 '이득'이라는 의미로 사용하여 혼동을 준 오답이다.
(C) [o] 시도해보았지만 매진되었다는 말로 예매하지 못했음을 간접적으로 전달했으므로 정답이다.

10 영국 → 캐나다

Won't Mr. Clapton deliver the opening remarks?
(A) He did a remarkable job.
(B) We'll have to wait and see.
(C) That was a touching speech.

deliver [미 dilívər, 영 dilívə] (연설을) 하다, 전달하다 opening remarks 개회사
touching [tʌ́tʃiŋ] 감동적인

해석 Mr. Clapton이 개회사를 하지 않을 건가요?
(A) 그는 놀랄만한 일을 해냈어요.
(B) 기다려봐야 할 것 같아요.
(C) 그것은 감동적인 연설이었어요.

해설 Mr. Clapton이 개회사를 할 것인지의 사실을 확인하는 부정 의문문이다.
(A) [x] remarks-remarkable의 유사 발음 어휘를 사용하여 혼동을 준 오답이다.
(B) [o] 기다려봐야 한다는 말로 아직 모르겠다는 것을 간접적으로 전달했으므로 정답이다.
(C) [x] opening remarks(개회사)와 관련된 speech(연설)를 사용하여 혼동을 준 오답이다.

11 미국 → 캐나다

Can't the discussion on the new building specifications be rescheduled?
(A) It will take about two years.
(B) A brand-new structure.
(C) Apparently not.

specification [spèsəfikéiʃən] 설계서 reschedule [rìːskédʒuːl] 일정을 변경하다
structure [strʌ́ktʃər] 건물, 구조 apparently [əpǽrəntli] 보아하니

해석 새로운 건물 설계서에 관한 논의 일정을 변경할 수 없나요?
(A) 약 2년 정도 걸릴 거예요.
(B) 새로운 건물이요.
(C) 보아하니 안 될 것 같아요.

해설 새로운 건물 설계서에 관한 논의 일정을 변경할 수 있는지를 확인하는 부정 의문문이다.
(A) [x] rescheduled(일정을 변경하다)와 관련된 two years(2년)를 사용하여 혼동을 준 오답이다.
(B) [x] building(건물)과 같은 의미인 structure를 사용하여 혼동을 준 오답이다.
(C) [o] 보아하니 안 될 것 같다는 말로 일정을 변경할 수 없음을 간접적으로 전달했으므로 정답이다.

12 호주 → 미국

Won't we see each other at the conference on Thursday?
(A) It was a fascinating topic.
(B) Sorry, I can't make it.
(C) I can't see anything.

fascinating [fǽsənèitiŋ] 아주 재미있는, 매혹적인

해석 우리는 목요일에 있는 회의에서 서로를 만나지 않나요?
(A) 아주 재미있는 주제였어요.
(B) 미안해요, 저는 갈 수 없어요.
(C) 저는 아무것도 볼 수가 없어요.

해설 목요일에 있는 회의에서 만나는지를 확인하는 부정 의문문이다.
(A) [x] conference(회의)와 관련된 topic(주제)을 사용하여 혼동을 준 오답이다.
(B) [o] I can't make it(갈 수 없다)으로 만나지 않을 것임을 전달했으므로 정답이다.
(C) [x] 질문의 see를 반복 사용하여 혼동을 준 오답이다.

13 캐나다 → 영국

Don't these reports still need to be proofread?
(A) A reporter from the Minneapolis Herald.
(B) No, one of the editors.
(C) I can take care of them later today.

proofread [prúfrìːd] 교정하다 take care of 처리하다

해석 이 보고서들은 여전히 교정될 필요가 있지 않나요?
(A) Minneapolis Herald지의 기자예요.
(B) 아니요, 편집자들 중 한 명이요.
(C) 제가 오늘 오후에 그것들을 처리할 수 있어요.

해설 보고서들이 교정되어야 하지 않는지를 확인하는 부정 의문문이다.
(A) [x] reports의 파생어인 reporter를 사용하여 혼동을 준 오답이다.
(B) [x] proofread(교정 하다)와 관련된 editors(편집자들)를 사용하여 혼동을 준 오답이다.
(C) [o] 자신이 오늘 오후에 처리할 수 있다는 말로 보고서들이 교정될 필요가 있음을 간접적으로 전달했으므로 정답이다.

14 미국 → 캐나다

Haven't you decided where you're going for vacation yet?
(A) Yes, I'm going to Spain!
(B) Once they tell the travel agent.
(C) I've taken off two weeks from work.

once [wʌns] ~하자마자

해석 어디로 휴가를 갈 것인지 아직 결정하지 않았나요?
(A) 네, 저는 스페인에 갈 거예요!
(B) 그들이 여행사 직원에게 이야기하자마자요.
(C) 저는 직장에서 2주를 쉬었어요.

해설 어디로 휴가를 갈 것인지 결정했는지를 확인하는 부정 의문문이다.
(A) [o] Yes로 결정했음을 전달한 후, 스페인에 갈 것이라는 부연 설명을 했으므로 정답이다.
(B) [x] vacation(휴가)과 관련된 travel agent(여행사 직원)를 사용하여 혼동을 준 오답이다.
(C) [x] 질문의 주체인 you를 나타낼 수 있는 I를 사용하고, vacation(휴가)과 관련된 work(직장)를 사용하여 혼동을 준 오답이다.

15 호주 → 영국

Wasn't a catering company hired for the fundraiser?
(A) Joyce should know.
(B) It rose by 10 percent.
(C) Donations are still being accepted.

catering [kéitəriŋ] 출장 연회 accept [əksépt] 받다, 받아들이다

해석 모금 행사를 위한 출장 연회 업체가 고용되지 않았나요?
(A) Joyce가 알 거예요.
(B) 10퍼센트 올랐어요.
(C) 기부금은 여전히 받아지고 있어요.

해설 모금 행사를 위한 출장 연회 업체가 고용되었는지를 확인하는 부정 의문문이다.
(A) [o] Joyce가 알고 있을 거라는 말로 자신은 모른다는 간접적인 응답을 했으므로 정답이다.
(B) [x] fundraiser(모금 행사)에서 연상할 수 있는 모금액과 관련된 rise(수

량이 오르다)를 rose로 사용하여 혼동을 준 오답이다.
(C) [×] fundraiser(모금 행사)와 관련된 Donations(기부금)를 사용하여 혼동을 준 오답이다.

16 영국 → 캐나다

Isn't the local art festival on August 24?
(A) All the artists are from this area.
(B) It's sooner than that, I believe.
(C) Only if you come too.

해석 지역 예술 축제가 8월 24일에 있지 않나요?
(A) 모든 예술가들이 이 지역 출신이에요.
(B) 그것보다는 더 빠른 것 같아요.
(C) 당신도 올 경우에만요.

해설 지역 예술 축제가 8월 24일에 있지 않은지를 확인하는 부정 의문문이다.
(A) [×] art의 파생어인 artists를 사용하여 혼동을 준 오답이다.
(B) [○] 그것보다는 더 빠른 것 같다는 말로 축제가 8월 24일에 있지 않음을 간접적으로 전달했으므로 정답이다.
(C) [×] festival(축제)과 관련된 come(오다)을 사용하여 혼동을 준 오답이다.

17 호주 → 미국

Wouldn't it make more sense to carpool to work?
(A) It would certainly save fuel.
(B) The bus leaves in about 10 minutes.
(C) In an office building downtown.

make sense 타당하다
carpool [미 káːrpùːl, 영 kάːpùːl] 카풀을 하다, 자동차를 함께 타고 가다
fuel [fjúːəl] 연료

해석 직장까지 카풀을 하는 것이 더 타당하지 않나요?
(A) 그것은 확실히 연료를 절약해줄 거예요.
(B) 버스는 약 10분 뒤에 떠나요.
(C) 시내의 사무실 건물에서요.

해설 직장까지 카풀을 하는 것이 더 타당하다는 의견에 동의를 구하는 부정 의문문이다.
(A) [○] 확실히 연료를 절약해줄 것이라는 말로 카풀을 하는 것이 더 타당하다는 의견에 간접적으로 동의했으므로 정답이다.
(B) [×] carpool(카풀을 하다)과 관련된 bus(버스)를 사용하여 혼동을 준 오답이다.
(C) [×] work(직장)와 관련된 office building(사무실 건물)을 사용하여 혼동을 준 오답이다.

18 미국 → 캐나다

Didn't the library charge you late fees?
(A) They were free with a purchase.
(B) You can check out up to three books.
(C) I ended up paying a large fine.

charge [tʃaːrdʒ] 청구하다, 값을 매기다 late fee 연체료
check out 대출하다 end up 결국 ~하게 되다 fine [fain] 벌금

해석 도서관이 연체료를 청구하지 않았나요?
(A) 그것들은 구입을 하면 무료예요.
(B) 책을 3권까지 대출할 수 있어요.
(C) 저는 결국 많은 벌금을 지불하게 됐어요.

해설 도서관이 연체료를 청구했는지를 확인하는 부정 의문문이다.
(A) [×] charge(청구하다)와 관련된 purchase(구입)를 사용하여 혼동을 준 오답이다.
(B) [×] library(도서관)와 관련된 books(책)를 사용하여 혼동을 준 오답이다.
(C) [○] 결국 많은 벌금을 지불하게 됐다는 말로 도서관이 연체료를 청구했음을 간접적으로 전달했으므로 정답이다.

19 캐나다 → 영국

Hasn't a software training session been arranged yet?
(A) Stan intends to do that, actually.
(B) There's a train station up ahead.
(C) A wide range of merchandise.

arrange [əréindʒ] 준비하다 intend [inténd] ~할 생각이다
a wide range of 다양한, 광범위한
merchandise [미 máːrtʃəndàiz, 영 máːtʃəndaiz] 상품, 제품

해석 소프트웨어 교육 과정이 아직 준비되지 않았나요?
(A) 사실, Stan이 그것을 할 생각이에요.
(B) 앞쪽에 기차역이 있어요.
(C) 다양한 상품들이요.

해설 소프트웨어 교육 과정이 준비되었는지를 확인하는 부정 의문문이다.
(A) [○] Stan이 그것을 할 생각이라는 말로 아직 준비되지 않았다는 간접적인 응답을 했으므로 정답이다.
(B) [×] training의 파생어인 train을 '기차'라는 의미의 명사로 사용하여 혼동을 준 오답이다.
(C) [×] arranged-range의 유사 발음 어휘를 사용하여 혼동을 준 오답이다.

20 호주 → 영국

Aren't staff from the marketing department attending the meeting?
(A) Last year's advertising campaign.
(B) People from every division are coming.
(C) Our department manager signed it.

attend [əténd] 참석하다 division [divíʒən] 부서

해석 마케팅 부서의 직원들은 회의에 참석하지 않나요?
(A) 작년 광고 캠페인이요.
(B) 모든 부서의 사람들이 올 거예요.
(C) 우리 부서 관리자가 거기에 서명했어요.

해설 마케팅 부서 직원들이 회의에 참석하는지를 확인하는 부정 의문문이다.
(A) [×] marketing(마케팅)과 관련된 advertising(광고)을 사용하여 혼동을 준 오답이다.
(B) [○] 모든 부서 사람들이 올 것이라는 말로 마케팅 부서 직원들이 회의에 참석할 것임을 간접적으로 전달했으므로 정답이다.
(C) [×] 질문의 department를 반복 사용하여 혼동을 준 오답이다.

4. 의문사를 포함한 일반 의문문

Hackers Practice p.137

1. (C)	2. (A)	3. (C)	4. (B)	5. (A)	6. (B)
7. (A)	8. (C)	9. (A)	10. (A)	11. (B)	12. (C)
13. (B)	14. (A)	15. (B)	16. (B)	17. (C)	18. (A)
19. (C)	20. (A)				

1 캐나다 → 영국

Do you know who the owner of this bag is?
(A) The baggage claim is downstairs.
(B) Yes, I know where it is.
(C) It belongs to Karen.

owner [óunər] 주인, 소유자 baggage claim 수하물 찾는 곳

해석 이 가방의 주인이 누구인지 아세요?

(A) 수하물 찾는 곳은 아래층입니다.
(B) 네, 저는 그것이 어디 있는지 알아요.
(C) Karen의 것이에요.

해설 의문사 who를 포함하여 가방 주인이 누구인지를 묻는 일반 의문문이다.
(A) [×] bag의 파생어인 baggage를 사용하여 혼동을 준 오답이다.
(B) [×] Do you know로 묻는 질문에 Yes, I know를 사용하여 혼동을 준 오답이다.
(C) [○] Karen이라는 특정 인물을 언급했으므로 정답이다.

2 미국 → 호주

Can I ask you where the closest pharmacy is?
(A) There is one at the intersection.
(B) It closes at six.
(C) Yes, that is correct.

pharmacy [fá:rməsi] 약국 intersection [미 ìntərsékʃən, 영 ìntəsékʃən] 교차로

해석 가장 가까운 약국이 어디에 있는지 물어봐도 될까요?
(A) 교차로에 하나 있어요.
(B) 그것은 6시에 닫아요.
(C) 네, 그게 정확해요.

해설 의문사 where를 포함하여 약국이 어디에 있는지를 묻는 일반 의문문이다.
(A) [○] at the intersection(교차로에)이라는 특정 위치를 언급했으므로 정답이다.
(B) [×] closest-closes의 유사 발음 어휘를 사용하여 혼동을 준 오답이다.
(C) [×] ask(묻다)와 관련된 correct(정확한)를 사용하여 혼동을 준 오답이다.

3 캐나다 → 미국

Do you know when the post office opens?
(A) On Beech Street.
(B) It costs a lot of money.
(C) I'm not really sure.

cost [kɔ:st] (값, 비용이) 들다

해석 우체국이 언제 문을 여는지 아시나요?
(A) Beech가에요.
(B) 그건 많은 돈이 들어요.
(C) 저는 잘 모르겠어요.

해설 의문사 when을 포함하여 우체국이 언제 문을 여는지를 묻는 일반 의문문이다.
(A) [×] 특정 위치를 물을 때 사용할 수 있는 응답이므로 오답이다.
(B) [×] post-costs의 유사 발음 어휘를 사용하여 혼동을 준 오답이다.
(C) [○] 잘 모르겠다는 말로 언제인지 모르겠다는 간접적인 응답을 했으므로 정답이다.

4 영국 → 호주

Can you tell me how to get to the bank?
(A) At 7 o'clock.
(B) Yes, just give me a minute.
(C) I withdrew some money.

withdraw [wiðdrɔ́:] (돈을) 인출하다

해석 은행에 어떻게 가는지 말해주시겠어요?
(A) 7시에요.
(B) 네, 잠시만요.
(C) 돈을 좀 인출했어요.

해설 의문사 how를 포함하여 은행에 어떻게 가는지를 묻는 일반 의문문이다. how가 방법을 묻는 것임을 이해할 수 있어야 한다.
(A) [×] 특정 시점을 물을 때 사용할 수 있는 응답이므로 오답이다.
(B) [○] Yes로 긍정한 후, 잠시 후에 말해줄 것임을 간접적으로 전달했으므로 정답이다.
(C) [×] bank(은행)와 관련된 withdrew ~ money(돈을 인출했다)를 사용하여 혼동을 준 오답이다.

5 미국 → 호주

Did you see what was posted on the bulletin board?
(A) An updated schedule.
(B) Yes, we live near the sea.
(C) I forgot to attach the file.

post [poust] 게시하다 bulletin board 게시판
attach [ətǽtʃ] 첨부하다, 붙이다

해석 게시판에 무엇이 게시되었는지 보았나요?
(A) 업데이트된 일정표요.
(B) 네, 우리는 바다 근처에 살아요.
(C) 파일을 첨부하는 것을 잊어버렸어요.

해설 의문사 what을 포함하여 게시판에 무엇이 게시되었는지를 묻는 일반 의문문이다. what ~ posted를 반드시 들어야 한다.
(A) [○] schedule(일정표)이라는 게시물을 언급했으므로 정답이다.
(B) [×] see-sea의 유사 발음 어휘를 사용하여 혼동을 준 오답이다.
(C) [×] posted(게시했다)와 관련된 attach(첨부하다)를 사용하여 혼동을 준 오답이다.

6 캐나다 → 미국

Do you know where I can register for the class?
(A) You can pay for it at the cash register.
(B) Sure, let me take you there.
(C) No, she is teaching right now.

register [rédʒistər] 등록하다 cash register 금전 등록기

해석 제가 어디에서 수업에 등록할 수 있는지 아세요?
(A) 금전 등록기에서 지불할 수 있어요.
(B) 물론이죠, 제가 거기에 데려다 드릴게요.
(C) 아니요, 그녀는 지금 가르치고 있어요.

해설 의문사 where를 포함하여 어디에서 수업에 등록할 수 있는지를 묻는 일반 의문문이다.
(A) [×] 질문의 register(등록하다)를 cash register(금전 등록기)의 register로 반복 사용하여 혼동을 준 오답이다.
(B) [○] Sure(물론이죠)로 긍정한 후, 데려다 주겠다는 간접적인 응답을 했으므로 정답이다.
(C) [×] she가 나타내는 대상이 질문에 없고, class(수업)와 관련된 teaching(가르치다)을 사용하여 혼동을 준 오답이다.

7 영국 → 호주

Did Mr. Long mention why the trip was canceled?
(A) Because of a scheduling conflict.
(B) I wasn't compelled to answer.
(C) Yes, that's what I meant.

compel [kəmpél] 강요하다

해석 Mr. Long이 왜 여행이 취소되었는지 말했나요?
(A) 일정이 겹쳤기 때문이에요.
(B) 저는 대답하도록 강요받지 않았어요.
(C) 네, 제 말이 그 말이에요.

해설 의문사 why를 포함하여 왜 여행이 취소되었는지를 묻는 일반 의문문이다.
(A) [○] 일정이 겹쳤기 때문이라는 이유를 언급했으므로 정답이다.
(B) [×] mention(말하다)과 관련된 answer(대답하다)를 사용하여 혼동을 준 오답이다.
(C) [×] mention-meant의 유사 발음 어휘를 사용하여 혼동을 준 오답이다.

8 캐나다 → 영국

Can you remember where we parked the car?
(A) You can wear whatever you want.
(B) I enjoy going to the park.
(C) Yes, we left it behind this building.

park [미 pa:rk, 영 pa:k] 주차시키다; 공원

해석 우리가 차를 어디에 주차했는지 기억할 수 있나요?
(A) 당신이 입고 싶은 대로 입을 수 있어요.
(B) 저는 공원에 가는 것을 좋아해요.
(C) 네, 이 건물 뒤에 두었어요.

해설 의문사 where를 포함하여 어디에 차를 주차했는지를 묻는 일반 의문문이다.
(A) [x] where-wear의 유사 발음 어휘를 사용하여 혼동을 준 오답이다.
(B) [x] 질문의 parked(주차했다)를 '공원'이라는 의미의 명사 park로 사용하여 혼동을 준 오답이다.
(C) [o] Yes로 긍정한 후, behind this building(이 건물 뒤)이라는 특정 위치를 언급했으므로 정답이다.

9 캐나다 → 미국

Do you know how to use this software program?
(A) I'm not familiar with it.
(B) I already installed it.
(C) This program is great.

familiar [fəmíljər] 익숙한

해석 이 소프트웨어 프로그램을 어떻게 사용하는지 아세요?
(A) 저는 그것에 익숙하지 않아요.
(B) 저는 이미 그것을 설치했어요.
(C) 이 프로그램은 매우 좋아요.

해설 의문사 how를 포함하여 소프트웨어 프로그램을 어떻게 사용하는지를 묻는 일반 의문문이다. how가 방법을 묻는 것임을 이해할 수 있어야 한다.
(A) [o] 익숙하지 않다는 말로 프로그램 사용 방법을 잘 모른다는 것을 간접적으로 전달했으므로 정답이다.
(B) [x] software program(소프트웨어 프로그램)과 관련된 installed(설치했다)를 사용하여 혼동을 준 오답이다.
(C) [x] 질문의 program을 반복 사용하여 혼동을 준 오답이다.

10 호주 → 영국

Do you know why the traffic is so heavy today?
(A) There was an accident on the highway.
(B) I drove to work today.
(C) It's a bit heavier than that.

traffic [trǽfik] 교통량, 교통 highway [háiwèi] 고속도로

해석 오늘 교통량이 왜 이렇게 많은지 아시나요?
(A) 고속도로에서 사고가 있었어요.
(B) 오늘 운전해서 출근했어요.
(C) 그것은 저것보다 약간 더 무거워요.

해설 의문사 why를 포함하여 교통량이 왜 많은지를 묻는 일반 의문문이다.
(A) [o] 사고가 있었다는 이유를 언급했으므로 정답이다.
(B) [x] traffic(교통량)과 관련된 drove(운전했다)를 사용하고, 질문의 today를 반복 사용하여 혼동을 준 오답이다.
(C) [x] 질문의 heavy를 heavier로 반복 사용하여 혼동을 준 오답이다.

11 미국 → 호주

Has Amy said who else is going to the concert?
(A) A live band.
(B) Just Henry.
(C) Front row tickets.

row [미 rou, 영 rəu] 줄, 열

해석 Amy가 콘서트에 누가 또 가는지 말했나요?
(A) 라이브 밴드요.
(B) Henry만요.
(C) 앞쪽 줄 표예요.

해설 의문사 who를 포함하여 콘서트에 누가 또 가는지를 묻는 일반 의문문이다.
(A) [x] concert(콘서트)와 관련된 live band(라이브 밴드)를 사용하여 혼동을 준 오답이다.
(B) [o] Henry라는 특정 인물을 언급했으므로 정답이다.
(C) [x] concert(콘서트)와 관련된 tickets(표)를 사용하여 혼동을 준 오답이다.

12 호주 → 영국

Do you know what the price of this vase is?
(A) Yes, call her about costs.
(B) The vase is too small.
(C) You'll have to check the tag.

tag [tæg] 정가표, 꼬리표

해석 이 꽃병의 가격이 얼마인지 아나요?
(A) 네, 비용에 대해 그녀에게 전화해보세요.
(B) 그 꽃병은 너무 작아요.
(C) 정가표를 확인해 보세요.

해설 의문사 what을 포함하여 꽃병의 가격이 얼마인지를 묻는 일반 의문문이다.
(A) [x] price(가격)와 관련된 costs(비용)를 사용하여 혼동을 준 오답이다. Yes만 듣고 정답으로 고르지 않도록 주의한다.
(B) [x] 질문의 vase를 반복 사용하여 혼동을 준 오답이다.
(C) [o] 정가표를 확인해 보라는 말로 가격이 얼마인지 모른다는 간접적인 응답을 했으므로 정답이다.

13 영국 → 캐나다

Have you heard what the announcement is going to be about?
(A) No, but I can see them.
(B) Yes, it's about our company expansion.
(C) About a mile from there.

announcement [ənáunsmənt] 공지 expansion [ikspǽnʃən] 확장

해석 그 공지가 무엇에 관한 것인지를 들었나요?
(A) 아니요, 하지만 저는 그것들을 볼 수 있어요.
(B) 네, 그것은 우리 회사 확장에 관한 거예요.
(C) 거기에서 약 1마일이요.

해설 의문사 what을 포함하여 공지가 무엇에 관한 것인지를 묻는 일반 의문문이다.
(A) [x] 조동사 의문문에 가능한 응답인 No를 사용하고, heard(들었다)와 관련된 see(보다)를 사용하여 혼동을 준 오답이다.
(B) [o] Yes로 들었음을 전달한 후, 회사 확장에 관한 것이라는 추가 정보를 제공했으므로 정답이다.
(C) [x] 질문의 about을 반복 사용하여 혼동을 준 오답이다.

14 캐나다 → 영국

Did the e-mail indicate why our branch is shutting down?
(A) Those details weren't disclosed.
(B) Thank you for the message.
(C) I can e-mail you the price list.

indicate [índikèit] 명시하다, 나타내다 shut down 문을 닫다
disclose [미 disklóuz, 영 diskləuz] 공개하다, 드러내다

해석 그 이메일은 우리 지사가 왜 문을 닫게 되는지 명시하고 있나요?
(A) 그러한 세부 사항들은 공개되지 않았어요.
(B) 메시지를 보내 주셔서 감사해요.
(C) 가격표를 이메일로 보내드릴게요.

해설 의문사 why를 포함하여 지사가 왜 문을 닫게 되는지를 묻는 일반 의문문이다.
(A) [o] 그러한 세부 사항은 공개되지 않았다는 말로 이메일에 내용이 명시되어 있지 않음을 간접적으로 전달했으므로 정답이다.
(B) [x] e-mail(이메일)과 관련된 message(메시지)를 사용하여 혼동을 준 오답이다.
(C) [x] 질문의 e-mail(이메일)을 '이메일로 보내다'라는 의미의 동사로 사용하여 혼동을 준 오답이다.

15 미국 → 캐나다

Has Stacy decided which image to use on the Web site?
(A) Payments can be made online.
(B) She can't decide between two of them.
(C) With my camera.

payment [péimənt] 결제, 지불

해석 Stacy는 어떤 이미지를 웹사이트에서 사용할지를 결정했나요?
(A) 온라인으로 결제할 수 있어요.
(B) 그녀는 그 두 개 중에서 결정하지 못했어요.
(C) 제 카메라로요.

해설 의문사 which를 포함하여 어떤 이미지를 웹사이트에서 사용할지를 묻는 일반 의문문이다. which image를 반드시 들어야 한다.
(A) [x] Web site(웹사이트)와 관련된 online(온라인)을 사용하여 혼동을 준 오답이다.
(B) [o] 두 개 중에서 결정하지 못했다는 말로 아직 아무것도 선택하지 않았다는 간접적인 응답을 했으므로 정답이다.
(C) [x] image(이미지)와 관련된 camera(카메라)를 사용하여 혼동을 준 오답이다.

16 호주 → 미국

Is it clear to staff when the office will close for the holidays?
(A) The phone lines are open every weekend.
(B) They have been informed.
(C) No, it's quite overcast outside.

clear [미 kliər, 영 kliə] 확실히 알고 있는, 분명한
inform [infɔ́ːrm] 통지하다, 알리다 overcast [ouvərkæst] 흐린

해석 휴일 동안 사무실이 언제 문을 닫을 것인지를 직원들이 확실히 알고 있나요?
(A) 전화선은 매 주말마다 열려 있어요.
(B) 그들은 통지를 받았어요.
(C) 아니요, 바깥은 상당히 흐려요.

해설 의문사 when을 포함하여 휴일 동안 사무실이 언제 문을 닫는지를 직원들이 확실히 알고 있는지를 묻는 일반 의문문이다.
(A) [x] holidays(휴일)와 관련된 weekend(주말)를 사용하여 혼동을 준 오답이다.
(B) [o] 통지를 받았다는 말로 직원들이 사무실이 문을 닫는 시기를 알고 있음을 간접적으로 전달했으므로 정답이다.
(C) [x] 질문의 clear(분명한)의 다른 의미인 '맑은'과 관련된 overcast(흐린)를 사용하여 혼동을 준 오답이다.

17 영국 → 캐나다

Can you think of anyone who might want these hockey tickets?
(A) They are $30 per person.
(B) The players performed very well.
(C) Michael might want them.

해석 이 하키 표들을 원할 만한 사람을 생각해낼 수 있나요?
(A) 한 사람당 30달러예요.
(B) 그 선수들은 매우 잘했어요.
(C) Michael이 원할지도 몰라요.

해설 의문사 who를 포함하여 하키 표들을 원할 만한 사람이 있는지를 묻는 일반 의문문이다.
(A) [x] 질문의 tickets(표들)를 나타낼 수 있는 They를 사용하고, tickets(표들)와 관련된 $30(30달러)를 사용하여 혼동을 준 오답이다.
(B) [x] hockey(하키)와 관련된 players(선수들)를 사용하여 혼동을 준 오답이다.
(C) [o] Michael이 원할지도 모른다는 말로 특정 인물을 언급했으므로 정답이다.

18 호주 → 미국

Do you know when the launch is being held?
(A) Ask someone from the advertising team.
(B) The event was a major success.
(C) I can hold it open for you.

launch [lɔːntʃ] 출시 행사 hold [미 hould, 영 həuld] 개최하다, 유지하다

해석 출시 행사가 언제 개최되는지 아나요?
(A) 홍보팀 사람에게 물어봐요.
(B) 그 행사는 아주 성공적이었어요.
(C) 제가 당신을 위해 열어 놓아 드릴게요.

해설 의문사 when을 포함하여 출시 행사가 언제 개최되는지를 묻는 일반 의문문이다.
(A) [o] 홍보팀 사람에게 물어보라는 말로 자신은 모른다는 간접적인 응답을 했으므로 정답이다.
(B) [x] launch(출시 행사)와 관련된 event(행사)를 사용하여 혼동을 준 오답이다.
(C) [x] 질문의 held(개최되다)를 '유지하다'라는 의미의 hold로 사용하여 혼동을 준 오답이다.

19 캐나다 → 미국

Does the invitation state when we should arrive for the party?
(A) Yes, you can invite your coworker.
(B) His flight arrives tomorrow.
(C) Let me have another look at it.

state [steit] 명시하다, 말하다 coworker [미 kóuwə̀ːrkər, 영 kə̀uwə́ːkə] 동료
flight [flait] 항공편, 비행

해석 초대장은 언제 우리가 파티에 도착해야 하는지를 명시하나요?
(A) 네, 당신의 동료들을 초대할 수 있어요.
(B) 그의 항공편은 내일 도착해요.
(C) 제가 다시 한 번 확인해 볼게요.

해설 의문사 when을 포함하여 초대장이 파티에 언제 도착해야 하는지 명시하는지를 묻는 일반 의문문이다.
(A) [x] 질문의 invitation의 파생어인 invite를 사용하여 혼동을 준 오답이다.
(B) [x] 질문의 arrive를 arrives로 반복 사용하여 혼동을 준 오답이다.
(C) [o] 다시 한 번 확인해 보겠다는 말로 지금은 모른다는 간접적인 응답을 했으므로 정답이다.

20 영국 → 호주

Has the manager told you what we're supposed to submit today?
(A) Check the memo she sent us.
(B) Before the end of the week.

(C) I suppose that will be soon enough.

be supposed to ~해야 한다, ~하기로 되어 있다

해석 우리가 오늘 무엇을 제출해야 하는지 관리자가 당신에게 말했나요?
(A) 그녀가 우리에게 보낸 회람을 확인하세요.
(B) 주말 전에요.
(C) 그것이면 충분히 빠를 거라고 생각해요.

해설 의문사 what을 포함하여 오늘 무엇을 제출해야 하는지를 묻는 일반 의문문이다.
(A) [o] 그녀가 보낸 회람을 확인하라는 말로 무엇을 제출해야 하는지 모른다는 것을 간접적으로 전달했으므로 정답이다.
(B) [x] submit(제출하다)에서 연상할 수 있는 마감기한과 관련된 Before(~ 전에)를 사용하여 혼동을 준 오답이다.
(C) [x] 질문의 supposed를 suppose로 반복 사용하여 혼동을 준 오답이다.

Hackers Test

p.138

1. (B)	2. (A)	3. (B)	4. (C)	5. (A)	6. (C)
7. (A)	8. (A)	9. (A)	10. (B)	11. (C)	12. (A)
13. (C)	14. (A)	15. (A)	16. (C)	17. (C)	18. (B)
19. (C)	20. (B)	21. (B)	22. (B)	23. (B)	24. (C)
25. (B)	26. (C)	27. (B)	28. (C)	29. (C)	30. (A)
31. (C)	32. (B)	33. (B)	34. (C)	35. (B)	36. (B)
37. (B)	38. (C)	39. (A)	40. (B)		

1 캐나다 → 영국

Do you know the technician's number?
(A) My computer doesn't work.
(B) Yes, let me get it for you.
(C) Your cell phone is on the table.

해석 기술자의 전화번호를 아세요?
(A) 제 컴퓨터가 작동하지 않아요.
(B) 네, 제가 대신 가져다 드릴게요.
(C) 당신의 휴대전화는 탁자 위에 있어요.

해설 기술자의 전화번호를 아는지를 확인하는 조동사(Do) 의문문이다.
(A) [x] technician(기술자)과 관련된 computer(컴퓨터)를 사용하여 혼동을 준 오답이다.
(B) [o] Yes로 알고 있음을 전달한 후, 자신이 가져다 주겠다고 했으므로 정답이다.
(C) [x] number(전화번호)와 관련된 cell phone(휴대전화)을 사용하여 혼동을 준 오답이다.

2 미국 → 호주

Isn't that sweater on sale in the other shop?
(A) No, it's the same price.
(B) You should wait for a sale.
(C) Yes, online shopping is better.

해석 저 스웨터는 다른 상점에서 할인 중이지 않나요?
(A) 아니요, 같은 가격이에요.
(B) 할인을 기다려야 해요.
(C) 네, 온라인 쇼핑이 더 나아요.

해설 스웨터가 다른 상점에서 할인 중인지의 사실을 확인하는 부정 의문문이다.
(A) [o] No로 할인 중이 아님을 전달한 후, 같은 가격이라는 부연 설명을 했으므로 정답이다.
(B) [x] 질문의 sale을 반복 사용하여 혼동을 준 오답이다.
(C) [x] 부정 의문문에 가능한 응답인 Yes를 사용하고, shop의 파생어인 shopping을 사용하여 혼동을 준 오답이다.

3 캐나다 → 미국

Have you started cleaning the apartment?
(A) This room is very clean.
(B) I've just begun.
(C) Let's look at some other apartments.

해석 아파트 청소를 시작했나요?
(A) 이 방은 매우 깨끗해요.
(B) 막 시작했어요.
(C) 다른 아파트들도 살펴 봅시다.

해설 아파트 청소를 시작했는지를 확인하는 조동사(Have) 의문문이다.
(A) [x] 질문의 apartment(아파트)와 관련된 room(방)을 사용하고, cleaning(청소하다)을 '깨끗한'이라는 의미의 형용사 clean으로 사용하여 혼동을 준 오답이다.
(B) [o] 막 시작했다는 말로 시작했음을 전달했으므로 정답이다.
(C) [x] 질문의 apartment를 apartments로 반복 사용하여 혼동을 준 오답이다.

4 캐나다 → 영국

Doesn't Mike live on Michigan Avenue?
(A) Is he going to help you move?
(B) No, I live alone.
(C) Yes, for the past three years.

past [미 pæst, 영 pɑːst] 지난, 지나간

해석 Mike는 Michigan가에 살지 않나요?
(A) 그가 당신이 이사하는 것을 도울 건가요?
(B) 아니요, 전 혼자 살아요.
(C) 네, 지난 3년 동안이요.

해설 Mike가 Michigan가에 사는지의 사실을 확인하는 부정 의문문이다.
(A) [x] live(살다)와 관련된 move(이사하다)를 사용하여 혼동을 준 오답이다.
(B) [x] 질문의 live를 반복 사용하여 혼동을 준 오답이다.
(C) [o] Yes로 살고 있음을 전달한 후, 3년 동안 살아왔다는 추가 정보를 제공했으므로 정답이다.

5 미국 → 호주

Is there time to buy a coffee?
(A) Sure, let's do that.
(B) We washed those mugs.
(C) I'm not thirsty either.

either [미 íːðər, 영 áiðə] ~도, 또한

해석 커피를 살 시간이 있나요?
(A) 물론이죠, 그렇게 합시다.
(B) 우리는 그 머그잔들을 씻었어요.
(C) 저도 목마르지 않아요.

해설 커피 살 시간이 있는지를 확인하는 Be 동사 의문문이다.
(A) [o] Sure로 커피를 살 시간이 있음을 전달한 후, 그렇게 하자고 제안했으므로 정답이다.
(B) [x] coffee(커피)와 관련된 mugs(머그잔들)를 사용하여 혼동을 준 오답이다.
(C) [x] coffee(커피)와 관련된 thirsty(목마른)를 사용하여 혼동을 준 오답이다.

6 캐나다 → 미국

Should we revise the contract now?
(A) The documents were delivered today.
(B) Let's change the presentation topic.

(C) I think we'd better.

revise[riváiz] 수정하다 contract[kántrækt] 계약서

해석 우리가 지금 계약서를 수정해야 할까요?
(A) 서류들이 오늘 배달되었어요.
(B) 발표 주제를 바꿉시다.
(C) 그러는 게 나을 것 같아요.

해설 계약서를 지금 수정해야 할지를 확인하는 조동사(Should) 의문문이다.
(A) [×] contract(계약서)와 관련된 documents(서류들), now(지금)와 관련된 today(오늘)를 사용하여 혼동을 준 오답이다.
(B) [×] revise(수정하다)와 관련된 change(바꾸다)를 사용하여 혼동을 준 오답이다.
(C) [○] 그러는 게 나을 것 같다는 말로 지금 수정하는 것이 좋겠다는 의견을 전달했으므로 정답이다.

7 캐나다 → 영국

Are you available to attend the seminar on Friday?
(A) Yes, I should be free then.
(B) We thought it was interesting.
(C) No, I wasn't in attendance.

available[əvéiləbl] 시간이 있는 in attendance 참석한

해석 금요일에 있을 세미나에 참석할 시간이 있나요?
(A) 네, 저는 그때 한가할 거예요.
(B) 우리는 그것이 흥미롭다고 생각했어요.
(C) 아니요, 저는 참석하지 않았어요.

해설 금요일에 세미나에 참석할 시간이 있는지를 확인하는 Be 동사 의문문이다.
(A) [○] Yes로 시간이 있음을 전달한 후, 그때 한가할 것이라는 부연 설명을 했으므로 정답이다.
(B) [×] 앞으로 있을 세미나에 대해 과거 시제를 사용하여 흥미로웠다고 응답했으므로 오답이다.
(C) [×] attend의 파생어인 attendance를 사용하여 혼동을 주었으며, 앞으로 있을 세미나에 대해 과거 시제를 사용하여 참석하지 않았다고 응답했으므로 오답이다.

8 미국 → 호주

Sorry, but haven't you finished the report yet?
(A) No, I've been really busy.
(B) Don't feel bad about it.
(C) I finish lunch at 1 o'clock.

해석 죄송합니다만, 아직 보고서를 끝내지 않았나요?
(A) 아니요, 제가 매우 바빴어요.
(B) 낙담하지 마세요.
(C) 저는 1시에 점심 식사를 마쳐요.

해설 보고서를 끝냈는지의 사실을 확인하는 부정 의문문이다.
(A) [○] No로 끝내지 못했음을 전달한 후, 그 이유를 언급했으므로 정답이다.
(B) [×] Sorry(죄송합니다)와 관련된 feel bad(낙담하다)를 사용하여 혼동을 준 오답이다.
(C) [×] 질문의 finished를 finish로 반복 사용하여 혼동을 준 오답이다.

9 영국 → 호주

Should we postpone our trip to San Diego?
(A) The airline will charge us a fee.
(B) Yes, a Los Angeles company.
(C) He arrived on Saturday morning.

postpone[미 poustpóun, 영 pəustpə́un] 미루다, 연기하다
charge[미 tʃɑːrdʒ, 영 tʃɑːdʒ] 청구하다; 요금

해석 우리가 샌디에이고로의 여행을 미뤄야 할까요?
(A) 항공사가 우리에게 수수료를 청구할 거예요.
(B) 네, 로스앤젤레스 회사예요.
(C) 그는 토요일 아침에 도착했어요.

해설 여행을 미뤄야 하는지를 확인하는 조동사(Should) 의문문이다.
(A) [○] 항공사가 수수료를 청구할 것이라는 말로 여행을 미루지 않는 것이 좋겠다는 의견을 간접적으로 전달하였으므로 정답이다.
(B) [×] San Diego(샌디에이고)와 관련된 Los Angeles(로스앤젤레스)를 사용하여 혼동을 준 오답이다. Yes만 듣고 정답으로 고르지 않도록 주의한다.
(C) [×] He가 나타내는 대상이 질문에 없으므로 오답이다. trip(여행)에서 연상할 수 있는 동사 arrived(도착했다)를 사용하여 혼동을 주었다.

10 캐나다 → 미국

Are you developing a Web site?
(A) Here's their e-mail address.
(B) I'm trying to, anyway.
(C) Yes, I agree with you.

develop[divéləp] 개발하다

해석 웹사이트를 개발하고 있나요?
(A) 여기 그들의 이메일 주소예요.
(B) 어찌 됐든, 노력해보고 있어요.
(C) 네, 저는 당신에게 동의해요.

해설 웹사이트를 개발하고 있는지를 확인하는 Be 동사 의문문이다.
(A) [×] Web site(웹사이트)와 관련된 e-mail(이메일)을 사용하여 혼동을 준 오답이다.
(B) [○] 노력해보고 있다는 말로 웹사이트를 개발하고 있음을 전달했으므로 정답이다.
(C) [×] Be 동사 의문문에 가능한 응답인 Yes를 사용하고, 질문의 you를 반복 사용하여 혼동을 준 오답이다.

11 캐나다 → 영국

Aren't you going to Spain this summer?
(A) She left this morning.
(B) I liked some of the ideas.
(C) Can you recommend places to visit?

해석 이번 여름에 스페인에 가지 않을 건가요?
(A) 그녀는 오늘 아침에 떠났어요.
(B) 그 의견들 중에 몇몇이 좋았어요.
(C) 방문할 만한 곳들을 추천해 주시겠어요?

해설 여름에 스페인에 가는지의 사실을 확인하는 부정 의문문이다.
(A) [×] She가 나타낼 수 있는 대상이 질문에 없고, going(가다)과 관련된 left(떠났다)를 사용하여 혼동을 준 오답이다.
(B) [×] summer-some of의 유사 발음 어휘를 사용하여 혼동을 준 오답이다.
(C) [○] 방문할 만한 곳들을 추천해 줄 수 있는지를 되물어 갈 것임을 간접적으로 전달했으므로 정답이다.

12 캐나다 → 미국

Is Mr. Norman working late tonight?
(A) Yes, a project is due tomorrow.
(B) He's usually on time.
(C) No, I've never worked with him.

해석 Mr. Norman은 오늘 밤 늦게까지 일할 건가요?
(A) 네, 프로젝트가 내일 마감이에요.
(B) 그는 보통 정시에 와요.
(C) 아니요, 저는 그와 일해본 적이 없어요.

해설 Mr. Norman이 늦게까지 일할 것인지를 확인하는 Be 동사 의문문이다.

(A) [o] Yes로 늦게까지 일할 것임을 전달한 후, 그 이유를 언급했으므로 정답이다.
(B) [x] Mr. Norman을 나타낼 수 있는 He를 사용하고, late(늦게)와 관련된 on time(정시에)을 사용하여 혼동을 준 오답이다.
(C) [x] 질문의 working을 worked로 반복 사용하여 혼동을 준 오답이다.

13 영국 → 캐나다

Can we get more chairs for the conference room?
(A) Sure, it's a front-row seat.
(B) Thank you all for coming.
(C) The meeting's been canceled.

front-row seat 앞좌석

해석 회의실에 둘 의자를 더 가져올 수 있을까요?
(A) 물론이죠, 앞좌석이에요.
(B) 와주신 모든 여러분께 감사드립니다.
(C) 그 회의는 취소되었어요.

해설 회의실에 둘 의자를 더 가져올 수 있을지를 확인하는 조동사(Can) 의문문이다.
(A) [x] chairs(의자)와 관련된 seat(좌석)를 사용하여 혼동을 준 오답이다.
(B) [x] conference(회의)에서 연상할 수 있는 회의 참석과 관련된 coming(오다)을 사용하여 혼동을 준 오답이다.
(C) [o] 회의가 취소되었다는 말로 의자를 더 가져오지 않아도 됨을 간접적으로 전달했으므로 정답이다.

14 미국 → 호주

Did Mary get the package of supplies like I asked?
(A) No, she just left to do it.
(B) You can deliver it.
(C) I packed a lunch for you.

package [pǽkidʒ] 꾸러미, 패키지

해석 제가 요청했던 대로 Mary가 물품 꾸러미를 가져왔나요?
(A) 아니요, 그녀는 그것을 하기 위해 막 떠났어요.
(B) 당신이 그것을 배달해 줄 수 있어요.
(C) 당신을 위해 점심을 싸왔어요.

해설 Mary가 물품을 가져왔는지를 확인하는 조동사(Do) 의문문이다.
(A) [o] No로 가져오지 않았음을 전달한 후, 방금 가지러 갔다는 추가 정보를 제공했으므로 정답이다.
(B) [x] package(꾸러미)의 다른 의미인 '소포'와 관련된 deliver(배달하다)를 사용하여 혼동을 준 오답이다.
(C) [x] package의 파생어인 pack을 packed로 사용하여 혼동을 준 오답이다.

15 영국 → 캐나다

Can you tell me where we are having the assembly?
(A) In the main auditorium.
(B) Yes, about the budget.
(C) Tomorrow morning.

assembly [əsémbli] 모임, 집회 auditorium [ɔ̀:dətɔ́:riəm] 강당, 회관

해석 우리가 어디에서 모임을 가질 것인지 말해 주시겠어요?
(A) 주 강당에서요.
(B) 네, 예산에 관한 거예요.
(C) 내일 아침이요.

해설 의문사 where를 포함하여 어디에서 모임을 가질 것인지를 묻는 일반 의문문이다.
(A) [o] main auditorium(주 강당)이라는 특정 장소를 언급했으므로 정답이다.
(B) [x] 질문의 assembly(모임)의 주제와 관련된 budget(예산)을 사용하여 혼동을 준 오답이다.
(C) [x] 특정 시점을 물을 때 사용할 수 있는 응답이므로 오답이다. 의문사 where를 when으로 잘못 듣고 정답으로 고르지 않도록 주의한다.

16 호주 → 미국

Hasn't the phone company sent someone to fix your connection?
(A) No, I'm fixing something to eat.
(B) We've been out of touch for too long.
(C) Yes, but they haven't finished.

fix [fiks] 고치다, (식사 등을) 준비하다 connection [kənékʃən] 연결
be out of touch 연락이 끊기다

해석 전화 회사에서 전화 연결을 고쳐 줄 누군가를 보내지 않았나요?
(A) 아니요, 저는 먹을 것을 준비하고 있어요.
(B) 우리는 오랫동안 연락이 끊겼어요.
(C) 네, 하지만 그들은 끝내지 못했어요.

해설 전화 회사에서 누군가를 보냈는지의 사실을 확인하는 부정 의문문이다.
(A) [x] 질문의 fix(고치다)를 '준비하다'라는 의미의 fixing으로 반복 사용하여 혼동을 준 오답이다.
(B) [x] connection(연결)과 관련된 out of touch(연락이 끊긴)를 사용하여 혼동을 준 오답이다.
(C) [o] Yes로 누군가를 보냈음을 전달한 후, 수리를 끝내지 못했다는 추가 정보를 제공했으므로 정답이다.

17 영국 → 캐나다

Did Randall explain why he couldn't make it?
(A) Please be there on time.
(B) No, I don't have the instructions.
(C) His car broke down on the freeway.

instructions [instrʌ́kʃənz] (제품 등의) 사용 설명서
freeway [frí:wèi] 고속도로

해석 Randall이 왜 올 수 없었는지 설명해줬나요?
(A) 제시간에 와주세요.
(B) 아니요, 저는 사용 설명서를 가지고 있지 않아요.
(C) 그의 차가 고속도로에서 고장 났어요.

해설 의문사 why를 포함하여 Randall이 왜 올 수 없었는지를 확인하는 일반 의문문이다.
(A) [x] make it(오다)과 관련된 on time(제시간에)을 사용하여 혼동을 준 오답이다.
(B) [x] explain(설명하다)과 관련된 instructions(사용 설명서)를 사용하여 혼동을 준 오답이다.
(C) [o] 차가 고장 났다는 이유를 언급했으므로 정답이다.

18 영국 → 호주

Do you usually take the subway to the office?
(A) It is subject to approval.
(B) I drive my car more often.
(C) At the closest station.

approval [əprú:vəl] 승인 station [stéiʃən] 역

해석 사무실까지 보통 지하철을 타나요?
(A) 승인을 받아야 해요.
(B) 제 차로 운전해서 갈 때가 더 많아요.
(C) 가장 가까운 역에서요.

해설 사무실까지 보통 지하철을 타는지를 확인하는 조동사(Do) 의문문이다.
(A) [x] subway-subject의 유사 발음 어휘를 사용하여 혼동을 준 오답이다.

(B) [o] 차로 운전해서 갈 때가 더 많다는 말로 보통 지하철을 타지 않는다는 것을 간접적으로 전달했으므로 정답이다.
(C) [x] subway(지하철)와 관련된 station(역)을 사용하여 혼동을 준 오답이다.

19 영국 → 캐나다

Have the tickets for Saturday's concert sold out?
(A) I was ticketed for jaywalking.
(B) About $80 per person.
(C) They haven't gone on sale yet.

ticket[tíkit] 표; 딱지를 떼다 jaywalk[dʒéiwɔ̀ːk] 무단횡단하다
on sale 판매되는, 할인 중인

해석 토요일의 음악회 표가 매진되었나요?
(A) 저는 무단횡단으로 딱지를 뗐어요.
(B) 한 사람당 80달러 정도예요.
(C) 아직 판매되고 있지 않아요.

해설 음악회 표가 매진되었는지를 확인하는 조동사(Have) 의문문이다.
(A) [x] 질문의 tickets(표)를 '딱지를 떼다'라는 의미의 동사 ticketed로 사용하여 혼동을 준 오답이다.
(B) [x] tickets(표)에서 연상할 수 있는 가격과 관련된 dollars(달러)를 사용하여 혼동을 준 오답이다.
(C) [o] 아직 판매되고 있지 않다는 말로 매진이 되지 않았음을 간접적으로 전달했으므로 정답이다.

20 호주 → 미국

Will you interview the applicants for the marketing position?
(A) They will be released on the market soon.
(B) I haven't been asked to.
(C) It was an interesting interview.

applicant[ǽplikənt] 지원자 release[rilíːs] 출시하다

해석 마케팅직 지원자들을 면접할 건가요?
(A) 그것들은 곧 시장에 출시될 거예요.
(B) 저는 요청받지 않았어요.
(C) 흥미로운 면접이었어요.

해설 지원자들을 면접할 것인지를 확인하는 조동사(Will) 의문문이다.
(A) [x] marketing의 파생어인 market을 사용하여 혼동을 준 오답이다.
(B) [o] 요청받지 않았다는 말로 면접하지 않을 것임을 간접적으로 전달했으므로 정답이다.
(C) [x] 질문의 interview(면접하다)를 '면접'이라는 의미의 명사로 사용하여 혼동을 준 오답이다.

21 영국 → 호주

Shouldn't we make dinner reservations for Manny's Diner in advance?
(A) No, I haven't eaten yet.
(B) Yes, the restaurant is quite popular.
(C) The desserts were made this morning.

reservation[미 rèzərvéiʃən, 영 rèzəvéiʃən] 예약 in advance 미리

해석 Manny's 식당에 미리 저녁 식사 예약을 해야 하지 않나요?
(A) 아니요, 저는 아직 먹지 않았어요.
(B) 맞아요, 그 식당은 꽤 인기 있어요.
(C) 후식은 오늘 아침에 만들어졌어요.

해설 미리 저녁 식사 예약을 하자고 제안하는 부정 의문문이다.
(A) [x] 부정 의문문에 가능한 응답인 No를 사용하고, dinner(저녁 식사)와 관련된 eaten(먹었다)을 사용하여 혼동을 준 오답이다.
(B) [o] Yes로 제안을 수락한 후, 그 식당이 꽤 인기 있다는 부연 설명을 했으므로 정답이다.
(C) [x] dinner(저녁 식사)와 관련된 desserts(후식)를 사용하여 혼동을 준 오답이다.

22 미국 → 캐나다

Are there enough office supplies in the closet?
(A) You can put your coat there.
(B) We'll need to order a few things.
(C) Some printer cartridges.

office supplies 사무용품

해석 벽장에 충분한 사무용품들이 있나요?
(A) 코트를 저기에 두세요.
(B) 몇 가지 물건들을 주문해야 할 거예요.
(C) 약간의 프린터 카트리지요.

해설 사무용품들이 충분히 있는지를 확인하는 Be 동사 의문문이다.
(A) [x] closet(벽장)과 관련된 coat(코트)를 사용하여 혼동을 준 오답이다.
(B) [o] 몇 가지 물건들을 주문해야 할 것이라는 말로 충분한 사무용품이 있지 않음을 간접적으로 전달했으므로 정답이다.
(C) [x] office supplies(사무용품)와 관련된 printer cartridges(프린터 카트리지)를 사용하여 혼동을 준 오답이다.

23 호주 → 영국

Didn't you take a vacation to Paris last year?
(A) Here's her itinerary.
(B) I was there on business, actually.
(C) Can I take a few more?

itinerary[미 aitínərèri, 영 aitínərəri] 여행 일정 on business 출장

해석 당신은 지난해에 파리로 휴가를 가지 않았나요?
(A) 여기 그녀의 여행 일정이 있어요.
(B) 사실 저는 출장차 그곳에 있었어요.
(C) 조금 더 가져가도 되나요?

해설 지난해에 파리로 휴가를 가지 않았는지를 확인하는 부정 의문문이다.
(A) [x] vacation(휴가)과 관련된 itinerary(여행 일정)를 사용하여 혼동을 준 오답이다.
(B) [o] 출장차 있었다는 말로 파리에서 휴가를 보낸 것이 아님을 간접적으로 전달했으므로 정답이다.
(C) [x] 질문의 take를 반복 사용하여 혼동을 준 오답이다.

24 미국 → 호주

Is the ferry ready to be boarded?
(A) A large passenger boat.
(B) Yes, it was an exciting trip.
(C) No, please wait for instructions.

ferry[féri] 여객선 board[bɔːrd] 승선시키다; 이사회
instruction[instrʌ́kʃən] 지시, 설명

해석 여객선은 승선될 준비가 됐나요?
(A) 큰 여객선이요.
(B) 네, 재미있는 여행이었어요.
(C) 아니요, 지시를 기다려 주세요.

해설 여객선이 승선될 준비가 되었는지를 확인하는 Be 동사 의문문이다.
(A) [x] ferry(여객선)와 같은 의미인 passenger boat를 사용하여 혼동을 준 오답이다.
(B) [x] ferry(여객선)와 관련된 trip(여행)을 사용하여 혼동을 준 오답이다. Yes만 듣고 정답으로 고르지 않도록 주의한다.
(C) [o] No로 승선 준비가 되지 않았음을 전달한 후, 지시를 기다려 달라는

부연 설명을 했으므로 정답이다.

25 호주 → 미국

Can I change my money here?
(A) I'd rather sit over there.
(B) No. Try across the street.
(C) It didn't cost much.

change money 환전하다 cost[kɔːst] 비용이 들다; 비용

해석 여기에서 환전할 수 있나요?
(A) 저는 저쪽에 앉겠어요.
(B) 아니요. 길 건너로 가보세요.
(C) 그건 비용이 많이 들지 않았어요.

해설 여기에서 환전할 수 있는지를 확인하는 조동사(Can) 의문문이다.
(A) [x] here(여기에서)와 관련된 over there(저쪽에)를 사용하여 혼동을 준 오답이다.
(B) [o] No로 여기서 할 수 없음을 전달한 후, 길 건너로 가보라고 응답했으므로 정답이다.
(C) [x] money(돈)와 관련된 cost(비용이 들다)를 사용하여 혼동을 준 오답이다.

26 캐나다 → 영국

Am I scheduled to meet with anyone this afternoon?
(A) Yes, usually in the morning.
(B) Because of a prior engagement.
(C) The factory manager.

prior[미 práiər, 영 práiə] 사전의 engagement[ingéidʒmənt] 약속, 예약

해석 제가 오늘 오후에 누군가와 만나기로 예정되어 있나요?
(A) 네, 보통 오전에요.
(B) 사전 약속 때문에요.
(C) 공장 관리자요.

해설 오늘 오후에 만나기로 예정된 사람이 있는지를 묻는 Be 동사 의문문이다.
(A) [x] Yes로 만나기로 예정된 사람이 있음을 긍정했으나 이어지는 내용이 일치하지 않고, afternoon(오후)과 관련된 morning(오전)을 사용하여 혼동을 준 오답이다.
(B) [x] scheduled(예정되다)와 관련된 engagement(약속)를 사용하여 혼동을 준 오답이다.
(C) [o] 공장 관리자라는 특정 인물을 언급했으므로 정답이다.

27 미국 → 캐나다

Should we replace these computer monitors?
(A) Last week, I believe.
(B) Yes, this week if possible.
(C) Applicants are being screened.

screen[skriːn] 심사하다; 화면

해석 이 컴퓨터 모니터들을 바꿔야 하나요?
(A) 지난주일 거예요.
(B) 네, 가능하다면 이번 주에요.
(C) 지원자들은 심사되고 있어요.

해설 컴퓨터 모니터들을 바꿔야 하는지를 확인하는 조동사(Should) 의문문이다.
(A) [x] 특정 시점을 물을 때 사용할 수 있는 응답이므로 오답이다.
(B) [o] Yes로 모니터들을 바꿔야 함을 전달한 후, 가능하다면 이번 주에라는 부연 설명을 했으므로 정답이다.
(C) [x] monitors(모니터들)에서 연상할 수 있는 screen(화면)을 '심사하다'라는 의미의 동사 screened(심사되다)로 사용하여 혼동을 준 오답이다.

28 호주 → 영국

Susan, will you be going to the event this evening?
(A) Thanks for letting me know.
(B) I took the train that day.
(C) It depends on how much work I have.

depend on ~에 달려 있다, 의존하다

해석 Susan, 오늘 저녁에 그 행사에 갈 건가요?
(A) 알려주셔서 감사해요.
(B) 저는 그날 기차를 탔어요.
(C) 제가 일이 얼마나 많은지에 달려 있어요.

해설 오늘 저녁에 행사에 갈 것인지를 확인하는 조동사(will) 의문문이다.
(A) [x] 주어가 you인 질문에 me로 응답하여 혼동을 준 오답이다.
(B) [x] going(가다)과 관련된 took the train(기차를 탔다)을 사용하여 혼동을 준 오답이다.
(C) [o] 자신이 일이 얼마나 많은지에 달려 있다는 말로 모르겠다는 간접적인 응답을 했으므로 정답이다.

29 미국 → 캐나다

Haven't we been to the Chicago Science Museum before?
(A) A general admission fee.
(B) Yes, we can do that after.
(C) We visited it five years ago.

admission fee 입장료

해석 우리는 이전에 시카고 과학 박물관에 가지 않았나요?
(A) 일반석 입장료요.
(B) 네, 나중에 해도 돼요.
(C) 5년 전에 방문했었어요.

해설 이전에 시카고 과학 박물관을 갔었는지를 확인하는 부정 의문문이다.
(A) [x] Museum(박물관)과 관련된 admission fee(입장료)를 사용하여 혼동을 준 오답이다.
(B) [x] 부정 의문문에 가능한 응답인 Yes를 사용하고, before(전에)와 관련된 after(나중에)를 사용하여 혼동을 준 오답이다.
(C) [o] 5년 전에 방문했다는 말로 이전에 박물관에 갔었음을 전달했으므로 정답이다.

30 영국 → 호주

Is there anything in particular you're shopping for?
(A) Oh, I'm just looking for now.
(B) It's one of my favorite stores.
(C) Do you have a receipt?

in particular 특별히

해석 특별히 사려고 하시는 무언가가 있나요?
(A) 아, 지금은 그냥 보고 있어요.
(B) 제가 매우 좋아하는 상점들 중 하나예요.
(C) 영수증이 있으신가요?

해설 특별히 사려고 하는 무언가가 있는지를 확인하는 Be 동사 의문문이다.
(A) [o] 자신은 지금 그냥 보고 있다는 말로 특별히 사려고 하는 무언가가 없음을 간접적으로 전달했으므로 정답이다.
(B) [x] shopping(사다)과 관련된 stores(상점들)를 사용하여 혼동을 준 오답이다.
(C) [x] shopping(사다)과 관련된 receipt(영수증)를 사용하여 혼동을 준 오답이다.

31 영국 → 캐나다

Is there anyone who has time to edit this article?
(A) Yes, it's almost 10:45.
(B) I read it in the Sunday paper.
(C) Here, let me handle that.

handle [hǽndl] 처리하다

해석 이 기사를 편집할 시간이 있는 사람이 있나요?
(A) 네, 거의 10시 45분이에요.
(B) 일요 신문에서 읽었어요.
(C) 여기요, 제가 처리할게요.

해설 기사를 편집할 사람이 있는지 확인하는 Be 동사 의문문이다.
(A) [x] Yes로 사람이 있다고 긍정했으나 이어지는 내용이 일치하지 않고, time(시간)과 관련된 10:45(10시 45분)를 사용하여 혼동을 준 오답이다.
(B) [x] article(기사)과 관련된 Sunday paper(일요 신문)를 사용하여 혼동을 준 오답이다.
(C) [o] 자신이 처리하겠다는 말로 자신이 기사를 편집하겠다고 응답했으므로 정답이다.

32 미국 → 호주

Do you have any idea where we parked our car?
(A) This is a one-way street.
(B) Isn't it in that lot?
(C) Parking permits are still available.

one-way street 일방통행로 lot [미 lɑt, 영 lɔt] 구역
permit [미 pə́rmit, 영 pə́mit] 허가증

해석 우리가 어디에 우리 차를 주차했는지 아나요?
(A) 여기는 일방통행로예요.
(B) 저 구역에 있지 않나요?
(C) 주차 허가증은 아직 이용 가능해요.

해설 의문사 where를 포함하여 차를 어디에 주차했는지를 묻는 일반 의문문이다.
(A) [x] car(차)와 관련된 one-way street(일방통행로)를 사용하여 혼동을 준 오답이다.
(B) [o] 저 구역에 있지 않냐고 되물어 차가 주차된 장소를 언급했으므로 정답이다.
(C) [x] parked의 파생어인 Parking을 사용하여 혼동을 준 오답이다.

33 캐나다 → 영국

Wasn't that an amazing musical performance?
(A) No, that wasn't me.
(B) I enjoyed it too.
(C) She'll sing several songs.

amazing [əméiziŋ] 굉장한, 놀라운 performance [pərfɔ́:rməns] 공연
several [sévərəl] 몇 개의

해석 굉장한 음악 공연이지 않았나요?
(A) 아니요, 그건 제가 아니었어요.
(B) 저도 즐거웠어요.
(C) 그녀는 몇 곡의 노래를 부를 거예요.

해설 굉장한 음악 공연이 아니었냐는 의견에 동의를 구하는 부정 의문문이다.
(A) [x] 부정 의문문에 가능한 응답인 No를 사용하고, 질문의 Wasn't을 반복 사용하여 혼동을 준 오답이다.
(B) [o] 나도 즐거웠다는 말로 굉장한 음악 공연이었다는 간접적인 응답을 했으므로 정답이다.
(C) [x] musical(음악의)과 관련된 songs(노래)를 사용하여 혼동을 준 오답이다.

34 캐나다 → 미국

Has Ms. Harris hired a decorator for the project?
(A) Get the rough drafts.
(B) I need to use the projector too.
(C) Not that I'm aware of.

rough [rʌf] 개략적인, 거친 draft [dræft] 초안 be aware of ~을 알다

해석 Ms. Harris는 그 계획을 위해 실내 장식업자를 고용했나요?
(A) 개략적인 초안을 얻으세요.
(B) 저도 그 영사기를 써야 해요.
(C) 제가 아는 바로는 아니에요.

해설 Ms. Harris가 실내 장식업자를 고용했는지를 확인하는 조동사(Have) 의문문이다.
(A) [x] project(계획)와 관련된 drafts(초안)를 사용하여 혼동을 준 오답이다.
(B) [x] project-projector의 유사 발음 어휘를 사용하여 혼동을 준 오답이다.
(C) [o] 자신이 아는 바로는 아니라는 말로 Ms. Harris가 실내 장식업자를 고용하지 않았음을 전달했으므로 정답이다.

35 호주 → 영국

Were there any calls while I was on break?
(A) No longer than 30 minutes.
(B) Just one from Ms. Holstein.
(C) Actually, we were there also.

on break 쉬는 동안

해석 제가 쉬는 동안 전화가 왔었나요?
(A) 30분 미만이요.
(B) Ms. Holstein으로부터 단 한 통이요.
(C) 사실, 우리도 거기에 있었어요.

해설 쉬는 동안 전화가 왔었는지를 확인하는 Be 동사 의문문이다.
(A) [x] calls(전화)와 관련된 30 minutes(30분)를 사용하여 혼동을 준 오답이다.
(B) [o] Ms. Holstein으로부터 한 통이라는 말로 전화가 왔었다고 응답했으므로 정답이다.
(C) [x] 질문의 Were there을 반복 사용하여 혼동을 준 오답이다.

36 호주 → 미국

Are there enough handouts for the guests?
(A) The brochure is from a landscaping firm.
(B) We must have run out.
(C) A revised list of guests.

handout [hǽndàut] 유인물 landscaping [lǽndskèipiŋ] 조경
run out 다 떨어지다 revise [riváiz] 변경하다, 수정하다

해석 손님들을 위한 유인물이 충분히 있나요?
(A) 그 안내 책자는 조경 회사에서 온 거예요.
(B) 다 떨어진 게 분명해요.
(C) 변경된 손님 목록이에요.

해설 손님들을 위한 유인물이 충분한지를 확인하는 Be 동사 의문문이다.
(A) [x] handouts(유인물)와 관련된 brochure(안내 책자)를 사용하여 혼동을 준 오답이다.
(B) [o] 다 떨어진 게 분명하다는 말로 유인물이 충분하지 않음을 간접적으로 전달했으므로 정답이다.
(C) [x] 질문의 guests를 반복 사용하여 혼동을 준 오답이다.

37 미국 → 캐나다

Are we going to hold a company party this year?
(A) Yes, an overnight delivery.
(B) If enough people are interested.
(C) That's part of the facility.

overnight delivery 당일 배송 facility [fəsíləti] 시설, 기관

해석 우리는 올해 회사 파티를 열 건가요?
(A) 네, 당일 배송이에요.
(B) 관심 있는 사람들이 충분하다면요.
(C) 그건 시설의 일부예요.

해설 올해 회사 파티를 열 것인지를 확인하는 Be 동사 의문문이다.
(A) [x] party(파티)와 관련된 overnight(하룻밤의)을 사용하여 혼동을 준 오답이다. Yes만 듣고 정답으로 고르지 않도록 주의한다.
(B) [o] 관심 있는 사람들이 충분하다면이라는 말로 회사 파티를 열 수도 있음을 간접적으로 전달했으므로 정답이다.
(C) [x] company(회사)와 관련된 facility(시설)를 사용하여 혼동을 준 오답이다.

38 영국 → 호주

Aren't all your clothing items being sold at half price?
(A) Then you should try an extra-large.
(B) Yes, I have been there before.
(C) No. Only those marked with a red tag.

clothing [미 klóuðiŋ, 영 kláuðiŋ] 의류, 옷 mark [미 ma:rk, 영 ma:k] 표시하다

해석 당신의 모든 의류 품목들은 반값에 팔리고 있지 않나요?
(A) 그러면 특대 사이즈를 시도해보세요.
(B) 네, 저는 전에 그곳에 가본 적이 있어요.
(C) 아니요. 빨간색 꼬리표로 표시되어 있는 것들만요.

해설 모든 의류 품목들이 반값에 팔리고 있는지의 사실을 확인하는 부정 의문문이다.
(A) [x] clothing(옷)과 관련된 extra-large(특대)를 사용하여 혼동을 준 오답이다.
(B) [x] 부정 의문문에 가능한 응답인 Yes를 사용하여 혼동을 준 오답이다.
(C) [o] No로 모든 의류 품목들이 반값에 팔리고 있는 것이 아님을 전달한 후, 부연 설명을 했으므로 정답이다.

39 캐나다 → 미국

Didn't you use that company's services in the past?
(A) Yes, but only for a short time.
(B) Thanks. We appreciate your business.
(C) I don't have any at the moment.

in the past 이전에 only for ~에 불과한
appreciate [əpríːʃièit] 감사하다, 고맙게 생각하다 at the moment 지금

해석 당신은 이전에 그 회사의 서비스를 이용하지 않았나요?
(A) 네, 하지만 단기간에 불과했어요.
(B) 감사합니다. 귀하의 거래에 감사 드립니다.
(C) 지금은 아무것도 없어요.

해설 이전에 그 회사의 서비스를 이용하지 않았는지를 확인하는 부정 의문문이다.
(A) [o] Yes로 이용했었음을 전달한 후, 단기간에 불과했다는 추가 정보를 제공했으므로 정답이다.
(B) [x] services(서비스)와 관련된 business(거래)를 사용하여 혼동을 준 오답이다.
(C) [x] 질문의 Didn't를 don't로 반복 사용하고, past(과거)와 관련된 moment(순간)를 사용하여 혼동을 준 오답이다.

40 영국 → 캐나다

Shouldn't we make arrangements for the corporate retreat soon?
(A) I have a wide range of skills.
(B) Let's start on that this week.
(C) The event went very well.

make arrangements 준비하다 retreat [ri:tríːt] 야유회
a wide range of 광범위한, 다양한

해석 우리는 곧 회사 야유회를 위해 준비해야 하지 않나요?
(A) 저는 광범위한 기술을 가지고 있어요.
(B) 이번 주에 시작합시다.
(C) 그 행사는 아주 잘 됐어요.

해설 회사 야유회를 준비해야 하지 않는지를 확인하는 부정 의문문이다
(A) [x] arrangements-range의 유사 발음 어휘를 사용하여 혼동을 준 오답이다.
(B) [o] 이번 주에 시작하자는 말로 곧 회사 야유회를 준비해야 한다는 간접적인 응답을 했으므로 정답이다.
(C) [x] retreat(야유회)과 관련된 event(행사)를 사용하여 혼동을 준 오답이다.

Course 03 기타 의문문

1. 선택 의문문

Hackers Practice p.141

1. (C)	2. (A)	3. (C)	4. (B)	5. (C)	6. (A)
7. (A)	8. (B)	9. (C)	10. (B)		

1 캐나다 → 영국

Should I book a room for tonight or tomorrow evening?
(A) I didn't read that book.
(B) No, not at all.
(C) Tonight would be best.

book [buk] 예약하다; 책

해석 방을 오늘 밤으로 예약하는 게 좋을까요, 아니면 내일 저녁으로 하는게 좋을까요?
(A) 전 그 책을 안 읽었어요.
(B) 아니요, 전혀요.
(C) 오늘 밤이 가장 좋을 것 같아요.

해설 방을 예약할 날짜로 오늘 밤과 내일 저녁 중 하나를 선택하도록 요구하는 선택 의문문이다.
(A) [x] 질문의 book(예약하다)을 '책'이라는 의미의 명사로 사용하여 혼동을 준 오답이다.
(B) [x] or 앞뒤로 단어가 제시된 선택 의문문에 No로 응답했으므로 오답이다.
(C) [o] Tonight(오늘 밤)을 선택했으므로 정답이다.

2 미국 → 호주

Would you prefer to meet in your office, or can you come here?
(A) I'll come there.
(B) You can leave it here.
(C) I prefer a later date.

prefer [미 prifə́:r, 영 prifə́] 원하다, 더 좋아하다 leave [li:v] 두고 가다

해석 당신의 사무실에서 만나길 원하나요, 아니면 당신이 이쪽으로 올 수 있나요?
(A) 제가 그쪽으로 갈게요.
(B) 여기에 두고 가시면 되요.
(C) 저는 나중이 더 좋아요.

해설 만날 장소로 상대방의 사무실과 자신이 있는 곳 중 하나를 선택하도록 요구하는 선택 의문문이다.
(A) [o] 그쪽으로 가겠다는 말로 상대방이 있는 곳을 선택했으므로 정답이다.
(B) [x] 질문의 here를 반복 사용하여 혼동을 준 오답이다.
(C) [x] Would you prefer로 묻는 질문에 I prefer를 사용하여 혼동을 준 오답이다.

3 캐나다 → 영국

Would you like a bowl of cereal or some toast?
(A) They were both delicious.
(B) The blue dish, please.
(C) Thanks, but I'm not hungry.

delicious [dilíʃəs] 맛있는

해석 시리얼을 한 그릇 드릴까요, 아니면 토스트를 드릴까요?
(A) 둘 다 맛있었어요.
(B) 파란 접시로 주세요.
(C) 고맙지만, 저는 배가 고프지 않아요.

해설 먹을 것으로 시리얼과 토스트 중 하나를 선택하도록 요구하는 선택 의문문이다.
(A) [x] cereal(시리얼)과 toast(토스트)와 관련된 delicious(맛있는)를 사용해 혼동을 준 오답이다.
(B) [x] bowl(그릇)과 관련된 dish(접시)를 사용하여 혼동을 준 오답이다.
(C) [o] 배가 고프지 않다는 말로 둘 다 선택하지 않았으므로 정답이다.

4 캐나다 → 영국

Do you need more time, or would you like to order now?
(A) We worked overtime.
(B) I'd like a hamburger, please.
(C) She is ordering.

overtime [미 óuvərtàim, 영 əuvətaim] 초과 근무

해석 시간이 더 필요하신가요, 아니면 지금 주문하시겠어요?
(A) 우리는 초과 근무를 했어요.
(B) 햄버거 하나 주세요.
(C) 그녀는 주문 중이에요.

해설 주문을 할 시점으로 나중과 지금 중 하나를 선택하도록 요구하는 선택 의문문이다.
(A) [x] more time-overtime의 유사 발음 어휘를 사용하여 혼동을 준 오답이다.
(B) [o] 햄버거 하나 주세요라는 말로 지금 주문하는 것을 선택했으므로 정답이다.
(C) [x] She가 나타내는 대상이 질문에 없고, 질문의 order를 ordering으로 반복 사용하여 혼동을 준 오답이다.

5 미국 → 호주

Will we discuss the proposal on Friday or wait until next week?
(A) It's a promising proposition.
(B) Negotiations lasted a week.
(C) Monday will be fine.

promising [미 prámisiŋ, 영 prɔ́misiŋ] 장래성 있는
proposition [미 pràpəzíʃən, 영 prɔ̀pəzíʃən] 제의
negotiation [미 nigòuʃiéiʃən, 영 nəgəuʃiéiʃən] 협상

해석 제안서에 대해 금요일에 논의할 건가요, 아니면 다음 주까지 기다릴 건가요?
(A) 장래성 있는 제의예요.
(B) 협상은 일주일간 계속되었어요.
(C) 월요일이 좋을 것 같아요.

해설 논의할 시간으로 금요일과 다음 주 중 하나를 선택하도록 요구하는 선택 의문문이다.
(A) [x] proposal의 파생어인 proposition을 사용하여 혼동을 준 오답이다.
(B) [x] 질문의 week을 반복 사용하여 혼동을 준 오답이다.
(C) [o] Monday(월요일)로 다음 주를 선택했으므로 정답이다.

6 영국 → 호주

Are the positions available for sales managers or for office administrators?
(A) I'll have to check.
(B) I'm not interested in buying.
(C) They'll be opening soon.

administrator [미 ædmínəstrèitər, 영 ədmínistreitə] 관리자

해석 영업 부장의 자리가 있나요, 아니면 사무소 관리자 자리가 있나요?
(A) 확인해 봐야 해요.
(B) 저는 구매에는 관심이 없어요.
(C) 그들은 곧 문을 열 거예요.

해설 채용하는 직위로 영업 부장과 사무소 관리자 중 하나를 선택하도록 요구하는 선택 의문문이다.
(A) [o] 확인해 봐야 한다는 말로 모른다는 간접적인 응답을 했으므로 정답이다.
(B) [x] sales(영업)와 관련된 buying(구매)을 사용하여 혼동을 준 오답이다.
(C) [x] positions(자리)와 관련된 opening(공석)을 '열다'라는 의미의 동사로 사용하여 혼동을 준 오답이다.

7 캐나다 → 미국

Would you like to see a size eight or a nine?
(A) Actually, I'd like to try both.
(B) They are made of leather.
(C) I wouldn't mind.

try [trai] 신어보다, 입어보다 mind [maind] 신경 쓰다

해석 8 사이즈를 보고 싶으신가요, 아니면 9 사이즈를 보고 싶으신가요?
(A) 사실 전 둘 다 신어보고 싶어요.
(B) 그것들은 가죽으로 만들어졌어요.
(C) 전 신경 쓰지 않아요.

해설 8 사이즈와 9 사이즈 중 하나를 선택하도록 요구하는 선택 의문문이다.
(A) [o] try both(둘 다 신어보다)로 둘 다 선택했으므로 정답이다.
(B) [x] size eight(8 사이즈)에서 연상할 수 있는 신발과 관련된 leather(가죽)를 사용하여 혼동을 준 오답이다.
(C) [x] Would you로 묻는 질문에 I wouldn't를 사용하여 혼동을 준 오답이다.

8 미국 → 호주

Is Joanna done designing the campaign poster, or is she still working on it?
(A) It's an effective campaign.
(B) I haven't talked to her yet.
(C) She studied graphic art at school.

effective [iféktiv] 효과적인

해석 Joanna가 광고 포스터 디자인을 완료했나요, 아니면 아직 작업 중인가요?
(A) 그것은 효과적인 광고예요.

(B) 아직 그녀와 말해보지 않았어요.
(C) 그녀는 학교에서 그래픽 아트를 공부했어요.

해설 Joanna가 작업을 완료했는지 아니면 작업 중인지를 선택하도록 요구하면서 상황을 확인하는 선택 의문문이다.
(A) [x] 질문의 campaign을 반복 사용하여 혼동을 준 오답이다.
(B) [o] 아직 그녀와 말해보지 않았다는 말로 모른다는 간접적인 응답을 했으므로 정답이다.
(C) [x] designing(디자인하다)과 관련된 graphic art(그래픽 아트)를 사용하여 혼동을 준 오답이다.

9 영국 → 캐나다

Will you have time to go through my article this morning or this afternoon?
(A) Yes, the story was well written.
(B) No, we are going today.
(C) Whenever you want.

go through 검토하다 article [미 á:rtikl, 영 á:tikl] 기사

해석 제 기사를 검토할 시간이 오늘 아침에 있으신가요, 아니면 오후에 있으신가요?
(A) 네, 그 이야기는 잘 쓰여졌어요.
(B) 아니요, 우리는 오늘 갈 거예요.
(C) 당신이 원할 때 언제든지요.

해설 기사를 검토할 수 있는 시간으로 오늘 아침과 오후 중 하나를 선택하도록 요구하는 선택 의문문이다.
(A) [x] or 앞뒤로 단어가 제시된 선택 의문문에 Yes로 응답했고, article(기사)과 관련된 story(이야기)를 사용하여 혼동을 준 오답이다.
(B) [x] or 앞뒤로 단어가 제시된 선택 의문문에 No로 응답했고, 질문의 go를 going으로 반복 사용하여 혼동을 준 오답이다.
(C) [o] 당신이 원할 때 언제든지라는 말로 둘 다 선택했으므로 정답이다.

10 호주 → 미국

Did you inform the client about the missing part, or were you able to locate one?
(A) No, he doesn't have the form.
(B) Yes, I notified him already.
(C) Sure, I'll tell him you said that.

locate [미 lóukeit, 영 ləukéit] 찾다 notify [nóutəfài] 알리다, 통지하다

해석 고객에게 없어진 부품에 대해 알렸나요, 아니면 찾을 수 있었나요?
(A) 아니요, 그는 양식이 없어요.
(B) 네, 그에게 이미 알렸어요.
(C) 물론이에요, 당신이 그렇게 말했다고 그에게 전해줄게요.

해설 없어진 부품에 대해 알렸는지 아니면 찾았는지를 선택하도록 요구하면서 상황을 확인하는 선택 의문문이다.
(A) [x] inform-form의 유사 발음 어휘를 사용하여 혼동을 준 오답이다.
(B) [o] 그에게 이미 알렸다는 말로 없어진 부품에 대해 알렸음을 전달했으므로 정답이다.
(C) [x] inform(알리다)과 관련된 tell(전하다)을 사용하여 혼동을 준 오답이다.

2. 부가 의문문

Hackers Practice

p.143

1. (B)	2. (A)	3. (B)	4. (A)	5. (C)	6. (A)
7. (A)	8. (B)	9. (B)	10. (C)	11. (A)	12. (C)
13. (B)	14. (A)	15. (A)	16. (C)	17. (C)	18. (A)
19. (A)	20. (B)				

1 캐나다 → 영국

The director is retiring next year, isn't she?
(A) They retired to their hotel rooms.
(B) No, she still has a few years left.
(C) We can do that next.

director [diréktər] 부장, 관리자 retire [미 ritáiər, 영 ritáiə] 퇴직하다

해석 부장님이 내년에 퇴직할 거예요, 안 그런가요?
(A) 그들은 자신들의 호텔 방으로 갔어요.
(B) 아니요, 그녀는 아직 몇 년이 남았어요.
(C) 우리는 다음에 그것을 할 수 있어요.

해설 부장이 내년에 퇴직하는지를 확인하는 부가 의문문이다.
(A) [x] 질문의 retiring(퇴직하다)을 '갔다'라는 의미의 retired로 사용하여 혼동을 준 오답이다.
(B) [o] No로 내년이 아님을 전달한 후, a few years left(몇 년이 남았다)를 언급했으므로 정답이다.
(C) [x] 질문의 next를 반복 사용하여 혼동을 준 오답이다.

2 미국 → 호주

Lawrence knows how to drive, doesn't he?
(A) I actually have no idea.
(B) For a camping trip.
(C) No, he brought it to the repair shop.

bring [briŋ] 가져가다 repair shop 정비소

해석 Lawrence는 운전할 줄 알아요, 안 그런가요?
(A) 전 사실 잘 모르겠어요.
(B) 캠핑 여행을 위해서요.
(C) 아니요, 그는 그것을 정비소에 가져갔어요.

해설 Lawrence가 운전할 줄 아는지를 확인하는 부가 의문문이다.
(A) [o] 잘 모르겠다라는 말로 간접적인 응답을 했으므로 정답이다.
(B) [x] drive(운전하다)와 관련된 camping trip(캠핑 여행)을 사용하여 혼동을 준 오답이다.
(C) [x] drive(운전하다)와 관련된 repair shop(정비소)을 사용하여 혼동을 준 오답이다.

3 캐나다 → 미국

New employees get paid less, don't they?
(A) No, they'll get it tomorrow.
(B) While they're on probation.
(C) Yes, it's useless now.

on probation 견습으로 useless [jú:slis] 쓸모없는

해석 신입사원들은 돈을 덜 받아요, 안 그런가요?
(A) 아니요, 그들은 내일 그것을 받을 거예요.
(B) 그들이 견습으로 있는 동안은요.
(C) 네, 이제 그것은 쓸모없어요.

해설 신입사원들이 돈을 덜 받는지를 확인하는 부가 의문문이다.
(A) [x] 질문의 get을 반복 사용하여 혼동을 준 오답이다.
(B) [o] 그들이 견습으로 있는 동안은 그렇다는 말로 견습 중인 신입사원들이 돈을 덜 받음을 간접적으로 전달했으므로 정답이다.
(C) [x] less-useless의 유사 발음 어휘를 사용하여 혼동을 준 오답이다.

4 캐나다 → 영국

You're not working with Emily on the research, are you?
(A) I was assigned to another task.
(B) I usually walk.

(C) We searched everywhere for it.

research [risə́ːrtʃ] 조사, 연구 assign [əsáin] 배정하다

해석 당신은 Emily와 함께 조사 업무를 하고 있지 않죠, 그렇죠?
(A) 저는 다른 업무에 배정되었어요.
(B) 저는 주로 걸어요.
(C) 우리는 그것을 찾으려고 모든 곳을 뒤졌어요.

해설 Emily와 함께 조사 업무를 하고 있는지를 확인하는 부가 의문문이다.
(A) [o] 자신은 다른 업무에 배정되었다는 말로 Emily와 함께 조사 업무를 하고 있지 않음을 간접적으로 전달했으므로 정답이다.
(B) [x] working-walk의 유사 발음 어휘를 사용하여 혼동을 준 오답이다.
(C) [x] research-searched의 유사 발음 어휘를 사용하여 혼동을 준 오답이다.

5 미국 → 호주

Mr. Lee is supposed to speak at the seminar on Friday, isn't he?
(A) He attended the lecture.
(B) Yes, I ordered some speakers and microphones.
(C) That's not what I heard.

be supposed to ~하기로 되어 있다 lecture [미 léktʃər, 영 léktʃə] 강의

해석 Mr. Lee는 금요일에 세미나에서 연설하기로 되어 있죠, 안 그런가요?
(A) 그는 강의에 참석했어요.
(B) 네, 저는 스피커와 마이크 몇 개를 주문했어요.
(C) 저는 그렇게 듣지 않았어요.

해설 Mr. Lee가 연설하기로 되어 있는지를 확인하는 부가 의문문이다.
(A) [x] seminar(세미나)와 관련된 lecture(강의)를 사용하여 혼동을 준 오답이다.
(B) [x] speak의 파생어인 speakers를 사용하여 혼동을 준 오답이다.
(C) [o] 자신은 그렇게 듣지 않았다라는 말로 Mr. Lee가 연설하지 않을 것임을 간접적으로 전달했으므로 정답이다.

6 영국 → 호주

You will be going on leave for two weeks, won't you?
(A) Yes, so I can't attend the meeting.
(B) We should be arriving shortly.
(C) I really enjoyed my vacation.

shortly [미 ʃɔ́ːrtli, 영 ʃɔ́ːtli] 곧

해석 당신은 2주간 휴가를 갈 거죠, 안 그런가요?
(A) 네, 그래서 저는 회의에 참석할 수 없어요.
(B) 우리는 곧 도착할 거예요.
(C) 저는 휴가를 정말 즐겼어요.

해설 휴가를 갈 것인지를 확인하는 부가 의문문이다.
(A) [o] Yes로 휴가를 갈 것임을 전달한 후, 그래서 회의에 참석할 수 없다라는 추가 정보를 제공했으므로 정답이다.
(B) [x] 질문의 leave(휴가)의 다른 의미인 '떠나다'와 관련된 arriving(도착하다)을 사용하여 혼동을 준 오답이다.
(C) [x] leave(휴가)와 같은 의미인 vacation을 사용하여 혼동을 준 오답이다.

7 캐나다 → 영국

Stephanie hardly ever seems to participate in class discussions, does she?
(A) I should tell her it's part of her grade.
(B) No, I thought this class would be easier.
(C) Your participation is appreciated.

participate [paːrtísəpèit] 참여하다 grade [greid] 평가, 성적
appreciate [əpríːʃièit] 감사하다

해석 Stephanie는 수업 토론에 거의 참여하지 않는 것 같아요, 그렇죠?
(A) 그녀에게 이것도 평가의 일부라고 말해줘야겠어요.
(B) 아니요, 이 수업이 더 쉬울 거라고 생각했어요.
(C) 당신의 참여에 감사드려요.

해설 Stephanie가 수업 토론에 거의 참여하지 않는지를 확인하는 부가 의문문이다.
(A) [o] 그녀에게 이것도 평가의 일부라고 말해줘야겠다는 말로 그녀가 수업에 거의 참석하지 않음을 간접적으로 전달했으므로 정답이다.
(B) [x] 질문의 class를 반복 사용하여 혼동을 준 오답이다.
(C) [x] participate의 파생어인 participation을 사용하여 혼동을 준 오답이다.

8 미국 → 호주

The client's project was completed on time, wasn't it?
(A) Yes, it will be finished shortly.
(B) With a few days to spare.
(C) That's fine, I'll reschedule.

to spare 남아돌 만큼의, 여분의

해석 고객의 프로젝트는 제시간에 완료되었어요, 안 그랬나요?
(A) 네, 곧 완료될 거예요.
(B) 며칠을 남겨두고요.
(C) 괜찮아요, 일정을 변경할게요.

해설 프로젝트가 제시간에 완료되었는지를 확인하는 부가 의문문이다.
(A) [x] Yes로 완료되었음을 긍정했으나 이어지는 내용이 일치하지 않고, completed(완료했다)와 같은 의미인 finished를 사용하여 혼동을 준 오답이다.
(B) [o] 며칠이 남았었다는 말로 제시간보다 일찍 완료되었음을 간접적으로 전달했으므로 정답이다.
(C) [x] on time(제시간에)과 관련된 reschedule(일정을 변경하다)을 사용하여 혼동을 준 오답이다.

9 캐나다 → 미국

Sue Meader's article about overseas jobs was very informative, wouldn't you say?
(A) She decided not to take the job.
(B) I haven't read it yet.
(C) We'd better inform her right away.

overseas [òuvərsíːz] 해외의 informative [infɔ́ːrmətiv] 유익한

해석 해외 일자리들에 관한 Sue Meader의 기사는 매우 유익했어요, 안 그래요?
(A) 그녀는 그 일을 하지 않기로 결정했어요.
(B) 아직 그것을 읽어보지 않았어요.
(C) 그녀에게 바로 알려주는 것이 좋을 것 같아요.

해설 기사가 유익했는지를 확인하는 부가 의문문이다.
(A) [x] 질문의 jobs를 job으로 반복 사용하여 혼동을 준 오답이다.
(B) [o] 아직 그것을 읽어보지 않았다는 말로 모르겠다는 간접적인 응답을 했으므로 정답이다.
(C) [x] informative-inform의 유사 발음 어휘를 사용하여 혼동을 준 오답이다.

10 호주 → 영국

Working for five years at this company has been a good experience, hasn't it?
(A) To reimburse some travel expenses.
(B) Good luck on the interview.
(C) I've really learned a lot during my time here.

reimburse [미 rìːimbə́ːrs, 영 rìːimbə́ːs] 상환하다
expense [ikspéns] 경비

해석 이 회사에서 5년 동안 일한 것은 좋은 경험이었죠, 안 그랬나요?
(A) 여행 경비 일부를 상환하기 위해서요.
(B) 면접에서의 행운을 빌게요.
(C) 여기 있는 시간 동안 정말 많이 배웠어요.

해설 회사에서 일한 것이 좋은 경험이었는지를 확인하는 부가 의문문이다.
(A) [x] experience-expenses의 유사 발음 어휘를 사용하여 혼동을 준 오답이다.
(B) [x] 질문의 good을 반복 사용하고, company(회사)와 관련된 interview(면접)를 사용하여 혼동을 준 오답이다.
(C) [o] 정말 많이 배웠다는 말로 좋은 경험이었음을 간접적으로 전달했으므로 정답이다.

11 미국 → 호주

You manage the advertising team, don't you?
(A) Yes, for two years now.
(B) They won the game.
(C) I don't remember him.

manage [mǽnidʒ] 관리하다, 운영하다

해석 당신은 광고팀을 관리해요, 안 그런가요?
(A) 네, 지금까지 2년 동안요.
(B) 그들이 경기를 이겼어요.
(C) 저는 그가 기억나지 않아요.

해설 광고팀을 관리하는지를 확인하는 부가 의문문이다.
(A) [o] Yes로 광고팀을 관리함을 전달한 후, 지금까지 2년 동안이라는 추가 정보를 제공했으므로 정답이다.
(B) [x] 질문의 team(팀)과 관련된 game(경기)을 사용하여 혼동을 준 오답이다.
(C) [x] 질문의 don't를 반복 사용하여 혼동을 준 오답이다.

12 영국 → 캐나다

Ms. Philips was sent a bill last month, wasn't she?
(A) It will last about an hour.
(B) She wasn't there when I looked.
(C) I mailed it to her myself.

bill [bil] 청구서, 계산서

해석 Ms. Philips는 지난달에 청구서를 받았죠, 안 그랬나요?
(A) 약 1시간 동안 계속될 거예요.
(B) 제가 봤을 땐 그녀가 거기에 없었어요.
(C) 제가 직접 그녀에게 우편으로 발송했어요.

해설 Ms. Philips가 지난달에 청구서를 받았는지를 확인하는 부가 의문문이다.
(A) [x] 질문의 last(지난)를 '계속되다'라는 의미의 동사로 사용하여 혼동을 준 오답이다.
(B) [x] Ms. Philips를 나타내는 She를 사용하고, wasn't를 반복 사용하여 혼동을 준 오답이다.
(C) [o] 자신이 직접 우편으로 발송했다는 말로 Ms. Philips가 청구서를 받았음을 간접적으로 전달했으므로 정답이다.

13 호주 → 미국

Mr. Maine has visited our branch before, hasn't he?
(A) Yes, they enjoyed their visit.
(B) No, this will be his first time.
(C) For the northwest region.

region [ríːdʒən] 지역, 지방

해석 Mr. Maine은 이전에 우리 지사를 방문했어요, 안 그런가요?
(A) 네, 그들은 즐겁게 방문했어요.
(B) 아니요, 이번이 처음일 거예요.
(C) 북서부 지역을 위해서요.

해설 Mr. Maine이 이전에 지사를 방문했었는지를 확인하는 부가 의문문이다.
(A) [x] they가 나타내는 대상이 질문에 없고, visited의 파생어인 visit을 사용하여 혼동을 준 오답이다.
(B) [o] No로 Mr. Maine이 방문하지 않았음을 전달한 후, 이번이 처음일 것이라는 추가 정보를 제공했으므로 정답이다.
(C) [x] branch(지사)와 관련된 the northwest region(북서부 지역)을 사용하여 혼동을 준 오답이다.

14 캐나다 → 미국

You notified everyone about the revised schedule, didn't you?
(A) I told them in our last staff meeting.
(B) Each revision must be approved.
(C) No, I haven't noticed.

notify [nóutəfài] 통지하다 approve [əprúːv] 승인하다

해석 당신은 수정된 일정을 모두에게 통지했죠, 안 그랬나요?
(A) 제가 지난 직원 회의에서 그들에게 말했어요.
(B) 각각의 수정은 승인되어야 해요.
(C) 아니요, 저는 알아채지 못했어요.

해설 수정된 일정을 모두에게 통지했는지를 확인하는 부가 의문문이다.
(A) [o] 자신이 지난 직원 회의에서 그들에게 말했다는 말로 수정된 일정을 모두에게 통지했음을 간접적으로 전달했으므로 정답이다.
(B) [x] revised의 파생어인 revision을 사용하여 혼동을 준 오답이다.
(C) [x] notified-noticed의 유사 발음 어휘를 사용하여 혼동을 준 오답이다.

15 영국 → 호주

That's your car over there, isn't it?
(A) Yes, that's the one.
(B) There's a parking lot near the shop.
(C) It was over an hour ago.

해석 저기 있는 것이 당신의 차죠, 안 그래요?
(A) 네, 바로 그것이에요.
(B) 가게 근처에 주차장이 있어요.
(C) 1시간 훨씬 전이었어요.

해설 저기 있는 것이 상대방의 차인지를 확인하는 부가 의문문이다.
(A) [o] Yes로 자신의 차가 맞음을 전달한 후, 바로 그것이라는 추가 정보를 제공했으므로 정답이다.
(B) [x] car(차)와 관련된 parking lot(주차장)을 사용하여 혼동을 준 오답이다.
(C) [x] 질문의 over를 반복 사용하여 혼동을 준 오답이다.

16 캐나다 → 영국

The invitations will be printed out soon, won't they?
(A) It's a color printer.
(B) They weren't invited.
(C) Sara is taking care of that today.

해석 초대장들은 곧 출력될 거예요, 안 그런가요?
(A) 컬러 프린터예요.
(B) 그들은 초대받지 않았어요.
(C) Sara가 오늘 그 일을 처리할 거예요.

해설 초대장들이 곧 출력될 것인지를 확인하는 부가 의문문이다.
(A) [x] printed의 파생어인 printer를 사용하여 혼동을 준 오답이다.
(B) [x] invitations의 파생어인 invited를 사용하여 혼동을 준 오답이다.
(C) [o] Sara가 그 일을 처리할 것이라는 말로 초대장들이 곧 출력될 것이라는 간접적인 응답을 했으므로 정답이다.

17 미국 → 호주

That wasn't a very informative workshop, was it?
(A) No, it was already full.
(B) At the information desk.
(C) I completely agree.

informative [infɔ́:rmətiv] 유익한

해석 아주 유익한 워크숍은 아니었어요, 그렇죠?
(A) 아니요, 그것은 이미 가득 찼어요.
(B) 안내 데스크에서요.
(C) 전적으로 동의해요.

해설 워크숍이 유익하지 않았는지를 확인하는 부가 의문문이다.
(A) [x] workshop(워크숍)에서 연상할 수 있는 등록과 관련된 full(가득 찬)을 사용하여 혼동을 준 오답이다. No만 듣고 정답으로 고르지 않도록 주의한다.
(B) [x] informative의 파생어인 information을 사용하여 혼동을 준 오답이다.
(C) [o] 전적으로 동의한다는 말로 아주 유익한 워크숍은 아니었음을 간접적으로 전달했으므로 정답이다.

18 미국 → 캐나다

This train goes to Central Station, doesn't it?
(A) As far as I know, yes.
(B) To get some stationery.
(C) Do you have any baggage?

as far as ~하는 한 stationery [stéiʃənèri] 필기 용구

해석 이 기차는 Central역으로 가죠, 안 그런가요?
(A) 제가 아는 한 맞아요.
(B) 몇몇 필기 용구를 얻기 위해서요.
(C) 짐이 있나요?

해설 기차가 Central역으로 가는지를 확인하는 부가 의문문이다.
(A) [o] yes(맞아요)로 기차가 Central역으로 간다고 응답했으므로 정답이다.
(B) [x] Station-stationery의 유사 발음 어휘를 사용하여 혼동을 준 오답이다.
(C) [x] train(기차)과 관련된 baggage(짐)를 사용하여 혼동을 준 오답이다.

19 호주 → 영국

I won't have to arrive for the discussion until 6:30, will I?
(A) Actually, you should be there by six.
(B) In the arrivals area.
(C) I will bring you the discs.

해석 토론을 위해 6시 30분까지 갈 필요는 없을 거예요, 그렇죠?
(A) 사실, 6시까지 거기로 오셔야 해요.
(B) 도착장에서요.
(C) 제가 디스크를 가져다 드릴게요.

해설 토론을 위해 6시 30분까지 갈 필요가 없는지를 확인하는 부가 의문문이다.
(A) [o] 6시까지 와야 한다는 말로 특정 시간을 응답했으므로 정답이다.
(B) [x] arrive의 파생어인 arrivals를 사용하여 혼동을 준 오답이다.
(C) [x] discussion-discs의 유사 발음 어휘를 사용하여 혼동을 준 오답이다.

20 캐나다 → 영국

You're planning to attend the investment seminar, aren't you?
(A) I left it on board the plane.
(B) I haven't decided yet.
(C) Yes, we found it insightful.

on board 기내에, 승선한 insightful [ínsàitfəl] 통찰력 있는

해석 당신은 투자 세미나에 참석할 계획이죠, 안 그런가요?
(A) 저는 그것을 기내에 두고 왔어요.
(B) 아직 결정하지 않았어요.
(C) 네, 우리는 그것이 통찰력 있다고 생각했어요.

해설 투자 세미나에 참석할 계획인지를 확인하는 부가 의문문이다.
(A) [x] planning-plane의 유사 발음 어휘를 사용하여 혼동을 준 오답이다.
(B) [o] 아직 결정하지 않았다는 말로 아직 모른다는 간접적인 응답을 했으므로 정답이다.
(C) [x] 부가 의문문에 가능한 응답인 Yes를 사용하고, investment seminar(투자 세미나)에서 연상할 수 있는 내용과 관련된 insightful(통찰력 있는)을 사용하여 혼동을 준 오답이다.

3. 평서문

Hackers Practice p.145

1. (A)	2. (B)	3. (A)	4. (B)	5. (A)	6. (B)
7. (C)	8. (B)	9. (C)	10. (C)	11. (A)	12. (B)
13. (A)	14. (A)	15. (C)	16. (C)	17. (B)	18. (C)
19. (B)	20. (B)				

1 캐나다 → 미국

Let's practice our presentation before giving it tomorrow.
(A) That's a good idea.
(B) We're expecting a large audience.
(C) No, I don't practice often.

해석 내일 발표를 하기 전에 연습을 해봅시다.
(A) 좋은 생각이에요.
(B) 관객이 많을 것으로 예상하고 있어요.
(C) 아니요, 저는 자주 연습하지 않아요.

해설 발표 전에 연습을 해보자고 제안하는 평서문이다.
(A) [o] 좋은 생각이라는 말로 제안을 수락했으므로 정답이다.
(B) [x] presentation(발표)과 관련된 audience(관객)를 사용하여 혼동을 준 오답이다.
(C) [x] 질문의 practice를 반복 사용하여 혼동을 준 오답이다.

2 미국 → 호주

Make sure the timetables are handed in by Monday.
(A) It's on the itinerary.
(B) Why is it so urgent?
(C) I'll give it some time.

hand in 제출하다 itinerary [미 aitínərèri, 영 aitínərəri] 여행 일정

해석 계획표가 월요일까지 제출되어야 한다는 것을 명심하세요.
(A) 그것은 여행 일정에 있어요.
(B) 왜 그렇게 급한가요?
(C) 그것에 시간을 좀 들일게요.

해설 계획표를 월요일까지 제출할 것을 요청하는 평서문이다.
(A) [x] timetables(계획표)와 관련된 itinerary(여행 일정)를 사용하여 혼동을 준 오답이다.
(B) [o] 왜 그렇게 급한가요라는 말로 요청과 관련된 질문으로 되물었으므로 정답이다.
(C) [x] handed in(제출하다)과 관련된 give(주다), Monday(월요일)와 관련된 time(시간)을 사용하여 혼동을 준 오답이다.

3 캐나다 → 미국

I can arrange for your group to sit together on the plane.
(A) I would appreciate that.
(B) The flight is delayed.
(C) It might be close by.

해석 비행기에서 일행이 함께 앉도록 조정해드릴 수 있어요.
(A) 그래 주시면 감사하죠.
(B) 항공편이 지연되었어요.
(C) 가까이에 있을 거예요.

해설 비행기에서 일행이 함께 앉도록 조정해주겠다고 제공하는 평서문이다.
(A) [○] 그래 주시면 감사하다는 말로 제공을 수락했으므로 정답이다.
(B) [×] plane(비행기)과 관련된 flight(항공편)를 사용하여 혼동을 준 오답이다.
(C) [×] sit together(함께 앉다)와 관련된 close by(가까이에)를 사용하여 혼동을 준 오답이다.

4 캐나다 → 영국

I really think those shoes look good on you.
(A) You should buy both.
(B) Thanks. That's kind of you to say.
(C) Sure, you can try them on.

해석 그 신발이 당신에게 정말 잘 어울린다고 생각해요.
(A) 당신은 둘 다 사야 해요.
(B) 고마워요. 그렇게 말씀해 주시다니 친절하시네요.
(C) 물론이죠, 신어봐도 돼요.

해설 신발이 상대방에게 잘 어울린다는 칭찬을 하는 평서문이다.
(A) [×] shoes look good on you(신발이 당신에게 잘 어울린다)와 관련된 buy(사다)를 사용하여 혼동을 준 오답이다.
(B) [○] Thanks(고마워요)로 칭찬에 대해서 감사 표시를 했으므로 정답이다.
(C) [×] shoes(신발)와 관련된 try ~ on(신어보다)을 사용하여 혼동을 준 오답이다.

5 미국 → 호주

Ms. Pearson is on the phone with a question about our services.
(A) Let me talk to her.
(B) The phone's on my desk.
(C) At the service station.

service station 주유소

해석 Ms. Pearson에게서 우리의 서비스에 대한 문의 전화가 와 있는데요.
(A) 제가 그녀와 이야기할게요.
(B) 전화기는 제 책상 위에 있어요.
(C) 주유소에서요.

해설 Ms. Pearson으로부터 온 문의 전화를 받아줄 것을 요청하는 평서문이다.
(A) [○] 자신이 그녀와 이야기하겠다는 말로 요청을 수락했으므로 정답이다.
(B) [×] 질문의 phone을 반복 사용하여 혼동을 준 오답이다.
(C) [×] 질문의 services(서비스)를 '주유소'라는 의미의 service station으로 사용하여 혼동을 준 오답이다.

6 영국 → 호주

Another restaurant is opening down the street.
(A) No, I haven't been there.
(B) That'll give us more lunch options.
(C) We have no job openings at the moment.

해석 다른 식당이 길 아래에 문을 열 거예요.
(A) 아니요, 저는 거기에 가본 적이 없어요.
(B) 우리에게 더 많은 점심 식사 선택권들이 더 생기겠군요.
(C) 우리는 현재 공석이 없어요.

해설 다른 식당이 문을 열 것이라는 객관적 사실을 전달하는 평서문이다.
(A) [×] restaurant is opening(식당이 문을 열 것이다)과 관련된 haven't been there(거기에 가본 적이 없다)를 사용하여 혼동을 준 오답이다.
(B) [○] 점심 식사 선택권들이 더 생기겠다는 말로 식당이 문을 열 것이라는 사실에 대한 의견을 제시했으므로 정답이다.
(C) [×] 질문의 opening(문을 열다)을 '공석'이라는 의미의 명사로 사용하여 혼동을 준 오답이다.

7 캐나다 → 영국

I didn't think that Ms. Anderson would actually resign.
(A) No, she didn't tell me.
(B) They're planning to quit.
(C) I expected she might.

resign [rizáin] 사직하다

해석 Ms. Anderson이 정말로 사직할 줄은 몰랐어요.
(A) 아니요, 그녀는 제게 말하지 않았어요.
(B) 그들은 그만둘 계획이에요.
(C) 저는 그녀가 그럴지도 모른다고 예상했어요.

해설 Ms. Anderson의 사직이 놀랍다는 감정을 표현하는 평서문이다.
(A) [×] Ms. Anderson을 나타내는 she를 사용하고, didn't를 반복 사용하여 혼동을 준 오답이다.
(B) [×] resign(사직하다)과 관련된 quit(그만두다)을 사용하여 혼동을 준 오답이다.
(C) [○] 자신은 예상했었다는 말로 자신은 놀랍지 않음을 간접적으로 전달했으므로 정답이다.

8 미국 → 호주

I'm sorry, but I won't have time to meet for dinner tonight.
(A) The meeting went well.
(B) Is it because of your project deadline?
(C) We should make a reservation.

해석 죄송하지만, 오늘 저녁 식사를 위해 만날 시간이 없을 것 같아요.
(A) 회의가 잘 진행되었어요.
(B) 프로젝트 마감일 때문인가요?
(C) 우리는 예약을 해야 해요.

해설 저녁 식사를 위해 만날 시간이 없다는 문제점을 언급하는 평서문이다.
(A) [×] meet의 파생어인 meeting을 사용하여 혼동을 준 오답이다.
(B) [○] 프로젝트 마감일 때문인지를 되물어 문제점에 대한 추가적인 정보를 요구하고 있으므로 정답이다.
(C) [×] dinner(저녁 식사)와 관련된 reservation(예약)을 사용하여 혼동을 준 오답이다.

9 캐나다 → 미국

I thought that movie was a bit long.
(A) It starts at 7:30 tonight.
(B) Sure, that sounds like fun.
(C) Yes, and it was boring too.

해석 저는 그 영화가 좀 길다고 생각했어요.
(A) 오늘 밤 7시 30분에 시작해요.
(B) 물론이죠, 재미있을 것 같네요.
(C) 네, 그리고 지루하기도 했어요.

해설 영화가 길었다는 의견을 제시하는 평서문이다.
(A) [×] movie(영화)와 관련된 상영 시각 7:30(7시 30분)을 사용하여 혼동을 준 오답이다.
(B) [×] movie(영화)와 관련된 sounds like fun(재미있을 것 같다)을 사용하

여 혼동을 준 오답이다.
(C) [○] Yes로 의견에 동의한 후, 지루했다는 의견을 추가했으므로 정답이다.

10 영국 → 호주

I need to make 30 copies of this brochure.
(A) Yes, the print shop is open.
(B) About several vacation packages.
(C) Would you like them in color or black and white?

해석 이 안내책자 30부를 복사해야 해요.
(A) 네, 인쇄소가 영업 중이에요.
(B) 여러 휴가 패키지들에 대해서요.
(C) 컬러로 필요하세요, 아니면 흑백으로 필요하세요?

해설 안내책자를 복사해 달라고 요청하는 평서문이다.
(A) [×] copies(부)와 관련된 print shop(인쇄소)을 사용하여 혼동을 준 오답이다.
(B) [×] brochure(안내책자)의 내용과 관련된 vacation packages(휴가 패키지들)를 사용하여 혼동을 준 오답이다.
(C) [○] in color or black and white(컬러로 아니면 흑백으로)로 어떤 복사본이 필요한지 되물어 요청을 간접적으로 수락했으므로 정답이다.

11 영국 → 캐나다

The board is voting on a new chairperson.
(A) I hope they elect Ms. Bertrand.
(B) We need enough for six people.
(C) The office chairs have been delivered.

chairperson [미 tʃέərpὲːrsn, 영 tʃέəpὲːsn] 의장 elect [ilékt] 선출하다

해석 이사회는 신임 의장에 대해 투표할 거예요.
(A) 저는 그들이 Ms. Bertrand를 선출하기를 바라요.
(B) 6명의 사람들에게 충분한 양이 필요해요.
(C) 사무실 의자가 배달되었어요.

해설 이사회가 신임 의장에 대해 투표할 것이라는 객관적인 사실을 전달하는 평서문이다.
(A) [○] 그들이 Ms. Bertrand를 선출하기를 바란다는 말로 자신의 의견을 제시했으므로 정답이다.
(B) [×] chairperson(의장)에서 '사람'이라는 의미의 person을 people로 사용하여 혼동을 준 오답이다.
(C) [×] chairperson-chairs의 유사 발음 어휘를 사용하여 혼동을 준 오답이다.

12 호주 → 미국

I'm supposed to interview Mr. Jergensen this morning.
(A) Yesterday morning.
(B) He's in the waiting area.
(C) I have another point of view.

be supposed to ~하기로 되어 있다 point of view 의견, 관점

해석 저는 오늘 아침 Mr. Jergensen을 인터뷰하기로 되어 있어요.
(A) 어제 아침이요.
(B) 그는 대기실에 있어요.
(C) 저는 다른 의견이 있어요.

해설 오늘 아침에 Mr. Jergensen을 인터뷰하기로 되어 있다는 객관적인 사실을 전달하는 평서문이다.
(A) [×] 질문의 morning을 반복 사용하여 혼동을 준 오답이다.
(B) [○] 그가 대기실에 있다는 말로 자신은 그 사실을 알고 있음을 간접적으로 전달했으므로 정답이다.
(C) [×] interview-view의 유사 발음 어휘를 사용하여 혼동을 준 오답이다.

13 미국 → 캐나다

This gift basket arrived for you while you were at lunch.
(A) Do you know who it's from?
(B) Yes, by special delivery, please.
(C) It took us a while.

special delivery 속달 우편

해석 당신이 점심 식사를 하는 동안 선물 바구니가 도착했어요.
(A) 그것이 누구에게서 왔는지 아나요?
(B) 네, 속달 우편으로 해주세요.
(C) 시간이 좀 걸렸어요.

해설 점심 식사를 하는 동안 선물 바구니가 도착했다는 객관적인 사실을 전달하는 평서문이다.
(A) [○] 그것이 누구에게서 왔는지를 되물어 선물 바구니에 대한 추가적인 정보를 요구하고 있으므로 정답이다.
(B) [×] arrived(도착했다)와 관련된 special delivery(속달 우편)를 사용하여 혼동을 준 오답이다.
(C) [×] 질문의 while을 반복 사용하여 혼동을 준 오답이다.

14 미국 → 호주

The employee training will take place in the main conference room.
(A) I'll add that information to the schedule.
(B) It lasted just two days.
(C) I'll place them there for you.

last [미 læst, 영 lɑːst] 계속되다, 지속되다

해석 직원 교육이 주 회의실에서 열릴 거예요.
(A) 그 정보를 일정표에 추가할게요.
(B) 단지 이틀 동안 계속됐어요.
(C) 그것들을 거기에 둘게요.

해설 직원 교육이 주 회의실에서 열릴 것이라는 객관적인 사실을 전달하는 평서문이다.
(A) [○] 그 정보를 일정표에 추가하겠다는 말로 사실에 대한 추가적인 제공을 했으므로 정답이다.
(B) [×] take place(열리다)와 관련된 lasted(계속됐다)를 사용하여 혼동을 준 오답이다.
(C) [×] 질문의 take place(열리다)에서 place를 '두다'라는 의미의 동사로 사용하여 혼동을 준 오답이다.

15 캐나다 → 영국

I heard Tracey just got a generous raise from her company.
(A) It should generate profits.
(B) Could you lift it higher?
(C) That's good. She deserves it.

generate [dʒénərèit] 발생시키다, 일으키다
deserve [미 dizə́ːrv, 영 dizə́ːv] ~을 받을 만하다

해석 Tracey가 방금 그녀의 회사로부터 많은 임금 인상을 받았다는 것을 들었어요.
(A) 그것은 이익을 발생시킬 거예요.
(B) 더 높이 올릴 수 있나요?
(C) 잘됐네요. 그녀를 그것을 받을 만해요.

해설 Tracey가 방금 많은 임금 인상을 받았다는 객관적인 사실을 전달하는 평서문이다.
(A) [×] generous-generate의 유사 발음 어휘를 사용하였고, raise(임금 인상)와 관련된 profits(이익)를 사용하여 혼동을 준 오답이다.
(B) [×] raise(임금 인상)와 관련된 lift(올리다)를 사용하여 혼동을 준 오답이다.

(C) [○] That's good(잘됐네요)으로 사실에 대한 의견을 제시했으므로 정답이다.

16 미국 → 호주

My flight to Dallas was canceled due to severe weather.
(A) For another five hours.
(B) Temperatures will soon drop.
(C) Have you made another booking?

해석 악천후 때문에 저의 댈러스행 항공편이 취소되었어요.
(A) 5시간 더요.
(B) 온도가 곧 떨어질 거예요.
(C) 다른 예약을 했나요?

해설 악천후 때문에 댈러스행 항공편이 취소되었다는 문제점을 언급하는 평서문이다.
(A) [×] 댈러스행 항공편이 취소되었다고 했는데, 이와 관련이 없는 5시간 더라는 내용으로 응답했으므로 오답이다.
(B) [×] weather(날씨)와 관련된 Temperatures(온도)를 사용하여 혼동을 준 오답이다.
(C) [○] 다른 예약을 했냐고 되물어 문제점에 대한 해결책을 제안하고 있으므로 정답이다.

17 호주 → 영국

Before we see a movie tonight, let's go out for dinner.
(A) Yes, she's moving tomorrow.
(B) Where shall we go?
(C) Thanks, but I already had lunch.

해석 오늘 밤 영화를 보기 전에, 저녁 식사를 하러 나갑시다.
(A) 네, 그녀는 내일 이사 할 거예요.
(B) 어디로 갈까요?
(C) 고마워요, 하지만 저는 이미 점심 식사를 했어요.

해설 오늘 밤 영화를 보기 전에 저녁 식사를 하러 나가자고 제안하는 평서문이다.
(A) [×] movie-moving의 유사 발음 어휘를 사용하고, tonight(오늘 밤)과 관련된 tomorrow(내일)를 사용하여 혼동을 준 오답이다.
(B) [○] 어디로 갈지를 되물어 제안을 간접적으로 수락했으므로 정답이다.
(C) [×] dinner(저녁 식사)와 관련된 lunch(점심 식사)를 사용하여 혼동을 준 오답이다.

18 미국 → 캐나다

I'd appreciate a ride to Gleam Salon if you're not too busy.
(A) I appreciate the compliment.
(B) Set it aside for the time being.
(C) Are you ready to go now?

set aside 제쳐놓다 for the time being 당분간은

해석 당신이 많이 바쁘시지 않다면, Gleam Salon까지 태워주시면 감사할 것 같아요.
(A) 칭찬에 감사합니다.
(B) 당분간은 그 일을 제쳐놓으세요.
(C) 지금 갈 준비가 됐나요?

해설 Gleam Salon까지 태워줄 것을 요청하는 평서문이다.
(A) [×] 질문의 appreciate을 반복 사용하여 혼동을 준 오답이다.
(B) [×] 질문의 busy(바쁜)에서 연상할 수 있는 일정과 관련된 set aside(제쳐놓다)와 for the time being(당분간은)을 사용하여 혼동을 준 오답이다.
(C) [○] 지금 갈 준비가 되었는지를 되물어 요청을 간접적으로 수락했으므로 정답이다.

19 캐나다 → 영국

I can't recall whether or not I locked the front door.
(A) The weather has been very pleasant.
(B) You'd better go and check.
(C) Sorry, I can't leave yet.

recall [rikɔ́:l] 생각해 내다 pleasant [plézənt] 쾌적한, 즐거운

해석 제가 현관을 잠갔는지 아닌지 생각이 안 나요.
(A) 날씨가 정말 쾌적했어요.
(B) 가서 확인하는 게 좋겠어요.
(C) 죄송해요, 아직 떠날 수 없어요.

해설 현관을 잠갔는지 아닌지 생각이 안 난다는 문제점을 언급하는 평서문이다.
(A) [×] whether-weather의 유사 발음 어휘를 사용하여 혼동을 준 오답이다.
(B) [○] 가서 확인하는 게 좋겠다는 말로 문제점에 대한 해결책을 제안했으므로 정답이다.
(C) [×] 질문의 can't를 반복 사용하고, door(문)에서 연상할 수 있는 leave(떠나다)를 사용하여 혼동을 준 오답이다.

20 영국 → 호주

I wasn't told about the scheduling changes.
(A) An agenda for a meeting.
(B) Didn't you read the memo?
(C) You can keep the change.

해석 저는 일정 변경에 대해 듣지 못했어요.
(A) 회의 안건이에요.
(B) 회람을 읽지 않았나요?
(C) 잔돈은 가지세요.

해설 일정 변경에 대해 듣지 못했다는 문제점을 언급하는 평서문이다.
(A) [×] scheduling(일정)과 관련된 meeting(회의)을 사용하여 혼동을 준 오답이다.
(B) [○] 회람을 읽지 않았는지를 되물어 문제점에 대한 추가적인 정보를 요구하고 있으므로 정답이다.
(C) [×] 질문의 changes(변경)를 '잔돈'이라는 의미의 change로 사용하여 혼동을 준 오답이다.

4. 제안·제공·요청 의문문

Hackers Practice

p.147

1. (A)	2. (B)	3. (A)	4. (B)	5. (C)	6. (B)
7. (B)	8. (C)	9. (C)	10. (B)		

1 미국 → 캐나다

Could you help me move this sofa?
(A) No problem. Do you want it over there?
(B) I appreciate the opportunity.
(C) No, I haven't bought any furniture yet.

opportunity [àpərtjú:nəti] 기회

해석 제가 이 소파를 옮기는 것을 도와주시겠어요?
(A) 그럼요. 저쪽에 놓기를 원하세요?
(B) 기회를 주셔서 감사합니다.
(C) 아니요, 저는 아직 가구를 하나도 구매하지 않았어요.

해설 자신이 소파를 옮기는 것을 도와달라는 요청 의문문이다. Could you가 요청하는 표현임을 이해할 수 있어야 한다.
(A) [○] No problem(그럼요)으로 요청을 수락했으므로 정답이다.
(B) [×] help(돕다)와 관련된 appreciate(감사하다)를 사용하여 혼동을 준

오답이다.
(C) [x] sofa(소파)와 관련된 furniture(가구)를 사용하여 혼동을 준 오답이다.

2 영국 → 호주

Would you mind if I use your computer?
(A) I bought it used.
(B) Be my guest.
(C) In the room on the left.

해석 당신의 컴퓨터를 써도 괜찮을까요?
(A) 저는 중고를 샀어요.
(B) 마음껏 쓰세요.
(C) 왼쪽 방에 있어요.

해설 컴퓨터를 쓰게 해달라는 요청 의문문이다. Would you mind가 요청하는 표현임을 이해할 수 있어야 한다.
(A) [x] use의 파생어인 used를 사용하여 혼동을 준 오답이다.
(B) [o] 마음껏 쓰라는 말로 요청을 수락했으므로 정답이다.
(C) [x] 특정 위치를 물을 때 사용할 수 있는 응답이므로 오답이다.

3 미국 → 캐나다

Would you like to sample any of these wines?
(A) Actually, I already tried them all.
(B) We bought three bottles.
(C) Yes, they've been tested.

해석 이 와인들 중 아무거나 시음해 보시겠어요?
(A) 사실 이미 다 마셔보았어요.
(B) 우리는 세 병을 샀어요.
(C) 네, 그것들은 검사를 거쳤어요.

해설 와인을 시음해 보라는 제안 의문문이다. Would you like to가 제안하는 표현임을 이해할 수 있어야 한다.
(A) [o] I already tried(이미 마셔보았어요)로 제안을 간접적으로 거절했으므로 정답이다. 제안한 사항을 이미 완료했음을 언급하기 위해 과거 시제를 사용할 수 있음을 알아둔다.
(B) [x] wines(와인들)와 관련된 bottles(병)를 사용하여 혼동을 준 오답이다.
(C) [x] sample(시음하다)과 관련된 tested(검사를 거쳤다)를 사용하여 혼동을 준 오답이다.

4 캐나다 → 영국

Can you take this downstairs for me?
(A) I live downstairs.
(B) I can do that in just a second.
(C) She took it this morning.

in just a second 잠시 후에

해석 이것을 아래층으로 가지고 내려가 줄 수 있나요?
(A) 저는 아래층에 살아요.
(B) 잠시 후에 해드릴게요.
(C) 그녀는 오늘 아침에 그것을 가져갔어요.

해설 물건을 아래층으로 가지고 내려가 달라는 요청 의문문이다. Can you가 요청하는 표현임을 이해할 수 있어야 한다.
(A) [x] 질문의 downstairs를 반복 사용하여 혼동을 준 오답이다.
(B) [o] I can do that(해드릴게요)으로 요청을 수락했으므로 정답이다.
(C) [x] 질문의 take를 took으로 반복 사용하여 혼동을 준 오답이다.

5 캐나다 → 미국

Why don't we treat ourselves to dinner for closing the deal?
(A) That would be a party of four.
(B) I really got a great deal.
(C) That sounds like a good idea.

close a deal 거래를 성사시키다 party[pά:rti] 일행

해석 거래를 성사시킨 것에 대해 자축하는 저녁 식사를 하면 어떨까요?
(A) 일행이 네 명일 거예요.
(B) 정말 잘 산 것 같아요.
(C) 좋은 생각이네요.

해설 저녁 식사를 하자는 제안 의문문이다. Why don't we가 제안하는 표현임을 이해할 수 있어야 한다.
(A) [x] dinner(저녁 식사)와 관련된 party(파티)를 '일행'이라는 의미로 사용하여 혼동을 준 오답이다.
(B) [x] 질문의 deal을 반복 사용하여 혼동을 준 오답이다.
(C) [o] 좋은 생각이라는 말로 제안을 수락했으므로 정답이다.

6 캐나다 → 미국

Why don't you take the day off tomorrow?
(A) I already turned it off.
(B) I'll have to check my schedule first.
(C) Yes, she had a great vacation.

해석 내일 휴가를 쓰는 것이 어때요?
(A) 저는 그것을 이미 껐어요.
(B) 제 일정을 먼저 확인해야 해요.
(C) 네, 그녀는 멋진 휴가를 보냈어요.

해설 내일 휴가를 쓰라는 제안 의문문이다. Why don't you가 제안하는 표현임을 이해할 수 있어야 한다.
(A) [x] take~off-turned~off의 유사 발음 어휘를 사용하여 혼동을 준 오답이다.
(B) [o] 일정을 먼저 확인해야 한다는 말로 제안을 수락하기 전에 먼저 확인이 필요하다는 간접적인 응답을 했으므로 정답이다.
(C) [x] she를 나타내는 대상이 질문에 없고, take the day off(휴가를 쓰다)와 관련된 vacation(휴가)을 사용하여 혼동을 준 오답이다.

7 캐나다 → 영국

How about taking a walk in the park on Saturday?
(A) The entrance fee is $10.
(B) In the morning or afternoon?
(C) Yes, since last week.

entrance fee 입장료

해석 토요일에 공원에서 산책하는 게 어때요?
(A) 입장료는 10달러예요.
(B) 오전에요, 아니면 오후에요?
(C) 네, 지난주부터요.

해설 공원에서 산책하자는 제안 의문문이다. How about이 제안하는 표현임을 이해할 수 있어야 한다.
(A) [x] park(공원)와 관련된 entrance fee(입장료)를 사용하여 혼동을 준 오답이다.
(B) [o] In the morning or afternoon(오전에요, 아니면 오후에요)이라는 말로 산책할 시간을 되물어 제안을 간접적으로 수락했으므로 정답이다.
(C) [x] walk-week의 유사 발음 어휘를 사용하여 혼동을 준 오답이다.

8 미국 → 캐나다

Would you like me to clear your plates for you?
(A) I arrived here earlier.
(B) No, the dishes haven't been washed.
(C) Actually, I'm not finished yet.

clear[kliər] 치우다 plate[pleit] 접시

해석 제가 당신의 접시들을 치워드릴까요?
(A) 저는 이곳에 더 일찍 도착했어요.
(B) 아니요, 접시들은 설거지가 되지 않았어요.
(C) 사실 전 아직 다 못 먹었어요.

해설 접시를 치워주겠다는 제공 의문문이다. Would you like me to가 제공하는 표현임을 이해할 수 있어야 한다.
(A) [x] clear-earlier의 유사 발음 어휘를 사용하여 혼동을 준 오답이다.
(B) [x] plates(접시들)와 같은 의미인 dishes를 사용하여 혼동을 준 오답이다.
(C) [o] 아직 다 못 먹었다는 말로 제공을 간접적으로 거절했으므로 정답이다.

9 호주 → 영국

Do you mind giving me a ride home after work?
(A) Three blocks away from here.
(B) Some commuters were stranded.
(C) Sorry, my car is at the service center.

give ~ a ride ~를 태워주다 commuter [미 kəmjú:tər, 영 kəmjú:tə] 통근자
stranded [strænd] 오도 가도 못하게 하다 service center 정비소, 수리소

해석 퇴근 후에 저를 집까지 태워주실 수 있으세요?
(A) 여기서 세 블록 떨어져 있어요.
(B) 몇몇 통근자들이 오도 가도 못하게 되었어요.
(C) 죄송하지만, 제 차가 정비소에 있어요.

해설 차를 태워달라는 요청 의문문이다. Do you mind가 요청하는 표현임을 이해할 수 있어야 한다.
(A) [x] 거리를 물을 때 사용할 수 있는 응답이므로 오답이다.
(B) [x] after work(퇴근 후)와 관련된 commuters(통근자들)를 사용하여 혼동을 준 오답이다.
(C) [o] 차가 정비소에 있다는 말로 요청을 수락할 수 없는 이유를 언급했으므로 정답이다.

10 캐나다 → 미국

How would you like to come to the opera with us?
(A) Orchestra seats, please.
(B) I'll let you know tomorrow.
(C) She really liked it.

orchestra seat 일등석

해석 우리와 함께 오페라에 가실래요?
(A) 일등석으로 주세요.
(B) 내일 알려드릴게요.
(C) 그녀는 그것을 정말 좋아했어요.

해설 함께 오페라에 가자는 제안 의문문이다. How would you like to가 제안하는 표현임을 이해할 수 있어야 한다.
(A) [x] opera(오페라)와 관련된 Orchestra seats(일등석)를 사용하여 혼동을 준 오답이다.
(B) [o] 내일 알려드리겠다는 말로 제안을 수락할 수 있는지 아직 모른다는 간접적인 응답을 했으므로 정답이다.
(C) [x] 질문의 like를 liked로 반복 사용하여 혼동을 준 오답이다.

Hackers Test

p.148

1. (C)	2. (C)	3. (A)	4. (B)	5. (A)	6. (A)
7. (C)	8. (C)	9. (B)	10. (C)	11. (B)	12. (A)
13. (B)	14. (C)	15. (A)	16. (B)	17. (A)	18. (B)
19. (A)	20. (C)	21. (A)	22. (C)	23. (A)	24. (C)
25. (A)	26. (A)	27. (B)	28. (A)	29. (C)	30. (C)
31. (B)	32. (A)	33. (A)	34. (B)	35. (B)	36. (C)
37. (A)	38. (A)	39. (B)	40. (B)		

1 캐나다 → 영국

Would you like me to give you a hand with your marketing project?
(A) I can hand them out for you.
(B) By the end of next month.
(C) That would be great.

give a hand 돕다 hand out ~을 나누어 주다

해석 마케팅 프로젝트를 도와드릴까요?
(A) 제가 대신 그것들을 나누어 줄게요.
(B) 다음 달 말까지요.
(C) 그래 주시면 좋지요.

해설 프로젝트를 도와주겠다는 제공 의문문이다. Would you like me to가 제공하는 표현임을 이해할 수 있어야 한다.
(A) [x] 질문의 hand(도움)를 hand ~ out(~을 나누어 주다)으로 사용하여 혼동을 준 오답이다.
(B) [x] 특정 시점을 물을 때 사용할 수 있는 응답이므로 오답이다.
(C) [o] 그래 주시면 좋다는 말로 제공을 수락했으므로 정답이다.

2 미국 → 캐나다

John is ready to give the presentation, right?
(A) No, I haven't gotten a present.
(B) I haven't read it yet.
(C) Yes, he can start now.

해석 John은 발표할 준비가 되었어요, 그렇죠?
(A) 아니요, 저는 선물을 받지 못했어요.
(B) 저는 아직 그것을 읽어보지 않았어요.
(C) 네, 그는 지금 시작할 수 있어요.

해설 John이 발표할 준비가 되었는지를 확인하는 부가 의문문이다.
(A) [x] presentation-present의 유사 발음 어휘를 사용하여 혼동을 준 오답이다.
(B) [x] ready-read it의 유사 발음 어휘를 사용하여 혼동을 준 오답이다.
(C) [o] Yes로 발표할 준비가 되었음을 전달한 후, 지금 시작할 수 있다고 했으므로 정답이다.

3 영국 → 캐나다

Could you put my luggage next to the check-in counter?
(A) Sure. Are these your bags?
(B) You should put in a request.
(C) Please find my suitcase.

luggage [lʌ́gidʒ] 짐 put in 제출하다 request [rikwést] 요청서

해석 제 짐을 체크인 카운터 옆에 놓아 주실 수 있나요?
(A) 물론이죠. 이것들이 당신의 가방들인가요?
(B) 당신은 요청서를 제출해야 해요.
(C) 제 여행 가방을 찾아주세요.

해설 짐을 카운터 옆에 놓아달라는 요청 의문문이다. Could you가 요청하는 표현임을 이해할 수 있어야 한다.
(A) [o] Sure(물론이죠)로 요청을 수락했으므로 정답이다.
(B) [x] 질문의 put(놓다)을 put in(제출하다)으로 반복 사용하여 혼동을 준 오답이다.
(C) [x] luggage(짐)와 관련된 suitcase(여행 가방)를 사용하여 혼동을 준 오답이다.

4 영국 → 호주

Would you prefer A4 or B4 size paper?
(A) We're going to need 50 copies.
(B) Whichever one is larger.

(C) The machine is right over there.

whichever [미 hwitʃévər, 영 witʃévə] 어느 것이든

해석 A4와 B4 중 어떤 크기의 종이를 원하세요?
(A) 우리는 50부가 필요할 거예요.
(B) 어느 것이든 더 큰 것으로요.
(C) 기계는 바로 저쪽에 있어요.

해설 A4와 B4 종이 중 하나를 선택하도록 요구하는 선택 의문문이다.
(A) [x] paper(종이)와 관련된 copies(부)를 사용하여 혼동을 준 오답이다.
(B) [o] Whichever one is larger(어느 것이든 더 큰 것)로 더 큰 종이를 선택했으므로 정답이다.
(C) [x] 특정 위치를 물을 때 할 수 있는 응답이므로 오답이다.

5 미국 → 호주

Would you like to upgrade your hotel room?
(A) No, but could we get one closer to the pool?
(B) I enjoyed the hotel's relaxing spa.
(C) She likes the view from her balcony.

view [vju:] 경치

해석 호텔 방을 업그레이드 하시겠어요?
(A) 아니요, 하지만 수영장에 더 가까운 곳으로 해주시겠어요?
(B) 저는 호텔의 편안한 온천을 즐겼어요.
(C) 그녀는 발코니에서의 경치를 좋아해요.

해설 호텔 방을 업그레이드 하라는 제안 의문문이다. Would you like to가 제안하는 표현임을 이해할 수 있어야 한다.
(A) [o] No로 제안을 거절한 후, 수영장에 더 가까운 방을 달라는 요청을 했으므로 정답이다.
(B) [x] 질문의 hotel을 반복 사용하고, hotel(호텔)과 관련된 spa(온천)를 사용하여 혼동을 준 오답이다.
(C) [x] She가 나타내는 대상이 질문에 없고, hotel room(호텔 방)과 관련된 view(경치)를 사용하여 혼동을 준 오답이다.

6 호주 → 미국

You haven't reviewed the report yet, have you?
(A) I finished this morning.
(B) You have started already.
(C) Let's write it now.

해석 보고서를 아직 검토하지 않았죠, 그렇죠?
(A) 오늘 아침에 끝냈어요.
(B) 당신은 이미 시작했군요.
(C) 지금 그것을 써봅시다.

해설 보고서를 아직 검토하지 않았는지를 확인하는 부가 의문문이다.
(A) [o] I finished(끝냈어요)로 이미 검토했음을 간접적으로 전달했으므로 정답이다.
(B) [x] yet(아직)과 관련된 already(이미)를 사용하여 혼동을 준 오답이다.
(C) [x] report(보고서)와 관련된 write(쓰다), yet(아직)과 관련된 now(지금)를 사용하여 혼동을 준 오답이다.

7 캐나다 → 영국

Why don't we order more supplies for the office?
(A) It's in short supply.
(B) No, I haven't received them.
(C) It's already been done.

in short supply 재고가 부족한

해석 사무용품들을 더 주문하는 게 어때요?
(A) 그것은 재고가 부족해요.
(B) 아니요, 전 그것들을 받지 않았어요.
(C) 이미 완료되었어요.

해설 사무용품들을 더 주문하자는 제안 의문문이다. Why don't we가 제안하는 표현임을 이해할 수 있어야 한다.
(A) [x] 질문의 supplies(물품들)를 in short supply(재고가 부족한)에서 '재고'라는 의미로 사용하여 혼동을 준 오답이다.
(B) [x] order(주문하다)와 관련된 received(받았다)를 사용하여 혼동을 준 오답이다.
(C) [o] 이미 완료되었다는 말로 제안을 간접적으로 거절했으므로 정답이다. 제안한 사항을 이미 완료했음을 언급하기 위해 과거 시제를 사용하여 응답할 수 있음을 알아둔다.

8 미국 → 호주

Will the client be met at the airport by Gina or Tony?
(A) No, they are arriving by train.
(B) We've met several times already.
(C) I was asked to do it.

client [kláiənt] 고객

해석 고객은 공항에서 Gina를 만날 건가요, 아니면 Tony를 만날 건가요?
(A) 아니요, 그들은 기차로 도착할 거예요.
(B) 우리는 이미 여러 번 만났어요.
(C) 제가 그 일을 요청받았어요.

해설 고객이 만날 사람으로 Gina와 Tony 중 하나를 선택하도록 요구하는 선택 의문문이다.
(A) [x] or 앞뒤로 단어가 제시된 선택 의문문에 No로 응답했으므로 오답이다. or 앞뒤로 단어 또는 구를 연결한 선택 의문문에는 Yes/No로 답할 수 없음을 알아둔다.
(B) [x] 질문의 met을 반복 사용하여 혼동을 준 오답이다.
(C) [o] I was asked(제가 요청받았어요)로 제3의 것을 선택했으므로 정답이다.

9 캐나다 → 영국

Let's eat our lunch in the park.
(A) I usually park down the street.
(B) Isn't it too chilly today?
(C) The cafeteria will be closed next week.

chilly [tʃíli] 쌀쌀한, 싸늘한

해석 공원에서 점심을 먹읍시다.
(A) 저는 주로 길 아래에 주차해요.
(B) 오늘 너무 쌀쌀하지 않아요?
(C) 구내식당은 다음 주에 문을 닫을 거예요.

해설 공원에서 점심을 먹자고 제안하는 평서문이다.
(A) [x] 질문의 park(공원)를 '주차하다'라는 의미의 동사로 사용하여 혼동을 준 오답이다.
(B) [o] 오늘 너무 쌀쌀하지 않은지를 되물어 제안을 간접적으로 거절했으므로 정답이다.
(C) [x] lunch(점심)와 관련된 cafeteria(구내식당)를 사용하여 혼동을 준 오답이다.

10 캐나다 → 영국

Will we have the meeting at our office or theirs?
(A) Many people came to the event.
(B) It was a productive discussion.
(C) Let me check with them.

productive [prədʌ́ktiv] 생산적인

해석 회의를 우리 사무실에서 하나요, 아니면 그들의 사무실에서 하나요?

(A) 많은 사람들이 그 행사에 왔어요.
(B) 생산적인 논의였어요.
(C) 제가 그들에게 확인해볼게요.

해설 회의를 할 장소로 우리 사무실과 그들의 사무실 중 하나를 선택하도록 요구하는 선택 의문문이다.
(A) [×] have ~ meeting(회의를 하다)과 관련된 event(행사)를 사용하여 혼동을 준 오답이다.
(B) [×] meeting(회의)과 관련된 discussion(논의)을 사용하여 혼동을 준 오답이다.
(C) [○] 그들에게 확인해보겠다는 말로 모른다는 간접적인 응답을 했으므로 정답이다.

11 미국 → 호주

These are some photographs of our trip to Paris.
(A) Yes, the camera is expensive.
(B) It looks like you had a great time.
(C) We should leave for the airport.

expensive [ikspénsiv] 비싼

해석 이것들은 우리의 파리 여행 사진들이에요.
(A) 네, 그 카메라는 비싸요.
(B) 좋은 시간을 보낸 것 같네요.
(C) 우리는 공항으로 떠나야 해요.

해설 사진들이 파리 여행에서 찍은 것이라는 객관적 사실을 전달하는 평서문이다.
(A) [×] photographs(사진들)와 관련된 camera(카메라)를 사용하여 혼동을 준 오답이다.
(B) [○] 좋은 시간을 보낸 것 같다는 말로 사실에 대해 의견을 제시했으므로 정답이다.
(C) [×] trip(여행)과 관련된 leave for the airport(공항으로 떠나다)를 사용하여 혼동을 준 오답이다.

12 영국 → 캐나다

Can you meet with the client before you revise the contract?
(A) I'll see what I can do.
(B) No, I haven't signed a contract.
(C) He arrived after lunch.

revise [riváiz] 수정하다 sign [sain] 서명하다

해석 계약서를 수정하기 전에 고객과 만나주실 수 있나요?
(A) 제가 무엇을 할 수 있는지 확인해 볼게요.
(B) 아니요, 저는 계약서에 서명하지 않았어요.
(C) 그는 점심시간 후에 도착했어요.

해설 고객과 만나달라는 요청 의문문이다. Can you가 요청하는 표현임을 이해할 수 있어야 한다.
(A) [○] 자신이 무엇을 할 수 있는지 확인해 보겠다는 말로 모른다는 간접적인 응답을 했으므로 정답이다.
(B) [×] 질문의 contract를 반복 사용하여 혼동을 준 오답이다.
(C) [×] before(전에)와 관련된 after(후에)를 사용하여 혼동을 준 오답이다.

13 호주 → 미국

Should I purchase a new computer online or in an electronics store?
(A) Electronic devices often break down.
(B) Shopping online is cheaper.
(C) I lost my proof of purchase.

electronics [미 ilektrániks, 영 ilèktrɔ́niks] 전자 기기, 전자 장치
proof [pruːf] 확인증, 증거물

해석 새 컴퓨터를 온라인에서 사야 하나요, 아니면 전자 기기 상점에서 사야 하나요?
(A) 전자 기기들은 종종 고장이 나요.
(B) 온라인에서 사는 것이 더 저렴해요.
(C) 상품 구매 확인증을 잃어버렸어요.

해설 컴퓨터를 온라인에서 사는 것과 전자 기기 상점에서 사는 것 중 하나를 선택하도록 요구하는 선택 의문문이다.
(A) [×] 질문의 electronics를 Electronic으로 반복 사용하고, computer(컴퓨터)와 관련된 devices(기기들)를 사용하여 혼동을 준 오답이다.
(B) [○] 온라인에서 사는 것이 더 저렴하다는 말로 온라인에서 사는 것을 선택했으므로 정답이다.
(C) [×] 질문의 purchase(사다)를 '구매'라는 의미의 명사로 사용하여 혼동을 준 오답이다.

14 캐나다 → 미국

We should order some drinks with dinner, shouldn't we?
(A) The restaurant is full of diners.
(B) I drink coffee every morning.
(C) That's a great idea.

diner [dáinər] (식당의) 손님, 식사하는 사람

해석 저녁 식사와 함께 음료도 주문해야 해요, 안 그런가요?
(A) 식당은 손님들로 꽉 차있어요.
(B) 저는 매일 아침 커피를 마셔요.
(C) 좋은 생각이에요.

해설 음료를 주문해야 하는지를 확인하는 부가 의문문이다.
(A) [×] dinner(저녁 식사)와 관련된 restaurant(식당)과 diners(식사하는 사람들)를 사용하여 혼동을 준 오답이다.
(B) [×] 질문의 drinks(음료)를 '마시다'라는 의미의 drink로 사용하여 혼동을 준 오답이다.
(C) [○] 좋은 생각이라는 말로 음료를 주문하는 것에 동의했으므로 정답이다.

15 영국 → 호주

Would you mind checking this film script for errors?
(A) Just give me 15 minutes.
(B) It took 10 days to film.
(C) I corrected the invitation.

film script 영화 각본 correct [kərékt] 정정하다; 맞는

해석 이 영화 각본에 오류가 있는지 확인해 주시겠어요?
(A) 15분만 기다려주세요.
(B) 촬영하는데 10일이 걸렸어요.
(C) 제가 초대장을 정정했어요.

해설 영화 각본에 오류가 있는지 확인해 달라는 요청 의문문이다. Would you mind가 요청하는 표현임을 이해할 수 있어야 한다.
(A) [○] 15분만 기다려달라는 말로 15분 후에 해주겠다고 요청을 간접적으로 수락했으므로 정답이다.
(B) [×] 질문의 film을 반복 사용하여 혼동을 준 오답이다.
(C) [×] errors(오류)와 관련된 correct(정정하다)를 사용하여 혼동을 준 오답이다.

16 캐나다 → 미국

You're not going to be around next Tuesday, are you?
(A) Yes, it's just around the corner.
(B) No, that's when I go to Sweden.
(C) Sounds good to me.

be around 있다, 와 있다

해석 당신은 다음 주 화요일에 이곳에 없을 예정이죠, 그렇죠?

(A) 네, 그것은 모퉁이를 돌면 바로 있어요.
(B) 아니요, 그때는 제가 스웨덴에 갈 때에요.
(C) 저는 좋아요.

해설 다음 주 화요일에 이곳에 없을지를 확인하는 부가 의문문이다.
(A) [×] 질문의 around를 반복 사용하여 혼동을 준 오답이다.
(B) [○] No로 이곳에 없을 것임을 전달한 후, 스웨덴에 있을 것이라는 추가 정보를 제공했으므로 정답이다.
(C) [×] around-Sounds의 유사 발음 어휘를 사용하여 혼동을 준 오답이다.

17 영국 → 호주

Have you confirmed your doctor's appointment, or would you like me to do it?
(A) I will call after lunch.
(B) Our hotel reservation has been made.
(C) Look over these medical records.

confirm [미 kənfə́:rm, 영 kənfə́:m] 확인하다
record [미 rékərd, 영 rékɔ:d] 기록

해석 의사와의 예약을 확인했나요, 아니면 제가 할까요?
(A) 점심 시간 이후에 제가 전화할게요.
(B) 우리의 호텔 예약이 되었어요.
(C) 이 진료 기록들을 살펴보세요.

해설 예약을 확인했는지 아니면 자신이 할 지를 선택하도록 요구하면서 상황을 확인하는 선택 의문문이다.
(A) [○] I will call(제가 전화할게요)로 자신이 하는 것을 선택했으므로 정답이다.
(B) [×] appointment(예약)와 관련된 reservation(예약)을 사용하여 혼동을 준 오답이다.
(C) [×] doctor(의사)와 관련된 medical records(진료 기록들)를 사용하여 혼동을 준 오답이다.

18 캐나다 → 미국

We should renovate the main lobby at our headquarters.
(A) Yes, they're waiting in the lobby.
(B) I agree. It is certainly a bit outdated.
(C) No, I need to activate my card.

renovate [rénəvèit] 수리하다 headquarters [hédkwɔ̀:rtərz] 본사
outdated [àutdéitid] 구식인 activate [ǽktəvèit] 활성화하다

해석 본사의 중앙 로비를 수리해야 해요.
(A) 네, 그들은 로비에서 기다리고 있어요.
(B) 저도 동의해요. 그것은 확실히 좀 구식이에요.
(C) 아니요, 제 카드를 활성화해야 해요.

해설 중앙 로비를 수리해야 한다는 의견을 제시하는 평서문이다.
(A) [×] 질문의 lobby를 반복 사용하여 혼동을 준 오답이다.
(B) [○] I agree(저도 동의해요)로 의견에 동의했으므로 정답이다.
(C) [×] renovate-activate의 유사 발음 어휘를 사용하여 혼동을 준 오답이다.

19 호주 → 미국

You visited your parents last weekend, didn't you?
(A) We had dinner on Saturday.
(B) Yes, they love to travel.
(C) Let's visit the museum today.

해석 당신은 지난 주말에 부모님을 방문했죠, 안 그런가요?
(A) 우리는 토요일에 저녁을 먹었어요.
(B) 네, 그들은 여행을 좋아해요.
(C) 오늘 박물관에 갑시다.

해설 지난 주말에 부모님을 방문했는지를 확인하는 부가 의문문이다.
(A) [○] 우리는 토요일에 저녁을 먹었다는 말로 부모님을 방문했음을 간접적으로 전달했으므로 정답이다.
(B) [×] visited(방문했다)와 관련된 travel(여행)을 사용하여 혼동을 준 오답이다.
(C) [×] 질문의 visited를 visit으로 반복 사용하고, last weekend(지난 주말)와 관련된 today(오늘)를 사용하여 혼동을 준 오답이다.

20 영국 → 캐나다

I still haven't heard whether our budget will increase.
(A) I can barely afford it myself.
(B) That's not on our budget.
(C) Everyone is waiting for a decision.

budget [bʌ́dʒit] 예산 barely [미 bɛ́ərli, 영 béəli] 가까스로
afford [미 əfɔ́:rd, 영 əfɔ́:d] ~을 지불할 수 있다

해석 우리의 예산이 늘어날 것인지에 대해 아직도 듣지 못했어요.
(A) 저 스스로 가까스로 지불할 수 있을 것 같아요.
(B) 그것은 저희 예산에 있지 않아요.
(C) 모두가 결정을 기다리고 있어요.

해설 예산에 대해 아직 듣지 못했다는 객관적 사실을 전달하는 평서문이다.
(A) [×] budget(예산)에서 연상할 수 있는 금액과 관련된 afford(~을 지불할 수 있다)를 사용하여 혼동을 준 오답이다.
(B) [×] 질문의 budget을 반복 사용하여 혼동을 준 오답이다.
(C) [○] 모두가 결정을 기다리고 있다는 말로 예산이 늘어날 것인지 아직 결정되지 않았음을 간접적으로 전달했으므로 정답이다.

21 영국 → 캐나다

The scanner in the copy room isn't working properly.
(A) I had problems with it also.
(B) Fifty will be sufficient.
(C) For the use of office workers only.

properly [미 prápərli, 영 prɔ́pəli] 제대로 sufficient [səfíʃənt] 충분한

해석 복사실의 스캐너가 제대로 작동하지 않고 있어요.
(A) 저 또한 그 문제를 겪었어요.
(B) 50장이면 충분할 거예요.
(C) 사무원 전용이에요.

해설 복사실의 스캐너가 제대로 작동하지 않는다는 문제점을 언급하는 평서문이다.
(A) [○] 자신 또한 그 문제를 겪었다는 말로 문제점에 대한 사실을 언급하고 있으므로 정답이다.
(B) [×] copy(복사)와 관련된 Fifty(50장)를 사용하여 혼동을 준 오답이다.
(C) [×] working의 파생어인 workers를 사용하여 혼동을 준 오답이다.

22 호주 → 미국

Is Jennifer going to set up the trade fair booth, or should Alex do it?
(A) Both of them work here.
(B) Yes, that seems fair to me.
(C) The event is still a month from now.

trade [treid] 무역 fair [미 fɛər, 영 feə] 박람회; 적당한, 공평한

해석 Jennifer가 무역 박람회 부스를 준비할 것인가요, 아니면 Alex가 해야 할까요?
(A) 그들 둘 다 이곳에서 근무해요.
(B) 네, 저에게는 그게 적당해 보여요.
(C) 행사는 아직 지금으로부터 한 달이 남았어요.

해설 Jennifer가 무역 박람회 부스를 준비할 것인지 아니면 Alex가 해야 하는지를 선택하도록 요구하면서 상황을 확인하는 선택 의문문이다.
(A) [×] 질문의 Jennifer와 Alex에서 연상할 수 있는 them을 사용하여 혼동을 준 오답이다.

(B) [×] 질문의 fair(박람회)를 '적당한'이라는 의미의 형용사로 사용하여 혼동을 준 오답이다.
(C) [○] 행사가 아직 지금으로부터 한 달이 남았다는 말로 모른다는 간접적인 응답을 했으므로 정답이다.

23 미국 → 캐나다

Why don't you mention your concerns to the manager?
(A) Yes, I think I'll speak to her.
(B) The supervisor went too.
(C) Thanks, but you don't have to do that.

concern [kənsə́:rn] 걱정, 우려 supervisor [sú:pərvàizər] 감독관

해석 당신의 걱정을 관리자에게 말해 보는 게 어때요?
(A) 네, 그녀에게 이야기할 생각이에요.
(B) 감독관도 갔어요.
(C) 고마워요, 하지만 당신이 그것을 할 필요는 없어요.

해설 걱정을 관리자에게 말해 보라는 제안 의문문이다. Why don't you가 제안하는 표현임을 이해할 수 있어야 한다.
(A) [○] Yes로 제안을 수락한 후, 그녀에게 이야기할 생각이라고 부연 설명을 했으므로 정답이다.
(B) [×] manager(관리자)와 같은 의미인 supervisor(감독관)를 사용하여 혼동을 준 오답이다.
(C) [×] mention your concerns(걱정을 말해 보라)와 관련된 do that(그것을 하다)을 사용하여 혼동을 준 오답이다. 질문의 you를 I로 듣고 정답으로 선택하지 않도록 주의한다.

24 호주 → 영국

We still have two seats in business class and one in economy.
(A) The class was educational.
(B) At Departure Gate 9.
(C) I'm fine with economy.

educational [èdʒukéiʃənl] 교육적인
departure [미 dipá:rtʃər, 영 dipá:tʃə] 출발, 떠남

해석 저희는 아직 비즈니스석 두 좌석과 일반석 한 좌석이 있어요.
(A) 그 수업은 교육적이었어요.
(B) 9번 출발 탑승구요.
(C) 저는 일반석이 좋아요.

해설 아직 비즈니스석과 일반석이 있다는 객관적인 사실을 전달하는 평서문이다.
(A) [×] 질문의 class(등급)를 '수업'이라는 의미로 사용하여 혼동을 준 오답이다.
(B) [×] seats in business class(비즈니스석)에서 연상할 수 있는 비행기와 관련된 Departure Gate(출발 탑승구)를 사용하여 혼동을 준 오답이다.
(C) [○] 일반석이 좋다는 말로 일반석을 선택할 것이라는 의견을 제시했으므로 정답이다.

25 미국 → 호주

This is one of the best exhibits the museum has ever had, isn't it?
(A) It is really exceptional.
(B) They've already exited.
(C) No, there is an admission fee.

exceptional [iksépʃənl] 특별한, 예외적인 exit [égzit] 퇴장하다, 나가다

해석 이것은 박물관이 열었던 최고의 전시회 중 하나예요, 안 그런가요?
(A) 이건 정말 특별해요.
(B) 그들은 이미 퇴장했어요.
(C) 아니요, 입장료가 있어요.

해설 이번 전시가 박물관이 열었던 최고의 전시회 중 하나인지를 확인하는 부가 의문문이다.
(A) [○] 정말 특별하다는 말로 이번 전시가 박물관이 열었던 최고의 전시회 중 하나임을 간접적으로 전달했으므로 정답이다.
(B) [×] exhibits-exited의 유사 발음 어휘를 사용하여 혼동을 준 오답이다.
(C) [×] 부가 의문문에 가능한 응답인 No를 사용하고, museum(박물관)과 관련된 admission fee(입장료)를 사용하여 혼동을 준 오답이다.

26 캐나다 → 영국

There is a woman in a business suit waiting for you in the lobby.
(A) That must be the consultant I'm meeting.
(B) I will pick you up in the waiting area.
(C) Well, that's my main hobby.

business suit 정장 consultant [kənsʌ́ltənt] 고문, 자문 위원
pick up ~로 마중 나가다 waiting area 대합실

해석 로비에 당신을 기다리는 정장을 입은 한 여성이 있어요.
(A) 제가 만날 고문임이 분명해요.
(B) 대합실로 당신을 마중 나갈게요.
(C) 음, 그것이 저의 주요한 취미예요.

해설 로비에 상대방을 기다리는 정장을 입은 여성이 있다는 객관적인 사실을 전달하는 평서문이다.
(A) [○] 자신이 만날 고문임이 분명하다는 말로 사실에 대한 추가 정보를 제공했으므로 정답이다.
(B) [×] 질문의 waiting을 반복 사용하여 혼동을 준 오답이다.
(C) [×] lobby-hobby의 유사 발음 어휘를 사용하여 혼동을 준 오답이다.

27 미국 → 호주

You need to head for the bus terminal now, don't you?
(A) Yes, they used the subway instead.
(B) Thanks for reminding me.
(C) On the left side of the street.

head [hed] 가다 remind [rimáind] 상기시키다

해석 당신은 지금 버스 터미널로 가야 해요, 안 그런가요?
(A) 네, 그들은 대신 지하철을 이용했어요.
(B) 상기시켜 줘서 고마워요.
(C) 길 왼쪽 부분에요.

해설 지금 버스 터미널로 가야 한다는 사실을 확인하는 부가 의문문이다.
(A) [×] bus(버스)와 관련된 subway(지하철)를 사용하여 혼동을 준 오답이다. Yes만 듣고 정답으로 고르지 않도록 주의한다.
(B) [○] 상기시켜 줘서 고맙다는 말로 지금 버스 터미널로 가야 함을 간접적으로 전달했으므로 정답이다.
(C) [×] bus(버스)와 관련된 street(길)를 사용하여 혼동을 준 오답이다.

28 영국 → 호주

Can I give you a city map, or are you familiar with the area?
(A) Actually, I have one already.
(B) It's a popular destination.
(C) With members of my family.

familiar [미 fəmíljər, 영 fəmíliə] 익숙한, 잘 알려진
destination [미 dèstənéiʃən, 영 dèstinéiʃən] 목적지

해석 도시 지도를 드릴까요, 아니면 이 지역이 익숙하신가요?
(A) 사실, 이미 하나 가지고 있어요.
(B) 인기 있는 목적지예요.
(C) 저희 가족 구성원들과 함께요.

해설 도시 지도를 받기를 원하는지 아니면 이 지역이 익숙한지를 묻는 선택 의문문이다.
(A) [○] I have one already(이미 하나 가지고 있다)로 둘 다 선택하지 않았으므로 정답이다.
(B) [×] area(지역)와 관련된 destination(목적지)을 사용하여 혼동을 준 오답이다.
(C) [×] familiar-family의 유사 발음 어휘를 사용하여 혼동을 준 오답이다.

29 캐나다 → 영국

Would you like to order anything from our duty-free catalog?
(A) By cash or credit card.
(B) What did you purchase for him?
(C) Not right now, thanks.

duty-free 면세품; 면세의

해석 저희 면세품 목록에서 주문하시겠어요?
(A) 현금 또는 신용카드로요.
(B) 그를 위해 무엇을 구입했나요?
(C) 지금은 말고요, 고마워요.

해설 면세품 목록에서 주문하라는 제안 의문문이다. Would you like to가 제안하는 표현임을 이해할 수 있어야 한다.
(A) [×] order(주문하다)와 관련된 cash or credit card(현금 또는 신용카드)를 사용하여 혼동을 준 오답이다.
(B) [×] order(주문하다)와 관련된 purchase(구입하다)를 사용하여 혼동을 준 오답이다.
(C) [○] Not right now(지금은 말고요)로 제안을 간접적으로 거절했으므로 정답이다.

30 미국 → 캐나다

We haven't done business with that company before, have we?
(A) I have some I can loan you.
(B) Business has been going well.
(C) Not that I'm aware of.

loan [loun] 빌려 주다

해석 우리는 그 회사와 이전에 거래한 적이 없어요, 그렇죠?
(A) 당신에게 빌려 줄 수 있는 것이 조금 있어요.
(B) 사업이 잘 되고 있어요.
(C) 제가 아는 바로는 없어요.

해설 그 회사와 이전에 거래한 적이 없는지를 확인하는 부가 의문문이다.
(A) [×] 그 회사와 이전에 거래한 적이 없는지를 물었는데, 이와 관련이 없는 빌려 줄 수 있다는 내용으로 응답했으므로 오답이다. 질문의 have를 반복 사용하여 혼동을 주었다.
(B) [×] 질문의 business를 반복 사용하여 혼동을 준 오답이다.
(C) [○] Not that I'm aware of(제가 아는 바로는 없어요)로 그 회사와 거래한 적이 없음을 전달했으므로 정답이다.

31 캐나다 → 영국

I'll arrive at the conference center just after one.
(A) There were more attendees than expected.
(B) The seminar starts at noon, though.
(C) We'll need more than one, I think.

attendee [ətèndíː] 참석자

해석 저는 한 시 직후에 회의장에 도착할 거예요.
(A) 예상했던 것보다 더 많은 참석자들이 있었어요.
(B) 하지만 세미나는 정오에 시작해요.
(C) 제가 생각하기에 우리는 한 개 이상이 필요할 거예요.

해설 한 시 직후에 회의장에 도착할 것이라는 객관적 사실을 전달하는 평서문이다.
(A) [×] conference center(회의장)에서 연상할 수 있는 attendees(참석자들)를 사용하여 혼동을 준 오답이다.
(B) [○] 하지만 세미나는 정오에 시작한다는 말로 회의장에 도착하는 시간이 늦다는 의견을 간접적으로 전달했으므로 정답이다.
(C) [×] 회의장에 한 시 직후에 도착할 것이라고 했는데, 이와 관련이 없는 한 개 이상이 필요할 것이라는 내용으로 응답했으므로 오답이다. 질문의 one을 반복 사용하여 혼동을 주었다.

32 호주 → 영국

Can you discuss the budget with me now, or is the afternoon better?
(A) I don't have time until tomorrow.
(B) For operating expenses.
(C) No, I didn't receive it.

budget [bʌ́dʒit] 예산 operating [미 ápərèitiŋ, 영 ɔ́pərèitiŋ] 운영의
expense [ikspéns] 비용, 지출

해석 예산에 관해 저와 지금 논의할 수 있나요, 아니면 오후가 더 나은가요?
(A) 내일이 되어서야 시간이 돼요.
(B) 운영 비용을 위해서요.
(C) 아니요, 저는 받지 않았어요.

해설 예산에 관해 논의할 시간으로 지금과 오후 중 하나를 선택하도록 요구하는 선택 의문문이다.
(A) [○] 내일이 되어서야 시간이 된다는 말로 제3의 것을 선택했으므로 정답이다.
(B) [×] budget(예산)과 관련된 expenses(비용)를 사용하여 혼동을 준 오답이다.
(C) [×] budget(예산)과 관련된 receive(받다)를 사용하여 혼동을 주었다.

33 미국 → 캐나다

This restaurant is a lot better than I expected.
(A) The food is certainly delicious.
(B) On the takeout menu.
(C) Thanks, but I already ate.

expect [ikspékt] 기대하다, 예상하다
certainly [sə́ːrtnli] 정말로, 확실히
takeout [téikàut] 테이크아웃 음식, 가지고 가는 음식

해석 이 식당은 제가 기대했던 것보다 훨씬 더 좋아요.
(A) 음식이 정말로 맛있어요.
(B) 테이크아웃 음식 메뉴에서요.
(C) 고마워요, 그런데 저는 이미 먹었어요.

해설 식당이 기대했던 것보다 훨씬 좋다는 의견을 제시하는 평서문이다.
(A) [○] 음식이 정말로 맛있다는 말로 식당이 좋다는 의견에 간접적으로 동의했으므로 정답이다.
(B) [×] restaurant(식당)과 관련된 takeout(테이크아웃 음식)을 사용하여 혼동을 준 오답이다.
(C) [×] restaurant(식당)과 관련된 ate(먹었다)를 사용하여 혼동을 준 오답이다.

34 미국 → 호주

Ms. Wyland will be writing the article, won't she?
(A) I haven't read it yet.
(B) That's the editor's decision.
(C) It contained a few errors.

article [áːrtikl] 기사 editor [미 éditər, 영 éditə] 편집장, 편집자
contain [kəntéin] 담고 있다, 포함하다 error [미 érər, 영 érə] 오류, 잘못

해석 Ms. Wyland가 그 기사를 쓸 거예요, 안 그런가요?

(A) 저는 아직 그것을 읽지 않았어요.
(B) 그건 편집장이 결정할 일이에요.
(C) 그것은 몇 가지 오류를 담고 있었어요.

해설 Ms. Wyland가 기사를 쓸 것인지를 확인하는 부가 의문문이다.
(A) [x] article(기사)과 관련된 read(읽었다)를 사용하여 혼동을 준 오답이다.
(B) [o] 그건 편집장이 결정할 일이라는 말로 모른다는 간접적인 응답을 했으므로 정답이다.
(C) [x] article(기사)과 관련된 errors(오류)를 사용하여 혼동을 준 오답이다.

35 캐나다 → 영국

Our cosmetics line is experiencing low sales levels.
(A) The assembly line is operational.
(B) We may want to advertise more.
(C) Did they offer you a discount?

cosmetics [미 kazmétiks, 영 kɔzmétiks] 화장품
assembly line 생산 라인
operational [미 àpəréiʃənl, 영 ɔ̀pəréiʃənl] 운영 상의

해석 우리 화장품 라인은 낮은 판매 수준을 겪고 있어요.
(A) 생산 라인은 운영 중이에요.
(B) 더 많이 광고해야 해요.
(C) 그들이 할인을 제공했나요?

해설 화장품이 낮은 판매 수준을 겪고 있다는 문제점을 언급하는 평서문이다.
(A) [x] 질문의 line을 반복 사용하여 혼동을 준 오답이다.
(B) [o] 더 많이 광고해야 한다는 말로 문제점에 대한 해결책을 제안했으므로 정답이다.
(C) [x] sales(판매)와 관련된 discount(할인)를 사용하여 혼동을 준 오답이다.

36 영국 → 호주

Shall I organize the training session?
(A) It has finally stopped raining.
(B) Registration is still open.
(C) Yes, you'd be perfect for the job.

organize [미 ɔ́:rgənàiz, 영 ɔ́:gənaiz] 준비하다, 조직하다
registration [rèdʒistréiʃən] 등록

해석 제가 교육을 준비할까요?
(A) 마침내 비가 멈췄어요.
(B) 등록이 아직 진행 중이에요.
(C) 네, 당신은 그 일에 딱 맞아요.

해설 자신이 교육을 준비하겠다는 제안 의문문이다. Shall I가 제안하는 표현임을 이해할 수 있어야 한다.
(A) [x] training-raining의 유사 발음 어휘를 사용하여 혼동을 준 오답이다.
(B) [x] training session(교육)과 관련된 Registration(등록)을 사용하여 혼동을 준 오답이다.
(C) [o] Yes로 제안을 수락한 후, 상대방이 그 일에 딱 맞다는 의견을 제시했으므로 정답이다.

37 캐나다 → 미국

You didn't forget your laptop in the meeting room, did you?
(A) No, it's right here.
(B) It's a pleasure to meet you too.
(C) Sorry, I don't have the time.

pleasure [pléʒər] 기쁨, 즐거움

해석 당신은 회의실에 있는 노트북 컴퓨터를 잊지 않았죠, 그렇죠?
(A) 아니에요, 바로 여기 있어요.
(B) 저도 당신을 만나서 기뻐요.
(C) 미안해요, 시간이 없어요.

해설 회의실에 있는 노트북 컴퓨터를 잊지 않았는지를 확인하는 부가 의문문이다.
(A) [o] No로 잊지 않았음을 전달한 후, 바로 여기 있다는 추가 정보를 제공했으므로 정답이다.
(B) [x] meeting의 파생어인 meet를 사용하여 혼동을 준 오답이다.
(C) [x] 회의실에 있는 노트북 컴퓨터를 잊지 않았는지를 물었는데, 이와 관련이 없는 시간이 없다는 내용으로 응답했으므로 오답이다. 질문의 didn't를 don't로 반복 사용하여 혼동을 주었다.

38 호주 → 미국

Would you be willing to pick me up at the airport on Sunday?
(A) Sure. What time do you arrive?
(B) I picked a few already.
(C) It's arriving from Los Angeles.

willing [wíliŋ] ~할 의향이 있는

해석 일요일에 공항으로 저를 마중 나와 줄 의향이 있나요?
(A) 물론이죠. 언제 도착하나요?
(B) 이미 몇 개를 골랐어요.
(C) 이것은 로스앤젤레스에서 도착할 거예요.

해설 일요일에 공항으로 마중 나와 달라는 요청 의문문이다. Would you가 요청하는 표현임을 이해할 수 있어야 한다.
(A) [o] Sure(물론이죠)로 요청을 수락했으므로 정답이다.
(B) [x] 질문의 pick을 picked로 반복 사용하여 혼동을 준 오답이다.
(C) [x] airport(공항)와 관련된 arriving(도착하다)을 사용하여 혼동을 준 오답이다.

39 영국 → 캐나다

Do you know where our office is located, or would you like directions?
(A) It comes with instructions.
(B) I've been there before.
(C) I wasn't aware of that.

directions [미 dirékʃənz, 영 dairékʃənz] 길 안내
instruction [instrʌ́kʃən] (제품 등의) 사용 설명서

해석 우리 사무실이 어디에 위치해 있는지를 아나요, 아니면 길 안내를 원하나요?
(A) 사용 설명서가 같이 와요.
(B) 이전에 그곳에 가 봤어요.
(C) 그것을 알지 못했어요.

해설 사무실의 위치를 아는지 아니면 길 안내를 원하는지를 묻는 선택 의문문이다.
(A) [x] directions-instructions의 유사 발음 어휘를 사용하여 혼동을 준 오답이다.
(B) [o] 이전에 가 봤다라는 말로 사무실의 위치를 알고 있다는 간접적인 응답을 했으므로 정답이다.
(C) [x] know(알다)와 같은 의미인 be aware of(~을 알다)를 사용하여 혼동을 준 오답이다.

40 미국 → 호주

The mall is so crowded with shoppers today.
(A) I didn't purchase anything.
(B) It gets busy this time of year.
(C) It was shipped in the mail.

crowded [kráudid] 붐비는 ship [ʃip] 배송하다

해석 오늘 쇼핑몰은 물건을 사는 사람들로 너무 붐벼요.

(A) 저는 아무것도 사지 않았어요.
(B) 이맘때면 바빠져요.
(C) 우편으로 배송되었어요.

해설 쇼핑몰이 물건을 사는 사람들로 너무 붐빈다는 문제점을 언급하는 평서문이다.
(A) [×] shoppers(물건을 사는 사람들)와 관련된 purchase(사다)를 사용하여 혼동을 준 오답이다.
(B) [○] 이맘때면 바빠진다는 말로 문제점의 원인을 언급하였으므로 정답이다.
(C) [×] mall-mail의 유사 발음 어휘를 사용하여 혼동을 준 오답이다.

Part Test p.149

1. (B)	2. (A)	3. (B)	4. (C)	5. (A)	6. (B)
7. (A)	8. (C)	9. (A)	10. (C)	11. (A)	12. (B)
13. (C)	14. (B)	15. (A)	16. (B)	17. (A)	18. (A)
19. (A)	20. (B)	21. (C)	22. (B)	23. (C)	24. (A)
25. (B)					

1 캐나다 → 영국

Can you update the personnel files this afternoon, please?
(A) We have enough staff.
(B) I can do it now.
(C) Sure. I'll check the date.

personnel [pə̀:rsənél] 인사, 직원

해석 오늘 오후에 인사 파일들을 업데이트해 줄 수 있나요?
(A) 우리는 직원이 충분해요.
(B) 지금 그것을 할 수 있어요.
(C) 물론이죠. 제가 날짜를 확인해 볼게요.

해설 인사 파일들을 업데이트해 달라는 요청 의문문이다. Can you가 요청하는 표현임을 이해할 수 있어야 한다.
(A) [×] personnel(인사)과 관련된 staff(직원)를 사용하여 혼동을 준 오답이다.
(B) [○] 지금 그것을 할 수 있다는 말로 요청을 수락했으므로 정답이다.
(C) [×] update-date의 유사 발음 어휘를 사용하여 혼동을 준 오답이다.

2 미국 → 호주

How will you be paying for your order?
(A) With my credit card.
(B) Payday is Friday.
(C) We will ship the package soon.

ship [ʃip] 배송하다

해석 주문품 대금을 어떻게 지불할 건가요?
(A) 제 신용카드로요.
(B) 월급날은 금요일이에요.
(C) 우리는 곧 소포를 배송할 거예요.

해설 주문품 대금을 어떻게 지불할지를 묻는 How 의문문이다. How가 방법을 묻는 것임을 이해할 수 있어야 한다.
(A) [○] credit card(신용카드)라는 지불 수단을 언급했으므로 정답이다.
(B) [×] 질문의 paying(지불하다)과 관련된 Payday(월급날)를 사용하여 혼동을 준 오답이다.
(C) [×] order(주문품)와 관련된 ship(배송하다)을 사용하여 혼동을 준 오답이다.

3 캐나다 → 미국

Matt has a car just like this, doesn't he?
(A) Do you know where we parked?
(B) He sold his a year ago.
(C) I'd rather sit up front.

park [pɑ:rk] 주차하다

해석 Matt는 바로 이것과 같은 차가 있어요, 안 그런가요?
(A) 우리가 어디에 주차했는지 아시나요?
(B) 그는 1년 전에 차를 팔았어요.
(C) 저는 차라리 앞에 앉겠어요.

해설 Matt가 바로 이것과 같은 차가 있는지를 확인하는 부가 의문문이다.
(A) [×] car(차)와 관련된 parked(주차했다)를 사용하여 혼동을 준 오답이다.
(B) [○] 1년 전에 차를 팔았다는 말로 Matt가 차가 없음을 간접적으로 전달했으므로 정답이다.
(C) [×] car(차)에서 연상할 수 있는 좌석과 관련된 sit up front(앞에 앉다)를 사용하여 혼동을 준 오답이다.

4 호주 → 영국

Which sports class did Kylie take this summer?
(A) That's a large sum of money.
(B) Four more spots are left.
(C) I have no idea.

a large sum of 거액의 spot [미 spɑt, 영 spɔt] 자리, 장소

해석 Kylie는 이번 여름에 어떤 스포츠 수업을 들었나요?
(A) 그것은 거액의 돈이에요.
(B) 네 자리가 더 남아 있어요.
(C) 잘 모르겠어요.

해설 Kylie가 어떤 스포츠 수업을 들었는지를 묻는 Which 의문문이다. Which sports class를 반드시 들어야 한다.
(A) [×] summer-sum of의 유사 발음 어휘를 사용하여 혼동을 준 오답이다.
(B) [×] sports-spots의 유사 발음 어휘를 사용하여 혼동을 준 오답이다.
(C) [○] 잘 모르겠다는 말로 간접적인 응답을 했으므로 정답이다.

5 미국 → 호주

Is this bicycle worth what you paid for it?
(A) I think it was a good deal.
(B) No, that's where Brad parks.
(C) The weather is getting worse.

worth [미 wə:rθ, 영 wə:θ] ~의 가치가 있는 deal [di:l] 거래, 합의

해석 이 자전거는 당신이 지불한 만큼의 가치가 있나요?
(A) 좋은 거래였다고 생각해요.
(B) 아니요, 그곳은 Brad가 주차하는 곳이에요.
(C) 날씨가 악화되고 있어요.

해설 자전거가 지불한 만큼의 가치가 있는지를 확인하는 Be 동사 의문문이다.
(A) [○] 좋은 거래였다고 생각한다는 말로 자전거가 지불한 만큼의 가치가 있음을 간접적으로 전달했으므로 정답이다.
(B) [×] bicycle(자전거)과 관련된 park(주차하다)를 사용하여 혼동을 준 오답이다. No만 듣고 정답으로 고르지 않도록 주의한다.
(C) [×] worth-worse의 유사 발음 어휘를 사용하여 혼동을 준 오답이다.

6 영국 → 호주

Where should this report be sent?
(A) By Wednesday at the latest.
(B) To the third-floor office.
(C) It is 25 pages long.

at the latest 늦어도

해석 이 보고서는 어디로 보내져야 하나요?
(A) 늦어도 수요일까지요.

(B) 3층 사무실로요.
(C) 그것은 25페이지 분량이에요.

해설 보고서가 어디로 보내져야 하는지를 묻는 Where 의문문이다.
(A) [×] 특정 시점을 물을 때 사용할 수 있는 응답이므로 오답이다.
(B) [○] the third-floor office(3층 사무실)라는 특정 장소를 언급했으므로 정답이다.
(C) [×] report(보고서)와 관련된 pages(페이지)를 사용하여 혼동을 준 오답이다.

7 캐나다 → 영국

Would you care to try on that coat?
(A) I don't think it will fit me.
(B) I usually wear a suit to work.
(C) Please be careful.

care [kεər] ~하고 싶어 하다, 좋아하다 fit [fit] (옷이) 맞다

해석 저 코트를 입어 보시겠어요?
(A) 저한테 맞지 않을 것 같아요.
(B) 저는 보통 정장을 입고 출근해요.
(C) 조심해 주세요.

해설 코트를 입어보라는 제안 의문문이다. Would you care to가 제안하는 표현임을 이해할 수 있어야 한다.
(A) [○] 자신에게 맞지 않을 것 같다는 말로 제안을 간접적으로 거절했으므로 정답이다.
(B) [×] try on(입어보다)과 관련된 wear(입다), coat(코트)와 관련된 suit(정장)를 사용하여 혼동을 준 오답이다.
(C) [×] care의 파생어인 careful을 사용하여 혼동을 준 오답이다.

8 미국 → 호주

Should we paint the manager's office or the conference room first?
(A) There is plenty of room.
(B) He's on a conference call.
(C) Let's take care of the lobby first.

conference call 전화 회의 take care of ~을 처리하다

해석 우리가 관리자의 사무실을 페인트칠해야 할까요, 아니면 회의실부터 페인트칠해야 할까요?
(A) 많은 공간이 있어요.
(B) 그는 전화 회의 중이에요.
(C) 먼저 로비부터 처리합시다.

해설 페인트칠을 할 장소로 관리자의 사무실과 회의실 중 하나를 선택하도록 요구하는 선택 의문문이다.
(A) [×] 질문의 room(~실)을 '공간'이라는 의미로 사용하여 혼동을 준 오답이다.
(B) [×] 질문의 conference를 반복 사용하여 혼동을 준 오답이다.
(C) [○] lobby(로비)로 제3의 것을 선택했으므로 정답이다.

9 영국 → 캐나다

Please hand in your report by the end of the day.
(A) It will be on your desk.
(B) The ending was sad.
(C) We worked late today.

hand in 제출하다 ending [éndiŋ] 결말

해석 오늘까지 보고서를 제출해주세요.
(A) 당신 책상 위에 있을 거예요.
(B) 결말이 슬펐어요.
(C) 우리는 오늘 늦게까지 일했어요.

해설 오늘까지 보고서를 제출해달라고 요청하는 의도의 평서문이다.
(A) [○] 당신 책상 위에 있을 것이라는 말로 요청을 간접적으로 수락했으므로 정답이다.
(B) [×] end의 파생어인 ending을 사용하여 혼동을 준 오답이다.
(C) [×] the day-today의 유사 발음 어휘를 사용하여 혼동을 준 오답이다.

10 미국 → 호주

Why can't you make it to the party?
(A) There will be games and music.
(B) We made a lot of food.
(C) Sorry, but I've made other plans.

make it (장소에) 오다, 나타나다

해석 당신은 왜 파티에 오지 못하나요?
(A) 게임들과 음악이 있을 거예요.
(B) 우리는 많은 음식을 만들었어요.
(C) 미안하지만, 저는 다른 계획들이 있어요.

해설 왜 파티에 오지 못하는지를 묻는 Why 의문문이다.
(A) [×] party(파티)와 관련된 games and music(게임들과 음악)을 사용하여 혼동을 준 오답이다.
(B) [×] 질문의 make it(오다)에서의 make를 '만들다'라는 의미의 made로 사용하여 혼동을 준 오답이다.
(C) [○] 다른 계획들이 있다는 이유를 언급했으므로 정답이다.

11 캐나다 → 영국

Why don't you take a taxi to the airport instead of a shuttle?
(A) I probably should.
(B) I'm taking a trip overseas.
(C) No, the taxi fare is fixed.

overseas [미 òuvərsíːz, 영 àuvəsíːz] 해외로

해석 공항까지 셔틀버스 대신에 택시를 타는 건 어때요?
(A) 아마도 그래야 할 것 같아요.
(B) 저는 해외로 여행을 갈 거예요.
(C) 아니요, 택시 요금은 정해져 있어요.

해설 공항까지 택시를 타라는 제안 의문문이다. Why don't you가 제안하는 표현임을 이해할 수 있어야 한다.
(A) [○] 아마도 그래야 할 것 같다는 말로 제안을 수락했으므로 정답이다.
(B) [×] 질문의 take를 taking으로 반복 사용하여 혼동을 준 오답이다.
(C) [×] 질문의 taxi를 반복 사용하여 혼동을 준 오답이다.

12 미국 → 캐나다

Should we open another store or expand our existing one?
(A) The entire stock is on sale.
(B) I'd rather improve upon what we have.
(C) Yes, the grand opening was yesterday.

expand [ikspǽnd] 확장하다 stock [stɑk] 재고품

해석 우리는 또 다른 상점을 열어야 하나요, 아니면 기존의 것을 확장시켜야 하나요?
(A) 전체 재고품이 할인 중이에요.
(B) 우리가 가진 것을 개선하는 것이 낫겠어요.
(C) 네, 대개장은 어제였어요.

해설 또 다른 상점을 여는 것과 기존의 것을 확장시키는 것 중 하나를 선택하도록 요구하는 선택 의문문이다.
(A) [×] store(상점)와 관련된 stock(재고품), on sale(할인 중인)을 사용하여 혼동을 준 오답이다.

(B) [o] 우리가 가진 것을 개선하는 것이 낫겠다는 말로 기존의 것을 확장시키는 것을 선택했으므로 정답이다.
(C) [x] open의 파생어인 opening을 사용하여 혼동을 준 오답이다.

13 미국 → 호주

Who is taking John's shift while he is on vacation?
(A) It is from 4 to 10 o'clock.
(B) He's traveling in Europe.
(C) Cindy will cover his hours.

shift [ʃift] 교대 근무 on vacation 휴가 중인
cover [미 kʌ́vər, 영 kʌ́və] (자리를 비운 사람의 일을) 대신하다

해석 John이 휴가 중인 동안 누가 그의 교대 근무를 맡을 건가요?
(A) 4시부터 10시까지예요.
(B) 그는 유럽을 여행하고 있어요.
(C) Cindy가 그의 근무 시간을 대신할 거예요.

해설 John이 휴가 중인 동안 누가 교대 근무를 맡을 건지를 묻는 Who 의문문이다.
(A) [x] 특정 시간을 물을 때 사용할 수 있는 응답이므로 오답이다.
(B) [x] vacation(휴가)과 관련된 traveling(여행하다)을 사용하여 혼동을 준 오답이다.
(C) [o] Cindy라는 특정 인물을 언급했으므로 정답이다.

14 미국 → 캐나다

How long will the highway be closed?
(A) I'll show you the highway on a map.
(B) Probably around six months.
(C) That store isn't closed anymore.

highway [háiwèi] 고속도로

해석 그 고속도로는 얼마나 오래 폐쇄되어 있을 것인가요?
(A) 제가 지도에서 그 고속도로를 보여드릴게요.
(B) 아마도 6개월 정도요.
(C) 그 상점은 더 이상 닫혀 있지 않아요.

해설 고속도로가 얼마나 오래 폐쇄되어 있을지를 묻는 How 의문문이다. How long이 기간을 묻는 것임을 이해할 수 있어야 한다.
(A) [x] 질문의 highway를 반복 사용하여 혼동을 준 오답이다.
(B) [o] six months(6개월)로 기간을 언급했으므로 정답이다.
(C) [x] 질문의 closed를 반복 사용하여 혼동을 준 오답이다.

15 영국 → 호주

Who will be giving the presentation to the manager?
(A) That hasn't been decided yet.
(B) It'll be about quality control.
(C) I really appreciate the present.

quality control 품질 관리 appreciate [əprí:ʃièit] 감사하다

해석 누가 관리자에게 발표할 건가요?
(A) 그건 아직 결정되지 않았어요.
(B) 품질 관리에 관한 것일 거예요.
(C) 선물 정말 감사합니다.

해설 누가 발표할 것인지를 묻는 Who 의문문이다.
(A) [o] 그건 아직 결정되지 않았다는 말로 아직 모른다는 간접적인 응답을 했으므로 정답이다.
(B) [x] presentation(발표)에서 연상할 수 있는 발표 주제와 관련된 quality control(품질 관리)을 사용하여 혼동을 준 오답이다.
(C) [x] presentation-present의 유사 발음 어휘를 사용하여 혼동을 준 오답이다.

16 영국 → 호주

When can Mr. Stevenson contact you?
(A) I would like to meet again.
(B) Anytime this week will be all right.
(C) He is an important business contact.

contact [미 kάntækt, 영 kɔ́ntækt] 연락하다; 연락책

해석 Mr. Stevenson이 언제 당신과 연락할 수 있나요?
(A) 다시 만나고 싶어요.
(B) 이번 주 언제든지 괜찮아요.
(C) 그는 중요한 사업 연락책이에요.

해설 Mr. Stevenson이 언제 연락할 수 있는지를 묻는 When 의문문이다.
(A) [x] contact(연락하다)와 관련된 meet(만나다)을 사용하여 혼동을 준 오답이다.
(B) [o] Anytime this week(이번 주 언제든지)이라는 불확실한 시점을 언급했으므로 정답이다.
(C) [x] 질문의 contact(연락하다)를 '연락책'이라는 의미의 명사로 사용하여 혼동을 준 오답이다.

17 캐나다 → 영국

Where is the seminar going to take place?
(A) At the business center downtown.
(B) On top of the counter will be fine.
(C) There will be 50 participants.

participant [미 pɑ:rtísəpənt, 영 pɑ:tísipənt] 참가자

해석 세미나가 어디에서 개최될 예정인가요?
(A) 시내의 비즈니스 센터에서요.
(B) 계산대 위가 좋을 것 같아요.
(C) 50명의 참가자들이 있을 거예요.

해설 세미나가 어디에서 개최될 것인지를 묻는 Where 의문문이다.
(A) [o] business center(비즈니스 센터)라는 특정 장소를 언급했으므로 정답이다.
(B) [x] On top of the counter(계산대 위)는 세미나 장소가 될 수 없으므로 오답이다. 의문사 Where만 듣고 정답으로 고르지 않도록 주의한다.
(C) [x] seminar(세미나)와 관련된 participants(참가자들)를 사용하여 혼동을 준 오답이다.

18 호주 → 미국

The steak I ordered is undercooked.
(A) You should complain.
(B) Go down the corridor.
(C) Don't forget to tip.

corridor [kɔ́:ridər] 복도 tip [tip] 팁을 주다

해석 제가 주문한 스테이크가 덜 익었어요.
(A) 당신은 항의해야 해요.
(B) 복도를 따라가세요.
(C) 팁 주는 것을 잊지 말아요.

해설 주문한 스테이크가 덜 익었다는 문제점을 언급하는 평서문이다.
(A) [o] 항의해야 한다는 말로 문제점에 대해 해결책을 제시했으므로 정답이다.
(B) [x] ordered-corridor의 유사 발음 어휘를 사용하여 혼동을 준 오답이다.
(C) [x] ordered(주문했다)와 관련된 tip(팁을 주다)을 사용하여 혼동을 준 오답이다.

19 영국 → 캐나다

Don't we need to leave for the airport soon?
(A) No, we still have lots of time.
(B) This jacket has a tear in the sleeve.
(C) Right, the flight lasts for seven hours.

tear [tεər] 해진 곳, 째진 틈 sleeve [sli:v] (옷의) 소매

해석 우리는 곧 공항으로 떠나야 하지 않나요?
(A) 아니요, 우리는 아직 시간이 많아요.
(B) 이 재킷은 소매에 해진 곳이 있어요.
(C) 맞아요, 비행이 7시간 동안 계속될 거예요.

해설 곧 공항으로 떠나야 하는지를 확인하는 부정 의문문이다.
(A) [o] No로 아직 떠나지 않아도 됨을 전달한 후, 시간이 많다라는 추가 정보를 제공했으므로 정답이다.
(B) [x] leave-sleeve의 유사 발음 어휘를 사용하여 혼동을 준 오답이다.
(C) [x] airport(공항)와 관련된 flight(비행)를 사용하여 혼동을 준 오답이다.

20 미국 → 호주

Why were the employees told to arrive early today?
(A) The early results look promising.
(B) They have to meet a deadline.
(C) I finished the project yesterday.

promising [미 prάmisiŋ, 영 prɔ́misiŋ] 장래성 있는, 전도유망한

해석 직원들은 왜 오늘 일찍 오라는 말을 들었나요?
(A) 초기의 결과는 장래성 있어 보여요.
(B) 그들은 마감을 맞춰야 해요.
(C) 저는 어제 프로젝트를 끝냈어요.

해설 직원들이 왜 일찍 오라는 말을 들었는지를 묻는 Why 의문문이다.
(A) [x] 질문의 early를 반복 사용하여 혼동을 준 오답이다.
(B) [o] 그들이 마감을 맞춰야 한다는 이유를 언급했으므로 정답이다.
(C) [x] today(오늘)와 관련된 yesterday(어제)를 사용하여 혼동을 준 오답이다.

21 미국 → 캐나다

Do you think that we should hire Susan for the associate position?
(A) I'll train the new hires.
(B) Yes, she was given a raise.
(C) We should consider the other applicants.

hire [háiər] 고용하다; 신입 사원 raise [reiz] 임금 인상
applicant [ǽplikənt] 지원자

해석 우리가 Susan을 준직원으로 고용해야 한다고 생각하시나요?
(A) 저는 신입 사원들을 교육할 거예요.
(B) 네, 그녀는 임금이 인상되었어요.
(C) 우리는 다른 지원자들을 검토해 보는 게 좋겠어요.

해설 Susan을 준직원으로 고용해야 한다고 생각하는지 의견을 묻는 조동사(Do) 의문문이다.
(A) [x] 질문의 hire(고용하다)를 '신입 사원'이라는 의미의 명사로 사용하여 혼동을 준 오답이다.
(B) [x] hire(고용하다)와 관련된 raise(임금 인상)를 사용하여 혼동을 준 오답이다.
(C) [o] 다른 지원자들을 검토해 보는 게 좋겠다는 말로 Susan을 고용하는 것에 대해 부정적인 의견을 간접적으로 제시했으므로 정답이다.

22 영국 → 캐나다

What will be discussed in the meeting after lunch?
(A) I enjoyed our discussion today.
(B) Changes to the product design.
(C) In the conference room.

discuss [diskʌ́s] 논의하다, 토론하다

해석 점심 후에 있을 회의에서 무엇이 논의될 건가요?
(A) 오늘 우리의 토론은 즐거웠어요.
(B) 상품 디자인 변경이요.
(C) 회의실에서요.

해설 회의에서 무엇이 논의될 것인지를 묻는 What 의문문이다. What ~ discussed를 반드시 들어야 한다.
(A) [x] discussed의 파생어인 discussion을 사용하여 혼동을 준 오답이다.
(B) [o] Changes to the product design(상품 디자인 변경)이라는 특정 주제를 언급했으므로 정답이다.
(C) [x] meeting(회의)과 관련된 conference room(회의실)을 사용하여 혼동을 준 오답이다.

23 미국 → 호주

Ms. Jang recently transferred to a new law firm, didn't she?
(A) I've already transferred the money.
(B) That's the attorney's desk.
(C) No, she hasn't changed firms.

transfer [미 trænsfə́:r, 영 trænsfə́:] 옮기다, 이동하다
attorney [미 ətə́:rni, 영 ətə́:ni] 변호사, 대리인

해석 Ms. Jang이 최근에 새로운 법률 사무소로 옮겼죠, 안 그랬나요?
(A) 저는 이미 돈을 송금했어요.
(B) 그건 변호사의 책상이에요.
(C) 아니요, 그녀는 회사를 바꾸지 않았어요.

해설 Ms. Jang이 최근에 새로운 법률 사무소로 옮겼는지를 확인하는 부가 의문문이다.
(A) [x] 질문의 transferred를 반복 사용하여 혼동을 준 오답이다.
(B) [x] law firm(법률 사무소)과 관련된 attorney(변호사)를 사용하여 혼동을 준 오답이다.
(C) [o] No로 옮기지 않았음을 전달한 후, 회사를 바꾸지 않았다는 부연 설명을 했으므로 정답이다.

24 미국 → 캐나다

Has it been decided where the conference will be held?
(A) Didn't you get the memo?
(B) Sometime next month.
(C) I attended the conference.

hold [hould] 열다, 개최하다

해석 회의가 어디에서 열릴지 결정되었나요?
(A) 회람을 받지 못했나요?
(B) 다음 달 중에요.
(C) 저는 그 회의에 참석했어요.

해설 의문사 where를 포함하여 회의가 어디에서 열릴지 결정되었는지를 묻는 일반 의문문이다.
(A) [o] 회람을 받지 못했는지를 되물어 회의 장소가 결정되었음을 간접적으로 전달했으므로 정답이다.
(B) [x] 특정 시점을 물을 때 사용할 수 있는 응답이므로 오답이다.
(C) [x] 질문의 conference를 반복 사용하여 혼동을 준 오답이다.

25 영국 → 호주

Wasn't this book very successful?
(A) Yes, a hotel room is booked for tomorrow.
(B) Many copies were sold.
(C) No, the reference section is closed.

copy [미 kápi, 영 kɔ́pi] (같은 책의) 부 reference [réfərəns] 참고 문헌

해석 이 책은 매우 성공적이지 않았나요?
(A) 네, 호텔 방이 내일로 예약되어 있어요.
(B) 많은 부수가 팔렸어요.
(C) 아니요, 참고 문헌 구역은 폐쇄되었어요.

해설 책이 성공적이지 않았는지의 사실을 확인하는 부정 의문문이다.
(A) [×] 질문의 book(책)을 '예약하다'라는 의미의 동사 booked로 사용하여 혼동을 준 오답이다.
(B) [○] 많은 부수가 팔렸다는 말로 성공적이었음을 간접적으로 전달했으므로 정답이다.
(C) [×] book(책)과 관련된 reference(참고 문헌)를 사용하여 혼동을 준 오답이다.

Part 3

기본 다지기

1. 명사절과 형용사절 귀에 익히기 p.155

1. (A)	2. (B)	3. (A)	4. (A)	5. (B)	6. (A)
7. (A)	8. (A)	9. (B)	10. (A)	11. (B)	12. (B)
13. (A)	14. (B)				

1 캐나다 → 영국 → 호주
Mr. Cole created a logo that displays the company's name.
Mr. Cole이 회사 이름을 보여주는 로고를 제작했어요.

2 영국 → 호주 → 미국
My broker said that new stock shares would be issued soon.
주식 중개인이 새로운 주식이 곧 발행될 거라고 말했어요.

3 호주 → 영국 → 캐나다
The travel agency offers cruises that might fit your budget.
그 여행사는 당신의 예산에 맞는 크루즈 여행을 제공해요.

4 미국 → 호주 → 영국
I lost the receipt that you gave me yesterday.
저는 어제 당신이 저에게 준 영수증을 잃어버렸어요.

5 캐나다 → 영국 → 호주
The trainees want to know if the session has been canceled.
수습 사원들은 그 수업이 취소되었는지 알고 싶어 해요.

6 영국 → 호주 → 미국
The clerk said the bus is arriving.
점원이 버스가 도착할 것이라고 말했어요.

7 호주 → 영국 → 캐나다
We think the office should buy a new printer.
우리는 사무실이 새 프린터를 구입해야 한다고 생각해요.

8 미국 → 호주 → 영국
The staff thinks that the merger will result in layoffs.
직원들은 합병이 정리해고를 야기할 것이라고 생각해요.

9 캐나다 → 영국 → 호주
The CEO must decide whether the campaign is feasible.
최고 경영자는 그 캠페인이 실현 가능한지 결정해야 해요.

10 영국 → 호주 → 미국
He'll talk about how a good proposal can attract investors.
그는 좋은 제안이 어떻게 투자자를 유인할 수 있는지에 대해 이야기할 거예요.

11 영국 → 호주 → 미국
That's not what the customer ordered from the Web site.
그것은 고객이 웹사이트에서 주문한 것이 아니에요.

12 미국 → 호주 → 영국
What we'll start now is checking the computers for viruses.
지금 우리가 시작할 일은 컴퓨터 바이러스를 검사하는 거예요.

13 캐나다 → 영국 → 호주
These qualifications are what we're looking for in applicants.
이 자격 요건들이 우리가 지원자들에게서 찾고 있는 것들이에요.

14 영국 → 호주 → 미국
The book describes tours that travelers recommend.
그 책은 여행자들이 추천하는 여행들을 설명하고 있어요.

2. 시간·순서의 표현 듣기 p.157

1. (B)	2. (B)	3. (C)	4. (A)	5. (C)	6. (B)

1 캐나다 → 영국, 호주 → 미국, 캐나다 → 영국
M: I'm calling to ask what your bookshop's hours are.
W: We open at nine and stay open until eight in the evening from Monday through Friday.

M: 그쪽 서점의 영업시간을 물어보려고 전화 드렸어요.
W: 월요일부터 금요일까지 9시에 개점해서 저녁 8시까지 영업합니다.
Q. 남자는 무엇에 대해 문의하는가?
(A) 책 제목
(B) 영업 시간
(C) 제품 가격

2 영국 → 호주, 미국 → 캐나다, 영국 → 캐나다
W: I was hoping to discuss Lisa's promotion with you before Friday.
M: Well, I'm busy today and Wednesday, so I can't meet until Thursday.

W: Lisa의 승진에 대해 금요일 전에 당신과 이야기하고 싶어요.
M: 음, 제가 오늘이랑 수요일은 바빠서 목요일이나 되어야 만날 수 있어요.
Q. 화자들은 언제 만날 것 같은가?
(A) 수요일에
(B) 목요일에
(C) 금요일에

3 호주 → 영국, 캐나다 → 미국, 캐나다 → 영국
M: Gerry and I are leaving in an hour to watch a baseball game. Do you want to come along?
W: I have to work on this report right now, as the manager needs it by 5:30 this evening. And then I think I'll be free.

M: Gerry와 저는 야구 경기를 관람하기 위해 한 시간 뒤에 출발할 거예요. 당신도 같이 갈래요?
W: 관리자가 오늘 저녁 5시 30분까지 필요로 해서 지금 바로 보고서를 작성해야 해요. 그러고 나서 저는 시간이 있을 것 같아요.
Q. 여자는 다음에 무엇을 해야 한다고 말하는가?
(A) 스포츠 행사에 간다.
(B) 그녀의 사장과 만난다.
(C) 보고서를 완성한다.

4 영국 → 호주, 미국 → 캐나다, 영국 → 캐나다

W: Is the printer working now? I asked the technician to look at it two hours ago.

M: He said he'd do it after he completes one other request. He should be here in 30 minutes.

W: 프린터가 이제 작동되나요? 제가 두 시간 전에 기술자에게 그것을 봐달라고 요청했거든요.
M: 그는 다른 한 가지 요청사항을 마무리한 다음에 그것을 하겠다고 했어요. 30분 후에 그가 이곳에 올 거예요.
Q. 여자는 오늘 오전에 무엇을 했는가?
(A) 수리공에게 연락했다.
(B) 보고서를 출력했다.
(C) 사무실 용품을 주문했다.

5 미국 → 호주, 영국 → 캐나다, 미국 → 캐나다

W: I'm scheduled to have a meeting at 9 this morning, but I've got a terrible headache.

M: If you want, I can reschedule it for 10.

W: 제가 오늘 오전 9시에 회의를 하기로 예정되어 있는데, 심한 두통이 있어요.
M: 원하시면, 10시로 회의 일정을 변경해드릴게요.
Q. 남자는 무엇을 제안하는가?
(A) 회의를 취소하는 것
(B) 의사를 방문하는 것
(C) 모임을 연기하는 것

6 캐나다 → 영국, 호주 → 미국, 캐나다 → 영국

M: What time was our flight supposed to leave?

W: An hour ago. It's 3 P.M. now. We might have to wait another hour.

M: 우리의 항공편이 몇 시에 출발하기로 되어 있었나요?
W: 1시간 전이요. 지금 오후 3시네요. 1시간 더 기다려야 할지도 몰라요.
Q. 화자들은 항공편에 대해 무엇을 말하는가?
(A) 오후에 도착할 것이다.
(B) 더 오래 지연될 수도 있다.
(C) 몇몇 승객들을 기다리고 있다.

3. 자주 쓰이는 관용 표현 듣기 p.161

1. (A) 2. (B) 3. (A) 4. (B) 5. (A) 6. (B)

1 호주 → 영국, 캐나다 → 미국, 캐나다 → 영국

M: Have you seen Annie? I need to talk to her.

W: She must have gone to see a client. I can send her a message if it's an emergency.

M: Annie를 보셨나요? 그녀에게 할 얘기가 있어요.
W: 그녀는 분명 고객을 만나러 갔을 거예요. 급하시면 제가 그녀에게 메시지를 보내줄 수 있어요.
Q. 여자는 무엇을 하겠다고 제의하는가?
(A) 동료에게 연락한다.
(B) 고객을 만난다.

2 캐나다 → 영국, 호주 → 미국, 캐나다 → 영국

M: Hello, reception? I requested to have my suit pressed earlier. I'm wondering if it's ready.

W: A staff member is bringing it to your room now.

M: 여보세요, 프런트죠? 이전에 제 양복을 다림질해달라고 부탁했었는데요. 그것이 준비되었는지 궁금해요.
W: 직원이 손님의 방으로 지금 그것을 가져다 드릴 거예요.
Q. 여자는 누구인 것 같은가?
(A) 사무실 관리자
(B) 호텔 직원

3 호주 → 영국, 캐나다 → 미국, 캐나다 → 영국

M: Could I borrow your textbook this morning, Elaine?

W: As long as you make sure that you give it back to me by 2 P.M. today.

M: 오늘 아침에 당신의 교재를 빌릴 수 있을까요, Elaine?
W: 오늘 오후 2시까지 제게 돌려준다는 것이 확실하다면요.
Q. 남자는 언제 책을 돌려주어야 하는가?
(A) 오늘 오후
(B) 내일 아침

4 캐나다 → 영국, 호주 → 미국, 캐나다 → 영국

M: Do you know why Mr. Roberts called a meeting?

W: No, but it sounds like it might be important. I would go.

M: Mr. Roberts가 왜 회의를 소집했는지 알고 있나요?
W: 아니요, 하지만 중요한 일인 것 같아요. 저라면 참석하겠어요.
Q. 여자는 무엇을 제안하는가?
(A) 일찍 퇴근하기
(B) 회의에 참석하기

5 영국 → 호주, 미국 → 캐나다, 영국 → 캐나다

W: Hey, Jerry, is it true you're taking that administrative position in London?

M: Yes, it is. I hope it works out for me.

W: 안녕하세요, Jerry, 당신이 런던에서 관리직을 맡을 것이라는 것이 사실인가요?
M: 네, 그래요. 그것이 잘 되었으면 좋겠어요.
Q. 여자는 일자리에 대해 무엇을 언급하는가?
(A) 런던에 있다.
(B) 파트타임 일자리이다.

6 미국 → 호주, 영국 → 캐나다, 영국 → 캐나다

W: I'm sorry I can't stay, but I have to catch the 5 o'clock train to Vienna.

M: That's OK. Thanks for stopping by.

W: 더 머무를 수 없어서 죄송하지만, 저는 비엔나로 가는 5시 기차를 타야 해요.
M: 괜찮아요. 들러주셔서 감사해요.
Q. 여자는 왜 머무를 수 없는가?
(A) 그녀는 약속에 늦었다.
(B) 그녀는 이동을 위해 떠나야 한다.

4. Paraphrasing된 표현 이해하기 p.165

1. (B) 2. (C) 3. (C) 4. (B) 5. (A) 6. (B)

1 미국 → 호주, 영국 → 캐나다, 영국 → 캐나다

W: Daniel, I was wondering if you've booked a train or flight ticket yet for our business trip to the Atlanta branch on Tuesday.

M: Actually, I decided to drive down because I'll need a vehicle while I'm there.

W: Daniel, 당신이 화요일에 애틀랜타 지점으로 출장을 가기 위한 기차나 비행기 표를 이미 예매했는지 궁금해요.
M: 실은, 제가 그곳에 있는 동안 차량이 필요할 거라 운전해서 가기로 결정했어요.
Q. 남자는 애틀랜타로 어떻게 갈 것 같은가?
(A) 기차로
(B) 차로
(C) 비행기로

2 캐나다 → 영국, 호주 → 영국, 캐나다 → 미국

M: The new shelving units are being delivered this afternoon. We need to put these old ones in storage. Can you clear the products off them this morning?

W: Sure. That's no problem. I'll do that right now and after that, I can help you move the old shelves into our storage area.

M: 오늘 오후에 새로운 선반들이 배송될 거예요. 우리는 여기의 오래된 선반들을 창고에 넣어둬야 해요. 오늘 오전에 선반에서 물건들을 치우는 것을 도와주시겠어요?

W: 물론이죠. 문제없어요. 지금 당장 치우고 그 후엔 오래된 선반들을 창고로 옮기는 것을 도와드릴 수 있어요.

Q. 여자는 다음에 무엇을 하겠다고 말하는가?

(A) 몇몇 선반들을 옮긴다.
(B) 택배회사에 연락한다.
(C) 몇몇 물건들을 옮긴다.

3 영국 → 호주, 미국 → 캐나다, 영국 → 캐나다

W: I heard that the Southland Museum is celebrating its 20th anniversary with a special exhibit.

M: Yes, it is opening on Monday and will last for ten days. We should go see it together.

W: Southland 박물관이 특별 전시회로 20주년을 기념할 거라고 들었어요.

M: 맞아요, 월요일에 열어서 열흘 동안 계속될 거래요. 우리 함께 보러 가요.

Q. 박물관은 얼마나 오랫동안 문을 열었는가?

(A) 열흘 동안
(B) 10년 동안
(C) 20년 동안

4 호주 → 영국, 캐나다 → 미국, 캐나다 → 영국

M: How are you finding the new house you bought last month?

W: Well, it is more convenient because it's closer to the office. Also, there's plenty of space to fit all my furniture.

M: 지난달에 구입한 새 집은 어때요?

W: 음, 사무실에서 더 가까워서 훨씬 편리해요. 또한, 제 가구 모두에 맞게 공간도 많아요.

Q. 여자는 새 집에 관해 무엇을 말하는가?

(A) 그녀의 직장에서 멀다.
(B) 충분히 넓다.
(C) 가구가 모두 갖춰져 있었다.

5 미국 → 호주, 영국 → 캐나다, 영국 → 캐나다

W: I'm so hungry, but I don't think I'll have time to go anywhere for lunch today.

M: I'm really busy with work too, so why don't we just order a pizza?

W: 저는 매우 배가 고픈데, 오늘 점심을 먹으러 어디로 갈 시간이 있을 것 같지 않아요.

M: 저도 역시 업무로 인해 매우 바쁜데, 우리 그냥 피자를 주문하는 게 어때요?

Q. 남자는 무엇을 제안하는가?

(A) 음식 배달시키기
(B) 휴식 취하기
(C) 근처 식당에 가기

6 영국 → 호주, 미국 → 캐나다, 영국 → 캐나다

W: I purchased this sweater last week, but it's too small and I was hoping I could get a refund.

M: I'm sorry, ma'am, but we only offer exchanges on our products.

W: 지난주에 이 스웨터를 구매했는데, 너무 작아서 제가 환불을 받을 수 있길 바라고 있어요.

M: 죄송합니다, 손님, 하지만 저희는 저희 제품들에 대해 교환만 제공합니다.

Q. 여자는 어떤 문제를 언급하는가?

(A) 제품이 손상되었다.
(B) 구매품이 잘못된 사이즈였다.
(C) 요금을 너무 많이 청구받았다.

실전 연습

p.166

1. (B)	2. (A)	3. (C)	4. (D)	5. (A)	6. (C)
7. (C)	8. (B)	9. (B)	10. (A)	11. (A)	12. (B)
13. (D)	14. (B)	15. (D)	16. (B)	17. (B)	18. (A)
19. (C)	20. (B)	21. (D)	22. (C)	23. (B)	24. (D)

[1-3] 캐나다 → 영국

Questions 1-3 refer to the following conversation.

M: Good morning. My name is Gary Bundy, and [1]**I have a meeting scheduled for next Monday at 9 A.M. with one of your lawyers, Ms. Deanna Thomas**. Unfortunately, my director asked me to attend an out-of-town conference on that day, so I can't make my appointment. [1/2]**Could I meet with her sometime next Tuesday?**

W: I'm sorry, but [2]**Ms. Thomas will be busy in court on Tuesday**. Would you be able to come in at 10 A.M. the following day?

M: I think so. However, [3]**I'll have to speak to my supervisor to make sure**. I'll call back and let you know in a few minutes.

unfortunately [미 ʌnfɔ́:rtʃənətli, 영 ʌnfɔ́:tʃənətli] 공교롭게도, 유감스럽게도
out-of-town [áutəvtàun] 시외의 court [미 kɔ:rt, 영 kɔ:t] 법정

해석

1-3은 다음 대화에 관한 문제입니다.

M: 안녕하세요. 제 이름은 Gary Bundy이고, [1]**귀사의 변호사 중 한 명인 Ms. Deanna Thomas와 다음 주 월요일 오전 9시로 예정된 회의가 있습니다**. 공교롭게도, 제 상사께서 그날 제가 시외의 컨퍼런스에 참석할 것을 요청하셔서 약속을 지킬 수가 없습니다. [1/2]**제가 그녀와 다음 주 화요일 언젠가에 만날 수 있을까요?**

W: 죄송합니다만, [2]**Ms. Thomas는 화요일에 법정에서 바쁠 예정입니다**. 그 다음 날 오전 10시에 오실 수 있으신가요?

M: 그럴 것 같아요. 하지만 [3]**확실히 하기 위해서 제 상사와 이야기해야 할 거예요**. 제가 몇 분 내로 다시 전화해서 알려 드리겠습니다.

1

해석 전화의 목적은 무엇인가?

(A) 항의를 제기하기 위해
(B) 예약을 변경하기 위해
(C) 인터뷰를 확인하기 위해
(D) 배달을 준비하기 위해

해설 전화의 목적을 묻는 문제이므로, 대화의 초반을 반드시 듣는다. 남자가 여자에게 "I have a meeting scheduled for next Monday at 9 A.M. with one of your lawyers, Ms. Deanna Thomas"라며 여자의 회사의 변호사 중 한 명인 Ms. Deanna Thomas와 다음 주 월요일 오전 9시로 예정된 회의가 있다고 한 뒤, "Could I meet with her sometime next Tuesday?"라며 그녀를 다음 주 화요일 언젠가에 만날 수 있을지 물었다. 따라서 정답은 (B) To change an appointment이다.

어휘 file [fail] 제기하다 complaint [kəmpléint] 항의, 불만

2

해석 Ms. Thomas는 왜 화요일에 시간이 되지 않을 것인가?

(A) 그녀는 법정에 가야 한다.
(B) 그녀는 휴가에 가 있을 것이다.
(C) 그녀는 상사와 회의가 있다.
(D) 그녀는 고객과 점심을 먹을 것이다.

해설 Ms. Thomas가 화요일에 시간이 되지 않을 이유를 묻는 문제이므로, 질문의 핵심어구(Ms. Thomas ~ Tuesday)와 관련된 내용을 주의 깊게 듣는다. 남자가 "Could I meet with her[Ms. Thomas] sometime next Tuesday?"라며 Ms. Thomas를 다음 주 화요일 언젠가에 만날 수 있을지 묻자, 여자가 "Ms. Thomas will be busy in court on Tuesday"라며 Ms. Thomas는 화요일에 법정에서 바쁠 예정이라고 하였다. 따라서 정답은 (A) She has to go to court이다.

3

해석 남자는 다음에 무엇을 할 것 같은가?
(A) 서류를 돌려준다.
(B) 법원에 간다.
(C) 상사에게 이야기한다.
(D) 컨퍼런스에 등록한다.

해설 남자가 다음에 할 일을 묻는 문제이므로, 대화의 마지막 부분을 주의 깊게 듣는다. 남자가 "I'll have to speak to my supervisor to make sure"라며 확실히 하기 위해서 상사와 이야기해야 할 거라고 하였다. 따라서 정답은 (C) Talk to a manager이다. speak to ~ supervisor가 정답에서 Talk to a manager로 Paraphrasing되었음을 이해할 수 있어야 한다.

어휘 courthouse [미 kɔ́:rthàus, 영 kɔ́:thaus] 법원
register [미 rédʒistər, 영 rédʒistə] 등록하다

[4-6] 캐나다 → 영국

Questions 4-6 refer to the following conversation.

M: Hi. [4]**I'd like these three shirts to be cleaned, please.** How much will that cost?
W: That'll be $15. You can just pay when you pick them up.
M: When will they be ready?
W: It usually takes 24 hours. But [5]**one of our washing machines broke down, so it will take longer.** [6]**You'll need to come back the day after tomorrow.**
M: [6]**I have to give a presentation tomorrow afternoon. Is there another place I can get my clothes cleaned in the area?**
W: Hmm . . . Try Clark's on the corner of 5th Avenue and 46th Street.
M: I'll do that. Thanks.

pick up ~을 찾다 break down 고장나다

해석
4-6은 다음 대화에 관한 문제입니다.

M: 안녕하세요. [4]이 셔츠 세 장이 세탁되도록 부탁드려요. 비용이 얼마나 들까요?
W: 15달러예요. 그냥 그것들을 찾으러 오실 때 돈을 지불하셔도 돼요.
M: 그것들이 언제 준비될까요?
W: 보통은 24시간이 걸려요. 하지만 [5]저희 세탁기 중 한 대가 고장이 나서, 시간이 더 오래 걸릴 거예요. [6]모레 다시 오셔야 할 거예요.
M: [6]저는 내일 오후에 발표를 해야 해요. 이 지역에 제 옷들을 세탁할 수 있는 다른 곳이 있나요?
W: 음... 5번가와 46번가의 모퉁이에 있는 Clark's를 시도해보세요.
M: 그렇게 할게요. 감사해요.

4

해석 대화는 어디에서 일어나고 있는 것 같은가?
(A) 옷 가게에서
(B) 맞춤 양복점에서
(C) 여행사에서
(D) 세탁소에서

해설 대화가 일어나는 장소를 묻는 문제이므로, 장소와 관련된 표현을 놓치지 않고 듣는다. 남자가 "I'd like these three shirts to be cleaned, please."라며 셔츠 세 장이 세탁되도록 부탁한다고 한 내용을 통해 대화의 장소가 세탁소임을 알 수 있다. 따라서 정답은 (D) At a dry cleaner이다.

어휘 tailor shop 맞춤 양복점

5

해석 여자는 어떤 문제를 언급하는가?
(A) 기계가 작동하지 않는다.
(B) 셔츠가 찾아가도록 준비되지 않았다.
(C) 가게에 직원이 부족하다.
(D) 가게가 일시적으로 문을 닫는다.

해설 여자의 문제점을 묻는 문제이므로, 여자의 말에서 부정적인 표현이 언급된 다음을 주의 깊게 듣는다. 여자가 "one of our washing machines broke down, so it will take longer"라며 세탁기 중 한 대가 고장이 나서 시간이 더 오래 걸릴 것이라고 한 말을 통해 기계가 작동하지 않는다는 것을 알 수 있다. 따라서 정답은 (A) A machine is not functioning이다. (broke down → is not functioning)

어휘 function [fʌ́ŋkʃən] 작동하다; 기능
understaffed [미 ʌ̀ndərstǽft, 영 ʌ̀ndəstɑ́:ft] 직원이 부족한
temporarily [미 tèmpərérəli, 영 tempərerəli] 일시적으로, 임시로

6

해석 남자는 "저는 내일 오후에 발표를 해야 해요"라고 말할 때 무엇을 의도하는가?
(A) 그는 아침에 돌아올 것이다.
(B) 그는 약속을 취소할 것이다.
(C) 그는 물품을 더 빨리 필요로 한다.
(D) 그는 기한을 연장하는 것을 거부한다.

해설 남자가 하는 말의 의도를 묻는 문제이므로, 질문의 인용어구(I have to give a presentation tomorrow afternoon)가 언급된 주변을 주의 깊게 듣는다. 여자가 남자에게 "You'll need to come back the day after tomorrow."라며 모레 다시 와야 할 거라고 하자, 남자가 "I have to give a presentation tomorrow afternoon. Is there another place I can get my clothes cleaned in the area?"라며 내일 오후에 발표를 해야 한다며 이 지역에 자신의 옷들을 세탁할 수 있는 다른 곳이 있는지 물었다. 이를 통해 남자가 물품을 더 빨리 필요로 함을 알 수 있다. 따라서 정답은 (C) He requires items sooner이다.

어휘 deadline [dédlain] 기한, 마감일

[7-9] 영국 → 호주

Questions 7-9 refer to the following conversation.

W: Hello. [7]**I read a notice on the bulletin board saying that there is a job opening for an assistant in the math department. Is the position still available?**
M: Yes. We're currently interviewing other students. Would you like to apply?
W: I would, but [8]**I'm worried about my schedule. I've enrolled in several classes this semester and will not be available most weekday mornings.**
M: Since [7]**it's a part-time job**, we can set your work hours according to your schedule. If you're interested, [9]**you should fill out an application form**. Then we can arrange an appointment with the head of the department.

bulletin board 게시판 assistant [əsístənt] (대학의) 조교
enroll [inróul] (수업 등에) 등록하다 semester [미 siméstər, 영 siméstə] 학기

해석
7-9는 다음 대화에 관한 문제입니다.

W: 안녕하세요. [7]게시판에서 수학과 조교 자리에 공석이 있다는 공지를 읽었습니다. 그 자리가 아직 남아 있나요?
M: 네. 저희는 현재 다른 학생들을 면접 보고 있습니다. 지원하고 싶으신가요?
W: 그러고 싶은데, [8]제 일정이 걱정됩니다. 저는 이번 학기에 여러 수업들을 등록해서

Part 3
Hackers TOEIC Listening

대부분의 평일 오전에는 시간이 없을 거예요.

M: [7]파트타임 일자리이기 때문에, 당신의 일정에 따라 근무시간을 결정해 드릴 수 있어요. 관심이 있다면, [9]지원서를 작성해 주셔야 해요. 그러면 학과장님과 약속을 잡아드릴게요.

7

해석 대화는 주로 무엇에 대한 것인가?

(A) 면접 일정
(B) 수업 과제
(C) 파트타임 일자리의 공석
(D) 학과장과의 회의

해설 대화의 주제를 묻는 문제이므로, 대화의 초반을 주의 깊게 들은 후 전체 맥락을 파악한다. 대화의 초반에서 여자가 "I read a notice ~ saying that there is a job opening for an assistant ~. Is the position still available?"이라며 조교 자리에 공석이 아직 있는지 물었고, 이후에 남자가 "it's a part-time job"이라며 그 자리가 파트타임 일자리라고 하였다. 따라서 정답은 (C) A vacancy for part-time work이다. 문장에서 saying의 목적어로 쓰인 명사절(that there is ~ an assistant)의 의미에 주의하여 문장을 듣고 이해한다.

8

해석 여자는 왜 걱정하는가?

(A) 그녀는 마감 기한을 놓쳤다.
(B) 그녀는 일정이 바쁘다.
(C) 그녀는 면접에 늦었다.
(D) 그녀는 시험에서 낮은 점수를 받았다.

해설 여자가 걱정하는 이유를 묻는 문제이므로, 여자의 말을 주의 깊게 듣는다. 여자가 "I'm worried about my schedule. I've enrolled in several classes ~ and will not be available most weekday mornings."라며 여러 수업들을 등록해서 대부분의 평일 오전에는 시간이 없을 거라 일정이 걱정된다고 하였다. 따라서 정답은 (B) She has a busy schedule이다. not be available이 정답에서 has a busy schedule로 Paraphrasing되었음을 이해할 수 있어야 한다.

어휘 deadline[dédlàin] 마감 기한

9

해석 남자는 여자에게 무엇을 하라고 요청하는가?

(A) 점심 이후에 돌아온다.
(B) 서류를 작성한다.
(C) 몇몇 수업들을 복습한다.
(D) 수업에 등록한다.

해설 남자가 여자에게 요청하는 것을 묻는 문제이므로, 남자의 말에서 요청과 관련된 표현이 언급된 다음을 주의 깊게 듣는다. 남자가 "you should fill out an application form"이라며 지원서를 작성해 달라고 요청하였다. 따라서 정답은 (B) Complete a document이다. fill out ~ form이 정답에서 Complete a document로 Paraphrasing되었음을 이해할 수 있어야 한다.

어휘 complete[kəmplíːt] (서식을) 작성하다, 기입하다

[10-12] 캐나다 → 호주 → 미국

Questions 10-12 refer to the following conversation with three speakers.

M1: **[10]Jane and I've been looking into ways to reduce costs at our car manufacturing plant.** Apparently, if we get solar panels installed, we can save about $1,500 on our monthly electricity bills. But the installation cost seems high to me. **[11]What do you think, Tony?**

M2: **[11]I think it would be a good idea because we can claim money from the state to pay for the installation cost.**

M1: I like your thinking . . . So, what's our first move?

W: **[12]I'll spend some time this afternoon researching local solar panel companies. We can discuss the options.**

M1: That would be excellent.

reduce[미 ridjúːs, 영 ridʒúːs] 줄이다 solar panel 태양 전지판
idea[미 aidíːə, 영 aidíə] 방안, 생각 claim[kleim] 청구하다

해석

10-12는 다음 세 명의 대화에 관한 문제입니다.

M1: [10]Jane과 저는 우리 자동차 제조 공장에서 비용을 줄일 방법을 찾고 있었어요. 듣자 하니, 우리가 태양 전지판을 설치하면 월 전기 요금에서 약 1500달러를 절약할 수 있어요. 하지만 저는 설치 비용이 비싼 것 같아요. [11]어떻게 생각해요, Tony?

M2: [11]우리가 설치 비용을 지불하기 위한 자금은 주 정부에 청구할 수 있으니까 저는 좋은 방안인 것 같아요.

M1: 당신 생각이 마음에 드네요... 그래서, 우리의 첫 업무는 무엇인가요?

W: [12]제가 오늘 오후에 시간을 좀 내서 지역 태양 전지판 회사들을 조사할게요. 선택지들에 대해 논의할 수 있을 거예요.

M1: 그게 좋겠어요.

10

해석 화자들은 어디에서 일하는 것 같은가?

(A) 자동차 공장에서
(B) 부동산 중개소에서
(C) 금융 기관에서
(D) 수리 업체에서

해설 화자들이 일하는 장소를 묻는 문제이므로, 신분 및 직업과 관련된 표현을 놓치지 않고 듣는다. 남자가 "Jane and I've been looking into ways to reduce costs at our car manufacturing plant."라며 Jane과 자신이 그들의 자동차 제조 공장에서 비용을 줄일 방법을 찾고 있었다고 한 말을 통해 화자들이 일하는 장소가 자동차 공장임을 알 수 있다. 따라서 정답은 (A) At an automobile factory이다. car manufacturing plant가 정답에서 automobile factory로 Paraphrasing되었음을 이해할 수 있어야 한다.

어휘 automobile[ɔ́ːtəməbìːl] 자동차 financial institution 금융 기관

11

해석 Tony는 제안이 왜 좋은 방안이라고 생각하는가?

(A) 정부 지원을 이용할 수 있을 것이다.
(B) 설치가 간단할 것이다.
(C) 추가 품목이 생산될 수 있다.
(D) 새로운 법이 도입될 것이다.

해설 Tony, 즉 남자 2가 제안이 좋은 방안이라고 생각하는 이유를 묻는 문제이므로, Tony의 말에서 질문의 핵심어구(good idea)가 언급된 주변을 주의 깊게 듣는다. 남자 1이 "What do you think, Tony?"라며 Tony에게 어떻게 생각하는지 묻자, 남자 2[Tony]가 "I think it would be a good idea because we can claim money from the state to pay for the installation cost."라며 설치 비용을 지불하기 위한 자금은 주 정부에 청구할 수 있으므로 좋은 방안인 것 같다고 하였다. 따라서 정답은 (A) Government assistance may be available이다.

어휘 government[미 gʌvərnmənt, 영 gʌ́vənmənt] 정부
available[əvéiləbl] 이용할 수 있는 introduce[intrədjúːs] 도입하다, 소개하다

12

해석 여자는 무엇을 해주겠다고 제안하는가?

(A) 자료들을 요약한다.
(B) 회사들을 조사한다.
(C) 은행 대출을 신청한다.
(D) 세무사를 고용한다.

해설 여자가 해주겠다고 제안하는 것을 묻는 문제이므로, 여자의 말에서 남자들을 위해 해주겠다고 언급한 내용을 주의 깊게 듣는다. 여자가 "I'll spend some time this afternoon researching local solar panel companies. We can discuss the options."라며 자신이 오늘 오후에 시간을 좀 내서 지역 태양 전지판 회사들을 조사하겠다며 선택지들에 대해 논의할 수 있을 거라고

하였다. 따라서 정답은 (B) Look into some firms이다. researching ~ companies가 정답에서 Look into ~ firms로 Paraphrasing되었음을 이해할 수 있어야 한다.

어휘 **summarize**[sʌməràiz] 요약하다 **look into** ~을 조사하다 **loan**[loun] 대출 **tax accountant** 세무사

[13-15] 캐나다 → 영국

Questions 13-15 refer to the following conversation.

M: Hi, Daphne. [13/15]**I'm thinking about going to Johnny Staplestar's concert on Thursday night and would like to know if you want to come with me.**

W: Thanks for the offer, Adam, but I'm not sure I can go. [14]**I haven't finished this project proposal for remodeling our client's lobby, and I have to hand it in on Friday morning.**

M: Actually, [15]**he's giving two performances. There's another one on Friday night.** So, if that works with your schedule and you'd like to join me, I can go ahead and get tickets for that night.

W: Yeah, that'd be great!

proposal[미 prəpóuzəl, 영 prəpə́uzəl] 제안서, 제안 **hand in** 제출하다
performance[pərfɔ́:rməns] 공연

해석

13-15는 다음 대화에 관한 문제입니다.

M: 안녕하세요, Daphne. [13/15]저는 목요일 밤에 있는 Johnny Staplestar의 콘서트에 가려고 하는데, 당신이 저와 함께 가고 싶은지 알고 싶어요.

W: 제안에 감사해요, Adam, 그런데 제가 갈 수 있을지 확실하지 않네요. [14]고객의 로비 리모델링에 대한 이 프로젝트 제안서를 끝내지 못했는데, 금요일 아침에 제출해야 하거든요.

M: 사실, [15]그는 공연을 두 번 할 거예요. 금요일 밤에 또 다른 공연이 있어요. 그러니, 그것이 당신의 일정에 맞고 저와 함께 하고 싶으시다면, 제가 가서 그날 밤 티켓을 구할 수 있어요.

W: 네, 좋네요!

13

해석 화자들은 주로 무엇에 대해 이야기하고 있는가?
(A) 여행 티켓 예약하기
(B) 음반 가게 방문하기
(C) 마감 기한 연기하기
(D) 음악 행사 참석하기

해설 대화의 주제를 묻는 문제이므로, 대화의 초반을 반드시 듣는다. 남자가 "I'm thinking about going to ~ concert ~ and would like to know if you want to come with me."라며 콘서트에 가려고 하는데 여자가 함께 가고 싶은지 알고 싶다고 하였다. 따라서 정답은 (D) Attending a musical event이다. concert가 정답에서 musical event로 Paraphrasing되었음을 이해할 수 있어야 한다.

어휘 **postpone**[poustpóun] 연기하다

14

해석 여자는 금요일에 무엇을 해야 한다고 말하는가?
(A) 행사 예약을 취소한다.
(B) 고객에게 업무를 제출한다.
(C) 회의 일정을 다시 잡는다.
(D) 건물 개조를 시작한다.

해설 여자가 금요일에 해야 한다고 말한 내용을 묻는 문제이므로, 여자의 말에서 질문의 핵심어구(Friday)가 언급된 주변을 주의 깊게 듣는다. 여자가 "I haven't finished this project proposal for remodeling our client's lobby, and I have to hand it in on Friday morning."이라며 고객의 로비 리모델링에 대한 제안서를 금요일 아침에 제출해야 한다고 하였다. 따라서 정답은 (B) Submit some work to a client이다. hand ~ in이 정답에서 Submit으로 Paraphrasing되었음을 이해할 수 있어야 한다.

어휘 **submit**[səbmít] 제출하다 **remodel**[rì:mɑ́dl] 개조하다

15

해석 남자는 Johnny Staplestar에 대해 무엇을 언급하는가?
(A) 그는 출장을 갈 것이다.
(B) 그는 약속을 취소해야만 했다.
(C) 그는 앞으로 고객과 회의가 있다.
(D) 그는 이번 주에 두 번의 콘서트를 열 것이다.

해설 남자가 Johnny Staplestar에 대해 언급하는 것을 묻는 문제이므로, 남자의 말에서 질문의 핵심어구(Johnny Staplestar)가 언급된 주변을 주의 깊게 듣는다. 남자가 "I'm thinking about going to Johnny Staplestar's concert on Thursday night"이라며 목요일에 Johnny Staplestar의 콘서트가 있음을 언급한 뒤, "he's giving two performances. There's another one on Friday night."이라며 금요일에 공연이 한 번 더 있다고 하였다. 이를 통해, Johnny Staplestar가 이번 주에 두 번의 콘서트를 열 것임을 알 수 있다. 따라서 정답은 (D) He is giving two concerts this week이다.

[16-18] 호주 → 미국

Questions 16-18 refer to the following conversation.

M: Hello, my name is Cedric Gomez. [16]**I bought a washing machine** in your store yesterday. It was supposed to be delivered this morning [16]**but it never arrived.**

W: I apologize, Mr. Gomez. Our delivery person called earlier, and he's stuck in traffic on Gilmore Road. He will probably be at your residence at around 11 o'clock.

M: I see. Well, [17]**I'm about to leave the house for a dental appointment**. I'm returning at 2 P.M. Is it possible for your delivery person to bring the item then?

W: All right, [18]**I'll let him know.** He can make other deliveries before going to your house. Sorry for the inconvenience.

deliver[미 dilívər, 영 dilívə] 배달하다 **stuck in traffic** 교통이 정체된
residence[rézədəns] 집, 주거지

해석

16-18은 다음 대화에 관한 문제입니다.

M: 안녕하세요, 제 이름은 Cedric Gomez예요. [16]저는 어제 당신의 상점에서 세탁기를 샀어요. 그것이 오늘 아침에 배달되기로 되어 있었는데 [16]오지 않았어요.

W: 죄송합니다, Mr. Gomez. 저희 배달원이 조금 전에 전화했는데 Gilmore로에서 교통 정체로 꼼짝도 못하고 있습니다. 그는 아마도 고객님 댁에 약 11시쯤 도착할 것입니다.

M: 알겠어요. 음, [17]저는 치과 예약이 있어서 지금 막 집을 나가려던 참이에요. 오후 2시에 돌아올 거예요. 배달원이 물건을 그때 가져오는 것이 가능한가요?

W: 네, [18]제가 그에게 알리겠습니다. 그는 고객님 댁에 가기 전에 다른 배송을 하면 됩니다. 불편을 끼쳐드려서 죄송합니다.

16

해석 남자는 무슨 문제를 언급하는가?
(A) 상점에서 신용 카드를 받지 않는다.
(B) 구매품이 아직 도착하지 않았다.
(C) 상품에 몇몇 결함이 있다.
(D) 도로가 보수공사로 인해 폐쇄되었다.

해설 남자의 문제점을 묻는 문제이므로, 남자의 말에서 부정적인 표현이 언급된 다음을 주의 깊게 듣는다. 남자가 "I bought a washing machine", "but it never arrived"라며 세탁기를 샀는데 배달되지 않았다고 하였다. 따라서 정답은 (B) A purchase has not yet arrived이다. 시간을 나타내는 표현인 not ~ yet(아직 ~아니다)의 의미에 주의하여 정답의 단서가 되는 문장의 의미를 이해하도록 한다.

어휘 **defect**[dí:fekt] 결함 **repair**[ripɛ́ər] 보수공사

17

해석 남자는 왜 곧 떠나야 하는가?
(A) 소매점에 가기 위해
(B) 치과 의사에게 가보기 위해
(C) 친구와 함께 하기 위해
(D) 소포를 찾아 오기 위해

해설 남자가 곧 떠나야 하는 이유를 묻는 문제이므로, 질문의 핵심어구(leave soon)와 관련된 내용을 주의 깊게 듣는다. 남자가 "I'm about to leave the house for a dental appointment"라며 치과 예약이 있어서 지금 막 집을 나가려던 참이라고 하였다. 따라서 정답은 (B) To see a dentist이다.

어휘 retail outlet 소매점

18

해석 여자는 다음에 무엇을 할 것인가?
(A) 동료에게 연락한다.
(B) 상품을 교체한다.
(C) 사과 편지를 보낸다.
(D) 보증 정책을 검토한다.

해설 여자가 다음에 할 일을 묻는 문제이므로, 대화의 마지막 부분을 주의 깊게 듣는다. 여자가 "I'll let him[our delivery person] know"라며 동료인 배달원에게 알리겠다고 하였다. 따라서 정답은 (A) Contact a colleague이다.

어휘 colleague[kɑ́liːg] 동료 replace[ripléis] 교체하다

[19-21] 캐나다 → 미국

Questions 19-21 refer to the following conversation and store layout.

M: Pardon me. [19/20]**Do you have *Valley Ranch*, the latest novel by Nora Barrett?**
W: Yes. [20]**We've got several dozen copies in our mystery section.**
M: Finally! The book's been sold out at every store I've been to.
W: We sold out too, but we just restocked it yesterday. It seems like a popular book.
M: I know. [21]**Some famous book bloggers praised it in their reviews, and that generated a lot of interest among readers.** That's what made me want to get a copy.
W: Lucky for you, we have it. Don't forget to use your membership card to earn store credit when you check out.

dozen[dʌzn] 10개 남짓의, 12개의 restock[riːstɑ́ːk] 다시 채우다, 보충하다
generate[dʒénəreit] 일으키다, 발생시키다 earn[əːrn] 받다, 얻다
check out 계산하다, 확인하다

해석

19-21은 다음 대화와 매장 배치도에 관한 문제입니다.

M: 실례합니다. [19/20]Nora Barrett의 최신 소설인 *Valley Ranch* 있나요?
W: 네. [20]**추리 소설 구역에 수십 권이 있습니다.**
M: 드디어! 그 책이 제가 갔던 모든 매장에서 품절이었거든요.
W: 저희도 품절이었는데 바로 어제 다시 채웠어요. 인기 있는 책인 것 같아요.
M: 맞아요. [21]**몇몇 유명한 책 블로거들이 후기에서 그걸 칭찬했고, 그게 독자들 사이에서 많은 관심을 일으켰어요.** 그게 제가 한 권을 사고 싶게 만들었고요.
W: 저희가 그걸 보유하고 있어서 다행이네요. 계산하실 때 회원 카드를 이용해서 매장 포인트를 받는 것을 잊지 마세요.

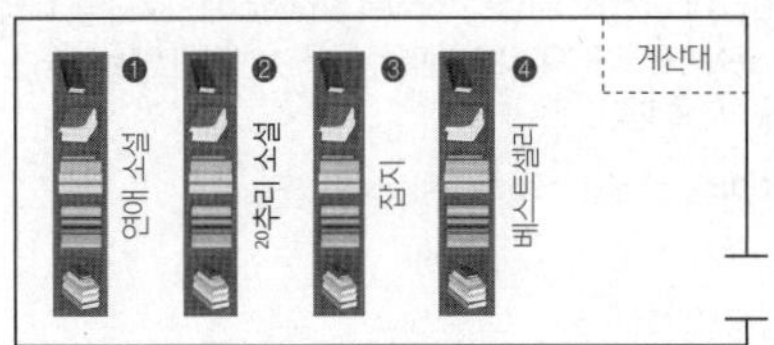

19

해석 Nora Barrett은 누구인 것 같은가?
(A) 작문 선생님
(B) 도서 비평가
(C) 소설 작가
(D) 매장 직원

해설 Nora Barrett의 신분을 묻는 문제이므로, 질문 대상(Nora Barrett)의 신분 및 직업과 관련된 표현을 놓치지 않고 듣는다. 남자가 "Do you have *Valley Ranch*, the latest novel by Nora Barrett?"이라며 Nora Barrett의 최신 소설인 *Valley Ranch*가 있는지를 물었다. 따라서 정답은 (C) A fiction author이다. (novel → fiction)

20

해석 시각 자료를 보아라. 남자는 어느 통로로 갈 것인가?
(A) 통로 1
(B) 통로 2
(C) 통로 3
(D) 통로 4

해설 남자가 갈 통로를 묻는 문제이므로, 제시된 매장 배치도의 정보를 확인한 뒤 질문의 핵심어구(aisle ~ go to)와 관련된 내용을 주의 깊게 듣는다. 남자가 "Do you have *Valley Ranch*, the latest novel by Nora Barrett?"이라며 Nora Barrett의 최신 소설인 *Valley Ranch*가 있는지를 묻자, 여자가 "We've got several dozen copies in our mystery section."이라며 추리 소설 구역에 수십 권이 있다고 하였다. 이를 통해 남자가 추리 소설 구역이 있는 2번 통로로 갈 것임을 매장 배치도에서 알 수 있다. 따라서 정답은 (B) Aisle 2이다.

어휘 aisle[ail] 통로

21

해석 남자에 따르면, 무엇이 사람들을 *Valley Ranch*에 관심을 갖게 만들었는가?
(A) 최근의 도서 출간 행사
(B) 텔레비전 방송 출연
(C) 무료 선물 제공
(D) 긍정적인 온라인 후기

해설 사람들이 *Valley Ranch*에 관심을 갖게 만든 것을 묻는 문제이므로, 질문의 핵심어구(caused ~ interested in *Valley Ranch*)와 관련된 내용을 주의 깊게 듣는다. 남자가 "Some famous book bloggers praised it[*Valley Ranch*] in their reviews, and that generated a lot of interest among readers."라며 몇몇 유명한 책 블로거들이 후기에서 *Valley Ranch*를 칭찬했고 그것이 독자들 사이에서 많은 관심을 일으켰다고 하였다. 따라서 정답은 (D) Positive online reviews이다. (bloggers praised ~ in their reviews → Positive online reviews)

어휘 launch[lɔːntʃ] 출시 행사; 출시하다
televise[télivaiz] 텔레비전으로 방송하다, 방영하다
appearance[əpírəns] 출연, 출석

[22-24] 캐나다 → 미국

Questions 22-24 refer to the following conversation and list.

M: Ms. Seddon, welcome back to TechPro. Nice to see you again. [22]**How can I help you today?**
W: I think [22]**I'm finally ready to choose a laptop to buy.**
M: Great! [23]**Did you look over the brochure I gave you?**
W: Yes. And [24]**I asked my friend to help me, since I'm unfamiliar with computers.** He's great with electronics.
M: Did he recommend anything in particular?
W: Well, [24]**he said the lightest laptop model would be best.**
M: OK, that's an excellent choice.

brochure[brouʃúər] 안내 책자 electronics[ilektrɑ́ːniks] 전자 기기
in particular 특별히

해석

22-24는 다음 대화와 목록에 관한 문제입니다.

M: Ms. Seddon, TechPro에 재방문하신 것을 환영합니다. 당신을 다시 뵙게 되어 반갑습니다. [22]오늘 무엇을 도와드릴까요?

W: [22]드디어 제가 구매할 노트북 컴퓨터를 선택할 준비가 된 것 같아요.

M: 좋아요! [23]제가 드린 안내 책자를 살펴보셨나요?

W: 네. 그리고 [24]제가 컴퓨터에 대해 잘 모르기 때문에, 친구에게 도움을 요청했어요. 그는 전자 기기에 대해 잘 알거든요.

M: 그가 특별히 추천해준 것이 있나요?

W: 음, [24]그는 제일 가벼운 노트북 컴퓨터 모델이 가장 좋을 거라고 했어요.

M: 네, 훌륭한 선택이에요.

모델	무게
Jetsam	2.2킬로그램
Lokki	1.7킬로그램
Trech	2킬로그램
[24]Breve	1.4킬로그램

22

해석 남자는 누구인 것 같은가?
(A) 인테리어 디자이너
(B) 행사 관리자
(C) 컴퓨터 판매원
(D) 경비원

해설 남자의 신분을 묻는 문제이므로, 신분 및 직업과 관련된 표현을 놓치지 않고 듣는다. 남자가 "How can I help you today?"라며 오늘 무엇을 도와줄지 묻자, 여자가 "I'm finally ready to choose a laptop to buy"라며 드디어 자신이 구매할 노트북 컴퓨터를 선택할 준비가 되었다고 한 말을 통해 남자가 컴퓨터 판매원임을 알 수 있다. 따라서 정답은 (C) A computer salesperson이다.

어휘 salesperson[séilzpə̀:rsn] 판매원 security guard 경비원, 보안 요원

23

해석 남자는 여자에게 무엇을 주었는가?
(A) 영수증
(B) 팸플릿
(C) 확인 번호
(D) 노트북 컴퓨터 케이스

해설 남자가 여자에게 준 것을 묻는 문제이므로, 질문의 핵심어구(give)와 관련된 내용을 주의 깊게 듣는다. 남자가 여자에게 "Did you look over the brochure I gave you?"라며 자신이 준 안내 책자를 살펴보았는지 물었다. 따라서 정답은 (B) A pamphlet이다.

어휘 receipt[risí:t] 영수증

24

해석 시각 자료를 보아라. 여자는 어느 모델을 살 것 같은가?
(A) Jetsam
(B) Lokki
(C) Trech
(D) Breve

해설 여자가 살 모델을 묻는 문제이므로, 제시된 목록의 정보를 확인한 뒤 질문의 핵심어구(model ~ buy)와 관련된 내용을 주의 깊게 듣는다. 여자가 "I asked my friend to help me, since I'm unfamiliar with computers"라며 자신이 컴퓨터에 대해 잘 모르기 때문에 친구에게 도움을 요청했다고 한 뒤, "he[friend] said the lightest laptop model would be best"라며 친구가 제일 가벼운 노트북 컴퓨터 모델이 가장 좋을 거라고 했다고 한 말을 통해, 여자가 가장 가벼운 모델인 Breve를 살 것임을 목록에서 알 수 있다. 따라서 정답은 (D) Breve이다.

실전 고수되기

Course 01 문제 유형별 공략

1. 주제 및 목적 문제

Hackers Practice p.173

1. (D)	2. (B)	3. (B)	4. (C)	5. (D)	6. (B)
7. (B)	8. (A)	9. (B)	10. (D)	11. (C)	12. (B)

[1-3] 영국 → 캐나다

Questions 1-3 refer to the following conversation.

W: [1]**I'm organizing the product launch for Eastwood Technologies, and I could use some advice on how to make it a success.** Do you have any suggestions?

M: Well, you should see if the client has any special requests. [2]**Maybe check our company Web site as well. It has descriptions of launches we've organized for other clients.**

W: [2]**I'll do that.** Does the Web site have information about activities for attendees?

M: Yes, it does. [3]**How many activities do you plan on including in the event?**

W: Well, [3]**the event will be less than an hour long.**

M: OK. I think you'll find what you need online.

could use 필요하다, ~을 얻으면 좋겠다
suggestion[미 səgdʒéstʃən, 영 sədʒéstʃən] 제안, 의견
description[diskrípʃən] 설명, 묘사 attendee[ətèndí:] 참석자, 출석자

해석

1-3은 다음 대화에 관한 문제입니다.

W: [1]저는 Eastwood 기술 회사의 제품 출시 행사를 준비하고 있는데, 그것을 성공시킬 방법에 대한 조언이 필요해요. 제안 사항이 있으신가요?

M: 음, 당신은 고객이 특별한 요구 사항을 가지고 있는지 확인해봐야 해요. [2]우리 회사의 웹사이트도 확인해 보세요. 거기엔 우리가 다른 고객들을 위해 준비했던 출시 행사들에 대한 설명이 있어요.

W: [2]그렇게 할게요. 웹사이트에 참석자들을 위한 활동들에 대한 정보도 있을까요?

M: 네, 있어요. [3]행사에 얼마나 많은 활동들을 포함하려고 계획하고 있나요?

W: 음, [3]행사는 한 시간도 안 될 거예요.

M: 알겠어요. 온라인에서 당신이 필요한 것을 찾을 수 있을 것 같네요.

1

해석 화자들은 주로 무엇에 대해 이야기하고 있는가?
(A) 제품의 디자인
(B) 신입 사원을 위한 교육
(C) 취소에 대한 이유
(D) 기업 행사를 위한 계획

해설 대화의 주제를 묻는 문제이므로, 대화의 초반을 주의 깊게 들은 후 전체 맥락을 파악한다. 여자가 "I'm organizing the product launch ~, and I could use some advice on how to make it a success."라며 제품 출시 행사를 준비하고 있는데 그것을 성공시킬 방법에 대한 조언이 필요하다고 한 뒤, 행사 계획과 관련된 내용으로 대화가 이어지고 있다. 따라서 정답은 (D) Plans for a corporate event이다.

어휘 instruction[instrʌ́kʃən] 교육 employee[implɔ́ii:] 사원, 직원
corporate[미 kɔ́:rpərət, 영 kɔ́:pərət] 기업의

2

해석 여자는 무엇을 할 것이라고 말하는가?
(A) 회사 웹사이트를 업데이트한다.
(B) 온라인 정보를 본다.

(C) 이전 고객들에게 연락한다.
(D) 제품 샘플을 요청한다.

해설 여자가 할 것이라고 말한 내용을 묻는 문제이므로, 여자의 말을 주의 깊게 듣는다. 남자가 여자에게 "Maybe check our company Web site. It[Web site] has descriptions of launches we've organized for other clients."라며 회사의 웹사이트도 확인해보라며 웹사이트에 자신들이 다른 고객들을 위해 준비했던 출시 행사들에 대한 설명이 있다고 하자, 여자가 "I'll do that."이라며 그렇게 하겠다고 하였다. 따라서 여자가 온라인 정보를 볼 것임을 알 수 있다. 따라서 정답은 (B) Look at some online information이다. (descriptions → information)

어휘 former [미 fɔ́:rmər, 영 fɔ́:mə] 이전의, 과거의

3

해석 여자는 "행사는 한 시간도 안 될 거예요"라고 말할 때 무엇을 의도하는가?
(A) 그녀는 계획했던 것보다 일찍 마칠 것이다.
(B) 그녀는 많은 활동을 포함하지 않을 것이다.
(C) 그녀는 추가 시간을 요청하지 않았다.
(D) 그녀는 정확하지 않은 정보를 받았다.

해설 여자가 하는 말의 의도를 묻는 문제이므로, 질문의 인용어구(the event will be less than an hour long)가 언급된 주변을 주의 깊게 듣는다. 남자가 "How many activities do you plan on including in the event?"라며 행사에 얼마나 많은 활동들을 포함하려고 계획하고 있는지 묻자, 여자가 "the event will be less than an hour long"이라며 행사가 한 시간도 안 될 거라고 한 것을 통해 여자가 많은 활동을 포함하지 않을 것임을 알 수 있다. 따라서 정답은 (B) She will not include many activities이다.

어휘 inaccurate [inǽkjərət] 정확하지 않은, 틀린

[4-6] 캐나다 → 영국

Questions 4-6 refer to the following conversation.

M: This is Nick Larson from Vanguard Insurance, and [4]**I'm interested in getting some coffee mugs with our company's logo printed on them.** [5]**A friend of mine told me about your shop.**
W: We would be happy to help you with that. How many do you need, and when do you need them by?
M: I would like to get 300 coffee mugs. Our company is giving them away for its anniversary celebration on October 27.
W: OK. I will need a digital image of your company logo and a completed order form, which you can download from our Web site. [6]**Please send both files to orders@officesouvenirs.com.**

give away 나누어 주다 anniversary [ӕnəvə́:rsəri] 기념일
celebration [sèləbréiʃən] 축하 행사

해석
4-6은 다음 대화에 관한 문제입니다.
M: 저는 Vanguard 보험사의 Nick Larson이고, [4]**저는 저희 회사 로고가 인쇄된 커피잔을 구매하는 데 관심이 있습니다.** [5]**제 친구 한 명이 당신의 가게에 대해 말해주었어요.**
W: 저희는 그것과 관련하여 고객님을 도와드리게 되어 기쁩니다. 몇 개가 필요하시고, 언제까지 필요하신가요?
M: 저는 커피잔 300개를 구매하고 싶어요. 저희 회사는 회사 기념일 축하 행사를 위해 10월 27일에 그것들을 나눠줄 거예요.
W: 알겠습니다. 저는 고객님 회사 로고의 디지털 이미지와 작성된 주문서가 필요한데, 그것은 저희 웹사이트에서 다운로드하실 수 있습니다. [6]**두 파일 모두 orders@officesouvenirs.com으로 보내주시기 바랍니다.**

4

해석 전화의 목적은 무엇인가?
(A) 디자인에 대한 의견을 제공하기 위해
(B) 사무실로의 길 안내를 요청하기 위해
(C) 제품들을 주문하기 위해
(D) 고객을 행사에 초청하기 위해

해설 전화의 목적을 묻는 문제이므로, 대화의 초반을 반드시 듣는다. 남자가 "I'm interested in getting some coffee mugs with our company's logo printed on them"이라며 자신의 회사 로고가 인쇄된 커피잔을 구매하고 싶다고 한 뒤, 커피잔 주문과 관련된 구체적인 내용으로 대화가 이어지고 있다. 따라서 정답은 (C) To place an order for products이다.

어휘 feedback [fí:dbæ̀k] 의견, 반응 direction [dirékʃən] 길 안내

5

해석 남자는 어떻게 회사에 대해 알게 되었는가?
(A) 광고를 읽음으로써
(B) 라디오를 들음으로써
(C) 인터넷을 검색함으로써
(D) 친구와 이야기함으로써

해설 남자가 회사에 대해 알게 된 방법을 묻는 문제이므로, 질문의 핵심어구(learn about the company)와 관련된 내용을 주의 깊게 듣는다. 남자가 "A friend of mine told me about your shop."이라며 친구가 가게, 즉 회사에 대해 말해주었다고 하였다. 따라서 정답은 (D) By talking to a friend이다.

어휘 search [sə:rtʃ] 검색하다

6

해석 남자는 무엇을 해야 하는가?
(A) 전화를 건다.
(B) 몇몇 파일들을 보낸다.
(C) 배달을 위해 소포를 확인한다.
(D) 회사 웹사이트에 등록한다.

해설 남자가 해야 할 일을 묻는 문제이므로, 질문의 핵심어구(need to do)와 관련된 내용을 주의 깊게 듣는다. 여자가 남자에게 "Please send both files to orders@officesouvenirs.com."이라며 두 파일 모두 이메일로 보내달라고 하였다. 따라서 정답은 (B) Send some files이다.

[7-9] 미국 → 캐나다

Questions 7-9 refer to the following conversation.

W: Hello, Edward. [7]**I heard you are going to direct a remake of the classic movie *King Dante*. How are the auditions coming along?**
M: I still haven't found anyone who is right for the lead role. Do you know of any young male actors who have a strong presence?
W: Hmm . . . Have you heard of Tyler Johnson? [8]**He was just in the movie *The Miller's Daughters*, and critics were very impressed with his performance.** You should get in touch with him.
M: OK. [9]**I'll try to speak to his agent this afternoon.** Thanks for the suggestion.

remake [rí:meik] 리메이크, 개작 presence [prézns] 존재, 참석
critic [krítik] 평론가, 비평가 impress [imprés] 깊은 인상을 주다, 감동시키다
get in touch 연락을 취하다

해석
7-9는 다음 대화에 관한 문제입니다.
W: 안녕하세요, Edward. [7]**저는 당신이 고전 영화 *King Dante*의 리메이크를 연출할 것이라는 것을 들었어요. 오디션은 어떻게 되어가고 있나요?**
M: 저는 주인공 역할에 맞는 사람을 아직 찾지 못했어요. 강력한 존재감을 가진 젊은 남자 배우를 누구든 알고 계신가요?
W: 음... Tyler Johnson에 대해 들어보신 적이 있나요? [8]**그는 최근에 *The Miller's Daughters*라는 영화에 출연했고, 평론가들은 그의 연기에 매우 깊은 인상을 받았어요.** 그에게 연락을 취해 보셔야 해요.
M: 네. [9]**오늘 오후에 그의 대리인과 이야기해보도록 할게요.** 제안 감사해요.

7

해석 대화는 주로 무엇에 대한 것인가?
(A) 위원장을 고용하는 것
(B) 배역에 누군가를 선정하는 것
(C) 영화 세트장을 디자인하는 것
(D) 장비를 설치하는 것

해설 대화의 주제를 묻는 문제이므로, 대화의 초반을 반드시 듣는다. 여자가 "I heard you are going to direct a remake of the classic movie ~. How are the auditions coming along?"이라며 남자가 고전 영화의 리메이크를 연출할 것이라는 것을 들었다며 오디션이 어떻게 되어가고 있는지를 물은 뒤, 배역에 맞는 사람을 선정하는 것과 관련된 내용으로 대화가 이어지고 있다. 따라서 정답은 (B) Selecting someone for a role이다.

어휘 committee [kəmíti] 위원회

8

해석 Tyler Johnson은 누구인 것 같은가?
(A) 영화배우
(B) 연극 비평가
(C) 캐스팅 대행업자
(D) 연극 감독

해설 Tyler Johnson의 신분을 묻는 문제이므로, 질문 대상(Tyler Johnson)의 신분 및 직업과 관련된 표현을 놓치지 않고 듣는다. 여자가 "He[Tyler Johnson] was just in the movie *The Miller's Daughters*, and critics were very impressed with his performance."라며 그, 즉 Tyler Johnson이 최근에 *The Miller's Daughters*라는 영화에 출연했고, 평론가들이 그의 연기에 매우 깊은 인상을 받았다고 한 말을 통해 Tyler Johnson이 영화배우임을 알 수 있다. 따라서 정답은 (A) A film actor이다.

9

해석 남자는 오후에 무엇을 할 것 같은가?
(A) 리허설을 진행한다.
(B) 대리인에게 연락한다.
(C) 오디션에 참석한다.
(D) 비평을 작성한다.

해설 남자가 오후에 할 일을 묻는 문제이므로, 질문의 핵심어구(in the afternoon)와 관련된 내용을 주의 깊게 듣는다. 남자가 "I'll try to speak to his agent this afternoon."이라며 오늘 오후에 그의 대리인과 이야기해보도록 하겠다고 하였다. 따라서 정답은 (B) Contact a representative 이다. (agent → representative)

어휘 representative [rèprizéntətiv] 대리인, 대표

[10-12] 미국 → 호주

Questions 10-12 refer to the following conversation and graph.

W: Look at how much it snowed last night! I bet we got over 10 inches.
M: Yeah, [10]**the storm was more intense than experts had predicted.** It'll take all day for city workers to plow the streets.
W: [11]**I'm concerned about my driveway. I need to shovel the snow off in order to get my car out of the garage.** That will take at least an hour.
M: Well, you can use my snow blower. It works wonderfully.
W: That's right—I forgot you purchased one a few months back. Has it been a good investment?
M: Oh, certainly. [12]**We got our heaviest snowfall the month I bought it.** So it's proved very useful.

bet [bet] ~이 분명하다, 틀림없다 intense [inténs] 거센, 강렬한
plow [plau] (도로 등을) 제설하다 shovel [ʃʌ́vəl] 삽으로 퍼내다, 삽질하다
snow blower 제설기 investment [invéstmənt] 투자
snowfall [미 snóufɑ:l, 영 snə́ufɔ:l] 강설량, 강설

해석
10-12는 다음 대화와 그래프에 관한 문제입니다.

W: 어젯밤에 얼마나 많은 눈이 내렸는지 보세요! 10인치가 넘게 온 것이 분명해요.
M: 맞아요, [10]**폭풍이 전문가들이 예상했던 것보다 더 거셌어요.** 시 인부들이 도로들을 제설하는 데 하루 종일 걸리겠어요.
W: [11]**저는 제 진입로가 걱정되네요. 차고에서 제 차를 꺼내기 위해서는 눈을 삽으로 퍼내야 해요.** 그건 최소한 한 시간은 걸릴 거예요.
M: 음, 당신은 제 제설기를 사용하셔도 돼요. 그것은 매우 잘 작동해요.
W: 그러네요. 당신이 몇 달 전에 하나를 구입했다는 것을 잊고 있었어요. 그것은 좋은 투자였나요?
M: 아, 물론이죠. [12]**제가 그것을 구매한 달에 가장 많은 강설량을 기록했어요.** 그래서 그것은 매우 유용한 것으로 드러났어요.

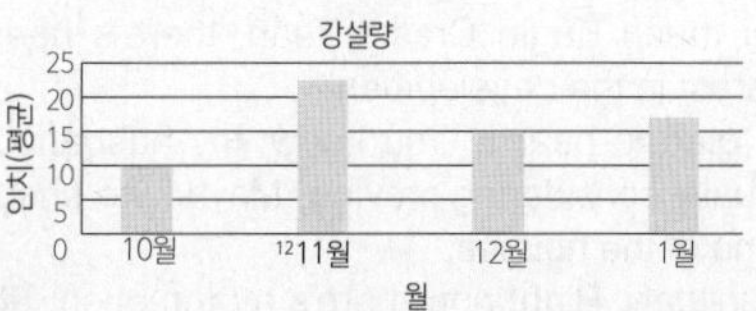

10

해석 대화는 주로 무엇에 관한 것인가?
(A) 시의 긴급 조치
(B) 전문가들의 예상
(C) 제품의 특징들
(D) 폭풍의 여파

해설 대화의 주제를 묻는 문제이므로, 대화의 초반을 주의 깊게 들은 후 전체 맥락을 파악한다. 남자가 "the storm was more intense than experts had predicted"라며 폭풍이 전문가들이 예상했던 것보다 더 거셌다고 한 뒤, 폭풍 및 많은 강설량으로 인한 제설과 관련된 내용으로 대화가 이어지고 있다. 따라서 정답은 (D) The aftermath of a storm이다.

어휘 emergency [미 imə́:rdʒənsi, 영 imə́:dʒənsi] 긴급, 비상
aftermath [ǽftərmæ̀θ] 여파

11

해석 여자는 어떤 문제를 언급하는가?
(A) 마감일이 다가오고 있다.
(B) 차량이 문제가 있다.
(C) 길이 막혔다.
(D) 기기가 얼었다.

해설 여자가 언급하는 문제점을 묻는 문제이므로, 여자의 말에서 부정적인 표현이 언급된 다음을 주의 깊게 듣는다. 여자가 "I'm concerned about my driveway. I need to shovel the snow off in order to get my car out of the garage."라며 자신의 진입로가 걱정된다며 차고에서 자신의 차를 꺼내기 위해서는 눈을 삽으로 퍼내야 한다고 한 말을 통해 길이 막혔음을 알 수 있다. 따라서 정답은 (C) A route is blocked이다.

어휘 block [미 blɑ:k, 영 blɔk] 막다, 폐쇄하다 appliance [əpláiəns] 기기

12

해석 시각 자료를 보아라. 남자는 언제 그의 장비를 구매했을 것 같은가?
(A) 10월에
(B) 11월에
(C) 12월에
(D) 1월에

해설 남자가 장비를 구매했을 것 같은 시기를 묻는 문제이므로, 제시된 그래프의 정보를 확인한 뒤 질문의 핵심어구(purchase his equipment)와 관련된 내용을 주의 깊게 듣는다. 남자가 "We got our heaviest snowfall the month I bought it[snow blower]."이라며 제설기를 구매한 달에 가장 많은 강설량을 기록했다고 하였으므로, 강설량이 가장 높았던 11월에 장비를 구매했음을 그래프에서 알 수 있다. 따라서 정답은 (B) In November이다.

2. 화자 및 장소 문제

Hackers Practice

p.177

1. (A)	2. (A)	3. (C)	4. (A)	5. (B)	6. (B)
7. (A)	8. (C)	9. (B)	10. (D)	11. (C)	12. (B)

[1-3] 미국 → 캐나다

Questions 1-3 refer to the following conversation.

W: Kent, how are things going with the residential development that you recently started managing? [1]**Is your agency selling a lot of the homes?**
M: You mean Eagle Crest? Yeah, there's been a lot of interest in the development.
W: I'm glad to hear it. You know, my husband and I are actually considering moving. Maybe we should look at some of the houses.
M: Absolutely. Right now there's a promotion. [2]**If you buy a unit, you get free landscaping for a year.**
W: Wow, that's a big benefit, considering the rising cost of lawn care services. How can I find out more information?
M: [3]**I'd be happy to give you a brochure that details all the features of the development and houses.**

development [divéləpmənt] (신축건물이 들어선) 개발지
unit [júːnit] 주택, 세대 landscaping [lǽndskèipiŋ] 조경
feature [fíːtʃər] 특징

해석
1-3은 다음 대화에 관한 문제입니다.

W: Kent, 당신이 최근에 관리하기 시작한 주거용 개발지는 어떻게 되어가고 있나요? [1]**당신의 대행 회사는 많은 주택들을 판매하고 있나요?**
M: Eagle Crest 말씀하시는 거죠? 네, 그 개발지에 대한 관심이 뜨거워요.
W: 그것을 들으니 기쁘네요. 그게, 남편과 제가 실은 이사를 고려하고 있어요. 저희가 몇몇 주택들을 살펴보는 게 좋을 것 같아요.
M: 물론이죠. 지금 판촉 행사가 하나 있어요. [2]**주택 한 채를 사면 일 년 동안 무료 조경 서비스를 받으실 수 있어요.**
W: 와, 잔디 관리 서비스의 높아지는 가격을 고려할 때, 그것은 큰 혜택이네요. 제가 어떻게 더 많은 정보를 얻을 수 있을까요?
M: [3]**당신에게 그 개발지와 주택들에 관한 모든 특징들을 자세히 설명하고 있는 책자 한 권을 드릴게요.**

1

해석 남자는 누구인가?
(A) 부동산 중개인
(B) 아파트 세입자
(C) 새로운 집 주인
(D) 조경사

해설 남자의 신분을 묻는 문제이므로, 신분 및 직업과 관련된 표현을 놓치지 않고 듣는다. 여자가 남자에게 "Is your agency selling a lot of the homes?"라며 남자의 대행 회사가 많은 주택들을 판매하고 있냐고 한 말을 통해 남자가 부동산 중개인임을 알 수 있다. 따라서 정답은 (A) A real estate agent이다.

어휘 real estate 부동산 landscaper [lǽndskèipər] 조경사, 정원사

2

해석 남자는 Eagle Crest에 대해 무엇을 언급하는가?
(A) 구입자들에게 현재 무료 서비스를 제공하고 있다.
(B) 젊은 세대들에게 인기가 있는 부동산이다.
(C) 주택들은 여러 층들을 가지고 있다.
(D) 건물들은 거의 다 팔렸다.

해설 남자가 Eagle Crest에 대해 언급하는 것을 묻는 문제이므로, 질문의 핵심어구(Eagle Crest)와 관련된 내용을 주의 깊게 듣는다. 남자가 "If you buy a unit, you get free landscaping for a year."라며 주택 한 채를 사면 일 년 동안 무료 조경 서비스를 받을 수 있다고 한 것을 통해 Eagle Crest가 현재 무료 서비스를 제공하고 있음을 알 수 있다. 따라서 정답은 (A) It is currently giving free services to purchasers이다.

어휘 property [prɑ́pərti] 건물, 부동산

3

해석 남자는 무엇을 해주겠다고 제안하는가?
(A) 부동산 중개업체에 연락한다.
(B) 집 가격을 협상한다.
(C) 정보를 제공하는 책자를 제공한다.
(D) 여자에게 전화번호를 준다.

해설 남자가 제안하는 것을 묻는 문제이므로, 남자의 말에서 여자를 위해 해주겠다고 한 내용을 주의 깊게 듣는다. 남자가 "I'd be happy to give you a brochure that details all the features of the development and houses."라며 개발지와 주택들에 관한 모든 특징을 자세히 설명하고 있는 책자를 주겠다고 하였다. 따라서 정답은 (C) Provide an informational handout이다.

어휘 negotiate [nigóuʃièit] 협상하다
informational [ìnfərméiʃənl] 정보를 제공하는, 정보의

[4-6] 미국 → 호주

Questions 4-6 refer to the following conversation.

W: Hello. [4]**I have a few questions about your banking options for small companies.** Aside from submitting the necessary documents, [5]**what is needed to start a commercial checking account?**
M: Well, we require a minimum deposit of $5,000 for those types of accounts. Once you turn in the necessary forms, we'll review your application. If approved, your account will be opened as soon as you make the initial deposit.
W: Thanks for the explanation. Also, I'm wondering if you provide an online banking service. If so, is there an additional fee for that?
M: [6]**We offer free 24-hour online banking services to all our customers. It allows you to monitor transactions** and transfer funds.

banking [bǽŋkiŋ] 금융, 은행 업무 aside from ~ 이외에
checking account 당좌 예금 계좌 deposit [미 dipɑ́zit, 영 dipɔ́zit] 예금, 예치금
monitor [미 mɑ́nətər, 영 mɔ́nitə] 관리하다, 감시하다
transaction [trænzǽkʃən] 거래

해석
4-6은 다음 대화에 관한 문제입니다.

W: 안녕하세요. [4]**소기업들을 위한 당신의 금융 선택권들에 대해 몇 가지 질문이 있습니다.** 필요한 서류들을 제출하는 것 외에 [5]**기업 당좌 예금 계좌를 개설하려면 무엇이 필요한가요?**
M: 네, 그런 종류의 계좌는 최소 5,000달러의 예금을 필요로 합니다. 필요한 양식들을 제출하시면 저희가 신청서를 검토할 것입니다. 승인된다면, 고객님께서 최초 예금을 넣으시자마자 계좌가 개설될 것입니다.
W: 설명해주셔서 감사합니다. 그리고 온라인 뱅킹 서비스도 제공하는지 궁금합니다. 만약 그렇다면, 그것에 대한 추가 요금이 있나요?
M: [6]**저희는 모든 고객님들께 24시간 무료 온라인 뱅킹 서비스를 제공합니다. 이는 고객님께서 거래를 관리하고** 예금을 이체하실 수 있도록 해드립니다.

4

해석 대화는 어디에서 일어나고 있는 것 같은가?
(A) 은행에서
(B) 세무서에서
(C) 회계 사무소에서

(D) 정부 기관에서

해설 대화가 일어나는 장소를 묻는 문제이므로, 장소와 관련된 표현을 놓치지 않고 듣는다. 여자가 "I have a few questions about your banking options for small companies."라며 금융 선택권에 대한 질문이 있다고 한 뒤, 계좌 개설에 관한 내용으로 대화가 이어지는 것을 통해 대화의 장소가 은행임을 알 수 있다. 따라서 정답은 (A) In a bank이다.

어휘 tax office 세무서

5

해석 여자는 무엇을 하고 싶어 하는가?
(A) 퇴직을 위해 저축한다.
(B) 법인 계좌를 신청한다.
(C) 소매점의 허가증을 받는다.
(D) 고객에게 몇몇 상품들을 배송한다.

해설 여자가 하고 싶어 하는 것을 묻는 문제이므로, 여자의 말을 주의 깊게 듣는다. 여자가 "what is needed to start a commercial checking account?"라며 기업 계좌를 개설하는 데 무엇이 필요한지 물었다. 따라서 정답은 (B) Apply for a business account이다.

어휘 secure[sikjúər] 받다, 획득하다 permit[pərmít] 허가증, 면허증

6

해석 온라인 서비스 사용자들은 무엇을 할 수 있는가?
(A) 온라인 대금을 결제한다.
(B) 거래를 추적한다.
(C) 세율을 확인한다.
(D) 프로그램에 등록한다.

해설 온라인 서비스 사용자들이 할 수 있는 것을 묻는 문제이므로, 질문의 핵심어구(users of the online services)와 관련된 내용을 주의 깊게 듣는다. 남자가 "We offer ~ online banking services ~. It allows you to monitor transactions"라며 온라인 뱅킹 서비스를 제공하며, 그 서비스로 거래를 관리할 수 있다고 하였다. 따라서 정답은 (B) Track transactions이다.

어휘 track[træk] 추적하다 tax rate 세율

[7-9] 캐나다 → 영국

Questions 7-9 refer to the following conversation.

M: [7]**I've been asked to buy some supplies for Ms. Hampton's retirement party next week.** I'm going to the store on Beauford Street later to get them. Can you come and help me choose some decorations?
W: Sorry, Alex. I don't think I can go with you later. [8]**I need to complete these illustrations for FlaxCo's advertising campaign** before tomorrow. Can you go on Thursday?
M: Thursday's not good for me. [8]**I'll be meeting with a client then to discuss possible advertisement placements** for their posters.
W: Then [9]**you should ask Sandra to help you out. She's completed all her work** and has had some experience with planning our parties.

retirement[ritáiərmənt] 은퇴 illustration[iləstréiʃən] 삽화
placement[pléismənt] 배치, 장소

해석
7-9는 다음 대화에 관한 문제입니다.
M: [7]저는 다음 주 Ms. Hampton의 은퇴 파티를 위해 몇 가지 물품들을 구입하도록 요청받았어요. 저는 그것들을 구매하기 위해 나중에 Beauford가에 있는 상점에 갈 거예요. 오셔서 제가 몇몇 장식품들을 고르는 것을 도와주실 수 있나요?
W: 미안해요, Alex. 나중에 같이 갈 수 없을 것 같아요. [8]저는 내일 전까지 FlaxCo사의 광고 캠페인을 위한 이 삽화들을 완성해야 해요. 목요일에 갈 수 있나요?
M: 목요일은 제가 안 돼요. [8]그때는 포스터의 가능한 광고 배치를 논의하기 위해 고객을 만날 거예요.
W: 그렇다면 [9]Sandra에게 도와달라고 하셔야겠네요. 그녀는 자신의 모든 업무를 다 끝냈고, 우리의 파티들을 기획해 본 경험이 있어요.

7

해석 화자들은 주로 무엇에 대해 이야기하고 있는가?
(A) 모임 준비
(B) 현재의 마케팅 광고
(C) 새로운 직원
(D) 보수 공사 계획

해설 대화의 주제를 묻는 문제이므로, 대화의 초반을 반드시 듣는다. 남자가 "I've been asked to buy some supplies for ~ retirement party next week."이라며 다음 주 은퇴 파티를 위한 물품을 구입하도록 요청받았다고 한 뒤, 모임 준비에 대한 내용으로 대화가 이어지고 있다. 따라서 정답은 (A) Preparations for a gathering이다.

어휘 preparation[prèpəréiʃən] 준비 gathering[gǽðəriŋ] 모임, 수집

8

해석 화자들은 어디에서 일하는 것 같은가?
(A) 인테리어 디자인 회사에서
(B) 장식품 공급 상점에서
(C) 광고 대행사에서
(D) 컨벤션 센터에서

해설 화자들이 일하는 장소를 묻는 문제이므로, 신분 및 직업과 관련된 표현을 놓치지 않고 듣는다. 여자가 "I need to complete these illustrations for FlaxCo's advertising campaign"이라며 FlaxCo사의 광고 캠페인을 위한 삽화들을 완성해야 한다고 하자, 남자가 "I'll be meeting with a client then to discuss possible advertisement placements"라며 가능한 광고 배치를 논의하기 위해 고객을 만날 것이라고 한 말을 통해 화자들이 광고 대행사에서 근무한다는 것을 알 수 있다. 따라서 정답은 (C) At an advertising agency이다.

어휘 agency[éidʒənsi] 대행사

9

해석 여자는 무엇을 제안하는가?
(A) 고객과 정보 공유하기
(B) 동료에게 도움 얻기
(C) 홍보용 포스터 사용하기
(D) 새 업무를 우선적으로 처리하기

해설 여자가 제안하는 것을 묻는 문제이므로, 여자의 말에서 제안과 관련된 표현이 언급된 다음을 주의 깊게 듣는다. 여자가 "you should ask Sandra to help you out. She's completed all her work"라며 Sandra가 자신의 업무를 끝냈으니 그녀에게 도와달라고 할 것을 제안하였다. 따라서 정답은 (B) Getting aid from a coworker이다. (ask ~ to help ~ out → Getting aid)

어휘 prioritize[praiɔ́:rətaiz] 우선적으로 처리하다

[10-12] 호주 → 영국

Questions 10-12 refer to the following conversation and order form.

M: Excuse me. [10]**This isn't the drink I ordered.**
W: Oh, really?
M: Yeah, [11]**I asked for a decaf latte with a shot of espresso, caramel syrup, and soymilk.** Here's the order slip.
W: Ah . . . I checked the wrong box. [12]**I apologize for the mix-up.** [10]**If you can wait five minutes, another beverage can be made for you.**
M: Actually, I'm in a rush, so I can't stay.
W: I see. In that case, [12]**would you be interested in a free drink voucher?**
M: [12]**Yes, that'd be nice.**

W: OK, I'll grab one for you. Just a second.

decaf[dí:kæ̀f] 카페인이 없는 order slip 주문서
mix-up[míksʌ̀p] 혼동, 혼란 voucher[미 váutʃər, 영 váutʃə] 쿠폰, 상품권

해석

10-12번은 다음 대화와 주문 양식에 관한 문제입니다.

M: 실례합니다. [10]이것은 제가 주문한 음료가 아니에요.
W: 아, 정말이세요?
M: 네, [11]저는 에스프레소 샷 하나와 카라멜 시럽, 그리고 두유가 들어간 카페인 없는 라떼를 주문했어요. 여기 주문서가 있어요.
W: 아... 제가 다른 박스를 체크했네요. [12]혼동에 대해 사과 드립니다. [10]5분만 기다려 주시면 다른 음료를 만들어 드릴 수 있습니다.
M: 사실, 제가 좀 바빠서 머무를 수 없어요.
W: 알겠습니다. 그렇다면, [12]무료 음료 쿠폰을 받으실 의향이 있으세요?
M: [12]네, 그거 좋네요.
W: 네, 하나 드리겠습니다. 잠시만요.

주문 번호 32

에스프레소 샷 ☑			
시럽:			
시나몬	☐	카라멜	☑
[11]우유:			
두유	☐	저지방	☑
디카페인	☑		

10

해석 여자는 누구인 것 같은가?
(A) 음식 공급업자
(B) 요리사
(C) 영양사
(D) 바리스타

해설 여자의 신분을 묻는 문제이므로, 신분 및 직업과 관련된 표현을 놓치지 않고 듣는다. 남자가 "This isn't the drink I ordered."라며 이 음료가 자신이 주문한 것이 아니라고 하자, 여자가 "If you can wait five minutes, another beverage can be made for you."라며 5분만 기다려주면 다른 음료를 만들어 주겠다고 하였다. 따라서 정답은 (D) A barista이다.

어휘 caterer[kéitərər] (행사의) 음식 공급업자 dietician[dàiətíʃən] 영양사

11

해석 시각 자료를 보아라. 무엇이 잘못 선택되었는가?
(A) 에스프레소 샷
(B) 시럽
(C) 우유
(D) 디카페인

해설 잘못 선택된 것을 묻는 문제이므로, 제시된 주문 양식의 정보를 확인한 뒤 이와 일치하지 않는 내용이 있는지 주의 깊게 듣는다. 남자가 "I asked for a decaf latte with a shot of espresso, caramel syrup, and soymilk"라며 에스프레소 샷 하나와 카라멜 시럽, 그리고 두유가 들어간 카페인 없는 라떼를 주문했다고 하였으므로, 저지방 우유가 두유 대신 잘못 선택되었음을 주문 양식에서 알 수 있다. 따라서 정답은 (C) Milk이다.

12

해석 남자는 사과의 의미로 무엇을 받을 것인가?
(A) 무료 업그레이드
(B) 음료 쿠폰
(C) 무료 컵
(D) 주차권

해설 남자가 사과의 의미로 받을 것을 묻는 문제이므로, 질문의 핵심어구(receive as an apology)와 관련된 내용을 주의 깊게 듣는다. 여자가 "I apologize for the mix-up."이라며 혼동에 대해 사과한다고 한 뒤, "would you be interested in a free drink voucher?"라며 무료 음료 쿠폰을 받을 의향이 있는지를 묻자, 남자가 "Yes, that'd be nice."라며 좋다고 하였다. 따라서 정답은 (B) A beverage voucher이다.

3. 요청/제안/언급 문제

Hackers Practice p.179

1. (B)	2. (B)	3. (C)	4. (A)	5. (D)	6. (D)
7. (C)	8. (D)	9. (A)	10. (C)	11. (D)	12. (B)

[1-3] 영국 → 캐나다

Questions 1-3 refer to the following conversation.

W: I want to take guitar lessons this summer, but I need some help deciding where to take them. [1]**Lucy Marks, who lives on my street**, charges $60 an hour for private lessons. Do you know how much they charge at Renfield Music Academy?
M: A friend of mine took lessons there before, and they were $40 a month. But he said [2]**the price depends on the number of students in the class.**
W: Well, group lessons are probably the more affordable option, but private lessons would help me improve more. [3]**Could you ask your friend if the instructors were any good?** That might influence my decision.

charge[미 tʃɑ:rdʒ, 영 tʃɑ:dʒ] 청구하다, 충전되다 depend on ~에 따라 결정되다
affordable[əfɔ́:rdəbl] 저렴한

해석

1-3은 다음 대화에 관한 문제입니다.

W: 제가 이번 여름에 기타 수업을 듣고 싶은데, 어디에서 들을지 결정하는 데에 도움이 좀 필요해요. [1]저와 같은 거리에 사는 Lucy Marks는 개인 수업에 시간당 60달러를 청구해요. Renfield 음악 학원은 얼마를 청구하는지 아세요?
M: 제 친구 한 명이 전에 그곳에서 수업을 들었는데, 한 달에 40달러였어요. 하지만 그는 [2]가격이 수업의 학생 수에 따라 결정된다고 했어요.
W: 음, 단체 수업이 아마 더 저렴한 방안일 테지만, 개인 수업이 저를 더 향상시키는 데 도움이 될 거예요. [3]강사들이 좋았는지 당신의 친구에게 물어봐 줄 수 있나요? 그것은 제 결정에 영향을 미칠 거예요.

1

해석 Lucy Marks는 누구인가?
(A) 사업 컨설턴트
(B) 여자의 이웃
(C) 밴드 매니저
(D) 여자의 반 친구

해설 Lucy Marks의 신분을 묻는 문제이므로, 질문 대상(Lucy Marks)의 신분 및 직업과 관련된 표현을 놓치지 않고 듣는다. 여자가 "Lucy Marks, who lives on my street"이라며 자신과 같은 거리에 사는 Lucy Marks라고 한 말을 통해 Lucy Marks가 여자의 이웃임을 알 수 있다. 따라서 정답은 (B) The woman's neighbor이다.

2

해석 남자는 Renfield 음악 학원에 대해 무엇을 말하는가?
(A) 멀리에 위치해 있다.
(B) 반 규모에 따라 비용을 청구한다.
(C) 무료 자료를 제공하고 있다.
(D) 강사를 구하고 있다.

해설 남자가 Renfield 음악 학원에 대해 언급하는 것을 묻는 문제이므로, 질문의 핵심어구(Renfield Music Academy)와 관련된 내용을 주의 깊게 듣는다. 남자가 "the price depends on the number of students in the class"라며 Renfield 음악 학원에서는 가격이 수업의 학생 수에 따라 결정된다고 하였다. 따라서 정답은 (B) It charges based on class size이다. (price depends on → charges based on, the number of students in the class → class size)

어휘 material[mətíriəl] 자료, 직물

3

해석 여자는 남자에게 무엇을 하라고 요청하는가?
(A) 그녀에게 수업료 목록을 보낸다.
(B) 교수와 약속을 잡는다.
(C) 지인과 이야기한다.
(D) 그녀에게 강의 등록 양식들을 제공한다.

해설 여자가 남자에게 요청하는 것을 묻는 문제이므로, 여자의 말에서 요청과 관련된 표현이 언급된 다음을 주의 깊게 듣는다. 여자가 남자에게 "Could you ask your friend if the instructors were any good?"이라며 강사들이 좋았는지 친구에게 물어봐 달라고 요청하였다. 따라서 정답은 (C) Speak with an acquaintance이다. (friend → acquaintance)

어휘 **tuition** [tjuːíʃən] 수업, 수업료 **acquaintance** [əkwéintəns] 지인

[4-6] 미국 → 캐나다

Questions 4-6 refer to the following conversation.

W: Bill, [4]**I promised our client, James Thompson, that I would bring him some wallpaper samples this afternoon.**
M: Oh, you mentioned that to me the other day.
W: Right. However, [4]**I forgot about an appointment with another client regarding some design ideas for a bedroom makeover.** [5]**Do you mind dropping off the samples for me?**
M: [5]**I'd like to help you, but . . . um . . . I'm finishing a sales report.**
W: Oh, OK. Do you know a company that offers same-day delivery?
M: Sure. I have a business card for one here somewhere. [6]**You should call them as soon as possible to arrange delivery.**

makeover [méikòuvər] 개조 **drop off** 전달하다

해석
4-6은 다음 대화에 관한 문제입니다.

W: Bill, [4]저는 우리 고객인 James Thompson에게 오늘 오후에 벽지 샘플 몇 장을 가져다 주겠다고 약속했어요.
M: 아, 당신이 지난번에 제게 그것을 언급했었죠.
W: 맞아요. 그런데, [4]침실 개조를 위한 디자인 아이디어들과 관련된 다른 고객과의 약속을 잊고 있었어요. [5]제 대신 그 샘플들을 전달해 주실 수 있나요?
M: [5]저도 도와드리고 싶지만... 음... 저는 영업 보고서를 마무리하고 있어요.
W: 아, 알겠어요. 당일 배송을 제공하는 회사를 알고 있나요?
M: 그럼요. 여기 어딘가에 한 군데의 명함을 가지고 있어요. [6]배달 일정을 잡으려면 가능한 한 빨리 전화하셔야 해요.

4

해석 화자들은 어디에서 일하는 것 같은가?
(A) 실내 장식 회사에서
(B) 출판사에서
(C) 웹 디자인 회사에서
(D) 회계 법인에서

해설 화자들이 일하는 장소를 묻는 문제이므로, 신분 및 직업과 관련된 표현을 놓치지 않고 듣는다. 여자가 "I promised our client ~ that I would bring him some wallpaper samples this afternoon"이라며 오늘 오후에 자신들의 고객에게 벽지 샘플을 가져다 주기로 약속했다고 한 뒤, "I forgot about an appointment with another client regarding some design ideas for a bedroom makeover"라며 침실 개조를 위한 디자인 아이디어들과 관련된 다른 고객과의 약속을 잊고 있었다고 한 말을 통해 화자들이 실내 장식 회사에서 일한다는 것을 알 수 있다. 따라서 정답은 (A) At an interior decorating company이다.

5

해석 남자는 왜 "저는 영업 보고서를 마무리하고 있어요"라고 말하는가?
(A) 최신 정보를 제공하기 위해
(B) 해결책을 제시하기 위해
(C) 일정을 변경하기 위해
(D) 요청을 거절하기 위해

해설 남자가 하는 말의 의도를 묻는 문제이므로, 질문의 인용어구(I'm finishing a sales report)가 언급된 주변을 주의 깊게 듣는다. 여자가 "Do you mind dropping off the samples for me?"라며 자신을 대신해 샘플들을 전달해 줄 수 있는지 묻자, 남자가 "I'd like to help you, but ~ I'm finishing a sales report."라며 자신도 도와주고 싶지만 영업 보고서를 마무리하고 있다고 한 말을 통해 남자가 요청을 거절하려는 의도임을 알 수 있다. 따라서 정답은 (D) To decline a request이다.

어휘 **update** [ʌ́pdeit] 최신 정보 **decline** [dikláin] 거절하다, 기울다; 감소

6

해석 남자는 무엇을 제안하는가?
(A) 동료에게 도움을 요청하기
(B) 영업 부서를 방문하기
(C) 이사회를 연기하기
(D) 회사에 서비스를 위해 연락하기

해설 남자가 여자에게 제안하는 것을 묻는 문제이므로, 남자의 말에서 제안과 관련된 표현이 언급된 다음을 주의 깊게 듣는다. 남자가 "You should call them as soon as possible to arrange delivery."라며 배달 일정을 잡으려면 가능한 한 빨리 전화해야 할 것이라고 제안하였다. 따라서 정답은 (D) Contacting a company for a service이다.

어휘 **board meeting** 이사회

[7-9] 미국 → 캐나다

Questions 7-9 refer to the following conversation.

W: Hi, this is Valerie Cox from Veltacorp. I'm a client of Mr. Matheson. [7]**I'd like to consult with him about some concerns that I have regarding the contract** he drafted for my firm. Is he free this week? I'll be away at a conference next week, and I'd like to take care of the matter before then.
M: I'm afraid [8]**Mr. Matheson is on vacation** in New York until the end of the month. I can schedule you a meeting with his associate, Mr. Salvatore. He should be familiar with your case. Can you come at 2 P.M. tomorrow?
W: That should be fine, but [9]**I'll need his e-mail address** in order to send him some additional information.

consult [kənsʌ́lt] 상의하다 **contract** [kɑ́ntrækt] 계약서
draft [dræft] 초안을 작성하다 **on vacation** 휴가인 **associate** [əsóuʃièit] 동료
familiar [fəmíljər] 잘 아는, 정통한 **additional** [ədíʃənl] 추가적인

해석
7-9는 다음 대화에 관한 문제입니다.

W: 안녕하세요, 저는 Veltacorp사의 Valerie Cox입니다. 저는 Mr. Matheson의 의뢰인이에요. [7]저는 그가 저희 회사를 위해 초안을 작성해 준 계약서와 관련해서 제가 가진 몇 가지 우려 사항들에 대해 그와 상의하고 싶습니다. 그가 이번 주에 시간이 되나요? 저는 다음 주에 회의에 갈 예정이며, 그 전에 이 문제를 처리하고 싶습니다.
M: 죄송하지만 [8]Mr. Matheson은 이번 달 말까지 뉴욕에서 휴가 중이에요. 저는 그의 동료인 Mr. Salvatore와 회의 일정을 잡아 드릴 수 있어요. 그는 고객님의 사례에 대해 잘 알고 있을 거예요. 내일 오후 2시에 올 수 있으신가요?
W: 괜찮을 것 같은데, [9]저는 그에게 몇 가지 추가 정보를 보내기 위해 그의 이메일 주소가 필요할 거예요.

7

해석 여자는 Mr. Matheson과 무엇에 대해 논의하고 싶어 하는가?
(A) 가능한 사업 제휴
(B) 여행 일정
(C) 계약 관련 문제
(D) 지연에 대한 이유

해설 여자가 Mr. Matheson과 논의하고 싶어 하는 것을 묻는 문제이므로, 질문의 핵심어구(discuss with Mr. Matheson)와 관련된 내용을 주의 깊게 듣는다. 여자가 "I'd like to consult with him[Mr. Matheson] about some concerns that I have regarding the contract"라며 계약서와 관련한 몇 가지 우려 사항들에 대해 그, 즉 Mr. Matheson과 상의하고 싶다고 하였다. 따라서 정답은 (C) Issues with an agreement이다. (contract → agreement)

어휘 **agreement**[əgríːmənt] 계약, 합의

8

해석 Mr. Matheson은 왜 만날 수 없는가?
(A) 그는 다른 고객으로 인해 바쁘다.
(B) 그는 회사 행사를 주최하는 중이다.
(C) 그는 동료들과 회의 중이다.
(D) 그는 휴가 중이다.

해설 Mr. Matheson을 만날 수 없는 이유를 묻는 문제이므로, 질문의 핵심어구(Mr. Matheson ~ unavailable)와 관련된 주변을 주의 깊게 듣는다. 남자가 "Mr. Matheson is on vacation"이라며 Mr. Matheson이 휴가 중이라고 하였다. 따라서 정답은 (D) He is taking a break from work이다. (on vacation → taking a break from work)

어휘 **take a break** 휴가를 가다

9

해석 여자는 무엇을 요청하는가?
(A) 이메일 주소
(B) 몇몇 우편 정보
(C) 법적 비용에 대한 세부 사항
(D) 사무실로 가는 길

해설 여자가 요청하는 것을 묻는 문제이므로, 여자의 말에서 요청과 관련된 표현이 언급된 다음을 주의 깊게 듣는다. 여자가 "I'll need his e-mail address"라며 이메일 주소가 필요할 것이라고 하였다. 따라서 정답은 (A) An e-mail address이다.

[10-12] 영국 → 호주

Questions 10-12 refer to the following conversation and directory.

W: Aaron, [10]**how come you're still using Version 5 of that spreadsheet program to calculate the monthly production figures?** Version 6 was released last month.
M: Oh, [11]**I wasn't aware that a newer version is available.**
W: It is, and [11]**I strongly recommend using it.**
M: This one's working fine, so why is the upgrade necessary?
W: Because everyone else in the office has made the switch, and files from the old program aren't compatible with the new one.
M: I see. How can I get the upgrade?
W: [12]**You'll have to call the IT department and request assistance from the head technician** specifically.
M: OK. [12]**Her extension is 342, isn't it?**
W: I believe so, [12]**yes.**

calculate[kǽlkjulèit] 계산하다, 산정하다 **switch**[switʃ] 전환, 변경
compatible[kəmpǽtəbl] 호환이 되는 **extension**[iksténʃən] 내선번호

해석
10-12는 다음 대화와 전화번호부에 관한 문제입니다.

W: Aaron, [10]당신은 월간 생산 수치를 계산하는 데에 왜 아직도 그 스프레드시트 프로그램의 버전 5를 사용하고 있나요? 버전 6이 지난달에 출시되었어요.
M: 아, [11]저는 더 새로운 버전이 이용 가능한지 몰랐어요.
W: 가능해요, 그리고 [11]저는 그것을 사용하는 걸 강력히 추천해요.
M: 이것도 잘 작동하는데 왜 업그레이드가 필요한 거죠?
W: 사무실의 다른 사람들 모두가 전환했고, 이전 프로그램의 파일들은 새로운 것과 호환이 되지 않기 때문이에요.
M: 알겠어요. 어떻게 업그레이드 받을 수 있나요?
W: [12]IT부서에 전화해서 특별히 기술 책임자의 도움을 요청해야 해요.
M: 네. [12]그녀의 내선번호는 342죠, 그렇지 않나요?
W: 아마 그럴 거예요, [12]네.

IT 직원	내선번호
Bernie Holt	341
[12]Olivia Sanders	342
Clive Jones	343
Amy Yang	344

10

해석 남자는 무엇을 작업하고 있는가?
(A) 장비 하나를 설치하는 것
(B) 몇몇 프로그램들을 검토하는 것
(C) 몇몇 수치들을 계산하는 것
(D) 고객을 도와주는 것

해설 남자가 작업하고 있는 것을 묻는 문제이므로 질문의 핵심어구(working on)와 관련된 내용을 주의 깊게 듣는다. 여자가 남자에게 "how come you're still using Version 5 of that spreadsheet program to calculate the monthly production figures?"라며 월간 생산 수치를 계산하는 데에 왜 아직도 스프레드시트 프로그램의 버전 5를 사용하고 있는지를 물었다. 따라서 정답은 (C) Calculating some figures이다.

어휘 **install**[instɔ́ːl] 설치하다

11

해석 여자는 남자에게 무엇을 하라고 제안하는가?
(A) 최신 컴퓨터를 구매한다.
(B) 교육 활동을 실시한다.
(C) 바이러스 퇴치 소프트웨어를 다운받는다.
(D) 컴퓨터 프로그램을 업데이트한다.

해설 여자가 남자에게 제안하는 것을 묻는 문제이므로, 여자의 말에서 제안과 관련된 표현이 언급된 다음을 주의 깊게 듣는다. 남자가 "I wasn't aware that a newer version is available"이라며 더 새로운 버전이 이용 가능한지 몰랐다고 하자, 여자가 "I strongly recommend using it"이라며 그것을 사용하는 것을 제안하였다. 따라서 정답은 (D) Update a computer program이다.

어휘 **conduct**[kəndʌ́kt] 실시하다

12

해석 시각 자료를 보아라. 남자는 누구에게 연락해야 하는가?
(A) Bernie Holt
(B) Olivia Sanders
(C) Clive Jones
(D) Amy Yang

해설 남자가 연락해야 할 사람을 묻는 문제이므로, 제시된 전화번호부의 정보를 확인한 뒤 질문의 핵심어구(contact)와 관련된 내용을 주의 깊게 듣는다. 여자가 "You'll have to ~ request assistance from the head technician"이라며 기술 책임자의 도움을 요청해야 한다고 하자, 남자가 "Her[head technician] extension is 342, isn't it?"이라며 기술 책임자의 내선번호가 342가 맞는지를 물었고, 여자가 "yes"라며 그렇다고 하였으므로, 남자가 내선번호가 342인 Olivia Sanders에게 연락해야 함을 전화번호부에서 알 수 있다. 따라서 정답은 (B) Olivia Sanders이다.

4. 문제점 문제

Hackers Practice p.181

1. (A)	2. (D)	3. (D)	4. (C)	5. (B)	6. (B)
7. (A)	8. (C)	9. (A)	10. (D)	11. (A)	12. (B)

[1-3] 캐나다 → 호주 → 영국

Questions 1-3 refer to the following conversation with three speakers.

M1: [1]**Our firm needs to establish a marketing campaign for our new cosmetic line.**
M2: Absolutely. Now that [1]**we're nearly ready to launch the line**, it's time that we hire an advertising company to assist us.
W: I agree, but [2]**I'm worried about costs, since our promotional budget for the line is smaller than expected.**
M2: Have you contacted any local companies for quotes? There's one called Fountainhead with reasonable rates. [3]**When we commissioned the firm before, the staff was very professional.** Right, Jack?
M1: Yes. [3]**They worked hard to meet our needs.**
W: I'll contact them to see if they're right for this job. Thanks.

cosmetic [미 kɑːzmétik, 영 kɔzmétik] 화장품
budget [bʌ́dʒit] 예산; 예산을 세우다
quote [미 kwout, 영 kwəut] 견적; 견적을 내다 reasonable [ríːzənəbl] 합리적인
commission [kəmíʃən] 의뢰하다, 주문하다 professional [prəféʃənl] 전문적인

해석
1-3은 다음 세 명의 대화에 관한 문제입니다.

M1: [1]우리 회사는 새로운 화장품 제품 라인을 위한 마케팅 광고를 수립해야 해요.
M2: 물론이에요. [1]제품 라인을 출시할 준비가 거의 다 되었기 때문에, 우리를 도울 광고 회사를 고용할 때예요.
W: 동의해요, 하지만 [2]제품 라인에 대한 우리의 홍보 예산이 예상했던 것보다 더 적어서 비용이 걱정이에요.
M2: 견적을 위해 지역 회사들에게 연락해 보셨나요? Fountainhead사라는 합리적인 가격을 가진 곳이 있어요. [3]우리가 이전에 그 회사에 의뢰했을 때, 직원들이 매우 전문적이었어요. 그렇죠, Jack?
M1: 네. [3]그들은 우리의 요구를 만족시키기 위해 열심히 일했어요.
W: 제가 연락해서 그들이 이 일에 적합한지 알아볼게요. 감사해요.

1

해석 무엇이 곧 출시될 것 같은가?
(A) 미용 제품
(B) 의류 제품 라인
(C) 사무용품
(D) 지갑 컬렉션

해설 곧 출시될 것이 무엇인지를 묻는 문제이므로, 질문의 핵심어구(released soon)와 관련된 내용을 주의 깊게 듣는다. 남자 1이 "Our firm needs to establish a marketing campaign for our new cosmetic line."이라며 새로운 화장품 제품 라인을 위한 마케팅 광고를 수립해야 한다고 하자, 남자 2가 "we're nearly ready to launch the line"이라며 제품 라인을 출시할 준비가 거의 다 되었다고 하였다. 따라서 정답은 (A) Beauty products이다.

어휘 garment [미 gɑ́ːrmənt, 영 gɑ́ːmənt] 의류, 옷

2

해석 여자는 무엇을 걱정하는가?
(A) 프로젝트 제안서
(B) 미완성된 보고서
(C) 기존의 계약서
(D) 마케팅 예산

해설 여자의 문제점을 묻는 문제이므로, 여자의 말에서 부정적인 표현이 언급된 다음을 주의 깊게 듣는다. 여자가 "I'm worried about costs, since our promotional budget for the line is smaller than expected"라며 제품 라인에 대한 자신들의 홍보 예산이 예상했던 것보다 더 적어서 비용이 걱정이라고 하였다. 따라서 정답은 (D) A marketing budget이다.

어휘 incomplete [ìnkəmplíːt] 미완성의, 불완전한

3

해석 남자들은 왜 Fountainhead사를 추천하는가?
(A) 그것의 작업으로 인정을 받았다.
(B) 이전에 큰 회사를 위해 일한 적이 있다.
(C) 편리한 사무실 위치에 있다.
(D) 열심히 일하는 직원들이 있다.

해설 남자들이 Fountainhead사를 추천하는 이유를 묻는 문제이므로, 질문의 핵심어구(recommend Fountainhead)와 관련된 내용을 주의 깊게 듣는다. 남자 2 가 "When we commissioned the firm[Fountainhead] before, the staff was very professional."이라며 자신들이 이전에 그 회사, 즉 Fountainhead사에 의뢰했을 때, 직원들이 매우 전문적이었다고 한 뒤, 남자 1이 "They[staff] worked hard to meet our needs."라며 그들, 즉 Fountainhead의 직원들이 자신들의 요구를 만족시키기 위해 열심히 일했다고 한 것을 통해 Fountainhead사에 열심히 일하는 직원들이 있음을 알 수 있다. 따라서 정답은 (D) It has hard-working employees이다.

[4-6] 호주 → 미국

Questions 4-6 refer to the following conversation.

M: Hello, I'm calling concerning a pair of shoes that I bought on your Web site. I just received them yesterday, but [4]**unfortunately the shoes were not the color I ordered**. I asked for black, but was sent a brown pair. I'd like to get them in the color I requested.
W: Of course. You may send them back to us or visit our nearest outlet. Which method do you prefer?
M: [5]**I think I'd rather send them back.** Your nearest store is an hour from my home, and I don't have the time to drive that far. Is there anything else I need to do?
W: [6]**There's an exchange form printed on the back of the receipt. Just fill in the requested information** and mail back the receipt along with the item in its original packaging.

unfortunately [미 ʌnfɔ́ːrtʃənətli, 영 ʌnfɔ́ːtʃənətli] 유감스럽게도
outlet [áutlet] 직판점 method [méθəd] 방법 exchange [ikstʃéindʒ] 교환
receipt [risíːt] 영수증 packaging [pǽkidʒiŋ] 포장

해석
4-6은 다음 대화에 관한 문제입니다.

M: 안녕하세요, 그쪽 웹사이트에서 구매한 신발 한 켤레에 관해 전화 드려요. 신발을 바로 어제 받았는데, [4]유감스럽게도 신발은 제가 주문한 색상이 아니었어요. 저는 검은색을 요청했는데, 갈색 한 켤레를 받았어요. 제가 요청한 색상의 신발을 받고 싶어요.
W: 물론입니다. 고객님께서는 저희에게 그것들을 되돌려 보내시거나, 가장 가까운 직판점을 방문하시면 됩니다. 어떤 방법을 선호하시나요?
M: [5]저는 차라리 그것들을 되돌려 보내는 것이 나을 것 같아요. 가장 가까운 매장이 저희 집에서 1시간 정도 걸리는데 그렇게 멀리까지 운전할 시간이 없어요. 그 밖에 제가 해야 하는 일이 있나요?
W: [6]영수증의 뒷면에 교환 양식이 인쇄되어 있습니다. 요구되는 정보를 작성하셔서 원래 포장 그대로 물건과 함께 영수증을 다시 보내 주세요.

4

해석 남자는 무엇에 대해 걱정하는가?
(A) 웹사이트가 그의 지불을 받아들이지 않고 있다.
(B) 그의 주문이 제때 도착하지 않았다.
(C) 잘못된 물품이 배송되었다.
(D) 배송이 잘못된 주소로 갔다.

해설 남자의 문제점을 묻는 문제이므로, 남자의 말에서 부정적인 표현이 언급된 다음을 주의 깊게 듣는다. 남자가 "unfortunately the shoes were not the color I ordered"라며 신발이 자신이 주문한 색상이 아니었다고 하였다. 따라서 정답은 (C) An incorrect item was sent이다.

어휘 accept [əksépt] 받아들이다, 수락하다

5

해석 남자는 무엇을 하겠다고 말하는가?
(A) 가장 가까운 매장 지점을 방문한다.
(B) 구매품을 되돌려 보낸다.
(C) 주문을 취소한다.
(D) 가게 상품권을 받는다.

해설 남자가 하겠다고 말한 내용을 묻는 문제이므로, 남자의 말에서 질문의 핵심어구(will do)와 관련된 내용을 주의 깊게 듣는다. 남자가 "I think I'd rather send them[the shoes] back."이라며 신발을 되돌려 보내는 것이 나을 것 같다고 하였다. 따라서 정답은 (B) Return a purchase이다. (send ~ back → Return)

6

해석 여자는 남자에게 무엇을 하라고 요청하는가?
(A) 봉투에 지불 금액을 동봉한다.
(B) 서류상에 정보를 제공한다.
(C) 다른 사이즈를 신어본다.
(D) 소포를 수령한다.

해설 여자가 남자에게 요청하는 것을 묻는 문제이므로, 여자의 말에서 요청과 관련된 표현이 언급된 다음을 주의 깊게 듣는다. 여자가 남자에게 "There's an exchange form printed on the back of the receipt. Just fill in the requested information"이라며 영수증 뒷면에 교환 양식이 있으니 요구되는 정보를 작성하라고 하였다. 따라서 정답은 (B) Provide information on a document이다. (exchange form → document, fill in ~ information → Provide information)

어휘 enclose [inklóuz] 동봉하다, 에워싸다 envelope [énvəlòup] 봉투

[7-9] 호주 → 영국

Questions 7-9 refer to the following conversation.

M: Hello. This is James Henderson from Witter Financial. [7]**Our maintenance supervisor, Ms. Wellstone, had some repair work done on our elevators by one of your crews on Friday.** [8]**It looks like they forgot some of their equipment here.**
W: Thanks for informing us, Mr. Henderson. We were wondering what had happened to some of our tools. When is the best time for us to pick up the equipment?
M: Our offices are open from 8 A.M. to 7 P.M., Monday to Saturday. You can come by anytime during those hours.
W: Excellent. [9]**I will call my coworker now and have him get the items soon.** I appreciate you letting us know about this, and sorry for any inconvenience.

maintenance [méintənəns] 유지보수
equipment [ikwípmənt] 장비 appreciate [əpríːʃièit] 감사하다
inconvenience [미 ìnkənvíːnjəns, 영 ìnkənvíːniəns] 불편

해석
7-9는 다음 대화에 관한 문제입니다.

M: 여보세요. 저는 Witter 금융사의 James Henderson입니다. [7]저희 유지보수 책임자인 Ms. Wellstone이 금요일에 당신의 회사 작업팀 중 한 팀에게 저희 엘리베이터의 수리 작업을 하도록 했습니다. [8]그들이 이곳에 몇몇 장비를 두고 간 것 같아요.
W: 알려주셔서 감사합니다, Mr. Henderson. 몇몇 장비들이 어떻게 된 건지 궁금해 하고 있었습니다. 저희가 장비를 가지러 가기에 언제가 가장 좋으신가요?
M: 저희 사무실은 월요일부터 토요일까지, 오전 8시부터 오후 7시까지 영업합니다. 그 시간 중에 아무 때나 오실 수 있습니다.
W: 좋습니다. [9]제 동료에게 지금 전화해서 물품들을 곧 가져오도록 할게요. 알려주셔서 감사하고, 불편을 끼쳐드려 죄송합니다.

7

해석 여자는 어디에서 일하는 것 같은가?
(A) 서비스 센터에서
(B) 금융 회사에서
(C) 장비 공급업체에서
(D) 자동차 대여 대리점에서

해설 여자가 일하는 장소를 묻는 문제이므로, 신분 및 직업을 나타내는 표현을 놓치지 않고 듣는다. 남자가 여자에게 "Our maintenance supervisor ~ had some repair work done on our elevators by one of your crews on Friday."라며 유지보수 책임자가 금요일에 여자의 회사 작업팀 중 한 팀에게 엘리베이터의 수리 작업을 하도록 했다고 한 말을 통해 여자가 일하는 곳이 서비스 센터임을 알 수 있다. 따라서 정답은 (A) At a service center이다.

어휘 financial [fainǽnʃəl] 금융의
corporation [미 kɔ̀ːrpəréiʃən, 영 kɔ̀ːpəréiʃən] 회사, 기업

8

해석 무엇이 문제인가?
(A) 엘리베이터가 여전히 작동되지 않는다.
(B) 남자가 서비스에 대해 과잉 청구되었다.
(C) 작업 현장에 몇몇 장비를 두고 갔다.
(D) 수리 작업이 시작되지 않았다.

해설 문제점을 묻는 문제이므로, 대화에서 부정적인 표현이 언급된 다음을 주의 깊게 듣는다. 남자가 "It looks like they[crews] forgot some of their equipment here."라며 그들, 즉 작업팀이 회사에 몇몇 장비를 두고 간 것 같다고 하였다. 따라서 정답은 (C) Some equipment was forgotten at a job site이다.

어휘 operational [미 àːpəréiʃənl, 영 ɔ̀pəréiʃənl] 작동되는, 운영하는
overcharge [미 òuvərtʃáːrdʒ, 영 əuvətʃáːdʒ] 과잉 청구하다

9

해석 여자는 다음에 무엇을 할 것 같은가?
(A) 동료에게 연락한다.
(B) 물품을 배달한다.
(C) 도구를 가져온다.
(D) 사무실을 방문한다.

해설 여자가 다음에 할 일을 묻는 문제이므로, 대화의 마지막 부분을 주의 깊게 듣는다. 여자가 "I will call my coworker now and have him get the items soon."이라며 자신의 동료에게 지금 전화해서 물품들을 곧 가져오도록 하겠다고 하였다. 따라서 정답은 (A) Contact a colleague이다. (coworker → colleague)

어휘 colleague [미 káːliːg, 영 kɔ́liːg] 동료

[10-12] 미국 → 캐나다

Questions 10-12 refer to the following conversation and schedule.

W: Good afternoon, Mr. Richmond. [10]**Do you have a minute to discuss my recent employee evaluation?**
M: Sure. Any part in particular?
W: Communication skills. I scored low there.
M: Yes. That was based on your presentations, which I thought were a little rushed.
W: I figured that was the issue. [11]**I tend to get nervous speaking in front of people.**
M: Well, do you know human resources conducts monthly public speaking workshops? [12]**There are four levels, but you're probably not ready for the highest one. I'm sure any of the others would be helpful.**
W: Oh, really? My weekdays are all booked up with work and errands, but [12]**I'll be sure to attend one this weekend.**

evaluation [ivæljuéiʃən] 평가 rush [rʌʃ] 서두르다, 재촉하다
nervous [nɔ́ːrvəs] 긴장한, 불안한 conduct [kəndʌ́kt] 실시하다
public speaking 연설, 화술 errand [érənd] 용건, 볼일, 심부름

해석

10-12는 다음 대화와 일정표에 관한 문제입니다.

W: 안녕하세요, Mr. Richmond. [10]저의 최근 직원 평가에 대해 잠시 이야기할 시간이 있으신가요?

M: 물론이죠. 구체적으로 어느 부분이죠?

W: 커뮤니케이션 역량이요. 저는 거기에서 낮은 점수를 얻었어요.

M: 네. 그것은 당신의 발표에 근거한 것인데, 조금 서둘렀다고 생각했어요.

W: 그것이 문제였을 거라고 생각했어요. [11]저는 사람들 앞에서 말하는 것에 긴장하는 경향이 있거든요.

M: 음, 인사부가 매달 연설 워크숍을 실시하는 것 알고 있나요? [12]네 개의 단계가 있지만, 아마 당신은 가장 높은 단계에는 준비가 안 되었을 거예요. 다른 것들은 도움이 될 거라고 확신해요.

W: 아, 정말이요? 평일은 업무와 용건들로 모두 꽉 차있지만, [12]이번 주말에 있는 것에는 꼭 참석할게요.

워크숍 일정			
목요일	금요일	토요일	일요일
3단계 중급자	1단계 (입문자)	[12]2단계 (초보자)	4단계 (상급자)

10

해석 대화는 주로 무엇에 대한 것인가?

(A) 곧 있을 발표

(B) 직원 오리엔테이션 연수

(C) 고객들의 의견

(D) 평가 결과

해설 대화의 주제를 묻는 문제이므로, 대화의 초반을 주의 깊게 들은 후 전체 맥락을 파악한다. 여자가 "Do you have a minute to discuss my recent employee evaluation?"이라며 자신의 최근 직원 평가에 대해 잠시 이야기할 시간이 있는지 물은 뒤, 평가 결과에 대한 내용으로 대화가 이어지고 있다. 따라서 정답은 (D) The results of an assessment이다. (evaluation → assessment)

어휘 **assessment**[əsésmənt] 평가

11

해석 여자의 문제는 무엇인가?

(A) 연설을 어려워한다.

(B) 중요한 행사에 빠져야 했다.

(C) 한 동료와 문제를 겪고 있다.

(D) 너무 많은 업무가 주어졌다.

해설 여자의 문제점을 묻는 문제이므로, 여자의 말에서 부정적인 표현이 언급된 다음을 주의 깊게 듣는다. 여자가 "I tend to get nervous speaking in front of people."이라며 사람들 앞에서 말하는 것에 긴장하는 경향이 있다고 하였다. 따라서 정답은 (A) She is uncomfortable with public speaking이다. (speaking in front of people → public speaking)

어휘 **uncomfortable with** ~을 어려워하다 **function**[fʌ́ŋkʃən] 행사

12

해석 시각 자료를 보아라. 여자는 어느 워크숍에 참석할 것 같은가?

(A) 1단계

(B) 2단계

(C) 3단계

(D) 4단계

해설 여자가 참석할 워크숍을 묻는 문제이므로, 제시된 일정표의 정보를 확인한 뒤 질문의 핵심어구(workshop ~ attend)와 관련된 내용을 주의 깊게 듣는다. 남자가 "There are four levels, but you're probably not ready for the highest one. I'm sure any of the others would be helpful."이라며 네 단계의 워크숍이 있는데, 여자에게 가장 높은 단계를 제외한 다른 것들이 도움이 될 것이라고 하자, 여자가 "I'll be sure to attend one this weekend"라며 주말에 참석하겠다고 하였으므로, 주말에 진행되는 두 개의 워크숍 중 가장 높은 단계인 4단계를 제외한 2단계의 워크숍에 참석할 것임을 일정표에서 알 수 있다. 따라서 정답은 (B) Level 2이다.

5. 이유/방법/정도 문제

Hackers Practice

p.183

1. (C)	2. (D)	3. (C)	4. (B)	5. (C)	6. (A)
7. (B)	8. (A)	9. (A)	10. (D)	11. (B)	12. (C)

[1-3] 캐나다 → 영국

Questions 1-3 refer to the following conversation.

M: Do you know how many businesses have registered for [1]**next month's trade fair here at our convention center**?

W: There have been 34 registrations, but [2]**I'm expecting more. In the past, at least 40 companies have set up booths.** I have the list from last year right here.

M: [3]**Could you e-mail me the list?**

W: [3]**Sure. I'll do that now.** I'll also provide the names of some companies that have expressed an interest in the event but haven't registered yet.

business[bíznis] 기업 registration[rèdʒistréiʃən] 등록

해석

1-3은 다음 대화에 관한 문제입니다.

M: 얼마나 많은 기업들이 [1]이곳 컨벤션 센터에서 열리는 다음 달의 무역 박람회에 등록했는지 아세요?

W: 34건의 등록이 있었지만, [2]저는 더 많을 것으로 예상하고 있어요. 과거에는, 최소한 40개의 회사가 부스를 설치했어요. 저는 작년의 명단을 바로 여기 갖고 있어요.

M: [3]제게 그 명단을 이메일로 보내주실 수 있나요?

W: [3]물론이죠. 지금 바로 보낼게요. 행사에 관심을 보였지만 아직 등록하지 않은 기업들의 명단도 드릴게요.

1

해석 대화는 어디에서 일어나는 것 같은가?

(A) 투자 은행에서

(B) 기업 본사에서

(C) 컨벤션 센터에서

(D) 관공서에서

해설 대화가 일어나는 장소를 묻는 문제이므로, 장소와 관련된 표현을 놓치지 않고 듣는다. 여자가 "next month's trade fair here at our convention center"라며 이곳 컨벤션 센터에서 열리는 다음 달의 무역 박람회를 언급한 것을 통해 대화의 장소가 컨벤션 센터임을 알 수 있다. 따라서 정답은 (C) At a convention center이다.

어휘 **investment**[invéstmənt] 투자

2

해석 여자는 왜 추가적인 등록을 예상하는가?

(A) 온라인에 광고가 게시되었다.

(B) 추가적인 부스가 세워졌다.

(C) 사람들이 행사에 대해 문의했다.

(D) 이전에 더 많은 회사들이 참여했다.

해설 여자가 추가적인 등록을 예상하는 이유를 묻는 문제이므로, 질문의 핵심어구(expects additional registrations)와 관련된 내용을 주의 깊게 듣는다. 여자가 "I'm expecting more. In the past, at least 40 companies have set up booths."라며 자신은 더 많을 것으로 예상하고 있으며 과거에는 최소한 40개의 회사가 부스를 설치했다고 하였다. 따라서 정답은 (D) More companies took part previously이다. (In the past → previously)

어휘 **advertisement**[미 ædvərtáizmənt, 영 ədvə́:tismənt] 광고

3

해석 여자는 다음에 무엇을 할 것 같은가?

(A) 손님 명단을 수정한다.

(B) 몇몇 행사 참가자들에게 전화한다.

(C) 동료에게 메시지를 보낸다.
(D) 금융 기관에 간다.

해설 여자가 다음에 할 일을 묻는 문제이므로, 대화의 마지막 부분을 주의 깊게 듣는다. 남자가 "Could you e-mail me the list?"라며 명단을 이메일로 보내줄 수 있는지 묻자, 여자가 "Sure. I'll do that now."라며 물론이라며 지금 바로 보내겠다고 하였다. 따라서 정답은 (C) Send a message to a coworker이다. (e-mail → Send a message)

어휘 modify [미 má:dəfài, 영 mɔ́difai] 수정하다

[4-6] 호주 → 영국

Questions 4-6 refer to the following conversation.

M: [4]**How are things progressing with the investment workshop that you're planning?**
W: Good, but I still haven't selected a presenter.
M: How about David Cane? He's a well-known financial advisor in the area.
W: [5]**He'll be visiting clients in Bridgeport on the day of the event.**
M: In that case, I'll look for a list of previous speakers at the event. Maybe one of them will be free.
W: OK, that would be great. [6]**Can you give me the names and phone numbers of the speakers on that list?**
M: Not a problem.

investment [invéstmənt] 투자 presenter [미 prizéntər, 영 prizéntə] 발표자
advisor [미 ædváizər, 영 ədváizə] 자문

해석
4-6은 다음 대화에 관한 문제입니다.

M: [4]당신이 계획하고 있는 투자 워크숍은 어떻게 진행되고 있나요?
W: 잘 되어가고 있어요, 그런데 아직 발표자를 선정하지 못했어요.
M: David Cane은 어떤가요? 그는 이 지역의 유명한 재정 자문이에요.
W: [5]그는 행사 당일에 Bridgeport에 있는 고객들을 방문하고 있을 거예요.
M: 그렇다면, 제가 이전 행사의 연사 목록을 찾아볼게요. 어쩌면 그들 중 한 명은 시간이 있을 거예요.
W: 네, 그게 좋겠어요. [6]그 목록에 있는 연사들의 이름과 전화 번호를 제게 주실 수 있나요?
M: 물론이죠.

4

해설 대화는 주로 무엇에 관한 것인가?
(A) 경제 보고서
(B) 투자 세미나
(C) 대학교로의 여행
(D) 회의를 위한 장소

해설 대화의 주제를 묻는 문제이므로, 대화의 초반을 주의 깊게 들은 후 전체 맥락을 파악한다. 대화의 초반에서 남자가 "How are things progressing with the investment workshop that you're planning?"이라며 여자가 계획하고 있는 투자 워크숍은 어떻게 진행되고 있는지 물은 뒤, 투자 워크숍에 대한 내용으로 대화가 이어지고 있다. 따라서 정답은 (B) An investment seminar이다. (workshop → seminar)

어휘 economics [미 èkəná:miks, 영 èkənɔ́miks] 경제, 경제학

5

해석 David Cane은 왜 참석할 수 없을 것인가?
(A) 그는 여행에서 돌아오고 있을 것이다.
(B) 그는 세미나에 참석하고 있을 것이다.
(C) 그는 고객들과 만나고 있을 것이다.
(D) 그는 오찬을 주최하고 있을 것이다.

해설 David Cane이 참석할 수 없는 이유를 묻는 문제이므로, 질문의 핵심어구(David Cane ~ unavailable)와 관련된 내용을 주의 깊게 듣는다. 여자가 "He[David Cane]'ll be visiting clients in Bridgeport on the day of the event."라며 그, 즉 David Cane이 행사 당일에 Bridgeport에 있는 고객들을 방문하고 있을 것이라고 하였다. 따라서 정답은 (C) He will be meeting with customers이다.

어휘 luncheon [lʌ́ntʃən] 오찬

6

해석 여자는 남자에게 무엇을 하라고 요청하는가?
(A) 연락처를 제공한다.
(B) 교수에게 이야기한다.
(C) 고객들을 방문한다.
(D) 다른 후보들을 고려한다.

해설 여자가 남자에게 요청하는 것을 묻는 문제이므로, 여자의 말에서 요청과 관련된 표현이 언급된 다음을 주의 깊게 듣는다. 여자가 남자에게 "Can you give me the names and phone numbers of the speakers ~?"라며 연사들의 이름과 전화 번호를 이메일로 자신에게 줄 것을 요청하였다. 따라서 정답은 (A) Provide some contact details이다.

[7-9] 캐나다 → 미국

Questions 7-9 refer to the following conversation.

M: I appreciate you giving me a tour of the condominium units. I like the spacious bedrooms and living rooms. [7]**I've been hoping to buy a unit**, but I still haven't saved up enough money to afford one. Do you help arrange mortgages with any banks?
W: Yes, we do. [8]**Let me give you a copy of this brochure from our banking partner that details possible financing options.**
M: Oh, great. I'll have a look through it and see if I'm eligible to apply for any of the loans.
W: No problem. If you need any advice, [9]**you can call me directly at my office number.**

condominium [kàndəmíniəm] 아파트 unit [jú:nit] (아파트) 한 채, 가구
spacious [spéiʃəs] 넓은 afford [əfɔ́:rd] 장만하다, 마련하다
arrange [əréindʒ] 처리하다, 주선하다
mortgage [mɔ́:rgidʒ] 주택 담보 대출 eligible [élidʒəbl] 자격을 갖춘

해석
7-9는 다음 대화에 관한 문제입니다.

M: 아파트 안내를 해주셔서 감사해요. 저는 넓은 침실과 거실이 마음에 들어요. [7]아파트 한 채를 매입하길 원해 왔지만, 아직 그것을 장만하기에 충분한 돈을 모으지 못했어요. 은행과 주택 담보 대출을 처리하는 것을 도와주시나요?
W: 네, 도와드립니다. [8]가능한 금융 옵션에 대해 자세히 설명하는 저희 협력 은행의 소책자 한 부를 드릴게요.
M: 아, 잘됐네요. 그것을 살펴보고, 제가 그 대출들에 대해 신청 자격을 갖추었는지 확인해볼게요.
W: 문제없어요. 조언이 필요하시면, [9]제 사무실 번호로 직접 전화하시면 돼요.

7

해석 남자는 무엇을 하기 원하는가?
(A) 이사업체를 고용한다.
(B) 주택을 매입한다.
(C) 다음 안내를 준비한다.
(D) 집을 개조한다.

해설 남자가 하기 원하는 것을 묻는 문제이므로, 남자의 말을 주의 깊게 듣는다. 남자가 "I've been hoping to buy a unit"이라며 아파트 한 채를 매입하길 원해 왔다고 하였다. 따라서 정답은 (B) Purchase a residence이다. (want → hoping, buy a unit → Purchase a residence)

어휘 residence [rézədəns] 주택, 주거지

8

해석 여자는 남자에게 무엇을 주는가?
(A) 금융 서비스에 관한 정보
(B) 주택 소유자 단체의 가입을 위한 양식
(C) 주택 위치에 관한 세부 정보

(D) 투자자들을 위한 자격 요건 목록

해설 여자가 남자에게 주는 것을 묻는 문제이므로, 여자의 말을 주의 깊게 듣는다. 여자가 남자에게 "Let me give you a copy of this brochure ~ that details possible financing options."라며 가능한 금융 옵션에 대해 자세히 설명하는 소책자 한 부를 주겠다고 하였다. 따라서 정답은 (A) Information about financial services이다. (financing options → financial services)

어휘 homeowner[hóumòunər] 주택 소유자
requirement[rikwáiərmənt] 자격 요건, 필요조건 investor[invéstər] 투자자

9

해석 남자는 어떻게 여자와 연락할 수 있는가?
(A) 전화를 걸어서
(B) 사무실에 들러서
(C) 이메일을 보내서
(D) 문자 메시지를 보내서

해설 남자가 여자와 연락할 수 있는 방법을 묻는 문제이므로, 질문의 핵심어구(get in touch with)와 관련된 내용을 주의 깊게 듣는다. 여자가 남자에게 "you can call me directly at my office number"라며 자신의 사무실 번호로 직접 전화하면 된다고 하였다. 따라서 정답은 (A) By making a telephone call이다. (call → making a telephone call)

어휘 stop by ~에 들르다

[10-12] 호주 → 영국

Questions 10-12 refer to the following conversation and subway map.

M: Excuse me. [10]**I'm done touring the art exhibit. I want to return this electronic guide.**
W: [10]**I can take that.** Also—if you're interested—an artist will be answering questions in an hour.
M: [11]**I'd like to stay, but I'm having lunch with an important client.** Can you tell me how to get to Campsy Station by subway from Haley Station?
W: [12]**Take Line 1, get off at the last stop and walk to Campsy Station from there.** You could take the train all the way to Campsy Station if you transfer to Line 2, but that takes longer.
M: [12]**Is it a long walk? If not, I'd like the exercise.**
W: [12]**No.** It's only about two blocks.

electronic[미 ilektránik, 영 ìlèktrɔ́nik] 전자의
transfer[미 trænsfə́ːr, 영 trænsfə́ː] 환승하다, 갈아타다, 이동하다

해석

10-12는 다음 대화와 지하철 노선도에 관한 문제입니다.

M: 실례합니다. [10]저는 미술 전시 관람을 마쳤습니다. 이 전자 안내 기기를 반납하고 싶어요.
W: [10]제가 그것을 받아드릴게요. 그리고, 만약 관심이 있으시다면, 미술가가 한 시간 후에 질문들에 답변을 할 거예요.
M: [11]계속 있고 싶지만, 저는 중요한 고객과 점심을 먹을 거예요. Haley역에서 지하철로 Campsy역까지 가는 방법을 알려주실 수 있나요?
W: [12]1호선 열차를 타시고, 마지막 역에서 내린 다음 거기서 Campsy역까지 걸어가세요. 만약 2호선으로 환승하시면 Campsy역까지 내내 열차를 타고 가실 수도 있지만, 그게 더 오래 걸려요.
M: [12]많이 걷나요? 그렇지 않다면, 저는 운동하는 것도 좋겠어요.
W: [12]아니요. 그건 단 두 블록 정도예요.

지하철 노선도

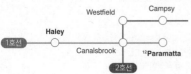

10

해석 여자는 누구인 것 같은가?
(A) 전기 기술자
(B) 지하철 직원
(C) 미술가
(D) 미술관 직원

해설 여자의 신분을 묻는 문제이므로, 신분 및 직업과 관련된 표현을 놓치지 않고 듣는다. 남자가 "I'm done touring the art exhibit. I want to return this electronic guide."라며 미술 전시 관람을 마쳤고 전자 안내 기기를 반납하고 싶다고 하자, 여자가 "I can take that."이라며 자신이 그것을 받아주겠다고 한 말을 통해 여자가 미술관 직원임을 알 수 있다. 따라서 정답은 (D) A museum worker이다.

11

해석 남자는 왜 떠나야 하는가?
(A) 전시회를 방문하기 위해
(B) 고객을 만나기 위해
(C) 연주회에 참석하기 위해
(D) 운동 수업을 듣기 위해

해설 남자가 떠나야 하는 이유를 묻는 문제이므로, 질문의 핵심어구(leave)와 관련된 내용을 주의 깊게 듣는다. 남자가 "I'd like to stay, but I'm having lunch with an important client."라며 계속 있고 싶지만 중요한 고객과 점심을 먹을 거라고 하였다. 따라서 정답은 (B) To meet a client이다.

12

해석 시각 자료를 보아라. 남자는 어디에서 내릴 것 같은가?
(A) Westfield역
(B) Canalsbrook역
(C) Paramatta역
(D) Campsy역

해설 남자가 내릴 역을 묻는 문제이므로, 제시된 지하철 노선도의 정보를 확인한 뒤 질문의 핵심어구(get off)가 언급된 주변을 주의 깊게 듣는다. 여자가 "Take Line 1, get off at the last stop and walk to Campsy Station from there."라며 1호선 열차를 타시고, 마지막 역에서 내린 다음 거기서 Campsy역까지 걸어가라고 하였다. 그러자 남자가 "Is it a long walk? If not, I'd like the exercise."라며 많이 걷는 것이 아니라면 운동하는 것도 좋겠다고 하였고, 이에 대한 대답으로 여자가 "No."라며 많이 걷지 않는다고 하였다. 이를 통해 남자가 Haley역에서 지하철을 탄 후 종점인 Paramatta역에서 내려 나머지는 걸어갈 것임을 지하철 노선도에서 알 수 있다. 따라서 정답은 (C) Paramatta Station이다.

어휘 get off 내리다

6. 다음에 할 일 문제

Hackers Practice p.185

1. (C)	2. (B)	3. (A)	4. (B)	5. (A)	6. (D)
7. (B)	8. (B)	9. (C)	10. (D)	11. (C)	12. (B)

[1-3] 호주 → 미국

Questions 1-3 refer to the following conversation.

M: Patty, aren't you interested in getting a camera? [1]**The Gadget Store just opened on Sixth Street last Tuesday.** Have you dropped by yet? They have a wide selection of cameras there.
W: Oh, not yet. I was actually thinking of buying one online, but the shipping fees are quite expensive. I think I'll check out that store first. I wonder if they have the Focus DCX 200, though. [2]**It's a new model that was launched last month.**
M: I'm not sure. I went there on Wednesday but didn't

stay long. I know they have products from Focus, but I don't know if they have the one you want. [3]**Why don't you call them to find out?**

W: That's a good idea. [3]**I'll do that now.** Thanks.

drop by ~에 들르다 check out ~을 확인하다, 조회하다
launch[lɔ:ntʃ] 출시하다 find out 알아보다

해석
1-3은 다음 대화에 관한 문제입니다.

M: Patty, 카메라를 장만하는 데 관심이 있지 않나요? [1]Gadget Store가 지난주 화요일 6번가에 막 개점했거든요. 이미 들러보았나요? 그곳에는 다양한 종류의 카메라들이 있어요.

W: 아, 아직이요. 저는 사실 인터넷에서 사는 것을 고려하고 있었는데, 배송비가 꽤 비싸더군요. 그 매장을 먼저 확인해봐야 할 것 같아요. 그런데 그들이 Focus DCX 200을 가지고 있는지 궁금하네요. [2]그것은 지난달에 출시된 새 모델이에요.

M: 잘 모르겠어요. 저는 그곳에 수요일에 갔었는데 오래 머무르지 않았어요. 그들이 Focus사의 제품을 보유하고 있다고 알고 있지만, 당신이 원하는 제품을 보유하고 있는지는 모르겠네요. [3]알아보기 위해 전화를 해보는 게 어때요?

W: 좋은 생각이네요. [3]지금 해볼게요. 고마워요.

1

해석 화자들은 주로 무엇에 대해 이야기하고 있는가?
(A) 온라인 쇼핑의 이점들
(B) 곧 있을 전자 기기 할인
(C) 최근에 문을 연 상점
(D) 카메라의 기능들

해설 대화의 주제를 묻는 문제이므로, 대화의 초반을 주의 깊게 듣는다. 남자가 "The Gadget Store just opened ~ last Tuesday."라며 지난주 화요일에 상점이 개점했다고 한 뒤, 그 상점에 대한 내용으로 대화가 이어지고 있다. 따라서 정답은 (C) A recently opened store이다.

어휘 function[fʌ́ŋkʃən] 기능

2

해석 여자는 Focus DCX 200에 대해 무엇을 언급하는가?
(A) 더 이상 생산되지 않고 있다.
(B) 한 달 전에 출시되었다.
(C) 고급 기술을 사용한다.
(D) 한정된 기간 동안에만 제공된다.

해설 여자가 Focus DCX 200에 대해 언급하는 것을 묻는 문제이므로, 여자의 말에서 질문의 핵심어구(Focus DCX 200)와 관련된 내용을 주의 깊게 듣는다. 여자가 "It[Focus DCX 200]'s a new model that was launched last month."라며 그것, 즉 Focus DCX 200이 지난달에 출시된 새로운 모델이라고 하였다. 따라서 정답은 (B) It was released a month ago이다. (launched last month → released a month ago)

3

해석 여자는 다음에 무엇을 할 것이라고 말하는가?
(A) 전화를 건다.
(B) 카메라를 다른 것으로 교환한다.
(C) 가격 목록 한 부를 출력한다.
(D) 웹사이트에서 상품을 검색한다.

해설 여자가 다음에 할 일을 묻는 문제이므로, 대화의 마지막 부분을 주의 깊게 듣는다. 남자가 "Why don't you call them[Gadget Store] to find out?"이라며 상점에 전화해서 알아볼 것을 제안하자, 여자가 "I'll do that now."라며 지금 해보겠다고 하였다. 따라서 정답은 (A) Make a telephone call이다.

어휘 browse[brauz] 검색하다, 둘러보다

[4-6] 캐나다 → 영국

Questions 4-6 refer to the following conversation.

M: [4]**Let's discuss the office we're opening in China this August.** We need someone to lead it.

W: Do you have anyone in mind?

M: [5]**I'm considering Jared Wentworth.**

W: Hmm . . . [5]**he works hard, but he has little management experience.**

M: Yeah, but it'll be a good opportunity for him to learn. He's got great potential.

W: Well, [6]**why don't we ask the other department heads for their input before making a decision?**

M: [6]**Good idea. I'll contact them now to arrange a time to meet.**

have ~ in mind ~을 염두에 두다 management[mǽnidʒmənt] 관리, 경영
potential[pəténʃəl] 잠재력, 가능성; 잠재적인, 가능성이 있는
input[ínpùt] 조언, 투입

해석
4-6은 다음 대화에 관한 문제입니다.

M: [4]우리가 이번 8월에 중국에서 개업할 지점에 대해 논의해 봅시다. 우리는 그것을 이끌 사람이 필요해요.

W: 염두에 둔 사람이 있나요?

M: [5]저는 Jared Wentworth를 고려하고 있어요.

W: 음... [5]그는 열심히 일하지만, 관리 경험이 거의 없어요.

M: 네, 하지만 이번이 그가 배울 좋은 기회가 될 거예요. 그는 엄청난 잠재력을 가지고 있어요.

W: 음, [6]결정을 내리기 전에 다른 부서장들에게 조언을 구하는 것이 어떨까요?

M: [6]좋은 생각이에요. 제가 지금 그들에게 연락해 만날 시간을 마련할게요.

4

해석 8월에 무슨 일이 일어날 것인가?
(A) 제품 라인이 출시될 것이다.
(B) 회사가 사업을 확장할 것이다.
(C) 평가가 시행될 것이다.
(D) 직위가 공석이 될 것이다.

해설 8월에 일어날 일을 묻는 문제이므로, 질문의 핵심어구(August)가 언급된 주변을 주의 깊게 듣는다. 남자가 "Let's discuss the office we're opening ~ this August."라며 8월에 개업할 지점에 대해 논의해 보자고 한 말을 통해 회사가 사업을 확장할 것임을 알 수 있다. 따라서 정답은 (B) A company will expand its operations이다.

어휘 expand[ikspǽnd] 확장하다 operation[미 ɑ:pəréiʃən, 영 ɔ̀pəréiʃən] 사업, 경영

5

해석 여자는 왜 "그는 관리 경험이 거의 없어요"라고 말하는가?
(A) 의견 차이를 나타내기 위해
(B) 계획을 변경하기 위해
(C) 몇몇 교육을 추천하기 위해
(D) 도움을 요청하기 위해

해설 여자가 하는 말의 의도를 묻는 문제이므로, 질문의 인용어구(he has little management experience)가 언급된 주변을 주의 깊게 듣는다. 남자가 "I'm considering Jared Wentworth."라며 Jared Wentworth를 고려하고 있다고 하자, 여자가 "he works hard, but he has little management experience"라며 그는 열심히 일하지만 관리 경험이 거의 없다고 한 것을 통해 여자가 남자의 제안에 대한 의견 차이를 나타내려는 의도임을 알 수 있다. 따라서 정답은 (A) To express disagreement이다.

어휘 disagreement[dìsəgrí:mənt] 의견 차이, 불일치

6

해석 남자는 다음에 무엇을 할 것인가?
(A) 해외 지점으로 간다.
(B) 승진을 수락한다.

(C) 후보자를 지명한다.
(D) 회의를 준비한다.

해설 남자가 다음에 할 일을 묻는 문제이므로, 대화의 마지막 부분을 주의 깊게 듣는다. 여자가 "why don't we ask the other department heads for their input ~?"이라며 다른 부서장들에게 조언을 구하는 것이 어떤지 묻자, 남자가 "Good idea. I'll contact them now to arrange a time to meet."이라며 좋은 생각이라며 지금 그들에게 연락해 만날 시간을 마련하겠다고 하였다. 따라서 정답은 (D) Set up a meeting이다. (arrange → set up)

어휘 nominate [미 námənèit, 영 nɔ́mineit] 지명하다, 지정하다

[7-9] 영국 → 호주

Questions 7-9 refer to the following conversation.

W: How long did it take to get your cable TV service set up after subscribing? [7]**It's been two weeks since I signed up with Thundercast, but it still hasn't been installed.**
M: I'm not a Thundercast subscriber, but Jeremy had a similar experience. It took a month before he got cable TV. Have you called their customer hotline?
W: Yes, [8]**I contacted them this morning**, but was told a technician would not be available for another week!
M: Well, maybe you should try another service. I use Media Stream. It's an online system, so you don't have to wait for installation. They offer news, movies, and TV shows. [9]**I'll jot down their Web site address for you.**

subscribe [səbskráib] 가입하다, 구독하다 install [instɔ́:l] 설치하다
hotline [미 há:tlàin, 영 hɔ́tlain] 전화상담 서비스
technician [tekníʃən] 기술자 jot down (글을) 적다, 쓰다

해석
7-9는 다음 대화에 관한 문제입니다.
W: 가입 후 케이블 TV 서비스 설치를 받을 때까지 얼마나 걸렸나요? [7]Thundercast에 가입한지 2주가 지났는데 아직도 설치받지 못했어요.
M: 저는 Thundercast 가입자가 아니지만 Jeremy가 비슷한 경험을 했어요. 그는 케이블 TV 서비스를 받을 때까지 한 달이 걸렸어요. 그들의 고객 전화상담 서비스에 연락해 보았나요?
W: 네, [8]오늘 아침 그쪽에 연락했는데, 기술자가 다음 한 주 동안 올 수 없을 거라는 말을 들었어요!
M: 음, 아마도 다른 서비스를 이용해 보는 게 좋겠네요. 저는 Media Stream을 이용해요. 온라인 시스템이라서 설치를 기다릴 필요가 없어요. 그것은 뉴스, 영화 그리고 TV 쇼를 제공하죠. [9]당신을 위해 그들의 웹사이트 주소를 적어드릴게요.

7

해석 대화는 주로 무엇에 대한 것인가?
(A) 새 아파트 찾기
(B) 케이블 TV 가입에 대한 문제
(C) 기술자와의 최근 약속
(D) 다른 사무실로 이전하기

해설 대화의 주제를 묻는 문제이므로, 대화의 초반을 반드시 듣는다. 여자가 "It's been two weeks since I signed up with Thundercast, but it still hasn't been installed."라며 케이블 TV 서비스인 Thundercast에 가입한지 2주가 지났는데 아직도 설치받지 못했다고 한 뒤, 해결 방안과 관련된 내용으로 대화가 이어지고 있다. 따라서 정답은 (B) A problem with a cable TV subscription이다.

어휘 subscription [səbskrípʃən] 가입, 구독

8

해석 여자는 오늘 아침에 무엇을 했는가?
(A) 서비스를 취소했다.
(B) Thundercast에 연락했다.
(C) Media Stream에 가입했다.
(D) TV 프로그램을 시청했다.

해설 여자가 오늘 아침에 한 일을 묻는 문제이므로, 질문의 핵심어구(this morning)가 언급된 주변을 주의 깊게 듣는다. 여자가 "I contacted them [Thundercast] this morning"이라며 오늘 아침에 그쪽, 즉 Thundercast에 연락했다고 하였다. 따라서 정답은 (B) Contacted Thundercast이다.

9

해석 남자는 다음에 무엇을 할 것 같은가?
(A) 케이블 공급업체에 전화한다.
(B) 서비스에 등록한다.
(C) 웹사이트 주소를 적는다.
(D) 약속 일정을 변경한다.

해설 남자가 다음에 할 일을 묻는 문제이므로, 대화의 마지막 부분을 주의 깊게 듣는다. 남자가 "I'll jot down their Web site address for you."라며 웹사이트 주소를 적어주겠다고 하였다. 따라서 정답은 (C) Write a Web site address이다. (jot down → Write)

어휘 provider [prəváidər] 공급업체

[10-12] 캐나다 → 미국

Questions 10-12 refer to the following conversation and map.

M: How should we spend the last day of our trip?
W: [10]**The weather forecast predicts rain, so we need an indoor activity.**
M: How about visiting the Cormier Museum?
W: Are there any special exhibits?
M: I just read about that museum in a brochure. It shows a film at 11 A.M. every day. The one featured this week is about mummies.
W: That sounds interesting. It's only 10 o'clock, but I say we leave now anyway. [11]**Let's wave down a taxi.**
M: Yeah. This way, we'll still have time to see an exhibit before the movie starts. Apparently, the museum is big, so [12]**let's just look at whatever section is closest to the theater.**

mummy [mʌ́mi] 미라 wave down (운전자에게) 손짓을 하여 ~을 세우다
apparently [əpǽrəntli] 듣자 하니, 보아 하니

해석
10-12는 다음 대화와 지도에 관한 문제입니다.
M: 우리 여행의 마지막 날을 어떻게 보낼까요?
W: [10]일기 예보에서 비를 예측하고 있으므로, 우리는 실내 활동이 필요해요.
M: Cormier 박물관을 방문하는 것은 어때요?
W: 특별한 전시회들이 있나요?
M: 방금 책자에서 그 박물관에 대해 읽었어요. 그곳에서는 매일 오전 11시에 영화를 상영해요. 이번 주에 특별히 상영되는 것은 미라에 관한 것이에요.
W: 흥미로워 보이네요. 겨우 10시밖에 되지 않았지만, 어쨌든 지금 가는 것이 좋겠어요. [11]택시를 세우죠.
M: 네. 이렇게 하면, 영화가 시작하기 전에 전시회를 관람할 시간이 우리에게 여전히 있을 거예요. 듣자 하니, 박물관이 크다고 하니까 [12]무엇이든 간에 극장과 가장 가까운 구역을 구경해요.

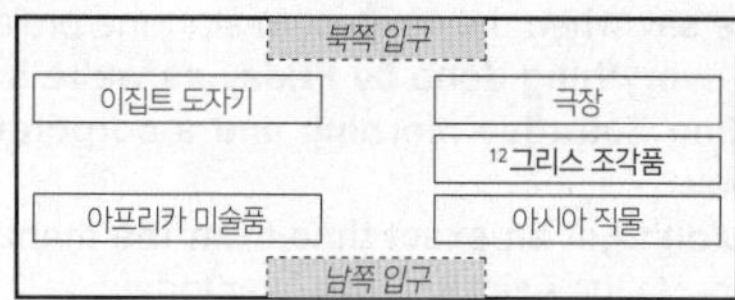

10

해석 무슨 요인이 화자들의 계획에 영향을 미치고 있는가?
(A) 비행 출발 시각
(B) 저녁 식사 예약
(C) 여행 일정
(D) 궂은 날씨

해설 화자들의 계획에 영향을 미치고 있는 요인을 묻는 문제이므로, 질문의 핵심

어구(affecting ~ plans)와 관련된 내용을 주의 깊게 듣는다. 여자가 "The weather forecast predicts rain, so we need an indoor activity."라며 일기 예보에서 비를 예측하고 있으므로 실내 활동이 필요하다고 하였다. 따라서 정답은 (D) Inclement weather이다.

어휘 inclement[inklémənt] (날씨가) 궂은, 좋지 못한

11

해석 화자들은 다음에 무엇을 할 것 같은가?
(A) 직원과 이야기한다.
(B) 책자를 꺼낸다.
(C) 택시를 부른다.
(D) 박물관 입장권을 구매한다.

해설 화자들이 다음에 할 일을 묻는 문제이므로, 대화의 마지막 부분을 주의 깊게 듣는다. 여자가 "Let's wave down a taxi."라며 택시를 세우자고 하였다. 따라서 정답은 (C) Hail a cab이다. (wave down → Hail, taxi → cab)

어휘 hail[heil] (택시 등을) 부르다, 신호를 보내다

12

해석 시각 자료를 보아라. 화자들은 어느 전시회를 볼 것 같은가?
(A) 이집트 도자기
(B) 그리스 조각품
(C) 아프리카 미술품
(D) 아시아 직물

해설 화자들이 볼 전시회를 묻는 문제이므로, 제시된 지도의 정보를 확인한 뒤 질문의 핵심어구(exhibit ~ see)와 관련된 내용을 주의 깊게 듣는다. "let's just look at whatever section is closest to the theater"라며 무엇이든 간에 극장과 가장 가까운 구역을 구경하자고 하였으므로, 극장에서 가장 가까운 곳에 위치한 그리스 조각품 전시회를 볼 것임을 지도에서 알 수 있다. 따라서 정답은 (B) Greek Sculptures이다.

어휘 pottery[pátəri] 도자기 sculpture[skʌ́lptʃər] 조각품, 조각
textile[tékstail] 직물, 섬유

7. 특정 세부 사항 문제

Hackers Practice

p.187

1. (A)	2. (B)	3. (B)	4. (A)	5. (D)	6. (B)
7. (A)	8. (C)	9. (A)	10. (B)	11. (D)	12. (B)

[1-3] 영국 → 호주

Questions 1-3 refer to the following conversation.

W: [1]**I wonder why the painting crew hasn't arrived yet.** They were supposed to be here at 8:30 A.M. to repaint the lobby and the lounge.
M: Actually, the crew manager called me about five minutes ago. The paint color we requested hasn't arrived from their supplier yet, so [1]**they can't begin today**. I was just about to inform you.
W: Did he say when they expect to start the project? [2]**We need everything done by Friday as we're hosting a wedding Saturday morning and a corporate event Sunday.**
M: [3]**I couldn't get an exact time from the manager**, but he expects the paint to arrive later today.

crew[kru:] 작업반, 작업팀 supplier[미 səpláiər, 영 səpláiə] 공급업체
corporate[미 kɔ́:rpərət, 영 kɔ́:pərət] 기업 exact[igzǽkt] 정확한

해석
1-3은 다음 대화에 관한 문제입니다.
W: [1]왜 아직도 페인트 작업반이 도착하지 않았는지 궁금하네요. 그들은 로비와 라운지를 다시 페인트칠하기 위해 8시 30분에 이곳에 오기로 되어 있었어요.
M: 사실, 작업반 관리자가 5분 전쯤에 제게 전화했어요. 우리가 요구한 페인트가 그들의 공급업체로부터 아직 도착하지 않아서 [1]그들은 오늘 일을 시작할 수 없어요. 제가 지금 막 알려드리려고 했어요.
W: 그들이 언제 프로젝트를 시작할지에 대해 그가 얘기했나요? [2]우리는 토요일 아침에 결혼식을, 일요일에는 기업 행사를 주최할 것이기 때문에 모든 것이 금요일까지 끝나야 해요.
M: [3]관리자로부터 정확한 시간을 들을 수는 없었지만 그는 그 페인트가 오늘 늦게 도착할 것으로 예상하고 있어요.

1

해석 대화의 주제는 무엇인가?
(A) 작업반의 지연된 도착
(B) 행사장의 초과 예약
(C) 페인트 색 혼동
(D) 배송 취소

해설 대화의 주제를 묻는 문제이므로, 대화의 초반을 주의 깊게 들은 후 전체 맥락을 파악한다. 대화의 초반에서 여자가 "I wonder why the painting crew hasn't arrived yet."이라며 왜 아직도 페인트 작업반이 도착하지 않았는지 궁금하다고 하자, 남자가 "they can't begin today"라며 그들이 오늘 일을 시작할 수 없다고 한 뒤, 작업반의 도착이 지연되는 것에 대한 내용으로 대화가 이어지고 있다. 따라서 정답은 (A) A work crew's delayed arrival이다.

어휘 overbook[미 ðuvərbúk, 영 ə̀uvebúk] 예약이 초과되다
cancellation[kæ̀nsəléiʃən] 취소

2

해석 프로젝트는 왜 금요일까지 끝나야 하는가?
(A) 임원이 특별히 요청했다.
(B) 주말에 행사가 예약되어 있다.
(C) 부품 제조업자에게 금액을 지불해야 한다.
(D) 장식업자가 아침에 온다.

해설 프로젝트가 금요일까지 끝나야 하는 이유를 묻는 문제이므로, 질문의 핵심어구(by Friday)가 언급된 주변을 주의 깊게 듣는다. 여자가 "We need everything done by Friday, as we're hosting a wedding Saturday morning and a corporate event Sunday."라며 토요일 아침에 결혼식을, 일요일에는 기업 행사를 주최할 것이기 때문에 모든 것이 금요일까지 끝나야 한다고 하였다. 따라서 정답은 (B) Events are booked on the weekend이다.

어휘 executive[igzékjutiv] 임원

3

해석 남자는 무엇을 할 수 없었는가?
(A) 물품을 구입한다.
(B) 특정 정보를 얻는다.
(C) 변경사항에 대해 고객에게 전한다.
(D) 최근 행사에 참석한다.

해설 남자가 할 수 없었던 일을 묻는 문제이므로, 질문의 핵심어구(unable to do)와 관련된 내용을 주의 깊게 듣는다. 남자가 "I couldn't get an exact time from the manager"라며 관리자로부터 정확한 시간을 들을 수 없었다고 하였다. 따라서 정답은 (B) Get specific information이다. (unable to → couldn't, exact time → specific information)

어휘 specific[spəsífik] 특정한

[4-6] 미국 → 캐나다 → 영국

Questions 4-6 refer to the following conversation with three speakers.

W1: Have you two seen the memo that our manager sent out to all the employees?
M: Not yet. The Internet is down on my floor, so I can't check my e-mail.
W2: I read it. It said that [4]**our work schedule will change starting next month and that we'll all begin work an hour later.**

M: Great. Now **[5]I'll have time in the mornings to go running. [6]How do you feel about it, Sarah?**
W1: Well, **[6]I'm not as thrilled about it. I think it's better to come early in the morning and then leave earlier in the evening.**
W2: You're not the only one. Some of our colleagues feel that way, too.

thrilled[θrild] 아주 기쁜, 신이 난 **colleague**[미 kάliːg, 영 kɔ́liːg] 동료

해석
4-6은 다음 세 명의 대화에 관한 문제입니다.

W1: 두 분은 우리 관리자가 전 직원에게 보낸 회람을 보셨나요?
M: 아직이요. 저희 층에 인터넷이 안 돼서, 이메일을 확인할 수 없어요.
W2: 저는 읽었어요. [4]우리의 근무 일정이 다음 달부터 바뀔 것이고 우리 모두 한 시간 늦게 일을 시작할 것이라고 했어요.
M: 좋네요. 이제 [5]저는 아침마다 달리기를 하러 갈 시간이 있겠네요. [6]이것에 대해서 어떻게 생각해요, Sarah?
W1: 글쎄요, [6]저는 그것이 그렇게 기쁘지는 않아요. 아침에 일찍 와서 오후에 더 일찍 퇴근하는 것이 더 좋은 것 같아요.
W2: 당신 혼자만 그런 게 아니에요. 몇몇 동료들 역시 그렇게 느끼고 있어요.

4

해석 화자들은 주로 무엇에 대해 이야기하고 있는가?
(A) 새 근무 시간
(B) 곧 있을 교육 연수
(C) 구직자들
(D) 프로젝트 업무들

해설 대화의 주제를 묻는 문제이므로, 대화의 초반을 주의 깊게 들은 후 전체 맥락을 파악한다. 대화의 초반에서 여자 2가 "our work schedule will change starting next month and that we'll all begin work an hour later"라며 근무 일정이 다음 달부터 바뀔 것이고 모두 한 시간 늦게 일을 시작할 것이라고 한 뒤, 새 근무 시간에 대한 내용으로 대화가 이어지고 있다. 따라서 정답은 (A) New working hours이다.

어휘 **assignment**[əsáinmənt] 업무

5

해석 남자는 무엇을 할 수 있을 것이라 기대하는가?
(A) 더 많은 사무 업무들을 맡는다.
(B) 동료와 차를 같이 타고 다닌다.
(C) 제안을 거절한다.
(D) 아침마다 운동을 한다.

해설 남자가 할 수 있을 것이라고 기대하는 것을 묻는 문제이므로, 질문의 핵심어구(be able to do)와 관련된 내용을 주의 깊게 듣는다. 남자가 "I'll have time in the mornings to go running"이라며 아침마다 달리기를 하러 갈 시간이 있을 거라고 하였다. 따라서 정답은 (D) Exercise in the mornings이다. (go running → Exercise)

어휘 **take on** (일을) 맡다 **carpool**[미 kάːrpùːl, 영 kάːpùːl] 승용차 함께 타기를 하다
turn down 거절하다

6

해석 Sarah는 왜 불만스러워하는가?
(A) 그녀는 업무가 늦어지고 있다.
(B) 그녀는 결정에 동의하지 않는다.
(C) 그녀는 예측할 수 없는 교대 근무가 있다.
(D) 그녀는 회람을 이해하지 못한다.

해설 Sarah, 즉 여자 1이 불만스러워하는 이유를 묻는 문제이므로, 질문의 핵심어구(Sarah displeased)와 관련된 내용을 주의 깊게 듣는다. 남자가 "How do you feel about it, Sarah?"라며 Sarah에게 이것에 대해서 어떻게 생각하는지 묻자, 여자 1[Sarah]이 "I'm not as thrilled about it. I think it's better to come early in the morning and then leave earlier in the evening."이라며 자신은 그것이 그렇게 기쁘지는 않다며, 아침에 일찍 와서 오후에 더 일찍 퇴근하는 것이 더 좋은 것 같다고 하였다. 따라서 정답은 (B) She does not agree with a decision이다.

어휘 **agree with** ~에 동의하다

[7-9] 미국 → 호주
Questions 7-9 refer to the following conversation.

W: Hello, my name is Andrea White. I have a question about an order I placed at your store. **[7]I ordered an air conditioning unit** two weeks ago, but it hasn't arrived yet. When can I expect it?
M: My computer shows that **[8]the delay is due to the item being low in stock**. The factory just sent us a shipment, however, so **[9]you should receive your new appliance on Wednesday of this week.**
W: That's great, but I'll be gone for part of the day on Wednesday. Do you know if it will be delivered before 1 P.M.? I have a hair appointment at 2 P.M.
M: The delivery is scheduled to take place sometime between 9 A.M. and 12 P.M., so it shouldn't be a problem.

air conditioning 에어컨 **stock**[미 stak, 영 stɔk] 재고, 주식
appliance[əpláiəns] 가전제품, 기구

해석
7-9는 다음 대화에 관한 문제입니다.

W: 여보세요, 제 이름은 Andrea White입니다. 제가 당신의 가게에 한 주문에 대해 질문이 있어요. 2주 전에 [7]에어컨 장치를 주문했는데 아직 도착하지 않았어요. 언제 받을 수 있나요?
M: 제 컴퓨터는 [8]그 제품의 재고가 부족해서 지연이 되었다고 보여주네요. 하지만 공장에서 방금 제품을 저희에게 보냈으니, [9]고객님은 이번 주 수요일에 새 가전제품을 받게 되실 거예요.
W: 잘 됐군요, 하지만 저는 수요일에 잠시 부재중일 거예요. 오후 1시 이전에 배달되는지 아시나요? 제가 오후 2시에 미용실 예약이 있어서요.
M: 배달은 오전 9시에서 오후 12시 사이에 이루어질 예정이니 문제 없을 거예요.

7

해석 Ms. White는 가게에서 무엇을 주문했는가?
(A) 에어컨
(B) 노트북 컴퓨터
(C) 헤어 제품
(D) 주방 가전제품

해설 Ms. White, 즉 여자가 주문한 것을 묻는 문제이므로, 질문의 핵심어구(order)가 언급된 주변을 주의 깊게 듣는다. 여자가 "I ordered an air conditioning unit"이라며 에어컨을 주문했다고 하였다. 따라서 정답은 (A) An air conditioner이다.

8

해석 물품은 왜 아직 도착하지 않았는가?
(A) 행정상의 오류가 발생했다.
(B) 건물이 찾기 어렵다.
(C) 일부 상품의 공급이 부족하다.
(D) 폭풍이 운송 서비스에 지장을 주었다.

해설 물품이 도착하지 않은 이유를 묻는 문제이므로, 질문의 핵심어구(item not arrived)와 관련된 내용을 주의 깊게 듣는다. 남자가 "the delay is due to the item being low in stock"이라며 그 제품의 재고가 부족해서 지연이 되었다고 하였다. 따라서 정답은 (C) Some merchandise is in short supply이다. (low in stock → in short supply)

어휘 **administrative**[ædmínəstrèitiv] 행정상의, 관리상의
disrupt[disrʌ́pt] 지장을 주다, 방해하다

9

해석 남자는 배송에 대해 무엇을 말하는가?
(A) 이번 주말 전에 도착할 것이다.

(B) 다른 회사에 의해 처리될 것이다.
(C) 여자의 서명이 요구될 것이다.
(D) 무료로 급송될 것이다.

해설 남자가 배송에 대해 말하는 것을 묻는 문제이므로, 남자의 말에서 핵심어구(delivery)와 관련된 내용을 주의 깊게 듣는다. 남자가 "you should receive your new appliance on Wednesday of this week"이라며 여자가 이번 주 수요일에 새 가전제품을 받게 될 거라고 하였다. 따라서 정답은 (A) It will arrive before the end of the week이다.

어휘 expedite [ékspədàit] 급송하다, 신속히 처리하다

[10-12] 캐나다 → 영국

Questions 10-12 refer to the following conversation and product catalog.

M: Hi, there. Can I help you?

W: Yes, I'm interested in a new laptop, but the one I want doesn't seem to be in stock. I'm looking for the Light Pro A4.

M: [10]**I'm sorry, but we no longer carry the A4. The laptop has been discontinued, and we're entirely sold out.**

W: Oh, I see. I guess I'll have to find something else, then. Do you have any suggestions? I often fly for work, so [11]**being able to use a laptop for a long time without charging the battery is particularly important to me.**

M: Well, [12]**the battery of the A5 lasts the longest**. While slightly more expensive, it should meet your needs well.

W: OK. [12]**I'll get that one.**

in stock 재고로, 비축되어 discontinue [dìskəntínju:] (생산을) 중단하다, 정지하다
particularly [미 pərtíkjələrli, 영 pətíkjələli] 특히, 특별히
meet [mi:t] 맞추다, 충족시키다

해석

10-12는 다음 대화에 제품 카탈로그에 관한 문제입니다.

M: 안녕하세요, 도와드릴까요?

W: 네, 새 컴퓨터를 사고 싶은데 제가 원하는 것은 재고에 없는 것 같아요. 저는 Light Pro A4를 찾고 있어요.

M: [10]죄송하지만, 저희는 더 이상 A4를 취급하지 않습니다. 그 컴퓨터는 단종되었고, 완전히 품절입니다.

W: 아, 그렇군요. 그럼 다른 것을 찾아야 할 것 같네요. 추천하시는 게 있나요? 저는 업무로 인해 종종 비행기를 타서 [11]배터리를 충전하지 않고도 오랫동안 컴퓨터를 사용할 수 있는 게 저에게 특히 중요해요.

M: 음, [12]A5의 배터리가 가장 오래가요. 약간 더 비싸기는 하지만, 고객님의 요구에 잘 맞을 것 같습니다.

W: 좋아요. [12]그걸로 살게요.

Light Pro 컴퓨터 모델	
A4 - 599달러	A5 - [12]649달러
B2 - 799달러	B3 - 1,099달러

10

해석 남자는 왜 사과하는가?
(A) 광고가 부정확하다.
(B) 기기가 구매 불가능하다.
(C) 가격이 인상되었다.
(D) 판촉 행사가 끝났다.

해설 남자가 사과하는 이유를 묻는 문제이므로 질문의 핵심어구(apologize)와 관련된 내용을 주의 깊게 듣는다. 남자가 "I'm sorry, but we no longer carry the A4. The laptop has been discontinued, and we're entirely sold out."이라며 매장이 더 이상 A4를 취급하지 않는 것에 대해 사과하며 그 컴퓨터가 단종되었고 완전히 품절이라고 하였다. 따라서 정답은 (B) A device is unavailable이다. (laptop → device, no longer carry → unavailable)

어휘 inaccurate [inǽkjərət] 부정확한, 오류가 있는

11

해석 여자는 어떤 특징에 신경 쓰는가?
(A) 내구성
(B) 호환성
(C) 화면 해상도
(D) 배터리 수명

해설 여자가 신경 쓰는 특징을 묻는 문제이므로 질문의 핵심어구(feature ~ concerned about)와 관련된 내용을 주의 깊게 듣는다. 여자가 "being able to use a laptop for a long time without charging the battery is particularly important to me"라며 배터리를 충전하지 않고도 오랫동안 컴퓨터를 사용할 수 있는 것이 특히 중요하다고 하였다. 따라서 정답은 (D) Battery life이다.

어휘 durability [djùərəbíləti] 내구성, 연속성
compatibility [kəmpæ̀təbíləti] 호환성, 양립성
resolution [rèzəlú:ʃən] 해상도, 결심

12

해석 시각 자료를 보아라. 여자는 컴퓨터에 얼마를 지불할 것 같은가?
(A) 599달러
(B) 649달러
(C) 799달러
(D) 1,099달러

해설 여자가 컴퓨터에 지불할 금액을 묻는 문제이므로, 제시된 제품 카탈로그의 정보를 확인한 뒤 질문의 핵심어구(pay for a laptop)와 관련된 내용을 주의 깊게 듣는다. 남자가 "the battery of the A5 lasts the longest"라며 A5의 배터리가 가장 오래간다고 하자, 여자가 "I'll get that one."이라며 그걸로 사겠다고 한 말을 통해 여자가 A5 컴퓨터의 가격인 649달러를 지불할 것임을 제품 카탈로그에서 알 수 있다. 따라서 정답은 (B) $649이다.

8. 의도 파악 문제

Hackers Practice p.189

1. (B)	2. (C)	3. (C)	4. (B)	5. (D)	6. (C)
7. (C)	8. (A)	9. (B)	10. (A)	11. (B)	12. (C)

[1-3] 호주 → 영국

Questions 1-3 refer to the following conversation.

M: Ms. Jenson, [1]**have you had a chance to check the employee evaluation forms I submitted?**

W: I looked at them this morning. There don't seem to be any serious performance issues.

M: Overall, I'm very happy with my staff, especially Ryan Williams. [2]**He played a key role in our last project, so I'm thinking of promoting him to team leader.** [3]**I'd like to talk to you about this now**, if you don't mind.

W: [3]**I have a conference call in a few minutes.**

M: OK, not a problem. I'll call you later today.

evaluation [ivæ̀ljuéiʃən] 평가
performance [미 pərfɔ́:rməns, 영 pəfɔ́:məns] 실적, 성능 key role 핵심적인 역할
promote [미 prəmóut, 영 prəmə́ut] 승진시키다, 홍보하다
conference call 전화 회의

해석
1-3은 다음 대화에 관한 문제입니다.

M: Ms. Jenson, [1]제가 제출한 직원 평가서를 확인해 볼 기회가 있으셨나요?
W: 오늘 아침에 그것들을 보았어요. 어떤 심각한 실적 문제도 없어 보이던데요.
M: 전반적으로 저는 제 직원들, 특히 Ryan Williams에 대해 매우 만족스러워요. [2]그가 우리의 지난번 프로젝트에서 핵심적인 역할을 했기 때문에, 저는 그를 팀장으로 승진시키는 것을 생각하고 있어요. 당신만 괜찮으시다면, [3]이것에 대해 지금 당신과 이야기하고 싶어요.
W: [3]저는 몇 분 뒤에 전화 회의가 있어요.
M: 알겠어요, 문제없어요. 오늘 늦게 제가 전화할게요.

1

해석 남자는 여자에게 무엇에 관해 문의하는가?
(A) 회의가 어떻게 진행되었는지
(B) 서류가 검토되었는지
(C) 부서에 왜 연락되었는지
(D) 인터뷰가 언제 실시될 것인지

해설 남자가 여자에게 문의하는 것을 묻는 문제이므로, 남자의 말을 주의 깊게 듣는다. 남자가 여자에게 "have you had a chance to check the employee evaluation forms I submitted?"라며 자신이 제출한 직원 평가서를 확인해 볼 기회가 있었는지 물었다. 따라서 정답은 (B) Whether documents were reviewed이다. (evaluation forms → documents, check → reviewed)

어휘 go [미 gou, 영 gəu] (일의 진행이 어떻게) 되다 review [rivjú:] 검토하다

2

해석 남자는 무엇을 하고 싶어 하는가?
(A) 팀을 구성한다.
(B) 사업을 위해 새로운 직원을 고용한다.
(C) 직원에게 승진을 제안한다.
(D) 회사의 실적을 검토한다.

해설 남자가 하고 싶어 하는 것을 묻는 문제이므로, 남자의 말에서 질문의 핵심어구(want to do)와 관련된 내용을 주의 깊게 듣는다. 남자가 "He[Ryan Williams] played a key role in our last project, so I'm thinking of promoting him to team leader."라며 Ryan Williams가 지난번 프로젝트에서 핵심적인 역할을 했기 때문에 그를 팀장으로 승진시키는 것을 생각하고 있다고 하였다. 따라서 정답은 (C) Offer an employee a promotion이다.

어휘 assemble [əsémbl] 구성하다

3

해석 여자는 왜 "저는 몇 분 뒤에 전화 회의가 있어요"라고 말하는가?
(A) 일정표가 틀렸음을 지적하기 위해
(B) 남자에게 회의에 참석하는 것을 상기시키기 위해
(C) 그녀가 왜 논의를 할 수 없는지 설명하기 위해
(D) 그녀가 이동 수단이 필요함을 나타내기 위해

해설 여자가 하는 말의 의도를 묻는 문제이므로, 질문의 인용어구(I have a conference call in a few minutes)가 언급된 주변을 주의 깊게 듣는다. 남자가 "I'd like to talk to you ~ now"라며 지금 여자와 이야기하고 싶다고 하자, 여자가 "I have a conference call in a few minutes."라며 자신은 몇 분 뒤에 전화 회의가 있다고 한 것을 통해 여자가 왜 지금 논의를 할 수 없는지 설명하려는 의도임을 알 수 있다. 따라서 정답은 (C) To explain why she is unavailable for a discussion이다. (talk → discussion)

어휘 point out 지적하다, 언급하다 remind [rimáind] 상기시키다, 생각나게 하다 indicate [índikeit] 나타내다, 시사하다

[4-6] 캐나다 → 미국

Questions 4-6 refer to the following conversation.

M: OK, Ms. Allen, [4]**I've found you a deal on round-trip plane tickets to Lima, Peru.** Do note that there is a six-hour layover in Miami on the return trip. The total travel time would be 23 hours. The ticket costs $700. How does that sound?
W: That price sounds good, but [5]**is there any way to get back in less time?**
M: [5]**Unfortunately, your price range limits your options. I've already looked into that.** Traveling to South America always requires a long trip.
W: I see. Well, let's go ahead and book it, then. Now that the airfare is taken care of, [4/6]**I'd like to discuss hotel options**.
M: Certainly. [4/6]**I have a selection for you to choose from.**

deal [di:l] 저렴한 가격, 거래 layover [lléiouvər] 도중하차 price range 가격대 look into 살펴보다, 조사하다 airfare [érfer] 항공 요금

해석
4-6은 다음 대화에 관한 문제입니다.

M: 자, Ms. Allen, [4]제가 페루 리마행 왕복 비행기 표에 대한 특가를 찾았어요. 돌아올 때 마이애미에서 6시간 도중하차가 있다는 것을 알아두세요. 전체 이동 시간은 23시간일 거예요. 표는 700달러예요. 그게 어떤 것 같나요?
W: 가격은 괜찮은 것 같은데, [5]더 적은 시간 내에 돌아오는 방법이 있나요?
M: [5]안타깝지만, 당신의 가격대가 선택지를 제한시켜요. 제가 이미 그것을 찾아봤어요. 남아메리카로 가는 건 항상 긴 이동이 필요해요.
W: 알겠어요. 음, 그럼 그걸 예약하도록 하죠. 항공 요금이 처리되었으니까, [4/6]호텔 선택에 대해 이야기하고 싶어요.
M: 물론이죠. [4/6]당신이 선택할 것을 골라놨어요.

4

해석 남자의 직업은 무엇인 것 같은가?
(A) 비행기 조종사
(B) 여행사 직원
(C) 호텔 관리자
(D) 여행 가이드

해설 남자의 신분을 묻는 문제이므로, 신분 및 직업과 관련된 표현을 놓치지 않고 듣는다. 남자가 "I've found you a deal on round-trip plane tickets to Lima, Peru"라며 페루 리마행 왕복 비행기 표에 대한 특가를 찾았다고 했고, 여자가 "I'd like to discuss hotel options"라며 호텔 선택에 대해 이야기하고 싶다고 하자 남자가 "I have a selection for you to choose from."이라며 여자가 선택할 것을 골라놨다고 한 말을 통해 남자가 비행기표나 호텔을 찾아주는 여행사 직원임을 알 수 있다. 따라서 정답은 (B) Travel agent이다.

어휘 travel agent 여행사 직원

5

해석 남자는 "제가 이미 그것을 찾아봤어요"라고 말할 때 무엇을 의도하는가?
(A) 판촉 행사에 대해 문의했다.
(B) 항공사 규정을 확인했다.
(C) 좌석 배정을 변경할 수 없다.
(D) 더 빠른 선택지를 찾을 수 없다.

해설 남자가 하는 말의 의도를 묻는 문제이므로, 질문의 인용어구(I've already looked into that)가 언급된 주변을 주의 깊게 듣는다. 여자가 "is there any way to get back in less time?"이라며 더 적은 시간 내에 돌아오는 방법이 있는지 묻자, 남자가 "Unfortunately, your price range limits your options. I've already looked into that."이라며 안타깝지만 여자의 가격대가 선택지를 제한시킨다고 하면서 자신이 이미 찾아봤다고 하였다. 이를 통해 더 적은 시간 내에 돌아오는 방법을 찾아봤지만 없다는 의도임을 알 수 있다. 따라서 정답은 (D) He cannot find a faster option이다. (looked into → find, in less time → faster, way → option)

어휘 assignment [əsáinmənt] 배정, 배치

6

해석 화자들은 다음에 무엇을 할 것 같은가?
(A) 더 저렴한 항공편을 찾는다.

(B) 온라인 후기를 읽는다.
(C) 숙소에 대해 이야기한다.
(D) 여행사에 연락한다.

해설 화자들이 다음에 할 일을 묻는 문제이므로, 대화의 마지막 부분을 주의 깊게 듣는다. 여자가 "I'd like to discuss hotel options"라며 호텔 선택에 대해 이야기하고 싶다고 하자 남자가 "I have a selection for you to choose from."이라며 여자가 선택할 것을 골라놨다고 하였다. 따라서 정답은 (C) Talk about lodgings이다. (discuss → Talk about, hotel → lodgings)

어휘 lodging [lɑ́:dʒiŋ] 숙소, 숙박

[7-9] 호주 → 영국

Questions 7-9 refer to the following conversation.

M: Hi, this is Nick Carey from sales. [7]**I'm wondering why I didn't get my salary yesterday.**
W: Hi, Nick. You have to remember [7]**it was a national holiday. Banks were closed.**
M: Right, I forgot. Does that mean we're getting paid today? [8]**I need to settle my phone bill.**
W: Yes. I've already deposited everyone's salaries. Check your account in an hour.
M: Thanks. By the way, [9]**we just hired someone in our department. His name is Danny Smith, and he will be starting work today.**
W: I'll take note of that, thank you.

national holiday 공휴일 settle [setl] 지불하다, 청산하다
bill [bil] 청구 요금, 청구서 deposit [미 dipɑ́:zit, 영 dipɔ́zit] 예금하다, (돈을) 맡기다

해석

7-9는 다음 대화에 관한 문제입니다.

M: 안녕하세요, 영업부의 Nick Carey입니다. [7]제가 어제 급여를 받지 못한 이유가 궁금해서요.
W: 안녕하세요, Nick. [7]공휴일이었다는 걸 기억하셔야 해요. 은행이 문을 닫았었어요.
M: 맞네요, 제가 잊었어요. 그 말은 저희가 오늘 지급받게 될 거라는 의미인가요? [8]제 전화 요금을 내야 해서요.
W: 네. 제가 이미 모두의 급여를 입금했어요. 1시간 후에 계좌를 확인해보세요.
M: 감사합니다. 그런데, [9]저희가 얼마 전에 부서에 어떤 사람을 고용했거든요. 그의 이름은 Danny Smith이고, 오늘 근무를 시작할 거예요.
W: 기억해둘게요, 감사합니다.

7

해석 여자는 왜 "공휴일이었다"라고 말하는가?
(A) 추가 도움을 요청하기 위해
(B) 실수에 대해 사과하기 위해
(C) 지연을 설명하기 위해
(D) 행사를 확정하기 위해

해설 여자가 하는 말의 의도를 묻는 문제이므로, 질문의 인용어구(it was a national holiday)가 언급된 주변을 주의 깊게 듣는다. 남자가 "I'm wondering why I didn't get my salary yesterday."라며 어제 급여를 받지 못한 이유가 궁금하다고 하자, 여자가 "it was a national holiday. Banks were closed."라며 공휴일이어서 은행이 문을 닫았었다고 하였다. 이를 통해 어제가 공휴일이었고 은행이 문을 닫아서 급여 지급이 지연되었음을 설명하려는 의도임을 알 수 있다. 따라서 정답은 (C) To explain a delay이다.

어휘 delay [diléi] 지연, 연기 confirm [kənfə́:rm] 확정하다, 확인하다

8

해석 남자는 무엇을 해야 한다고 말하는가?
(A) 전화 사용 요금을 낸다.
(B) 약속 날짜를 옮긴다.
(C) 휴가를 신청한다.
(D) 계좌의 세부 내용을 확인한다.

해설 남자가 해야 한다고 말하는 것을 묻는 문제이므로, 질문의 핵심어구(needs to)가 언급된 주변을 주의 깊게 듣는다. 남자가 "I need to settle my phone bill."이라며 전화 요금을 내야 한다고 하였다. 따라서 정답은 (A) Pay for his phone usage이다. (settle ~ phone bill → Pay for ~ phone usage)

어휘 leave of absence 휴가

9

해석 Danny Smith에 대해 무엇이 언급되는가?
(A) 전화로 병결을 알렸다.
(B) 회사에 새로 왔다.
(C) 임금 인상을 받았다.
(D) 발표를 할 것이다.

해설 Danny Smith에 대해 언급되는 것을 묻는 문제이므로, 질문의 핵심어구(Danny Smith)가 언급된 주변을 주의 깊게 듣는다. 남자가 "we just hired someone in our department. His name is Danny Smith, and he will be starting work today."라며 얼마 전에 부서에 어떤 사람을 고용했는데 그의 이름이 Danny Smith이고 오늘 근무를 시작할 것이라고 하였다. 따라서 정답은 (B) He is new at the company이다.

어휘 call in sick 전화로 병결을 알리다 pay raise 임금 인상

[10-12] 미국 → 호주 → 영국

Questions 10-12 refer to the following conversation with three speakers.

W1: Hi, Mike. [10]**I heard you're flying to San Diego** on Wednesday.
M: That's right. [10]**I'm attending a training workshop.**
W1: [11]**Will you be back for the sales team meeting on Friday afternoon?**
M: [11]**I want to do some sightseeing. So I'm taking that day off, and I'm going to stay for the weekend.**
W1: Good idea. Wendy, you've visited San Diego before, right?
W2: I went last year to participate in a sand sculpture competition. It was a lot of fun. I heard that the city is hosting another one this weekend.
M: Really? I've always wanted to watch one.
W2: [12]**You should check it out. You can find details about it on the city's Web site.**

sightseeing [sáitsi:iŋ] 관광 sculpture [skʌ́lptʃər] 조각; 조각하다
host [미 houst, 영 həust] 개최하다; 진행자

해석

10-12는 다음 세 명의 대화에 관한 문제입니다.

W1: 안녕하세요, Mike. [10]당신이 수요일에 샌디에이고까지 비행기로 가신다고 들었어요.
M: 맞아요. [10]저는 교육 워크숍에 참석할 거예요.
W1: [11]금요일 오후에 있는 영업팀 회의를 위해 돌아오실 건가요?
M: [11]저는 관광을 좀 하고 싶어요. 그래서 그날 휴가를 내고, 주말 동안 머무를 거예요.
W1: 좋은 생각이네요. Wendy, 당신은 이전에 샌디에이고를 방문한 적이 있죠, 그렇죠?
W2: 작년에 모래 조각 대회에 참가하기 위해 갔어요. 정말 재미있었어요. 저는 시에서 이번 주말에 또 다른 것을 개최할 거라고 들었어요.
M: 정말요? 저는 그것을 늘 보고 싶어 했어요.
W2: [12]꼭 한번 봐야 해요. 시의 웹사이트에서 그것에 대한 세부 사항을 찾을 수 있어요.

10

해석 남자는 왜 여행을 가는가?
(A) 교육 연수에 참석하기 위해
(B) 친구를 방문하기 위해
(C) 대회에 참가하기 위해
(D) 일자리에 지원하기 위해

해설 남자가 여행을 가는 이유를 묻는 문제이므로, 질문의 핵심어구(taking a trip)와 관련된 내용을 주의 깊게 듣는다. 여자 1이 남자에게 "I heard you're flying to San Diego"라며 남자가 샌디에이고까지 비행기로 간다고 들었다고 하자, 남자가 "I'm attending a training workshop."이라며 교육 워크숍에 참석할 것이라고 하였다. 따라서 정답은 (A) To attend a training session이다. (workshop → session)

어휘 competition [kàmpətíʃən] 대회, 경쟁

11

해석 남자는 "저는 관광을 좀 하고 싶어요"라고 말할 때 무엇을 의도하는가?
(A) 그는 이른 항공편을 탈 것이다.
(B) 그는 회의에 함께 할 수 없다.
(C) 그는 여행 일정표를 업데이트하지 않았다.
(D) 그는 여행사에 전화할 것이다.

해설 남자가 하는 말의 의도를 묻는 문제이므로, 질문의 인용어구(I want to do some sightseeing)가 언급된 주변을 주의 깊게 듣는다. 여자 1이 남자에게 "Will you be back for the sales team meeting on Friday afternoon?"이라며 금요일 오후에 있는 영업팀 회의를 위해 돌아올 것인지를 묻자, 남자가 "I want to do some sightseeing. So I'm taking that day off, and I'm going to stay for the weekend."라며 자신은 관광을 하고 싶어서 그날 휴가를 내고 주말 동안 머무를 것이라고 했으므로, 남자가 영업팀 회의에 함께 할 수 없음을 알 수 있다. 따라서 정답은 (B) He cannot join a meeting이다.

12

해석 Wendy는 무엇을 제안하는가?
(A) 다른 도시 방문하기
(B) 회사 행사에 등록하기
(C) 온라인으로 정보 찾기
(D) 대회 직원에게 연락하기

해설 Wendy, 즉 여자 2가 제안하는 것을 묻는 문제이므로, 지문의 중후반에서 제안과 관련된 표현이 포함된 문장을 주의 깊게 듣는다. 여자 2가 남자에게 "You should check it[sand sculpture competition] out. You can find details about it on the city's Web site."라며 모래 조각 대회를 볼 것을 제안한 뒤, 시의 웹사이트에서 세부 사항을 찾을 수 있다고 하였다. 따라서 정답은 (C) Looking for information online이다. (find details ~ on the ~ Web site → Looking for information online)

어휘 corporate [kɔ́ːrpərət] 회사의, 기업의 official [əfíʃəl] 직원, 공무원

9. 추론 문제

Hackers Practice
p.191

1. (B)	2. (A)	3. (C)	4. (B)	5. (C)	6. (A)
7. (A)	8. (D)	9. (A)	10. (A)	11. (A)	12. (C)

[1-3] 영국 → 호주

Questions 1-3 refer to the following conversation.

W: Hello. My name is Erin Stuart. [1/3]**I reserved a deluxe room for March 11, but I'd like to upgrade to a suite.**
M: Just a minute, please . . . I'm sorry, but [2]**there aren't any suites available for that date. We do have a superior room, though.** It costs $45 more than a deluxe room. [2]**Would you like me to book it for you?**
W: Um . . . that's OK. I'll just keep the deluxe room. [3]**I wanted a suite because your Web site shows that it includes facilities for cooking.**
M: We provide 24-hour room service, if that helps.
W: That's good to know.
M: Feel free to call again if you have any other questions.

suite [swiːt] 스위트룸 facility [fəsíləti] 시설

해석
1-3은 다음 대화에 관한 문제입니다.
W: 안녕하세요. 제 이름은 Erin Stuart입니다. [1/3]저는 3월 11일에 이용할 디럭스룸을 예약했는데, 스위트룸으로 업그레이드하고 싶어요.
M: 잠시만요... 죄송하지만, [2]그 날 이용하실 수 있는 스위트룸이 없습니다. 그렇지만, 저희는 슈피리어룸이 있어요. 디럭스룸보다 45달러가 더 듭니다. [2]당신을 위해 그것을 예약해 드릴까요?
W: 음... 괜찮아요. 그냥 디럭스룸을 유지할게요. [3]웹사이트에 스위트룸이 요리 시설을 포함한다고 나와 있어서 그것을 원했던 거예요.
M: 도움이 되신다면, 저희는 24시간 룸 서비스를 제공합니다.
W: 잘 됐네요.
M: 다른 질문이 있으시면 다시 전화주세요.

1

해석 여자는 왜 전화를 하고 있는가?
(A) 환불을 요청하기 위해
(B) 그녀의 예약을 변경하기 위해
(C) 그녀의 예약을 취소하기 위해
(D) 지불을 확인하기 위해

해설 여자가 전화를 건 목적을 묻는 문제이므로, 대화의 초반을 반드시 듣는다. 여자가 "I reserved a deluxe room for March 11, but I'd like to upgrade to a suite."라며 3월 11일에 이용할 디럭스룸을 예약했는데 스위트룸으로 업그레이드하고 싶다고 하였다. 따라서 정답은 (B) To change her reservation이다.

어휘 refund [ríːfʌnd] 환불; 환불하다 booking [búkiŋ] 예약

2

해석 남자는 왜 "저희는 슈피리어룸이 있어요"라고 말하는가?
(A) 대안을 제시하기 위해
(B) 제품을 홍보하기 위해
(C) 문의에 답변하기 위해
(D) 실수를 바로잡기 위해

해설 남자가 하는 말의 의도를 묻는 문제이므로, 질문의 인용어구(We do have a superior room)가 언급된 주변을 주의 깊게 듣는다. 남자가 "there aren't any suites available for that date. We do have a superior room, though."라며 그 날 이용할 수 있는 스위트룸은 없지만 슈피리어룸이 있다고 한 뒤, "Would you like me to book it[superior room] for you?"라며 슈피리어룸을 예약해줄지 물어본 것을 통해 남자가 스위트룸을 이용할 수 없는 것에 대한 대안을 제시하고 있음을 알 수 있다. 따라서 정답은 (A) To suggest an alternative이다.

어휘 alternative [ɔːltə́ːrnətiv] 대안
promote [prəmóut] 홍보하다, 승진시키다

3

해석 디럭스룸에 대해 무엇이 암시되는가?
(A) 할인가에 제공되고 있다.
(B) 3월에는 예약될 수 없다.
(C) 주방을 포함하지 않는다.
(D) 이용 가능한 가장 큰 방이다.

해설 디럭스룸에 대해 암시되는 것을 묻는 문제이므로, 질문의 핵심어구(deluxe room)가 언급된 주변을 주의 깊게 듣는다. 여자가 "I reserved a deluxe room ~, but I'd like to upgrade to a suite."라며 자신이 디럭스룸을 예약했는데 스위트룸으로 업그레이드하고 싶다고 한 뒤, "I wanted a suite because your Web site shows that it includes facilities for cooking."이라며 스위트룸이 요리 시설을 포함한다고 웹사이트에 나와 있어서 그것을 원했던 것이라고 했으므로, 디럭스룸은 요리 시설, 즉 주방을 포함하지 않는다는 것을 알 수 있다. 따라서 정답은 (C) It does not include a kitchen이다. (facilities for cooking → kitchen)

[4-6] 미국 → 캐나다

Questions 4-6 refer to the following conversation.

W: Lewis, I have some . . . um . . . news to share. [4]**Our company reached an agreement to acquire Professional Image**, another public relations firm here in Boston.
M: [4]**I didn't realize a deal was in the works.** When will it go into effect?
W: On October 6.
M: Oh, that's under a month away. [5]**Will staff from Professional Image be retained or released following the acquisition?**
W: [5]**Retained, at least until evaluations are carried out.**
M: I see. Well, I'd better inform my subordinates.
W: Please do. In fact, [6]**you should tell them as soon as you can**. A press conference will be held later today.
M: I'll make an announcement now.

reach an agreement 합의를 보다 in the works 진행되고 있는, 논의되고 있는
go into effect 실시되다, 발효되다 retain [ritéin] 유지하다, 보유하다
release [rilíːs] 해고하다, 해방하다 acquisition [æ̀kwəzíʃən] 인수, 획득

해석
4-6은 다음 대화에 관한 문제입니다.

W: Lewis, 저는... 음... 공유할 소식이 있어요. [4]저희 회사는 이곳 보스턴에 있는 또 다른 홍보 회사인 Professional Image사를 인수하기 위한 합의를 보았어요.
M: [4]저는 거래가 진행되고 있는지 몰랐어요. 그것은 언제 실시되나요?
W: 10월 6일이요.
M: 아, 그것은 한 달도 남지 않았군요. [5]Professional Image사의 직원들은 인수 후에 유지될 것인가요 아니면 해고될 것인가요?
W: [5]유지돼요, 적어도 평가가 시행될 때까지는요.
M: 그렇군요. 음, 제 부하 직원들에게 알려주는 게 좋겠어요.
W: 그러세요. 사실, [6]그들에게 가능한 한 빨리 말하셔야 해요. 기자회견이 오늘 늦게 열릴 거예요.
M: 제가 지금 공지할게요.

4

해석 남자는 무엇을 알지 못했는가?
(A) 프로젝트
(B) 몇몇 협상
(C) 캠페인
(D) 몇몇 인터뷰

해설 남자가 알지 못한 것을 묻는 문제이므로, 질문의 핵심어구(unaware of)와 관련된 내용을 주의 깊게 듣는다. 여자가 "Our company reached an agreement to acquire Professional Image"라며 자신들의 회사가 Professional Image사를 인수하기 위한 합의를 보았다고 하자, 남자가 "I didn't realize a deal was in the works."라며 거래가 진행되고 있는지 몰랐다고 하였다. 따라서 정답은 (B) Some negotiations이다.

어휘 negotiation [nigòuʃiéiʃən] 협상, 협의

5

해석 여자는 Professional Image사의 직원들에 대해 무엇을 암시하는가?
(A) 그들은 새로운 임무를 배정받았다.
(B) 그들은 합병에 대해 공지받았다.
(C) 그들은 평가를 받을 것이다.
(D) 그들은 퇴직금을 받을 것이다.

해설 여자가 Professional Image사의 직원들에 대해 암시하는 것을 묻는 문제이므로, 질문의 핵심어구(the staff at Professional Image)와 관련된 내용을 주의 깊게 듣는다. 남자가 "Will staff from Professional Image be retained or released ~?"라며 Professional Image사의 직원들이 유지될 것인지 아니면 해고될 것인지를 묻자, 여자가 "Retained, at least until evaluations are carried out."이라며 적어도 평가가 시행될 때까지는 유지된다고 한 것을 통해 Professional Image사의 직원들이 평가를 받을 것임을 알 수 있다. 따라서 정답은 (C) They will undergo evaluations이다.

어휘 assign [əsáin] 배정하다, 맡기다 undergo [ʌ̀ndərgóu] 받다, 겪다
severance package 퇴직금

6

해석 여자는 무엇을 제안하는가?
(A) 직원들과 세부내용을 공유하는 것
(B) 회의에 가는 것
(C) 홍보 회사에 연락하는 것
(D) 다른 직책에 지원하는 것

해설 여자가 제안하는 것을 묻는 문제이므로, 여자의 말에서 제안과 관련된 표현이 언급된 다음을 주의 깊게 듣는다. 여자가 "you should tell them [subordinates] as soon as you can"이라며 부하 직원들에게 가능한 한 빨리 말할 것을 제안하였다. 따라서 정답은 (A) Sharing details with workers이다.

[7-9] 영국 → 호주

Questions 7-9 refer to the following conversation.

W: [7]**Were you able to unpack the new merchandise today?**
M: All but five boxes. The store was busy, so I had to focus on serving customers. Hopefully, next week's schedule won't be too disrupted.
W: It should be fine. Actually, [8]**I'm impressed you got so much done on a Sunday**. If there's time, can you finish up by tomorrow?
M: That shouldn't be a problem. [9]**There're usually far fewer customers on Mondays.**

unpack [ʌnpǽk] 꺼내다, 짐을 풀다
merchandise [미 mə́ːrtʃəndàiz, 영 mə́ːtʃəndàiz] 상품, 물품
all but 제외하고는 disrupt [disrʌ́pt] 방해하다, 지장을 주다
usually [júːʒuəli] 보통 far [fɑːr] 훨씬

해석
7-9는 다음 대화에 관한 문제입니다.

W: [7]당신은 오늘 새로운 상품들을 꺼낼 수 있었나요?
M: 다섯 상자를 제외하고 모두요. 가게가 바빠서, 저는 고객들 응대하는 데 집중해야 했어요. 다음 주 일정이 크게 방해받지 않길 바라요.
W: 괜찮을 거예요. 사실, [8]저는 당신이 일요일에 매우 많이 해내신 것에 대해 깊은 인상을 받았어요. 시간이 있으시다면, 내일까지 마무리해주실 수 있나요?
M: 그것은 문제가 되지 않을 거예요. [9]보통 월요일에는 고객이 훨씬 더 적거든요.

7

해석 여자는 무엇에 대해 문의하는가?
(A) 업무 상황
(B) 가게 영업 시간
(C) 구입품의 수
(D) 새 상품의 양

해설 여자가 문의하는 것을 묻는 문제이므로, 여자의 말을 주의 깊게 듣는다. 여자가 "Were you able to unpack the new merchandise today?"라며 오늘 새로운 상품들을 꺼낼 수 있었는지를 물은 내용을 통해 업무 상황에 대해 문의함을 알 수 있다. 따라서 정답은 (A) The status of a task이다.

어휘 status [stéitəs] 상황, 신분

8

해석 여자는 왜 깊은 인상을 받았는가?
(A) 남자가 가게 상품 진열을 설계했다.
(B) 배송이 빨리 도착했다.
(C) 가게가 평소보다 많이 팔았다.
(D) 남자가 많은 상자들을 비웠다.

해설 여자가 깊은 인상을 받은 이유를 묻는 문제이므로, 여자의 말에서 질문의

핵심어구(impressed)가 언급된 주변을 주의 깊게 듣는다. 여자가 "I'm impressed you got so much done on a Sunday"라며 남자가 일요일에 매우 많이 해낸 것에 대해 깊은 인상을 받았다고 하였다. 따라서 정답은 (D) The man emptied many boxes이다.

어휘 design[dizáin] 설계하다

9

해석 남자는 가게에 대해 무엇을 암시하는가?
(A) 주말 이후에 고객 수의 감소를 보인다.
(B) 오늘 늦게까지 영업할 것이다.
(C) 수제품을 전문으로 한다.
(D) 창고를 포함한다.

해설 남자가 가게에 대해 암시하는 것을 묻는 문제이므로, 질문의 핵심어구(shop)와 관련된 내용을 주의 깊게 듣는다. 남자가 "There're usually far fewer customers on Mondays."라며 보통 월요일에는 고객이 훨씬 더 적다고 한 것을 통해 가게가 주말 이후에 고객 수의 감소를 보인다는 것을 알 수 있다. 따라서 정답은 (A) It sees a drop in customers after the weekend이다. (fewer customers on Mondays → a drop in customers after the weekend)

어휘 drop[drɑp] 감소; 하락하다 specialize[spéʃəlàiz] 전문으로 하다

[10-12] 미국 → 캐나다

Questions 10-12 refer to the following conversation and table.

W: [10]**I've added one more training session on June 23 for the graphic designers. Would you be able to lead it?**
M: What is the topic?
W: [11]**The new computer system. Ever since the upgrade, employees have been struggling to use it.**
M: No problem. I understand the system quite well.
W: Yeah, I feel like you'll be able to explain it better than any other staff member.
M: [12]**When will my session be held?**
W: [12]**I've put you in between David and Byron.** Here . . . Take a look at the updated schedule.

session[séʃən] 수업, 연수 struggle[strʌ́gl] 어려움을 겪다, 애쓰다

해석

10-12는 다음 대화와 표에 관한 문제입니다.

W: [10]저는 그래픽 디자이너들을 위해 6월 23일에 교육 수업 하나를 더 추가했어요. 당신이 그것을 이끌어주실 수 있으세요?
M: 주제가 무엇인가요?
W: [11]새로운 컴퓨터 시스템이요. 업그레이드된 이후로 줄곧, 직원들이 그것을 사용하는 데 어려움을 겪고 있어요.
M: 문제 없어요. 저는 그 시스템을 꽤 잘 이해하고 있어요.
W: 네, 저는 당신이 다른 어느 직원보다도 그것을 더 잘 설명하실 수 있을 거라고 생각해요.
M: [12]제 수업은 언제 있을 건가요?
W: [12]David와 Byron 사이에 당신을 넣었어요. 여기... 업데이트된 일정을 보세요.

연설자	시간
Fred Ferguson	오전 9시
David Wilkins	오전 10시
Brad Rodriguez	[12]오후 1시
Byron Brines	오후 2시

10

해석 대화는 주로 무엇에 대한 것인가?
(A) 곧 있을 교육
(B) 직업 박람회
(C) 컴퓨터 문제
(D) 잠재적인 사원

해설 대화의 주제를 묻는 문제이므로, 대화의 초반을 주의 깊게 들은 후 전체 맥락을 파악한다. 대화의 초반에서 여자가 남자에게 "I've added one more training session ~. Would you be able to lead it?"이라며 교육 수업 하나를 더 추가했는데 그것을 이끌어줄 수 있는지 물은 뒤, 해당 수업에 대한 내용으로 대화가 이어지고 있다. 따라서 정답은 (A) Upcoming training이다.

어휘 upcoming[ʌ́pkʌmiŋ] 곧 있을, 다가오는 potential[pəténʃəl] 잠재적인

11

해석 여자는 새로운 컴퓨터 시스템에 대해 무엇을 암시하는가?
(A) 어려움을 야기했다.
(B) 수정될 필요가 있다.
(C) 계정 문제를 고쳤다.
(D) 직원들에 의해 요청되었다.

해설 여자가 새로운 컴퓨터 시스템에 대해 암시하는 것을 묻는 문제이므로, 여자의 말에서 질문의 핵심어구(new computer system)가 언급된 주변을 주의 깊게 듣는다. 여자가 "The new computer system. Ever since the upgrade, employees have been struggling to use it."이라며 새로운 컴퓨터 시스템이 업그레이드된 이후로 줄곧 직원들이 그것을 사용하는 데 어려움을 겪고 있다고 한 것을 통해 컴퓨터 시스템이 어려움을 야기했음을 알 수 있다. 따라서 정답은 (A) It has caused difficulties이다.

12

해석 시각 자료를 보아라. 남자는 몇 시에 수업을 이끌 것인가?
(A) 오전 9시
(B) 오전 10시
(C) 오후 1시
(D) 오후 2시

해설 남자가 이끌 수업이 몇 시인지를 묻는 문제이므로, 제시된 표의 정보를 확인한 뒤 질문의 핵심어구(time ~ lead the session)와 관련된 내용을 주의 깊게 듣는다. 남자가 "When will my session be held?"라며 자신의 수업이 언제 있을지를 묻자, 여자가 "I've put you in between David and Byron."이라며 David와 Byron 사이에 남자를 넣었다고 하였으므로, 남자의 수업이 David와 Byron의 사이인 오후 1시임을 표에서 알 수 있다. 따라서 정답은 (C) At 1:00 P.M.이다.

10. 시각 자료 문제

Hackers Practice p.194

1. (A)	2. (C)	3. (D)	4. (C)	5. (A)	6. (B)
7. (B)	8. (D)	9. (B)	10. (C)	11. (A)	12. (C)

[1-3] 미국 → 호주

Questions 1-3 refer to the following conversation and bar graph.

W: Now that the December sales figures are in, [1]**let's discuss which worker to recommend for the Employee of the Year Award.**
M: I suggest David Carter.
W: That makes sense. He's only worked at our dealership for part of the year, but [2]**his team sold 80 cars in the last three months**, and this was largely due to his efforts.
M: I agree. [3]**I'll draft a staff memo announcing our decision.**

dealership[미 dí:lərʃip, 영 dí:ləʃip] 대리점
largely[미 lá:rdʒli, 영 lá:dʒli] 대부분, 주로

해석

1-3은 다음 대화와 막대 그래프에 관한 문제입니다.

W: 12월 판매 수치가 들어왔으니, [1]어느 직원을 올해의 직원상에 추천할지 논의해 봅

시다.

M: 저는 David Carter를 추천해요.

W: 납득할 만하네요. 그는 우리 대리점에서 한 해의 일부 동안만 근무했지만, **[2]그의 팀은 지난 세 달 동안 80대의 차량을 판매했고**, 이것은 대부분 그의 노력 덕분이었어요.

M: 동의해요. **[3]제가 우리의 결정을 발표하는 직원 회람 초안을 작성할게요.**

차량 판매(지난 3개월간)

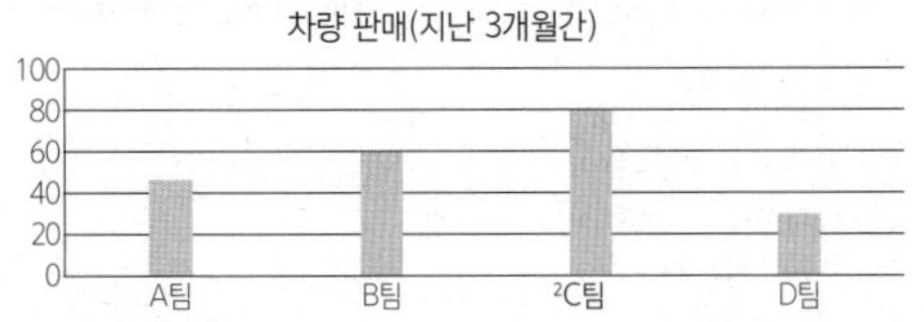

1

해석 여자는 무엇을 논의하고 싶어 하는가?
(A) 누가 상을 받아야 할지
(B) 어떻게 판매가 증가할 수 있을지
(C) 언제 지점이 개점했는지
(D) 어디에서 행사가 열려야 할지

해설 여자가 논의하고 싶어 하는 것을 묻는 문제이므로, 여자의 말에서 질문의 핵심어구(discuss)가 언급된 주변을 주의 깊게 듣는다. 여자가 "let's discuss which worker to recommend for the Employee of the Year Award"라며 어느 직원을 올해의 직원상에 추천할지 논의해보자고 하였다. 따라서 정답은 (A) Who should receive an honor이다.

어휘 **ceremony** [미 sérəmòuni, 영 sérəməni] 행사

2

해석 시각 자료를 보아라. David Carter는 어느 팀에서 일하는가?
(A) A팀
(B) B팀
(C) C팀
(D) D팀

해설 David Carter가 일하는 팀을 묻는 문제이므로, 제시된 막대 그래프의 정보를 확인한 뒤 질문의 핵심어구(team ~ David Carter work in)와 관련된 내용을 주의 깊게 듣는다. 여자가 "his team sold 80 cars in the last three months"라며 그의 팀은 지난 세 달 동안 80대의 차량을 판매했다고 하였으므로, David Carter가 일하는 팀이 C팀임을 막대 그래프에서 알 수 있다. 따라서 정답은 (C) Team C이다.

3

해석 남자는 다음에 무엇을 할 것 같은가?
(A) 매출표를 인쇄한다.
(B) 관리자에게 전화한다.
(C) 다른 직원과 논의한다.
(D) 직원들을 위한 메시지를 작성한다.

해설 남자가 다음에 할 일을 묻는 문제이므로, 대화의 마지막 부분을 주의 깊게 듣는다. 남자가 "I'll draft a staff memo announcing our decision."이라며 자신들의 결정을 발표하는 직원 회람 초안을 작성하겠다고 하였다. 따라서 정답은 (D) Write a message for workers이다.

어휘 **chart** [미 tʃɑːrt, 영 tʃɑːt] 도표, 그래프 **employee** [implɔ́iiː] 직원

[4-6] 미국 → 호주

Questions 4-6 refer to the following conversation and schedule.

W: Hi, my name is Tanya Cleveland. I'm here to register for today's lecture series.

M: Hello, Ms. Cleveland. **[4]Here is your name tag.** Please note that **[5]the keynote speaker who was supposed to give a talk at 9 A.M. will be 30 minutes late** due to traffic.

W: Thanks. I'll keep that in mind.

M: Is there anything else I can help you with?

W: Well, **[6]I have some time now before the lectures begin . . . Is there anywhere to get a cup of coffee?**

M: There's a snack counter inside.

register for 등록하다 name tag 명찰 keynote speaker 기조 연설자
traffic [trǽfik] 교통량, 교통 counter [미 káuntər, 영 káuntə] 판매대, 계산대

해석

4-6은 다음 대화와 일정표에 관한 문제입니다.

W: 안녕하세요, 제 이름은 Tanya Cleveland입니다. 오늘의 강연 시리즈에 등록하러 왔어요.

M: 안녕하세요, Ms. Cleveland. **[4]명찰은 여기 있습니다. [5]오전 9시에 강연하기로 되어 있는 기조 강연자가** 교통량으로 인해 **30분 늦는다**는 점을 알아주세요.

W: 감사합니다. 기억해둘게요.

M: 제가 도와드릴 다른 것이 있나요?

W: 음, **[6]강연이 시작하기 전에 지금 시간이 좀 있어서... 커피를 살 데가 어딘가에 있나요?**

M: 안에 간식 판매대가 있습니다.

Boyton 대학교 기후 강연 시리즈	
오전 9:00	[5]Mandy Bluth
오전 10:30	Cam Peters
오후 12:45	Jordan Doyle
오후 2:00	Elena Gomez

4

해석 남자는 무엇을 여자에게 주는가?
(A) 행사 진행표
(B) 참가 신청서
(C) 명찰
(D) 서류철

해설 남자가 여자에게 주는 것을 묻는 문제이므로, 질문의 핵심어구(give)와 관련된 내용을 주의 깊게 듣는다. 남자가 "Here is your name tag."라며 명찰이 여기 있다며 명찰을 주었다. 따라서 정답은 (C) A name tag이다.

어휘 **program** [próugræm] (행사) 진행표, 일정 **sign-in sheet** 참가 신청서
folder [fóuldər] 서류철, 폴더

5

해석 시각 자료를 보아라. 누가 예정된 시각에 강연을 할 수 없는가?
(A) Mandy Bluth
(B) Cam Peters
(C) Jordan Doyle
(D) Elena Gomez

해설 예정된 시각에 강연을 할 수 없는 사람을 묻는 문제이므로, 제시된 일정표의 정보를 확인한 뒤 질문의 핵심어구(cannot give a talk at the scheduled time)와 관련된 내용을 주의 깊게 듣는다. 남자가 "the keynote speaker who was supposed to give a talk at 9 A.M. will be 30 minutes late"라며 오전 9시에 강연하기로 되어 있는 기조 강연자가 30분 늦는다고 한 말을 통해 오전 9시에 강연하기로 한 Mandy Bluth가 늦는다는 것임을 일정표에서 알 수 있다. 따라서 정답은 (A) Mandy Bluth이다.

6

해석 여자는 강연이 시작하기 전에 무엇을 하려고 계획하는가?
(A) 기사를 검토한다.
(B) 음료를 즐긴다.
(C) 달력을 확인한다.
(D) 건물을 둘러본다.

해설 여자가 강연이 시작하기 전에 하려고 계획하는 것을 묻는 문제이므로, 질문의 핵심어구(do before the talks begin)와 관련된 내용을 주의 깊게 듣는다. 여자가 "I have some time now before the lectures begin . . . Is there anywhere to get a cup of coffee?"라며 강연이 시작하기 전에 지금 시간이 좀 있다고 하면서 커피를 살 데가 어딘가에 있는지 물었다. 따라서 정답은 (B) Enjoy a beverage이다. (talks → lectures, coffee → beverage)

어휘 beverage[bévəridʒ] 음료

[7-9] 캐나다 → 미국

Questions 7-9 refer to the following conversation and map.

M: Pardon me. [7]**You're in charge of today's event, right?** My name is Kyle Norton. I'm a little late, so I don't know what to do.
W: Hi, Kyle! [7]**Thank you for coming.** [8]**I'll need your help setting up some tables in the main booth.** We have 30 minutes before guests arrive.
M: OK. Where can I find the tables?
W: They're still in the back of our [9]**truck, which is parked near the water fountain.**
M: All right. I'll go get them.

be in charge of ~을 담당하다 water fountain 식수대

해석
7-9는 다음 대화와 지도에 관한 문제입니다.
M: 실례합니다. [7]당신이 오늘 행사를 담당하시죠, 맞나요? 제 이름은 Kyle Norton입니다. 제가 좀 늦어서 무엇을 해야 하는지 몰라서요.
W: 안녕하세요, Kyle! [7]와주셔서 감사합니다. [8]중앙 부스에 탁자들을 놓는 데에 당신 도움이 필요할 거예요. 손님들이 도착하기 전에 30분이 남았어요.
M: 좋아요. 탁자들을 어디에서 찾을 수 있나요?
W: 아직도 저희 트럭 뒤편에 있고, [9]트럭은 식수대 근처에 주차되어 있어요.
M: 알겠습니다. 제가 가서 가지고 올게요.

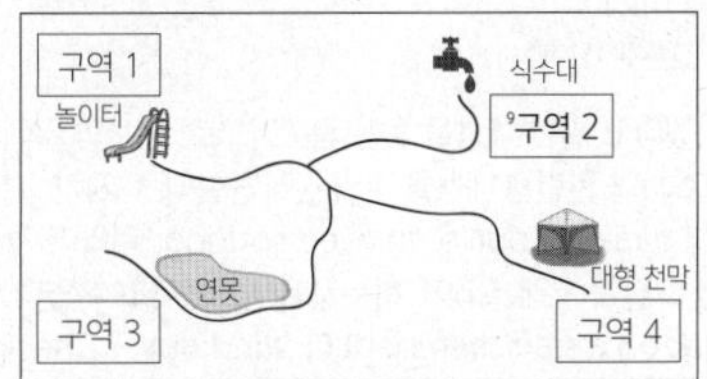

7
해석 여자는 누구인 것 같은가?
(A) 시 공무원
(B) 행사 관리자
(C) 꽃집 주인
(D) 비서

해설 여자의 신분을 묻는 문제이므로, 신분 및 직업과 관련된 표현을 놓치지 않고 듣는다. 남자가 "You're in charge of today's event, right?"이라며 여자가 오늘 행사를 담당하는 것이 맞는지 묻자, 여자가 "Thank you for coming."이라며 와줘서 고맙다고 한 말을 통해 여자가 행사를 담당하는 관리자임을 알 수 있다. 따라서 정답은 (B) An event manager이다. (in charge of ~ event → event manager)

어휘 official[əfíʃl] 공무원, 임원 florist[flɔ́:rist] 꽃집 주인

8
해석 여자는 남자에게 무엇을 하라고 요청하는가?
(A) 연료 탱크를 채운다.
(B) 몇몇 상자들을 내린다.
(C) 도착하는 손님들을 맞이한다.
(D) 탁자들을 놓는다.

해설 여자가 남자에게 요청하는 것을 묻는 문제이므로, 여자의 말에서 요청과 관련된 표현이 언급된 다음을 주의 깊게 듣는다. 여자가 "I'll need your help setting up some tables in the main booth."라며 중앙 부스에 탁자들을 놓는 것을 도와달라고 요청하였다. 따라서 정답은 (D) Put up some tables이다. (setting up → Put up)

어휘 unload[ʌnlóud] (짐을) 내리다 greet[gri:t] 맞다, 환영하다 put up 세우다, 짓다

9
해석 시각 자료를 보아라. 차량은 어디에 주차되어 있는가?
(A) 구역 1
(B) 구역 2
(C) 구역 3
(D) 구역 4

해설 차량이 주차되어 있는 곳을 묻는 문제이므로, 제시된 지도의 정보를 확인한 뒤 질문의 핵심어구(the vehicle parked)와 관련된 내용을 주의 깊게 듣는다. 여자가 "truck, which is parked near the water fountain"이라며 트럭이 식수대 근처에 주차되어 있다고 한 말을 통해 트럭이 식수대가 있는 구역 2에 주차되어 있음을 지도에서 알 수 있다. 따라서 정답은 (B) Area 2이다.

어휘 vehicle[vi:əkl] 차, 탈 것

[10-12] 영국 → 호주

Questions 10-12 refer to the following conversation and coupon.

W: Let me just add up your purchases . . . Um, do you have a membership card or a coupon?
M: Actually, [10]**I have this coupon** from a flyer I received in the mail yesterday.
W: OK. [10]**Your total comes to $45.60.** I'll apply the discount now.
M: Here you go. Um, I noticed that you changed the store layout a bit since I was last here.
W: Yeah . . . [11]**We increased the size of the produce section last week, and that led to other changes.** Were you able to find everything you were looking for?
M: [12]**I had trouble locating a cheese brand that I like,** but a store employee helped me with that.
W: I see. Well, enjoy the rest of your day.

add up 합산하다 total[미 tóutl, 영 tə́utl] 총액, 합계 layout[léiaut] 배치 locate[lóukeit] 위치를 찾다, 알아내다

해석
10-12는 다음 대화와 쿠폰에 관한 문제입니다.
W: 구매품들을 합산해드리겠습니다... 음, 회원 카드나 쿠폰이 있으신가요?
M: 실은, 어제 우편으로 받은 전단지에서 가져온 [10]이 쿠폰이 있어요.
W: 네. [10]총액은 45.60달러입니다. 지금 할인을 적용해드릴게요.
M: 여기 있습니다. 음, 제가 지난번에 여기 왔을 때 이후로 매장 배치를 조금 바꾸신 걸 알겠네요.
W: 네... [11]저희는 지난주에 농산품 섹션의 규모를 늘렸고, 그것이 다른 변화로 이어졌어요. 찾고자 했던 것들을 다 찾을 수 있으셨나요?
M: [12]제가 좋아하는 치즈 브랜드의 위치를 찾는 데 어려움이 있었지만, 매장 직원이 저를 도와줬어요.
W: 그렇군요. 그럼, 남은 하루도 잘 보내세요.

Duncanville 슈퍼마켓
할인 쿠폰

구매액	할인액
20.00달러-29.99달러	3달러
30.00달러-39.99달러	8달러
40.00달러-59.99달러	[10]10달러
60.00달러 이상	15달러

10
해석 시각 자료를 보아라. 남자는 얼마의 할인을 받을 자격이 있는가?
(A) 3달러
(B) 8달러
(C) 10달러
(D) 15달러

해설 남자가 받을 자격이 있는 할인액을 묻는 문제이므로, 제시된 쿠폰의 정보를 확인한 뒤 질문의 핵심어구(discount ~ qualify for)와 관련된 내용을 주의 깊게 듣는다. 남자가 "I have this coupon"이라며 쿠폰이 있다고 했고 여자가

"Your total comes to $45.60."라며 남자의 총액이 45.60달러라고 했으므로, 남자가 40.00달러에서 59.99달러까지의 구매액에 해당하는 할인액인 10달러를 할인받을 자격이 있음을 쿠폰에서 알 수 있다. 따라서 정답은 (C) $10이다.

어휘 qualify for 자격이 있다

11

해석 지난주에 매장에서 무슨 일이 일어났는가?
(A) 구역이 확장되었다.
(B) 배송품이 수령되었다.
(C) 기념행사가 열렸다.
(D) 재고 조사가 실시되었다.

해설 지난주에 매장에서 일어난 일을 묻는 문제이므로, 질문의 핵심어구(last week)가 언급된 주변을 주의 깊게 듣는다. 여자가 "We increased the size of the produce section last week, and that led to other changes."라며 매장에서 지난주에 농산품 섹션의 규모를 늘렸고 그것이 다른 변화로 이어졌다고 하였다. 따라서 정답은 (A) An area was expanded이다. (section → area, increased → expanded)

어휘 inventory[ínvəntɔ̀ːri] 재고 조사, 재고 품목

12

해석 남자는 무슨 문제를 언급하는가?
(A) 제품이 너무 비싸다.
(B) 직원이 도움이 되지 않았다.
(C) 물품을 찾기가 어려웠다.
(D) 브랜드가 더 이상 이용 가능하지 않다.

해설 남자가 언급하는 문제점을 묻는 문제이므로, 남자의 말에서 부정적인 표현이 언급된 다음을 주의 깊게 듣는다. 남자가 "I had trouble locating a cheese brand that I like"라며 자신이 좋아하는 치즈 브랜드의 위치를 찾는 데 어려움이 있었다고 하였다. 따라서 정답은 (C) An item was difficult to find이다. (had trouble locating → difficult to find)

어휘 unhelpful[ʌnhélpfəl] 도움이 되지 않는, 선뜻 도우려 하지 않는

Hackers Test

p.196

1. (B)	2. (B)	3. (C)	4. (B)	5. (B)	6. (C)
7. (C)	8. (A)	9. (B)	10. (C)	11. (B)	12. (D)
13. (B)	14. (A)	15. (C)	16. (D)	17. (B)	18. (C)
19. (B)	20. (A)	21. (D)	22. (B)	23. (D)	24. (A)

[1-3] 미국 → 호주

Questions 1-3 refer to the following conversation.

W: Hello, and [1]**welcome to Florence Carpeting and Rugs**. Is there anything that I can help you with today?
M: Actually, [1]**I already asked another worker to bring out some kitchen rugs for me to see**. But I've been waiting for almost 15 minutes.
W: I'm sorry about that. I'll . . . um . . . [2]**I'll go and find out what's taking our employee so long.**
M: Oh, before you do that, [3]**could you also recommend some rugs for my living room?** I'd like to buy one of those as well.
W: Certainly. [3]**Here's our catalog.** Why don't you take a look while you wait?

rug[rʌg] 깔개

해석

1-3은 다음 대화에 관한 문제입니다.

W: 안녕하세요, [1]Florence Carpeting and Rugs에 오신 것을 환영합니다. 제가 오늘 도와드릴 것이 있나요?
M: 사실, [1]저는 이미 다른 직원에게 제가 볼 주방용 깔개들을 가지고 와 달라고 부탁했어요. 하지만 저는 거의 15분 동안을 기다리고 있어요.
W: 죄송합니다. 제가... 음... [2]제가 가서 무엇이 저희 직원을 그렇게 오래 걸리게 하는지 알아보겠습니다.
M: 아, 그것을 하시기 전에, [3]제 거실에 깔 깔개도 몇 개를 추천해주시겠어요? 그것들 중 하나도 사고 싶어서요.
W: 물론이죠. [3]여기 카탈로그가 있습니다. 기다리는 동안 보시겠어요?

1

해석 대화는 어디에서 이루어지는 것 같은가?
(A) 디자인 작업실에서
(B) 소매점에서
(C) 섬유 공장에서
(D) 법률 사무소에서

해설 대화가 이루어지는 장소를 묻는 문제이므로, 장소와 관련된 표현을 놓치지 않고 듣는다. 여자가 "welcome to Florence Carpeting and Rugs"라며 Florence Carpeting and Rugs에 온 것을 환영한다고 한 뒤, 남자가 "I ~ asked another worker to bring out some kitchen rugs for me to see"라며 다른 직원에게 자신이 볼 주방용 깔개들을 가지고 와 달라고 부탁했다고 하였다. 이를 통해, 카펫류와 깔개를 파는 소매점에서 대화가 이루어지고 있음을 알 수 있다. 따라서 정답은 (B) At a retail outlet이다.

어휘 retail outlet 소매점 textile[tékstail] 섬유, 직물

2

해석 여자는 무엇을 하겠다고 말하는가?
(A) 할인을 제공한다.
(B) 직원을 살펴본다.
(C) 약속을 미룬다.
(D) 상품 코드를 찾아본다.

해설 여자가 하겠다고 말한 내용을 묻는 문제이므로, 여자의 말에서 질문의 핵심어구(will do)와 관련된 내용을 주의 깊게 듣는다. 여자가 "I'll go and find out what's taking our employee so long."이라며 자신이 가서 무엇이 직원을 그렇게 오래 걸리게 하는지 알아보겠다고 하였다. 따라서 정답은 (B) Check on a staff member이다. (find out → Check on)

어휘 check on (이상이 없는지) 살펴보다, 확인하다

3

해석 여자는 무엇을 남자에게 주는가?
(A) 명함
(B) 제품 견본
(C) 카탈로그
(D) 지도

해설 여자가 남자에게 주는 것을 묻는 문제이므로, 질문의 핵심어구(give)와 관련된 내용을 주의 깊게 듣는다. 남자가 "could you also recommend some rugs for my living room?"이라며 자신의 거실에 깔 깔개도 몇 개를 추천해 달라고 하자, 여자가 "Here's our catalog."라며 여기 카탈로그가 있다며 카탈로그를 주었다. 따라서 정답은 (C) A catalog이다.

어휘 business card 명함

[4-6] 캐나다 → 영국

Questions 4-6 refer to the following conversation.

M: Mona, [4]**are you also having trouble with our bank's internal e-mail system?** I've been trying to access it all morning. At first, messages weren't sending properly through the bank intranet. Now, I can't even log in to my account.
W: Yeah, everyone is dealing with the same thing. [5]**The branch manager has called our company's IT team.** Some technicians are on their way now.
M: Well, I hope they figure out the issue soon. [6]**I'm supposed to respond to an urgent e-mail from a corporate client before lunchtime. I'm worried**

there'll be a problem if there are any delays.**

internal[미 intə́ːrnl, 영 intə́ːnl] 내부의 intranet[íntrənet] 내부 전산망
figure out 알아내다

해석
4-6은 다음 대화에 관한 문제입니다.

M: Mona, [4]당신도 우리 은행의 내부 이메일 시스템에서 문제를 겪고 있나요? 저는 아침 내내 이것에 접근하려 하고 있어요. 처음엔, 메시지가 은행 내부 전산망을 통해 제대로 발송되지 않았어요. 이제, 저는 제 계정에 로그인할 수도 없어요.
W: 네, 모두가 같은 문제를 겪고 있어요. [5]지점 관리자가 우리 회사의 IT팀에 전화를 했어요. 몇몇 기술자들이 지금 오고 있어요.
M: 음, 그들이 빨리 문제를 알아내기를 바라요. [6]저는 점심 시간 전에 기업 고객으로부터 온 긴급한 이메일에 답장을 하기로 되어 있거든요. 혹시 지연이 된다면 문제가 생길까 봐 걱정되네요.

4
해석 화자들은 어디에서 일하는가?
(A) IT 회사에서
(B) 금융기관에서
(C) 의류 소매업체에서
(D) 조사 기관에서

해설 화자들이 일하는 장소를 묻는 문제이므로, 신분 및 직업과 관련된 표현을 놓치지 않고 듣는다. 남자가 "are you also having trouble with our bank's internal e-mail system?"이라며 여자도 자신들의 은행의 내부 이메일 시스템에서 문제를 겪고 있는지 물은 것을 통해 화자들이 금융기관에서 일한다는 것을 알 수 있다. 따라서 정답은 (B) At a financial institution이다.

어휘 clothing[미 klóuðiŋ, 영 kləuðiŋ] 의류

5
해석 관리자는 무엇을 했는가?
(A) 일정상의 착오를 바로잡았다.
(B) 전문가들에게 연락했다.
(C) 소프트웨어를 시험했다.
(D) 기업 할인을 요청했다.

해설 관리자가 한 것을 묻는 문제이므로, 질문의 핵심어구(manager do)와 관련된 내용을 주의 깊게 듣는다. 여자가 "The branch manager has called our company's IT team."이라며 지점 관리자가 회사의 IT팀에 전화를 했다고 하였다. 따라서 정답은 (B) Contacted some specialists이다. (called → Contacted)

어휘 specialist[spéʃəlist] 전문가

6
해석 남자는 왜 걱정하는가?
(A) 그는 슬라이드 쇼를 완성하는 데 어려움을 겪고 있다.
(B) 그는 로그인 비밀번호를 기억할 수 없다.
(C) 그는 고객에게 연락할 수 없다.
(D) 그는 발표에 늦고 있다.

해설 남자가 걱정하는 이유를 묻는 문제이므로, 남자의 말을 주의 깊게 듣는다. 남자가 "I'm supposed to respond to an urgent e-mail from a corporate client before lunchtime. I'm worried there'll be a problem if there are any delays."라며 자신은 점심 시간 전에 기업 고객으로부터 온 긴급한 이메일에 답장을 하기로 되어 있다며, 혹시 지연이 된다면 문제가 생길까 봐 걱정된다고 하였다. 따라서 정답은 (C) He is unable to reach a customer이다. (client → customer)

어휘 struggle[strʌ́gl] 어려움을 겪다 reach[riːtʃ] 연락하다

[7-9] 영국 → 호주

Questions 7-9 refer to the following conversation.

W: Excuse me, sir. [7]**Would you like to try a sample cup of beef chili?**
M: Sure. [8]**I noticed your food truck parked here the other day, and there was quite a line.** I've been curious about what you're offering.
W: I make my chili with only the freshest of ingredients. And I've got a choice of toppings—cheese, sour cream, and nacho chips.
M: Wow. Delicious. [9]**You don't happen to have any containers for take away, do you?**
W: I certainly do. They come in three sizes.
M: I'm just on my way to pick up some documents at the office, but I'll stop here on my way back.

the other day 일전에 offer[미 ɔ́ːfər, 영 ɔ́fə] 제공하다
ingredient[ingríːdiənt] 재료

해석
7-9는 다음 대화에 관한 문제입니다.

W: 실례합니다, 고객님. [7]비프 칠리 샘플을 한 컵 시식해 보시겠어요?
M: 물론이죠. [8]일전에 당신의 푸드 트럭이 여기에 주차되어 있는 것을 보았는데, 줄이 꽤 길더군요. 당신이 무엇을 제공하는지 궁금했어요.
W: 저는 가장 신선한 재료들로만 제 칠리를 만듭니다. 그리고 치즈, 사워크림, 나초 칩과 같은 토핑 선택권이 있어요.
M: 와, 맛있네요. [9]포장용 용기를 갖고 계시지는 않겠죠, 그렇죠?
W: 물론 있습니다. 세 개의 크기가 있어요.
M: 저는 지금 사무실에 서류를 가지러 가는 길이지만, 돌아오는 길에 여기에 들를게요.

7
해석 여자는 남자에게 무엇을 제공하는가?
(A) 할인 쿠폰
(B) 홍보 전단
(C) 무료 샘플
(D) 주차권

해설 여자가 남자에게 제공하는 것을 묻는 문제이므로, 질문의 핵심어구(woman offer)와 관련된 내용을 주의 깊게 듣는다. 여자가 "Would you like to try a sample cup of beef chili?"라며 비프 칠리 샘플 한 컵을 시식해 보겠는지 물었다. 따라서 정답은 (C) A free sample이다.

어휘 flyer[미 fláiər, 영 fláiə] 전단

8
해석 남자는 "줄이 꽤 길더군요"라고 말할 때, 무엇을 의도하는가?
(A) 음식 가판대가 인기 있다.
(B) 테이블을 사용할 수 없었다.
(C) 주문이 나오지 않았다.
(D) 예약이 변경되어야 한다.

해설 남자가 하는 말의 의도를 묻는 문제이므로, 질문의 인용어구(there was quite a line)가 언급된 주변을 주의 깊게 듣는다. 남자가 "I noticed your food truck parked here the other day, and there was quite a line."이라며 일전에 여자의 푸드 트럭이 주차되어 있는 것을 보았는데 줄이 꽤 길더라고 했으므로, 음식 가판대가 인기 있다고 하려는 의도임을 알 수 있다. 따라서 정답은 (A) A food stall is popular이다.

어휘 stall[stɔːl] 가판대, 노점

9
해석 남자는 여자에게 무엇을 요청하는가?
(A) 추가적인 토핑
(B) 포장용 용기
(C) 얼음을 넣은 음료
(D) 플라스틱 포크

해설 남자가 여자에게 요청하는 것을 묻는 문제이므로, 지문의 중후반에서 요청과 관련된 표현이 포함된 문장을 주의 깊게 듣는다. 남자가 "You don't happen to have any containers for take away, do you?"라며 포장용 용기를 갖고 있는지 물었다. 따라서 정답은 (B) Take-away containers이다.

어휘 iced[aist] 얼음을 넣은

[10-12] 캐나다 → 호주 → 미국

Questions 10-12 refer to the following conversation with three speakers.

M1: [10]**Now that you've had a chance to look around our indoor water park, Mr. Abbas. Are there any other areas you need to see?**
M2: No. [10]**I think the inspection is almost done**. I didn't find any major health or safety violations, but there's just one minor issue. This exit is not marked. That'll have to be addressed.
W: Oh, you're right! [11]**We actually have the exit sign in our front office. We must've forgotten to hang it. Omar, do you mind taking care of that now?**
M1: [11]**Sure thing.**
M2: Other than that, I didn't find any issues.
W: That's wonderful news! [12]**That means we can open on August 6 as planned.** We can also start releasing advertisements.

indoor [미 índɔ̀:r, 영 ìndɔ́:] 실내의 inspection [inspékʃən] 점검, 검사
violation [vàiəléiʃən] 위반 minor [미 máinər, 영 máinə] 사소한

해석
10-12는 다음 세 명의 대화에 관한 문제입니다.

M1: [10]이제 저희 실내 워터파크를 둘러보는 시간을 가지셨는데요, Mr. Abbas. 보셔야 할 다른 구역이 있나요?
M2: 아니요. [10]점검은 거의 다 된 것 같아요. 위생이나 안전상의 큰 위반은 발견하지 못했지만, 단 하나 사소한 문제가 있어요. 이 출구가 표시되지 않았어요. 그것은 처리되어야 할 거예요.
W: 아, 맞아요! [11]저희는 사실 현관 사무실에 출구 표지판이 있어요. 그것을 거는 것을 잊은 것 같아요. Omar, 지금 그것을 처리해줄 수 있나요?
M1: [11]물론이죠.
M2: 이외에는 어떤 문제도 찾지 못했습니다.
W: 좋은 소식이네요! [12]그건 우리가 계획한 대로 8월 6일에 개방할 수 있다는 말이에요. 우리는 또한 광고 배포를 시작할 수 있겠어요.

10

해석 방문의 이유는 무엇인가?
(A) 단체 예약을 하기 위해
(B) 직원 교육을 진행하기 위해
(C) 점검을 실시하기 위해
(D) 물 미끄럼틀을 수리하기 위해

해설 방문의 이유를 묻는 문제이므로, 질문의 핵심어구(visit)와 관련된 내용을 주의 깊게 듣는다. 남자 1이 "Now that you've had a chance to look around our indoor water park ~. Are there any other areas you need to see?"라며 이제 자신들의 실내 워터파크를 둘러보는 시간을 가졌다며 봐야 할 다른 구역이 있는지 묻자, 남자 2가 "I think the inspection is almost done."이라며 점검은 거의 다 된 것 같다고 한 말을 통해 점검을 실시하기 위해 방문했음을 알 수 있다. 따라서 정답은 (C) To carry out an inspection이다.

어휘 carry out 실시하다

11

해석 Omar는 무엇을 하기로 동의하는가?
(A) 손님을 안내한다.
(B) 표지판을 게시한다.
(C) 컴퓨터의 전원을 끈다.
(D) 이름을 적는다.

해설 Omar, 즉 남자 1이 동의하는 것을 묻는 문제이므로, 질문의 핵심어구(Omar agree to do)와 관련된 내용을 주의 깊게 듣는다. 여자가 "We actually have the exit sign in our front office. We must've forgotten to hang it."이라며 사실 현관 사무실에 출구 표지판이 있으며 그것을 거는 것을 잊은 것 같다고 한 뒤, "Omar, do you mind taking care of that now?"라며 Omar에게 지금 그것을 처리해줄 수 있는지 물었다. 그러자 남자 1[Omar]이 "Sure thing."이라며 물론이라고 하였다. 따라서 정답은 (B) Put up a sign이다.

어휘 put up 게시하다 write down 적다

12

해석 여자에 따르면, 8월 6일에 무슨 일이 일어날 것인가?
(A) 건물이 구입될 것이다.
(B) 결정이 발표될 것이다.
(C) 공무원이 돌아올 것이다.
(D) 사업체가 운영을 시작할 것이다.

해설 8월 6일에 일어날 일을 묻는 문제이므로, 질문의 핵심어구(August 6)가 언급된 주변을 주의 깊게 듣는다. 여자가 "That means we can open on August 6 as planned."라며 그것은 그들이 계획한 대로 8월 6일에 개방할 수 있다는 말이라고 한 것을 통해 8월 6일에 사업체가 운영을 시작할 것임을 알 수 있다. 따라서 정답은 (D) A business will begin operations이다.

어휘 government employee 공무원

[13-15] 호주 → 미국

Questions 13-15 refer to the following conversation.

M: Hello. Vince Esposito speaking.
W: [13]**Hi, Mr. Esposito. This is Beverly Jordon—the hiring manager at Yuva Industrial. We met last fall.**
M: [13]**I remember you from my interview with your company.** It's nice to hear from you.
W: Yes, well . . . We're looking for a new software engineer, and I'm wondering if you're interested. [14]**The position is not here but at our India office.**
M: Wow. Well, [14]**I have some working experience in India.**
W: [14]**Then you should send your updated résumé to me.** Do you still have my e-mail address?
M: Sure, I have it. [15]**I'll send you the résumé today.**
W: That would be great.

hiring [háiəriŋ] 고용

해석
13-15는 다음 대화에 관한 문제입니다.

M: 안녕하세요. Vince Esposito입니다.
W: [13]안녕하세요, Mr. Esposito. 저는 Yuva 공업 회사의 고용 관리자인 Beverly Jordon입니다. 우리는 지난 가을에 만났었죠.
M: [13]당신의 회사 면접에서 뵈었던 것을 기억해요. 당신으로부터 연락을 받아서 반갑네요.
W: 네, 음... 저희는 신입 소프트웨어 엔지니어를 찾고 있는데, 당신이 관심이 있는지 궁금해요. [14]그 자리는 이곳이 아니라 우리의 인도 사무소에 있어요.
M: 와. 음, [14]저는 인도에서의 실무 경력이 있어요.
W: [14]그럼 저에게 당신의 갱신된 이력서를 보내셔야 해요. 제 이메일 주소를 여전히 갖고 계신가요?
M: 물론, 가지고 있어요. [15]오늘 당신에게 이력서를 보낼게요.
W: 좋습니다.

13

해석 남자는 지난 가을에 무엇을 했는가?
(A) 강연을 했다.
(B) 구직 면접에 참석했다.
(C) 증명서를 받았다.
(D) 네트워킹 행사에 갔다.

해설 남자가 지난 가을에 한 일을 묻는 문제이므로, 질문의 핵심어구(last fall)가 언급된 주변을 주의 깊게 듣는다. 여자가 남자에게 "Hi, Mr. Esposito. This is ~ the hiring manager at Yuva Industrial. We met last fall."이라며 자신은 Yuva 공업 회사의 고용 관리자이며 자신들이 지난 가을에 만났었다고 하자, 남자가 "I remember you from my interview with your company."라며 여자의 회사 면접에서 보았던 것을 기억한다고 하였다.

따라서 정답은 (B) Attended a job interview이다.

어휘 networking[nétwə̀rkiŋ] 네트워킹, 인적 네트워크 형성

14

해석 남자는 "저는 인도에서의 실무 경력이 있어요"라고 말할 때 무엇을 의도하는가?
(A) 그는 자리에 잘 맞는다.
(B) 그는 조언을 하고 싶어 한다.
(C) 그는 교육을 제공할 수 있다.
(D) 그는 대규모 네트워크를 갖고 있다.

해설 남자가 하는 말의 의도를 묻는 문제이므로, 질문의 인용어구(I have some working experience in India)가 언급된 주변을 주의 깊게 듣는다. 여자가 "The position is not here but at our India office."라며 그 자리는 이곳이 아니라 자신들의 인도 사무소에 있다고 하자, 남자가 "I have some working experience in India"라며 자신은 인도에서의 실무 경력이 있다고 하였다. 그러자 여자가 "Then you should send your updated résumé to me."라며 그럼 자신에게 갱신된 이력서를 보내야 한다고 한 말을 통해 남자가 자신이 자리에 잘 맞는다고 하려는 의도임을 알 수 있다. 따라서 정답은 (A) He is a good fit for a position이다.

15

해석 남자는 오늘 무엇을 할 것 같은가?
(A) 초대장을 보낸다.
(B) 안내서를 수정한다.
(C) 서류를 이메일로 보낸다.
(D) 평가를 진행한다.

해설 남자가 오늘 할 일을 묻는 문제이므로, 질문의 핵심어구(today)가 언급된 주변을 주의 깊게 듣는다. 남자가 "I'll send you the résumé today"이라며 오늘 여자에게 이력서를 보내겠다고 하였다. 따라서 정답은 (C) E-mail a document이다. (résumé → document)

어휘 assessment[əsésmənt] 평가

[16-18] 미국 → 캐나다

Questions 16-18 refer to the following conversation.

W: Hello, I got this leather handbag for a friend three days ago during your boutique's year-end sale. Unfortunately, she didn't care for the color. [16]**I'm wondering if I can exchange it for the same product in black.**
M: I'm afraid that [17]**we no longer have those handbags in stock**, as they sold out during our sale. But I can send a request to our supplier and have them ship one. It shouldn't take more than a week.
W: That would be fine. Will you let me know when it arrives?
M: Of course. [18]**Just put your name, telephone number, and address on this form** and I will let you know when you can come pick it up.

care for ~을 좋아하다 in stock 재고가 있는 sell out 품절되다

해석

16-18은 다음 대화에 관한 문제입니다.

W: 안녕하세요, 저는 3일 전에 당신 부티크의 연말 세일 기간 동안 친구를 위해 이 가죽 가방을 샀어요. 안타깝게도, 그녀가 가방의 색상을 좋아하지 않았어요. [16]이것을 검은색의 같은 제품으로 교환할 수 있을지 궁금해요.
M: 유감스럽게도 그 가방이 세일 기간 동안 품절되었기 때문에 [17]**저희는 더 이상 재고가 없습니다.** 하지만 공급업체에 요청해서 하나를 배송해달라고 할 수 있어요. 일주일 이상은 걸리지 않을 거예요.
W: 괜찮을 것 같아요. 도착하면 알려주실 수 있나요?
M: 물론이죠. [18]**당신의 이름, 전화번호, 그리고 주소를 이 양식에 써놓으시**면 언제 오셔서 그것을 찾아갈 수 있는지 알려드릴게요.

16

해석 여자는 무엇을 하고 싶어 하는가?
(A) 액세서리 매장의 위치를 찾는다.
(B) 배달 요청을 취소한다.
(C) 구매품을 환불받는다.
(D) 제품을 다른 것으로 교환한다.

해설 여자가 하고 싶어 하는 것을 묻는 문제이므로, 여자의 말을 주의 깊게 듣는다. 여자가 "I'm wondering if I can exchange it[leather handbag] for the same product in black."이라며 가죽 가방을 검은색의 같은 제품으로 교환할 수 있을지 궁금하다고 하였다. 따라서 정답은 (D) Trade an item for another one이다. (exchange → Trade)

어휘 department[dipɑ́:rtmənt] 매장

17

해석 남자는 가방에 대해 무엇을 말하는가?
(A) 외국에서 제조되었다.
(B) 현재 구할 수 없다.
(C) 작년 컬렉션의 일부이다.
(D) 인터넷으로 구매되어야 한다.

해설 남자가 가방에 대해 언급하는 것을 묻는 문제이므로, 남자의 말에서 질문의 핵심어구(handbags)가 언급된 주변을 주의 깊게 듣는다. 남자가 "we no longer have those handbags in stock"이라며 더 이상 가방의 재고가 없다고 하였다. 따라서 정답은 (B) They are currently unavailable이다. (no longer ~ in stock → currently unavailable)

18

해석 여자는 무엇을 하도록 요청받는가?
(A) 가장 큰 진열실로 간다.
(B) 다른 지점을 방문한다.
(C) 연락처를 남긴다.
(D) 수석 영업사원과 이야기한다.

해설 여자가 요청받는 것을 묻는 문제이므로, 남자의 말에서 요청과 관련된 표현이 언급된 다음을 주의 깊게 듣는다. 남자가 "Just put your name, telephone number, and address on this form"이라며 이름, 전화번호, 그리고 주소를 양식에 써달라고 요청하였다. 따라서 정답은 (C) Leave some contact information이다. (name, telephone number, and address → contact information)

[19-21] 미국 → 호주

Questions 19-21 refer to the following conversation and map.

W: [19]**I'm looking forward to our monthly poetry workshop next week.**
M: Me, too. This workshop is going to focus on symbolism, which will be a very interesting topic.
W: Plus, I'm excited to see the featured poet, Francis Himmler.
M: Isn't he going to give a reading from his latest collection?
W: He'll share a few of his favorite poems from the work.
M: That's great! [20]**I also heard that he's been asked to sign fans' books beginning at 7 P.M.**
W: I hope I can get to the venue in time for that. It will be held at Sarah's Café, which is pretty far from my house.
M: Actually, [21]**the workshop's been moved. Now it's on Tennant Avenue, in the hotel next to the Pandora Theater.**

poetry[póuitri] 시 symbolism[símbəlìzm] 상징주의
featured[fí:tʃərd] 특별한, 인기를 끄는, 대서특필된 venue[vénju:] 장소

해석

19-21은 다음 대화와 지도에 관한 문제입니다.

W: [19]저는 다음 주의 월례 시 워크숍을 매우 기대하고 있어요.
M: 저도요. 이 워크숍은 상징주의에 초점을 맞출 것인데, 그건 굉장히 흥미로운 주제예요.

Part 3

Hackers TOEIC Listening

W: 게다가, 저는 특별 시인 Francis Himmler를 보게 되어 신이 나요.
M: 그가 최근 작품을 낭독할 예정 아닌가요?
W: 그는 그 작품 중에서 가장 좋아하는 몇 편의 시들을 공유할 거예요.
M: 잘됐네요! [20]저는 그가 오후 7시부터 팬들의 책에 사인을 해주도록 요청받았다고도 들었어요.
W: 저는 그것을 위해 늦지 않게 그 장소로 갈 수 있길 바래요. 그것은 Sarah's 카페에서 열릴 예정인데, 저희 집에서 꽤 멀어요.
M: 사실, [21]워크숍이 이동되었어요. 이제 그것은 Tennant가의 Pandora 극장 옆에 있는 호텔에서 열려요.

Lucky 재즈 클럽	Sunrise 호텔	Cho's 서점
	Tennant가	
Pandora 극장	[21]Ivory 호텔	Aston 우체국

19

해석 다음 주에 어떤 종류의 행사가 열릴 것인가?
(A) 책 출시
(B) 시 모임
(C) 장기 자랑
(D) 시상식

해설 다음 주에 열리는 행사의 종류를 묻는 문제이므로, 질문의 핵심어구(next week)가 언급된 주변을 주의 깊게 듣는다. 여자가 "I'm looking forward to our monthly poetry workshop next week."이라며 다음 주의 월례 시 워크숍을 매우 기대하고 있다고 하였다. 따라서 정답은 (B) A poetry meeting이다. (workshop → meeting)

어휘 **talent**[tǽlənt] 장기, 재능

20

해석 Francis Himmler는 무엇을 하도록 요청받았는가?
(A) 책에 사인한다.
(B) 시인을 소개한다.
(C) 대회를 심사한다.
(D) 모임을 준비한다.

해설 Francis Himmler에게 요청된 것을 묻는 문제이므로, 지문의 중후반에서 요청과 관련된 표현이 포함된 문장을 주의 깊게 듣는다. 남자가 "I also heard that he[Francis Himmler]'s been asked to sign fans' books beginning at 7 P.M."이라며 Francis Himmler가 오후 7시부터 팬들의 책에 사인을 해주도록 요청받았다고 들었다고 하였다. 따라서 정답은 (A) Autograph book copies이다. (sign → Autograph)

어휘 **poet**[póuit] 시인

21

해석 시각 자료를 보아라. 행사는 어디에서 열릴 것인가?
(A) Lucky 재즈 클럽에서
(B) Sunrise 호텔에서
(C) Pandora 극장에서
(D) Ivory 호텔에서

해설 행사가 열릴 장소를 묻는 문제이므로, 제시된 지도의 정보를 확인한 뒤 질문의 핵심어구(event ~ held)와 관련된 내용을 주의 깊게 듣는다. 남자가 "the workshop's been moved. Now it's on Tennant Avenue, in the hotel next to the Pandora Theater."라며 워크숍이 이동되어서 이제 Tennant가의 Pandora 극장 옆에 있는 호텔에서 열린다고 하였으므로, Pandora 극장 옆에 있는 Ivory 호텔에서 행사가 열릴 것임을 지도에서 알 수 있다. 따라서 정답은 (D) At Ivory Hotel이다.

[22-24] 캐나다 → 영국

Questions 22-24 refer to the following conversation and advertisement.

M: Melanie! What a surprise! I didn't expect to bump into you on the street like this.
W: Me neither. **[22]I don't think I've seen you since we were interns together at Sunshine Software.**
M: Yeah, sorry I haven't kept in touch. I've been busy with work. Anyway, where are you going?
W: **[23]I was just on my way to watch a movie at Sunflower Cinema.** Um . . . **[24]would you like to join me? [23]The tickets are discounted today.**
M: **[24]That sounds fun, but I'm actually heading to a dinner appointment.** How about some other time?
W: Sure. It would be great to catch up.

keep in touch 연락하다 **discount**[diskáunt] 할인하다

해석
22-24는 다음 대화와 광고에 관한 문제입니다.
M: Melanie! 놀랍네요! 이렇게 길에서 당신과 마주칠 줄 예상하지 못했어요.
W: 저도예요. [22]Sunshine Software에서 같이 인턴을 한 이후로 당신을 본 적이 없는 것 같아요.
M: 네, 연락하지 못해서 미안해요. 업무로 바빴어요. 어쨌든, 어디 가고 있나요?
W: [23]저는 Sunflower 영화관에 막 영화를 보러 가는 길이었어요. 음... [24]저와 같이 갈래요? [23]오늘 티켓이 할인돼요.
M: [24]재밌을 것 같지만, 저는 사실 저녁 약속에 가는 길이에요. 다른 시간은 어때요?
W: 물론이죠. 당신과 이야기하면 좋겠어요.

Sunflower 영화관 주간 혜택!	
월요일	각 표당 팝콘 한 상자 무료
화요일	음료 한 개 가격에 두 개
수요일	간식 세트가 단 5달러
[23]목요일	모든 영화 티켓이 7달러로 인하

22

해석 화자들은 서로를 어떻게 아는가?
(A) 그들은 학교에서 같이 공부했다.
(B) 그들은 같은 사무실에서 일했다.
(C) 그들은 운동 모임을 통해 만났다.
(D) 그들은 친구에게 소개받았다.

해설 화자들이 서로 어떻게 아는지를 묻는 문제이므로, 질문의 핵심어구(know each other)와 관련된 내용을 주의 깊게 듣는다. 여자가 "I don't think I've seen you since we were interns together at Sunshine Software."라며 Sunshine Software에서 같이 인턴을 한 이후로 남자를 본 적이 없는 것 같다고 한 말을 통해 화자들이 같은 사무실에서 일했음을 알 수 있다. 따라서 정답은 (B) They worked at the same office이다.

23

해석 시각 자료를 보아라. 오늘은 무슨 요일인가?
(A) 월요일
(B) 화요일
(C) 수요일
(D) 목요일

해설 오늘이 무슨 요일인지를 묻는 문제이므로, 제시된 광고의 정보를 확인한 뒤 질문의 핵심어구(day of the week)와 관련된 내용을 주의 깊게 듣는다. 여자가 "I was just on my way to watch a movie at Sunflower Cinema."라며 자신은 Sunflower 영화관에 막 영화를 보러 가는 길이었다고 한 뒤, "The tickets are discounted today."라며 오늘 티켓이 할인된다고 하였으므로, 오늘이 영화 티켓이 할인되는 목요일임을 광고에서 알 수 있다. 따라서 정답은 (D) Thursday이다.

24

해석 남자는 왜 같이 갈 수 없는가?
(A) 그는 식사 계획이 있다.
(B) 그는 고객을 기다리고 있다.
(C) 그는 직장에 돌아가고 있다.
(D) 그는 수리점에 방문해야 한다.

해설 남자가 같이 갈 수 없는 이유를 묻는 문제이므로, 질문의 핵심어구(man unavailable)와 관련된 내용을 주의 깊게 듣는다. 여자가 "would you like to join me?"라며 자신과 같이 가자고 제안하자, 남자가 "That sounds fun, but I'm actually heading to a dinner appointment."라며 재밌을 것 같지만, 자신은 사실 저녁 약속에 가는 길이라고 하였다. 따라서 정답은 (A) He has plans to eat이다.

어휘 unavailable[ʌ̀nəvéiləbl] 만날 수 없는

Course 02 대화 상황별 공략

1. 회사 업무·사무기기 관련

Hackers Practice p.201

1. (A)	2. (C)	3. (D)	4. (B)	5. (C)	6. (C)
7. (D)	8. (D)	9. (C)	10. (A)	11. (A)	12. (C)

[1-3] 캐나다 → 영국

Questions 1-3 refer to the following conversation.

M: Hi, Rose. [1]**How are the preparations for the training session going?** I have some free time this morning. Do you need any help?

W: I'm almost ready. But [2]**the manuals were delivered to my office rather than the conference room as I requested.** The boxes are too heavy for me to move on my own.

M: [3]**There's a cart in the storage closet we could use. I'll go get it and bring it to your office.**

W: Thanks. In the meantime, I'll stack the boxes next to the door so we can load them onto the cart quickly.

manual[mǽnjuəl] 안내서 conference room 회의실 storage closet 수납장 in the meantime 그동안에

해석

1-3은 다음 대화에 관한 문제입니다.

M: 안녕하세요, Rose. [1]교육 연수 준비는 어떻게 되어가고 있나요? 저는 오늘 아침에 여유 시간이 조금 있어요. 도움이 필요한 것이 있나요?

W: 저는 거의 준비되었어요. 하지만 [2]안내서가 제가 요청했던 회의실이 아니라 제 사무실로 배송되었어요. 그 상자들은 저 혼자 옮기기에는 너무 무거워요.

M: [3]우리가 사용할 수 있는 카트가 수납장에 있어요. 제가 가서 그것을 당신의 사무실로 가지고 갈게요.

W: 고마워요. 그동안, 저는 우리가 상자들을 카트에 신속하게 실을 수 있도록 그것들을 문 옆에 쌓을게요.

1

해석 대화는 주로 무엇에 관한 것인가?
(A) 워크숍을 준비하기
(B) 장비를 주문하기
(C) 캠페인을 위해 조사하기
(D) 자료를 검토하기

해설 대화의 주제를 묻는 문제이므로, 대화의 초반을 주의 깊게 들은 후 전체 맥락을 파악한다. 대화의 초반에서 남자가 "How are the preparations for the training session going?"이라며 교육 연수 준비는 어떻게 되어가고 있는지 물은 뒤, 교육 연수를 준비하는 것에 대한 내용으로 대화가 이어지고 있다. 따라서 정답은 (A) Preparing for a workshop이다. (training session → workshop)

어휘 equipment[ikwípmənt] 장비, 기기

2

해석 여자는 어떤 문제를 언급하는가?
(A) 몇몇 직원들이 워크숍에 참석할 수 없다.
(B) 배달이 예정보다 늦게 도착할 것이다.
(C) 몇몇 물품들이 잘못된 장소로 왔다.
(D) 보관 시설이 이용될 수 없다.

해설 여자가 언급하는 문제점을 묻는 문제이므로, 여자의 말에서 부정적인 표현이 언급된 다음을 주의 깊게 듣는다. 여자가 "the manuals were delivered to my office rather than the conference room as I requested."라며 안내서가 자신이 요청했던 회의실이 아니라 자신의 사무실로 배송되었다고 하였다. 따라서 정답은 (C) Some items were brought to the wrong place이다.

어휘 access[ǽkses] 이용하다, 접근하다

3

해석 남자는 무엇을 할 것이라고 말하는가?
(A) 몇몇 정보를 확인한다.
(B) 인쇄소를 방문한다.
(C) 몇몇 상자들을 봉인한다.
(D) 보관 구역에 간다.

해설 남자가 할 일을 묻는 문제이므로, 남자의 말에서 질문의 핵심어구(will do)와 관련된 내용을 주의 깊게 듣는다. 남자가 "There's a cart in the storage closet we could use. I'll go get it and bring it to your office"라며 자신들이 사용할 수 있는 카트가 수납장에 있다며 자신이 가서 카트를 여자의 사무실로 가지고 가겠다고 했으므로 남자가 카트를 가지러 수납장, 즉 보관 구역에 갈 것임을 알 수 있다. 따라서 정답은 (D) Go to a storage area이다. (storage closet → storage area)

어휘 verify[미 vérəfài, 영 vérifai] 확인하다, 증명하다 seal[si:l] 봉인하다

[4-6] 미국 → 호주

Questions 4-6 refer to the following conversation.

W: [4]**Could you make 10 copies of this report for me?** I need them for the investors' meeting this afternoon.

M: Actually, the photocopier isn't working. [5]**I called a technician to come and take a look at it, but he's busy this morning and won't be here until after lunch at around one.**

W: I see. The meeting is at 1:30, so I will need those copies before then.

M: Well, there is a print shop not far from our office. [6]**I can stop by there during my lunch break around noon and get the copies made for you.**

investor[invéstər] 투자자 photocopier[미 fóutəkɑ̀piər, 영 fə́utəukɔ̀piə] 복사기 technician[tekníʃən] 기술자

해석

4-6은 다음 대화에 관한 문제입니다.

W: [4]저에게 이 보고서를 열 부 복사해 주실 수 있나요? 저는 오늘 오후의 투자자 회의를 위해 그것들이 필요해요.

M: 사실, 복사기가 작동하지 않고 있어요. [5]기술자에게 와서 그것을 봐달라고 전화했지만, 그가 오늘 아침에 바빠서 점심시간 후에 1시쯤 되어서야 올 거래요.

W: 그렇군요. 회의가 1시 30분이니까 저는 그 전에 복사본이 필요할 거예요.

M: 음, 사무실에서 멀지 않은 곳에 인쇄소가 있어요. [6]제가 정오 즈음에 점심시간 동안 그곳에 들러서 복사를 해다 드릴 수 있어요.

4

해석 대화는 주로 무엇에 대한 것인가?
(A) 회의 일정 변경하기
(B) 문서 복사하기
(C) 투자자들을 위한 보고서 작성하기
(D) 새 기술자 고용하기

해설 대화의 주제를 묻는 문제이므로, 대화의 초반을 반드시 듣는다. 여자가 "Could you make 10 copies of this report for me?"라며 보고서를 복사해 줄 것을 요청한 뒤, 복사본이 필요한 시간과 복사 방법에 대한 내용으로 대화가 이어지고 있다. 따라서 정답은 (B) Making copies of a document이다. (report → document)

어휘 reschedule[rì:skédʒu:l] 일정을 변경하다

5

해석 남자는 기술자에 대해 무엇을 언급하는가?
(A) 그는 새로운 기계를 설치할 것이다.
(B) 그는 현재 점심을 위해 자리를 비웠다.
(C) 그는 오후에 도착할 것이다.
(D) 그는 몇몇 교체 부품을 가져올 것이다.

해설 남자가 기술자에 대해 언급하는 것을 묻는 문제이므로, 남자의 말에서 질문 의 핵심어구(technician)가 언급된 주변을 주의 깊게 듣는다. 남자가 "I called a technician ~ but he's busy ~ and won't be here until after lunch at around one."이라며 기술자에게 전화했는데 그가 바빠서 점심시간 후인 1시쯤, 즉 오후에 올 것이라고 하였다. 따라서 정답은 (C) He will arrive in the afternoon이다. (after lunch at around one → in the afternoon)

어휘 replacement[ri:pléismənt] 교체

6

해석 남자는 무엇을 해주겠다고 제안하는가?
(A) 기계 한 대를 수리한다.
(B) 여자가 보고서를 수정하는 것을 도와준다.
(C) 다른 장소에서 복사본을 출력한다.
(D) 수리공에게 연락한다.

해설 남자가 제안하는 것을 묻는 문제이므로, 남자의 말에서 여자를 위해 해주겠다고 한 내용을 주의 깊게 듣는다. 남자가 "I can stop by there[print shop] ~ and get the copies made for you."라며 인쇄소에 들러 복사를 해다 줄 수 있다고 하였다. 따라서 정답은 (C) Print copies at another location이다. (get the copies made → Print copies)

어휘 repairperson[ripέərpə̀:rsn] 수리공

[7-9] 캐나다 → 영국

Questions 7-9 refer to the following conversation.

M: Good morning. This is Roger Collins from Jefferson Enterprises. I'd like to speak with Ms. Marquez. She handles our company's account.
W: I'm sorry, Mr. Collins. [7]**Ms. Marquez is in a meeting with some department heads at the moment.** May I take a message?
M: Yes, [8]**please tell her I called to inquire about the requirements for our company's loan application.**
W: I see. [9]**I'll leave a note on her desk** so that she knows to call you when the meeting is over. Thank you for calling.

handle[hǽndl] 담당하다, 다루다 account[əkáunt] 계좌
requirement[rikwáiərmənt] 필요조건 loan[loun] 대출, 대부
application[æpləkéiʃən] 신청

해석

7-9는 다음 대화에 관한 문제입니다.

M: 안녕하세요. 저는 Jefferson사의 Roger Collins입니다. Ms. Marquez와 통화하고 싶습니다. 그녀는 저희 회사의 계좌를 담당하고 있어요.
W: 죄송합니다, Mr. Collins. [7]Ms. Marquez는 지금 몇몇 부서장들과 회의 중이에요. 메시지를 남겨드릴까요?
M: 네, [8]제가 저희 회사의 대출 신청을 위한 필요조건에 대해 문의하고자 전화했다고 전해주세요.
W: 알겠습니다. 회의가 끝나면 당신에게 전화해야 한다는 것을 알 수 있도록 [9]제가 그녀의 책상에 메모를 남겨놓을게요. 전화 주셔서 감사합니다.

7

해석 Ms. Marquez는 왜 부재중인가?
(A) 그녀는 휴가 중이다.
(B) 그녀는 고객과 이야기하고 있다.
(C) 그녀는 몇몇 작업을 마무리 짓고 있다.
(D) 그녀는 몇몇 관리자들과 함께 있다.

해설 Ms. Marquez가 부재중인 이유를 묻는 문제이므로, 질문의 핵심어구(Ms. Marquez unavailable)와 관련된 내용을 주의 깊게 듣는다. 여자가 "Ms. Marquez is in a meeting with some department heads at the moment."라며 Ms. Marquez가 지금 부서장들과 회의 중이라고 하였다. 따라서 정답은 (D) She is with some managers이다. (department heads → managers)

8

해석 여자는 어디에서 일하는 것 같은가?
(A) 제조 회사에서
(B) 정부 기관에서
(C) 백화점에서
(D) 대출 기관에서

해설 여자가 일하는 장소를 묻는 문제이므로, 신분 및 직업과 관련된 표현을 놓치지 않고 듣는다. 남자가 여자에게 "please tell her[Ms. Marquez] I called to inquire about the requirements for our company's loan application"이라며 회사의 대출 신청을 위한 필요조건에 대해 Ms. Marquez에게 문의하고자 전화했다고 한 말을 통해 여자가 대출 기관에서 근무한다는 것을 알 수 있다. 따라서 정답은 (D) At a lending institution이다. (loan → lending)

어휘 lending[léndiŋ] 대출

9

해석 여자는 다음에 무엇을 할 것 같은가?
(A) 은행 계좌를 개설한다.
(B) 신청서를 처리한다.
(C) 메모를 적는다.
(D) 다른 부서에 전화한다.

해설 여자가 다음에 할 일을 묻는 문제이므로, 대화의 마지막 부분을 주의 깊게 듣는다. 여자가 "I'll leave a note on her desk"라며 메모를 남겨놓겠다고 하였다. 따라서 정답은 (C) Write a memo이다.

어휘 process[práses] 처리하다

[10-12] 미국 → 캐나다

Questions 10-12 refer to the following conversation and table.

W: Elliott, [10]**I'll be away for the next three days to attend a customer service course at our head office.**
M: I heard the course is quite informative. [11]**I'm planning to apply for it next month.**
W: Yes. I'm sure I'll learn a lot. While I'm gone, could you do something for me?
M: What is it? Anything you need.
W: [12]**Please keep an eye out for a delivery person. I'm expecting the new tablets we ordered for our staff.**
M: OK. When will they be delivered?
W: They're coming tomorrow. You'll have to sign the form for the delivery.

head office 본사 informative[infɔ́:rmətiv] 유익한
keep an eye out 살펴보다

해석

10-12는 다음 대화와 표에 관한 문제입니다.

W: Elliott, [10]저는 본사에서 열리는 고객 서비스 강좌에 참석하기 위해 다음 3일 동안 자리를 비울 거예요.
M: 그 강좌가 매우 유익하다고 들었어요. [11]저는 그것을 다음 달에 신청할 계획이에요.
W: 네. 분명히 저는 배우는 것이 많을 거예요. 제가 가 있을 동안 저를 위해 무언가 해 줄 수 있나요?
M: 무엇인가요? 당신이 필요한 것 무엇이든지요.
W: [12]배달원이 오는지 살펴봐 주세요. 저는 우리가 직원들을 위해 주문한 새 태블릿들을 기다리고 있어요.
M: 알았어요. 그것들은 언제 배송될까요?

W: 그것들은 내일 도착해요. 당신이 배송에 대한 양식에 서명을 해야 할 거예요.

Max사 사무실 배송 목록	
주문 번호	내용물
533	플래시 드라이브
549	연필
[12]605	태블릿
766	프린터

10

해석 여자는 다음 3일 동안 무엇을 할 것인가?
(A) 교육 연수에 참석하기
(B) 사업 고객들과 만나기
(C) 여행 계획을 확인하기
(D) 프로젝트 제안서 초안을 작성하기

해설 여자가 다음 3일 동안 할 일을 묻는 문제이므로, 질문의 핵심어구(next three days)가 언급된 주변을 주의 깊게 듣는다. 여자가 "I'll be away for the next three days to attend a customer service course at our head office"라며 자신은 본사에서 열리는 고객 서비스 강좌에 참석하기 위해 다음 3일 동안 자리를 비울 것이라고 하였다. 따라서 정답은 (A) Attending a training course이다.

어휘 draft[dræft] 초안을 작성하다

11

해석 남자는 다음 달에 무엇을 할 것 같은가?
(A) 신청서를 제출한다.
(B) 기록을 정리한다.
(C) 활동을 준비한다.
(D) 조사를 검토한다.

해설 남자가 다음 달에 할 일을 묻는 문제이므로, 질문의 핵심어구(next month)가 언급된 주변을 주의 깊게 듣는다. 남자가 "I'm planning to apply for it[the course] next month."라며 자신은 그 강좌를 다음 달에 신청할 계획이라고 하였다. 따라서 정답은 (A) Submit an application이다.

어휘 organize[ɔ́:rgənàiz] 준비하다, 계획하다

12

해석 시각 자료를 보아라. 남자는 어느 주문을 수령할 것인가?
(A) 주문 번호 533번
(B) 주문 번호 549번
(C) 주문 번호 605번
(D) 주문 번호 766번

해설 남자가 수령할 주문을 묻는 문제이므로, 제시된 표의 정보를 확인한 뒤 질문의 핵심어구(order ~ receive)와 관련된 내용을 주의 깊게 듣는다. 여자가 남자에게 "Please keep an eye out for a delivery person. I'm expecting the new tablets we ordered for our staff."라며 배달원이 오는지 살펴봐달라며 자신은 직원들을 위해 주문한 새 태블릿들을 기다리고 있다고 하였으므로, 남자가 태블릿이 포함된 주문 번호 605번을 수령할 것임을 표에서 알 수 있다. 따라서 정답은 (C) Order No. 605이다.

2. 인사·사내 행사 관련

Hackers Practice p.205

1. (C)	2. (C)	3. (A)	4. (A)	5. (D)	6. (D)
7. (D)	8. (B)	9. (C)	10. (B)	11. (B)	12. (D)

[1-3] 영국 → 호주

Questions 1-3 refer to the following conversation.

W: Did you get the e-mail about the workshop on design trends? I was wondering if you'd be attending.
M: No, I didn't. [1]**I've had some difficulties with my computer.** I'm also working on a proposal for the interior of Leland Bank, so I'm not sure if I'll have time. When is it?
W: It's scheduled for Friday at 2 P.M. in the conference room on the seventh floor. [2]**You should try to make it. They've invited Paula Henderson from *Home Decor Magazine*.** If you like, I can help you catch up on your work.
M: I appreciate the offer, but if the event is on Friday, [3]**I should be able to manage it on my own.** Thanks!

proposal[미 prəpóuzəl, 영 prəpə́uzəl] 제안서 make it 참석하다, 가다
catch up on (밀린 것을) 처리하다, 따라잡다 on one's own 혼자서

해석
1-3은 다음 대화에 관한 문제입니다.
W: 디자인 경향 워크숍에 관한 이메일을 받았나요? 저는 당신이 참석할지 궁금해요.
M: 아니요, 못 받았어요. [1]**제 컴퓨터에 몇몇 문제들이 있었어요.** 저는 Leland 은행의 인테리어에 대한 제안서도 작성하고 있어서, 시간이 있을지 확실하지 않아요. 그게 언제인가요?
W: 7층에 있는 회의실에서 금요일 오후 2시로 예정되어 있어요. [2]**참석해보는 게 좋을 것 같아요. 회사에서 *Home Decor*지의 Paula Henderson을 초청했어요.** 원하신다면, 제가 당신이 밀린 업무를 처리하는 것을 도와줄 수 있어요.
M: 제안은 고맙지만, 행사가 금요일이라면 [3]**제가 혼자 해낼 수 있을 거예요.** 고마워요!

1

해석 남자는 무엇에 문제를 겪었는가?
(A) 문서 정리 시스템
(B) 전화 연결
(C) 전자 기기
(D) 온라인 은행 업무 양식

해설 남자의 문제점을 묻는 문제이므로, 남자의 말에서 부정적인 표현이 언급된 다음을 주의 깊게 듣는다. 남자가 "I've had some difficulties with my computer."라며 컴퓨터에 문제가 있었다고 언급하였다. 따라서 정답은 (C) An electronic device이다. (computer → electronic device)

어휘 connection[kənékʃən] 연결 banking[bǽŋkiŋ] 은행 업무

2

해석 여자는 "회사에서 *Home Decor*지의 Paula Henderson을 초청했어요"라고 말할 때 무엇을 의도하는가?
(A) 남자가 출장을 연기해야 한다.
(B) 남자가 면접 질문들을 준비해야 한다.
(C) 남자가 활동에 참석하는 것에 관심 있을지도 모른다.
(D) 남자가 일자리에 고용되지 않을 것이다.

해설 여자가 하는 말의 의도를 묻는 문제이므로, 질문의 인용어구(They've invited Paula Henderson from *Home Decor Magazine*)가 언급된 주변을 주의 깊게 듣는다. 여자가 "You should try to make it[workshop]. They've invited Paula Henderson from *Home Decor Magazine*."이라며 남자가 워크숍에 참석해보는 게 좋을 것 같다고 하면서 회사에서 *Home Decor*지의 Paula Henderson을 초청했다고 한 것을 통해 남자가 워크숍에 참석하는 것에 관심이 있을지도 모른다는 의도임을 알 수 있다. 따라서 정답은 (C) The man might be interested in joining an activity이다. (make it → joining)

어휘 position[pəzíʃən] 일자리, 직장

3

해석 남자는 무엇을 할 것이라고 말하는가?
(A) 업무를 완료한다.
(B) 몇몇 파일들을 복사한다.
(C) 워크숍의 일정을 변경한다.
(D) 제안서를 수정한다.

해설 남자가 할 일을 묻는 문제이므로, 남자의 말에서 질문의 핵심어구(will do)와 관련된 내용을 주의 깊게 듣는다. 남자가 "I should be able to manage it[work] on my own"이라며 혼자 업무를 해낼 수 있을 것이라고 하였다. 따라서 정답은 (A) Complete a task이다.

어휘 **revise** [riváiz] 수정하다, 변경하다

[4-6] 호주 → 미국

Questions 4-6 refer to the following conversation.

M: [4]**I'm having a hard time choosing the final candidate for our market analyst position.** You were there during the interviews, Nancy. [4]**What do you think?**
W: Well, let's see. I think Dennis is a good candidate.
M: But he studied psychology, which is unrelated to the position. And, um, [5]**Ryan failed to get here on time.**
W: Then how about Alison?
M: Yes, I suppose she's the most qualified. I'll call her up with a job offer and see if she accepts.
W: [6]**You might want to do it by e-mail. Having everything in writing can help you avoid future misunderstandings.**
M: True—I'll do that.

candidate [kǽndidət] 후보자 analyst [ǽnəlist] 분석가, 전문가
unrelated [ʌ̀nriléitid] 관련이 없는 call up 전화를 걸다
future [미 fjúːtʃər, 영 fjúːtʃə] 향후의, 미래의
misunderstanding [미 mìsʌndərstǽndiŋ, 영 mìsʌndəstǽndiŋ] 오해

해석

4-6은 다음 대화에 관한 문제입니다.

M: [4]저는 우리 시장 분석가 자리를 위한 최종 후보를 선택하는 데 어려움을 겪고 있어요. 당신은 면접에 있었죠, Nancy. [4]어떻게 생각해요?
W: 음, 잠시만요. 저는 Dennis가 좋은 후보인 것 같아요.
M: 하지만 그는 심리학을 공부했는데, 그건 그 직책과 관련이 없어요. 그리고, 음, [5]Ryan은 제시간에 도착하지 못했어요.
W: 그럼 Alison은 어때요?
M: 네, 저는 그녀가 가장 자격 있는 것 같아요. 제가 그녀에게 전화를 걸어 일자리 제의를 하고 그녀가 수락하는지 확인할게요.
W: [6]당신은 이메일로 그것을 하는 것이 좋을 거예요. 모든 것을 문서로 작성하는 것이 향후의 오해를 방지하는 데 도움이 될 거예요.
M: 맞아요, 그렇게 할게요.

4

해석 화자들은 무엇에 관해 논의하고 있는가?
(A) 직원을 고용하는 것
(B) 특별 수당을 배분하는 것
(C) 교육 프로그램을 시작하는 것
(D) 새 제품을 출시하는 것

해설 대화의 주제를 묻는 문제이므로, 대화의 초반을 주의 깊게 들은 후 전체 맥락을 파악한다. 남자가 "I'm having a hard time choosing the final candidate for our market analyst position."이라며 자신들의 시장 분석가 자리를 위한 최종 후보를 선택하는 데 어려움을 겪고 있다며 여자에게 "What do you think?"라며 어떻게 생각하는지 물은 뒤, 직원을 고용하는 것에 관한 내용으로 대화가 이어지고 있다. 따라서 정답은 (A) Hiring an employee이다.

어휘 **bonus** [미 bóunəs, 영 bə́unəs] 특별 수당, 상여금

5

해석 남자는 Ryan에 대해 무엇을 언급하는가?
(A) 그는 문서를 제출했다.
(B) 그는 발표를 했다.
(C) 그는 권고에 따랐다.
(D) 그는 약속에 늦었다.

해설 남자가 Ryan에 대해 언급하는 것을 묻는 문제이므로, 남자의 말에서 질문의 핵심어구(Ryan)가 언급된 주변을 주의 깊게 듣는다. "Ryan failed to get here on time"이라며 Ryan은 제시간에 도착하지 못했다고 하였다. 따라서 정답은 (D) He was late for an appointment이다. (failed to get ~ on time → was late)

어휘 **appointment** [əpɔ́intmənt] 약속

6

해석 여자는 왜 이메일을 이용하는 것을 제안하는가?
(A) 용량이 큰 파일을 보내기 위해
(B) 빠른 답변을 받기 위해
(C) 불필요한 지출을 예방하기 위해
(D) 명확한 의사소통을 보장하기 위해

해설 여자가 이메일을 이용하는 것을 제안하는 이유를 묻는 문제이므로, 여자의 말에서 질문의 핵심어구(using e-mail)와 관련된 내용을 주의 깊게 듣는다. 여자가 남자에게 "You might want to do it by e-mail. Having everything in writing can help you avoid future misunderstandings."라며 이메일로 그것을 해야 할 것이며 모든 것을 문서로 작성하는 것이 향후의 오해를 방지하는 데 도움이 될 거라고 하였다. 따라서 정답은 (D) To ensure clear communication이다.

어휘 **avoid** [əvɔ́id] 예방하다, 피하다 **ensure** [미 inʃúər, 영 inʃɔ́ː] 보장하다

[7-9] 영국 → 캐나다

Questions 7-9 refer to the following conversation.

W: [7]**I heard our department is holding a party this Friday evening to celebrate Bob Wilson's promotion.**
M: That's right. The secretary told me about it on Monday. [8]**I guess an announcement will be made on Wednesday.** It will be held at the restaurant on the first floor of our building. Are you going to be able to attend?
W: I'd really like to, but I won't be in the office on Friday. I'm leaving for a convention in New Orleans on Thursday and won't be back until next Tuesday.
M: That's too bad. Well, I'm going, so [9]**I can pass along your congratulations, if you'd like.**

promotion [미 prəmóuʃən, 영 prəmə́uʃən] 승진
announcement [ənáunsmənt] 공지 attend [əténd] 참석하다
pass along 전달하다

해석

7-9는 다음 대화에 관한 문제입니다.

W: [7]우리 부서가 이번 주 금요일 저녁에 Bob Wilson의 승진을 축하하기 위한 파티를 열 것이라고 들었어요.
M: 맞아요. 비서가 월요일에 제게 말해주었어요. [8]제 생각에는 수요일에 공지가 이루어질 것 같아요. 그것은 우리 건물 1층에 있는 식당에서 열릴 거예요. 참석이 가능할 것 같으세요?
W: 정말 그러고 싶지만, 저는 금요일에 사무실에 없을 거예요. 저는 목요일에 뉴올리언스에서 있는 회의를 위해 떠날 것이고, 다음 주 화요일이 되어서야 돌아올 거예요.
M: 참 안됐네요. 음, 제가 가니까, [9]원하신다면 제가 당신의 축하 인사를 전달해 드릴 수 있어요.

7

해석 대화는 주로 무엇에 대한 것인가?
(A) 사업 회의
(B) 회사 야유회
(C) 동료의 퇴직
(D) 축하 행사

해설 대화의 주제를 묻는 문제이므로, 대화의 초반을 반드시 듣는다. 여자가 "I heard our department is holding a party ~ to celebrate Bob Wilson's promotion."이라며 우리 부서가 Bob Wilson의 승진을 축하하기 위한 파티를 열 것이라고 들었다고 한 뒤, 축하 행사에 대한 내용으로 대화가 이어지고 있다. 따라서 정답은 (D) A celebratory event이다.

어휘 **retreat** [ritríːt] 야유회 **celebratory** [séləbrətɔːri] 축하하는, 기념하는

8

해석 공지는 언제 이루어질 것인가?
(A) 월요일에
(B) 수요일에
(C) 목요일에

(D) 금요일에

해설 공지가 이루어질 시기를 묻는 문제이므로, 질문의 핵심어구(announcement ~ made)와 관련된 내용을 주의 깊게 듣는다. 남자가 "I guess an announcement will be made on Wednesday."라며 수요일에 공지가 이루어질 것 같다고 하였다. 따라서 정답은 (B) On Wednesday이다.

9

해석 남자는 무엇을 해주겠다고 제안하는가?
(A) 식당을 예약한다.
(B) 댈러스에서 있는 회의에 간다.
(C) 직장 동료에게 메시지를 전달한다.
(D) 보고서를 뉴욕으로 보낸다.

해설 남자가 해주겠다고 제안하는 것을 묻는 문제이므로, 남자의 말에서 여자를 위해 해주겠다고 언급한 내용을 주의 깊게 듣는다. 남자가 "I can pass along your congratulations, if you'd like"이라며 원한다면 여자의 축하 인사를 전달해 줄 수 있다고 하였다. 따라서 정답은 (C) Give a message to a co-worker이다. (pass along ~ congratulations → Give ~ message)

어휘 mail [meil] (우편으로) 보내다

[10-12] 캐나다 → 영국

Questions 10-12 refer to the following conversation and schedule.

M: Selena, Charest Hall's ceiling is still leaking, so [10]**the conference talk you're giving today has been moved to Bledsoe Hall.**
W: That's actually good news because Bledsoe Hall is slightly larger and will be a more comfortable space to work in.
M: I'm glad you're pleased, but [11]**there's another problem. The pamphlets you ordered will be late because the print shop has to remake them.** They didn't include our logo in the first bunch of pamphlets.
W: The attendees will need those pamphlets, so please bring them as soon as they're ready.
M: I'll do that. You start at 1 P.M., right?
W: No, [12]**I switched times with Professor Millstone** since he has to leave early to teach a class.

leak [liːk] (액체·기체가) 새다 slightly [sláitli] 약간 pamphlet [pǽmflət] 책자
bunch [bʌntʃ] 묶음, 다발 switch [switʃ] 바꾸다, 변경하다

해석
10-12는 다음 대화와 일정표에 관한 문제입니다.
M: Selena, Charest 홀의 천장이 아직 새고 있어서 [10]오늘 당신이 할 회의 연설은 Bledsoe 홀로 옮겨졌어요.
W: Bledsoe 홀이 약간 더 크고 일하기에 더 편한 장소일 것이라 사실 그것은 좋은 소식이네요.
M: 당신이 기뻐하니 좋네요, 그런데 [11]다른 문제가 있어요. 당신이 주문한 책자를 인쇄소에서 다시 만들어야 하기 때문에 그것들이 늦게 올 거예요. 그들은 책자의 첫 번째 묶음에 우리의 로고를 포함하지 않았어요.
W: 참석자들은 그 책자가 필요할 것이므로, 준비되는 대로 빨리 가져와 주세요.
M: 그럴게요. 당신은 오후 1시에 시작하시죠, 맞나요?
W: 아니요, [12]저는 Millstone 교수가 수업을 하기 위해 일찍 떠나야 해서 그와 시간을 바꾸었어요.

강연자	시간
Kathryn Marks 교수	오후 12시 - 오후 1시
Selena Ko 교수	오후 1시 - 오후 2시
Hans Stern 교수	오후 2시 - 오후 3시
Bob Millstone 교수	[12]오후 4시 - 오후 5시

10

해석 남자에 따르면, 무엇이 변경되었는가?
(A) 참석자 수
(B) 행사 장소
(C) 회의 날짜
(D) 수리 견적

해설 남자가 변경되었다고 한 것을 묻는 문제이므로, 남자의 말에서 질문의 핵심어구(changed)와 관련된 내용을 주의 깊게 듣는다. 남자가 "the conference talk you're giving today has been moved to Bledsoe Hall"이라며 오늘 여자가 할 회의 연설이 Bledsoe 홀로 옮겨졌다고 하였다. 따라서 정답은 (B) The location of an event이다.

어휘 quote [kwout] 견적; 견적하다, 인용하다

11

해석 무슨 문제가 언급되는가?
(A) 수업에 충분한 학생들이 없다.
(B) 유인물이 다시 인쇄되어야 한다.
(C) 연설자가 참석을 취소했다.
(D) 잘못된 일정표가 배부되었다.

해설 문제점을 묻는 문제이므로, 대화에서 부정적인 표현이 언급된 다음을 주의 깊게 듣는다. 남자가 "there's another problem. The pamphlets you ordered will be late because the print shop has to remake them."이라며 다른 문제가 있다고 한 뒤, 인쇄소에서 책자를 다시 만들어야 하기 때문에 그것들이 늦게 올 것이라고 한 말을 통해 유인물이 다시 인쇄되어야 함을 알 수 있다. 따라서 정답은 (B) Handouts need to be reprinted이다. (pamphlets → Handouts, remake → reprinted)

어휘 handout [hǽndàut] 유인물, 인쇄물
appearance [əpíərəns] 출석, 등장
distribute [distríbjuːt] 배부하다, 나누어 주다

12

해석 시각 자료를 보아라. 여자는 언제 연설을 시작할 것인가?
(A) 오후 12시에
(B) 오후 1시에
(C) 오후 2시에
(D) 오후 4시에

해설 여자가 연설을 시작할 시간을 묻는 문제이므로, 제시된 일정표의 정보를 확인한 뒤 질문의 핵심어구(begin ~ talk)와 관련된 내용을 주의 깊게 듣는다. 여자가 "I switched times with Professor Millstone"이라며 Millstone 교수와 시간을 바꾸었다고 하였으므로, Millstone 교수의 연설 시작 시간으로 예정되었던 오후 4시에 여자가 연설을 시작할 것임을 일정표에서 알 수 있다. 따라서 정답은 (D) At 4 P.M.이다.

3. 마케팅·판매·재정 관련

Hackers Practice

p.209

1. (C)	2. (C)	3. (D)	4. (C)	5. (B)	6. (B)
7. (C)	8. (A)	9. (C)	10. (B)	11. (B)	12. (A)

[1-3] 영국 → 호주

Questions 1-3 refer to the following conversation.

W: I'd like to place an order for two of these office chairs. Would you be able to have them delivered?
M: Yes, absolutely. [1]**Here at Workspace World, we drop off purchases anywhere within the city without any extra charge.**
W: Then, could you take the order to the Saunders Building? It's on the corner of Second Street and Fairfax Lane.
M: Got it. And can we enter through the lobby?
W: Oh . . . [2]**Bringing furniture items into our lobby elevators isn't allowed. Please use the service elevator.** You'll find my office on the top floor, right

next to the clinic.
M: OK. Then, [3]**let's proceed to the checkout desk for payment**.

purchase [미 pə́:rtʃəs, 영 pə́:tʃəs] 구입품 checkout [tʃékaut] 계산대, 계산

해석
1-3은 다음 대화에 관한 문제입니다.

W: 저는 이 사무용 의자 두 개를 주문하고 싶어요. 그것들을 배달해 주실 수 있나요?
M: 네, 물론이죠. [1]여기 Workspace World에서, 저희는 아무런 추가 비용 없이 도시 내의 어디에든 구입품을 배달합니다.
W: 그럼 Saunders 건물로 주문을 받아주시겠어요? 그곳은 2번가와 Fairfax길의 모퉁이에 있어요.
M: 알겠습니다. 그리고 저희가 로비를 통해 들어갈 수 있나요?
W: 아... [2]저희 로비 엘리베이터에 가구 물품을 가지고 타는 것은 허용되지 않아요. 업무용 엘리베이터를 이용해 주세요. 가장 위층의 클리닉 바로 옆에서 제 사무실을 찾으실 수 있을 거예요.
M: 네. 그럼, [3]결제를 위해 계산대로 갑시다.

1

해석 남자에 따르면, Workspace World는 무엇을 제공하는가?
(A) 주문 제작 제품
(B) 연장된 품질 보증
(C) 무료 배송
(D) 회원 할인

해설 Workspace World가 제공하는 것을 묻는 문제이므로, 질문의 핵심어구(Workspace World offer)와 관련된 내용을 주의 깊게 듣는다. 남자가 "Here at Workspace World, we drop off purchases anywhere within the city without any extra charge."라며 여기 Workspace World에서 자신들은 아무런 추가 비용 없이 도시 내의 어디에든 구입품을 배달한다고 하였다. 따라서 정답은 (C) Free deliveries이다. (without any extra charge → free)

어휘 custom [kʌstəm] 주문하여 만든, 맞춤의 warranty [wɔ́:rənti] (품질 등의) 보증

2

해석 여자는 남자에게 무엇을 하라고 요청하는가?
(A) 아침에 배달을 한다.
(B) 건물 로비에서 그녀를 만난다.
(C) 업무용 엘리베이터를 이용한다.
(D) 카드로 지불금을 청구한다.

해설 여자가 남자에게 요청하는 것을 묻는 문제이므로, 여자의 말에서 요청과 관련된 표현이 언급된 다음을 주의 깊게 듣는다. 여자가 "Bringing furniture items into our lobby elevators isn't allowed. Please use the service elevator."라며 자신들의 로비 엘리베이터에 가구 물품을 가지고 타는 것은 허용되지 않는다며 업무용 엘리베이터를 이용해 달라고 하였다. 따라서 정답은 (C) Use a service elevator이다.

어휘 charge [tʃa:rdʒ] 청구하다

3

해석 남자는 다음에 무엇을 할 것인가?
(A) 몇몇 제품을 시연한다.
(B) 가게 관리자와 이야기한다.
(C) 몇몇 그림을 인쇄한다.
(D) 거래를 처리한다.

해설 남자가 다음에 할 일을 묻는 문제이므로, 대화의 마지막 부분을 주의 깊게 듣는다. 남자가 "let's proceed to the checkout desk for payment"라며 결제를 위해 계산대로 가자고 한 말을 통해 남자가 거래를 처리할 것임을 알 수 있다. 따라서 정답은 (D) Process a transaction이다.

어휘 process [미 prá:ses, 영 prə́uses] 처리하다
transaction [trænzǽkʃən] 거래

[4-6] 미국 → 캐나다

Questions 4-6 refer to the following conversation.

W: Hello. This is Alice Graner calling from Bright Lighting. [4]**The price I gave you yesterday for our Brass Brothers light fixtures is incorrect.** It's actually $1300 for a set of six.
M: Really? That's a $400 difference. [5]**My client won't approve this purchase. She has set a very tight budget for her renovation project.**
W: Well, [4]**we've got another brand called Emerald that is $200 cheaper**.
M: But, um . . . I assume the quality is a bit lower.
W: Not much, actually. They look quite nice. I'll also give you a 10 percent discount.
M: I'm not sure. [6]**Could you send me some pictures of them by e-mail?**
W: Sure. I'll do that now.

light fixture 조명기구 approve [əprú:v] 승인하다
renovation [rènəvéiʃən] 개조 discount [dískaunt] 할인

해석
4-6은 다음 대화에 관한 문제입니다.

W: 안녕하세요. 저는 Bright Lighting사의 Alice Graner입니다. [4]제가 어제 드렸던 Brass Brothers 조명 기구의 가격이 잘못되었습니다. 그것은 사실 6개 세트에 1300달러입니다.
M: 정말인가요? 그것은 400달러 차이군요. [5]저의 고객은 이 구매를 승인하지 않을 거예요. 그녀는 개조 작업에 매우 빡빡한 예산을 책정했거든요.
W: 음, [4]저희에게는 Emerald라는 200달러 더 저렴한 다른 브랜드가 있습니다.
M: 그렇지만, 음... 제가 생각하기에는 질이 다소 떨어질 것 같군요.
W: 사실, 별로 그렇지 않습니다. 그것들은 꽤 좋아 보입니다. 또한, 제가 10퍼센트 할인을 해드리겠습니다.
M: 모르겠네요. [6]그것들의 사진들을 이메일로 보내주시겠어요?
W: 물론이죠. 지금 바로 보내겠습니다.

4

해석 대화는 주로 무엇에 대한 것인가?
(A) 개조 작업을 완료하는 것
(B) 조명 기구 상품을 광고하는 것
(C) 적합한 제품을 결정하는 것
(D) 업무 예산을 승인받는 것

해설 대화의 주제를 묻는 문제이므로, 대화의 초반을 주의 깊게 들은 후 전체 맥락을 파악한다. 대화의 초반에서 여자가 "The price I gave you yesterday for our Brass Brothers light fixtures is incorrect."라며 어제 전달한 Brass Brothers 조명 기구의 가격이 잘못되었다고 한 뒤, "we've got another brand called Emerald that is $200 cheaper"라며 Emerald라는 200달러 더 저렴한 다른 브랜드가 있다고 하였다. 이를 통해, 대화가 적합한 제품을 결정하는 것에 대한 것임을 알 수 있다. 따라서 정답은 (C) Deciding on a suitable product이다.

어휘 suitable [sú:təbl] 적합한, 적절한

5

해석 남자의 고객은 어떤 문제가 있는가?
(A) 그녀는 적절한 장식용품을 찾을 수 없다.
(B) 그녀는 보다 높은 비용을 계획하지 않았다.
(C) 그녀는 할인을 받을 수 없었다.
(D) 그녀는 몇몇 가정용품을 환불해야 한다.

해설 남자의 고객의 문제점을 묻는 문제이므로, 대화에서 부정적인 표현이 언급된 다음을 주의 깊게 듣는다. 남자가 "My client won't approve this purchase. She has set a very tight budget for her renovation project."라며 자신의 고객은 구매를 승인하지 않을 것이고, 개조 작업에 매우 빡빡한 예산을 책정했다고 했다. 이를 통해 남자의 고객은 보다 높은 비용을 계획하지 않았음을 알 수 있다. 따라서 정답은 (B) She has not planned for higher costs이다.

어휘 household item 가정용품

6

해석 남자는 무엇을 요청하는가?
(A) 제품 샘플
(B) 제품 사진
(C) 조명 기구 설치
(D) 고객 연락처

해설 남자가 요청하는 것을 묻는 문제이므로, 남자의 말에서 요청과 관련된 표현이 언급된 다음을 주의 깊게 듣는다. 남자가 "Could you send me some pictures of them[another brand] by e-mail?"이라며 다른 브랜드의 소형 기구 사진을 이메일로 보내달라고 요청하였다. 따라서 정답은 (B) Photographs of items이다. (pictures → Photographs)

어휘 installation[ìnstəléiʃən] 설치

[7-9] 캐나다 → 영국

Questions 7-9 refer to the following conversation.

M: Hi, I'm Jerry Wiser, and 7**I'm conducting a survey about our operations here at Donnell's Supermarket. 7/8We just expanded the size of our store, and I'm curious if you'd be willing to tell us what you think about it.**
W: Well, 7**your new layout makes it easier to look for items, since they're now more efficiently arranged. Also, the space is a lot bigger**, so I can push my shopping cart around more easily.
M: And what about the store's products and services?
W: I'm pleased about the larger variety of imported items, but 9**what I love most is that you now have a food court.** Now I can easily grab some lunch or dinner right after getting some groceries.

operation[àpəréiʃən] 운영 expand[ikspǽnd] 확장하다
layout[léiàut] 배치 import[미 impɔ́:rt, 영 impɔ́:t] 수입하다
grocery[미 gróusəri, 영 grə́usəri] 식료품

해석
7-9는 다음 대화에 관한 문제입니다.

M: 안녕하세요, 저는 Jerry Wiser이고, 7이곳 Donnell's 슈퍼마켓에서 저희의 운영에 대한 설문 조사를 실시하고 있습니다. 7/8저희는 이제 막 가게 규모를 확장하였고, 이에 대해 어떻게 생각하는지 말씀해주실 수 있는지 궁금합니다.
W: 음, 7제품들이 지금 더 효율적으로 정리되어 있어서 새로운 배치는 제품을 찾는 것을 더 용이하게 해요. 또한, 공간도 훨씬 넓어져서 쇼핑 카트를 더욱 쉽게 밀고 다닐 수 있어요.
M: 그리고 상점의 제품과 서비스에 대해서는 어떠신가요?
W: 저는 더욱 다양해진 수입 제품들도 마음에 들지만, 9제가 가장 마음에 드는 것은 이제 푸드코트가 있다는 점이에요. 이제 식료품을 산 후에 바로 점심이나 저녁을 쉽게 먹을 수 있어요.

7

해석 남자는 누구에게 이야기하고 있는 것 같은가?
(A) 사업체 소유주
(B) 최근 고용된 직원
(C) 단골 고객
(D) 영업 사원

해설 남자와 대화하는 사람, 즉 여자의 신분을 묻는 문제이므로, 신분 및 직업과 관련된 표현을 놓치지 않고 듣는다. 남자가 여자에게 "I'm conducting a survey about our operations here at Donnell's Supermarket. We just expanded the size of our store, ~ tell us what you think about it."이라며 이곳 Donnell's 슈퍼마켓에서 자신들의 운영에 대한 설문 조사를 실시하고 있으며, 이제 막 가게 규모를 확장했는데 그것에 대해 어떻게 생각하는지를 묻자, 여자가 "your new layout makes it easier to look for items ~. Also, the space is a lot bigger"라며 슈퍼마켓의 배치와 공간에 대해 확장 이전과 비교하였다. 이를 통해, 여자가 남자의 가게를 애용하는 고객임을 알 수 있다. 따라서 정답은 (C) A regular customer이다.

8

해석 남자는 슈퍼마켓에 대해 무엇을 언급하는가?
(A) 개조 공사를 끝마쳤다.
(B) 또 다른 지점을 열었다.
(C) 추가 직원을 데리고 왔다.
(D) 영업시간을 연장했다.

해설 남자가 슈퍼마켓에 대해 언급하는 것을 묻는 문제이므로, 남자의 말에서 질문의 핵심어구(supermarket)와 관련된 내용을 주의 깊게 듣는다. 남자가 "We[Donnell's Supermarket] just expanded the size of our store"라며 슈퍼마켓이 이제 막 가게를 확장했다고 하였다. 따라서 정답은 (A) It had renovation work done이다. (supermarket → store)

어휘 extend[iksténd] 연장하다

9

해석 여자는 슈퍼마켓에 대해 무엇을 가장 좋아하는가?
(A) 공간의 증대
(B) 제품들의 새로운 배치
(C) 식사 시설의 추가
(D) 수입 제품들의 낮은 가격

해설 여자가 슈퍼마켓에 대해 가장 좋아하는 것을 묻는 문제이므로, 질문의 핵심어구(like best about ~ supermarket)와 관련된 내용을 주의 깊게 듣는다. 여자가 "what I love most is that you now have a food court"라며 가장 마음에 드는 것이 이제 푸드코트가 있다는 점이라고 하였다. 따라서 정답은 (C) The addition of a dining facility이다. (like best → love most, food court → dining facility)

어휘 dining[dáiniŋ] 식사

[10-12] 미국 → 호주

Questions 10-12 refer to the following conversation and pie chart.

W: Welcome back, Mr. Hall. 10**How did this morning's meeting with our store's regional director go?**
M: Overall, it went smoothly. However, she made a few recommendations on how our branch can improve business.
W: Oh, yeah? What in particular did she suggest?
M: She thinks 11**we should create new, attention-grabbing displays for any department that is responsible less than 15 percent of our total sales.**
W: I see. However, 11**we shouldn't include children's clothing now**, since sales always go down after the back-to-school sale. I'll begin making the other displays now.
M: I'd appreciate that. 12**I'll go and tell Kevin to give you a hand once he's done restocking garments.** It should only take him a few more minutes.

regional director 지사장 display[displéi] 진열대
department[미 dipá:rtmənt, 영 dipá:tmənt] 매장, 부서
restock[미 ri:sták, 영 ri:stɔ́k] 재고를 보충하다
garment[미 gá:rmənt, 영 gá:mənt] 의류, 옷

해석
10-12는 다음 대화와 원그래프에 관한 문제입니다.

W: 돌아오신 것을 환영합니다, Mr. Hall. 10오늘 아침 우리 매장 지사장과의 회의는 어떻게 되었나요?
M: 전반적으로 매끄럽게 진행되었어요. 하지만, 그녀는 우리 지사가 어떻게 사업을 개선할 수 있을지에 대해 몇 가지 추천을 해주었어요.
W: 아, 그런가요? 그녀가 특별히 무엇을 제안하였나요?
M: 그녀는 11우리가 전체 판매량에서 15퍼센트 미만을 차지하는 매장을 위해 새롭고

주목을 끌만한 진열대를 만들어야 한다고 생각해요.

W: 알겠어요. 하지만, 개학 세일 이후에는 항상 판매량이 떨어지기 때문에 [11]지금 아동복을 포함시켜서는 안 돼요. 저는 바로 다른 진열대들을 만들기 시작할게요.

M: 감사해요. [12]저는 가서 Kevin에게 의류 재고를 보충하는 것을 마치면 당신을 도우라고 말할게요. 그것은 몇 분 정도밖에 더 걸리지 않을 거예요.

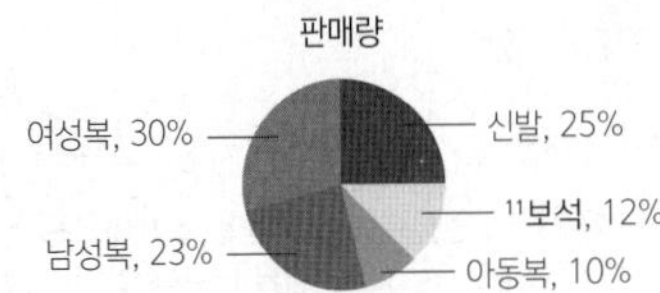

10

해석 오늘 아침에 무슨 일이 일어났는가?
(A) 여자는 재고품을 조사했다.
(B) 남자는 상사와 만났다.
(C) 새로운 지사가 문을 열었다.
(D) 매장 홍보가 시작되었다.

해설 오늘 아침에 일어난 일을 묻는 문제이므로, 질문의 핵심어구(this morning)가 언급된 주변을 주의 깊게 듣는다. 여자가 남자에게 "How did this morning's meeting with our store's regional director go?"라며 오늘 아침 매장 지사장과의 회의가 어떻게 되었는지를 물었다. 이를 통해 오늘 아침에 남자가 상사와 만났음을 알 수 있다. 따라서 정답은 (B) The man met with a superior이다.

어휘 inventory[ínvəntɔ̀ːri] 재고품

11

해석 시각 자료를 보아라. 어느 매장이 새로운 진열대를 받을 것인가?
(A) 신발
(B) 보석
(C) 아동복
(D) 남성복

해설 새로운 진열대를 받을 매장을 묻는 문제이므로, 제시된 원그래프의 정보를 확인한 뒤 질문의 핵심어구(new display)가 언급된 주변을 주의 깊게 듣는다. 남자가 "we should create new, attention-grabbing displays for any department that is responsible less than 15 percent of our total sales"라며 전체 판매량에서 15퍼센트 미만을 차지하는 매장을 위해 새롭고 주목을 끌만한 진열대를 만들어야 한다고 하자, 여자가 "we shouldn't include children's clothing now"라며 지금 아동복을 포함시켜서는 안 된다고 하였으므로, 판매량 비율이 15퍼센트 미만인 보석과 아동복 매장 중에서 보석 매장에 새로운 진열대를 만들 것임을 원그래프에서 알 수 있다. 따라서 정답은 (B) Jewelry이다.

12

해석 남자는 다음에 무엇을 할 것 같은가?
(A) 직원에게 지시를 내린다.
(B) 상품 재고를 보충한다.
(C) 매장 앞에 표지판을 건다.
(D) 부서에 계획을 발표한다.

해설 남자가 다음에 할 일을 묻는 문제이므로, 대화의 마지막 부분을 주의 깊게 듣는다. 남자가 "I'll go and tell Kevin to give you a hand once he's done restocking garments."라며 Kevin에게 가서 그가 의류 재고를 보충하는 것을 마치면 여자를 도우라고 말하겠다고 하였다. 따라서 정답은 (A) Give an employee instructions이다.

어휘 division[divíʒən] 부서

4. 일상 생활 관련

Hackers Practice p.213

1. (B)	2. (D)	3. (A)	4. (B)	5. (B)	6. (D)
7. (B)	8. (A)	9. (C)	10. (D)	11. (A)	12. (C)

[1-3] 호주 → 영국

Questions 1-3 refer to the following conversation.

M: Hi, [1]**I'd like to ask about your new Five Cheese Pizza.** I heard it's being promoted in selected outlets only. [2]**Can I order it from your branch?**

W: [2]**Sorry, but the specials we have at this branch are the Pepperoni Special and the Hawaiian Pizza.** [3]**Let me check our directory and refer you to another outlet** that serves the Five Cheese Pizza. Can I get your address?

M: Thanks. I live at 89 Oxford Street, close to Highway 5.

W: OK, the branch nearest you that carries that pizza is on Maywood Avenue. You may call them at 555-8968.

selected[siléktid] 선정된, 엄선된 outlet[áutlèt] 판매점
directory[미 diréktəri, 영 dairéktəri] 안내 책자
refer[미 rifə́ːr, 영 rifə́ː] 알아보다, 조회하다

해석

1-3은 다음 대화에 관한 문제입니다.

M: 여보세요, [1]저는 그쪽의 새로운 Five Cheese 피자에 관해 질문하고 싶어요. 그것이 선정된 판매점에서만 홍보되고 있다고 들었어요. [2]당신의 지점에서 주문할 수 있나요?

W: [2]죄송하지만, 저희 지점에서 제공하는 특별 메뉴는 페퍼로니 스페셜과 하와이언 피자예요. [3]저희 안내 책자를 확인해보고 Five Cheese 피자를 제공하는 다른 판매점을 알아봐 드릴게요. 주소를 알려주시겠어요?

M: 감사해요. 저는 5번 고속도로 근처의 Oxford가 89번지에 살아요.

W: 네, 고객님 댁에서 그 피자를 판매하는 가장 가까운 지점은 Maywood가에 있어요. 555-8968로 전화하시면 돼요.

1

해석 남자는 왜 여자에게 전화를 하는가?
(A) 서비스에 대해 불평하기 위해
(B) 상품에 관해 문의하기 위해
(C) 광고를 게재하기 위해
(D) 예약을 확인하기 위해

해설 전화의 목적을 묻는 문제이므로, 대화의 초반을 반드시 듣는다. 남자가 "I'd like to ask about your new Five Cheese Pizza"라며 Five Cheese 피자에 관해 물어보고 싶다고 하였다. 따라서 정답은 (B) To inquire about a product이다. (ask about ~ Pizza → inquire about a product)

어휘 place[pleis] 게재하다, 두다 confirm[kənfə́ːrm] 확인하다

2

해석 남자는 누구에게 이야기하는 것 같은가?
(A) 행사 출장 요리 업체
(B) 슈퍼마켓 직원
(C) 예약 담당 직원
(D) 요식 업체 직원

해설 남자와 대화하는 사람, 즉 여자의 신분을 묻는 문제이므로, 신분 및 직업과 관련된 표현을 놓치지 않고 듣는다. 남자가 "Can I order it[pizza] from your branch?"라며 피자를 주문할 수 있는지 묻자, 여자가 "Sorry, but the specials we have at this branch are the Pepperoni Special and the Hawaiian Pizza."라며 여자의 지점에서 제공하는 피자 종류에 대해 답한 내용을 통해 남자가 피자집 직원과 이야기하고 있음을 알 수 있다. 따라서 정답은 (D) A dining establishment staff member이다.

어휘 establishment[istǽbliʃmənt] 업체, 건물

3

해석 여자는 남자를 위해 무엇을 해주겠다고 제안하는가?
(A) 다른 판매점에 대한 세부 사항을 제공한다.
(B) 그에게 가장 가까운 지점에 전화한다.
(C) 그에게 업데이트된 메뉴를 보내준다.
(D) 그의 주소로 피자를 배달한다.

해설 여자가 제안하는 것을 묻는 문제이므로, 여자의 말에서 남자를 위해 해주겠다고 한 내용을 주의 깊게 듣는다. 여자가 남자에게 "Let me check our directory and refer you to another outlet"이라며 안내 책자를 확인해보고 다른 판매점을 알아봐 주겠다고 하였다. 따라서 정답은 (A) Provide details on another outlet이다.

어휘 deliver[dilívər] 배달하다

[4-6] 미국 → 캐나다 → 호주

Questions 4-6 refer to the following conversation with three speakers.

W: Would either of you like to go to Lucas Tacos today?
M1: Sure. Isn't that the new Mexican restaurant that recently opened?
W: Yes. [4]**I saw an article about it in the latest issue of *Food Lover's Magazine*.**
M2: I've actually been meaning to try the restaurant ever since I read an online review of it.
M1: What did that review say?
M2: That the food is very authentic and perfectly seasoned.
W: Apparently, [5]**the chef studied traditional cooking techniques in Mexico for a year** before he took this job.
M1: If the reviews are that positive, I definitely want to try the place out. But [6]**let's make a reservation in advance. I don't like waiting around for a table.**
W: [6]**OK, I'll call them.**

authentic[əθéntik] 정통의, 진짜의
seasoned[siːznd] 간을 맞춘, 양념을 한
apparently[əpǽrəntli] 듣자 하니, 보아 하니
wait around (특별히 하는 일 없이) 그냥 기다리다

해석
4-6은 다음 세 명의 대화에 관한 문제입니다.
W: 두 분 중에서 오늘 Lucas Tacos에 가고 싶은 분이 계신가요?
M1: 물론이죠. 그것은 최근에 연 새로운 멕시코 음식점 아닌가요?
W: 네. [4]저는 *Food Lover's Magazine* 최신판에서 그것에 대한 기사를 보았어요.
M2: 사실 저는 그것에 대한 온라인 후기를 읽은 후로 그 식당에 가보려던 참이었어요.
M1: 후기는 뭐라고 했나요?
M2: 음식이 굉장히 정통적이고 완벽하게 간을 맞추었다고요.
W: 듣자 하니, [5]주방장이 이 직업을 갖기 전에 일 년 동안 멕시코에서 전통 요리법을 공부했대요.
M1: 만약 후기들이 그렇게 긍정적이라면, 저는 확실히 그 장소를 이용해보고 싶어요. 하지만 [6]미리 예약을 합시다. 저는 테이블을 위해 그냥 기다리고 싶지 않아요.
W: [6]그래요, 제가 전화할게요.

4

해석 여자는 Lucas Tacos에 대해 어떻게 알았는가?
(A) 신문 광고를 봄으로써
(B) 잡지 기사를 읽음으로써
(C) 텔레비전 프로그램을 봄으로써
(D) 음식 평론가를 만남으로써

해설 여자가 Lucas Tacos에 대해 알게 된 방법을 묻는 문제이므로, 질문의 핵심 어구(learn about Lucas Tacos)와 관련된 내용을 주의 깊게 듣는다. 여자가 "I saw an article about it[Lucas Tacos] in the latest issue of *Food Lover's Magazine*."이라며 *Food Lover's Magazine* 최신판에서 그것, 즉 Lucas Tacos에 대한 기사를 보았다고 하였다. 따라서 정답은 (B) By reading a magazine article이다. (saw → reading)

어휘 critic[krítik] 평론가

5

해석 주방장의 음식은 왜 정통적인가?
(A) 그는 멕시코에서 자랐다.
(B) 그는 해외에서 요리 레슨을 받았다.
(C) 그는 음식점을 한 경험이 많다.
(D) 그는 수입한 전통 향신료를 사용한다.

해설 주방장의 음식이 정통적인 이유를 묻는 문제이므로, 질문의 핵심어구(authentic)와 관련된 내용을 주의 깊게 듣는다. 여자가 "the chef studied traditional cooking techniques in Mexico for a year"라며 주방장이 일 년 동안 멕시코에서 전통 요리법을 공부했다고 하였다. 따라서 정답은 (B) He took cooking lessons abroad이다. (studied ~ cooking techniques in Mexico → took cooking lessons abroad)

어휘 import[impɔ́ːrt] 수입하다 spice[spais] 향신료, 양념

6

해석 여자는 미리 무엇을 할 것 같은가?
(A) 음식을 시식한다.
(B) 기사를 읽는다.
(C) 메뉴를 검토한다.
(D) 테이블을 예약한다.

해설 여자가 미리 할 것 같은 일을 묻는 문제이므로, 질문의 핵심어구(in advance)가 언급된 주변을 주의 깊게 듣는다. 남자 1이 "let's make a reservation in advance. I don't like waiting around for a table."이라며 테이블을 위해 그냥 기다리고 싶지 않으니 미리 예약을 하자고 하자, 여자가 "OK, I'll call them."이라며 자신이 전화를 하겠다고 하였다. 이를 통해 여자가 미리 테이블을 예약할 것임을 알 수 있다. 따라서 정답은 (D) Book a table이다.

어휘 sample[sǽmpl] 시식하다, 시음하다

[7-9] 영국 → 캐나다

Questions 7-9 refer to the following conversation.

W: Hi, [7]**I'm here for the exercise class.**
M: OK. That's taking place in the weight room. [7]**It started three minutes ago, but you should be fine.** Did you attend the previous two classes?
W: No. [8]**Isn't this the first class?**
M: [8]**Unfortunately, it's the third one.**
W: Oh, I just found out about the class yesterday. I got a flyer in the mail at my office.
M: It doesn't matter. The first class was an orientation, and the second one covered basic routines. Anyway, [9]**you should speak to the instructor after today's class is over just to see if there are any requirements for the class.**

weight room 체력 단련실, 역기실 matter[mǽtər] 문제가 되다, 중요하다
cover[kʌ́vər] 다루다, 덮다

해석
7-9는 다음 대화에 관한 문제입니다.
W: 안녕하세요, [7]운동 수업 때문에 왔는데요.
M: 네. 체력 단련실에서 진행되고 있습니다. [7]3분 전에 시작했어요, 그런데 괜찮을 거예요. 이전 두 번의 수업에도 참석하셨나요?
W: 아니요. [8]이번이 첫 번째 수업이 아닌가요?
M: [8]유감스럽게도, 세 번째 수업입니다.
W: 아, 저는 수업에 대해서 바로 어제 알았거든요. 제 사무실에서 우편으로 광고지를 받았어요.
M: 괜찮습니다. 첫 번째 수업은 오리엔테이션이었고, 두 번째 수업은 기본적인 반복 동작을 다뤘어요. 그래도, [9]수업에 필요한 요건들이 있는지 알아보시려면 오늘 수업이 끝난 후에 강사와 이야기해보세요.

7

해석 남자는 "3분 전에 시작했어요"라고 말할 때 무엇을 의도하는가?
(A) 새로운 규정이 시행되었다.
(B) 수업이 방금 시작되었다.
(C) 강사가 늦게 도착했다.
(D) 활동이 참석자들에게 제한된다.

해설 남자가 하는 말의 의도를 묻는 문제이므로, 질문의 인용어구(It started three minutes ago)가 언급된 주변을 주의 깊게 듣는다. 여자가 "I'm here for the exercise class"라며 운동 수업 때문에 왔다고 하자, 남자가 "It started three minutes ago, but you should be fine."이라며 3분 전에 시작했지만 괜찮을 것이라고 한 것을 통해 운동 수업이 방금 시작되었다는 의도임을 알 수 있다. 따라서 정답은 (B) A class has just begun이다. (started → begun)

어휘 take effect 시행되다, 발효하다 closed[klouzd] 제한된, 배타적인

8

해석 남자는 무엇이 유감스럽다고 말하는가?
(A) 여자가 몇 번의 수업에 오지 못했다.
(B) 행사 날짜가 옮겨졌다.
(C) 강사가 교체되었다.
(D) 강습이 여자에게 너무 쉽다.

해설 남자가 유감스럽다고 말한 내용을 묻는 문제이므로, 남자의 말에서 질문의 핵심어구(unfortunate)와 관련된 내용을 주의 깊게 듣는다. 여자가 "Isn't this the first class?"라며 이번이 첫 번째 수업이 아닌지 묻자, 남자가 "Unfortunately, it's the third one."이라며 유감스럽게도 세 번째 수업이라고 한 말을 통해 여자가 첫 번째와 두 번째 수업에 오지 못한 것에 대해 남자가 유감스럽다고 하고 있음을 알 수 있다. 따라서 정답은 (A) The woman has missed some classes이다.

9

해석 여자는 왜 강사와 이야기해야 하는가?
(A) 그녀의 연락처를 제공하기 위해
(B) 결석에 대해 설명하기 위해
(C) 추가 정보를 얻기 위해
(D) 다른 수업 시간에 대해 알아보기 위해

해설 여자가 강사와 이야기해야 하는 이유를 묻는 문제이므로, 질문의 핵심어구(talk to the instructor)와 관련된 내용을 주의 깊게 듣는다. 남자가 "you should speak to the instructor ~ to see if there are any requirements for the class"라며 여자가 수업에 필요한 요건들이 있는지 알아보려면 강사와 이야기해야 한다고 하였다. 따라서 정답은 (C) To get additional information이다.

어휘 absence[ǽbsəns] 결석, 부재

[10-12] 미국 → 호주

Questions 10-12 refer to the following conversation and list.

W: [10]**Welcome to Finley Botanical Gardens.**
M: Good morning. I'd like [10]**one adult pass, please.**
W: [10]**Sure. That will be $10.**
M: [11]**Is there a discount for students? I attend a local university.**
W: Yes. There's a 20 percent discount for students. So it comes to $8.
M: That's great. Thanks.
W: By the way, [12]**if you're interested in taking a free tour of the facility, a group is leaving at 11:30 A.M.** There's still time for you to join.
M: Oh . . . [12]**I'm waiting for a friend, and he'll probably get here in half an hour. Can I sign us up for the next tour?**
W: [12]**Sure.** Just write your names on this registration sheet.

botanical[bətǽnikəl] 식물의, 식물로 만들어진 join[dʒɔin] 참여하다, 가입하다
sign up 등록하다, 신청하다 registration[rèdʒistréiʃən] 등록, 접수

해석
10-12는 다음 대화와 목록에 관한 문제입니다.
W: [10]Finley 식물원에 오신 것을 환영합니다.
M: 안녕하세요, [10]성인 입장권 한 장 주세요.
W: [10]네. 10달러 되겠습니다.
M: [11]학생들을 위한 할인이 있나요? 저는 지역 대학에 다녀요.
W: 네. 학생들을 위한 20퍼센트 할인이 있어요. 그러면 8달러가 되네요.
M: 잘됐군요. 감사해요.
W: 그건 그렇고, [12]시설을 무료 투어하는 것에 관심이 있으시다면, 오전 11시에 30분에 한 그룹이 출발할 거예요. 아직 당신이 참여할 수 있는 시간이 있어요.
M: 아... [12]저는 친구를 기다리고 있고, 그가 아마 30분 후에 여기에 도착할 거예요. 제가 그다음 투어에 저희를 등록해도 되나요?
W: [12]물론이죠. 그저 이 등록 용지에 당신들의 이름을 적어주시면 돼요.

투어 주제	시간
열대 꽃	오전 11시
덤불 숲	오전 11시 30분
[12]습지 식물	오후 12시
사막 선인장	오후 12시 30분

10

해석 여자는 누구인 것 같은가?
(A) 여행 가이드
(B) 행사 주최자
(C) 경비원
(D) 매표원

해설 여자의 신분을 묻는 문제이므로, 신분 및 직업과 관련된 표현을 놓치지 않고 듣는다. 여자가 "Welcome to Finley Botanical Gardens."라며 Finley 식물원에 온 것을 환영한다고 하자, 남자가 "one adult pass, please"라며 성인 입장권 한 장을 달라고 했고, 여자가 "Sure. That will be $10."라며 10달러라고 한 말을 통해 여자가 매표원임을 알 수 있다. 따라서 정답은 (D) A ticket seller이다.

어휘 ticket seller 매표원

11

해석 남자는 무엇에 대해 문의하는가?
(A) 특별 요금
(B) 부분 환불
(C) 무료 물품
(D) 체험 회원권

해설 남자가 문의하는 것을 묻는 문제이므로, 남자의 말을 주의 깊게 듣는다. 남자가 "Is there a discount for students? I attend a local university."라며 학생들을 위한 할인이 있는지 물으며 자신은 지역 대학에 다닌다고 하였다. 따라서 정답은 (A) A special rate이다.

어휘 rate[reit] 요금, 가격 partial[미 pá:rʃəl, 영 pá:ʃəl] 부분적인, 일부의
complimentary[미 kà:mpləméntəri, 영 kɔ̀mpliméntəri] 무료의
trial[tráiəl] 체험, 시험

12

해석 시각 자료를 보아라. 남자는 어느 투어에 갈 것 같은가?
(A) 열대 꽃
(B) 덤불 숲
(C) 습지 식물
(D) 사막 선인장

해설 남자가 갈 투어를 묻는 문제이므로, 제시된 목록의 정보를 확인한 뒤 질문의 핵심어구(tour ~ take)와 관련된 내용을 주의 깊게 듣는다. 여자가 "if you're interested in taking a free tour of the facility, a group is leaving at 11:30 A.M."이라며 시설을 무료 투어하는 것에 관심이 있다면 오전 11시 30분에 한 그룹이 출발할 것이라고 하자, 남자가 "I'm waiting for a friend, and he'll probably get here in half an hour. Can I sign us up for the next tour?"라며 자신은 친구를 기다리고 있는데 30분 후에 여기에 도착할 것 같다며 그다음 투어에 등록해도 되는지 물었고 여자가 "Sure."라며 그래도 된다고 하였으므로, 남자가 오전 11시 30분 다음 투어인 오후 12시에 있을 습지 식물 투어에 갈 것임을 목록에서 알 수 있다. 따라서 정답은 (C) Wetland Plants이다.

어휘 tropical[trá:pikəl] 열대의 undergrowth[ʌ́ndərgrouθ] 덤불, 관목
wetland[wétlənd] 습지 cacti[kǽktài] 선인장(cactus의 복수형)

5. 여행·여가 관련

Hackers Practice
p.217

1. (D)	2. (A)	3. (B)	4. (B)	5. (B)	6. (A)
7. (C)	8. (D)	9. (B)	10. (C)	11. (B)	12. (C)

[1-3] 호주 → 영국

Questions 1-3 refer to the following conversation.

M: Excuse me. I'm in room 301. [1]**I rented a car this afternoon**, but I'm having a problem finding a parking space near the hotel.
W: Well, [2]**I recommend using the Westside Parking Garage. You'll get 10 percent off the usual rate because you're staying here.**
M: That's the one down the street? I was just there, and there weren't any spaces available. Um, I'm parked on the street right now.
W: If you park there too long, you'll get a ticket. I'm afraid you'll have to use the lot on Field Street even though it's a little far. Hold on . . . [3]**I'll call the lot attendant to confirm that there are open spaces.**

parking garage 주차장 rate[reit] 요금, 비율 ticket[tíkit] 주차 위반 딱지
lot[미 lɑt, 영 lɔt] 부지 attendant[əténdənt] 직원, 종업원

해석
1-3은 다음 대화에 관한 문제입니다.
M: 실례합니다. 저는 301호에 묵습니다. [1]오늘 오후에 차를 빌렸지만, 호텔 주변의 주차 공간을 찾는 데 어려움을 겪고 있어요.
W: 음, [2]저는 Westside 주차장을 사용하시는 것을 권해드려요. 여기에 머물고 계시기 때문에 보통 요금에서 10퍼센트를 할인 받으실 거예요.
M: 길 아래쪽에 있는 곳인가요? 저는 방금 거기 있었고, 그곳에는 이용 가능한 공간이 없었어요. 음, 저는 지금 길에 주차시켜 놨어요.
W: 만약 그곳에 너무 오래 주차하신다면, 주차 위반 딱지를 받으실 거예요. 조금 멀기는 하지만 당신은 Field가에 있는 부지를 이용하셔야 할 것 같습니다. 잠시만요... [3]제가 빈자리가 있는지 확인하기 위해 부지 직원에게 전화할게요.

1

해석 남자는 이날 사전에 무엇을 했는가?
(A) 주차 공간에 대한 요금을 지불했다.
(B) 호텔 예약을 했다.
(C) 다른 방을 요청했다.
(D) 임대 차량을 가지러 갔다.

해설 남자가 이날 사전에 한 일을 묻는 문제이므로, 질문의 핵심어구(earlier in the day)와 관련된 내용을 주의 깊게 듣는다. 남자가 "I rented a car this afternoon"이라며 오늘 오후에 차를 빌렸다고 하였다. 따라서 정답은 (D) Picked up a rental vehicle이다. (car → vehicle)

어휘 vehicle[ví:ikl] 차량, 탈 것

2

해석 여자는 왜 Westside 주차장을 추천하는가?
(A) 손님들에게 할인을 제공한다.
(B) 호텔 옆에 위치해 있다.
(C) 하루 24시간 열려 있다.
(D) 많은 공간을 포함한다.

해설 여자가 Westside 주차장을 추천하는 이유를 묻는 문제이므로, 질문의 핵심어구(Westside Parking Garage)가 언급된 주변을 주의 깊게 듣는다. 여자가 "I recommend using the Westside Parking Garage. You'll get 10 percent off the usual rate because you're staying here."라며 Westside 주차장을 사용하는 것을 권하며 남자가 호텔에 머물고 있기 때문에 보통 요금에서 10퍼센트를 할인 받을 것이라고 하였다. 따라서 정답은 (A) It provides discounts to guests이다.

3

해석 여자는 무엇을 할 것이라고 말하는가?
(A) 지역 주요 명소들의 지도를 제공한다.
(B) 주차장 직원에게 연락한다.
(C) 목적지로 가는 길을 알려준다.
(D) 표를 구할 수 있는지 알기 위해 온라인을 확인한다.

해설 여자가 할 것이라고 말한 내용을 묻는 문제이므로, 여자의 말을 주의 깊게 듣는다. 여자가 "I'll call the lot attendant to confirm that there are open spaces."라며 빈자리가 있는지 확인하기 위해 부지 직원에게 전화하겠다고 하였다. 따라서 정답은 (B) Contact a parking lot attendant이다. (call → Contact)

어휘 landmark[lǽndmɑ̀:rk] 명소, 랜드마크
availability[əvèiləbíləti] (입수) 가능성, 유효성

[4-6] 캐나다 → 미국

Questions 4-6 refer to the following conversation.

M: Hi, Elise. You must be looking forward to your vacation. [4]**The shop's been so busy lately because of the sale on jeans.**
W: Yeah, I could really use some time to relax.
M: What do you have planned?
W: [5]**I'm going to Mexico. I'll spend a few days at a beach resort in Cancun and then tour some ancient Mayan buildings.**
M: That sounds like fun.
W: Yeah. There's one problem, though. [6]**My resort doesn't provide transportation from the airport, and I read that taxis are really expensive.**
M: Well, [6]**I heard that the bus system is very efficient.**

could use 필요하다 ancient[éinʃənt] 고대의, 옛날의

해석
4-6은 다음 대화에 관한 문제입니다.
M: 안녕하세요, Elise. 당신이 휴가를 기대하고 있을 게 분명하네요. [4]가게가 최근에 청바지 세일로 인해 너무 바빴었죠.
W: 네, 휴식할 시간이 정말로 필요해요.
M: 무엇을 계획했나요?
W: [5]저는 멕시코에 갈 거예요. 칸쿤에 있는 바닷가 리조트에서 며칠을 보내고 나서 고대 마야 건축물들을 관광할 거예요.
M: 재미있을 것 같네요.
W: 네. 하지만 문제가 하나 있어요. [6]제 리조트가 공항에서의 교통편을 제공하지 않는데, 저는 택시가 정말 비싸다는 것을 읽었어요.
M: 음, [6]저는 버스 시스템이 매우 효율적이라고 들었어요.

4

해석 화자들은 어디에서 일하는 것 같은가?
(A) 여행사에서
(B) 옷 가게에서
(C) 기념품점에서
(D) 출판사에서

해설 화자들이 일하는 장소를 묻는 문제이므로, 신분 및 직업과 관련된 표현을 놓치지 않고 듣는다. 남자가 "The shop's been so busy lately because of the sale on jeans."라며 가게가 최근에 청바지 세일로 인해 너무 바빴다고 한 말을 통해 화자들이 옷 가게에서 일하는 것을 알 수 있다. 따라서 정답은 (B) At a clothing store이다.

5

해석 여자는 멕시코에서 무엇을 할 것이라고 말하는가?
(A) 무역 박람회에 참석한다.
(B) 몇몇 오래된 건축물들을 방문한다.
(C) 중요한 고객과 만난다.
(D) 몇몇 전통 시장들에서 쇼핑한다.

해설 여자가 멕시코에서 할 것이라고 말한 내용을 묻는 문제이므로, 여자의 말에서 질문의 핵심어구(do in Mexico)와 관련된 내용을 주의 깊게 듣는다. 여자가 "I'm going to Mexico. I'll ~ tour some ancient Mayan buildings."라며 자신은 멕시코에 갈 것이라며 고대 마야 건축물을 관광할 것이라고 하였다. 따라서 정답은 (B) Visit some old structures이다. (tour ~ ancient ~ buildings → Visit ~ old structures)

어휘 exhibition[èksəbíʃən] 박람회 structure[strʌ́ktʃər] 건축물

6

해석 남자는 왜 "저는 버스 시스템이 매우 효율적이라고 들었어요"라고 말하는가?
(A) 대안을 제시하기 위해
(B) 실수를 바로잡기 위해
(C) 의견에 동의하기 위해
(D) 질문에 답변하기 위해

해설 남자가 하는 말의 의도를 묻는 문제이므로, 질문의 인용어구(I heard that the bus system is very efficient)가 언급된 주변을 주의 깊게 듣는다. 여자가 "My resort doesn't provide transportation from the airport, and I read that taxis are really expensive."라며 자신의 리조트가 공항에서의 교통편을 제공하지 않는데 택시가 정말 비싸다는 것을 읽었다고 하자, 남자가 "I heard that the bus system is very efficient"라며 자신은 버스 시스템이 매우 효율적이라고 들었다고 한 말을 통해 남자가 대안을 제시하려는 의도임을 알 수 있다. 따라서 정답은 (A) To suggest an alternative이다.

어휘 observation[àbzərvéiʃən] 의견, 논평

[7-9] 영국 → 캐나다

Questions 7-9 refer to the following conversation.

W: Hi, George. Fred and I are going to Denver on Friday to attend a winter festival. Then [7/8]**we are hoping to catch the parade on Saturday**. You should come along.
M: I'd love to, but [7/8]**I'm working that day.** [8]**My coworker is out sick with the flu, and I promised that I'd cover for him.** How long is the festival going to be?
W: I'm not sure, but I think it'll go on for four or five days. [9]**You might want to double-check the dates by visiting www.denverfestival.com.**

catch[kætʃ] 보다 come along 함께 하다 coworker[kóuwə̀:rkər] 동료 cover for ~를 대신하다 double-check[dʌ̀bltʃék] 다시 확인하다

해석

7-9는 다음 대화에 관한 문제입니다.

W: 안녕하세요, George. Fred와 저는 금요일에 겨울 축제에 참가하기 위해 덴버로 갈 계획이에요. 그리고 [7/8]우리는 토요일에 퍼레이드를 보기를 기대하고 있어요. 당신도 함께 하면 좋겠어요.
M: 그러고 싶지만 [7/8]저는 그날 일할 예정이에요. [8]제 동료가 독감으로 아파서 제가 대신 일해주기로 약속했어요. 그 축제는 며칠 동안 하나요?
W: 정확히는 모르지만, 4일이나 5일 동안 계속될 것 같아요. [9]www.denverfestival.com을 방문해서 날짜를 다시 확인해보세요.

7

해석 화자들은 주로 무엇에 대해 이야기하고 있는가?
(A) 퍼레이드 준비
(B) 아픈 동료 문병 가기
(C) 다가오는 주말에 대한 계획들
(D) 축제에서 그들이 참석했던 행사

해설 대화의 주제를 묻는 문제이므로, 대화의 초반을 주의 깊게 들은 후 전체 맥락을 파악한다. 여자가 "we are hoping to catch the parade on Saturday"라며 토요일에 퍼레이드를 보기를 기대하고 있다고 하자, 남자가 "I'm working that day"라며 자신은 그날 일할 예정이라고 한 내용을 통해 화자들이 다가오는 주말에 대한 계획에 대해 이야기하고 있음을 알 수 있다. 따라서 정답은 (C) Plans for the upcoming weekend이다. (Saturday → weekend)

8

해석 남자는 토요일에 무엇을 할 것인가?
(A) 취업 면접을 실시한다.
(B) 진료 예약에 간다.
(C) 시내 밖으로 드라이브 간다.
(D) 동료를 대신한다.

해설 남자가 토요일에 할 일을 묻는 문제이므로, 질문의 핵심어구(on Saturday)가 언급된 주변을 주의 깊게 듣는다. 여자가 "we are hoping to catch the parade on Saturday"라며 토요일에 퍼레이드를 보기를 기대하고 있다고 하자, 남자가 "I'm working that day. My coworker is out sick ~ and I promised that I'd cover for him."이라며 토요일에 동료를 대신해서 일해주기로 약속했다고 하였다. 따라서 정답은 (D) Fill in for a coworker이다. (cover for → Fill in for)

어휘 take a drive 드라이브 가다 fill in for ~를 대신하다

9

해석 여자는 무엇을 권하는가?
(A) 도시에서의 체류 기간 연장하기
(B) 웹사이트에서 찾아보기
(C) 호텔 방 예약하기
(D) 동료에게 연락하기

해설 여자가 제안하는 것을 묻는 문제이므로, 여자의 말에서 제안과 관련된 표현이 언급된 다음을 주의 깊게 듣는다. 여자가 "You might want to double-check the dates by visiting www.denverfestival.com."이라며 웹사이트를 방문해서 날짜를 다시 확인해보라고 제안하였다. 따라서 정답은 (B) Looking at a Web site이다.

어휘 book[buk] 예약하다

[10-12] 캐나다 → 미국

Questions 10-12 refer to the following conversation and table.

M: Good morning. I'm here to check in for my 8:30 flight to Miami.
W: I'm afraid that flight has been delayed four hours due to a mechanical problem with the plane. Technicians are working on it now.
M: [10]**I can't wait that long since I have to get to an important business meeting this afternoon.**
W: In that case, I'll try to rebook you on a different flight. [11]**May I see your passport so I can pull up your booking?**
M: Of course, here you go. Uhm, [12]**I need a business class seat on a flight that arrives before noon.**
W: OK. I'll see what's available.

flight[flait] 항공편, 비행 mechanical problem 기계적 결함

해석

10-12는 다음 대화와 표에 관한 문제입니다.

M: 안녕하세요. 저는 마이애미행 8시 30분 항공편의 수속을 위해 왔습니다.
W: 죄송하지만 비행기의 기계적 결함으로 인해 그 항공편은 4시간 지연되었습니다. 기술자들이 지금 그것을 작업하고 있어요.
M: [10]오늘 오후에 중요한 사업 회의에 가야 해서 저는 그렇게 오래 기다릴 수 없어요.
W: 그런 경우라면, 제가 다른 항공편으로 다시 예약해 드리도록 해보겠습니다. [11]제가 고객님의 예약을 찾을 수 있도록 여권을 보여 주시겠어요?
M: 물론이죠, 여기 있습니다. 음, [12]저는 정오 전에 도착하는 항공편의 비즈니스석이 필요해요.
W: 네. 무엇이 이용 가능한지 보겠습니다.

항공편 번호	도착 시간	이용 가능한 좌석
789	오전 11시 40분	이코노미
227	오후 12시 10분	이코노미
[12]416	오전 10시 50분	비즈니스
511	오후 1시 05분	비즈니스

10

해석 남자는 오늘 오후에 무엇을 할 계획인가?
(A) 마이애미에서 돌아온다.
(B) 차량을 고친다.
(C) 회의에 참석한다.
(D) 휴가를 떠난다.

해설 남자가 오늘 오후에 할 계획을 묻는 문제이므로, 질문의 핵심어구(later today)와 관련된 내용을 주의 깊게 듣는다. 남자가 "I can't wait that long since I have to get to an important business meeting this afternoon."이라며 오늘 오후에 중요한 사업 회의에 가야 해서 그렇게 오래 기다릴 수 없다고 하였다. 따라서 정답은 (C) Attend a meeting이다. (later today → this afternoon)

11

해석 여자는 무엇을 요청하는가?
(A) 티켓에 대한 지불
(B) 신분증
(C) 수하물 수취 영수증
(D) 비행 일정표

해설 여자가 요청하는 것을 묻는 문제이므로, 여자의 말에서 요청과 관련된 표현이 언급된 다음을 주의 깊게 듣는다. 여자가 "May I see your passport so I can pull up your booking?"이라며 남자의 예약을 찾기 위해 여권을 보여 달라고 하였다. 따라서 정답은 (B) A piece of identification이다.

어휘 **identification** [aidèntifikéiʃən] 신분증 **baggage claim** 수하물 수취

12

해석 시각 자료를 보아라. 남자는 어느 항공편을 예약할 것 같은가?
(A) 789번 항공편
(B) 227번 항공편
(C) 416번 항공편
(D) 511번 항공편

해설 남자가 예약할 것 같은 항공편을 묻는 문제이므로, 제시된 표의 정보를 확인한 뒤 질문의 핵심어구(flight ~ book)와 관련된 내용을 주의 깊게 듣는다. 남자가 "I need a business class seat on a flight that arrives before noon"이라며 정오 전에 도착하는 항공편의 비즈니스석이 필요하다고 하였으므로, 남자가 정오 전에 도착하며 비즈니스석이 이용 가능한 416번 항공편을 예약할 것임을 표에서 알 수 있다. 따라서 정답은 (C) Flight No. 416이다.

Hackers Test

p.218

1. (B)	2. (B)	3. (C)	4. (B)	5. (B)	6. (C)
7. (D)	8. (C)	9. (B)	10. (B)	11. (C)	12. (C)
13. (C)	14. (D)	15. (D)	16. (A)	17. (C)	18. (A)
19. (D)	20. (B)	21. (C)	22. (B)	23. (C)	24. (C)

[1-3] 호주 → 미국

Questions 1-3 refer to the following conversation.

M: [1]**Remember our park's informational sign that was damaged during the storm last month? Well, the new one was delivered this morning.** I'd like you to take it to the proper location and install it securely.
W: OK, I can handle that. But [2]**where exactly does it need to be placed?**
M: It should go on Cloud Ridge, where the road splits in two. You can attach it to the existing post.
W: Oh, right. It's about three miles from here. Um . . . I think I'd better take our truck.
M: Sure. By the way, [3]**I had to temporarily store the sign in the visitor center to keep it out of the way. I'll get it for you now.**

sign [sain] 표지판 **proper** [미 prá:pər, 영 prɔ́pə] 적절한
securely [미 sikjúərli, 영 sikjúəli] 단단하게 **post** [미 poust, 영 pəust] 기둥

해석

1-3은 다음 대화에 관한 문제입니다.

M: [1]지난달에 폭풍우 동안 훼손되었던 우리 공원의 정보 표지판을 기억해요? 음, 새로운 것이 오늘 아침에 배송되었어요. 당신이 그것을 가져가서 적절한 위치에 단단하게 설치해 주었으면 해요.
W: 네, 제가 그걸 처리할 수 있어요. 그런데 [2]그것이 정확히 어디에 놓여야 하나요?
M: 그것은 길이 두 갈래로 나뉘는 곳인 Cloud Ridge에 가야 해요. 기존의 기둥에 그것을 부착하면 돼요.
W: 아, 알겠어요. 여기에서 약 3마일 정도네요. 음... 제가 우리 트럭을 가지고 가는 게 좋을 것 같아요.
M: 물론이죠. 그런데, [3]저는 방해되지 않도록 표지판을 방문자 센터에 임시로 보관해야 했어요. 지금 그것을 가져다드릴게요.

1

해석 오늘 아침에 무슨 일이 일어났는가?
(A) 오두막이 훼손되었다.
(B) 배송품이 도착했다.
(C) 폭풍우가 발생했다.
(D) 기기가 활성화되었다.

해설 오늘 아침에 일어난 일을 묻는 문제이므로, 질문의 핵심어구(this morning)가 언급된 주변을 주의 깊게 듣는다. "Remember our park's informational sign that was damaged during the storm last month? ~ the new one was delivered this morning."이라며 지난달에 폭풍우 동안 훼손되었던 공원의 정보 표지판을 기억하는지 물으며 새로운 것이 오늘 아침에 배송되었다고 하였다. 따라서 정답은 (B) A delivery arrived이다.

어휘 **cabin** [kǽbin] 오두막 **activate** [미 ǽktəvèit, 영 ǽktiveit] 활성화시키다

2

해석 여자는 무엇을 알아야 하는가?
(A) 동료가 언제 준비될지
(B) 물체를 어디에 설치할지
(C) 관리자에게 전화할 것인지
(D) 프로그램을 어떻게 설치하는지

해설 여자가 알아야 할 것을 묻는 문제이므로, 질문의 핵심어구(woman need to know)와 관련된 내용을 주의 깊게 듣는다. 여자가 "where exactly does it[informational sign] need to be placed?"라며 정보 표지판이 정확히 어디에 놓여야 하는지 물었다. 따라서 정답은 (B) Where to install an object이다.

어휘 **set up** 설치하다

3

해석 남자는 무엇을 해주겠다고 제안하는가?
(A) 물품들을 사러 간다.
(B) 차량에 기름을 재충전한다.
(C) 물품을 가져온다.
(D) 컨테이너의 내용물을 꺼낸다.

해설 남자가 제안하는 것을 묻는 문제이므로, 남자의 말에서 여자를 위해 해주겠다고 한 내용을 주의 깊게 듣는다. 남자가 "I had to temporarily store the sign in the visitor center to keep it out of the way. I'll get it for you now."라며 자신은 방해되지 않도록 표지판을 방문자 센터에 임시로 보관해야 했다며 지금 그것을 가져다주겠다고 하였다. 따라서 정답은 (C) Retrieve an item이다.

어휘 **retrieve** [ritrí:v] 가져오다, 회수하다 **unpack** [ʌnpǽk] ~의 내용물을 꺼내다

[4-6] 캐나다 → 미국

Questions 4-6 refer to the following conversation.

M: I've been thinking. . . [4]**Since we're lacking funds to renovate the library on our campus, why don't we invite alumni to give donations?**

W: Great idea! I was involved in a similar fundraising campaign before. It was very effective.
M: I see. Then, um, [5]**where will I be able to find the contact information of former students?**
W: [5]**The person to consult is our Alumni Affairs Officer, Ron Mundy.** Once you've gotten the details that you need from him, I suggest writing up a script for when you contact alumni.
M: Well, since you have some past experience, would you be able to help me out?
W: Sure. [6]**I'll let you see the script that I used last year.**

lack [læk] 부족하다 renovate [rénəvèit] 개조하다 invite [inváit] 요청하다
fundraising [fʌ́ndrèisiŋ] (기금) 모금 script [skript] 대본, 원고

해석
4-6은 다음 대화에 관한 문제입니다.

M: 제가 생각해봤는데... [4]우리 캠퍼스에 있는 도서관을 개조할 기금이 부족하니 기부를 하도록 졸업생들에게 요청하는 것이 어때요?
W: 좋은 생각이에요! 저는 이전에 비슷한 기금 모금 캠페인에 참여한 적이 있어요. 그건 매우 효과적이었어요.
M: 알겠어요. 그럼, 음, [5]**제가 전 학생들의 연락처 정보를 어디에서 찾을 수 있을까요?**
W: [5]**상의해야 할 사람은 우리의 동창회 담당관인 Ron Mundy예요.** 당신이 그에게서 필요한 세부 정보를 받고 나면, 졸업생들에게 연락할 때를 위한 대본을 작성하는 것을 제안해요.
M: 음, 당신이 이전 경험이 좀 있으니, 저를 도와주실 수 있나요?
W: 물론이죠. [6]**제가 작년에 사용했던 대본을 보여드릴게요.**

4

해석 화자들은 주로 무엇에 관해 이야기하고 있는가?
(A) 곧 있을 기념 행사
(B) 기금 모금 활동
(C) 근무 일정
(D) 재정 규칙

해설 대화의 주제를 묻는 문제이므로, 대화의 초반을 반드시 듣는다. 남자가 "Since we're lacking funds to renovate the library on our campus, why don't we invite alumni to give donations?"라며 자신들의 캠퍼스에 있는 도서관을 개조할 기금이 부족하니 기부를 하도록 졸업생들에게 요청하는 것이 어떤지 물은 뒤, 기금 모금 활동에 대한 내용으로 대화가 이어지고 있다. 따라서 정답은 (B) A fundraising effort이다.

어휘 celebration [sèləbréiʃən] 기념 행사 effort [éfərt] 활동, 노력
regulation [règjuléiʃən] 규칙, 규정

5

해석 Ron Mundy는 무엇을 제공할 수 있는가?
(A) 캠페인을 위한 기금
(B) 졸업생의 연락처
(C) 개조 계획에 대한 조언
(D) 방안에 대한 의견

해설 Ron Mundy가 제공할 수 있는 것을 묻는 문제이므로, 질문의 핵심어구(Ron Mundy)가 언급된 주변을 주의 깊게 듣는다. 남자가 "where will I be able to find the contact information of former students?"라며 이전 학생들의 연락처 정보를 어디에서 찾을 수 있을지 묻자, 여자가 "The person to consult is our Alumni Affairs Officer, Ron Mundy."라며 상의해야 할 사람은 자신들의 동창회 담당관인 Ron Mundy라고 하였다. 따라서 정답은 (B) Contact details for graduates이다. (contact information of former students → Contact details for graduates)

어휘 feedback [fíːdbæk] 의견, 피드백

6

해석 여자는 무엇을 해주겠다고 제안하는가?
(A) 회의를 예약한다.
(B) 견적을 계산한다.
(C) 문서를 보여준다.
(D) 계좌를 확인한다.

해설 여자가 해주겠다고 제안하는 것을 묻는 문제이므로, 여자의 말에서 남자를 위해 해주겠다고 언급한 내용을 주의 깊게 듣는다. 여자가 "I'll let you see the script that I used last year."라며 자신이 작년에 사용했던 대본을 보여주겠다고 하였다. 따라서 정답은 (C) Show a document이다. (script → document)

어휘 estimate [éstəmət] 견적

[7-9] 영국 → 호주

Questions 7-9 refer to the following conversation.

W: Hello, Fred. [7]**Would you be willing to attend the Atlanta Runway Event on Thursday?**
M: Sure. [7]**Would you like me to write a feature about the new season's clothing?**
W: Yes. [8]**Mr. Pascal, our editor, wants to include a story about the event in the next issue of our magazine.**
M: Sure thing. Are there any further instructions for me?
W: Yes. [8]**The piece should focus on Maureen Johnson's new collection.** Apparently, it's going to be launched then. [8]**Mr. Pascal believes many people will be interested.**
M: It might be nice to have some of Maureen's designs photographed for the article.
W: Good idea. [9]**I'll e-mail our lead photographer now.**

feature [미 fíːtʃər, 영 fíːtʃə] (신문·잡지의) 특집 기사
include [inklúːd] 포함시키다 further [미 fə́ːrðər, 영 fə́ːðə] 추가의
piece [piːs] 기사 apparently [əpǽrəntli] 듣자 하니, 보기에, 명백히
launch [lɔːntʃ] 공개하다, 출시하다

해석
7-9는 다음 대화에 관한 문제입니다.

W: 안녕하세요, Fred. [7]목요일에 애틀랜타 런웨이 행사에 참석해 주시겠어요?
M: 그럼요. [7]제가 새로운 시즌의 의류에 대한 특집 기사를 쓰길 원하시는 건가요?
W: 맞아요. [8]우리 편집장인 Mr. Pascal이 자사 잡지의 다음 호에 그 행사에 대한 기사를 포함시키길 원해요.
M: 알겠습니다. 제게 추가적인 지시사항이 있으신가요?
W: 네. [8]그 기사는 Maureen Johnson의 새로운 컬렉션을 중점적으로 다루어야 해요. 듣자 하니, 그것이 그때 공개될 거래요. [8]Mr. Pascal은 많은 사람들이 관심 있어 할 거라고 생각해요.
M: 기사를 위해 Maureen의 디자인 중 일부를 사진 촬영하는 것이 좋을 수도 있겠어요.
W: 좋은 생각이에요. [9]제가 지금 우리의 메인 사진작가에게 이메일을 보낼게요.

7

해석 목요일에 어떤 행사가 열릴 것인가?
(A) 기자 회견
(B) 교육 프로그램
(C) 개점 기념 할인
(D) 패션쇼

해설 목요일에 열리는 행사의 종류를 묻는 문제이므로, 질문의 핵심어구(Thursday)가 언급된 주변을 주의 깊게 듣는다. 여자가 남자에게 "Would you be willing to attend the Atlanta Runway Event on Thursday?"라며 목요일에 애틀랜타 런웨이 행사에 참석해 줄 수 있는지 묻자, 남자가 "Would you like me to write a feature about the new season's clothing?"이라며 자신이 새로운 시즌의 의류에 대해 특집 기사를 쓰길 원하는지 물어본 것을 통해 목요일에 의류에 관한 런웨이 행사, 즉 패션쇼가 열릴 것임을 알 수 있다. 따라서 정답은 (D) A fashion show이다.

어휘 press conference 기자 회견

8

해석 여자는 "Mr. Pascal은 많은 사람들이 관심 있어 할 거라고 생각해요"라고 말

할 때 무엇을 의도하는가?
(A) 행사 일정이 변경되어야 한다.
(B) 사진 전시회가 인기 있을 것이다.
(C) 기사의 주제가 적절하다.
(D) 손님이 행사에 초대되어야 한다.

해설 여자가 하는 말의 의도를 묻는 문제이므로, 질문의 인용어구(Mr. Pascal believes many people will be interested)가 언급된 주변을 주의 깊게 듣는다. 여자가 "Mr. Pascal, our editor, wants to include a story about the event in the next issue of our magazine."이라며 자신들의 편집장인 Mr. Pascal이 자사 잡지의 다음 호에 그 행사에 대한 기사를 포함시키길 원한다고 한 뒤, "The piece should focus on Maureen Johnson's new collection."이라며 그 기사는 Maureen Johnson의 새로운 컬렉션을 중점적으로 다루어야 한다고 했고 "Mr. Pascal believes many people will be interested."라며 Mr. Pascal은 많은 사람들이 관심 있어 할 것이라고 생각한다고 한 것을 통해 기사의 주제가 적절하다는 의도임을 알 수 있다. 따라서 정답은 (C) An article topic is suitable이다.

어휘 **reschedule**[미 riːskédʒuːl, 영 riːʃédjuːl] (일정을) 변경하다
suitable[미 súːtəbl, 영 sjúːtəbl] 적절한

9

해석 여자는 다음에 무엇을 할 것 같은가?
(A) 기사의 배치를 수정한다.
(B) 메시지를 보낸다.
(C) 초대장을 출력한다.
(D) 상담 일정을 잡는다.

해설 여자가 다음에 할 일을 묻는 문제이므로, 대화의 마지막 부분을 주의 깊게 듣는다. 여자가 "I'll e-mail our lead photographer now."라며 지금 메인 사진작가에게 이메일을 보내겠다고 하였다. 따라서 정답은 (B) Send a message 이다. (e-mail → Send a message)

어휘 **modify**[máːdəfai] 수정하다 **layout**[léiaut] 배치, 지면 배열
consultation[미 kɑ̀ːnsʌltéiʃən, 영 kɔ̀nsʌltéiʃən] 상담

[10-12] 호주 → 미국

Questions 10-12 refer to the following conversation.

M: Hello, this is Charlie Easton. [10]**I can't access our company Web site.** The site won't load properly.
W: I'm sorry about that. What department are you calling from?
M: [11]**I'm calling from the public relations department.**
W: Several other departments are experiencing the same issue. The programmers are already aware of the problem and are working on it as we speak.
M: I see. I have to post an important announcement on the online bulletin board this afternoon, so [12]**I would really appreciate it if you could call me once the Web site has been fixed**. Thanks.

access[ǽkses] 접속하다 **as we speak** 바로 지금 **bulletin board** 게시판

해석
10-12는 다음 대화에 관한 문제입니다.

M: 안녕하세요, Charlie Easton입니다. [10]**저는 우리의 회사 웹사이트에 접속할 수 없습니다.** 사이트가 제대로 로딩되지 않습니다.
W: 죄송합니다. 어느 부서에서 전화하시는 건가요?
M: [11]**저는 홍보 부서에서 전화를 드리고 있어요.**
W: 몇몇 다른 부서들도 같은 문제를 겪고 있습니다. 프로그래머들은 그 문제에 대해 이미 알고 있고, 바로 지금 그것을 처리하고 있습니다.
M: 알겠습니다. 제가 오늘 오후에 중요한 공지를 온라인 게시판에 게시해야 하기 때문에, [12]**웹사이트가 고쳐지자마자 저에게 전화해 주시면 정말 감사하겠습니다.** 고맙습니다.

10

해석 대화는 무엇에 대한 것인가?
(A) 직원 오리엔테이션
(B) 웹사이트 오작동
(C) 중요한 공지
(D) 부서 회의

해설 대화의 주제를 묻는 문제이므로, 대화의 초반을 반드시 듣는다. 남자가 "I can't access our company Web site."라며 회사 웹사이트에 접속할 수 없다고 한 뒤, 웹사이트 오작동에 대한 내용으로 대화가 이어지고 있다. 따라서 정답은 (B) A Web site malfunction이다.

어휘 **malfunction**[mæ̀lfʌ́ŋkʃən] 오작동, 고장

11

해석 남자는 어느 부서에서 일하는가?
(A) 정보 기술부
(B) 영업 마케팅부
(C) 홍보부
(D) 인사부

해설 남자가 일하는 부서를 묻는 문제이므로, 신분 및 직업과 관련된 표현을 놓치지 않고 듣는다. 남자가 "I'm calling from the public relations department."라며 자신은 홍보 부서에서 전화를 하고 있다고 하였다. 따라서 정답은 (C) Public relations이다.

12

해석 남자는 여자에게 무엇을 하라고 요청하는가?
(A) 온라인에 항의를 게시한다.
(B) 다른 양식을 작성한다.
(C) 그에게 다시 전화한다.
(D) 수리공에게 이야기한다.

해설 남자가 여자에게 요청하는 것을 묻는 문제이므로, 남자의 말에서 요청과 관련된 표현이 언급된 다음을 주의 깊게 듣는다. 남자가 여자에게 "I would really appreciate it if you could call me once the Web site has been fixed"라며 웹사이트가 고쳐지자마자 자신에게 전화해 줄 것을 요청하였다. 따라서 정답은 (C) Call him back이다.

[13-15] 영국 → 캐나다

Questions 13-15 refer to the following conversation.

W: [13]**We're grateful that you're giving a lecture at our bookstore about your novel today**, Mr. Chung. [14]**Is there anything I can do for you before the event starts?**
M: [14]**Actually, I parked in the basement of this building. The attendant mentioned that, uh, I should get my ticket stamped. I have it right here.**
W: No problem. I'll take care of that for you. But first, why don't I show you where we've set up for your lecture?
M: Good idea. [15]**I should make sure the projector I requested works with my laptop.** I have some photographs to show the audience.
W: OK. Follow me, please.

attendant[əténdənt] 안내원 **stamp**[stæmp] 도장을 찍다

해석
13-15는 다음 대화에 관한 문제입니다.

W: [13]오늘 저희 서점에서 당신의 소설에 대해 강연을 해주시는 것에 감사드립니다, Mr. Chung. [14]행사가 시작되기 전에 제가 당신에게 해드릴 수 있는 것이 있을까요?
M: [14]사실, 제가 이 건물의 지하에 주차를 했어요. 안내원이 말하기로는, 어, 제가 티켓에 도장을 받아야 해요. 그건 바로 여기 있어요.
W: 문제 없어요. 제가 당신을 위해 그것을 처리해 드릴게요. 하지만 먼저, 저희가 당신의 강연을 위해 준비한 공간을 보여드릴까요?
M: 좋은 생각이에요. [15]저는 제가 요청드렸던 프로젝터가 제 노트북 컴퓨터와 함께 작동되는지 확인해야 해요. 관객들에게 보여줄 사진 몇 장이 있어요.
W: 알겠습니다. 저를 따라오세요.

13

해석 오늘 무슨 행사가 일어날 것인가?
(A) 교육 워크숍
(B) 사진 전시회
(C) 출판물에 대한 강연
(D) 제품의 시연

해설 오늘 일어날 행사를 묻는 문제이므로, 질문의 핵심어구(event ~ occur today)와 관련된 내용을 주의 깊게 듣는다. 여자가 남자에게 "We're grateful that you're giving a lecture at our bookstore about your novel today"라며 오늘 서점에서 소설에 대해 강연을 해주는 것에 감사하다고 한 말을 통해 오늘 출판물에 대한 강연이 있을 것임을 알 수 있다. 따라서 정답은 (C) A talk about a publication이다. (lecture ~ about ~ novel → talk about a publication)

14

해석 남자는 "그건 바로 여기 있어요"라고 말할 때 무엇을 의도하는가?
(A) 그는 항의를 제출할 계획이다.
(B) 그는 실수를 지적할 생각이다.
(C) 그는 지불이 되기를 원한다.
(D) 그는 업무가 수행되기를 요구한다.

해설 남자가 하는 말의 의도를 묻는 문제이므로, 질문의 인용어구(I have it right here)가 언급된 주변을 주의 깊게 듣는다. 여자가 남자에게 "Is there anything I can do for you before the event starts?"라며 행사가 시작되기 전에 해줄 수 있는 것이 있을지 묻자, 남자가 "Actually, I parked in the basement of this building. The attendant mentioned that ~ I should get my ticket stamped."라며 사실 자신이 건물의 지하에 주차를 했는데 안내원이 자신에게 티켓에 도장을 받아야 한다고 했다고 한 뒤, "I have it right here."라며 그건 바로 여기 있다고 한 말을 통해 남자가 업무가 수행되기를 요구한다는 의도임을 알 수 있다. 따라서 정답은 (D) He requires a task performed이다.

어휘 complaint[kəmpléint] 항의, 불만, 불평 point out 지적하다

15

해석 남자는 다음에 무엇을 할 것 같은가?
(A) 발표를 본다.
(B) 사진작가를 만난다.
(C) 차량을 주차한다.
(D) 기기를 확인한다.

해설 남자가 다음에 할 일을 묻는 문제이므로, 대화의 마지막 부분을 주의 깊게 듣는다. 남자가 "I should make sure the projector I requested works with my laptop."이라며 자신이 요청했던 프로젝터가 자신의 노트북 컴퓨터와 함께 작동되는지 확인해야 한다고 한 것을 통해 남자가 프로젝터, 즉 기기를 확인할 것임을 알 수 있다. 따라서 정답은 (D) Check a device이다. (projector → device)

[16-18] 영국 → 호주

Questions 16-18 refer to the following conversation.

W: Good morning. [16]**I'm wondering if you have a suite available for three nights.**
M: That will depend on the dates. When are you planning to stay here, and how many people will be staying in the suite?
W: There will be two adults and three children, and we'll be there from July 19 to 21. [17]**My family and I are planning to go to Orlando for a holiday trip.**
M: [18]**We are really busy on those dates because we are hosting a real estate convention.** Just a second . . . That's lucky. We have one available, and it costs $342 per night.
W: Great. That will be perfect.

depend on ~에 달려 있다 adult[ədʌ́lt] 어른, 성인 children[tʃíldrən] 어린이
host[미 houst, 영 həust] 개최하다, 주최하다

해석

16-18은 다음 대화에 관한 문제입니다.

W: 안녕하세요. [16]**혹시 3박이 가능한 스위트룸이 있는지 궁금합니다.**
M: 그것은 날짜에 달려 있어요. 언제 이곳에 묵으실 계획이며, 몇 분이 스위트룸에 묵으실 예정인가요?
W: 어른 두 명과 아이 세 명이 있을 것이고, 저희는 7월 19일부터 21일까지 그곳에 묵을 거예요. [17]**저와 제 가족들은 휴가 여행을 하러 올랜도로 갈 계획입니다.**
M: [18]**저희가 부동산 컨벤션을 개최할 것이기 때문에 그 날짜들에 매우 바빠요.** 잠시만요... 운이 좋으시네요. 이용 가능한 방이 하나 있는데, 하루에 342달러가 듭니다.
W: 좋아요. 그거면 완벽할 거예요.

16

해석 화자들은 주로 무엇에 대해 이야기하고 있는가?
(A) 숙박 시설의 이용 가능 여부
(B) 관광 명소
(C) 가족용 오락물
(D) 비행 일정

해설 대화의 주제를 묻는 문제이므로, 대화의 초반을 반드시 듣는다. 여자가 "I'm wondering if you have a suite available for three nights."라며 3박이 가능한 스위트룸이 있는지 궁금하다고 한 뒤, 숙박 시설의 이용 가능 여부에 대한 내용으로 대화가 이어지고 있다. 따라서 정답은 (A) Accommodation availability이다.

어휘 availability[əvèiləbíləti] 가능 여부 tourist attraction 관광 명소

17

해석 여자는 왜 올랜도로 여행을 갈 것인가?
(A) 컨벤션에 참석하기 위해
(B) 몇몇 친척들을 방문하기 위해
(C) 휴가를 보내기 위해
(D) 몇몇 부동산을 구매하기 위해

해설 여자가 올랜도로 여행을 가는 이유를 묻는 문제이므로, 여자의 말에서 질문의 핵심어구(travel to Orlando)와 관련된 내용을 주의 깊게 듣는다. 여자가 "My family and I are planning to go to Orlando for a holiday trip."이라며 자신과 자신의 가족들이 휴가 여행을 하러 올랜도로 갈 계획이라고 하였다. 따라서 정답은 (C) To take a vacation이다.

어휘 property[미 prá:pərti, 영 prɔ́pəti] 부동산

18

해석 남자에 따르면, 몇몇 날짜는 왜 바쁜가?
(A) 컨퍼런스가 열릴 것이다.
(B) 건물이 보수될 것이다.
(C) 음악 축제가 개최되고 있다.
(D) 영화가 촬영되고 있다.

해설 몇몇 날짜가 바쁜 이유를 묻는 문제이므로, 남자의 말에서 질문의 핵심어구(busy)가 언급된 주변을 주의 깊게 듣는다. 남자가 "We are really busy on those dates because we are hosting a real estate convention."이라며 자신들이 부동산 컨벤션을 개최할 것이기 때문에 그 날짜들에 매우 바쁘다고 하였다. 따라서 정답은 (A) A conference is going to be held이다.

어휘 renovate[rénəvèit] 보수하다

[19-21] 호주 → 영국

Questions 19-21 refer to the following conversation and pie chart.

M: I'm not sure if you've heard, Gretchen, but [19]**we're going to recall one of our phone models**. Financially, this is going to be a major setback for us, as [19]**the device is our best-selling product this year**.
W: Yes, I heard. [20]**I was told that numerous customers have reported issues with their screens turning black**, and engineers discovered a design flaw after conducting additional tests.

M: That's right. Quite an oversight. Anyway, we need to send out a press release to major media outlets as soon as possible. [21]**Could you write a draft?**
W: [21]**Yes, of course.** I'll begin immediately.

recall [rikɔ́:l] 회수하다 setback [sétbæk] 차질
numerous [미 nú:mərəs, 영 njú:mərəs] 수많은
oversight [미 óuvərsàit, 영 ə́uvəsait] 실수, 간과 media outlet 언론사

해석
19-21은 다음 대화와 원그래프에 관한 문제입니다.

M: 들으셨는지 모르겠지만, Gretchen, [19]**우리는 휴대폰 모델들 중 하나를 회수할 예정이에요.** 재정적으로, [19]**그 기기가 올해 가장 잘 팔리고 있는 제품**이기 때문에 이것은 우리에게 큰 차질이 될 거예요.
W: 네, 들었어요. [20]**수많은 고객들이 화면이 까맣게 변하는 문제를 알렸고**, 엔지니어들이 추가적인 시험을 진행한 후에 디자인 결함을 발견했다고 들었어요.
M: 맞아요. 상당한 실수예요. 어쨌든, 우리는 가능한 한 빨리 대형 언론사에 보도 자료를 보내야 해요. [21]**초안을 써주시겠어요?**
W: [21]**네, 물론이죠.** 바로 시작할게요.

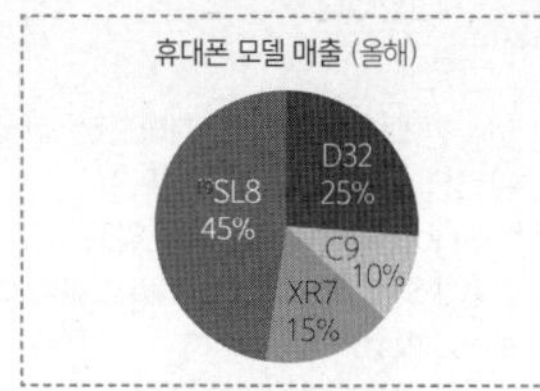

19
해석 시각 자료를 보아라. 어느 제품이 회수될 예정인가?
(A) D32
(B) C9
(C) XR7
(D) SL8

해설 회수될 제품을 묻는 문제이므로, 제시된 원그래프의 정보를 확인한 뒤 질문의 핵심어구(product ~ recalled)와 관련된 내용을 주의 깊게 듣는다. 남자가 "we're going to recall one of our phone models"라며 휴대폰 모델들 중 하나를 회수할 예정이라고 한 뒤, "the device is our best-selling product this year" 그 기기가 올해 가장 잘 팔리고 있는 제품이라고 한 말을 통해 회수될 예정인 제품이 SL8임을 원그래프에서 알 수 있다. 따라서 정답은 (D) SL8이다.

20
해석 고객들이 무엇을 알렸는가?
(A) 헐거운 버튼
(B) 결함이 있는 화면
(C) 쓸 수 없는 케이스 디자인
(D) 부족한 배터리 수명

해설 고객들이 알린 것을 묻는 문제이므로, 질문의 핵심어구(customers reported)가 언급된 주변을 주의 깊게 듣는다. 여자가 "I was told that numerous customers have reported issues with their screens turning black"이라며 수많은 고객들이 화면이 까맣게 변하는 문제를 알렸다고 들었다고 하였다. 따라서 정답은 (B) Faulty displays이다.

어휘 loose [lu:s] 헐거운 faulty [fɔ́:lti] 결함이 있는

21
해석 어떤 업무가 여자에게 배정되었는가?
(A) 수리팀을 구성하기
(B) 기기를 시험하기
(C) 초안을 만들기
(D) 환불 절차를 관리하기

해설 여자에게 배정된 업무를 묻는 문제이므로, 질문의 핵심어구(task ~ assigned to the woman)와 관련된 내용을 주의 깊게 듣는다. 남자가 "Could you write a draft?"라며 초안을 써줄 수 있는지 묻자, 여자가 "Yes, of course."라며 물론 쓸 수 있다고 하였다. 따라서 정답은 (C) Making a draft이다.

어휘 assemble [əsémbl] 구성하다, 모으다

[22-24] 미국 → 호주
Questions 22-24 refer to the following conversation and menu.

W: [22]**Welcome to India Palace, and sorry again that you had to wait in line.** Lunchtime is very busy for us.
M: Oh, that's fine.
W: Have you had a chance to look at our menu?
M: Yeah. I'm leaning toward the chicken masala. However, I'm curious if the dish has butter in it. I've got a mild dairy allergy.
W: It does, unfortunately. However, [23]**our coconut curry is dairy free and very popular.**
M: [23]**All right, I'll go with that, then.**
W: Wonderful. And are you interested in a side? The fried potatoes are delicious.
M: No, thanks. Just one thing, though. [24]**Would it be possible for you to drop that window shade?** The sun is shining right at me.

lean toward (의견 · 관심사 쪽으로 마음이) 기울어지다 dairy [dέəri] 유제품의
shade [ʃeid] 가리개, 블라인드

해석
22-24는 다음 대화와 메뉴에 관한 문제입니다.

W: [22]**India Palace에 오신 것을 환영하며, 줄을 서서 기다리셔야 했던 것에 대해 다시 한번 사과드립니다.** 저희는 점심시간에 매우 바빠요.
M: 아, 괜찮아요.
W: 저희 메뉴를 보실 기회가 있으셨나요?
M: 네. 저는 치킨 마살라로 마음이 기울고 있어요. 하지만, 저는 이 요리 안에 버터가 들어 있는지 궁금해요. 저는 약간의 유제품 알레르기가 있거든요.
W: 안타깝게도 들어갑니다. 하지만, [23]**저희 코코넛 카레는 유제품이 들어가지 않고 매우 인기 있어요.**
M: [23]**알겠습니다, 그럼 그것으로 할게요.**
W: 좋습니다. 그리고 사이드 메뉴에 관심이 있으신가요? 튀긴 감자가 맛있습니다.
M: 감사하지만 괜찮아요. 그런데 한 가지만요. [24]**창문 가리개를 내려주실 수 있을까요?** 햇빛이 제게 바로 들어와요.

India Palace	
주요 메뉴	
감자 카레	$10.99
크림 마살라	$12.99
코코넛 카레	[23]$14.99
치킨 마살라	$17.99

22
해석 여자는 왜 사과하는가?
(A) 잘못된 요리가 제공되었다.
(B) 고객이 기다려야 했다.
(C) 식사 구역이 닫혔다.
(D) 점심 특선을 더 이상 이용할 수 없다.

해설 여자가 사과하는 이유를 묻는 문제이므로, 질문의 핵심어구(apologize)와 관련된 내용을 주의 깊게 듣는다. 여자가 "Welcome to India Palace, and sorry again that you had to wait in line"이라며 India Palace에 온 것을 환영하며 줄을 서서 기다려야 했던 것에 대해 다시 한번 사과한다고 하였다. 따라서 정답은 (B) A customer had to wait이다.

어휘 incorrect [ìnkərékt] 잘못된, 틀린

23
해석 시각 자료를 보아라. 남자는 그의 식사를 위해 얼마를 지불할 것인가?
(A) 10.99달러
(B) 12.99달러

Part 3

Hackers TOEIC Listening

(C) 14.99달러
(D) 17.99달러

해설 남자가 지불할 금액을 묻는 문제이므로, 제시된 메뉴의 정보를 확인한 뒤 질문의 핵심어구(man pay for ~ meal)와 관련된 내용을 주의 깊게 듣는다. 여자가 "our coconut curry is dairy free and very popular"라며 자신들의 코코넛 카레는 유제품이 들어가지 않고 매우 인기 있다고 하자, 남자가 "All right, I'll go with that, then."이라며 알겠다며 그럼 그것으로 하겠다고 하였으므로, 남자가 지불할 금액은 코코넛 카레의 가격인 14.99달러임을 메뉴에서 알 수 있다. 따라서 정답은 (C) $14.99이다.

24

해석 남자는 무엇에 관해 문의하는가?
(A) 테이블을 바꾸는 것
(B) 요리를 시식하는 것
(C) 블라인드를 내리는 것
(D) 전등을 켜는 것

해설 남자가 문의하는 것을 묻는 문제이므로, 남자의 말을 주의 깊게 듣는다. 남자가 여자에게 "Would it be possible for you to drop that window shade?"라며 창문 가리개를 내려줄 수 있을지 물었다. 따라서 정답은 (C) Lowering a blind이다. (drop ~ window shade → Lowering a blind)

어휘 lower[미 lóuər, 영 ləuə] 내리다

Part Test

p.220

1. (A)	2. (C)	3. (A)	4. (D)	5. (B)	6. (C)
7. (A)	8. (C)	9. (C)	10. (A)	11. (A)	12. (A)
13. (D)	14. (A)	15. (B)	16. (D)	17. (D)	18. (D)
19. (B)	20. (B)	21. (A)	22. (B)	23. (B)	24. (C)
25. (B)	26. (D)	27. (A)	28. (A)	29. (C)	30. (A)
31. (A)	32. (C)	33. (C)	34. (B)	35. (A)	36. (A)
37. (D)	38. (D)	39. (B)			

[1-3] 미국 → 호주

Questions 1-3 refer to the following conversation.

W: Peggy Brown speaking.
M: Hello, Peggy. It's Andrew Davis from the engineering department. **[1]I'm calling because I'm going to Vienna next week to meet some clients, and I heard you lived there for a while.**
W: Yes. **[2]I moved there for a job**. I stayed for almost three years. Do you have a question about the city?
M: Well, **[3]I'd like to see some of the main attractions on the weekend. Could you recommend some?** Maybe you could recommend your top five places.
W: **[3]I'd love to. How about if I send some recommendations by text message later today?**
M: That would be great!

attraction[ətrǽkʃən] 명소, 명물
recommendation[rèkəmendéiʃən] 추천, 추천장

해석

1-3은 다음 대화에 관한 문제입니다.

W: Peggy Brown입니다.
M: 안녕하세요, Peggy. 기술 부서의 Andrew Davis예요. [1]제가 다음 주에 고객들을 만나기 위해 비엔나에 가는데, 당신이 한동안 그곳에서 살았다고 들어서 전화 드려요.
W: 네. [2]저는 일자리를 위해서 그곳으로 이사했어요. 거의 3년 동안 지냈었죠. 그 도시에 대해 질문이 있으신가요?
M: 음, [3]저는 주말에 몇몇 주요 명소를 보고 싶어요. 몇 군데 추천해주실 수 있나요? 당신이 생각하는 가장 좋은 5군데 정도 추천해주실 수도 있겠어요.
W: [3]좋아요. 제가 추천하는 곳들을 문자로 오늘 나중에 보내면 어떨까요?
M: 그래 주시면 좋죠!

1

해석 남자는 왜 여자에게 전화하고 있는가?
(A) 조언을 요청하기 위해
(B) 과제를 받아들이기 위해
(C) 결정을 요청하기 위해
(D) 제안을 하기 위해

해설 전화의 목적을 묻는 문제이므로, 대화의 초반을 반드시 듣는다. 남자가 "I'm calling because I'm going to Vienna next week ~ and I heard you lived there for a while."이라며 다음 주에 비엔나에 가는데 여자가 한동안 그곳에서 살았다고 들어서 전화한다고 한 것을 통해 남자가 여자에게 조언을 요청하기 위해 전화하고 있음을 알 수 있다. 따라서 정답은 (A) To request some advice이다.

어휘 assignment[əsáinmənt] 과제, 담당 업무

2

해석 여자는 왜 비엔나로 이사했는가?
(A) 그녀는 가게를 열었다.
(B) 그녀는 유학을 하고 싶어 했다.
(C) 그녀는 일자리를 제안받았다.
(D) 그녀는 가족이 그곳에 있다.

해설 여자가 비엔나로 이사한 이유를 묻는 문제이므로, 질문의 핵심어구(move to Vienna)와 관련된 내용을 주의 깊게 듣는다. 여자가 "I moved there[Vienna] for a job"이라며 일자리를 위해 비엔나로 이사했었다고 하였다. 따라서 정답은 (C) She was offered a position이다. (accept a job → was offered a position)

3

해석 여자는 무엇을 하기로 동의하는가?
(A) 명소들을 추천한다.
(B) 설명서를 단순화한다.
(C) 고객들에게 연락한다.
(D) 포스터를 디자인한다.

해설 여자가 하기로 동의하는 것을 묻는 문제이므로, 질문의 핵심어구(agree to do)와 관련된 내용을 주의 깊게 듣는다. 남자가 "I'd like to see some of the main attractions on the weekend. Could you recommend some?"이라며 자신은 주말에 몇몇 주요 명소를 보고 싶다며 몇 군데를 추천해줄 수 있는지 묻자, 여자가 "I'd love to. How about if I send some recommendations ~ later today?"라며 좋다고 한 뒤 자신이 추천하는 곳들을 오늘 나중에 보내면 어떨지 물었다. 따라서 정답은 (A) Recommend some attractions이다.

어휘 simplify[미 símpləfài, 영 símplifai] 단순화하다, 간소화하다

[4-6] 호주 → 영국

Questions 4-6 refer to the following conversation.

M: Hi. **[4]I've come to browse some of your products**, but is it all right if I bring these notebooks inside? I bought them at another store.
W: Hmm . . . **[5]I'd recommend that you leave them here. We've got shelves for that purpose.**
M: That would be convenient. I'll follow your suggestion, thanks.
W: Here's a numbered token. When you're done shopping, just give it back and I'll return your notebooks.
M: Sounds good. And **[6]could you point me to the binder section?**
W: Of course. They're in Aisle 16, at the far end of the store.
M: Thanks.

browse[brauz] 둘러보다 numbered[미 nʌ́mbərd, 영 nʌ́mbəd] 번호가 붙은
token[미 tóukən, 영 təukən] 교환권 point[pɔint] 알려주다 aisle[ail] 통로

해석

4-6은 다음 대화에 관한 문제입니다.

M: 안녕하세요. [4]저는 상품을 좀 둘러보러 왔는데, 이 공책들을 안으로 들고 가도 괜찮을까요? 저는 이것들을 다른 상점에서 샀어요.
W: 음... [5]그것들을 여기에 두고 가시는 것을 제안해요. 저희는 그 용도를 위한 선반을 갖고 있어요.
M: 그게 편리하겠네요. 당신의 제안을 따를게요, 감사해요.
W: 여기 번호가 적힌 교환권이 있어요. 쇼핑을 마치시면, 그저 그것을 다시 반납하시면 제가 당신의 공책들을 돌려드릴 거예요.
M: 좋네요. 그리고 [6]바인더 구역을 제게 알려주실 수 있나요?
W: 그럼요. 그것들은 16번 통로에 있어요, 가게의 저쪽 끝에요.
M: 감사합니다.

4

해석 남자는 왜 상점에 왔는가?
(A) 구입품을 반품하기 위해
(B) 포인트를 현금으로 교환하기 위해
(C) 관리자와 이야기하기 위해
(D) 몇몇 물품들을 보기 위해

해설 남자가 상점에 온 이유를 묻는 문제이므로, 남자의 말에서 질문의 핵심어구(come to the shop)와 관련된 내용을 주의 깊게 듣는다. 남자가 "I've come to browse some of your products"라며 상품을 좀 둘러보러 왔다고 하였다. 따라서 정답은 (D) To look at some items이다. (browse → look at)

어휘 **redeem**[ridíːm] 현금으로 교환하다

5

해석 여자는 남자에게 무엇을 하라고 제안하는가?
(A) 다른 상점을 방문하는 것
(B) 보관 장소를 이용하는 것
(C) 진열품을 살펴보는 것
(D) 책을 예약하는 것

해설 여자가 남자에게 제안하는 것을 묻는 문제이므로, 여자의 말에서 제안과 관련된 표현이 언급된 다음을 주의 깊게 듣는다. 여자가 남자에게 "I'd recommend that you leave them[notebooks] here. We've got shelves for that purpose."라며 공책들을 여기에 두고 가는 것을 제안한다며 자신들이 그 용도를 위한 선반을 갖고 있다고 하였다. 이를 통해 여자가 남자에게 보관 장소를 이용하는 것을 제안하고 있음을 알 수 있다. 따라서 정답은 (B) Use a storage area이다.

어휘 **examine**[igzǽmin] 살펴보다, 검사하다

6

해석 남자는 여자에게 무엇을 하라고 요청하는가?
(A) 상품들을 주문한다.
(B) 문서를 인쇄한다.
(C) 안내를 제공한다.
(D) 브랜드를 추천한다.

해설 남자가 여자에게 요청하는 것을 묻는 문제이므로, 남자의 말에서 요청과 관련된 표현이 언급된 다음을 주의 깊게 듣는다. 남자가 여자에게 "could you point me to the binder section?"이라며 바인더 구역을 자신에게 알려줄 수 있는지 물었다. 이를 통해 남자가 여자에게 안내를 제공하는 것을 요청하고 있음을 알 수 있다. 따라서 정답은 (C) Provide some directions이다. (point ~ to the ~ section → Provide ~ directions)

[7-9] 호주 → 미국 → 영국

Questions 7-9 refer to the following conversation with three speakers.

M: [7]**Core Equipment released a new exercise bike model last week**, the Glide 400.
W1: I heard about that as well. [8]**It has a lot of great features, but . . . um . . . the cost is quite high.**
W2: [8]**That's true**, but I think it's worth it. The Glide 400 is the most compact product of its kind on the market right now.
M: [9]**There's a sporting good exhibition being held here in Cumberland this weekend.** Core Equipment will be demonstrating their new line of products at the event.
W1: Really? [9]**I'll join you, then.**
W2: [9]**OK.** It would be great to see the device in action.

feature[미 fíːtʃər, 영 fíːtʃə] 특징 compact[kəmpǽkt] 소형의

해석
7-9는 다음 세 명의 대화에 관한 문제입니다.
M: [7]Core Equipment사가 지난주에 새로운 운동용 자전거 모델인 Glide 400을 출시했어요.
W1: 저도 그것에 대해 들었어요. [8]그것은 많은 뛰어난 특징들을 가지고 있어요, 그런데... 음... 가격이 꽤 높아요.
W2: [8]맞아요, 하지만 저는 그것이 그만한 가치가 있는 것 같아요. Glide 400은 현재 시장에서 그 종류들 중 가장 소형인 상품이에요.
M: [9]이번 주말에 이곳 Cumberland에서 스포츠 상품 전시회가 열려요. Core Equipment사가 그 행사에서 신제품 라인을 선보일 거예요.
W1: 정말이에요? [9]그럼, 저도 같이 갈래요.
W2: [9]좋아요. 기구가 작동하는 것을 본다면 좋을 거예요.

7

해석 Core Equipment사는 지난주에 무엇을 했는가?
(A) 신제품을 출시했다.
(B) 두 번째 지점을 열었다.
(C) 기기를 재설계했다.
(D) 회의를 주최했다.

해설 Core Equipment사가 지난주에 한 일을 묻는 문제이므로, 질문의 핵심어구(Core Equipment do last week)와 관련된 내용을 주의 깊게 듣는다. 남자가 "Core Equipment released a new exercise bike model last week"이라며 Core Equipment사가 지난주에 새로운 운동용 자전거 모델을 출시했다고 하였다. 따라서 정답은 (A) Launched a new product이다.

어휘 **launch**[lɔːntʃ] (상품을) 출시하다, 시작하다

8

해석 여자들은 Glide 400에 대해 무엇을 말하는가?
(A) 다른 자전거와 비슷하다.
(B) 고객들에게 인기가 없다.
(C) 비싼 모델이다.
(D) 온라인으로 구매할 수 없다.

해설 여자들이 Glide 400에 대해 언급하는 것을 묻는 문제이므로, 질문의 핵심어구(Glide 400)와 관련된 내용을 주의 깊게 듣는다. 여자 1이 "It[Glide 400] has a lot of great features, but ~ the cost is quite high."라며 Glide 400은 많은 뛰어난 특징들을 가지고 있지만 가격이 꽤 높다고 하자, 여자 2가 "That's true"라며 맞다고 동의하였다. 따라서 정답은 (C) It is an expensive model이다.

9

해석 화자들은 주말에 무엇을 할 것 같은가?
(A) 피트니스 센터를 방문한다.
(B) 장비를 구매한다.
(C) 산업 전시회에 참석한다.
(D) 운동 경기를 관람한다.

해설 화자들이 주말에 할 일을 묻는 문제이므로, 질문의 핵심어구(do on the weekend)와 관련된 내용을 주의 깊게 듣는다. 남자가 "There's a sporting good exhibition being held ~ this weekend."라며 이번 주말에 스포츠 상품 전시회가 열린다고 하자, 여자 1이 "I'll join you, then."이라며 그럼 자신도 같이 가겠다고 하였다. 그 뒤 여자 2가 "OK."라며 좋다고 한 말을 통해 화자들이 주말에 상품 전시회에 참석할 것임을 알 수 있다. 따라서 정답은 (C) Attend an industry exhibition이다. (sporting good exhibition → industry exhibition)

어휘 **industry**[índəstri] 산업

[10-12] 영국 → 호주

Questions 10-12 refer to the following conversation.

W: Hi, Adam. How are we progressing on that special order for Lynch Industries? The windows should be delivered next Friday. Will we need to schedule some overtime?

M: [10]**There's a chance that we might not meet the deadline**, so we may need to take that measure. Unfortunately, several employees requested vacation days long before this project began. I may have to cancel some of those requests.

W: Do what you can. Lynch Industries could become a significant client for us. Besides, [11]**the staff will be paid extra for their time**.

M: That's true. [12]**I'll consult with the employees now** about rescheduling their vacations.

progress[미 prá:gres, 영 práugres] 진행하다
overtime[미 óuvərtaim, 영 áuvətaim] 초과근무 significant[signífikənt] 중요한

해석

10-12는 다음 대화에 관한 문제입니다.

W: 안녕하세요, Adam. 우리는 Lynch 공업 회사의 특별 주문 건을 어떻게 진행하고 있나요? 창문들은 다음 주 금요일에 배송되어야 해요. 우리가 초과근무 일정을 잡아야 할까요?

M: [10]**우리가 마감 기한을 맞추지 못할 가능성이 있기** 때문에 그 방법을 사용해야 할 수도 있어요. 유감스럽게도, 몇몇 직원들이 이 프로젝트가 시작하기 한참 전에 휴가를 신청했어요. 저는 그 요청들 중 일부를 취소해야 할 수도 있겠어요.

W: 할 수 있는 대로 하세요. Lynch 공업 회사는 우리에게 중요한 고객이 될 수도 있어요. 게다가, [11]**직원들은 그들의 시간에 대해 추가로 보수를 받게 될 거예요.**

M: 맞아요. [12]**제가 지금 직원들과** 그들의 휴가 일정을 변경하는 것에 대해 **상의할게요.**

10

해석 무엇이 문제인가?
(A) 업무가 제시간에 끝나지 않을 수도 있다.
(B) 창문이 잘못된 주소로 발송되었다.
(C) 작업자가 요청을 거절했다.
(D) 고객이 제안을 받아들이지 않을 수도 있다.

해설 문제점을 묻는 문제이므로, 대화에서 부정적인 표현이 언급된 다음을 주의 깊게 듣는다. 남자가 "There's a chance that we might not meet the deadline"이라며 자신들이 마감 기한을 맞추지 못할 가능성이 있다고 하였다. 따라서 정답은 (A) A task may not be finished on time이다.

어휘 turn down 거절하다

11

해석 여자는 직원들에 대해 무엇을 언급하는가?
(A) 그들은 초과근무 수당을 받을 자격이 될 것이다.
(B) 그들은 훈련을 거쳐야 한다.
(C) 그들은 컨설턴트와 만날 것이다.
(D) 그들은 보고서를 제출해야 한다.

해설 여자가 직원들에 대해 언급하는 것을 묻는 문제이므로, 여자의 말에서 질문의 핵심어구(employees)와 관련된 내용을 주의 깊게 듣는다. 여자가 "the staff will be paid extra for their time"이라며 직원들이 그들의 시간에 대해 추가로 보수를 받게 될 것이라고 하였다. 따라서 정답은 (A) They will qualify for overtime pay이다. (be paid extra for ~ time → qualify for overtime pay)

어휘 qualify for ~할 자격이 되다 undergo[미 ʌndərgoú, 영 ʌndəgáu] 거치다, 겪다

12

해석 남자는 다음에 무엇을 할 것인가?
(A) 직원들과 만난다.
(B) 보고서를 수정한다.
(C) 급여 명세서를 보낸다.
(D) 몇몇 제품을 검사한다.

해설 남자가 다음에 할 일을 묻는 문제이므로, 대화의 마지막 부분을 주의 깊게 듣는다. 남자가 "I'll consult with the employees now"라며 지금 직원들과 상의하겠다고 하였다. 따라서 정답은 (A) Meet with staff members이다. (employees → staff members)

어휘 statement[stéitmənt] 명세서, 계산서 inspect[inspékt] 검사하다

[13-15] 미국 → 호주

Questions 13-15 refer to the following conversation.

W: Hi, Joel. [13]**Have you seen the new William Stewart movie yet?** [14]**I was thinking about watching it this evening.**

M: I forgot that it was released this week. [14]**I'd love to, but I have to pick up my sister at the airport.** She's staying with me for the weekend. However, she loves William Stewart, so [15]**why don't we all watch it together over the weekend** instead?

W: [15]**That sounds like fun.** It will be great to see your sister again too. I'll check the theater's Web site and see if there are tickets available for Saturday.

pick up 데리러 가다 instead[instéd] 대신

해석

13-15는 다음 대화에 관한 문제입니다.

W: 안녕하세요 Joel. [13]**William Stewart의 신작 영화를 이미 보셨나요?** [14]**저는 오늘 저녁에 그것을 보려고 생각하고 있었어요.**

M: 그 영화가 이번 주에 개봉됐다는 것을 깜빡했어요. [14]**저도 그러고 싶은데, 여동생을 데리러 공항에 가야 해요.** 그녀는 주말 동안 저와 함께 지낼 거거든요. 그런데 그녀가 William Stewart를 좋아하는데, 대신 [15]**주말에 다같이 그것을 보는 게 어때요?**

W: [15]**재미있을 것 같네요.** 당신의 여동생을 다시 만나게 되는 것도 정말 좋을 거예요. 극장 웹사이트를 확인해서 토요일에 표가 있는지 알아볼게요.

13

해석 화자들은 주로 무엇에 대해 이야기하고 있는가?
(A) 여행의 목적
(B) 항공 티켓의 이용 가능 여부
(C) 공항으로 가는 교통편
(D) 영화를 보러 가는 계획

해설 대화의 주제를 묻는 문제이므로, 대화의 초반을 주의 깊게 들은 후 전체 맥락을 파악한다. 여자가 "Have you seen the new ~ movie yet?"이라며 신작 영화를 보았는지 물은 뒤, 영화를 보러 가는 계획에 대한 내용으로 대화가 이어지고 있다. 따라서 정답은 (D) Plans for seeing a film이다. (movie → film)

14

해석 남자는 오늘 저녁에 무엇을 해야 하는가?
(A) 공항에서 누군가를 만난다.
(B) 고객들을 데리고 나간다.
(C) 여행 일정을 변경한다.
(D) 몇몇 티켓들을 환불받는다.

해설 남자가 오늘 저녁에 해야 하는 일을 묻는 문제이므로, 질문의 핵심어구(this evening)가 언급된 주변을 주의 깊게 듣는다. 여자가 "I was thinking about watching it[new ~ movie] this evening."이라며 오늘 저녁에 신작 영화를 보려고 생각하고 있었다고 하자, 남자가 "I'd love to, but I have to pick up my sister at the airport."라며 자신도 보고 싶지만 여동생을 데리러 공항에 가야 한다고 하였다. 따라서 정답은 (A) Meet someone at an airport이다.

어휘 take out (사람 등을) 데리고 나가다 itinerary[aitínərèri] 일정, 여정

15

해석 화자들은 무엇을 하기로 동의하는가?
(A) 목적지로 함께 자동차를 타고 간다.

(B) 주말에 만난다.
(C) 남자의 여동생에게 시내를 구경시켜준다.
(D) 한 시간 안에 극장으로 간다.

해설 화자들이 하기로 동의한 것을 묻는 문제이므로, 질문의 핵심어구(agree to do)와 관련된 내용을 주의 깊게 듣는다. 남자가 "why don't we all watch it[new ~ movie] together over the weekend"라며 주말에 다같이 신작 영화를 보는 게 어떤지 묻자, 여자가 "That sounds like fun."이라며 재미있을 것 같다고 동의하였다. 따라서 정답은 (B) Get together over the weekend이다.

어휘 **destination** [dèstənéiʃən] 목적지, 도착지 **cinema** [sínəmə] 극장, 영화관

[16-18] 미국 → 캐나다 → 호주

Questions 16-18 refer to the following conversation with three speakers.

W: Oh, good morning. I need your expertise. I'm trying to access a presentation file that was sent by one of my department members. [16]**The file is saved on my computer's desktop now, but it just won't open.**
M1: Let me take a look . . . Um . . . I think this file is damaged. You need a special program to recover it. [17]**What was the name of the software, James?**
M2: [17]**It's called SaveWiz.** [17/18]**I recommend downloading it.** It's free and easy to use. [18]**You can get it at www.savewiz.com.**
W: OK. Do you know if the Web site includes an instruction manual for the program?
M2: Yes, it does. I used it the other day.
W: Thanks. [18]**I'll give it a try.**

expertise [미 èkspəːrtíːz, 영 èkspətíːz] 전문 기술 **access** [ǽkses] 접근하다
recover [미 rikʌ́vər, 영 rikʌ́və] 복구하다 **give it a try** 한번 해보다

해석
16-18은 다음 세 명의 대화에 관한 문제입니다.
W: 오, 안녕하세요. 당신의 전문 기술이 필요해요. 저는 저희 부서원 중 한 명이 보낸 발표 파일에 접근하려고 하는 중이거든요. [16]**그 파일은 지금 제 컴퓨터 바탕화면에 저장되어 있는데, 그냥 열리질 않네요.**
M1: 한 번 볼게요... 음... 제 생각엔 이 파일이 손상된 것 같아요. 이것을 복구하려면 특별한 프로그램이 필요해요. [17]**그 소프트웨어의 이름이 뭐였죠, James?**
M2: [17]**SaveWiz라고 해요.** [17/18]**저는 그것을 다운로드하는 것을 제안해요.** 그건 무료이고 사용하기 쉬워요. [18]**www.savewiz.com에서 받으실 수 있어요.**
W: 알겠어요. 웹사이트에 그 프로그램을 위한 설명서가 포함되어 있는지 알고 있으신가요?
M2: 네, 되어 있어요. 제가 지난번에 그걸 사용했었어요.
W: 감사해요. [18]**한번 해볼게요.**

16

해석 여자의 문제는 무엇인가?
(A) 그녀의 컴퓨터 저장 용량이 부족하다.
(B) 그녀의 사무실 책상에 문제가 있다.
(C) 그녀는 발표에 참석하는 것을 잊어버렸다.
(D) 그녀는 파일을 열 수 없다.

해설 여자의 문제점을 묻는 문제이므로, 여자의 말에서 부정적인 표현이 언급된 다음을 주의 깊게 듣는다. 여자가 "The file is saved on my computer's desktop now, but it just won't open."이라며 파일이 지금 자신의 컴퓨터 바탕화면에 저장되어 있는데 그냥 열리질 않는다고 하였다. 따라서 정답은 (D) She is unable to open a file이다.

어휘 **lack** [læk] 부족하다 **storage** [stɔ́:ridʒ] 저장

17

해석 James는 무엇을 하라고 제안하는가?
(A) 동료에게 이야기하는 것
(B) 예비 부품을 주문하는 것
(C) 열쇠 한 세트를 빌리는 것
(D) 프로그램을 다운로드하는 것

해설 James, 즉 남자 2가 제안하는 것을 묻는 문제이므로, 남자 2의 말에서 제안과 관련된 표현이 언급된 다음을 주의 깊게 듣는다. 남자 1이 "What was the name of the software ~?"라며 그 소프트웨어의 이름이 뭐였는지 묻자 남자 2[James]가 "It's called SaveWiz. I recommend downloading it."이라며 SaveWiz라고 하며 자신은 그것을 다운로드하는 것을 제안한다고 하였다. 따라서 정답은 (D) Downloading a program이다.

어휘 **spare** [미 spɛər, 영 speə] 예비의, 여분의

18

해석 여자는 다음에 무엇을 할 것 같은가?
(A) 이메일 계정에 로그인한다.
(B) 설명서를 작성한다.
(C) 회원권 비용을 지불한다.
(D) 웹사이트를 방문한다.

해설 여자가 다음에 할 일을 묻는 문제이므로, 대화의 마지막 부분을 주의 깊게 듣는다. 남자 2가 "I recommend downloading it[software]."이라며 소프트웨어를 다운로드하는 것을 제안한다고 한 뒤 "You can get it at www.savewiz.com."이라며 웹사이트에서 받을 수 있다고 하자, 여자가 "I'll give it a try."라며 한번 해보겠다고 하였다. 이를 통해 여자가 웹사이트에 방문할 것임을 알 수 있다. 따라서 정답은 (D) Visit a Web site이다.

[19-21] 미국 → 캐나다

Questions 19-21 refer to the following conversation.

W: Hi. [19]**I saw a notice online stating that the Russian Heritage Institute is looking for a new head of publicity.**
M: Right. Are you interested in the position?
W: Yes. [20]**The notice indicates that you require someone with three years of experience speaking Russian. I've spent the last five years studying Russian in graduate school.**
M: We'd prefer someone who's used Russian in a workplace. But if you do well on the language test, we won't count your lack of experience against you.
W: OK. I'll send in my cover letter and résumé now.
M: Sounds good. [21]**We'll call you next week to set up a time to take the test.**

heritage [héritidʒ] 문화유산, 전통 **institute** [ínstətjùːt] 기관; 도입하다
publicity [pʌblísəti] 홍보, 광고 **count against** ~에 불리하게 간주되다

해석
19-21은 다음 대화에 관한 문제입니다.
W: 안녕하세요. [19]**저는 러시아 문화유산 기관이 새로운 홍보부장을 찾고 있다고 알리는 공지를 온라인에서 봤어요.**
M: 맞아요. 그 자리에 관심이 있으신가요?
W: 네. [20]**공지는 러시아어를 3년간 구사한 경험이 있는 누군가가 필요하다고 명시하고 있어요. 저는 지난 5년간 대학원에서 러시아어를 공부했어요.**
M: 저희는 업무 현장에서 러시아어를 사용한 사람을 선호해요. 하지만 만약 당신이 언어 시험을 잘 보신다면, 저희는 당신의 부족한 경력이 불리하게 간주되도록 하지 않을게요.
W: 알겠어요. 제 자기소개서와 이력서를 지금 제출할게요.
M: 좋아요. [21]**시험을 칠 시간을 정하기 위해 다음 주에 전화 드릴게요.**

19

해석 여자는 온라인에서 무엇을 발견했는가?
(A) 전시회에 관한 기사
(B) 구인 광고
(C) 박물관의 보도 자료
(D) 번역 서비스

해설 여자가 온라인에서 발견한 것을 묻는 문제이므로, 질문의 핵심어구(find

online)와 관련된 내용을 주의 깊게 듣는다. 여자가 "I saw a notice online stating that the Russian Heritage Institute is looking for a new head of publicity."라며 러시아 문화유산 기관이 새로운 홍보부장을 찾고 있다고 알리는 공지를 온라인에서 봤다고 하였다. 따라서 정답은 (B) A job advertisement이다.

어휘 article [á:rtikl] 기사, 논문 press release 보도자료, 신문 발표

20

해석 여자는 "저는 지난 5년간 대학원에서 러시아어를 공부했어요"라고 말할 때 무엇을 의도하는가?
(A) 그녀는 전시회에 대해 잘 안다.
(B) 그녀는 자신이 자격 요건을 충족한다고 생각한다.
(C) 그녀는 업무를 이해한다.
(D) 그녀는 수업이 재미있을 것이라고 생각한다.

해설 여자가 하는 말의 의도를 묻는 문제이므로, 질문의 인용어구(I've spent the last five years studying Russian in graduate school)가 언급된 주변을 주의 깊게 듣는다. 여자가 "The notice indicates that you require someone with three years of experience speaking Russian. I've spent the last five years studying Russian in graduate school."이라며 공지에서 러시아어를 3년간 구사한 경험이 있는 사람이 필요하다고 명시하고 있다고 한 뒤, 자신이 지난 5년간 대학원에서 러시아어를 공부했다고 한 것을 통해 여자가 자신이 자격 요건을 충족한다고 생각하고 있음을 알 수 있다. 따라서 정답은 (B) She believes she meets a requirement이다.

21

해석 남자는 다음 주에 무슨 일이 일어날 것이라고 말하는가?
(A) 시험 일정이 잡힐 것이다.
(B) 보고서가 제출될 것이다.
(C) 언어 수업이 열릴 것이다.
(D) 문화유산 기관이 개방될 것이다.

해설 다음 주에 일어날 일을 묻는 문제이므로, 질문의 핵심어구(next week)가 언급된 주변을 주의 깊게 듣는다. 남자가 "We'll call you next week to set up a time to take the test."라며 시험을 칠 시간을 정하기 위해 다음 주에 전화하겠다고 한 말을 통해 다음 주에 전화상으로 시험 일정이 잡힐 것임을 알 수 있다. 따라서 정답은 (A) An exam will be scheduled이다. (test → exam, set up a time → be scheduled)

[22-24] 캐나다 → 미국

Questions 22-24 refer to the following conversation.

M: The manager of the sales department just called and said that [22]**three of their computers are not working. They need to be taken to a service center.** It's the third time we've had to send computers there this month, and it's costing us too much money.
W: We've had this problem for a while now. [23]**What do you think about hiring a full-time technician?**
M: Hmm. [24]**I can ask Ellen to check our financial records and see if that's feasible. She can compare the expense of a new employee to what we've paid for repairs over the past 12 months.**
W: Good idea. That way we can simply choose the less expensive option.

cost [kɔ:st] 비용이 들어가다 full-time [fùltáim] 전임의, 풀타임의
feasible [fí:zəbl] 실현 가능한

해석
22-24는 다음 대화에 관한 문제입니다.

M: 영업부 부장이 방금 전화를 걸어 [22]컴퓨터 3대가 작동하지 않는다고 말했어요. 그것들은 서비스 센터로 가져가져야 해요. 이번 달에 그곳으로 컴퓨터를 보내야 하는 게 이번이 세 번째이고, 너무 많은 비용이 들어가고 있어요.
W: 우리는 요즘 한동안 이 문제를 겪었어요. [23]전임 기술자를 고용하는 것에 대해 어떻게 생각하세요?
M: 음. [24]제가 Ellen에게 우리의 재정 기록을 확인하여 그것이 실현 가능한지를 알아보도록 요청할 수 있어요. 그녀는 새 직원의 비용과 지난 12개월 동안 우리가 수리를 위해 지불한 비용을 비교할 수 있어요.
W: 좋은 생각이에요. 그러면 우리는 단지 비용이 덜 드는 쪽을 선택하면 되겠네요.

22

해석 화자들은 주로 무엇에 대해 이야기하고 있는가?
(A) 더 나은 서비스를 제공하기 위한 방법
(B) 문제에 대한 실행 가능한 해결책
(C) 최근에 퇴직한 직원
(D) 기존 소프트웨어의 대안들

해설 대화의 주제를 묻는 문제이므로, 대화의 첫 부분을 반드시 듣는다. 남자가 "three ~ computers are not working. They need to be taken to a service center."라며 컴퓨터 3대가 작동하지 않아서 그것들을 서비스 센터로 가져가야 한다는 문제점을 언급한 뒤, 문제 해결 방안에 대한 내용으로 대화가 이어지고 있다. 따라서 정답은 (B) A possible solution to a problem이다.

어휘 alternative [ɔ:ltə́:rnətiv] 대안 existing [igzístiŋ] 기존의

23

해석 여자는 무엇을 제안하는가?
(A) 새로운 컴퓨터 구매하기
(B) 추가 직원 고용하기
(C) 서비스 센터 방문하기
(D) 연간 예산 확인하기

해설 여자가 제안하는 것을 묻는 문제이므로, 여자의 말에서 제안과 관련된 표현이 포함된 문장을 주의 깊게 듣는다. 여자가 "What do you think about hiring a full-time technician?"이라며 전임 기술자를 고용하는 것을 제안하였다. 따라서 정답은 (B) Employing an additional worker이다. (hiring ~ technician → Employing ~ additional worker)

24

해석 남자에 따르면, Ellen은 무슨 정보를 제공할 수 있는가?
(A) 수리 정보
(B) 소프트웨어 설명서
(C) 회계 자료
(D) 기술 지원

해설 Ellen이 무슨 정보를 제공할 수 있는지를 묻는 문제이므로, 질문의 핵심어구(information ~ Ellen provide)와 관련된 내용을 주의 깊게 듣는다. 남자가 "I can ask Ellen to check our financial records ~. She can compare the expense of a new employee to what we've paid for repairs over the past 12 months."라며 Ellen에게 자신들의 재정 기록을 확인하도록 요청할 수 있다며 그녀가 새 직원의 비용과 지난 12개월 동안 그들이 수리를 위해 지불한 비용을 비교할 수 있다고 한 말을 통해 Ellen이 회계 자료를 제공할 수 있음을 알 수 있다. 따라서 정답은 (C) Accounting data이다.

어휘 accounting [əkáuntiŋ] 회계

[25-27] 영국 → 호주

Questions 25-27 refer to the following conversation.

W: Good morning. [25]**How much will it cost to send this package to Singapore?** [26]**It contains important documents that need to arrive by Friday for a board meeting.**
M: Well, [25]**there are two options**. First, you can send it by air mail at a cost of $20.50, and it should arrive within seven business days. But I can't guarantee it will be there on time. You can also send it through expedited mail, which would be $32.50. We guarantee delivery within five business days.
W: I think I'll use your expedited service. [27]**Can you ensure that the recipient signs for the package when it**

arrives?
M: Certainly. We do that with all international shipments.

option [미 ápʃən, 영 ɔ́pʃən] 선택 사항 **business day** 영업일
guarantee [gæ̀rəntíː] 보장하다 **expedite** [ékspədàit] 급히 보내다
recipient [risípiənt] 수령인, 받는 사람
international [미 ìntərnǽʃənl, 영 ìntənǽʃənl] 국제적인

해석
25-27은 다음 대화에 관한 문제입니다.
W: 안녕하세요. [25]이 소포를 싱가포르로 보내는 데 비용이 얼마가 들까요? [26]그것에는 이사회 회의를 위해 금요일까지 도착해야 하는 중요한 문서들이 들어 있어요.
M: 음, [25]두 가지 선택 사항이 있습니다. 첫 번째는, 항공 우편으로 20.50달러에 보내실 수 있고, 영업일로 7일 이내에 도착할 겁니다. 하지만 제때 도착할 것이라고 보장해 드릴 수는 없습니다. 또한 속달 우편으로 보내실 수도 있는데, 이것은 32.50달러가 될 것입니다. 영업일로 5일 이내의 배송을 보장합니다.
W: 저는 속달 우편을 이용해야 할 것 같아요. [27]소포가 도착하면 반드시 수령인이 서명하도록 할 수 있나요?
M: 물론입니다. 저희는 모든 국제 배송에 그렇게 합니다.

25

해석 화자들은 어디에 있는 것 같은가?
(A) 인쇄소에
(B) 우체국에
(C) 컨벤션 센터에
(D) 법률 사무소에

해설 화자들이 있는 장소를 묻는 문제이므로, 장소와 관련된 표현을 놓치지 않고 듣는다. 여자가 "How much will it cost to send this package to Singapore?"라며 소포를 싱가포르로 보내는 데 비용이 얼마가 들지 묻자, 남자가 "there are two options"라며 항공 우편과 속달 우편에 대해 설명하였다. 이를 통해, 화자들이 소포를 부치는 우체국에 있음을 알 수 있다. 따라서 정답은 (B) At a post office이다.

26

해석 문서들은 왜 금요일까지 싱가포르에 있어야 하는가?
(A) 계약 협상에 필요하다.
(B) 행사를 홍보하기 위해 사용될 것이다.
(C) 고객에 의해 요청되었다.
(D) 회의를 위해 필요하다.

해설 문서들이 금요일까지 싱가포르에 있어야 하는 이유를 묻는 문제이므로, 질문의 핵심어구(documents ~ in Singapore by Friday)와 관련된 내용을 주의 깊게 듣는다. 여자가 "It contains important documents that need to arrive by Friday for a board meeting."이라며 소포에 이사회 회의를 위해 금요일까지 도착해야 하는 중요한 문서들이 들어 있다고 하였다. 따라서 정답은 (D) They are needed for a meeting이다.

어휘 **negotiation** [nigòuʃiéiʃən] 협상

27

해석 여자는 무엇을 요청하는가?
(A) 확인 서명
(B) 지불 영수증
(C) 여행 일정표 사본
(D) 회의 일정

해설 여자가 요청하는 것을 묻는 문제이므로, 지문의 중후반에서 요청과 관련된 표현이 포함된 문장을 주의 깊게 듣는다. 여자가 "Can you ensure that the recipient signs for the package when it arrives?"라며 소포가 도착하면 반드시 수령인이 서명하도록 할 수 있는지 물었다. 따라서 정답은 (A) A confirmation signature이다.

어휘 **confirmation** [kɑ̀nfərméiʃən] 확인, 확정

[28-30] 캐나다 → 영국

Questions 28-30 refer to the following conversation.

M: I got a message from Mr. Dahl about his purchase.
W: Mr. Dahl? **[28]Didn't he order 240 test tubes for his laboratory?**
M: Exactly. But now **[28]he wants to increase his order to . . . uh . . . 480 tubes. [29]He also asked if we would waive the extra shipping fees**, since he's a regular customer. What do you think?
W: **[29]Normally we wouldn't allow that, but Mr. Dahl is a great client.**
M: OK. **[30]I'll let him know that we've agreed to his request.**

test tube 시험관 **laboratory** [lǽbərətɔ̀ːri] 실험실
waive [weiv] 면제하다, (권리 등을) 버리다 **regular customer** 단골 고객

해석
28-30은 다음 대화에 관한 문제입니다.
M: Mr. Dahl로부터 그의 구매에 대한 메시지를 받았어요.
W: Mr. Dahl이요? [28]그가 실험실에서 쓸 시험관 240개를 주문하지 않았나요?
M: 맞아요. 그런데 지금 [28]그는 그의 주문을... 어... 480개로 늘리고 싶어 해요. [29]그는 또한 그가 단골 고객이니, 우리가 추가 배송 요금을 면제해 줄 수 있는지도 물었어요. 어떻게 생각하세요?
W: [29]보통 우리는 그것을 허용하지 않겠지만, Mr. Dahl은 훌륭한 고객이에요.
M: 알겠어요. [30]제가 그에게 우리가 그의 요구를 수용했다고 알릴게요.

28

해석 대화는 주로 무엇에 대한 것인가?
(A) 고객의 주문
(B) 실험 결과
(C) 새로운 우편 시스템
(D) 지연된 배송

해설 대화의 주제를 묻는 문제이므로, 대화의 첫 부분을 반드시 듣는다. 여자가 "Didn't he[Mr. Dahl] order 240 test tubes ~?"라며 Mr. Dahl이 시험관 240개를 주문하지 않았는지 묻자, 남자가 "he wants to increase his order to ~ 480 tubes"라며 그가 그의 주문을 480개로 늘리고 싶어 한다고 한 뒤, 이 주문에 대한 내용으로 대화가 이어지고 있다. 따라서 정답은 (A) A client's order이다.

29

해석 여자는 "Mr. Dahl은 훌륭한 고객이에요"라고 말할 때 무엇을 의도하는가?
(A) 요금이 이미 지불되었다.
(B) 속달 배송이 요청되었다.
(C) 예외 취급이 가능하다.
(D) 회의가 필요하다.

해설 여자가 하는 말의 의도를 묻는 문제이므로, 질문의 인용어구(Mr. Dahl is a great client)가 언급된 주변을 주의 깊게 듣는다. 남자가 "He[Mr. Dahl] ~ asked if we would waive the extra shipping fees"라며 Mr. Dahl이 추가 배송 요금을 면제해 줄 수 있는지 물었다고 하자, 여자가 "Normally we wouldn't allow that, but Mr. Dahl is a great client."라며 보통 자신들은 그것을 허용하지 않겠지만 Mr. Dahl은 훌륭한 고객이라고 하였다. 이를 통해 Mr. Dahl의 주문에 대한 예외 취급이 가능하다는 의도임을 알 수 있다. 따라서 정답은 (C) An exception is possible이다.

어휘 **express delivery** 속달 배송 **exception** [iksépʃən] 예외 취급

30

해석 남자는 다음에 무엇을 할 것 같은가?
(A) 고객에게 연락한다.
(B) 몇몇 상품을 포장한다.
(C) 결제를 처리한다.
(D) 구매 영수증을 출력한다.

해설 남자가 다음에 할 일을 묻는 문제이므로, 대화의 마지막 부분을 주의 깊게 듣

는다. 남자가 "I'll let him[Mr. Dahl] know that we've agreed to his request."라며 그, 즉 Mr. Dahl에게 자신들이 그의 요구를 수용했음을 알리겠다고 하였다. 따라서 정답은 (A) Contact a client이다.

어휘 package[pǽkidʒ] 포장하다; 포장, 소포

[31-33] 캐나다 → 미국

Questions 31-33 refer to the following conversation and bookshelf.

M: Excuse me. I'm trying to find the cookbooks. They were next to the fire exit last time I was here.
W: [31]**We reorganized the store last week.** You'll find them right here, next to the travel section. Are you looking for anything in particular?
M: Yeah. [32]**I'm interested in some books from the *World Cooking* series by Greg Sutter.** I'm a big fan of his TV program.
W: Well, you're in luck. [33]**Italian Cooking Week started yesterday, so books by Milo White and Greg Sutter are all marked down.**

fire exit 비상구 reorganize[riɔ́:rgənàiz] 다시 구성하다, 개편하다
in particular 특별히 mark down 할인하다, 인하하다

해석

31-33은 다음 대화와 책꽂이에 관한 문제입니다.

M: 실례합니다. 요리책들을 찾으려는 중이에요. 지난번에 제가 여기 왔었을 때는 그것들이 비상구 옆에 있었는데요.
W: [31]**저희는 지난주에 상점을 다시 구성했어요.** 당신은 그것들을 바로 여기, 여행 구역 옆에서 찾을 수 있으실 거예요. 특별히 찾으려고 하시는 무언가가 있나요?
M: 네. [32]**저는 Greg Sutter의 세계 요리 시리즈 중 몇몇 책들에 관심이 있어요.** 저는 그의 TV 프로그램의 열렬 팬이거든요.
W: 음, 운이 좋으시군요. [33]**이탈리안 요리 주간이 어제 시작되어서, Milo White와 Greg Sutter의 책들은 모두 할인됩니다.**

31

해석 지난주에 무슨 일이 일어났는가?
(A) 배치가 바뀌었다.
(B) 대회가 개최되었다.
(C) 소방 훈련이 시행되었다.
(D) 상점 판촉 행사가 끝났다.

해설 지난주에 일어난 일을 묻는 문제이므로, 질문의 핵심어구(happened last week)와 관련된 내용을 주의 깊게 듣는다. 여자가 "We reorganized the store last week."라며 자신들이 지난주에 상점을 다시 구성했다고 하였다. 이를 통해 지난주에 배치가 바뀌었음을 알 수 있다. 따라서 정답은 (A) A layout was changed이다. (reorganized → changed)

어휘 layout[léiàut] 배치 conduct[kəndʌ́kt] 시행하다, 하다

32

해석 시각 자료를 보아라. 남자는 어느 책에 관심이 있을 것 같은가?
(A) *쉬운 요리*
(B) *프랑스식 변형*
(C) *파스타 왕*
(D) *황금 스페인*

해설 남자가 관심이 있는 책을 묻는 문제이므로, 제시된 책꽂이를 확인한 뒤 질문의 핵심어구(book ~ man ~ interested)와 관련된 내용을 주의 깊게 듣는다. 남자가 "I'm interested in some books from the ~ series by Greg Sutter."라며 Greg Sutter의 시리즈 중 몇몇 책들에 관심이 있다고 하였으므로, 남자가 Greg Sutter의 책인 *파스타 왕*에 관심이 있음을 책꽂이에서 알 수 있다. 따라서 정답은 (C) *Pasta King*이다.

33

해석 책들은 왜 할인되는가?
(A) 상점에서 음식을 제공하기 시작했다.
(B) 작가가 가게에 올 것이다.
(C) 특별 행사가 시작했다.
(D) 고객이 할인 카드를 가지고 있다.

해설 책들이 할인되는 이유를 묻는 문제이므로, 질문의 핵심어구(books marked down)와 관련된 내용을 주의 깊게 듣는다. 여자가 "Italian Cooking Week started yesterday, so books ~ are ~ marked down."이라며 이탈리안 요리 주간이 어제 시작되어서 책들이 할인된다고 하였다. 따라서 정답은 (C) A special event started이다.

어휘 offer[미 ɔ́:fər, 영 ɔ́fə] 제공하다

[34-36] 호주 → 미국

Questions 34-36 refer to the following conversation and map.

M: Good morning. My name is Jim Mason. [34/35]**I booked a stay at your facility yesterday, but I still haven't received confirmation.**
W: Let me check. Yes, [34]**we have you booked for a single room** from June 9 through June 12. I will send you the confirmation e-mail now.
M: Thanks. Oh, and I was wondering if you provide transportation from Chicago International Airport.
W: We do. Shuttles depart every 40 minutes from 8 A.M. through 10 P.M.
M: Where does it pick people up?
W: As you exit the main terminal, you'll see four bus stops. [36]**Our shuttle stops at the one directly across from the car rental agency.** I'll include a map in the e-mail.

book[buk] 예약하다
confirmation[미 kɑ̀nfərméiʃən, 영 kɔ̀nfəméiʃən] 확인, 확정
depart[dipɑ́:rt] 출발하다

해석

34-36은 다음 대화와 지도에 관한 문제입니다.

M: 안녕하세요. 제 이름은 Jim Mason이에요. [34/35]**제가 어제 당신의 시설에 숙박을 예약했는데 아직 확인을 받지 못했어요.**
W: 확인해드릴게요. 네, [34]**저희는 고객님에게 6월 9일부터 6월 12일까지 1인실을 예약해 드렸어요.** 제가 지금 확인 이메일을 발송해 드릴게요.
M: 감사합니다. 아, 그리고 시카고 국제 공항으로부터의 차편을 제공하시는지 궁금해요.
W: 제공해요. 셔틀 버스가 오전 8시부터 오후 10시까지 40분 간격으로 출발해요.
M: 그것은 사람들을 어디서 태우나요?
W: 중앙 터미널을 나가시면, 4개의 버스 정류장이 보이실 거예요. [36]**저희 셔틀 버스는 차량 대여점 바로 건너편에 서요.** 제가 이메일에 지도를 포함시킬게요.

중앙 터미널 출구			
차량 대여점			지하철 입구
36버스 정류장 A	버스 정류장 B	버스 정류장 C	버스 정류장 D

34

해석 여자는 어디에서 일하는 것 같은가?
(A) 지역 공항에서
(B) 숙박 시설에서
(C) 여행사에서

(D) 셔틀 버스 회사에서

해설 여자가 일하는 장소를 묻는 문제이므로, 신분 및 직업과 관련된 표현을 놓치지 않고 듣는다. 남자가 "I booked a stay at your facility yesterday"라며 여자의 시설에 숙박을 예약했다고 하자, 여자가 "we have you booked for a single room"이라며 남자에게 1인실을 예약해 주었다고 한 말을 통해 여자가 일하는 장소가 숙박 시설임을 알 수 있다. 따라서 정답은 (B) At an accommodation facility이다.

어휘 **regional** [ríːdʒənl] 지역의

35

해석 남자는 왜 걱정하는가?
(A) 예약이 확인되지 않았다.
(B) 일정이 갑자기 변경되었다.
(C) 청구서를 받지 못했다.
(D) 항공편 번호를 기억하지 못한다.

해설 남자의 문제점을 묻는 문제이므로, 남자의 말에서 부정적인 표현이 언급된 다음을 주의 깊게 듣는다. 남자가 "I booked a stay ~ but I still haven't received confirmation."이라며 숙박을 예약했는데 아직 확인을 받지 못했다고 하였다. 따라서 정답은 (A) His booking has not been confirmed이다.

어휘 **unexpectedly** [ʌnikspéktidli] 갑자기, 예상외로

36

해석 시각 자료를 보아라. 남자는 어느 버스 정류장으로 가야 하는가?
(A) 버스 정류장 A
(B) 버스 정류장 B
(C) 버스 정류장 C
(D) 버스 정류장 D

해설 남자가 가야 하는 버스 정류장을 묻는 문제이므로, 제시된 지도의 정보를 확인한 뒤 질문의 핵심어구(bus stop)와 관련된 내용을 주의 깊게 듣는다. 여자가 "Our shuttle stops at the one directly across from the car rental agency."라며 셔틀 버스가 차량 대여점 바로 건너편에 선다고 하였으므로, 남자가 차량 대여점 바로 건너에 있는 버스 정류장 A로 가야함을 지도에서 알 수 있다. 따라서 정답은 (A) Bus stop A이다.

[37-39] 영국 → 캐나다

Questions 37-39 refer to the following conversation and list.

W: Hello. [37]**There's an old tree in my front yard that I'd like removed. Can your business take care of that?**
M: OK. I'll come tomorrow to inspect it and let you know the cost.
W: Um, just to check . . . [38]**Do you use harmful chemicals like herbicides?**
M: No. It's our policy to only use environmentally friendly methods.
W: Great. That's just what I'm looking for. [37]**I'll also need regular lawn maintenance.** Like cutting and watering the grass.
M: [39]**We have several packages that vary in cost depending on the services included and frequency of visits.**
W: [39]**I want someone to come each week, but I don't want to spend more than $150 per month.**

harmful [미 háːrmfəl, 영 háːmfəl] 유해한 **chemical** [kémikəl] 화학 약품
herbicide [미 ə́ːrbəsàid, 영 həːbisaid] 제초제 **lawn** [lɔːn] 잔디, 정원
maintenance [méintənəns] 관리, 보수 **frequency** [fríːkwənsi] 빈도

해석
37-39는 다음 대화와 목록에 관한 문제입니다.

W: 안녕하세요. [37]제 앞마당에 없애고 싶은 오래된 나무 하나가 있어요. 당신의 회사에서 그것을 처리해주실 수 있나요?
M: 네. 내일 가서 그것을 살펴보고 비용을 알려드릴게요.
W: 음, 그냥 확인차 여쭤보는데... [38]제초제와 같은 유해한 화학 약품을 사용하시나요?
M: 아니요. 환경 친화적인 방법만 사용하는 것이 저희 정책이에요.
W: 좋네요. 그것이 바로 제가 찾고 있는 거예요. [37]저는 또한 정기적인 잔디 관리도 필요로 할 거예요. 잔디를 자르고 물을 주는 것 같은 거요.
M: [39]저희는 포함된 서비스와 방문 빈도에 따라 비용이 달라지는 여러 패키지가 있어요.
W: [39]저는 매주 누군가가 와주길 원하지만, 한 달에 150달러 이상 쓰고 싶지는 않아요.

패키지 서비스

패키지 이름	빈도	월별 비용
프리미엄 플러스	매주	170달러
[39]프리미엄	매주	145달러
일반	매월	90달러
기본	매월	80달러

37

해석 여자는 왜 전화하고 있는가?
(A) 환경 규제에 대해 알기 위해
(B) 비료를 구매하기 위해
(C) 잔디 관리 일정을 변경하기 위해
(D) 원예 서비스에 관해 알아보기 위해

해설 전화의 목적을 묻는 문제이므로, 대화의 초반을 반드시 듣는다. 여자가 "There's an old tree in my front yard that I'd like removed. Can your business take care of that?"이라며 자신의 앞마당에 없애고 싶은 오래된 나무 하나가 있는데 남자의 회사에서 그것을 처리해줄 수 있는지 물은 뒤, "I'll also need regular lawn maintenance."라며 자신은 또한 정기적인 잔디 관리도 필요로 할 것이라고 하였다. 따라서 정답은 (D) To find out about a gardening service이다.

어휘 **purchase** [미 pə́ːrtʃəs, 영 pə́ːtʃəs] 구매하다
fertilizer [미 fə́ːrtəlàizər, 영 fə́ːtilaizə] 비료
gardening [미 gáːrdniŋ, 영 gáːdniŋ] 원예

38

해석 여자는 무엇에 대해 문의하는가?
(A) 어느 방법이 가장 효과적인지
(B) 언제 작업자가 올 수 있는지
(C) 어떻게 결제를 하는지
(D) 화학 약품이 사용되는지

해설 여자가 문의하는 것을 묻는 문제이므로, 여자의 말을 주의 깊게 듣는다. 여자가 "Do you use harmful chemicals like herbicides?"라며 제초제와 같은 유해한 화학 약품을 사용하는지 물었다. 따라서 정답은 (D) Whether chemicals are used이다.

어휘 **effective** [iféktiv] 효과적인, 유효한

39

해석 시각 자료를 보아라. 여자는 어느 패키지를 고를 것 같은가?
(A) 프리미엄 플러스
(B) 프리미엄
(C) 일반
(D) 기본

해설 여자가 고를 패키지를 묻는 문제이므로, 제시된 목록의 정보를 확인한 뒤 질문의 핵심어구(package)가 언급된 주변을 주의 깊게 듣는다. 남자가 "We have several packages that vary in cost depending on the services included and frequency of visits."라며 포함된 서비스와 방문 빈도에 따라 비용이 달라지는 여러 패키지가 있다고 하자, 여자가 "I want someone to come each week, but I don't want to spend more than $150 per month."라며 자신은 매주 누군가가 와주길 원하지만 한 달에 150달러 이상 쓰고 싶지는 않다고 하였다. 이를 통해 여자가 매주 방문이면서 비용이 150달러보다 적은 145달러짜리 프리미엄 패키지를 고를 것임을 목록에서 알 수 있다. 따라서 정답은 (B) Premium이다.

Part 4

기본다지기

1. 부사절 귀에 익히기 p.229

1. (A)   2. (A)   3. (B)   4. (A)

1 캐나다 → 영국 → 호주

Before we end the meeting, I have an announcement. The marketing workshop next week has been postponed since we have several urgent deadlines. We will reschedule the workshop for the following week, and participants will be informed of the specific day and time by e-mail.

해석
회의를 끝내기 전에 공지 사항이 있습니다. 우리에게 긴박한 마감 기한이 몇 가지 있기 때문에 다음 주 마케팅 워크숍이 연기되었습니다. 우리는 워크숍 일정을 그 다음 주로 변경할 것이며, 참가자들은 이메일로 구체적인 요일과 시간을 통지받을 것입니다.

1. 워크숍은 왜 연기되었는가?
   (A) 직원들은 끝내야 하는 몇 가지 일이 있다.
   (B) 등록한 사람들이 충분하지 않다.

어휘 postpone [미 poustpóun, 영 pəustpə́un] 연기하다, 미루다
urgent [미 ə́:rdʒənt, 영 ə́:dʒənt] 긴박한, 다급한
inform [미 infɔ́:rm, 영 infɔ́:m] 통지하다, 알리다
complete [kəmplí:t] 끝내다, 완성하다
register [미 rédʒistər, 영 rédʒistə] 등록하다

2 영국 → 호주 → 미국

All employees should note that the inventory-tracking system will be off-line for several days so that the latest version of software can be installed. I realize that this will negatively affect productivity. Please be patient.

해석
최신 버전의 소프트웨어가 설치될 수 있도록 재고 추적 시스템이 며칠 동안 인터넷에 연결되지 않을 것임을 모든 직원은 유념하셔야 합니다. 저는 이것이 생산성에 부정적으로 영향을 미칠 것이라는 것을 알고 있습니다. 기다려 주십시오.

2. 무엇이 재고 추적 시스템을 이용할 수 없는 원인이 될 것인가?
   (A) 소프트웨어 업데이트가 필요하다.
   (B) 직원들이 새로운 사무실로 이사갈 것이다.

어휘 inventory [미 ínvəntɔ̀:ri, 영 ínvəntri] 재고 realize [rí:əlàiz] 알다, 알아차리다
negatively [négətivli] 부정적으로

[3-4] 호주 → 영국 → 캐나다

As everyone knows, Mr. Jensen has left the company due to health issues. Because his retirement was unexpected, we need to find a replacement quickly. If you wish to be considered for the accounting manager position, notify Emily Raines in the human resources department.

해석
모두 아시다시피, Mr. Jensen이 건강 상의 문제로 회사를 떠났습니다. 그의 퇴직이 예기치 않았기 때문에, 우리는 신속히 후임자를 찾아야 합니다. 만약 당신이 회계팀 장직에 고려되기를 원한다면, 인사부의 Emily Raines에게 알려주십시오.

3. 회사는 왜 빨리 자리를 채워야 하는가?
   (A) 부서가 재편성되었다.
   (B) 직원이 예기치 않게 그만두었다.

4. 그 직위에 관심이 있다면 직원들은 무엇을 해야 하는가?
   (A) 다른 부서의 사람에게 연락한다.
   (B) 회계팀장과 만난다.

어휘 retirement [미 ritáiərmənt, 영 ritáiəmənt] 퇴직, 은퇴
unexpected [ʌ̀nikspéktid] 예기치 않은, 예상 밖의
replacement [ripléismənt] 후임자, 대체
notify [미 nóutəfài, 영 nə́utifài] 알리다, 통지하다
human resources department 인사부 quit [kwit] 그만두다

2. 긴 문장 끊어 듣기 p.231

1. (B)   2. (B)   3. (A)   4. (B)   5. (C)

1 미국 → 호주 → 영국

As a personnel manager, I've learned to communicate well with other staff members.

해석
인사부장으로서, 저는 다른 직원들과 의사소통을 잘하는 법을 배웠습니다.

1. 화자의 직업은 무엇인가?
   (A) 광고 컨설턴트
   (B) 인사부 임원
   (C) 기업 교육관

어휘 personnel [미 pə̀:rsənél, 영 pə̀:sənél] 인사부
executive [igzékjutiv] 임원, 관리직

2 호주 → 영국 → 캐나다

I would like everyone to welcome Carol Ling, a Taiwanese researcher visiting Seattle to inspect the CTN laboratories.

해석
CTN 연구소를 조사하고자 시애틀을 방문한 대만 연구원 Carol Ling을 여러분 모두가 환영해주시기 바랍니다.

2. Carol Ling은 왜 시애틀을 방문하고 있는가?
   (A) 시 공무원과 만나기 위해
   (B) 연구 시설을 조사하기 위해
   (C) 과학 연구를 실시하기 위해

어휘 Taiwanese [tàiwɑ:ní:z] 대만의 inspect [inspékt] 조사하다
examine [igzǽmin] 조사하다

3 영국 → 호주 → 미국

Joan will be away next week conducting interviews with applicants we've contacted for the vacant positions.

해석
Joan은 공석을 위해 우리가 연락한 지원자들을 면접하느라 다음 주에 부재중일 것입니다.

3. Joan은 왜 다음 주에 부재중일 것인가?
   (A) 그녀는 구직자들을 만날 것이다.
   (B) 그녀는 새로운 일자리를 위해 면접을 받게 될 것이다.
   (C) 그녀는 신입 사원들을 교육시킬 것이다.

어휘 away [əwéi] 부재중인 applicant [ǽplikənt] 지원자

4 캐나다 → 영국 → 호주

As many of you may already know, construction work is scheduled to begin next Monday. The renovations to the store, including the expansion of our menswear department, the addition of a toy section, and the remodeling of our cosmetics area, will take three months to complete.

해석

여러분 중 많은 분이 이미 아시다시피, 공사 작업이 다음 주 월요일에 시작되기로 예정되어 있습니다. 남성복 구역의 확장과 장난감 구역의 추가 및 화장품 구역의 리모델링을 포함하는 상점의 보수 공사는 완료하는 데 석 달이 걸릴 것입니다.

4. 공사는 어디에서 이루어지고 있는 것 같은가?
   (A) 장난감 상점에서
   (B) 백화점에서
   (C) 건설 회사에서

어휘 **renovation** [renəvéiʃən] 보수 공사 **expansion** [ikspǽnʃən] 확장
menswear [미 ménzwὲər, 영 ménzweə] 남성복

5 미국 → 호주 → 영국

Flights to and from Denver have been delayed or canceled because of inclement weather causing dangerous conditions for air travel, meaning that Windstream Air's 6 P.M. flight will not be departing as scheduled.

해석

비행을 하기에 위험한 상황을 일으키는 험한 날씨 때문에 덴버를 왕복하는 항공편들이 지연되거나 취소되었는데, 이는 Windstream 항공사의 오후 6시 비행편이 예정대로 출발하지 않을 것을 의미합니다.

5. 비행편이 왜 예정대로 출발하지 않을 것인가?
   (A) 연결편이 취소되었다.
   (B) 기계적인 문제가 있었다.
   (C) 날씨가 좋지 않았다.

어휘 **inclement** [inklémənt] (날씨가) 험한, 궂은 **connection** [kənékʃən] 연결편, 연결

3. Paraphrasing된 표현 이해하기

p.235

1. (A) 2. (B) 3. (B)

1 미국 → 호주 → 영국

Good morning, Ms. O'Leary. I'm calling from Southerland Bank to let you know that there were some unusual charges made to your credit card yesterday. For security reasons, we have put a temporary block on your card, which will be removed once we confirm that you made these payments. You should contact me as soon as possible to let me know. I apologize if this causes any inconvenience.

해석

안녕하세요, Ms. O'Leary. 어제 고객님의 신용카드에 평소와는 다른 몇몇 청구가 이루어졌음을 알려드리고자 Southerland 은행에서 전화 드립니다. 보안상의 이유로 저희는 고객님의 신용카드에 일시적인 이용 중지 조치를 취하였으며, 그것은 고객님이 이 지불을 했다는 것을 저희가 확인하자마자 해제될 것입니다. 고객님께서는 제가 알 수 있도록 가능한 한 빨리 연락하셔야 합니다. 어떠한 불편이라도 끼쳐 드렸다면 사과 드립니다.

1. 화자는 왜 Ms. O'Leary에게 연락하는가?
   (A) 그녀에게 몇몇 금융 활동을 알리기 위해
   (B) 청구서의 지불을 요청하기 위해

어휘 **temporary** [미 témpərèri, 영 témpərəri] 일시적인, 임시의
make a payment 지불하다
inconvenience [미 ìnkənví:njəns, 영 ìnkənví:niəns] 불편

2 호주 → 영국 → 캐나다

May I have your attention please? The hotel's fire alarm has been activated. We ask that all guests make their way out of the building. To find the nearest exit, please consult the maps on the back of your room doors or next to the elevators on each floor. You will be directed by hotel staff at each exit to a waiting area. Please do not reenter the facility until you have been instructed to do so by security personnel.

해석

주목해 주시겠습니까? 호텔의 화재 경보기가 가동되었습니다. 저희는 모든 고객님들이 건물 밖으로 나가 주시길 요청드립니다. 가장 가까운 출구를 찾기 위해 객실 문의 뒤나 각 층의 엘리베이터 옆에 붙어 있는 지도들을 참고해 주시기 바랍니다. 여러분은 각 출구에 있는 호텔 직원들에 의해 대기 구역으로 가는 길을 안내받을 것입니다. 보안요원들에 의해 다시 들어가도록 지시받을 때까지 시설로 들어가지 마십시오.

2. 청자들은 왜 시설에서 나가도록 요청되는가?
   (A) 오늘 영업을 곧 마칠 것이다.
   (B) 비상시스템이 가동되었다.

어휘 **activate** [미 ǽktəvèit, 영 ǽktiveit] 가동시키다, 작동시키다
consult [kənsʌ́lt] 참고하다, 상담하다 **instruct** [instrʌ́kt] 지시하다
emergency [미 imə́:rdʒənsi, 영 imə́:dʒənsi] 비상, 위급상황

3 영국 → 호주 → 미국

Are you looking for something different to serve guests at your next corporate event? Marilyn's Kitchen offers a wide variety of dishes for any type of occasion. Whether you want to have breakfast during a morning meeting or serve a buffet dinner to your staff, we can work with you to develop the perfect menu. Contact us today at 555-9378!

해석

다음 회사 행사에 손님들에게 제공할 다른 무언가를 찾고 있습니까? Marilyn's Kitchen은 어떤 종류의 행사에 대해서든 다양한 종류의 요리를 제공해드립니다. 직원들에게 아침 회의 동안 아침 식사를 제공하길 원하시든지 또는 저녁 뷔페 식사를 대접하길 원하시든지, 우리는 당신과 함께 완벽한 메뉴를 개발해낼 수 있습니다. 555-9378로 오늘 연락 주십시오!

3. Marilyn's Kitchen은 어떤 종류의 제품들을 판매하는가?
   (A) 요리 기구
   (B) 출장 요리

어휘 **corporate** [미 kɔ́:rpərət, 영 kɔ́:pərət] 회사의, 기업의
occasion [əkéiʒən] 행사, 경우 **develop** [divéləp] 개발하다
utensil [미 ju:ténsəl, 영 ju:ténsil] 기구, 도구

실전 연습

p.236

1. (D)	2. (C)	3. (B)	4. (B)	5. (A)	6. (B)
7. (C)	8. (D)	9. (C)	10. (B)	11. (B)	12. (D)
13. (C)	14. (A)	15. (A)	16. (C)	17. (D)	18. (D)
19. (A)	20. (B)	21. (D)	22. (D)	23. (A)	24. (A)

[1-3] 호주

Questions 1-3 refer to the following introduction.

Our next speaker [1]**here at the Calgary Technology Symposium** is Dr. Donald Morse. An engineer by profession, Dr. Morse worked for the government for three decades before retiring to become an author. Today, [3]**he will talk to us about his book** on robots, titled *Creative Machines*, as well as [2]**his contributions to the online magazine, *Brave*.** [3]**The book, published last year**, has topped best-seller lists for nine weeks, selling over two million copies. Let us welcome Dr. Donald Morse.

symposium [미 simpóuziəm, 영 simpə́uziəm] 학술회, 심포지엄
appearance [əpíərəns] 출연, 외모 author [미 ɔ́:θər, 영 ɔ́:θə] 작가
decade [dékeid] 10년
contribution [미 kὰntrəbjú:ʃən, 영 kɔ̀ntribjú:ʃən] 기고문, 기고

해석
1-3은 다음 소개에 관한 문제입니다.

[1]이곳 **Calgary 기술 학술회**의 다음 연설자는 Dr. Donald Morse입니다. 전문 기술자인 Dr. Morse는 작가가 되기 위해 퇴직하기 전까지 30년간 정부에서 근무하였습니다. 오늘, [3]**그는** [2]**온라인 잡지 *Brave*에 실린 자신의 기고문**뿐만 아니라, *Creative Machines*라는 제목의 로봇 관련 **저서에 대해 우리에게 이야기할 것입니다.** [3]**작년에 출간된 이 책**은 9주 동안 베스트셀러 목록에서 1위를 차지하였으며 2백만 부가 넘게 팔렸습니다. Dr. Donald Morse를 환영해 주십시오.

1
해석 담화는 어디에서 일어나고 있는가?
(A) 업무 오리엔테이션에서
(B) 텔레비전 프로그램 녹화에서
(C) 책 출시 행사에서
(D) 기술 회의에서

해설 담화가 일어나고 있는 장소를 묻는 문제이므로, 장소와 관련된 표현을 놓치지 않고 듣는다. "here at the Calgary Technology Symposium"이라며 이곳 Calgary 기술 학술회라고 한 것을 통해 담화가 기술 회의에서 일어나고 있음을 알 수 있다. 따라서 정답은 (D) At a technology conference이다.

2
해석 Dr. Donald Morse에 대해 무엇이 언급되는가?
(A) 그는 기계를 발명했다.
(B) 그는 병원에서 근무한다.
(C) 그는 웹사이트에 글을 쓴다.
(D) 그는 한때 로봇을 개발했다.

해설 Dr. Donald Morse에 대해 언급되는 것을 묻는 문제이므로, 질문의 핵심어구(Dr. Donald Morse)와 관련된 내용을 주의 깊게 듣는다. "his[Dr. Donald Morse] contributions to the online magazine, *Brave*"라며 Dr. Donald Morse가 온라인 잡지에 기고한다는 말을 통해 그가 웹사이트에 글을 쓴다는 것을 알 수 있다. 따라서 정답은 (C) He writes for a Web site이다.

어휘 invent [invént] 발명하다 build [bild] 개발하다, 만들다

3
해석 화자에 따르면, Dr. Donald는 작년에 무엇을 했는가?
(A) 기조 연설을 했다.
(B) 책을 출간했다.
(C) 상을 받았다.
(D) 박사 학위를 받았다.

해설 Dr. Donald가 작년에 한 일을 묻는 문제이므로, 질문의 핵심어구(Dr. Donald ~ last year)와 관련된 내용을 주의 깊게 듣는다. "he will talk to us about his book"이라며 그의 책에 대해 이야기할 것이라고 한 뒤, "The book, published last year"라며 작년에 책이 출간되었다고 하였다. 따라서 정답은 (B) Published a book이다.

어휘 keynote [kinout] 기조 launch [lɔ:ntʃ] 출간하다
doctorate [dáktərət] 박사 학위

[4-6] 영국
Questions 4-6 refer to the following telephone message.

Good afternoon, Mr. Meyers. [4]**This is Michelle Beale calling from Dr. Warren's office. You booked an appointment for June 11 earlier this morning, but unfortunately there has been a scheduling mix-up.** Dr. Warren will be unavailable on that day. [5]**The employee you spoke to when you made the appointment didn't realize that Dr. Warren was already fully booked. Um, it is her first day working here**. Anyway, would you be able to come in the following week? [6]**I can fit you in on Monday at 11:30 A.M. or Tuesday at 2:00 P.M. Please call me back to let me know which option works best for you.**

appointment [əpɔ́intmənt] 예약, 약속
unfortunately [미 ʌnfɔ́:rtʃənətli, 영 ʌnfɔ́:tʃənətli] 유감스럽게도
mix-up [míksʌ̀p] 혼동, 혼란 unavailable [ʌ̀nəvéiləbl] 만날 수 없는, 부재의
following [미 fálouiŋ, 영 fɔ́louiŋ] 그다음의, 이후의

해석
4-6은 다음 전화 메시지에 관한 문제입니다.

안녕하세요, Mr. Meyers. [4]**저는 Dr. Warren 사무실에서 전화 드리는 Michelle Beale입니다. 당신은 오늘 아침 일찍 6월 11일로 예약을 하셨는데, 유감스럽게도 일정에 혼동이 있었습니다.** Dr. Warren은 그날 만날 수 없을 것입니다. [5]**당신이 예약하실 때 이야기한 직원은 Dr. Warren이 이미 예약이 꽉 차있었다는 것을 몰랐습니다. 음, 오늘은 그녀가 여기에서 근무하는 첫날입니다.** 어쨌든, 그다음 주에 올 수 있으신가요? [6]**제가 월요일 오전 11시 30분이나 화요일 오후 2시에 당신을 넣어드릴 수 있을 것 같습니다. 어떤 선택권이 당신에게 가장 좋은지 제게 다시 전화하셔서 알려주세요.**

4
해석 화자는 누구인 것 같은가?
(A) 부동산업자
(B) 접수원
(C) 의사
(D) 관리인

해설 화자의 신분을 묻는 문제이므로, 신분 및 직업과 관련된 표현을 놓치지 않고 듣는다. "This is Michelle Beale calling from Dr. Warren's office. You booked an appointment ~ earlier this morning, but unfortunately there has been a scheduling mix-up."이라며 자신은 Dr. Warren 사무실에서 전화하는 Michelle Beale이라고 한 뒤, 청자가 오늘 아침 일찍 예약한 일정에 혼동이 있었다고 한 말을 통해 화자가 Dr. Warren의 사무실에서 예약을 관리하는 접수원임을 알 수 있다. 따라서 정답은 (B) A receptionist이다.

어휘 realtor [rí:əltər] 부동산업자 receptionist [risépʃənist] 접수원
janitor [dʒǽnitər] 관리인, 수위

5
해석 화자는 왜 "오늘은 그녀가 여기에서 근무하는 첫날입니다"라고 말하는가?
(A) 설명을 하기 위해
(B) 도움을 요청하기 위해
(C) 계획을 변경하기 위해
(D) 추천을 거절하기 위해

해설 화자가 하는 말의 의도를 묻는 문제이므로, 질문의 인용어구(it is her first day working here)가 언급된 주변을 주의 깊게 듣는다. "The employee you spoke to when you made the appointment didn't realize that Dr. Warren was already fully booked. ~ it is her first day working here."라며 청자가 예약할 때 이야기한 직원은 Dr. Warren이 이미 예약이 꽉 차있었다는 것을 몰랐다고 한 뒤, 오늘이 그녀가 여기에서 근무하는 첫날이라고 했으므로, 화자가 일정에 혼동이 있었던 이유에 대해 설명하려는 의도임을 알 수 있다. 따라서 정답은 (A) To offer an explanation이다.

어휘 explanation [èksplənéiʃən] 설명, 해석 request [rikwést] 요청하다, 요구하다
assistance [əsístəns] 도움, 지원

6
해석 청자는 무엇을 하도록 지시받는가?
(A) 안내서를 읽는다.
(B) 시간을 선택한다.
(C) 예약을 취소한다.
(D) 양식을 작성한다.

해설 청자가 하도록 지시받는 것을 묻는 문제이므로, 질문의 핵심어구(instructed to do)와 관련된 내용을 주의 깊게 듣는다. "I can fit you in on Monday at 11:30 A.M. or Tuesday at 2:00 P.M. Please call me back to let me know which option works best for you."라며 월요일 오전 11시 30분이나 화요일 오후 2시에 청자를 넣어줄 수 있다고 한 뒤, 어떤 선택권이 가장 좋은지 다시 전화해서 알려달라고 하였다. 이를 통해 청자가 두 가지 시간 중에 하나를 선택하도록 지시받았음을 알 수 있다. 따라서 정답은 (B) Select a time이다.

어휘 **manual**[mǽnjuəl] 안내서; 수동의 **booking**[búkiŋ] 예약, 장부 기입

[7-9] 캐나다

Questions 7-9 refer to the following announcement.

> Attention, Lynchfield Supermarket shoppers. On Thursday night, [7]**we'll be closing early to renovate the produce section. This will expand its area**, allowing us to stock more fresh fruit and vegetables. On that day, you'll be able to shop in the store until 6 P.M. You can also order items online and pick them up until 8 P.M. [8]**Another option is our delivery service. You can see the areas we deliver to on our Web site.** As a reminder, [9]**we will be offering a 20 percent discount on all dairy items starting Friday**. Don't miss your chance to take advantage of this.
>
> **produce**[prádjuːs] 농산물, 생산물 **stock**[stɑːk] (물품을) 들여놓다, 보관하다 **dairy**[déri] 유제품의, 우유의

해석

7-9는 다음 공지에 관한 문제입니다.

주목해주시기 바랍니다, Lynchfield 슈퍼마켓 쇼핑객 여러분. 목요일 밤에, [7]**저희는 농산물 구역을 보수하기 위해 일찍 문을 닫을 것입니다. 이는 해당 구역을 확장해서** 저희가 더 신선한 과일과 채소를 들여놓게 할 것입니다. 그날에, 고객분들은 오후 6시까지 매장에서 쇼핑을 하실 수 있을 것입니다. 또한 온라인으로 물건을 주문하시고 저녁 8시까지 찾아가시면 됩니다. [8]**다른 방법은 저희의 배달 서비스입니다. 고객분들은 저희가 배달하는 지역들을 웹사이트에서 확인하실 수 있습니다.** 다시 알려드리자면, [9]**저희는 금요일부터 모든 유제품에 20퍼센트 할인을 제공할 것입니다.** 이것을 이용할 기회를 놓치지 마시기 바랍니다.

7

해석 상점은 왜 일찍 문을 닫을 것인가?
(A) 다가오는 할인을 준비하기 위해
(B) 새로운 규정에 따르기 위해
(C) 농산물 구역을 확장하기 위해
(D) 판촉용 진열을 준비하기 위해

해설 상점이 문을 일찍 닫는 이유를 묻는 문제이므로, 질문의 핵심어구(closing early)가 언급된 주변을 주의 깊게 듣는다. "we[Lynchfield Supermarket]'ll be closing early to renovate the produce section. This will expand its area"라며 Lynchfield 슈퍼마켓이 농산물 구역을 보수하기 위해 일찍 문을 닫을 것이고 이는 해당 구역을 확장할 것이라고 하였다. 따라서 정답은 (C) To expand a produce section이다.

어휘 **comply with** 따르다, 준수하다

8

해석 화자에 따르면, 고객들은 온라인에서 무엇을 찾을 수 있는가?
(A) 신제품
(B) 행사 일정
(C) 상점으로 가는 길 안내
(D) 배달 지역

해설 고객들이 온라인에서 찾을 수 있는 것을 묻는 문제이므로, 질문의 핵심어구(customers find online)와 관련된 내용을 주의 깊게 듣는다. "Another option is our delivery service. You can see the areas we deliver to on our Web site."라며 다른 방법은 배달 서비스이고, 배달하는 지역들은 웹사이트에서 확인할 수 있다고 한 말을 통해 웹사이트에서 배달 서비스가 가능한 지역들을 확인할 수 있음을 알 수 있다. 따라서 정답은 (D) Delivery areas이다.

어휘 **direction**[dərékʃən] 길 안내, 지시

9

해석 금요일에 무슨 일이 일어날 것인가?
(A) 몇몇 제품들이 옮겨질 것이다.
(B) 상점 대회가 시작될 것이다.
(C) 몇몇 물품들이 할인될 것이다.
(D) 상점이 더 오래 문을 열 것이다.

해설 금요일에 일어날 일을 묻는 문제이므로, 질문의 핵심어구(Friday)가 언급된 주변을 주의 깊게 듣는다. "we will be offering a 20 percent discount on all dairy items starting Friday"라며 금요일부터 모든 유제품에 20퍼센트 할인을 제공할 것이라고 하였다. 따라서 정답은 (C) Some items will be on sale이다. dairy items가 정답에서 Some items로, 20 percent discount가 on sale로 Paraphrasing되었음을 이해할 수 있어야 한다.

어휘 **commence**[kəméns] 시작되다 **on sale** 할인 중인, 판매되어

[10-12] 미국

Questions 10-12 refer to the following broadcast.

> Hi, I'm Wendy Klein with your entertainment report. After completing a worldwide tour, [10]**members of the rock group The Armada have decided to split up**. According to [11]**David Wilder, the band's manager** at Curacha Records, a change in priorities was the reason for the separation. Rob Delaney, the lead singer, has announced his intention of pursuing a career outside the music industry, which has prompted the other members to seek out independent projects. [12]**Stay tuned to WXPT Radio** for more on this story after a short break.
>
> **entertainment**[èntərtéinmənt] 연예, 오락 **split up** 헤어지다, 해산하다 **separation**[sèpəréiʃən] 결별, 분리 **intention**[inténʃən] 의사, 의도 **prompt**[prɑmpt] 자극하다, 유도하다 **seek out** 모색하다 **break**[breik] 광고, 휴식 시간

해석

10-12는 다음 방송에 관한 문제입니다.

안녕하세요, 연예 보도와 함께하는 Wendy Klein입니다. 전세계 투어를 끝마친 후, [10]**록 그룹 Armada의 멤버들이 해체하기로 결정했습니다.** Curacha 음반사에 소속된 [11]**이 밴드의 매니저인 David Wilder**에 따르면, 우선사항들의 변화가 결별의 이유였습니다. 리드 보컬인 Rob Delaney는 음악업계 외에서 경력을 추구하려는 자신의 의사를 발표했으며, 이것이 다른 멤버들로 하여금 독립된 작업을 모색하도록 자극했습니다. 짧은 광고 후에 있을 이 이야기에 관한 더 많은 내용을 위해 [12]**WXPT 라디오에 고정해 주세요.**

10

해석 방송은 주로 무엇에 대한 것인가?
(A) 투어 취소의 이유
(B) 가수 그룹의 상황
(C) 계약 분쟁
(D) 곧 나올 앨범

해설 방송의 주제를 묻는 문제이므로, 지문의 초반을 반드시 듣는다. "members of the rock group The Armada have decided to split up"이라며 록 그룹 Armada의 멤버들이 해체하기로 결정했다고 하였다. 이를 통해, 방송이 한 가수 그룹의 상황에 대한 것임을 알 수 있다. 따라서 정답은 (B) The status of a musical group이다.

어휘 **status**[stéitəs] 상황 **dispute**[dispjúːt] 분쟁, 논란

11

해석 David Wilder는 누구인가?
(A) 리드 보컬
(B) 밴드 매니저
(C) 음반 회사 소유자
(D) 유명 작곡가

해설 David Wilder의 신분을 묻는 문제이므로, 질문 대상(David Wilder)의 신분 및 직업과 관련된 표현을 놓치지 않고 듣는다. "David Wilder, the band's manager"라며 David Wilder가 밴드의 매니저라고 하였다. 따라서 정답은 (B) A band manager이다.

어휘 composer[kəmpóuzər] 작곡가

12

해석 화자는 청자들에게 무엇을 하라고 요청하는가?
(A) 고별 콘서트의 티켓을 구매한다.
(B) 전화로 밴드에 관한 몇 가지 질문을 한다.
(C) 음반을 미리 주문한다.
(D) 뉴스 프로그램을 계속 청취한다.

해설 화자가 청자들에게 요청하는 것을 묻는 문제이므로, 지문의 중후반에서 요청과 관련된 표현이 포함된 문장을 주의 깊게 듣는다. "Stay tuned to WXPT Radio"라며 WXPT 라디오에 고정해 달라고 요청하였으므로 정답은 (D) Continue listening to a news program이다. Stay tuned가 정답에서 Continue listening으로 Paraphrasing되었음을 이해할 수 있어야 한다.

어휘 farewell[fὲərwél] 고별, 작별 phone in (특히 라디오 상에서) 전화하다

[13-15] 영국

Questions 13-15 refer to the following telephone message.

Mr. Kushner, it's Wendy Edmund calling. Unfortunately, [13]**the window I'm installing in your house is missing a small part**. I need it to secure the window to the house's siding, so [13]**I can't complete the job today**. For the time being, [14]**I've covered the opening with some plastic. It'd be best for you to leave it alone** to avoid issues with rainwater getting inside. I've already contacted the window supplier. It's located in town, so I can get the part this evening. Then, [15]**I'll come back tomorrow and finish the installation**.

missing[mísiŋ] 빠진, 없어진 secure[sikjúər] 고정하다; 단단한
siding[sáidiŋ] (건물 외벽의) 판자벽 cover[kʌ́vər] 덮다, 씌우다
opening[óupəniŋ] 틈(새), 구멍 avoid[əvɔ́id] 피하다 issue[íʃuː] 문제, 쟁점
supplier[səpláiər] 공급 회사, 공급자 installation[ìnstəléiʃən] 설치

해석

13-15는 다음 전화 메시지에 관한 문제입니다.

Mr. Kushner, Wendy Edmund입니다. 유감스럽게도, [13]**당신의 집에 제가 설치하고 있는 창문에서 작은 부품 하나가 빠져 있습니다**. 집의 판자벽에 창문을 고정하기 위해 이것이 필요하므로, [13]**오늘은 작업을 완료할 수 없습니다**. 당분간은, [14]**제가 틈새를 플라스틱으로 덮어 놓았습니다**. 빗물이 안으로 들어오는 문제를 피하기 위해 **그것을 그냥 두시는 것이 가장 좋을 겁니다**. 저는 이미 창문 공급 회사에 연락했습니다. 그것은 시내에 위치해 있으니, 그 부품을 오늘 저녁에 받을 수 있습니다. 그러고 나서, [15]**제가 내일 돌아와 설치를 완료하겠습니다**.

13

해석 화자는 왜 전화하고 있는가?
(A) 건물에 대해 물어보기 위해
(B) 요청을 명확하게 하기 위해
(C) 문제를 설명하기 위해
(D) 감사를 표하기 위해

해설 전화의 목적을 묻는 문제이므로, 지문의 초반을 반드시 듣는다. "the window I'm installing in your house is missing a ~ part"라며 청자의 집에 설치하고 있는 창문에 부품 하나가 빠져 있다고 한 뒤, "I can't complete the job today"라며 오늘은 작업을 완료할 수 없다며 문제에 관련된 내용을 설명하였다. 따라서 정답은 (C) To explain a problem이다.

어휘 property[prɑ́:pərti] 건물, 소유물 clarify[klǽrəfài] 명확하게 하다, 분명히 말하다 appreciation[əprìːʃiéiʃən] 감사, 감탄, 공감

14

해석 화자는 청자에게 무엇을 하라고 제안하는가?
(A) 플라스틱을 건드리지 않은 채로 둔다.
(B) 공사 현장에 들른다.
(C) 전문적인 조언을 구한다.
(D) 대체 부품을 주문한다.

해설 화자가 제안하는 것을 묻는 문제이므로, 지문의 중후반에서 제안과 관련된 표현이 포함된 문장을 주의 깊게 듣는다. "I've covered the opening with some plastic"이라며 틈새를 플라스틱으로 덮어 놓았다고 한 뒤, "It'd be best for you to leave it[some plastic] alone"이라며 플라스틱을 그냥 두는 것이 가장 좋을 것이라고 하였다. 따라서 정답은 (A) Leave some plastic undisturbed이다.

어휘 stop by ~에 들르다 seek[si:k] 구하다 replacement[ripléismənt] 대체

15

해석 화자는 내일 무엇을 할 것이라고 말하는가?
(A) 일을 완료한다.
(B) 내역서를 보낸다.
(C) 몇몇 모델들을 비교한다.
(D) 몇몇 창문들을 점검한다.

해설 화자가 내일 할 일을 묻는 문제이므로, 질문의 핵심어구(tomorrow)가 언급된 주변을 주의 깊게 듣는다. "I'll come back tomorrow and finish the installation"이라며 내일 돌아와 설치를 완료하겠다고 하였다. 따라서 정답은 (A) Complete a task이다. installation이 정답에서 task로 Paraphrasing되었음을 이해할 수 있어야 한다.

어휘 statement[stéitmənt] 내역서, 진술서

[16-18] 호주

Questions 16-18 refer to the following talk.

Let's run through the security reminders for [16]**next week's advertising conference**. Around 100 businesspeople are expected to arrive [16]**here at the Ginsburg Center** before 9 A.M. on Monday. [17]**All security personnel are required to be at their respective posts during the entire conference** and must be diligent at all times to ensure the safety of the participants. [18]**Now, please go through the handout I'm passing out** to learn which exits you will be stationed at during the event.

run through 살펴보다, 퍼지다 respective[rispéktiv] 각자의
diligent[미 dílədʒənt, 영 dílidʒənt] 성실한 ensure[미 inʃúər, 영 inʃɔ́:] 보장하다
participant[미 pa:rtísəpənt, 영 pa:tísipənt] 참가자 station[stéiʃən] 배치하다

해석

16-18은 다음 담화에 관한 문제입니다.

[16]**다음 주의 광고 컨퍼런스**를 위한 안전 주의사항을 살펴봅시다. 약 100명의 사업가들이 월요일 오전 9시 전에 [16]**이곳 Ginsburg 센터에** 도착할 것으로 예상됩니다. [17]**모든 안전 요원들은 컨퍼런스 시간 내내 각자의 자리에 있을 것이 요구되며** 참가자들의 안전을 보장하기 위해 항상 성실히 임하여야 합니다. [18]**이제**, 여러분이 행사 동안 어느 출구에 배치될지 알아보기 위해 **제가 나눠드리고 있는 유인물을 살펴보시기 바랍니다**.

16

해석 담화는 어디에서 이루어지고 있는 것 같은가?
(A) 공항에서
(B) 영화관에서
(C) 컨벤션 센터에서
(D) 박물관에서

해설 담화가 이루어지는 장소를 묻는 문제이므로, 장소와 관련된 표현을 놓치지 않고 듣는다. "next week's advertising conference", "here at the Ginsburg Center"라며 다음 주에 광고 컨퍼런스가 있으며, 이곳은 Ginsburg 센터라고 한 말을 통해 담화가 이루어지는 장소가 컨벤션 센터임을 알 수 있다. 따라서 정답은 (C) At a convention center이다.

17

해석 청자들은 행사 동안 무엇을 할 것이 요구되는가?

(A) 손님들에게 음료를 가져다준다.
(B) 참석자들을 자리로 안내한다.
(C) 상세한 사업 제안서를 제공한다.
(D) 배치된 위치에 있는다.

해설 청자들이 행사 동안 할 것으로 요구되는 일을 묻는 문제이므로, 질문의 핵심어구(expected to do during the event)와 관련된 내용을 주의 깊게 듣는다. "All security personnel are required to be at their respective posts during the entire conference"라며 모든 안전 요원들, 즉 청자들은 컨퍼런스 시간 내내 각자의 자리에 있을 것이 요구된다고 하였다. 따라서 정답은 (D) Remain at assigned locations이다. expected가 required로, be at ~ posts가 정답에서 Remain at ~ locations로 Paraphrasing되었음을 이해할 수 있어야 한다.

어휘 escort[iskɔ́ːrt] 안내하다 assign[əsáin] (사람을) 배치하다

18

해석 청자들은 다음에 무엇을 할 것인가?
(A) 실연을 본다.
(B) 소그룹으로 나뉜다.
(C) 참석자들의 기록을 업데이트한다.
(D) 문서를 살펴본다.

해설 청자들이 다음에 할 일을 묻는 문제이므로, 지문의 마지막 부분을 주의 깊게 듣는다. "Now, please go through the handout I'm passing out"이라며 이제 화자가 나눠주고 있는 유인물을 살펴보라고 하였다. 따라서 정답은 (D) Review a document이다. go through가 정답에서 Review로, handout이 document로 Paraphrasing되었음을 이해할 수 있어야 한다.

어휘 demonstration[dèmənstréiʃn] 실연, 시범 설명

[19-21] 영국

Questions 19-21 refer to the following excerpt from a meeting and calendar.

[19]**Mr. Grant, the head of human resources, has proposed that we implement a policy that allows employees to work from home on Fridays.** I like the idea, but [20]**I recommend that we use software to monitor employees and make sure that they stay productive.** As long as everyone agrees, we can try the program on a trial basis for one month. If productivity stays the same, then we can extend it. Please think about it, and [21]**we can vote on it at our next meeting. We are holding it on the day after the fire drill.**

implement[미 ímpləmənt, 영 ímpliment] 시행하다, 실행하다
productive[prədʌ́ktiv] 생산적인, 건설적인 on a trial basis 시험 삼아
fire drill 소방 훈련

해석

19-21은 다음 회의 발췌록과 달력에 관한 문제입니다.

[19]우리가 직원들이 금요일마다 집에서 근무할 수 있게 허용하는 규정을 시행하는 것을 인사부장인 Mr. Grant가 제안했습니다. 저는 그 의견이 좋지만, [20]우리가 직원들을 감독하고 그들이 계속 생산적인 상태인지 확인하기 위해 소프트웨어를 사용하는 것을 건의합니다. 모두가 동의하는 한, 우리는 한 달 동안 시험 삼아 그 계획을 시도해볼 수 있습니다. 만약 생산성이 동일하게 유지된다면, 그 후에 우리는 그것을 연장할 수 있습니다. 이에 대해 고려해주십시오, 그러면 [21]우리는 다음 회의에서 그것에 대해 투표를 할 수 있을 것입니다. 소방 훈련 다음 날에 다음 회의를 열 예정입니다.

8월				
월요일	화요일	수요일	목요일	금요일
10 고객 방문	11	12 소프트웨어 점검	13	14 면접
17	18 소방 훈련	[21]19	20 사무실 청소	21 사무실 파티

19

해석 Mr. Grant는 회사가 무엇을 하는 것을 제안했는가?
(A) 새로운 계획을 시작한다.
(B) 업무 연수를 제공한다.
(C) 중요한 방문을 준비한다.
(D) 더 많은 직원들을 고용한다.

해설 Mr. Grant가 회사가 하도록 제안한 것을 묻는 문제이므로, 질문의 핵심어구(Mr. Grant propose ~ company do)와 관련된 내용을 주의 깊게 듣는다. "Mr. Grant ~ has proposed that we implement a policy that allows employees to work from home on Fridays."라며 직원들이 금요일마다 집에서 근무할 수 있게 허용하는 규정을 시행하는 것을 Mr. Grant가 제안했다고 하였다. 따라서 정답은 (A) Start a new program이다. implement a policy가 정답에서 Start a ~ program으로 Paraphrasing되었음을 이해할 수 있어야 한다.

20

해석 소프트웨어의 목적은 무엇인가?
(A) 팀 회의의 일정을 잡는 것
(B) 직원 생산성을 감시하는 것
(C) 회사 방문객들을 기록하는 것
(D) 직원 급여를 조정하는 것

해설 소프트웨어의 목적을 묻는 문제이므로, 질문의 핵심어구(software)가 언급된 주변을 주의 깊게 듣는다. "I recommend that we use software to monitor employees and make sure that they stay productive"라며 직원들을 감독하고 그들이 계속 생산적인 상태인지 확인하기 위해 소프트웨어를 사용하는 것을 건의한다고 하였다. 따라서 정답은 (B) Monitoring staff productivity이다.

어휘 log[lɔːg] 기록하다; 일지 adjust[ədʒʌ́st] 조정하다, 조절하다

21

해석 시각 자료를 보아라. 다음 회의는 언제 열릴 것 같은가?
(A) 8월 11일
(B) 8월 13일
(C) 8월 17일
(D) 8월 19일

해설 다음 회의가 열릴 날짜를 묻는 문제이므로, 제시된 달력의 정보를 확인한 뒤 질문의 핵심어구(next meeting ~ be held)와 관련된 내용을 주의 깊게 듣는다. "we can vote ~ at our next meeting. We are holding it[next meeting] on the day after the fire drill"이라며 다음 회의에서 투표를 할 수 있고 소방 훈련 다음 날에 다음 회의를 열 것이라고 한 말을 통해 소방 훈련 다음 날인 19일에 다음 회의가 열릴 것임을 달력에서 알 수 있다. 따라서 정답은 (D) August 19이다.

[22-24] 미국

Questions 22-24 refer to the following telephone message and floor plan.

Hi, Joe. It's Pam Winston from the accounting department. [22]**I need your help with something.** The filing cabinets we ordered for my new office aren't the right height. They won't fit under my desk. I'd say they're about . . . oh . . . an inch too high. I've already called the manufacturer's customer service desk, and they unfortunately won't allow exchanges unless products are defective. [23]**I figure the best solution is just taking the wheels off the bottom so that the cabinets can fit.** If you can come to my office before 5 P.M. with your toolbox, that'd be great. In case you don't remember, [24]**my office is in the corner on the third floor between Conference Room 1 and Hallway A.** Thanks.

filing cabinet 서류 캐비닛 fit[fit] (크기나 모양이) 맞다, 적합하다
defective[diféktiv] 결함이 있는

해석
22-24는 다음 전화 메시지와 평면도에 관한 문제입니다.

안녕하세요, Joe. 회계부의 Pam Winston입니다. [22]**저는 당신의 도움이 필요합니다.** 저의 새 사무실을 위해 주문한 서류 캐비닛의 높이가 맞지 않습니다. 그것은 제 책상 아래에 맞지 않을 것입니다. 그것은 약... 아... 1인치 더 높은 것 같습니다. 저는 이미 제조사의 고객 서비스 데스크에 전화했으며, 그들은 유감스럽게도 상품에 결함이 있지 않는 한 교환을 해주지 않을 것입니다. [23]**저는 최선의 해결 방법이 캐비닛이 맞도록 하기 위해 그냥 아래쪽의 바퀴를 제거하는 것이라고 생각합니다.** 오후 5시 이전에 공구 상자를 가지고 제 사무실로 와 주신다면 좋을 것 같습니다. 기억하시지 못하실 경우를 대비해, [24]**제 사무실은 3층의 1 회의실과 A 복도 사이의 모퉁이에 있습니다.** 감사합니다.

사무실 평면도 (3층)

[24]31 사무실	1 회의실	32 사무실
A 복도	접수처	B 복도
33 사무실	2 회의실	34 사무실

22

해석 전화의 목적은 무엇인가?
(A) 문서에 대해 보고하기 위해
(B) 배송일을 확인하기 위해
(C) 주문하기 위해
(D) 도움을 요청하기 위해

해설 전화의 목적을 묻는 문제이므로, 대화의 초반을 주의 깊게 들은 후 전체 맥락을 파악한다. 지문이 초반에서 "I need your help with something."이라며 청자의 도움이 필요하다고 한 뒤, 구체적으로 필요한 도움에 대한 내용으로 대화가 이어지고 있다. 따라서 정답은 (D) To request assistance이다. help가 정답에서 assistance로 Paraphrasing되었음을 이해할 수 있어야 한다.

어휘 verify [vérəfài] 확인하다, 증명하다

23

해석 화자는 자신의 서류 캐비닛에 무엇을 하고 싶어 하는가?
(A) 바퀴를 제거한다.
(B) 내용물을 비운다.
(C) 동료에게 준다.
(D) 책상에 붙인다.

해설 화자가 서류 캐비닛에 하고 싶어 하는 것을 묻는 문제이므로, 질문의 핵심어구(filing cabinet)와 관련된 내용을 주의 깊게 듣는다. "I figure the best solution is just taking the wheels off the bottom so that the cabinets can fit."이라며 캐비닛이 맞도록 아래쪽의 바퀴를 제거하는 것이 최선의 해결 방법이라 생각한다고 하였다. 따라서 정답은 (A) Remove its wheels이다. taking ~ off가 정답에서 Remove로 Paraphrasing되었음을 이해할 수 있어야 한다.

어휘 colleague [káliːg] 동료

24

해석 시각 자료를 보아라. 어느 곳이 화자의 사무실인가?
(A) 31 사무실
(B) 32 사무실
(C) 33 사무실
(D) 34 사무실

해설 화자의 사무실의 위치를 묻는 문제이므로, 제시된 평면도의 정보를 확인한 뒤 질문의 핵심어구(office)가 언급된 주변을 주의 깊게 듣는다. "my office is in the corner on the third floor between Conference Room 1 and Hallway A"라며 사무실이 3층의 1 회의실과 A 복도 사이의 모퉁이에 있다고 하였으므로, 화자의 사무실이 31 사무실임을 평면도에서 알 수 있다. 따라서 정답은 (A) Office 31이다.

실전 고수되기

Course 01 문제 유형별 공략

1. 주제 및 목적 문제

Hackers Practice p.241

1. (B)	2. (B)	3. (A)	4. (A)	5. (D)	6. (A)
7. (C)	8. (B)	9. (B)	10. (A)	11. (C)	12. (B)

[1-3] 호주

Questions 1-3 refer to the following excerpt from a meeting.

[1]**I just want to let everyone know that we'll be introducing a membership program for our customers in October. Premium Membership card holders will earn points** with each purchase at our department store. [2]**Employees should encourage customers to apply for a membership and assist them with filling out the form. I know you've got your daily duties, but only basic information should be included in the form.** And one other thing . . . We'll be expanding our branch in Greenville. [3]**I prepared some handouts with details about the planned renovations, but I seem to have left them in my office. Mindy, could you go get them for me?**

membership [미 mémbərʃip, 영 mémbəʃip] 회원, 회원권, 회원 자격
earn [미 əːrn, 영 əːn] 받다, 얻다
encourage [미 inkə́ːridʒ, 영 inkʌ́ridʒ] 권장하다, 장려하다
apply [əplái] 신청하다, 적용하다 assist [əsíst] 돕다, 보조
expand [ikspǽnd] 확장하다, 확대하다 renovation [rènəvéiʃən] 보수, 혁신

해석
1-3은 다음 회의 발췌록에 관한 문제입니다.

[1]**여러분께 우리가 10월에 고객들을 위한 회원 프로그램을 도입할 것임을 알려드리고 싶습니다. 프리미엄 회원 카드 소지자들은** 우리 백화점에서 매 구매 시마다 **포인트를 받으실 것입니다.** [2]**직원들은 고객들이 회원권을 신청하도록 권장해야 하고, 양식을 기입하는 것을 도와야 합니다. 여러분이 일상 업무가 있다는 것을 알지만, 양식에는 기본적인 정보만 포함되면 됩니다.** 그리고 다른 한 가지는... 우리는 Greenville에 있는 지점을 확장할 것입니다. [3]**제가 계획된 보수 공사에 관한 세부 사항이 있는 몇몇 유인물을 준비했는데, 제 사무실에 그것들을 두고 온 것 같네요. Mindy, 가서 그것들을 저를 위해 가져다주실 수 있나요?**

1

해석 화자는 주로 무엇에 대해 이야기하고 있는가?
(A) 교육 시간
(B) 보상 프로그램
(C) 제품 출시
(D) 계절성 판촉 행사

해설 담화의 주제를 묻는 문제이므로, 지문의 초반을 주의 깊게 듣는다. "I just want to let everyone know that we'll be introducing a membership program for our customers in October. Premium Membership card holders will earn points"라며 청자들에게 10월에 고객들을 위한 회원 프로그램을 도입할 것임을 알리고 싶다며 프리미엄 회원 카드 소지자들은 포인트를 받을 것이라고 하였다. 따라서 정답은 (B) A rewards program이다.

어휘 reward [미 riwɔ́ːrd, 영 riwɔ́ːd] 보상 launch [lɔːntʃ] 출시; 시작하다
promotion [미 prəmóuʃən, 영 prəmə́uʃən] 판촉 행사, 홍보

2

해석 화자는 "양식에는 기본적인 정보만 포함되면 됩니다"라고 말할 때 무엇을 의도하는가?

(A) 직무 설명이 변경되었다.
(B) 업무가 많은 시간이 걸리지 않을 것이다.
(C) 문서가 곧 제출되어야 한다.
(D) 보고서가 잘못 기재되었다.

해설 화자가 하는 말의 의도를 묻는 문제이므로, 질문의 인용어구(only basic information should be included in the form)가 언급된 주변을 주의 깊게 듣는다. "Employees should ~ assist them[customers] with filling out the form."이라며 직원들은 고객들이 양식을 기입하는 것을 도와야 한다고 한 뒤, "I know you've got your daily duties, but only basic information should be included in the form."이라며 일상 업무가 있다는 것을 알지만 양식에는 기본적인 정보만 포함되면 된다고 한 말을 통해 고객들을 돕는 업무가 많은 시간이 걸리지 않을 것임을 알 수 있다. 따라서 정답은 (B) A task should not take much time이다.

3

해석 화자는 Mindy에게 무엇을 하도록 요청하는가?
(A) 몇몇 서류를 가져온다.
(B) 이메일을 보낸다.
(C) 고객에게 연락한다.
(D) 몇몇 신청서를 검토한다.

해설 Mindy에게 요청하는 것을 묻는 문제이므로, 지문의 중후반에서 요청과 관련된 표현이 포함된 문장을 주의 깊게 듣는다. "I prepared some handouts ~ but I seem to have left them in my office. Mindy, could you go get them for me?"라며 몇몇 유인물을 준비했는데 자신의 사무실에 그것들을 두고 온 것 같다고 말한 뒤, Mindy에게 그것들을 자신을 위해 가져다달라고 요청하였다. 따라서 정답은 (A) Retrieve some documents이다.

어휘 **retrieve** [ritríːv] 가지고 오다, 되찾아오다 **review** [rivjúː] 검토하다, 확인하다

[4-6] 캐나다

Questions 4-6 refer to the following announcement.

Welcome to the second day of our workshop. [4]**I have a brief announcement. There is a slight change to today's schedule.** Ms. Rebecca Keys, the first speaker, is running late. [5]**She has an important meeting to attend prior to coming here.** Therefore, her lecture on soapmaking will not start until 9:30. This will not affect Henry Garfield's talk, which will take place on schedule at 11 A.M. [6]**Mr. Garfield, the owner of the local shop Arctic Scents**, will teach you about the basics of perfume making. Later, you'll have an opportunity to ask questions of the speakers. Thank you.

brief [briːf] 간단한, 짧은 **slight** [slait] 약간의, 조금 **prior to** ~에 앞서
affect [əfékt] 영향을 미치다 **take place** 진행되다 **on schedule** 예정대로

해석
4-6은 다음 공지에 대한 문제입니다.

워크숍의 둘째 날에 오신 것을 환영합니다. [4]**간단한 공지가 있습니다. 오늘 일정에 약간의 변경사항이 있습니다.** 첫 번째 연설자인 Ms. Rebecca Keys가 늦을 것입니다. [5]**그녀는 이곳에 오기에 앞서 참석해야 하는 중요한 회의가 있습니다.** 따라서, 비누 제작에 대한 그녀의 강의는 9시 30분이 되어서야 시작할 것입니다. 이것은 Henry Garfield의 강연에는 영향을 미치지 않을 것이며, 예정대로 오전 11시에 진행될 것입니다. [6]**지역 상점인 Arctic Scents의 소유주인 Mr. Garfield**는 여러분께 향수 제작의 기초에 대해 가르쳐줄 것입니다. 이후, 여러분은 연사들에게 질문할 수 있는 기회를 갖게 될 것입니다. 감사합니다.

4

해석 공지는 왜 이루어지고 있는가?
(A) 청자들에게 일정 변경에 대해 알리기 위해
(B) 지역 사업가를 소개하기 위해
(C) 사람들이 워크숍에 참가하도록 권하기 위해
(D) 비누 제작 수업을 광고하기 위해

해설 공지의 목적을 묻는 문제이므로, 지문의 초반을 반드시 듣는다. "I have a brief announcement. There is a slight change to today's schedule."이라며 오늘 일정에 변경사항이 있음을 공지하였다. 따라서 정답은 (A) To inform listeners about a schedule change이다.

어휘 **entrepreneur** [àːntrəprənə́ːr] 사업가 **participate** [paːrtísəpèit] 참가하다

5

해석 Rebecca Keys에 대해 무엇이 언급되는가?
(A) 그녀는 비행기를 놓쳤다.
(B) 그녀는 심한 교통 체증에 갇혀 있다.
(C) 그녀는 마케팅 총회에 있다.
(D) 그녀는 중요한 회의에 참석해야 한다.

해설 Rebecca Keys에 대해 언급되는 것을 묻는 문제이므로, 질문의 핵심어구(Rebecca Keys)가 언급된 주변을 주의 깊게 듣는다. "She[Ms. Rebecca Keys] has an important meeting to attend prior to coming here."라며 Ms. Rebecca Keys가 이곳에 오기에 앞서 참석해야 하는 중요한 회의가 있다고 하였다. 따라서 정답은 (D) She has to attend an important meeting이다.

어휘 **miss** [mis] 놓치다 **convention** [kənvénʃən] 총회

6

해석 Mr. Garfield는 누구인가?
(A) 사업주
(B) 지역 사회 지도자
(C) 외판원
(D) 대학 강사

해설 Mr. Garfield의 신분을 묻는 문제이므로, 질문 대상(Mr. Garfield)의 신분 및 직업과 관련된 표현을 놓치지 않고 듣는다. "Mr. Garfield, the owner of the local shop Arctic Scents"라며 Mr. Garfield가 지역 상점의 소유주라고 하였다. 따라서 정답은 (A) A business owner이다. (owner of ~ shop → business owner)

어휘 **community** [kəmjúːnəti] 지역 사회 **traveling salesperson** 외판원

[7-9] 영국

Questions 7-9 refer to the following radio broadcast.

Welcome to the *Daily Morning Show* with Amanda King. [7]**Our guest today is a famous actress**, known for her notable performances in movies such as *In the Red* and *Jetstreams*. Her most recent film, *Coming to Terms*, won her several awards earlier this year. Two months ago, she became a spokesperson for [8]**Help for Tomorrow, an international charity** that provides food to the needy. [9]**She will talk to us about her experiences with the organization so far, and how they have changed her life. So, I would like to introduce our guest for today, Ms. Joanna Masters.**

notable [미 nóutəbl, 영 nə́utəbl] 주목할만한, 눈에 띄는
spokesperson [미 spóukspə̀ːrsn, 영 spə́ukspə̀ːsn] 대변인
charity [tʃǽrəti] 자선 단체, 자선 **needy** [níːdi] 가난한, 궁핍한

해석
7-9는 다음 라디오 방송에 관한 문제입니다.

Amanda King과 함께하는 *Daily Morning Show*에 오신 것을 환영합니다. [7]**오늘의 초대 손님은** *In the Red*와 *Jetstreams*와 같은 영화에서 주목할만한 연기로 알려진 **유명한 여배우입니다.** 그녀의 가장 최신 영화인 *Coming to Terms*는 올해 초 그녀에게 여러 상을 안겨 주었습니다. 두 달 전, 그녀는 가난한 사람들에게 음식을 제공하는 [8]**국제 자선 단체인 Help for Tomorrow**의 대변인이 되었습니다. [9]**그녀는 우리에게 지금까지 기관에서의 경험들과, 그것들이 어떻게 그녀의 삶을 바꿨는지에 대해 이야기해 줄 것입니다. 그러면, 오늘의 초대 손님 Ms. Joanna Masters를 소개합니다.**

7

해석 방송은 주로 무엇에 대한 것인가?
(A) 장편 영화

(B) 시상식
(C) 유명한 여배우
(D) 전문 음악가

해설 방송의 주제를 묻는 문제이므로, 지문의 초반을 반드시 듣는다. "Our guest today is a famous actress"라며 오늘의 초대 손님이 유명한 여배우라고 말한 뒤, 그녀에 대해 소개하였다. 따라서 정답은 (C) A famous actress이다.

어휘 feature film 장편 영화 professional [prəféʃənl] 전문의, 전문적인

8

해석 Help for Tomorrow는 무엇인가?
(A) 영화사
(B) 자선 단체
(C) 교육 기관
(D) 요리 학교

해설 Help for Tomorrow가 무엇인지를 묻는 문제이므로, 질문의 핵심어구(Help for Tomorrow)가 언급된 주변을 주의 깊게 듣는다. "Help for Tomorrow, an international charity"라며 Help for Tomorrow가 국제 자선 단체라고 하였다. 따라서 정답은 (B) A charitable organization이다. (charity → charitable organization)

어휘 charitable [tʃǽrətəbl] 자선의, 자선을 베푸는
institution [ìnstətjúːʃən] 기관, 단체

9

해석 다음에 무슨 일이 일어날 것 같은가?
(A) 전화를 건 몇몇 사람들이 질문을 할 것이다.
(B) 초대 손님이 인터뷰될 것이다.
(C) 몇몇 광고가 방송될 것이다.
(D) 음악가가 공연할 것이다.

해설 다음에 일어날 일을 묻는 문제이므로, 지문의 마지막 부분을 주의 깊게 듣는다. "She will talk to us about her experiences ~ and how they have changed her life."라며 초대 손님이 자신의 경험과 그 경험들이 어떻게 자신의 삶을 바꿨는지에 대해 이야기해줄 것이라고 한 뒤, "So, I would like to introduce our guest for today, Ms. Joanna Masters."라며 오늘의 초대 손님 Ms. Joanna Masters를 소개한다고 하였다. 이를 통해, 다음에 초대 손님이 인터뷰될 것임을 알 수 있다. 따라서 정답은 (B) A guest will be interviewed이다.

어휘 commercial [kəmə́ːrʃəl] 광고 perform [pərfɔ́ːrm] 공연하다, 수행하다

[10-12] 캐나다

Questions 10-12 refer to the following telephone message and chart.

Good morning, Ms. Baker. This is Harold from Midtown Eye Clinic. [10]**You are scheduled for your annual checkup next week**, and there are a few things you should know beforehand. [11]**You'll need to arrange for someone to drive you home afterwards** since your vision will be blurry for about 30 minutes following the exam. Also, [12]**given your history of vision issues, I strongly recommend getting the Senior Exam**. Please call us to confirm your appointment as soon as possible.

checkup [tʃékʌ̀p] (정기) 검진 blurry [bləːri] 흐릿한 vision [víʒən] 시력
senior [síːnjər] 고령자

해석

10-12는 다음 전화 메시지와 표에 관한 문제입니다.

안녕하세요, Ms. Baker. 저는 Midtown 안과의 Harold입니다. [10]**귀하는 다음 주에 연례 정기 검진이 예정되어 있으며**, 미리 아셔야 할 몇 가지가 있습니다. 검사 후 약 30분간 시야가 흐릿해질 것이므로, [11]**후에 귀하를 집으로 모셔다 주실 분을 미리 정하셔야 할 것입니다**. 또한, [12]**귀하의 시력 문제 기록으로 볼 때, 고령자 검사를 받으실 것을 강력히 추천합니다**. 예약을 확정하기 위해 가능한 한 빨리 저희에게 전화해 주시기 바랍니다.

검사	가격
일반 검사	85달러
고령자 검사	[12]120달러
전문 검사	130달러
안압 검사	90달러

10

해석 화자는 왜 전화하고 있는가?
(A) 곧 있을 예약을 논의하기 위해
(B) 시력 검사 결과를 제공하기 위해
(C) 건강 검진 일정을 조정하기 위해
(D) 문제에 대해 조언하기 위해

해설 메시지의 목적을 묻는 문제이므로, 지문의 초반을 반드시 듣는다. "You are scheduled for your annual checkup next week"라며 청자가 다음 주에 연례 정기 검진이 예정되어 있다고 한 뒤, 그 검진 예약에 대한 추가 정보를 제공하였다. 따라서 정답은 (A) To discuss an upcoming appointment이다.

어휘 medical checkup 건강 검진

11

해석 화자는 청자에게 무엇을 하라고 지시하는가?
(A) 새 안경을 써 본다.
(B) 처방전을 가져온다.
(C) 차편을 준비한다.
(D) 설문지를 완료한다.

해설 화자가 청자에게 지시하는 것을 묻는 문제이므로, 질문의 핵심어구(instruct ~ to do)와 관련된 내용을 주의 깊게 듣는다. "You'll need to arrange for someone to drive you home afterwards"라며 후에 청자를 집으로 데려다 줄 사람을 미리 정해야 할 것이라고 하였다. 따라서 정답은 (C) Arrange a ride이다.

어휘 prescription [priskrípʃən] 처방전

12

해석 시각 자료를 보아라. 청자는 얼마를 지불할 것으로 예상해야 하는가?
(A) 85달러
(B) 120달러
(C) 130달러
(D) 90달러

해설 청자가 지불할 것으로 예상해야 하는 가격을 묻는 문제이므로, 제시된 표의 정보를 확인한 뒤 질문의 핵심어구(pay)와 관련된 내용을 주의 깊게 듣는다. "given your history of vision issues, I ~ recommend getting the Senior Exam"이라며 청자의 시력 문제 기록으로 볼 때 고령자 검사를 받을 것을 추천한다고 하였으므로, 청자가 고령자 검사를 받는다면 120달러를 지불할 것으로 예상해야 함을 표에서 알 수 있다. 따라서 정답은 (B) $120이다.

2. 화자/청자 및 장소 문제

Hackers Practice p.243

1. (B)	2. (C)	3. (A)	4. (C)	5. (B)	6. (A)
7. (D)	8. (C)	9. (C)	10. (D)	11. (A)	12. (C)

[1-3] 호주

Questions 1-3 refer to the following telephone message.

Good morning. [1]**This is Collin Hanks from Blooms and Buds.** I'm calling to confirm that [1]**your order of 24 floral arrangements will be delivered to Adderton Hotel** at 4 P.M. on Tuesday for your company's upcoming banquet. [2]**I will also send your invoice with our delivery person, Allan Green.** [3]**I recommend that you water the flowers** at least once prior to the event to prevent the arrangements from wilting. Thanks so much, and please give me a call if you have any questions.

confirm [미 kənfə́:rm, 영 kənfə́:m] 확인해 주다 floral [flɔ́:rəl] 꽃의
banquet [bǽŋkwit] 연회 invoice [ínvɔis] 송장
prevent [privént] 방지하다 wilt [wilt] 시들다

해석

1-3은 다음 전화 메시지에 관한 문제입니다.

안녕하세요. [1]저는 Blooms and Buds의 Collin Hanks입니다. [1]고객님의 24개의 꽃 장식 주문이 곧 있을 귀사의 연회를 위해 화요일 오후 4시에 Adderton 호텔로 배송될 것임을 확인시켜드리고자 전화드립니다. [2]또한 고객님의 송장을 배달 직원인 Allan Green편으로 보내겠습니다. 꽃 장식이 시드는 것을 방지하기 위해 행사 전에 적어도 한번은 [3]꽃에 물을 주시기를 권장합니다. 매우 감사 드리며, 어떠한 문의사항이라도 있으시면 전화 주십시오.

1

해석 화자는 어디에서 전화를 하고 있는 것 같은가?
(A) 호텔 시설
(B) 꽃집
(C) 배송 회사
(D) 회사 사무실

해설 전화를 걸고 있는 장소를 묻는 문제이므로, 장소와 관련된 표현을 놓치지 않고 듣는다. "This is Collin Hanks from Blooms and Buds.", "your order of 24 floral arrangements will be delivered to Adderton Hotel"이라며 Blooms and Buds에서 Adderton 호텔로 꽃 장식 주문이 배송될 것이라고 한 말을 통해 전화를 하고 있는 장소가 꽃집임을 알 수 있다. 따라서 정답은 (B) A floral shop이다.

어휘 corporate [kɔ́:rpərət] 회사의, 기업의

2

해석 화자는 Mr. Green이 무엇을 할 것이라고 말하는가?
(A) 연회를 준비한다.
(B) 확인서를 보낸다.
(C) 재정 서류를 배송한다.
(D) 주문에 대한 대금을 지불한다.

해설 Mr. Green이 무엇을 할 것인지를 묻는 문제이므로, 질문의 핵심어구(Mr. Green will do)와 관련된 내용을 주의 깊게 듣는다. "I will also send your invoice with our delivery person, Allan Green."이라며 송장을 배달 직원인 Allan Green편으로 보내겠다고 한 말을 통해 Mr. Green이 송장, 즉 재정과 관련된 서류를 배송할 것임을 알 수 있다. 따라서 정답은 (C) Deliver a financial document이다. (invoice → financial document)

어휘 financial [finǽnʃəl] 재정의

3

해석 화자는 무엇을 권하는가?
(A) 꽃에 물주기
(B) 호텔에 일찍 도착하기
(C) 테이블 예약하기
(D) 연회장에 연락하기

해설 화자가 제안하는 것을 묻는 문제이므로, 지문의 중후반에서 제안과 관련된 표현이 포함된 문장을 주의 깊게 듣는다. "I recommend that you water the flowers"라며 꽃에 물을 줄 것을 제안하였다. 따라서 정답은 (A) Watering some flowers이다.

[4-6] 영국

Questions 4-6 refer to the following announcement.

[4]As general manager of the Mason Hotel, [5]I'm happy to announce that our recent promotional campaign—which is targeted at business professionals—has paid off. Our magazine and TV advertisements got us significant exposure, and the proof is in our number of room and event bookings for this coming quarter. It's dramatically higher than it was at this time last year. Moreover, we've been chosen by the Association of Industrialized Countries as the venue for their summit in October. We're going to host customers from around the world for the event. In order to prepare ourselves to give the best possible service, **[6]I want employees to attend training sessions on cultural etiquette each Monday for a month, beginning next week.**

general manager 총지배인 pay off 성과를 올리다 booking [búkiŋ] 예약
dramatically [drəmǽtikəli] 극적으로, 급격히
summit [sʌ́mit] 정상 회담 etiquette [미 étikit, 영 étiket] 예절, 예의

해석

4-6은 다음 공지에 관한 문제입니다.

[4]Mason 호텔의 총지배인으로서, [5]저는 사업 전문가들을 대상으로 한 최근의 홍보용 광고가 성과를 올렸음을 발표하게 되어 기쁩니다. 우리의 잡지와 TV 광고는 우리를 상당히 노출시켰으며, 다가오는 이번 분기 동안의 객실과 행사의 예약 건수가 그 증거입니다. 그것은 작년 이 시기보다 극적으로 더 높습니다. 더욱이, 우리는 산업화 국가 연합으로부터 10월에 있을 정상 회담을 위한 장소로 선정되었습니다. 우리는 그 행사를 위해 전 세계로부터 온 고객들을 접대할 것입니다. 가능한 최고의 서비스를 제공하는 것에 우리 스스로를 준비시키기 위해, [6]저는 직원들이 다음 주부터 한 달 동안 월요일마다 문화 예절에 대한 교육에 참석하기를 원합니다.

4

해석 화자는 누구인가?
(A) 보안 책임자
(B) 광고 전문가
(C) 호텔 지배인
(D) 어학 강사

해설 화자의 신분을 묻는 문제이므로, 신분 및 직업과 관련된 표현을 놓치지 않고 듣는다. "As general manager of the Mason Hotel"이라며 화자가 Mason 호텔의 총지배인이라고 하였다. 따라서 정답은 (C) A hotel manager이다.

어휘 director [diréktər] 책임자 specialist [spéʃəlist] 전문가

5

해석 화자는 주로 무엇에 대해 이야기하고 있는가?
(A) 새 건물의 편의시설
(B) 광고의 성과
(C) 안전 조치의 필요성
(D) 월간 보고서의 정보

해설 공지의 주제를 묻는 문제이므로, 지문의 초반을 반드시 듣는다. "I am happy to announce that our recent promotional campaign ~ has paid off"라며 최근의 홍보용 광고가 성과를 올렸음을 발표하게 되어 기쁘다고 한 뒤, 광고의 성과와 관련된 내용을 언급하였다. 따라서 정답은 (B) The outcome of a campaign이다. (paid off → outcome)

어휘 amenity [əménəti] 편의시설 outcome [áutkʌ̀m] 성과, 결과

6

해석 다음 주에 일어날 교육 과정에 대해 언급되는 것은 무엇인가?
(A) 다른 교육들이 이어질 것이다.
(B) 비상 조치에 중점을 둘 것이다.
(C) 10월의 연례 정상 회담 후에 있을 것이다.
(D) 외국어로 진행될 것이다.

해설 다음 주에 일어날 교육 과정에 대해 언급되는 것을 묻는 문제이므로, 질문의 핵심어구(training sessions)가 언급된 주변을 주의 깊게 듣는다. "I want employees to attend training sessions ~ for a month, beginning next week"이라며 직원들이 다음 주부터 한 달 동안 교육에 참석하기를 원한다고 한 것을 통해 다른 교육들이 계속 이어질 것임을 알 수 있다. 따라서 정답은 (A) They will be followed by other sessions이다.

[7-9] 미국

Questions 7-9 refer to the following speech.

Before [7]**this year's Food and Beverage Manufacturers' Convention gets underway**, I'd like to offer thanks to our generous sponsor. [8]**Premium Beverages very graciously offered to serve as the event's primary contributor**, which it has done for some of our past events as well. Thanks to its sponsorship, we were able to expand this year's convention to include more booths and demonstrations. We were also able to bring in some of the industry's most prominent leaders to speak. So—again—thank you, Premium Beverages. OK, [9]**I now invite everyone to head to Hall A in the east wing, where Andy Richter will be talking in 10 minutes**.

get underway 시작하다, 진행하다 graciously [gréiʃəsli] 감사하게도, 고맙게도
sponsorship [spánsərʃip] 후원
demonstration [dèmənstréiʃən] 시연, (시범) 설명
prominent [prámənənt] 유명한, 중요한

해석

7-9는 다음 연설에 관한 문제입니다.

[7]올해의 식음료 제조업자 총회를 시작하기 전에, 우리의 아낌없는 후원업체에게 감사드리고 싶습니다. [8]Premium Beverages사는 정말 감사하게도 이 행사의 주요 기부자로서 역할을 해주셨으며, 이는 우리의 지난 몇몇 행사들에서도 그래 왔습니다. 후원 덕분에 우리는 올해의 총회를 확장시켜 더 많은 부스와 시연들을 포함시킬 수 있었습니다. 우리는 또한 연설을 위해 업계의 가장 유명한 지도자들도 몇 분 모셔 올 수 있었습니다. 그러므로 Premium Beverages사에 다시 한 번 감사드립니다. 좋습니다, [9]이제 저는 모든 분들이 동관의 A홀로 향해주시길 요청드리는데, 그곳에서 Andy Richter가 10분 후에 연설할 것입니다.

7

해석 청자들은 누구인 것 같은가?
(A) 공장 조립 라인 직원들
(B) 컨벤션 센터 직원들
(C) 슈퍼마켓 손님들
(D) 업계 행사 참석자들

해설 청자들의 신분을 묻는 문제이므로, 신분 및 직업과 관련된 표현을 놓치지 않고 듣는다. "this year's Food and Beverage Manufacturers' Convention gets underway"라며 올해의 식음료 제조업자들의 총회를 시작한다고 한 말을 통해 청자들이 업계 행사의 참석자들임을 알 수 있다. 따라서 정답은 (D) Industry event participants이다.

어휘 assembly [əsémbli] (기계의) 조립

8

해석 화자에 따르면, Premium Beverages사는 무엇을 했는가?
(A) 고객 설문 조사를 실시했다.
(B) 기념일을 축하했다.
(C) 회의를 위해 자금을 제공했다.
(D) 음료 제품을 출시했다.

해설 Premium Beverages사가 한 일을 묻는 문제이므로, 질문의 핵심어구(Premium Beverages do)와 관련된 내용을 주의 깊게 듣는다. "Premium Beverages ~ offered to serve as the event's primary contributor"라며 Premium Beverages사가 행사, 즉 총회의 주요 기부자로서 역할을 해주었다고 하였다. 따라서 정답은 (C) Provided funding for a meeting이다.

9

해석 청자들은 왜 동관으로 가야 하는가?
(A) 새 기계에 대해 알기 위해
(B) 제품의 품질을 시험하기 위해
(C) 연설을 듣기 위해
(D) 설문지를 작성하기 위해

해설 청자들이 동관으로 가야 하는 이유를 묻는 문제이므로, 질문의 핵심어구(go to the east wing)와 관련된 내용을 주의 깊게 듣는다. "I now invite everyone to head to Hall A in the east wing, where Andy Richter will be talking in 10 minutes"라며 모든 사람들이 동관의 A홀로 향하기를 요청하며, 그곳에서 Andy Richter가 10분 후에 연설할 것이라고 하였다. 따라서 정답은 (C) To listen to a speaker이다.

어휘 sample [sǽmpl] (견본으로) ~의 품질을 시험하다
questionnaire [kwèstʃənɛ́ər] 설문지

[10-12] 캐나다

Questions 10-12 refer to the following excerpt from a meeting and graph.

As you all know, [10]**our biggest client, Diva Glam Shoes, left us this year for a rival advertising agency**—Truman and Partners. This loss seriously threatened our profitability, so we . . . um . . . [11]**we hired a research firm, Corporate Solutions, to analyze our operations** with the hope of preventing a similar situation in the future. The firm's analysis revealed that we have been weak when it comes to utilizing new media. To address this shortcoming, [12]**we started using another advertising channel this year, and it's turned out to be our most effective medium for reaching new customers** on behalf of clients. [12]**You can . . . um . . . look at this graph to see just how successful the strategy has been.**

threaten [θrétn] 위협하다 analyze [ǽnəlàiz] 분석하다
utilize [júːtəlàiz] 활용하다, 이용하다 shortcoming [ʃɔ́ːrtkʌ̀miŋ] 결점, 단점
channel [tʃǽnl] 수단, 경로 medium [míːdiəm] (대중 전달용) 매체, 수단
on behalf of ~을 위해, ~을 대표하여

해석

10-12는 다음 회의 발췌록과 그래프에 관한 문제입니다.

여러분 모두 아시다시피, [10]우리의 가장 큰 의뢰사인 Diva Glam Shoes사가 경쟁 광고사인 Truman and Partners사로 인해 올해 우리를 떠났습니다. 이 손실은 우리 수익성을 심각하게 위협했으므로, 우리는... 음... [11]우리는 추후에 유사한 상황을 예방하고자 하는 바람으로 우리의 운영을 분석하기 위해 조사 기관인 Corporate Solutions사를 고용했습니다. 그 회사의 분석은 우리가 새로운 미디어 활용에 있어 취약했다는 것을 드러냈습니다. 이 결점을 해결하기 위해, [12]우리는 올해 또 다른 광고 수단을 이용하는 것을 시작했으며, 이는 의뢰사들을 위해 새로운 고객들을 확보하는 가장 효과적인 매체인 것으로 밝혀졌습니다. [12]여러분은... 음... 전략이 정말 얼마나 성공적이었는지를 확인하기 위해 이 그래프를 보시면 됩니다.

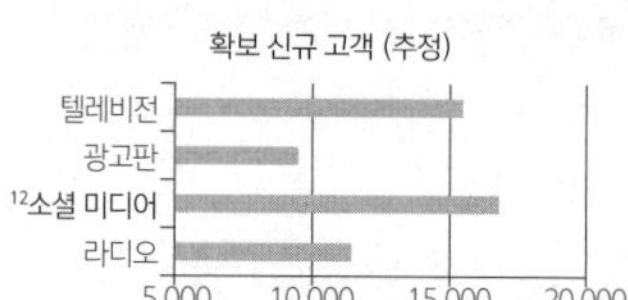

10

해석 청자들은 누구인 것 같은가?
(A) 의장
(B) 투자자
(C) 회계 인턴
(D) 마케팅 담당자

해설 청자들의 신분을 묻는 문제이므로, 신분 및 직업과 관련된 표현을 놓치지 않고 듣는다. "our biggest client ~ left us this year for a rival advertising agency"라며 청자들 모두가 알다시피 회사의 가장 큰 의뢰사가 올해 경쟁 광고사를 택해 자사를 떠났다고 한 말을 통해 청자들이 마케팅 담당자임을 알 수 있다. 따라서 정답은 (D) Marketers이다.

어휘 chairperson [tʃɛ́ərpə̀ːrsn] 의장

11

해석 Corporate Solutions사는 무엇을 하기 위해 고용되었는가?
(A) 사업 운영을 검토한다.
(B) 광고를 개발한다.
(C) 고객 포커스 그룹을 수용한다.
(D) 추가 직원을 채용한다.

해설 Corporate Solutions사가 무엇을 하기 위해 고용되었는지를 묻는 문제이므로, 질문의 핵심어구(Corporate Solutions hired to do)와 관련된 내용을 주의 깊게 듣는다. "we hired a research firm, Corporate Solutions, to analyze our operations"라며 자신들의 운영을 분석하기 위해 조사 기관인 Corporate Solutions사를 고용했다고 하였다. 따라서 정답은 (A) Evaluate business operations이다. (analyze → Evaluate)

어휘 **evaluate** [ivǽljuèit] 검토하다, 평가하다 **commercial** [kəmə́ːrʃəl] 광고
focus group 포커스 그룹 (여론 조사를 위해 표적 시장에서 추출한 소수의 소비자 그룹)
recruit [rikrúːt] 채용하다, 모집하다

12

해석 시각 자료를 보아라. 회사는 올해 어느 광고 수단을 사용하기 시작했는가?
(A) 텔레비전
(B) 광고판
(C) 소셜 미디어
(D) 라디오

해설 회사가 올해 사용하기 시작한 광고 수단을 묻는 문제이므로, 제시된 그래프의 정보를 확인한 뒤 질문의 핵심어구(advertising channel ~ begin using this year)와 관련된 내용을 주의 깊게 듣는다. "we started using another advertising channel this year, and it's turned out to be our most effective medium for reaching new customers"라며 자신들이 올해 또 다른 광고 수단을 이용하는 것을 시작했으며, 이는 새로운 고객들을 확보하는 가장 효과적인 매체인 것으로 밝혀졌다고 한 뒤, "You can ~ look at this graph to see just how successful the strategy has been."이라며 전략이 정말 얼마나 성공적이었는지를 확인하기 위해 그래프를 보면 된다고 하였으므로, 회사가 올해 사용하기 시작한 광고 수단은 가장 많은 수의 신규 고객을 확보한 소셜 미디어임을 그래프에서 알 수 있다. 따라서 정답은 (C) Social Media이다.

3. 요청/제안/언급 문제

Hackers Practice p.245

1. (B)	2. (B)	3. (A)	4. (A)	5. (A)	6. (C)
7. (C)	8. (D)	9. (D)	10. (C)	11. (B)	12. (D)

[1-3] 캐나다

Questions 1-3 refer to the following advertisement.

SleepMore has been helping people sleep well for over 20 years. And now, to celebrate its 21st year in business, [1]**it is launching another line of quality mattresses.** Introducing the SleepMore Comfocare line! [2]**Comfocare is equipped with specialized foam** that maintains an ideal sleeping temperature and helps improve your posture. Compared to similarly priced products, Comfocare has more layers for added comfort. So [3]**why don't you drop by your nearest furniture store and get your Comfocare mattress now?**

quality [kwɑ́ləti] 고급의, 양질의
be equipped with ~이 내장되어 있다, ~을 갖추고 있다
specialized [spéʃəlàizd] 특수화된 foam [foum] (매트리스 등의) 발포 고무
posture [pɑ́stʃər] 자세, 태도 drop by (~에) 들르다

해석
1-3은 다음 광고에 관한 문제입니다.
SleepMore는 20년 넘게 사람들이 잠을 잘 잘 수 있도록 도와왔습니다. 그리고 이제 개업 21주년을 축하하기 위해 [1]**또 다른 고급 매트리스 제품을 출시하려 합니다.** SleepMore Comfocare 제품을 소개합니다! [2]**Comfocare에는** 이상적인 수면 온도를 유지하고 여러분의 자세를 개선시키는 것을 돕는 **특수화된 발포 고무가 내장되어 있습니다.** 비슷한 가격의 제품들과 비교했을 때, Comfocare는 안락함을 더하기 위해 더 많은 층으로 이루어져 있습니다. 그러니 [3]**가장 가까운 가구점에 들러서 지금 Comfocare 매트리스를 구매해 보는 것이 어떠세요?**

1

해석 무엇이 광고되고 있는가?
(A) 침대 이불
(B) 매트리스 제품
(C) 좌석 쿠션 세트
(D) 발포 고무 베개

해설 광고의 주제를 묻는 문제이므로, 지문의 초반을 반드시 듣는다. "it is launching another line of quality mattresses"라며 또 다른 고급 매트리스 제품을 출시한다고 하였다. 따라서 정답은 (B) A line of mattresses이다.

어휘 **comforter** [kʌ́mfərtər] 이불

2

해석 Comfocare의 주목할 만한 특징은 무엇인가?
(A) 적당한 가격
(B) 특수 물질
(C) 세탁 가능한 직물
(D) 조정 가능한 설정

해설 Comfocare의 특징을 묻는 문제이므로, 질문의 핵심어구(notable feature of Comfocare)와 관련된 내용을 주의 깊게 듣는다. "Comfocare is equipped with specialized foam"이라며 Comfocare에는 특수화된 발포 고무가 내장되어 있다고 하였다. 따라서 정답은 (B) Special material이다.

어휘 **affordable** [əfɔ́ːrdəbl] (가격이) 적당한, 감당할 수 있는
washable [wɑ́ʃəbl] 세탁 가능한 **adjustable** [ədʒʌ́stəbl] 조정 가능한

3

해석 청자들은 무엇을 하라고 제안받는가?
(A) 소매점을 방문한다.
(B) 새로운 서비스를 신청한다.
(C) 제품 카탈로그를 주문한다.
(D) 제조업자에게 연락한다.

해설 청자들이 제안받는 것을 묻는 문제이므로, 지문의 중후반에서 제안과 관련된 표현이 포함된 문장을 주의 깊게 듣는다. 청자들에게 "why don't you drop by your nearest furniture store and get your Comfocare mattress now?"라며 가장 가까운 가구점에 들러서 매트리스를 구매할 것을 제안하였다. 따라서 정답은 (A) Go to a retail outlet이다. (drop by ~ store → Go to a retail outlet)

어휘 **retail** [ríːteil] 소매의

[4-6] 영국

Questions 4-6 refer to the following talk.

Welcome to the Everglow Cosmetics factory. [4]**My name is Selina Banks. I'm the factory supervisor**, and I'll be your guide today. [5]**Our plant has been in operation for 20 years.** During that time, Everglow Cosmetics has established itself as one of the country's top manufacturers of skin and hair products. This afternoon, you'll see how our merchandise is produced and packaged. By the way, [6]**there are face masks and gloves located on the table behind you. Everyone needs to wear them for protection during the tour, so please grab one of each.**

operation [미 ɑ̀ːpəréiʃən, 영 ɔ̀pəréiʃən] 운영
merchandise [미 mə́ːrtʃəndàiz, 영 mə́ːtʃəndaiz] 제품, 상품

해석
4-6은 다음 담화에 관한 문제입니다.

Everglow Cosmetics사 공장에 오신 것을 환영합니다. [4]**제 이름은 Selina Banks입니다. 저는 공장 관리자이며**, 오늘 여러분의 가이드가 되어드릴 것입니다. [5]**저희 공장은 20년 동안 운영되어 왔습니다.** 그 기간 동안, Everglow Cosmetics사는 전국에서 피부 및 헤어 제품의 선두 제조사 중 하나로 자리 잡았습니다. 오늘 오후, 여러분은 저희 제품이 어떻게 제조되고 포장되는지 보시게 될 것입니다. 그건 그렇고, [6]**여러분 뒤의 책상에 안면 마스크와 장갑들이 놓여 있습니다. 투어를 하는 동안 안전을 위해 모든 분들이 그것들을 착용하셔야 하므로, 각자 하나씩 챙기시기를 바랍니다.**

4

해석 화자는 누구인가?
(A) 시설 관리자
(B) 경비원
(C) 실험 기술자
(D) 기계공

해설 화자의 신분을 묻는 문제이므로, 신분 및 직업과 관련된 표현을 놓치지 않고 듣는다. "My name is Selina Banks. I'm the factory supervisor"라며 자신의 이름은 Selina Banks이고, 자신이 공장 관리자라고 한 말을 통해 화자가 시설 관리자임을 알 수 있다. 따라서 정답은 (A) A facility manager이다. (factory supervisor → facility manager)

5

해석 Everglow Cosmetics사에 대해 무엇이 언급되는가?
(A) 공장이 20년 동안 운영해왔다.
(B) 다른 지사가 있다.
(C) 직원을 고용하는 것에 관심이 있다.
(D) 상을 받았다.

해설 Everglow Cosmetics사에 대해 언급되는 것을 묻는 문제이므로, 질문의 핵심어구(Everglow Cosmetics)와 관련된 내용을 주의 깊게 듣는다. "Our plant[Everglow Cosmetics factory] has been in operation for 20 years."라며 Everglow Cosmetics사의 공장은 20년 동안 운영되어 왔다고 하였다. 따라서 정답은 (A) Its factory has operated for two decades이다. (20 years → two decades)

6

해석 화자는 청자들에게 무엇을 하라고 말하는가?
(A) 주문서를 작성한다.
(B) 정보 팸플릿을 읽는다.
(C) 안전장비를 가져온다.
(D) 전자기기를 시험해본다.

해설 화자가 청자들에게 요청하는 것을 묻는 문제이므로, 지문의 중후반에서 요청과 관련된 표현이 포함된 문장을 주의 깊게 듣는다. "there are face masks and gloves located on the table ~. Everyone needs to wear them for protection ~ so please grab one of each."라며 책상에 안면 마스크와 장갑들이 놓여 있다고 한 뒤, 안전을 위해 모든 사람들이 그것들을 착용해야 하므로 각자 하나씩 챙기라고 하였다. 따라서 정답은 (C) Get some safety gear이다.

어휘 safety gear 안전장비

[7-9] 미국

Questions 7-9 refer to the following announcement.

Attention, all Geyser Water Park visitors. [7]**Lightning has been reported within a mile of our facility.** As a result, swimming is prohibited for the time being, and we have no choice but to close the park until further notice. [8]**Once you've gathered your belongings, please head into the main building.** Feel free to wait until the storm passes. Just note that we are required by law to stay closed for 30 minutes after lightning has been seen. [9]**If you decide to wait, our lobby will remain open**, and you're free to use it. Thank you for your understanding.

lightning [láitniŋ] 번개 prohibit [prouhíbit] 금지하다
gather [gǽðər] 챙기다, 모으다, 거두어들이다 belonging [bilɔ́ːŋiŋ] 소지품, 소유물

해석
7-9는 다음 공지에 관한 문제입니다.

주목해주십시오, Geyser Water Park 방문객 여러분. [7]**저희 시설의 1마일 이내에서 번개가 보고되었습니다.** 따라서, 당분간 수영은 금지되며, 저희는 추후 통지가 있을 때까지 공원을 폐쇄할 수밖에 없습니다. [8]**소지품을 챙기시고 나면, 본관으로 입장해 주시기 바랍니다.** 폭풍이 지나갈 때까지 기다리셔도 됩니다. 그저 저희는 법에 따라 번개가 목격된 후 30분 동안은 닫혀 있도록 요구된다는 점을 유의해 주십시오. [9]**기다리기로 결정하신다면, 저희 로비는 열려 있을 것이며**, 그곳을 자유롭게 이용하셔도 좋습니다. 이해해주셔서 감사합니다.

7

해석 공지가 이루어지고 있는 이유는 무엇인가?
(A) 안전 점검
(B) 의무적인 청소
(C) 기상 상태
(D) 손님의 부상

해설 공지가 이루어지고 있는 이유를 묻는 문제이므로, 질문의 핵심어구(reason for an announcement)와 관련된 내용을 주의 깊게 듣는다. "Lightning has been reported within a mile of our facility."라며 시설의 1마일 이내에서 번개가 보고되었다고 한 뒤, 이로 인해 시설 폐쇄와 관련된 내용을 언급하였다. 따라서 정답은 (C) Weather conditions이다. (Lightning → Weather conditions)

어휘 inspection [inspékʃən] 점검, 검토, 사찰
mandatory [mǽndətɔ̀ːri] 의무적인, 법에 정해진
condition [kəndíʃən] 상태, 조건 injury [índʒəri] 부상, 상처

8

해석 청자들은 무엇을 하도록 지시받는가?
(A) 줄을 선다.
(B) 집으로 돌아간다.
(C) 접수처를 방문한다.
(D) 건물에 입장한다.

해설 청자들이 하도록 지시받는 것을 묻는 문제이므로, 질문의 핵심어구(instructed to do)와 관련된 내용을 주의 깊게 듣는다. "Once you've gathered your belongings, please head into the main building."이라며 소지품을 챙기고 나면, 본관으로 입장해달라고 하였다. 따라서 정답은 (D) Enter a structure이다. (head into → Enter, main building → structure)

9

해석 화자에 따르면, 무엇이 접근 가능한 상태로 남아 있을 것인가?
(A) 수영장
(B) 탈의실
(C) 식당가
(D) 로비

해설 접근 가능한 상태로 남아 있을 것을 묻는 문제이므로, 질문의 핵심어구(remain accessible)와 관련된 내용을 주의 깊게 듣는다. "If you decide to wait, our lobby will remain open"이라며 기다리기로 결정한다면 로비는 열려 있을 것이라고 하였다. 따라서 정답은 (D) A Lobby이다.

[10-12] 영국

Questions 10-12 refer to the following telephone message and floor guide.

Good morning, Mr. Tate. It's Nora calling from the accounting team. [10]**I received your reimbursement request for the . . . ah . . . office supplies you bought.** Just one problem. You filled out the form correctly, but you didn't . . . umm . . . [11]**you forgot to attach the store receipt**. I'm afraid I can't issue you any money until the receipt is submitted. [11]**Please come and give it to me in person.** By the way, [12]**everyone in my department is temporarily sharing space with the human resources team while our office is being renovated. So be sure to come to the proper floor.**

reimbursement [미 rì:imbə́:rsmənt, 영 rì:imbə́:smənt] 상환
issue [íʃu:] 지급하다, 발부하다, 발표하다 in person 직접

해석
10-12는 다음 전화 메시지와 층 안내표에 관한 문제입니다.

안녕하세요, Mr. Tate. 저는 회계팀의 Nora입니다. [10]**저는 당신이 구매하신... 어... 사무용품에 대한 상환 요청서를 받았습니다.** 단 한 가지 문제가 있습니다. 양식을 정확히 작성하셨지만, 당신은... 음... [11]**당신은 가게 영수증을 첨부하는 것을 잊으셨습니다.** 죄송하지만, 저는 영수증이 제출될 때까지는 어떠한 비용도 지급해 드릴 수 없습니다. [11]**오셔서 직접 그것을 저에게 제출해주시기 바랍니다.** 그런데, [12]**저희 부서의 모든 사람들은 저희 사무실이 수리되는 동안 임시적으로 인사팀과 공간을 함께 쓰고 있습니다. 그러니 반드시 올바른 층으로 오시기 바랍니다.**

회사 층 안내표

8층	크리에이티브 서비스
7층	마케팅
6층	회계
[12]5층	인사

10

해석 청자는 무엇을 제출했는가?
(A) 입사 지원서
(B) 사무용품 목록
(C) 보상 요청서
(D) 구매 영수증

해설 청자가 제출한 것을 묻는 문제이므로, 질문의 핵심어구(submit)와 관련된 내용을 주의 깊게 듣는다. "I received your reimbursement request for the ~ office supplies you bought."이라며 청자가 구매한 사무용품에 대한 상환 요청서를 받았다고 하였다. 따라서 정답은 (C) A request for compensation이다. (reimbursement request → request for compensation)

어휘 compensation [kɑ̀mpənséiʃən] 보상

11

해석 화자는 청자에게 무엇을 하라고 요청하는가?
(A) 물품을 가게에 반납한다.
(B) 서류를 제출한다.
(C) 양식을 교정본다.
(D) 계약서에 서명한다.

해설 화자가 청자에게 요청하는 것을 묻는 문제이므로, 지문의 중후반에서 요청과 관련된 표현이 포함된 문장을 주의 깊게 듣는다. "you forgot to attach the store receipt"라며 청자가 가게 영수증을 첨부하는 것을 잊었다고 한 뒤, "Please come and give it to me in person."이라며 와서 직접 자신에게 그것을 제출해 달라고 요청하였다. 따라서 정답은 (B) Present a document이다. (give → Present, store receipt → document)

어휘 present [prizént] 제출하다, 제시하다; 현재의 proofread [prú:frì:d] 교정을 보다

12

해석 시각 자료를 보아라. 청자는 몇 층으로 갈 것인가?
(A) 8층
(B) 7층
(C) 6층
(D) 5층

해설 청자가 갈 층수를 묻는 문제이므로, 제시된 층 안내표의 정보를 확인한 뒤 질문의 핵심어구(floor)가 언급된 주변을 주의 깊게 듣는다. "everyone in my department is temporarily sharing space with the human resources team ~. So be sure to come to the proper floor."라며 자신의 부서의 모든 사람들이 임시적으로 인사팀과 공간을 함께 쓰고 있으니 반드시 올바른 층으로 오라고 하였으므로, 청자가 인사팀이 있는 5층으로 갈 것임을 층 안내표에서 알 수 있다. 따라서 정답은 (D) 5th floor이다.

4. 이유/방법/정도 문제

Hackers Practice

p.247

1. (C)	2. (D)	3. (A)	4. (C)	5. (D)	6. (D)
7. (B)	8. (D)	9. (D)	10. (D)	11. (B)	12. (D)

[1-3] 캐나다

Questions 1-3 refer to the following radio advertisement.

Are you tired of doing the same boring exercise routine at home day after day? Now you don't have to because [1]**the Hooper Gym is here to help you stay in shape the fun way**! Our facility, open Monday to Saturday, boasts over 40 kinds of machines. We're also equipped with an indoor swimming pool and hot tubs to relax your tired muscles after a long workout. [2]**Attend the opening ceremony of our branch along Juniper Avenue this Monday and get 50 percent off your membership fee.** [3]**You can also take advantage of our free one-week trial, which is available until next Friday.**

routine [ru:tí:n] 과정, 일과 day after day 날마다, 매일 in shape 건강한
boast [boust] 자랑하다 hot tub 온수 욕조 relax [rilǽks] 이완하다
workout [wə́:rkàut] 운동 trial [tráiəl] 체험, 시험

해석
1-3은 다음 라디오 광고에 관한 문제입니다.

날마다 집에서 똑같은 지루한 운동 과정을 반복하는 것이 지겨우신가요? [1]**Hooper 체육관이 여러분이 즐거운 방법으로 건강을 유지할 수 있게 도와드리고자 여기 있으니** 이제는 그러실 필요 없습니다! 월요일부터 토요일까지 영업하는 저희 시설은 40종류가 넘는 기구들을 자랑합니다. 또한 여러분이 오랜 운동 후 피로해진 근육을 이완시킬 수 있도록 실내 수영장과 온수 욕조를 갖추고 있습니다. [2]**이번 주 월요일에 Juniper가에 위치한 저희 지점의 개업식에 참석하시고 회원 가입비를 50퍼센트 할인받으십시오.** [3]**여러분은 또한 일주일 무료 체험을 이용하실 수 있으며, 이는 다음 주 금요일까지 이용 가능합니다.**

1

해석 무엇이 광고되고 있는가?
(A) 운동 기구
(B) 채용 공고
(C) 헬스 클럽
(D) 스포츠 행사

해설 광고의 주제를 묻는 문제이므로, 지문의 초반을 주의 깊게 들은 후 전체 맥락을 파악한다. 지문의 초반에서 "the Hooper Gym is here to help you stay in shape the fun way"라며 Hooper 체육관이 청자들이 즐거운 방법으로 건강을 유지할 수 있게 도와주고자 여기 있다고 하였다. 따라서 정답은 (C) A fitness center이다.

2

해석 청자들은 어떻게 할인을 받을 수 있는가?
(A) 수업에 등록함으로써
(B) 회원 카드를 제시함으로써
(C) 설문지를 작성함으로써
(D) 행사에 참석함으로써

해설 청자들이 할인을 받을 수 있는 방법을 묻는 문제이므로, 질문의 핵심어구(get ~ discount)와 관련된 내용을 주의 깊게 듣는다. "Attend the opening ceremony of our branch ~ and get 50 percent off your membership fee."라며 지점의 개업식에 참석하고 회원 가입비를 50퍼센트 할인받으라고 하였다. 따라서 정답은 (D) By attending an event이다. (opening ceremony → event)

어휘 membership card 회원 카드

3

해석 다음 주 금요일까지 무엇이 이용 가능할 것인가?
(A) 무료 체험
(B) 장비 할인
(C) 할인된 상품권
(D) 다운로드 가능한 쿠폰

해설 다음 주 금요일까지 이용 가능한 것을 묻는 문제이므로, 질문의 핵심어구(available until next Friday)가 언급된 주변을 주의 깊게 듣는다. "You can also take advantage of our free one-week trial, which is available until next Friday."라며 일주일 무료 체험이 금요일까지 이용 가능하다고 하였다. 따라서 정답은 (A) A complimentary trial이다. (free → complimentary)

어휘 complimentary [kàmpləméntəri] 무료의 gift certificate 상품권

[4-6] 영국

Questions 4-6 refer to the following talk.

[4]**I appreciate you all coming to the office a bit early this morning.** As I mentioned in the memo, [5]**we'll be postponing the launch of our new 3D printer. Unfortunately, SE Technologies' new printer is getting a lot of positive press coverage.** Therefore, it's important that we create a series of effective advertisements that highlight the key features of our own printer before it is launched. [6]**Our team will be in charge of planning this campaign. I'd like you to think of some promotional ideas. We'll meet again on Friday to talk about them.**

press [pres] 언론, 기자 coverage [kʌ́vəridʒ] 보도, 범위
feature [미 fíːtʃər, 영 fíːtʃə] 특징; 특색을 이루다 in charge of ~을 담당해서
campaign [kæmpéin] 캠페인, 운동
promotional [미 prəmóuʃənl, 영 prəməuʃənl] 홍보의, 선전용의

해석

4-6은 다음 담화에 관한 문제입니다.

[4]오늘 아침에 모두가 사무실에 조금 일찍 와 주신 것에 감사드립니다. 제가 회람에서 언급한 바와 같이, [5]우리는 새로운 3D 프린터의 출시를 연기할 것입니다. 유감스럽게도, SE Technologies사의 새로운 프린터가 많은 긍정적인 언론 보도를 얻고 있습니다. 그러므로, 우리 프린터가 출시되기 전에 그것의 핵심적인 특징을 강조하는 일련의 효과적인 광고를 만드는 것이 중요합니다. [6]우리 팀이 이 캠페인을 계획하는 일을 담당할 것입니다. 저는 여러분이 몇몇 홍보 아이디어를 생각해오기를 바랍니다. 우리는 그것들에 대해 이야기하기 위해 금요일에 다시 모이겠습니다.

4

해석 담화는 어디에서 일어나는가?
(A) 생산 시설에서
(B) 컨벤션 센터에서
(C) 회사 사무실에서
(D) 전자기기 상점에서

해설 담화가 일어나는 장소를 묻는 문제이므로, 장소와 관련된 표현을 놓치지 않고 듣는다. "I appreciate you all coming to the office a bit early this morning."이라며 오늘 아침에 모두가 사무실에 조금 일찍 와 준 것에 감사하다고 한 말을 통해 담화가 회사 사무실에서 일어나고 있음을 알 수 있다. 따라서 정답은 (C) At a company office이다.

어휘 electronics [미 ilektrάːniks, 영 ilektrɔ́niks] 전자기기

5

해석 화자는 "SE Technologies사의 새로운 프린터가 많은 긍정적인 언론 보도를 얻고 있습니다"라고 말할 때 무엇을 의도하는가?
(A) 그녀는 특징에 대한 세부 사항을 원한다.
(B) 그녀는 프로젝트를 취소하는 것을 고려하고 있다.
(C) 그녀는 다른 회사에 연락할 계획이다.
(D) 그녀는 경쟁에 대해 염려한다.

해설 화자가 하는 말의 의도를 묻는 문제이므로, 질문의 인용어구(SE Technologies' new printer is getting a lot of positive press coverage)가 언급된 주변을 주의 깊게 듣는다. "we'll be postponing the launch of our new 3D printer"라며 자신들은 새로운 3D 프린터의 출시를 연기할 것이라고 한 뒤, "Unfortunately, SE Technologies' new printer is getting a lot of positive press coverage."라며 유감스럽게도 SE Technologies사의 새로운 프린터가 많은 긍정적인 언론 보도를 얻고 있다고 한 것을 통해 화자가 다른 회사와의 경쟁에 대해 염려하고 있음을 알 수 있다. 따라서 정답은 (D) She is concerned about competition이다.

어휘 competition [미 kὰːmpətíʃən, 영 kɔ̀mpətíʃən] 경쟁, 경쟁 상대

6

해석 팀은 왜 금요일에 만날 것인가?
(A) 3D 프린터를 시험하기 위해
(B) 기기 시연을 보기 위해
(C) 새로운 직원들을 환영하기 위해
(D) 마케팅 전략을 논의하기 위해

해설 팀이 금요일에 만나는 이유를 묻는 문제이므로, 질문의 핵심어구(Friday)가 언급된 주변을 주의 깊게 듣는다. "Our team will be in charge of planning this campaign. I'd like you to think of some promotional ideas. We'll meet again on Friday to talk about them."이라며 자신들의 팀이 이 캠페인을 계획하는 일을 담당할 것이며 몇몇 홍보 아이디어를 생각해오기를 바란다고 한 뒤, 그것들에 대해 이야기하기 위해 금요일에 다시 모일 것이라고 하였다. 따라서 정답은 (D) To discuss marketing strategies이다. (promotional ideas → marketing strategies)

어휘 strategy [strǽtədʒi] 전략, 방법, 계획

[7-9] 미국

Questions 7-9 refer to the following news report.

In economic news, [7]**Sung Huat Realty officially received a contract to develop 90 hectares of land belonging to the government of Malaysia.** The company beat two of its competitors for the $7 million project outside Kuala Lumpur. [8]**The company aims to start in a few weeks on the six-year construction project** involving commercial and residential areas. While the project was expected to begin last fall, [9]**problems with the building permit slowed the process down.** Those issues have been resolved, which means work can finally begin.

contract [kάːntrækt] 계약 hectare [héktɛər] 헥타르 (땅 면적의 단위)
commercial [kəmə́ːrʃəl] 상업의 permit [pərmít] 허가증, 허가하다
resolve [미 rizάːlv, 영 rizɔ́lv] 해결하다

해석

7-9는 다음 뉴스 보도에 관한 문제입니다.

오늘 경제 뉴스로, [7]Sung Huat Realty사가 공식적으로 말레이시아 정부 소유의 토지 90헥타르를 개발하기 위한 계약권을 받아냈습니다. 이 회사는 쿠알라룸푸르 외곽의 7백만 달러짜리 사업에 대해 경쟁사 두 곳을 제쳤습니다. [8]회사는 몇 주 이내에 상업 및 주거 지구를 포함하는 6년짜리 건설 사업을 시작하는 것을 목표로 하고 있습니다. 이 프로젝트는 지난 가을에 시작할 것으로 예상되었으나, [9]건축 허가증과 관련된 문제로 과정이 지연되었습니다. 그 문제들은 해결되었으며, 이는 마침내 작업이 시작될 수 있다는 것을 의미합니다.

7

해석 화자는 무엇에 대해 이야기하고 있는가?

(A) 법정 소송 사건의 결과
(B) 새로운 부동산 계약
(C) 건물의 완공
(D) 회사들 간의 성공적인 합병

해설 보도의 주제를 묻는 문제이므로, 지문의 초반을 반드시 듣는다. "Sung Huat Realty officially received a contract to develop ~ land belonging to the government of Malaysia"라며 Sung Huat Realty사가 공식적으로 말레이시아 정부 소유의 토지를 개발하기 위한 계약권을 받아냈다고 한 뒤, 이 새로운 부동산 계약과 관련된 내용을 언급하였다. 따라서 정답은 (B) A new real estate contract이다.

어휘 case [keis] 소송 사건 completion [kəmplíːʃən] 완공, 완료
merger [mə́ːrdʒər] 합병

8

해석 사업에 대해 무엇이 언급되는가?
(A) 내일 투표될 것이다.
(B) 세금을 사용했다.
(C) 주민들의 지지를 받았다.
(D) 6년 동안 계속될 것이다.

해설 사업에 대해 언급되는 것을 묻는 문제이므로, 질문의 핵심어구(project)가 언급된 주변을 주의 깊게 듣는다. "The company aims to start ~ on the six-year construction project"라며 회사는 6년짜리 건설 사업을 시작하는 것을 목표로 하고 있다고 한 말을 통해 사업이 6년 동안 계속 될 것임을 알 수 있다. 따라서 정답은 (D) It will last for six years이다.

어휘 support [səpɔ́ːrt] 지지; 지지하다 resident [rézədnt] 주민, 거주자

9

해석 사업은 왜 지연되었는가?
(A) 건축 부지가 점검되어야 했다.
(B) 선출된 임원이 시간을 더 요구했다.
(C) 예산이 충분히 많지 않았다.
(D) 허가 절차가 완료되지 않았었다.

해설 사업이 지연되었던 이유를 묻는 문제이므로, 질문의 핵심어구(project delayed)와 관련된 내용을 주의 깊게 듣는다. "problems with the building permit slowed the process[construction project] down"이라며 건축 허가증과 관련된 문제로 건설 사업 과정이 지연되었다고 한 말을 통해, 허가 절차가 완료되지 않았었음을 알 수 있다. 따라서 정답은 (D) A permitting process was incomplete이다.

어휘 official [əfíʃəl] 임원, 공무원; 공식적인 budget [bʌ́dʒit] 예산
permit [pərmít] 허가증; 허용하다, 허락하다
incomplete [ìnkəmplíːt] 완료되지 않은, 미완성의, 불완전한

[10-12] 호주

Questions 10-12 refer to the following telephone message and menu.

Good morning, Sarah. It's Dylan from the Pine Bistro. Since I'll be gone tomorrow and [10]**you missed today's staff meeting for a medical checkup**, I'm calling to update you on our newest promotion. [11]**Last month, we had customers fill out questionnaires**, and many said our dessert items are too expensive. To address this issue, customers will now get 10 percent off some of our desserts. [12]**This deal will be for items that cost $7 or more.** The menus will be updated next week. Let me know if you have any questions.

fill out 작성하다, 기입하다
questionnaire [미 kwèstʃənɛ́ər, 영 kwèstʃənéə] 설문 조사, 질문서

해석
10-12는 다음 전화 메시지와 메뉴에 관한 문제입니다.
안녕하세요, Sarah. Pine Bistro의 Dylan입니다. 내일 전 자리에 없을 것이며, [10]당신은 건강 검진으로 인해 오늘 직원 회의에 참석하지 못하셨으므로, 당신에게 우리의 새로운 판촉 행사에 대한 최신 정보를 알려드리기 위해 전화드려요. [11]지난달, 우리는 고객들에게 설문지를 작성해달라고 했고, 많은 사람들이 우리 디저트 품목들이 너무 비싸다고 했어요. 이 문제를 해결하기 위해, 고객들은 이제부터 일부 디저트에 대해 10퍼센트 할인을 받을 거예요. [12]이 할인은 7달러 이상의 항목들에만 해당될 것입니다. 메뉴는 다음 주에 업데이트될 것입니다. 질문이 있으시다면 제게 알려주세요.

Pine Bistro
대표 디저트

레몬 파이	호박 파이	블루베리 치즈케이크	[12]초콜릿 무스 케이크
4달러	5.50달러	6.50달러	7.50달러

10

해석 청자는 왜 회의에 참석하지 못했는가?
(A) 그녀는 가족 모임에 참석하고 있었다.
(B) 그녀는 교육 워크숍에 참석했다.
(C) 그녀는 몇몇 고객들을 도와주어야 했다.
(D) 그녀는 진료 예약이 있었다.

해설 청자가 회의에 참석하지 못한 이유를 묻는 문제이므로, 질문의 핵심어구(miss a meeting)와 관련된 내용을 주의 깊게 듣는다. "you missed today's staff meeting for a medical checkup"이라며 청자가 건강 검진으로 인해 오늘 직원 회의에 참석하지 못했다고 하였다. 따라서 정답은 (D) She had a doctor's appointment이다. (medical checkup → doctor's appointment)

어휘 family gathering 가족 모임

11

해석 회사는 지난달에 무엇을 했는가?
(A) 일부 고객들에게 환불해 주었다.
(B) 설문 조사를 실시했다.
(C) 새 요리사를 고용했다.
(D) 업데이트된 메뉴를 인쇄했다.

해설 회사가 지난달에 한 일을 묻는 문제이므로, 질문의 핵심어구(last month)가 언급된 주변을 주의 깊게 듣는다. "Last month, we had customers fill out questionnaires"라며 회사가 지난달에 고객들에게 설문지를 작성해달라고 했음을 언급하였다. 따라서 정답은 (B) Conducted a survey이다. (questionnaires → survey)

어휘 refund [riːfʌ́nd] 환불하다, (금전을) 돌려주다

12

해석 시각 자료를 보아라. 고객은 어느 메뉴 품목을 할인된 가격에 주문할 수 있는가?
(A) 레몬 파이
(B) 호박 파이
(C) 블루베리 치즈 케이크
(D) 초콜릿 무스 케이크

해설 고객이 할인된 가격에 주문할 수 있는 메뉴 품목을 묻는 문제이므로, 제시된 메뉴의 정보를 확인한 뒤 질문의 핵심어구(menu item ~ at a discount)와 관련된 내용을 주의 깊게 듣는다. "This deal will be for items that cost $7 or more."라며 이 할인은 7달러 이상의 항목들에만 해당될 것이라고 하였으므로, 고객이 할인된 가격에 주문할 수 있는 메뉴 품목이 7달러 이상인 초콜릿 무스 케이크임을 메뉴에서 알 수 있다. 따라서 정답은 (D) Chocolate mousse cake이다.

5. 다음에 할 일 문제

Hackers Practice p.249

1. (B)	2. (D)	3. (A)	4. (D)	5. (B)	6. (C)
7. (B)	8. (C)	9. (C)	10. (B)	11. (B)	12. (D)

[1-3] 영국

Questions 1-3 refer to the following radio broadcast.

Good morning. You're listening to DWKT's 8 o'clock news report. [1]**To commemorate the 50th Foundation Day of Preston City, the council has organized a special celebration.** Tomorrow at 5 P.M., a parade will take place along Hilton Avenue between Second and Ninth Streets in honor of the local holiday. [2]**Motorists are advised to take alternate routes** because traffic is expected to build up in the area until noon. [3]**The parade will end at Hyde's Park at about 7 P.M., after which Mayor Stiller will say a few words.** For a list of activities, please visit www.prestoncity.gov.uk.

commemorate [kəmémərèit] 기념하다, 축하하다
organize [미 ɔ́:rgənàiz, 영 ɔ́:gənaiz] (행사 등을) 계획하다, 개최하다
celebration [sèləbréiʃən] 축하(기념) 행사
motorist [미 móutərist, 영 mə́utərist] 자동차 운전자 build up (교통이) 정체되다

해석

1-3은 다음 라디오 방송에 관한 문제입니다.

안녕하세요. 여러분은 DWKT의 8시 뉴스 보도를 듣고 계십니다. [1]Preston시의 50번째 건립일을 기념하기 위해, 시의회는 특별한 축하 행사를 계획했습니다. 내일 오후 5시에 지역 공휴일을 기념하기 위해 2번가와 9번가 사이에 있는 Hilton가를 따라 퍼레이드가 진행될 것입니다. 그 지역의 교통이 정오까지 정체될 것으로 예상되므로 [2]자동차 운전자들은 우회로를 이용하도록 권장됩니다. [3]퍼레이드는 Hyde's 공원에서 오후 7시경에 끝날 것이며, 그 후 Stiller 시장이 몇 말씀 드릴 예정입니다. 활동의 목록을 원하시면 www.prestoncity.gov.uk를 방문해주십시오.

1

해석 방송의 주제는 무엇인가?
(A) 휴양 시설의 재단장
(B) 연례 이벤트 행사
(C) 시장의 취임사
(D) 위원회 기념일의 축하

해설 방송의 주제를 묻는 문제이므로, 지문의 초반을 반드시 듣는다. "To commemorate the 50th Foundation Day of Preston City, the council has organized a special celebration."이라며 Preston시의 50번째 건립일을 기념하기 위해 시의회가 특별한 축하 행사를 계획했다고 한 뒤, 행사와 관련된 내용을 언급하였다. 따라서 정답은 (B) The observance of an annual event이다.

어휘 recreational [rèkriéiʃənl] 휴양의 observance [əbzɔ́:rvəns] 행사
inaugural [inɔ́:gjurəl] 취임의

2

해석 자동차 운전자들은 무엇을 하도록 요청되는가?
(A) 퍼레이드에 일찍 도착한다.
(B) 복합단지에 자동차를 주차한다.
(C) 대중교통을 이용한다.
(D) 다른 길을 택한다.

해설 자동차 운전자들에게 요청되는 것을 묻는 문제이므로, 지문의 중후반에서 요청과 관련된 표현이 포함된 문장을 주의 깊게 듣는다. "Motorists are advised to take alternate routes"라며 자동차 운전자들은 우회로를 이용하도록 권장된다고 하였다. 따라서 정답은 (D) Take different routes이다. (alternate → different)

어휘 complex [kámpleks] 복합단지 route [ru:t] 길, 경로

3

해석 주요 행사 후에 무슨 일이 일어날 것인가?
(A) 연설이 있을 것이다.
(B) 연회가 열릴 것이다.
(C) 상이 수여될 것이다.
(D) 밴드가 소개될 것이다.

해설 주요 행사 후에 일어날 일을 묻는 문제이므로, 질문의 핵심어구(after the main event)와 관련된 내용을 주의 깊게 듣는다. "The parade will end ~ at about 7 P.M., after which Mayor Stiller will say a few words."라며 오후 7시경에 퍼레이드가 끝날 것이며, 그 후 Stiller 시장이 몇 마디 할 예정이라고 하였다. 따라서 정답은 (A) A speech will be made이다.

[4-6] 캐나다

Questions 4-6 refer to the following talk.

[4]**The next item on our agenda is Mr. Phillips's proposal to hire some people to do off-site work.** As you know, our company has received new projects recently, and I don't think the writers and editors at the office can meet our current deadlines given the amount of work. [5]**We also don't have enough computers yet for the new employees to use.** So Mr. Phillips recommended that we hire employees who are willing to work at home instead. He also prepared a summary of the compensation we could offer to them, including allowances for electricity and Internet connection. [6]**I'll pass out copies of it. Have a look through it**, and please give me any comments or suggestions you might have.

willing [wíliŋ] ~할 의향이 있는 summary [sʌ́məri] 개요, 요약
compensation [kàmpənséiʃən] 보상 allowance [əláuəns] 비용
pass out 나누어 주다 comment [káment] 의견

해석

4-6은 다음 담화에 관한 문제입니다.

[4]안건의 다음 항목은 사외 근무를 할 몇몇 사람들을 고용하자는 Mr. Phillips의 제안입니다. 여러분도 아시다시피, 우리 회사는 최근에 새 프로젝트를 받았는데 업무량을 고려해볼 때 사무실의 작가들과 편집자들이 현재의 마감일을 맞출 수 없을 것 같습니다. [5]우리에게는 아직 새 직원들이 사용할 컴퓨터도 충분하지 않습니다. 그래서 Mr. Phillips가 그 대신에 집에서 일할 의향이 있는 직원들을 고용하는 것을 제안했습니다. 그는 전기와 인터넷 연결 비용을 비롯해, 우리가 그들에게 제공할 수 있는 보상에 대한 개요도 준비했습니다. [6]제가 그 복사본을 나누어 드리겠습니다. 한번 살펴보시고, 가지고 계신 어떤 의견이나 제안이라도 해주십시오.

4

해석 담화는 주로 무엇에 대한 것인가?
(A) 사업 비용을 줄이는 것
(B) 직원 복지를 확대하는 것
(C) 회사를 이전하는 것
(D) 더 많은 직원을 고용하는 것

해설 담화의 주제를 묻는 문제이므로, 지문의 초반을 주의 깊게 들은 후 전체 맥락을 파악한다. 지문의 초반에서 "The next item on our agenda is Mr. Phillips's proposal to hire some people to do off-site work."라며 안건의 다음 항목이 사외 근무를 할 몇몇 사람들을 고용하자는 Mr. Phillips의 제안이라고 하였다. 따라서 정답은 (D) Taking on more staff이다. (hire → Taking on)

어휘 relocate [ri:loukéit] 이전하다, 이동하다 take on 고용하다, 채용하다

5

해석 화자에 따르면, 무엇이 제공될 수 없는가?
(A) 사무실 업무 공간
(B) 컴퓨터 장비
(C) 신청 양식
(D) 교육 세션

해설 제공될 수 없는 것을 묻는 문제이므로, 질문의 핵심어구(unable to be provided)와 관련된 내용을 주의 깊게 듣는다. "We ~ don't have enough computers yet for the new employees to use."라며 새 직원들이 사용할 컴퓨터가 충분하지 않다고 하였다. 따라서 정답은 (B) Computer equipment이다.

6

해석 청자들은 다음에 무엇을 할 것 같은가?
(A) 구직 지원서를 제출한다.
(B) 사무실을 이전할 준비를 한다.
(C) 서류를 검토한다.
(D) 비용 목록을 합산한다.

해설 청자들이 다음에 할 일을 묻는 문제이므로, 지문의 마지막 부분을 주의 깊게 듣는다. "I'll pass out copies of it. Have a look through it"이라며 복사본을 나누어 줄테니 살펴보라고 하였다. 따라서 정답은 (C) Review a document이다. (Have a look through → Review)

어휘 submit[səbmít] 제출하다 add up ~을 합산하다, 계산하다

[7-9] 미국

Questions 7-9 refer to the following introduction.

Good morning, ladies and gentlemen. [7]**Welcome to today's cooking seminar**, which marks the first of five courses over the next two weeks. [8]**This morning, we have invited renowned chef Rainer Diehl to provide tips on cooking vegetarian meals.** Mr. Diehl is the owner of Bavarian Diner, a restaurant that has several outlets across the country. He has recently released a book called *Green and Healthy* that features some of his famous vegetarian recipes. [9]**After his lecture, he will show us how some of his dishes are prepared.** So, without further ado, here's Rainer Diehl.

renowned[rináund] 유명한 vegetarian[vèdʒətéəriən] 채식의
recipe[résəpì] 요리법 prepare[pripéər] (식사 등을) 조리하다, 준비하다
without further ado 더 이상의 지체 없이

해석

7-9는 다음 소개에 관한 문제입니다.

안녕하세요, 신사 숙녀 여러분. [7]**오늘의 요리 세미나에 오신 것을 환영하며**, 이 세미나는 다음 2주 동안 있을 5개 강의 중 첫 번째입니다. [8]**오늘 아침, 우리는 채식 요리에 대한 조언을 해줄 유명 요리사 Rainer Diehl을 모셨습니다.** Mr. Diehl은 전국에 여러 지점을 가지고 있는 식당인 Bavarian Diner의 소유주입니다. 그는 최근에 자신의 유명한 채식 요리법을 일부 포함한 *Green and Healthy*라는 책을 출간하였습니다. [9]**강연 후에 그는 우리에게 자신의 몇몇 요리들이 어떻게 조리되는지 보여줄 것입니다.** 자, 더 이상의 지체 없이 Rainer Diehl을 소개합니다.

7

해석 화자는 어디에 있는 것 같은가?
(A) 식당 개업식에
(B) 요리 워크숍에
(C) 서적 출간회에
(D) 회사 기념식에

해설 화자가 있는 장소를 묻는 문제이므로, 장소와 관련된 표현을 놓치지 않고 듣는다. "Welcome to today's cooking seminar"라며 요리 세미나에 온 것을 환영한다고 하였다. 따라서 정답은 (B) At a culinary workshop이다. (cooking seminar → culinary workshop)

어휘 culinary[kʌ́lənèri] 요리의 anniversary[æ̀nəvə́:rsəri] 기념식

8

해석 Mr. Diehl은 오늘 아침에 무엇을 할 것인가?
(A) 책에 사인을 한다.
(B) 그의 오랜 경력에 대해 이야기 한다.
(C) 음식 준비에 대한 조언을 한다.
(D) 음식을 나누어준다.

해설 Mr. Diehl이 오늘 아침에 할 일을 묻는 문제이므로, 질문의 핵심어구(Mr. Diehl ~ this morning)와 관련된 내용을 주의 깊게 듣는다. "This morning, we have invited renowned chef Rainer Diehl to provide tips on cooking vegetarian meals."라며 오늘 아침, 유명 요리사 Rainer Diehl이 채식 요리에 대한 조언을 해줄 것이라고 하였다. 따라서 정답은 (C) Provide food preparation advice이다. (tips on cooking → food preparation advice)

어휘 distribute[distríbju:t] 나누어주다, 분배하다

9

해석 강연 후에 무엇이 일어날 것인가?
(A) 공개 토론
(B) 책 사인회
(C) 요리 시연회
(D) 시상식

해설 강연 후에 일어날 일을 묻는 문제이므로, 질문의 핵심어구(after ~ lecture)가 언급된 주변을 주의 깊게 듣는다. "After his[Mr. Diehl] lecture, he will show us how some of his dishes are prepared."라며 강연 후에 Mr. Diehl이 자신의 몇몇 요리들이 어떻게 조리되는지 보여줄 것이라고 한 말을 통해 요리 시연회가 열릴 것임을 알 수 있다. 따라서 정답은 (C) A cooking demonstration이다. (show ~ how ~ dishes are prepared → cooking demonstration)

어휘 demonstration[dèmənstréiʃən] 시연회, 입증

[10-12] 호주

Questions 10-12 refer to the following speech and label.

For this shareholder meeting, I'm going to talk about a Pure Foods Incorporated product that will hit the stores next month. [10]**It's called Crystal One, and it's a beverage that will be marketed to athletes**, as it provides a huge boost of energy to people who consume it. As for the production's nutritional information. First, [11]**it contains more sugar at the moment than we'd like the final recipe to have, so we're considering cutting the amount in half**. Still, the beverage provides only 250 calories per serving and a very low amount of fat. Crystal One is also rich in vitamin C, which we intend to highlight in [12]**our marketing campaign that will be launched on October 10**.

shareholder[미 ʃέərhòuldər, 영 ʃéəhəuldə] 주주 hit the store 출시하다
market[미 má:rkit, 영 má:kit] 팔다, (상품을) 내놓다
nutritional[nju:tríʃənl] 영양의 recipe[미 résəpì, 영 résipi] 조리법, 요리법
highlight[háilàit] 강조하다

해석

10-12는 다음 연설과 라벨에 관한 문제입니다.

이번 주주 회의에서 저는 다음 달에 출시될 Pure Foods사의 제품에 대해 이야기할 것입니다. [10]**그것은 Crystal One으로 운동 선수들에게 판매될 음료인데**, 이는 마시는 사람들에게 큰 에너지 증대를 가져다 주기 때문입니다. 상품의 영양 정보에 대한 것입니다. 첫째로, [11]**그것은 현재 우리가 최종 조리법에 포함하기 원하는 것보다 더 많은 설탕을 함유하고 있어 그 양을 반으로 줄이는 것을 고려하고 있습니다.** 그럼에도, 음료는 1회 제공량당 겨우 250칼로리와 아주 낮은 지방량을 제공합니다. Crystal One에는 또한 비타민 C가 풍부한데, 이를 [12]**10월 10일에 시작될 마케팅 광고**에서 강조하려 합니다.

영양 분석	
제공량: 150g	
1회 제공량당	250칼로리
지방	6그램
설탕	[11]28그램
칼륨	115밀리그램
나트륨	150밀리그램

10

해석 회사는 무엇을 출시하려고 하는가?
(A) 에너지 바
(B) 스포츠 음료
(C) 냉동 음식
(D) 제과 제품

해설 회사가 출시하려는 것을 묻는 문제이므로, 질문의 핵심어구(company ~ release)와 관련된 내용을 주의 깊게 듣는다. "It's called Crystal One, and it's a beverage that will be marketed to athletes"라며 Crystal One이 운동 선수들에게 판매될 음료라고 하였다. 따라서 정답은 (B) A sports drink이다.

11

해석 시각 자료를 보아라. 어떤 성분량이 변경될 것인가?
(A) 6그램
(B) 28그램
(C) 115밀리그램
(D) 150밀리그램

해설 어떤 성분량이 변경될 것인지를 묻는 문제이므로, 제시된 라벨의 정보를 확인한 뒤 질문의 핵심어구(ingredient amount ~ change)와 관련된 내용을 주의 깊게 듣는다. "it contains more sugar at the moment than we'd like the final recipe to have, so we're considering cutting the amount in half"라며 최종 조리법에 포함하기 원하는 것보다 더 많은 설탕을 함유하고 있어 그 양을 반으로 줄이는 것을 고려하고 있다고 하였으므로, 설탕의 양 28그램이 변경될 것임을 라벨에서 알 수 있다. 따라서 정답은 (B) 28g이다.

어휘 ingredient[ingrí:diənt] 성분, 재료

12

해석 10월 10일에 무슨 일이 일어날 것인가?
(A) 운동 경기가 시작될 것이다.
(B) 새로운 제품이 상점에서 구매 가능할 것이다.
(C) 제품군의 생산이 중단될 것이다.
(D) 광고가 시작될 것이다.

해설 10월 10일에 일어날 일을 묻는 문제이므로, 질문의 핵심어구(October 10)가 언급된 주변을 주의 깊게 듣는다. "our marketing campaign that will be launched on October 10"라며 마케팅 광고가 10월 10일에 시작될 것이라고 하였다. 따라서 정답은 (D) A campaign will begin이다. (be launched → begin)

어휘 discontinue[dìskəntínju:] (생산을) 중단하다

6. 특정 세부 사항 문제

Hackers Practice

p.251

1. (C)	2. (A)	3. (B)	4. (A)	5. (C)	6. (D)
7. (D)	8. (C)	9. (A)	10. (A)	11. (C)	12. (B)

[1-3] 캐나다

Questions 1-3 refer to the following excerpt from a meeting.

Some of you may have already heard that the mayor of San Diego has hired our public relations agency to promote the city. [1]**Beginning this fall, we're going to be responsible for attracting new visitors to the area.** The plan will be to highlight 10 different San Diego destinations in an online campaign. [2]**We've done similar projects successfully before, so I expect everything to go smoothly.** I also believe this is a great opportunity for our firm. [3]**If we succeed, we can strengthen our status as one of the leaders in the industry.** Now, let's take 15 minutes to brainstorm some possibilities.

public relations 홍보, 섭외 attract[ətrǽkt] 유치하다, 유인하다
highlight[háilait] 부각시키다, 강조하다 campaign[kæmpéin] 광고, (선거) 운동
strengthen[stréŋkθən] 확고히 하다, 강화하다 status[stéitəs] 입지, 지위
brainstorm[bréinstɔ:rm] 떠올리다, 브레인스토밍하다

해석

1-3은 다음 회의 발췌록에 관한 문제입니다.

여러분들 중 일부는 샌디에이고 시장이 시를 홍보하기 위해 우리 홍보 대행사를 고용했음을 이미 들으셨을 것입니다. [1]**이번 가을부터, 우리는 그 지역에 새로운 방문객들을 유치하는 것을 담당할 것입니다.** 그 방안은 온라인 광고에 10곳의 다양한 샌디에이고 여행지를 부각시키는 것이 될 것입니다. [2]**우리가 이전에 비슷한 프로젝트를 성공적으로 해냈으므로 모든 것이 순조로울 것이라고 예상합니다.** 저는 또한 이것이 우리 회사에 좋은 기회라고 생각합니다. [3]**만약 우리가 성공한다면, 업계 내에서 선두 중 하나로서의 우리의 입지를 확고히 할 수 있을 것입니다.** 이제, 15분 동안 몇몇 가능한 일들을 떠올려 봅시다.

1

해석 화자는 주로 무엇에 대해 이야기하고 있는가?
(A) 시상식
(B) 디자인 대회
(C) 곧 있을 프로젝트
(D) 지역 사회 축제

해설 회의 발췌록의 주제를 묻는 문제이므로, 지문의 초반을 주의 깊게 듣는다. "Beginning this fall, we're going to be responsible for attracting new visitors to the area[San Diego]."라며 이번 가을부터 샌디에이고에 새로운 방문객들을 유치하는 것을 담당할 것이라고 한 뒤, 곧 있을 프로젝트에 대해 설명하였다. 따라서 정답은 (C) An upcoming project이다.

어휘 community[kəmjú:nəti] 지역 사회, 주민

2

해석 화자는 왜 "우리가 이전에 비슷한 프로젝트를 성공적으로 해냈으므로"라고 말하는가?
(A) 직원들의 능력에 대한 확신을 보여주기 위해
(B) 회사의 입지가 타당함을 보여주기 위해
(C) 재료들이 재사용될 수 있음을 시사하기 위해
(D) 많은 변화들이 일어났음을 암시하기 위해

해설 화자가 하는 말의 의도를 묻는 문제이므로, 질문의 인용어구(We've done similar projects successfully before)가 언급된 주변을 주의 깊게 듣는다. "We've done similar projects successfully before, so I expect everything to go smoothly."라며 자신들이 이전에 비슷한 프로젝트를 성공적으로 해냈으므로 모든 것이 순조로울 것이라고 예상한다고 했으므로, 프로젝트를 해낼 직원들의 능력에 대한 확신을 보여주려는 의도임을 알 수 있다. 따라서 정답은 (A) To show confidence in employees' abilities이다.

어휘 justify[dʒʌ́stifai] 타당함을 보여주다, 정당화하다

3

해석 화자는 미래에 무슨 일이 일어날 것으로 기대하는가?
(A) 시장이 추가 업무를 제공할 것이다.
(B) 회사가 탄탄한 평판을 갖게 될 것이다.
(C) 선거 운동이 다른 도시들로 확대될 것이다.
(D) 마케팅 예산이 늘어날 것이다.

해설 화자가 미래에 일어날 일로 기대하는 것을 묻는 문제이므로, 질문의 핵심어구(happen in the future)와 관련된 내용을 주의 깊게 듣는다. "If we succeed, we can strengthen our status as one of the leaders in the industry."라며 만약 자신들이 성공한다면 업계 내에서 선두 중 하나로서의 입지를 확고히 할 수 있을 것이라고 한 말을 통해 화자는 회사가 선두로서의 입지를 확고히 할 것임을 기대한다는 것을 알 수 있다. 따라서 정답은 (B) The company will have a strong reputation이다. (strengthen ~ status as one of the leaders → have a strong reputation)

어휘 reputation[repjutéiʃən] 평판, 명성 budget[bʌ́dʒit] 예산, 경비

[4-6] 호주

Questions 4-6 refer to the following broadcast.

Mayor Kevin McCarthy will attend a ceremony to pay tribute to Nicholas Nelson tomorrow at 9 A.M. [4]**A 15-foot statue, built in honor of the famous city official, will be revealed to the public.** The monument is located near the entrance of Knoxville Park. [5]**Nicholas Nelson was a former mayor of Kent City** and was known for his dedication to the protection of the environment. Residents of Kent City are invited to be part of this special celebration. For the times of the activities planned for tomorrow, please visit www.kentcity.com. [6]**Stay tuned for our financial report coming up next.**

pay tribute to ~에게 경의를 표하다 statue [stǽtʃuː] 조각상
in honor of ~를 기리기 위해 reveal [rivíːl] 공개하다, 드러내다
monument [미 mánjumənt, 영 mɔ́njəmənt] 기념물, 기념 건축물
former [미 fɔ́ːrmər, 영 fɔ́ːmə] 이전의 dedication [dèdikéiʃən] 헌신

해석
4-6은 다음 방송에 관한 문제입니다.
Kevin McCarthy 시장은 내일 오전 9시에 Nicholas Nelson에게 경의를 표하는 의식에 참석할 것입니다. [4]**저명한 시 공무원을 기리기 위해 건립된 15피트의 조각상이 대중에게 공개될 것입니다.** 그 기념물은 Knoxville 공원의 입구 근처에 위치해 있습니다. [5]**Nicholas Nelson은 Kent시의 이전 시장이었으며,** 환경 보호에 대한 헌신으로 유명했습니다. Kent시의 주민들은 이 특별한 기념 행사에 참석하도록 초청됩니다. 내일 계획된 활동들의 시간을 알고 싶으시면, www.kentcity.com을 방문해주십시오. [6]**다음에 나올 금융 보도를 위해 채널을 고정해 주시기 바랍니다.**

4

해석 방송은 주로 무엇에 대한 것인가?
(A) 공공 기념물
(B) 공사 계획
(C) 시장직 후보
(D) 환경 캠페인

해설 방송의 주제를 묻는 문제이므로, 지문의 초반을 주의 깊게 들은 후 전체 맥락을 파악한다. "A 15-foot statue, built in honor of the famous city official, will be revealed to the public."이라며 저명한 시 공무원을 기리기 위해 건립된 15피트의 조각상이 대중에게 공개될 것이라고 한 뒤, 이 공공 기념물과 관련된 내용에 대해 언급하였다. 따라서 정답은 (A) A public monument이다. (statue → monument)

어휘 candidate [kǽndidèit] 후보(자)

5

해석 Nicholas Nelson은 누구인가?
(A) 기관 설립자
(B) 유명한 조각가
(C) 이전 공무원
(D) 생태학 전문가

해설 Nicholas Nelson의 신분을 묻는 문제이므로, 질문 대상(Nicholas Nelson)의 신분 및 직업과 관련된 표현을 놓치지 않고 듣는다. "Nicholas Nelson was a former mayor of Kent City"라며 Nicholas Nelson이 Kent시의 이전 시장이었다고 하였다. 따라서 정답은 (C) A former official이다. (mayor → official)

어휘 founder [fáundər] 설립자, 창설자 ecology [ikálədʒi] 생태학

6

해석 다음에 무슨 일이 일어날 것 같은가?
(A) 일기 예보가 방송될 것이다.
(B) 몇몇 질문들에 대한 답변이 이루어질 것이다.
(C) 인터뷰가 진행될 것이다.
(D) 비즈니스 뉴스가 논의될 것이다.

해설 다음에 일어날 일을 묻는 문제이므로, 지문의 마지막 부분을 주의 깊게 듣는다. "Stay tuned for our financial report coming up next."라며 다음에 나올 금융 보도를 위해 채널을 고정해 달라고 하였다. 따라서 정답은 (D) Business news will be discussed이다. (financial report → Business news)

[7-9] 영국

Questions 7-9 refer to the following instruction.

[7]**I'd like to make some announcements regarding our shipping policy. Next month, we will start accepting international orders on our Web site.** Our Web designer said that [8]**the new design of the site will be finished by Friday**. I've also spoken to a representative from Malachi Mails to finalize the contract for the courier services that they will provide us. They've been in the business for 30 years, so I'm sure we can rely on their professionalism. [9]**In the first few months, we will ship items to countries across Asia. Once we have established our market abroad, we can meet our clients' needs in Europe and North America as well.**

regarding [미 rigáːrdiŋ, 영 rigaːdiŋ] ~에 관한
courier [미 kúriər, 영 kúriə] 운송, 택배
professionalism [prəféʃənəlìzm] 전문성
establish [istǽbliʃ] 확립하다, 설립하다

해석
7-9는 다음 설명에 관한 문제입니다.
[7]**저는 배송 정책에 관한 몇 가지 공지들을 하고자 합니다. 다음 달에, 우리는 웹사이트에서 해외 주문을 받기 시작할 것입니다.** 웹 디자이너가 [8]**사이트의 새로운 디자인이 금요일까지 완성될 것**이라고 말했습니다. 저는 또한 Malachi Mails사가 제공할 운송 서비스에 대한 계약을 마무리 짓기 위해 그들의 직원과도 이야기하였습니다. 그들은 30년 동안 영업해 왔으므로, 그들의 전문성을 신뢰할 수 있다고 확신합니다. [9]**처음 몇 달은 아시아 전역의 국가들로 상품을 배송할 것입니다. 일단 해외에서의 우리 시장을 확립하면, 유럽과 북미에 있는 고객들의 수요 역시 만족시킬 수 있을 것입니다.**

7

해석 화자는 무엇에 대해 이야기하고 있는가?
(A) 특별 행사에 관한 세부 사항
(B) 추가적인 결제 수단
(C) 여행의 일정표
(D) 새로운 배송 목적지

해설 설명의 주제를 묻는 문제이므로, 지문의 초반을 반드시 듣는다. "I'd like to make some announcements regarding our shipping policy. Next month, we will start accepting international orders on our Web site."라며 배송 정책에 관한 공지로 다음 달에 웹사이트에서 해외 주문을 받기 시작할 것이라고 한 뒤, 새로운 배송 지역과 관련된 내용을 언급하였다. 따라서 정답은 (D) New shipping destinations이다.

어휘 itinerary [aitínərèri] (여행) 일정표

8

해석 금요일까지 무엇이 완료될 것인가?
(A) 서비스 계약
(B) 고객의 여행 일정
(C) 온라인 페이지에 대한 작업
(D) 몇몇 물품의 배송

해설 금요일까지 완료될 것을 묻는 문제이므로, 질문의 핵심어구(completed by Friday)와 관련된 내용을 주의 깊게 듣는다. "the new design of the site will be finished by Friday"라며 사이트의 새로운 디자인이 금요일까지 완성될 것이라고 하였다. 따라서 정답은 (C) The work for an online page이다. (completed → finished, site → online page)

9

해석 화자는 회사가 무엇을 하고 싶어 한다고 말하는가?
(A) 국제 시장으로 판매를 확장한다.
(B) 새로운 제품군을 개발한다.
(C) 새로운 배송 방법을 도입한다.
(D) 아시아 회사들과 협력 관계를 맺는다.

해설 회사가 하고 싶어 하는 것을 묻는 문제이므로, 질문의 핵심어구(company wants to do)와 관련된 내용을 주의 깊게 듣는다. "In the first few months, we will ship items ~ across Asia. Once we have established our market abroad, we can meet our clients' needs in Europe and North America as well."이라며 처음 몇 달 동안 아시아로 상품을 배송해서 해외에서의 자신들의 시장을 확립하면 유럽과 북미에 있는 고객들도 만족시킬 수 있을 것이라고 하였다. 이를 통해, 회사가 국제 시장으로 진출하고 싶어 한다는 것을 알 수 있다. 따라서 정답은 (A) Expand sales into international markets이다.

어휘 partnership[pá:rtnərʃìp] 협력

[10-12] 미국

Questions 10-12 refer to the following telephone message and list.

Good morning. My name is Dr. Matilda Levine, and [10]**I work at Digidex Laboratories. I have a complaint about the microscope slides I ordered from your company last week.** When I opened the box, I realized I was sent the wrong merchandise. [11]**While the box contains lenses that are 6mm in diameter, I requested 7mm ones.** Since the items are the wrong size, I'd like to exchange them. I can be reached at 555-2241. [12]**Please call me back as soon as possible.**

laboratory[lǽbərətɔ̀:ri] 실험실, 연구소
microscope[máikrəskòup] 현미경 diameter[daiǽmətər] 지름, 직경

해석

10-12는 다음 전화 메시지와 목록에 관한 문제입니다.

안녕하세요. [10]저는 Dr. Matilda Levine이며, Digidex 실험실에서 일합니다. 저는 지난주에 귀사로부터 주문한 현미경용 슬라이드들에 관해 불만이 있습니다. 제가 상자를 열었을 때, 잘못된 상품을 배송받았음을 알게 되었습니다. [11]상자에는 지름이 6밀리미터인 렌즈들이 들어 있는 반면에, 저는 7밀리미터인 것들을 요청했습니다. 제품들의 크기가 잘못되었기 때문에, 이들을 교환하고 싶습니다. 저는 555-2241로 연락 가능합니다. [12]가능한 한 빨리 제게 회신해 주시기를 바랍니다.

지름	가격 (100개들이 박스당)
5밀리미터	420달러
6밀리미터	455달러
7밀리미터	[11]490달러
8밀리미터	525달러

10

해석 화자는 무엇을 구매했는가?
(A) 실험실 물품
(B) 공장 기계
(C) 인쇄 장비
(D) 컴퓨터 부품

해설 화자가 구매한 것을 묻는 문제이므로, 질문의 핵심어구(buy)와 관련된 내용을 주의 깊게 듣는다. "I work at Digidex Laboratories. ~ the microscope slides I ordered from your company last week"라며 자신은 Digidex 실험실에서 일한다고 한 뒤, 지난주에 청자의 회사로부터 현미경용 슬라이드들을 주문했다고 언급하였다. 따라서 정답은 (A) Laboratory supplies이다. (microscope slides → Laboratory supplies)

어휘 supply[səplái] 물품 equipment[ikwípmənt] 장비

11

해석 시각 자료를 보아라. 화자는 얼마를 지불했는가?
(A) 420달러
(B) 455달러
(C) 490달러
(D) 525달러

해설 화자가 지불한 금액을 묻는 문제이므로, 제시된 목록의 정보를 확인한 뒤 질문의 핵심어구(pay)와 관련된 내용을 주의 깊게 듣는다. "While the box contains lenses that are 6mm in diameter, I requested 7mm ones."라며 상자에는 지름이 6밀리미터인 렌즈들이 들어 있는 반면에, 자신은 7밀리미터인 것들을 요청했다고 하였으므로, 화자가 7밀리미터의 렌즈를 주문하여 490달러를 지불했음을 목록에서 알 수 있다. 따라서 정답은 (C) $490이다.

12

해석 청자는 무엇을 하도록 요청받는가?
(A) 계좌로 환불한다.
(B) 전화를 회신한다.
(C) 항의를 제기한다.
(D) 청구서를 보낸다.

해설 청자가 요청받는 것을 묻는 문제이므로, 질문의 핵심어구(asked to do)와 관련된 내용을 주의 깊게 듣는다. "Please call me back as soon as possible."이라며 가능한 한 빨리 자신에게 회신해달라고 하였다. 이를 통해 청자가 전화를 회신하도록 요청받고 있음을 알 수 있다. 따라서 정답은 (B) Return a phone call이다.

어휘 account[əkáunt] 계좌 complaint[kəmpléint] 항의, 불평
invoice[ínvɔis] 청구서, 송장

7. 의도 파악 문제

Hackers Practice

p.253

1. (D)	2. (B)	3. (A)	4. (A)	5. (B)	6. (C)
7. (C)	8. (C)	9. (A)	10. (A)	11. (B)	12. (D)

[1-3] 캐나다

Questions 1-3 refer to the following telephone message.

Hey, Patrick. It's Gregory Bernard from West End Realty. [1]**I want to let you know that there's a complication with the house that you attended a showing for last Tuesday.** I just got off the phone with our . . . ah . . . our inspector, and [2]**she found a crack along the foundation.** **The owner should have mentioned this to me.** Given this turn of events, [3]**I don't think you should put in an offer on the property**. I know you were impressed with some of the features — the backyard and fireplace — but repairing the foundation would be very costly. I can be reached by phone or e-mail if you have any questions.

complication[kɑ̀mpləkéiʃən] 문제, 합병증 inspector[inspéktər] 조사관, 감독관
crack[kræk] 갈라진 틈, 균열 foundation[faundéiʃən] (건물의) 초석, 기초 공사
fireplace[fáiərpleis] 벽난로 costly[kɔ́:stli] 비용이 많이 드는, 값비싼

해석

1-3은 다음 전화 메시지에 관한 문제입니다.

안녕하세요, Patrick. 저는 West End 부동산의 Gregory Bernard입니다. [1]저는 귀하께서 지난주 화요일에 둘러보는 데 참석하셨던 주택에 문제가 있다는 점을 알려드리고자 합니다. 저는 방금 저희... 아... 저희 조사관과 통화를 끝냈으며, [2]그녀는 건물의 초석을 따라 갈라진 틈을 발견했습니다. 집 주인은 이것을 저에게 언급했어야 했습니다. 이 사태의 전환을 고려하면, [3]저는 귀하가 그 건물에 가격 제의를 하면 안 된다고 생각합니다. 저는 귀하가 뒤뜰과 벽난로와 같은 몇몇 특징들에 깊은 인상을 받으셨다는 것을 알고 있지만, 초석을 수리하는 데에는 비용이 굉장히 많이 들 것입니다. 문의 사항이 있으시면, 저에게 전화하시거나 이메일을 보내시면 됩니다.

1

해석 화자에 따르면, 청자는 지난주에 무엇을 했는가?
(A) 소지품들을 풀었다.
(B) 융자를 신청했다.
(C) 수리에 대한 대금을 지불했다.
(D) 건물을 구경했다.

해설 청자가 지난주에 한 일을 묻는 문제이므로, 질문의 핵심어구(last week)와 관련된 내용을 주의 깊게 듣는다. "I want to let you know that there's a complication with the house that you attended a showing for last Tuesday."라며 청자가 지난주 화요일에 둘러본 주택에 문제가 있다는 점을 알려주고자 한다고 하였다. 이를 통해 청자가 지난주에 건물을 구경했다는 것을 알 수 있다. 따라서 정답은 (D) Toured a property이다. (house → property)

어휘 **unpack**[ʌnpǽk] (짐을) 풀다, 꺼내다 **mortgage**[mɔ́:rgidʒ] 융자(금), 대출(금)

2

해석 화자는 "집 주인은 이것을 저에게 언급했어야 했습니다"라고 말할 때 무엇을 의도하는가?
(A) 그는 건물의 주소를 가지고 있지 않다.
(B) 그는 손상에 대해 알지 못했다.
(C) 그는 추가적인 정보를 요청할 것이다.
(D) 그는 일정 변경에 대해 통지받지 못했다.

해설 화자가 하는 말의 의도를 묻는 문제이므로, 질문의 인용어구(The owner should have mentioned this to me)가 언급된 주변을 주의 깊게 듣는다. "she[inspector] found a crack along the foundation. The owner should have mentioned this to me."라며 조사관이 건물의 초석을 따라 갈라진 틈을 발견했다고 하면서 집 주인이 이것을 자신에게 언급했어야 했다고 한 내용을 통해 화자가 건물의 손상에 대해 알지 못했음을 알 수 있다. 따라서 정답은 (B) He was unaware of some damage이다. (crack → damage)

어휘 **unaware of** ~을 알지 못하는

3

해석 화자는 어떤 조언을 제공하는가?
(A) 매입이 이뤄지면 안 된다.
(B) 계약서가 수정되면 안 된다.
(C) 주택이 온라인에서 거래되어야 한다.
(D) 수리공이 고용되어야 한다.

해설 화자가 제공하는 조언에 대해 묻는 문제이므로, 질문의 핵심어구(advice ~ offer)와 관련된 내용을 주의 깊게 듣는다. "I don't think you should put in an offer on the property"라며 화자는 청자가 그 건물에 가격 제의를 하면 안 된다고 생각한다고 하였다. 이를 통해 화자가 청자에게 주택의 매입이 이뤄지면 안된다는 조언을 제공하고 있음을 알 수 있다. 따라서 정답은 (A) A purchase should not be made이다.

어휘 **market**[mɑ́:rkit] 거래하다, (상품을) 내놓다

[4-6] 영국

Questions 4-6 refer to the following excerpt from a meeting.

The next issue I'd like to bring up concerns Okada Telecom. [4]**Our company signed up for Okada Telecom's corporate cell phone plan because the rate is extremely low.** However, my service often cuts out, and it happened again yesterday. [5]**I had contacted a client to discuss her firm's upcoming product launch**, and [6]**the call was disconnected in the middle of our conversation. We can't have that, so it's time that we consider our options.** Along those lines, I'm certainly open to suggestions. Please share your thoughts if you have any.

issue[íʃu:] 사안, 안건, 주제 **rate**[reit] 요금
upcoming[ʌ́pkʌ̀miŋ] 곧 있을, 다가오는
consider[미 kənsídər, 영 kənsídə] 고려하다, 감안하다

해석
4-6은 다음 회의 발췌록에 관한 문제입니다.

다음으로 다루고자 하는 사안은 Okada Telecom에 관한 것입니다. [4]**저희 회사는 Okada Telecom의 요금이 굉장히 저렴하기 때문에 그들의 기업 휴대폰 요금제에 가입했습니다.** 하지만, 제 서비스는 자주 끊기고, 이것은 어제 또 발생했습니다. [5]**저는 고객의 회사에서 곧 있을 제품 출시에 대해 논의하기 위해 그녀에게 연락을 했었는데,** [6]**대화 도중에 통화가 끊겼습니다. 우리는 그것을 받아들일 수 없으므로, 우리의 선택지들을 고려할 때입니다.** 이 점에서, 저는 제안들에 분명히 열려 있습니다. 혹시 생각이 있으시면 공유 부탁드립니다.

4

해석 Okada Telecom에 대해 무엇이 언급되는가?
(A) 서비스가 저렴하다.
(B) 직원들이 도움이 된다.
(C) 좋은 평판을 가지고 있다.
(D) 다양한 선택지를 제공한다.

해설 Okada Telecom에 대해 언급되는 것을 묻는 문제이므로, 질문의 핵심어구(Okada Telecom)가 언급된 주변을 주의 깊게 듣는다. "Our company signed up for Okada Telecom's ~ phone plan because the rate is extremely low."라며 Okada Telecom의 요금이 굉장히 저렴하기 때문에 그들의 휴대폰 요금제에 가입했다는 말을 통해 Okada Telecom의 서비스가 저렴함을 알 수 있다. 따라서 정답은 (A) Its service is affordable이다. (rate is extremely low → affordable)

어휘 **affordable**[əfɔ́:rdəbl] 저렴한, (가격이) 알맞은
reputation[rèpjutéiʃən] 평판, 명성

5

해석 화자는 최근에 고객과 무엇에 대해 논의했는가?
(A) 생산 일정
(B) 제품 출시
(C) 홍보 행사
(D) 가격 견적

해설 화자가 최근에 고객과 논의한 것을 묻는 문제이므로, 질문의 핵심어구(recently discuss with a client)와 관련된 내용을 주의 깊게 듣는다. "I had contacted a client to discuss her firm's upcoming product launch"라며 고객의 회사에서 곧 있을 제품 출시에 대해 논의하기 위해 고객에게 연락을 했다고 하였다. 따라서 정답은 (B) A product launch이다.

어휘 **production**[prədʌ́kʃən] 생산 **promotional**[prəmóuʃənl] 홍보, 홍보의
estimate[éstəmèit] 견적, 견적서, 추정

6

해석 화자는 "우리의 선택지들을 고려할 때입니다"라고 말할 때 무엇을 의도하는가?
(A) 더 나은 가격이 협상되어야 한다.
(B) 복리 후생 제도가 검토될 것이다.
(C) 서비스가 취소되어야 한다.
(D) 기업이 확장될 것이다.

해설 화자가 하는 말의 의도를 묻는 문제이므로, 질문의 인용어구(it's time that we consider our options)가 언급된 주변을 주의 깊게 듣는다. "the call was disconnected in the middle of our conversation. We can't have that"이라며 대화 도중에 통화가 끊겼으며 자신들은 그것을 받아들일 수 없다고 한 뒤, "so it's time that we consider our options"라며 자신들의 선택지들을 고려할 때라고 했으므로, 현재 통화 서비스가 취소되어야 한다는 의도임을 알 수 있다. 따라서 정답은 (C) A service should be canceled이다.

어휘 **negotiate**[nigóuʃièit] 협상하다, 성사시키다 **benefits package** 복리 후생 제도
expand[ikspǽnd] 확장되다, 확대시키다

[7-9] 호주

Questions 7-9 refer to the following announcement.

Thank you for visiting the new and improved ThrillZone Theme Park! [9]**We invite all our guests to attend a** special free show in 20 minutes at Happiness Stage—a performance to celebrate [7]**the reopening of our facilities after last year's renovations.** [8]**The show will feature dancers and singers from countries around the world**, highlighting the diverse cultures represented at our park's attractions. [9]**While seats are still available, space is limited.** Again, the show starts in 20 minutes. We hope you enjoy the performances!

improve [imprúːv] 개선되다, 나아지다, 개선하다
celebrate [séləbrèit] 축하하다, 기념하다 highlight [háilait] 강조하다
diverse [미 divə́ːrs, 영 daivə́ːs] 다양한
represent [rèprizént] 나타내다, 상징하다
limited [límitid] 한정된, 제한된, 아주 많지는 않은

해석
7-9는 다음 공지에 관한 문제입니다.

새롭고 개선된 ThrillZone 놀이공원에 방문해주셔서 감사합니다! [9]모든 손님들께서 20분 후에 Happiness 무대에서 있을 무료 특별 공연에 참석하시는 것을 권해 드리며 이는 [7]작년의 개조 이후에 저희 시설의 재개장을 축하하기 위한 공연입니다. [8]이 공연은 세계 각지의 댄서들과 가수들을 특별히 포함할 것이며, 저희 공원의 볼거리들에서 나타나는 다양한 문화를 강조합니다. [9]아직 자리가 남아있지만, 공간은 한정되어 있습니다. 다시 말씀드리자면, 공연은 20분 후에 시작합니다. 공연을 즐기시기를 바랍니다!

7

해석 작년에 공원에서 무슨 일이 일어났는가?
(A) 무대 구역이 청소되었다.
(B) 일부 장비가 손상되었다.
(C) 몇몇 시설들이 최신으로 개조되었다.
(D) 손님이 항의를 제기했다.

해설 작년에 공원에서 일어난 일을 묻는 문제이므로, 질문의 핵심어구(last year)가 언급된 주변을 주의 깊게 듣는다. "the reopening of ~ facilities after last year's renovations"라며 작년의 개조 이후에 시설을 재개장한다고 한 말을 통해 몇몇 시설들이 최신으로 개조되었음을 알 수 있다. 따라서 정답은 (C) Some facilities were updated이다. (renovations → updated)

어휘 equipment [ikwípmənt] 장비, 용품 complaint [kəmpléint] 항의, 불평

8

해석 공연에 무엇이 특별히 포함될 것인가?
(A) 영상 발표
(B) 불꽃놀이
(C) 만국의 공연자들
(D) 마술쇼

해설 공연에 특별히 포함될 것을 묻는 문제이므로, 질문의 핵심어구(featured at the show)와 관련된 내용을 주의 깊게 듣는다. "The show will feature dancers and singers from countries around the world"라며 이 공연은 세계 각지의 댄서들과 가수들을 특별히 포함할 것이라고 하였다. 따라서 정답은 (C) International performers이다. (from countries around the world → international, dancers and singers → performers)

어휘 firework [faiərwəːrk] 불꽃놀이, 폭죽
international [ìntərnǽʃənəl] 만국의, 국제적인

9

해석 화자는 왜 "공간은 한정되어 있습니다"라고 말하는가?
(A) 청자들에게 한 장소로 향할 것을 권하기 위해
(B) 청자들에게 티켓을 구매할 것을 장려하기 위해
(C) 행사가 거의 끝났음을 알리기 위해
(D) 인기 있는 공연의 긴 줄에 대해 사과하기 위해

해설 화자가 하는 말의 의도를 묻는 문제이므로, 질문의 인용어구(space is limited)가 언급된 주변을 주의 깊게 듣는다. "We invite all our guests to attend a special free show ~ at Happiness Stage"라며 모든 손님들이 Happiness 무대에서 있을 무료 특별 공연에 참석하는 것을 권한다고 한 뒤, "While seats are still available, space is limited."라며 아직 자리가 남아있지만 공간은 한정되어 있다고 했으므로, 청자들에게 공연이 있을 무대로 향할 것을 권하려는 의도임을 알 수 있다. 따라서 정답은 (A) To suggest that the listeners go to an area이다. (invite → suggest, Stage → area)

[10-12] 미국

Questions 10-12 refer to the following announcement.

[10]**We've been contacted about participating as a vendor in our city's annual Spring Festival.** The organizers would let us set up a booth and sell our products throughout the events on May 6. [11]**Best of all, businesses from outside of Greenville have to pay a $100 participation fee, but we are a local company.** Anyway, I will need three people to work at the booth from 9 A.M. through 7 P.M. Overtime rates are offered, so if you're interested, [12]**please sign up on the sheet at the front desk by Friday**.

participate [pɑːrtísəpèit] 참가하다, 참여하다 vendor [véndər] 판매업자, 노점상
local [lóukəl] 지역의, 현지의 overtime [óuvərtàim] 초과근무

해석
10-12는 다음 공지에 관한 문제입니다.

[10]우리는 우리 도시의 연례 봄 축제에서 판매업자로 참가하는 것에 대한 연락을 받았습니다. 기획자들은 우리가 5월 6일에 있는 행사 내내 부스를 설치하고 제품을 팔 수 있도록 해 줄 것입니다. [11]무엇보다도, Greenville 외부에서 오는 기업들은 100달러의 참가비를 지불해야 하는데, 우리는 지역 회사죠. 어쨌든, 오전 9시부터 오후 7시까지 부스에서 일할 사람 세 명이 필요할 것입니다. 초과근무 수당이 제공되니, 관심이 있으시다면, [12]금요일까지 안내 데스크에 있는 종이에 신청해주시기 바랍니다.

10

해석 화자는 주로 무엇에 대해 이야기하고 있는가?
(A) 지역 행사에의 참여
(B) 배송에 관한 문제
(C) 개점을 위한 준비
(D) 출장에 대한 계획

해설 공지의 주제를 묻는 문제이므로, 지문의 초반을 주의 깊게 듣는다. "We've been contacted about participating as a vendor in our city's annual Spring Festival."이라며 도시의 연례 봄 축제에 판매업자로 참가하는 것에 대한 연락을 받았다고 하였다. 따라서 정답은 (A) Participation at a community event이다. (city's ~ Festival → community event)

어휘 complication [kɑ̀mpləkéiʃən] 문제
preparation [prèpəréiʃən] 준비, 대비

11

해석 화자는 "우리는 지역 회사죠"라고 말할 때 무엇을 의도하는가?
(A) 부스가 이용 가능할 것이다.
(B) 요금이 적용되지 않을 것이다.
(C) 예약이 필요할 것이다.
(D) 판매업자가 연락되지 않을 것이다.

해설 화자가 하는 말의 의도를 묻는 문제이므로, 질문의 인용어구(we are a local company)가 언급된 주변을 주의 깊게 듣는다. "Best of all, businesses from outside of Greenville have to pay a ~ participation fee, but we are a local company."라며 무엇보다도 Greenville 외부에서 오는 기업들은 참가비를 지불해야 하는데 자신들은 지역 회사라고 한 말을 통해 화자의 기업은 Greenville 지역의 회사이므로 요금이 적용되지 않을 것임을 알 수 있다. 따라서 정답은 (B) A charge will not be applied이다.

어휘 apply [əplái] 적용되다, 해당되다 reservation [rèzərvéiʃən] 예약
necessary [nésəsèri] 필요한, 필수의

12

해석 화자에 따르면, 안내 데스크에 무엇이 놓여 있는가?
(A) 가격표
(B) 상품 안내 책자

(C) 축제 일정
(D) 참가 신청서

해설 안내 데스크에 놓여 있는 것을 묻는 문제이므로, 질문의 핵심어구(located at the front desk)와 관련된 내용을 주의 깊게 듣는다. "please sign up on the sheet at the front desk by Friday"라며 금요일까지 안내 데스크에 있는 종이에 신청해달라고 하였다. 이를 통해 안내 데스크에 참가 신청서가 놓여 있음을 알 수 있다. 따라서 정답은 (D) A sign-up sheet이다.

8. 추론 문제

Hackers Practice p.255

1. (A)	2. (B)	3. (B)	4. (A)	5. (D)	6. (A)
7. (C)	8. (B)	9. (A)	10. (C)	11. (A)	12. (B)

[1-3] 캐나다

Questions 1-3 refer to the following telephone message.

Nicole, this is Paul Westerly. [1]**A casting director just contacted our agency** regarding your recent audition. You've been offered a part in a commercial for Lime Inc. The commercial will focus on a new tablet the company is launching next month. This job could pay very well since [2]**Lime Inc. plans to air the commercial both nationally and internationally**. Let me know what you want to do by the end of the day. Just note that [3]**I'll be getting together with a client shortly and won't be available for the next hour.**

contact [kά:ntækt] 연락하다, 연락
commercial [kəmə́:rʃəl] 광고; 상업의, 상업적인 pay well 대우가 좋다

해석
1-3은 다음 전화 메시지에 관한 문제입니다.

Nicole, Paul Westerly입니다. 당신의 최근 오디션에 대해 [1]배역 담당 책임자가 방금 우리 에이전시에 연락을 했어요. 당신은 Lime 주식회사의 광고에서 한 역할을 제안 받았어요. 이 광고는 회사가 다음 달에 출시하는 새로운 태블릿에 초점을 맞출 것입니다. [2]Lime 주식회사가 이 광고를 전국적으로 그리고 국제적으로 모두 방송할 계획이므로 이 일은 대우가 아주 좋을 거예요. 오늘 중으로 당신이 어떻게 하고 싶은지 알려주세요. 다만 [3]제가 곧 고객과 만날 것이고 앞으로 한 시간 동안 연락이 되지 않을 것이라는 점을 유의해 주세요.

1

해석 화자에 따르면, 누가 에이전시에 연락했는가?
(A) 배역 담당 책임자
(B) 연예인 대리인
(C) 전문 배우
(D) 기업 대변인

해설 에이전시에 연락한 것이 누구인지를 묻는 문제이므로, 질문의 핵심어구(contacted an agency)와 관련된 내용을 주의 깊게 듣는다. "A casting director just contacted our agency"라며 배역 담당 책임자가 방금 자신들의 에이전시에 연락을 했다고 하였다. 따라서 정답은 (A) A casting director이다.

어휘 professional [prəféʃənl] 전문적인, 프로의 corporate [kɔ́:rpərət] 기업의
spokesperson [spóukspə̀:rsn] 대변인

2

해석 화자는 Lime 주식회사에 대해 무엇을 암시하는가?
(A) 캠페인에 대해 확신이 없다.
(B) 전 세계에 제품을 판매한다.
(C) 협상에 열려 있다.
(D) 다른 회사와 협력했다.

해설 화자가 Lime 주식회사에 대해 암시하는 것을 묻는 문제이므로, 질문의 핵심어구(Lime Inc.)가 언급된 주변을 주의 깊게 듣는다. "Lime Inc. plans to air the commercial both nationally and internationally"라며 Lime 주식회사가 이 광고를 전국적으로 그리고 국제적으로 모두 방송할 계획이라고 한 것을 통해 Lime 주식회사가 전 세계에 제품을 판매한다는 것을 알 수 있다. 따라서 정답은 (B) It sells its products around the world이다.

어휘 negotiation [nigòuʃiéiʃən] 협상 partner with ~와 협력하다

3

해석 화자는 왜 한 시간 동안 연락이 되지 않을 것인가?
(A) 그는 오디션을 준비하고 있다.
(B) 그는 회의에 참석해야 한다.
(C) 그는 몇몇 광고들을 검토하고 있다.
(D) 그는 보고서를 작성해야 한다.

해설 화자가 한 시간 동안 연락이 되지 않을 이유를 묻는 문제이므로, 질문의 핵심어구(unavailable for an hour)와 관련된 내용을 주의 깊게 듣는다. "I'll be getting together with a client shortly and won't be available for the next hour"라며 자신이 곧 고객과 만날 것이고 앞으로 한 시간 동안 연락이 되지 않을 것이라고 하였다. 따라서 정답은 (B) He must attend a meeting이다.

어휘 prepare [pripέər] 준비하다, 대비하다 attend [əténd] 참석하다
review [rivjú:] 검토하다

[4-6] 미국

Questions 4-6 refer to the following broadcast.

This is Denise Chow reporting from City Hall. [4]**The city planning committee announced last month that plans are being made to construct a new library in the Hillbrook area.** Hillbrook residents have been without a library for the past two years, since the historic Goldman Building, which housed the library as well as several local businesses, burned down. Today, city officials unveiled a model of the new library. The planned features include a large lounge area and an auditorium. Later in today's broadcast, I'll be interviewing [5]**Marco Bryson, the building's designer**, about the building's layout and style. [6]**He will also answer questions regarding the concerns some residents have expressed about how this development will impact the city's budget.**

committee [kəmíti] 위원회 resident [rézədənt] 주민
historic [histɔ́:rik] 역사적인 house [haus] 수용하다, 보관하다
burn down 전소되다 unveil [ʌnvéil] 발표하다 model [mάdl] 설계도
feature [fí:tʃər] 특징 auditorium [ɔ̀:dətɔ́:riəm] 강당 layout [léiàut] 배치

해석
4-6은 다음 방송에 관한 문제입니다.

저는 시청에서 보도드리는 Denise Chow입니다. [4]도시 계획 위원회는 Hillbrook 지역에 새로운 도서관을 짓기 위한 계획이 세워지고 있다고 지난 달에 발표했습니다. 몇몇 지역 사업체들뿐만 아니라 도서관도 수용했던 역사적인 Goldman Building이 전소된 이후로 Hillbrook 주민들은 지난 2년간 도서관 없이 지내왔습니다. 오늘, 시 공무원들은 새 도서관의 설계도를 발표했습니다. 계획된 특징들은 큰 휴게실 공간과 강당을 포함합니다. 이후의 오늘 방송에서, 저는 그 건물의 배치와 스타일에 대해 [5]건물 설계자 Marco Bryson을 인터뷰할 것입니다. [6]그는 또한 이 개발이 시 예산에 어떻게 영향을 미칠지에 대해 몇몇 주민들이 표명한 우려와 관련된 질문들에도 답변할 것입니다.

4

해석 방송은 주로 무엇에 관한 것인가?
(A) 건설 계획
(B) 자금 제공 요청
(C) 사업 제안
(D) 정부 보조금

해설 방송의 주제를 묻는 문제이므로, 지문의 초반을 반드시 듣는다. "The city

planning committee announced last month that plans are being made to construct a new library in the Hillbrook area."라며 도시 계획 위원회가 Hillbrook 지역에 새로운 도서관을 짓기 위한 계획이 세워지고 있다고 지난 달에 발표했다고 한 뒤, 새로운 도서관 건설 계획과 관련된 내용을 언급하였다. 따라서 정답은 (A) A building project이다.

어휘 **funding** [fʌ́ndiŋ] 자금 제공, 자금 **grant** [grænt] 보조금

5

해석 Marco Bryson은 누구인가?

(A) 사업가
(B) 뉴스 리포터
(C) 도서관 직원
(D) 건축가

해설 Marco Bryson의 신분을 묻는 문제이므로, 질문 대상(Marco Bryson)의 신분 및 직업과 관련된 표현을 놓치지 않고 듣는다. "Marco Bryson, the building's designer"라며 Marco Bryson이 건물 설계자라고 하였다. 따라서 정답은 (D) An architect이다.

어휘 **businessperson** [bíznispə̀ːrsn] 사업가

6

해석 화자는 몇몇 주민들에 대해 무엇을 암시하는가?

(A) 그들은 비용에 대해 걱정한다.
(B) 그들은 모임을 준비하고 있다.
(C) 그들은 세금 인상을 지지하지 않는다.
(D) 그들은 최근에 제안에 투표했다.

해설 화자가 몇몇 주민들에 대해 암시하는 것을 묻는 문제이므로, 질문의 핵심어구(some residents)가 언급된 주변을 주의 깊게 듣는다. "He[Marco Bryson] will also answer questions regarding the concerns some residents have expressed about how this development will impact the city's budget."이라며 Marco Bryson이 이 개발이 시 예산에 어떻게 영향을 미칠지에 대해 몇몇 주민들이 표명한 우려와 관련된 질문들에 답변할 것이라고 한 내용을 통해 몇몇 주민들이 비용에 대해 걱정한다는 것을 알 수 있다. 따라서 정답은 (A) They are worried about costs이다. (concerns → worried, budget → costs)

어휘 **organize** [ɔ́ːrgənàiz] 준비하다, 마련하다 **gathering** [gǽðəriŋ] 모임
vote on 투표하다, 채결하다

[7-9] 호주

Questions 7-9 refer to the following announcement.

As you all know, 7**our company's Turbo sports car will be released this fall**. While 8**we typically premiere new models at the Bernard Auto Show — which is held every August** — our director would like to begin promotions for the vehicle sooner this year. That's because the vehicle is being launched six months sooner than was originally planned. If we wait until the auto show, we won't have much time to advertise it before it's put on the market. So, 9**our goal at the moment is to brainstorm concepts for how to advertise the car. I'd like you to split up into groups of five and spend an hour doing that.**

premiere [미 primíər, 영 prémieə] 처음 공개하다
auto show 자동차 전시회 **launch** [lɔːntʃ] 출시하다, 시작하다
brainstorm [미 bréinstɔːrm, 영 bréinstɔːm] 브레인스토밍하다 (여러 사람이 자유롭게 의견을 말하고 아이디어를 이끌어 내는 일)
concept [미 kánsept, 영 kɔ́nsept] 구상, 개념 **split up** 나누다

해석

7-9는 다음 공지에 관한 문제입니다.

모두 아시다시피, 7우리 회사의 Turbo 스포츠카가 이번 가을에 출시될 것입니다. 8우리는 보통 매년 8월에 열리는 Bernard 자동차 전시회에서 새 모델을 처음 공개하지만, 우리 부장님은 자동차에 대한 홍보를 올해 더 빠르게 시작하길 원합니다. 그것은 자동차가 원래 계획했던 것보다 6개월 더 빨리 출시될 것이기 때문입니다. 만약 자동차 전시회까지 기다린다면, 우리는 시장에 출시되기 전에 그것을 광고할 충분한 시간을 갖지 못할 것입니다. 그러므로 9현재 우리의 목표는 차를 어떻게 광고할지에 대한 구상을 브레인스토밍하는 것입니다. 저는 여러분들이 5명씩 그룹으로 나누어서 그것을 하는 데 한 시간을 보내기를 바랍니다.

7

해석 화자는 어디에서 일하는 것 같은가?

(A) 행사 기획 업체에서
(B) 언론 매체에서
(C) 자동차 회사에서
(D) 광고 회사에서

해설 화자가 일하는 장소를 묻는 문제이므로, 신분 및 직업과 관련된 표현을 놓치지 않고 듣는다. "our company's Turbo sports car will be released this fall"이라며 자신들의 회사의 Turbo 스포츠카가 이번 가을에 출시될 것이라고 한 것을 통해 화자가 자동차 회사에서 일하고 있음을 알 수 있다. 따라서 정답은 (C) At a car company이다.

어휘 **media outlet** 언론 매체, (신문, 방송 따위의) 매스컴
publicity [pʌblísəti] 광고, 홍보

8

해석 Bernard 자동차 전시회에 대해 무엇이 암시될 수 있는가?

(A) 널리 홍보되었다.
(B) 여러 번 열렸다.
(C) 다른 나라에서 열린다.
(D) 초대장을 가진 사람만 올 수 있는 행사이다.

해설 Bernard 자동차 전시회에 대해 암시될 수 있는 것을 묻는 문제이므로, 질문의 핵심어구(Bernard Auto Show)가 언급된 주변을 주의 깊게 듣는다. "we typically premiere new models at the Bernard Auto Show—which is held every August"라며 보통 매년 8월에 열리는 Bernard 자동차 전시회에서 새 모델을 처음 공개한다고 한 것을 통해 Bernard 자동차 전시회가 여러 번 열렸다는 것을 알 수 있다. 따라서 정답은 (B) It has been held multiple times이다.

9

해석 화자는 청자들에게 무엇을 하라고 제안하는가?

(A) 그룹으로 같이 작업한다.
(B) 자동차 전시회에 참석한다.
(C) 새로운 모델을 시운전한다.
(D) 시장 분석을 수행한다.

해설 화자가 청자들에게 제안하는 것을 묻는 문제이므로, 지문의 중후반에서 제안과 관련된 표현이 포함된 문장을 주의 깊게 듣는다. "our goal at the moment is to brainstorm concepts for how to advertise the car. I'd like you to split up into groups ~ and spend an hour doing that."이라며 현재 자신들의 목표는 차를 어떻게 광고할지에 대한 구상을 브레인스토밍하는 것이며, 청자들이 그룹으로 나누어서 그것을 하는 데 한 시간을 보내기를 바란다고 하였다. 따라서 정답은 (A) Collaborate in groups이다.

어휘 **collaborate** [kəlǽbərèit] 공동으로 작업하다, 협력하다
test-drive [téstdràiv] (차를) 시운전하다

[10-12] 영국

Questions 10-12 refer to the following telephone message and price list.

This message is for Brent Jensen. This is Maggie from the Middleton Library. 10**I'm contacting you in regard to the message you left here earlier today. You asked about the . . . ah . . . the fiction writing seminars** that the library is going to put on this spring. The classes will have different target audiences, ranging from novice to advanced writers. 11**There has been a lot of interest in these seminars because the instructor wrote a best-selling book**, so you should register soon. Now, it sounds like you have a little bit of writing experience, and [12]**you'd probably be interested in our beginner course**. To sign up, just go to www.middletonlibrary.org.

in regard to ~과 관련하여 put on 개최하다 novice [미 nάvis, 영 nɔ́vis] 초보자 advanced [미 ədvǽnst, 영 ədvά:nst] 상급의, 고급의

해석

10-12는 다음 전화 메시지와 가격 목록에 관한 문제입니다.

이 메시지는 Brent Jensen을 위한 것입니다. 저는 Middleton 도서관의 Maggie입니다. [10]**당신이 오늘 일찍이 여기 남긴 메시지와 관련해서 연락 드립니다. 당신은... 어... 도서관이 이번 봄에 개최할 소설 쓰기 세미나에 대해 문의하셨습니다.** 이 수업들은 초보자에서 상급 작가까지 이르는 여러 목표 대상자를 가질 것입니다. [11]**강사가 베스트 셀러 책을 썼기 때문에 이 세미나들에 대한 관심이 높아서,** 빨리 등록하셔야 합니다. 자, 당신은 약간의 글쓰기 경험을 가지고 있는 것 같으며, [12]**아마 저희의 입문자 강의에 관심이 있으실 겁니다.** 등록하기 위해서는 www.middletonlibrary.org로 가시기만 하면 됩니다.

개설 강의	수업료
초보자	50달러
입문자	[12]60달러
중급자	70달러
상급자	80달러

10

해석 화자는 왜 전화하고 있는가?
(A) 특정 도서를 요청하기 위해
(B) 도서관 카드에 대해 문의하기 위해
(C) 문의에 답변하기 위해
(D) 행사에 등록하기 위해

해설 전화의 목적을 묻는 문제이므로, 지문의 초반을 반드시 듣는다. "I'm contacting you in regard to the message you left ~. You asked about ~ the fiction writing seminars"라며 청자가 남긴 메시지와 관련해서 연락한다고 한 뒤, 청자가 소설 쓰기 세미나에 관해 문의했다고 하였다. 이를 통해 화자가 청자의 문의에 답변하기 위해 전화하고 있음을 알 수 있다. 따라서 정답은 (C) To respond to an inquiry이다.

어휘 inquiry [inkwáiəri] 문의

11

해석 화자는 세미나에 대해 무엇을 암시하는가?
(A) 출간한 작가에 의해 이끌어질 것이다.
(B) 몇 달 동안 진행될 것이다.
(C) 다양한 장소에서 열릴 것이다.
(D) 논픽션 쓰기에 초점을 맞출 것이다.

해설 화자가 세미나에 대해 암시하는 것을 묻는 문제이므로, 질문의 핵심어구(seminars)가 언급된 주변을 주의 깊게 듣는다. "There has been a lot of interest in these seminars because the instructor wrote a best-selling book"이라며 강사가 베스트 셀러 책을 썼기 때문에 이 세미나들에 대한 관심이 높다고 한 것을 통해 세미나가 베스트 셀러 책을 출간한 작가에 의해 이끌어질 것임을 알 수 있다. 따라서 정답은 (A) They will be led by a published author이다.

어휘 various [vέəriəs] 다양한
nonfiction [nὰnfíkʃən] 논픽션 (소설이나 허구의 이야기 외의 산문 문학)

12

해석 시각 자료를 보아라. 청자는 얼마를 지불할 것 같은가?
(A) 50달러
(B) 60달러
(C) 70달러
(D) 80달러

해설 청자가 지불할 금액을 묻는 문제이므로, 제시된 가격 목록의 정보를 확인한 뒤 질문의 핵심어구(pay)와 관련된 내용을 주의 깊게 듣는다. "you'd probably be interested in our beginner course"라며 청자가 아마 입문자 강의에 관심이 있을 것이라고 하였으므로, 청자가 입문자 강의의 수업료인 60달러를 지불할 것임을 가격 목록에서 알 수 있다. 따라서 정답은 (B) $60이다.

9. 시각 자료 문제

Hackers Practice p.258

1. (C)	2. (D)	3. (C)	4. (C)	5. (B)	6. (C)
7. (B)	8. (A)	9. (D)	10. (B)	11. (A)	12. (D)

[1-3] 미국

Questions 1-3 refer to the following announcement and course list.

Attention, Sheraton College students. [1]**This announcement is about the business courses that we have added for the fall semester. The courses are for upper-year students who have taken Basic Business Concepts 101 and Intermediate Business 201.** [2]**Candice Dupree, the head of the business department**, was personally involved in designing the curriculum for the classes, and she assures that they will include the most cutting-edge information available. [3]**Unfortunately, Lana Porter has accepted a temporary research position at another institution, so she will be unavailable. Her class will be taught by our new instructor, Sandra Beale**. The course list on our Web site will be updated to reflect this change.

intermediate [intərmí:diət] 중급의 cutting-edge [kʌ́tiŋèdʒ] 최첨단의
temporary [témpərèri] 임시의, 일시적인
unavailable [ʌ̀nəvéiləbl] 만날 수 없는, 이용할 수 없는
reflect [riflékt] 반영하다, 보여주다

해석

1-3은 다음 공지와 강의 목록에 관한 문제입니다.

주목해 주십시오, Sheraton 대학교 학생 여러분. [1]**이 공지는 우리가 가을 학기에 추가한 비즈니스 강의들에 대한 것입니다. 강의들은 기초 비즈니스 개념 101과 중급 비즈니스 201을 수강한 고학년 학생들을 위한 것입니다.** [2]**비즈니스 학과장인 Candice Dupree**가 강의 커리큘럼을 설계하는 것에 직접 참여했으며, 그녀는 그것들이 이용 가능한 가장 최첨단의 정보들을 포함하고 있을 거라고 장담합니다. [3]**유감스럽게도, Lana Porter가 다른 기관의 임시 연구직을 수락하였기 때문에 그녀는 만날 수 없을 것입니다. 그녀의 강의는 새로운 강사인 Sandra Beale에 의해 강연될 것입니다.** 웹 사이트에 있는 강의 목록은 이 변경 사항을 반영하기 위해 업데이트될 것입니다.

강의명	강사
제조 개념	Hannah Miller
비즈니스 특허	David Smith
[3]소비자 심리	Lana Porter
소셜 미디어 마케팅	Kyle Agnew

1

해석 추가된 비즈니스 강의들에 대해 무엇이 언급되는가?
(A) 거의 꽉 차 있다.
(B) 토론을 기반으로 한다.
(C) 필수 과목들이 있다.
(D) 기업들로의 현장 학습을 포함한다.

해설 추가된 비즈니스 강의들에 대해 언급되는 것을 묻는 문제이므로, 질문의 핵심어구(added business courses)와 관련된 내용을 주의 깊게 듣는다. "This announcement is about the business courses that we have added ~. The courses are for upper-year students who have taken Basic Business Concepts 101 and Intermediate Business 201."이라며 추가된 비즈니스 강의들은 기초 비즈니스 개념 101과 중급 비즈니스 201을 수강한 고학년 학생들을 위한 것이라고 하였다. 이를 통해 추가된

강의들을 수강하기 위해서는 미리 수강해야 하는 필수 과목들이 있음을 알 수 있다. 따라서 정답은 (C) They have prerequisites이다.

어휘 **prerequisite** [pri:rékwəzit] (다른 과목을 취득하기 위한) 필수 과목
field trip 현장 학습

2

해석 Candice Dupree는 누구인가?
(A) 복학생
(B) 유명 기업인
(C) 초빙 교수
(D) 학과 관리자

해설 Candice Dupree의 신분을 묻는 문제이므로, 질문 대상(Candice Dupree)의 신분 및 직업과 관련된 표현을 놓치지 않고 듣는다. "Candice Dupree, the head of the business department"라며 Candice Dupree가 비즈니스 학과장이라고 하였다. 따라서 정답은 (D) A department administrator이다. (head of ~ department → department administrator)

어휘 **prominent** [prámənənt] 유명한, 중요한 **visiting professor** 초빙 교수

3

해석 시각 자료를 보아라. 어느 강의가 새로운 강사에 의해 강연될 것인가?
(A) 제조 개념
(B) 비즈니스 특허
(C) 소비자 심리
(D) 소셜 미디어 마케팅

해설 새로운 강사에 의해 강연될 강의를 묻는 문제이므로, 제시된 강의 목록의 정보를 확인한 뒤 질문의 핵심어구(taught by a new instructor)와 관련된 내용을 주의 깊게 듣는다. "Unfortunately, Lana Porter ~ will be unavailable. Her class will be taught by our new instructor, Sandra Beale."이라며 Lana Porter는 만날 수 없을 것이고 그녀의 강의는 새로운 강사인 Sandra Beale에 의해 강연될 것이라고 하였으므로, Lana Porter가 하기로 예정되어 있었던 소비자 심리 강의가 새로운 강사에 의해 강연될 것임을 강의 목록에서 알 수 있다. 따라서 정답은 (C) Consumer Psychology이다.

[4-6] 미국

Questions 4-6 refer to the following announcement and weather forecast.

[4]**The forecast for the day of our annual company picnic doesn't look great. Although it seems likely that we'll get a bit of rain that morning, we've decided not to postpone the event.** Picking another suitable date would be too hard. Plus, we've reserved a large pavilion at Bryant Park, which we can take cover under if necessary. Regarding the picnic, [5]**it'd be best if everyone were to bring a dish to share with others**. We did that last year, and it worked really well. Only, [6]**please write what you intend to contribute on the sign-up form at the front desk**. That way we can ensure more variety.

forecast [fɔ́:rkæst] (일기) 예보 **postpone** [poustpóun] 연기하다, 미루다
suitable [sú:təbl] 적당한 **reserve** [rizə́:rv] 예약하다
pavilion [pəvíljən] 정자 **contribute** [kəntríbju:t] 제공하다, 기여하다

해석

4-6은 다음 공지와 일기 예보에 관한 문제입니다.

[4]우리 연례 회사 야유회 당일의 일기 예보가 좋아 보이지 않습니다. 그날 아침 비가 조금 올 가능성이 높아 보이지만, 우리는 행사를 연기하지 않기로 결정했습니다. 적당한 다른 날짜를 고르는 것은 너무 어려울 것입니다. 게다가, 우리는 Bryant 공원에 있는 큰 정자를 예약했는데, 필요하다면 이것의 아래에 피해 있을 수 있습니다. 야유회에 관해서, [5]모두가 다른 사람들과 나눌 수 있는 요리를 가지고 오는 것이 가장 좋을 것입니다. 우리는 작년에 그것을 했고, 매우 잘 되었습니다. 단지, [6]어떤 것을 제공할 계획인지 안내 데스크에 있는 참가 신청서에 써주십시오. 그렇게 하면 우리가 더 많은 다양성을 보장할 수 있습니다.

목요일	금요일	[4]토요일	일요일

4

해석 시각 자료를 보아라. 행사는 언제 열릴 것인가?
(A) 목요일에
(B) 금요일에
(C) 토요일에
(D) 일요일에

해설 행사가 열릴 시기를 묻는 문제이므로, 제시된 일기 예보의 정보를 확인한 뒤 질문의 핵심어구(event take place)와 관련된 내용을 주의 깊게 듣는다. "The forecast for the day of our annual company picnic doesn't look great."라며 연례 회사 야유회 당일의 일기 예보가 좋아 보이지 않는다고 말한 뒤, "Although it seems likely that we'll get ~ rain that morning, we've decided not to postpone the event."라며 그날 아침 비가 올 가능성이 높아 보이지만 행사를 연기하지 않기로 결정했다고 하였으므로, 비가 오는 토요일에 행사가 열릴 것임을 일기 예보에서 알 수 있다. 따라서 정답은 (C) On Saturday이다.

5

해석 화자는 무엇을 제안하는가?
(A) 장식물을 설치하는 것
(B) 음식을 가져오는 것
(C) 적절하게 차려 입는 것
(D) 예약을 하는 것

해설 화자가 제안하는 것을 묻는 문제이므로, 지문의 중후반에서 제안과 관련된 표현이 포함된 문장을 주의 깊게 듣는다. "it'd be best if everyone were to bring a dish to share with others"라며 모두가 다른 사람들과 나눌 수 있는 요리를 가지고 오는 것이 가장 좋을 것이라고 하였다. 따라서 정답은 (B) Bringing some food이다. (dish → food)

어휘 **decoration** [dèkəréiʃən] 장식물 **reservation** [rèzərvéiʃən] 예약

6

해석 안내 데스크에서 무엇을 찾을 수 있는가?
(A) 안내서
(B) 일정표
(C) 참가 신청서
(D) 폴더

해설 안내 데스크에서 찾을 수 있는 것을 묻는 문제이므로, 질문의 핵심어구(found at a front desk)와 관련된 내용을 주의 깊게 듣는다. "please write ~ on the sign-up form at the front desk"라며 안내 데스크에 있는 참가 신청서에 써달라고 한 말을 통해 안내 데스크에서 참가 신청서를 찾을 수 있음을 알 수 있다. 따라서 정답은 (C) A sign-up sheet이다.

[7-9] 호주

Questions 7-9 refer to the following announcement and map.

May I have everyone's attention, please? I just want to inform you that our gallery will be hosting a special exhibit beginning next Monday. [7]**It's a collection of watercolors by local painter Leanne Patterson.** This will be Ms. Patterson's first time being featured here. [8]**The exhibit will be set up in the largest area.** The paintings will be delivered to the gallery on Friday, and I'd like to get them set up that same day. Oh, one last thing . . . [9]**On Thursday, I would like the works currently on display in that space to be moved into storage. Please remember to take care of that.** Thanks.

exhibit [igzíbit] 전시회 **watercolor** [미 wɔ́:tərkʌ̀lər, 영 wɔ́:təkʌ̀lə] 수채화

work[미 wəːrk, 영 wəːk] 작품, 일; 일하다 display[displéi] 전시하다, 전시
storage[stɔ́:ridʒ] 창고, 저장

해석

7-9는 다음 공지와 지도에 관한 문제입니다.

모두 주목해 주시겠습니까? 저는 우리 갤러리가 다음 주 월요일부터 특별 전시를 열게 될 것임을 알려드리고 싶습니다. [7]**이것은 지역 화가 Leanne Patterson의 수채화 컬렉션입니다.** 이번이 Ms. Patterson이 이곳에 전시되는 첫 번째일 것입니다. [8]**전시는 가장 넓은 구역에 설치될 것입니다.** 그림들은 금요일에 갤러리로 배송될 것이며, 같은 날 그것들이 설치되면 좋겠습니다. 아, 마지막으로 한 가지... [9]**목요일에, 저는 그 공간에 지금 전시되어 있는 작품들이 창고로 옮겨지길 원합니다.** 잊지 말고 그것을 처리해주시길 바랍니다. 감사합니다.

<table>
<tr><td rowspan="3">[8]구역 1</td><td>구역 2</td><td>휴게 공간</td></tr>
<tr><td colspan="2">복도</td></tr>
<tr><td>구역 3</td><td>구역 4</td></tr>
</table>

7

해석 Leanne Patterson에 대해 무엇이 언급되는가?
(A) 그녀는 곧 도착할 것이다.
(B) 그녀는 예술가이다.
(C) 그녀는 연설을 할 것이다.
(D) 그녀는 자금을 기부할 것이다.

해설 Leanne Patterson에 대해 언급되는 것을 묻는 문제이므로, 질문의 핵심어구(Leanne Patterson)가 언급된 주변을 주의 깊게 듣는다. "It's a collection of watercolors by local painter Leanne Patterson."이라며 이것은 지역 화가 Leanne Patterson의 수채화 컬렉션이라고 한 말을 통해 Leanne Patterson이 예술가라는 것을 알 수 있다. 따라서 답은 (B) She is an artist이다. (painter → artist)

어휘 donate[미 dounéit, 영 dəúneit] 기부하다 fund[fʌnd] 자금, 기금

8

해석 시각 자료를 보아라. 특별 전시는 어디에 설치될 것인가?
(A) 구역 1
(B) 구역 2
(C) 구역 3
(D) 구역 4

해설 특별 전시가 설치될 장소를 묻는 문제이므로, 제시된 지도의 정보를 확인한 뒤 질문의 핵심어구(special exhibit be set up)와 관련된 내용을 주의 깊게 듣는다. "The exhibit will be set up in the largest area."라며 전시회는 가장 넓은 구역에 설치될 것이라고 하였으므로, 특별 전시가 가장 넓은 구역 1에 설치될 것임을 지도에서 알 수 있다. 따라서 정답은 (A) Area 1이다.

9

해석 화자는 청자들에게 목요일에 무엇을 하도록 지시하는가?
(A) 행사를 홍보한다.
(B) 배달원에게 연락한다.
(C) 투어를 제공한다.
(D) 몇몇 작품들을 옮긴다.

해설 화자가 청자들에게 지시하는 것을 묻는 문제이므로, 질문의 핵심어구(instruct ~ to do on Thursday)와 관련된 내용을 주의 깊게 듣는다. "On Thursday, I would like the works currently on display in that space to be moved into storage. Please remember to take care of that."이라며 자신은 목요일에 그 공간에 지금 전시되어 있는 작품들이 창고로 옮겨지길 원하며, 잊지 말고 이 일을 처리해달라고 하였다. 따라서 정답은 (D) Move some artwork이다.

어휘 promote[미 prəmóut, 영 prəmə́ut] 홍보하다

[10-12] 영국

Questions 10-12 refer to the following speech and graph.

Thank you all for coming to this meeting. [10]**I'm glad to see that so many people are interested in buying shares in SecureWare.** Since we began producing security software, we've achieved tremendous growth, and [11]**I believe SecureWare can become very competitive in Europe. This is because of the high quality of our product.** Just take a look at these numbers. Monthly sales have been strong since September. Now, [12]**there was a decline in the same month that our main competitor, FileSafe, released its own program.** However, I expect our sales to recover soon.

share[미 ʃɛər, 영 ʃeə] 주식; 나누다, 공유하다 achieve[ətʃíːv] 이룩하다, 성취하다
tremendous[triméndəs] 엄청난, 굉장한
competitive[kəmpétətiv] 경쟁력 있는 decline[dikláin] 감소, 하락, 축소
recover[미 rikʌ́vər, 영 rikʌ́və] 회복되다, 되찾다

해석

10-12는 다음 연설과 그래프에 관한 문제입니다.

이 회의에 와 주신 여러분 모두에게 감사드립니다. [10]**많은 분들이 SecureWare사 주식을 사는 것에 관심이 있으시다는 것을 알게 되어 기쁩니다.** 보안 소프트웨어를 생산하기 시작한 이후로, 저희는 엄청난 성장을 이룩했으며, [11]**저는 SecureWare사가 유럽에서 매우 경쟁력 있어질 것이라고 믿습니다. 이는 저희 제품의 높은 품질 때문입니다.** 이 숫자들을 한번 보십시오. 9월 이후 월별 매출이 강세를 보이고 있습니다. 그런데, [12]**저희의 주요 경쟁사인 FileSafe사가 그들의 프로그램을 출시했던 것과 같은 달에 감소가 있었습니다.** 하지만, 저는 저희 매출이 곧 회복될 것으로 예상합니다.

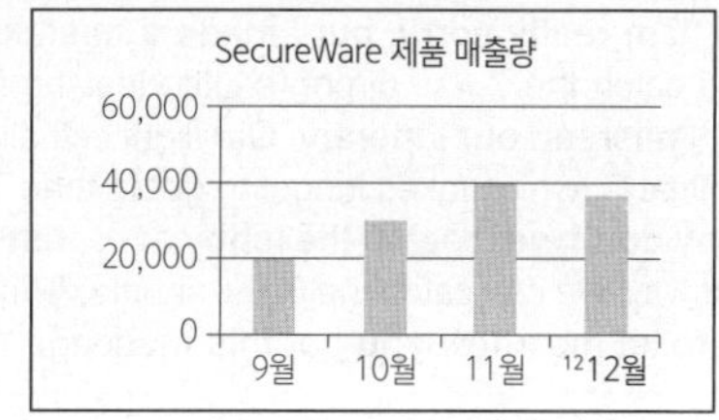

10

해석 청자들은 누구인 것 같은가?
(A) 영업 사원들
(B) 투자자들
(C) 프로그래머들
(D) 기자들

해설 청자들의 신분을 묻는 문제이므로, 신분 및 직업과 관련된 표현을 놓치지 않고 듣는다. "I'm glad to see that so many people are interested in buying shares in SecureWare."라며 많은 사람들이 SecureWare사 주식을 사는 것에 관심이 있다는 것을 알게 되어 기쁘다고 한 말을 통해 청자들이 투자자들임을 알 수 있다. 따라서 정답은 (B) Investors이다.

어휘 salespeople[séilzpìːpəl] 영업 사원, 판매원
journalist[미 dʒə́ːrnəlist, 영 dʒə́ːnəlist] 기자, 저널리스트

11

해석 화자는 왜 자신이 있는가?
(A) 회사가 고품질의 제품을 가지고 있다.
(B) 마케팅 예산이 늘어났다.
(C) 팀에 숙련된 구성원들이 있다.
(D) 관리자가 프로젝트를 지지한다.

해설 화자가 자신이 있는 이유를 묻는 문제이므로, 질문의 핵심어구(feel confident)와 관련된 내용을 주의 깊게 듣는다. "I believe SecureWare can become very competitive ~. This is because of the high quality of our product."라며 화자는 SecureWare사가 매우 경쟁력 있어질 것이라고 믿는데 이는 자사 제품의 높은 품질 때문이라고 한 것을 통해 회사가 고품질의 제품을 가지고 있기 때문에 화자가 자신 있어 하는 것임을 알 수

있다. 따라서 정답은 (A) A company has a high-quality product이다.

어휘 budget[bʌ́dʒit] 예산, 비용

12

해석 시각 자료를 보아라. FileSafe사는 언제 새로운 프로그램을 출시했는가?
(A) 9월에
(B) 10월에
(C) 11월에
(D) 12월에

해설 FileSafe사가 새로운 프로그램을 출시한 시기를 묻는 문제이므로, 제시된 그래프의 정보를 확인한 뒤 질문의 핵심어구(FileSafe release a new program)와 관련된 내용을 주의 깊게 듣는다. "there was a decline in the same month that ~ FileSafe, released its own program."이라며 FileSafe사가 그들의 프로그램을 출시했던 것과 같은 달에 매출 감소가 있었다고 하였으므로, FileSafe가 12월에 새로운 프로그램을 출시했음을 그래프에서 알 수 있다. 따라서 정답은 (D) In December이다.

Hackers Test

p.260

1. (B)	2. (D)	3. (C)	4. (B)	5. (B)	6. (A)
7. (D)	8. (A)	9. (C)	10. (B)	11. (D)	12. (C)
13. (D)	14. (B)	15. (C)	16. (C)	17. (A)	18. (B)
19. (D)	20. (B)	21. (A)	22. (D)	23. (D)	24. (C)

[1-3] 호주

Questions 1-3 refer to the following telephone message.

Good evening, Elaine. I'm calling about our flight to Lagos tomorrow. [1]**I'm really sorry, but I made a mistake.** I said we should catch the 7 A.M. airport shuttle leaving from our hotel, but [1]**I misread our itinerary**. Our flight actually leaves from Terminal C, which takes longer to get to than Terminal A. So, [2]**why don't we meet in the lobby at . . . um . . . 5:50 A.M.?** That way, we can catch the 6 A.M. shuttle. [3]**Please call me back to let me know you got this message**.

flight[flait] 항공편, 비행 shuttle[ʃʌ́tl] 셔틀 버스, 셔틀
misread[mìsríːd] 잘못 읽다, 잘못 해석하다, 오해하다
itinerary[미 aitínərèri, 영 aitínərəri] (여행) 일정표

해석

1-3은 다음 전화 메시지에 관한 문제입니다.

안녕하세요, Elaine. 내일 우리의 라고스행 항공편에 관해 전화드립니다. [1]**정말 죄송하지만, 제가 실수를 했습니다**. 우리 호텔에서 오전 7시에 떠나는 공항 셔틀 버스를 타야 한다고 말씀드렸었는데, [1]**제가 일정표를 잘못 읽었습니다**. 우리 항공편은 사실 C터미널에서 떠나는데, A터미널보다 도착하는 데 더 오래 걸립니다. 따라서, [2]**로비에서... 음... 오전 5시 50분에 만나는 게 어떠신가요?** 그렇게 하면, 우리는 오전 6시 셔틀 버스를 탈 수 있습니다. [3]**이 메시지를 받았다는 것을 회신하여 제게 알려주시기를 바랍니다**.

1

해석 화자는 왜 사과하는가?
(A) 그는 약속 일정을 잡는 것을 잊었다.
(B) 그는 정보를 잘못 이해했다.
(C) 그는 여행에 참여할 수 없다.
(D) 그는 차편을 제공할 수 없다.

해설 화자가 사과하는 이유를 묻는 문제이므로, 질문의 핵심어구(apologize)와 관련된 내용을 주의 깊게 듣는다. "I'm really sorry, but I made a mistake."라며 정말 죄송하지만 자신이 실수를 했다고 한 뒤, "I misread our itinerary"라며 일정표를 잘못 읽었다고 하였다. 따라서 정답은 (B) He misunderstood some information이다.

어휘 appointment[əpɔ́intmənt] 약속

2

해석 화자는 무엇을 제안하는가?
(A) 항공사에 연락하기
(B) 표를 예매하기
(C) 택시에 합승하기
(D) 로비에서 만나기

해설 화자가 제안하는 것을 묻는 문제이므로, 제안과 관련된 표현이 언급된 다음을 주의 깊게 듣는다. "why don't we meet in the lobby ~?"라며 로비에서 만나는 것을 제안하였다. 따라서 정답은 (D) Meeting in a lobby이다.

어휘 airline[미 érlain, 영 éəlain] 항공사

3

해석 청자는 다음에 무엇을 할 것 같은가?
(A) 이메일을 검토한다.
(B) 예약을 확인한다.
(C) 전화를 회신한다.
(D) 몇몇 가격을 비교한다.

해설 청자가 다음에 할 일을 묻는 문제이므로, 대화의 마지막 부분을 주의 깊게 듣는다. 화자가 "Please call me back to let me know you got this message."라며 이 메시지를 받았다는 것을 회신하여 자신에게 알려달라고 한 것을 통해 청자가 전화를 회신할 것임을 알 수 있다. 따라서 정답은 (C) Return a phone call이다.

어휘 reservation[rèzərvéiʃən] 예약

[4-6] 캐나다

Questions 4-6 refer to the following advertisement.

Does your house or apartment need a new look? Then Plush Furniture Boutique in downtown Minneapolis is the place for you! [4]**We have a wide selection of chairs, desks, tables, and sofas in various materials and colors.** Plus, [5]**be sure not to miss our annual clearance sale, starting next Monday** and running until the last day of this month. For the sale, we're offering up to 75 percent off selected items in our showroom. And there's more . . . [6]**Store members will receive a complimentary tote bag** with any purchase made during our sale. So, come save some money on a purchase for your home today at Plush Furniture Boutique.

downtown[dàuntáun] 시내, 시내에 various[véəriəs] 다양한, 여러 가지의
miss[mis] 놓치다, 지나치다 clearance[klíərəns] 재고 정리, 없애기
showroom[ʃóuruːm] 진열실, 전시실 complimentary[kɑ̀mpləméntəri] 무료의
purchase[pə́ːrtʃəs] 구매, 구입

해석

4-6은 다음 광고에 관한 문제입니다.

여러분의 집이나 아파트에 새로운 단장이 필요하신가요? 그렇다면 미니애폴리스 시내에 있는 Plush 가구 부티크가 여러분을 위한 장소입니다! [4]**저희는 다양한 소재와 색상의 의자, 책상, 식탁과 소파들이 여러 종류가 있습니다**. 또한, [5]**다음 주 월요일부터 시작해** 이번 달의 마지막 날까지 진행되는 **저희의 연간 재고 정리 할인을 꼭 놓치지 않도록 하세요**. 이 할인 행사에서는 저희 진열실에 있는 선택 품목에 대해 최대 75퍼센트까지 할인을 제공합니다. 그리고 더 있습니다... [6]**가게 회원분들은** 할인 기간 동안의 모든 구매에 대해 **무료 손가방을 받으실 겁니다**. 그러면, 오늘 Plush 가구 부티크로 오셔서 여러분들의 집을 위한 구매에 돈을 절약하세요!

4

해석 Plush 가구 부티크의 상품들에 대해 무엇이 언급되는가?
(A) 해외에서 수입되었다.
(B) 여러 색상으로 나온다.
(C) 온라인으로 구할 수 있다.
(D) 유기농 소재들을 함유하고 있다.

해설 Plush 가구 부티크의 상품들에 대해 언급되는 것을 묻는 문제이므로, 질문의 핵심어구(Plush Furniture Boutique's products)와 관련된 내용을 주의

깊게 듣는다. "We[Plush Furniture Boutique] have a wide selection of chairs, desks, tables, and sofas in various ~ colors."라며 Plush 가구 부티크는 다양한 색상의 의자, 책상, 식탁과 소파들이 여러 종류가 있다고 하였다. 따라서 정답은 (B) They come in multiple colors이다. (various → multiple)

어휘 import [impɔ́:rt] 수입하다, 수입 abroad [əbrɔ́:d] 해외에서, 해외로
multiple [mʌ́ltəpl] 여러, 많은
contain [kəntéin] 함유하다, 함유되어 있다, 억누르다
organic [ɔ:rgǽnik] 유기농의

5

해석 다음 주 월요일에 무슨 일이 일어날 것인가?
(A) 회원권이 갱신될 것이다.
(B) 할인이 시작될 것이다.
(C) 공간이 재개방될 것이다.
(D) 경품이 주어질 것이다.

해설 다음 주 월요일에 일어날 일을 묻는 문제이므로, 질문의 핵심어구(next Monday)가 언급된 주변을 주의 깊게 듣는다. "be sure not to miss our ~ sale, starting next Monday"라며 다음 주 월요일부터 시작하는 그들의 할인을 꼭 놓치지 말라고 하였다. 따라서 정답은 (B) A sale will begin이다.

어휘 renew [rinjú:] 갱신하다, 재개하다 prize [praiz] 경품, 상품

6

해석 가게 회원들은 무엇을 받을 수 있는가?
(A) 무료 가방
(B) 일별 할인
(C) 제품 시연
(D) 상품권

해설 가게 회원들이 받을 수 있는 것을 묻는 문제이므로, 질문의 핵심어구(store members ~ receive)가 언급된 주변을 주의 깊게 듣는다. "Store members will receive a complimentary tote bag"이라며 가게 회원들은 무료 손가방을 받을 것이라고 하였다. 따라서 정답은 (A) A free bag이다. (complimentary → free)

어휘 discount [dískaunt] 할인 demonstration [dèmənstréiʃən] 시연, 설명

[7-9] 영국

Questions 7-9 refer to the following telephone message.

Hi. This message is for Mr. Cohen. I'm Sandra Murray from Crystal Lake Park. [7]**There is a problem regarding your request** to use our clubhouse for your company retreat on Saturday, May 29. [8]**The facility is currently shut down, and it'll be reopened on June 3.** Due to a recent storm, the roof was damaged, so it's undergoing repairs during the final week of May. [9]**Unfortunately, this means that the facility will not be available on the day you requested. However, the Clear Springs Golf Club also has a party room.** Sorry again for the inconvenience, and best of luck with your planning.

clubhouse [klʌ́bhàus] 클럽 회관 retreat [ritrí:t] 야유회, 소풍
damage [dǽmidʒ] 훼손하다, 손상시키다
unfortunately [미 ʌnfɔ́:rtʃənətli, 영 ʌnfɔ́:tʃənətli] 안타깝게도, 유감스럽게도
facility [fəsíləti] 시설

해석

7-9는 다음 전화 메시지에 관한 문제입니다.

안녕하세요. 이것은 Mr. Cohen에게 보내는 메시지입니다. 저는 Crystal Lake 공원의 Sandra Murray입니다. 5월 29일 토요일에 회사 야유회를 위해 저희 클럽 회관을 사용하시려는 [7]**귀하의 요청과 관련하여 문제가 있습니다.** [8]**시설은 현재 닫혀 있으며, 6월 3일에 재개방될 것입니다.** 최근의 태풍으로 인해 지붕이 훼손되어, 5월 마지막 주 동안 수리되고 있습니다. [9]**안타깝게도, 이는 귀하께서 요청하신 날에 시설이 이용 불가능할 것임을 의미합니다. 하지만, Clear Springs 골프 클럽도 연회장을 갖추고 있습니다.** 다시 한번 불편을 끼쳐드린 것에 죄송하며, 귀하의 계획에 행운을 빕니다.

7

해석 화자는 왜 전화하고 있는가?
(A) 예약을 확정하기 위해
(B) 요청을 승인하기 위해
(C) 회의를 연기하기 위해
(D) 문제를 알리기 위해

해설 전화의 목적을 묻는 문제이므로, 지문의 초반을 반드시 듣는다. "There is a problem regarding your request"라며 청자의 요청과 관련하여 문제가 있다고 한 뒤, 요청한 날에 시설이 사용될 수 없다는 내용으로 메시지가 이어지고 있다. 따라서 정답은 (D) To report a problem이다.

어휘 approve [əprú:v] 승인하다, 찬성하다 postpone [poustpóun] 연기하다

8

해석 6월 3일에 무슨 일이 일어날 것 같은가?
(A) 시설을 재개방할 것이다.
(B) 일정이 발표될 것이다.
(C) 회사 야유회가 열릴 것이다.
(D) 공원이 청소될 것이다.

해설 6월 3일에 일어날 일을 묻는 문제이므로, 질문의 핵심어구(June 3)가 언급된 주변을 주의 깊게 듣는다. "The facility is currently shut down, and it'll be reopened on June 3."라며 시설은 현재 닫혀 있으며, 6월 3일에 재개방될 것이라고 하였다. 따라서 정답은 (A) A facility will reopen이다.

9

해석 화자는 왜 "Clear Springs 골프 클럽도 연회장을 갖추고 있습니다"라고 말하는가?
(A) 우려를 표하기 위해
(B) 결정을 설명하기 위해
(C) 추천을 하기 위해
(D) 감사를 나타내기 위해

해설 화자가 하는 말의 의도를 묻는 문제이므로, 질문의 인용어구(the Clear Springs Golf Club also has a party room)가 언급된 주변을 주의 깊게 듣는다. "Unfortunately, ~ the facility will not be available on the day you requested. However, the Clear Springs Golf Club also has a party room."이라며 안타깝게도 청자가 요청한 날에 시설이 이용 불가능하지만, Clear Springs 골프 클럽도 연회장을 갖추고 있다고 한 말을 통해, 화자가 추천을 하려는 의도임을 알 수 있다. 따라서 정답은 (C) To offer a recommendation이다.

어휘 concern [kənsə́:rn] 우려, 걱정 appreciation [əprì:ʃiéiʃən] 감사, 감탄, 감상

[10-12] 미국

Questions 10-12 refer to the following introduction to an interview.

Welcome to Channel News America's weekly program, *Big Business*. Today we have renowned business tycoon Isaac Hempstead with us. [10]**Mr. Hempstead is the CEO of White Merchant Enterprises**, a company that operates a number of restaurants all over the country. [11]**He was recently recognized by *Hammond Magazine* as one of the most influential entrepreneurs in the last 10 years.** Mr. Hempstead will speak about his experiences in the restaurant industry and share some tips on how to be successful in the field. [12]**Stay tuned for this fascinating interview after some short messages from our sponsors.**

tycoon [taikú:n] 거물, 큰 인물 influential [influénʃəl] 영향력 있는
entrepreneur [ɑ̀:ntrəprənə́:r] 사업가 tip [tip] 비결, 조언
fascinating [fǽsənèitiŋ] 흥미진진한
sponsor [spɑ́:nsər] (상업 방송의) 광고주, 스폰서

해석

10-12는 다음 인터뷰 소개에 관한 문제입니다.

Channel News America의 주간 프로그램, *Big Business*에 오신 것을 환영합니다. 오늘 저희는 경영업계의 저명한 거물, Isaac Hempstead와 함께합니다. [10]Mr. Hempstead는 국내 각지에 수많은 식당을 운영하고 있는 회사인 White Merchant사의 CEO입니다. [11]그는 최근에 *Hammond Magazine*에 의해 지난 10년간 가장 영향력 있는 사업가 중 한 명으로 인정받았습니다. Mr. Hempstead는 외식업계에서의 자신의 경험에 대해 이야기하고 그 분야에서 어떻게 성공하는지에 관한 비결을 공유할 것입니다. [12]우리 광고주들의 몇몇 짧은 메시지 후에 있을 이 흥미진진한 인터뷰를 위해 채널을 고정해 주십시오.

10

해석 Isaac Hempstead는 누구인가?
(A) 상품 기획 담당자
(B) 회사 사장
(C) 라디오 아나운서
(D) 요리사

해설 Isaac Hempstead의 신분을 묻는 문제이므로, 질문 대상(Isaac Hempstead)의 신분 및 직업과 관련된 표현을 놓치지 않고 듣는다. "Mr. Hempstead is the CEO of White Merchant Enterprises"라며 Mr. Hempstead가 White Merchant사의 최고 경영자라고 하였다. 따라서 정답은 (B) A company head이다. (CEO → company head)

11

해석 Isaac Hempstead에 대해 무엇이 언급되는가?
(A) 그는 잡지에 기고한다.
(B) 그는 자선 사업으로 인정받아왔다.
(C) 그는 사업가 가족 출신이다.
(D) 그는 자신의 분야에서 성공해왔다.

해설 Isaac Hempstead에 대해 언급되는 것을 묻는 문제이므로, 질문의 핵심어구(Isaac Hempstead)가 언급된 주변을 주의 깊게 듣는다. "He [Mr. Hempstead] was recently recognized by *Hammond Magazine* as one of the most influential entrepreneurs in the last 10 years."라며 Mr. Hempstead가 최근에 *Hammond Magazine*에 의해 지난 10년간 가장 영향력 있는 사업가 중 한 명으로 인정받았다고 하였다. 이를 통해, Mr. Hempstead가 자신의 분야에서 성공해왔음을 알 수 있다. 따라서 정답은 (D) He has been successful in his field이다.

어휘 contribute[kəntríbjuːt] (신문·잡지 등에) 기고하다 charity[tʃǽrəti] 자선

12

해석 청자들은 다음에 무엇을 할 것인가?
(A) 몇몇 메시지를 작성한다.
(B) 인터뷰를 듣는다.
(C) 몇몇 광고를 듣는다.
(D) 토론에 참여한다.

해설 청자들이 다음에 할 일을 묻는 문제이므로, 지문의 마지막 부분을 주의 깊게 듣는다. "Stay tuned for this fascinating interview after some short messages from our sponsors."라며 광고주들의 짧은 메시지 이후에 있을 인터뷰를 위해 채널을 고정해 달라고 한 말을 통해 청자들이 다음에 광고를 들을 것임을 알 수 있다. 따라서 정답은 (C) Hear some advertisements이다. (short messages from ~ sponsors → advertisements)

어휘 participate[pɑːrtísəpèit] 참여하다 discussion[diskʌ́ʃən] 토론

[13-15] 영국

Questions 13-15 refer to the following announcement.

Good morning. Please take note of today's specials before you start your shift. For example, [13/14]**we have a buy-one-get-one-free deal on fruit juices, and all frozen sirloin steaks are half off.** [14]**To learn more about deals in your specific sections, speak to your department heads.** Oh—one last thing. We just received [15]**a large shipment of canned vegetables that need to be properly stored in our stockroom.** If anyone has time throughout the afternoon, [15]**please help out with that task.**

take note of ~에 주목하다 special[spéʃəl] 특별 상품, 특매품
sirloin[미 sə́ːrlɔin, 영 sə́ːlɔin] 등심 department[dipɑ́ːrtmənt] 부서
stockroom[미 stɑ́krùːm, 영 stɔ́kruːm] 창고, 저장실

해석

13-15는 다음 공지에 관한 문제입니다.

안녕하세요. 여러분이 교대 근무를 시작하기 전에 오늘의 특별 상품에 주목해주시기 바랍니다. 예를 들어, [13/14]우리는 과일 주스들에 대해 하나를 사면 하나를 무료로 드리는 행사가 있고, 모든 냉동 등심 스테이크는 반값 할인됩니다. [14]여러분의 특정 구역의 행사에 대해 자세히 알아보시려면, 여러분들의 부서장과 이야기하십시오. 아, 마지막으로 한 가지. 우리는 방금 [15]창고에 제대로 보관되어야 하는 대량의 채소 통조림 수송품을 받았습니다. 누구든 오후 중에 시간이 있으신 분들은, [15]그 업무를 도와주시길 바랍니다.

13

해석 공지는 어디에서 이루어지고 있는 것 같은가?
(A) 창고에서
(B) 옷 가게에서
(C) 사무실 건물에서
(D) 슈퍼마켓에서

해설 공지가 이루어지는 장소를 묻는 문제이므로, 장소와 관련된 표현을 놓치지 않고 듣는다. "we have a buy-one-get-one-free deal on fruit juices, and all frozen sirloin steaks are half off"라며 과일 주스들에 대해 하나를 사면 하나를 무료로 주는 행사가 있고, 모든 냉동 등심 스테이크는 반값 할인된다고 언급한 것을 통해 공지가 이루어지는 장소가 슈퍼마켓임을 알 수 있다. 따라서 정답은 (D) At a supermarket이다.

어휘 warehouse[wɛ́ərhàus] 창고

14

해석 청자들은 왜 그들의 관리자들과 이야기해야 하는가?
(A) 업무와 관련된 우려 사항을 말하기 위해
(B) 판촉 활동의 세부 내용을 알기 위해
(C) 구체적인 업무 배정을 받기 위해
(D) 상품에 대한 할인을 받기 위해

해설 청자들이 그들의 관리자들과 이야기해야 하는 이유를 묻는 문제이므로, 질문의 핵심어구(talk to ~ managers)와 관련된 내용을 주의 깊게 듣는다. "we have a buy-one-get-one-free deal ~ and all frozen sirloin steaks are half off"라며 하나를 사면 하나를 무료로 주는 행사가 있고, 모든 냉동 등심 스테이크는 반값 할인된다고 언급한 뒤, "To learn more about deals in your specific sections, speak to your department heads."라며 청자들의 특정 구역의 행사에 대해 자세히 알아보려면 청자들의 부서장과 이야기하라고 하였다. 따라서 정답은 (B) To learn the details of promotions이다. (talk → speak)

어휘 assignment[əsáinmənt] 배정, 할당, obtain[əbtéin] 받다, 얻다

15

해석 화자에 따르면, 청자들은 도움을 주기 위해 무엇을 할 수 있는가?
(A) 고객의 질문에 대답한다.
(B) 제품에 라벨을 붙인다.
(C) 물품들을 창고에 넣는다.
(D) 문서를 복사한다.

해설 청자들이 도움을 주기 위해 할 수 있는 것을 묻는 문제이므로, 질문의 핵심어구(help out)가 언급된 주변을 주의 깊게 듣는다. "a large shipment ~ that need to be properly stored in our stockroom"이라며 창고에 제대로 보관되어야 하는 대량의 수송품을 언급한 뒤, "please help out with that task"라며 그 업무를 도와달라고 하였다. 따라서 정답은 (C) Put items in storage이다.

[16-18] 캐나다

Questions 16-18 refer to the following excerpt from a meeting.

In case some of you don't know, [16]**I'm planning to hire another graphic artist**. In fact, I published a job posting two weeks ago and scheduled interviews for tomorrow morning. [17]**While I received applications from over 20 candidates, I'll only be meeting with three.** One of them should work out. I'll let you know when I come to a decision. Oh, and one more thing . . . [18]**We need to update our training materials. Is there anyone who'd like to volunteer to do this?**

job posting 구인 공고, 공석 공고 work out 좋게 진행되다, (일이) 잘 풀리다
volunteer[vὰːləntír] 자원하다, 봉사하다

해석

16-18은 다음 회의 발췌록에 관한 문제입니다.

여러분들 중 일부가 모르실 것을 대비하여 말씀드리자면, [16]**저는 다른 그래픽 아티스트를 고용할 계획입니다.** 실제로, 제가 2주 전에 구인 공고를 게시했고 내일 오전으로 면접 일정을 잡았습니다. [17]**20명이 넘는 지원자들에게서 지원서를 받았지만, 단 세 명과 만날 것입니다.** 그들 중 한 명은 좋은 결과가 있을 것입니다. 결정을 내리면 여러분들께 알려드리겠습니다. 아 그리고 한 가지 더요... [18]**우리는 교육 자료를 업데이트해야 합니다. 이것을 하겠다고 자원하고 싶은 사람이 있나요?**

16

해석 화자는 주로 무엇에 대해 이야기하고 있는가?
(A) 회의 일정
(B) 로고의 새로운 디자인
(C) 신규 직원들을 고용하려는 계획
(D) 출장의 일정표

해설 회의 발췌록의 주제를 묻는 문제이므로, 지문의 초반을 주의 깊게 듣는다. "I'm planning to hire another graphic artist"라며 다른 그래픽 아티스트를 고용할 계획이라고 한 뒤, 새로운 그래픽 아티스트 고용에 대해 설명하였다. 따라서 정답은 (C) A plan to hire new staff이다. (another graphic artist → new staff)

어휘 itinerary[aitínəreri] 여행 일정표, 여정

17

해석 화자는 "단 세 명과 만날 것입니다"라고 말할 때 무엇을 의도하는가?
(A) 수많은 사람들이 제외되었다.
(B) 많은 시간대가 비어 있다.
(C) 도움이 필요하지 않을 것이다.
(D) 계획이 조정되었다.

해설 화자가 하는 말의 의도를 묻는 문제이므로, 질문의 인용어구(I'll only be meeting with three)가 언급된 주변을 주의 깊게 듣는다. "While I received applications from over 20 candidates, I'll only be meeting with three."라며 20명이 넘는 지원자들에게서 지원서를 받았지만 단 세 명과 만날 것이라고 했으므로, 20명 중에서 세 명 외의 다른 지원자들이 면접에 제외되었음을 알 수 있다. 따라서 정답은 (A) Numerous people were excluded이다.

어휘 arrangement[əréindʒmənt] 계획, 준비

18

해석 화자는 청자들이 무엇을 하겠다고 자원할 것을 기대하는가?
(A) 면접 질문들을 논의한다.
(B) 몇몇 자료들을 업데이트한다.
(C) 신규 직원을 교육시킨다.
(D) 몇몇 양식들을 작성한다.

해설 화자가 청자들이 하겠다고 자원하기를 기대하는 것을 묻는 문제이므로, 질문의 핵심어구(volunteer)가 언급된 주변을 주의 깊게 듣는다. "We need to update our training materials. Is there anyone who'd like to volunteer to do this?"라며 교육 자료를 업데이트해야 한다고 하면서 이것을 하겠다고 자원하고 싶은 사람이 있는지를 물었다. 따라서 정답은 (B) Update some materials이다.

[19-21] 미국

Questions 19-21 refer to the following talk and itinerary.

Hello, everyone. It's my pleasure to be able to lead you around Melbrooke Manor today. As some of you may already know, [19]**the mansion was originally built in 1933 for the wealthy banker T.C. Baron**. These days, the house is owned by the Historical Foundation, which manages the house as well as other culturally significant properties. Unfortunately, [20]**we aren't able to visit the dining room**, as it's being restored. However, we can visit the other rooms. Also, one quick reminder. [21]**Photographs are permitted, so feel free to take them at any point.**

manor[mǽnər] 저택, 소유지 originally[ərídʒənəli] 본래, 원래
wealthy[wélθi] 부유한 significant[signífikənt] 중요한, 의미 있는
property[prάːpərti] 건물, 재산, 소유물 restore[ristɔ́ːr] 보수하다, 회복시키다
at any point 언제든지, 언제라도

해석

19-21은 다음 담화와 일정표에 관한 문제입니다.

안녕하세요, 여러분. 여러분께 오늘 Melbrooke 저택을 안내해드릴 수 있어서 기쁩니다. 몇몇 분들께서 이미 아시다시피, [19]**본래 이 저택은 1933년에 부유한 은행가인 T.C. Baron을 위해 지어졌습니다.** 근래에는 역사 재단이 이 집을 소유하고 있고, 그 재단은 다른 문화적으로 중요한 건물들뿐만 아니라 이 집도 관리합니다. 유감스럽게도, 식당이 보수되는 중이라서 [20]**우리는 식당을 방문할 수 없습니다.** 하지만, 우리는 다른 방들을 방문할 수 있습니다. 또, 한 가지 빠르게 상기시켜 드릴 것이 있습니다. [21]**사진을 찍는 것은 허용되니, 언제든지 자유롭게 찍으셔도 됩니다.**

Melbrooke 저택
오후 투어 일정표

방문지 1 - 부엌
[20]방문지 2 - 식당
방문지 3 - 거실
방문지 4 - 서재

19

해석 원래 누가 Melbrooke 저택을 소유했는가?
(A) 정치인
(B) 의사
(C) 건축가
(D) 은행가

해설 원래 누가 Melbrooke 저택을 소유했는지를 묻는 문제이므로, 질문의 핵심어구(originally owned Melbrooke Manor)와 관련된 내용을 주의 깊게 듣는다. "the mansion was originally built ~ for the wealthy banker T.C. Baron"이라며 본래 이 저택은 부유한 은행가인 T.C. Baron을 위해 지어졌다고 한 말을 통해 원래 Melbrooke 저택을 소유한 사람은 은행가임을 알 수 있다. 따라서 정답은 (D) A banker이다.

어휘 architect[άːrkətèkt] 건축가, 설계자

20

해석 시각 자료를 보아라. 어느 방문지가 투어에 포함되지 않을 것인가?
(A) 방문지 1
(B) 방문지 2
(C) 방문지 3
(D) 방문지 4

해설 투어에 포함되지 않을 방문지를 묻는 문제이므로, 제시된 일정표의 정보를 확인한 뒤 질문의 핵심어구(stop will not be included in a tour)와 관련된 내용을 주의 깊게 듣는다. "we aren't able to visit the dining room"이라며 식당을 방문할 수 없다고 한 말을 통해, 식당인 방문지 2가 투어에 포함되지 않을 것임을 일정표에서 알 수 있다. 따라서 정답은 (B) Stop 2이다.

21

해석 화자는 청자들이 무엇을 할 수 있다고 말하는가?
(A) 사진을 찍는다.
(B) 가구에 앉는다.
(C) 질문을 한다.
(D) 지도를 가져간다.

해설 청자들이 할 수 있는 것을 묻는 문제이므로, 질문의 핵심어구(listeners can do)와 관련된 내용을 주의 깊게 듣는다. "Photographs are permitted, so feel free to take them at any point."라며 사진을 찍는 것은 허용되니 언제든지 자유롭게 찍어도 된다고 한 말을 통해 청자들이 사진을 찍을 수 있음을 알 수 있다. 따라서 정답은 (A) Take some pictures이다. (Photographs → Take ~ pictures)

[22-24] 호주

Questions 22-24 refer to the following telephone message and table.

Ms. Freeny, [22]**this is Mark Evans calling from Triple-H Tours. I've run into a complication while planning your vacation** to Tijuana. The resort you want to stay at doesn't have any vacancies while you'll be in the country due to a local festival. However, I was able to make a reservation for you at a comparable resort. [23]**The room I booked for you even includes a whirlpool.** The name of the resort is the Cascade Hotel. [24]**I'm going to e-mail you the resort location, room price, and photos of the facility.** If you want any more details, just visit www.cascadehotel.com.

vacancy [véikənsi] 빈방
comparable [미 ká:mpərəbl, 영 kɔ́mpərəbl] 비슷한, 비교할 만한
whirlpool [미 wə́:rlpù:l, 영 wə́:lpù:l] 월풀 욕조(물이 소용돌이 모양으로 움직이게 만든 것)

해석
22-24는 다음 전화 메시지와 표에 관한 문제입니다.

Ms. Freeny, [22]**저는 Triple-H 여행사에서 전화드리는 Mark Evans입니다. 당신의 티후아나로의 휴가를 계획하던 중 문제에 부딪혔습니다.** 지역 축제로 인해 당신이 머물기 원하시는 리조트에는 당신이 그 나라에 계실 동안에 빈방이 없습니다. 하지만 저는 당신을 위해 비슷한 리조트를 예약할 수 있었습니다. [23]**제가 당신을 위해 예약한 방은 월풀 욕조까지도 포함하고 있습니다.** 리조트의 이름은 Cascade 호텔입니다. [24]**리조트의 위치, 방 가격, 그리고 시설의 사진들을 이메일로 보내드리겠습니다.** 더 자세한 사항을 원하시면 www.cascadehotel.com으로 방문하시기만 하면 됩니다.

Cascade 호텔	
방 종류	시설
디럭스	야외 테라스
디럭스 슈페리어	수영장 전망
주니어 스위트	발코니
[23]고급 스위트	월풀 욕조

22

해석 화자는 누구인 것 같은가?
(A) 개인 비서
(B) 호텔 접수원
(C) 리조트 관리인
(D) 여행사 직원

해설 화자의 신분을 묻는 문제이므로, 신분 및 직업과 관련된 표현을 놓치지 않고 듣는다. "this is Mark Evans calling from Triple-H Tours. I've run into a complication while planning your vacation"이라며 자신은 Triple-H 여행사에서 전화하는 Mark Evans이며, 청자의 휴가를 계획하던 중 문제에 부딪혔다고 하였다. 이를 통해 화자가 여행사 직원임을 알 수 있다. 따라서 정답은 (D) A travel agent이다.

어휘 personal assistant 개인 비서 receptionist [risépʃənist] 접수원

23

해석 시각 자료를 보아라. 화자는 어느 방을 예약했을 것 같은가?
(A) 디럭스
(B) 디럭스 슈페리어
(C) 주니어 스위트
(D) 고급 스위트

해설 화자가 예약한 방을 묻는 문제이므로, 제시된 표의 정보를 확인한 뒤 질문의 핵심어구(room ~ reserve)와 관련된 내용을 주의 깊게 듣는다. "The room I booked for you even includes a whirlpool."이라며 청자를 위해 예약한 방은 월풀 욕조까지도 포함하고 있다고 하였으므로, 월풀 욕조 시설이 포함되어 있는 고급 스위트 방을 예약했음을 표에서 알 수 있다. 따라서 정답은 (D) Executive Suite이다.

어휘 executive [igzékjətiv] 고급의

24

해석 화자는 무엇을 하겠다고 말하는가?
(A) 지불을 처리한다.
(B) 할인 코드를 적용한다.
(C) 더 많은 정보를 보낸다.
(D) 업그레이드를 요청한다.

해설 화자가 하겠다고 말한 것을 묻는 문제이므로, 질문의 핵심어구(say he will do)와 관련된 내용을 주의 깊게 듣는다. "I'm going to e-mail you the resort location, room price, and photos of the facility."라며 리조트의 위치, 방 가격, 그리고 시설의 사진들을 이메일로 보내주겠다고 하였다. 따라서 정답은 (C) Send more information이다.

Course 02 지문 유형별 공략

1. 음성 메시지

Hackers Practice

p.265

1. (D)	2. (D)	3. (C)	4. (C)	5. (A)	6. (D)
7. (A)	8. (C)	9. (B)	10. (A)	11. (A)	12. (B)

[1-3] 미국

Questions 1-3 refer to the following telephone message.

This is Karen Waters from Eastside Graphics. I'm calling in regard to the application you submitted for our open illustrator position. [1]**I'd like to meet with you to discuss the job opening.** [1/2]**Would this Thursday at 10:00 A.M. work for you?** If not, I'm also available on Friday. [2]**I know this is short notice, but, um . . . we have a major project starting in three weeks.** Please call me back to confirm whether this time is acceptable. Oh, before I forget . . . [3]**could you e-mail me some additional examples of your illustrations?** I'd like to take a look at them prior to meeting. Thanks.

in regard to ~에 관해서 submit [səbmít] 제출하다, 제시하다
acceptable [əkséptəbl] 수락할 수 있는, 받아들여질 수 있는
prior to ~에 앞서

해석
1-3은 다음 전화 메시지에 관한 문제입니다.

저는 Eastside Graphics사의 Karen Waters입니다. 채용 중인 삽화가 직책을 위해 당신이 제출한 지원서에 관해 전화드립니다. [1]**일자리에 대해 논의하기 위해 당신과 만나고 싶습니다.** [1/2]**이번 주 목요일 오전 10시가 당신에게 괜찮으신가요?** 아니라면, 저는 금요일에도 가능합니다. [2]**이것이 갑작스러운 통보인 줄은 알지만, 음... 저희는 3주 뒤에 시작하는 중요한 프로젝트가 있어요.** 이 시간이 수락될 수 있는지 확인하기 위해 제게 다시 전화해 주십시오. 아, 제가 잊어버리기 전에... [3]**추가적으로 당**

신의 삽화의 견본 몇 개를 이메일로 보내주실 수 있나요? 만나기에 앞서 그것들을 보고 싶습니다. 감사합니다.

1

해석 화자는 왜 전화하고 있는가?
(A) 서비스를 요청하기 위해
(B) 프로젝트 피드백을 제공하기 위해
(C) 웹사이트를 홍보하기 위해
(D) 회의를 주선하기 위해

해설 전화의 목적을 묻는 문제이므로, 지문의 초반을 반드시 듣는다. "I'd like to meet with you to discuss the job opening. Would this Thursday at 10:00 A.M. work for you?"라며 일자리에 대해 논의하기 위해 청자와 만나고 싶다고 한 뒤, 이번 주 목요일 오전 10시가 청자에게 괜찮은지 물었다. 따라서 정답은 (D) To arrange a meeting이다. (meet ~ to discuss → meeting)

어휘 **promote** [prəmóut] 홍보하다, 광고하다 **arrange** [əréindʒ] 주선하다, 준비하다

2

해석 화자는 "저희는 3주 뒤에 시작하는 중요한 프로젝트가 있어요"라고 말할 때 무엇을 의도하는가?
(A) 마감 기한이 연장될 수 없다.
(B) 회사가 계약을 수주했다.
(C) 약속이 변경되어야 한다.
(D) 직원이 금방 고용되어야 한다.

해설 화자가 하는 말의 의도를 묻는 문제이므로, 질문의 인용어구(we have a major project starting in three weeks)가 언급된 주변을 주의 깊게 듣는다. "Would this Thursday ~ work for you?"라며 이번 주 목요일이 청자에게 괜찮은지 물은 뒤, "I know this is short notice, but ~ we have a major project starting in three weeks."라며 이것이 갑작스러운 통보인 줄은 알지만 3주 후에 시작하는 중요한 프로젝트가 있다고 한 말을 통해, 직원이 금방 고용되어야 함을 알 수 있다. 따라서 정답은 (D) An employee must be hired soon이다.

어휘 **extend** [iksténd] 연장하다, 늘리다

3

해석 화자는 무엇을 요청하는가?
(A) 편지 사본
(B) 지원서 양식
(C) 작품 견본
(D) 이메일 주소

해설 화자가 요청하는 것을 묻는 문제이므로, 지문의 중후반에서 요청과 관련된 표현이 포함된 문장을 주의 깊게 듣는다. "could you e-mail me some additional examples of your illustrations?"라며 청자에게 추가적으로 삽화의 견본 몇 개를 이메일로 보내달라고 요청하였다. 따라서 정답은 (C) Samples of work이다.

[4-6] 호주

Questions 4-6 refer to the following recorded message.

Hello, you have reached the voice mail of Arthur Hoffman. [4]**I am unable to answer your call at the moment as I am out of town attending a trade convention in Detroit** from September 15 to 22. Please leave a message after the tone with your name, contact information, and the reason for your call, and I will get back to you as soon as I can. [5]**If this is an emergency, you may send an e-mail** to hoffman@factorysupply.com. To speak to anyone else in the sales department, please hang up and dial 555-0144, extension 19. Otherwise, [6]**I will be back next Wednesday, September 23**. Thank you.

voice mail 음성 메시지 **at the moment** 지금 **tone** [미 toun, 영 təun] 신호음
emergency [미 imə́:rdʒənsi, 영 imə́:dʒənsi] 긴급 사항, 비상 상황
hang up 전화를 끊다

해석

4-6은 다음 녹음 메시지에 관한 문제입니다.

안녕하세요, Arthur Hoffman의 음성 메시지입니다. [4]**저는 9월 15일부터 22일까지 디트로이트의 무역 컨벤션에 참석하여 도시를 떠나 있기 때문에 지금은 전화를 받을 수 없습니다.** 신호음 후에 전화주신 분의 성함, 연락처, 그리고 전화하신 이유와 함께 메시지를 남겨주시면 가능한 한 빨리 다시 연락 드리겠습니다. [5]**만약 긴급 사항이라면** hoffman@factorysupply.com으로 **이메일을 보내주십시오.** 영업부의 다른 분과 통화하시려면, 전화를 끊고 555-0144로 전화를 걸어 내선번호 19번으로 전화해주십시오. 그렇지 않으면, [6]**저는 9월 23일인 다음 주 수요일에 돌아올 것입니다.** 감사합니다.

4

해석 화자는 왜 연락이 되지 않는가?
(A) 그는 점심을 먹으러 나갔다.
(B) 그는 디트로이트에서 휴가 중이다.
(C) 그는 출장 중이다.
(D) 그는 회사 야유회를 위해 떠났다.

해설 화자가 연락되지 않는 이유를 묻는 문제이므로, 질문의 핵심어구(unavailable)와 관련된 내용을 주의 깊게 듣는다. "I am unable to answer your call ~ as I am out of town attending a trade convention in Detroit"라며 현재 디트로이트의 무역 컨벤션에 참석 중이라는 말을 통해 화자가 출장 중이어서 연락이 되지 않는다는 것을 알 수 있다. 따라서 정답은 (C) He is on a business trip이다.

어휘 **corporate** [kɔ́:rpərət] 회사의, 기업의 **retreat** [ritrí:t] 야유회

5

해석 청자들은 긴급 사항인 경우에 무엇을 해야 하는가?
(A) 이메일을 보낸다.
(B) 비서에게 연락한다.
(C) 녹음을 남긴다.
(D) 직통 전화로 전화한다.

해설 청자들이 긴급 사항인 경우에 해야 하는 일을 묻는 문제이므로 질문의 핵심어구(emergency)가 언급된 주의 깊게 듣는다. "If this is an emergency, you may send an e-mail"이라며 긴급 사항이라면 이메일을 보내달라고 하였다. 따라서 정답은 (A) Send an e-mail이다.

6

해석 화자는 9월 23일에 무엇을 할 것이라고 말하는가?
(A) 컨벤션을 위해 출발한다.
(B) 음성 우편에 응답한다.
(C) 발표를 한다.
(D) 자신의 사무실로 돌아간다.

해설 화자가 9월 23일에 할 일을 묻는 문제이므로, 질문의 핵심어구(September 23)가 언급된 주변을 주의 깊게 듣는다. "I will be back next Wednesday, September 23"라며 9월 23일인 다음 주 수요일에 돌아올 것이라고 하였다. 따라서 정답은 (D) Return to his office이다. (be back → Return)

어휘 **depart** [dipɑ́:rt] 출발하다

[7-9] 영국

Questions 7-9 refer to the following telephone message.

Hi, this is Veronica Martinson from Sanders Graphics. [7]**The Internet plan we purchased from your company is supposed to provide download speeds of up to 50 megabytes per second, but that hasn't been the case for the past few days.** [8]**My staff and I are having a difficult time conducting research** because Web sites have been loading extremely slowly. [8]**This has put several projects behind schedule.** [9]**Can you please send a technician to resolve the issue?** Thank you.

plan [plæn] 요금제, 제도 **purchase** [미 pə́:rtʃəs, 영 pə́:tʃəs] 구매하다
conduct [kəndʌ́kt] 수행하다, 행동하다 **extremely** [ikstrí:mli] 매우, 극도로
behind schedule 일정보다 늦게 **technician** [tekníʃən] 기술자

해석

7-9는 다음 전화 메시지에 관한 문제입니다.

안녕하세요, 저는 Sanders Graphics사의 Veronica Martinson입니다. 7우리가 귀사로부터 구매한 인터넷 요금제는 초당 50메가바이트까지의 다운로드 속도를 제공하도록 되어 있는데, 지난 며칠 동안은 그렇지 않았습니다. 웹사이트들이 매우 느리게 로딩되고 있기 때문에 8직원들과 저는 조사를 수행하는 데 어려움을 겪고 있습니다. 8이것은 몇몇 프로젝트가 일정보다 늦어지게 했습니다. 9이 문제를 해결해 줄 기술자를 보내주시겠습니까? 감사합니다.

7

해석 화자는 누구에게 전화를 걸고 있는 것 같은가?

(A) 기술 지원 담당 직원
(B) 연구 조교
(C) 웹사이트 프로그래머
(D) 그래픽 디자이너

해설 청자의 신분을 묻는 문제이므로, 신분 및 직업과 관련된 표현을 놓치지 않고 듣는다. "The Internet plan we purchased from your company is supposed to provide download speeds of up to 50 megabytes per second, but that hasn't been the case for the past few days."라며 지난 며칠 동안 청자의 회사에서 제공하는 인터넷 속도에 문제가 있었음을 언급한 것을 통해 화자가 인터넷 서비스 업체의 기술 지원 담당 직원에게 전화하고 있음을 알 수 있다. 따라서 정답은 (A) A technical support representative이다.

어휘 representative [rèprizéntətiv] 담당 직원

8

해석 무엇이 문제인가?

(A) 수리공과 연락할 수 없다.
(B) 몇몇 동료들의 의견이 엇갈린다.
(C) 몇몇 프로젝트가 지연되었다.
(D) 탁상용 컴퓨터가 작동하지 않고 있다.

해설 문제점을 묻는 문제이므로, 질문의 핵심어구(problem)와 관련된 내용을 주의 깊게 듣는다. "My staff and I are having a difficult time conducting research", "This has put several projects behind schedule."이라며 조사 수행에 어려움을 겪고 있고, 이로 인해 몇몇 프로젝트가 일정보다 늦어졌다고 하였다. 따라서 정답은 (C) Some projects have been delayed이다. (behind schedule → delayed)

어휘 repairperson [ripέərpə̀:rsn] 수리공 be in disagreement 의견이 엇갈리다

9

해석 화자는 무엇을 요청하는가?

(A) 더 빠른 요금제
(B) 수리 서비스
(C) 새로운 하드 드라이브
(D) 마감 기한 연장

해설 화자가 요청하는 것을 묻는 문제이므로, 지문의 중후반에서 요청과 관련된 표현이 포함된 문장을 주의 깊게 듣는다. "Can you please send a technician to resolve the issue?"라며 문제를 해결해 줄 기술자를 보내달라고 요청하였다. 따라서 정답은 (B) A repair service이다.

[10-12] 미국

Questions 10-12 refer to the following telephone message and seating chart.

Good afternoon, Mr. Harris. 10**This is Fiona Williams from the Belford Arts Center. I'm calling in response to the inquiry you sent yesterday** about tickets for the performance by the Greenfield Orchestra on September 3. Uh, you mentioned that you would prefer to sit directly in front of the stage in the center of the auditorium. Unfortunately, 11**the only section with empty seats is the one closest to the emergency exit.** If you are interested in buying a ticket, please note that you can do so through our Web site. Don't wait too long, though. 12**There are only a few tickets available for that performance.**

in response to ~에 답하여 inquiry [inkwáiəri] 문의, 조사
directly [diréktli] 바로, 직접적으로 auditorium [ɔ̀:ditɔ́:riəm] 객석, 강당
emergency exit 비상구 note [nout] ~을 유의하다

해석

10-12는 다음 전화 메시지와 좌석 배치도에 관한 문제입니다.

안녕하세요, Mr. Harris. 10저는 Belford 예술 센터의 Fiona Williams입니다. 저는 어제 당신이 9월 3일 Greenfield 오케스트라의 공연 티켓에 대해 보내신 문의에 관한 답변으로 전화 드립니다. 어, 당신은 무대 바로 앞에 객석 중앙에 앉고 싶다고 언급하셨습니다. 유감스럽게도, 11빈 좌석들이 있는 유일한 구역은 비상구와 가장 가까운 곳입니다. 만약 티켓을 구매하는 데에 관심이 있으시다면, 저희의 웹사이트를 통해 하실 수 있다는 점을 알아 두시기 바랍니다. 하지만, 너무 오래 지체하지는 마세요. 12그 공연의 티켓이 몇 장만 남아 있어요.

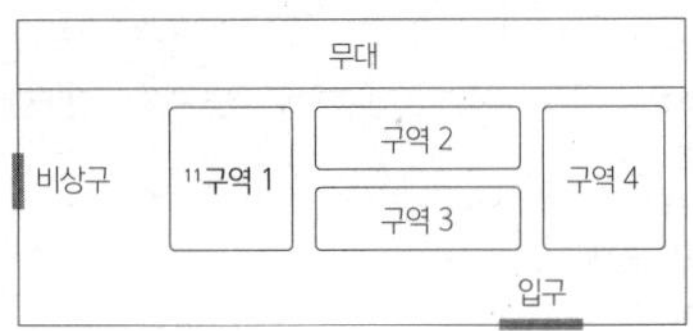

10

해석 화자에 따르면, 청자는 어제 무엇을 했는가?

(A) 센터에 연락했다.
(B) 예약을 확정했다.
(C) 지불금을 냈다.
(D) 티켓을 교환했다.

해설 청자가 어제 한 일을 묻는 문제이므로, 질문의 핵심어구(yesterday)가 언급된 주변을 주의 깊게 듣는다. "This is ~ from the Belford Arts Center. I'm calling in response to the inquiry you sent yesterday"라며 청자가 어제 Belford 예술 센터로 보낸 문의에 관한 답변으로 전화를 한다고 하였다. 이를 통해 청자가 어제 예술 센터에 연락했음을 알 수 있다. 따라서 정답은 (A) Contacted a center이다.

어휘 confirm [kənfə́:rm] 확정하다, 확인하다 reservation [rèzərvéiʃən] 예약

11

해석 시각 자료를 보아라. 어느 구역에 이용할 수 있는 좌석들이 있는가?

(A) 구역 1
(B) 구역 2
(C) 구역 3
(D) 구역 4

해설 이용할 수 있는 좌석들이 있는 구역을 묻는 문제이므로, 제시된 좌석 배치도의 정보를 확인한 뒤 질문의 핵심어구(section ~ available seats)와 관련된 내용을 주의 깊게 듣는다. "the only section with empty seats is the one closest to the emergency exit"라며 빈 좌석들이 있는 유일한 구역은 비상구와 가장 가까운 곳이라고 하였으므로, 이용할 수 있는 좌석들이 있는 곳은 구역 1임을 좌석 배치도에서 알 수 있다. 따라서 정답은 (A) Section 1이다. (available seats → empty seats)

12

해석 화자는 공연에 대해 무엇을 언급하는가?

(A) 주말에 열릴 것이다.
(B) 거의 매진되었다.
(C) 연기되었다.
(D) 자선 행사의 일부분이다.

해설 화자가 공연에 대해 언급하는 것을 묻는 문제이므로, 질문의 핵심어구(performance)가 언급된 주변을 주의 깊게 듣는다. "There are only a few tickets available for that performance."라며 공연의 티켓이 몇 장만 남아 있다고 하였다. 따라서 정답은 (B) It is almost sold out이다. (only a few tickets available → almost sold out)

어휘 postpone[poustpóun] 연기하다, 미루다 charity[tʃǽrəti] 자선 (단체)

2. 안내 및 공지

Hackers Practice p.269

1. (C)	2. (D)	3. (A)	4. (A)	5. (C)	6. (D)
7. (A)	8. (B)	9. (B)	10. (C)	11. (C)	12. (A)

[1-3] 미국

Questions 1-3 refer to the following announcement.

Hello. My name is Janice Tang, and [1]**I'm the Director of Human Resources.** [2]**As you may have heard, our company plans to open its first regional office in Georgia this July.** Recently, I was asked to oversee the recruitment process for this branch. So, [3]**I'm here today to see if there are any staff members who would be willing to relocate to Georgia** in June and lead some of our office departments there. Should you be interested and selected for one of the positions, you'll have to undergo training in mid-April. Please give this matter some consideration and [3]**inform me by March 7 if you want to apply.**

regional[ríːdʒənl] 지역의 oversee[òuvərsíː] 감독하다
recruitment[rikrúːtmənt] 채용 undergo[ʌ̀ndərgóu] 받다, 겪다

해석
1-3은 다음 공지에 관한 문제입니다.

안녕하세요. [1]저는 Janice Tang이고, 인사부장입니다. [2]여러분이 아마 들으셨듯이, 우리 회사는 이번 7월에 조지아주에 첫 번째 지사를 열 계획입니다. 최근에 저는 이 지점을 위한 채용 과정을 감독하도록 요청받았습니다. 그래서 [3]저는 6월에 조지아주로 이동하여 그곳의 몇몇 부서들을 이끌고자 하는 직원들이 있는지 알아보기 위해 오늘 이곳에 왔습니다. 관심이 있어 그 직책들 중 하나에 선발되신다면, 4월 중순에 교육을 받으셔야 할 것입니다. 이 사항에 대해 고려해보시고 [3]지원하고 싶으시면 3월 7일까지 저에게 알려 주시기 바랍니다.

1

해석 화자의 직업은 무엇인가?
(A) 지역 관리자
(B) 사무실 접수원
(C) 인사부장
(D) 영업 사원

해설 화자의 직업을 묻는 문제이므로, 신분 및 직업과 관련된 표현을 놓치지 않고 듣는다. "I'm the Director of Human Resources"라며 자신이 인사부장이라고 하였다. 따라서 정답은 (C) A human resources director이다. (Director of Human Resources → human resources director)

어휘 receptionist[risépʃənist] 접수원 sales associate 영업 사원

2

해석 화자는 청자들에게 무엇에 대해 상기시키는가?
(A) 일부 지점 합병
(B) 일부 정책 변경
(C) 곧 있을 무역 박람회
(D) 사업체 확장

해설 화자가 청자들에게 상기시키는 것을 묻는 문제이므로, 질문의 핵심어구(remind)와 관련된 내용을 주의 깊게 듣는다. "As you may have heard, our company plans to open its first regional office in Georgia this July."라며 청자들이 아마 들었듯이 회사가 이번 7월에 조지아주에 첫 번째 지사를 열 계획이라고 하였다. 따라서 정답은 (D) A business expansion이다.

어휘 remind[rimáind] 상기시키다, 생각나게 하다 merger[məːrdʒər] 합병, 인수

3

해석 직원들은 3월 7일까지 무엇을 해야 하는가?
(A) 전근에 대한 관심을 알린다.
(B) 관리 교육을 마친다.
(C) 새로운 사무실에 대한 계획을 마무리 짓는다.
(D) 고용 계약을 갱신한다.

해설 직원들이 3월 7일까지 해야 하는 일을 묻는 문제이므로, 질문의 핵심어구(March 7)가 언급된 주변을 주의 깊게 듣는다. "I'm here today to see if there are any staff members who would be willing to relocate to Georgia"라며 화자가 조지아주로 이동하고자 하는 직원들이 있는지 알아보기 위해 오늘 이곳에 왔다고 한 뒤, "inform me by March 7 if you want to apply"라며 지원하고 싶으면 3월 7일까지 알려 달라고 하였다. 따라서 정답은 (A) State their interest in a transfer이다. (willing to relocate → interest in a transfer)

어휘 renew[rinjúː] 갱신하다, 연장하다

[4-6] 캐나다

Questions 4-6 refer to the following announcement.

May I please have your attention? [4]**Flight 583 to Dublin will be taking off in 30 minutes**, so we will now begin boarding first-class ticket holders as well as economy passengers with babies or young children. After that, we will board the plane by section. Since we have a fully-booked flight, there will be limited overhead storage space. [5]**Those willing to check their bags now should talk to an employee** at the main counter. In order to ensure a smooth and speedy process, [6]**please have your passes out and ready** before getting in line. Thank you.

section[sékʃən] 구역, 부분, 집단 limited[límitid] 한정된, 제한된
ensure[inʃúər] 보장하다, 반드시 ~이게 하다 speedy[spíːdi] 빠른, 지체 없는
pass[pæs] 탑승권, 출입증; 나아가다

해석
4-6은 다음 공지에 관한 문제입니다.

주목해 주시겠습니까? [4]더블린행 583 비행편이 30분 후에 이륙할 것이므로, 이제 일등석 티켓 소지 승객들뿐만 아니라 유아나 어린이들을 동반한 일반석 승객들 또한 탑승을 시작할 것입니다. 그 이후에, 우리는 구역별로 비행기에 탑승할 것입니다. 예약이 꽉 찬 비행편이므로, 머리 위 짐칸이 한정되어 있을 것입니다. [5]지금 짐을 부치고자 하시는 분들은 메인 카운터에 있는 직원에게 이야기하셔야 합니다. 순조롭고 빠른 진행을 보장하기 위해, 줄에 서기 전에 [6]탑승권을 꺼내 준비하여 주시기 바랍니다. 감사합니다.

4

해석 30분 후에 무슨 일이 일어날 것인가?
(A) 비행기가 출발할 것이다.
(B) 지연이 설명될 것이다.
(C) 음식이 제공될 것이다.
(D) 티켓 판매대가 열릴 것이다.

해설 30분 후에 일어날 일을 묻는 문제이므로, 질문의 핵심어구(in 30 minutes)가 언급된 주변을 주의 깊게 듣는다. "Flight 583 to Dublin will be taking off in 30 minutes"이라며 더블린행 583 비행편이 30분 후에 이륙할 것이라고 하였다. 따라서 정답은 (A) A plane will depart이다.

어휘 serve[səːrv] 제공하다

5

해석 몇몇 사람들은 왜 직원에게 이야기해야 하는가?
(A) 자리를 업그레이드하기 위해
(B) 할인을 받기 위해
(C) 짐을 부치기 위해
(D) 환불을 처리하기 위해

해설 몇몇 사람들이 직원에게 이야기해야 하는 이유를 묻는 문제이므로 질문의 핵심어구(talk to an employee)가 언급된 주변을 주의 깊게 듣는다. "Those willing to check their bags now should talk to an employee"라며 지금 짐을 부치고자 하는 사람들은 직원에게 이야기해야 한다고 하였다. 따라서 정답은 (C) To check their baggage이다.

6

해석 청자들은 무엇을 하도록 요청받는가?
(A) 여행 가방에 라벨을 붙인다.
(B) 쓰레기를 수거한다.
(C) 안전벨트를 맨다.
(D) 탑승권을 준비한다.

해설 청자들이 요청받는 것을 묻는 문제이므로, 요청과 관련된 표현이 포함된 문장을 주의 깊게 듣는다. "please have your passes out and ready"라며 청자들에게 탑승권을 꺼내 준비할 것을 요청하였다. 따라서 정답은 (D) Get their passes prepared이다.

[7-9] 영국

Questions 7-9 refer to the following announcement.

> Attention all visitors. [7]**We would like to remind you that a very special exhibit is being hosted at our gallery** for this weekend only. [8]**The exhibit is set up in the West Wing and features a series of paintings by British artist Dustin Clark.** Moreover, [9]**we will be screening a short film at 4 P.M.** on Mr. Clark's life and work over the past three decades. [9]**The screening will be held in Room 3 and will not require tickets. We encourage you to see it.**
>
> exhibit [igzíbit] 전시회 host [미 houst, 영 həust] 주최하다, 진행하다; 주최자
> screen [skriːn] 상영하다 require [미 rikwáiər, 영 rikwáiə] 필요로 하다, 요구하다
> encourage [미 inkə́ːridʒ, 영 inkʌridʒ] 권장하다, 격려하다

해석
7-9는 다음 안내에 관한 문제입니다.

주목해주십시오, 모든 방문객 여러분. [7]매우 특별한 전시회가 저희 미술관에서 이번 주말에만 주최됨을 상기시켜드리고자 합니다. [8]전시회는 서관에 설치되어 있으며 영국 화가인 Dustin Clark의 그림 시리즈를 특별히 포함합니다. 또한, [9]저희는 Mr. Clark의 삶과 지난 30년간의 작품에 대한 짧은 영화를 오후 4시에 상영할 것입니다. [9]상영은 3번 방에서 열릴 것이며 티켓은 필요하지 않을 것입니다. 저희는 여러분이 이것을 보시기를 권장합니다.

7

해석 안내가 어디에서 이루어지고 있는 것 같은가?
(A) 미술관에서
(B) 놀이공원에서
(C) 극장에서
(D) 대학에서

해설 안내가 이루어지는 장소를 묻는 문제이므로, 장소와 관련된 표현을 놓치지 않고 듣는다. "We would like to remind you that a very special exhibit is being hosted at our gallery"라며 매우 특별한 전시회가 자신들의 미술관에서 주최됨을 상기시키고자 한다고 하였다. 따라서 정답은 (A) At an art gallery이다.

8

해석 Dustin Clark에 대해 무엇이 언급되는가?
(A) 그는 강의를 하고 있다.
(B) 그는 화가이다.
(C) 그는 강연을 할 것이다.
(D) 그는 곧 도착할 것이다.

해설 Dustin Clark에 대해 언급되는 것을 묻는 문제이므로, 질문의 핵심어구(Dustin Clark)가 언급된 주변을 주의 깊게 듣는다. "The exhibit ~ features a series of paintings by British artist Dustin Clark."라며 전시회는 영국 화가인 Dustin Clark의 그림 시리즈를 특별히 포함한다고 하였다. 따라서 정답은 (B) He is a painter이다.

어휘 course [미 kɔːrs, 영 kɔːs] 강의, 강좌 shortly [미 ʃɔ́ːrtli, 영 ʃɔ́ːtli] 곧, 얼마 안 되어

9

해석 화자는 무엇을 권하는가?
(A) 투어를 하는 것
(B) 영화를 보는 것
(C) 가게를 방문하는 것
(D) 출입증을 구입하는 것

해설 화자가 제안하는 것을 묻는 문제이므로, 지문의 중후반에서 제안과 관련된 표현이 포함된 문장을 주의 깊게 듣는다. "we will be screening a short film at 4 P.M."이라며 짧은 영화를 오후 4시에 상영할 것이라고 한 뒤, "The screening will be held in Room 3 and will not require tickets. We encourage you to see it[the screening]."이라며 상영은 3번 방에서 열릴 것이고 티켓은 필요하지 않을 것이라며 청자들이 영화를 볼 것을 권장한다고 하였다. 따라서 정답은 (B) Watching a movie이다.

[10-12] 영국

Questions 10-12 refer to the following announcement and graph.

> [10]**I'm pleased to say that business has never been better at Odds and Ends Gift Store since I took over as supervisor five years ago.** An important factor in the store's success is our new Web site. [11]**The month it was launched, we had more than $45,000 in sales for the first time.** Not to mention, the site allowed us to reach customers outside of the United States. In order to further encourage online sales, [12]**we're going to offer free shipping on all orders**. I think this will help us perform even better.
>
> business [bíznis] 영업 실적, 사업 take over 인계받다, 인수하다
> supervisor [미 súːpərvàizər, 영 súːpəvaizə] 관리자
> factor [미 fǽktər, 영 fǽktə] 요인, 요소

해석
10-12는 다음 공지와 그래프에 관한 문제입니다.

[10]제가 5년 전에 관리자로 인계받은 이후로 Odds and Ends 선물 가게에서 영업 실적이 이보다 더 좋았던 적이 없었다고 말씀드리게 되어 기쁩니다. 가게의 성공에 있어 중요한 요인은 우리의 새로운 웹사이트입니다. [11]그것이 개시된 달에, 우리는 처음으로 45,000달러 이상의 판매량을 기록했습니다. 말할 것도 없이, 사이트는 우리가 미국 외부의 고객들에게 다가갈 수 있도록 했습니다. 온라인 판매를 더 장려하기 위해, [12]우리는 모든 구매에 대해 무료 배송을 제공할 것입니다. 저는 이것이 우리가 한층 더 좋은 성과를 내도록 도와줄 것이라고 생각합니다.

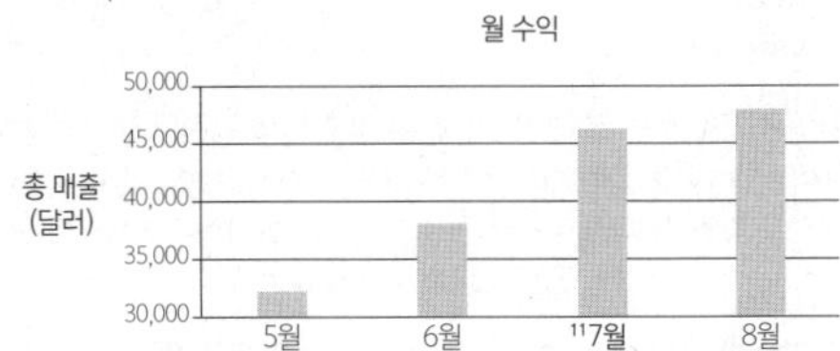

10

해석 화자는 어디에서 일하는 것 같은가?
(A) 공장에서
(B) 기술 회사에서
(C) 소매점에서
(D) 자문 회사에서

해설 화자가 일하는 장소를 묻는 문제이므로, 신분 및 직업과 관련된 표현을 놓치지 않고 듣는다. "I'm pleased to say that business has never been better at Odds and Ends Gift Store since I took over as supervisor five years ago."라며 자신이 5년 전에 관리자로 인계받은 이후로 Odds and Ends 선물 가게에서 영업 실적이 이보다 더 좋았던 적이 없었다고 말하게 되어 기쁘다고 하였다. 이를 통해, 화자가 선물 가게, 즉 소매점에서 근무한다는 것을 알 수 있다. 따라서 정답은 (C) At a retail business이다. (Store → retail business)

어휘 retail [riːteil] 소매의; 소매

11

해석 시각 자료를 보아라. 새로운 서비스는 언제 시작되었는가?
(A) 5월에
(B) 6월에
(C) 7월에
(D) 8월에

해설 새로운 서비스가 언제 시작되었는지를 묻는 문제이므로, 제시된 그래프의 정보를 확인한 뒤 질문의 핵심어구(new service launched)와 관련된 내용을 주의 깊게 듣는다. "The month it[new Web site] was launched, we had more than $45,000 in sales for the first time."이라며 새로운 웹사이트가 개시된 달에 처음으로 45,000달러 이상의 판매량을 기록했다고 하였으므로, 처음으로 45,000달러를 넘은 7월에 새로운 서비스가 시작되었음을 그래프에서 알 수 있다. 따라서 정답은 (C) In July이다.

12

해석 회사는 무엇을 할 계획인가?
(A) 무료 배송을 제공한다.
(B) 제품 선택권을 확대한다.
(C) 추가로 직원들을 고용한다.
(D) 소셜 미디어를 활용한다.

해설 회사의 계획을 묻는 문제이므로, 질문의 핵심어구(business plan to do)와 관련된 내용을 주의 깊게 듣는다. "we're going to offer free shipping on all orders"라며 모든 구매에 대해 무료 배송을 제공할 것이라고 하였다. 따라서 정답은 (A) Offer complimentary deliveries이다. (free shipping → complimentary deliveries)

어휘 **complimentary** [미 kɑ̀:mpləméntəri, 영 kɔ̀mpliméntəri] 무료의
expand [ikspǽnd] 확대하다, 확장하다

3. 모임·행사 관련 연설

Hackers Practice p.273

1. (C)	2. (A)	3. (A)	4. (B)	5. (D)	6. (B)
7. (B)	8. (A)	9. (C)	10. (C)	11. (A)	12. (C)

[1-3] 호주

Questions 1-3 refer to the following talk.

[1]**I'd like to make an announcement regarding the schedule of our energy firm's seminar series this week. The session on surveying methods has been moved from tomorrow morning to Wednesday afternoon** because of some scheduling conflicts with its facilitator. Moreover, the presentation on pollution management will be held on Thursday morning instead of Tuesday. Some locations have been changed as well, so [2]**please check the online bulletin board for updated room numbers**. Finally, [3]**Mr. Wendell Bray, one of our visiting engineers, will be the guest of honor during the event**. He will go over our major projects for the upcoming year. Now, if there are no further questions, let's begin.

surveying [미 sə:rvéiiŋ, 영 sə́:veiiŋ] 측량
facilitator [미 fəsílətèitər, 영 fəsíliteitə] 진행자, 촉진제
pollution [pəlú:ʃən] 오염 **guest of honor** 주빈, 귀빈

해석

1-3은 다음 담화에 관한 문제입니다.

[1]저는 우리 에너지 회사의 이번 주 세미나 시리즈의 일정에 관한 공지를 하고자 합니다. 측량법 수업은 진행자와의 약간의 일정 마찰 때문에 내일 아침에서 수요일 오후로 옮겨졌습니다. 또한, 오염 관리에 관한 발표는 화요일 대신 목요일 아침에 열릴 예정입니다. 몇몇 장소도 또한 변경되었으니, [2]업데이트된 방 번호를 위해 온라인 게시판을 확인해 주십시오. 마지막으로, [3]객원 기술자들 중 한 명인 Mr. Wendell Bray가 행사 동안에 주빈이 될 것입니다. 그는 내년에 있을 우리의 주요 프로젝트를 점검해 줄 것입니다. 자, 질문이 더 이상 없으시면 시작하겠습니다.

1

해석 무엇이 공지되고 있는가?
(A) 등록 절차 세부사항
(B) 직원 의무
(C) 일정 변경 사항
(D) 홍보 활동 전략

해설 담화의 주제를 묻는 문제이므로, 지문의 초반을 반드시 듣는다. "I'd like to make an announcement regarding the schedule of our energy firm's seminar series this week."이라며 이번 주 세미나 시리즈의 일정에 관한 공지를 하겠다고 한 뒤, "The session ~ has been moved from tomorrow morning to Wednesday afternoon"이라며 수업이 내일 아침에서 수요일 오후로 옮겨졌다고 하였다. 따라서 정답은 (C) The changes to a schedule이다.

어휘 **strategy** [strǽtədʒi] 전략, 계획

2

해석 청자들은 방 번호를 알기 위해 무엇을 해야 하는가?
(A) 온라인 게시판을 본다.
(B) 추후 공지를 듣는다.
(C) 작성된 메모를 확인한다.
(D) 행사 진행자에게 문의한다.

해설 청자들이 방 번호를 알기 위해 해야 할 일을 묻는 문제이므로, 질문의 핵심어구(room numbers)가 언급된 주변을 주의 깊게 듣는다. "please check the online bulletin board for updated room numbers"라며 업데이트된 방 번호를 위해 온라인 게시판을 확인하라고 하였다. 따라서 정답은 (A) View an online board이다.

어휘 **coordinator** [kouɔ́:rdənèitər] 진행자

3

해석 Wendell Bray는 누구인가?
(A) 특별 손님
(B) 기술 검사관
(C) 세미나 진행자
(D) 수상자

해설 Wendell Bray의 신분을 묻는 문제이므로, 질문 대상(Wendell Bray)의 신분 및 직업과 관련된 표현을 놓치지 않고 듣는다. "Mr. Wendell Bray ~ will be the guest of honor during the event"라며 Mr. Wendell Bray가 행사 동안에 주빈이 될 것이라고 하였다. 따라서 정답은 (A) A special guest이다. (guest of honor → special guest)

어휘 **inspector** [inspéktər] 검사관, 시찰관 **recipient** [risípiənt] 수령인

[4-6] 미국

Questions 4-6 refer to the following talk.

Thank you all for joining my colleague, Lily Manners, and me this morning. We're excited to show you our newest line of kitchen appliances and teach you how to operate them. [4]**As the advertising experts hired to promote the line, it's important that you be familiar with each of the products.** This morning, I'll be showing you our smaller appliances, such as coffee makers, mixers, and blenders. And in the afternoon, we will move on to demonstrations by [5]**Ms. Manners, who helped design and develop our larger items, such as stoves, refrigerators**, and dishwashers. [6]**Please feel free to stop us at any time if you have questions.**

appliance [əpláiəns] 가전제품, (가정용) 기구, 도구 **operate** [ɑ́pərèit] 작동시키다
demonstration [dèmənstréiʃən] 시연

해석
4-6은 다음 담화에 관한 문제입니다.

오늘 아침에 제 동료 Lily Manners와 저와 함께 해주셔서 감사드립니다. 저희의 최신 주방용 가전제품류를 보여 드리고 작동법을 알려드리게 되어 기쁩니다. [4]**이 제품류를 홍보하기 위해 고용된 광고 전문가로서, 여러분이 각각의 제품에 대해 잘 아는 것이 중요합니다.** 오늘 아침에 저는 커피 메이커, 믹서, 블렌더와 같은 소형 가전제품들을 보여 드릴 것입니다. 그리고 오후에는 [5]Ms. Manners의 시연으로 넘어갈 것인데, **그녀는 가스레인지, 냉장고, 그리고 식기 세척기와 같은 더 대형인 가전제품을 설계하고 개발하는 것을 도왔습니다.** [6]**질문이 있으시면 언제든지 주저 말고 저희를 멈춰 주십시오.**

4

해석 청자들은 누구인가?
(A) 제품 설계 기사
(B) 마케팅 담당자들
(C) 잠재 고객들
(D) 기술자들

해설 청자들의 신분을 묻는 문제이므로, 신분 및 직업과 관련된 표현을 놓치지 않고 듣는다. "As the advertising experts hired to promote the line, it's important that you be familiar with each of the products."라며 제품류 홍보를 위해 고용된 광고 전문가로서 각각의 제품에 대해 잘 아는 것이 중요하다고 한 말을 통해 청자들이 마케팅 담당자들임을 알 수 있다. 따라서 정답은 (B) Marketers이다. (advertising experts → Marketers)

어휘 potential [pəténʃəl] 잠재적인

5

해석 Ms. Manners는 어느 가전제품을 작업했는가?
(A) 커피 메이커
(B) 블렌더
(C) 믹서
(D) 냉장고

해설 Ms. Manners가 작업한 가전제품을 묻는 질문이므로, 질문의 핵심어구(appliance ~ Ms. Manners work on)와 관련된 내용을 주의 깊게 듣는다. "Ms. Manners, who helped design and develop our larger items, such as ~ refrigerators"라며 Ms. Manners가 냉장고와 같은 더 대형인 가전제품을 설계하고 개발하는 것을 도왔다고 하였다. 따라서 정답은 (D) A refrigerator이다.

6

해석 화자에 따르면, 청자들은 더 많은 정보를 얻으려면 무엇을 해야 하는가?
(A) 동료들과 상의한다.
(B) 발표자들에게 질문을 한다.
(C) 요청서를 작성한다.
(D) 상담 전화로 연락한다.

해설 청자들이 더 많은 정보를 얻으려면 해야 하는 일을 묻는 문제이므로, 질문의 핵심어구(receive more information)와 관련된 내용을 주의 깊게 듣는다. "Please feel free to stop us at any time if you have questions."라며 질문이 있으면 언제든지 주저 말고 자신들, 즉 화자인 발표자들을 멈춰 달라고 한 말을 통해 청자들이 더 많은 정보를 얻으려면 발표자들에게 질문을 해야 함을 알 수 있다. 따라서 정답은 (B) Ask questions of the presenters이다.

어휘 hotline [hɑ:tlain] 상담 전화, 직통 전화

[7-9] 영국

Questions 7-9 refer to the following excerpt from a meeting.

I called the meeting today because [7]**we have decided to pay a professional athlete to promote our sportswear products**. The executives feel that this will be an effective way to attract the attention of our target market. Please start thinking of popular athletes who appeal to young adults. [8]**Several people have recommended Olympic gold medalist Stephanie Zimmer, but we don't have the money. So, let's come up with some other names.** [9]**I'd like you to make a list of 20 candidates by next week.** I'll then select two or three suitable candidates from the list and begin negotiations with them. Is that clear? OK. Then that's all for now.

call [kɔ:l] 소집하다, 부르다; 통화 athlete [ǽθli:t] 운동선수
target market 표적 시장 (기업의 마케팅 계획의 표적이 되는 고객군)
appeal [əpí:l] 관심을 끌다, 호소하다 come up with 떠올리다, 제안하다
name [neim] 유명한 사람; 임명하다
candidate [미 kǽndidèit, 영 kǽndidət] 후보자, 지원자
negotiation [미 nigòuʃiéiʃən, 영 nəgəuʃiéiʃən] 협의, 협상

해석
7-9는 다음 회의 발췌록에 관한 문제입니다.

[7]**우리가 전문 운동선수에게 보수를 지급해서 우리의 운동복 제품을 홍보하게 하기로 결정했**기 때문에 저는 오늘 회의를 소집했습니다. 임원들은 이것이 우리 표적 시장의 관심을 끄는 효과적인 방법이 될 것이라고 생각합니다. 젊은 성인들의 관심을 끄는 유명한 운동선수들을 떠올리는 것을 시작해 주십시오. [8]**몇몇 사람들이 올림픽 금메달리스트인 Stephanie Zimmer를 추천했지만, 우리에게는 그 자금이 없습니다. 그러니, 몇몇 다른 유명인들을 떠올려봅시다.** [9]**저는 여러분이 다음 주까지 후보자 20명의 목록을 만들어 주시기를 바랍니다.** 그다음에 제가 그 목록에서 두세 명의 적합한 후보자를 선정하여 그들과 협의를 시작할 것입니다. 명확한가요? 좋습니다. 지금은 그게 다입니다.

7

해석 회사는 무엇을 하기로 결정했는가?
(A) 새로운 임원을 임명한다.
(B) 운동선수를 고용한다.
(C) 제품을 회수한다.
(D) 다양한 고객들을 목표로 한다.

해설 회사가 하기로 결정한 것을 묻는 문제이므로, 질문의 핵심어구(company decide to do)와 관련된 내용을 주의 깊게 듣는다. "we have decided to pay a professional athlete to promote our sportswear products"라며 회사가 전문 운동선수에게 보수를 지급해서 운동복 제품을 홍보하게 하기로 결정했다고 하였다. 따라서 정답은 (B) Hire an athlete이다. (pay ~ to → Hire)

어휘 recall [rikɔ́:l] 회수하다

8

해석 화자는 왜 "우리에게는 그 자금이 없습니다"라고 말하는가?
(A) 제안에 이의를 나타내기 위해
(B) 추가 지원을 요청하기 위해
(C) 정정을 하기 위해
(D) 대안을 제시하기 위해

해설 화자가 하는 말의 의도를 묻는 문제이므로, 질문의 인용어구(we don't have the money)가 언급된 주변을 주의 깊게 듣는다. "Several people have recommended Olympic gold medalist ~ but we don't have the money. So, let's come up with some other names."라며 몇몇 사람들이 올림픽 금메달리스트를 추천했지만 회사에는 그 자금이 없으므로 몇몇 다른 유명인들을 떠올려보자고 했으므로, 올림픽 금메달리스트 추천에 대해 이의를 나타내려는 의도임을 알 수 있다. 따라서 정답은 (A) To disagree with a suggestion이다. (recommended → suggestion)

어휘 disagree [dìsəgrí:] 이의가 있다, 동의하지 않다
correction [kərékʃən] 정정, 수정 alternative [ɔ:ltə́:rnətiv] 대안, 대체

9

해석 청자들은 무엇을 하도록 요청되는가?
(A) 몇몇 고객들에게 연락한다.
(B) 몇몇 운동복을 검사한다.
(C) 후보자 목록을 만든다.
(D) 설문지를 배부한다.

해설 청자들에게 요청되는 것을 묻는 문제이므로, 지문의 중후반에서 요청과 관련된 표현이 포함된 문장을 주의 깊게 듣는다. "I'd like you to make a list of 20 candidates by next week."라며 청자들에게 다음 주까지 후보자 20명의 목록을 만들어 달라고 요청하였다. 따라서 정답은 (C) Make a list of candidates이다.

어휘 distribute [distríbjuːt] 배부하다, 나누어 주다
questionnaire [kwèstʃənέər] 설문지

[10-12] 캐나다

Questions 10-12 refer to the following talk and table.

I'd like to welcome everyone to the Festival of the Dramatic Arts. [10]**After organizing the festival for the first time last year, we are excited to host it once again.** Throughout the next four days, eight full-length dramatic productions will be given. [11]**A variety of one-act plays and small group performances will also take place, some of which will involve audience participation.** We hope that attendees enjoy the performances. Oh, one last thing. Please note that there's been a slight change to our outdoor performance schedule. Due to some issues with set pieces, [12]**the April 20 show will now be moved inside.** It will take place at the same time, however.

full-length [fùlléŋθ] 장편의, 완전한 dramatic [drəmǽtik] 연극의
production [prədʌ́kʃən] 상연, 상연 작품 one-act [wʌ̀nǽkt] 단막의
audience [ɔ́ːdiəns] 관객, 청중 outdoor [áutdɔ̀ːr] 야외의, 집 밖의

해석

10-12는 다음 담화와 표에 관한 문제입니다.

극예술 축제에 오신 여러분을 환영합니다. [10]**저희가 작년에 처음으로 축제를 개최한 이후, 또다시 주최하게 되어 기쁩니다.** 앞으로 4일 동안, 여덟 편의 장편 연극 상연이 이루어질 것입니다. [11]**다양한 단막극과 소그룹 공연 또한 열릴 것이며, 이 중 일부는 관객의 참여를 수반할 것입니다.** 저희는 참가자들이 공연을 즐기기를 바랍니다. 아, 마지막으로 한 가지가 있습니다. 저희의 야외 공연 일정에 약간의 변경 사항이 있음에 유의해 주십시오. 무대 세트들에 관한 문제로 인해, [12]**4월 20일의 공연이 이제 실내로 옮겨질 것입니다.** 하지만, 이것은 같은 시간에 열릴 것입니다.

야외 공연 일정		
상연 작품	날짜	시간
Windy City	4월 18일	오후 1시
September	4월 19일	오후 4시
[12]*No Way Back*	4월 20일	오후 1시
Water's Edge	4월 21일	오후 4시

10

해석 축제에 대해 무엇이 언급되는가?
(A) 외국 배우들을 포함한다.
(B) 기부를 통해 자금이 조달된다.
(C) 이전에 개최되었다.
(D) 라이브 음악을 포함할 것이다.

해설 축제에 대해 언급되는 것을 묻는 문제이므로, 질문의 핵심어구(festival)가 언급된 주변을 주의 깊게 듣는다. "After organizing the festival for the first time last year, we are excited to host it once again."이라며 작년에 처음으로 축제를 개최한 이후 또다시 주최하게 되어 기쁘다고 한 말을 통해 축제가 이전에 개최되었음을 알 수 있다. 따라서 정답은 (C) It has been held before이다.

어휘 donation [dounéiʃən] 기부, 기증
incorporate [inkɔ́ːrpərèit] 포함하다, 설립하다

11

해석 화자에 따르면, 몇몇 관객들은 무엇을 할 것인가?
(A) 공연에 참여한다.
(B) 미리 표를 구한다.
(C) 감독을 만난다.
(D) 특별 좌석 구역에 앉는다.

해설 몇몇 관객들이 하게 될 일을 묻는 문제이므로, 질문의 핵심어구(some audience members do)와 관련된 내용을 주의 깊게 듣는다. "A variety of one-act plays and small group performances will ~ take place, some of which will involve audience participation."라며 다양한 단막극과 소그룹 공연이 열릴 것이며, 이 중 일부는 관객의 참여를 수반할 것이라고 한 말을 통해 몇몇 관객들이 공연에 참여할 것임을 알 수 있다. 따라서 정답은 (A) Participate in performances이다.

어휘 secure [sikjúər] 구하다, 확보하다 in advance 미리

12

해석 시각 자료를 보아라. 어떤 상연 작품이 실내로 옮겨질 것인가?
(A) *Windy City*
(B) *September*
(C) *No Way Back*
(D) *Water's Edge*

해설 실내로 옮겨질 상연 작품을 묻는 문제이므로, 제시된 표의 정보를 확인한 뒤 질문의 핵심어구(production ~ moved indoors)와 관련된 내용을 주의 깊게 듣는다. "the April 20 show will ~ be moved inside"라며 4월 20일의 공연이 실내로 옮겨질 것이라고 하였으므로, 4월 20일에 공연될 작품인 *No Way Back*이 실내로 옮겨질 것임을 표에서 알 수 있다. 따라서 정답은 (C) *No Way Back*이다. (indoors → inside)

어휘 indoors [indɔ́ːrz] 실내의

4. 여행·관람·견학 안내

Hackers Practice

p.277

1. (B)	2. (D)	3. (A)	4. (C)	5. (B)	6. (D)
7. (A)	8. (D)	9. (B)	10. (B)	11. (A)	12. (D)

[1-3] 미국

Questions 1-3 refer to the following talk.

Hi, everyone. My name is Candice Chang, and [1]**I want to welcome you all to the Blue Mountain Animal Reserve.** [2]**Our park features wildlife from all over North America, including grizzly bears, cougars, and buffalo, all of which you'll see.** To start off this morning's activities, we will watch a short video, which will give you information on the park and its exhibits. After that, we'll get on the shuttle for a tour of the grounds. During your visit, please feel free to ask me questions at any time. OK, [3]**let's head over to the auditorium now to watch the film.**

feature [fíːtʃər] 특별히 포함하다 wildlife [wáildlaif] 야생 동물
grizzly bear 회색곰 buffalo [bʌ́fəlòu] 물소
exhibit [igzíbit] 전시, 전시회 ground [graund] 구내, 뜰
auditorium [ɔ̀ːdətɔ́ːriəm] 강당

해석

1-3은 다음 담화에 관한 문제입니다.

안녕하세요, 여러분. 제 이름은 Candice Chang이고, [1]**Blue Mountain 동물 보호 구역에 오신 여러분 모두를 환영합니다.** [2]**우리 공원은 회색곰, 쿠거, 물소를 비롯한 북아메리카 전역의 야생 동물을 특별히 포함하고 있으며, 여러분들은 이 모두를 보시게 될 것입니다.** 오늘 아침의 활동을 시작하기 위해, 우리는 여러분에게 공원과 전시에 대한 정보를 제공할 짧은 비디오를 시청할 것입니다. 그 이후에, 구내를 둘러보기 위해 셔틀버스를 탈 것입니다. 방문하시는 동안, 언제라도 자유롭게 질문해주시기 바랍니다. 자, [3]**이제 영상을 시청하기 위해 강당으로 이동하겠습니다.**

1

해석 담화는 어디에서 일어나고 있는가?
(A) 셔틀버스 정거장에서
(B) 동물 보호소에서
(C) 강당에서

(D) 휴양지에서

해설 담화가 일어나고 있는 장소를 묻는 문제이므로, 장소와 관련된 표현을 놓치지 않고 듣는다. "I want to welcome you all to the Blue Mountain Animal Reserve"라며 Blue Mountain 동물 보호구역에 온 모두를 환영한다고 하였다. 따라서 정답은 (B) At an animal refuge이다. (Animal Reserve → animal refuge)

어휘 **refuge** [réfju:dʒ] 보호소, 은신처

2

해석 화자에 따르면, 청자들은 무엇을 할 수 있을 것인가?
(A) 시설에 관해 읽는다.
(B) 짧은 휴식을 가진다.
(C) 재정적인 기부를 한다.
(D) 몇몇 야생동물을 본다.

해설 화자에 따르면, 청자들이 할 수 있는 것을 묻는 문제이므로, 청자들과 관련된 내용을 주의 깊게 듣는다. "Our park features wildlife from all over North America, including grizzly bears, cougars, and buffalo, all of which you'll see."라며 공원이 회색곰, 쿠거, 물소를 비롯한 북아메리카 전역의 야생 동물을 특별히 포함하고 있으며, 청자들이 이 모두를 보게 될 것이라고 하였다. 따라서 정답은 (D) Observe some wildlife이다. (see → Observe)

어휘 **contribution** [kàntrəbjú:ʃən] 기부, 기여 **observe** [əbzə́:rv] 보다, 관찰하다

3

해석 청자들은 다음에 무엇을 할 것 같은가?
(A) 시설로 간다.
(B) 셔틀버스에 탑승한다.
(C) 발표를 본다.
(D) 구내를 걷는다.

해설 청자들이 다음에 할 일을 묻는 문제이므로, 지문의 마지막 부분을 주의 깊게 듣는다. "let's head over to the auditorium now to watch the film"이라며 이제 영상을 시청하기 위해 강당으로 이동하겠다고 하였다. 따라서 정답은 (A) Go to a facility이다. (head over → Go, auditorium → facility)

[4-6] 영국

Questions 4-6 refer to the following talk.

[4]**If everyone will please follow me,** [4/6]**we will begin our tour of Buckland Manor**, one of Maryland's most famous examples of 18th century colonial architecture. The main house includes several pieces of antique furniture. As we go through each room, [5]**I will be talking about the significance of many items. If you would like to read detailed descriptions, please pick up a free brochure** at the entrance to the building. [6]**Following the guided tour, you may take some time to browse through the items in the gift shop or stroll through the adjacent gardens.**

manor [미 mǽnər, 영 mǽnə] 저택, (영주의) 영지
colonial [미 kəlóuniəl, 영 kələ́uniəl] 식민지의, 식민의
architecture [미 á:rkətèktʃər, 영 á:kitektʃə] 건축물, 건축 양식
significance [signífikəns] 중요성 **stroll** [미 stroul, 영 strəul] 산책하다
adjacent [ədʒéisnt] 가까운, 인접한

해석

4-6은 다음 담화에 관한 문제입니다.

[4]모두 저를 따라오시면, [4/6]우리는 메릴랜드에서 가장 유명한 18세기 식민지 건축물의 표본 중 하나인 Buckland 저택 관람을 시작하겠습니다. 주 건물은 고가구 몇 점을 포함하고 있습니다. 우리가 각 방을 둘러볼 때, [5]저는 많은 물품들의 중요성에 대해 말씀드릴 것입니다. 상세한 설명을 열람하고 싶으시다면 건물 입구에서 무료 소책자를 가져가시기 바랍니다. [6]가이드와 함께 하는 투어 이후에, 여러분들은 기념품점에서 물건을 둘러보시거나 가까운 정원을 산책하는 시간을 가지실 수 있습니다.

4

해석 청자들은 누구인 것 같은가?
(A) 부동산 중개업자들
(B) 골동품 수집가들
(C) 단체 관광객들
(D) 박물관 직원들

해설 청자들의 신분을 묻는 문제이므로, 신분 및 직업과 관련된 표현을 놓치지 않고 듣는다. "If everyone will please follow me, we will begin our tour of Buckland Manor"라며 화자를 따라오면 저택 관람을 시작하겠다고 한 말을 통해 청자들이 관광객들임을 알 수 있다. 따라서 정답은 (C) Tour group members이다.

어휘 **property** [prápərti] 부동산, 재산 **antique** [æntí:k] 골동품

5

해석 청자들은 왜 소책자를 가져가야 하는가?
(A) 판매 중인 부동산을 알아보기 위해
(B) 몇몇 물품들에 관한 설명을 읽기 위해
(C) 상품의 가격을 알아보기 위해
(D) 장소에 관한 상세 지도를 보기 위해

해설 청자들이 소책자를 가져가야 하는 이유를 묻는 문제이므로, 질문의 핵심어구(pick up ~ brochure)가 언급된 주변을 주의 깊게 듣는다. "I will be talking about ~ many items. If you would like to read detailed descriptions, please pick up a free brochure"라며 많은 물품들에 대해 이야기할텐데, 상세한 설명을 열람하고 싶으면 무료 소책자를 가져가라고 하였다. 따라서 정답은 (B) To read descriptions of some items이다.

6

해석 Buckland 저택에 대해 무엇이 언급되는가?
(A) 최근에 새롭게 단장했다.
(B) 골동품 가게에 장소를 제공한다.
(C) 숙소로 사용되고 있다.
(D) 근처에 정원이 있다.

해설 Buckland 저택에 대해 언급된 것을 묻는 문제이므로, 질문의 핵심어구(Buckland Manor)와 관련된 내용을 주의 깊게 듣는다. "We will begin our tour of Buckland Manor", "Following the guided tour, you may take some time to ~ stroll through the adjacent gardens."라며 Buckland 저택을 관람할 것이고, 가이드와 함께 하는 투어 이후에 가까운 정원을 산책할 시간을 가질 수 있다고 한 말을 통해 Buckland 저택 근처에 정원이 있음을 알 수 있다. 따라서 정답은 (D) It has a nearby garden이다. (adjacent → nearby)

어휘 **house** [haus] ~에 장소를 제공하다 **inn** [in] 숙소, 여관

[7-9] 호주

Questions 7-9 refer to the following announcement.

Thank you all for coming today to Green Hill Conference Center. I'm sure that [7]**you'll be impressed with the wide variety of services our facility offers**. We are now in the main hall, which is fully equipped with an advanced sound system and a floor-to-ceiling projection screen. [8]**This room can be reserved through our Web site, where you are able to fill out an online form.** [9]**We also have a banquet room** that can accommodate up to 150 people. In fact, our award-winning chefs can prepare a gourmet, buffet meal for groups of 50 or more. [9]**We'll make our way to that room** before walking through the center's outdoor patio.

equip [ikwíp] 장비하다, 갖추다 **banquet** [bǽŋkwit] 연회, 만찬
accommodate [미 əkámədèit, 영 əkɔ́mədeit] 수용하다
gourmet [미 gúərmei, 영 gɔ́:mei] 고급(음식)의
make one's way to ~로 가다, 나아가다

해석

7-9는 다음 공지에 관한 문제입니다.

오늘 Green Hill 컨퍼런스 센터에 와 주신 여러분 모두에게 감사드립니다. 저는 [7]여러분이 우리 시설이 제공하는 다양한 서비스들에 깊은 인상을 받으실 것임을 확신합니다. 우리는 현재 대회의장에 있는데, 이곳은 최신 음향 시스템과 바닥에서 천장까지 닿는 프로젝션 스크린을 완비하고 있습니다. [8]**이 공간은 웹사이트를 통해 예약할 수 있으며, 그곳에서 여러분은 온라인 양식을 작성하실 수 있습니다.** [9]**우리는 또한 150명까지 수용할 수 있는 연회장을 갖추고 있습니다.** 실제로, 수상 경력이 있는 우리 요리사들이 50명 이상의 단체 손님들을 위해 뷔페 스타일의 고급 식사를 준비할 수 있습니다. 본 센터의 야외 테라스를 둘러보기 전에 [9]**그 방으로 이동하겠습니다.**

7

해석 공지의 목적은 무엇인가?
(A) 방문객들에게 시설을 소개하기 위해
(B) 회의장으로 가는 길을 알려주기 위해
(C) 식사 서비스를 설명하기 위해
(D) 센터의 음향 기술을 설명하기 위해

해설 공지의 목적을 묻는 문제이므로, 지문의 초반을 반드시 듣는다. "you'll be impressed with the wide variety of services our facility offers"라며 시설이 제공하는 다양한 서비스들에 깊은 인상을 받을 것이라고 한 뒤, 시설에 대한 소개로 지문이 이어지고 있다. 따라서 정답은 (A) To introduce visitors to a facility이다.

어휘 dining[dáiniŋ] 식사, 정찬 describe[diskráib] 설명하다, 묘사하다

8

해석 사람들은 대회의장을 어떻게 예약할 수 있는가?
(A) 접수원에게 말함으로써
(B) 전화 상담 서비스에 전화함으로써
(C) 이메일을 보냄으로써
(D) 온라인 양식을 작성함으로써

해설 사람들이 대회의장을 예약할 수 있는 방법을 묻는 문제이므로, 질문의 핵심어구(book the main conference hall)와 관련된 내용을 주의 깊게 듣는다. "This room[main hall] can be reserved through our Web site, where you ~ fill out an online form."이라며 대회의장은 웹사이트에서 온라인 양식을 작성하여 예약할 수 있다고 하였다. 따라서 정답은 (D) By completing an online form이다. (fill out → completing)

어휘 receptionist[risépʃənist] 접수원 hotline[há:tlàin] 전화상담 서비스
complete[kəmplí:t] (서식을) 작성하다, 기입하다

9

해석 청자들은 다음에 무엇을 할 것인가?
(A) 무료 저녁 식사를 한다.
(B) 연회장으로 향한다.
(C) 센터의 야외 시설을 둘러본다.
(D) 유명 요리사와 이야기를 나눈다.

해설 청자들이 다음에 할 일을 묻는 문제이므로, 지문의 마지막 부분을 주의 깊게 듣는다. "We also have a banquet room"이라며 연회장에 대해 언급한 뒤, 지문의 마지막에서 "We'll make our way to that room"이라며 그 방, 즉 연회장으로 이동할 것이라고 하였다. 따라서 정답은 (B) Head to the banquet room이다.

어휘 complimentary[kàmpləméntəri] 무료의

[10-12] 캐나다

Questions 10-12 refer to the following tour information and table.

Good morning and welcome to the Millburn Museum of Natural History. Before we go inside, here are some reminders. First, all bags must be left at the bag counter. Second, although you may take photographs of exhibits, [10]**be careful not to touch any items on display. They are old and can easily break.** Lastly, [11]**be sure to stay until the end of the tour to receive your individual souvenir T-shirt.** Now please proceed inside, and Andrew Clarke will show you to the first exhibit on tropical plants. [12]**I will be back this afternoon to show you the fish and other marine animals.**

natural history 자연사 souvenir[sù:vənír] 기념품, 선물
proceed[prousí:d] 이동하다, 전진하다 tropical[trá:pikl] 열대의
marine[məríːn] 해양의, 바다의 reptile[réptail] 파충류 (동물)

해석
10-12는 다음 관광 안내와 표에 관한 문제입니다.

안녕하세요, Millburn 자연사 박물관에 오신 것을 환영합니다. 저희가 안으로 들어가기 전에, 상기시켜드릴 몇 가지 사항이 있습니다. 먼저, 모든 가방은 가방 보관 카운터에 맡겨져야 합니다. 두 번째로, 전시물 사진을 찍으실 수는 있지만 [10]**전시된 어떠한 물품도 만지지 않도록 주의해주십시오. 그것들은 오래되어 쉽게 부서질 수 있습니다.** 마지막으로, [11]**꼭 투어의 마지막까지 남으셔서 개별 기념품 티셔츠를 받으시기 바랍니다.** 이제 안으로 이동하면 Andrew Clarke가 열대 식물에 대한 첫 번째 전시로 안내해드릴 것입니다. [12]**저는 오늘 오후에 다시 와서 여러분들에게 어류와 다른 해양 동물들을 보여드릴 것입니다.**

전시	가이드
열대 식물	Andrew Clarke
나비 전시	Eric Wilson
새와 파충류	Harry Ford
해양 세계	[12]Oliver Knight

10

해석 화자는 청자들에게 무엇에 대해 주의를 주는가?
(A) 몇몇 입장권들이 기한이 지났다.
(B) 몇몇 물품들이 부서지기 쉽다.
(C) 몇몇 전시들이 일시적으로 문을 닫는다.
(D) 몇몇 구역은 출입이 불가하다.

해설 화자가 청자들에게 주의를 주는 것을 묻는 문제이므로, 질문의 핵심어구(warn)와 관련된 내용을 주의 깊게 듣는다. "be careful not to touch any items on display. They are old and can easily break."라며 전시된 어떠한 물품도 만지지 않도록 주의하라고 하면서 그것들은 오래되어 쉽게 부서질 수 있다고 하였다. 따라서 정답은 (B) Some items are fragile이다. (can easily break → fragile)

어휘 expired[ikspáiərd] 기한이 지난, 만료된 fragile[frædʒl] 부서지기 쉬운, 취약한

11

해석 청자들은 무엇을 받을 것을 기대할 수 있는가?
(A) 기념품 의류
(B) 할인된 티켓
(C) 상세한 책자
(D) 기념 가방

해설 청자들이 받을 것으로 기대할 수 있는 것을 묻는 문제이므로, 질문의 핵심어구(receive)가 언급된 주변을 주의 깊게 듣는다. "be sure to stay until the end of the tour to receive your individual souvenir T-shirt"라며 꼭 투어의 마지막까지 남아서 개별 기념품 티셔츠를 받으라고 하였다. 따라서 정답은 (A) Souvenir apparel이다. (T-shirt → apparel)

어휘 apparel[əpǽrəl] 의류 commemorative[kəmémərèitiv] 기념하는, 기념적인

12

해석 시각 자료를 보아라. 화자는 누구인 것 같은가?
(A) Andrew Clarke
(B) Eric Wilson
(C) Harry Ford
(D) Oliver Knight

해설 화자가 누구인지를 묻는 문제이므로, 제시된 표의 정보를 확인한 뒤 질문의 핵심어구(speaker)와 관련된 내용을 주의 깊게 듣는다. "I will be back this afternoon to show you the fish and other marine animals."라며 화자가 오늘 오후에 다시 와서 어류와 다른 해양 동물들을 보여줄 것이라고 하였으므로, 화자는 해양 세계 전시의 가이드인 Oliver Knight임을 표에서 알 수 있다. 따라서 정답은 (D) Oliver Knight이다.

5. 광고

Hackers Practice
p.281

1. (D)	2. (D)	3. (A)	4. (B)	5. (C)	6. (A)
7. (D)	8. (B)	9. (C)	10. (B)	11. (A)	12. (D)

[1-3] 캐나다

Questions 1-3 refer to the following advertisement.

[1]**Is your vehicle giving you trouble? Bring it down to Herman's Autos, and let us solve the problem for you!** We have a dozen certified mechanics on staff who are experts at repairing all models of vehicles. [2]**We also provide complimentary vehicle inspections to all customers that come into our shop.** [3]**To make an appointment, call us at 555-9977**. We promise to get you back on the road in no time!

certified [sə́:rtəfàid] 공인된, 보증된 mechanic [məkǽnik] 정비사, 수리공
expert [ékspə:rt] 전문가 in no time 즉시, 곧

해석

1-3은 다음 광고에 관한 문제입니다.

[1]여러분의 차량이 문제를 일으키고 있나요? Herman's Autos로 차량을 가져오셔서 저희가 여러분을 위해 문제를 해결하도록 해주십시오! 저희에게는 모든 종류의 차량을 수리하는 데 전문가인 공인된 정비사 열두 명이 직원으로 있습니다. [2]저희는 또한 가게에 오시는 모든 고객들께 무료 차량 점검을 제공합니다. [3]예약을 하시려면, 555-9977로 전화해 주십시오. 여러분이 즉시 다시 도로에서 운전하실 수 있도록 저희가 약속드리겠습니다!

1

해석 어떤 유형의 서비스가 광고되고 있는가?
(A) 자동차 대여
(B) 보험 적용 범위
(C) 직원 교육
(D) 자동차 수리

해설 광고의 주제를 묻는 문제이므로, 지문의 초반을 반드시 듣는다. "Is your vehicle giving you trouble? Bring it down to Herman's Autos, and let us solve the problem for you!"라며 청자들의 차량이 문제를 일으키고 있는지 물은 뒤, Herman's Autos로 차량을 가지고 와서 그들을 위해 문제를 해결하도록 해달라고 한 말을 통해 자동차 수리 서비스가 광고되고 있음을 알 수 있다. 따라서 정답은 (D) Automotive repairs이다.

어휘 coverage [kʌ́vəridʒ] 범위 automotive [ɔ̀:təmóutiv] 자동차의

2

해석 업체는 모든 고객에게 무엇을 제공하는가?
(A) 온라인 청구서
(B) 긴급 출동 서비스
(C) 무료 차편
(D) 무료 평가

해설 업체가 모든 고객에게 제공하는 것을 묻는 문제이므로, 질문의 핵심어구(provide to all customers)가 언급된 부분을 주의 깊게 듣는다. "We ~ provide complimentary vehicle inspections to all customers that come into our shop."이라며 가게에 오는 모든 고객들에게 무료 차량 점검을 제공한다고 하였다. 따라서 정답은 (D) Free evaluations이다. (complimentary → Free)

어휘 billing [bíliŋ] 청구서 roadside assistance 긴급 출동 서비스
evaluation [ivæljuéiʃən] 평가

3

해석 청자들은 왜 전화를 해야 하는가?
(A) 예약을 하기 위해
(B) 주문을 하기 위해
(C) 자택 서비스를 요청하기 위해
(D) 광고에 관해 문의하기 위해

해설 청자들이 전화를 해야 하는 이유를 묻는 문제이므로, 질문의 핵심어구(make a call)와 관련된 내용을 주의 깊게 듣는다. "To make an appointment, call us ~"이라며 예약을 하려면 전화해 달라고 하였다. 따라서 정답은 (A) To book an appointment이다. (make an appointment → book an appointment)

어휘 inquire [inkwáiər] 문의하다, 조사하다

[4-6] 영국

Questions 4-6 refer to the following advertisement.

If you're interested in a healthy way to travel, [4]**give GoodRide a try! Our bicycles are affordable**, and they can be found at parking stations throughout Chicago. To rent a bicycle, download the GoodRide application on your smartphone and create your own account. You can then process a rental directly through the application. [5]**Once a payment has been made, you'll be texted a digital code.** You can use this to unlock the bike of your choice. And [6]**when you're done riding, just bring it back to the nearest station**. It's that easy!

affordable [미 əfɔ́:rdəbl, 영 əfɔ́:dəbl] 저렴한, (가격이) 알맞은
rent [rent] 대여하다, 빌리다 account [əkáunt] 계정, 계좌

해석

4-6은 다음 광고에 관한 문제입니다.

건강한 이동 수단에 관심이 있으시다면, [4]GoodRide를 한번 이용해보세요! 저희 자전거는 저렴하며, 그것들은 Chicago 곳곳의 주차장에서 찾으실 수 있습니다. 자전거를 대여하기 위해서는, 당신의 스마트폰에 GoodRide 애플리케이션을 다운로드하고 당신만의 계정을 만드세요. 그럼 당신은 애플리케이션을 통해 직접 대여를 진행하실 수 있습니다. [5]결제가 완료되면, 문자로 디지털 코드를 받으실 겁니다. 당신이 선택하신 자전거의 잠금을 해제하는데 이것을 사용하시면 됩니다. 그리고 [6]다 타시고 나면, 그저 가장 가까운 주차장으로 다시 가져오세요. 이렇게 쉽습니다!

4

해석 화자에 따르면, 청자들은 왜 GoodRide 자전거를 이용해야 하는가?
(A) 멋있다.
(B) 저렴하다.
(C) 고품질이다.
(D) 신제품이다.

해설 청자들이 GoodRide 자전거를 이용해야 하는 이유를 묻는 문제이므로, 질문의 핵심어구(use GoodRide bikes)와 관련된 내용을 주의 깊게 듣는다. "give GoodRide a try! Our bicycles are affordable"이라며 GoodRide를 한번 이용해보라고 한 뒤, 자신들의 자전거는 저렴하다고 하였다. 따라서 정답은 (B) They are inexpensive이다. (affordable → inexpensive)

어휘 inexpensive [inikspénsiv] 저렴한, 비싸지 않은

5

해석 고객들은 결제 후에 무엇을 받을 것인가?
(A) 이메일
(B) 쿠폰
(C) 코드
(D) 영수증

해설 고객들이 결제 후에 받을 것을 묻는 문제이므로, 질문의 핵심어구(receive after making a payment)와 관련된 내용을 주의 깊게 듣는다. "Once a payment has been made, you'll be texted a digital code."라며 결제가 완료되면, 문자로 디지털 코드를 받을 것이라고 하였다. 따라서 정답은 (C) A code이다.

6

해석 청자들은 자전거를 다 탔을 때 무엇을 해야 하는가?

(A) 주차장으로 가지고 간다.
(B) 수거되기를 기다린다.
(C) 건물 앞에 놓는다.
(D) 다른 것과 교환한다.

해설 청자들이 자전거를 다 탔을 때 해야 하는 것을 묻는 문제이므로, 질문의 핵심어구(do when ~ done with a bike)와 관련된 내용을 주의 깊게 듣는다. "when you're done riding, ~ bring it back to the nearest station"이라며 다 타고 나면 가장 가까운 주차장으로 다시 가져오라고 하였다. 따라서 정답은 (A) Take it to a parking station이다.

어휘 exchange[ikstʃéindʒ] 교환하다, 맞바꾸다; 교환

[7-9] 미국

Questions 7-9 refer to the following radio advertisement.

[7]**If you're in need of the perfect place to host your child's next birthday party, look no further than Reggie's!** [8]**You will have complete meal service and entertainment, not to mention access to our large indoor playground!** Each child will receive a burger, fries, and soft drink. We also provide a birthday cake for your special kid. Moreover, our staff will arrange a variety of games and activities, including a visit from Reggie's very own mascot, Reggie Rabbit! Call us today at 555-0099 to reserve a date or [9]**pick up one of our brochures to view package prices.**

indoor[índɔ̀ːr] 실내의 playground[pléigràund] 놀이터
arrange[əréindʒ] 준비하다, 마련하다 mascot[mǽskɑt] 마스코트

해석

7-9는 다음 라디오 광고에 관한 문제입니다.

[7]여러분 자녀의 다음 생일 파티를 열기 위한 완벽한 장소가 필요하시다면, 더 이상 다른 곳을 찾지 마시고 바로 Reggie's를 찾으십시오! [8]여러분은 넓은 실내 놀이터 이용은 말할 것도 없고 완벽한 음식 서비스와 오락도 이용하실 수 있습니다! 아이들 각각은 햄버거, 감자 튀김, 그리고 탄산 음료를 받을 것입니다. 저희는 또한 여러분의 특별한 자녀를 위해 생일 케이크를 제공합니다. 게다가, Reggie's만의 마스코트인 Reggie Rabbit의 방문을 포함하여 우리 직원들이 다양한 게임들과 활동들을 준비할 것입니다! 날짜를 예약하기 위해 오늘 555-0099로 전화 주시거나 [9]패키지 가격을 보기 위해 안내 책자들 중 하나를 가져가시기 바랍니다.

7

해석 무엇이 광고되고 있는가?
(A) 지역 제과점
(B) 비디오 게임방
(C) 쇼핑몰
(D) 행사 장소

해설 광고의 주제를 묻는 문제이므로, 지문의 초반을 반드시 듣는다. "If you're in need of the perfect place to host your child's next birthday party, look no further than Reggie's!"라며 자녀의 다음 생일 파티를 열기 위한 완벽한 장소가 필요하다면, Reggie's를 찾으라고 한 말을 통해 행사 장소가 광고되고 있음을 알 수 있다. 따라서 정답은 (D) An event venue이다. (place → venue)

어휘 arcade[ɑːrkéid] 게임방, 오락실 venue[vénjuː] 장소

8

해석 Reggie's에 대해 무엇이 언급되는가?
(A) 기념일을 축하하고 있다.
(B) 아이들을 위한 놀이터가 있다.
(C) 지역 행사들을 후원한다.
(D) 다양한 제과 제품들을 제공한다.

해설 Reggie's에 대해 언급되는 것을 묻는 문제이므로, 질문의 핵심어구(Reggie's)와 관련된 내용을 주의 깊게 듣는다. "You will have ~ access to our[Reggie's] large indoor playground!"라며 우리의, 즉 Reggie's의 넓은 실내 놀이터를 이용할 수 있다고 하였다. 따라서 정답은 (B) It has a playground for children이다.

어휘 baked goods 제과 제품

9

해석 화자에 따르면, 안내 책자에서 무엇을 찾아볼 수 있는가?
(A) 게임 세부사항
(B) 사진첩
(C) 가격 정보
(D) 장소 배치도

해설 안내 책자에서 찾아볼 수 있는 것을 묻는 문제이므로, 질문의 핵심어구(found in the brochure)와 관련된 내용을 주의 깊게 듣는다. "pick up one of our brochures to view package prices"라며 패키지 가격을 보기 위해 안내 책자를 가져가라고 하였다. 따라서 정답은 (C) Information on prices이다.

어휘 layout[léiàut] 배치도

[10-12] 호주

Questions 10-12 refer to the following advertisement and map.

Do you need to freshen up your wardrobe with some new clothes? Well, you're in luck because [10]**Urban Agora's End of Season Sale is going on now**! Throughout the month of October, [10]**our huge selection of fall apparel can be had for as much as 60 percent off retail prices.** And this weekend only, [11]**we are giving away $10 vouchers to all university students shopping at Agora! Simply present a valid student identification card when buying an item to receive your coupon.** So, visit us while this amazing promotion lasts! [12]**We're located in the commercial building on the corner of King Street and Seventh Avenue.**

freshen up 산뜻하게 하다 wardrobe[미 wɔ́ːrdroub, 영 wɔ́ːdrəub] 옷장
apparel[əpǽrəl] 의류, 의상 retail price 소매 가격
commercial building 상가, 상업용 건물

해석

10-12는 다음 광고와 지도에 관한 문제입니다.

여러분의 옷장을 새로운 옷으로 산뜻하게 하고 싶으신가요? 그렇다면 운이 좋으시군요, 왜냐하면 [10]Urban Agora의 시즌 마감 세일이 지금 진행 중이기 때문입니다! 10월 내내 [10]다양한 가을 의류들을 소매 가격에서 최대 60퍼센트 할인된 가격으로 구매하실 수 있습니다. 그리고 오직 이번 주말에만, [11]Agora에서 쇼핑하는 모든 대학생들에게 10달러 상품권을 나누어 드립니다! 쿠폰을 받기 위해서는 물품을 구매할 때 유효한 학생증만 간단히 제시하시면 됩니다. 그러니, 이 엄청난 판촉 행사가 계속되는 동안 저희 매장을 방문하세요! [12]저희는 King가와 7번가의 모퉁이에 있는 상가에 위치하고 있습니다.

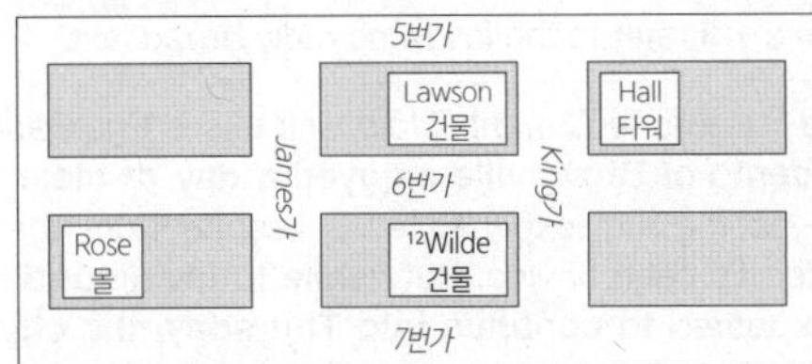

10

해석 Urban Agora는 무엇을 전문으로 하는가?
(A) 가구
(B) 의류
(C) 화장품
(D) 보석

해설 Urban Agora가 전문으로 하는 것을 묻는 문제이므로, 질문의 핵심어구(Urban Agora)가 언급된 주변을 주의 깊게 듣는다. "Urban Agora's End of Season Sale is going on now"라며 Urban Agora의 시즌 마감 세일

이 지금 진행 중이라고 한 뒤, "our huge selection of fall apparel can be had for as much as 60 percent off retail prices"라며 다양한 가을 의류들을 소매 가격에서 최대 60퍼센트 할인된 가격으로 구매할 수 있다고 한 말을 통해 Urban Agora가 의류를 전문으로 한다는 것을 알 수 있다. 따라서 정답은 (B) Clothing이다. (apparel → Clothing)

어휘 **clothing** [미 klóuðiŋ, 영 kləuðiŋ] 의류

11

해석 몇몇 청자들은 어떻게 할인에 대한 자격을 얻을 수 있는가?

(A) 학생증을 제시함으로써

(B) 쿠폰을 다운로드함으로써

(C) 일정 금액의 돈을 사용함으로써

(D) 홍보용 전단지를 보여줌으로써

해설 청자들이 할인 자격을 얻을 수 있는 방법을 묻는 문제이므로, 질문의 핵심어구(qualify for an offer)와 관련된 내용을 주의 깊게 듣는다. "we are giving away $10 vouchers to all university students shopping at Agora!"라며 Agora에서 쇼핑하는 모든 대학생들에게 10달러 상품권을 나누어 준다고 한 뒤, "Simply present a valid student identification card ~ to receive your coupon."이라며 쿠폰을 받기 위해서는 유효한 학생증만 간단히 제시하면 된다고 하였다. 따라서 정답은 (A) By presenting a student ID card이다.

어휘 **qualify** [미 kwɑ́:ləfài, 영 kwɔ́lifai] ~의 자격을 얻다 **leaflet** [lí:flət] 전단지

12

해석 시각 자료를 보아라. Urban Agora는 어디에 위치해 있는가?

(A) Lawson 건물에

(B) Hall 타워에

(C) Rose 몰에

(D) Wilde 건물에

해설 Urban Agora의 위치를 묻는 문제이므로, 제시된 지도의 정보를 확인한 뒤 질문의 핵심어구(located)가 언급된 주변을 주의 깊게 듣는다. "We're located in the commercial building on the corner of King Street and Seventh Avenue."라며 King가와 7번가 모퉁이에 있는 상가에 위치하고 있다고 하였으므로, Urban Agora가 King가와 7번가의 모퉁이에 있는 Wilde 건물에 위치해 있음을 지도에서 알 수 있다. 따라서 정답은 (D) In Wilde Building이다.

6. 방송

Hackers Practice p.285

1. (C)	2. (D)	3. (A)	4. (A)	5. (C)	6. (B)
7. (C)	8. (D)	9. (A)	10. (C)	11. (B)	12. (B)

[1-3] 캐나다

Questions 1-3 refer to the following radio broadcast.

You're listening to *Current Radio*, and this is Eric Sanders. [1]**Residents of Brownville enjoyed a day of clear blue skies** as the city experienced a respite from the bad weather it's been having. But [1]**while today's conditions are expected to continue into Thursday, the city will see another bout of heavy rain over the weekend.** This is bad news for baseball fans, as [2]**this Saturday's scheduled game against the Arizona Rattlesnakes will likely be postponed.** In addition, there is a chance that flood warnings could be issued if we receive the predicted amount of precipitation. [3]**Stay tuned for our nighttime traffic report after the latest in business news.**

resident [rézədənt] 주민 respite [réspit] 한 숨 돌리기, 일시적 휴지
bout [baut] 한차례 precipitation [prisìpətéiʃən] 강수, 강수량

해석

1-3은 다음 라디오 방송에 관한 문제입니다.

여러분은 *Current Radio*를 청취하고 계시며, 저는 Eric Sanders입니다. 도시가 그동안의 궂은 날씨로부터 벗어나 한 숨 돌리고 있기 때문에 [1]**Brownville의 주민들은 하루 종일 맑고 파란 하늘을 즐겼습니다.** 하지만 [1]**오늘의 상황이 목요일까지 계속될 것으로 예상되기는 하나, 도시는 주말 동안 또 다른 호우를 한차례 겪게 될 것입니다.** [2]**이번 주 토요일에 예정된 Arizona Rattlesnakes와의 경기가 연기될 가능성이 있기** 때문에 이것은 야구팬들에게는 나쁜 소식입니다. 게다가, 만약 예상된 강수량이 내린다면 홍수 경보가 발령될 가능성이 있습니다. [3]**최신 비즈니스 뉴스에 이어 야간 교통 방송에도 주파수를 고정하십시오.**

1

해석 방송의 주요 주제는 무엇인가?

(A) Brownville의 공기 청정도

(B) 주말 동안 계획된 활동들

(C) 다음 며칠 동안의 날씨

(D) 세계 기후 패턴의 변화

해설 방송의 주제를 묻는 문제이므로, 지문의 초반을 주의 깊게 들은 후 전체 맥락을 파악한다. "Residents ~ enjoyed a day of clear blue skies"라며 주민들이 하루 종일 맑고 파란 하늘을 즐겼다고 한 뒤, "while today's conditions are expected to continue into Thursday, the city will see another bout of heavy rain over the weekend"라며 목요일까지는 맑으나 주말에 비가 올 수도 있다며 오늘부터 주말까지의 날씨를 알려주었다. 따라서 정답은 (C) The weather over the next few days이다.

어휘 **air quality** 공기 청정도

2

해석 화자에 따르면, 무엇의 일정이 변경될 수 있는가?

(A) 정치 집회

(B) 공원 개장일

(C) 지역 행사

(D) 스포츠 경기

해설 일정이 변경될 수 있는 것을 묻는 문제이므로, 질문의 핵심어구(rescheduled)와 관련된 내용을 주의 깊게 듣는다. "this Saturday's scheduled game against the Arizona Rattlesnakes will likely be postponed"라며 이번 주 토요일에 예정된 Arizona Rattlesnakes와의 경기가 연기될 가능성이 있다고 하였다. 이를 통해 스포츠 경기의 일정이 변경될 수 있음을 알 수 있다. 따라서 정답은 (D) A sports competition이다.

어휘 **rally** [rǽli] 집회, 시위 운동

3

해석 청자들은 다음에 무엇을 들을 것 같은가?

(A) 비즈니스 뉴스

(B) 저녁 기상 예보

(C) 교통 방송

(D) 몇몇 스포츠 뉴스

해설 청자들이 다음에 들을 것을 묻는 문제이므로, 지문의 마지막 부분을 주의 깊게 듣는다. "Stay tuned for ~ traffic report after the latest in business news."라며 비즈니스 뉴스에 이어 교통 방송에도 주파수를 고정해 달라고 한 말을 통해 청자들이 이 뉴스 다음에 비즈니스 뉴스를 들을 것임을 알 수 있다. 따라서 정답은 (A) The business news이다.

[4-6] 호주

Questions 4-6 refer to the following report.

[4]**Due to the repairs being made to Bradford Bridge, commuters should expect vehicle congestion along Easton Avenue.** Secretary Alfonso Tate of the Department of Transportation said that [5]**the ongoing work—designed to fill potholes**—will be finished by next week. Fortunately, this is just in time for the city's annual Christmas parade. At the moment, [6]**motorists headed south are advised**

to take Berkley Street or Edison Boulevard to avoid any inconvenience.

congestion [kəndʒéstʃən] (교통) 혼잡
secretary [미 sékrətèri, 영 sékrətəri] 장관, 서기관 ongoing [ángòuiŋ] 진행 중인
pothole [미 páthòul, 영 pɔ́thəul] (도로에) 움푹 패인 곳, 구덩이 parade [pəréid] 행진

해석
4-6은 다음 보도에 관한 문제입니다.

[4]Bradford 다리의 수리가 진행되고 있으므로, 통근자들은 Easton가쪽의 차량 혼잡을 예상해야 합니다. 교통부 장관 Alfonso Tate는 [5]움푹 패인 곳을 메우기 위해 고안되어 진행중인 이 작업이 다음 주까지 완료될 것이라고 말했습니다. 다행히, 이것은 바심 도시의 연례 크리스마스 행진 시기와 딱 맞습니다. 현재 [6]남쪽으로 향하는 운전자들은 불편을 피하기 위해 Berkley가나 Edison대로를 이용하도록 권장됩니다.

4

해석 화자는 주로 무엇에 대해 이야기하고 있는가?
(A) 교통 상황
(B) 청원서 승인
(C) 프로젝트 연기
(D) 건물 수리

해설 방송의 주제를 묻는 문제이므로, 지문의 초반을 반드시 듣는다. "Due to the repairs being made to Bradford Bridge, commuters should expect vehicle congestion along Easton Avenue."라며 Bradford 다리의 수리가 진행되고 있으므로 통근자들은 Easton가쪽의 차량 혼잡을 예상해야 한다고 한 뒤, 교통 상황에 대한 내용을 언급하였다. 따라서 정답은 (A) A traffic situation이다.

어휘 petition [pətíʃən] 청원서, 진정서

5

해석 진행 중인 작업의 이유는 무엇인가?
(A) 주거 단지를 확대하기 위해
(B) 현재의 경기장을 개선하기 위해
(C) 도로의 표면을 개선하기 위해
(D) 정부 시설을 현대화하기 위해

해설 진행 중인 작업의 이유를 묻는 문제이므로, 질문의 핵심어구(ongoing work)가 언급된 주변을 주의 깊게 듣는다. "the ongoing work—designed to fill potholes"라며 진행 중인 작업이 움푹 패인 곳을 메우기 위해 고안된 것이라고 했으므로, 작업이 도로의 표면을 개선시키기 위한 것임을 알 수 있다. 따라서 정답은 (C) To improve the surface of a roadway이다.

어휘 residential [rèzədénʃəl] 주거의 complex [kəmpléks] 단지, 복합 건물
modernize [mádərnàiz] 현대화하다

6

해석 화자는 청자들에게 무엇을 하라고 제안하는가?
(A) 정보를 제공하는 회의에 참석한다.
(B) 다른 도로를 이용한다.
(C) 공지를 기다린다.
(D) 선출된 대표들에게 글을 쓴다.

해설 화자가 청자들에게 제안하는 것을 묻는 문제이므로, 지문의 중후반에서 제안과 관련된 표현이 포함된 문장을 주의 깊게 듣는다. "motorists ~ are advised to take Berkley Street or Edison Boulevard to avoid any inconvenience"라며 앞서 언급한 Easton가가 아닌, Berkley가나 Edison 대로를 이용하는 것을 제안하였다. 이를 통해, 화자가 다른 도로를 이용하도록 제안하고 있음을 알 수 있다. 따라서 정답은 (B) Take alternate routes이다.

어휘 elected [iléktid] 선출된

[7-9] 영국

Questions 7-9 refer to the following radio broadcast.

[7]Don't miss this week's episode of *Radio Cooks*, which airs at 1:00 P.M. tomorrow. The special guest will be Diane Lang, a professional chef known for preparing healthy dishes. Ms. Lang has appeared on radio and television shows and briefly hosted her own TV program, *Lighten Up*. Recently, she published a recipe book called *My Life, My Food*. She'll talk about her cooking style and how it was influenced by what **[8]she learned at culinary schools in France, Spain, and the UK. [9]Be sure to stay tuned for the question-and-answer period at the end of the show. There will be autographed copies of her cookbook, and these will be given to the first 10 callers.**

air [미 ɛər, 영 eə] 방송되다; 방송 briefly [bríːfli] 잠시, 간단히
host [미 houst, 영 həust] 진행하다, 주최하다; 진행자
culinary [미 kjúːlənèri, 영 kʌ́linəri] 요리(음식)의
tune [tjuːn] (라디오·텔레비전 채널을) 맞추다
autograph [ɔ́ːtəgræf] 사인하다, 서명하다

해석
7-9는 다음 라디오 방송에 관한 문제입니다.

[7]내일 오후 1시에 방송되는 *Radio Cooks*의 이번 주 방송분을 놓치지 마세요. 특별 게스트는 건강한 요리를 준비하는 것으로 유명한 전문 요리사인 Diane Lang입니다. Ms. Lang은 라디오와 텔레비전 쇼에 출연했었고 *Lighten Up*이라는 자신의 TV 프로그램을 잠시 진행했습니다. 최근에, 그녀는 *My Life, My Food*라는 요리법 책을 출간했습니다. 그녀는 자신의 요리 방식과 그것이 [8]프랑스, 스페인, 그리고 영국의 요리 학교들에서 그녀가 배웠던 것들로부터 어떻게 영향을 받았는지에 대해 이야기할 것입니다. [9]쇼 마지막의 질의응답 시간을 위해 반드시 채널을 고정하세요. 사인이 된 그녀의 요리책들이 있을 것이고, 처음 전화주신 열 분께 드릴 것입니다.

7

해석 방송의 목적은 무엇인가?
(A) 요리 수업을 홍보하기 위해
(B) 프로그램의 새로운 진행자를 소개하기 위해
(C) 곧 있을 쇼에 관한 세부 사항을 제공하기 위해
(D) 일정 변경을 알리기 위해

해설 방송의 목적을 묻는 문제이므로, 지문의 초반을 반드시 듣는다. "Don't miss this week's episode of *Radio Cooks*, which airs at 1:00 P.M. tomorrow. The special guest will be Diane Lang"이라며 내일 오후 1시에 방송되는 *Radio Cooks*의 이번 주 방송분을 놓치지 말라고 하면서 특별 게스트가 Diane Lang이라고 한 뒤, 곧 있을 쇼에 관한 세부 사항을 제공하고 있다. 따라서 정답은 (C) To provide details about an upcoming show이다.

어휘 announce [ənáuns] 알리다, 발표하다

8

해석 Ms. Lang에 관해 무엇이 언급되었는가?
(A) 그녀는 아시아 요리를 전문으로 한다.
(B) 그녀는 초보자들을 위한 요리 수업을 제공한다.
(C) 그녀는 새로운 텔레비전 프로그램을 개발하고 있다.
(D) 그녀는 여러 나라에서 학교를 다녔다.

해설 Ms. Lang에 관해 언급된 것을 묻는 문제이므로, 질문의 핵심어구(Ms. Lang)와 관련된 내용을 주의 깊게 듣는다. "she[Ms. Lang] learned at culinary schools in France, Spain, and the UK"라며 Ms. Lang이 프랑스, 스페인, 그리고 영국의 요리 학교들에서 배웠다고 한 말을 통해 그녀가 여러 나라에서 학교를 다녔음을 알 수 있다. 따라서 정답은 (D) She attended schools in multiple countries이다. (France, Spain, and the UK → multiple countries)

어휘 specialize in ~을 전문으로 하다 cuisine [kwizíːn] 요리, 음식

9

해석 화자는 왜 "사인이 된 그녀의 요리책들이 있을 것이고"라고 말하는가?
(A) 청자들이 전화하도록 장려하기 위해
(B) 청자들이 구매하도록 설득하기 위해
(C) 제품이 비싼 이유를 설명하기 위해
(D) 출판물이 유명하다는 것을 말하기 위해

해설 화자가 하는 말의 의도를 묻는 문제이므로, 질문의 인용어구(There will be autographed copies of her cookbook)가 언급된 주변을 주의 깊게 듣는다. "Be sure to stay tuned for the question-and-answer period at the end of the show. There will be autographed copies of her cookbook, and these will be given to the first 10 callers."라며 쇼 마지막의 질의응답 시간을 위해 반드시 채널을 고정하라고 한 뒤, 사인이 된 그녀의 요리책들이 있을 것이고 처음 전화한 열 명에게 줄 것이라고 했으므로, 화자가 청자들이 질의응답 시간에 전화하도록 장려하려는 의도임을 알 수 있다. 따라서 정답은 (A) To encourage the listeners to call이다.

어휘 persuade [pərswéid] 설득하다, 납득시키다

[10-12] 미국

Questions 10-12 refer to the following radio broadcast and schedule.

It's time for *Off the Charts*—your source for the latest music news. As we reported last week, award-winning pop singer [10]**Johnny Staple is giving 200 young dancers the opportunity to appear in his next music video**. A series of auditions for backup dancers will be held in four cities across Texas. This competition is open to anyone. [11]**To register for the auditions, candidates must send their personal information to competition@staplemusic.com.** Before selecting a city and day to audition, [12]**dancers should note that the event in Dallas has been changed from June 20 to June 27**. That's because an extra concert date was added to Johnny's current tour.

source [sɔːrs] 소식통 appear [əpíər] 출연하다
competition [kὰmpətíʃən] 대회, 경쟁 candidate [kǽndidèit] 지원자, 후보자

해석

10-12는 다음 라디오 방송과 일정표에 관한 문제입니다.

최신 음악 뉴스에 대한 소식통인 *Off the Charts* 시간입니다. 지난 주에 보도드렸듯이, 상을 받은 팝 가수 [10]**Johnny Staple이 200명의 젊은 댄서들에게 그의 다음 뮤직비디오에 출연할 수 있는 기회를 줄 것입니다.** 백댄서들을 위한 일련의 오디션이 텍사스 전역 네 개의 도시에서 열릴 것입니다. 이 대회는 누구나 참여 가능합니다. [11]**오디션에 등록하려면 지원자들은 개인 정보를 competition@staplemusic.com으로 보내야 합니다.** 도시와 오디션 날짜를 선택하기 전에, [12]**댄서들은 댈러스에서의 행사가 6월 20일에서 6월 27일로 변경되었다는 것에 유의해야 합니다.** 이것은 추가 콘서트 날짜가 Johnny의 현재 투어에 더해졌기 때문입니다.

오디션 일정	
도시	날짜
댈러스	6월 20일
휴스턴	[12]6월 22일
샌안토니오	6월 24일
오스틴	6월 26일

10

해석 Johnny Staple은 왜 댄서들을 찾고 있는가?
(A) 그는 누군가 그를 가르쳐 주길 원한다.
(B) 그는 밴드를 확장하고 싶어 한다.
(C) 그는 뮤직비디오를 제작할 것이다.
(D) 그는 새로운 연극을 감독할 것이다.

해설 Johnny Staple이 댄서들을 찾고 있는 이유를 묻는 문제이므로, 질문의 핵심어구(dancers)가 언급된 주변을 주의 깊게 듣는다. "Johnny Staple is giving 200 young dancers the opportunity to appear in his next music video"라며 Johnny Staple이 200명의 젊은 댄서들에게 그의 다음 뮤직비디오에 출연할 수 있는 기회를 줄 것이라고 하였다. 따라서 정답은 (C) He is going to make a music video이다.

어휘 enlarge [inlάːrdʒ] 확장하다, 늘리다

11

해석 몇몇 청취자들은 무엇을 하도록 지시받는가?
(A) 영상을 제출한다.
(B) 연락처를 이메일로 보낸다.
(C) 공연장으로 간다.
(D) 일련의 춤 동작을 만든다.

해설 몇몇 청취자들이 하도록 지시받는 것을 묻는 문제이므로, 질문의 핵심어구(instructed to do)와 관련된 내용을 주의 깊게 듣는다. "To register for the auditions, candidates must send their personal information to competition@staplemusic.com."이라며 오디션에 등록하려면 지원자들은 개인 정보를 이메일로 보내야 한다고 하였다. 따라서 정답은 (B) E-mail contact information이다.

어휘 report to ~로 가다
routine [ruːtíːn] (공연·춤 등에서) 정해져 있는 일련의 동작, 루틴

12

해석 시각 자료를 보아라. 첫 번째 오디션은 언제 열릴 것인가?
(A) 6월 20일
(B) 6월 22일
(C) 6월 24일
(D) 6월 26일

해설 첫 번째 오디션이 열릴 시기를 묻는 문제이므로, 제시된 일정표의 정보를 확인한 뒤 질문의 핵심어구(first audition)와 관련된 내용을 주의 깊게 듣는다. "dancers should note that the event in Dallas has been changed from June 20 to June 27"라며 댄서들은 댈러스에서의 행사가 6월 20일에서 6월 27일로 변경되었다는 것에 유의해야 한다고 하였으므로, 첫 번째 오디션이 휴스턴에서 6월 22일에 열릴 것임을 일정표에서 알 수 있다. 따라서 정답은 (B) June 22이다.

7. 보도

Hackers Practice

p.289

1. (D)	2. (D)	3. (C)	4. (D)	5. (B)	6. (A)
7. (D)	8. (B)	9. (A)	10. (C)	11. (B)	12. (A)

[1-3] 캐나다

Questions 1-3 refer to the following report.

[1]**Mayor Bradley Thomas was at Borough Park this morning to break ground on a new recreation center.** [2]**The project, which has a total cost of $1.2 million, is partially funded by corporate donations amounting to $750,000** and individual contributions of about $250,000. The rest comes from city taxes. The structure will be finished in 18 months and will be named after [3]**city councilor Randall Davis**. When completed, the Randall Davis Center will house a basketball court, a 50-meter swimming pool, a library equipped with computers, and an event hall.

mayor [méiər] 시장 break ground 착공하다 fund [fʌnd] 기금을 대다
contribution [kὰntrəbjúːʃən] 기부금, 기부 structure [strʌ́ktʃər] 건물, 구조
name after ~의 이름을 따서 명명하다 councilor [káunsələr] 시의회 의원, 고문관
house [hauz] 수용하다, 제공하다

해석

1-3은 다음 보도에 관한 문제입니다.

[1]**Bradley Thomas 시장은 새로운 휴양 센터를 착공하기 위해 오늘 아침 Borough 공원에 참석했습니다.** [2]**총 비용이 120만 달러인 이 사업은 75만 달러에 이르는 기업 기부금과** 약 25만 달러의 개인 기부금에 의해 부분적으로 기금이 마련되었습니다. 나머지는 시의 세금에서 나옵니다. 건물은 18개월 후에 완공될 것이고 [3]**시의회 의원 Randall Davis**의 이름을 따 명명될 것입니다. 완공되면, Randall Davis 센터는 농구장, 50미터 길이의 수영장, 컴퓨터 시설이 갖춰진 도서관, 그리고 행사장을 수용할 것입니다.

1

해석 보도의 주제는 무엇인가?
(A) 곧 있을 시장 선거
(B) 새 학교 건물의 개관
(C) 자선단체가 계획한 활동
(D) 휴양 센터의 건축

해설 보도의 주제를 묻는 문제이므로, 지문의 초반을 반드시 듣는다. "Mayor Bradley Thomas was at Borough Park ~ to break ground on a new recreation center."라며 시장이 새로운 휴양 센터 착공식에 참석했다고 한 뒤, 휴양 센터의 건축에 관한 내용을 언급하였다. 따라서 정답은 (D) The construction of a recreation center이다.

어휘 mayoral [méiərəl] 시장의 charity [tʃǽrəti] 자선

2

해석 몇몇 회사들은 무엇을 하기로 결정했는가?
(A) 회사 직원들을 보낸다.
(B) 직원들이 자원 봉사를 하도록 권장한다.
(C) 곧 있을 행사를 주최한다.
(D) 재정적인 자원을 기부한다.

해설 몇몇 회사들이 하기로 결정한 것을 묻는 문제이므로, 질문의 핵심어구(some companies decide to do)와 관련된 내용을 주의 깊게 듣는다. "The project, which has a total cost of $1.2 million, is partially funded by corporate donations amounting to $750,000"라며 총 비용이 120만 달러인 이 사업은 75만 달러에 이르는 기업 기부금에 의해 부분적으로 기금이 마련되었다고 하였다. 이를 통해 몇몇 회사들이 재정적인 자원을 기부하기로 결정했다는 것을 알 수 있다. 따라서 정답은 (D) Contribute financial resources이다.

어휘 contribute [kəntríbjuːt] 기부하다, 기여하다

3

해석 Randall Davis는 누구인가?
(A) 이전 시장
(B) 유명 운동선수
(C) 시 공무원
(D) 유명 건축가

해설 Randall Davis의 신분을 묻는 문제이므로, 질문 대상(Randall Davis)의 신분 및 직업을 나타내는 표현을 놓치지 않고 듣는다. "city councilor Randall Davis"라며 Randall Davis가 시의회 의원이라고 하였다. 따라서 정답은 (C) A city official이다. (city councilor → city official)

어휘 former [fɔ́ːrmər] 이전의, 과거의 athlete [ǽθliːt] 운동선수
architect [ɑ́ːrkətèkt] 건축가

[4-6] 호주

Questions 4-6 refer to the following business report.

Thanks for tuning in for our morning news broadcast. [4]**In a statement released by the Bureau of Labor, Secretary Stella McGovern expressed hope** that the country's unemployment rate would continue to fall after hitting a two-year high of 8.5 percent in January. In fact, [5/6]**a rebound appears to have started last month, when 200,000 jobs were added in the technology sector**. By December, the auto manufacturing and food industries are expected to contribute another 350,000 to 650,000 jobs. [6]**Ms. McGovern cited easing restrictions on bank lending as the main factor for the changes.**

statement [stéitmənt] 성명(서), 진술 unemployment rate 실업률
rebound [ribáund] 회복, 반향 sector [미 séktər, 영 séktə] 분야
contribute [kəntríbjuːt] 기여하다 cite [sait] 언급하다, 인용하다
ease [iːz] 완화하다; 완화 restriction [ristríkʃən] 규제, 제한 lending [léndiŋ] 대출

해석
4-6은 다음 비즈니스 보도에 관한 문제입니다.

저희 아침 뉴스 방송을 청취해 주셔서 감사합니다. [4]**노동부가 발표한 성명에서 Stella McGovern 장관은** 국가 실업률이 2년 내 최고치인 1월의 8.5퍼센트를 기록한 이후로 지속적으로 하락하기 바란다는 **희망을 표했습니다**. 사실, [5/6]**기술 분야에 20만 개의 일자리가 추가된 지난달에 회복이 시작한 것으로 보입니다.** 12월까지 자동차 제조업과 식품 산업이 35만 개에서 65만 개의 또 다른 일자리 창출에 기여할 것으로 예상됩니다. [6]**Ms. McGovern은 이러한 변화들의 주요 요인으로 은행 대출에 대한 규제 완화를 언급했습니다.**

4

해석 Stella McGovern에 대해 무엇이 언급되는가?
(A) 그녀는 약간의 우려를 표했다.
(B) 그녀는 새로운 예산안을 지지한다.
(C) 그녀는 자동차 산업에서 일한다.
(D) 그녀는 정부 관료이다.

해설 Stella McGovern에 대해 언급되는 것을 묻는 문제이므로, 질문의 핵심어구(Stella McGovern)가 언급된 주변을 주의 깊게 듣는다. "In a statement released by the Bureau of Labor, Secretary Stella McGovern expressed hope"이라며 노동부가 발표한 성명에서 Stella McGovern 장관이 희망을 표했다고 한 것을 통해 Stella McGovern이 정부 관료임을 알 수 있다. 따라서 정답은 (D) She is a government employee이다. (Secretary → government employee)

어휘 voice [vɔis] 표하다, 나타내다

5

해석 지난달에 어떤 분야가 추가된 일자리를 보고했는가?
(A) 소매업
(B) 기술
(C) 식품
(D) 제조

해설 지난달에 추가된 일자리를 보고한 분야를 묻는 문제이므로, 질문의 핵심어구(last month)가 언급된 주변을 주의 깊게 듣는다. "a rebound appears to have started last month, when 200,000 jobs were added in the technology sector"라며 지난달에 기술 분야에 20만 개의 일자리가 추가되었다고 하였다. 따라서 정답은 (B) Technology이다.

6

해석 Ms. McGovern에 따르면, 일자리 수에 증가를 가져온 것은 무엇인가?
(A) 쉬워진 은행 대출 이용
(B) 종합 정부지원책
(C) 엄격해진 경영 관리
(D) 사무실 생산성의 증가

해설 일자리 수에 증가를 가져온 것을 묻는 문제이므로, 질문의 핵심어구(caused an improvement in job numbers)와 관련된 내용을 주의 깊게 듣는다. "a rebound appears to have started last month"라며 지난달에 실업률의 회복이 시작되었다고 한 뒤, "Ms. McGovern cited easing restrictions on bank lending as the main factor for the changes."라며 Ms. McGovern이 이러한 변화들의 주요 요인으로 은행 대출에 대한 규제 완화를 언급했다고 하였다. 따라서 정답은 (A) Easier access to a bank loan이다. (easing restrictions on bank lending → Easier access to a bank loan)

어휘 access [ǽkses] 이용, 접근 loan [loun] 대출

[7-9] 영국

Questions 7-9 refer to the following report.

This is WUT Seattle radio with the latest business news. [7]**Blackwell Corporation has just made one of the biggest property deals in its history. At a press conference earlier this week, it announced that it had won a contract to develop the new Harbor Tower**

Complex near downtown Seattle. The development will have retail stores, residential apartments, and a public park. [8]**Experts say the project is worth over $5 billion. That is an impressive amount.** Blackwell will likely hire Jamison Partners, the same construction firm that worked on its last project, and [9]**construction on the complex will likely begin next year**.

property [미 prɑ́:pərti, 영 prɔ́pəti] 부동산, 재산 deal [di:l] 계약, 거래
press conference 기자 회견 development [divéləpmənt] 단지, 개발
worth [미 wə:rθ, 영 wə:θ] ~의 가치가 있는

해석

7-9는 다음 보도에 관한 문제입니다.

최신 비즈니스 뉴스가 있는 라디오 프로그램 WUT Seattle입니다. [7]Blackwell Corporation사가 얼마 전에 역사상 최대 규모의 부동산 계약 중 하나를 맺었습니다. 이번 주 초반에 있었던 기자 회견에서, 이 회사는 시애틀 시내 근처에 새로운 Harbor Tower 단지를 개발하는 계약을 따냈다고 발표했습니다. 이 단지에는 소매점, 주거용 아파트, 공원이 있을 것입니다. [8]**전문가들은 이 프로젝트가 50억 달러 이상의 가치가 있다고 말합니다. 그것은 놀라운 액수입니다.** Blackwell사는 지난 프로젝트를 작업했던 같은 건설사인 Jamison Partners사를 고용할 것으로 보이며, [9]이 단지의 건설은 내년에 시작할 듯합니다.

7

해석 Blackwell Corporation사는 어떤 종류의 사업체인 것 같은가?

(A) 소매업체
(B) 법률 회사
(C) 투자 은행
(D) 부동산 개발 업체

해설 Blackwell Corporation사의 사업체 종류를 묻는 문제이므로, 질문의 핵심어구(Blackwell Corporation)가 언급된 주변을 주의 깊게 듣는다. "Blackwell Corporation has just made one of the biggest property deals in its history. ~ it had won a contract to develop the new Harbor Tower Complex"라며 Blackwell Corporation사가 얼마 전에 역사상 최대 규모의 부동산 계약 중 하나를 맺었고, 이 회사는 새로운 Harbor Tower 단지를 개발하는 계약을 따냈다고 한 말을 통해, Blackwell Corporation사가 부동산 개발 업체임을 알 수 있다. 따라서 정답은 (D) A property developer이다.

8

해석 화자는 "그것은 놀라운 액수입니다"라고 말할 때 무엇을 의도하는가?

(A) 많은 회사들이 계약을 위해 경쟁했다.
(B) 프로젝트가 상당히 수익성 있을 것이다.
(C) 많은 사람들이 도시로 이주하고 있다.
(D) 건물에 많은 임대 세대가 있다.

해설 화자가 하는 말의 의도를 묻는 문제이므로, 질문의 인용어구(That is an impressive amount)가 언급된 주변을 주의 깊게 듣는다. "Experts say the project is worth over $5 billion. That is an impressive amount."라며 전문가들은 이 프로젝트가 50억 달러 이상의 가치가 있다고 말하고 그것은 놀라운 액수라고 했으므로, 프로젝트가 상당히 수익성 있을 것임을 알 수 있다. 따라서 정답은 (B) A project will be highly profitable이다.

어휘 rental [rentl] 임대의; 임대

9

해석 화자는 내년에 무슨 일이 일어날 것이라고 말하는가?

(A) 프로젝트가 시작될 것이다.
(B) 청사진이 마무리될 것이다.
(C) 새로운 장소가 선정될 것이다.
(D) 계약에 서명이 될 것이다.

해설 화자가 내년에 일어날 것이라고 말한 것을 묻는 문제이므로, 질문의 핵심어구(next year)가 언급된 주변을 주의 깊게 듣는다. "construction on the complex will likely begin next year"라며 이 단지의 건설은 내년에 시작할 듯하다고 하였다. 따라서 정답은 (A) A project will start이다. (begin → start)

어휘 blueprint [blú:print] 청사진

[10-12] 미국

Questions 10-12 refer to the following news report and graph.

This is Alyssa Claus with Max FM's 10 o'clock news. In observance of National Nutrition Month, [10]**the Surrey Health Council is launching a campaign called Health Revolution to emphasize the importance of eating nutritious food**. A team of expert nutritionists will visit primary schools in multiple cities to promote healthy eating through a series of lectures. [11]**Only Surrey Health Council member schools will be visited, with talks being given at the one with the largest student population first.** [12]**Parents are encouraged to get their kids prepared by downloading an informational packet available on the council's Web site.**

in observance of ~을 기념하여 nutritious [nju:tríʃəs] 영양가 있는
nutritionist [nju:tríʃənist] 영양사, 영양학자 primary school 초등학교
population [pɑ̀:pjuléiʃən] 인구수, 사람들 packet [pǽkit] 묶음

해석

10-12는 다음 뉴스 보도와 그래프에 관한 문제입니다.

저는 Max FM 10시 뉴스의 Alyssa Claus입니다. 국가 영양의 달을 기념하여, [10]**Surrey 건강 위원회는 영양가 있는 음식을 먹는 것의 중요성을 강조하기 위해 건강 혁신이라는 캠페인을 시작할 것입니다.** 전문 영양사들로 이루어진 팀은 일련의 강의를 통해 건강한 식사를 홍보하기 위해 여러 도시의 초등학교를 방문할 것입니다. [11]**Surrey 건강 위원회의 회원 학교들만 방문될 것이며, 가장 많은 학생 수를 가진 학교에서 첫 번째로 강의가 있을 것입니다.** [12]**학부모들은 위원회의 웹사이트에서 이용 가능한 정보 자료 묶음을 다운로드해서 아이들을 준비시키도록 권장됩니다.**

Surrey 건강 위원회 회원 학교

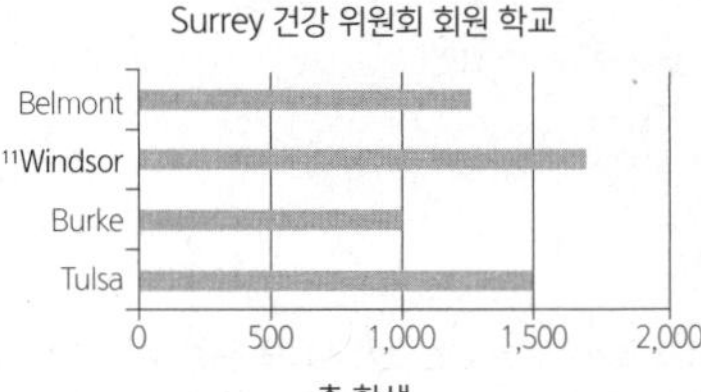

총 학생

10

해석 캠페인의 목적은 무엇인가?

(A) 학생들의 건강을 점검하는 것
(B) 식품 연구를 위한 기금을 얻는 것
(C) 영양에 대한 관심을 높이는 것
(D) 학교 점심 메뉴를 재설계하는 것

해설 캠페인의 목적을 묻는 문제이므로, 질문의 핵심어구(objective of the campaign)와 관련된 내용을 주의 깊게 듣는다. "the Surrey Health Council is launching a campaign called Health Revolution to emphasize the importance of eating nutritious food"라며 Surrey 건강 위원회가 영양가 있는 음식을 먹는 것의 중요성을 강조하기 위해 건강 혁신이라는 캠페인을 시작할 것이라고 하였다. 이를 통해 캠페인의 목적이 영양에 대한 관심을 높이는 것임을 알 수 있다. 따라서 정답은 (C) Raising awareness about nutrition이다. (emphasize the importance → Raising awareness)

어휘 awareness [əwɛ́ərnis] 관심, 주의

11

해석 시각 자료를 보아라. 강의는 어느 학교에서 첫 번째로 있을 것인가?

(A) Belmont
(B) Windsor
(C) Burke
(D) Tulsa

해설 강의가 첫 번째로 있을 학교를 묻는 문제이므로, 제시된 그래프의 정보를 확

인한 뒤 질문의 핵심어구(talk be given at first)와 관련된 내용을 주의 깊게 듣는다. "Only Surrey Health Council member schools will be visited, with talks being given at the one with the largest student population first."라며 Surrey 건강 위원회의 회원 학교들만 방문될 것이며 가장 많은 학생 수를 가진 학교에서 첫 번째로 강의가 있을 것이라고 하였으므로, Surrey 건강 위원회의 회원 학교들 중에서 학생 수가 가장 많은 Windsor 학교에서 첫 번째 강의가 있을 것임을 그래프에서 알 수 있다. 따라서 정답은 (B) Windsor이다.

12

해석 화자는 학부모들이 무엇을 하도록 제안하는가?
(A) 일부 정보를 다운로드한다.
(B) 그들의 아이들과 함께 강의에 참석한다.
(C) 캠페인에 기부한다.
(D) 전문 영양사와 상담한다.

해설 화자가 학부모들에게 제안하는 것을 묻는 문제이므로, 지문의 중후반에서 제안과 관련된 표현이 포함된 문장을 주의 깊게 듣는다. "Parents are encouraged to get their kids prepared by downloading an informational packet available on the council's Web site."라며 학부모들은 위원회의 웹사이트에서 이용 가능한 정보 자료 묶음을 다운로드해서 아이들을 준비시키도록 권장된다고 하였다. 따라서 정답은 (A) Download some information이다. (suggest → encouraged)

어휘 donate[dóuneit] 기부하다 consult[kənsʌ́lt] 상담하다, 참고하다

8. 소개

Hackers Practice p.293

1. (B)	2. (A)	3. (B)	4. (D)	5. (A)	6. (C)
7. (D)	8. (C)	9. (A)	10. (D)	11. (C)	12. (B)

[1-3] 캐나다

Questions 1-3 refer to the following introduction.

Good morning, and welcome to the Fourth Annual Fashion Trade Show. As an organizer of this event since its inception, I'm very pleased that we have such a large turnout. [1]**We have invited over 50 professionals from the fashion industry** to talk about their careers and showcase their latest projects. [3]**Our first speaker for today is Greta Rosenberg.** [2]**Ms. Rosenberg is the owner of the House of Greta, a chain of clothing retail outlets** with several branches abroad. She started her business 20 years ago using her own money, and [2]**it is now one of the country's biggest boutique chains**. Without further ado, [3]**here's Greta Rosenberg.**

inception[insépʃən] (기관 등의) 시작, 개시 turnout[tə́:rnaut] 참가자(수)
showcase[ʃóukèis] 소개하다, 전시하다 clothing[klóuðiŋ] 의류
retail outlet 소매점 without further ado 더 이상 지체 없이

해석

1-3은 다음 소개에 관한 문제입니다.

안녕하세요, 제4회 연례 패션 무역 박람회에 오신 것을 환영합니다. 시작부터 함께 해 온 본 행사의 주최자로서, 저는 이렇게 많은 참가자들과 함께하고 있어 매우 기쁩니다. [1]**저희는 자신들의 경력에 대해 이야기하고 최신 프로젝트에 대해 소개할 50명 이상의 패션업계 전문가들을 초청했습니다.** [3]**오늘의 첫 번째 연사는 Greta Rosenberg입니다.** [2]**Ms. Rosenberg는 해외에 여러 개의 지점이 있는 의류 소매점 체인인 House of Greta의 소유주입니다.** 20년 전 그녀는 자신의 자본으로 사업을 시작했으며, [2]**이제 그것은 국내에서 가장 큰 부티크 체인들 중 하나입니다.** 더 이상 지체 없이, [3]**Greta Rosenberg를 소개합니다.**

1

해석 화자는 무역 박람회에 대해 무엇을 말하는가?
(A) 4년마다 열린다.
(B) 업계 사람들이 참석한다.
(C) 한 단체로부터 후원을 받는다.
(D) 국제적으로 잘 알려져 있다.

해설 화자가 무역 박람회에 대해 말한 내용을 묻는 문제이므로, 질문의 핵심어구(trade show)와 관련된 내용을 주의 깊게 듣는다. "We have invited over 50 professionals from the fashion industry"라며 50명 이상의 패션업계 전문가들을 초청했다고 하였다. 따라서 정답은 (B) It is attended by industry people이다.

어휘 sponsor[spánsər] 후원하다

2

해석 Greta Rosenberg는 누구인가?
(A) 성공한 사업가
(B) 제품 디자이너
(C) 행사 기획자
(D) 의류 제작업자

해설 Greta Rosenberg의 신분을 묻는 문제이므로, 질문 대상(Greta Rosenberg)의 신분 및 직업과 관련된 표현을 놓치지 않고 듣는다. "Ms. Rosenberg is the owner of the House of Greta, a chain of clothing retail outlets", "it is now one of the country's biggest boutique chains"라며 Ms. Rosenberg가 국내에서 가장 큰 부티크 체인들 중 하나의 소유주라고 하였다. 이를 통해, Greta Rosenberg가 성공한 사업가임을 알 수 있다. 따라서 정답은 (A) A successful entrepreneur이다.

어휘 entrepreneur[à:ntrəprənə́:r] 사업가, 기업가

3

해석 청자들은 다음에 무엇을 할 것인가?
(A) 상을 받는다.
(B) 강연을 듣는다.
(C) 질문을 한다.
(D) 영상 발표를 본다.

해설 청자들이 다음에 할 일을 묻는 문제이므로, 지문의 마지막 부분을 주의 깊게 듣는다. "Our first speaker for today is Greta Rosenberg."라며 Greta Rosenberg가 오늘의 첫 번째 연사라고 한 뒤, 지문의 마지막에서 "here's Greta Rosenberg"라며 Greta Rosenberg를 소개하는 내용을 통해 청자들이 다음에 그녀의 강연을 들을 것임을 알 수 있다. 따라서 정답은 (B) Listen to a lecture이다.

[4-6] 미국

Questions 4-6 refer to the following introduction.

This evening [4]**I have the honor of introducing a fantastic new band** from Australia. The Aussie Rovers are a unique group of five members from Melbourne. The band has received numerous awards, including Australian Album of the Year. [5]**The group has also teamed up with famous singer Ali Blake** to perform a hit song together. Combining classical instruments with contemporary guitar and keyboard, their sound is both timeless and edgy. [6]**They are here to perform four of their songs**, including their hit single *Lady from Ayers*. So, [6]**please give a warm welcome to The Aussie Rovers!**

numerous[미 nú:mərəs, 영 njú:mərəs] 수많은, 다수의
combine[kəmbáin] 결합시키다 instrument[ínstrəmənt] 악기
contemporary[미 kəntémpərèri, 영 kəntémpərəri] 현대의
timeless[táimləs] 시대를 초월한, 세월이 흘러도 변치 않는
edgy[édʒi] 혁신적인, 예리한

해석

4-6은 다음 소개에 관한 문제입니다.

오늘 저녁, 호주에서 온 [4]**환상적인 새로운 밴드를 소개하게 되어 영광입니다.** The Aussie Rovers는 멜버른 출신의 다섯 명의 구성원들로 이루어진 독특한 그룹입니

다.이 밴드는 호주의 올해의 앨범상을 포함해서 수많은 상을 받았습니다. [5]**이 그룹은 또한** 히트곡을 함께 연주하기 위해 **유명 가수인 Ali Blake와 팀을 이루었습니다**. 현대 기타와 키보드를 클래식 악기와 결합시킨 그들의 연주는 시대를 초월하면서도 혁신적입니다. [6]**그들은** 히트한 싱글 곡 *Lady from Ayers*를 포함하여 **네 곡을 공연하기 위해 여기에 왔습니다**. 그러니, [6]**The Aussie Rovers를 따뜻하게 환영해주십시오!**

4

해석 담화의 목적은 무엇인가?
(A) 최근 음악 경향에 관해 이야기하기 위해
(B) 곧 있을 순회 공연을 홍보하기 위해
(C) 앨범의 발매를 광고하기 위해
(D) 음악가 그룹을 소개하기 위해

해설 담화의 목적을 묻는 문제이므로, 지문의 초반을 반드시 듣는다. "I have the honor of introducing a ~ band"라며 밴드를 소개하게 되어 영광이라고 하였다. 따라서 정답은 (D) To present a group of musicians이다. (introducing a ~ band → present a group of musicians)

어휘 **publicize**[미 pʌ́bləsàiz, 영 pʌ́blisaiz] 광고하다, 홍보하다
present[prizént] (정식으로) 소개하다

5

해석 화자에 따르면, Ali Blake는 무엇을 했는가?
(A) 다른 예술가들과 협력했다.
(B) 그녀만의 밴드를 시작했다.
(C) 음악 페스티벌에 참석했다.
(D) 다큐멘터리에 참여했다.

해설 Ali Blake가 한 것을 묻는 문제이므로, 질문의 핵심어구(Ali Blake)가 언급된 주변을 주의 깊게 듣는다. "The group[band] ~ teamed up with famous singer Ali Blake"라며 이 밴드가 유명 가수인 Ali Blake와 팀을 이루었다고 한 말을 통해 Ali Blake가 다른 예술가들과 협력했음을 알 수 있다. 따라서 정답은 (A) Partnered with other artists이다. (teamed up → Partnered)

어휘 **attend**[əténd] 참석하다

6

해석 다음에 무슨 일이 일어날 것 같은가?
(A) 음악가들이 인터뷰될 것이다.
(B) 임원이 연설을 할 것이다.
(C) 노래가 연주될 것이다.
(D) 앨범들이 판매될 것이다.

해설 다음에 일어날 일을 묻는 문제이므로, 지문의 마지막 부분을 주의 깊게 듣는다. "They[The Aussie Rovers] are here to perform four ~ songs"라며 그들, 즉 The Aussie Rovers가 네 곡을 공연하기 위해 여기에 왔다고 한 뒤, "please give a warm welcome to The Aussie Rovers!"라며 따뜻하게 환영해달라고 한 말을 통해 The Aussie Rovers 그룹의 노래가 연주될 것임을 알 수 있다. 따라서 정답은 (C) Songs will be performed이다.

[7-9] 호주

Questions 7-9 refer to the following talk.

Hello, everyone. Before we begin today's meeting, I'd like to introduce [7]**our new editorial assistant, Amelia Clarke.** As most of you already know, [8]**Brandon submitted his resignation letter last week**, and he will no longer be working with us by the end of next month. Ms. Clarke is Brandon's replacement. She worked as an intern for *The Calgary Weekly* and contributed a few articles to the newspaper. Brandon will give her an overview of her tasks later today. [9]**He will also be in charge of training her in the coming weeks.**

editorial[미 èdətɔ́:riəl, 영 èditɔ́:riəl] 편집의
resignation[rèzignéiʃən] 사직 **replacement**[ripléismənt] 후임
contribute[kəntríbju:t] (글을) 기고하다, 기부하다
overview[미 óuvərvju:, 영 ə́uvəvju:] 개요

해석

7-9는 다음 담화에 관한 문제입니다.

안녕하세요, 여러분. 오늘 회의를 시작하기 전에, [7]**우리의 새로운 편집 보조인 Amelia Clarke를** 소개하고자 합니다. 여러분 대부분이 이미 아시다시피 [8]**Brandon이 지난주에 사직서를 제출하였고**, 다음 달 말 무렵에는 저희와 더 이상 같이 일하지 않을 것입니다. Ms. Clarke는 Brandon의 후임입니다. 그녀는 *The Calgary Weekly*지에서 인턴으로 근무했었고 그 신문에 기사 몇 개를 기고했습니다. Brandon은 오늘 오후에 그녀에게 업무 개요에 대해 알려줄 것입니다. [9]**그는 앞으로 몇 주간 그녀를 교육시키는 일도 담당할 것입니다.**

7

해석 Amelia Clarke는 무엇을 하도록 고용되었는가?
(A) 부서를 감독한다.
(B) 일정을 관리한다.
(C) 기고문을 쓴다.
(D) 편집 직원을 지원한다.

해설 Amelia Clarke가 하도록 고용된 일을 묻는 문제이므로, 질문의 핵심어구(Amelia Clarke)가 언급된 주변을 주의 깊게 듣는다. "our new editorial assistant, Amelia Clarke"라며 Amelia Clarke가 새로운 편집 보조라고 하였다. 따라서 정답은 (D) Support editorial staff이다.

8

해석 화자에 따르면, 지난주에 무슨 일이 일어났는가?
(A) 글쓰기 워크숍이 실시되었다.
(B) 회사가 출판물에 특집으로 실렸다.
(C) 한 직원이 사직서를 제출했다.
(D) 송별회가 계획되었다.

해설 지난주에 일어난 일을 묻는 문제이므로, 질문의 핵심어구(last week)와 관련된 내용을 주의 깊게 듣는다. "Brandon submitted his resignation letter last week"이라며 Brandon이 지난주에 사직서를 제출했다고 하였다. 따라서 정답은 (C) An employee handed in his notice이다. (submitted ~ resignation letter → handed in ~ notice)

어휘 **publication**[pʌ̀bləkéiʃən] 출판물 **hand in** 제출하다
notice[nóutis] 사직서 **farewell**[fɛ̀ərwél] 송별의

9

해석 Brandon은 무엇을 담당할 것인가?
(A) 교육 감독하기
(B) 제안서 초안 작성하기
(C) 몇몇 기사 수정하기
(D) 안내서 작성하기

해설 Brandon이 담당할 일을 묻는 문제이므로, 질문의 핵심어구(Brandon ~ responsible for)와 관련된 내용을 주의 깊게 듣는다. "He[Brandon] will also be in charge of training ~ in the coming weeks."라며 Brandon이 앞으로 몇 주간 교육을 담당할 것이라고 하였다. 따라서 정답은 (A) Supervising training이다. (responsible for → in charge of)

어휘 **draft**[dræft] 초안을 작성하다

[10-12] 미국

Questions 10-12 refer to the following introduction and floor plan.

Ladies and gentlemen, [10]**welcome to Vanguard Institute's first international symposium on business**. The theme of this year's event is environmental sustainability and its impact on business practices. Several presentations on technology, business ethics, and the environment will occur over the next two days. Many of these talks will reference online videos that you can watch in full later on. [11]**All the relevant URLs are listed in your program, so refer to**

that for further details. After the talks, I encourage you all to participate in a discussion forum. [12]**To attend the forum, take the elevator to the third floor of this building and it's the first door on your right after you pass the auditorium.**

sustainability [səstèinəbíləti] 지속 가능성
reference [réfərəns] 참조 표시를 하다
relevant [réləvənt] 관련 있는 auditorium [ɔ̀:dətɔ́:riəm] 강당

해석
10-12는 다음 소개와 평면도에 관한 문제입니다.

신사 숙녀 여러분, [10]**Vanguard Institute사의 비즈니스에 대한 첫 국제 심포지엄에 오신 것을 환영합니다.** 올해 행사의 주제는 환경적 지속 가능성과 사업 관행에서의 그것의 영향입니다. 기술, 기업 윤리, 그리고 환경에 대한 여러 발표가 앞으로 이틀간 있을 것입니다. 이 중 대다수의 연설은 여러분께서 나중에 전체를 다 보실 수 있도록 온라인 영상을 참조 표시할 것입니다. [11]**모든 관련 URL은 여러분의 일정표에 실려 있으므로 더 자세한 사항들은 그것을 참고해 주십시오.** 연설 후에, 저는 여러분 모두가 토론 포럼에 참석하실 것을 권장합니다. [12]**포럼에 참석하시기 위해서는, 엘리베이터를 타고 이 건물의 3층으로 가시면 강당을 지나 여러분의 오른쪽에 있는 첫 번째 문입니다.**

3층

Haines 도서관	[12]Miller 미디어 센터	강당	
			엘리베이터
Davidson 강당	대 연회장	Pine 실험실	

10

해석 담화는 어디에서 일어나고 있는 것 같은가?
(A) 포커스 그룹 회의에서
(B) 회사 교육에서
(C) 은퇴식에서
(D) 비즈니스 컨퍼런스에서

해설 담화가 일어나는 장소를 묻는 문제이므로, 장소와 관련된 표현을 놓치지 않고 듣는다. "welcome to Vanguard Institute's first international symposium on business"라며 Vanguard Institute사의 비즈니스에 대한 첫 국제 심포지엄에 온 것을 환영한다고 한 말을 통해 담화가 비즈니스 컨퍼런스에서 이루어지고 있음을 알 수 있다. 따라서 정답은 (D) At a business conference이다. (symposium → conference)

어휘 retirement [ritáiərmənt] 은퇴

11

해석 화자는 청자들에게 무엇을 하라고 제안하는가?
(A) 강의를 위한 영상을 만든다.
(B) 온라인 의견 양식을 작성한다.
(C) 정보를 위해 유인물을 확인한다.
(D) 미리 연설 주제를 조사한다.

해설 화자가 청자들에게 제안하는 것을 묻는 문제이므로, 지문의 중후반에서 제안과 관련된 표현이 포함된 문장을 주의 깊게 듣는다. "All the relevant URLs are listed in your program, so refer to that for further details."라며 모든 관련 URL이 일정표에 실려 있으므로 더 자세한 사항들은 그것을 참고해 달라고 하였다. 따라서 정답은 (C) Check a handout for information이다. (program → handout)

어휘 handout [hǽndàut] 유인물 beforehand [bifɔ́:rhæ̀nd] 미리

12

해석 시각 자료를 보아라. 포럼은 어디에서 개최될 것인가?
(A) Haines 도서관
(B) Miller 미디어 센터
(C) 강당
(D) 대연회장

해설 포럼이 개최될 곳을 묻는 문제이므로, 제시된 평면도의 정보를 확인한 뒤 질문의 핵심어구(forum take place)와 관련된 내용을 주의 깊게 듣는다. "To attend the forum, take the elevator to the third floor of this building and it's the first door on your right after you pass the auditorium."이라며 포럼에 참석하기 위해서는 엘리베이터를 타고 3층으로 가면 강당을 지나 오른쪽에 있는 첫 번째 문이라고 하였으므로, 포럼이 Miller 미디어 센터에서 개최될 것임을 평면도에서 알 수 있다. 따라서 정답은 (B) Miller Media Center이다.

9. 설명 및 강연

Hackers Practice p.297

1. (C)	2. (A)	3. (B)	4. (D)	5. (A)	6. (B)
7. (A)	8. (B)	9. (B)	10. (A)	11. (D)	12. (D)

[1-3] 영국

Questions 1-3 refer to the following talk.

As you all know, [1/2]**our company's annual employee retreat will be held in a few weeks.** The retreat is a way for staff from all the regional branches of our company to forge strong relationships with each other through various group activities and exercises. The event—held in Columbus, Ohio—will last two days, and management will take care of our transportation, meals, and lodging. Attendance is not mandatory, but I would highly recommend it. [3]**For those interested in going, I have some registration forms in my office.**

retreat [ritrí:t] 야유회 forge [미 fɔ:rdʒ, 영 fɔ:dʒ] 구축하다
management [mǽnidʒmənt] 운영진, 경영진 lodging [미 ládʒiŋ, 영 lɔ́dʒiŋ] 숙박
attendance [əténdəns] 참석
mandatory [미 mǽndətɔ̀:ri, 영 mǽndətəri] 필수의, 의무적인

해석
1-3은 다음 담화에 관한 문제입니다.

여러분 모두가 아시다시피, [1/2]**우리 회사의 연례 직원 야유회가 몇 주 후에 열릴 예정입니다.** 야유회는 우리 회사 모든 지역 지점의 직원들이 다양한 그룹 활동과 운동을 통해 서로 강한 연대관계를 구축하기 위한 방법입니다. 오하이오 주의 콜럼버스에서 열리는 이 행사는 이틀간 계속될 것이며, 운영진이 우리의 교통편, 식사, 그리고 숙박을 책임질 것입니다. 참석이 필수는 아니지만, 참석을 강력히 권합니다. [3]**가는 것에 관심이 있으신 분들을 위해, 제 사무실에 신청서 몇 부가 있습니다.**

1

해석 담화는 주로 무엇에 대한 것인가?
(A) 지점 개점식
(B) 감사 만찬
(C) 회사 야유회
(D) 산업 회의

해설 담화의 주제를 묻는 문제이므로, 지문의 초반을 주의 깊게 들은 후 전체 맥락을 파악한다. "our company's annual employee retreat will be held in a few weeks"라며 회사의 연례 직원 야유회가 몇 주 후에 열릴 예정이라고 한 뒤, 야유회와 관련된 내용을 언급하였다. 따라서 정답은 (C) A corporate retreat이다.

어휘 appreciation [əprì:ʃiéiʃən] 감사

2

해석 화자는 행사에 대해 무엇을 언급하는가?
(A) 매년 개최된다.
(B) 스포츠 세미나를 포함할 것이다.
(C) 2주 동안 계속될 것이다.
(D) 모든 직원에게 필수이다.

해설 화자가 행사에 대해 언급하는 것을 묻는 문제이므로, 질문의 핵심어구(event)와 관련된 내용을 주의 깊게 듣는다. "our company's annual employee retreat"이라며 회사의 연례 야유회라고 하였다. 따라서 정답은 (A) It is held every year이다. (annual → every year)

3

해석 청자들은 왜 화자의 사무실을 방문해야 하는가?
(A) 컨벤션을 계획하기 위해
(B) 양식을 가져가기 위해
(C) 관리비를 지불하기 위해
(D) 활동 프로그램에 대해 논의하기 위해

해설 청자들이 화자의 사무실을 방문해야 하는 이유를 묻는 문제이므로, 질문의 핵심어구(visit the speaker's office)와 관련된 내용을 주의 깊게 듣는다. "For those interested in going, I have some registration forms in my office."라며 가는 것에 관심이 있는 사람들을 위해 자신의 사무실에 신청서 몇 부가 있다고 하였다. 따라서 정답은 (B) To pick up a form이다.

어휘 administrative [ædmínəstrèitiv] 관리의, 행정의

[4-6] 호주

Questions 4-6 refer to the following talk.

I have some important news to share. Starting this August, [4]**the factory's monthly production quota will be increased** by at least 25 percent. We have been receiving more orders from our distributors since the demand for our water heaters has greatly increased. To address this matter, [5]**management plans to expand our production lines by incorporating additional machinery**. There will also be some changes to our work system. For example, [6]**all supervisors will be required to submit reports each week**. More information about these changes will be provided in a memo you will be receiving this afternoon.

quota [미 kwóutə, 영 kwə́utə] 할당량
distributor [미 distríbjutər, 영 distríbjətə] 유통업자
address [ədrés] 해결하다, 다루다

해석

4-6은 다음 담화에 관한 문제입니다.

공유할 몇 가지 중요한 소식이 있습니다. 이번 8월을 시작으로, [4]**공장의 월 생산 할당량이** 최소 25퍼센트 **증가될 것입니다**. 우리 온수기의 수요가 크게 증가해서 우리는 유통업자들로부터 더 많은 주문을 받고 있습니다. 이 문제를 해결하기 위해, [5]**경영진은 추가적인 기계를 들여옴으로써 우리의 생산 라인을 확대할 계획입니다**. 근무 시스템에서도 몇 가지 변동 사항이 있을 것입니다. 예를 들어, [6]**모든 감독자들은 보고서를 매주 제출하도록 요구될 것입니다**. 이러한 변경 사항들에 대한 더 많은 정보는 여러분이 오늘 오후에 받아보실 회람에 제공될 것입니다.

4

해석 청자들은 어디에서 일하는 것 같은가?
(A) 창고 시설에서
(B) 서비스 센터에서
(C) 공사 현장에서
(D) 제조 공장에서

해설 청자들이 일하는 장소를 묻는 문제이므로, 신분 및 직업과 관련된 표현을 놓치지 않고 듣는다. "the factory's monthly production quota will be increased"라며 공장의 월 생산 할당량이 증가될 것이라고 한 말을 통해 청자들이 제조 공장에서 일한다는 것을 알 수 있다. 따라서 정답은 (D) At a manufacturing plant이다.

어휘 storage [stɔ́:ridʒ] 창고 manufacturing [mæ̀njufǽktʃəriŋ] 제조, 제조업

5

해석 경영진은 무엇을 하기로 결정했는가?
(A) 장비를 더 추가한다.
(B) 월간 지출 비용을 늘린다.
(C) 마케팅 전략을 검토한다.
(D) 안전 조치를 시행한다.

해설 경영진이 결정한 것을 묻는 문제이므로, 질문의 핵심어구(management decided)와 관련된 내용을 주의 깊게 듣는다. "management plans to expand our production lines by incorporating additional machinery"라며 경영진이 추가적인 기계를 들여옴으로써 생산 라인을 확대할 계획이라고 하였다. 따라서 정답은 (A) Add more equipment이다. (machinery → equipment)

어휘 implement [미 ímpləmənt, 영 ímpliment] 시행하다
measure [미 méʒər, 영 méʒə] 조치, 방법

6

해석 보고서는 얼마나 자주 제출될 것인가?
(A) 매일
(B) 매주
(C) 매월
(D) 매년

해설 보고서의 제출 빈도를 묻는 문제이므로, 질문의 핵심어구(reports ~ turned in)와 관련된 내용을 주의 깊게 듣는다. "all supervisors will be required to submit reports each week"라며 모든 감독자들은 보고서를 매주 제출하도록 요구될 것이라고 하였다. 따라서 정답은 (B) Every week이다. (turned in → submit)

어휘 turn in 제출하다

[7-9] 미국

Questions 7-9 refer to the following instruction.

Can I have your attention, please? [7/8]**The Department of Vehicles would like to remind all drivers that some appointments may now be made on its Web site** at www.dov.gov. You can book appointments in advance for driving exams, written tests, and other matters that require you to appear in person. Using the online system allows us to serve you quickly and efficiently. However, [9]**please note that you do not need to book an appointment for vehicle registration renewals. Instead, you can take care of this by speaking to one of our helpful office administrators** on a walk-in basis. Thank you, and have a pleasant day.

in advance 미리 in person 직접 registration [rèdʒistréiʃən] 등록
renewal [rinjú:əl] 갱신 on a walk-in basis 예약할 필요 없이

해석

7-9는 다음 설명에 관한 문제입니다.

주목해주시겠습니까? [7/8]**차량 관리국은 모든 운전자들에게 이제 예약이 웹사이트** www.dov.gov**에서 가능함을 상기시켜 드리고자 합니다**. 여러분은 운전 시험, 필기 시험, 그리고 이곳에 직접 오도록 요구하는 다른 일들에 대한 예약을 미리 하실 수 있습니다. 온라인 시스템을 이용하시는 것은 저희가 여러분께 빠르고 효율적으로 서비스를 제공할 수 있게 해줍니다. 하지만 [9]**차량 등록 갱신은 예약할 필요가 없음에 유의하십시오. 대신**, 예약할 필요 없이 **도움을 드리는 저희의 사무 관리자들 중 한 명에게 이야기함으로써 이것을 처리할 수 있습니다**. 감사드리며, 즐거운 하루 보내십시오.

7

해석 담화의 목적은 무엇인가?
(A) 서비스 이용을 홍보하기 위해
(B) 지연에 대한 세부 사항을 제공하기 위해
(C) 직원들에게 정책에 대해 알리기 위해
(D) 새로운 결제 시스템을 소개하기 위해

해설 담화의 목적을 묻는 문제이므로, 지문의 초반을 반드시 듣는다. "The Department of Vehicles would like to remind all drivers that some appointments may now be made on its Web site"라며 이제 예약이 웹사이트에서 가능하다고 알림으로써 예약 서비스를 홍보하고 있다. 따라서 정답은 (A) To promote the use of a service이다.

어휘 postponement [pous/póunmənt] 지연

8

해석 웹사이트에 대해 무엇이 언급되는가?
(A) 일시적으로 이용이 불가능했다.
(B) 예약 서비스를 특징으로 한다.
(C) 곧 출시될 것이다.
(D) 지점 명단을 포함한다.

해설 웹사이트에 대해 언급되는 것을 묻는 문제이므로, 질문의 핵심어구(Web site)가 언급된 주변을 주의 깊게 듣는다. "some appointments may now be made on its Web site"라며 웹사이트에서 예약이 가능하다고 하였다. 따라서 정답은 (B) It features a scheduling service이다. (appointments → scheduling)

어휘 **temporarily** [tèmpərérəli] 일시적으로

9

해석 청자들은 어떻게 차량 등록을 갱신할 수 있는가?
(A) 이메일로 요청서를 보냄으로써
(B) 직원에게 이야기함으로써
(C) 온라인 사이트를 방문함으로써
(D) 등록 양식을 우편으로 보냄으로써

해설 차량 등록을 갱신하는 방법을 묻는 문제이므로, 질문의 핵심어구(renew a vehicle registration)와 관련된 내용을 주의 깊게 듣는다. "please note that you do not need to book an appointment for vehicle registration renewals. Instead, you can take care of this by speaking to one of our helpful office administrators"라며 차량 등록 갱신은 예약할 필요가 없으며, 사무 관리자들 중 한 명에게 이야기함으로써 처리할 수 있다고 하였다. 따라서 정답은 (B) By talking to an agent이다. (one of ~ office administrators → agent)

[10-12] 호주

Questions 10-12 refer to the following instruction and staff list.

> I'd like to provide you with some information about how we handle our annual employee evaluations. [10]**In December—next month—employees will meet with me individually**, at which point I will go over your job performance. I will give you a written summary. You will be evaluated on the quality of your work as well as your attitude and behavior. [11]**Comments from our clients are also considered.** In the interest of efficiency, [12]**evaluations are done only for permanent employees who have been with the company at least six months.**
>
> **evaluation** [ivæ̀ljuéiʃən] 평가
> **performance** [미 pərfɔ́:rməns, 영 pəfɔ́:məns] 실적, 성과
> **summary** [sʌ́məri] 요약서, 개요 **in the interest of** ~을 위해서
> **efficiency** [ifíʃənsi] 효율화 **permanent employee** 정규직 직원

해석

10-12는 다음 설명과 직원 목록에 관한 문제입니다.

연간 직원 평가를 처리하는 방법에 대한 정보를 여러분께 제공하고자 합니다. [10]**다음 달인 12월에, 직원들은 저와 개별적으로 만날 것**이며, 그때 저는 여러분의 업무 실적을 검토할 것입니다. 제가 여러분에게 서면 요약서를 드릴 것입니다. 여러분들은 태도와 행동뿐만 아니라 업무의 질에 대해서도 평가받을 것입니다. [11]**고객들로부터의 의견 또한 고려됩니다.** 효율화를 위해서, [12]**평가는 회사에 적어도 6개월 동안 있었던 정규직 직원들에게만 이루어집니다.**

• 올해 고용된 직원 •

이름	근무 기간
Tony Bluth	3개월
Patty Sims	4개월
Lisa Mak	5개월
[12]Rick Aster	9개월

10

해석 화자는 다음 달에 무엇을 할 것이라고 말하는가?
(A) 직원들과 만난다.
(B) 부장에게 추천을 한다.
(C) 직원 설문 조사를 배포한다.
(D) 새로운 절차를 시행한다.

해설 화자가 다음 달에 할 일을 묻는 문제이므로, 질문의 핵심어구(next month)가 언급된 주변을 주의 깊게 듣는다. "In December-next month-employees will meet with me individually"라며 다음 달에 직원들이 자신과 개별적으로 만날 것이라고 하였다. 따라서 정답은 (A) Meet with personnel이다. (employees → personnel)

어휘 **hand out** 배포하다, 나누어 주다 **procedure** [미 prəsí:dʒər, 영 prəsí:dʒə] 절차

11

해석 화자는 무엇을 고려할 것인가?
(A) 직책
(B) 근무 시간
(C) 직원 급여
(D) 고객 의견

해설 화자가 고려할 것을 묻는 문제이므로, 질문의 핵심어구(take into consideration)와 관련된 내용을 주의 깊게 듣는다. "Comments from our clients are also considered."라며 고객들로부터의 의견 또한 고려된다고 하였다. 따라서 정답은 (D) Customer feedback이다. (take into consideration → considered, Comments from ~ clients → Customer feedback)

어휘 **job title** 직책, 직위 **feedback** [fí:dbæk] 의견, 반응

12

해석 시각 자료를 보아라. 누가 12월에 업무 평가를 받게 될 것인가?
(A) Tony Bluth
(B) Patty Sims
(C) Lisa Mak
(D) Rick Aster

해설 12월에 업무 평가를 받게 될 사람을 묻는 문제이므로, 제시된 직원 목록의 정보를 확인한 뒤 질문의 핵심어구(receive a job evaluation)와 관련된 내용을 주의 깊게 듣는다. "evaluations are done only for ~ employees who have been with the company at least six months"라며 평가는 회사에 적어도 6개월 동안 있었던 직원들에게만 이루어진다고 하였으므로, 업무 평가를 받을 사람은 근무 기간이 6개월 이상인 Rick Aster임을 직원 목록에서 알 수 있다. 따라서 정답은 (D) Rick Aster이다.

Hackers Test

p.298

1. (B)	2. (C)	3. (A)	4. (C)	5. (D)	6. (B)
7. (B)	8. (A)	9. (B)	10. (C)	11. (A)	12. (D)
13. (A)	14. (B)	15. (C)	16. (B)	17. (A)	18. (B)
19. (B)	20. (A)	21. (C)	22. (C)	23. (B)	24. (B)

[1-3] 캐나다

Questions 1-3 refer to the following telephone message.

> I'm calling on behalf of Peak Architects. [1]**Our office, which is located in downtown Austin, is dealing with a minor leak in the bathroom. I'm wondering if your plumbing company can handle the matter.** One of our suppliers, [2]**Denver Lumber, recommended your company**. They had a similar problem and said they were satisfied with your service. Anyway, [3]**this Friday afternoon would be the ideal time for you to come. We'll be holding a company picnic at Mears Park.** Please call me back to confirm that this is a suitable time.
>
> **on behalf of** ~을 대표하여 **leak** [li:k] 누수; 새다
> **plumbing** [plʌ́miŋ] 배관 공사, 배관 **supplier** [səpláiər] 공급업체

해석

1-3은 다음 전화 메시지에 관한 문제입니다.

Peak Architects사를 대표하여 전화 드립니다. [1]오스틴 시내에 위치해 있는 저희 사무실이 화장실에서의 가벼운 누수를 겪고 있습니다. 배관 공사 업체인 귀사가 그 문제를 처리하실 수 있는지 알고 싶습니다. 저희의 공급업체들 중 하나인 [2]Denver Lumber사가 귀사를 추천했습니다. 그들은 비슷한 문제가 있었고 귀사의 서비스에 만족했다고 했습니다. 어쨌든, [3]이번 주 금요일 오후가 귀사에서 오시기에 가장 적당한 때일 것 같습니다. 저희는 Mears 공원에서 회사 야유회를 열 것입니다. 제게 다시 전화 주셔서 이때가 적당한 때인지 확인해 주십시오.

1

해석 메시지는 주로 무엇에 대한 것인가?
(A) 곧 있을 행사
(B) 수리 문의
(C) 최근 프로젝트
(D) 수리 예산

해설 메시지의 주제를 묻는 문제이므로, 지문의 초반을 반드시 듣는다. "Our office ~ is dealing with a minor leak in the bathroom. I'm wondering if your plumbing company can handle the matter."라며 화자의 사무실이 화장실에서의 가벼운 누수를 겪고 있고 청자의 배관 공사 업체가 그 문제를 처리할 수 있는지 알고 싶다고 하였다. 따라서 정답은 (B) A repair inquiry이다.

어휘 **inquiry** [inkwáiəri] 문의, 질문

2

해석 Denver Lumber사에 대해 무엇이 언급되는가?
(A) 몇몇 물품들을 곧 배송할 것이다.
(B) 수리를 위해 문을 닫을 것이다.
(C) 서비스의 이용을 추천했다.
(D) 최근에 이름을 바꾸었다.

해설 Denver Lumber사에 대해 언급되는 것을 묻는 문제이므로, 질문의 핵심어구(Denver Lumber)가 언급된 주변을 주의 깊게 듣는다. "Denver Lumber, recommended your company"라며 Denver Lumber사가 청자의 회사를 추천했다고 한 말을 통해 Denver Lumber사가 청자의 회사의 서비스를 이용하는 것을 추천했음을 알 수 있다. 따라서 정답은 (C) It suggested the use of a service이다. (recommended → suggested)

3

해석 화자는 왜 "저희는 Mears 공원에서 회사 야유회를 열 것입니다"라고 말하는가?
(A) 제안의 이유를 설명하기 위해
(B) 행사 등록을 권하기 위해
(C) 준비가 되도록 요청하기 위해
(D) 일정을 수정하기 위해

해설 화자가 하는 말의 의도를 묻는 문제이므로, 질문의 인용어구(We'll be holding a company picnic at Mears Park)가 언급된 주변을 주의 깊게 듣는다. "this Friday afternoon would be the ideal time for you to come. We'll be holding a company picnic at Mears Park."라며 이번 주 금요일 오후가 청자의 회사에서 오기에 가장 적당한 때일 것 같다고 하면서 화자의 회사가 Mears 공원에서 회사 야유회를 열 것이라고 했으므로, 금요일 오후에 오는 것을 제안하는 이유를 설명하려는 의도임을 알 수 있다. 따라서 정답은 (A) To explain the reason for a suggestion이다.

어휘 **correction** [kərékʃn] 수정, 정정

[4-6] 캐나다

Questions 4-6 refer to the following telephone message.

Hello. My name is Gerald Chang, and **[4]I recently made a purchase from your store. The table, chairs, and cabinet I received are perfect. [5]Unfortunately, the sofa I bought is a bit too large for my living room.** Would it be possible for me to exchange it for another one? I've seen some options online for the same price that I really like. If an exchange is possible, your delivery staff can pick up the other one when they bring the new sofa to my house. Uh . . . of course, **[6]I'm willing to pay extra for that service if need be.** It'd be nice to hear back from you sometime today.

exchange [ikstʃéindʒ] 교환하다, 맞바꾸다; 교환

해석

4-6은 다음 전화 메시지에 관한 문제입니다.

안녕하세요. 제 이름은 Gerald Chang이며, [4]최근에 당신의 가게에서 구매를 했습니다. 제가 받은 책상, 의자들, 그리고 진열장은 완벽합니다. [5]유감스럽게도, 제가 구매한 소파는 제 거실에 비해 약간 너무 큽니다. 다른 것과 교환하는 것이 가능할까요? 온라인에서 같은 가격의 정말 제 마음에 드는 선택지들을 몇몇 보았어요. 교환이 가능하다면, 당신의 배달 직원이 새로운 소파를 저의 집에 갖고 오실 때 다른 것을 가져가셔도 돼요. 음... 물론, [6]필요하다면 저는 그 서비스를 위해 돈을 더 낼 의향이 있습니다. 오늘 중으로 당신으로부터 회답을 받으면 좋을 것 같습니다.

4

해석 청자는 어디에서 일하는 것 같은가?
(A) 이삿짐 회사에서
(B) 제조 공장에서
(C) 가구점에서
(D) 인테리어 디자인 회사에서

해설 청자가 일하는 장소를 묻는 문제이므로, 신분 및 직업과 관련된 표현을 놓치지 않고 듣는다. "I recently made a purchase from your store. The table, chairs, and cabinet I received are perfect."라며 최근에 청자의 가게에서 구매를 했다고 한 뒤, 자신이 받은 책상, 의자들, 그리고 진열장이 완벽하다고 한 말을 통해 청자가 가구들을 파는 곳, 즉 가구점에서 일한다는 것을 알 수 있다. 따라서 정답은 (C) At a furniture store이다. (tables, chairs, ~ cabinet → furniture)

5

해석 화자는 무슨 문제를 언급하는가?
(A) 상품이 손상된 채로 도착하였다.
(B) 주문이 완료되지 않았다.
(C) 대금 청구서가 부정확하다.
(D) 제품이 너무 크다.

해설 화자가 언급하는 문제점을 묻는 문제이므로, 질문의 핵심어구(problem)와 관련된 내용을 주의 깊게 듣는다. "Unfortunately, the sofa I bought is a bit too large for my living room."이라며 유감스럽게도 자신이 구매한 소파는 거실에 비해 약간 너무 크다고 하였다. 따라서 정답은 (D) An item is too big이다. (sofa → item, large → big)

어휘 **damaged** [dǽmidʒd] 손상된, 하자가 생긴 **fulfill** [fulfíl] 완료하다, 수행하다

6

해석 화자는 무엇을 할 의향이 있는가?
(A) 다른 상품들을 검토한다.
(B) 추가 요금을 지불한다.
(C) 발송 라벨을 인쇄한다.
(D) 치수를 더 잰다.

해설 화자가 할 의향이 있는 것을 묻는 문제이므로, 질문의 핵심어구(speaker willing to do)와 관련된 내용을 주의 깊게 듣는다. "I'm willing to pay extra for that service if need be"라며 필요하다면 그 서비스를 위해 돈을 더 낼 의향이 있다고 하였다. 따라서 정답은 (B) Pay an additional charge이다. (pay extra → pay ~ additional charge)

어휘 **charge** [tʃɑːrdʒ] 요금; 청구하다 **measurement** [méʒərmənt] 치수, 측량

[7-9] 영국

Questions 7-9 refer to the following radio broadcast.

Now for some sports news. [7]**The 11th Annual Milwaukee Marathon will take place on Friday, March 20.** The race will start at Falls Plaza at 6 A.M. The event is divided into three categories: the 10-kilometer, 15-kilometer, and 20-kilometer runs. Proceeds will go to the Gendry Foundation, an organization that promotes the protection of the environment. [8]**If you're interested in joining, please sign up to participate.** [9]**You can find the necessary registration forms at www.milwaukeemarathon.org.**

proceeds [미 próusi:dz, 영 prə́usi:dz] 수익금
foundation [faundéiʃən] 재단 registration form 신청서

해석
7-9는 다음 라디오 방송에 관한 문제입니다.

그럼 다음은 스포츠 뉴스입니다. [7]제11회 연례 밀워키 마라톤이 3월 20일 금요일에 열릴 예정입니다. 경주는 오전 6시에 Falls 대광장에서 개최될 것입니다. 행사는 10킬로미터, 15킬로미터, 그리고 20킬로미터 경주의 세 가지 종류로 나누어져 있습니다. 수익금은 환경 보호를 장려하는 기관인 Gendry 재단으로 갈 것입니다. [8]참가하는 데 관심이 있으시다면, 참여를 위해 등록해주시기 바랍니다. [9]www.milwaukeemarathon.org에서 필요한 신청서를 찾으실 수 있습니다.

7

해석 방송은 주로 무엇에 대한 것인가?
(A) 연회의 이유
(B) 곧 있을 스포츠 행사
(C) 최근에 설립된 기관
(D) 마라톤 결과

해설 방송의 주제를 묻는 문제이므로, 지문의 초반을 반드시 듣는다. "The 11th Annual Milwaukee Marathon will take place on Friday, March 20."라며 밀워키 마라톤이 3월 20일 금요일에 열릴 예정임을 알려준 뒤, 행사의 세부 사항과 관련된 내용을 언급하였다. 따라서 정답은 (B) An upcoming sporting event이다. (Marathon → sporting event)

어휘 newly [njú:li] 최근에 found [faund] 설립하다

8

해석 화자는 청자들에게 무엇을 하라고 요청하는가?
(A) 대회에 참가한다.
(B) 아마추어 선수들을 후원한다.
(C) 재단에서 자원봉사를 한다.
(D) 특정 지역을 피한다.

해설 화자가 청자들에게 요청하는 것을 묻는 문제이므로, 지문의 중후반에서 요청과 관련된 표현이 포함된 문장을 주의 깊게 듣는다. "If you're interested in joining, please sign up to participate."이라며 참가하는 데 관심이 있다면 참여를 위해 등록해 달라고 하였다. 따라서 정답은 (A) Take part in a competition이다. (participate → Take part in)

어휘 competition [kàmpətíʃən] 대회, 경쟁 racer [réisər] (경주 참가) 선수

9

해석 청자들은 왜 웹사이트를 방문하겠는가?
(A) 지도를 보기 위해
(B) 몇몇 양식을 작성하기 위해
(C) 기부를 하기 위해
(D) 중요한 최신 정보를 받기 위해

해설 청자들이 웹사이트를 방문할 이유를 묻는 문제이므로, 질문의 핵심어구(Web site)와 관련된 내용을 주의 깊게 듣는다. "You can find the necessary registration forms at www.milwaukeemarathon.org."라며 웹사이트에서 필요한 신청서를 찾을 수 있다고 하였다. 따라서 정답은 (B) To fill out some forms이다.

어휘 donation [dounéiʃən] 기부

[10-12] 호주

Questions 10-12 refer to the following announcement.

You're about to ride [10]**the Cyclone Loop, the most popular attraction here at Westlandia Adventures.** Standing 150 meters at its highest point, the Cyclone Loop is noted for its speed and the unique structure of its tracks. [10]**Before the ride begins, please take note of the following safety regulations.** [11]**Remember to keep your hands and feet inside the vehicle at all times.** Do not attempt to disembark from the roller coaster until it stops fully. In addition, [12]**don't forget to leave your backpacks and purses at the counter prior to boarding** to ensure the safety of people below. Enjoy the ride!

stand [stænd] (높이가) ~이다 noted [미 nóutid, 영 nə́utid] 유명한
ride [raid] 놀이기구; 타다 take note of 주목하다
regulation [미 règjuléiʃən, 영 règjəléiʃən] 규정
disembark [미 dìsembá:rk, 영 dìsimbá:k] 내리다

해석
10-12는 다음 안내에 관한 문제입니다.

여러분은 이제 곧 [10]이곳 Westlandia Adventures에서 가장 인기 있는 놀이기구인 Cyclone Loop를 타게 됩니다. 가장 높은 지점의 높이가 150미터인 Cyclone Loop은 스피드와 트랙의 독특한 구조로 유명합니다. [10]놀이기구가 출발하기 전, 다음 안전 규정들에 주목해 주시기 바랍니다. [11]여러분의 손과 발을 항상 기구 안에 넣고 있어야 함을 기억하십시오. 롤러코스터가 완전히 정지할 때까지 그곳에서 내리려고 시도하지 마십시오. 또한, 아래에 있는 사람들의 안전을 보장하기 위해 [12]타시기 전에 카운터에 백팩과 핸드백을 맡기는 것을 잊지 마십시오. 놀이기구를 즐기시기 바랍니다!

10

해석 안내는 왜 이루어지고 있는가?
(A) 공사 계획을 설명하기 위해
(B) 사내 정책을 설명하기 위해
(C) 몇몇 안전 수칙을 제공하기 위해
(D) 무료 서비스를 홍보하기 위해

해설 안내의 목적을 묻는 문제이므로, 지문의 초반을 주의 깊게 들은 후 전체 맥락을 파악한다. 지문의 초반에서 "the Cyclone Loop, the most popular attraction here at Westlandia Adventures"라며 놀이기구 Cyclone Loop을 소개한 뒤, "Before the ride begins, please take note of the following safety regulations."라며 놀이기구가 출발하기 전, 다음 안전 규정들에 주목해 달라고 한 내용을 통해 놀이기구 탑승과 관련된 안전 수칙을 제공하기 위한 안내임을 알 수 있다. 따라서 정답은 (C) To offer some safety reminders이다. (safety regulations → safety reminders)

어휘 promote [prəmóut] 홍보하다

11

해석 화자는 청자들에게 무엇을 하라고 말하는가?
(A) 팔다리를 기구 안에 넣고 있는다.
(B) 그를 따라 입구로 간다.
(C) 소지품을 챙겨간다.
(D) 한 줄로 기다린다.

해설 화자가 청자들에게 요청하는 것을 묻는 문제이므로, 지문의 중후반에서 요청과 관련된 표현이 포함된 문장을 주의 깊게 듣는다. "Remember to keep your hands and feet inside the vehicle at all times."라며 손과 발을 항상 기구 안에 넣고 있으라고 하였다. 따라서 정답은 (A) Keep their limbs inside a vehicle이다. (hands and feet → limbs)

어휘 limb [lim] 팔다리

12

해석 청자들은 카운터로 무엇을 가져가야 하는가?
(A) 놀이기구 표
(B) 주차 허가증

(C) 그들의 신분증
(D) 그들의 가방

해설 청자들이 카운터로 가져가야 하는 것을 묻는 문제이므로, 질문의 핵심어구(take to a counter)와 관련된 내용을 주의 깊게 듣는다. "don't forget to leave your backpacks and purses at the counter prior to boarding"이라며 타기 전에 카운터에 백팩과 핸드백을 맡기는 것을 잊지 말라고 하였다. 따라서 정답은 (D) Their bags이다. (backpacks and purses → bags)

[13-15] 미국

Questions 13-15 refer to the following talk.

[13]**I'd like to welcome you all to Shred Gym.** I'm so delighted that you've agreed to take this facility tour with me as potential investors. [14]**I think you'll be impressed with our recent renovations and upgrades.** As you can see, [14]**our check-in desk even has a fingerprint-scanner that grants entry to our members. As far as gyms go, we believe this is the first of its kind.** Now, if you'll look to your right, you see our recently renovated weight-lifting room. [15]**That area holds 50 different kinds of workout machines** and is one of our most used amenities. [15]**Let's head there now.**

delighted[diláitid] 매우 기뻐하는 **potential**[pəténʃəl] 잠재적인, 가능성이 있는
investor[invéstər] 투자자 **be impressed** 감명을 받다
renovation[renəvéiʃən] 개조, 수리, 혁신 **grant**[grænt] 승인하다, 허락하다
amenity[əménəti] 시설, 편의 시설 **head**[hed] 가다, 향하다

해석
13-15는 다음 담화에 관한 문제입니다.

[13]Shred 체육관에 오신 여러분 모두를 환영합니다. 잠재적 투자자로서 이 시설을 저와 둘러보는 것에 동의해주셔서 매우 기쁩니다. [14]저희의 최근 개조와 업그레이드에 감명을 받으실 것이라고 생각합니다. 여러분이 보실 수 있듯이, [14]저희의 체크인 데스크는 심지어 저희 회원들의 입장을 승인하는 지문 스캐너를 갖고 있습니다. 체육관에 관한 한, 저희는 이것이 이런 유형으로는 최초라고 생각합니다. 이제, 여러분의 오른쪽을 보시면, 최근에 개조된 근력 운동실을 보실 것입니다. [15]그 구역은 50종의 다양한 운동 기계를 갖추고 있으며 가장 많이 사용되는 저희 시설 중 하나입니다. [15]이제 그곳으로 갑시다.

13

해석 담화는 어디에서 일어나고 있는가?
(A) 피트니스 센터에서
(B) 소프트웨어 회사에서
(C) 금융 기관에서
(D) 조사 업체에서

해설 담화가 일어나고 있는 장소를 묻는 문제이므로, 장소와 관련된 표현을 놓치지 않고 듣는다. "I'd like to welcome you all to Shred Gym."이라며 Shred 체육관에 온 모두를 환영한다고 하였다. 따라서 정답은 (A) At a fitness center이다. (Gym → fitness center)

어휘 **institution**[ìnstətjú:ʃən] 기관, 단체

14

해석 화자는 "저희는 이것이 이런 유형으로는 최초라고 생각합니다"라고 말할 때 무엇을 의도하는가?
(A) 실수가 발견되었다.
(B) 장치가 혁신적이다.
(C) 새로운 정책이 적용되었다.
(D) 서비스가 낯설다.

해설 화자가 하는 말의 의도를 묻는 문제이므로, 질문의 인용어구(we believe this is the first of its kind)가 언급된 주변을 주의 깊게 듣는다. "I think you'll be impressed with our recent renovations and upgrades."라며 최근 개조와 업그레이드에 감명을 받을 거라고 생각한다고 한 뒤, "our check-in desk even has a fingerprint-scanner that grants entry to our members. As far as gyms go, we believe this is the first of its kind."라며 자신들의 체크인 데스크는 심지어 회원들의 입장을 승인하는 지문 스캐너를 갖고 있다며 체육관에 관한 한, 이것이 이런 유형으로는 최초라고 생각한다고 했으므로, 이 장치가 혁신적이라는 의도임을 알 수 있다. 따라서 정답은 (B) A device is innovative이다. (fingerprint-scanner → device)

어휘 **innovative**[ínəvèitiv] 혁신적인, 독창적인
policy[pá:ləsi] 정책, 방침 **adopt**[ədá:pt] 적용하다, 채택하다
unfamiliar[ʌ̀nfəmíliə] 낯선, 익숙하지 않은

15

해석 청자들은 다음에 무엇을 할 것 같은가?
(A) 몇몇 기계들을 사용해본다.
(B) 투자 보고서를 살펴본다.
(C) 다른 공간으로 이동한다.
(D) 입장 코드를 입력한다.

해설 청자들이 다음에 할 일을 묻는 문제이므로, 지문의 마지막 부분을 주의 깊게 듣는다. "That area[weight-lifting hoom] holds 50 different kinds of workout machines"라며 근력 운동실이 50종의 다양한 운동기계를 갖추고 있다고 한 뒤, "Let's head there[that area] now."라며 이제 그 구역으로 가자고 하였다. 따라서 정답은 (C) Move to another space이다. (area → space)

어휘 **access**[ǽkses] 입장, 접근

[16-18] 영국

Questions 16-18 refer to the following report.

You're listening to Mondo Radio and I'm Jessica Chelsea with your latest business news. Colin Englewood, a spokesperson from Dayton Automotive Manufacturing, mentioned that [16]**the construction of the company's production plant in Santiago, Chile will be delayed. Construction was scheduled to begin this month** on May 19, but it will now most likely start in June. He explained that [17]**it has been challenging for the company to locate a local supplier of the heavy machinery needed for the project.** The factory will be located on the outskirts of the city and employ 300 workers. [18]**Stay tuned for the local weather report coming up next.**

spokesperson[미 spóukspə:rsn, 영 spə́ukspə:sn] 대변인
automotive[미 ɔ̀:təmóutiv, 영 ɔ̀:təmə́utiv] 자동차의
challenging[tʃǽlindʒiŋ] 힘든
locate[미 lóukeit, 영 ləukéit] 찾아내다, 위치시키다
supplier[미 səpláiər, 영 səpláiə] 공급업체 **on the outskirts of** ~의 변두리에

해석
16-18은 다음 보도에 관한 문제입니다.

여러분께서는 Mondo 라디오를 듣고 계시고 저는 최신 비즈니스 뉴스의 Jessica Chelsea입니다. Dayton 자동차 제조사의 대변인인 Colin Englewood가 [16]칠레 산티아고에 있는 회사의 생산 공장 건설이 지연될 것이라고 언급했습니다. 공사는 이번 달 5월 19일에 시작하기로 예정되어 있었으나, 현재로서는 6월에 시작할 것 같습니다. 그는 [17]프로젝트를 위해 필요한 현지 중장비 공급업체를 찾아내는 것이 회사에게 힘든 일이었다고 설명했습니다. 공장은 시의 변두리에 위치할 것이고 300명의 근로자를 채용할 것입니다. [18]다음에 나올 지역 일기 예보를 위해 주파수를 고정해 주십시오.

16

해석 보도는 주로 무엇에 대한 것인가?
(A) 자동차 판매
(B) 곧 있을 건설 프로젝트
(C) 생산 협정
(D) 지역 내 건설 비용

해설 보도의 주제를 묻는 문제이므로, 지문의 초반을 반드시 듣는다. "the construction of the company's production plant in Santiago,

Chile will be delayed. Construction was scheduled to begin this month"라며 이번 달에 시작하기로 예정되어 있었던 생산 공장 건설이 지연되었다고 한 뒤, 건설 프로젝트와 관련된 내용을 언급하였다. 따라서 정답은 (B) An upcoming building project이다. (Construction → building project)

어휘 **agreement**[əgríːmənt] 협정, 합의

17

해석 회사는 무엇을 하려고 애썼는가?
(A) 장비 공급업체를 찾는다.
(B) 생산 부지를 찾는다.
(C) 칠레 문화에 적응한다.
(D) 현지 근로자들을 고용한다.

해설 회사가 하려고 애쓴 일을 묻는 문제이므로, 질문의 핵심어구(company struggled to do)와 관련된 내용을 주의 깊게 듣는다. "it has been challenging for the company to locate a local supplier of the heavy machinery needed for the project"라며 프로젝트에 필요한 현지 중장비 공급업체를 찾아내는 것이 회사에게 힘든 일이었다고 하였다. 따라서 정답은 (A) Find a machinery supplier이다. (locate ~ supplier of ~ machinery → Find a machinery supplier)

어휘 **struggle**[strʌgl] 애쓰다, 고군분투하다 **site**[sait] 부지, 현장
adapt[ədǽpt] 적응하다

18

해석 다음에 무슨 일이 일어날 것 같은가?
(A) 광고가 방송될 것이다.
(B) 청자들이 일기 예보를 들을 것이다.
(C) 회사 대변인이 인터뷰될 것이다.
(D) 리포터가 교통 속보를 알려줄 것이다.

해설 다음에 일어날 일을 묻는 문제이므로, 지문의 마지막 부분을 주의 깊게 듣는다. "Stay tuned for ~ weather report coming up next."라며 다음에 나올 일기 예보를 위해 주파수를 고정해 달라고 하였다. 따라서 정답은 (B) The listeners will hear a forecast이다. (weather report → forecast)

어휘 **forecast**[fɔ́ːrkæst] (일기) 예보

[19-21] 미국

Questions 19-21 refer to the following excerpt from a meeting and brochure.

I'd like to spend today discussing a new project. [19]**Our advertising team is responsible for creating a campaign** to promote Carlson Industry's new line of home appliances. As a part of our effort, [19]**we're going to create both television commercials and billboards.** [20]**Our first task for the project is to become familiar with the various appliances** that we're going to be featuring. That's why [20/21]**I'd like to take the next hour or so reading through these product brochures and discussing each item in depth.** [21]**Let's start with the kitchen appliance.**

promote[prəmóut] 홍보하다, 촉진하다 **appliance**[əpláiəns] 제품, 기기
task[tæsk] 업무, 일, 과제 **be familiar with** ~에 익숙하다
various[vέəriəs] 다양한, 여러 가지의 **brochure**[brouʃúər] 책자, 팸플릿
in depth 깊이, 심도 있게

해석

19-21은 다음 회의 발췌록과 책자에 관한 문제입니다.

저는 오늘 새로운 프로젝트를 논의하는 데 시간을 보내고자 합니다. [19]우리 광고팀은 Carlson 산업의 새로운 가전제품 라인을 홍보하기 위한 캠페인을 만드는 것을 담당하고 있습니다. 우리의 노력의 일환으로, [19]우리는 텔레비전 광고와 광고판 둘 모두를 만들 것입니다. [20]프로젝트를 위한 첫 번째 업무는 우리가 포함하게 될 다양한 기기들에 익숙해지는 것입니다. 이것이 [20/21]제가 앞으로 한 시간 정도를 이 제품 책자들을 꼼꼼히 읽고 각 제품에 대해 깊게 논의하며 보내고자 하는 이유입니다. [21]주방 제품부터 시작합시다.

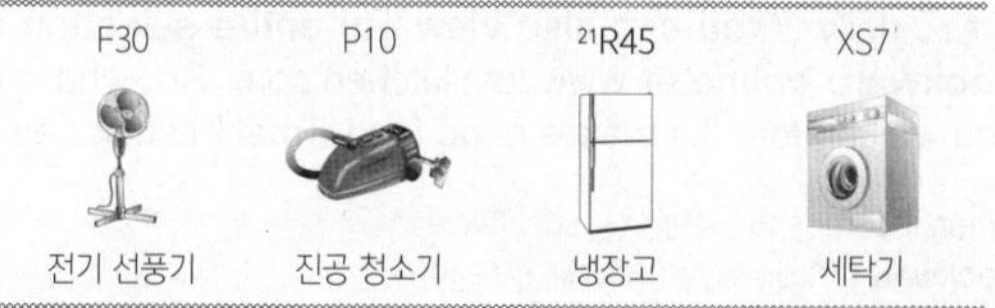

19

해석 청자들은 누구인 것 같은가?
(A) 인테리어 디자이너들
(B) 마케팅 전문가들
(C) 영업 사원들
(D) 엔지니어들

해설 청자들의 신분을 묻는 문제이므로, 신분 및 직업과 관련된 표현을 놓치지 않고 듣는다. "Our advertising team is responsible for creating a campaign"이라며 자신들의 광고팀은 캠페인을 만드는 것을 담당하고 있다고 한 뒤, "we're going to create ~ television commercials and billboards"라며 텔레비전 광고와 광고판을 만들 것이라고 한 말을 통해 청자들이 마케팅 전문가들임을 알 수 있다. 따라서 정답은 (B) Marketing experts이다. (advertising → marketing)

20

해석 팀은 무엇을 먼저 해야 하는가?
(A) 몇몇 기기들에 대해 배운다.
(B) 몇몇 고객들을 인터뷰한다.
(C) 예산을 편성한다.
(D) 제안서를 제출한다.

해설 팀이 먼저 해야 하는 것을 묻는 문제이므로, 질문의 핵심어구(team do first)와 관련된 내용을 주의 깊게 듣는다. "Our first task for the project is to become familiar with the various appliances"라며 프로젝트를 위한 첫 번째 업무는 다양한 기기들에 익숙해지는 것이라고 한 뒤, "I'd like to take the next hour or so reading through these product brochures ~."라며 앞으로 한 시간 정도를 제품 책자들을 꼼꼼히 읽으며 보내고자 한다고 하였다. 따라서 정답은 (A) Learn about some devices이다.

어휘 **proposal**[prəpóuzəl] 제안서, 제안, 제의

21

해석 시각 자료를 보아라. 어느 제품이 다음으로 논의될 것인가?
(A) F30
(B) P10
(C) R45
(D) XS7

해설 다음으로 논의될 제품을 묻는 문제이므로, 제시된 책자의 정보를 확인한 뒤 질문의 핵심어구(item ~ discussed next)와 관련된 내용을 주의 깊게 듣는다. "I'd like to take the next hour or so reading through these product brochures and discussing each item ~."이라며 앞으로 한 시간 정도를 제품 책자들을 꼼꼼히 읽고 각 제품에 대해 논의하며 보내고자 한다고 한 뒤, "Let's start with the kitchen appliance."라며 주방 제품부터 시작하자고 하였으므로, 주방 제품인 냉장고, 즉 R45를 논의할 것임을 책자에서 알 수 있다. 따라서 정답은 (C) R45이다.

[22-24] 호주

Questions 22-24 refer to the following advertisement and map.

When it comes to premier cooking supplies and equipment, nobody does it better than Total Kitchen! For over 30 years, [22]**Total Kitchen has specialized in professional-grade cookware, becoming the preferred supplier for many of Atlanta's finest restaurants.** Be sure to stop by our store this week to take advantage of our Super Summer sale, when all pots, pans, and cooking utensils will be 15 percent off! [23]**Located between Dale and Benson Avenue right across from Heights Mall**, we're open from 9 A.M. to

8 P.M. daily. [24]**You can also view our entire selection of cookware online** at www.totalkitchen.com. So, what are you waiting for? If it makes good food, Total Kitchen has it!

when it comes to ~에 관한 한 specialize in ~을 전문으로 하다
cookware [미 kúkwer, 영 kúkweə] 취사도구
take advantage of ~을 이용하다, 기회로 활용하다
utensil [ju:ténsəl] 도구, 기구

해석

22-24는 다음 광고와 지도에 관한 문제입니다.

고급 조리 도구 및 장비에 관한 한, 그 누구도 Total Kitchen보다 더 잘하지 못 합니다! 30년 넘게, [22]**Total Kitchen은 전문가급의 취사도구를 전문으로 해왔고 애틀랜타의 많은 최고급 식당들에게 선호되는 공급업체가 되었습니다.** 이번 주에 꼭 저희 상점에 들르셔서 Super Summer 할인을 이용해보세요, 이때 모든 냄비, 팬, 조리 도구가 15퍼센트 할인될 것입니다! 저희는 [23]**Dale로와 Benson로 사이에 Heights 쇼핑몰 바로 건너편에 위치해 있고** 매일 오전 9시에서 오후 8시까지 영업합니다. www.totalkitchen.com에서 [24]**온라인으로 저희의 모든 취사도구를 살펴보실 수도 있습니다.** 그러니, 무엇을 기다리세요? 만약 훌륭한 음식을 만든다면, Total Kitchen에 그것이 있습니다!

Dale로		
Vans 공원	건물 A	[23]건물 B
Benson로		
건물 C	건물 D	Heights 쇼핑몰
Victoria로		

22

해석 화자에 따르면, Total Kitchen에 대해 무엇이 특별한가?
(A) 거대한 지점망이 있다.
(B) 최저 가격에 제품들을 제공한다.
(C) 지역 식당들에게 선호된다.
(D) 24시간 내내 고객 서비스를 제공한다.

해설 Total Kitchen에 대해 특별한 것을 묻는 문제이므로, 질문의 핵심어구(special about Total Kitchen)와 관련된 내용을 주의 깊게 듣는다. "Total Kitchen ~ becoming the preferred supplier for many of Atlanta's finest restaurants."라며 Total Kitchen이 애틀랜타의 많은 최고급 식당들에게 선호되는 공급업체가 되었다고 하였다. 따라서 정답은 (C) It is preferred by local dining establishments이다. (Atlanta's ~ restaurants → local dining establishments)

어휘 network [nétwə:rk] (조직)망, (상점) 체인

23

해석 시각 자료를 보아라. Total Kitchen은 어디에 위치해 있는가?
(A) 건물 A
(B) 건물 B
(C) 건물 C
(D) 건물 D

해설 Total Kitchen의 위치를 묻는 문제이므로, 제시된 지도의 정보를 확인한 뒤 질문의 핵심어구(Total Kitchen located)와 관련된 내용을 주의 깊게 듣는다. "Located between Dale and Benson Avenue right across from Heights Mall"이라며 Total Kitchen이 Dale로와 Benson로 사이에 Heights 쇼핑몰 바로 건너편에 위치해 있다고 하였으므로, Total Kitchen이 건물 B에 위치해 있음을 지도에서 알 수 있다. 따라서 정답은 (B) Building B이다.

24

해석 청자들은 온라인에서 무엇을 할 수 있는가?
(A) 의견을 게시한다.
(B) 상품을 훑어본다.
(C) 음식 배달을 시킨다.
(D) 추첨에 참가한다.

해설 청자들이 온라인에서 할 수 있는 것을 묻는 문제이므로, 질문의 핵심어구(online)가 언급된 주변을 주의 깊게 듣는다. "You can also view our entire selection of cookware online"이라며 온라인으로 모든 취사도구를 살펴볼 수도 있다고 하였다. 따라서 정답은 (B) Browse merchandise이다. (view ~ cookware → Browse merchandise)

어휘 browse [brauz] 훑어보다, 인터넷을 돌아다니다
enter [éntər] 참가하다, 들어가다 drawing [drɔ́:iŋ] 추첨, 제비뽑기

Part Test

p.300

1. (B)	2. (B)	3. (D)	4. (D)	5. (C)	6. (A)
7. (C)	8. (B)	9. (A)	10. (C)	11. (B)	12. (B)
13. (B)	14. (C)	15. (A)	16. (C)	17. (B)	18. (A)
19. (B)	20. (D)	21. (D)	22. (A)	23. (D)	24. (B)
25. (B)	26. (C)	27. (D)	28. (D)	29. (A)	30. (B)

[1-3] 영국

Questions 1-3 refer to the following telephone message.

Hello, Ms. Cleary. This is Wanda Dearborn calling from Hayworth Construction. I want to let you know that [1]**I received your e-mail yesterday** with the attached design plans for your company's new headquarters building. I'm pleased to say that our firm will be able to complete the construction of the building for you . . . um . . . with one minor adjustment. [2]**Unfortunately, the area near the back of the building won't have sufficient space for the terrace garden that you requested.** I suggest we create a rooftop garden instead. [3]**Please call me back at 555-3930 to confirm this change**, and then we can talk about drafting a contract for our work on the building.

construction [kənstrʌ́kʃən] 건설, 공사
headquarters [미 hédkwɔ̀:rtərz, 영 hèdkwɔ́:təz] 본사, 본부
adjustment [ədʒʌ́stmənt] 조정, 수정 sufficient [səfíʃənt] 충분한
rooftop [미 rú:ftɑ:p, 영 rú:ftɔp] 옥상 draft [미 dræft, 영 dra:ft] 초안을 작성하다

해석

1-3은 다음 전화 메시지에 관한 문제입니다.

안녕하세요, Ms. Cleary. 저는 Hayworth 건설에서 전화드리는 Wanda Dearborn입니다. [1]**저는 어제** 당신의 새로운 본사 건물을 위한 디자인 계획이 첨부되어 있는 **당신의 이메일을 받았다**는 것을 알려드리고자 합니다. 저는 저희 회사가 당신을 위해 건물 건설을... 음... 한 가지 사소한 조정 사항과 함께 완료할 수 있을 것임을 말씀드리게 되어 기쁩니다. [2]**유감스럽게도, 건물의 뒤편 주변의 구역에는 당신이 요청하신 테라스 정원을 위한 충분한 공간이 없을 것입니다.** 저는 대신 옥상 정원을 만드는 것을 제안합니다. [3]**이 변경 사항을 확정하기 위해 555-3930으로 제게 다시 전화를 주시면**, 저희는 건물 작업의 계약서 초안을 작성하는 것에 대해 이야기할 수 있습니다.

1

해석 화자는 어제 무엇을 했는가?
(A) 건물의 공사를 완료했다.
(B) 메시지를 확인했다.
(C) 휴가에서 돌아왔다.
(D) 새로운 사업을 열었다.

해설 화자가 어제 한 일을 묻는 문제이므로, 질문의 핵심어구(yesterday)가 언급된 주변을 주의 깊게 듣는다. "I received your e-mail yesterday"라며 어제 청자의 이메일을 받았다고 하였다. 따라서 정답은 (B) Checked a message이다. (e-mail → message)

2

해석 화자는 무슨 문제를 언급하는가?
(A) 공간이 너무 지저분하다.

(B) 구역이 너무 작다.
(C) 계약서가 부정확하다.
(D) 이메일이 혼란스럽다.

해설 화자가 언급하는 문제점을 묻는 문제이므로, 질문의 핵심어구(problem)와 관련된 내용을 주의 깊게 듣는다. "Unfortunately, the area ~ won't have sufficient space for the terrace garden that you requested"라며 유감스럽게도 그 구역에는 청자가 요청한 테라스 정원을 위한 충분한 공간이 없을 것이라고 하였다. 이를 통해 구역이 너무 작은 것이 문제임을 알 수 있다. 따라서 정답은 (B) An area is too small이다.

어휘 **untidy**[ʌntáidi] 지저분한, 어수선한

3

해석 청자는 왜 화자의 전화에 회신을 해야 하는가?
(A) 약속을 확인하기 위해
(B) 책자를 요청하기 위해
(C) 주문을 하기 위해
(D) 조정을 승인하기 위해

해설 청자가 전화에 회신을 해야 하는 이유를 묻는 문제이므로, 질문의 핵심어구(return the speaker's call)와 관련된 내용을 주의 깊게 듣는다. 화자가 청자에게 "Please call me back ~ to confirm this change[minor adjustment]"라며 사소한 조정 사항을 확정하기 위해 다시 전화를 달라고 하였다. 따라서 정답은 (D) To approve an adjustment이다. (confirm → approve)

어휘 **approve**[əprúːv] 승인하다, 찬성하다

[4-6] 미국

Questions 4-6 refer to the following talk.

Welcome, everyone, to today's conference on aging. Our first speaker is Dr. Peter Gold from Everton University. [4]**Dr. Gold will discuss his newest study on the link between genetics and how quickly people age**, which was recently printed in *The Journal of Human Health and Aging*. [5]**The talk will last until 3 P.M., at which point questions from the audience will be addressed.** As a friendly reminder, [6]**I'd appreciate it if everyone remained in their chairs** throughout the lecture to avoid causing unnecessary noise and disruptions. OK, Mr. Gold, you may begin.

aging[éidʒiŋ] 노화 **genetics**[dʒənétiks] 유전적 특징, 유전학
print[print] (인쇄 매체에) 게재하다, 싣다
unnecessary[ʌnnésəseri] 불필요한 **disruption**[disrʌ́pʃən] 방해

해석
4-6은 다음 담화에 관한 문제입니다.

노화에 관한 오늘 컨퍼런스에 오신 여러분을 환영합니다. 우리의 첫 번째 발표자는 Everton 대학교의 Dr. Peter Gold입니다. [4]**Dr. Gold는 유전적 특징과 사람들이 얼마나 빨리 노화하는지 사이의 연관성에 관한 그의 최신 연구에 대해 논의할 것이**며, 이는 최근에 *Human Health and Aging*지에 게재된 바 있습니다. [5]**강연은 오후 3시까지 계속될 것이며, 이때 관객들의 질문들이 다루어질 것입니다.** 친히 상기시켜 드리자면, 불필요한 소음과 방해를 발생시키는 것을 방지하기 위해 [6]**모든 분들이 강의 시간 동안 자신의 자리에 머물러 주신다면 감사하겠습니다.** 좋습니다, Mr. Gold, 시작하셔도 됩니다.

4

해석 Dr. Gold는 무엇을 논의할 것인가?
(A) 자금 제안
(B) 연구 기회
(C) 컨퍼런스 일정
(D) 과학 연구

해설 Dr. Gold가 논의할 것을 묻는 문제이므로, 질문의 핵심어구(Dr. Gold ~ discuss)가 언급된 주변을 주의 깊게 듣는다. "Dr. Gold will discuss his newest study on the link between genetics and how quickly people age"라며 Dr. Gold가 유전적 특징과 사람들이 얼마나 빨리 노화하는지 사이의 연관성에 관한 그의 최신 연구에 대해 논의할 것이라고 하였다. 따라서 정답은 (D) A scientific study이다.

어휘 **funding**[fʌ́ndiŋ] 자금, 기금 **scientific**[sàiəntífik] 과학의

5

해석 오후 3시에 무슨 일이 일어날 것인가?
(A) 기부금이 모금될 것이다.
(B) 영화가 상영될 것이다.
(C) 질문들이 답해질 것이다.
(D) 워크숍이 시작할 것이다.

해설 오후 3시에 일어날 일을 묻는 문제이므로, 질문의 핵심어구(at 3 P.M.)가 언급된 주변을 주의 깊게 듣는다. "The talk will last until 3 P.M., at which point questions from the audience will be addressed."라며 강연이 오후 3시까지 계속될 것이며, 이때 관객들의 질문들이 다루어질 것이라고 하였다. 따라서 정답은 (C) Questions will be answered이다. (addressed → answered)

어휘 **donation**[dounéiʃən] 기부금 **screen**[skriːn] 상영하다; 화면, 영화

6

해석 화자는 청자들에게 무엇을 하라고 요청하는가?
(A) 자리에 앉아 있는다.
(B) 행사 일정을 참고한다.
(C) 다른 연설을 위해 돌아온다.
(D) 슬라이드 쇼를 본다.

해설 화자가 청자들에게 요청하는 것을 묻는 문제이므로, 지문의 중후반에서 요청과 관련된 표현이 포함된 문장을 주의 깊게 듣는다. "I'd appreciate it if everyone remained in their chairs"라며 청자들에게 자리에 머물러 줄 것을 요청하였다. 따라서 정답은 (A) Stay in their seats이다. (remained in ~ chairs → Stay in ~ seats)

어휘 **program**[próugræm] 일정, 프로그램

[7-9] 캐나다

Questions 7-9 refer to the following telephone message.

Good morning. This is Will Higgins, and [7]**I'm calling about a flight I booked from Newark to Las Vegas for September 14. The total was supposed to be $985, but it seems I was overcharged $235**, which is obviously unacceptable. I noticed the error this morning when I was looking over my credit card statement. [8]**My friend suggested that I cancel the booking and make a new one, but . . . uh . . . the flight is almost full.** [8/9]**Instead, I would like you to refund the amount I was incorrectly charged.** I can be reached at 555-3928. I'd like to resolve this matter as soon as possible. Thank you.

be supposed to ~하기로 되어 있다
overcharge[미 òuvərtʃáːrdʒ, 영 əuvətʃáːdʒ] (금액을) 너무 많이 청구하다
obviously[미 áːbviəsli, 영 ɔ́bviəsli] 명백히, 분명히
unacceptable[ʌ̀nəkséptəbl] 받아들일 수 없는 **look over** ~을 살펴보다

해석
7-9는 다음 전화 메시지에 관한 문제입니다.

안녕하세요. 저는 Will Higgins이고, 제가 [7]**예약한 9월 14일에 뉴어크에서 라스베이거스로 가는 항공편에 관해 전화드립니다. 총 금액이 985달러가 되어야 했지만, 제게 235달러가 더 청구된 것으로 보이며**, 이는 명백히 받아들일 수 없는 일입니다. 저는 오늘 아침에 신용카드 명세서를 살펴보다가 이 오류를 발견했습니다. [8]**제 친구는 예약을 취소하고 새로 하는 것을 제안했지만... 음... 이 항공편은 거의 다 찼어요.** [8/9]**대신에, 제게 잘못 청구된 금액을 환불해주시길 바랍니다.** 저는 555-3928로 연락 가능합니다. 이 문제를 가능한 한 빨리 해결하고 싶습니다. 감사합니다.

7

해석 화자는 왜 전화를 하고 있는가?

(A) 비행기 좌석을 업그레이드하기 위해
(B) 할인에 대해 문의하기 위해
(C) 청구 오류를 논의하기 위해
(D) 출발 시간을 확인하기 위해

해설 전화의 목적을 묻는 문제이므로, 지문의 초반을 반드시 듣는다. "I'm calling about a flight I booked ~. The total was supposed to be $985, but it seems I was overcharged $235"라며 자신이 예약한 항공편에 관해 전화를 한다고 한 뒤, 총 금액이 985달러가 되어야 했지만 자신에게 235달러가 더 청구된 것으로 보인다고 하였다. 따라서 정답은 (C) To discuss a billing mistake이다.

8

해석 화자는 "이 항공편은 거의 다 찼어요"라고 말할 때 무엇을 의도하는가?
(A) 그는 곧 결정을 내려야 한다.
(B) 그는 제안에 동의하지 않는다.
(C) 그는 요청을 승인받지 못했다.
(D) 그는 예상보다 일찍 출발해야 한다.

해설 화자가 하는 말의 의도를 묻는 문제이므로, 질문의 인용어구(the flight is almost full)가 언급된 주변을 주의 깊게 듣는다. "My friend suggested that I cancel the booking and make a new one, but ~ the flight is almost full."이라며 친구는 예약을 취소하고 새로 하는 것을 제안했지만, 이 항공편은 거의 다 찼다고 한 뒤, "Instead, I would like you to refund the amount I was incorrectly charged."라며 대신에 자신에게 잘못 청구된 금액을 환불해주길 바란다고 하였다. 이를 통해 화자가 예약을 새로 하라는 친구의 제안에 동의하지 않음을 알 수 있다. 따라서 정답은 (B) He does not agree with a suggestion이다.

어휘 grant [미 grænt, 영 grɑːnt] 승인하다, 허락하다; 보조금

9

해석 화자는 청자에게 무엇을 하라고 요청하는가?
(A) 환불을 제공한다.
(B) 일정표를 수정한다.
(C) 회원권을 갱신한다.
(D) 요금을 설명한다.

해설 화자가 청자에게 요청하는 것을 묻는 문제이므로, 지문의 중후반에서 요청과 관련된 표현이 포함된 문장을 주의 깊게 듣는다. "~ I would like you to refund the amount I was incorrectly charged."라며 잘못 청구된 금액을 환불해달라고 요청하였다. 따라서 정답은 (A) Provide a refund이다.

어휘 revise [riváiz] 수정하다, 변경하다 renew [미 rinúː, 영 rinjúː] 갱신하다, 재개하다

[10-12] 호주

Questions 10-12 refer to the following excerpt from a meeting.

Good morning. [10]**I just want to remind everyone that a representative from the State Safety Board will be inspecting our manufacturing plant next month.** She will be checking the machines for flaws and confirming that our employees are properly trained. [11]**There were several problems last year, and, as a result, we had to pay a large fine.** So, over the next couple of weeks, I want all of you to ensure that there are no safety issues in the areas under your supervision. [12]**I e-mailed you a copy of our assessment from last year** so that you will know what to focus on. Please read it carefully.

representative [rèprizéntətiv] 대리인, 대표
inspect [inspékt] 검사하다, 조사하다
supervision [미 sùːpərvíʒən, 영 sùːpəvíʒən] 관리, 감독
assessment [əsésmənt] 평가

해석

10-12는 다음 회의 발췌록에 관한 문제입니다.

안녕하세요. [10]여러분 모두에게 주 안전 위원회의 대리인이 다음 달에 우리 제조 공장을 검사할 것임을 상기시켜드리고 싶습니다. 그녀는 결함을 찾기 위해 기계를 점검할 것이며 우리 직원들이 적절하게 훈련받았는지 확인할 것입니다. [11]작년에 몇몇 문제가 있었고, 결과적으로 우리는 많은 벌금을 내야 했습니다. 그러므로, 앞으로 2주 동안, 여러분 모두가 자신의 관리 하에 있는 구역들에서 안전 문제가 없도록 확실히 해주시기 바랍니다. 여러분이 무엇에 집중해야 할지 아실 수 있도록 [12]제가 작년 평가의 사본을 여러분에게 이메일로 보냈습니다. 그것을 주의 깊게 읽어주시기 바랍니다.

10

해석 화자에 따르면, 다음 달에 무슨 일이 일어날 것인가?
(A) 교육 세션이 열릴 것이다.
(B) 직원 안내서가 수정될 것이다.
(C) 검사가 시행될 것이다.
(D) 기계가 교체될 것이다.

해설 다음 달에 일어날 일을 묻는 문제이므로, 질문의 핵심어구(next month)가 언급된 주변을 주의 깊게 듣는다. "I just want to remind everyone that a representative from the State Safety Board will be inspecting our manufacturing plant next month."라며 청자 모두에게 주 안전 위원회의 대리인이 다음 달에 제조 공장을 검사할 것임을 상기시키고 싶다고 하였다. 따라서 정답은 (C) An inspection will be conducted이다.

어휘 inspection [inspékʃən] 검사

11

해석 회사는 작년에 무엇을 받았는가?
(A) 산업 부문 상
(B) 재정적 처벌
(C) 고객 항의
(D) 기업 대출

해설 회사가 작년에 받은 것을 묻는 문제이므로, 질문의 핵심어구(receive last year)와 관련된 내용을 주의 깊게 듣는다. "There were several problems last year, and, as a result, we had to pay a large fine."이라며 작년에 몇몇 문제가 있었고 결과적으로 자신들이 많은 벌금을 내야 했다고 하였다. 따라서 정답은 (B) A financial penalty이다.

어휘 financial [fainǽnʃəl] 재정적인, 재무의 penalty [pénəlti] 처벌, 벌금

12

해석 화자는 청자들에게 무엇을 보냈는가?
(A) 안내서
(B) 평가
(C) 안건
(D) 표

해설 화자가 청자들에게 보낸 것을 묻는 문제이므로, 질문의 핵심어구(speaker send)와 관련된 내용을 주의 깊게 듣는다. "I e-mailed you a copy of our assessment from last year"라며 자신이 작년 평가의 사본을 청자들에게 이메일로 보냈다고 하였다. 따라서 정답은 (B) An evaluation이다. (assessment → evaluation)

[13-15] 미국

Questions 13-15 refer to the following talk.

Welcome to Community Alliance's annual banquet. As I'm sure many of you know, our non-profit organization engages in projects around Boston that improve local residents' quality of life. [13]**Just last month, for instance, we organized an event to remove garbage at nearby parks.** [14]**We were hoping for a turnout of 50, but roughly 100 people took part.** And over the next few months, [15]**we intend to start airing radio commercials to promote our organization and a variety of new campaigns.**

banquet [bǽŋkwit] 연회 engage in ~에 참여하다
organize [미 ɔ́ːrgənàiz, 영 ɔ́ːgənaiz] (행사 등을) 개최하다, 계획하다
turnout [미 tə́ːrnaut, 영 tə́ːnaut] 참가자 수, 참가자
intend [inténd] (~하려고) 계획하다
promote [미 prəmóut, 영 prəməut] 홍보하다, 장려하다

해석
13-15는 다음 담화에 관한 문제입니다.

Community Alliance의 연례 연회에 오신 것을 환영합니다. 여러분 중 많은 분께서 이미 아시다시피, 우리 비영리 단체는 지역 주민들의 삶의 질을 개선하는 보스턴 주변의 프로젝트들에 참여합니다. [13]**예를 들면 바로 지난달에, 우리는 주변 공원들에서 쓰레기를 치우는 행사를 개최했습니다.** [14]**우리는 50명의 참가자를 희망하고 있었는데, 대략 100명이 참가했습니다.** 그리고 다음 몇 달 동안, [15]**우리는 우리 조직과 다양한 새로운 캠페인들을 홍보하기 위해 라디오 광고를 방송하기 시작할 계획입니다.**

13

해석 화자에 따르면, 지난달에 무슨 일이 일어났는가?
(A) 단체가 설립되었다.
(B) 공원들이 청소되었다.
(C) 지역 사회 센터가 다시 칠해졌다.
(D) 기부금이 모금되었다.

해설 지난달에 일어난 일을 묻는 문제이므로, 질문의 핵심어구(last month)가 언급된 주변을 주의 깊게 듣는다. "Just last month ~ we organized an event to remove garbage at nearby parks."라며 바로 지난달에 주변 공원들에서 쓰레기를 치우는 행사를 개최했다고 하였다. 따라서 정답은 (B) Some parks were cleaned up이다. (remove garbage → cleaned up)

어휘 **found**[faund] 설립하다, 세우다

14

해석 화자는 "대략 100명이 참가했습니다"라고 말할 때 무엇을 의도하는가?
(A) 충분한 물품들이 주문되었다.
(B) 다수의 봉사자들이 취소해야 했다.
(C) 행사가 성공적이었다.
(D) 계획이 수정되어야 했다.

해설 화자가 하는 말의 의도를 묻는 문제이므로, 질문의 인용어구(roughly 100 people took part)가 언급된 주변을 주의 깊게 듣는다. "We were hoping for a turnout of 50, but roughly 100 people took part."라며 50명의 참가자를 희망하고 있었는데 대략 100명이 참가했다고 하였으므로, 행사가 성공적이었음을 알 수 있다. 따라서 정답은 (C) An event was a success이다.

어휘 **multiple**[미 mʌ́ltəpl, 영 mʌ́ltipəl] 다수의, 많은
revise[riváiz] 수정하다, 변경하다

15

해석 Community Alliance는 무엇을 할 계획인가?
(A) 광고를 낸다.
(B) 모금 행사를 연다.
(C) 직원을 고용한다.
(D) 캠페인을 취소한다.

해설 Community Alliance가 계획하는 것을 묻는 문제이므로, 질문의 핵심어구(Community Alliance plan to do)와 관련된 내용을 주의 깊게 듣는다. "we[Community Alliance] intend to start airing radio commercials to promote our organization and ~ new campaigns"라며 조직과 새로운 캠페인들을 홍보하기 위해 라디오 광고를 방송하기 시작할 계획이라고 한 말을 통해 광고를 낼 계획임을 알 수 있다. 따라서 정답은 (A) Run some advertisements이다.

어휘 **run an advertisement** 광고를 내다
fundraiser[미 fʌ́ndrèizər, 영 fʌ́ndrèizə] 모금 행사

[16-18] 캐나다

Questions 16-18 refer to the following recorded message.

[16]**You have reached Kelley and Hunt, a global leader in providing professional advice on investment management.** [17]**We are currently closed for the weekend. Our office hours are 8 A.M. to 6 P.M., from Monday through Friday.** If you wish to find out more about our services, [18]**please leave a voice message with your contact details** after the beep. A representative will return your call on the next business day. Thank you for calling and have a great day.

professional[prəféʃənl] 전문적인 **investment**[invéstmənt] 투자
currently[kə́:rəntli] 현재 **representative**[rèprizéntətiv] 담당 직원
business day 영업일

해석
16-18은 다음 녹음 메시지에 관한 문제입니다.

[16]**투자 관리에 대한 전문적인 조언을 제공하는 세계적인 선두주자 Kelley and Hunt사입니다,** [17]**저희는 현재 주말이라 휴업 중입니다, 저희 영업시간은 월요일에서 금요일까지, 오전 8시부터 오후 6시까지입니다.** 저희 서비스에 대해 더 알기 원하시면, 삐 소리 후에 [18]**귀하의 연락처 정보와 함께 음성 메시지를 남겨 주십시오.** 담당 직원이 다음 영업일에 귀하의 전화에 답신할 것입니다. 전화 주셔서 감사드리며 좋은 하루 되시길 바랍니다.

16

해석 청자는 누구에게 전화하고 있는 것 같은가?
(A) 채용 대행업체
(B) 콜 센터
(C) 투자 회사
(D) 교육 기관

해설 청자가 전화를 한 대상, 즉 화자의 신분을 묻는 문제이므로, 신분 및 직업과 관련된 표현을 놓치지 않고 듣는다. "You have reached Kelley and Hunt, a global leader in providing professional advice on investment management."라며 투자 관리에 대한 전문적인 조언을 제공하는 Kelley and Hunt사라고 한 말을 통해 청자가 전화를 건 곳이 투자 회사임을 알 수 있다. 따라서 정답은 (C) An investment firm이다.

17

해석 사무실은 왜 현재 휴업 중인가?
(A) 오늘은 국경일이다.
(B) 영업시간 외이다.
(C) 직원들이 행사에 참여 중이다.
(D) 사무실이 보수 중이다.

해설 사무실이 현재 휴업 중인 이유를 묻는 문제이므로, 질문의 핵심어구(office currently closed)와 관련된 내용을 주의 깊게 듣는다. "We are currently closed for the weekend. Our office hours are 8 A.M. to 6 P.M., from Monday through Friday."라며 현재 주말이라 휴업 중이고, 사무실은 월요일에서 금요일까지 영업을 한다고 하였다. 따라서 정답은 (B) It is outside of business hours이다. (office hours → business hours)

어휘 **national holiday** 국경일

18

해석 청자는 다음에 무엇을 할 것 같은가?
(A) 연락처를 제공한다.
(B) 긴급 전화에 회신한다.
(C) 다음 약속을 취소한다.
(D) 직원 대표에게 이야기한다.

해설 청자가 다음에 할 일을 묻는 문제이므로, 지문의 마지막 부분을 주의 깊게 듣는다. "please leave a voice message with your contact details"라며 연락처 정보와 함께 음성 메시지를 남겨달라고 하였다. 따라서 정답은 (A) Provide some contact information이다. (contact details → contact information)

어휘 **urgent**[ə́:rdʒənt] 긴급한, 촉박한

[19-21] 캐나다

Questions 19-21 refer to the following talk.

[19]**I've called this meeting to address a problem that has recently emerged with our latest tablet computer.** Apparently, some of the sound cards we received from

our supplier are defective. Because of this, [20]**we've so far had to fix around 2,000 computers** that wouldn't play any audio, and we expect to repair thousands more. Customers are likely to call in about the issue over the coming weeks. Staff should instruct them to take their computers into any of our service centers to be fixed. [21]**We'll also provide a carrying case at no charge to make up for the inconvenience.** Now, I'd like to discuss the internal report we'll be writing on this issue.

address[ədrés] 해결하다, 연설하다 emerge[imə́:rdʒ] 나타나다, 생겨나다
defective[diféktiv] 결함이 있는 make up for ~을 보상하다
inconvenience[ìnkənví:niəns] 불편

해석

19-21은 다음 담화에 관한 문제입니다.

[19]**저는 우리의 최신 태블릿 컴퓨터와 관련하여 최근에 나타난 문제를 해결하기 위해 이 회의를 소집했습니다.** 듣자 하니, 우리가 공급업체로부터 받은 사운드 카드들 중 일부에 결함이 있습니다. 이 때문에, [20]**우리는 지금까지** 음향이 재생되지 않는 **약 2,000대의 컴퓨터를 고쳐야 했고** 앞으로도 수천 대를 더 수리할 것으로 예상합니다. 아마 고객들은 앞으로 몇 주 동안 이 문제에 대해 전화를 할 것입니다. 직원들은 그들에게 수리를 받기 위해 우리의 서비스 센터로 컴퓨터를 가지고 가라고 알려드려야 합니다. [21]**우리는 또한 불편에 대해 보상하기 위해 휴대용 케이스를 무료로 제공할 것입니다.** 이제, 저는 이 문제에 대해 작성할 내부 보고서를 논의하고자 합니다.

19

해석 화자는 주로 무엇에 대해 이야기하고 있는가?

(A) 설문조사의 변경 사항
(B) 제품들에 관한 문제
(C) 출시에 대한 세부 사항
(D) 마감 기간의 변경

해설 회의의 주제를 묻는 문제이므로, 지문의 초반을 반드시 듣는다. "I've called this meeting to address a problem that ~ emerged with our latest tablet computer."라며 최신 태블릿 컴퓨터와 관련하여 나타난 문제를 해결하기 위해 이 회의를 소집했다고 하였다. 따라서 정답은 (B) A problem with some products이다. (tablet computers → products)

어휘 survey[sərvéi] 설문조사 launch[lɔ:ntʃ] 출시, 개시; 출시하다
revision[rivíʒən] 변경, 수정

20

해석 회사는 이미 무엇을 했는가?

(A) 중대한 회수를 발표했다.
(B) 자문 회사를 고용했다.
(C) 태블릿 컴퓨터 교체품을 발송했다.
(D) 수리를 했다.

해설 회사가 이미 한 것을 묻는 문제이므로, 질문의 핵심어구(already done)와 관련된 내용을 주의 깊게 듣는다. "we've so far had to fix around 2,000 computers"라며 지금까지 약 2,000대의 컴퓨터를 고쳐야 했다고 하였다. 이를 통해 회사가 이미 수리를 했음을 알 수 있다. 따라서 정답은 (D) Made some repairs이다. (fix → Made ~ repairs)

어휘 major[méidʒər] 중대한, 심각한 recall[rikɔ́:l] 회수, 리콜
replacement[ripléismənt] 교체품, 교체

21

해석 몇몇 고객들에게 무엇이 제공될 것인가?

(A) 추가 배터리
(B) 상품권
(C) 무료 체험 기간
(D) 무료 케이스

해설 몇몇 고객들에게 제공될 것을 묻는 문제이므로, 질문의 핵심어구(provided)와 관련된 내용을 주의 깊게 듣는다. "We'll ~ provide a carrying case at no charge to make up for the inconvenience."라며 불편에 대해 보상하기 위해 휴대용 케이스를 무료로 제공할 것이라고 하였다. 따라서 정답은 (D) A complimentary case이다. (at no charge → complimentary)

[22-24] 호주

Questions 22-24 refer to the following introduction.

Sitting next to me is Jeffrey Duke, our new human resources manager. As one of his first tasks, [22]**Mr. Duke is going to conduct an extensive set of staff evaluations.** Now, [23]**I know evaluations normally take two or more weeks to complete, but our CEO will be visiting next week. That's why Mr. Duke will need to meet with each of you in the next few days** to discuss your job performance and set some goals. Once he's had a chance to do so, [24]**I'll sit down with him on Friday to discuss potential staff pay raises**. OK, that's all for now.

conduct[kəndʌ́kt] 실시하다, 시행하다
extensive[iksténsiv] 광범위한, 폭넓은 evaluation[ivæ̀ljuéiʃən] 평가
performance[미 pərfɔ́:rməns, 영 pəfɔ́:məns] 실적, 성과
potential[pəténʃəl] 잠재적인

해석

22-24는 다음 소개에 관한 문제입니다.

제 옆에 앉아 계신 분은 우리의 새 인사 담당자인 Jeffrey Duke입니다. 그의 첫 번째 업무 중 하나로, [22]**Mr. Duke는 광범위한 일련의 직원 평가를 실시할 것입니다.** 자, [23]**보통 평가는 완료되는 데 2주 또는 그 이상 걸린다는 것을 알고 있지만, 우리 CEO가 다음 주에 방문할 것입니다.** 이것이 Mr. Duke가 업무 실적을 논의하고 목표를 세우기 위해 **앞으로 며칠 동안 여러분을 각각 만나야 하는 이유입니다.** 그가 이렇게 할 기회를 가지고 나면, [24]**금요일에 제가 그와 잠재적인 직원 급여 인상을 논의하기 위해 만날 것입니다.** 좋습니다, 지금은 그게 다입니다.

22

해석 Mr. Duke는 무엇을 할 것인가?

(A) 평가를 수행한다.
(B) 오류들을 수정한다.
(C) 직원들을 교육시킨다.
(D) 손님들을 접대한다.

해설 Mr. Duke가 할 것을 묻는 문제이므로, 질문의 핵심어구(Mr. Duke going to do)와 관련된 내용을 주의 깊게 듣는다. "Mr. Duke is going to conduct ~ staff evaluations."이라며 Mr. Duke가 직원 평가를 실시할 것이라고 하였다. 따라서 정답은 (A) Carry out assessments이다. (evaluations → assessments)

어휘 assessment[əsésmənt] 평가 personnel[미 pə̀:rsənél, 영 pə̀:sənél] 직원

23

해석 화자는 "우리 CEO가 다음 주에 방문할 것입니다"라고 말할 때 무엇을 의도하는가?

(A) 프로젝트가 예상보다 잘 진행되었다.
(B) 결정이 곧 발표될 것이다.
(C) 관리자가 계획에 대해 자신 있다.
(D) 절차가 서둘러져야 한다.

해설 화자가 하는 말의 의도를 묻는 문제이므로, 질문의 인용어구(our CEO will be visiting next week)가 언급된 주변을 주의 깊게 듣는다. "I know evaluations normally take two or more weeks to complete, but our CEO will be visiting next week."라며 보통 평가는 완료되는 데 2주 또는 그 이상 걸린다는 것을 알고 있지만 자신들의 CEO가 다음 주에 방문할 것이라고 한 뒤, "That's why Mr. Duke will need to meet with each of you in the next few days"라며 이것이 Mr. Duke가 앞으로 며칠 동안 청자들을 각각 만나야 하는 이유라고 한 말을 통해 절차가 서둘러져야 함을 알 수 있다. 따라서 정답은 (D) A process has to be rushed이다.

어휘 confident[미 kɑ́:nfədənt, 영 kɔ́nfidənt] 자신 있는
rush[rʌʃ] 서두르다, 재빨리 행하다

24

해석 화자는 금요일에 무엇을 할 것 같은가?

(A) 후보자들을 인터뷰한다.
(B) 직원 임금을 논의한다.

(C) 직원들에게 보고서를 공개한다.
(D) 중요한 발표를 한다.

해설 화자가 금요일에 할 일을 묻는 문제이므로, 질문의 핵심어구(Friday)가 언급된 주변을 주의 깊게 듣는다. "I'll sit down with him[Mr. Duke] on Friday to discuss potential staff pay raises"라며 금요일에 자신이 Mr. Duke와 잠재적인 직원 급여 인상을 논의하기 위해 만날 것이라고 한 말을 통해 화자가 금요일에 직원 임금을 논의할 것임을 알 수 있다. 따라서 정답은 (B) Discuss employee wages이다. (staff → employee, pay → wages)

어휘 candidate [kǽndidət] 후보자, 지원자 wage [weidʒ] 임금, 급여

[25-27] 영국

Questions 25-27 refer to the following advertisement and brochure.

Beginning next Monday, [25]**South Side Auto is having its first-ever Year-End Savings sale! The event will take place throughout December** and will feature discounts on all our vehicles. This includes our most popular hybrid cars. [26]**Even our two-door model will be available for $5,000 less than its regular price.** As if that isn't enough, [27]**you can also receive free floor mats simply by mentioning this advertisement to our sales associates**. So, hurry on down to South Side Auto today. You won't regret it!

first-ever [미 fə́:rstévər, 영 fə̀:stévə] 사상 최초의, 생전 처음의
feature [미 fí:tʃər, 영 fí:tʃə] 특별히 포함하다, 특징으로 하다 regular price 정가
sales associate 영업 사원

해석

25-27은 다음 광고와 책자에 관한 문제입니다.

다음 주 월요일부터, [25]**South Side Auto는 사상 최초의 연말 할인 판매를 할 것입니다! 이 행사는 12월 내내 진행될 것**이고 저희의 모든 차량들에 대한 할인을 특별히 포함할 것입니다. 여기에는 가장 인기 있는 하이브리드 차가 포함됩니다. [26]**문이 두 개인 모델도 정가보다 5천 달러 낮은 가격에 구매 가능할 것입니다.** 게다가, [27]**저희 영업 사원에게 이 광고를 언급하시기만 하면 무료 바닥 매트도 받으실 수 있습니다**. 그러니, 오늘 South Side Auto로 서둘러 오세요. 후회하지 않으실 것입니다!

South Side Auto 하이브리드 모델 (소매가)	
CTS 35,000달러	XR-4 31,000달러
[26]TT Sport 37,000달러	Root 5 33,000달러

25

해석 할인 판매에 대해 무엇이 언급되는가?
(A) 특정 차량들에 제한된다.
(B) 한 달 동안 지속될 것이다.
(C) 기존 고객들만을 위한 것이다.
(D) 몇 년 동안 매년 진행되었다.

해설 할인 판매에 대해 언급되는 것을 묻는 문제이므로, 질문의 핵심어구(sale)가 언급된 주변을 주의 깊게 듣는다. "South Side Auto is having ~ Year-End Savings sale! The event will take place throughout December"라며 South Side Auto가 연말 할인 판매를 할 것이고 이 행사는 12월 내내 진행될 것이라고 하였다. 따라서 정답은 (B) It will last for one month이다. (take place throughout December → last for one month)

어휘 existing [igzístiŋ] 기존의

26

해석 시각 자료를 보아라. 어떤 모델이 5천 달러가 할인되는가?
(A) CTS
(B) XR-4
(C) TT Sport
(D) Root 5

해설 5천 달러가 할인되는 모델을 묻는 문제이므로, 제시된 책자의 정보를 확인한 뒤 질문의 핵심어구(model is $5,000 off)와 관련된 내용을 주의 깊게 듣는다. "Even our two-door model will be available for $5,000 less than its regular price."라며 문이 두 개인 모델도 정가보다 5천 달러 낮은 가격에 구매 가능할 것이라고 하였으므로, 문이 두 개인 모델인 TT Sport가 5천 달러 할인됨을 책자에서 알 수 있다. 따라서 정답은 (C) TT Sport이다. ($5,000 off → $5,000 less than its regular price)

27

해석 청자들은 어떻게 무료 부속품을 받을 수 있는가?
(A) 특정 날짜에 차를 구입함으로써
(B) 소셜 미디어 페이지를 팔로우함으로써
(C) 전화 설문 조사에 응답함으로써
(D) 직원에게 광고에 대해 언급함으로써

해설 청자들이 무료 부속품을 받을 수 있는 방법을 묻는 문제이므로, 질문의 핵심어구(receive a free accessory)와 관련된 내용을 주의 깊게 듣는다. "you can also receive free floor mats simply by mentioning this advertisement to our sales associates"라며 영업 사원에게 이 광고를 언급하기만 하면 무료 바닥 매트도 받을 수 있다고 하였다. 따라서 정답은 (D) By telling staff about a commercial이다. (mentioning → telling, sales associates → staff, advertisement → commercial)

어휘 specific [spəsífik] 특정한, 구체적인
questionnaire [kwèstʃənɛ́ər] 설문 조사, 설문지
commercial [kəmə́:rʃl] 광고; 상업의

[28-30] 캐나다

Questions 28-30 refer to the following excerpt from a meeting and graph.

[28]**As you all know, we were recently selected by *Accommodation Magazine* as the best hotel in Grand City.** This is a huge honor for us, and you all deserve recognition for your hard work, which made this possible. Nevertheless, there are still ways we can improve our business. [29]**I sent out a customer satisfaction survey last week**, and the respondents feel that four of our services in particular—guided tours, transportation, food, and scheduling—can be improved. [30]**Steps have already been taken to address the service that received the most negative feedback. So, I want to spend a few minutes discussing customers' next-largest area of concern.**

deserve [dizə́:rv] 받을 만하다 recognition [rèkəgníʃən] 인정, 감사
respondent [rispándənt] 응답자 in particular 특히
concern [kənsə́:rn] 걱정, 관심사

해석

28-30은 다음 회의 발췌록과 그래프에 관한 문제입니다.

[28]**여러분 모두가 알다시피, 우리는 최근에 *Accommodation Magazine*에 의해 Grand 도시의 최고 호텔로 선정되었습니다.** 이것은 우리에게 큰 영광이며 여러분 모두는 이것을 가능하도록 만든 노고에 대해 인정을 받을 만합니다. 그럼에도 불구하고 여전히 우리에게는 사업을 개선시킬 수 있는 방법들이 있습니다. [29]**저는 지난주에 고객 만족 설문 조사서를 발송했고**, 응답자들은 특히 가이드 여행, 교통, 음식, 그리고 일정 관리의 네 가지 서비스가 개선될 수 있다고 느낍니다. [30]**가장 부정적인 의견을 받은 서비스를 검토하기 위한 단계들은 이미 수립되었습니다. 그래서 저는 고객들의 다음으로 가장 큰 걱정에 대해 논의하는 데 몇 분을 쓰고자 합니다.**

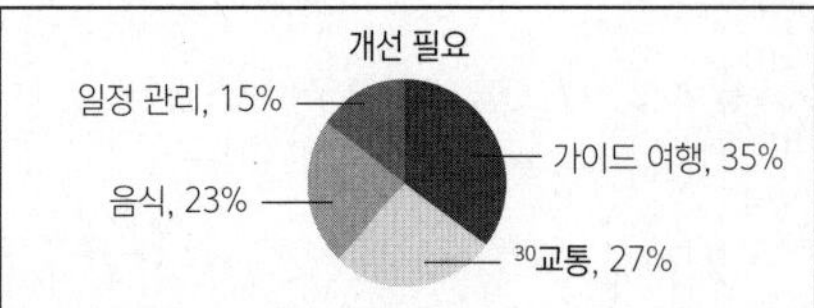

28

해석 청자들은 누구인 것 같은가?
(A) 여행 가이드들
(B) 버스 운전기사들
(C) 잡지사 직원들
(D) 호텔 직원들

해설 청자들의 신분을 묻는 문제이므로, 신분 및 직업과 관련된 표현을 놓치지 않고 듣는다. "As you all know, we were recently selected by *Accommodation Magazine* as the best hotel in Grand City."라며 청자들 모두가 알다시피, 자신들이 최근에 *Accommodation Magazine*에 의해 Grand의 최고 호텔로 선정되었다고 한 것을 통해 화자들이 호텔 직원임을 알 수 있다. 따라서 정답은 (D) Hotel staff이다.

어휘 **employee** [emplɔ́iiː] 직원

29

해석 화자는 지난주에 무엇을 했는가?
(A) 설문지를 배포했다.
(B) 특별 행사를 열었다.
(C) 기존의 방침을 변경했다.
(D) 메뉴 선택권을 늘렸다.

해설 화자가 지난주에 한 일을 묻는 문제이므로, 질문의 핵심어구(last week)가 언급된 주변을 주의 깊게 듣는다. "I sent out a customer satisfaction survey last week"이라며 지난주에 고객 만족 설문 조사서를 발송했다고 하였다. 따라서 정답은 (A) Distributed questionnaires이다. (customer satisfaction survey → questionnaires)

어휘 **distribute** [distríbjuːt] 배포하다 **existing** [igzístiŋ] 기존의, 현재의

30

해석 시각 자료를 보아라. 화자는 어느 서비스에 집중하고 싶어 하는가?
(A) 가이드 여행
(B) 교통
(C) 음식
(D) 일정 관리

해설 화자가 집중하고 싶어 하는 서비스를 묻는 문제이므로, 제시된 그래프의 정보를 확인한 뒤 질문의 핵심어구(service ~ want to focus on)와 관련된 내용을 주의 깊게 듣는다. "Steps have already been taken to address the service that received the most negative feedback. So, I want to spend a few minutes discussing customers' next-largest area of concern."이라며 가장 부정적인 의견을 받은 서비스를 검토하기 위한 단계들은 이미 수립되어서, 고객들의 다음으로 가장 큰 걱정에 대해 논의할 것이라고 하였으므로, 화자가 고객들의 두 번째로 가장 큰 걱정인 교통에 집중하고 싶어함을 그래프에서 알 수 있다. 따라서 정답은 (B) Transportation이다.

실전모의고사 1

Part 1					p. 304
1. (A)	2. (C)	3. (B)	4. (D)	5. (C)	6. (B)
Part 2					p. 308
7. (C)	8. (C)	9. (A)	10. (B)	11. (A)	12. (B)
13. (C)	14. (B)	15. (A)	16. (B)	17. (C)	18. (C)
19. (B)	20. (A)	21. (A)	22. (B)	23. (C)	24. (A)
25. (B)	26. (C)	27. (A)	28. (A)	29. (B)	30. (A)
31. (C)					
Part 3					p. 309
32. (C)	33. (D)	34. (D)	35. (B)	36. (A)	37. (C)
38. (D)	39. (C)	40. (A)	41. (B)	42. (A)	43. (B)
44. (D)	45. (A)	46. (B)	47. (B)	48. (C)	49. (B)
50. (A)	51. (C)	52. (D)	53. (D)	54. (C)	55. (A)
56. (B)	57. (C)	58. (A)	59. (C)	60. (A)	61. (C)
62. (B)	63. (B)	64. (C)	65. (D)	66. (D)	67. (B)
68. (A)	69. (A)	70. (A)			
Part 4					p. 313
71. (C)	72. (B)	73. (A)	74. (A)	75. (D)	76. (B)
77. (C)	78. (D)	79. (C)	80. (A)	81. (B)	82. (C)
83. (C)	84. (B)	85. (A)	86. (A)	87. (C)	88. (D)
89. (D)	90. (A)	91. (D)	92. (B)	93. (D)	94. (C)
95. (D)	96. (C)	97. (B)	98. (A)	99. (D)	100. (B)

1 캐나다

(A) He is going up a staircase.
(B) He is tying his shoes.
(C) He is crossing a road.
(D) He is holding some documents.

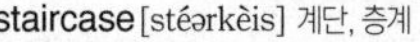
staircase [stέərkèis] 계단, 층계

해석 (A) 그는 계단을 올라가고 있다.
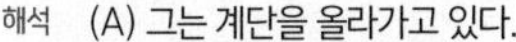
(B) 그는 신발 끈을 묶고 있다.
(C) 그는 길을 건너고 있다.
(D) 그는 몇몇 서류들을 들고 있다.

해설 1인 사진/야외 사진. 한 남자가 건물 밖의 계단을 올라가고 있는 모습을 주의 깊게 살핀다.
(A) [○] 계단을 올라가고 있는 남자의 모습을 가장 정확히 묘사한 정답이다.
(B) [×] tying(묶고 있다)은 남자의 동작과 무관하므로 오답이다.
(C) [×] crossing a road(길을 건너고 있다)는 남자의 동작과 무관하므로 오답이다.
(D) [×] 남자가 들고 있는 것이 서류(documents)가 아니므로 오답이다. holding(들고 있다)을 듣고서 정답으로 선택하지 않도록 주의한다.

2 미국

(A) They are operating equipment.
(B) They are sitting on a roof.
(C) A man is handing over a toolbox.
(D) A man is setting up a ladder.

toolbox [tú:lbɑ:ks] 공구 상자, 연장통 set up 세우다, 설치하다

해석 (A) 그들은 장비를 작동시키고 있다.
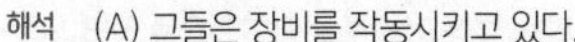
(B) 그들은 지붕 위에 앉아 있다.
(C) 한 남자가 공구 상자를 건네주고 있다.
(D) 한 남자가 사다리를 세우고 있다.

해설 2인 이상 사진/건물 외부 사진. 건물 밖에서 작업을 하고 있는 남자들과 주변 사물들의 상태를 주의 깊게 살핀다.
(A) [×] operating(작동시키고 있다)은 남자들의 공통된 동작과 무관하므로 오답이다. equipment(장비)를 듣고서 정답으로 선택하지 않도록 주의한다.
(B) [×] sitting(앉아 있다)은 남자들의 공통된 동작과 무관하므로 오답이다. roof(지붕)를 듣고서 정답으로 선택하지 않도록 주의한다.
(C) [○] 한 남자가 다른 남자에게 공구 상자를 건네주고 있는 모습을 가장 잘 묘사한 정답이다.
(D) [×] setting up(세우고 있다)은 사진 속 어느 남자의 동작과도 무관하므로 오답이다. ladder(사다리)를 듣고서 정답으로 선택하지 않도록 주의한다.

3 호주

(A) Plates have been stacked on a table.
(B) One of the people is serving food.
(C) One of the people is sipping from a cup.
(D) Glasses have been set on a tray.

stack [stæk] 쌓다, 포개다 sip [sip] (음료를) 마시다, 홀짝이다

해석 (A) 접시들이 탁자 위에 쌓여 있다.
(B) 사람들 중 한 명이 음식을 가져다주고 있다.
(C) 사람들 중 한 명이 컵으로 음료를 조금씩 마시고 있다.
(D) 유리잔들이 쟁반 위에 놓여 있다.

해설 2인 이상 사진/식당 사진. 식당에서 종업원이 손님들에게 음식을 가져다주고 있는 상황임을 확인한다.
(A) [×] 사진에서 탁자 위에 쌓인 접시들을 확인할 수 없으므로 오답이다.
(B) [○] 한 여자가 다른 사람들에게 음식을 가져다주고 있는 모습을 가장 잘 묘사한 정답이다.
(C) [×] 사진에 컵으로 음료를 마시고 있는 사람이 없으므로 오답이다.
(D) [×] 사진에서 쟁반 위에 놓인 유리잔들을 확인할 수 없으므로 오답이다.

4 영국

(A) Shopping baskets are being filled.
(B) A woman is pushing a cart.
(C) A woman is preparing a meal.
(D) Containers are stocked with groceries.

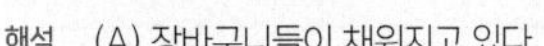
shopping basket 장바구니 stock [stɑ:k] 채우다, 저장하다

해석 (A) 장바구니들이 채워지고 있다.
(B) 여자는 카트를 밀고 있다.
(C) 여자는 식사를 준비하고 있다.
(D) 용기들이 식료품들로 채워져 있다.

해설 1인 사진/상점 사진. 한 여자가 물건에 손을 뻗고 있는 모습과 주변 사물의 상태를 주의 깊게 확인한다.
(A) [×] 사진에서 장바구니(Shopping baskets)를 확인할 수 없으므로 오답이다.
(B) [×] pushing(밀고 있다)은 여자의 동작과 무관하므로 오답이다.
(C) [×] preparing a meal(식사를 준비하고 있다)은 여자의 동작과 무관하므로 오답이다.

(D) [o] 용기들에 식료품들이 담겨 있는 모습을 가장 정확히 묘사한 정답이다.

5 미국

(A) Some flags are suspended over a street.
(B) Some boats are leaving a harbor.
(C) Some buildings are overlooking the water.
(D) Some vehicles are boarding a ferry.

suspend [səspénd] 매달다, 걸다
overlook [미 òuvərlúk, 영 òuvəlúk] 바라보다, 내려다보다
board [미 bɔːrd, 영 bɔːd] 올라타다

해석 (A) 몇몇 깃발들이 길 위에 매달려 있다.
(B) 몇몇 배들이 항구를 떠나고 있다.
(C) 몇몇 건물들이 물가를 바라보고 있다.
(D) 몇몇 차량들이 배에 올라타고 있다.

해설 사물 및 풍경 사진/야외 사진. 물가에 배와 건물들이 있는 전반적인 풍경을 확인한다.
(A) [×] 사진에서 길 위에 매달려 있는 깃발들을 확인할 수 없으므로 오답이다.
(B) [×] 사진에 항구를 떠나고 있는 배가 없으므로 오답이다.
(C) [o] 건물들이 물가를 향해 있는 모습을 가장 잘 묘사한 정답이다.
(D) [×] 사진에서 배에 오르고 있는 차량들을 확인할 수 없으므로 오답이다.

6 호주

(A) They are delivering some packages.
(B) One of the women is using a clipboard.
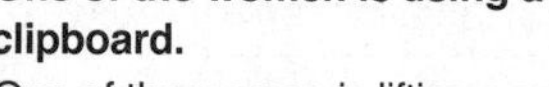
(C) One of the women is lifting a carton.
(D) They are trying on some clothes.

carton [미 káːrtn, 영 káːtn] 상자, 통

해석 (A) 그들은 몇몇 소포들을 배달하고 있다.
(B) 여자들 중 한 명은 클립보드를 사용하고 있다.
(C) 여자들 중 한 명은 상자를 들어 올리고 있다.
(D) 그들은 몇몇 옷들을 입어 보고 있다.

해설 2인 이상 사진/기타 작업실 사진. 사람들이 물건을 보고 있는 모습과 주변 사물들의 상태를 주의 깊게 살핀다.
(A) [×] delivering(배달하고 있다)은 사람들의 공통된 동작과 무관하므로 오답이다.
(B) [o] 한 여자가 클립보드에 무언가를 쓰고 있는 모습을 가장 잘 묘사한 정답이다.
(C) [×] lifting a carton(상자를 들어 올리고 있다)은 사진 속 어느 여자의 동작과도 무관하므로 오답이다. carton(상자)을 듣고서 정답으로 선택하지 않도록 주의한다.
(D) [×] trying on(입어 보고 있다)은 사람들의 공통된 동작과 무관하므로 오답이다. clothes(옷들)를 듣고서 정답으로 선택하지 않도록 주의한다.

7 캐나다 → 영국

Whose idea did you pick for the company logo?
(A) I will pick it up later.
(B) That is our school's logo.
(C) I liked Sandy's.

pick up 찾아오다, 태우러 가다

해석 회사 로고에 대해서 누구의 아이디어를 택하셨나요?
(A) 제가 나중에 그것을 찾아올게요.
(B) 그것은 우리 학교의 로고예요.
(C) 전 Sandy의 것이 마음에 들었어요.

해설 회사 로고에 대해서 누구의 아이디어를 택했는지를 묻는 Whose 의문문이다.
(A) [×] 질문의 pick(택하다)을 '찾아오다'라는 의미의 pick up으로 반복 사용하여 혼동을 준 오답이다.
(B) [×] 질문의 logo(로고)를 반복 사용하여 혼동을 준 오답이다.
(C) [o] Sandy라는 특정 인물을 언급했으므로 정답이다.

8 미국 → 호주

The showroom is being repainted, isn't it?
(A) Show them all of the samples.
(B) The painting is hanging on the wall.
(C) I believe that's already done.

showroom [미 ʃóuruːm, 영 ʃə́uruːm] 전시실, 진열실 hang [hæŋ] 걸리다, 매달리다

해석 전시실이 다시 페인트칠해지는 중이죠, 안 그런가요?
(A) 그들에게 견본 전부를 보여주세요.
(B) 그 그림이 벽에 걸리고 있어요.
(C) 이미 다 된 것 같아요.

해설 전시실이 다시 페인트칠해지고 있는지를 확인하는 부가 의문문이다.
(A) [×] them이 나타내는 대상이 질문에 없고, showroom-Show them의 유사 발음 어휘를 사용하여 혼동을 준 오답이다.
(B) [×] repainted-painting의 유사 발음 어휘를 사용하여 혼동을 준 오답이다.
(C) [o] 이미 다 된 것 같다는 말로 전시실이 다시 페인트칠해지는 중이 아님을 간접적으로 전달했으므로 정답이다.

9 캐나다 → 미국

When does your flight take off?
(A) In an hour.
(B) Take the next exit.
(C) At a different airport.

exit [égzit, éksit] 출구, 퇴장

해석 당신 비행기가 언제 이륙하나요?
(A) 한 시간 후에요.
(B) 다음 출구를 이용하세요.
(C) 다른 공항에서요.

해설 비행기가 언제 이륙하는지를 묻는 When 의문문이다.
(A) [o] In an hour(한 시간 후에)라는 미래의 특정 시점을 언급했으므로 정답이다.
(B) [×] 질문의 take off(이륙하다)를 '이용하다, 가다'라는 의미의 take로 반복 사용하여 혼동을 준 오답이다.
(C) [×] flight(비행기)와 관련된 airport(공항)를 사용하여 혼동을 준 오답이다.

10 영국 → 호주

Where will you be teaching next semester?
(A) With a university degree.
(B) In Boston again.
(C) Starting in March.

degree [digríː] 학위, 정도

해석 다음 학기에 어디에서 가르치실 건가요?
(A) 대학 학위로요.
(B) 다시 보스턴에서요.
(C) 3월부터요.

해설 다음 학기에 어디에서 가르칠 것인지를 묻는 Where 의문문이다.
(A) [×] teaching(가르치다), semester(학기)와 관련된 university(대학)를 사용하여 혼동을 준 오답이다.
(B) [o] In Boston(보스턴에서)이라는 특정 장소를 언급했으므로 정답이다.
(C) [×] 가르칠 장소를 물었는데 시점으로 응답했으므로 오답이다.

11 캐나다 → 미국

How many times did we reach our sales goal last year?
(A) You should check the annual report.
(B) The sale lasts for a week.
(C) I'd need a ladder to reach it.

reach [riːtʃ] 달성하다, 집다

해석 우리가 작년에 몇 번이나 판매 목표를 달성했나요?
(A) 연례 보고서를 확인해보세요.
(B) 할인 판매는 일주일 동안 계속돼요.
(C) 그것을 집으려면 사다리가 필요할 거예요.

해설 작년에 몇 번이나 판매 목표를 달성했는지를 묻는 How 의문문이다. How many times가 횟수를 묻는 것임을 이해할 수 있어야 한다.
(A) [o] 연례 보고서를 확인해보라는 말로 모른다는 간접적인 응답을 했으므로 정답이다.
(B) [x] 질문의 sale(판매)을 '할인 판매'라는 의미로 반복 사용하여 혼동을 준 오답이다.
(C) [x] 질문의 reach(달성하다)를 '집다'라는 의미로 반복 사용하여 혼동을 준 오답이다.

12 호주 → 미국

Could you please ask everyone for identification?
(A) She couldn't come up with an answer.
(B) Of course. I always do that.
(C) I cannot identify it from the picture.

identification [aidèntifikéiʃən] 신분증, 신분 증명
come up with 제시하다, 떠올리다 identify [aidéntifài] 찾다, 확인하다

해석 모두에게 신분증을 요구해주시겠어요?
(A) 그녀는 해답을 제시하지 못했어요.
(B) 물론이죠. 저는 항상 그렇게 합니다.
(C) 저는 사진에서 그것을 찾을 수가 없어요.

해설 모두에게 신분증을 요구해달라는 요청 의문문이다. Could you please가 요청하는 표현임을 이해할 수 있어야 한다.
(A) [x] She가 나타내는 대상이 질문에 없고, 질문의 could를 반복 사용하여 혼동을 준 오답이다.
(B) [o] Of course(물론이죠)로 요청을 수락했으므로 정답이다.
(C) [x] Could you로 묻는 질문에 I cannot을 사용하고, identification의 파생어인 identify를 사용하여 혼동을 준 오답이다.

13 미국 → 영국

The drive to Blaise Stadium should take less than one hour.
(A) Did you enjoy it?
(B) We stayed shorter than that.
(C) I expected it to be longer.

expect [ikspékt] 예상하다, 기대하다

해석 Blaise 경기장에 운전해서 가는 것은 한 시간보다 더 적게 걸릴 거예요.
(A) 그것이 재미있었나요?
(B) 우리는 그것보다 더 짧게 머물렀어요.
(C) 전 더 오래 걸릴 것이라고 예상했어요.

해설 Blaise 경기장에 운전해서 가는 것은 한 시간보다 더 적게 걸릴 것이라는 의견을 전달하는 평서문이다.
(A) [x] drive(운전해서 가는 것)를 가리킬 수 있는 it(그것)을 사용하고, Stadium(경기장)에서 연상할 수 있는 운동 경기와 관련된 enjoy(즐기다)를 사용하여 혼동을 준 오답이다.
(B) [x] less than(~보다 더 적게)과 관련된 shorter than(~보다 더 짧게)을 사용하여 혼동을 준 오답이다.
(C) [o] 더 오래 걸릴 것이라고 예상했다는 말로 추가 의견을 제시했으므로 정답이다.

14 미국 → 호주

Does my order qualify for the discount?
(A) It's the highest-quality service in the city.
(B) Unfortunately, the promotion ended yesterday.
(C) I didn't count how many there are.

qualify for ~의 대상으로 적합하다, 자격을 얻다
unfortunately [미 ʌnfɔ́ːrtʃənətli, 영 ʌnfɔ́ːtʃənətli] 안타깝게도, 불행히도

해석 제 주문이 할인 대상으로 적합한가요?
(A) 그것은 시에서 가장 고급인 서비스입니다.
(B) 안타깝게도, 판촉 행사가 어제 끝났습니다.
(C) 거기에 얼마나 많이 있는지 세보지 않았어요.

해설 주문이 할인 대상으로 적합한지를 확인하는 조동사(Do) 의문문이다.
(A) [x] qualify-quality의 유사 발음 어휘를 사용하여 혼동을 준 오답이다.
(B) [o] 안타깝게도 판촉 행사가 어제 끝났다는 말로 할인 대상으로 적합하지 않음을 간접적으로 전달했으므로 정답이다.
(C) [x] discount-didn't count의 유사 발음 어휘를 사용하여 혼동을 준 오답이다.

15 영국 → 호주

The new president is very persuasive, don't you agree?
(A) She is also very knowledgeable.
(B) They have not reached an agreement.
(C) In the president's office.

persuasive [미 pərswéisiv, 영 pəswéisiv] 설득력 있는
knowledgeable [미 náːlidʒəbl, 영 nɔ́lidʒəbl] 박식한, 총명한

해석 새로 오신 사장님은 매우 설득력 있어요, 동의하지 않나요?
(A) 그녀는 또한 매우 박식해요.
(B) 그들은 합의에 이르지 못했어요.
(C) 사장님 사무실에서요.

해설 새로 온 사장님이 매우 설득력 있는지를 확인하는 부가 의문문이다.
(A) [o] 그녀는 또한 매우 박식하다는 말로 새로 온 사장님이 매우 설득력 있다는 것에 간접적으로 동의하면서 박식하다는 추가적인 의견을 전달했으므로 정답이다.
(B) [x] They가 나타내는 대상이 질문에 없고, agree의 파생어인 agreement를 사용하여 혼동을 준 오답이다.
(C) [x] 질문의 president를 반복 사용하여 혼동을 준 오답이다.

16 미국 → 영국

Haven't you seen the new play at the Dearborn Theater?
(A) I don't like to play tennis.
(B) I have tickets for next week.
(C) I've never seen that actor.

해석 Dearborn 극장에서 새 연극을 보지 않았나요?
(A) 저는 테니스 치는 것을 좋아하지 않아요.
(B) 다음 주 표가 있어요.
(C) 그 배우를 본 적이 없어요.

해설 Dearborn 극장에서 새 연극을 보지 않았는지의 사실을 확인하는 부정 의문문이다.
(A) [x] 질문의 play(연극)를 '(경기를) 하다'라는 의미로 반복 사용하여 혼동을 준 오답이다.
(B) [o] 다음 주 표가 있다는 말로 새 연극을 아직 보지 않았음을 간접적으로 전달했으므로 정답이다.
(C) [x] Haven't you seen으로 묻는 질문에 I've never seen을 사용하고, play(연극)와 관련된 actor(배우)를 사용하여 혼동을 준 오답이다.

17 미국 → 호주

Which figures should we include in our proposal?
(A) By adding them.
(B) Yes, it has been approved.
(C) The latest ones.

figure [미 fígjər, 영 fígə] 수치, 숫자 approve [əprúːv] 승인하다

해석 어떤 수치들을 우리의 제안서에 포함시켜야 할까요?
(A) 그것들을 추가해서요.
(B) 네, 그것은 승인되었어요.
(C) 가장 최신 것들이요.

해설 어떤 수치들을 제안서에 포함시켜야 할지를 묻는 Which 의문문이다. Which figures를 반드시 들어야 한다.
(A) [×] include(포함하다)와 관련된 adding(추가하다)을 사용하여 혼동을 준 오답이다.
(B) [×] 의문사 의문문에 Yes로 응답하고, proposal(제안서)과 관련된 approved(승인하다)를 사용하여 혼동을 준 오답이다.
(C) [○] The latest ones(가장 최신 것들)라는 특정 수치를 언급했으므로 정답이다.

18 캐나다 → 영국

Is Ms. Crenshaw still leading the marketing department?
(A) All the business leaders.
(B) The advertising campaign was a success.
(C) She has been appointed as CEO.

business leader 기업주 appoint [əpɔ́int] 임명하다, 지명하다

해석 Ms. Crenshaw가 여전히 마케팅 부서를 지휘하나요?
(A) 모든 기업주들이요.
(B) 광고 캠페인이 성공이었어요.
(C) 그녀는 최고경영자로 임명되었어요.

해설 Ms. Crenshaw가 여전히 마케팅 부서를 지휘하는지를 확인하는 Be 동사 의문문이다.
(A) [×] leading의 파생어인 leader를 사용하여 혼동을 준 오답이다.
(B) [×] marketing(마케팅)과 관련된 advertising(광고)을 사용하여 혼동을 준 오답이다.
(C) [○] 그녀가 최고경영자로 임명되었다는 말로 마케팅 부서를 지휘하지 않음을 간접적으로 전달했으므로 정답이다.

19 미국 → 캐나다

When should I be ready to receive the delivery?
(A) By a delivery person.
(B) It will be there shortly.
(C) At the main entrance.

main entrance 정문

해석 제가 배송을 언제 받을 준비를 해야 할까요?
(A) 배달원을 통해서요.
(B) 곧 그곳에 도착할 거예요.
(C) 정문에서요.

해설 배송을 언제 받을 준비를 해야 할지를 묻는 When 의문문이다.
(A) [×] 질문의 delivery를 반복 사용하고, 배송을 언제 받을 준비를 해야 할지를 물었는데 방법으로 응답했으므로 오답이다.
(B) [○] shortly(곧)라는 불확실한 시점으로 응답했으므로 정답이다.
(C) [×] 배송을 언제 받을 준비를 해야 할지를 물었는데 장소로 응답했으므로 오답이다.

20 호주 → 영국

Where can I find the printer ink?
(A) Mark went to the store.
(B) I think you're right about that.
(C) Yes, I'll print several.

해석 프린터 잉크를 어디에서 찾을 수 있나요?
(A) Mark가 상점에 갔어요.
(B) 그것에 대해서 당신이 맞는 것 같아요.
(C) 네, 제가 몇 장을 인쇄할게요.

해설 프린터 잉크를 어디에서 찾을 수 있는지를 묻는 Where 의문문이다.
(A) [○] Mark가 상점에 갔다는 말로 현재 프린터 잉크가 없음을 간접적으로 전달했으므로 정답이다.
(B) [×] find(찾다)에서 연상할 수 있는 방향과 관련된 right(오른쪽)를 '맞는'이라는 의미로 사용하여 혼동을 준 오답이다.
(C) [×] 의문사 의문문에 Yes로 응답하고, printer의 파생어인 print를 사용하여 혼동을 준 오답이다.

21 캐나다 → 호주

Who did you meet with earlier today?
(A) I was dealing with a new client.
(B) I'm taking an earlier train.
(C) I hope it will meet your needs.

meet [miːt] 만나다, 충족시키다 deal with 상대하다, 처리하다

해석 오늘 아까 누구와 만났나요?
(A) 새로운 고객을 상대하고 있었어요.
(B) 전 더 이른 기차를 탈 거예요.
(C) 그것이 당신의 요구를 충족시키기를 바랍니다.

해설 오늘 아까 누구와 만났는지를 묻는 Who 의문문이다.
(A) [○] new client(새로운 고객)라는 특정 인물을 언급했으므로 정답이다.
(B) [×] 질문의 earlier(아까)를 '더 이른'이라는 의미로 반복 사용하여 혼동을 준 오답이다.
(C) [×] it이 나타내는 대상이 질문에 없고, 질문의 meet(만나다)을 '충족시키다'라는 의미로 반복 사용하여 혼동을 준 오답이다.

22 캐나다 → 영국

Should we buy a new printer or a photocopier?
(A) Put the documents on my desk.
(B) We need both, actually.
(C) Ask someone to print the report.

photocopier [미 fóutoukɑːpiər, 영 fə́utəukɔpiə] 복사기

해석 우리가 새 프린터를 사야 할까요, 아니면 복사기를 사야 할까요?
(A) 그 서류들을 제 책상 위에 두세요.
(B) 사실 우리는 둘 다 필요해요.
(C) 누군가에게 보고서를 인쇄해달라고 부탁하세요.

해설 사야 할 것으로 새 프린터와 복사기 중 하나를 선택하도록 요구하는 선택 의문문이다.
(A) [×] printer(프린터), photocopier(복사기)와 관련된 documents(서류들)를 사용하여 혼동을 준 오답이다.
(B) [○] We need both(둘 다 필요해요)로 둘 다 선택했으므로 정답이다.
(C) [×] printer의 파생어인 print를 사용하고, printer(프린터), photocopier(복사기)와 관련된 report(보고서)를 사용하여 혼동을 준 오답이다.

23 미국 → 캐나다

Do you want to join me for dinner later?
(A) It's a formal dining establishment.

(B) She is an excellent cook.
(C) I already have plans.

formal [미 fɔ́:rməl, 영 fɔ́:məl] 격식을 차린, 형식적인 dining establishment 식당

해석 이따가 저와 같이 저녁 식사하실래요?
(A) 그곳은 격식 있는 식당이에요.
(B) 그녀는 훌륭한 요리사예요.
(C) 저는 이미 계획이 있어요.

해설 같이 저녁 식사를 하자는 제안 의문문이다. Do you want to가 제안하는 표현임을 이해할 수 있어야 한다.
(A) [x] It이 나타내는 대상이 질문에 없고, dinner(저녁 식사)와 관련된 dining establishment(식당)를 사용하여 혼동을 준 오답이다.
(B) [x] She가 나타내는 대상이 질문에 없고, dinner(저녁 식사)와 관련된 cook(요리사)을 사용하여 혼동을 준 오답이다.
(C) [o] I already have plans(저는 이미 계획이 있어요)로 제안을 간접적으로 거절했으므로 정답이다.

24 영국 → 호주

Why isn't Brandon participating in the trade show?
(A) Isn't he away on business?
(B) All the participating sponsors.
(C) It is the largest exhibition hall in the city.

participate [미 pa:rtísəpèit, 영 pa:tísipèit] 참석하다, 참가하다
on business 출장으로, 업무로

해석 Brandon은 왜 무역 박람회에 참석하지 않는 건가요?
(A) 그는 출장을 가 있지 않나요?
(B) 참가하는 모든 후원자들이요.
(C) 그것은 도시에서 가장 큰 전시장이에요.

해설 Brandon이 왜 무역 박람회에 참석하지 않는지를 묻는 Why 의문문이다.
(A) [o] 그가 출장을 가 있지 않은지를 되물어 Brandon이 무역 박람회에 참석하지 않는 이유를 간접적으로 언급했으므로 정답이다.
(B) [x] 질문의 participating(참석하다)을 '참가하는'이라는 의미로 반복 사용하여 혼동을 준 오답이다.
(C) [x] trade show(무역 박람회)와 관련된 exhibition hall(전시장)을 사용하여 혼동을 준 오답이다.

25 호주 → 미국

There have been some complaints regarding the contact form on the Web site.
(A) The survey can be completed online.
(B) Tom is trying to fix it.
(C) Please give them my regards.

regard [미 rigá:rd, 영 rigá:d] 안부, 존경

해석 웹사이트에 있는 연락 양식에 관한 불평들이 있었어요.
(A) 설문조사는 온라인에서 작성될 수 있습니다.
(B) Tom이 그것을 해결하려고 노력하고 있어요.
(C) 그들에게 안부를 전해주세요.

해설 웹사이트에 있는 연락 양식에 관한 불평들이 있었다는 문제점을 언급하는 평서문이다.
(A) [x] complaints-completed의 유사 발음 어휘를 사용하고, Web site(웹사이트)와 관련된 online(온라인에서)을 사용하여 혼동을 준 오답이다.
(B) [o] Tom이 그것을 해결하려고 노력하고 있다는 말로 해결책을 언급했으므로 정답이다.
(C) [x] regarding-regards의 유사 발음 어휘를 사용하여 혼동을 준 오답이다.

26 영국 → 캐나다

Has Ms. Bae commented on the expansion plans yet?
(A) My vacation plans have changed.
(B) The channel has a new commentator.
(C) I will ask her about that today.

comment [미 ká:ment, 영 kɔ́ment] 의견을 말하다, 논평하다
commentator [미 ká:məntèitər, 영 kɔ́məntèitə] 논평자

해석 Ms. Bae가 이미 확장 계획에 대해 의견을 말했나요?
(A) 제 휴가 계획이 바뀌었어요.
(B) 그 채널에 새로운 논평자가 있어요.
(C) 제가 그것에 대해서 오늘 그녀에게 물어볼게요.

해설 Ms. Bae가 이미 확장 계획에 대해 의견을 말했는지를 확인하는 조동사(Have) 의문문이다.
(A) [x] 질문의 plans를 반복 사용하여 혼동을 준 오답이다.
(B) [x] commented의 파생어인 commentator를 사용하여 혼동을 준 오답이다.
(C) [o] 그것에 대해서 오늘 그녀에게 물어보겠다는 말로 모르겠다는 간접적인 응답을 했으므로 정답이다.

27 미국 → 캐나다

How will you get to Orlando Airport on Saturday?
(A) The hotel has a shuttle.
(B) No, my flight leaves at 8 A.M.
(C) Let's meet on the weekend.

해석 토요일에 Orlando 공항에 어떻게 갈 건가요?
(A) 호텔에 셔틀버스가 있어요.
(B) 아니요, 제 비행기는 오전 8시에 출발해요.
(C) 주말에 만나요.

해설 토요일에 Orlando 공항에 어떻게 갈 것인지를 묻는 How 의문문이다. How가 방법을 묻는 것임을 이해할 수 있어야 한다.
(A) [o] shuttle(셔틀버스)이라는 방법을 언급했으므로 정답이다.
(B) [x] 의문사 의문문에 No로 응답하고, Airport(공항)와 관련된 flight(비행기)를 사용하여 혼동을 준 오답이다.
(C) [x] Saturday(토요일)와 관련된 weekend(주말)를 사용하여 혼동을 준 오답이다.

28 호주 → 미국

Would you rather go to the mall now or wait until lunchtime?
(A) I won't be available until noon.
(B) Both dishes were delicious.
(C) You made the right choice.

해석 지금 쇼핑몰에 가시겠어요, 아니면 점심시간까지 기다리시겠어요?
(A) 저는 정오나 되어서야 시간이 있을 거예요.
(B) 두 음식 다 맛있었어요.
(C) 당신은 올바른 선택을 했어요.

해설 쇼핑몰에 갈 시간으로 지금과 점심시간 중 하나를 선택하도록 요구하는 선택 의문문이다.
(A) [o] 정오나 되어서야 시간이 있을 것이라는 말로 점심시간을 선택했으므로 정답이다.
(B) [x] lunchtime(점심시간)과 관련된 dishes(음식)를 사용하여 혼동을 준 오답이다.
(C) [x] wait-right의 유사 발음 어휘를 사용하여 혼동을 준 오답이다.

29 영국 → 미국

I can work with Mr. Davis on the Coerver project.
(A) The projector broke again.

(B) **He will appreciate the help.**
(C) You can give it to me.

appreciate [əprí:ʃièit] 고마워하다, 인정하다

해석 제가 Coerver 프로젝트에서 Mr. Davis와 일할 수 있어요.
(A) 영사기가 또 고장 났어요.
(B) 그가 도움을 고마워할 거예요.
(C) 당신은 그것을 제게 주시면 돼요.

해설 Coerver 프로젝트에서 Mr. Davis와 일할 수 있다고 제공하는 평서문이다.
(A) [x] project-projector의 유사 발음 어휘를 사용하여 혼동을 준 오답이다.
(B) [o] 그가 도움을 고마워할 것이라는 말로 의견을 제시했으므로 정답이다.
(C) [x] I can으로 시작하는 말에 You can을 사용하여 혼동을 준 오답이다.

30 호주 → 캐나다

What did the IT department say about the software update?
(A) Does it need to be updated?
(B) Most software companies are in Silicon Valley.
(C) On all office computers.

해석 소프트웨어 업데이트에 대해서 IT 부서가 뭐라고 말하던가요?
(A) 그것이 업데이트되어야 하나요?
(B) 대부분의 소프트웨어 회사들이 실리콘 밸리에 있어요.
(C) 모든 사무실 컴퓨터에서요.

해설 소프트웨어 업데이트에 대해서 IT 부서가 무엇이라고 말했는지를 묻는 What 의문문이다. What ~ say를 반드시 들어야 한다.
(A) [o] 그것이 업데이트되어야 하는지를 되물어 모르겠다는 간접적인 응답을 했으므로 정답이다.
(B) [x] 질문의 software를 반복 사용하여 혼동을 준 오답이다.
(C) [x] department(부서)와 관련된 office(사무실), software(소프트웨어)와 관련된 computers(컴퓨터)를 사용하여 혼동을 준 오답이다.

31 미국 → 호주

Why don't we visit the Miller Art Gallery this afternoon?
(A) My favorite artist.
(B) It was great seeing you again.
(C) Actually, it's closed this month for renovations.

favorite [féivərit] 가장 좋아하는, 특히 잘하는 renovation [renəvéiʃən] 수리, 혁신

해석 오늘 오후에 Miller 미술관을 방문하는 게 어때요?
(A) 제가 가장 좋아하는 미술가요.
(B) 당신을 다시 만나서 좋았어요.
(C) 사실, 그곳은 수리 때문에 이번 달에 문을 닫아요.

해설 오늘 오후에 Miller 미술관을 방문하자는 제안 의문문이다. Why don't we가 제안하는 표현임을 이해할 수 있어야 한다.
(A) [x] Art의 파생어인 artist를 사용하여 혼동을 준 오답이다.
(B) [x] visit(방문하다)에서 연상할 수 있는 만남과 관련된 seeing(만나다)을 사용하여 혼동을 준 오답이다.
(C) [o] 사실 그곳은 수리 때문에 이번 달에 문을 닫는다는 말로 방문할 수 없다는 간접적인 응답을 했으므로 정답이다.

[32-34] 영국 → 호주

Questions 32-34 refer to the following conversation.

W: Hi, Mr. Cady. My name is Janet Haines. [32]**I'm writing an article for the *Newark Gazette*** about the city's planned demolition of the Archer Housing Projects. Since you started an online protest about it, I was hoping to speak to you.
M: Absolutely. [33]**I just spoke to news channel KDRX about it yesterday.**
W: Great! When are you available?
M: Well, I'm not sure of my schedule this week. [34]**Please call me back tomorrow morning to set up an appointment.**

demolition [dèməlíʃən] 철거 housing project 공영 주택 단지
protest [próutest] 반대 시위

해석
32-34는 다음 대화에 관한 문제입니다.
W: 안녕하세요, Mr. Cady. 제 이름은 Janet Haines입니다. [32]저는 시의 계획된 Archer 공영 주택 단지 철거에 관해 *Newark Gazette*에 실릴 기사를 쓰고 있습니다. 당신이 그것에 관한 온라인 반대 시위를 시작하셔서, 당신과 이야기하고 싶었습니다.
M: 물론이죠. [33]저는 마침 어제 그것에 관해 뉴스 채널 KDRX와 이야기를 나누었어요.
W: 잘됐네요! 언제 시간이 되시나요?
M: 음, 이번 주 일정은 확실히 모르겠네요. [34]약속을 잡으시려면 내일 아침에 제게 다시 전화해주세요.

32

해석 여자의 직업은 무엇인 것 같은가?
(A) 출판업자
(B) 건축가
(C) 기자
(D) 지방 의회 의원

해설 여자의 신분을 묻는 문제이므로, 신분 및 직업과 관련된 표현을 놓치지 않고 듣는다. 여자가 "I'm writing an article for the *Newark Gazette*"이라며 자신이 *Newark Gazette*에 실릴 기사를 쓰고 있다고 한 말을 통해 여자가 기자임을 알 수 있다. 따라서 정답은 (C) Journalist이다.

어휘 architect [미 ɑ́:rkitekt, 영 ɑ́:kitekt] 건축가
journalist [미 dʒə́:rnəlist, 영 dʒə́:nəlist] 기자
council [káunsəl] 지방 의회, 협의회

33

해석 남자는 어제 무엇을 했다고 말하는가?
(A) 청원을 시작했다.
(B) 공영 주택 단지를 방문했다.
(C) 철거를 허가했다.
(D) 언론과 이야기했다.

해설 남자가 어제 했다고 말한 내용을 묻는 문제이므로, 남자의 말에서 질문의 핵심 어구(yesterday)가 언급된 주변을 주의 깊게 듣는다. 남자가 "I just spoke to news channel KDRX ~ yesterday."라며 자신이 마침 어제 뉴스 채널 KDRX와 이야기를 나누었다고 하였다. 따라서 정답은 (D) Talked to the media이다. (spoke to news channel → Talked to the media)

어휘 petition [pətíʃən] 청원, 탄원 approve [əprú:v] 허가하다, 승인하다

34

해석 남자는 여자에게 무엇을 하라고 요청하는가?
(A) 문서에 그녀의 서명을 추가한다.
(B) 그녀의 온라인 계좌를 해지한다.
(C) 그에게 미리 질문을 보낸다.
(D) 다음 날에 그에게 연락한다.

해설 남자가 여자에게 요청하는 것을 묻는 문제이므로, 남자의 말에서 요청과 관련된 표현이 언급된 다음을 주의 깊게 듣는다. 남자가 "Please call me back tomorrow morning to set up an appointment."라며 약속을 잡으려면 내일 아침에 자신에게 다시 전화해줄 것을 요청하였다. 따라서 정답은 (D) Contact him the next day이다. (call ~ back tomorrow morning → Contact ~ the next day)

어휘 account [əkáunt] 계좌, 계정 in advance 미리, 사전에

[35-37] 호주 → 미국

Questions 35-37 refer to the following conversation.

M: Wendy, the cheesecake you made for our dinner party last night was incredible. [35]**I was wondering if you could let me know the recipe.** [35/36]**I'm hosting friends from out of town next week and want to serve them that cake.**
W: Sure, it's quite simple. I'll e-mail it to you. Actually, I have some other dessert recipes if you're interested. [37]**I just posted them on my blog.** You should check them out.
M: Thanks. I'll take a look.

incredible[inkrédəbl] 훌륭한, 엄청난 recipe[résəpi] 조리법
host[미 houst, 영 həust] 대접하다, 주최하다
serve[미 səːrv, 영 səːv] 내어주다, 제공하다

해석
35-37은 다음 대화에 관한 문제입니다.

M: Wendy, 지난밤 저녁 파티를 위해 당신이 만들었던 치즈 케이크가 훌륭했어요. [35]당신이 제게 조리법을 알려줄 수 있을지 궁금해요. [35/36]제가 다음 주에 다른 도시에서 오는 친구들을 대접할 건데 그들에게 그 케이크를 내어주고 싶어요.
W: 그럼요, 꽤 간단해요. 제가 이메일로 보내 드릴게요. 사실, 당신이 만약 관심이 있다면 저는 몇몇 다른 디저트 조리법도 가지고 있답니다. [37]**제가 방금 블로그에 그것들을 올렸어요.** 그것들을 확인해보세요.
M: 고마워요. 한번 살펴볼게요.

35

해석 화자들은 주로 무엇에 대해 이야기하고 있는가?
(A) 행사를 취소하는 이유들
(B) 요리를 준비하기 위한 조리법
(C) 블로그를 홍보하기 위한 방법들
(D) 주문을 하기 위한 선택 사항

해설 대화의 주제를 묻는 문제이므로, 대화의 초반을 주의 깊게 들은 후 전체 맥락을 파악한다. 남자가 "I was wondering if you could let me know the recipe. I'm ~ want to serve them[friends] that cake."라며 여자가 자신에게 조리법을 알려줄 수 있을지 궁금하다고 하면서 친구들에게 케이크를 내어주고 싶다고 한 뒤, 케이크 조리법과 관련된 내용으로 대화가 이어지고 있다. 따라서 정답은 (B) A recipe for preparing a dish이다. (cake → dish)

어휘 cancel[kǽnsəl] 취소하다
promote[미 prəmóut, 영 prəmə́ut] 홍보하다, 촉진하다
place an order 주문을 하다

36

해석 남자는 다음 주에 무슨 일이 일어날 것이라고 말하는가?
(A) 몇몇 지인들이 방문할 것이다.
(B) 사무실 생일 파티가 열릴 것이다.
(C) 그가 다른 도시로 여행 갈 것이다.
(D) 요리 대회가 열릴 것이다.

해설 다음 주에 일어날 일을 묻는 문제이므로, 질문의 핵심어구(next week)가 언급된 주변을 주의 깊게 듣는다. 남자가 "I'm hosting friends from out of town next week"이라며 자신이 다음 주에 다른 도시에서 오는 친구들을 대접할 것이라고 한 말을 통해 친구들이 방문할 것임을 알 수 있다. 따라서 정답은 (A) Some acquaintances will visit이다. (friends → acquaintances)

어휘 acquaintance[əkwéintəns] 지인, 아는 사람

37

해석 여자는 그녀의 블로그에 대해 무엇을 말하는가?
(A) 전채 조리법을 포함한다.
(B) 많은 방문자들을 끌어들인다.
(C) 최근에 업데이트되었다.
(D) 비밀번호가 필요하다.

해설 여자가 블로그에 대해 언급하는 것을 묻는 문제이므로, 여자의 말에서 질문의 핵심어구(blog)가 언급된 주변을 주의 깊게 듣는다. 여자가 "I just posted them[some other dessert recipes] on my blog."라며 자신이 방금 블로그에 몇몇 다른 디저트 조리법을 올렸다고 하였다. 따라서 정답은 (C) It was recently updated이다. (just → recently)

어휘 feature[미 fíːtʃər, 영 fíːtʃə] 특별히 포함하다, 특징으로 하다
attract[ətrǽkt] 끌어들이다, 유인하다

[38-40] 영국 → 캐나다

Questions 38-40 refer to the following conversation.

W: As you probably know, [38]**author Tim Bryant is stopping by our store later today to talk about his new guidebook**, *Home Improvement for Beginners*. For this event, I'd like to have two shelves with his books near our entrance.
M: Did we already receive the copies?
W: [39]**They should arrive at noon today.** Can you stack them on the shelves once they arrive?
M: Sure thing. [40]**I won't be able to make the event tonight, though. I have to work my shift at the call center downtown.**

stop by 들르다, 잠깐 방문하다 guidebook[gáidbùk] (여행) 안내서, 편람
stack[stæk] 쌓다, 쌓아 올리다 shift[ʃift] 교대, 근무 시간

해석
38-40은 다음 대화에 관한 문제입니다.

W: 이미 알고 계시겠지만, [38]작가 Tim Bryant가 오늘 늦게 그의 새로운 안내서인 *Home Improvement for Beginners*에 관해 이야기하기 위해 저희 가게에 들를 것입니다. 이 행사를 위해, 입구 근처에 그의 책이 있는 책장 두 개가 있으면 좋겠어요.
M: 우리가 그 책들을 이미 받았나요?
W: [39]오늘 정오에 도착할 거예요. 그것들이 도착하면 책꽂이에 꽂아주실 수 있나요?
M: 물론이죠. [40]그런데, 저는 오늘 밤 그 행사에 참석하지는 못할 거예요. 시내의 콜 센터에서 교대 근무를 해야 하거든요.

38

해석 Tim Bryant는 누구인가?
(A) 가게 관리자
(B) 실내 장식가
(C) 텔레비전 쇼 진행자
(D) 작가

해설 Tim Bryant의 신분을 묻는 문제이므로, 질문 대상(Tim Bryant)의 신분 및 직업과 관련된 표현을 놓치지 않고 듣는다. 여자가 "author Tim Bryant ~ talk about his new guidebook"이라며 작가 Tim Bryant가 그의 새로운 안내서에 관해 이야기할 것이라고 하였다. 따라서 정답은 (D) A writer이다. (author → writer)

어휘 decorator[dékərèitər] 실내 장식가

39

해석 여자에 따르면, 정오에 무슨 일이 일어날 것인가?
(A) 워크숍이 시작될 것이다.
(B) 공지가 있을 것이다.
(C) 몇몇 상품들이 도착할 것이다.
(D) 몇몇 책장들이 설치될 것이다.

해설 정오에 일어날 일을 묻는 문제이므로, 질문의 핵심어구(at noon)가 언급된 주변을 주의 깊게 듣는다. 여자가 "They[copies] should arrive at noon today."라며 오늘 정오에 책들이 도착할 것이라고 하였다. 따라서 정답은 (C) Some products will arrive이다.

40

해석 남자는 왜 행사에 오지 못하는가?
(A) 그는 다른 작업장에서 일해야 한다.

(B) 그는 출장을 떠나야 한다.
(C) 그는 몇몇 직원들을 교육시킬 예정이다.
(D) 그는 수업에 참석하기로 되어 있다.

해설 남자가 행사에 오지 못하는 이유를 묻는 문제이므로, 질문의 핵심어구(unable to come to the event)와 관련된 내용을 주의 깊게 듣는다. 남자가 "I won't be able to make the event tonight, though. I have to work my shift at the call center downtown."이라며 그런데 자신은 오늘 밤 그 행사에 참석하지는 못할 것이고 시내의 콜센터에서 교대 근무를 해야 한다고 하였다. 따라서 정답은 (A) He has to work at another job이다. (unable to come the event → won't be able to make the event, call center → job)

어휘 job [미 dʒɑːb, 영 dʒɔb] 작업장, 일 business trip 출장
train [trein] 교육하다, 훈련하다

[41-43] 캐나다 → 영국

Questions 41-43 refer to the following conversation.

M: Excuse me. [41]**I heard your store purchases secondhand furniture. Would you be interested in buying these chairs?**
W: They seem to be in good condition. Why are you selling them?
M: I'm moving into a smaller apartment downtown. [42]**I was offered a new job at a bank last week**, and I want to live close to my workplace.
W: OK. I can give you $20 per chair. Is that price acceptable?
M: That's fine. I also have a refrigerator that I won't need anymore.
W: Unfortunately, we don't buy appliances. However, [43]**there's a shop right next to us called Martin's**. They may be interested.

secondhand [sèkəndhǽnd] 중고의, 간접의 condition [kəndíʃən] 상태, 조건
workplace [미 wə́ːrkpleis, 영 wə́ːkpleis] 직장, 작업장
acceptable [ækséptəbl, əkséptəbl] 만족스러운, 용인되는
appliance [əpláiəns] 가전제품, 설비

해석

41-43은 다음 대화에 관한 문제입니다.

M: 실례합니다. [41]여기 상점에서 중고 가구를 매입한다고 들었는데요. 이 의자들을 사는 것에 관심이 있으신가요?
W: 상태가 괜찮아 보이네요. 왜 팔려고 하시는 건가요?
M: 저는 시내에 있는 더 작은 아파트로 이사 갈 예정이에요. [42]지난주에 은행에서의 새로운 일자리를 제안받았는데, 직장 가까이에 살고 싶어서요.
W: 알겠어요. 저는 의자당 20달러를 드릴 수 있어요. 가격이 만족스러운가요?
M: 괜찮아요. 저한테 또 더 이상 필요하지 않을 냉장고도 있는데요.
W: 유감스럽게도, 저희는 가전제품은 매입하지 않아요. 하지만, [43]저희 바로 옆에 Martin's라는 가게가 있어요. 거기서 관심 있을지도 모르겠네요.

41

해석 남자는 왜 상점을 방문하는가?
(A) 환불을 요청하기 위해
(B) 중고 물품을 팔기 위해
(C) 몇몇 제품을 반품하기 위해
(D) 항의를 하기 위해

해설 남자가 상점을 방문하는 이유를 묻는 문제이므로, 질문의 핵심어구(visit the store)와 관련된 내용을 주의 깊게 듣는다. 남자가 "I heard your store purchases secondhand furniture. Would you be interested in buying these chairs?"라며 여기 상점에서 중고 가구를 매입한다고 들었는데 의자들을 사는 것에 관심이 있는지를 물은 것을 통해 남자가 중고 의자를 팔기 위해 상점을 방문하는 것임을 알 수 있다. 따라서 정답은 (B) To sell used items이다. (secondhand → used, chairs → items)

어휘 refund [ríːfʌnd] 환불 complaint [kəmpléint] 항의, 불평

42

해석 남자는 지난주에 무엇을 받았는가?
(A) 일자리 제안
(B) 은행 융자
(C) 법적 공지
(D) 수리비 청구서

해설 남자가 지난주에 받은 것을 묻는 문제이므로, 질문의 핵심어구(receive last week)와 관련된 내용을 주의 깊게 듣는다. 남자가 "I was offered a new job at a bank last week"이라며 지난주에 은행에서의 새로운 일자리를 제안받았다고 하였다. 따라서 정답은 (A) A job offer이다. (receive → was offered)

어휘 bank loan 은행 융자 bill [bil] 청구서, 계산서

43

해석 여자는 Martin's에 대해 무엇을 말하는가?
(A) 최근에 문을 열었다.
(B) 가까이에 위치해 있다.
(C) 주말에는 문을 닫는다.
(D) 새 가구를 판매한다.

해설 여자가 Martin's에 대해 언급하는 것을 묻는 문제이므로, 여자의 말에서 질문의 핵심어구(Martin's)가 언급된 주변을 주의 깊게 듣는다. 여자가 "there's a shop right next to us called Martin's"라며 자신의 가게 바로 옆에 Martin's라는 가게가 있다고 하였다. 따라서 정답은 (B) It is located nearby이다. (right next to → nearby)

어휘 nearby [미 nìrbái, 영 nìəbái] 가까이에; 가까운

[44-46] 호주 → 영국

Questions 44-46 refer to the following conversation.

M: Hi. This is Frank Evans in Apartment 208. [44]**I want to get some exercise equipment out of the storage area, but the door is blocked off.**
W: Oh, some workers are repainting the room, so no one is allowed in. We've covered everything in plastic to protect the items in there. [45]**A notice was posted about this last week.**
M: [45]**I never saw that. I just got back from a business trip.** Do you know how long the work will take?
W: It won't be finished until next Monday. But if you want to work out, [46]**why don't you try the gym across the street?** It offers free trial memberships.

equipment [ikwípmənt] 기구, 장비 storage area 창고, 저장소
block off 막다, 차단하다 work out 운동하다 free trial 무료 체험

해석

44-46은 다음 대화에 관한 문제입니다.

M: 안녕하세요. 저는 아파트 208호에 사는 Frank Evans입니다. [44]창고에서 운동 기구를 좀 꺼내고 싶은데, 문이 막혀 있어요.
W: 아, 몇몇 작업자들이 그 공간을 다시 페인트칠하고 있어서 아무도 안에 들어갈 수 없어요. 그곳에 있는 물건들을 보호하기 위해 모든 것을 비닐로 덮어두었어요. [45]이것에 대해서 공지가 지난주에 게시되었어요.
M: [45]저는 본 적이 없어요. 방금 출장에서 돌아왔거든요. 작업이 얼마나 오래 걸릴지 아시나요?
W: 다음 주 월요일이 되어서야 완료될 거예요. 하지만 운동을 하고 싶으시다면, [46]길 건너의 체육관을 이용해보시는 건 어떠세요? 그곳은 무료 체험 회원권을 제공하거든요.

44

해석 남자는 왜 전화하고 있는가?
(A) 그는 우편함을 열 수 없다.
(B) 그는 몇몇 장비를 훼손했다.
(C) 그는 주소를 잊어버렸다.
(D) 그는 한 구역에 들어갈 수 없다.

해설 전화의 목적을 묻는 문제이므로, 대화의 초반을 반드시 듣는다. 남자가 "I want to get some exercise equipment out of the storage area, but the door is blocked off."라며 창고에서 운동 기구를 좀 꺼내고 싶은데 문이 막혀 있다고 하였다. 따라서 정답은 (D) He cannot access an area이다. (the door is blocked off → cannot access)

어휘 **mailbox** [미 méilbɑːks, 영 méilbɔks] 우편함, 우체통

45

해석 남자는 왜 "방금 출장에서 돌아왔거든요"라고 말하는가?
(A) 그가 왜 계획을 알지 못했는지를 설명하기 위해
(B) 예외가 허용되는 것을 제안하기 위해
(C) 그가 일정을 업데이트할 것임을 시사하기 위해
(D) 프로젝트가 왜 지연되었는지를 언급하기 위해

해설 남자가 하는 말의 의도를 묻는 문제이므로, 질문의 인용어구(I just got back from a business trip)가 언급된 주변을 주의 깊게 듣는다. 여자가 "A notice was posted about this[repainting the room] last week."이라며 공간을 다시 페인트칠하는 것에 대해서 공지가 지난주에 게시되었다고 하자, 남자가 "I never saw that. I just got back from a business trip."이라며 자신은 본 적이 없다며 방금 출장에서 돌아왔다고 한 말을 통해 남자가 왜 공간을 다시 페인트칠하는 계획을 알지 못했는지를 설명하려는 의도임을 알 수 있다. 따라서 정답은 (A) To explain why he was unaware of a plan이다.

어휘 **unaware** [미 ʌnəwér, 영 ʌnəwéə] ~을 알지 못하는
exception [iksépʃən] 예외, 이례

46

해석 여자는 무엇을 제안하는가?
(A) 나중에 다시 오기
(B) 다른 시설 이용하기
(C) 다른 직원에게 연락하기
(D) 다가오는 행사 연기하기

해설 여자가 남자에게 제안하는 것을 묻는 문제이므로, 여자의 말에서 제안과 관련된 표현이 언급된 다음을 주의 깊게 듣는다. 여자가 "why don't you try the gym across the street?"이라며 길 건너의 체육관을 이용해보는 것을 제안하였다. 따라서 정답은 (B) Using a different facility이다. (try the gym → Using a ~ facility)

어휘 **facility** [fəsíləti] 시설, 기관
postpone [미 pouspóun, 영 pəspə́un] 연기하다, 미루다
upcoming [ʌ́pkʌmiŋ] 다가오는, 곧 있을

[47-49] 미국 → 캐나다

Questions 47-49 refer to the following conversation.

W: [47]**Welcome to Paisley Technical College's administration office. How can I help you?**
M: Hi. I was wondering if you could provide me with some information about the school's electrical engineering program.
W: Of course. Let me give you one of our brochures. And if you want more information, [48]**there will be a presentation for potential students on May 17.**
M: Thanks. I'll be sure to check that out. [49]**Do you offer guided tours of the school as well?**
W: Yes. Our guides take students around campus at 2 P.M. every Wednesday.

administration office 행정실 **electrical engineering** 전기 공학
program [미 próugræm, 영 prə́ugræm] (학과) 과정
brochure [미 brouʃúr, 영 brə́uʃə] 책자 **potential** [pəténʃəl] 장래의, 잠재적인
campus [kǽmpəs] 교정, 구내

해석
47-49는 다음 대화에 관한 문제입니다.

W: [47]Paisley 공과대학 행정실에 오신 것을 환영합니다. 무엇을 도와드릴까요?
M: 안녕하세요. 학교의 전기 공학 학과 과정에 관한 정보를 조금 주실 수 있을까 해서요.
W: 물론이죠. 저희 책자 중에 하나를 드릴게요. 그리고 더 많은 정보를 원하신다면, [48]5월 17일에 장래의 학생들을 위한 설명회가 있을 거예요.
M: 감사합니다. 꼭 확인해보도록 할게요. [49]학교 안내 투어도 제공하시나요?
W: 네. 저희 가이드들이 매주 수요일 오후 2시에 학생들에게 교정 여기저기를 안내해 줍니다.

47

해석 여자는 누구인 것 같은가?
(A) 대학교수
(B) 행정실 직원
(C) 프로그램 편성자
(D) 건물 관리인

해설 여자의 신분을 묻는 문제이므로, 신분 및 직업과 관련된 표현을 놓치지 않고 듣는다. 여자가 "Welcome to Paisley Technical College's administration office. How can I help you?"라며 Paisley 공과대학 행정실에 온 것을 환영한다고 하면서 무엇을 도와줄지를 물은 것을 통해 여자가 Paisley 공과대학 행정실의 직원임을 알 수 있다. 따라서 정답은 (B) An administrative worker이다.

어휘 **program director** (라디오·TV) 프로그램 편성자

48

해석 여자에 따르면, 5월 17일에 무엇이 있을 것으로 예정되어 있는가?
(A) 안내 투어
(B) 특별 시험
(C) 설명회
(D) 정책 발표

해설 5월 17일에 있을 것으로 예정되어 있는 것을 묻는 문제이므로, 질문의 핵심어구(on May 17)가 언급된 주변을 주의 깊게 듣는다. 여자가 "there will be a presentation ~ on May 17"라며 5월 17일에 설명회가 있다고 하였다. 따라서 정답은 (C) An information session이다. (presentation → information session)

어휘 **examination** [igzæ̀mənéiʃən] 시험, 조사 **information session** 설명회
announcement [ənáunsmənt] 발표, 공지

49

해석 남자는 무엇에 대해 문의하는가?
(A) 행사가 언제 시작할 것인지
(B) 투어가 가능한지
(C) 등록금이 얼마인지
(D) 강의를 어디서 가르치는지

해설 남자가 문의하는 것을 묻는 문제이므로, 남자의 말을 주의 깊게 듣는다. 남자가 "Do you offer guided tours of the school as well?"이라며 학교 안내 투어도 제공하는지를 물었다. 따라서 정답은 (B) Whether tours are available이다.

어휘 **tuition** [미 tuíʃən, 영 tjuíʃən] 등록금, 수업료
course [미 kɔːrs, 영 kɔːs] 강의, 과목

[50-52] 캐나다 → 미국 → 영국

Questions 50-52 refer to the following conversation with three speakers.

M: [50]**We need to make a decision about the packaging for our new lipstick soon.** It will be released on October 7.
W1: Well, [51]**out of the three container samples shown to our focus group members, everyone chose version three, with the rounded top.**
W2: That matches the results of a recent survey. [51]**It's also my personal favorite.**
W1: [51]**Mine too.**

M: In that case, there's no need to discuss it. We'll go with that option. 52**I'll call the head of marketing now** to let her know our choice.
W1: Right. That way her team can start developing advertisements immediately.
W2: Good idea.

packaging[pǽkidʒiŋ] 포장재, 상자 release[rilíːs] 출시하다, 발표하다
container[kəntéinər] 용기, 그릇 focus group 포커스 그룹(조사를 위해 각 계층을 대표하도록 뽑은 소수의 사람들로 이루어진 집단) rounded[ráundid] 둥근, 세련된
develop[divéləp] 제작하다, 개발하다

해석
50-52는 다음 세 명의 대화에 관한 문제입니다.

M: 50빨리 우리의 새로운 립스틱의 포장재에 관해 결정을 내려야 해요. 그것은 10월 7일에 출시될 거예요.
W1: 음, 51포커스 그룹 구성원들에게 보여준 세 개의 용기 샘플들 중에서, 모두가 둥근 윗면이 있는 3번 형태를 선택했어요.
W2: 그것은 최근 설문조사 결과와도 일치하네요. 51그건 제가 개인적으로 가장 좋아하는 것이기도 하고요.
W1: 51저도요.
M: 그렇다면, 그것을 논의할 필요가 없겠네요. 그 방안으로 하겠습니다. 52제가 지금 마케팅 팀장님께 전화해서 우리의 선택을 알릴게요.
W1: 알겠어요. 그렇게 하면 그녀의 팀이 바로 광고 제작을 시작할 수 있겠네요.
W2: 좋은 생각이에요.

50

해석 화자들은 어디에서 일하는 것 같은가?
(A) 화장품 회사에서
(B) 광고 대행사에서
(C) 해운 회사에서
(D) 전자제품 상점에서

해설 화자들이 일하는 장소를 묻는 문제이므로, 신분 및 직업과 관련된 표현을 놓치지 않고 듣는다. 남자가 "We need to make a decision about the packaging for our new lipstick soon."이라며 빨리 자신들의 새로운 립스틱의 포장재에 관해 결정을 내려야 한다고 한 말을 통해 화자들이 일하는 장소가 화장품 회사임을 알 수 있다. 따라서 정답은 (A) At a cosmetics company이다. (lipstick → cosmetics)

어휘 cosmetic[미 kaːzmétik, 영 kɔzmétik] 화장품 shipping firm 해운 회사

51

해석 여자들은 무엇에 대해 의견이 일치하는가?
(A) 설문조사의 기간
(B) 제품 샘플의 수
(C) 용기 디자인의 선택
(D) 만족스러운 방안의 결여

해설 여자들의 의견이 일치하는 것을 묻는 문제이므로, 질문의 핵심어구(agree)와 관련된 내용을 주의 깊게 듣는다. 여자 1이 "out of the three container samples ~, everyone chose version three, with the rounded top"이라며 세 개의 용기 샘플들 중에서 모두가 둥근 윗면이 있는 3번 형태를 선택했다고 하자, 여자 2가 "It's also my personal favorite."라며 그것이 자신이 개인적으로 가장 좋아하는 것이라고 하였고 여자 1이 "Mine too."라며 자신도 그렇다고 하였다. 따라서 정답은 (C) The choice of a container design이다.

어휘 length[leŋθ] 기간, 범위 lack[læk] 결여, 부족
satisfactory[sæ̀tisfǽktəri] 만족스러운, 충분한

52

해석 남자는 다음에 무엇을 할 것 같은가?
(A) 팀을 구성한다.
(B) 의뢰인을 만난다.
(C) 사무실을 방문한다.
(D) 관리자에게 연락한다.

해설 남자가 다음에 할 일을 묻는 문제이므로, 대화의 마지막 부분을 주의 깊게 듣는다. 남자가 "I'll call the head of marketing now"라며 자신이 지금 마케팅 팀장에게 전화하겠다고 하였다. 따라서 정답은 (D) Contact a manager이다. (call the head of marketing → Contact a manager)

어휘 client[kláiənt] 의뢰인, 고객

[53-55] 영국 → 호주

Questions 53-55 refer to the following conversation.

W: 53**I noticed that there's been a lot of leaves and other debris falling into my backyard pool lately.** Are you having the same problem?
M: Yes. That's why I hired a cleaning service to do basic maintenance work, and they've been clearing out my pool once a week.
W: Hmm . . . 54**I'm not sure I want to pay for a cleaning service. I'm trying to save some money this month because I just bought a new car.**
M: In that case, I think you should just get a pool net. 55**You can buy one at John's Home Supplies.** It won't be very expensive.
W: Thanks for the advice. 55**I'll head there after work today.**

debris[미 dəbríː, 영 debríː] 부스러기, 잔해
maintenance[méintənəns] 관리, 유지 head[hed] 가다, 이끌다

해석
53-55는 다음 대화에 관한 문제입니다.

W: 53요즘 제 뒷마당 수영장에 떨어지는 낙엽과 부스러기들이 많이 있다는 것을 알게 됐어요. 당신도 같은 문제를 겪고 있나요?
M: 네. 그것이 제가 기본 관리 작업을 할 청소업체를 고용한 이유이고, 그들이 제 수영장을 일주일에 한 번씩 청소해오고 있어요.
W: 음... 54제가 청소업체에 돈을 지불하고 싶은지는 잘 모르겠네요. 저는 막 새 차를 구입해서 이번 달에 돈을 절약하려고 하고 있거든요.
M: 그런 경우라면, 그냥 수영장 그물을 하나 사셔야 할 것 같아요. 55John's Home Supplies에서 그것을 살 수 있어요. 많이 비싸지 않을 거예요.
W: 조언 고마워요. 55오늘 퇴근하고 그곳에 가볼게요.

53

해석 여자는 무엇에 대해 걱정하는가?
(A) 그녀의 차를 수리해야 한다.
(B) 그녀의 관리 직원이 최근에 그만두었다.
(C) 그녀는 청소 직원에게 제때 돈을 지불하지 않았다.
(D) 그녀의 수영장이 깨끗하게 유지되지 않고 있다.

해설 여자의 문제점을 묻는 문제이므로, 여자의 말에서 부정적인 표현이 언급된 다음을 주의 깊게 듣는다. 여자가 "I noticed that there's been a lot of leaves and other debris falling into my backyard pool lately."라며 요즘 뒷마당 수영장에 떨어지는 낙엽과 부스러기들이 많이 있다는 것을 알게 됐다고 하였다. 따라서 정답은 (D) Her pool is not staying clean이다.

어휘 make repairs 수리하다 on time 제때에

54

해석 여자는 "저는 막 새 차를 구입해서"라고 말할 때 무엇을 의도하는가?
(A) 그녀는 여행을 할 계획이다.
(B) 그녀는 남자에게 차를 빌려줄 수 없다.
(C) 그녀는 서비스에 돈을 지불할 여유가 없다.
(D) 그녀는 많은 물품들을 실어 나를 수 있다.

해설 여자가 하는 말의 의도를 묻는 문제이므로, 질문의 인용어구(I just bought a new car)가 언급된 주변을 주의 깊게 듣는다. 여자가 "I'm not sure I want to pay for a cleaning service. I'm trying to save some money this month because I just bought a new car."라며 자신이 청소업체에 돈을 지불하고 싶은지는 잘 모르겠다고 하면서 막 새 차를 구입해서 이번 달에 돈을 절약하려고 하고 있다고 한 것을 통해 여자가 청소업체 서비스에 돈을 지불할 여유가 없다는 의도임을 알 수 있다. 따라서 정답은 (C) She cannot afford to pay for a service이다.

어휘 afford [미 əfɔ́:rd, 영 əfɔ́:d] 여유가 있다, 할 수 있다

55

해석 여자는 오늘 늦게 무엇을 할 것 같은가?
(A) 상점에서 도구를 구매한다.
(B) 청소업체에 연락한다.
(C) 전문가와 상담한다.
(D) 청소 기술을 찾아본다.

해설 여자가 오늘 늦게 할 일을 묻는 문제이므로, 질문의 핵심어구(later today)와 관련된 내용을 주의 깊게 듣는다. 남자가 "You can buy one[pool net] at John's Home Supplies."라며 John's Home Supplies에서 수영장 그물을 살 수 있다고 하자, 여자가 "I'll head there after work today."라며 오늘 퇴근하고 그곳에 가보겠다고 한 말을 통해 여자가 오늘 늦게 John's Home Supplies에서 수영장 그물을 살 것임을 알 수 있다. 따라서 정답은 (A) Purchase a tool at a store이다. (buy → Purchase)

어휘 consult [kənsʌ́lt] 상담하다, 상의하다
professional [prəféʃənəl] 전문가; 전문적인 look up 찾아보다

[56-58] 캐나다 → 미국

Questions 56-58 refer to the following conversation.

M: Hey, Clarissa. [56]**Why are you here so early? Your shift doesn't start for another hour.**
W: I know. [56]**I want to learn how to use the cash register.** I've never used one at any of my previous jobs.
M: I see. I think you'll find it easy enough. It only takes a couple of minutes to master. [57]**I will get one of the other cashiers to show you how to use it.**
W: Thanks. Also, [58]**I need a shirt and hat with the store logo. Where can I find them?**
M: They're on a shelf in the break room.

cash register 금전 등록기
master [미 mǽstər, 영 mɑ́:stə] 완전히 익히다, 통달하다
cashier [미 kæʃír, 영 kæʃíə] 계산원, 출납원

해석

56-58은 다음 대화에 관한 문제입니다.

M: 안녕하세요, Clarissa. [56]이곳에 왜 이렇게 일찍 오셨어요? 당신의 교대는 한 시간 후에나 시작하잖아요.
W: 알아요. [56]**금전 등록기를 어떻게 사용하는지 배우고 싶어서요.** 이전 직장들 어디에서도 사용해본 적이 없거든요.
M: 그렇군요. 충분히 쉽다고 느끼실 것이라고 생각해요. 완전히 익히는 데 단지 몇 분밖에 걸리지 않아요. [57]**제가 다른 계산원들 중 한 명에게 그것을 어떻게 사용하는지 보여드리라고 할게요.**
W: 감사합니다. 또, [58]**상점 로고가 있는 셔츠와 모자가 필요해요.** 어디서 찾을 수 있죠?
M: 그것들은 휴게실에 있는 선반 위에 있어요.

56

해석 여자는 왜 직장에 일찍 도착했는가?
(A) 직원들을 위한 회의에 참석하기 위해
(B) 한 장비에 익숙해지기 위해
(C) 상점의 다른 직책에 면접을 보기 위해
(D) 다음 날 휴가를 요청하기 위해

해설 여자가 직장에 일찍 도착한 이유를 묻는 문제이므로, 질문의 핵심어구(arrive at work early)와 관련된 내용을 주의 깊게 듣는다. 남자가 "Why are you here so early? Your shift doesn't start for another hour."라며 이곳에 왜 이렇게 일찍 왔는지 물으면서 여자의 교대가 한 시간 후에나 시작한다고 하자, 여자가 "I want to learn how to use the cash register."라며 금전 등록기를 어떻게 사용하는지 배우고 싶다고 하였다. 따라서 정답은 (B) To become familiar with a piece of equipment이다. (learn → become familiar, cash register → a piece of equipment)

어휘 attend [əténd] 참석하다, 다니다 position [pəzíʃən] 직책, 일자리
day off 휴가, 휴무일

57

해석 남자는 무엇을 해주겠다고 제안하는가?
(A) 보안 배지를 제공한다.
(B) 일정을 확정한다.
(C) 시범 설명을 마련한다.
(D) 규정을 설명한다.

해설 남자가 제안하는 것을 묻는 문제이므로, 남자의 말에서 여자를 위해 해주겠다고 한 내용을 주의 깊게 듣는다. 남자가 "I will get one of the other cashiers to show you how to use it."이라며 다른 계산원들 중 한 명에게 그것을 어떻게 사용하는지 보여주라고 하겠다고 하였다. 따라서 정답은 (C) Arrange a demonstration이다. (show ~ how to use → demonstration)

어휘 confirm [미 kənfə́:rm, 영 kənfə́:m] 확정하다, 확인하다
arrange [əréindʒ] 마련하다, 배치하다
demonstration [dèmənstréiʃən] (시범) 설명, 증명
regulation [règjuléiʃən] 규정, 규제

58

해석 여자는 남자에게 무엇에 대해 문의하는가?
(A) 유니폼의 위치
(B) 동료의 이름
(C) 직원들의 휴식 시간
(D) 상점 로고의 디자인

해설 여자가 문의하는 것을 묻는 문제이므로, 여자의 말을 주의 깊게 듣는다. 여자가 "I need a shirt and hat with the store logo. Where can I find them?"이라며 상점 로고가 있는 셔츠와 모자가 필요한데 어디서 찾을 수 있는지를 물었다. 따라서 정답은 (A) The location of a uniform이다. (shirt and hat with the store logo → uniform)

[59-61] 호주 → 미국 → 캐나다

Questions 59-61 refer to the following conversation with three speakers.

M1: Are we finished setting up for the fundraiser? It's only an hour away.
W: Well, [59]**the tables and chairs have all been arranged in the main exhibition hall near the Dutch paintings.** [60]**The catering staff still haven't shown up, though.**
M1: Hmm . . . We need to speak to them about when each dish will be served.
W: I'll call the catering company's manager to find out what's going on.
M1: That would be great. And what about the programs?
W: I'm not sure . . . but here comes Andrew. Andrew, how are you doing with those programs?
M2: I've printed out 200 copies.
M1: Wonderful. [61]**Make sure to hand them out to guests as they start arriving at 6 P.M.**

fundraiser [미 fʌ́ndrèizər, 영 fʌ́ndrèizə] 모금 행사, 기금 조달자
catering [kéitəriŋ] 출장 음식, 출장 연회업 show up 오다, 나타나다
program [미 próugræm, 영 prə́ugræm] 행사 일정표, 프로그램 hand out 나눠주다

해석

59-61은 다음 세 명의 대화에 관한 문제입니다.

M1: 우리가 모금 행사를 준비하는 것이 끝났나요? 한 시간밖에 남지 않았어요.
W: 음, [59]**탁자와 의자는 모두 주 전시회장에 네덜란드 그림 가까이에 배치되었어요.** [60]**그런데, 출장 음식 직원들이 아직 오지 않았어요.**
M1: 음... 각 요리가 언제 내어질지에 관해 그들에게 얘기해야 하는데요.
W: 제가 출장 음식 업체의 관리자에게 전화해서 어떻게 된 건지 알아볼게요.
M1: 그게 좋을 것 같네요. 그리고 행사 일정표는요?

W: 저는 잘 모르겠어요... 그런데 Andrew가 오네요. Andrew, 행사 일정표는 어떻게 되어가고 있어요?
M2: 제가 200부를 출력해 놓았어요.
M1: 좋네요. [61]**손님들이 오후 6시에 도착하기 시작하면 반드시 그것들을 나눠주도록 하세요.**

59

해석 대화는 어디에서 일어나고 있는 것 같은가?
(A) 극장에서
(B) 공원에서
(C) 미술관에서
(D) 연주회장에서

해설 대화가 일어나는 장소를 묻는 문제이므로, 장소와 관련된 표현을 놓치지 않고 듣는다. 여자가 "the tables and chairs have all been arranged in the main exhibition hall near the Dutch paintings"라며 탁자와 의자는 모두 주 전시회장에 네덜란드 그림 가까이에 배치되었다고 한 말을 통해 대화의 장소가 미술관임을 알 수 있다. 따라서 정답은 (C) At a museum이다.

60

해석 여자는 무슨 문제를 언급하는가?
(A) 일부 직원들이 아직 도착하지 않았다.
(B) 일부 요금이 정확하게 계산되지 않았다.
(C) 좌석 공간이 충분히 크지 않다.
(D) 본구역이 아직 장식되지 않았다.

해설 여자가 언급하는 문제점을 묻는 문제이므로, 여자의 말에서 부정적인 표현이 언급된 다음을 주의 깊게 듣는다. 여자가 "The catering staff still haven't shown up, though."라며 그런데 출장 음식 직원들이 아직 오지 않았다고 하였다. 따라서 정답은 (A) Some workers have not arrived yet이다. (catering staff → workers, still haven't shown up → have not arrived yet)

어휘 **fee** [fi:] 요금, 수수료 **decorate** [dékəreit] 장식하다, 꾸미다

61

해석 오후 6시에 무슨 일이 일어날 것인가?
(A) 연설이 있을 것이다.
(B) 음식이 내어질 것이다.
(C) 행사 일정표가 배부될 것이다.
(D) 경매가 시작될 것이다.

해설 오후 6시에 일어날 일을 묻는 문제이므로, 질문의 핵심어구(at 6 P.M.)가 언급된 주변을 주의 깊게 듣는다. 남자 1이 "Make sure to hand them[programs] out to guests as they start arriving at 6 P.M."이라며 손님들이 오후 6시에 도착하기 시작하면 반드시 행사 일정표를 나눠주도록 하라고 하였다. 따라서 정답은 (C) Programs will be distributed이다. (hand ~ out → distributed)

어휘 **distribute** [distríbju:t] 배부하다, 분배하다

[62-64] 미국 → 캐나다

Questions 62-64 refer to the following conversation and rankings chart.

W: It looks like our movie is doing better than expected.
M: Yeah. [62]**I think our success is due in part to the commercial we released.**
W: I agree. I'm pretty sure that's the main reason [63]**our film moved up from number four to number two in the box office rankings this week.**
M: Right. It got people's attention, and it was shared widely on the Internet.
W: Anyway, I've been getting a lot of questions from reporters about our movie's success.
M: Hmm . . . In that case, [64]**I'd better prepare a statement for the media.**
W: OK. Let me know if you need help.

commercial [미 kəmə́:rʃəl, 영 kəmə́:ʃəl] 광고
release [rilí:s] 공개하다, 발매하다 **box office** 흥행, 매표소
attention [əténʃən] 관심, 주의 **statement** [stéitmənt] 발표

해석
62-64는 다음 대화와 순위표에 관한 문제입니다.

W: 우리 영화가 예상보다 더 잘되고 있는 것처럼 보이네요.
M: 네. [62]**우리의 성공이 어느 정도는 우리가 공개한 광고 덕분인 것 같아요.**
W: 저도 동의해요. 그게 [63]**우리 영화가 이번 주에 흥행 순위 4위에서 2위로 올라선 주된 이유라고 꽤 확신해요.**
M: 맞아요. 그것이 사람들의 관심을 끌었고, 인터넷에 널리 퍼졌어요.
W: 어쨌든, 저는 기자들로부터 우리 영화의 성공에 관해 많은 질문들을 받고 있어요.
M: 음... 그렇다면, [64]**제가 언론을 위한 발표를 준비하는 것이 좋겠네요.**
W: 네. 도움이 필요하시면 말씀하세요.

흥행 순위: 11월 4일 주		
1	*Inside and Outside*	20,912,182달러
2	[63]*Panama Express*	17,091,531달러
3	*Hope Village*	14,056,443달러
4	*Disappeared*	12,882,402달러

62

해석 남자에 따르면, 무엇이 영화의 성공에 기여했는가?
(A) 잘 처리된 특수 효과
(B) 효과적인 광고
(C) 다른 영화들과의 경쟁 부족
(D) 매우 긍정적인 영화 평가

해설 영화의 성공에 기여한 것을 묻는 문제이므로, 질문의 핵심어구(contributed to the film's success)와 관련된 내용을 주의 깊게 듣는다. 남자가 "I think our[movie] success is due in part to the commercial we released."라며 영화의 성공이 어느 정도는 자신들이 공개한 광고 덕분인 것 같다고 하였다. 따라서 정답은 (B) An effective advertisement이다. (commercial → advertisement)

어휘 **effective** [iféktiv] 효과적인, 효율적인
competition [미 kà:mpətíʃən, 영 kɔ̀mpətíʃən] 경쟁, 대회
positive [미 pá:zətiv, 영 pɔ́zətiv] 긍정적인, 명백한

63

해석 시각 자료를 보아라. 화자들이 어느 영화에 대해 이야기하고 있는가?
(A) *Inside and Outside*
(B) *Panama Express*
(C) *Hope Village*
(D) *Disappeared*

해설 화자들이 이야기하고 있는 영화를 묻는 문제이므로, 제시된 순위표의 정보를 확인한 뒤 질문의 핵심어구(film ~ discussing)와 관련된 내용을 주의 깊게 듣는다. 여자가 "our film moved up from number four to number two in the box office rankings this week"이라며 자신들의 영화가 이번 주에 흥행 순위 4위에서 2위로 올라섰다고 했으므로, 화자들이 흥행 순위에서 2위인 *Panama Express*에 대해 이야기하고 있음을 순위표에서 알 수 있다. 따라서 정답은 (B) *Panama Express*이다.

64

해석 남자는 무엇을 준비할 것인가?
(A) 영화 평가
(B) 재무 보고서
(C) 보도 자료
(D) 예산 견적서

해설 남자가 준비할 것을 묻는 문제이므로, 질문의 핵심어구(prepare)가 언급된 주변을 주의 깊게 듣는다. 남자가 "I'd better prepare a statement for the media"라며 자신이 언론을 위한 발표를 준비하는 것이 좋겠다고 하였다. 따라서 정답은 (C) A press release이다. (statement for the media → press release)

어휘 **financial** [fainǽnʃəl] 재무의, 금융의 **estimate** [éstəmət] 견적서, 견적

[65-67] 영국 → 호주

Questions 65-67 refer to the following conversation and floor plan.

W: Thanks for showing me around Carter Towers on such short notice. 65**I saw it listed on cityrealtors.com yesterday**, and it looks perfect for me and my staff.
M: It's my pleasure. I think you'll like working in this building. 66**It's near the business center and is less than five minutes from a subway station.** Um . . . but please note that the office with one desk will not be available this month because it needs repairs.
W: OK. They all look great, but 67**I prefer the one with three desks**. How much is the rent?
M: That one is just $2,000 a month. Please let me know soon if you want to take it, as we have several other people who have expressed an interest.

short notice 촉박한 통보 business center 상업 중심지
rent[rent] 임차료; 임차하다 express[iksprés] 나타내다, 표명하다
interest[íntərəst, íntərèst] 관심, 흥미

해석
65-67은 다음 대화와 평면도에 관한 문제입니다.

W: 촉박한 통보에도 Carter Towers를 구경시켜 주셔서 감사합니다. 65**제가 어제 cityrealtors.com에 올라와 있는 것을 봤는데**, 저와 제 직원들에게 안성맞춤일 것으로 보이네요.
M: 별말씀을요. 당신이 이 건물에서 일하는 것을 좋아하실 것 같아요. 66**상업 중심지와 가깝고 지하철역에서 5분도 안 걸려요.** 음... 그런데 책상이 한 개 있는 사무실은 수리가 필요해서 이번 달에 이용이 불가능할 것이라는 점을 참고해주세요.
W: 네. 모두 좋아 보이지만, 67**저는 세 개의 책상이 있는 것을 선호해요**. 임차료가 얼마인가요?
M: 그건 한 달에 2,000달러밖에 하지 않아요. 관심을 나타낸 몇몇 다른 사람들도 있으니, 만약 당신이 그것을 임차하고 싶으시다면 빨리 알려주세요.

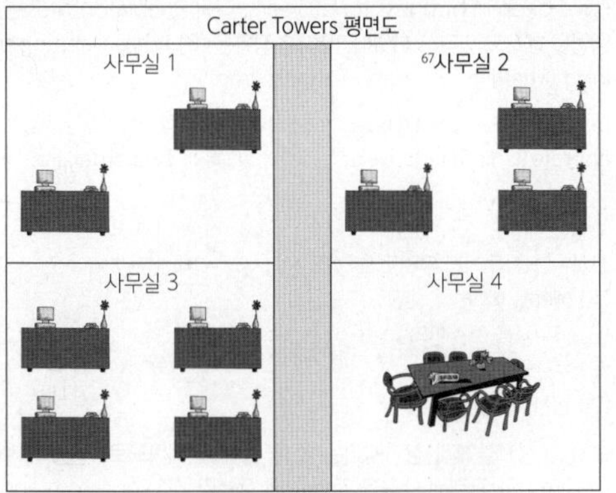

65

해석 여자는 어떻게 건물에 대해 알게 되었는가?
(A) 친구와 이야기함으로써
(B) 안내판을 봄으로써
(C) 신문을 읽음으로써
(D) 웹사이트를 방문함으로써

해설 여자가 건물에 대해 알게 된 방법을 묻는 문제이므로, 질문의 핵심어구(learn about the building)와 관련된 내용을 주의 깊게 듣는다. 여자가 "I saw it[Carter Towers] listed on cityrealtors.com yesterday"라며 자신이 어제 Carter Towers가 cityrealtors.com에 올라와 있는 것을 보았다고 하였다. 따라서 정답은 (D) By visiting a Web site이다.

어휘 sign[sain] 안내판, 표지판

66

해석 남자는 건물에 대해 어떤 장점을 언급하는가?
(A) 인근에서 가장 크다.
(B) 임대료가 아주 저렴하다.
(C) 무료 청소 서비스를 제공한다.
(D) 편리하게 위치해 있다.

해설 남자가 건물에 대해 언급한 장점을 묻는 문제이므로, 남자의 말에서 질문의 핵심어구(benefit ~ about the building)와 관련된 내용을 주의 깊게 듣는다. 남자가 "It[Carter Towers]'s near the business center and is less than five minutes from a subway station."이라며 Carter Towers가 상업 중심지와 가깝고 지하철역에서 5분도 걸리지 않는다고 하였다. 따라서 정답은 (D) It is conveniently located이다.

어휘 neighborhood[미 néibərhùd, 영 néibəhùd] 인근, 동네
affordable[미 əfɔ́:rdəbl, 영 əfɔ́:dəbl] 저렴한, 입수 가능한

67

해석 시각 자료를 보아라. 여자는 어느 사무실에 관심이 있는가?
(A) 사무실 1
(B) 사무실 2
(C) 사무실 3
(D) 사무실 4

해설 여자가 관심 있는 사무실을 묻는 문제이므로, 제시된 평면도의 정보를 확인한 뒤 질문의 핵심어구(office ~ interested in)와 관련된 내용을 주의 깊게 듣는다. 여자가 "I prefer the one[office] with three desks"라며 자신은 세 개의 책상이 있는 사무실을 선호한다고 했으므로, 여자가 세 개의 책상이 있는 사무실 2에 관심이 있음을 평면도에서 알 수 있다. 따라서 정답은 (B) Office 2이다.

[68-70] 캐나다 → 영국

Questions 68-70 refer to the following conversation and menu.

M: Hi. Welcome to Red Barn Diner. Have you decided what you want to order?
W: Actually, I was wondering what your lunch special is. I don't see it on the menu.
M: That's because 68**there's a new one each day**. We're offering a hotdog and fries today. I highly recommend it.
W: Hmm . . . I'm actually in the mood for something a little lighter. Can I just have some scrambled eggs?
M: That's on our breakfast menu, which unfortunately ended at noon. 69**We can still make you an omelet**, though.
W: 69**That would be great.** And 70**could you ask the cook to add extra salt, please?**

lunch special 점심 특선 메뉴 recommend[rèkəménd] 추천하다, 제안하다
in the mood for ~할 기분인
unfortunately[미 ʌnfɔ́:rtʃənətli, 영 ʌnfɔ́:tʃənətli] 유감스럽게도, 불행히도

해석
68-70은 다음 대화와 메뉴판에 관한 문제입니다.

M: 안녕하세요. Red Barn Diner에 오신 것을 환영합니다. 주문하고 싶은 것을 결정하셨나요?
W: 사실, 점심 특선 메뉴가 무엇인지 궁금해하고 있었어요. 메뉴판에 보이지 않아서요.
M: 그건 68**매일 새로운 것이 있기** 때문이에요. 저희는 오늘 핫도그와 감자튀김을 제공하고 있습니다. 제가 강력히 추천해요.
W: 음... 전 사실 조금 더 가벼운 무언가를 먹고 싶어요. 그냥 스크램블 에그를 먹을 수 있을까요?
M: 그건 저희 아침 메뉴에 있는 거라, 유감스럽게도 정오에 끝났어요. 그렇지만, 69**아직 오믈렛은 만들어드릴 수 있어요.**
W: 69**그게 좋겠어요.** 그리고 70**요리사에게 소금을 더 추가해달라고 요청해주실 수 있을까요?**

RED BARN DINER
점심 메뉴

1. 치즈 오믈렛 .... [69]3.99달러
2. 햄버거 6.49달러
3. 라자냐 6.99달러
4. 생선 커틀릿 7.99달러

점심 특선 메뉴는 4.99달러입니다

68

해석 남자는 점심 특선 메뉴에 대해 무엇을 말하는가?
(A) 매일 바뀐다.
(B) 새로운 특별 메뉴이다.
(C) 주말에는 주문할 수 없다.
(D) 고객들에게 인기가 없다.

해설 남자가 점심 특선 메뉴에 대해 언급하는 것을 묻는 문제이므로, 남자의 말에서 질문의 핵심어구(lunch special)와 관련된 내용을 주의 깊게 듣는다. 남자가 "there's a new one[lunch special] each day"라며 매일 새로운 점심 특선 메뉴가 있다고 하였다. 따라서 정답은 (A) It is changed every day이다. (each day → every day)

어휘 feature[미 fíːtʃər, 영 fíːtʃə] 특매품, 특징

69

해석 시각 자료를 보아라. 여자는 식사에 얼마를 쓸 것인가?
(A) 3.99달러
(B) 6.49달러
(C) 6.99달러
(D) 7.99달러

해설 여자가 식사에 쓸 비용을 묻는 문제이므로, 제시된 메뉴판의 정보를 확인한 뒤 질문의 핵심어구(spend on her meal)와 관련된 내용을 주의 깊게 듣는다. 남자가 "We can still make you an omelet"이라며 아직 오믈렛은 만들어 줄 수 있다고 하자, 여자가 "That would be great."이라며 그게 좋겠다고 했으므로, 여자가 식사에 3.99달러를 쓸 것임을 메뉴판에서 알 수 있다. 따라서 정답은 (A) $3.99이다.

70

해석 여자는 요리사에게 무엇을 하라고 요청하는가?
(A) 양념을 더 추가한다.
(B) 특별 음료를 준비한다.
(C) 요리를 너무 오래 익히는 것을 피한다.
(D) 포장용 용기에 음식을 담는다.

해설 여자가 요리사에게 요청하는 것을 묻는 문제이므로, 여자의 말에서 요청과 관련된 표현이 언급된 다음을 주의 깊게 듣는다. 여자가 "could you ask the cook to add extra salt, please?"라며 요리사에게 소금을 더 추가해달라고 요청해달라고 하였다. 따라서 정답은 (A) Add more of a seasoning이다. (request → ask, extra salt → more of a seasoning)

어휘 seasoning[síːzəniŋ] 양념, 조미료
overcook[미 òuvərkúk, 영 əuvəkúk] (음식을) 너무 오래 익히다, 지나치게 익히다

[71-73] 영국

Questions 71-73 refer to the following advertisement.

[71]**Puebla Burritos is known for providing authentic Mexican dishes made with healthy ingredients.** And there is no better time to stop by for a tasty meal than March 24. All customers will receive a 25 percent discount that day to celebrate our anniversary. [72]**We have been in business for 20 years.** [73]**If you are planning to come, make sure to book a table in advance.** We are usually very busy. [73]**Call 555-2119 to make a reservation.**

authentic[ɔːθéntik] 정통의, 진짜인 ingredient[ingríːdiənt] 재료, 성분
anniversary[미 æ̀nəvə́ːrsəri, 영 æ̀nəvə́ːsəri] 기념일
be in business 영업을 하다 in advance 미리, 사전에
reservation[미 rèzərvéiʃən, 영 rèzəvéiʃən] 예약

해석

71-73은 다음 광고에 관한 문제입니다.

[71]**Puebla Burritos는 건강에 좋은 재료로 만들어진 정통 멕시칸 요리를 제공하는 것으로 유명합니다.** 그리고 3월 24일보다 맛있는 식사를 위해 들르기 더 좋은 때는 없습니다. 저희 기념일을 축하하기 위해 모든 고객들은 그날 25퍼센트 할인을 받을 것입니다. [72]**저희는 20년간 영업을 해오고 있습니다.** [73]**만약 방문하는 것을 계획 중이라면, 미리 테이블을 예약하도록 하세요.** 저희는 보통 매우 붐빕니다. [73]**예약을 하시려면 555-2119로 전화 주세요.**

71

해석 어떤 종류의 사업체가 광고되고 있는가?
(A) 슈퍼마켓
(B) 백화점
(C) 식당
(D) 호텔

해설 광고의 주제를 묻는 문제이므로, 지문의 초반을 반드시 듣는다. "Puebla Burritos is known for providing authentic Mexican dishes made with healthy ingredients."라며 Puebla Burritos는 건강에 좋은 재료로 만들어진 정통 멕시칸 요리를 제공하는 것으로 유명하다고 하였다. 따라서 정답은 (C) A restaurant이다.

72

해석 화자는 사업체에 대해 무엇을 언급하는가?
(A) 서비스로 상을 받았다.
(B) 오랜 시간 동안 영업을 해오고 있다.
(C) 잡지에 특집 기사로 다뤄졌었다.
(D) 많은 분점을 운영한다.

해설 화자가 사업체에 대해 언급하는 것을 묻는 문제이므로, 질문의 핵심어구(business)가 언급된 주변을 주의 깊게 듣는다. "We[Puebla Burritos] have been in business for 20 years."라며 Puebla Burritos는 20년간 영업을 해오고 있다고 하였다. 따라서 정답은 (B) It has been open for a long time이다. (20 years → a long time)

어휘 feature[미 fíːtʃər, 영 fíːtʃə] 특집 기사로 다루다, 특징으로 하다
operate[미 ɑ́ːpəreit, 영 ɔ́pəreit] 운영하다, 영업하다 branch[bræntʃ] 분점, 지사

73

해석 화자는 청자들에게 무엇을 할 것을 상기시키는가?
(A) 예약을 한다.
(B) 영수증을 보관한다.
(C) 쿠폰을 요청한다.
(D) 웹사이트를 확인한다.

해설 화자가 청자들에게 상기시키는 것을 묻는 문제이므로, 질문의 핵심어구(remind)와 관련된 내용을 주의 깊게 듣는다. "If you are planning to come, make sure to book a table in advance."라며 만약 방문하는 것을 계획 중이라면 미리 테이블을 예약하도록 하라고 한 후, "Call ~ to make a reservation."이라며 예약을 하려면 전화하라고 하였다. 따라서 정답은 (A) Make a reservation이다. (book → Make a reservation)

어휘 request[rikwést] 요청하다; 요청

[74-76] 호주

Questions 74-76 refer to the following announcement.

[74]**I want to announce a modification we have made to the Employee of the Month system here at Garner Department Store.** As you know, the store chooses one employee a month to receive an award based on comments from our customers. Previously, recipients of this award received a gift certificate to purchase items in our store. From now on, however, [75]**they will be given two**

extra vacation days instead. This adjustment is a response to the feedback in [76]**the job satisfaction survey we asked you to fill out last month**. We hope this will motivate everyone to perform better in their jobs.

modification [미 mὰdifikéiʃən, 영 mɔ̀difikéiʃən] 변경, 수정
comment [미 kάment, 영 kɔ́ment] 의견, 논평
recipient [risípiənt] 수상자, 수령인 gift certificate 상품권
adjustment [ədʒʌ́stmənt] 조정, 적응
response [미 rispάːns, 영 rispɔ́ns] 조치, 대응
satisfaction [sæ̀tisfǽkʃən] 만족, 충족
motivate [미 móutiveit, 영 mə́utiveit] 동기를 부여하다, 이유가 되다

해석
74-76은 다음 공지에 관한 문제입니다.

[74]이곳 Garner 백화점의 이달의 직원 제도에 대한 변경 사항을 알려드리고자 합니다. 여러분들이 아시다시피, 백화점은 고객들의 의견을 토대로 상을 받을 직원을 한 달에 한 명씩 선정합니다. 이전에는, 이 상의 수상자들은 저희 백화점에서 제품을 구매하는 상품권을 받았습니다. 하지만, 지금부터 [75]**그들은 이틀의 추가 휴가를 대신 받게 될 것입니다.** 이 조정은 [76]**지난달에 저희가 여러분에게 작성해달라고 요청했던 업무 만족도 설문조사**의 의견에 대한 조치입니다. 저희는 이것이 모두가 업무에 있어서 더 잘 해내도록 동기를 부여하기를 바랍니다.

74

해석 화자는 주로 무엇에 대해 이야기하고 있는가?
(A) 정책 변경
(B) 제품 출시
(C) 매장 홍보
(D) 정부 규제

해설 공지의 주제를 묻는 문제이므로, 지문의 초반을 주의 깊게 듣는다. "I want to announce a modification we have made to the Employee of the Month system here at Garner Department Store."라며 이곳 Garner 백화점의 이달의 직원 제도에 대한 변경 사항을 알려주고자 한다고 하였다. 따라서 정답은 (A) A policy change이다. (system → policy, modification → change)

어휘 policy [미 pάːləsi, 영 pɔ́ləsi] 정책, 방침 launch [lɔːntʃ] 출시, 개시
promotion [미 prəmóuʃən, 영 prəmə́uʃən] 홍보, 판촉
regulation [règjuléiʃən] 규제, 규정

75

해석 일부 직원들은 무엇을 받을 자격이 있을 것인가?
(A) 탄력적 근무 시간
(B) 상여금
(C) 상품권
(D) 추가 휴가

해설 일부 직원들이 받을 자격이 있는 것을 묻는 문제이므로, 질문의 핵심어구(some employees be eligible for)와 관련된 내용을 주의 깊게 듣는다. "they[recipients of this award] will be given two extra vacation days"라며 상의 수상자들은 이틀의 추가 휴가를 받게 될 것이라고 하였다. 따라서 정답은 (D) Additional leave이다. (two extra vacation days → Additional leave)

어휘 flexible [fléksəbl] 탄력의, 유연한 bonus payment 상여금
leave [liːv] 휴가, 허가

76

해석 회사는 지난달에 무엇을 했는가?
(A) 워크숍을 준비했다.
(B) 설문조사를 진행했다.
(C) 새로운 지점을 열었다.
(D) 매장을 수리했다.

해설 회사가 지난달에 한 것을 묻는 문제이므로, 질문의 핵심어구(last month)가 언급된 주변을 주의 깊게 듣는다. "the job satisfaction survey we[Garner Department Store] asked you to fill out last month"라며 지난달에 Garner 백화점이 직원들에게 업무 만족도 설문조사를 작성해달라고 요청했다고 하였다. 따라서 정답은 (B) Conducted a survey이다.

어휘 organize [미 ɔ́ːrgənaiz, 영 ɔ́ːgənaiz] 준비하다, 정리하다
conduct [kəndʌ́kt] 진행하다, 행동하다

[77-79] 영국

Questions 77-79 refer to the following telephone message.

Jamal, it's Rebeca. [77]**I met a man named Rami Sultan at last week's software convention. I explained the smartphone application that we're developing**, and [78]**he's interested in investing in our company. He wants to meet with the two of us next week to talk about it.** I know you're currently in Boston for a trade show, but this could be big. I'll be back at the office around 2 P.M. [79]**Let's discuss this matter in an online video conference.** Please contact me when you get this message.

convention [kənvénʃən] 협의회, 대회 matter [mǽtər] 사안, 일
video conference 화상 회의, 영상 회의

해석
77-79는 다음 전화 메시지에 관한 문제입니다.

Jamal, 저 Rebeca예요. [77]**제가 지난주에 소프트웨어 협의회에서 Rami Sultan이라는 한 남성분을 만났어요. 우리가 개발하고 있는 스마트폰 애플리케이션을 설명했고,** [78]**그는 우리 회사에 투자하는 것에 관심이 있어요. 그는 그것에 대해 이야기하기 위해 다음 주에 우리 둘을 만나고 싶어 해요.** 무역 박람회 때문에 당신이 현재 보스턴에 있는 것은 알지만, 이건 중대한 일일 수 있어요. 전 오후 2시쯤에 사무실로 돌아갈 거예요. [79]**온라인 화상 회의에서 이 사안에 대해 논의하도록 해요.** 이 메시지를 받으면 제게 연락 주세요.

77

해석 화자는 어디에서 일하는 것 같은가?
(A) 금융 기관에서
(B) 마케팅 대행사에서
(C) 기술 회사에서
(D) 전자제품 소매업체에서

해설 화자가 일하는 장소를 묻는 문제이므로, 신분 및 직업과 관련된 표현을 놓치지 않고 듣는다. "I met a man ~ at last week's software convention. I explained the smartphone application that we're developing"이라며 화자가 지난주에 소프트웨어 협의회에서 한 남성을 만났고 개발하고 있는 스마트폰 애플리케이션을 설명했다고 한 것을 통해 화자가 스마트폰 애플리케이션을 개발하는 기술 회사에서 일하고 있음을 알 수 있다. 따라서 정답은 (C) At a technology firm이다.

어휘 institution [미 ìnstitúːʃən, 영 ìnstitjúːʃən] 기관, 협회
retailer [ríːteilər] 소매업, 소매업자

78

해석 Rami Sultan은 무엇을 하기를 원하는가?
(A) 새로운 스마트폰을 시험해본다.
(B) 몇몇 신입 직원들을 교육한다.
(C) 직업 행사를 준비한다.
(D) 가능성 있는 투자를 논의한다.

해설 Rami Sultan이 하기 원하는 것을 묻는 문제이므로, 질문의 핵심어구(Rami Sultan want to do)와 관련된 내용을 주의 깊게 듣는다. "he[Rami Sultan]'s interested in investing in our company. He wants to meet with the two of us ~ to talk about it."이라며 Rami Sultan이 화자의 회사에 투자하는 것에 관심이 있고 그것에 대해 이야기하기 위해 화자와 청자를 만나고 싶어 한다고 하였다. 따라서 정답은 (D) Discuss a possible investment이다. (talk about → Discuss)

어휘 professional [prəféʃənəl] 직업의, 전문의

79

해석 화자는 무엇을 제안하는가?
(A) 보스턴으로 여행 가는 것

(B) 무역 박람회의 자리를 예약하는 것
(C) 온라인 회의를 하는 것
(D) 고객을 사무실로 초대하는 것

해설 화자가 제안하는 것을 묻는 문제이므로, 지문의 중후반에서 제안과 관련된 표현이 포함된 문장을 주의 깊게 듣는다. "Let's discuss ~ in an online video conference."라며 온라인 화상 회의에서 논의하는 것을 제안하였다. 따라서 정답은 (C) Holding an online meeting이다. (video conference → meeting)

[80-82] 캐나다

Questions 80-82 refer to the following talk.

So, we've managed to secure a bus for the Tech Revolution Expo in Phoenix. At 8 A.M. tomorrow morning, [80]**please gather in the north corner of the parking lot, near the entrance**. We will leave at 8:30 A.M. and arrive in Phoenix by 1 P.M. [81]**If you have any assignments that need to be finished during the trip, the bus is equipped with Wi-Fi.** Once we get to the expo, we'll set up the booth. Please place our newest printers up front. [82]**I want to make sure that the booth attracts people passing by.**

secure [미 sikjúr, 영 sikjúə] 확보하다; 안전한
assignment [əsáinmənt] 업무, 과제 equip [ikwíp] 갖추다, 설비하다

해석

80-82는 다음 담화에 관한 문제입니다.

자, 우리는 피닉스에서 열리는 Tech Revolution 박람회로 갈 버스를 간신히 확보해냈습니다. 내일 오전 8시에, [80]**출입구 근처 주차장의 북쪽 모퉁이에서 모여주세요.** 우리는 오전 8시 30분에 출발해서 오후 1시까지 Phoenix에 도착할 것입니다. [81]**만약 이동 중에 완료되어야 하는 업무가 있다면, 버스에 와이파이가 갖춰져 있습니다.** 박람회장에 도착하면, 우리는 부스를 설치할 것입니다. 우리의 최신 프린터를 앞쪽에 놓아주세요. [82]**부스가 지나가는 사람들의 주의를 끄는 것을 확실하게 하기를 바랍니다.**

80

해석 화자는 청자들에게 무엇을 하라고 요청하는가?
(A) 한 구역에서 만난다.
(B) 여행 일정표를 확인한다.
(C) 표를 구매한다.
(D) 장소를 찾는다.

해설 화자가 청자들에게 요청하는 것을 묻는 문제이므로, 요청과 관련된 표현이 포함된 문장을 주의 깊게 듣는다. "please gather in the north corner of the parking lot, near the entrance"라며 출입구 근처 주차장의 북쪽 모퉁이에서 모여달라고 요청하였다. 따라서 정답은 (A) Meet in an area이다. (gather → Meet, north corner → area)

어휘 itinerary [미 aitínəreri, 영 aitínərəri] 여행 일정표 venue [vénjuː] 장소

81

해석 화자는 "버스에 와이파이가 갖춰져 있습니다"라고 말할 때 무엇을 의도하는가?
(A) 지도가 이용될 수 있다.
(B) 업무가 완료될 수 있다.
(C) 음악이 재생될 수 있다.
(D) 애플리케이션이 업데이트될 수 있다.

해설 화자가 하는 말의 의도를 묻는 문제이므로, 질문의 인용어구(the bus is equipped with Wi-Fi)가 언급된 주변을 주의 깊게 듣는다. "If you have any assignments that need to be finished during the trip, the bus is equipped with Wi-Fi."라며 만약 이동 중에 완료되어야 하는 업무가 있다면 버스에 와이파이가 갖춰져 있다고 한 내용을 통해 버스에서 와이파이를 이용해 업무가 완료되도록 할 수 있다는 의도임을 알 수 있다. 따라서 정답은 (B) Tasks can be completed이다. (assignments → Tasks, finished → completed)

어휘 stream [striːm] (인터넷에서 다운로드와 동시에) 재생하다

82

해석 화자는 부스에 대해 무엇을 강조하는가?
(A) 활동을 위해 시간에 맞춰 설치되어야 한다.
(B) 장소의 중앙 근처에 위치하고 있을 것이다.
(C) 참석자들의 관심을 끌어야 한다.
(D) 회사의 최신 제품만을 포함할 것이다.

해설 화자가 부스에 대해 강조하는 것을 묻는 문제이므로, 질문의 핵심어구(booth)가 언급된 주변을 주의 깊게 듣는다. "I want to make sure that the booth attracts people passing by."라며 부스가 지나가는 사람들의 주의를 끄는 것을 확실하게 하기를 바란다고 하였다. 따라서 정답은 (C) It must get the attention of attendees이다. (attracts people → get the attention)

어휘 locate [미 lóukeit, 영 ləukéit] 위치시키다, 두다 attention [əténʃən] 관심, 주목
attendee [ətèndíː] 참석자

[83-85] 호주

Questions 83-85 refer to the following news report.

According to data released this week, the city of Chesterton has grown by over 14,000 people in just 10 years. By far the biggest reason for this growth is the construction of the Desto Automotive factory, which brought in at least 6,000 new workers. [83]**The company is also planning to recruit more in the near future.** Thanks to this influx of people, [84]**the town's economy and real estate market are now booming. New developments are being built along Peterson Ridge.** This includes many new homes, shops, and restaurants. [85]**Joining me now is Mayor Luke Moore, who's going to talk to me about the growth of the town.**

release [rilíːs] 공개하다, 출시하다 by far 단연코, 훨씬
bring in 유입하다, 가져오다 recruit [rikrúːt] (신입 사원 등을) 모집하다, 뽑다
influx [ínflʌks] 유입, 쇄도 booming [búːmiŋ] 호황인, 급속히 발전하는
development [divéləpmənt] 개발지, 개발 mayor [미 méiər, 영 meə] 시장

해석

83-85는 다음 뉴스 보도에 관한 문제입니다.

이번 주에 공개된 자료에 따르면, Chesterton 시는 단 10년 만에 14,000명 넘게 인구가 증가했습니다. 단연코 이 증가의 가장 큰 이유는 Desto Automotive사 공장의 건설이고, 이는 최소 6,000명의 새로운 근로자들을 유입시켰습니다. [83]**이 회사는 또한 가까운 장래에 신입 사원을 더 모집하는 것을 계획하고 있습니다.** 사람들의 유입 덕분에, [84]**도시의 경제와 부동산 시장이 지금 호황을 누리고 있습니다. 새로운 개발지들이 Peterson Ridge를 따라 건설되고 있습니다.** 이것은 많은 새로운 주택, 상점, 그리고 식당을 포함합니다. [85]**지금 Luke Moore 시장이 저와 함께하고 있고, 그가 도시의 성장에 대해 저와 이야기할 것입니다.**

83

해석 화자는 Desto Automotive사에 대해 무엇을 언급하는가?
(A) 장비를 업그레이드했다.
(B) 여러 공장을 운영한다.
(C) 추가 직원들을 채용할 것이다.
(D) 회사의 본사를 이전할 것이다.

해설 화자가 Desto Automotive사에 대해 언급하는 것을 묻는 문제이므로, 질문의 핵심어구(Desto Automotive)와 관련된 내용을 주의 깊게 듣는다. "The company[Desto Automotive] is also planning to recruit more in the near future."라며 Desto Automotive사는 또한 가까운 장래에 신입 사원을 더 모집하는 것을 계획하고 있다고 하였다. 따라서 정답은 (C) It will hire additional employees이다. (recruit more → hire additional employees)

어휘 relocate [미 riːlóukeit, 영 rìːləukéit] 이전하다, 이동시키다
headquarters [미 hédkwɔːrtərz, 영 hèdkwɔ́ːtəz] 본사

84

해석 화자는 왜 "새로운 개발지들이 Peterson Ridge를 따라 건설되고 있습니다"라고 말하는가?

(A) 사람들에게 이사하는 것을 권하기 위해
(B) 도시의 경제적 성장을 강조하기 위해
(C) 회사의 사업을 홍보하기 위해
(D) 지역이 편리하다는 것을 보여주기 위해

해설 화자가 하는 말의 의도를 묻는 문제이므로, 질문의 인용어구(New developments are being built along Peterson Ridge)가 언급된 주변을 주의 깊게 듣는다. "the town's economy and real estate market are now booming. New developments are being built along Peterson Ridge."라며 도시의 경제와 부동산 시장이 지금 호황을 누리고 있고 새로운 개발지들이 Peterson Ridge를 따라 건설되고 있다고 했으므로, 화자는 도시가 경제적으로 성장하고 있음을 강조하려는 의도임을 알 수 있다. 따라서 정답은 (B) To stress a city's economic growth이다. (town → city)

어휘 economic [미 iːkənáːmik, 영 èkənɔ́mik] 경제의, 경제성이 있는
convenient [kənvíːniənt] 편리한, 간편한

85

해석 화자는 다음에 무엇을 할 것인가?
(A) 시 공무원과 이야기한다.
(B) 보도의 발췌록을 읽는다.
(C) 브랜드를 홍보한다.
(D) 통계 자료를 인용한다.

해설 화자가 다음에 할 일을 묻는 문제이므로, 지문의 마지막 부분을 주의 깊게 듣는다. "Joining me now is Mayor Luke Moore, who's going to talk to me about the growth of the town."이라며 지금 Luke Moore 시장이 화자와 함께하고 있고 그가 도시의 성장에 대해 화자와 이야기할 것이라고 하였다. 따라서 정답은 (A) Talk to a city official이다. (Mayor → city official)

어휘 city official 시 공무원 excerpt [미 éksəːrpt, 영 éksəːpt] 발췌(록)
statistics [stətístiks] 통계 (자료)

[86-88] 영국

Questions 86-88 refer to the following talk.

As you know, [86]**we hope to have 500,000 subscribers to *Crafts Monthly* by the end of this year. To achieve this, we'll begin publishing our magazine in other countries,** such as Italy, Brazil, and China. This means that the articles will need to be translated. Coordinating with large teams of translators will be a daunting task, but many other magazines successfully do just that. [87]**I've reached out to some translation firms for price quotes.** [88]**While I wait for a reply, why don't you get together with your team members to talk about how to handle the workflow?**

subscriber [səbskráibər] 구독자, 가입자 achieve [ətʃíːv] 달성하다, 성취하다
publish [pʌ́bliʃ] 발행하다 translate [trænsléit] 번역하다, 옮기다
coordinate [미 kouɔ́ːrdənèit, 영 kouɔ́ːdənət] 협력하다, 조정하다
daunting [dɔ́ːntiŋ] 힘든, 벅찬 reach out 접촉하다, (손을) 뻗다
price quote 견적서 handle [hǽndl] 처리하다, 다루다
workflow [미 wɔ́ːrkflòu, 영 wɔ́ːkfləu] 작업 흐름

해석

86-88은 다음 담화에 관한 문제입니다.

여러분들이 아시다시피, [86]우리는 올해 말까지 50만 명의 *Crafts Monthly* 구독자를 보유하기를 바라고 있습니다. 이것을 달성하기 위해, 우리는 이탈리아, 브라질, 그리고 중국과 같은 다른 나라들에서 우리 잡지를 발행하기 시작할 것입니다. 이것은 기사들이 번역되어야 할 것임을 의미합니다. 대규모의 번역가 팀과 협력하는 것이 힘든 업무가 될 것이지만, 많은 다른 잡지들이 성공적으로 바로 그것을 하고 있습니다. [87]제가 견적서를 위해서 몇몇 번역 회사들에 접촉해보았습니다. [88]제가 답변을 기다리는 동안, 여러분의 팀원들과 함께 모여서 어떻게 작업 흐름을 처리할지에 관해 논의해 보는 것은 어떨까요?

86

해석 담화의 목적은 무엇인가?
(A) 목표를 달성하기 위한 계획을 소개하기 위해
(B) 문제에 대한 해결책을 찾기 위해
(C) 회사 합병을 발표하기 위해
(D) 팀원들을 세미나에 초대하기 위해

해설 담화의 목적을 묻는 문제이므로, 지문의 초반을 반드시 듣는다. "we hope to have 500,000 subscribers to *Crafts Monthly* by the end of this year. To achieve this, we'll begin publishing our magazine in other countries"라며 올해 말까지 50만 명의 *Crafts Monthly* 구독자를 보유하기를 바라고 있고 이것을 달성하기 위해 다른 나라들에서 잡지를 발행하기 시작할 것이라고 한 뒤, 지문 전반에 걸쳐 다른 나라들에서 잡지를 발행하는 계획에 대해 설명하고 있다. 따라서 정답은 (A) To introduce a plan to achieve a goal이다.

어휘 identify [aidéntəfài] 찾다, 확인하다 merger [미 mə́ːrdʒər, 영 mə́ːdʒə] 합병

87

해석 화자는 최근에 무엇을 했는가?
(A) 일부 발행 부수 수치를 공유했다.
(B) 해외의 작가들에게 접촉했다.
(C) 몇몇 회사들에 연락했다.
(D) 번역 회사를 고용했다.

해설 화자가 최근에 한 것을 묻는 문제이므로, 질문의 핵심 어구(recently do)와 관련된 내용을 주의 깊게 듣는다. "I've reached out to some translation firms for price quotes."라며 화자가 견적서를 위해서 몇몇 번역 회사들에 접촉해보았다고 하였다. 따라서 정답은 (C) Contacted some companies이다. (reached out → Contacted, translation firms → companies)

어휘 distribute [distríbjuːt] 공유하다, 배포하다
circulation [미 sə̀ːrkjəléiʃən, 영 sə̀ːkjəléiʃən] 발행 부수, 순환

88

해석 청자들은 다음에 무엇을 할 것 같은가?
(A) 구독자 의견을 검토한다.
(B) 출장을 준비한다.
(C) 행사를 조정한다.
(D) 논의를 한다.

해설 청자들이 다음에 할 일을 묻는 문제이므로, 지문의 마지막 부분을 주의 깊게 듣는다. "While I wait for a reply, why don't you get together with your team members to talk about how to handle the workflow?"라며 화자가 답변을 기다리는 동안 청자들이 팀원들과 함께 모여서 어떻게 작업 흐름을 처리할지에 관해 논의해 보는 것을 제안하였다. 따라서 정답은 (D) Hold some discussions이다. (talk about → Hold some discussions)

어휘 review [rivjúː] 검토하다, 평가하다

[89-91] 캐나다

Questions 89-91 refer to the following announcement.

May I have your attention? [89]**This week, our building will be holding its annual fire drill.** When the alarm sounds, please stop your work and [90]**make your way to the nearest exit. If you do not know where that is, there are maps of the building near the stairwells.** Do not take the elevators. Please proceed downstairs in an orderly, calm fashion. When you reach the street outside the building, we would like you to form a group with the other people from your company. [91]**The manager of each company will call out the names of staff to ensure that everyone is present.** The entire process should take no more than 10 minutes.

fire drill 소방 훈련 make one's way to ~로 가다
stairwell [미 stérwel, 영 stéəwel] 계단통(건물의 계단을 포함하는 수직의 공간)
orderly [미 ɔ́ːrdərli, 영 ɔ́ːdəli] 질서 있는, 정돈된
no more than 단지 ~에 지나지 않다, ~일 뿐

해석
89-91은 다음 공지에 관한 문제입니다.

주목해 주시겠습니까? [89]**이번 주에, 저희 건물이 연례 소방 훈련을 할 것입니다.** 알람이 울리면 작업을 중단하고 [90]**가장 가까운 출구로 가주시기 바랍니다. 그것이 어디에 있는지를 모르신다면, 계단통 근처에 건물의 지도가 있습니다.** 엘리베이터를 타지 마십시오. 질서 있고, 차분하게 아래층으로 이동해주시기 바랍니다. 건물 밖의 도로에 도착하면, 여러분 회사의 다른 사람들과 함께 무리 지어 주십시오. [91]**각 회사의 관리자들이 직원들의 이름을 호명하여 모든 사람들이 있는 것을 확인할 것입니다.** 전체 과정은 단지 10분밖에 걸리지 않을 것입니다.

89

해석 공지의 목적은 무엇인가?
(A) 제안 사항을 상술하기 위해
(B) 불만을 제기하기 위해
(C) 규정을 설명하기 위해
(D) 절차를 설명하기 위해

해설 공지의 목적을 묻는 문제이므로, 지문의 초반을 반드시 듣는다. "This week, our building will be holding its annual fire drill."이라며 이번 주에 건물이 연례 소방 훈련을 할 것이라고 한 뒤, 지문 전반에 걸쳐 소방 훈련 절차에 대해 설명하고 있다. 따라서 정답은 (D) To describe a process이다.

어휘 **detail** [ditéil] 상술하다; 상세 **complaint** [kəmpléint] 불만, 불평

90

해석 청자들은 어떻게 출구를 찾을 수 있는가?
(A) 지도를 확인함으로써
(B) 안내 책자를 읽음으로써
(C) 웹사이트에 접속함으로써
(D) 직원에게 물어봄으로써

해설 청자들이 출구를 찾을 수 있는 방법을 묻는 문제이므로, 질문의 핵심어구(find an exit)와 관련된 내용을 주의 깊게 듣는다. "make your way to the nearest exit. If you do not know where that is, there are maps of the building near the stairwells."라며 가장 가까운 출구로 가라고 했고 그것이 어디에 있는지를 모르면 계단통 근처에 건물의 지도가 있다고 하였다. 따라서 정답은 (A) By checking a map이다.

어휘 **manual** [mǽnjuəl] 안내 책자, 설명서

91

해석 화자는 관리자들이 무엇을 할 것이라고 말하는가?
(A) 회람을 보낸다.
(B) 이동 수단을 마련한다.
(C) 결제를 한다.
(D) 출석을 확인한다.

해설 화자가 관리자들이 할 것이라고 언급하는 것을 묻는 문제이므로, 질문의 핵심어구(managers will do)와 관련된 내용을 주의 깊게 듣는다. "The manager of each company will call out the names of staff to ensure that everyone is present."라며 각 회사의 관리자들이 직원들의 이름을 호명하여 모든 사람들이 있는 것을 확인할 것이라고 하였다. 따라서 정답은 (D) Take attendance이다.

어휘 **transportation** [미 trӕ̀nspərtéiʃən, 영 trӕ̀nspɔːtéiʃən] 이동 수단, 수송
make payment 결제하다 **take attendance** 출석을 확인하다

[92-94] 영국
Questions 92-94 refer to the following introduction.

I'm so excited to introduce our special guest tonight. David Holmes is one of the premier science writers in the world. He has written three best-selling books, as well as countless magazine articles. Tonight, he's going to be talking to us about [92]**his new book, *The Life of DNA*, which has already been shortlisted for the Greg Shaw Prize.** [93]**You can find copies of it in our science section.** They have been selling quickly. But [93/94]**if you can't find one on the shelf, don't be concerned. Just ask our staff members to bring some more from the storage room.**

premier [미 primír, 영 prémiə] 최고의, 최초의
countless [káuntləs] 셀 수 없이 많은, 무수한
shortlist [미 ʃɔ́ːrtlist, 영 ʃɔ́ːtlist] 최종 후보자 명단에 넣다
storage room 창고, 저장고

해석
92-94는 다음 소개에 관한 문제입니다.

오늘 밤의 특별 손님을 소개하게 되어 매우 기쁩니다. David Holmes는 세계 최고의 과학 저술가 중 한 명입니다. 그는 셀 수 없이 많은 잡지 기사들뿐만 아니라 세 권의 베스트셀러 책을 저술했습니다. 오늘 밤, 그는 [92]**이미 Greg Shaw Prize의 최종 후보자 명단에 오른 그의 신간 *The Life of DNA*에** 대해 우리에게 이야기해줄 것입니다. [93]**여러분들은 저희의 과학 구획에서 그 책들을 찾아보실 수 있습니다.** 그것들은 빠르게 판매되고 있습니다. 하지만 [93/94]**만약 책장에서 찾을 수 없더라도, 걱정하지 마십시오. 저희 직원들에게 창고에서 더 가져올 것을 요청해주시기만 하면 됩니다.**

92

해석 화자는 Mr. Holmes의 새로운 작품에 대해 무엇을 말하는가?
(A) DNA에 관한 새로운 정보를 포함한다.
(B) 상에 고려되고 있다.
(C) 온라인에서 선주문될 수 있다.
(D) 많은 시각 자료들을 포함한다.

해설 화자가 Mr. Holmes의 새로운 작품에 대해 언급하는 것을 묻는 문제이므로, 질문의 핵심어구(Mr. Holmes's new work)와 관련된 내용을 주의 깊게 듣는다. "his[David Holmes] new book, ~ has already been shortlisted for the Greg Shaw Prize"라며 David Holmes의 신간이 이미 Greg Shaw Prize의 최종 후보자 명단에 올랐다고 하였다. 따라서 정답은 (B) It is being considered for an award이다. (has ~ been shortlisted → is being considered, Prize → award)

어휘 **preorder** [미 priːɔ́ːrdər, 영 priːɔ́ːdə] 선주문하다 **visual** [víʒuəl] 시각 자료; 시각의

93

해석 소개는 어디에서 일어나고 있는 것 같은가?
(A) 박물관에서
(B) 도서관에서
(C) 대학교에서
(D) 서점에서

해설 소개가 일어나고 있는 장소를 묻는 문제이므로, 장소와 관련된 표현을 놓치지 않고 듣는다. "You can find copies of it in our science section."이라며 과학 구획에서 책들을 찾아볼 수 있다고 했고, "if you can't find one on the shelf, ~. Just ask our staff members to bring some more from the storage room."이라며 책장에서 찾을 수 없더라도 직원들에게 창고에서 더 가져올 것을 요청하기만 하면 된다고 한 것을 통해 소개가 서점에서 일어나고 있음을 알 수 있다. 따라서 정답은 (D) At a bookstore이다.

94

해석 화자는 왜 "걱정하지 마십시오"라고 말하는가?
(A) 충분한 좌석에 대해 고객들을 안심시키기 위해
(B) 행사가 일정대로 시작할 것임을 확인시키기 위해
(C) 상품이 여전히 구매 가능할 것임을 알려주기 위해
(D) 할인이 적용될 것임을 강조하기 위해

해설 화자가 하는 말의 의도를 묻는 문제이므로, 질문의 인용어구(don't be concerned)가 언급된 주변을 주의 깊게 듣는다. "if you can't find one[copies] on the shelf, don't be concerned. Just ask our staff members to bring some more from the storage room."이라며 책장에서 책을 찾을 수 없더라도 걱정하지 말라고 하면서 직원들에게 창고에서 더 가져올 것을 요청하기만 하면 된다고 했으므로, 화자가 책이 여전히 구매 가능할 것임을 알려주려는 의도임을 알 수 있다. 따라서 정답은 (C) To indicate that an item will still be available이다.

어휘 **reassure** [미 rìːəʃúr, 영 rìːəʃúə] 안심시키다 **adequate** [ǽdikwət] 충분한, 적절한
apply [əplái] 적용하다, 쓰다

[95-97] 캐나다

Questions 95-97 refer to the following telephone message and festival schedule.

This is Brandon Lewis calling for Ms. Walker. I want to thank you for agreeing to premiere your latest work at the Douglas Film Festival. [95]**I've put a lot of effort into making this festival a success, and I'm grateful that a prominent filmmaker like you is willing to participate.** As you requested, [96]**we will be presenting the movie you directed at 6 P.M. on Saturday, June 16.** [97]**Would you be willing to give a brief talk afterwards about your experiences as a filmmaker?** I'm sure everyone would find it interesting. Please let me know if this is possible.

premiere [미 primír, 영 prémieə] 개봉하다, 초연하다
prominent [미 prɑ́:minənt, 영 prɔ́minənt] 저명한, 유명한
filmmaker [미 fílmmèikər, 영 fílmmèikə] 영화 제작자, 영화 회사
participate [미 pɑ:rtísəpeit, 영 pɑ:tísəpeit] 참여하다, 참석하다
experience [미 ikspíriəns, 영 ikspíəriəns] 경험; 경험하다

해석

95-97은 다음 전화 메시지와 축제 일정표에 관한 문제입니다.

저는 Ms. Walker에게 전화 드리는 Brandon Lewis입니다. 당신의 최신 작품을 Douglas 영화 축제에서 개봉하는 것에 동의해 주셔서 감사드리고 싶습니다. [95]저는 이 축제를 성공시키기 위해 많은 노력을 했고, 당신과 같이 저명한 영화 제작자가 기꺼이 참여하시는 것에 감사하게 생각합니다. 요청하신 것처럼, [96]저희는 당신이 연출하신 영화를 6월 16일 토요일 오후 6시에 상영할 것입니다. [97]이후에 영화 제작자로서의 당신의 경험에 대한 짧은 강연을 해주실 의향이 있으십니까? 모든 사람들이 그것을 흥미롭게 여길 것이라고 확신합니다. 이것이 가능할지 제게 알려주시기를 바랍니다.

DOUGLAS 영화 축제
6월 16일 토요일 일정표

영화 제목	상영 시간
Black Forest	오후 2:00 - 오후 3:30
The Sea Voyage	오후 4:00 - 오후 5:30
[96]*Better People*	오후 6:00 - 오후 7:30
Across the Sun	오후 8:00 - 오후 9:30

95

해석 화자는 누구인 것 같은가?
(A) 장소 관리자
(B) 영화 평론가
(C) 배우
(D) 행사 기획자

해설 화자의 신분을 묻는 문제이므로, 신분 및 직업과 관련된 표현을 놓치지 않고 듣는다. "I've put a lot of effort into making this festival a success, and I'm grateful that a prominent filmmaker like you is willing to participate."라며 화자가 축제를 성공시키기 위해 많은 노력을 했고 청자와 같이 저명한 영화 제작자가 기꺼이 참여하는 것에 감사하게 생각한다고 한 것을 통해, 화자가 축제를 기획하는 행사 기획자임을 알 수 있다. 따라서 정답은 (D) An event organizer이다. (festival → event)

어휘 critic [krítik] 평론가, 비평가

96

해석 시각 자료를 보아라. Ms. Walker는 어떤 영화를 연출했는가?
(A) *Black Forest*
(B) *The Sea Voyage*
(C) *Better People*
(D) *Across the Sun*

해설 Ms. Walker가 연출한 영화를 묻는 문제이므로, 제시된 축제 일정표의 정보를 확인한 뒤 질문의 핵심어구(movie ~ Ms. Walker direct)와 관련된 내용을 주의 깊게 듣는다. "we will be presenting the movie you[Ms. Walker] directed at 6 P.M. on Saturday, June 16"라며 Ms. Walker가 연출한 영화를 6월 16일 토요일 오후 6시에 상영할 것이라고 했으므로, 오후 6시에 상영되는 *Better People*을 Ms. Walker이 연출한 것임을 축제 일정표에서 알 수 있다. 따라서 정답은 (C) *Better People*이다.

97

해석 화자는 청자에게 무엇을 하라고 요청하는가?
(A) 상을 수여한다.
(B) 강연을 한다.
(C) 배우를 소개한다.
(D) 축제를 홍보한다.

해설 화자가 청자에게 요청하는 것을 묻는 문제이므로, 지문의 중후반에서 요청과 관련된 표현이 포함된 문장을 주의 깊게 듣는다. "Would you be willing to give a brief talk afterwards about your experiences as a filmmaker?"라며 이후에 영화 제작자로서의 청자의 경험에 대한 짧은 강연을 해줄 의향이 있는지를 물었다. 따라서 정답은 (B) Give a speech이다. (talk → speech)

어휘 promote [미 prəmóut, 영 prəmə́ut] 홍보하다, 촉진하다

[98-100] 미국

Questions 98-100 refer to the following excerpt from a meeting and flyer.

OK . . . [98]**Deborah Wilkins on the marketing team e-mailed a draft of the advertisement this morning.** Overall, I think it looks very good. The bright red lettering is definitely eye-catching. However, there are a couple of things we should change. First, it is a little difficult to read the details about the sale. [99]**I recommend that we make the font larger.** In addition, [100]**we have decided to reduce the discount for bedding, so this information needs to be changed.** If anyone else has other ideas on how to improve the ad, please let me know by the end of the day. The advertisement has to be done this week.

draft [미 dræft, 영 drɑ:ft] 초안, 원고 bright red 선홍색
lettering [létəriŋ] 글자, 글자 쓰기 eye-catching [aikǽtʃiŋ] 눈길을 끄는
bedding [bédiŋ] 침구

해석

98-100은 다음 회의 발췌록과 광고지에 관한 문제입니다.

자... [98]마케팅팀의 Deborah Wilkins가 오늘 아침에 광고의 초안을 이메일로 보내왔습니다. 전체적으로, 저는 아주 좋아 보인다고 생각합니다. 선홍색 글자가 확실히 눈길을 끕니다. 하지만, 우리가 바꿔야 할 몇 가지 것들이 있습니다. 첫 번째로, 할인에 관한 세부 내용을 읽기가 조금 어렵습니다. [99]저는 서체를 더 크게 하는 것을 제안합니다. 추가로, [100]우리가 침구 할인율을 줄이기로 결정했으니, 이 정보도 바뀌어야 합니다. 만약 다른 누구라도 광고를 개선할 방법에 대한 다른 의견이 있으시다면, 오늘 퇴근 전까지 저에게 알려주세요. 광고는 이번 주에 완성되어야 합니다.

특별 할인
RYLAND HOME AND GARDEN

제품 종류	할인율
가구	35%
침구	[100]40%
주방용품	25%
원예 도구	30%

더 많은 정보는 www.rylandhomegarden.com을 방문하세요.

98

해석 Ms. Wilkins는 오늘 아침에 무엇을 했는가?
(A) 이메일을 보냈다.
(B) 회의 일정을 잡았다.
(C) 의뢰인에게 전화했다.
(D) 마감기한을 바꿨다.

해설 Ms. Wilkins가 오늘 아침에 한 것을 묻는 문제이므로, 질문의 핵심어구(Ms. Wilkins do this morning)와 관련된 내용을 주의 깊게 듣는다. "Deborah Wilkins ~ e-mailed a draft of the advertisement this morning."이라며 Deborah Wilkins가 오늘 아침에 광고의 초안을 이메일로 보내왔다고 하였다. 따라서 정답은 (A) Sent an e-mail이다. (e-mailed → Sent an e-mail)

어휘 **deadline** [dédlain] 마감기한, 마감일

99

해석 화자는 무엇을 제안하는가?
(A) 더 많은 사진을 넣는 것
(B) 온라인에 정보를 게시하는 것
(C) 팀원들을 만나는 것
(D) 서체 크기를 조정하는 것

해설 화자가 제안하는 것을 묻는 문제이므로, 지문의 중후반에서 제안과 관련된 표현이 포함된 문장을 주의 깊게 듣는다. "I recommend that we make the font larger."라며 화자가 서체를 더 크게 하는 것을 제안한다고 하였다. 따라서 정답은 (D) Adjusting a font size이다. (make the font larger → Adjusting a font size)

어휘 **post** [미 poust, 영 pəust] 게시하다, 공고하다 **adjust** [ədʒʌ́st] 조정하다, 적응하다

100

해석 시각 자료를 보아라. 어떤 할인율이 바뀌어야 하는가?
(A) 35%
(B) 40%
(C) 25%
(D) 30%

해설 바뀌어야 하는 할인율을 묻는 문제이므로, 제시된 광고지의 정보를 확인한 뒤 질문의 핵심어구(discount amount ~ changed)와 관련된 내용을 주의 깊게 듣는다. "we have decided to reduce the discount for bedding, so this information needs to be changed"라며 침구 할인율을 줄이기로 결정했으니 이 정보도 바뀌어야 한다고 했으므로, 침구 할인율인 40퍼센트가 바뀌어야 함을 광고지에서 알 수 있다. 따라서 정답은 (B) 40%이다.

Part 1					p. 316
1. (A)	2. (B)	3. (D)	4. (C)	5. (B)	6. (D)

Part 2					p. 320
7. (B)	8. (B)	9. (C)	10. (C)	11. (C)	12. (A)
13. (A)	14. (C)	15. (C)	16. (B)	17. (B)	18. (B)
19. (A)	20. (C)	21. (A)	22. (A)	23. (A)	24. (B)
25. (A)	26. (C)	27. (C)	28. (A)	29. (C)	30. (A)
31. (A)					

Part 3					p. 321
32. (B)	33. (C)	34. (D)	35. (C)	36. (A)	37. (D)
38. (D)	39. (A)	40. (C)	41. (B)	42. (A)	43. (C)
44. (B)	45. (A)	46. (A)	47. (D)	48. (C)	49. (B)
50. (C)	51. (C)	52. (A)	53. (A)	54. (C)	55. (B)
56. (C)	57. (B)	58. (D)	59. (D)	60. (B)	61. (D)
62. (C)	63. (B)	64. (D)	65. (D)	66. (B)	67. (A)
68. (B)	69. (A)	70. (A)			

Part 4					p. 325
71. (B)	72. (A)	73. (C)	74. (C)	75. (C)	76. (A)
77. (C)	78. (D)	79. (D)	80. (B)	81. (C)	82. (D)
83. (D)	84. (A)	85. (B)	86. (B)	87. (D)	88. (C)
89. (B)	90. (B)	91. (A)	92. (C)	93. (A)	94. (B)
95. (B)	96. (C)	97. (D)	98. (C)	99. (A)	100. (D)

1 호주

(A) They are leaning against a railing.
(B) They are reviewing documents.
(C) They are shaking hands.
(D) They are approaching a door.

lean against ~에 기대다 railing [réiliŋ] 난간
approach [미 əpróutʃ, 영 əprə́utʃ] 다가가다

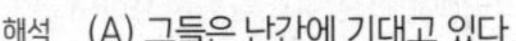

해석 (A) 그들은 난간에 기대고 있다.
(B) 그들은 서류를 검토하고 있다.
(C) 그들은 악수를 하고 있다.
(D) 그들은 문에 다가가고 있다.

해설 2인 이상 사진/사무실 사진. 두 여자가 난간에 기대어 서서 마주보고 있는 모습을 확인한다.
(A) [o] 난간에 기대어 서 있는 두 여자의 모습을 정확히 묘사한 정답이다. 난간을 나타내는 표현 railing을 알아 둔다.
(B) [×] reviewing(검토하고 있다)은 여자들의 동작과 무관하므로 오답이다. 사진에 있는 서류(documents)를 사용하여 혼동을 주었다.
(C) [×] shaking hands(악수하고 있다)는 여자들의 동작과 무관하므로 오답이다.
(D) [×] approaching(다가가고 있다)은 여자들의 동작과 무관하므로 오답이다. 사진에 있는 문(door)을 사용하여 혼동을 주었다.

2 영국

(A) A beverage is being poured into a cup.
(B) Some colleagues are seated side by side.
(C) Meals have been served to customers.
(D) A man is distributing some paperwork.

beverage [bévəridʒ] 음료 serve [미 sə:rv, 영 sə:v] (음식을) 내다, 상을 차리다
distribute [distríbju:t] 나누어 주다, 분배하다

해석 (A) 음료가 컵에 부어지고 있다.
(B) 몇몇 동료들이 나란히 앉아 있다.
(C) 식사가 손님들에게 내어졌다.
(D) 한 남자가 몇몇 서류를 나누어 주고 있다.

해설 2인 이상 사진/회의실 사진. 여러 사람이 탁자에 앉아 회의를 하고 있는 모습과 주변 사물의 상태를 주의 깊게 살핀다.
(A) [×] 컵에 음료가 담겨 있는 상태인데, 진행 수동형(is being poured)을 사용해 음료가 부어지고 있다고 잘못 묘사했으므로 오답이다. A beverage(음료)만 듣고 정답으로 선택하지 않도록 주의한다.
(B) [o] 사람들이 나란히 앉아 있는 모습을 정확히 묘사한 정답이다. 사람들 또는 사물들이 나란히 있는 모습을 나타내는 표현 side by side를 알아 둔다.
(C) [×] 사진에 식사(Meals)가 없으므로 오답이다. 사진의 음료와 관련된 Meals(식사)를 사용하여 혼동을 주었다.
(D) [×] 사진에 서류를 나누어 주는 남자가 없으므로 오답이다. 사진에 있는 서류(paperwork)를 사용하여 혼동을 주었다.

3 미국

(A) A vehicle is waiting at an intersection.
(B) A car is exiting a parking garage.
(C) Some people are pointing at a sign.
(D) Some people are walking toward a building.

intersection [intərsékʃən] 교차로 exit [égzit] 나가다; 출구 sign [sain] 간판

해석 (A) 차량 한 대가 교차로에서 대기하고 있다.
(B) 차량 한 대가 주차장을 나가고 있다.
(C) 몇몇 사람들이 간판을 가리키고 있다.
(D) 몇몇 사람들이 건물을 향해 걸어가고 있다.

해설 2인 이상 사진/건물 외부 사진. 건물을 향해 걸어가는 사람들의 모습과 주변 사물의 상태를 주의 깊게 살핀다.
(A) [×] 사진에 교차로(intersection)가 없으므로 오답이다.
(B) [×] 사진에서 자동차가 주차장을 나가고 있는지 확인할 수 없으므로 오답이다.
(C) [×] pointing at(가리키고 있다)은 사람들의 동작과 무관하므로 오답이다.
(D) [o] 건물을 향해 걸어가고 있는 사람들의 모습을 가장 잘 묘사한 정답이다.

4 호주

(A) A painting has been laid on the floor.
(B) A carpet is being replaced.
(C) A table and chairs have been set up.
(D) A jacket is hanging on the wall.

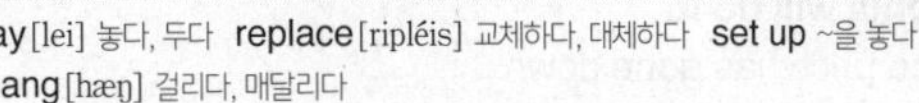

lay [lei] 놓다, 두다 replace [ripléis] 교체하다, 대체하다 set up ~을 놓다
hang [hæŋ] 걸리다, 매달리다

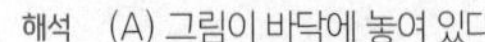

해석 (A) 그림이 바닥에 놓여 있다.
(B) 카펫이 교체되고 있다.
(C) 테이블과 의자들이 놓여 있다.

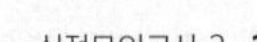

(D) 재킷이 벽에 걸려 있다.

해설 사물 및 풍경 사진/사무실 사진. 사진에 사람이 없다는 것과 사무실의 전반적인 풍경을 확인한다.
(A) [×] 그림이 바닥에 놓여 있는 것이 아니라 벽에 걸려 있으므로 오답이다.
(B) [×] 사람이 없는 사진에 진행 수동형(is being replaced)을 사용하여 사람의 동작을 묘사했으므로 오답이다. 사진에 있는 카펫(carpet)을 사용하여 혼동을 주었다.
(C) [○] 테이블과 의자들이 놓여 있는 모습을 정확하게 묘사한 정답이다.
(D) [×] 사진에 재킷(jacket)이 없으므로 오답이다.

5 미국

(A) A road has been closed down.
(B) Traffic is moving in a circle.
(C) A tour is being given.
(D) Vehicles are parked along a lake.

close down 폐쇄하다 traffic[trǽfik] 차량들, 교통

해석 (A) 도로가 폐쇄되어 있다.
(B) 차량들이 원형으로 움직이고 있다.
(C) 관광 안내가 주어지고 있다.
(D) 차량들이 호수를 따라 주차되어 있다.

해설 사물 및 풍경 사진/도심 사진. 차량들이 있는 도로와 주변 환경의 상태를 주의 깊게 살핀다.
(A) [×] 사진에서 도로가 폐쇄되어 있는지 알 수 없으므로 오답이다.
(B) [○] 차량들이 원형으로 움직이고 있는 모습을 정확히 묘사한 정답이다.
(C) [×] 사진에서 관광 안내가 주어지고 있는지 확인할 수 없으므로 오답이다.
(D) [×] 사진에 호수(lake)가 없으므로 오답이다. 사진에 있는 차량(Vehicles)을 사용하여 혼동을 주었다.

6 캐나다

(A) He is climbing up a ladder.
(B) He is putting on some safety gear.
(C) He is hanging up a tool.
(D) He is operating a machine.

climb up 오르다 gear[giər] 장비, 장치
operate[ápərèit] 가동하다, 작동하다

해석 (A) 그는 사다리를 오르고 있다.
(B) 그는 안전 장비를 착용하고 있다.
(C) 그는 도구를 걸고 있다.
(D) 그는 기계를 가동하고 있다.

해설 1인 사진/공장 사진. 남자가 기계를 사용하고 있는 모습을 주의 깊게 살핀다.
(A) [×] climbing up(오르고 있다)은 남자의 동작과 무관하므로 오답이다.
(B) [×] 안전 장비를 이미 착용한 상태인데 안전 장비를 착용하고 있는 중이라는 동작으로 잘못 묘사했으므로 오답이다. 옷이나 장비 등을 이미 착용한 상태를 나타내는 wearing과 착용하고 있는 중이라는 동작을 나타내는 putting on을 혼동하지 않도록 주의한다.
(C) [×] hanging up(걸고 있다)은 남자의 동작과 무관하므로 오답이다.
(D) [○] 남자가 기계를 가동하고 있는 상태를 정확히 묘사한 정답이다.

7 영국 → 캐나다

Who is going to lock the store this evening?
(A) It looks good to me.
(B) Sonia will do it.
(C) The price has gone down.

해석 오늘 저녁에 누가 가게 문을 잠글 건가요?
(A) 저한테는 좋아 보여요.
(B) Sonia가 할 거예요.
(C) 가격이 내려갔어요.

해설 오늘 저녁에 누가 가게 문을 잠글 것인지를 묻는 Who 의문문이다.
(A) [×] lock-looks의 유사 발음 어휘를 사용하여 혼동을 준 오답이다.
(B) [○] Sonia라는 특정 인물을 언급했으므로 정답이다.
(C) [×] store(가게)와 관련된 price(가격)를 사용하여 혼동을 준 오답이다.

8 호주 → 미국

What is your presentation going to cover?
(A) The board liked it a lot.
(B) Sales targets for next year.
(C) I need the projector.

cover[미 kʌ́vər, 영 kʌ́və] 다루다, 덮다 target[tá:rgit] 목표액, 목표

해석 당신의 발표는 무엇을 다룰 것인가요?
(A) 이사회가 그것을 매우 좋아했어요.
(B) 내년 동안의 판매 목표액이요.
(C) 저는 영사기가 필요해요.

해설 발표가 무엇을 다룰 것인지를 묻는 What 의문문이다. What ~ cover를 반드시 들어야 한다.
(A) [×] presentation(발표)과 관련된 board(이사회)를 사용하여 혼동을 준 오답이다.
(B) [○] Sales targets for next year(내년 동안의 판매 목표액)라는 특정 주제를 언급했으므로 정답이다.
(C) [×] presentation(발표)과 관련된 projector(영사기)를 사용하여 혼동을 준 오답이다.

9 영국 → 호주

How long will the convention last?
(A) During a convention on technology.
(B) The attendees will be here soon.
(C) Just over the weekend.

해석 회의는 얼마나 오래 계속될 것인가요?
(A) 과학 기술에 대한 회의 도중에요.
(B) 참석자들이 곧 이곳으로 올 거예요.
(C) 주말 동안만이에요.

해설 회의가 얼마나 오래 계속될 것인지를 묻는 How 의문문이다. How long이 기간을 묻는 것임을 이해할 수 있어야 한다.
(A) [×] 질문의 convention을 반복 사용하여 혼동을 준 오답이다.
(B) [×] convention(회의)과 관련된 attendees(참석자들)를 사용하여 혼동을 준 오답이다.
(C) [○] over the weekend(주말 동안)라는 특정 기간을 언급했으므로 정답이다.

10 캐나다 → 미국

Who is responsible for the project budget?
(A) Yes, the accounting proposal.
(B) The payment has been sent.
(C) I'm not sure. Ask Julia.

responsible[rispánsəbl] 책임이 있는

해석 프로젝트 예산을 누가 책임지고 있나요?
(A) 네, 회계 제안서예요.
(B) 지불금이 보내졌어요.
(C) 잘 모르겠어요. Julia에게 물어보세요.

해설 프로젝트 예산을 누가 책임지고 있는지를 묻는 Who 의문문이다.
(A) [×] 의문사 의문문에 Yes로 응답했고, budget(예산)과 관련된 accounting(회계)을 사용하여 혼동을 준 오답이다.
(B) [×] budget(예산)과 관련된 payment(지불금)를 사용하여 혼동을 준 오답이다.

(C) [○] I'm not sure(잘 모른다)로 자신은 모른다는 간접적인 응답을 했으므로 정답이다.

11 호주 → 미국

Can I pay with a credit card?
(A) I'll make the payment right away.
(B) We also offer gift certificates.
(C) Sorry, we only accept cash.

gift certificate 상품권

해석 신용카드로 지불할 수 있나요?
(A) 즉시 대금을 지불할게요.
(B) 저희는 상품권도 제공해요.
(C) 죄송해요, 저희는 현금만 받아요.

해설 신용카드로 지불할 수 있는지를 확인하는 조동사(Can) 의문문이다.
(A) [×] pay-payment의 유사 발음 어휘를 사용하여 혼동을 준 오답이다.
(B) [×] pay with(~로 지불하다)와 관련된 gift certificates(상품권)를 사용하여 혼동을 준 오답이다.
(C) [○] Sorry(죄송해요)로 신용카드로 지불할 수 없음을 전달한 후, 현금만 받는다는 추가 정보를 제공했으므로 정답이다.

12 영국 → 미국

Where can I find the nearest subway station?
(A) I don't live around here.
(B) You can purchase a transit pass.
(C) I'll meet you at the station at 3.

transit pass 통행권

해석 가장 가까운 지하철 역을 어디에서 찾을 수 있을까요?
(A) 저는 여기 근처에 살지 않아요.
(B) 당신은 통행권을 구매할 수 있어요.
(C) 저는 3시에 역에서 당신을 만날 거예요.

해설 가장 가까운 지하철 역이 어디에 있는지를 묻는 Where 의문문이다.
(A) [○] 여기 근처에 살지 않는다는 말로 모르겠다는 간접적인 응답을 했으므로 정답이다.
(B) [×] subway station(지하철 역)과 관련된 transit pass(통행권)를 사용하여 혼동을 준 오답이다.
(C) [×] 질문의 station을 반복 사용하여 혼동을 준 오답이다.

13 호주 → 영국

Did you have time to finish the report on our shipping costs?
(A) I managed to get it done last night.
(B) It cost less than I expected.
(C) Yes, it's half past noon.

shipping [ʃípiŋ] 배송 manage [mǽnidʒ] 간신히 ~하다

해석 배송 비용에 대한 보고서를 마무리할 시간이 있었나요?
(A) 지난밤에 간신히 마쳤어요.
(B) 제가 예상했던 것보다 비용이 더 적게 들었어요.
(C) 네, 오후 12시 30분이에요.

해설 배송 비용에 대한 보고서를 마무리할 시간이 있었는지를 확인하는 조동사(Did) 의문문이다.
(A) [○] 지난밤에 간신히 마쳤다는 말로 보고서를 마무리할 시간이 있었음을 간접적으로 전달했으므로 정답이다.
(B) [×] 질문의 costs(비용)를 '비용이 들다'라는 의미의 동사 cost로 사용하여 혼동을 준 오답이다.
(C) [×] time(시간)과 관련된 half past noon(오후 12시 30분)을 사용하여 혼동을 준 오답이다.

14 미국 → 캐나다

Which of the applicants do you think we should hire?
(A) We advertised the position online.
(B) I received the application.
(C) The first one we interviewed.

interview [íntərvjùː] 면접을 보다

해석 우리가 지원자들 중 어떤 사람을 채용해야 한다고 생각하나요?
(A) 우리는 그 일자리를 온라인으로 광고했어요.
(B) 제가 지원서를 받았어요.
(C) 우리가 면접을 본 첫 번째 사람이요.

해설 지원자들 중 어떤 사람을 채용해야 하는지를 묻는 Which 의문문이다. Which of the applicants를 반드시 들어야 한다.
(A) [×] applicants(지원자들)와 관련된 position(일자리)을 사용하여 혼동을 준 오답이다.
(B) [×] applicants의 파생어인 application을 사용하여 혼동을 준 오답이다.
(C) [○] 우리가 면접을 본 첫 번째 사람이라는 말로 특정 인물을 언급했으므로 정답이다.

15 캐나다 → 영국

Why do you need to change your appointment?
(A) You'll need to wait in line.
(B) For 10 A.M. tomorrow, please.
(C) I have an emergency to deal with.

appointment [əpɔ́intmənt] 약속, 예약 in line 줄을 서서
deal with 처리하다, 상대하다

해석 당신은 왜 약속을 변경해야 하나요?
(A) 줄을 서서 기다려야 할 거예요.
(B) 내일 오전 10시로 부탁해요.
(C) 처리해야 할 긴급한 일이 있어요.

해설 왜 약속을 변경해야 하는지를 묻는 Why 의문문이다.
(A) [×] 질문의 need to를 반복 사용하여 혼동을 준 오답이다.
(B) [×] appointment(약속)와 관련된 10 A.M.(오전 10시)을 사용하여 혼동을 준 오답이다.
(C) [○] 처리해야 할 긴급한 일이 있다는 말로 약속을 변경해야 하는 이유를 언급했으므로 정답이다.

16 호주 → 캐나다

When does the new advertising campaign start?
(A) In newspapers and magazines.
(B) Not until early next year.
(C) With the new staff members.

해석 새로운 광고 캠페인은 언제 시작하나요?
(A) 신문과 잡지에서요.
(B) 내년 초는 되어야 해요.
(C) 신입 직원들과 함께요.

해설 새로운 광고 캠페인이 언제 시작하는지를 묻는 When 의문문이다.
(A) [×] advertising(광고)과 관련된 newspapers and magazines(신문과 잡지)를 사용하여 혼동을 준 오답이다.
(B) [○] early next year(내년 초)라는 특정 시점을 언급했으므로 정답이다. 시점을 나타내는 표현 not until(~는 되어서야)을 알아 둔다.
(C) [×] 질문의 new를 반복 사용하여 혼동을 준 오답이다.

17 영국 → 호주

The investment workshop has been postponed until Friday.
(A) Yes, I put a lot of money into it.
(B) I'll send a memo to the participants.

(C) It's about new financial strategies.

investment[invéstmənt] 투자 put money into ~에 돈을 투자하다

해석 투자 워크숍이 금요일까지 연기되었어요.
(A) 네, 저는 그것에 많은 돈을 투자했어요.
(B) 제가 참가자들에게 회람을 보낼게요.
(C) 새로운 재정 전략에 관한 거예요.

해설 투자 워크숍이 금요일까지 연기되었다는 문제점을 언급하는 평서문이다.
(A) [x] investment(투자)와 관련된 put ~ money into(~에 돈을 투자하다)를 사용하여 혼동을 준 오답이다.
(B) [o] 참가자들에게 회람을 보내겠다는 말로 문제점에 대한 해결책을 제시했으므로 정답이다.
(C) [x] investment(투자)와 관련된 financial strategies(재정 전략)를 사용하여 혼동을 준 오답이다.

18 미국 → 캐나다

This contract still needs to be looked over, doesn't it?
(A) I haven't contacted them yet.
(B) Can you do it sometime today?
(C) It doesn't look like good weather.

look over 검토하다, 훑어보다 contact[kάntækt] 연락하다

해석 이 계약서는 여전히 검토될 필요가 있어요, 안 그런가요?
(A) 아직 그들에게 연락하지 않았어요.
(B) 오늘 중으로 해줄 수 있나요?
(C) 좋은 날씨 같아 보이진 않아요.

해설 계약서가 여전히 검토될 필요가 있는지를 확인하는 부가 의문문이다.
(A) [x] contract-contacted의 유사 발음 어휘를 사용하여 혼동을 준 오답이다.
(B) [o] 오늘 해줄 수 있는지를 되물어 검토될 필요가 있음을 간접적으로 전달했으므로 정답이다.
(C) [x] 질문의 looked를 look으로 반복 사용하여 혼동을 준 오답이다.

19 호주 → 영국

Will you arrange for a catering company, or should I find one?
(A) Thanks, but I can handle those arrangements.
(B) Yes, the food will be served shortly.
(C) They cooked for us last time.

arrange[əréindʒ] 정하다, 준비하다 catering[kéitəriŋ] 출장 연회
serve[미 səːrv, 영 səːv] (음식을) 내다, 봉사하다

해석 당신이 출장 연회 회사를 정해줄 건가요, 아니면 제가 찾아야 하나요?
(A) 고마워요, 하지만 제가 그 준비를 처리할 수 있어요.
(B) 네, 음식이 곧 나올 거예요.
(C) 그들은 지난번에 우리에게 요리해 줬어요.

해설 출장 연회 회사를 정해줄 것인지 아니면 자신이 찾을지를 선택하도록 요구하는 선택 의문문이다.
(A) [o] 자신이 그 준비를 처리할 수 있다는 말로 자신이 출장 연회 회사를 정하는 것을 선택했으므로 정답이다.
(B) [x] catering(출장 연회)과 관련된 food(음식)를 사용하여 혼동을 준 오답이다.
(C) [x] catering(출장 연회)과 관련된 cooked(요리했다)를 사용하여 혼동을 준 오답이다.

20 캐나다 → 호주

I'd like to inquire about some recent charges from your bank.
(A) Peter works as a bank teller.
(B) I transferred funds to my savings account.
(C) I'd be happy to answer your questions.

inquire[inkwáiər] 문의하다, 묻다
transfer[미 trænsfə́r, 영 trænsfə́ː] 옮기다, 이송하다

해석 저는 당신의 은행으로부터의 몇몇 최근 청구 금액에 대해 문의하고 싶어요.
(A) Peter는 은행 직원으로 일해요.
(B) 제 예금 계좌로 돈을 옮겼어요.
(C) 당신의 질문에 기꺼이 대답해 드릴게요.

해설 최근에 은행으로부터 청구된 금액에 대한 문의를 요청하는 평서문이다.
(A) [x] 질문의 bank를 반복 사용하여 혼동을 준 오답이다.
(B) [x] bank(은행)와 관련된 savings account(예금 계좌)를 사용하여 혼동을 준 오답이다.
(C) [o] 질문에 기꺼이 대답하겠다는 말로 요청을 수락했으므로 정답이다.

21 영국 → 캐나다

Could you write a press release about the branch opening?
(A) When do you need it by?
(B) A new model will be released.
(C) Sure, just press the red button.

press release 보도 자료 release[rilíːs] 발표하다, 공개하다

해석 지사 개업에 대한 보도 자료를 써 주실 수 있나요?
(A) 그것이 언제까지 필요하시나요?
(B) 새로운 모델이 발표될 거예요.
(C) 물론이죠, 그냥 빨간색 버튼을 누르세요.

해설 지사 개업에 관한 보도 자료를 써 달라는 요청 의문문이다. Could you가 요청하는 표현임을 이해할 수 있어야 한다.
(A) [o] 그것이 언제까지 필요한지를 되물어 요청을 간접적으로 수락했으므로 정답이다.
(B) [x] 질문의 release(발표 자료)를 '발표하다'라는 의미의 동사 released로 사용하여 혼동을 준 오답이다.
(C) [x] 질문의 press(보도)를 '누르다'라는 의미의 동사로 사용하여 혼동을 준 오답이다. Sure(물론이죠)만 듣고 정답으로 고르지 않도록 주의한다.

22 미국 → 호주

Why is the supermarket closed until Monday?
(A) Renovations are being done.
(B) Adam is close by.
(C) There's a market near my house.

renovation[rènəvéiʃən] 수리 close by 가까이에, 인근에

해석 슈퍼마켓은 왜 월요일까지 문을 닫나요?
(A) 수리가 진행되고 있어요.
(B) Adam이 가까이에 있어요.
(C) 저희 집 근처에 시장이 있어요.

해설 슈퍼마켓이 왜 월요일까지 문을 닫는지를 묻는 Why 의문문이다.
(A) [o] 수리가 진행되고 있다는 이유를 언급했으므로 정답이다.
(B) [x] 질문의 closed(닫은)를 '가까운'이라는 의미의 형용사 close로 사용하여 혼동을 준 오답이다.
(C) [x] supermarket-market의 유사 발음 어휘를 사용하여 혼동을 준 오답이다.

23 미국 → 영국

The designers requested larger monitors, didn't they?
(A) I've actually ordered some already.
(B) I'll monitor their progress.

(C) The designs have been approved.

monitor [mánətər] 모니터; 감시하다
progress [미 prágres, 영 próugres] 진행 상황 approve [əprúːv] 승인하다

해석 디자이너들이 더 큰 모니터를 요청했어요, 안 그랬나요?
(A) 제가 사실 몇 개를 이미 주문했어요.
(B) 제가 그들의 진행 상황을 확인할게요.
(C) 그 도안들이 승인되었어요.

해설 디자이너들이 더 큰 모니터를 요청했는지를 확인하는 부가 의문문이다.
(A) [o] 사실 몇 개를 이미 주문했다는 말로 디자이너들이 더 큰 모니터를 요청했음을 간접적으로 전달했으므로 정답이다.
(B) [x] 질문의 monitors(모니터)를 '확인하다'라는 의미의 동사 monitor로 사용하여 혼동을 준 오답이다.
(C) [x] designers의 파생어인 designs를 사용하여 혼동을 준 오답이다.

24 미국 → 캐나다

How many people will be attending the seminar?
(A) I'd like to have everyone's attention, please.
(B) I don't recall at the moment.
(C) During the next four hours.

attention [əténʃən] 주목, 주의 recall [rikɔ́ːl] 기억해내다, 상기하다
at the moment 지금

해석 세미나에 몇 명의 사람들이 참석할 건가요?
(A) 모두 주목해 주시기 바랍니다.
(B) 지금은 기억나지 않아요.
(C) 다음 4시간 동안에요.

해설 세미나에 몇 명의 사람들이 참석하는지를 묻는 How 의문문이다. How many가 수량을 묻는 것임을 이해할 수 있어야 한다.
(A) [x] attending의 파생어인 attention을 사용하여 혼동을 준 오답이다.
(B) [o] 지금은 기억나지 않는다는 말로 모른다는 간접적인 응답을 했으므로 정답이다.
(C) [x] 세미나에 참석할 인원의 수를 물었는데 기간으로 응답했으므로 오답이다.

25 영국 → 호주

Taking a train to Buffalo will be quicker than going by bus.
(A) Yes, and it's more comfortable too.
(B) A training session will be held.
(C) The rain will continue all afternoon.

comfortable [미 kʌ́mftəbl, 영 kʌ́mfətəbl] 편안한, 쾌적한
continue [kəntínjuː] 계속되다

해석 Buffalo로 기차를 타는 것이 버스로 가는 것보다 더 빠를 거예요.
(A) 네, 그리고 그것은 또 더 편안해요.
(B) 교육 연수가 열릴 거예요.
(C) 비가 오후 내내 계속될 거예요.

해설 기차를 타는 것이 버스로 가는 것보다 더 빠를 것이라는 의견을 제시하는 평서문이다.
(A) [o] Yes로 의견에 동의한 후, 그것은 또 더 편안하다는 말로 의견에 대한 추가 의견을 전달했으므로 정답이다.
(B) [x] train-training의 유사 발음 어휘를 사용하여 혼동을 준 오답이다.
(C) [x] train-The rain의 유사 발음 어휘를 사용하여 혼동을 준 오답이다.

26 캐나다 → 영국

Aren't you taking the clients out to dinner tonight?
(A) Yes, you can take them away.
(B) A table for six, please.
(C) We've rescheduled for next week.

take away 치우다, 빼다
reschedule [미 riːskédʒuːl, 영 riːʃédjuːl] 일정을 변경하다

해석 오늘 밤 저녁 식사에 고객들을 데리고 나가지 않나요?
(A) 네, 당신이 그것들을 치워도 좋아요.
(B) 6인용 식탁으로 부탁해요.
(C) 다음 주로 일정을 변경했어요.

해설 오늘 밤 저녁 식사에 고객들을 데리고 나가는지를 묻는 부정 의문문이다.
(A) [x] 질문의 clients(고객들)를 연상할 수 있는 them을 사용하고, 질문의 taking을 take로 반복 사용하여 혼동을 준 오답이다.
(B) [x] dinner(저녁 식사)와 관련된 A table for six(6인용 식탁)를 사용하여 혼동을 준 오답이다.
(C) [o] 다음 주로 일정을 변경했다는 말로 오늘 밤 고객들을 데리고 나가지 않을 것임을 간접적으로 전달했으므로 정답이다.

27 미국 → 호주

Which company car should we take to the airport?
(A) The black suitcase.
(B) Sure, I'll drive.
(C) Let's just call a cab.

cab [kæb] 택시

해석 공항까지 어느 회사 차를 타고 가야 할까요?
(A) 검은 여행 가방이요.
(B) 물론이죠, 제가 운전할게요.
(C) 그냥 택시를 부릅시다.

해설 공항까지 어느 회사 차를 타고 가야 할지를 묻는 Which 의문문이다. Which ~ car를 반드시 들어야 한다.
(A) [x] airport(공항)와 관련된 suitcase(여행 가방)를 사용하여 혼동을 준 오답이다.
(B) [x] 의문사 의문문에 Yes와 의미가 동일한 Sure를 사용하여 응답했고, 차(car)와 관련된 drive(운전하다)를 사용하여 혼동을 준 오답이다.
(C) [o] 그냥 택시를 부르자는 말로 회사 차를 타고 가지 말자는 간접적인 응답을 했으므로 정답이다.

28 캐나다 → 미국

What are you ordering from the supply store?
(A) We need more notepads.
(B) Has my order been confirmed?
(C) The delivery person has just left.

해석 사무용품점에서 무엇을 주문할 건가요?
(A) 우리는 더 많은 메모장이 필요해요.
(B) 제 주문이 확인되었나요?
(C) 배달원이 방금 떠났어요.

해설 사무용품점에서 무엇을 주문할 것인지를 묻는 What 의문문이다. What ~ ordering을 반드시 들어야 한다.
(A) [o] 더 많은 메모장이 필요하다는 말로 메모장을 주문할 것임을 언급했으므로 정답이다.
(B) [x] 질문의 ordering(주문하다)을 '주문'이라는 의미의 명사 order로 사용하여 혼동을 준 오답이다.
(C) [x] ordering(주문하다)과 관련된 delivery(배달)를 사용하여 혼동을 준 오답이다.

29 영국 → 호주

Ms. Gerrard has been promoted to assistant manager.
(A) I'll assist you with your bags.
(B) I will transfer to another branch.
(C) Will a replacement for her be hired?

replacement [ripléismənt] 후임자, 교체

해석 Ms. Gerrard가 부지배인으로 승진했어요.
(A) 제가 가방 드는 걸 도와드릴게요.
(B) 저는 다른 지점으로 전근할 거예요.
(C) 그녀의 후임자가 채용될 예정인가요?

해설 Ms. Gerrard가 부지배인으로 승진했다는 객관적 사실을 전달하는 평서문이다.
(A) [×] assistant의 파생어인 assist를 사용하여 혼동을 준 오답이다.
(B) [×] promoted(승진했다)에서 연상할 수 있는 인사 이동과 관련된 transfer(전근하다)를 사용하여 혼동을 준 오답이다.
(C) [○] 그녀의 후임자가 채용될 예정인지를 되물어 사실에 대한 추가 정보를 요청했으므로 정답이다.

30 미국 → 캐나다

Isn't the old library being turned into a museum?
(A) Actually, it's becoming a bookstore.
(B) The library charges late fees.
(C) Yes, I believe it is my turn.

turn into ~로 바뀌다 late fee 연체료 turn [təːrn] 차례

해석 옛 도서관이 박물관으로 바뀌고 있는 중이지 않나요?
(A) 사실, 그것은 서점이 될 거예요.
(B) 도서관은 연체료를 부과해요.
(C) 네, 제 차례인 것 같아요.

해설 옛 도서관이 박물관으로 바뀌고 있는 중인지를 묻는 부정 의문문이다.
(A) [○] 서점이 될 것이라는 말로 도서관이 박물관으로 바뀌고 있지 않음을 간접적으로 전달했으므로 정답이다.
(B) [×] 질문의 library를 반복 사용하여 혼동을 준 오답이다.
(C) [×] 질문의 turned(바뀌었다)를 '차례'라는 의미의 명사 turn으로 사용하여 혼동을 준 오답이다.

31 캐나다 → 영국

Why don't we stop by that new art gallery tomorrow after work?
(A) I think it's closed on Tuesdays.
(B) I'm sorry I showed up so late.
(C) Tickets to the tournament have stopped selling.

stop by ~에 들르다 show up 오다, 나타나다

해석 내일 퇴근 후에 새로운 미술관에 들르는 게 어때요?
(A) 화요일에는 문을 닫는 것 같아요.
(B) 너무 늦게 와서 죄송해요.
(C) 경기의 표들은 판매가 끝났어요.

해설 새로운 미술관에 들르자는 제안 의문문이다. Why don't we가 제안하는 표현임을 이해할 수 있어야 한다.
(A) [○] 화요일에는 문을 닫는 것 같다는 말로 제안을 간접적으로 거절했으므로 정답이다.
(B) [×] after(~ 후에)와 관련된 late(늦게)를 사용하여 혼동을 준 오답이다.
(C) [×] 질문의 stop을 stopped로 반복 사용하여 혼동을 준 오답이다.

[32-34] 미국 → 호주

Questions 32-34 refer to the following conversation.

W: Hi. [32]**The front desk clerk mentioned that tennis lessons are available** here.
M: That's right. [32]**I provide private lessons for club members.**
W: Are you available on Saturdays before 9 A.M.?
M: I have an opening at 7:30.
W: Perfect. What's the fee?
M: It's $25 per hour. [33]**Just complete this form**, and you will be charged monthly.
W: OK. Oh, one more thing . . . [34]**I don't own a racquet, so I'll need to borrow one.** Is that a problem?
M: Not at all.

opening [óupniŋ] 자리, 기회 fee [fiː] 요금
borrow [미 báːrou, 영 bɔ́rəu] 빌리다

해석
32-34는 다음 대화에 관한 문제입니다.
W: 안녕하세요. [32]안내 데스크 직원이 여기에서 테니스 강습이 가능하다고 말했는데요.
M: 맞습니다. [32]제가 클럽 회원분들께 개인 강습을 제공해요.
W: 토요일마다 아침 9시 이전에 시간이 되시나요?
M: 7시 30분에 자리가 있어요.
W: 완벽해요. 요금은 얼마인가요?
M: 시간당 25달러입니다. [33]이 양식을 작성하시기만 하면, 고객님에게 매월 청구될 거예요.
W: 알겠습니다. 아, 한 가지 더요... [34]저는 라켓이 없어서 그것을 빌려야 할 거예요. 이것이 문제가 되나요?
M: 전혀요.

32

해석 남자는 누구인 것 같은가?
(A) 안내 데스크 직원
(B) 스포츠 강사
(C) 개인 비서
(D) 매장 관리자

해설 남자의 신분을 묻는 문제이므로, 신분 및 직업과 관련된 표현을 놓치지 않고 듣는다. 여자가 "The front desk clerk mentioned that tennis lessons are available"이라며 안내 데스크 직원이 테니스 강습이 가능하다고 말했다고 하자, 남자가 "I provide private lessons for club members."라며 클럽 회원들에게 개인 강습을 제공한다고 하였다. 이를 통해 남자가 스포츠 강사임을 알 수 있다. 따라서 정답은 (B) A sports instructor이다.

어휘 instructor [미 instrʌ́ktər, 영 instrʌ́ktə] 강사 assistant [əsístənt] 비서

33

해석 남자는 여자에게 무엇을 하라고 요청하는가?
(A) 강습 일정을 변경한다.
(B) 책자를 검토한다.
(C) 서류를 작성한다.
(D) 결제를 처리한다.

해설 남자가 여자에게 요청하는 것을 묻는 문제이므로, 남자의 말에서 요청과 관련된 표현이 언급된 다음을 주의 깊게 듣는다. 남자가 여자에게 "Just complete this form"이라며 양식을 작성할 것을 요청하였다. 따라서 정답은 (C) Fill out a document이다. (complete → Fill out, form → document)

어휘 process [미 práses, 영 próuses] 처리하다

34

해석 여자는 무엇이 필요하다고 말하는가?
(A) 출입증
(B) 클럽 회원권
(C) 의류
(D) 장비

해설 여자가 필요하다고 말한 것을 묻는 문제이므로, 질문의 핵심어구(she needs)와 관련된 내용을 주의 깊게 듣는다. 여자가 "I don't own a racquet, so I'll need to borrow one."이라며 라켓이 없어서 빌려야 할 것이라고 하였다. 이를 통해 여자가 장비가 필요하다고 말하는 것임을 알 수 있다. 따라서 정답은 (D) A piece of equipment이다. (racquet → equipment)

[35-37] 캐나다 → 영국

Questions 35-37 refer to the following conversation.

M: Hello. [35]**A friend bought me this sweater as a birthday present, but it's not my style.** [35/36]**I'd like to return it.**
W: Sure, but note that [36]**we don't provide refunds**. I can offer you store credit towards the purchase of another item instead.
M: That's fine.
W: All right, could I see the proof of purchase, please?
M: Um, here you go. [37]**I heard that the store is having a clearance sale next month . . . Is that true?**
W: Yes. It starts on September 1 and will last for two weeks. Store credit is valid for up to 60 days, so you will be able to use it.

store credit 상점 상품권 proof [pru:f] 증명(서), 증거
clearance [klíərəns] 재고 정리

해석
35-37은 다음 대화에 관한 문제입니다.

M: 안녕하세요. [35]친구가 이 스웨터를 생일 선물로 사줬는데, 제 취향이 아니에요. [35/36]저는 이것을 반품하고 싶어요.
W: 물론이죠, 하지만 [36]저희가 환불은 제공하지 않는다는 것을 알아두시기 바랍니다. 대신 다른 상품 구매를 위한 상점 상품권을 제공해 드릴 수 있어요.
M: 좋습니다.
W: 좋아요, 구매 증명서를 좀 볼 수 있을까요?
M: 음, 여기 있어요. [37]저는 이 매장이 다음 달에 재고 정리 세일을 한다고 들었어요... 그것이 사실인가요?
W: 네. 그것은 9월 1일에 시작하고 2주간 계속될 거예요. 상점 상품권은 60일까지 유효하므로, 그것을 사용하실 수 있을 것입니다.

35

해석 남자는 무엇을 반품하고 싶어하는가?
(A) 상품권
(B) 보석 한 점
(C) 의류
(D) 손상된 상품

해설 남자가 반품하고 싶어하는 것을 묻는 문제이므로, 질문의 핵심어구(want to return)와 관련된 내용을 주의 깊게 듣는다. 남자가 "A friend bought me this sweater ~. I'd like to return it."이라며 친구가 스웨터를 사줬는데 그것을 반품하고 싶다고 하였다. 따라서 정답은 (C) An article of clothing이다.

36

해석 반품에 대해 무엇이 언급되는가?
(A) 현금으로 지불될 수 없다.
(B) 관리자에 의해 승인되어야 한다.
(C) 처리하는 데 일주일이 걸린다.
(D) 몇몇 지점에서는 가능하지 않다.

해설 반품에 대해 언급되는 것을 묻는 문제이므로, 질문의 핵심어구(returns)가 언급된 주변을 주의 깊게 듣는다. 남자가 "I'd like to return it[sweater]."이라며 스웨터를 반품하고 싶다고 하자, 여자가 "we don't provide refunds"라며 환불은 제공하지 않는다고 하였다. 따라서 정답은 (A) They cannot be paid for in cash이다.

어휘 approve [əprú:v] 승인하다
supervisor [미 sú:pərvàizər, 영 sú:pəvaizə] 관리자, 감독
branch [미 bræntʃ, 영 bra:ntʃ] 지점

37

해석 남자는 무엇에 대해 문의하는가?
(A) 영수증이 왜 출력될 수 없는지
(B) 가격이 얼마나 될지
(C) 반품이 언제까지 이루어져야 하는지
(D) 매장이 세일을 할지

해설 남자가 문의하는 것을 묻는 문제이므로, 남자의 말을 주의 깊게 듣는다. 남자가 "I heard that the store is having a clearance sale ~. Is that true?"라며 이 매장이 재고 정리 세일을 한다고 들었다며 그것이 사실인지를 물었다. 따라서 정답은 (D) Whether the shop will have a sale이다.

[38-40] 캐나다 → 호주 → 영국

Questions 38-40 refer to the following conversation with three speakers.

M1: Brian, our lease is ending and we still haven't found a new office. Since [38]**everyone's busy developing the new accounting program for our client,** [39]**what about moving to a shared office space temporarily?**
M2: [39]**I agree.** But, um, I'm not sure where we can find a suitable space.
M1: Hmm . . . Rhonda, do you know anyone that uses a shared office?
W: Yes, my sister. She's told me there are affordable ones at Milton Tower and Bryson Center.
M1: [40]**Bryson Center sounds good. It's near the subway.**
M2: [40]**Also, it's close to the airport.**

lease [li:s] 임대차 계약; 임대하다 temporarily [tèmpərérəli] 임시로, 일시적으로
affordable [미 əfɔ́:rdəbl, 영 əfɔ́:dəbl] (가격이) 적당한, 입수 가능한

해석
38-40은 다음 세 명의 대화에 관한 문제입니다.

M1: Brian, 우리 임대차 계약이 끝나가는데 아직도 새로운 사무실을 찾지 못했어요. [38]모두가 우리 의뢰인의 새 회계 프로그램을 개발하느라 바쁘니까 [39]임시로 공유 사무실 공간으로 옮기는 건 어때요?
M2: [39]찬성해요. 그런데, 음, 우리가 적당한 장소를 어디에서 찾을 수 있을지 모르겠어요.
M1: 음... Rhonda, 공유 사무실을 사용하는 사람을 알고 있나요?
W: 네, 제 여동생이요. 그녀가 제게 Milton Tower와 Bryson Center에 가격이 적당한 곳이 있다고 했었어요.
M1: [40]Bryson Center가 좋은 것 같네요. 지하철 근처니까요.
M2: [40]그리고, 공항도 가까워요.

38

해석 화자들은 어떤 업계에서 일하는 것 같은가?
(A) 사무실 임대
(B) 그래픽 디자인
(C) 컴퓨터 수리
(D) 소프트웨어 개발

해설 화자들이 일하는 업계를 묻는 문제이므로, 신분 및 직업과 관련된 표현을 놓치지 않고 듣는다. 남자1이 "everyone's busy developing the new accounting program for our client"라며 모두가 의뢰인의 새 회계 프로그램을 개발하느라 바쁘다고 한 말을 통해 화자들이 일하는 업계가 소프트웨어 프로그램 개발임을 알 수 있다. 따라서 정답은 (D) Software development이다.

39

해석 남자들은 무엇을 하는 데에 동의하는가?
(A) 공유 사무실을 사용한다.
(B) 계획을 미룬다.
(C) 두 번째 지점을 연다.
(D) 계약을 연장한다.

해설 남자들이 하기로 동의하는 것을 묻는 문제이므로, 질문의 핵심어구(agree)가 언급된 주변을 주의 깊게 듣는다. 남자1이 "what about moving to a shared office space temporarily?"라며 임시로 공유 사무실 공간으로 옮기는 것이 어떤지 묻자, 남자2가 "I agree."라며 찬성한다고 하였다. 따라

서 정답은 (A) Use a shared office이다.

어휘 extend [iksténd] 연장하다, 확대하다

40

해석 남자들은 왜 Bryson Center를 마음에 들어 하는가?
(A) 저렴한 임차료를 제시한다.
(B) 제휴업체가 소유한다.
(C) 편리하게 위치해 있다.
(D) 많은 주차 공간이 있다.

해설 남자들이 Bryson Center를 마음에 들어 하는 이유를 묻는 문제이므로, 질문의 핵심어구(like Bryson Center)와 관련된 내용을 주의 깊게 듣는다. 남자1이 "Bryson Center sounds good. It's near the subway."라며 Bryson Center가 좋은 것 같다고 하면서 지하철 근처라고 했고, 남자2가 "Also, it's close to the airport"라며 공항도 가깝다고 하였다. 따라서 정답은 (C) It is conveniently located이다.

어휘 associate [əsóuʃiət] 제휴자, 동료 plenty of 많은

[41-43] 미국 → 호주

Questions 41-43 refer to the following conversation.

W: Good morning. [41]**I'd like to apply for the part-time server position.**
M: OK. [41/42]**We need help during the dinner rush on the weekends . . . [42]um, from 6:00 to 10:00 P.M. on Saturdays and Sundays. Will that be an issue for you?**
W: [42]**I'm a university student, so I only have classes on weekdays.**
M: Great. Here is an application form. Fill it out now, and I'll give it to the manager.
W: Is it OK if I drop it off tomorrow? [43]**I've got class in 30 minutes**, so I don't have much time.
M: Sure. If I'm not here, just give it to another staff member.

apply [əplái] 지원하다, 적용하다 drop off 갖다 놓다

해석
41-43은 다음 대화에 관한 문제입니다.

W: 안녕하세요. [41]저는 시간제 서빙 자리에 지원하고 싶어요.
M: 네. [41/42]저희는 주말 저녁 식사 때 분주한 시간 동안 도움이 필요해요... [42]음, 토요일과 일요일에 오후 6시부터 10시까지요. 그것이 당신에게 문제가 될까요?
W: [42]저는 대학생이에요, 그래서 수업이 평일에만 있어요.
M: 좋아요. 여기 지원서가 있어요. 지금 작성하시면, 제가 매니저께 드릴게요.
W: 이것을 내일 가져다 드려도 괜찮을까요? [43]제가 30분 후에 수업이 있어서 시간이 많지 않거든요.
M: 물론이죠. 제가 여기에 없다면, 그냥 다른 직원에게 그것을 주세요.

41

해석 남자는 어디에서 일하는 것 같은가?
(A) 상점에서
(B) 식당에서
(C) 호텔에서
(D) 서비스 센터에서

해설 남자가 일하는 장소를 묻는 문제이므로, 신분 및 직업과 관련된 표현을 놓치지 않고 듣는다. 여자가 남자에게 "I'd like to apply for the part-time server position."이라며 시간제 서빙 자리에 지원하고 싶다고 하자, 남자가 "We need help during the dinner rush on the weekends ~."라며 주말 저녁 식사 때 분주한 시간 동안 도움이 필요하다고 하였다. 이를 통해 남자가 일하는 곳이 식당임을 알 수 있다. 따라서 정답은 (B) At a restaurant이다.

42

해석 여자는 "저는 대학생이에요"라고 말할 때 무엇을 의도하는가?
(A) 일정이 문제가 되지 않을 것이다.
(B) 그녀는 행사에 갈 수 없다.
(C) 지원서가 오류를 포함하고 있다.
(D) 그녀는 할인받을 자격이 있다.

해설 여자가 하는 말의 의도를 묻는 문제이므로, 질문의 인용어구(I'm a university student)가 언급된 주변을 주의 깊게 듣는다. 남자가 "We need help ~ on the weekends ~. Will that be an issue for you?"라며 자신들이 주말에 도움이 필요하다고 한 뒤, 그것이 여자에게 문제가 되는지를 묻자, 여자가 "I'm a university student, so I only have classes on weekdays."라며 자신이 대학생이어서 수업이 평일에만 있다고 한 것을 통해 주말에 일하는 일정이 문제가 되지 않을 것임을 알 수 있다. 따라서 정답은 (A) A schedule will not be a problem이다.

어휘 qualify [kwáləfài] 자격이 있다

43

해석 여자는 30분 후에 무엇을 할 것 같은가?
(A) 교육 연수를 이끈다.
(B) 직원과 이야기한다.
(C) 수업에 출석한다.
(D) 인터뷰에 참여한다.

해설 여자가 30분 후에 할 일을 묻는 문제이므로, 질문의 핵심어구(in 30 minutes)가 언급된 주변을 주의 깊게 듣는다. 여자가 "I've got class in 30 minutes"라며 30분 후에 수업이 있다고 하였다. 따라서 정답은 (C) Attend a class이다.

[44-46] 미국 → 호주

Questions 44-46 refer to the following conversation.

W: Hello. I'm interested in the offices you have for rent in this building. [44]**I started a graphic design business last month**, and I've been working at home. However, [45]**I want to rent a more professional space where I can meet with clients**. I'd like to know more about your rates.
M: Well, we have units available to suit businesses of various sizes. Our smallest private offices are $1,000 a month, and we have larger units available if your company grows.
W: I don't need a large space. [46]**Could I take a look at one of your smaller offices?**

professional [prəféʃənl] 전문적인 rate [reit] 가격, 요금
suit [미 su:t, 영 sju:t] 적합하다, 맞다

해석
44-46은 다음 대화에 관한 문제입니다.

W: 안녕하세요. 저는 이 건물의 임대용 사무실에 관심이 있습니다. [44]저는 지난달에 그래픽 디자인 사업을 시작했고, 지금까지 집에서 일해 왔어요. 하지만 [45]저는 고객들과 만날 수 있는 더 전문적인 공간을 빌리고 싶어요. 가격에 대해 좀 더 알고 싶은데요.
M: 음, 저희는 다양한 규모의 사업에 적합한 사무실들을 보유하고 있습니다. 저희의 제일 작은 개인용 사무실들은 한 달에 1,000달러이고, 귀하의 회사가 성장한다면 이용할 수 있는 더 큰 세대들도 보유하고 있습니다.
W: 큰 공간이 필요하지는 않아요. [46]비교적 작은 사무실 중 하나를 둘러볼 수 있을까요?

44

해석 여자는 그녀의 사업에 대해 무엇을 말하는가?
(A) 여러 지점들을 운영한다.
(B) 최근에 설립되었다.
(C) 뉴스에서 방송되었다.
(D) 다수의 직원들을 고용한다.

해설 여자가 자신의 사업에 대해 언급하는 것을 묻는 문제이므로, 여자의 말에서 질문의 핵심어구(business)가 언급된 주변을 주의 깊게 듣는다. 여자가 "I started a graphic design business last month"라며 지난달에 그래픽 디자인 사업을 시작했다고 하였다. 따라서 정답은 (B) It was recently founded이다. (started ~ last month → recently founded)

어휘 found [faund] 설립하다 numerous [미 nú:mərəs, 영 njú:mərəs] 다수의, 수많은

45

해석 여자는 왜 공간을 빌리고 싶어 하는가?
(A) 고객들을 접대하기 위해
(B) 상품을 판매하기 위해
(C) 예술품을 전시하기 위해
(D) 장비를 보관하기 위해

해설 여자가 공간을 빌리고 싶어 하는 이유를 묻는 문제이므로, 여자의 말에서 질문의 핵심어구(rent a space)와 관련된 내용을 주의 깊게 듣는다. 여자가 "I want to rent a more professional space where I can meet with clients"라며 고객들과 만날 수 있는 더 전문적인 공간을 빌리고 싶다고 하였다. 따라서 정답은 (A) To host clients이다.

어휘 merchandise [미 mə́:rtʃəndàiz, 영 mə́:tʃəndàiz] 상품

46

해석 여자는 무엇을 하고 싶어 하는가?
(A) 작업 공간들을 둘러본다.
(B) 더 큰 사무실로 옮긴다.
(C) 임대 가격을 협상한다.
(D) 근무 시간을 바꾼다.

해설 여자가 하고 싶어 하는 것을 묻는 문제이므로, 여자의 말을 주의 깊게 듣는다. 여자가 "Could I take a look at one of your smaller offices?"라며 비교적 작은 사무실 중 하나를 둘러볼 수 있는지 물었다. 따라서 정답은 (A) Tour some work spaces이다. (take a look at → Tour, offices → work spaces)

어휘 work space 작업 공간 negotiate [미 nigóuʃièit, 영 nigə́uʃieit] 협상하다

[47-49] 미국 → 캐나다 → 영국

Questions 47-49 refer to the following conversation with three speakers.

W1: [47]**Have either of you read the recent submission?** It's called *Long was the Day*.
M: I did. [47]**It's very good. The characters in it are extremely interesting. Each one is well developed.**
W2: I read it as well, and I agree that it's impressive. However, [48]**we can't print it. The story is almost 1,000 words longer than our allowed word count.**
M: Can't we make an exception? I think our readers will really appreciate it.
W2: That's probably true, but we don't have the authority to change the rules. [49]**Ms. Whitten, the chief editor,** is the only person who can.
W1: Let's propose the idea to her, then.

submission [səbmíʃən] 제출(물) impressive [imprésiv] 인상적인
authority [미 əθɔ́:rəti, 영 ɔ:θɔ́rəti] 권한 propose [미 prəpóuz, 영 prəpə́uz] 제안하다

해석
47-49는 다음 세 명의 대화에 관한 문제입니다.

W1: [47]두 분 모두 최근의 제출작을 읽어 보셨나요? 그것은 *Long was the Day*라고 해요.
M: 네. [47]그것은 아주 훌륭해요. 그 안의 등장인물들이 굉장히 흥미로워요. 각각이 잘 만들어져 있죠.
W2: 저도 읽었는데, 그것이 인상적이라는 것에 동의해요. 하지만 [48]그것을 출간할 수는 없어요. 그 이야기는 허용된 단어 수보다 거의 1,000단어나 더 길어요.
M: 예외로 할 수 없나요? 우리 독자들이 정말 좋아할 것 같아요.
W2: 그건 아마 사실이겠지만, 우리는 규칙을 바꿀 권한이 없어요. [49]편집장인 Ms. Whitten만이 그럴 수 있어요.
W1: 그럼 그녀에게 아이디어를 제안하죠.

47

해석 남자는 왜 최근 제출작을 좋아하는가?
(A) 최근에 수정되었다.
(B) 줄거리가 획기적이다.
(C) 새로운 작가가 쓴 것이다.
(D) 독특한 등장 인물들을 포함한다.

해설 남자가 최근 제출작을 좋아하는 이유를 묻는 문제이므로, 남자의 말에서 질문의 핵심어구(like a recent submission)와 관련된 내용을 주의 깊게 듣는다. 여자 1이 "Have ~ you read a recent submission?"이라며 최근의 제출작을 읽어보았는지 묻자, 남자가 "It's very good. The characters in it[submission] are extremely interesting. Each one is well developed."라며 그것은 아주 훌륭하다고 한 뒤, 제출작의 등장인물들이 굉장히 흥미롭고 각각이 잘 만들어져 있다고 하였다. 따라서 정답은 (D) It includes distinctive characters이다.

어휘 innovative [미 ínəvèitiv, 영 ínəvətiv] 획기적인, 혁신적인
distinctive [distíŋktiv] 독특한, 뛰어난

48

해석 무슨 문제가 언급되는가?
(A) 책이 이미 출간되었다.
(B) 작가가 제안을 거절했다.
(C) 이야기가 단어 제한을 초과한다.
(D) 마감 일자가 바뀔 수 없다.

해설 문제점을 묻는 문제이므로, 대화에서 부정적인 표현이 언급된 다음을 주의 깊게 듣는다. 여자 2가 "we can't print it. The story is almost 1,000 words longer than our allowed word count."라며 그것을 출간할 수는 없다고 한 뒤, 이야기가 허용된 단어 수보다 거의 1,000단어나 더 길다고 한 말을 통해 이야기가 단어 제한을 초과함을 알 수 있다. 따라서 정답은 (C) A story exceeds a word limit이다. (longer → exceeds)

어휘 offer [미 ɔ́:fər, 영 ɔ́fə] 제안; 제안하다 exceed [iksí:d] 초과하다

49

해석 Ms. Whitten은 누구인가?
(A) 전문 작가
(B) 편집장
(C) 개인 비서
(D) 사무실 접수원

해설 Ms. Whitten이 누구인지 묻는 문제이므로, 질문의 핵심어구(Ms. Whitten)가 언급된 주변을 주의 깊게 듣는다. 여자 2가 "Ms. Whitten, the chief editor"라며 Ms. Whitten이 편집장이라고 하였다. 따라서 정답은 (B) A head editor이다.

[50-52] 호주 → 미국

Questions 50-52 refer to the following conversation.

M: All right, Ms. Monroe, those are all the questions I have for you. [50]**I'm very impressed with your experience in the field of engineering.** [50/51]**We will be selecting a candidate for the position on Thursday,** [51]**so you can expect to hear from me about our decision on Friday.**
W: Actually, [52]**I am wondering how long your firm's training period typically takes to complete.**
M: It usually lasts for five days. Following that, whoever is hired will start working on projects with the engineering team.

engineering [èndʒiníəriŋ] 공학, 공학 기술 candidate [kǽndidət] 후보
typically [típikəli] 보통, 일반적으로

해석
50-52는 다음 대화에 관한 문제입니다.

M: 좋아요, Ms. Monroe, 당신에 대한 질문들은 그것들이 전부예요. [50]저는 공학 분야에서의 당신의 경력에 매우 깊은 인상을 받았어요. [50/51]저희는 그 일자리에 대

한 한 명의 후보를 목요일에 선발할 것이므로 [51]당신은 금요일에 저에게서 저희의 결정에 대해 들을 것으로 예상하시면 됩니다.

W: 사실, [52]저는 귀사의 교육 기간이 이수하는 데 보통 얼마나 걸리는지 궁금해요.

M: 보통 5일 정도 계속돼요. 그 이후, 채용된 사람은 기술팀과 함께 프로젝트에 대한 작업을 시작할 거예요.

50

해석 화자들은 어디에 있는 것 같은가?
(A) 공학 세미나에
(B) 교육 수업에
(C) 취업 면접에
(D) 팀 회의에

해설 대화가 일어나는 장소를 묻는 문제이므로, 장소와 관련된 표현을 놓치지 않고 듣는다. 남자가 "I'm very impressed with your experience in the field of engineering. We will be selecting a candidate for the position on Thursday"라며 공학 분야에서의 여자의 경력에 매우 깊은 인상을 받았고, 일자리에 대한 한 명의 후보를 목요일에 선발할 것이라고 한 내용을 통해 화자들이 취업 면접에 있음을 알 수 있다. 따라서 정답은 (C) At a job interview이다. (position → job)

51

해석 남자는 금요일에 무엇을 할 것 같은가?
(A) 취업 행사에 참석한다.
(B) 직원 오리엔테이션을 지도한다.
(C) 후보자에게 통지한다.
(D) 팀장에게 전화한다.

해설 남자가 금요일에 할 일을 묻는 문제이므로, 질문의 핵심어구(Friday)가 언급된 주변을 주의 깊게 듣는다. 남자가 "We will be selecting a candidate for the position on Thursday, so you can expect to hear from me about our decision on Friday."라며 일자리에 대한 한 명의 후보를 목요일에 선발할 것이므로 금요일에 자신에게서 결정에 대해 들을 것으로 예상하면 된다고 하였다. 이를 통해 남자가 금요일에 결과에 대해 후보자에게 통지할 것임을 알 수 있다. 따라서 정답은 (C) Notify a candidate이다.

어휘 **employment** [implɔ́imənt] 취업, 고용 **notify** [미 nóutəfài, 영 nə́utifai] 통지하다

52

해석 여자는 무엇에 대해 문의하는가?
(A) 교육 기간
(B) 유급 휴가일의 수
(C) 프로젝트에 필요한 자료들
(D) 일자리를 위한 요건들

해설 여자가 문의하는 것을 묻는 문제이므로, 여자의 말을 주의 깊게 듣는다. 여자가 "I am wondering how long ~ training period typically takes to complete"이라며 교육 기간을 이수하는 데 보통 얼마나 걸리는지 궁금하다고 하였다. 따라서 정답은 (A) The duration of a training period이다.

어휘 **duration** [djuréiʃən] 기간, 지속 **paid vacation** 유급 휴가

[53-55] 캐나다 → 미국

Questions 53-55 refer to the following conversation.

M: This is Adrian Pasteur calling from The Fremont Convention Center, and [53]**I'm trying to reach Eve Blakely regarding a purse that was just handed in.**

W: This is Ms. Blakely speaking. I'm so relieved to hear from you! [53]**I was just looking for my purse**, and realized I must have left it at your facility when [54]**I went to a conference there this afternoon.**

M: Well, one of our cleaning crew members found it under a table in the event hall where the conference was held. You can come by to pick up your bag at any time.

W: I appreciate you letting me know. [55]**I'm going to drive down there right now to retrieve it.**

hand in 전달하다 **relieved** [rilíːvd] 다행으로 여기는, 안심하는
drive down 차를 운전하여 가다 **retrieve** [ritríːv] 되찾다, 회수하다

해석

53-55는 다음 대화에 관한 문제입니다.

M: 저는 The Fremont 컨벤션 센터에서 전화드리는 Adrian Pasteur이며, [53]**방금 전달받은 핸드백에 관해 Eve Blakely에게 연락하려고 합니다.**

W: Ms. Blakely입니다. 당신으로부터 연락을 받아서 정말 다행이에요! [53]**저는 방금 제 핸드백을 찾고 있었고**, 틀림없이 [54]**제가 오늘 오후 그곳에서 있었던 회의에 갔**을 때 당신의 시설에 두고 왔다는 것을 깨달았어요.

M: 음, 저희 청소 직원들 중 한 명이 회의가 열렸던 행사장의 한 테이블 아래에서 그것을 발견했어요. 언제라도 들르셔서 가방을 찾아가실 수 있습니다.

W: 알려 주셔서 감사해요. [55]**그것을 되찾으러 지금 바로 운전해서 갈게요.**

53

해석 대화는 주로 무엇에 대한 것인가?
(A) 잃어버린 소지품
(B) 컨벤션을 위한 계획
(C) 워크숍 시간표
(D) 곧 있을 강의의 주제들

해설 대화의 주제를 묻는 문제이므로, 대화의 초반을 주의 깊게 들은 후 전체 맥락을 파악한다. 대화의 초반에서 남자가 "I'm trying to reach Eve Blakely regarding a purse that was just handed in"이라며 방금 전달받은 핸드백에 관해 Eve Blakely에게 연락하려 한다고 하자, 여자가 "I was just looking for my purse"라며 핸드백을 찾고 있었다고 한 뒤, 여자의 잃어버린 핸드백에 대한 내용으로 대화가 이어지고 있다. 따라서 정답은 (A) A misplaced belonging이다. (purse → belonging)

어휘 **misplaced** [mispléist] 잃어버린, 잘못된 **belonging** [bilɔ́ːŋiŋ] 소지품

54

해석 여자는 오후에 무엇을 했는가?
(A) 행사장을 청소했다.
(B) 세미나에 등록했다.
(C) 회의에 참석했다.
(D) 분실물 카운터에 갔다.

해설 여자가 오후에 한 일을 묻는 문제이므로, 질문의 핵심어구(afternoon)가 언급된 주변을 주의 깊게 듣는다. 여자가 "I went to a conference ~ this afternoon"이라며 자신이 오늘 오후에 회의에 갔다고 하였다. 따라서 정답은 (C) Attended a conference이다.

어휘 **register** [rédʒistər] 등록하다

55

해석 여자는 다음에 무엇을 하겠다고 말하는가?
(A) 안내 데스크에 항의를 제기한다.
(B) 행사 시설로 간다.
(C) 추가 테이블을 설치한다.
(D) 청소용품들을 회수한다.

해설 여자가 다음에 할 일을 묻는 문제이므로, 대화의 마지막 부분을 주의 깊게 듣는다. 여자가 "I'm going to drive down there[The ~ Convention Center] right now to retrieve it[purse]."이라며 핸드백을 되찾으러 지금 바로 컨벤션 센터로 운전해서 가겠다고 하였다. 따라서 정답은 (B) Head to an event facility이다. (drive down → Head to)

어휘 **file** [fail] 제기하다 **cleaning supplies** 청소용품

[56-58] 캐나다 → 영국

Questions 56-58 refer to the following conversation.

M: Hi. [56/58]**Could you deliver 10 roast beef and 10 chicken sandwiches to Banes Law Offices today by 12:00 P.M.?**

W: [56]**We're an hour behind because of some large orders, so we can't deliver that many sandwiches**

so soon. **[57]They can be there around 12:30 P.M., though.**
M: **[57]Are you sure there's nothing you can do?** **Our clients arrive at noon.**
W: **[56/58]Why don't you try our premade lunch kits? [58]We can send them now.**
M: What do the kits include?
W: Turkey sandwiches and a small side salad.
M: I guess I'll take those, then.

deliver [미 dilívər, 영 dilívə] 배달하다 **kit** [kit] 세트, 키트

해석

56-58은 다음 대화에 관한 문제입니다.

M: 안녕하세요. [56/58]오늘 오후 12시까지 Banes 법률 사무소로 로스트 비프 샌드위치 10개와 치킨 샌드위치 10개를 배달해 주실 수 있나요?
W: [56]저희가 대량 주문들 때문에 한 시간 뒤처져 있어서 그만큼 많은 샌드위치를 그렇게 금방 배달해드릴 수 없어요. [57]그래도 오후 12시 30분쯤에는 그곳에 도착할 수 있어요.
M: [57]당신이 해주실 수 있는 것이 정말 아무것도 없나요? 저희 고객들이 정오에 도착해요.
W: [56/58]저희의 미리 만들어진 점심 세트를 이용하는 건 어떠세요? [58]그것들은 지금 배달해드릴 수 있어요.
M: 세트에는 무엇이 들어 있나요?
W: 칠면조 샌드위치와 작은 샐러드요.
M: 그럼 그것들로 할게요.

56

해석 여자는 누구인 것 같은가?
(A) 법률 보조
(B) 사무실 접수원
(C) 식당 직원
(D) 행사 주최자

해설 여자의 신분을 묻는 문제이므로, 신분 및 직업과 관련된 표현을 놓치지 않고 듣는다. 남자가 "Could you deliver ~ sandwiches ~ ?"라며 샌드위치를 배달해 줄 수 있는지 묻자, 여자가 "We're an hour behind because of some large orders, so we can't deliver ~ sandwiches so soon."이라며 대량 주문들 때문에 한 시간 뒤처져 있어 샌드위치를 그렇게 금방 배달해 줄 수 없다고 한 뒤, "Why don't you try our premade lunch kits?"라며 미리 만들어진 점심 세트를 이용하는 것을 제안하였다. 이를 통해 여자가 식당 직원임을 알 수 있다. 따라서 정답은 (C) A restaurant worker이다.

어휘 **receptionist** [risépʃənist] 접수원, 접대원

57

해석 남자는 "저희 고객들이 정오에 도착해요"라고 말할 때 무엇을 의도하는가?
(A) 모임이 연기되었다.
(B) 제안이 수락될 수 없다.
(C) 주문이 확대되어야 한다.
(D) 요청이 받아들여졌다.

해설 남자가 하는 말의 의도를 묻는 문제이므로, 질문의 인용어구(Our clients arrive at noon)가 언급된 주변을 주의 깊게 듣는다. 여자가 "They [sandwiches] can be there around 12:30 P.M., though."라며 그래도 오후 12시 30분쯤에는 샌드위치가 그곳에 도착할 수 있다고 하자, 남자가 "Are you sure there's nothing you can do? Our clients arrive at noon."이라며 여자가 해줄 수 있는 것이 정말 아무것도 없는지 물은 뒤, 고객들이 정오에 도착한다고 한 것을 통해 오후 12시 30분에 배달을 해 줄 수 있다는 여자의 제안이 수락될 수 없음을 알 수 있다. 따라서 정답은 (B) A proposal is not acceptable이다.

어휘 **postpone** [미 poustpóun, 영 pəustpəun] 연기하다
acceptable [ækséptəbl] 수락할 수 있는 **expand** [ikspǽnd] 확대하다

58

해석 여자는 남자에게 무엇을 하라고 제안하는가?
(A) 다른 가게에 전화를 한다.
(B) 환불을 요청한다.
(C) 관리자와 이야기한다.
(D) 다른 제품을 주문한다.

해설 여자가 남자에게 제안하는 것을 묻는 문제이므로, 여자의 말에서 제안과 관련된 표현이 언급된 다음을 주의 깊게 듣는다. 남자가 "Could you deliver ~ sandwiches ~ ?"라며 샌드위치를 배달해 줄 수 있는지 묻자, 여자가 "Why don't you try our premade lunch kits? We can send them now."라며 미리 만들어진 점심 세트를 이용하는 건 어떤지 물으며 그것들은 지금 배달해줄 수 있다고 하였다. 이를 통해 여자는 남자가 요청한 샌드위치 대신에 미리 만들어진 점심 세트, 즉 다른 제품을 주문하는 것을 제안함을 알 수 있다. 따라서 정답은 (D) Order another product이다. (try ~ premade lunch kits → Order another product)

어휘 **product** [미 prádʌkt, 영 prɔ́dʌkt] 제품, 상품

[59-61] 미국 → 캐나다

Questions 59-61 refer to the following conversation.

W: Good morning. My name is Marta Blackhill. **[59]I'd like to make an appointment to see Dr. Madison on Tuesday. I have a toothache, and I'd like to know what the problem is.**
M: I'm afraid her schedule is full on Tuesday. Could you come on Wednesday instead?
W: **[60]I'm giving a presentation at work then, so I can't take the time off.** Do you have any appointments available on Monday or Thursday? One of those days would be more convenient.
M: Yes. **[61]I can fit you in at 11 A.M. on Thursday. Does that sound good?**
W: **[61]Yes, I'll see you then.**

toothache [túːθeik] 치통 **fit in** 시간을 잡다

해석

59-61은 다음 대화에 관한 문제입니다.

W: 안녕하세요. 제 이름은 Marta Blackhill입니다. [59]저는 화요일에 Dr. Madison과의 예약을 잡고 싶어요. 치통이 있는데 무엇이 문제인지 알고 싶어요.
M: 안타깝게도 화요일에는 그녀의 일정이 꽉 차 있습니다. 대신 수요일에 오실 수 있나요?
W: [60]제가 그때는 회사에서 발표를 할 예정이라 시간을 낼 수 없어요. 월요일이나 목요일에 예약 가능한 때가 있을까요? 저는 그날들 중 하루가 더 편할 것 같아요.
M: 네. [61]목요일 오전 11시에 시간을 잡아드릴 수 있어요. 괜찮으신가요?
W: [61]네, 그때 뵐게요.

59

해석 여자는 왜 전화를 하고 있는가?
(A) 예약을 확인하기 위해
(B) 휴가를 요청하기 위해
(C) 몇몇 검사 결과들을 요청하기 위해
(D) 검진을 받기 위해

해설 여자가 전화를 건 목적을 묻는 문제이므로, 대화의 초반을 반드시 듣는다. 여자가 "I'd like to make an appointment to see Dr. Madison on Tuesday. I have a toothache, and I'd like to know what the problem is."라며 화요일에 Dr. Madison과의 예약을 잡고 싶다며 치통이 있는데 무엇이 문제인지 알고 싶다고 하였다. 따라서 정답은 (D) To get a checkup이다.

어휘 **confirm** [kənfə́ːrm] 확인하다

60

해석 여자는 어떤 문제를 언급하는가?
(A) 그녀는 강의에 대해 듣지 못했다.
(B) 그녀는 일정이 겹친다.
(C) 그녀는 몇몇 정보들을 잊어버렸다.
(D) 그녀는 의사가 마음에 들지 않는다.

해설 여자의 문제점을 묻는 문제이므로, 여자의 말에서 부정적인 표현이 언급된 다음을 주의 깊게 듣는다. 여자가 "I'm giving a presentation at work then, so I can't take the time off."라며 그때는 회사에서 발표를 할 예정이라 시간을 낼 수 없다고 한 말을 통해 여자가 일정이 겹침을 알 수 있다. 따라서 정답은 (B) She has a scheduling conflict이다.

어휘 physician[fizíʃən] 의사

61

해석 여자는 목요일에 무엇을 할 것인가?
(A) 도시 밖을 여행한다.
(B) 발표를 한다.
(C) 의사에게 전화한다.
(D) 병원에 방문한다.

해설 여자가 목요일에 할 일을 묻는 문제이므로, 질문의 핵심어구(Thursday)가 언급된 주변을 주의 깊게 듣는다. 남자가 여자에게 "I can fit you in at 11 A.M. on Thursday. Does that sound good?"이라며 목요일 오전 11시에 시간을 잡아줄 수 있다고 한 뒤 괜찮은지 묻자, 여자가 "Yes, I'll see you then."이라며 괜찮다고 대답한 뒤, 그때 보겠다고 하였다. 따라서 정답은 (D) Visit a clinic이다.

[62-64] 영국 → 캐나다

Questions 62-64 refer to the following conversation and building directory.

W: Pardon me. I'm looking for the offices of Stanton Software. I thought the firm is located on this floor, but it seems I was wrong.
M: Sorry, but [62]**this floor is entirely occupied by the Olson Law Firm.**
W: [63]**Maybe I misheard the receptionist I spoke to on the phone this morning.**
M: You're probably just in the wrong building. You know that Century Heights has two towers, right?
W: No, I wasn't aware of that. Which one am I in now?
M: This is Tower B. [64]**To cross to the other building, you'll have to take the Skyway bridge.** You can get to it by going down to Floor 12.
W: Thanks for the advice.

occupy[미 ɑ́:kjupài, 영 ɔ́kjupai] 차지하다, 들어서다 aware of ~을 알다, ~을 깨달은

해석

62-64는 다음 대화와 건물 안내도에 관한 문제입니다.

W: 실례합니다. Stanton Software사의 사무실을 찾고 있어요. 회사가 이 층에 위치해 있다고 생각했는데, 제가 틀린 것 같네요.
M: 죄송하지만, [62]이 층은 Olson 법률 사무소가 모두 차지하고 있어요.
W: [63]아마 제가 오늘 아침에 통화한 접수원에게서 잘못 들었나 봐요.
M: 아마 잘못된 건물에 계신 것뿐일 거예요. Century Heights가 두 건물이 있다는 건 아시죠?
W: 아니요, 알지 못했어요. 지금 제가 어느 것에 있는 건가요?
M: 여긴 B 타워예요. [64]다른 건물로 건너가시려면, Skyway 다리를 이용하셔야 할 거예요. 12층으로 내려가시면 그곳에 가실 수 있어요.
W: 조언 감사합니다.

Century Heights - B 타워	
23층	Tomlinson 기술 회사
24층	Sutcliff 조합
[62]25층	Olson 법률 사무소
26층	Dukovsky사

62

해석 시각 자료를 보아라. 화자들은 어느 층에 있는가?
(A) 23층
(B) 24층
(C) 25층
(D) 26층

해설 화자들이 어느 층에 있는지 묻는 문제이므로, 제시된 건물 안내도의 정보를 확인한 뒤 질문의 핵심어구(floor ~ speakers on)와 관련된 내용을 주의 깊게 듣는다. 남자가 "this floor is entirely occupied by the Olson Law Firms"라며 이 층은 Olson 법률 사무소가 모두 차지하고 있다고 하였으므로, 화자들이 Olson 법률 사무소가 위치해 있는 25층에 있음을 건물 안내도에서 알 수 있다. 따라서 정답은 (C) Floor 25이다.

63

해석 여자는 오늘 아침에 무엇을 했는가?
(A) 약속에 참석했다.
(B) 직원과 이야기했다.
(C) 지도를 구매했다.
(D) 이메일을 전송했다.

해설 여자가 오늘 아침에 한 일을 묻는 문제이므로, 질문의 핵심어구(this morning)가 언급된 부분을 주의 깊게 듣는다. 여자가 "Maybe I misheard the receptionist I spoke to on the phone this morning."이라며 자신이 오늘 아침에 통화한 접수원에게서 잘못 들은 것 같다고 한 말을 통해 여자가 오늘 아침에 직원과 이야기했음을 알 수 있다. 따라서 정답은 (B) Spoke with an employee이다.

어휘 appointment[əpɔ́intmənt] 약속, 예약

64

해석 여자는 어떻게 다른 건물로 갈 것 같은가?
(A) 길을 건너서
(B) 차고를 지나서
(C) 택시를 타서
(D) 다리를 이용해서

해설 여자가 다른 건물로 갈 수 있는 방법을 묻는 문제이므로, 질문의 핵심어구(get to the other building)와 관련된 내용을 주의 깊게 듣는다. 남자가 여자에게 "To cross to the other building, you'll have to take the Skyway bridge."라며 다른 건물로 건너가려면 Skyway 다리를 이용해야 할 것이라고 하였다. 따라서 정답은 (D) By using a bridge이다.

어휘 pass through 지나가다

[65-67] 캐나다 → 영국

Questions 65-67 refer to the following conversation and time table.

M: Susan, [65]**I'm afraid the quarterly sales summary includes some serious errors.**
W: Really? David Thompson was in charge of that project, and he's usually very careful.
M: Maybe I should talk to him, then.
W: [66]**He's not available because he's on vacation all week.**
M: I see. Well, I was supposed to give a presentation on this report on Tuesday, but I guess I'll ask for more time. Oh, before I forget . . . [67]**Did you hear about the accounting team meeting today?**
W: Yes. We're meeting at 4 P.M. in the main conference room, right?
M: Actually, [67]**our manager had a scheduling conflict, so we'll be taking the marketing team's original time slot.**

summary[sʌ́məri] 요약본 in charge of ~을 담당하여
careful[미 kέərfəl, 영 kéəfəl] 꼼꼼한, 신중한
scheduling conflict 겹치는 일정, 일정 충돌 slot[미 slɑ:t, 영 slɔt] 시간대, 자리

해석

65-67은 다음 대화와 시간표에 관한 문제입니다.

M: Susan, 65유감스럽게도 분기별 판매 요약본이 몇몇 심각한 오류들을 포함하고 있어요.
W: 정말인가요? David Thompson이 그 프로젝트를 담당했는데, 그는 보통 매우 꼼꼼해요.
M: 그렇다면 제가 그와 이야기를 해봐야겠군요.
W: 66그는 일주일 내내 휴가이기 때문에 만날 수 없어요.
M: 그렇군요. 음, 제가 화요일에 이 보고서에 대해 발표를 하기로 되어 있었는데, 시간을 더 달라고 요청해야겠네요. 아, 잊기 전에... 67오늘 회계팀 회의에 대해 들었나요?
W: 네. 우리는 오후 4시에 대회의실에서 모여요, 그렇죠?
M: 실은, 67부장님이 일정이 겹쳐서, 우리는 마케팅팀의 원래 시간대를 이용할 거예요.

대회의실 예약 시간표	
부서	시간
마케팅	67 12:00
구매	13:00
전략	15:00
회계	16:00

65

해석 남자의 문제점은 무엇인가?
(A) 휴가 일정이 업데이트되지 않았다.
(B) 직장 동료가 업무를 제출하지 않았다.
(C) 발표 마감 기한이 이미 지났다.
(D) 보고서가 부정확한 정보를 포함하고 있다.

해설 남자의 문제점을 묻는 문제이므로, 남자의 말에서 부정적인 표현이 언급된 다음을 주의 깊게 듣는다. 남자가 "I'm afraid the quarterly sales summary includes some serious errors"라며 유감스럽게도 분기별 판매 요약본이 몇몇 심각한 오류들을 포함하고 있다고 한 말을 통해 보고서가 부정확한 정보를 포함하고 있음을 알 수 있다. 따라서 정답은 (D) A report contains inaccurate information이다. (sales summary → report, includes ~ errors → contains inaccurate information)

어휘 **assignment**[əsáinmənt] 업무, 할당

66

해석 David Thompson을 왜 만날 수 없는가?
(A) 그는 출장 중이다.
(B) 그는 휴가를 갔다.
(C) 그는 새로 발령을 받았다.
(D) 그는 워크숍에 참석 중이다.

해설 David Thompson을 만날 수 없는 이유를 묻는 문제이므로, 질문의 핵심어구(David Thompson not available)와 관련된 내용을 주의 깊게 듣는다. 여자가 "He[David Thompson]'s not available because he's on vacation all week."라며 David Thompson이 일주일 내내 휴가이기 때문에 만날 수 없다고 하였다. 따라서 정답은 (B) He has taken time off이다. (on vacation → taken time off)

어휘 **take time off** 휴가를 가다 **reassign**[rìːəsáin] 새로 발령내다, 다시 맡기다

67

해석 시각 자료를 보아라. 화자들의 팀은 언제 모일 것인가?
(A) 12시에
(B) 13시에
(C) 15시에
(D) 16시에

해설 화자들의 팀이 모일 시간을 묻는 문제이므로, 제시된 시간표의 정보를 확인한 뒤 질문의 핵심어구(team meet)와 관련된 내용을 주의 깊게 듣는다. 남자가 "Did you hear about the accounting team meeting today?"라며 오늘 회계팀 회의에 대해 들었는지를 물은 뒤, "our manager had a scheduling conflict, so we'll be taking the marketing team's original time slot"이라며 부장이 일정이 겹쳐서 자신들이 마케팅팀의 원래 회의실 예약 시간대를 이용할 것이라고 하였다. 이를 통해 화자들의 팀이 마케팅팀의 원래 회의실 예약 시간인 12시에 모일 것임을 시간표에서 알 수 있다. 따라서 정답은 (A) At 12:00이다.

[68-70] 호주 → 영국

Questions 68-70 refer to the following conversation and expense report.

M: Hi, Kara. I'm calling about the expense report you submitted last week.
W: Oh, you mean the one for 68**the medical convention I attended in April**?
M: Right. There's a problem regarding the amount you claimed for transportation. 69**The price you listed for the train ticket doesn't match your receipt.**
W: Really? 69**I must've entered it wrong in the form. Sorry about that. The receipt is correct, so you can change the report accordingly.**
M: Sounds good. And just to let you know . . . 70**Starting next month, expense reports must be submitted by the second day of each month rather than the fifth.** Please remember that moving forward.

expense report 지출 보고서 submit[səbmít] 제출하다, 제시하다
convention[kənvénʃən] 회의, 컨벤션 rather than 대신에

해석

68-70은 다음 대화와 지출 보고서에 관한 문제입니다.

M: 안녕하세요, Kara. 지난주에 당신이 제출하신 지출 보고서에 관해 전화드립니다.
W: 아, 68제가 4월에 참석했던 의학 회의로 인한 것을 말씀하시는 거죠?
M: 맞아요. 당신이 교통수단에 대해 청구한 금액에 문제가 있어요. 69당신이 기차표로 기재한 금액이 당신의 영수증과 일치하지 않아요.
W: 정말요? 69제가 양식에 잘못 기입했나 봐요. 죄송해요. 영수증이 정확하니, 그에 맞춰 보고서를 바꾸셔도 돼요.
M: 좋아요. 그리고 참고로 말씀드리자면... 70다음 달부터, 지출 보고서가 매달 5일 대신 2일까지 제출되어야 합니다. 앞으로 기억해 주세요.

지출 보고서
직원: Kara Foster 날짜: 5월 5일

기재 사항	비용
기차표	69 270달러
렌터카	175달러
호텔	85달러
식사	125달러
총계	655달러

68

해석 4월에 무슨 일이 일어났는가?
(A) 교육 과정
(B) 산업 회의
(C) 주주총회
(D) 회사 야유회

해설 4월에 일어난 일을 묻는 문제이므로, 질문의 핵심어구(April)가 언급된 주변을 주의 깊게 듣는다. 여자가 "the medical convention I attended in April"이라며 4월에 참석했던 의학 회의를 언급하였다. 따라서 정답은 (B) An industry conference이다. (medical convention → industry conference)

어휘 **industry**[índəstri] 산업 **conference**[미 kɑ́nfərəns, 영 kɔ́nfərəns] 회의, 학회
shareholder[미 ʃέərhòuldər, 영 ʃeəhəuldə] 주주

69

해석 시각 자료를 보아라. 어느 금액이 부정확한가?
(A) 270달러
(B) 175달러
(C) 85달러
(D) 125달러

해설 부정확한 금액을 묻는 문제이므로, 제시된 지출 보고서의 정보를 확인한 뒤 질문의 핵심어구(amount ~ incorrect)와 관련된 내용을 주의 깊게 듣는

실전모의고사 2

Hackers TOEIC Listening

다. 남자가 "The price you listed for the train ticket doesn't match your receipt."라며 여자가 기차표로 기재한 금액이 영수증과 일치하지 않는다고 하자, 여자가 "I must've entered it wrong in the form[expense report]. ~ The receipt is correct, so you can change the report accordingly."라며 지출 보고서에 잘못 기재했나 보다고 말한 뒤, 영수증이 정확하니 그에 맞춰 보고서를 바꿔도 된다고 하였다. 이를 통해 기차표의 금액인 270달러가 부정확함을 지출 보고서에서 알 수 있다. 따라서 정답은 (A) $270이다.

70

해석 다음 달에 무엇이 변경될 것인가?

(A) 제출 기한
(B) 상여금 금액
(C) 여행 예산
(D) 회의 장소

해설 다음 달에 변경될 것을 묻는 문제이므로, 질문의 핵심어구(change next month)와 관련된 내용을 주의 깊게 듣는다. 남자가 "Starting next month, expense reports must be submitted by the second day of each month rather than the fifth."라며 다음 달부터 지출 보고서가 매달 5일 대신 2일까지 제출되어야 한다고 하였다. 따라서 정답은 (A) A submission deadline이다.

어휘 submission[səbmíʃən] 제출

[71-73] 호주

Questions 71-73 refer to the following talk.

Welcome to our annual conference for regional sales managers! [71]**The reason we're here this morning is to learn about new sales techniques.** We've invited expert presenters today, whose advice will be very beneficial. [72]**You can find each experts' name, biography, and presentation summary in the conference program provided.** We have a wonderful lunch planned for you as well, and [73]**after the final presentation, we will gather for a reception at the Houlton Hotel**. Cocktails will be served, and you will get a chance to meet managers from other regions.

regional[ríːdʒənl] 지역의 technique[tekníːk] 기술, 기법
reception[risépʃən] 환영회, 리셉션

해석

71-73은 다음 담화에 관한 문제입니다.

지역 영업 관리자들을 위한 저희 연례 회의에 오신 것을 환영합니다! [71]**오늘 아침 저희가 여기 온 이유는 새로운 영업 기술들에 대해 배우기 위함입니다.** 저희는 오늘 전문가 발표자들을 초대했는데, 그들의 조언이 굉장히 유익할 것입니다. [72]**제공된 회의 프로그램에서 각 전문가들의 이름, 약력, 그리고 발표 요약본을 확인하실 수 있습니다.** 여러분을 위해 훌륭한 점심 또한 계획되어 있으며, [73]**마지막 발표 후에는, 환영회를 위해 Houlton 호텔에서 모일 것입니다.** 칵테일이 제공될 것이며, 여러분은 다른 지역의 관리자들을 만날 기회를 가지실 겁니다.

71

해석 모임의 주제는 무엇인가?

(A) 온라인 마케팅
(B) 영업 방법
(C) 투자 기회
(D) 상품 유통

해설 모임의 주제를 묻는 문제이므로, 지문의 초반을 주의 깊게 들은 후 전체 맥락을 파악한다. "The reason we're here ~ is to learn about new sales techniques."라며 이곳에 온 이유는 영업 기술들에 대해 배우기 위함이라고 하였다. 따라서 정답은 (B) Sales methods이다.

어휘 investment[invéstmənt] 투자 distribution[dìstribjúːʃən] 유통, 분배

72

해석 회의 프로그램에서 무엇을 확인할 수 있는가?

(A) 발표자들에 관한 정보
(B) 활동 일정
(C) 점심 장소로 가는 길
(D) 행사 등록을 위한 설명

해설 회의 프로그램에서 확인할 수 있는 것을 묻는 문제이므로, 질문의 핵심어구(conference program)가 언급된 주변을 주의 깊게 듣는다. "You can find each experts' name, biography, and presentation summary in the conference program provided."라며 제공된 회의 프로그램에서 각 전문가들의 이름, 약력과 발표 요약본을 찾을 수 있다고 했으므로, 발표자들에 관한 정보를 확인할 수 있음을 알 수 있다. 따라서 정답은 (A) Information on the presenters이다.

어휘 instruction[instrʌ́kʃən] 설명, 지시

73

해석 행사 마지막에 무엇이 계획되어 있는가?

(A) 영화 상영
(B) 사무실 점검
(C) 호텔에서의 모임
(D) 공원에서의 소풍

해설 행사 마지막에 계획되어 있는 것을 묻는 문제이므로, 질문의 핵심어구(end of the event)와 관련된 내용을 주의 깊게 듣는다. "after the final presentation, we will gather for a reception at the Houlton Hotel"이라며 마지막 발표 후에는 환영회를 위해 Houlton 호텔에서 모일 것이라고 하였다. 따라서 정답은 (C) A gathering at a hotel이다.

[74-76] 미국

Questions 74-76 refer to the following speech.

[74]**We're here today to celebrate the career of Michael Pryor, who is leaving Lifetime Insurance after 20 years of employment. Mr. Pryor began his career with us in our call center** and then spent three years as an administrative assistant. Eventually, he joined the sales team, where he spent eight productive years. [75]**As a manager, he doubled the number of salespeople and, consequently, helped our company grow to the level it has reached today. I want to express my gratitude for this.** Now, [76]**I would like to welcome Mr. Pryor to the stage to present him with this gold watch** to show our appreciation. Please give him a round of applause.

double[dʌ́bl] 두 배로 늘리다 gratitude[grǽtituːd] 감사
present[prizént] 증정하다, 바치다 appreciation[əprìːʃiéiʃən] 감사
applause[əplɔ́ːz] 박수

해석

74-76은 다음 연설에 관한 문제입니다.

[74]**우리는 오늘 Michael Pryor의 경력을 축하하기 위해 이곳에 모였으며, 그는 20년간의 근무 후에 Lifetime 보험사를 떠날 것입니다. Mr. Pryor는 콜센터에서 우리와 함께 그의 경력을 시작했고,** 그 후 3년을 행정 보조원으로 지냈습니다. 마침내, 그는 영업팀에 합류했고, 그곳에서 생산적인 8년을 보냈습니다. [75]**관리자로서, 그는 영업 사원의 수를 두 배로 늘렸고, 결과적으로 우리 회사가 오늘날에 이른 수준까지 성장하도록 도왔습니다. 저는 이에 대해 감사를 표하고 싶습니다.** 이제, [76]**저는 Mr. Pryor를 무대로 모셔** 우리의 감사를 보여드리기 위해 **이 금시계를 증정하고 싶습니다.** 그에게 큰 박수를 보내 주십시오.

74

해석 화자는 누구에게 말하고 있는 것 같은가?

(A) 워크숍 멤버들
(B) 취업 지원자들
(C) 회사 직원들
(D) 잠재적 기부자들

해설 청자들의 신분을 묻는 문제이므로, 신분 및 직업과 관련된 표현을 놓치지 않고 듣는다. "We're here ~ to celebrate the career of Michael Pryor, who is leaving Lifetime Insurance ~. Mr. Pryor began his career with us in our call center"라며 그들이 Michael Pryor의 경력을 축하하기 위해 모였고 Mr. Pryor가 Lifetime 보험사를 떠날 것이며 콜센터에서 그들과 함께 그의 경력을 시작했다고 한 말을 통해 화자가 회사 직원들에게 곧 회사를 떠나는 직원을 소개하고 있음을 알 수 있다. 따라서 정답은 (C) Company employees이다.

어휘 potential [pəténʃəl] 잠재적인 donor [미 dóunər, 영 dəunə] 기부자, 기증자

75

해석 화자는 왜 Mr. Pryor에게 감사하는가?

(A) 기업 합병을 시작해서
(B) 자금을 확보해서
(C) 회사의 성장에 기여해서
(D) 제품을 개발해서

해설 화자가 Mr. Pryor에게 감사하는 이유를 묻는 문제이므로, 질문의 핵심어구(thank Mr. Pryor)와 관련된 내용을 주의 깊게 듣는다. "As a manager, he[Mr. Pryor] ~ helped our company grow to the level it has reached today. I want to express my gratitude for this."라며 관리자로서 Mr. Pryor는 회사가 오늘날에 이른 수준까지 성장하도록 도왔고 화자가 이에 대해 감사를 표하고 싶다고 하였다. 따라서 정답은 (C) For contributing to a firm's growth이다. (thank → express ~ gratitude, helped ~ company grow → contributing to a firm's growth)

어휘 initiate [iníʃièit] 시작하다, 착수시키다 secure [미 sikjúər, 영 sikjúə] 확보하다
contribute [kəntríbju:t] 기여하다

76

해석 다음에 무슨 일이 일어날 것 같은가?

(A) 선물이 증정될 것이다.
(B) 연설이 낭독될 것이다.
(C) 몇몇 손님들이 떠날 것이다.
(D) 약간의 음식이 제공될 것이다.

해설 다음에 일어날 일을 묻는 문제이므로, 지문의 마지막 부분을 주의 깊게 듣는다. "I would like to welcome Mr. Pryor to the stage to present him with this gold watch"라며 Mr. Pryor를 무대로 맞이해 금시계를 증정하고 싶다고 하였다. 따라서 정답은 (A) A gift will be given이다. (present ~ gold watch → A gift will be given)

어휘 read [ri:d] 낭독하다, 들려주다 depart [미 dipá:rt, 영 dipá:t] 떠나다

[77-79] 캐나다

Questions 77-79 refer to the following radio broadcast.

You're listening to HTN Radio, and this is your host, Gilbert Chen. For this episode of *Music Waves*, [77]**I'll be sitting down for an interview with singer and guitarist Robin Leung.** [78]**I had a chance to meet Ms. Leung last week at the Entertainer Awards Gala.** After an interesting conversation, she agreed to join me on my show. [79]**We're going to discuss a variety of topics today, including her recently released album. It has been at the top of the charts since June.** Without further delay, let me welcome Ms. Leung to the show.

gala [géilə] 행사 a variety of 여러 가지
release [rilí:s] 발매하다; 공개, 발표

해석

77-79는 다음 라디오 방송에 관한 문제입니다.

여러분은 HTN 라디오를 듣고 계시고, 저는 진행자 Gilbert Chen입니다. *Music Waves*의 이번 에피소드에서는, [77]가수이자 기타리스트인 Robin Leung과 인터뷰 자리를 갖게 될 것입니다. [78]저는 지난주 연예인 시상식 행사에서 Ms. Leung을 만날 기회가 있었습니다. 흥미로운 대화 후, 그녀는 제 쇼에 함께하는 것에 동의했습니다. [79]저희는 오늘 그녀의 최근 발매된 앨범을 포함하여 여러 가지 주제를 다룰 것입니다. 이것은 6월부터 차트 정상에 있었습니다. 더 이상 지체 없이, Ms. Leung을 방송에 맞이하도록 하겠습니다.

77

해석 Robin Leung은 누구인가?

(A) 음반 제작자
(B) 그래픽 아티스트
(C) 음악가
(D) 작가

해설 Robin Leung의 신분을 묻는 문제이므로, 질문 대상(Robin Leung)의 신분 및 직업과 관련된 표현을 놓치지 않고 듣는다. "I'll be sitting down for an interview with singer and guitarist Robin Leung"이라며 가수이자 기타리스트인 Robin Leung과 인터뷰 자리를 갖게 될 것이라고 한 말을 통해 Robin Leung이 음악가임을 알 수 있다. 따라서 정답은 (C) A musician이다.

78

해석 화자에 따르면, 지난주에 무슨 일이 일어났는가?

(A) 자선 콘서트
(B) 영화 시사회
(C) 앨범 출시
(D) 시상식

해설 지난주에 일어난 일을 묻는 문제이므로, 질문의 핵심어구(last week)가 언급된 주변을 주의 깊게 듣는다. "I had a chance to meet Ms. Leung last week at the Entertainer Awards Gala."라며 지난주 연예인 시상식 행사에서 Ms. Leung을 만날 기회가 있었다고 하였다. 따라서 정답은 (D) An award ceremony이다. (Awards Gala → award ceremony)

79

해석 인터뷰에서 무엇이 다루어질 것인가?

(A) 프로그램의 날짜
(B) 기업의 제품 판매량
(C) 대회의 우승자들
(D) 인기 있는 음반

해설 인터뷰에서 다루어질 것을 묻는 문제이므로, 질문의 핵심어구(discussed in the interview)와 관련된 내용을 주의 깊게 듣는다. "We're going to discuss ~ her[Ms. Leung] recently released album. It has been at the top of the charts since June."이라며 그들이 오늘 그녀의 최근 발매된 앨범을 다룰 것이며 이것은 6월부터 차트의 정상에 있었다고 한 것을 통해 인터뷰에서 인기 있는 음반이 다루어질 것임을 알 수 있다. 따라서 정답은 (D) A popular record이다.

어휘 sales [seilz] 판매량

[80-82] 영국

Questions 80-82 refer to the following talk.

Before we leave for the day, [80]**I'd like to discuss the upcoming summer season at our fitness center.** As most of you know, [81]**many universities will be going on break, so we will be busier than usual for a couple of months. To cope with this, we plan to bring in some temporary employees.** This season starts in just a week, so I've already posted a job opening online. On another note, we're also offering multiple new sports and exercise classes. [82]**I'd like you all to inform guests about them beginning today.**

leave for the day 퇴근하다 cope with ~에 대처하다
inform [미 infɔ́:rm, 영 infɔ́:m] 알려주다, 알리다, 통보하다

해석

80-82는 다음 담화에 관한 문제입니다.

우리가 퇴근하기 전에, [80]우리 피트니스 센터에서의 곧 있을 여름 시즌에 대해 논의하고 싶습니다. 여러분 대부분이 아시다시피, [81]많은 대학교들이 방학에 들어갈 것이

므로 우리는 몇 달 동안 평소보다 더 바쁠 것입니다. 이에 대처하기 위해, 우리는 몇몇 임시 직원을 영입할 계획입니다. 이번 시즌이 단 일주일 후에 시작하기 때문에, 저는 이미 온라인에 구인 공고를 게시했습니다. 다른 얘기로는, 우리는 여러 새로운 스포츠와 운동 수업들 또한 제공할 것입니다. [82]오늘부터 여러분 모두가 그것들에 대해 손님들에게 알려주었으면 합니다.

80

해석 화자는 어디에서 일하는가?
(A) 소매점에서
(B) 체육관에서
(C) 학교에서
(D) 지역 문화 센터에서

해설 화자가 일하는 장소를 묻는 문제이므로, 신분 및 직업과 관련된 표현을 놓치지 않고 듣는다. "I'd like to discuss the upcoming summer season at our fitness center"라며 자신들의 피트니스 센터에서의 곧 있을 여름 시즌에 대해 논의하고 싶다고 한 말을 통해 화자가 체육관에서 일함을 알 수 있다. 따라서 정답은 (B) At a gym이다. (fitness center → gym)

어휘 community center 지역 문화 센터

81

해석 화자는 왜 "많은 대학교들이 방학에 들어갈 것이므로"라고 말하는가?
(A) 행사를 위한 장소를 추천하기 위해
(B) 활동이 왜 취소되는지를 설명하기 위해
(C) 계획에 대한 이유를 제시하기 위해
(D) 시설이 문을 닫을 것임을 알리기 위해

해설 화자가 하는 말의 의도를 묻는 문제이므로, 질문의 인용어구(many universities will be going on break)가 언급된 주변을 주의 깊게 듣는다. "many universities will be going on break, so we will be busier than usual for a couple of months. To cope with this, we plan to bring in some temporary employees."라며 많은 대학교들이 방학에 들어갈 것이므로 몇 달 동안 평소보다 더 바쁠 것이고 이에 대처하기 위해 몇몇 임시 직원을 영입할 계획이라고 하였으므로, 임시 직원 영입 계획에 대한 이유를 제시하려는 의도임을 알 수 있다. 따라서 정답은 (C) To give the reason for a plan이다.

어휘 venue[vénju:] 장소

82

해석 화자는 청자들에게 무엇을 하라고 요청하는가?
(A) 평상시보다 더 일찍 도착한다.
(B) 몇몇 서류를 꼼꼼히 읽어본다.
(C) 약간의 교육을 받는다.
(D) 정보를 전한다.

해설 화자가 청자들에게 요청하는 것을 묻는 문제이므로, 지문의 중후반에서 요청과 관련된 표현이 포함된 문장을 주의 깊게 듣는다. "I'd like you all to inform guests about them[new sports and exercise classes] beginning today."라며 오늘부터 청자들 모두가 새로운 스포츠와 운동 수업들에 대해 손님들에게 알려주기를 요청하였다. 따라서 정답은 (D) Pass along some information이다. (inform ~ about → pass along)

어휘 undergo[미 ʌ́ndərgou, 영 ʌ̀ndəgə́u] 받다, 겪다 pass along 전하다

[83-85] 미국

Questions 83-85 refer to the following telephone message.

Good afternoon. This is Veera Patel. I'm calling to say that [83]**I'm interested in booking the tour to Greece we discussed over the phone** an hour ago. [84]**I just checked with my brother, who will travel abroad with me, about the tour dates.** I confirmed that we can go on the package tour from January 10 to January 15. Um . . . How much will it cost, though? [85]**I'd like to know a final amount after taxes.** Please call me back at 555-2293 to let me know.

confirm[kənfə́:rm] 확인하다 amount[əmáunt] 금액

해석
83-85는 다음 전화 메시지에 관한 문제입니다.

안녕하세요. Veera Patel입니다. 한 시간 전 [83]통화로 논의한 그리스 투어를 예약하는 것에 관심이 있다는 것을 이야기하기 위해 전화 드립니다. [84]방금 저와 함께 해외로 여행할 형제에게 투어 일정에 대해 물어보았습니다. 저희가 1월 10일부터 1월 15일까지 패키지 투어를 갈 수 있음을 확인했습니다. 음... 그런데 금액이 얼마인가요? [85]세금 이후의 최종 금액을 알고 싶어요. 제가 알 수 있도록 555-2293으로 제게 전화 주십시오.

83

해석 청자는 누구인 것 같은가?
(A) 재정 전문가
(B) 호텔 접수원
(C) 가게 출납원
(D) 여행사 직원

해설 청자의 신분을 묻는 문제이므로, 신분 및 직업을 나타내는 표현을 놓치지 않고 듣는다. "I'm interested in booking the tour ~ we discussed over the phone"이라며 통화로 논의한 투어를 예약하는 것에 관심이 있다고 하였다. 이를 통해 청자가 여행사 직원임을 알 수 있다. 따라서 정답은 (D) A travel agent이다.

어휘 financial[fainǽnʃəl] 재정의, 금융의 agent[éidʒənt] 직원, 대리인

84

해석 화자는 왜 그녀의 형제와 이야기하였는가?
(A) 계획을 확정하기 위해
(B) 도움을 요청하기 위해
(C) 세금 정보를 얻기 위해
(D) 약속을 취소하기 위해

해설 화자가 그녀의 형제와 이야기한 이유를 묻는 문제이므로, 질문의 핵심어구(talk to her brother)와 관련된 내용을 주의 깊게 듣는다. "I just checked with my brother ~ about the tour dates."라며 형제에게 투어 일정에 대해 물어보았다고 한 말을 통해 여자가 계획을 확정하기 위해 그녀의 형제와 이야기했음을 알 수 있다. 따라서 정답은 (A) To confirm a plan이다.

어휘 assistance[əsístəns] 도움, 지원

85

해석 화자는 무엇에 대해 문의하는가?
(A) 일정표
(B) 비용
(C) 안내서
(D) 양식

해설 화자가 문의하는 것을 묻는 문제이므로, 화자의 말을 주의 깊게 듣는다. "I'd like to know a final amount after taxes."라며 세금 이후의 최종 금액을 알고 싶다고 하였다. 따라서 정답은 (B) An expense이다.

[86-88] 영국

Questions 86-88 refer to the following instructions.

[86]**As valet drivers for a five-star restaurant, you are all expected to follow specific rules.** First, [87]**greet each customer warmly**. Second, once you've gotten their car keys, [87]**be sure to ask the driver for their cell phone number**. In case of an emergency, they may have to be contacted on short notice. Once those steps have been taken, give the driver a ticket, which will be needed to get the vehicle back. [88]**As for concerns about parking space, our business can only accommodate 70 people, but the lot has 100 spots.**

valet[vǽlei] 주차 담당자 five-star[미 fáivsta:r, 영 fáivsta:] 일류의, 별 5개의 greet[gri:t] 맞다, 환영하다 in case of emergency 비상시에

on short notice 예고 없이, 촉박하게 as for ~에 관해 말하자면
accommodate [미 əká:mədeit, 영 əkɔ́mədeit] 수용하다, 공간을 제공하다
lot [미 la:t, 영 lɔt] 부지, 대지

해석
86-88은 다음 설명에 관한 문제입니다.

86일류 식당의 주차 담당 운전기사로서, 여러분 모두는 특정 규정들을 따를 것이 요구됩니다. 첫째로, 87각 손님들을 따뜻하게 맞아주십시오. 두 번째로, 차 열쇠를 받으면 87반드시 운전자에게 휴대폰 번호를 요청하십시오. 비상시에, 그들은 예고 없이 연락을 받아야 할 수도 있습니다. 그러한 단계들이 거쳐지면, 운전자에게 티켓을 주세요, 그것들은 차를 다시 받는 데에 필요할 것입니다. 88주차 공간에 대한 우려에 관해 말하자면, 우리 사업체는 70명만 수용할 수 있습니다, 하지만 주차장에는 100개의 자리가 있습니다.

86

해석 청자들은 어디에서 일하는 것 같은가?
(A) 자동차 대리점에서
(B) 식당에서
(C) 쇼핑 단지에서
(D) 대여 시설에서

해설 청자들의 신분을 묻는 문제이므로, 신분 및 직업과 관련된 표현을 놓치지 않고 듣는다. "As valet drivers for a five-star restaurant, you are all expected to follow specific rules."라며 일류 식당의 주차 담당 운전기사로서 청자들 모두는 특정 규정들을 따를 것이 요구된다고 한 말을 통해 청자들이 식당에서 일함을 알 수 있다. 따라서 정답은 (B) At a dining establishment이다. (restaurant → dining establishment)

어휘 automotive [ɔ:təmóutiv] 자동차의 dealership [dí:lərʃip] 대리점
complex [ká:mpleks] 단지, 복합 건물

87

해석 화자에 따르면, 청자들은 손님들에게 무엇을 요청해야 하는가?
(A) 운전면허증
(B) 테이블 번호
(C) 신용카드
(D) 전화번호

해설 청자들이 손님들에게 요청해야 하는 것을 묻는 문제이므로, 질문의 핵심어구(customers)가 언급된 주변을 주의 깊게 듣는다. "greet each customer warmly", "be sure to ask the driver for their cell phone number"라며 각 손님들을 따뜻하게 맞고 반드시 운전자에게 휴대폰 번호를 요청하라고 하였다. 따라서 정답은 (D) A phone number이다. (cell phone → phone)

어휘 driver's license 운전면허증

88

해석 화자는 왜 "하지만 주차장에는 100개의 자리가 있습니다"라고 말하는가?
(A) 승인을 나타내기 위해
(B) 실수를 바로잡기 위해
(C) 확신을 주기 위해
(D) 문제를 설명하기 위해

해설 화자가 하는 말의 의도를 묻는 문제이므로, 질문의 인용어구(but the lot has 100 spots)가 언급된 주변을 주의 깊게 듣는다. "As for concerns about parking space, our business can only accommodate 70 people, but the lot has 100 spots."라며 주차 공간에 대한 우려에 관해 말하자면 그들의 사업체는 70명만 수용할 수 있지만 주차장에는 100개의 자리가 있다고 하였으므로, 주차 공간이 충분하다는 것에 대한 확신을 주려는 의도임을 알 수 있다. 따라서 정답은 (C) To offer assurance이다.

어휘 approval [əprú:vl] 승인, 찬성 assurance [əʃúrəns] 확신, 보장

[89-91] 미국

Questions 89-91 refer to the following announcement.

Ladies and gentlemen, may I have your attention, please? Thank you for attending this evening's performance of the Sheffield Symphony Orchestra. 89**We are currently experiencing some technical difficulties with our sound system and so . . . uh . . . we'll be starting later than expected.** Hopefully, our crew can have everything fixed within the next 20 minutes or so. In the meantime, 90**you're encouraged to have a drink at the lounge,** where an exhibit on the symphony is located. We apologize for the inconvenience, and 91**I'll announce when the performance is five minutes from starting.** At that time, please return to the performance hall. Thank you.

symphony [símfəni] 교향악단, 교향곡 exhibit [igzíbit] 전시회
inconvenience [inkənví:njəns] 불편

해석
89-91은 다음 안내에 관한 문제입니다.

신사 숙녀 여러분, 주목해 주시겠습니까? Sheffield 교향악단의 오늘 저녁 공연에 참석해주셔서 감사합니다. 89저희는 현재 음향 시스템에 기술적인 장애를 겪고 있기 때문에... 음... 예상보다 늦게 시작할 것입니다. 바라건대, 저희 팀이 앞으로 20분 정도 이내에 모든 것을 고칠 수 있기를 바랍니다. 그동안, 교향악단에 관한 전시회가 있는 90라운지에서 음료를 드시기를 권장합니다. 불편에 대해 사과드리며, 91공연이 시작하기 5분 전에 공지하도록 하겠습니다. 그때, 공연 홀로 돌아와주시기를 바랍니다. 감사합니다.

89

해석 안내는 왜 이루어지고 있는가?
(A) 전시회를 소개하기 위해
(B) 지연에 대한 공지를 하기 위해
(C) 후원자들에게 감사를 표하기 위해
(D) 시설을 묘사하기 위해

해설 안내의 목적을 묻는 문제이므로, 지문의 초반을 반드시 듣는다. "We are currently experiencing some technical difficulties with our sound system and so ~ we'll be starting later than expected."라며 현재 음향 시스템의 기술적인 장애를 겪고 있기 때문에 예상보다 늦게 시작할 것임을 안내하였다. 따라서 정답은 (B) To give notice of a delay이다. (starting later than expected → delay)

어휘 delay [diléi] 지연, 지체 facility [fəsíləti] 시설

90

해석 화자는 무엇을 제안하는가?
(A) 다른 손님들과 대화하는 것
(B) 라운지에 방문하는 것
(C) 전자 기기들의 전원을 끄는 것
(D) 매표소에 들르는 것

해설 화자가 제안하는 것을 묻는 문제이므로, 지문의 중후반에서 제안과 관련된 표현이 포함된 문장을 주의 깊게 듣는다. "you're encouraged to have a drink at the lounge"라며 라운지에서 음료를 마실 것을 제안하였다. 따라서 정답은 (B) Visiting a lounge area이다.

91

해석 화자에 따르면, 공연이 시작되기 전에 무슨 일이 일어날 것인가?
(A) 공지가 있을 것이다.
(B) 프로그램이 배부될 것이다.
(C) 연주자가 소개될 것이다.
(D) 간식이 더 제공될 것이다.

해설 공연이 시작되기 전에 일어날 일을 묻는 문제이므로, 질문의 핵심어구(before the show beigns)와 관련된 내용을 주의 깊게 듣는다. "I'll announce when the performance is five minutes from starting"이라며 공연이 시작하기 5분 전에 공지하겠다고 하였다. 따라서 정답은 (A) An announcement will be made이다.

어휘 distribute[distríbjuːt] 배부하다, 분배하다

[92-94] 호주

Questions 92-94 refer to the following broadcast.

> Popular children's author Lily Watts will release her next novel, *Orion's Belt*, this fall! [92]**The book will be the third in her popular Universal Voyage series.** It will continue the story of her previous novel, *Rings of Saturn.* [93]**That book was a best seller for nine months and it was translated into multiple languages.** Ms. Watts will be joining us here tomorrow at 11 A.M. If you can't tune in to the live interview, [94]**a complete recording of the broadcast will be uploaded to our Web site** afterward. You can listen to it for free.
>
> translate[미 trænsléit, 영 trænzléit] 번역하다, 옮기다
> multiple[mʌ́ltipl] 다양한, 많은 tune in 청취하다, 주파수를 맞추다

해석

92-94는 다음 방송에 관한 문제입니다.

유명한 어린이책 작가 Lily Watts가 그녀의 다음 소설인 *Orion's Belt*를 이번 가을에 출간할 것입니다! [92]**이 책은 인기 있는 Universal Voyage 시리즈의 세 번째가 될 것입니다.** 그것은 이전 소설인 *Rings of Saturn*의 이야기와 이어질 것입니다. [93]**그 책은 9개월 동안 베스트셀러였고 그것은 다양한 언어들로 번역되었습니다.** Ms. Watts는 내일 오전 11시에 이곳에서 저희와 함께 할 것입니다. 여러분이 생방송 인터뷰를 청취하실 수 없으시더라도, 이후에 [94]**그 방송의 전체 녹음 음성이 저희 웹사이트에 업로드될 것입니다.** 여러분은 무료로 그것을 들으실 수 있습니다.

92

해석 *Orion's Belt*에 대해 무엇이 언급되는가?
(A) 현재 베스트셀러이다.
(B) 이전 책들보다 길다.
(C) 시리즈에서 세 번째 책이다.
(D) *Rings of Saturn*보다 더 인기가 많다.

해설 *Orion's Belt*에 대해 언급된 것을 묻는 문제이므로, 질문의 핵심어구(*Orion's Belt*)와 관련된 내용을 주의 깊게 듣는다. "The book[*Orion's Belt*] will be the third in her ~ series."라며 *Orion's Belt*가 시리즈의 세 번째가 될 것이라고 하였다. 따라서 정답은 (C) It is the third book in a series이다.

93

해석 화자는 "그것은 다양한 언어들로 번역되었습니다"라고 말할 때 무엇을 의도하는가?
(A) 작품이 성공적이었다.
(B) 작업이 완료되는 데에 오래 걸렸다.
(C) 작가가 매우 바빴다.
(D) 줄거리가 바뀌어야 했다.

해설 화자가 하는 말의 의도를 묻는 문제이므로, 질문의 인용어구(it was translated into multiple languages)가 언급된 주변을 주의 깊게 듣는다. "That book was a best seller for nine months and it was translated into multiple languages."라며 그 책이 9개월 동안 베스트셀러였고 그것은 다양한 언어들로 번역되었다고 했으므로, 책이 성공적이었음을 알 수 있다. 따라서 정답은 (A) A work was successful이다. (book → work)

94

해석 화자는 웹사이트에서 무엇이 이용 가능할 것이라고 말하는가?
(A) 게스트의 약력
(B) 녹음 음성
(C) 소설 발췌문
(D) 대화록

해설 화자가 웹사이트에서 이용 가능할 것이라고 말하는 것을 묻는 문제이므로, 질문의 핵심어구(Web site)가 언급된 주변을 주의 깊게 듣는다. "a complete recording of the broadcast will be uploaded to our Web site"라며 그 방송의 전체 녹음 음성이 웹사이트에 업로드될 것이라고 하였다. 따라서 정답은 (B) A recording이다.

어휘 biography[baiάːgrəfi] 약력, 전기 excerpt[éksəːrpt] 발췌, 인용
transcript[trǽnskript] 대화록, 글로 옮긴 기록

[95-97] 영국

Questions 95-97 refer to the following excerpt from a meeting and flowchart.

> From now on, I would like you to process technical assistance requests from customers a little differently. [95]**Some have complained that they were never called by a technician after reporting a problem with our company's software.** We need to ensure this doesn't happen again. Take a look at this flowchart . . . As you can see, [96]**an extra step has been added after assigning a technician**. This will ensure that all requests are dealt with. The company is also releasing a new version of its accounting program soon. Expect lots of questions from customers. [97]**At our next meeting, we will go over the new features so that you are all familiar with the software.**
>
> from now on 이제부터 process[미 prάses, 영 próuses] 처리하다; 과정
> assistance[əsístəns] 지원, 도움
> ensure[미 inʃúər, 영 inʃɔ́ː] 확실하게 하다, 보장하다
> assign[əsáin] 지정하다, 할당하다 deal with ~을 처리하다
> release[rilíːs] 출시하다, 발표하다 go over 살피다, 검토하다
> feature[미 fíːtʃər, 영 fíːtʃə] 특징, 기능; ~의 특징을 이루다

해석

95-97은 다음 회의 발췌록과 업무 흐름도에 관한 문제입니다.

이제부터, 저는 여러분이 고객들로부터의 기술 지원 요청을 조금 다르게 처리하기를 바랍니다. [95]**몇몇이 우리 회사의 소프트웨어와 관련된 문제를 보고한 후 기술자로부터 전화를 받지 못했다고 불평했습니다.** 우리는 이런 일이 다시는 발생하지 않도록 확실히 해야 합니다. 이 업무 흐름도를 보십시오... 여러분이 보실 수 있듯이, [96]**기술자를 지정한 다음에 별도의 단계가 추가되었습니다.** 이것은 모든 요청이 처리되는 것을 보장할 것입니다. 회사는 또한 회계 프로그램의 새로운 버전을 곧 출시할 것입니다. 고객들의 많은 질문을 예상하시기 바랍니다. [97]**다음 회의에서, 여러분 모두가 그 소프트웨어에 익숙해질 수 있도록 새로운 특징들을 살펴볼 것입니다.**

1단계	고객 전화 받기
2단계	요청 기록 작성하기
3단계	기술자 지정하기
[96]*4단계*	고객에게 후속 조치하기
5단계	기록 상태 변경하기

95

해석 몇몇 고객들은 왜 불평했는가?
(A) 애플리케이션이 많은 오류를 포함했다.
(B) 몇몇 직원들이 대응을 하지 않는다.
(C) 보고서가 부정확한 정보를 포함했다.
(D) 몇몇 제품들이 너무 비싸다.

해설 몇몇 고객들이 불평한 이유를 묻는 문제이므로, 질문의 핵심어구(some customers complained)와 관련된 내용을 주의 깊게 듣는다. "Some[customers] have complained that they were never called by a technician after reporting a problem with our company's software."라며 몇몇 고객들이 회사의 소프트웨어와 관련된 문제를 보고한 후 기술자로부터 전화를 받지 못했다고 불평했다고 하였다. 따라서 정답은 (B) Some workers are not responsive이다. (technician → workers, never called → not responsive)

어휘 contain[kəntéin] 포함하다 inaccurate[inǽkjərit] 부정확한, 틀린

96

해석 시각 자료를 보아라. 어느 단계가 새롭게 추가되었는가?
(A) 2단계
(B) 3단계
(C) 4단계
(D) 5단계

해설 새롭게 추가된 단계를 묻는 문제이므로, 제시된 업무 흐름도의 정보를 확인한 뒤 질문의 핵심어구(step ~ newly added)와 관련된 내용을 주의 깊게 듣는다. "an extra step has been added after assigning a technician"이라며 기술자를 지정한 다음에 별도의 단계가 추가되었다고 하였으므로, 3단계인 기술자 지정하기 다음의 4단계가 새롭게 추가되었음을 업무 흐름도에서 알 수 있다. 따라서 정답은 (C) Step 4이다.

97

해석 다음 회의에서 무엇이 논의될 것인가?
(A) 회사 정책
(B) 고객 불평
(C) 재무 보고서
(D) 소프트웨어 제품

해설 다음 회의에서 논의될 것을 묻는 문제이므로, 질문의 핵심어구(next meeting)가 언급된 주변을 주의 깊게 듣는다. "At our next meeting, we will go over the new features so that you are all familiar with the software."라며 다음 회의에서 청자들 모두가 소프트웨어에 익숙해질 수 있도록 새로운 특징들을 살펴볼 것이라고 하였다. 따라서 정답은 (D) A software product이다. (discussed → go over)

어휘 financial report 재무 보고서

[98-100] 호주

Questions 98-100 refer to the following talk and map.

Hello, everyone. Welcome to East Winds Farm. My name is Kevin, and [98]**I'll be showing you around the facility. Let me start by outlining what we'll be doing today.** This morning, we're going to visit the fields where we grow a variety of different berries. There, you'll get to see how the bushes are cultivated for harvest, and everyone will have a chance to . . . uh . . . pick berries. [99]**We'll spend about 20 minutes at each field, ending with the one between the basket stand and the barn.** After that, [100]**I'll show you the barn that we use to store fruit.** Are there any questions?

bush[buʃ] 관목, 덤불 cultivate[미 kʌ́ltəvèit, 영 kʌ́ltiveit] 경작하다
harvest[미 háːrvist, 영 háːvist] 수확 barn[미 baːrn, 영 baːn] 창고

해석

98-100은 다음 담화와 지도에 관한 문제입니다.

안녕하세요, 여러분. East Winds 농장에 오신 것을 환영합니다. 제 이름은 Kevin이고, [98]**여러분께 시설을 보여드릴 것입니다. 저는 오늘 우리가 무엇을 할 것인지 대략적으로 말씀드리며 시작하겠습니다.** 오늘 아침에, 우리는 여러 가지의 다른 베리들을 재배하는 밭을 방문할 것입니다. 그곳에서, 여러분들은 수확을 위해 관목들이 어떻게 경작되는지 보게 되실 것이며, 모두가... 어... 베리를 딸 기회를 가지실 것입니다. [99]**우리는 각각의 밭에서 약 20분씩 보낼 것이고, 바구니 가판대와 창고 사이에 있는 곳에서 끝낼 것입니다.** 그 이후에, [100]**과일을 저장하기 위해 사용하는 창고를 보여드릴 것입니다.** 질문 있으신가요?

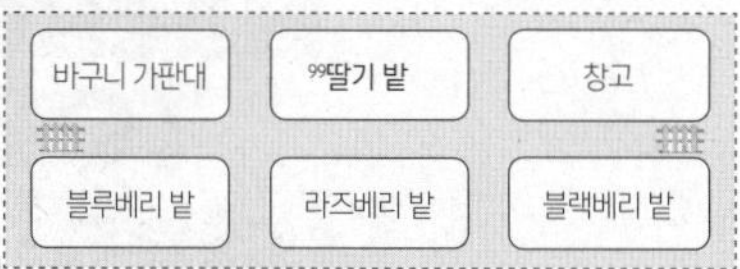

98

해석 담화의 목적은 무엇인가?
(A) 명소를 광고하기 위해
(B) 작물을 소개하기 위해
(C) 투어를 설명하기 위해
(D) 식사 제안을 하기 위해

해설 담화의 목적을 묻는 문제이므로, 지문의 초반을 반드시 듣는다. "I'll be showing you around the facility. Let me start by outlining what we'll be doing today."라며 자신이 청자들에게 시설을 보여줄 것이며 오늘 무엇을 할 것인지 대략적으로 이야기하며 시작하겠다고 한 뒤, 지문 전반에 걸쳐 농장 투어에 대해 설명하고 있다. 따라서 정답은 (C) To describe a tour이다. (outlining → describe)

어휘 attraction[ətrǽkʃən] 명소, 관광지

99

해석 시각 자료를 보아라. 어느 밭이 마지막으로 방문될 것인가?
(A) 딸기 밭
(B) 블루베리 밭
(C) 라즈베리 밭
(D) 블랙베리 밭

해설 마지막으로 방문될 밭을 묻는 문제이므로, 제시된 지도의 정보를 확인한 뒤 질문의 핵심어구(field ~ visited last)와 관련된 내용을 주의 깊게 듣는다. "We'll spend about 20 minutes at each field, ending with the one between the basket stand and the barn."이라며 각각의 밭에서 약 20분씩 보낼 것이고 바구니 가판대와 창고 사이에 있는 곳에서 끝낼 것이라고 하였으므로, 바구니 가판대와 창고 사이에 있는 딸기 밭이 마지막으로 방문될 것임을 지도에서 알 수 있다. 따라서 정답은 (A) Strawberry field이다.

100

해석 창고에 대해 무엇이 언급되는가?
(A) 손수 제작되었다.
(B) 올해 개조되었다.
(C) 현재 접근할 수 없다.
(D) 식품 저장을 위해 사용된다.

해설 창고에 대해 언급되는 것을 묻는 문제이므로, 질문의 핵심어구(barn)가 언급된 주변을 주의 깊게 듣는다. "I'll show you the barn that we use to store fruit"이라며 과일을 저장하기 위해 사용하는 창고를 보여줄 것이라고 한 말을 통해 창고가 식품 저장을 위해 사용됨을 알 수 있다. 따라서 정답은 (D) It is used for food storage이다. (store fruit → food storage)

어휘 renovate[rénəvèit] 개조하다, 보수하다
inaccessible[ìnəksésəbl] 접근할 수 없는

MEMO

Hackers TOEIC Listening

해커스토익 Hackers.co.kr

무료 매월
적중예상특강

무료 실시간 토익시험
정답확인&해설강의

무료 온라인
실전모의고사

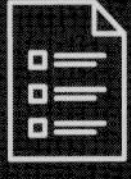

무료 매일
실전 LC 문제

해커스인강 HackersIngang.com

본 교재
인강

무료 받아쓰기&
쉐도잉 프로그램

무료 진단고사
해설강의

무료 실전문제
해설강의

무료 단어암기
MP3